Serge K.D. Sulz (Hrsg.)

DAS THERAPIEBUCH

Kognitiv-Behaviorale Psychotherapie in Psychiatrie, Psychotherapeutischer Medizin und Klinischer Psychologie

Ein Überblick über praktizierte Psychotherapie und ein Einblick in die Praxis erfahrener Psychotherapeuten

CIP-Medien 1998

Sulz, Serge K.D. (Hrsg.)

DAS THERAPIEBUCH

**Kognitiv-Behaviorale Psychotherapie
in Psychiatrie, Psychotherapeutischer Medizin und Klinischer Psychologie**

CIP-Medien 1998, 600 Seiten, Paperback, DM 98.-
ISBN 3-932 096-01-0

Bezugsquelle: CIP-Mediendienst, Nymphenburger Str. 185, 80634 München, Fax 089/132133

• Inhaltsverzeichnis •

Vorwort 1

A Theoretische, Diagnostische und Praktische Grundlagen

Eine kognitiv-affektive Entwicklungstheorie als theoretische Grundlegung psychotherapeutischen Handelns 2
Serge K.D. Sulz

Kontextklärung - oder Fragen zu Beginn der Therapie: Woher, weshalb, mit wem, wie, wozu? 27
Dieter Schmelzer

Kontextklärung: Das Optimieren der therapeutischen Rahmenbedingungen 35
Dieter Schmelzer

Die professionelle Therapeutenrolle und ihre Vermittlung 53
Hanne Dirlich-Wilhelm und Thomas Maurer

Therapeutisches Basiskönnen 65
Werner Scholz

Die therapeutische Beziehung 84
Werner Scholz

Zielanalyse und Therapieplanung 101
Serge K.D. Sulz

„Das Erreichte beibehalten können" 117
Möglichkeiten zur Prophylaxe von Rückschritten
Gerhard J. Kettl

B Therapeutische Interventionen und Verfahren

Kontingenzmanagement als therapeutische Intervention 128
Udo Brack

Imaginationsverfahren im psychotherapeutischen Prozeß 143
Birgit B. Lehner

Die Systematische Desensibilisierung 146
Rüdiger Ullrich

Angstexpositions- und Reizkonfrontationsverfahren 155
Bernd Hippler

Entschärfen negativer Selbstaussagen 171
Gerd H. Brunner

Aufbau sozialer Kontaktfähigkeit 180
Birgit B. Lehner

Soziales Rollenspiel nach Liberman: Training zur Entwicklung sozialer Fertigkeiten 189
Barbara Rabaioli-Fischer

Selbstsicherheitstherapien, Training sozialer Kompetenz: 200
Das Assertiveness-Training-Programm ATP als bedingungsanalytische Gruppentherapie
Rüdiger Ullrich und Rita Ullrich de Muynck

Konfliktbewältigung 212
Birgit B. Lehner

Coping - Psychische Bewältigung chronischer Erkrankungen 219
Barbara Rabaioli-Fischer

Entspannung durch Progressive Muskelrelaxation 236
Serge K.D. Sulz

Anti-Streß-Training 248
Angelika Wagner-Link

Die Weisheit des Organismus ist älter als der Mensch: 267
Körper-Wahr-Nehmung
Frank Giesen

Gruppentherapie 283
Bernd Hippler

Praxis der Strategischen Kurzzeittherapie SKT 305
Serge K.D. Sulz

Videoeinsatz in der Psychotherapie 320
Dieter Hellauer

C Verständnis und Therapie klinischer Störungen

Therapie von Angst- und Panikstörungen 333
Bernd Hippler

Soziale Ängste: Verständnis und Therapie 355
Einzel- und Gruppenbehandlung
Gudrun Görlitz

Therapie sozialer Ängste durch kommunikative Problemlösegruppen: 378
Kommunikationstraining, Bedingungsanalytische Decodierung
Rüdiger Ullrich und Rita Ullrich de Muynck

Stottern - Entstehung und Behandlung 395
Gudrun Görlitz

Sexualstörungen 410
Werner Scholz

Sexuelle Funktionsstörungen 424
Werner Scholz

Zwangsstörungen und ihre Behandlung 441
Hans Reinecker

Depressionen - ihr Verständnis und ihre Behandlung 457
Serge K.D. Sulz

Die Behandlung der Bulimia nervosa 479
Corinna Brandl

Therapie der Anorexia nervosa 505
Reimund Böse, Karoline Verena Greimel und Edgar Geissner

Verhaltenstherapeutische Methoden bei der Behandlung schizophrener Störungen 533
Karin John und Fritz Mohr

Entwöhnungstherapie des Rauchens mit medikamentöser Unterstützung - ein Gruppentherapieprogramm 549
Heribert Unland

D Spezielle Problembereiche

Umgang mit Suizidalität 563
Thomas Bronisch

Randbemerkungen zu Problemen von Übertragung und Gegenübertragung 569
Johannes Kemper

Marginalien zu Problemen der Externalisierung und Inszenierung 584
Johannes Kemper

Stichwortverzeichnis 595

Autorenverzeichnis 603

Die Autoren dieses Buches 609

Vorwort

Das Therapiebuch umfaßt 39 Kapitel von 27 Autoren, die Dozenten, Supervisoren und Lehrtherapeuten der Bayerischen Akademie für Psychotherapie und des Centrums für Integrative Psychotherapie sind. Tatsächlich gibt es einen Überblick über die in diesen Weiterbildungseinrichtungen angebotenen psychotherapeutischen Lehrinhalte. Trotzdem ist das Therapiebuch kein Lehrbuch. Es bietet keine systematischen Abhandlungen des wissenschaftlichen Kenntnisstandes und keinen Überblick über die insgesamt möglichen Therapieinterventionen. Vielmehr ist es als Praxis-Buch gedacht, das erfahrenen Psychotherapeuten Raum geben soll, darzustellen, wie sie Therapie machen. Nach einer soliden Beschreibung des klinischen Kontexts sollten sie aus dem "Nähkästchen plaudern" bzw. aus dem Therapiezimmer, - den Lesern einen Einblick gebend in die Art und Weise ihres persönlichen Vorgehens, ihrer individuellen Mischung von wissenschaftlich begründeter Professionalität einerseits und dem persönlichen Schatz an klinischen Erfahrungen andererseits.

Das Buch ist in vier Abschnitte untergliedert: A) Störungstheorie, Therapietheorie, Diagnostik und Therapieplanung, B) wichtige Therapieverfahren, C) wichtige klinische Störungen und deren Behandlung und D) einige spezielle Themen und Probleme. Keiner dieser Abschnitte gibt einen vollständigen Überblick. Die Auswahl erfolgte subjektiv im Bewußtsein, daß manches ebenso Wichtiges weggelassen werden muß, wenn die einzelnen Kapitel nicht in abstraktem "Schreiben über ..." stecken bleiben sollen. Trotz des großen Umfangs stellt das Therapiebuch nur eine begrenzte Stichprobe psychotherapeutischen Schaffens dar.

Die Grundorientierung der meisten Artikel ist kognitiv-verhaltenstherapeutisch. Zahlreiche Beiträge lassen jedoch deutlich integrative Erweiterungen, sei es im klinischen Verständnis, sei es im therapeutischen Vorgehen, erkennen.

Adressaten des Therapiebuches sind Psychotherapeutinnen und Psychotherapeuten, die wissen wollen, wie andere Therapie machen. Erfahrene Psychotherapeuten werden sich selbst bestätigt finden: "So sehe ich es auch bzw. so mache ich es auch". Weniger erfahrene Therapeuten werden eine konkretere Vorstellung der praktischen Umsetzung erhalten und von Feinheiten der individuellen Anwendung im Therapieprozeß erfahren. Andere werden im Bedarfsfall ein Buch zum Nachschauen zur Hand haben.

Ich danke allen Autoren für ihre Beiträge und die gute Zusammenarbeit in den letzten zwei Jahren, den Weiterbildungsteilnehmern unserer Institute. Den Patienten, die uns unsere wichtigen Erfahrungen gelehrt haben, gilt ebenfalls großer Dank.

Der Herausgeber (S. Sulz)

Vorwort zur zweiten Auflage

Die klinische Praxis und Erfahrung der Autoren war den Lesern der ersten Auflage sehr hilfreich. Die konstante Nachfrage bestätigt uns darin, mit dieser zweiten Auflage praktizierenden Psychotherapeuten die bewährten therapeutischen Vorgehensweisen zugänglich zu machen, und darzustellen, wie in den Therapien wirklich vorgegangen werden kann.

S. Sulz im August 1997

Eine kognitiv-affektive Entwicklungstheorie als theoretische Grundlegung psychotherapeutischen Handelns

• Serge K.D. Sulz •

Für die psychische Entwicklung des Menschen sind neben vererbten bzw. intrauterin erworbenen Eigenschaften die entwicklungsfördernden und die entwicklungshemmenden bzw. entwicklungsbegrenzenden Faktoren von Bedeutung. So ist zunächst im Mutterleib die psychosomatische Umwelt der Mutter entwicklungsbegrenzend. Dabei ist nicht nur an die optimale Ernährung des Fötus über die Plazenta bzw. die Ver- und Entsorgung über die Nabelschnur zu denken oder an Stressoren und Streßreaktionsmuster der Mutter, die auf den Fötus übergehen. Wir müssen darüber hinaus auch den „Kontext" der Partnerschaft, der Eltern, der Zeugung, der Schwangerschaft und Bedeutung der kommenden Geburt und eines (weiteren) Kindes für die Eltern und deren Lebenspläne berücksichtigen.

Wenn wir versuchen, die Biographie eines Menschen zu verstehen, neigen wir zu sehr zu Kausalattributionen, sei es, daß wir von familiären Häufungen, z.B. von Alkoholismus oder Depression, auf die Erblichkeit schließen, sei es, daß wir uns durch traumatische Kindheitserlebnisse auf Eins-zu-eins-Verursachungen aus Plausibilitätsgründen einlassen. Sowohl der gesunde Menschenverstand als auch die Krankheitslehre der Psychiatrie oder einer Therapieschule lassen uns zu rasch zum scheinbaren Verstehen einer Krankheit und ihrer Ursache kommen. Life events als belastende Lebensereignisse sind im Erwachsenenalter so gut wie gar nicht krankheitsverursachend, im Schulalter und in der Jugend auch nur begrenzt, und im Vorschulalter stehen sie oft nur symptomatisch für insgesamt äußerst ungünstige Entwicklungsbedingungen, deren eventueller Höhepunkt sie sein mögen.

Aus der Mehrgenerationenbetrachtung von Familien resultiert eine Längsschnittbetrachtung mit Gesetzmäßigkeiten und Regeln, die in der Hier-und Jetzt-Betrachtung völlig unverständlich bleiben. Die intrasystemischen Regeln einer Familie mögen im Kurzzeitquerschnitt noch identifizierbar erscheinen, die sozioökologische Einbettung der Familie im allgemein-historischen, im familiengeschichtlichen und im gesellschaftlichen Kontext muß aber verborgen bleiben. So wird die systemisch-ökologische Konstitution der Vater-Mutter-Einheit deutlich, die als Familienkern limitierend für das psychisch-soziale Wachstum des Kindes ist.

Allgemein gilt es demnach, die **limitierenden Faktoren**, deren Einfluß nicht beseitigt werden kann, zu benennen. Jeder Mensch hat persönliche Grenzen, die biographisch auf **sozio-ökologische Begrenzungen** zurückgeführt werden können. Sie sind nicht nur für das Verständnis der Entstehung psychischer Störungen wichtig, sondern auch für die Grenzen des Psychotherapie-Outcome.

Wenn wir während der Psychotherapie manche frühen Traumatisierungen nicht in Erfahrung bringen, so bleibt bei einigen Patienten deren Problem und die Funktion ihrer Symptome unter Umständen bis zuletzt unverstanden.

Versucht man Piagets Theorie der **kognitiven Entwicklung** (1981) auf die klinische Entwicklungspsychologie anzuwenden, so kommt man - ähnlich wie Aaron T. Beck (Wright und Beck 1986) - zu zwei grundsätzlichen Feststellungen:

1. Kinder haben im Vorschulalter noch eine sehr undifferenzierte Art zu denken. Infolgedessen sind ihre Vorstellungen über das Funktionieren des Weltgeschehens noch sehr unrealistisch.
2. Manche Menschen versäumen es, dieses kindliche Selbst- und Weltbild der allgemeinen psychischen Reifung entsprechend im Lauf der weiteren Kindheits- und Jugendjahre zu modifizieren.

Trotz oft sehr guter Intelligenz und Auffassungsgabe bleiben bei diesen Menschen einige - für ihre Lebensgestaltung zentrale - Aspekte ihres Selbst- und Weltbilds durch die ganze Episode des Erwachsenenlebens in dieser undifferenzierten und unrealistischen Weise aufrechterhalten. Auf Befragen können nicht wenige spontan sagen, daß sie - mit Abstand betrachtet - ihren kritischen Erwachsenenverstand sehr wohl einsetzen können und die Dinge so sehen, wie sie wirklich sind. In der Situation selbst ist dann aber sofort das unrealistische Zerrbild der Kindheit da und fängt den ganzen Menschen ein, weckt in ihm die entsprechenden kindlichen Bedürfnisse, Gefühle und Gedanken.

So groß die menschliche Intelligenz auch ist, so wenig wäre bewußtes Denken in der Lage, uns auch nur leidlich durch unser Menschenleben zu führen. Ganzheitliches Erfassen ist menschlicher Denkart relativ fremd, und multimodales Reagieren auf eine situative Anforderung würde die Steuerungsfähigkeiten unseres Bewußtseins schon vom Ansatz her überfordern. Wir maßen uns nicht an, die Regulation unserer körperlichen Prozesse wie Atmung, Kreislaufregulation, Hormonsystem etc. unter bewußte Kontrolle zu stellen. Wie kommen wir denn auf die Idee, das psychische System des Menschen sei so viel simpler aufgebaut als das somatische, daß wir durch unser meist ein-, höchstens dreidimensionales Denken in der Lage sein könnten, dessen Steuerung zu übernehmen?

Die menschliche Errungenschaft der **Sprache** hat zwar unser Denkvermögen immens vergrößert, und durch ihren eher analytischen Charakter hilft sie uns wohl, die äußere Welt zu begreifen; jedoch führt sie unsere Denkprozesse gleichzeitig eher weg von ganzheitlich-systemischen Betrachtungen. Zudem richtet die Sprache unsere Aufmerksamkeit vorzugsweise auf das Denken. Wir kommen zu gedanklichem Verstehen und Erklären statt zum Erfühlen und Erspüren. Wir müssen deshalb davon ausgehen, daß wir für wesentliche psychische Abläufe noch gar keine Worte haben. Da Worte aber bereits Hypothesen sind in dem Sinne, daß ich das mir wörtlich Bekannte wiederfinden, erkennen und benennen kann, fehlen uns für die Erforschung unserer Psyche auch die Hypothesen. Wir wissen nicht, wonach wir suchen. Unsere (relevanten) Forschungsanliegen lassen sich ehrlicherweise nicht selten auf die Aussage reduzieren: „Ich möchte verstehen, was da wie geschieht."

Wir können, wenn wir ehrlich zu uns selbst sind, behaupten, daß die wesentlichen Weichenstellungen unserer Lebensgestaltung nicht das Ergebnis bewußter rationaler Entscheidungen waren, sondern unsere **"autonome" Psyche** ohne unser bewußtes Zutun für uns entschieden hat, so wie unser Körper im wesentlichen autonom, d.h. ohne von uns willkürlich gesteuert zu werden, für sich sorgt. Die autonome Psyche reguliert sich homöostatisch. In unser Bewußtsein gelangt nur dann etwas, wenn wir den „Auftrag" erhalten, das psychische Fließgleichgewicht unter Zuhilfenahme der physikalischen und sozialen Außenwelt wiederherzustellen. Ist dies nicht erforderlich, so sorgt die autonome Psyche ohne unsere bewußte Wahrnehmung für sich durch Selbstregulation. Die bewußte Psyche ist im Größenverhältnis zur autonomen Psyche lediglich die Spitze des Eisberges, und ihr Funktionsniveau ist relativ gesehen ähnlich primitiv wie die eines 2-jährigen Kindes im Vergleich zum Erwachsenen.

Sowenig wie Eltern ihre Kinder oder Politiker ihre Wähler über die wahren Hintergründe mehr als unbedingt nötig aufklären, so wenig gibt die autonome Psyche im Moment verzichtbare Information an die bewußte **„Willkür"-Psyche** weiter. Nur so viel: Verheißung von Wunscherfüllung und Realisierung von Glücksphantasien mit dem auserwählten Mann und durch ihn. So viel, daß verliebtes Fühlen und verliebtes

Reagieren ausreichen, um den Mann für sich zu gewinnen. Wozu der Mann wirklich benötigt wird, weiß die junge Frau jetzt besser nicht. Denn sie würde sonst ebensowenig bereitwillig funktionieren wie das aufgeklärte Kind oder der aufgeklärte Wähler. Der psychisch gesunde Mensch kann sich auf seine autonome Psyche verlassen. Sie wird ohne sein bewußtes Tun die **psychische Homöostase** besorgen, wird ihn zuverlässig informieren und auch steuern. Umgekehrt wird er sich mit seiner bewußten Psyche so verhalten, daß das Fließgleichgewicht nicht gestört wird.

Wer meint, daß damit lediglich das instinkthafte Reflexverhalten von Tieren beschrieben ist, verfällt wiederum dem menschlichen Größenwahn, so gut wie im Besitz des Wissens und der Macht seines inneren und des äußeren Kosmos zu sein. Statt dessen müssen wir mit jedem wirklichen Zuwachs an Wissen und Erkenntnis feststellen, daß das Ausmaß dessen, was wir nicht wissen und verstehen, noch größer geworden ist als zuvor. Durch jede beantwortete Frage tun sich zehn neue Fragen auf.

Wozu dient also **menschliches Denken**? Inwiefern ersetzen beim Menschen Gedanken nonverbale Lernprozesse? Die Antwort liegt in der Beantwortung der Frage: Denkt unsere autonome Psyche? Wenn sie denkt, -wie ist die Logik ihrer Denkprozesse, ihre Intelligenz? Hat die autonome Psyche eine Sprache? Wenn ja, wie ist die Struktur ihrer Sprache? Nur wenn völlige Übereinstimmung von Logik und Sprache vorhanden ist, können wir unsere Denkart auf die autonome Psyche übertragen. Nur dann können wir unsere bewußten Kognitionen probatorisch als primär verhaltenssteuernd setzen. Da unsere Erkenntnisse nicht soweit reichen, können wir diese Annahme nicht aufrechterhalten. Es bleibt uns die Alltagserfahrung, daß Gedanken mindestens sekundär unser Leben und Verhalten sehr stark beeinflussen, ja, daß eine ständige gegenseitige Beeinflussung von Denken und Fühlen besteht, so daß Gedanken, Gefühle und Handeln als Bestandteil einer komplexen Gesamtreaktion betrachtet werden müssen (multimodales Verhalten nach Lazarus 1978), bei der noch die körperlichen Vorgänge miteinbezogen werden müssen.

Legen wir das Eingebettetsein der Gedanken einem komplexen Erlebens- und Reaktionsablauf zugrunde, so bleibt nur ein legitimer Grund, ihnen besondere Aufmerksamkeit zu schenken: Wir machen in der Regel Psychotherapie über das Medium Sprache und Gedanken sind innerhalb der Therapiesitzung über dieses Medium am leichtesten und unmittelbarsten zu evozieren, zu kommunizieren und zu modifizieren. Dies trifft auf Mittelschichtpatienten zu; dagegen sind Patienten der Unterschicht häufig eher handlungsbezogen. Es bleibt also das Argument der Ökonomie als Begründung für einen kognitiven Ansatz des Verständnisses und der Therapie psychischer Störungen. Um damit arbeiten zu können, benötigen wir kognitive Modelle der Entstehung und Aufrechterhaltung psychischer Störungen.

Ungeachtet ihres Wahrheitsgehalts sind zur Anwendung eines kognitiven Therapiekonzeptes kognitive Heuristiken erforderlich (plausibles Modell nach Kanfer, Reinecker und Schmelzer 1991). Wenn wir im folgenden immer wieder auf den kognitiven Aspekt psychischer Erlebens- und Reaktionsweisen zu sprechen kommen, so geschieht dies, um heuristische Arbeitsmodelle zu erstellen. Wir tun dies, obgleich wir Gefühlen eine zentrale Bedeutung beimessen und obwohl wir Bedürfnissen und Motiven eine Schlüsselfunktion in der Verhaltenssteuerung zuschreiben.

Weniger die Falsifizierung von motivationspsychologischen Ansätzen als der allgemeine Forschungstrend der letzten 50 Jahre hat eine Mode geschaffen, derer wir uns auch nicht erwehren können. Motivationspsychologisch scheint das Verwenden von Bedürfnisbegriffen veraltet zu sein und stets zu verkürzten Denkmodellen zu führen. Deshalb übersetzen wir heute motivationspsychologische Termini ins Kognitive: Aus dem Bedürfnis wird die Erwartung, aus dem Konflikt die kognitive Dissonanz usw. Zum Verständnis einiger heutiger kognitiver Theorien, müssen wir allerdings ganz privat wieder zurückübersetzen. Um einen typischen automatischen dysfunktionalen Gedanken nach Wright und Beck (1986) in seiner Herkunft verstehen zu können, benötigen wir Informationen über die Bedürfnislage eines Menschen. Der Gedanke „Sie wird mich ja doch wieder ablehnen" ist einerseits eine Wahrscheinlichkeitsaussage aufgrund bisheriger Erfahrungen. Andererseits gibt er Auskunft über das motivationale Anliegen: Er birgt die Hoffnung auf Erfüllung des Bedürfnisses, angenommen, aufgenommen, akzeptiert zu werden, und er birgt die Furcht, daß dieses Bedürfnis frustriert wird.

Der Gedanke ist also assoziiert mit Erinnerungen, Gefühlen und Bedürfnissen. Solange man keinen Blick für die Bedürfnislage eines Menschen in einer konkreten Situation hat, kann man auch mit seinen Kognitionen nicht therapeutisch umgehen. Wir müssen in unseren Betrachtungen also die historische Entwicklung der Psychologie nachvollziehen und zunächst mit den **Bedürfnissen** beginnen und auch die Gefühle vorweg betrachten.

Wenn wir versuchen, gedanklich nachzuvollziehen und emotional nachzuempfinden, **was ein Kind von seinen Eltern braucht** - zunächst von der Geburt bis zur Einschulung - so lassen sich folgende Bedürfnisse nennen: 1. Willkommen sein, Dazugehören, 2. Geborgenheit, Wärme, 3. Schutz, Sicherheit, Zuverlässigkeit, 4. Liebe, 5. Aufmerksamkeit, Beachtung, 6. Empathie, Verständnis, 7. Wertschätzung, Bewunderung, Lob, 8. Selbst machen, selbst können (Selbsteffizienz), 9. Selbstbestimmung, Freiraum, 10. Grenzen setzen, Normen vermitteln, 11. Gefordert und gefördert werden, 12. Jemand zur Idealisierung und als Vorbild haben, 13. Intimität, Hingabe, Erotik, 14. ein Gegenüber zum Lieben haben (Beziehung).

Es besteht eine extreme Dysbalance zwischen der naturgegebenen Homöostase der Familie und dem übergeordneten gesellschaftlichen System. Je bedürftiger das Elternpaar ist, um so mehr wird es sich am gesellschaftlichen System orientieren, um von diesem Bedürfnisbefriedigung zu erhalten. Und um so weniger hat es Ressourcen und Energien, ein eigenes Familiensystem zu kreieren, das partielle Autonomie und Autarkie besitzt und dadurch stark genug ist, den innerfamiliären Erfordernissen erste Priorität beizumessen und sie gegen die Ansprüche des gesellschaftlichen Systems zu verteidigen und durchzusetzen.

Neben der störenden und gestörten Gesellschaft ist das Elternpaar die Hauptquelle von Entwicklungsstörungen des Kindes und der späteren Folge psychischer und psychosomatischer Erkrankungen. Abgesehen von gesellschaftlichen und biologischen Bedingungen scheint sich eine psychische bzw. psychosomatische Störung über zwei Generationen anzubahnen. Bereits die Eltern hatten so ungünstige Entwicklungsbedingungen, daß sie nur mit großem Aufwand an Copingstrategien, die sich später zu einer gestörten Persönlichkeit verfestigten, einer eigenen psychischen Erkrankung entgehen konnten. Sie haben, bildlich gesprochen, einen Damm gegen ihre eigene psychische Destabilisierung aufgebaut. Diesen Damm müssen sie entweder gegen ihre Kinder verteidigen, oder die Kinder müssen helfen, den Damm bruchsicher zu halten bzw. die Kinder werden Bestandteil des Damms. Eltern, die selbst um emotionales Überleben kämpfen, finden keine Ruhe, um ihre Kinder in einem zugleich freien und geschützten Raum groß werden zu lassen.

Wozu fühlt der Mensch?

Betrachten wir die unterschiedlichen Entwicklungsstufen der Tiere, so können wir auf der niedrigsten Stufe eine Informationsverarbeitung und Reaktionsweise auf dem Niveau rein somatischer Reflexe (Reiz-Reaktion) beobachten:

REIZ - REAKTION

Von der Verhaltenstherapie wissen wir, daß bereits auf diesem Niveau Lernprozesse möglich sind. Wir werden sicher in der psychosomatischen Medizin zunehmend Belege erbringen können, daß die „Endstrecke" der psychosomatischen Symptombildung diesem Mechanismus folgt.

Das nächst höhere Niveau der Informationsverarbeitung ist an Emotionen gebunden. Eine Situation löst ein Gefühl aus; dieses mobilisiert den Organismus zu einer Antwort:

REIZ - EMOTION - REAKTION

Die vergleichende Verhaltensforschung zeigt, daß viele Tierarten in ihrer Informationsverarbeitung eine Stufe weiter gehen können. Sie entwickeln kognitive Konstrukte bzw. Konzepte, sie entwickeln Intelligenz. Das bedeutet, daß in einigen Situationen keine Emotionen zur Informationsverarbeitung notwendig sind, sondern die kognitive Verarbeitung direkt zur adäquaten Antwort führt:

REIZ - KOGNITION - REAKTION

Wir können also sagen, Emotionen und Kognitionen sind Regelgrößen im homöostatischen System eines Lebewesens, sind Bestandteil der Informationsverarbeitung. Sie vermitteln in einem ersten Schritt dem Organismus die kognitive bzw. affektive Bedeutung einer Situation. In einem zweiten Schritt sind sie Ausdruck der Bewertung des Vergleichs zwischen organismischen Bedürfnissen und situativen Gegebenheiten.

Wiederholt sich dann die Situation oft im Alltag des Lebewesens, so werden Kognitionen und Emotionen unökonomisch. Sie verzögern nur die Reaktion. Deshalb treten Lernprozesse ein, die bei bekannten Situationen einen automatisierten Ablauf analog obiger Reiz-Reaktions-Sequenz herstellen: die Gewohnheitsbildung. In unserem Modell der autonomen und willkürlichen Psyche bedeutet dies, daß der willkürlichen Psyche die Aufgabe der situativen Handlungssteuerung wieder entzogen wird. Der Mensch handelt nicht mehr bewußt intendiert. Denn dies wäre erstens langsamer und zweitens auch weniger effizient, wie wir leicht anhand von automatisierten Fertigkeiten wie Autofahren oder Klavierspielen nachvollziehen können, überhaupt bei jeder gewohnten psychomotorischen Aktivität wie Gehen, Sprechen usw.

Hier stellt sich die Frage nach der Unterscheidung zwischen bewußten Gedanken und Gefühlen und nicht bewußten Kognitionen, kognitiven Konzepten und Emotionen. Bezüglich der Kognitionen fällt es uns leicht, davon auszugehen, daß die autonome Psyche ständig kognitive Prozesse zur homöostatischen Regulation verwendet. Wir sollten also Kognition als übergeordneten Begriff verwenden. Bei bewußten Abläufen werden wir den Begriff Gedanke verwenden. Gleichermaßen ist es sinnvoll, das bewußte Erleben als Gefühl zu bezeichnen und Emotion als Überbegriff. Und wir wissen zumindest, daß unserer Erinnerungen und Vorstellungen affektive Bedeutungen haben. So wie die Denkpsychologie von einer „cognitive map" spricht, können wir auch eine **emotionale Landkarte** oder ein System emotionaler Konstrukte annehmen.

Es muß gefragt werden, ob nicht jegliche Systematisierung schon wieder ein kognitiver Prozeß und ihr Ergebnis eine kognitive Struktur ist. Dann würde sich die autonome Psyche der Systematisierung als einer kognitiven Leistung bedienen, während die Inhalte des Ordnungssystems bzw. der Landkarte im Extremfall nur aus Emotionen und affektiven Bedeutungsgehalten besteht. Während beim erwachsenen Menschen eine reine „emotional map" sicher nicht existiert, da sie unökonomisch und dysfunktional wäre, müssen wir aber beim Säugling doch eher von einer solchen ausgehen.

Von der Einstellungspsychologie her wissen wir, daß der Mensch sich psychisch auf die Welt einstellt, indem er ihr **Bedeutungen** zuschreibt, die er aus seinem **affektiven und** seinem **kognitiven** Wahrnehmen und Erleben zusammenfügt. Hierzu gehören bereits affektive Bedeutungsgehalte, die wir nur mit Hilfe unserer Emotionen „erkennen" können, wir müssen sagen, erfühlen können.

Eine Funktion der Emotion ist, zum Erkennen einer Situation beizutragen, insbesondere indem deren affektiver Bedeutungsgehalt erfühlt wird. Dieses Erfühlen heißt, daß die Wahrnehmung der Situation zu einem **erinnerten Gefühl** führt.

Emotion hat zugleich eine zweite Funktion: Sie ist ein direktes Handlungsmotiv und mobilisiert den Organismus zu Handlungen, die das Gefühl reduzieren und schließlich beenden. Dann ist die Homöostase wiederhergestellt.

Das Tier hat eine autonome Psyche, von der es nichts weiß, also auch nichts von ihr verstehen kann, von der es zu 100% in seinem Erleben und Verhalten gesteuert wird, auf die es also keinerlei Einfluß nehmen kann. Der Mensch kann sein Wahrnehmen, Erleben und Bewerten in Worte fassen. Diese spezifisch menschlichen Fähigkeiten, die er in so unvergleichlichem Ausmaß differenzieren und weiterentwickeln konnte, sind vielleicht die Basis der Vielfalt und Reichhaltigkeit der menschlichen Psyche. Die sprachlichen, kognitiven und affektiven Fähigkeiten der willkürlichen Psyche des Menschen führten auch, relativ zu den Tieren, zum rascheren Wachstum der autonomen Psyche. So wie wir dies beim Erlernen motorischer Fertigkeiten wie Radfahren und bei der Gewohnheitsbildung betrachtet hatten, so können wir bei jeglicher menschlicher Erfahrung davon ausgehen, daß sie von der autonomen Psyche aufgenommen und aufbewahrt wird und daß sie wiederum Erfahrungen vollständiger ausschöpft und nutzt als unsere willkürliche Psyche. Der Nutzen der willkürlichen Psyche liegt also darin, daß eine ständige Wechselwirkung mit der autonomen Psyche zu deren Weiterentwicklung und Differenzierung führt.

Persönliches Wachstum ist nur möglich mit Hilfe der Funktionen und Fähigkeiten der willkürlichen Psyche. Dies ist auch die Begründung für die Wirksamkeit von Therapieformen, die nicht wie Verhaltenstherapie und kognitive Therapie direkt Vorgänge der autonomen Psyche verändern.

Da menschliches Leid das Leid der bewußten, willkürlichen Psyche ist und wir ihm den Begriff Lebensqualität ebenfalls zuordnen, interessiert die Psychotherapie nicht nur die Optimierung der psychischen Homöostase, sondern auch das Schicksal der willkürlichen Psyche, also des bewußten Menschen.

Zusammenfassend kommen wir zu dem Ergebnis, daß Emotionen ebenso bedeutsam sind wie Kognitionen, daß beide Prozesse und strukturelle Konzepte der autonomen Psyche sind, und daß wir deren bewußte Korrelate Gefühle und Gedanken gleichfalls in unsere Betrachtungen einbeziehen, wohl wissend, daß sie nicht valide und reliabel die für die psychische Homöostase relevanten Emotionen und Kognitionen repräsentieren.

Gefühle und Gedanken sind oft die der willkürlichen Psyche zu Bewußtsein gelangenden Spitzen der beiden Eisberge Kognition und Emotion. Wenn eine Situation den Erwartungen entspricht, d.h. zur erwarteten Herstellung des homöostatischen Fließgleichgewichts führt, ist eine zum Handeln motivierende Emotion nicht mehr notwendig. Es ist lediglich eine Emotion angezeigt, die den Erfolg des instrumentellen Handelns signalisiert, mit einem angenehmen, moderaten, bewußten Gefühl der Zufriedenheit oder Genugtuung einhergehend. Dieses Signal dient als positive Rückmeldung an die autonome Psyche, die das konkrete Verhalten in einer konkreten Situation verstärkt, d.h. die Wahrscheinlichkeit dieses Verhaltens in der konkreten Situation erhöht (positive Verstärkung). Damit nehmen wir an, daß Emotionen die intervenierenden Variablen der Verhaltenssteuerung sowohl über klassische als auch über operante Konditionierungsprozesse sind.

Die autonome Psyche kann bei der willkürlichen Psyche durchaus ein Gefühl induzieren, das mit einer völlig anderen autonomen Zielsetzung, die für die willkürliche Psyche nicht durchschaubar ist, zu einem zielgerichteten bewußten Handeln führt.

Wohin entwickelt sich der Mensch?

Jean Piaget (1981) hat mit seinen Untersuchungen zur Entwicklung des Kindes auch die Basis gelegt für therapierelevante Betrachtungen der Kognitionen des Kindes. Wir sprechen ständig von den Erfahrungen des

Kindes mit seinen Eltern und übersehen dabei, daß die kindliche Psyche allein aufgrund ihrer noch unzureichend entwickelten Denkstrukturen elterliches Verhalten gar nicht so erfahren kann, wie dies einer erwachsenen Psyche möglich wäre.

Kegan (1986) betont, daß diesen vier Stufen auch vier kognitive Modelle über das Funktionieren der (physikalischen) Welt entsprechen. Um ein Kind zu verstehen, muß man sein Weltmodell bzw. sein **Weltbild** kennen und über dessen Grenzen Bescheid wissen. Kegan führt diese Grenzen aus:

1. In der sensomotorischen Ebene hat das Kind nicht Reflexe, sondern es „ist" seine Reflexe und Empfindungen. Seine Psyche ist noch eingebunden in seine Empfindungen und reflexhaften Handlungen. Sie sind das Subjekt, das Selbst. Es existiert noch kein Objekt, keine Außenwelt.
2. Der Übergang zur zweiten (voroperativen) Ebene schafft eine Lösung aus diesem Eingebundensein, d.h. eine Differenzierung: Was früher Subjekt war, wird jetzt Objekt der Wahrnehmung, das Kind „hat" jetzt Reflexe und Empfindungen. Jetzt „ist" das Kind seine Wahrnehmung. Sie ist das Subjekt, d.h. das Kind kann seine Wahrnehmungen noch nicht relativierend betrachten. Wenn sich Wahrnehmungen ändern, so ändert sich die Welt. Das Kind verläßt sich völlig auf seine Wahrnehmung, sie definiert die Realität. Das Kind ist eingebunden in seine Wahrnehmung. Kegan nennt als Beispiel ein vierjähriges Kind, das von einem Wolkenkratzer herunterblickt und überzeugt ist, daß die Menschen klein wie Ameisen geworden sind.
3. Die dritte (konkret-operative) Ebene der Entwicklung ermöglicht es dem Kind, seine Wahrnehmungen zu betrachten. „Die Menschen da unten sehen aus, als ob sie so klein wie Ameisen wären." Die Welt hat sich nicht verändert, nur die Wahrnehmungen haben sich verändert. Das Kind kann zwischen den beiden Wahrnehmungen der verschieden groß aussehenden Menschen wechseln (Reversibilität). Dies ist ihm allerdings nur im Bereich des Konkreten möglich. Es ist eingebunden in das wahrnehmbare Konkrete. Daher fehlt ihm die Fähigkeit, komplexere Handlungs- oder Problemlösungspläne zu bilden, es löst Aufgaben eher durch Ausprobieren.
4. Die vierte (formal-operative) Ebene ist Ergebnis eines weiteren Differenzierungsschrittes. Das Kind löst sich aus dem Eingebundensein ins Konkrete. Es kann abstrahieren, sich Gedanken über Abstraktes machen, über Vorstellungen, losgelöst von der realen physikalischen Welt.

Kegan (1986, S. 64) sieht jede der Ebenen bzw. Stufen Piagets als Ergebnis eines bestimmten Subjekt-Objekt-Gleichgewichts, das entstanden ist aus einem wechselnden Prozeß der **Differenzierung** (sich lösen aus dem alten Eingebundensein) und **Integration** (Beziehung eingehen zu dem Teil der Welt, der gerade noch Teil des Selbst war). Kegan geht davon aus, daß die Weiterentwicklung zur nächsthöheren Stufe dadurch notwendig wird, daß das Kind mit seiner alten Art die Welt nicht mehr begreifen kann, d.h. keine **Assimilation** einer Erfahrung mehr in sein Weltbild möglich ist. Es entsteht eine **Krise**, die Welt kann nicht mehr erfaßt werden. Die Krise ist nur überwindbar durch Änderung des Selbst- und Weltbildes, und dies geschieht durch Weiterentwicklung zur nächst höheren Ebene eines neuen Subjekt-Objekt-Gleichgewichts. Der Vorgang der Anpassung des Selbst- und Weltbildes an die Realität heißt **Akkommodation**. Dies bedeutet aber Instabilität und wird deshalb möglichst vermieden.

Piaget sieht Entwicklung als die Aktivität der **Equilibration**, als Wechselspiel zwischen Assimilation und Akkommodation, deren Ergebnis Adaptation ist. Kegan sieht darin auch das Wechselspiel zwischen Selbsterhaltung (Assimilation) und Selbstveränderung (Akkommodation). Er sieht Piagets Stufen als Stadien der Bedeutungsentwicklung, in welcher jeweils neu definiert wird, welchen Teil das Kind zum Selbst und welchen zum Objekt erklärt, mit dem es in Beziehung tritt. Entwicklung ist für ihn die Veränderung vom

Eingebundensein zur Beziehung.
Analog zu diesen Stufen der Entwicklung der Wertorientierung hat Kegan (1986) allgemeine Entwicklungsstufen des Selbst beschrieben (Abbildung 1) :

Stadium der Einverleibung (Stufe 0)
Alle Empfindungen werden beim Neugeborenen dem eigenen Körper zugeschrieben, diesem assimiliert, einverleibt. Umgekehrt ist der Organismus eingebunden in seine Empfindungen und Reflexe, es gibt keine Außenwelt, kein vom Selbst getrenntes Objekt. Das Selbst ist seine Reflexe und Empfindungen.

Stadium des impulsiven Gleichgewichts (Stufe 1)
Das Selbst zieht sich zurück auf seine Wahrnehmungen und Impulse, die die Reflexe vermitteln und koordinieren. Damit werden Reflexe und Bewegungen zum Objekt. Das Selbst ist seine Impulse und seine Wahrnehmung. So kann ein Kind bitterlich weinen, weil sein schönes blaues Auto in der Dämmerung grau geworden ist und sich über die Maßen freuen, daß es wieder so schön blau geworden ist, nachdem die Mutter das Licht angemacht hatte. Das Kind kann noch nicht zwei Wahrnehmungen in Beziehung setzen, es kann auch noch nicht zwei Gefühle zusammenbringen. Daher kann es Ambivalenz nicht ertragen und versucht diese durch Aggression und Wutausbrüche zu beenden. Ebensowenig kann es seine Impulse kontrollieren. Verlangt seine Umwelt dies von ihm, so entsteht Wut; es sei denn, wütende Eltern induzieren Angst, die die Wut wegwischt.

Stadium des souveränen Gleichgewichts (Stufe 2)
Das Kind kann seine Impulse steuern und kontrollieren und empfindet dies als seine Fähigkeit, Einfluß zu nehmen. Es ist bemüht, seine Umwelt zu kontrollieren. Wo dies nicht gelingt, ist es mißtrauisch. Projektionen werden zur Orientierung in der Welt zu Hilfe genommen. Der andere Mensch ist bedeutsam als Quelle der Bedürfnisbefriedigung. Es besteht eine Notwendigkeit, die Folgen des eigenen Handelns vorhersehbar zu machen, damit **Angst** minimiert wird und die eigenen Bedürfnisse befriedigt werden. Das Kind „ist" seine Bedürfnisse, kann Frustrationen noch nicht innerlich verarbeiten.

Stadium des zwischenmenschlichen Gleichgewichts (Stufe 3)
Nun werden die zwischenmenschlichen Beziehungen zur Struktur des Selbst. Die Bedürfnisse werden zum Objekt, koordinierbar und integrierbar in gegenseitigen zwischenmenschlichen Beziehungen. Bedürfnisse und Gefühle können kommuniziert werden. Da das Selbst in diese Beziehungen eingebunden ist, kann es diese nicht reflektieren. Es „ist" die jeweils einzelne Beziehung, mal die eine, mal die andere. Das heißt, es besteht noch keine abgegrenzte, kontinuierliche Identität. Das Selbst ist noch verschmolzen in der zwischenmenschlichen Beziehung. Dies kann auf den anderen Menschen einen ihn verschlingenwollenden Eindruck machen. Harmonie ist wichtig. Ärger stört diese, darf also nicht sein, höchstens Traurigkeit, Verletztheit oder Insuffizienzgefühl. Das Selbst ist seinen an die zwischenmenschliche Beziehung gerichteten Erwartungen und Verpflichtungen ausgeliefert. Ohne den anderen Menschen ist die eigene Person nicht komplett. Er wird benötigt, um ein Gefühl des vollständigen Selbst haben zu können.

Stadium des institutionellen Gleichgewichts (Stufe 4)
Nun kann das Selbst Beziehungen „haben" und zwar verschiedene . Es erhält und bewahrt dadurch seine Identität. Die neu entstandene Struktur des Selbst bringt die Möglichkeit, sich als von anderen unterscheidende Person zu erleben. Interpersonelle Konflikte werden verinnerlicht, Ambivalenz kann toleriert werden, Gefühle können reflektiert und gesteuert werden. Das Selbst ist nun eine Institution, die Rollen, Normen, Selbstkonzept und Selbstkontrolle verwaltet und hierzu ein Rechtssystem, das gesellschaftliche System und ein Wertsystem installiert. Das Kind hat sich befreit vom Eingebundensein in Beziehungen. Die Zuneigung der anderen ist nicht mehr bestimmend für das Schicksal des Selbst. Die neue Unfreiheit besteht im Eingebundensein in die Verwaltung und Organisation des Selbstsystems, die notwendigerweise ideologisch

ist. Gefühle entstehen nicht mehr unmittelbar aus dem Erleben der Beziehung („Magst du mich noch?", „Ist unsere Beziehung noch intakt?"), sondern aus der erfolgreichen Steuerung der Beziehungen („Gelang es mir, die wechselseitigen Interessen zu steuern?", „Ist mein Management der Beziehungen oder des Berufs noch intakt?"). Um als Institution funktionsfähig zu sein, müssen intensive Gefühle (Zuneigung, Erotik) oder Gefühle, die die Anpassungsfunktionen erschweren (Zweifel am Leistungsprinzip), abgewehrt werden. Eine ständige Konfliktfreiheit ist notwendig. Andernfalls ist das Gleichgewicht dieser Entwicklungsstufe gefährdet.

Stadium des überindividuellen Gleichgewichts (Stufe 5)
Die Loslösung von der institutionellen Organisation des Selbst und seiner Beziehungen zur sozialen Bezugsgruppe bzw. zur Gesellschaft führt zum Individuum, das über diese Organisation reflektieren kann. Es wird frei, um Beziehungen einzugehen, in denen beide Partner ihre Individualität bewahren (Kegan 1986, S. 147). Das Selbst „ist" auch nicht mehr sein Beruf oder seine Berufsrolle, Leistung bestimmt nicht mehr das Selbstgefühl. Kritik kann angenommen werden. Es kann zwischen verschiedenen Teilen des Selbst gewechselt, Konflikte zwischen diesen toleriert werden. „Individualität fördert nicht Abgeschlossenheit und Selbstkontrolle, sondern sie ermöglicht, daß wir uns anderen hingeben können." (Kegan 1986, S. 148).

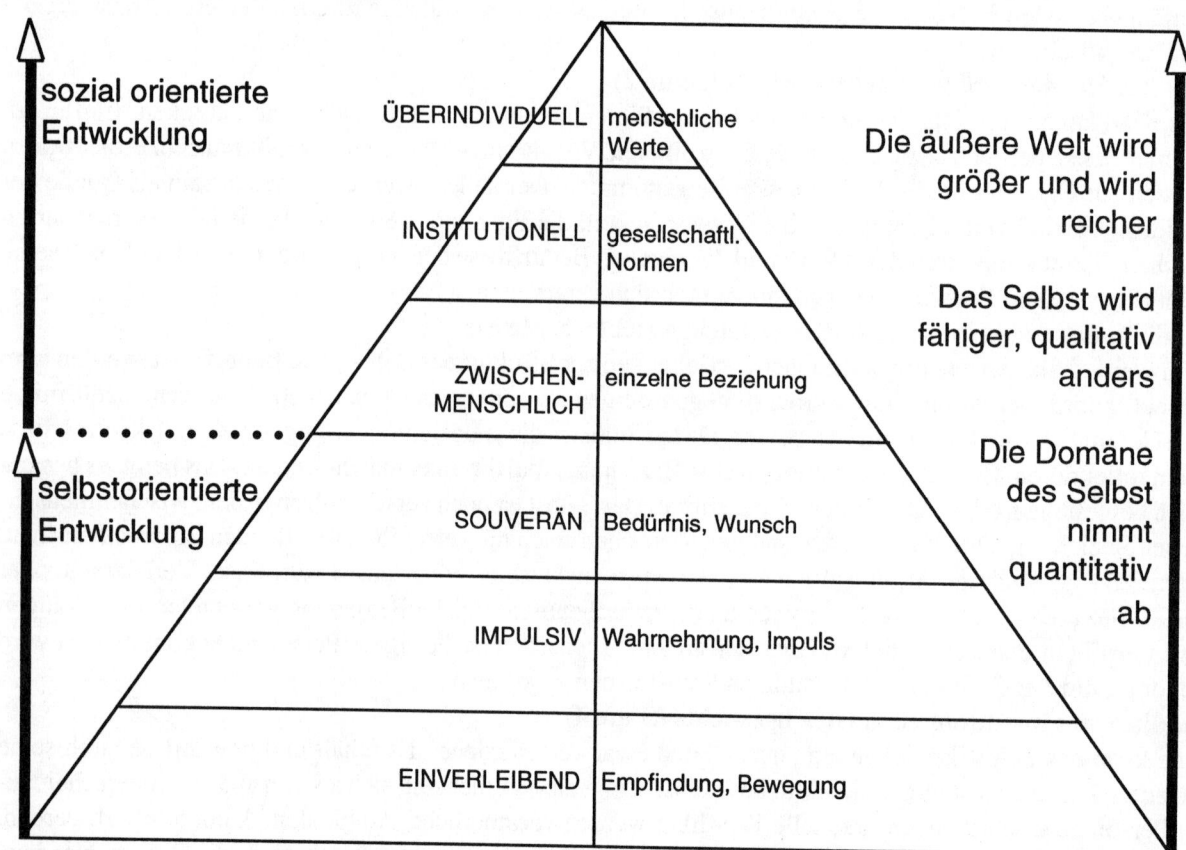

Abbildung 1. Kegans Entwicklungsphasen der affektiv-kognitiven Bedeutung des Selbst und der Welt

Zusammenfassend ist Kegans „Neo-Piagetscher" Ansatz eine Übertragung der „Konstruktions- und Entwicklungstheorie" Piagets auf die Entwicklung des Selbst und seiner Beziehungen zum anderen Menschen. Entwicklung heißt, der andere wird immer weniger mit mir selbst verwechselt.

Mit Anpassung „meine (ich) damit einen aktiven Prozeß der Auseinandersetzung zwischen Selbst und Umwelt, der zu einem zunehmend besser organisierten Verhältnis zwischen ihnen führt. Die bessere Orgnisation zwischen Selbst und Umwelt wird erreicht, indem sich das Selbst immer stärker von der Umwelt löst und dabei zunehmend mehr Aspekte der Umwelt integriert" (Kegan, 1986, S. 155).

Entwicklung ist die immer wieder neue Erschaffung des anderen (a.a.O., S. 189). Die Eltern als anfänglich einzige „einbindende Kultur" müssen sowohl zeitgemäß Halt geben, als auch Widerspruch leisten. Das Grenzen-Setzen, der dem Kind entgegengebrachte Widerspruch, muß phasengerecht sein, d.h. genau die Kontrolle darstellen, die das Kind in der nächsten Phase mit größter Sicherheit selbst übernehmen kann (Selbstkontrolle): Autoritatives Grenzen setzen statt Autoritäres.

Für das Kind ist bedrohlich, wenn die Eltern das, was es **ist**, ablehnen (gleich das autonome Ich der jeweiligen Stufe), dann kann es zum Beispiel nicht die Folgen seiner Impulse erfahren und auch nicht lernen, sie zu kontrollieren.

Psychotherapeutisch wichtiger als die Tableaus der stabilen Stufen sind die **Übergangsphasen**. Eine Übergangsphase stellt zwei Selbst dar, das alte und das neue; so entsteht bei Entscheidungen ein Gefühlswirrwarr.

Gefühle entstehen beim Verlassen eines Gleichgewichts und sind für Kegan besonders bedeutsam zur Herstellung desselben, als Empfindung von Entwicklung. Emotion aus der wörtlichen Bedeutung heraus verstanden: „Ex" und „Motion", aus der Bewegung heraus. Dabei spielt das schmerzliche Gefühl des Verlustes von Gleichgewicht eine große Rolle.

Den **kognitiven** Prozeß beim Übergang zur nächsten Stufe beschreibt Kegan so (a.a.O., S. 225): „Ich mache Erfahrungen in der Welt, die im Rahmen meiner gegenwärtigen Organisation der Wirklichkeit keinen Sinn ergeben. Eine Zeitlang „prüfe" ich meine „Theorie" (meine Form der Bedeutungsbildung) gemäß dem Prinzip: „Wenn die Tatsachen meine Theorie nicht stützen, geht das zu Lasten der Tatsachen; diese Haltung ist mit dem Begriff der Assimilation gemeint und in psychodynamischen Theorien mit dem Begriff der Abwehr. Erst wenn Erfahrungen auftauchen, die durch innerhalb des Systems stattfindende Anpassungsvorgänge nicht mehr assimiliert werden können (indem ich zusätzliche **Implikationen** meiner Bedeutung erkenne), fühlt sich das System selbst bedroht, da es auf die Grenzen und Schwächen seiner **Grundannahmen** aufmerksam wird."

Dabei besteht nach Kegan die Grenze jeder Entwicklungsstufe darin, daß der andere (die Welt) in einer stufenspezifischen Hinsicht mit dem eigenen Selbst verwechselt wird, auf der impulsiven Stufe als unabgegrenzter Bedürfnisbefriediger, auf der souveränen Stufe als zu kontrollierender Bestandteil des Selbst-Objekt-Systems, auf der zwischenmenschlichen Stufe als Spender von Liebe in einer verschmolzenen Beziehung, auf der institutionellen Stufe als verwaltbarer Bestandteil des psychosozialen Verwaltungsapparates (formalisierte Beziehungen).

Erst auf der überindividuellen Stufe wird dem anderen alles zugestanden und belassen, was er ist und was zu ihm gehört. Zu ihm wird Beziehung aufgenommen, ohne daß er partiell in das eigene Selbst-System eingebaut wird.

Diese kognitive Entwicklungspsychologie versteht sich als eine Psychologie der Entwicklung des Selbst und seiner Beziehungen und tritt damit zur psychoanalytischen Objektbeziehungstheorie in Konkurrenz. Allerdings bezieht sich letztere auf die ersten vier Lebensjahre des Menschen. Aber auch von klinischer Seite her muß man sich vergegenwärtigen, daß Kegans Entwicklungsstufen ein sehr grobes Raster darstellen. Kegan beschreibt sie wie Piaget auch als eine **Entwicklungsspirale**, so daß das gleiche Thema in der übernächsten Phase wiederkehrt. Dieses Spiralenprinzip der Entwicklung ist eine Möglichkeit, die wiederkehrenden Themen der Dialektik zwischen Differenzierung und Integration auf einer jeweils höheren Stufe zu betrachten.

Der Mensch lebt in Beziehung

Kegans Neo-Piagetsche Entwicklungspsychologie erklärt nicht nur die Entwicklung der Kognitionen und der Wertorientierung, sondern auch die Entwicklung des Selbst und seiner Beziehung zur physikalischen und sozialen Umwelt. Wir können deshalb jetzt die Entwicklung der Beziehungsgestaltung betrachten. In der Phase des einverleibenden Gleichgewichts zwischen Selbst und Welt, macht der Säugling keinen Unterschied zwischen Selbst und Welt. Bildhaft aus der Perspektive des erwachsenen Beobachters gesprochen, wird die Welt einverleibt. Durch Einverleibung beseitigt er diesen Unterschied. Wenn etwas Gutes in der Welt geschieht, so geschieht es auch an oder im Selbst, ebenso wenn etwas Schreckliches, Bedrohliches geschieht. Wir wissen trotz der inzwischen großen Zahl sorgfältiger Untersuchungen zur Mutter-Kind-Interaktion (Dornes, 1993) noch wenig über diese Zeit. Aber wir benötigen ihre wenngleich spekulative Charakterisierung, um die folgende Phase und vor allem den Übergang zu dieser Phase beschreiben zu können. Wir müssen in der dialektischen Prozeßabfolge der Differenzierung des Selbst und seiner Integration in die Welt durch Beziehungsgestaltung jeweils das Selbst der neuen Entwicklungsphase verstehen und damit die Welt als Nicht-Selbst, um auch seine Beziehungsgestaltung verstehen zu können.

Die Beziehungsgestaltung ist Ausdruck der Persönlichkeit (des Selbst), und beides entwickelt sich nach den Vorgaben einer Regel, die den ungefährlichen oder ungefährdeten sozialen Bewegungsraum des Menschen absteckt, d.h. sein emotionales Überleben gewährleistet. Die verfestigten habituellen Erlebens- und Verhaltensweisen eines Menschen, die unreflektiert erfolgen und automatisiert sind, gewährleisten als Verhaltensstereotypien das Einhalten dieser Überlebensregel. Oder: Persönlichkeit dient zur Absicherung des emotionalen Überlebens. Zu jeder Entwicklungsstufe gehört eine charakteristische Selbst- und Welt-Definition und eine die Beziehung zwischen beiden organisierende Überlebensregel, die nicht mit der Moral oder Wertorientierung eines Menschen identisch ist. Beide sind Resultat der Wechselwirkung zwischen der Umwelt und dem sich entwickelnden Menschen. Die Überlebensregel kann durchaus ein Handeln entgegen der Moral oder der verinnerlichten Werte vorschreiben, zum Beispiel „Nur wenn es mir gelingt, meine Riesenwut durch heimliche Zerstörungen abzureagieren, kann ich mit meinen Eltern in gutem Einvernehmen weiterleben." Wir müssen funktionale, entwicklungsgemäße Überlebensregeln von dysfunktionalen, entwicklungshemmenden Überlebensregeln unterscheiden. Letztere sind Gegenstand jeglicher Psychotherapie. Erstere beschreiben lediglich die subjektiven „Lebensbedingungen" (Bauriedl 1984) und damit die Subjektivität des Selbst- und Weltbildes eines Menschen in einer bestimmten Entwicklungsphase.

Diese Überlebensregeln sind funktional, solange die soziale Umwelt das Kind, so wie es gerade sich und die Welt erlebt und mit sich und der Welt umgeht, sein lassen können. Und sie sind funktional, solange das Kind sich nicht psychisch (motivational, emotional, kognitiv, sozial, ethisch) und zum Teil auch körperlich weiterentwickelt hat. Sind diese beiden Bedingungen nicht oder nicht mehr gegeben, so entstehen für den Menschen unlösbare intrapsychische oder interpersonelle Konflikte. Er kann die anstehenden Lebensprobleme nicht mehr lösen. Er muß seine Assimilierungsversuche aufgeben und eine Akkommodation seiner Schemata an die neue Realität eines neu definierten Selbst und einer neu definierten Welt durchführen. Nach

Kegan muß er etwas, das bisher zu seinem Selbst gehörte, an die Welt abgeben, d.h., die Grenzen zwischen Selbst und Welt neu setzen. Ist dieser Schritt zu bedrohlich, so kommt es zur Krise: So wie es ist, kann ich nicht überleben. Und: Das, was ich an die Welt abgeben müßte, ist ein so großer Verlust für mich, daß ich den Übergang auch nicht überleben würde.

Diese Sicht von Krise beschreibt einerseits die Notsituation, in der Symptombildung eine kreative Leistung eines Menschen und Ausdruck einer Überlebenskunst ist. Andererseits macht sie auch den Widerstand deutlich, den dieser Mensch einer Therapie entgegenbringen wird, die auf Konfliktlösung durch Entwicklung der Persönlichkeit abzielt. Denn Entwicklung ist Veränderung, und Veränderung ist Verlust. Betrachten wir abschließend die Beziehungsgestaltung auf den verschiedenen Entwicklungsstufen. Diese Betrachtungen bauen auf Piagets (1981) Theorie der kognitiven Entwicklung, der Theorie der moralischen Entwicklung von Kohlberg (1984) und Kegans (1986) Theorie der Selbstentwicklung auf.

Der dialektische Prozeß der Entwicklung der Beziehungen bewegt sich zwischen zwei Polen, die einerseits Differenzierung, Verschiedenheit, Autonomie, sichtbar durch eine Betonung des Kognitiven, und andererseits Integration, Zugehörigkeit, Abhängigkeit, sichtbar durch eine Betonung des Emotionalen, beinhalten.

Die einverleibende Beziehungsgestaltung

Werden noch keine Grenzen zwischen Selbst und Welt wahrgenommen, so bezieht sich jedes Erleben der Welt auch auf das Erleben des Selbst. Wohlbefinden des anderen ist mein Wohlbefinden. Meine Unlust ist seine Unlust. Existiert der andere nicht, so existiere ich bald nicht mehr. Empfindungen von Lust-/Unlustcharakter lösen Reflexe aus, die auf die Konsumierung von Wohlbefinden herstellenden Angeboten der Umwelt ausgerichtet sind. Es dominiert der passiv-perzeptive Modus der Einverleibung von Daseinsberechtigung, Geborgenheit, Sicherheit und Geliebtwerden.

Es ist erstaunlich, mit welcher Häufigkeit wir bei Ehepaaren diesen Beziehungsmodus vorfinden können. Ihre tiefen emotionalen Krisen bei der Erschütterung einer solchen Beziehung oder bei ihrem Scheitern werden erst verständlich, wenn man versucht die subjektive Selbst- und Weltsicht nachzuempfinden, die diesem Modus zugrunde liegt. Und wir können auch verstehen, wenn das Ende der Beziehung nicht überlebt werden kann, daß dann auch eine normalpsychologische Bewältigung der Trennung vom Partner nicht möglich ist. Es kann kein Trauerprozeß stattfinden. Trauer ist nur möglich, wenn ich weiß, daß ich weiterleben werde. Ohne diese Gewißheit muß eine Symptombildung die psychische Konfrontation mit dieser subjektiv nicht zu überlebenden Realität verhindern. Depression, Panik- und andere Angstsyndrome bilden den symptomatischen Ausweg. Aggression kann in dieser Beziehung höchstens durch Zähneknirschen, Freßattacken oder Nahrungsverweigerung kundgetan werden. Im übrigen wird sie sich eher im eigenen Selbst, insbesondere im eigenen Körper abspielen, zum Beispiel beim Ulcus duodeni in der Magenschleimhaut, bei Morbus Crohn und Colitis ulcerosa in der Darmschleimhaut und beim Asthma bronchiale in der glatten Muskulatur der Bronchiolen und Bronchien.

Aggression als Antwort auf beziehungszerstörendes und damit mein Selbst zerstörendes Verhalten des anderen tritt als Haß auf, der reflektorisch und ganzheitlich das Zerstörende vernichten will, im Gegensatz zum Gefühl der Wut, die primär auf die aggressive Handlung des anderen gerichtet ist.

Die impulsive Beziehungsgestaltung

Die Wahrnehmung der eigenen Bedürfnisse und die Fähigkeit, impulsives instrumentelles Verhalten zu ihrer Befriedigung einzusetzen, befreien vom Angewiesensein auf den passiv-perzeptiven Modus. Der aktiv-impulsive Modus der Beziehungsgestaltung schreibt der Bezugsperson eine eher passive oder reagierende Rolle zu. Sie soll mich und mein Tun anerkennen, bestätigen, lieben, verstehen, loben. Intensive spontane

Gefühle prägen die Interaktionen. So wie ich ganz Bedürfnis bin, bin ich auch ganz Gefühl. So wie ich erwarte, daß der andere mein Bedürfnis befriedigt, so erwarte ich auch, daß er mein Gefühl auffängt. Sein von meinem Bedürfnis sich unterscheidendes Fühlen und Wünschen stört meine impulsive Beziehungsgestaltung, ich kann mich nicht in ihn hineinversetzen, selbst nicht empathisch sein. Dieses Kinderparadies ist bedroht durch den Weggang des Partners.

Deshalb sind Trennungsängste ein wichtiges Regulativ im Umgang mit dem Partner. Nicht ein entwickeltes Selbst, sondern Ängste halten diese Impulse in Schranken, damit sie das Paradies nicht zerstören. Solange jedoch diese Bedrohung nicht wahrgenommen wird, wird frustrierendes Verhalten des anderen mit Ärger, Empörung oder Wut beantwortet, so berechtigt es aus dessen Warte auch gewesen sein mag. Der Partner kann die ihm zugewiesene Rolle mit den für ihn damit verknüpften Vor- und Nachteilen annehmen. Vorteil ist die Freude des Freudebereiters, was durchaus ein intensives gemeinsames lustvolles Erleben ermöglicht. Nachteil ist, daß eigenen Bedürfnissen, die denjenigen des Partners konträrlaufen, nur nach Kämpfen nachgegangen werden kann. Wird diese Rolle nicht angenommen, sondern gleichermaßen impulsive Befriedigung gesucht, so lieben und streiten sich eben zwei Kinder abwechselnd. Dies geht so lange gut, bis eines von beiden doch wieder Eltern haben möchte. Als Symptombildungen treten häufig Phobien und Somatisierungsstörungen auf, die bedrohlich intensiv werdende Gefühle und Impulse, wie Spannungskopfschmerz, Migräne, aber auch Schreibkrampf und Schiefhals sowie Konversionssyndrome auffangen. Eine völlige Blockierung der impulsiven Tendenzen wird durch Zwangssyndrome erreicht.

Die souveräne Beziehungsgestaltung

Kegans Entwicklungsstufe des souveränen Gleichgewichts ist durch die Kontrollierbarkeit der eigenen Impulse und damit auch die Kontrollierbarkeit der Bezugsperson charakterisiert. Mit dieser Errungenschaft geht die Erkenntnis einher, daß die Bezugsperson nicht selbstverständlich gleich denkt und fühlt wie man selbst. Deshalb besteht nicht nur die Möglichkeit sondern auch die Notwendigkeit ihrer Kontrolle. Dies bedeutet Wachsamkeit. Je nach den zentrifugalen Tendenzen bzw. der fehlenden Vorhersagbarkeit des Verhaltens des Partners muß sogar ein ganzes System zur Frühwarnung etabliert werden, in dem Radarschirme alle Bewegungen des „Objekts" orten. Ist alles unter Kontrolle, stellt sich das Gefühl der Souveränität ein. Dieses Gefühl signalisiert das Vorhandensein der psychosozialen Homöostase.

Der Toleranzbereich der Homöostase ist individuell sehr verschieden. Bei manchen meldet das Radarsystem schon bei geringsten Abweichungen bedrohliche „Objektbewegungen" und damit Bedrohung der Souveränität. Dies führt zu einer Steigerung der Kontrollbemühungen. Die Reaktionen der Bezugspersonen auf eigene Verhaltensweisen, d.h. die Konsequenzen eigenen Handelns, werden noch konsequenter abgewogen. Die Bezugsperson ist in ihrem Verhalten kalkulierbar. Ich weiß, wie sie reagieren wird, wenn ich dieses oder jenes Verhalten zeige oder unterlasse: so wie der souveräne Dompteur sein Raubtier kennt und dafür sorgt, daß es ein ihn gefährdendes Verhalten unterläßt.

Das Bild des Dompteurs läßt ahnen, wieviel psychische Energie diese Souveränität kostet und wie groß die Bedrohung eingeschätzt wird. Der Beziehung droht von zwei Seiten Gefahr. Nimmt zum Beispiel das eigene Bedürfnis nach Selbständigkeit so zu, daß es außer Kontrolle zu geraten droht, so entsteht Angst, die nicht selten in eine Herzneurose oder eine Panikstörung mit oder ohne Agoraphobie einmündet. Die Symptome helfen, diese Impulse erfolgreich aus der Welt zu schaffen. Die zweite Gefahr droht von seiten des Partners. Wenn dessen Eigenständigkeitsstreben außer Kontrolle gerät, entsteht die gleiche Angst, der wiederum durch obige Symptombildungen entgegengewirkt werden kann. Ein Zwangssyndrom ist eine weitere Form der Impulskontrolle. Tinnitus kann das Syndrom des überreizten Radarsystems sein, das durch die eigene Aggression außer Gefecht gesetzt wird.

Die zwischenmenschliche Beziehungsgestaltung

Unter Aufgabe der Illusion einer durch mich souverän kontrollierbaren Beziehung, werde ich nun Beziehung. Wenn ich diese bin, brauche ich sie nicht mehr zu kontrollieren, bin aber auch nicht mehr souverän. Kegans Entwicklungsstufe des zwischenmenschlichen Gleichgewichts bedeutet die Fähigkeit und Notwendigkeit, durch Opfer und Verzicht auf die Befriedigung selbstbezogener Bedürfnisse eine liebevoll verschmolzene harmonische Beziehung zu leben. Das Streben nach Differenzierung, Verschiedenheit und Autonomie wird demjenigen nach Integration, Zugehörigkeit und Abhängigkeit geopfert. Der Bezugsperson wird die Wahlmöglichkeit zugesprochen, mich anzunehmen oder abzulehnen, mich wegzustoßen. Ich beeinflusse ihre Wahl durch Selbstverzicht, durch ganz Beziehung sein. Von meiner Seite aus wird alles getan, um Harmonie herzustellen. Nichts an mir steht der liebevollen Verschmelzung im Wege.

Die Partnerschaft hat deshalb mehr Gefühls- und Erlebensqualität als Beziehungen der souveränen Stufe. Ist die Vorleistung jedoch einseitig und das Verschmelzungsverlangen ebenso, so entsteht rasch eine emotionale Abhängigkeit. Denn diese Grundhaltung verhindert wehrhafte Selbstbehauptung in der Partnerschaft. Der weniger Liebe investierende Partner wird zur Dominanz neigen und auch mehr seine eigene Domäne abstecken, was wiederum als drohende Ablehnung oder Zurückweisung interpretiert wird. Treffen sich jedoch zwei Menschen, die sich gleichermaßen durch die Beziehung definieren, so wird ihre Beziehung wie eine gleichsinnige Bewegung sein, wie Shivas Dance, und sie merken nicht oder lange Zeit nicht, welchen Teil ihrer Persönlichkeit sie nicht leben oder sich nicht entwickeln lassen.

Soziale Ängste, unterdrückte Selbstbehauptung (nicht nein sagen können, nicht fordern können) sind ebenso wie chronische Verspannungen und Rückenschmerzen im Bereich der Lendenwirbelsäule mit Bandscheibenverschleiß typische Symptombildungen, die das bedrohte Gleichgewicht sowohl des Selbst als auch der Beziehung stabilisieren sollen.

Die institutionelle Beziehungsgestaltung

Wiederum hilft der Rückblick auf das Dilemma der vorausgegangenen Entwicklungsstufe, die Errungenschaft des institutionellen Gleichgewichts zu würdigen. Nicht mehr Beziehung sein müssen, sondern Beziehungen haben, sie handhaben können und auch mehrere bedeutsame Beziehungen gleichzeitig (z.B. zum Ehemann und zur Freundin und zum Bruder) gestalten können, bringt eine wichtige Befreiung. Da der Mensch innerlich noch nicht völlig autonom ist, benötigt er noch äußere Hilfestellungen, um seine Beziehungen zu gestalten. Informelle und formelle Umgangsregeln, die man selbst einhält und die der andere auch einhalten muß, heben den Menschen aus der Abhängigkeit der zwischenmenschlichen Beziehungsgestaltung heraus.

Aus der Gestaltung wird so allerdings eine Verwaltung, die Beziehung wird weniger persönlich, die Person wird Institution. Nicht mehr das Emotionale und nahe Spüren, was der andere gerade braucht oder will, bestimmen die eigenen Beiträge zur Partnerschaft. Eher ist die kognitive und distanziertere Erarbeitung von Umgangsregeln bestimmend, die Vertragscharakter erhalten und damit Gesetze werden, deren Einhaltung analog Spielregeln und Verkehrsregeln kognitiv geprüft werden kann. Diese Objektivierbarkeit schafft im Vergleich zur vorausgehenden Entwicklungsstufe eine innere Befreiung aus einer emotionalen Verstrickung, schafft einen Kompromiß zwischen Selbst und Welt, der die eigene Individualität in der Beziehung rettet. Die Not, die eigene Individualität trotz Beziehung nicht wieder zu verlieren, führt zur Angst vor Hingabe. Hingabe bedeutet nicht nur Kontrollverlust wie in der souveränen Beziehungsgestaltung, sondern Verlust der Individualität, d.h. der gerade eben gewonnenen Errungenschaft der institutionellen Entwicklungsstufe. Diese Angst kann zur Beziehungsphobie werden mit der Vermeidung, ernsthafte Paarbeziehungen einzugehen.

Die überindividuelle Beziehungsgestaltung

Ein und dieselbe Beziehung mit demselben Partner kann im Idealfall eine Weiterentwicklung zur reifsten Form der Beziehungsgestaltung durchmachen - mit den zugehörigen Krisen an den Übergängen von einer Stufe zur nächsthöheren. Dies ist nur möglich, wenn beide Partner in ihrer Selbstentwicklung ein analoges persönliches Wachstum, d.h. eine entsprechende Reifung ihrer Persönlichkeit vollziehen. Nicht mehr die Individualität ist das höchste zu verteidigende Gut. Die eigene Individualität wird relativiert durch die Individualität des anderen, die diesem erstmals wirklich zugestanden wird. Die freie Beweglichkeit beider Individuen enthebt mich der Möglichkeit, den anderen durch unsere bisherige institutionalisierte Beziehung zu verwalten. Sie entbindet mich durch dessen freiwillige Entscheidung, sich zu mir zu bewegen, sich auf mich zu beziehen und mit mir in Beziehung zu sein, auch von der Notwendigkeit der Verwaltung unserer Beziehung. Allerdings wäre unsere Beziehung doch sehr störanfällig, wenn es nichts Verbindendes gäbe. Das gemeinsame Eingebundensein in eine allgemeine menschliche Ethik schafft die gemeinsame Basis unserer Beziehung, die die reife Lösung von Problemen und Konflikten innerhalb der Partnerschaft ermöglicht und die sonst fällige Distanzierung oder Auflösung der Beziehung eher zum Ausnahmefall werden läßt. Therapeuten müssen bedenken, daß dieses Beziehungsideal kaum auf dem direkten Weg, zum Beispiel von der einverleibenden Beziehungsgestaltung aus, erreicht werden kann. Es ist fraglich, ob Therapie die Gesetzmäßigkeiten der Entwicklung außer Kraft setzen kann und im Eilverfahren mehrere Entwicklungsstufen und die zu ihnen gehörenden krisenhaften Übergänge überspringen kann. Die Lösung besteht oftmals in einer bescheideneren Zielsetzung, abhängig von der zur Verfügung stehenden Zahl an Therapiestunden.

Der Mensch ist eine Persönlichkeit

Die bisherigen Betrachtungen zeigen, wie vielfältig die Entwicklungsmöglichkeiten der menschlichen Psyche sind. So groß ist aber auch die Vielfalt menschlicher Persönlichkeiten. Wir können Persönlichkeit kurz definieren als die Art und Weise, wie ein Mensch sich und die Welt erlebt und mit sich und der Welt umgeht. Insbesondere interessiert uns, wie der Mensch denkt, fühlt, handelt, welche Motive ihn leiten, wie er sich sein Leben und seine Beziehungen einrichtet. Wir wollen möglichst wissen, wie er seine psychosoziale Homöostase reguliert. Über dieses allgemeinpsychologische Interesse hinaus bewegen uns die Unterschiede zwischen den Menschen, das, was den einen Menschen im Unterschied zum anderen charakterisiert. Psychotherapeutisch relevant sind besonders zwei Aspekte der Persönlichkeit eines Menschen: derjenige, der es notwendig machte, in einer anders nicht lösbaren Problemsituation ein Symptom zu erschaffen, und derjenige, der es ihm ermöglichen wird, die symptomatische Problemlösung aufzugeben.
In einer sehr weiten Definition von Verhalten ist Persönlichkeit die Gesamtheit der verfestigten habituellen Verhaltens- und Erlebensweisen eines Menschen. Sein Verhalten in einer konkreten Situation sagt ebensoviel über ihn aus wie über die Situation, da es eine große Bandbreite von potentiell situationsgemäßen Verhaltensweisen gibt. Darüber hinaus verhält sich ein Mensch über verschiedene Situationen hinweg sehr ähnlich, d.h., es besteht ein situationsübergreifendes **Verhaltensstereotyp**. Bei diesen person-invarianten Verhaltensstereotypien kann tatsächlich von einer Eigenschaft bzw. einem Persönlichkeitsmerkmal gesprochen werden oder, wenn es das gesamte Sozialverhalten charakterisiert, von einem Persönlichkeitstyp.
Ein wichtiger Unterschied unserer Persönlichkeitsdiagnostik zur trait-psychologischen Diagnose der Persönlichkeitsfragebögen ist das Einbeziehen der autonomen Psyche in das Konstrukt der Persönlichkeit. Die rein deskriptiven empirischen Persönlichkeitsfaktoren der Fragebögen sind für ein funktionales Verständnis wenig hilfreich, sie beschreiben nur die abfragbaren Manifestationen der willkürlichen Psyche.

Die Persönlichkeitskategorien des Diagnostic and Statistic Manual of Mental Disorders (DSM-III, 1981) sind eine bunte Mischung aus eher deskriptiven, klassisch psychiatrischen und psychodynamischen Kategorien. Sulz (1992a) hat acht klinische Persönlichkeitstypen als Verhaltensstereotypien beschrieben und Fragebögen dazu vorgeschlagen. Die acht klinischen Persönlichkeitstypen sind: Schizoide Persönlichkeit, Borderline-Persönlichkeit, narzißtische Persönlichkeit, dependente Persönlichkeit, zwanghafte Persönlichkeit, selbstunsichere Persönlichkeit, histrionische Persönlichkeit und passiv-aggressive Persönlichkeit.

Dysfunktionale Überlebensregeln der klinischen Persönlichkeitstypen (d.h. der dysfunktionalen Verhaltensstereotypen):

schizoid **Nur wenn ich immer** emotions- und beziehungsfrei, rational distanziert und wach bin
und niemals emotionale Nähe entstehen lasse, niemals den anderen brauche,
bewahre ich mir meine Existenzberechtigung und die Hoffnung auf Willkommensein
und **verhindere ich**, daß meine Gefühle mich und die Welt vernichten.

Borderline **Nur wenn ich immer** ganz und gar in gute, emotional intensive Beziehungen gehe
und niemals vertraue, sondern geringste Anzeichen von Verletzung als Anlaß zur Trennung nehme,
bewahre ich mir die Hoffnung auf die eines Tages durch und durch gute Beziehung und
verhindere ich, allein und verlassen, innerlich leer zu sein.

narzißtisch **Nur wenn ich immer** großartig, „spitze" bin und es schaffe, daß die Welt dies bestätigt und bewundert,
und niemals zweitrangig oder gar durchschnittlich bin,
bewahre ich mir die Aufmerksamkeit und Wertschätzung und die Hoffnung auf Liebe
und verhindere ich, daß ich zu einem Nichts werde, ignoriert verkümmere und erlösche.

dependent **Nur wenn ich immer** gemäß den Wünschen meiner Bezugsperson denke, fühle und handle,
und niemals eigene Bedürfnisse zulasse, die mit den ihren nicht vereinbar sind,
bewahre ich mir den Schutz, die Wärme und die Geborgenheit
und verhindere ich, verlassen zu werden.

zwanghaft **Nur wenn ich immer** den Effekt meines Verhaltens auf perfekte Normerfüllung überprüfe
und niemals ungenau, unordentlich, unsauber, nachlässig bin,
bewahre ich Kontrolle über die Auswirkungen meines Handelns
und verhindere ich, nicht wiedergutzumachenden Schaden durch meine aggressiven Impulse.

selbst- **Nur wenn ich immer** darauf achte, nichts Falsches zu sagen, lieber nichts zu sagen,
unsicher **und niemals** eigene Wünsche äußere, Forderungen anderer niemals ablehne,
niemals den Unmut anderer provoziere,
bewahre ich mir die Chance auf Zugehörigkeit und Akzeptanz
und verhindere ich Ablehnung und Zurückweisung.

histrionisch **Nur wenn ich immer** meine Gefühle und Ausdrucksweisen übersteigere
und niemals ungeschminkte Realität vermittle, niemals dem anderen das Aktionsfeld und die Initiative überlasse,
bewahre ich mir genügend große Aufmerksamkeit, Attraktion und dadurch Steuerung des anderen
und verhindere ich Enttäuschung, Mißbrauch und Ausgeliefertsein.

passiv- **Nur wenn ich immer** in innerer Opposition zu Autoritäten bin
aggressiv **und niemals** offen aggressiv bin, gerade soviel nachgebe wie nötig,
bewahre ich mir einerseits meine Selbstbestimmung und andererseits die Chance auf Wohlwollen
und verhindere ich offene Auseinandersetzung und Ablehnung.

Diese Überlebensregeln machen verständlich, welche Verhaltens- und Erlebensweisen ein Mensch vermeidet und welche er vorrangig zeigen wird. Sie macht auch die Funktion dieser Verhaltens- und Erlebensweisen deutlich.

Der Mensch will überleben

Überlebensregeln sind keine bewußten Gedanken der willkürlichen Psyche, sondern Regeln der autonomen Psyche, die mit ihrer Hilfe die psychische Homöostase des Menschen reguliert. Da sie normalerweise nicht zu Bewußtsein gelangen, kann die willkürliche Psyche sie auch nicht auf dem Niveau ihres momentanen fortgeschrittenen kognitiven Entwicklungsstandes auf ihre Gültigkeit hin überprüfen. Dies bedeutet, daß bei den genannten klinischen Persönlichkeitstypen die autonome Psyche auf einem sehr niedrigen Entwicklungsstand stehenblieb und nicht in der Lage war, das Wissen und die Denkfähigkeit der willkürlichen Psyche zu nutzen, um ihre primitive Selbst- und Weltsicht zu revidieren und der Realität der Erwachsenenwelt anzupassen. Diese Überlebensregeln zeichnen sich aus durch:
a) ungerechtfertigte Verallgemeinerungen (den Teil für das Ganze nehmen)
b) dichotomes Denken (entweder - oder, das „und" existiert als dritte Lösungsmöglichkeit noch nicht)
c) falsche kausale Beziehungssetzungen (ich bewirke durch mein Verhalten, daß mein Vater die Familie verläßt)
d) die Verwechslung von Gedanken und Gefühlen mit Handlungsvollzügen (wenn ich ihn hasse und umbringen will, geschieht dies auch)
e) die Überschätzung der Macht, Autonomie und Autarkie des anderen (er braucht mich nicht, ist mir weit überlegen, kann deshalb Willkür walten lassen über mich)
f) die Unterschätzung der eigenen Kraft, der eigenen autonomen und relativ autarken Überlebensfähigkeit (ohne ihn und seine positive Zuwendung kann ich nicht überleben).

Jeder dieser Aspekte kann in der Therapie einer empirischen Hypothesenprüfung nach Beck (Wright und Beck 1986) unterzogen werden, wenn es gelungen ist, die Überlebensregel in das Bewußtsein zu holen.

Die obige absolute Formulierung der Überlebensregeln der klinischen Persönlichkeitstypen trifft sicher nicht für jeden Patienten gleichermaßen zu. Es gibt kontinuierliche Übergänge, die auch reifere kognitive Entwicklungen widerspiegeln. Da die vorgenannten Regeln von mir in Wortwahl und Satzbau gleich formuliert wurden, entfallen diese Unterscheidungskriterien für unsere Suche nach dem entsprechenden Entwicklungsstand, obwohl sie beim Patienten eine sehr große Rolle spielen. Er ist, hat er einmal seine Überlebensregel gefunden, in der Lage, relativ subtile Unterschiede wahrzunehmen und dem Therapeuten zu nennen.

Nun stellt sich die Frage, ob die autonome Psyche eines Kindes in den ersten zwei Lebensjahren schon eine Wenn-dann-Logik verfügbar hat. Diese ist auch im Lernprozeß des operanten Konditionierens enthalten. Da diese Art des Lernens beim Menschen schon sehr früh und darüber hinaus auch den sehr einfachen Lebewesen zur Verfügung steht, können wir davon ausgehen, daß diese Logik auch Grundlage der frühen psychischen Homöostase des Menschen ist.

Die Stressoren der familiären Sozialisation führten zu extremen Formulierungen der Überlebensregel und zum rigiden Festhalten an ihnen. Dadurch, daß an der Überlebensregel so rigide festgehalten werden muß, kann der Übergang in die nächsthöhere Entwicklungsstufe nicht vollzogen werden. Das Selbst- und Weltbild bleibt auf einem ebenso niedrigen Niveau wie die Beziehungsgestaltung. Die autonome Psyche führt die psychosoziale Homöostase auf eine unteroptimale Weise durch. Da die willkürliche Psyche mit der Intelligenzentwicklung und dem zunehmenden rationalen Wissen über das Funktionieren der Welt jedoch eine intellektuelle Weiterentwicklung erfährt, kommt es zu einer Diskrepanz zwischen beiden.

Die willkürliche Psyche muß trotz besseren Wissens das tun, was die autonome Psyche ihr aufträgt. Sie ist ohnmächtig in ihren wiederholten Versuchen, ihre Geschicke gemäß ihrer vernunftgemäßen Einsicht zu lenken. Diese Hilflosigkeit führt zu einer Erniedrigung des Selbstwertgefühls. Das Defizit an Selbsteffizienzerfahrung bestätigt wiederum die mangelhafte eigene Überlebensfähigkeit und die absolute Notwendigkeit des strikten Einhaltens der angstgeleiteten Überlebensregel. Das Handeln entgegen einer Überlebensregel erfordert entweder Todesverachtung bzw. Riskieren von Lebensgefahr oder das Wissen um die sehr wahrscheinliche Ungültigkeit dieser Regel. Dieses Wissen ist bei strikter Einhaltung der Regel nicht durch eigene Erfahrung zu erwerben. Man kann aber durch psychische Reifung und Weiterentwicklung infolge einer Neudefinition des Selbst und der Welt, d.h. auch ohne Empirie, dazu gelangen. Es ist möglich, daß das neue Selbst das, was die alte Überlebensregel als lebensnotwendig postuliert, nicht mehr benötigt. Oder daß die neue Welt diese Sanktionen nicht zum Vollzug bringen wird.

Der Vergleich obiger Ableitungen der Überlebensregel der klinischen Persönlichkeitstypen zeigt, wie unterschiedlich die Familien waren und wie verschieden die Lebensbedingungen des jeweiligen Kindes aussahen. Wir können bei jedem Patienten aus seiner Kindheit und seiner Familie seine individuelle Überlebensregel herausarbeiten. Zusammen mit dem dysfunktionalen Verhaltensstereotyp, d.h. dem Persönlichkeitstypus des Patienten, definieren sie die Person-Variable im SORK-Schema der Verhaltensdiagnose als diejenige kindliche Überlebensform, die die Disposition und Vulnerabilität für die spätere Symptombildung darstellt.

Der Mensch im Dilemma

Die psychosoziale Homöostase eines Menschen, der noch nicht die überindividuelle Entwicklungsphase nach Kegan (1986) erreicht hat, beinhaltet **unlösbare Konflikte**, die nur dadurch lösbar werden, daß der Übergang zur nächsthöheren Entwicklungsstufe vollzogen wird. Ebenso bergen die klinischen Persönlichkeitstypen Konfliktkonstellationen in sich, die nur durch ein Beenden des rigiden Verhaltensstereotyps überwunden werden können. Konflikt ist in diesem Sinne kein zusätzliches Konstrukt, das zur Erklärung der psychosozialen Homöostase eines Menschen bzw. zur Erklärung der Entstehung von psychischen Störungen notwendig wäre. Trotzdem können wir die persönlichkeitsbedingte Sollbruchstelle der individuellen Homöostase eines Menschen unter dem Aspekt des Konflikts betrachten. Der aktuelle, **situationsbedingte Konflikt** zum Zeitpunkt der Symptomentstehung ist allgemein:

Die symptomauslösende Situation würde dem Menschen ein problembewältigendes Handeln abverlangen, das gegen seine Überlebensregel verstößt.

Wenn aber ein emotionales Überleben ohne aktuelle Problembewältigung ebenso wenig möglich ist, besteht ein unlösbares Dilemma. Egal wie der Mensch sich entscheidet, ein emotionales Überleben ist nicht möglich. Diese Symptombildung ist dann die kreative Erfindung eines Weges, der ohne Verstoß gegen die Überlebensregel mit dem Problem überleben läßt.

Bis der Mensch das Symptom erfunden hat, befindet er sich im emotionalen Konflikt, erkennbar durch unspezifische psychische und somatische Streßreaktionen, die im Sinne des hier vorgestellten allgemeinen Störungsmodells jedoch nicht mit dem „**kreativen Symptom**" verwechselt werden dürfen, das aus der Konfliktzone herausführt (Sulz 1992a, S.30f).

Versuchen wir uns zunächst die **entwicklungsbedingten Konflikte** zu vergegenwärtigen. Jeder Schritt weg von der alten Entwicklungsphase führt von einem alten Konflikt zu einem neuen. Aber auch der Übergang selbst beinhaltet einen Konflikt: ähnlich wie in einer konflikthaften Lebenssituation erfordert der Übergang zur nächsten Entwicklungsphase ein **Handeln entgegen der alten Überlebensregel**. Das Aufgeben dieser Überlebensregel ist nach Kegan (1986) eine Aufgabe des alten Selbst, das einer Aufgabe des psychischen Überlebens gleichkommen kann, insbesondere wenn bereits eine Überlebensform nach dem Muster einer der beschriebenen klinischen Persönlichkeitstypen gewählt werden mußte.

Mit jedem Übergang kann die Welt mehr als von mir getrennt gesehen werden und das Selbst als auf eine neue Weise fähig, mit dieser Welt in Beziehung zu treten (Kegan 1986).

Wir müssen also **Übergangskonflikte** als eine Entscheidungskonstellation sehen, die von den **stationären Tableaukonflikten** der jeweiligen Phase deutlich verschieden ist. Beim Tableaukonflikt wird nicht das

Bleiben auf dem Tableau in Frage gestellt, sondern das Handeln gemäß der Überlebensregel dieser Phase. Handlungsalternative ist dabei nicht das Verlassen des Tableaus, das ja ein Aufgeben der Überlebensregel bedeutet und damit einen dritten Lösungsweg.

Der Tableaukonflikt beruht auf einem einfachen Entweder-Oder, nach dem Motto „Vogel friß oder stirb". Entweder du sorgst entsprechend den Möglichkeiten und innerhalb der Begrenzungen deines jetzigen Entwicklungsstandes für dein emotionales Überleben, oder du verspielst dein Leben. Entweder du tust das Vorgeschriebene, oder du tust es nicht. Nur wenn zum Beispiel so viel Haß gegen die frustrierende Bezugsperson oder so viel Wut gegen eine aggressive Bezugsperson entsteht, daß die Intensität dieser aggressiven Empfindungen oder Impulse die psychische Homöostase außer Kraft setzen, wird das Gegenteil des regelhaft Gebotenen getan: zum Beispiel in der einverleibenden Phase lieber gehungert oder ausgekotzt oder gebissen, in der impulsiven Phase gekratzt, getreten, geschlagen; im wörtlichen oder übertragenen Sinne. Dies bedeutet, daß der Tableaukonflikt durch Anpassung bzw. Aggressionshemmung versus Nichtanpassung bzw. Aggressionsabfuhr gekennzeichnet ist. Die Bedrohung liegt in den Folgen meiner eigenen Aggression, deshalb sind Schuldgefühle typisch.

Der Übergangskonflikt ist dagegen durch die Möglichkeit des dritten Lösungsweges gekennzeichnet. Zusätzlich zum Entweder-Oder der Anpassung gegenüber der Nichtanpassung auf dem alten Entwicklungstableau ist am Horizont der Weg der Weiterentwicklung aufgetaucht. Statt zu fressen oder nicht zu fressen, entsteht die neue Freiheit, mir etwas anderes zum Fressen zu holen (impulsiv) oder über mein kontrollierendes Verhalten das des anderen so zu kontrollieren und zu steuern, daß er mir mein Wunschessen serviert (souverän). Später wird sich die Möglichkeit eröffnen, so viel Liebe in die Beziehung zu investieren, daß der andere so viel Zuneigung empfindet, daß er mir meinen Wunsch erfüllt (zwischenmenschlich). Und noch später werde ich unser Zusammenleben so organisieren, daß der andere sich an Regeln und Gesetzmäßigkeiten des Zusammenlebens gebunden fühlt und mir mein Recht auf die „Speise meiner Wahl" nicht streitig machen wird (institutionell) oder ich mir die „Lieblingsspeise" in einer anderen Beziehung zukommen lassen kann. Vielleicht werden ich und meine Bezugspersonen es eines Tages schaffen, einen Konsens aus gegenseitigem Respekt, gegenseitiger Toleranz und Verpflichtung gegenüber einer allgemeinen menschlichen Ethik bezüglich meiner Wahlfreiheit zu finden (überindividuell).

Der Übergang vom dichotomen Konfliktlösungsmodus zum Weg der integrativen Lösung mit der jeweils neuen Erfindung des „und" bedeutet allerdings den Untergang des alten Selbst und der alten Welt. Nicht nur der Boden der alten Welt wird unter den Füßen verloren, sondern auch das alte Selbst. Das typische Gefühl des Übergangskonflikts ist Angst. Kinder ohne zu bewältigende, frustrierende und traumatisierende Erfahrungen in den frühen Entwicklungsphasen meistern diese vorübergehende Instabilität zwar auch nicht spurlos, aber wenn die Eltern den Übergang mit ihnen schaffen, so gelingt es ihnen, ohne daß ein neues Trauma gesetzt wird.

Der Mensch erfindet das "und"

Das neue „und" jeder Entwicklungsphase ist zugleich das zentrale Therapieziel für einen Patienten, der seine symptomauslösende Lebenssituation durch Weiterentwicklung seiner Persönlichkeit meistern will. Nach der Kreation des Symptoms kommt seine nächste kreative Schöpfung, die Kreation des „und", die Integration der dichotomen Lösungswege, die sich bisher völlig ausschlossen. Wir bekommen eine Idee des neuen Integrationsprozesses, wenn wir uns das jeweils neue „und" jeder Entwicklungsphase vergegenwärtigen.
Fazit der Integration ist: Ich brauche die Errungenschaft der letzten Phase nicht aufgeben, wenn ich wieder etwas, das ich illusionär zu mir, zu meinem Selbst gehörig glaubte, einer frei für sich willensfähigen Außenwelt zuschreibe und mit Hilfe meiner neuen phasentypischen Fähigkeit mit dieser neu definierten Welt in Beziehung trete.

Wir können demnach einen stationären Tableaukonflikt in einen Übergangskonflikt umformulieren und gewinnen dadurch die Möglichkeit der Konfliktlösung durch Entwicklung, d.h. durch Ablösung vom alten psychischen Gleichgewicht und Integration auf einer neuen Gleichgewichtsstufe.

Man kann noch weitergehen und feststellen, daß die Konflikte unserer Patienten immer Übergangskonflikte sind, d.h., die autonome Psyche des Menschen bereits die mögliche neue Konfliktlösung erfaßt hat und gerade die hierzu anstehenden Veränderungen so bedrohlich erscheinen, daß der Patient uns irreführenderweise auf den dichotomen Konflikt des alten Entwicklungstableaus zurückleitet.

Der Entwicklungs- und Integrationsschritt vermittelt eine doppelte Erfahrung:

1) Trotz Verstoßes gegen die alte Überlebensregel verliere ich nicht alles, was ich zu verlieren glaubte, im Gegenteil, die Qualität zwischenmenschlicher Beziehungen und die Achtung der Menschen vor mir und meine Selbstachtung nehmen zu.

2) Nicht alle Menschen reagieren so positiv auf meinen Verstoß gegen die alte Überlebensregel. Einige mögen mich weniger, wenden sich von mir ab oder werden meine Gegner. Aber das bringt mich nicht um, ich verkrafte diese Verluste ganz gut. Ich kann mehr einstecken als ich dachte. Und ich werde neue Beziehungen knüpfen.

Beides muß mehrfach real erlebt werden, um als bleibende Erfahrung das künftige Selbst- und Weltbild determinieren zu können.

Die kreative Schöpfung des Symptoms

1. Pathogene Lebens- und Beziehungsgestaltung

Haben wir uns bei der Entwicklung der Persönlichkeit eines Menschen auf die kognitive Entwicklungs- und Konstruktionstheorie von Piaget (1981) sowie deren Weiterentwicklungen durch Kohlberg (1984) und Kegan (1986) berufen, so greifen wir für die Wechselwirkung zwischen Person und Umwelt, die im Erwachsenenleben schließlich zur psychischen oder psychosomatischen Erkrankung führt, neben der sozial-kognitiven Lerntheorie Banduras (1975) und dem Selbtregulationsansatz Kanfers (1990) auf den Konstruktivismus (Watzlawick, Weakland 1979) zurück. Das von Sulz (1992a) formulierte allgemeine Modell psychischer Störungen stellt diese Zusammenhänge dar.

Der Mensch gestaltet sein Leben und die subjektive Wirklichkeit seines Lebens so, daß Lebensprobleme unlösbar werden. Die Lebensgestaltung eines Menschen ist in großem Ausmaß Ausdruck seiner Persönlichkeit, so wie das Kunstwerk ganz Ausdruck der Kunst des Künstlers ist und die im Schaufenster ausgestellten bzw. im Café gekosteten Konditoreiwaren Ausdruck des Schaffens des Konditors sind. Die Lebensgestaltung verrät die Persönlichkeit des Menschen, wenn man auch miteinbezieht, was in dieser Lebensgestaltung fehlt, und herausfindet, warum und wozu dies fehlt. Erst wenn wir den Menschen und seine Lebensgestaltung betrachtet haben, entsteht ein vollständiges Bild seiner Persönlichkeit. Wer sehr begabt ist und diese Begabung nicht nutzt, um eine befriedigende Berufstätigkeit haben zu können, und statt dessen weit unter seinem Niveau jobbt, formt sich damit seine Wirklichkeit. Wer nur seinen Beruf kennt und keinerlei freundschaftliche Beziehungen hat, verfolgt damit ebenfalls einen Plan, der seiner willkürlichen Psyche normalerweise nicht bekannt ist. Seine autonome Psyche arbeitet auf eine psychosoziale Homöostase hin. Dabei können wir nachträglich oft das Gegenteil rekonstruieren. Die autonome Psyche arbeitet gezielt darauf hin, daß der Krug schließlich bricht und der Mensch in die Krise kommt. Unter dem Entwicklungsaspekt bekommt diese scheinbar destruktive Tendenz einen Sinn: Die autonome Psyche strebt zielsicher auf den Zusammenbruch des alten Entwicklungsgleichgewichts hin, um durch die Krise den Übergang zur nächsthöheren Entwicklungsstufe zu erzwingen. Das Symptom ist dann nochmals ein Versuch, das alte Gleichgewicht wiederherzustellen. Der Weg aus dem Symptom ist dann im günstigsten Fall der Übergang zur folgenden Stufe. Oft genug erreicht das Symptom aber, daß der Mensch in sein altes Gleichgewicht zurückfällt. Es ist wie Geburtswehen, die immer wieder aussetzen und die Geburt hinauszögern, weil die Geburt so schrecklich ist. Besonderen Stellenwert bei der Betrachtung des Lebenskontextes, innerhalb dessen eine symptomauslösende Situation auftritt, hat die Beziehungsgestaltung des Menschen.

2. Die symptomauslösende Situation

Lebens- und Beziehungsgestaltung finden im Rahmen der geltenden Überlebensregel mit dem Alltagsverhalten des für die Persönlichkeit eines Menschen weitgehend festgelegten und automatisierten Verhaltensstereotyps statt. Dieses Verhaltensrepertoire reicht in der symptomauslösenden Situation jedoch nicht aus, um das entstandene Lebensproblem zu meistern. Nur ein Verhalten jenseits der Erlaubnis der Überlebensregel würde eine Lösung des Problems bringen. Da aber die Problemsituation ebenso unerträglich ist, muß etwas unternommen werden. Eine Notfallmaßnahme ist nötig. In diesem Moment findet die kreative Schöpfung des Symptoms als bestmögliche Lösung des Problems unter Berücksichtigung aller Faktoren statt - unter der Maßgabe der Einhaltung der Überlebensregel.
Dies bedeutet eine Rettung des gegenwärtigen Gleichgewichts von Selbst und Welt, d.h. die geringstmögliche Destabilisierung des individuellen Selbst-Welt-Systems.
Bis es jedoch zur Bildung des spezifischen Symptoms kommt, das der exakte Schlüssel für die Tür ist, die zurück zum alten Gleichgewicht führt, befindet sich der Mensch in der Konfliktzone. Das dortige Verweilen ist so aversiv, daß unspezifische Streßreaktionen zu Maßnahmen mobilisieren, die ein Verlassen des Konfliktbereichs ermöglichen.
Sowohl die Entwicklungsdiagnose eines Menschen (Zuordnung zu den fünf Entwicklungsstufen Kegans) als auch die Persönlichkeitsdiagnose machen Vorhersagen darüber möglich, welche Lebenssituationen zur Symptombildung führen. Auch die von Sulz (1994) vorgestellten Störungsmodelle treffen Vorhersagen über spezifische Auslösesituationen. Wer die besondere Bedeutung der Auslösesituation für den Patienten nicht berücksichtigt, kann nicht die spezielle Wahl verstehen, auch seine Funktion und wird damit auch keine individuell zutreffende Therapiezielformulierung finden können.

3. Die Symptombildung

Unter Berücksichtigung der bisherigen Ausführungen zur Person und deren Entwicklungsgeschichte, dem sich daraus ergebenden Selbst- und Weltbild, ihrer dysfunktionalen Überlebensregel und ihrer Verhaltensstereotypien sowie ihrem individuellen Dilemma und schließlich ihrer pathogenen Lebens- und Beziehungsgestaltung mit der letztlich auftretenden symptomauslösenden **Situation** können wir uns die Symptombildung vorstellen.

Eine unlösbare zentrale Problemsituationen würde von der Mehrheit der Menschen mit einer relativ spezifischen intensiven **Emotion** beantwortet:
Häufig sind dies a) Wut, b) Enttäuschung, c) Trauer, d) Unzufriedenheit und Ärger. Diese spezifische, intensive Emotion hat normalerweise in der psychosozialen Homöostase eines Menschen einen ebenso spezifischen **Impuls** zu einer Handlung zur Folge, sofern nicht die innere emotionale und kognitive Verarbeitung der einzige Weg ist.

a) Wut führt normalerweise zu einer heftigen Auseinandersetzung,
b) Enttäuschung zu einem inneren und äußeren Rückzug vom anderen,
c) Trauer zum inneren Loslassen und Abschied nehmen,
d) Unzufriedenheit zu einer Änderung der Lebensbedingungen.

Dieser Handlungsimpuls kann zu einem **adäquaten** Bewältigungsverhalten führen, das der Situation angemessen ist:
a) Eine offene Aussprache mit der anderen Person
b) Eine schonungslose Öffnung des emotionalen Getroffen- und Verletztseins und der kaum mehr gut zu machenden Erschütterung der Beziehung
c) Das Trauern und Weinen um den Weggang der geliebten Person
d) Das Verschaffen von Freiraum gegenüber der anderen Person

Der Handlungsimpuls kann aber bei bisher sehr gehemmtem Umgang mit Gefühlen **inadäquat intensiv** sein:
a) Dem anderen an die Kehle gehen wollen
b) Den verletzenden anderen vor der ganzen Welt anprangern und bloßstellen wollen
c) Die verlorene Person durch Erpressungsmanöver zurückholen
d) Mit einem Rundum-Befreiungsschlag sich Luft schaffen und die andere Person beiseite fegen

Oder es wird lediglich gefürchtet, daß intensive Gefühle zu nicht zu verantwortenden Impulshandlungen führen könnten. In beiden Fällen, dem adäquaten Coping und der inadäquat intensiven Handlung, wird **eine bedrohliche Konsequenz antizipiert**:
Sei es a) Liebesverlust, b) Verlust der Bezugsperson, sei es c) moralische Verurteilung oder d) Gegenaggression. Oder:
a) Die Sehnsucht, vom anderen endlich akzeptiert und gemocht zu werden, wird nie in Erfüllung gehen.
b) Der andere wird weggehen, und wie soll ich allein überleben?
c) Wenn ich die geliebte Person innerlich loslasse, habe ich nichts mehr auf der Welt.
d) Wenn ich weggehe von meiner Bezugsperson - wie soll sie überleben? - wie ich?

Spätestens jetzt muß die autonome Psyche gegensteuern. Denn die primäre Emotion und der primäre Handlungsimpuls gefährdet das emotionale Überleben des betreffenden Menschen. Es würde ein Handeln entgegen den Überlebensregeln resultieren.

Die wirksamsten **gegensteuernden Gefühle** sind Angst und Schuldgefühle. Sie führen zur Unterdrückung der primären Bewältigungsreaktion:
a) Ich werde nicht wütend streiten
b) Ich werde nicht öffentlich anklagen
c) Ich werde nicht trauernd Abschied nehmen
d) Ich werde die Bezugsperson nicht abschieben

Manche Patienten können diese psychischen Abläufe aus der Erinnerung schildern. Manche sagen, die primären Reaktionen seien nur ganz kurz als gefühlhafte Anmutung oder Gedankenblitz dagewesen, der schnell verworfen wurde. Bei vielen funktioniert die wachsame Einhaltung der Überlebensregel so perfekt, daß primäre Gefühle und Gedanken gar nicht erst zu Bewußtsein kommen dürfen. Erst im Lauf der Therapie können sie sich diese Tendenzen zugestehen. Doch zunächst sind sie zurückgeworfen auf die Unlösbarkeit der Problemsituation, sind gefangen in einem Konflikt. Als **neue verhaltenssteuernde Gefühle** treten auf: Hilf- und Hoffnungslosigkeit oder Angst, Unruhe, Selbstzweifel. Körperliche Streßreaktionen wie Schlaflosigkeit, Kopfschmerzen, Infektanfälligkeit, Unfallneigung, Blutdruckerhöhung oder -erniedrigung, Schwitzen, Magen-Darmbeschwerden gehen mit der Handlungsunfähigkeit einher. Dieses Konflikt- oder Streßstadium wird von der Psyche nicht lange toleriert. Um ihr zu entfliehen, erfindet die autonome Psyche schließlich als bestmögliche und kreative Lösung **das Symptom**.

Mit Beginn des Symptoms verschwinden oft die Streßreaktionen der Konfliktphase wie Kopfschmerzen oder Infektanfälligkeit. Es entsteht das Zwangssyndrom, das depressive Syndrom, das phobische Syndrom, die

Herzneurose. Mit Beginn des Symptoms treten auch relativ neue psychosoziale Verhaltensweisen auf, wie sozialer Rückzug, Vergewisserung der Gegenwart anderer Menschen oder häufige Arztbesuche. Es folgen **Versuche, dem Symptom** bzw. dessen unangenehmen Auswirkungen **entgegenzusteuern**: Arbeiten oder Sport gegen die Depression, Vermeiden von Zwang oder angstauslösenden Situationen.

4. Die Konsequenz des Symptoms - die das Symptom aufrechterhaltenden Bedingungen

Diese Reaktionskette kann in ihren genannten Bestandteilen bei den meisten psychischen und psychosomatischen Störungen gefunden werden. Sie wirkt einerseits auf die Umwelt ein, die wiederum so reagieren kann, daß das Symptom aufrechterhalten wird. In der Regel werden das Symptom und das zu ihm gehörende Verhalten des Patienten von den Bezugspersonen mehr toleriert als die unterdrückte Primärhandlung.

Denn das Symptom **schützt** auch die Bezugsperson **vor unliebsamen Veränderungen**. Würde sich der Patient ändern (durch Verletzung und Aufgabe seiner Überlebensregel), so müßte die Bezugsperson ihr Weltbild und schließlich auch ihr Selbstbild ändern. Die Beziehung würde sich ändern. Die alte gemeinsame Welt, das System, das beide gebildet hatten, würde destabilisiert werden, eventuell zusammenbrechen. Der Patient wird darin bestätigt, daß er in Ordnung war, lediglich das Symptom sei unangenehm. Er erfährt Schonung, Unterstützung und Reaktionen, die das Gegenteil dessen darstellen, was ihm bei funktionaler Bewältigung der Problemsituation subjektiv gedroht hätte. Angesichts dieses Kontrastes verdoppelt sich die **verstärkende Wirkung der Umwelt**reaktion auf das Symptom. Zu dessen positiver Verstärkung tritt eine negative Verstärkung als Ergebnis der Vermeidung der durch die Verletzung der Überlebensregel zu erwartenden Bedrohungen. Auch ohne Feedback der Umwelt hat im Sinne einer Selbstregulation nach Kanfer et al. (1990) das Symptomverhalten eine rückkoppelnde Wirkung auf den Menschen. In der Situation kommt es zum Intensivieren des Symptoms durch Aufschaukelung. Längerfristig wird **das alte Selbst- und Weltbild empirisch bestätigt** und gefestigt.

Von der affektiv-kognitiven Entwicklungstheorie zur affektiv-kognitiven Störungstheorie

Wir haben für die Erklärung der symptomauslösenden Lebenssituation, die auf der Makroebene der Situation S des SORK-Schemas entspricht, als definitorische Bestimmungsstücke
    die pathogene Lebensgestaltung,
    die pathogene Beziehungsgestaltung und
    die auslösende Situation im engeren Sinne.
Die Person, im SORK-Schema der Organismusvariable O entsprechend, definieren wir durch
    die angeborene Disposition,
    die Lerngeschichte,
    das kindliche Weltbild,
    das kindliche Selbstbild,
    die kindlichen Grundannahmen über das Funktionieren der Welt,
    die dysfunktionale Überlebensregel,
    die dysfunktionalen Verhaltensstereotypien,
    das Dauer-Dilemma.
Die Reaktionen R, mit denen versucht wird, die Problemsituation zu lösen, definieren wir durch folgende Reaktionskette:
    die primäre Emotion,
    den primären Handlungsimpuls,

die Antizipation der Konsequenzen,
die gegensteuernden Gefühle,
die Vermeidung bzw. Unterdrückung des primären Impulses,
die neuen (symptomatischen) verhaltenssteuernden Gefühle,
das Symptom und
die sekundären Verhaltensweisen.

Die das Symptom aufrechterhaltenden Bedingungen, im SORK-Schema der Konsequenz K des Symptoms entsprechend, definieren wir durch
die Vermeidung der aversiven Konsequenzen,
das Bewahren von Verstärkungen des alten angepaßten Verhaltens und
das Bewahren des alten Selbst- und Weltbildes
(Assimilation).

Durch diese Konstrukte sind wir zu zweierlei befähigt. Einerseits können wir wie oben einen individuellen Fall systematisch untersuchen und zu einem fallspezifischen Störungsverständnis finden. Dies ist die **diagnostische** Bedeutung dieser affektiv-kognitiven Entwicklungstheorie.

Andererseits können wir, so wie wir es oben ansatzweise bereits für die klinischen Persönlichkeitstypen getan haben, störungstypische Aussagen zur Entstehung zum Beispiel von Depression, Angst, Bulimie, Zwangserkrankung oder chronischem Alkoholismus machen und eine komparative Systematik entwickeln, die uns hilft, das spezifischen Wesen dieser psychischen Störungen besser zu verstehen. Dies ist die **nosologische** Bedeutung dieser affektiv-kognitiven Entwicklungstheorie.

Die Operationalisierung der Theorie ermöglicht auch deren wissenschaftliche Prüfung sowohl in ihren allgemeinen störungsübergreifenden als auch in ihren störungsspezifischen Aussagen. Allerdings müßten Meßinstrumente entwickelt werden, die jedes Entwicklungs- und Störungskriterium valide und reliabel erfassen.

Die Theorie wird allerdings dadurch kompliziert, daß es nicht einen einzigen Menschentyp gibt, der zur Depression oder zum Zwang disponiert ist. Diese direkte Lebenslinie trifft nur auf einen Teil der Menschen zu, die zum Beispiel eine Depression entwickeln. Kegan (1986) zeigte anhand seiner Entwicklungstypen ebenso wie Sulz (1992a) anhand der klinischen Persönlichkeitstypen, zum Beispiel auf, wie ganz unterschiedliche Menschen in eine Depression geraten können.

Nicht die Entwicklung und die Persönlichkeit eines Menschen allein determinieren die spätere psychische Störung. Erst die Wechselwirkung mit der Umwelt, die freilich zu einem hohen Prozentsatz konstruiert wurde, erklärt, warum **welche Menschen zu welchem Zeitpunkt aus welchem Anlaß heraus welche psychische Störung** entwickelt haben. Die Welt, die der Erwachsene - im Gegensatz zum Kind - sich selbst konstruiert hat, tritt nun in ständige Wechselwirkung mit ihm. Eines Tages gelangt, teils vorhersehbar, diese Subjekt-Objekt Interaktion an eine Stelle, die den Konstruktionsfehler dieses Selbst-Welt-Gleichgewichts offenbart. Die psychosoziale Homöostase der autonomen Psyche des Konstrukteurs ist nicht aufrecht zuerhalten. Sein psychosoziales System ist gescheitert.

Literaturempfehlung für die Praxis

Eine sehr gut verständliche und zugleich umfassende Einführung in diesen Ansatz der theoretischen Grundlegung psychotherapeutischen Handelns findet sich in: Sulz S.K.D.: Strategische Kurzzeittherapie - Wege zur effizienten Psychotherapie. München: CIP-Medien, 1994.

Literatur

Ainsworth M. Infant-mother attachment and social development: Socialization as a product of reciprocal responsiveness to signals. In: Richards P, ed. The integration of the child into a social world. Cambridge: University Press, 1974

Bandura A. Principles of behavior modification. New York: Holt, Rinehart & Winston, 1969

Bandura A. Sozial-kognitive Lerntheorie. Stuttgart: Klett-Cotta, 1975

Bauriedl T. Beziehungsanalyse. Das dialektisch-emanzipatorische Prinzip der Psychoanalyse und seine Konsequenzen für die psychoanalytische Familientherapie.1984

Bowlby J. Trennung.Frankfurt: Fischer, 1976

Dornes M. Der kompetente Säugling. Die präverbale Entwicklung des Menschen.Frankfurt: Fischer, 1993:310.

Kanfer F., Reinecker H, Schmelzer D. Selbstmanagement-Therapie.Berlin: Springer, 1990

Kegan R. Die Entwicklungsstufen des Selbst - Fortschritte und Krisen im menschlichen Leben.München: Kindt, 1986:392.

Kelly G. The Psychology of Personal Constructs. New York: Norton, 1955:1218. ; vol 1).

Kohlberg L., ed. The psychology of moral development. The nature and validity of moral stages. New York: Harper & Row, 1984:; vol 2 (Essays on moral development)).

Kruse O. Emotionsentwicklung und Neurosenentstehung.Stuttgart: Enke, 1991:330.

Lazarus A. Multimodale Verhaltenstherapie.Frankfurt: Fachbuchhandlung für Psychologie, 1978

Lazarus R. The self-regulation of emotion. In: Levi L, ed. Emotions: their parameters and measurement. New York: Raven, 1975: 195-205.

Lewin K. Feldtheorie in den Sozialwissenschaften.Bern: Huber, 1963:395.

Lewis M., Miller S., ed. Handbook of Developmental Psychopathology. New York: Plenum Press, 1990:

Mahler M. Die psychische Geburt des Menschen. Frankfurt: Fischer, 1980:376.

Piaget J., Inhelder B. Die Psychologie des Kindes. Frankfurt: Fischer, 1981

Riemann F. Grundformen der Angst. Eine tiefenpsychologische Studie. (13 ed.) München: Ernst Reinhardt, 1978:213.

Schachter S., Singer J. Cognitive, social and physiological determinants of emotional state. Psychol. Rev. 1964;69:379-399.

Schindler L. Die empirische Analyse der therapeutischen Beziehung. Beiträge zur Prozeßforschung in der Verhaltenstherapie. Berlin: Springer, 1991

Schmidt-Atzert L., Ströhm W. Ein Beitrag zur Taxonomie der Emotionswörter. Psychologische Beiträge 1983;25:126-141.

Stern D. Tagebuch eines Babys. Was ein Kind sieht, spürt, fühlt und denkt. München: Piper, 1991

Stern D, Hofer L, Haft W, Dore J. Affect attunement: the sharing of feeling states between mother and infant by means of intermodal fluency. In: Field T, Fox N, ed. Social Perception in Infants. Norwood, NJ: Ablex, 1985: 249-268.

Sulz S.K.D. Psychotherapie in der klinischen Psychiatrie.Stuttgart: Thieme, 1987 vergriffen, Restbestand: CIP-Medien

Sulz S.K.D. Das Verhaltensdiagnostiksystem VDS: Von der Anamnese zum Therapieplan. München: CIP-Medien, 1992

Sulz S.K.D. Depression Ratgeber für Betroffene, für Angehörige, für alle beruflichen Helfer.München: CIP-Medien, 1993:69.

Ulich D, Mayring P. Psychologie der Emotionen. Stuttgart: Kohlhammer, 1992

Watzlawick P., Weakland J., Fisch R. Lösungen. Zur Theorie und Praxis menschlichen Wandels. (2 ed.) Bern: Huber, 1979

Weizäcker Vv. Der Gestaltkreis. Theorie der Einheit von Wahrnehmen und Bewegen.Stuttgart: Thieme, 1986

Willi J. Die Zweierbeziehung. Spannungsursachen/ Störungsmuster/ Klärungsprozesse/ Lösungsmodelle. Hamburg: Rowohlt, 1981:289.

Winnicott D. Vom Spiel zur Kreativität. (7 ed.) Stuttgart: Klett-Cotta, 1993

Wippich J., Sulz SKD. Neurolinguistisches Programmieren und die Psychotherapie Milton H. Ericksons. In: Sulz SKD, ed. Verständnis und Therapie der Depression. München: Ernst Reinhardt, 1986: 355-392.

Wright J., Beck A. Kognitive Therapie der Depression. In: Sulz S, ed. Verständnis und Therapie der Depression. München: Ernst Reinhardt, 1986: 124-148.

Kontextklärung: Das Optimieren der therapeutischen Rahmenbedingungen

• Dieter Schmelzer •

Der vorliegende Beitrag konzentriert sich auf den sogenannten *Kontext* von Therapie. Darunter werden alle Faktoren verstanden, die den organisatorischen, situativen und extern-"physikalischen" *Rahmen* von Therapie ausmachen. In erster Linie gehören dazu:
1. Fragen der Zuständigkeit und Behandlungskompetenz (Übernahme vs. Weiterverweisung)
2. Organisatorische Belange
3. Äußeres „Setting" der Therapie
4. Personelle Behandlungskonstellation (z.B. Einzel- vs. Gruppentherapie)
5. Kontext ethisch-berufsständischer Richtlinien
6. Besonderheiten (insbesondere Grenzen) der *therapeutisch-professionellen* Beziehung
   (im Gegensatz zu sozialen Alltagsbeziehungen).

Soweit diese Themen nicht schon von vornherein festliegen (wie z.B. bei den obigen Punkten 5 und 6), erfolgt eine *Klärung* in der Regel spätestens im Erstgespräch (manches schon im Zuge der *aller*ersten, z.B. telefonischen Kontaktaufnahme). Dabei sollte der Therapeut nicht warten, bis Patienten entsprechende Fragen stellen, sondern *von sich aus* über eine Reihe von Rahmenbedingungen informieren. Viele Gesichtspunkte des therapeutischen Kontexts bleiben über die gesamte Therapie hinweg von Bedeutung, so daß ein *kontinuierliches* Beobachten und Aufrechterhalten günstiger therapeutischer Rahmenbedingungen erforderlich ist. Im nachfolgenden Text werden die obigen Punkte einzeln behandelt.

1. Fragen der Zuständigkeit und Behandlungskompetenz

Für die optimale Behandlung von Patienten ist auch ein adäquates „Matching" von Patienten-Anliegen und Therapeutenkompetenz notwendig. Um irrtümliche Anmeldungen oder Fehlüberweisungen möglichst geringzuhalten, sollte schon beim allerersten (u.U. nur telefonischen) Kontakt eine Abklärung der eigenen *Zuständigkeit* erfolgen. Zwar fehlen zu diesem Zeitpunkt noch viele Zusatzinformationen, die später (z.B. für Problemdefinition und Bedingungsanalyse) notwendig sind; jedoch sollten zumindest *krasse* Fehlmeldungen schon in diesem Frühstadium ausgeschlossen werden. Falls sich erst in späteren Phasen herausstellt, daß der Therapeut bzw. die Institution doch nicht die adäquate Behandlungsadresse ist, ist die Frage einer Weiterverweisung erneut zu stellen.

Da es sich bei Psychotherapie um eine Dienstleistung handelt, bei der es um die Interessen von Patienten geht, stellt die Klärung der Patientenanliegen eine vorgeordnete Aufgabe dar. Eine Hilfe zur besseren Beurteilung dieses Aspekts können die „3 Fragen für den Erstkontakt" geben, die Kanfer, Reinecker & Schmelzer (1990, S. 408) wie folgt formuliert haben:

> • Weshalb kommt eine Person *zum jetzigen Zeitpunkt* in Therapie? (Was hat gerade jetzt dazu geführt? Weshalb kommt jemand nicht früher oder später?)
> • Weshalb kommt die Person zu *mir*? (Von wem empfohlen? Wie ist sie auf mich bzw. unsere Institution gestoßen?)
> • *Weswegen* kommt sie in Therapie? (Was sind die „Präsentier-Symptome"? Welche impliziten und expliziten Gründe gibt es für den Beginn einer Therapie? Wie müßte die Situation beschaffen sein, damit eine Therapie nicht (mehr) notwendig wäre...?)

Tabelle 1. Drei Hauptfragen für den Erstkontakt (Kanfer, Reinecker & Schmelzer, 1990, S.408)

Erst auf der Basis der Antworten auf obige Fragen kann geschlußfolgert werden, ob der jeweilige Therapeut bzw. die Einrichtung für die *spezifischen Anliegen* des betreffenden Patienten zuständig und kompetent ist (*unrealistische* Patientenerwartungen, die keine Therapie der Welt erfüllen könnte, seien hier einmal ausgeklammert).

Um die Zuständigkeitsfrage *für sich selbst* besser beantworten zu können, ist für Therapeuten die ehrlich-selbstkritische Einschätzung der eigenen Stärken (und Schwächen) sinnvoll. Nichts wäre schädlicher für die Behandlung von Patienten als ein überehrgeiziger, sich selbst überschätzender Therapeut, dem die nötigen Kompetenzen fehlen. Mittels Selbstreflexion, Selbsterfahrung (vgl. z.B. Schmelzer, 1994a und 1994b), Supervision und kollegialem Feedback können die eigenen Behandlungsschwerpunkte inklusive fachlicher und persönlicher Grenzen genauso analysiert werden wie Einflüsse durch institutionelle Gegebenheiten. Jeder Therapeut bzw. jede Institution kann zudem bereits im Vorfeld von Therapie mittels gezielter *Öffentlichkeitsarbeit* auf eine realistischere Passung von Patientenanliegen mit eigenen therapeutischen Kompetenzen hinarbeiten. Neben der wohl günstigsten Variante, daß frühere Patienten als Fürsprecher und Informanten auftreten und ihre (subjektiven) Therapieerfahrungen weitergeben, sind verschiedene Informationswege offen: Vorträge, themenzentrierte Kurse, Diskussions- und Informationsabende, Faltblätter, Broschüren oder Institutionsbeschreibungen sind gute Gelegenheiten, um in sachlicher, alltagssprachlicher Form über die eigenen Möglichkeiten (und Grenzen) zu unterrichten.

Eine gute Einbindung ins psychosoziale Netz der jeweiligen Region macht es leichter, Weiterverweisungen an spezialisierte Kollegen bzw. Einrichtungen zu veranlassen, falls dies erforderlich ist. Dazu ist es nötig, auch *deren* Arbeitsfelder und Arbeitsweisen zu kennen sowie diese umgekehrt über eigene Schwerpunkte zu informieren.

2. Organisatorische Belange

Fragen des organisatorischen Ablaufs einer Therapie werden oft als selbstverständlich sowie als den Patienten bekannt vorausgesetzt. Leider wird in der Praxis immer wieder deutlich, daß Patienten sehr diffus und wenig informiert sind, so daß eine möglichst frühzeitige Aufklärung über diese Aspekte unumgänglich ist. In erster Linie geht es um folgende Faktoren:

- Ist die Kostenfrage der Therapie geklärt?
- Ist der Patient über Häufigkeit/Länge/Regelmäßigkeit der einzelnen Termine informiert?
- Gibt es Vereinbarungen über eine von vornherein begrenzte Dauer der Kontakte (z.B. feste Vereinbarung von 10 Terminen etc.)?
- Welche Regelungen sind für kurzfristige (z.B. krankheitsbedingte) Terminabsagen vorgesehen?
- Ist der Patient über seine Rechte aufgeklärt (z. B. Freiwilligkeit der Inanspruchnahme, Recht auf Therapiebeendigung etc.)?
- Ist der Patient über seine wichtigsten Pflichten informiert (z. B. aktive Mitarbeit, Pünktlichkeit, rechtzeitiges Absagen im Krankheitsfall etc.)?
- Sind dem Patienten wichtige gesetzliche/berufsständische Verpflichtungen des Therapeuten bekannt (z. B. Schweigepflicht, Datenschutz etc.)?
- Weiß der Patient, daß eine Kooperation mit anderen Institutionen/Personen nur mit seiner ausdrücklichen Einwilligung erfolgen darf?
  (etc.)

Tabelle 2. Beispielfragen zu organisatorischen Aspekten der Therapie

Zusätzlich zur Diskussion dieser Punkte *im persönlichen Gespräch* können knapp zusammengefaßte Informationen *in schriftlicher Form* (Handzettel, Faltblatt etc.) hilfreich sein. Manche der obigen Gesichtspunkte sind in der Regel auch in einem formellen Therapievertrag spezifiziert.

3. Äußeres „Setting" der Therapie

Entsprechend der Definition von Kanfer, Reinecker & Schmelzer (1990, S.202) werden unter dem „Setting" der Therapie die äußeren (= „physikalischen") Faktoren der Therapiesituation verstanden, die je nach Art - förderlichen oder hinderlichen Einfluß auf das Therapiegeschehen haben (z.B. Lage, Art und Ausstattung der Beratungsräume etc.). Zwar kann man davon ausgehen, daß äußerliche Variablen im Verlauf der Therapie an Bedeutung abnehmen, wegen der Gefahr von Therapieabbrüchen sollte jedoch solchen Rahmenbedingungen gerade im Anfangsstadium der Therapie enorme Bedeutung beigemessen werden. Primär geht es z.B. um eine Optimierung folgender Bereiche:

- Standort der Institution/Beratungsstelle/Praxis (verkehrstechnisch günstig? Anonymität gewährleistet?)
- Einrichtung der Beratungs-/Therapieräume (zweckmäßig? Notlösung? etc.)
- Sitzanordnung (*günstig:* „gemütliche" Gesprächsatmosphäre in einer Sitzecke; *kontraindiziert:* Therapeut hinter „Statussymbol" = dickem Schreibtisch verschanzt)
- Störfaktoren (z.B. klingelndes Telefon? Verkehrslärm? Störung durch Kollegen? anderer Publikumsverkehr?)
- Bereitstellen spezieller Hilfsmittel (bzw. Beseitigen derzeit nicht benötigter Geräte, wie z.B. Videoanlage, Tonband-Mikrofon etc.)

Tabelle 3. Einige Aspekte des äußeren therapeutischen „Settings"

Außerdem ist im Einzelfall auf eine „zielorientierte Setting-Gestaltung" zu achten, d.h. nach Möglichkeit jeweils der therapeutische Rahmen herzustellen, der für bestimmte Zwecke erforderlich ist (z.B. größere Räume für Gruppen und Bewegungstherapie; altersgemäße Materialien für Kinder; Einsatz von Medien etc.).

4. Personelle Behandlungskonstellation (z.B. Einzel- versus Gruppentherapie)

Zu einem Optimieren des therapeutischen Kontexts gehören auch Überlegungen zur *personellen* Behandlungskonstellation. Folgende Gesichtspunkte spielen dabei eine Rolle:

- ambulante vs. stationäre Therapie
- Einzel- vs. Gruppentherapie
- Kooperation mit / Verweisung an andere Berufsgruppen (z.B. Sozialarbeiter, Beschäftigungstherapeuten, Logopäden etc.)
- Anwesenheit von Co-Therapeuten oder Praktikanten
- Einbeziehen anderer Personen aus dem sozialen Umfeld der Patienten (z.B. Partner, Familie etc.)

Während eine **ambulante** Therapie auch kostenrechtlich in vielen Fällen erste Priorität besitzt, sollten Therapeuten in ambulanten Einrichtungen ihre Einflußmöglichkeiten bei bestimmten Problemen nicht *über*schätzen. In Fällen von akutem Suizidrisiko, psychotischen Episoden, exzessivem Drogenmißbrauch etc. kann eine **stationäre** Behandlung - zumindest für gewisse Zeit - unabdingbar sein. Sie dient in manchen Fällen auch dazu, Patienten vor dem negativen Einfluß (auch Übergriffen) von Personen aus dem natürlichen

Bezugssystem zu schützen. Andere Vorteile stationärer Behandlung liegen im Vorhandensein spezialisierter Therapieangebote für bestimmte Fragestellungen (z.B. Diabetes, Kopfschmerz/Migräne, Eßstörungen, Panikattacken, Suchtprobleme etc.). In solchen Einrichtungen sind sowohl die Behandlung durch hochkompetente Fachleute auf aktuellem Forschungsstand als auch das Vorhandensein neuester (u.U. teurer) Apparaturen und Hilfsmittel gesichert.

Einzeltherapie hat für viele Patienten zunächst den Vorteil, sich behutsam mit der für viele ungewohnten Therapiesituation vertraut machen zu können und sich allmählich für sehr tiefgehende, psychisch intime Erfahrungen zu öffnen. Sie bietet in gewisser Weise auch Schutz für Personen, die - egal aus welchen Gründen - noch nicht „bereit" für eine Therapie im Gruppenrahmen sind. Umgekehrt bietet die *Gruppensituation* - neben dem großen Vorteil der Ökonomie - die Möglichkeit eines multiplen Feedbacks, welches darin besteht, sehr viele (oft ganz *andere*) Erfahrungen und Perspektiven der übrigen Teilnehmer kennenzulernen. Umgekehrt kann die sog. „Universalität des Leidens" (Yalom, 1989, S.23 f.) erlebt werden, die besagt, daß Menschen in gewisser Hinsicht ähnlich sind und daß z.B. auch andere Personen schlimme Erfahrungen machen und überwinden mußten. Daneben ist die Gruppensituation für viele weitere Zwecke zu nutzen: (a) Einbeziehen anderer Mitglieder in Rollenspiele (z.B. zum Aufbau „sozialer Kompetenz"); (b) Nutzung der Teilnehmer für erlebnisorientierte Techniken (z.B. Skulpturarbeit); (c) wechselseitige Hilfestellung und Unterstützung; (d) Aufgreifen und Bearbeiten spontan entstehender interaktioneller Gruppenprozesse (z.B. wenn die Gruppe immer wieder den Vielredner mit „Helfersyndrom" zum Schweigen bringt); (d) Einsatz von - in bestimmten Lebensbereichen kompetenten Teilnehmern als „Modelle" etc.

Die *Kooperation* mit anderen Berufsgruppen und Institutionen ist schon deshalb notwendig, weil Psychotherapeuten mit ihren Angeboten nur einen bestimmten *Sektor* aus dem Bereich menschlicher Probleme direkt angehen können. Sie sind z.B. nicht in der Lage, Wohnraum oder einen Arbeitsplatz zu vermitteln, juristische Hilfen anzubieten, medizinische Untersuchungen durchzuführen, finanzielle Unterstützung zu geben u.v.m. Daher besteht die optimale Therapie in vielen Fällen aus einer *koordinierten* Betreuung durch verschiedene Einrichtungen, mittels derer die speziellen Fachkompetenzen z.B. von Ärzten, Juristen, Pfarrern, Lehrern, Logopäden, Ergotherapeuten, Ämtern und Kliniken adäquat genutzt werden. Nicht immer muß dies zeitlich parallel erfolgen; auch Weiterverweisungen bzw. eine serielle Betreuung sind zu überlegen.

Auch durch die *Anwesenheit von Co-Therapeuten oder Praktikanten* wird der therapeutische Kontext verändert: während *Vorteile* darin bestehen, daß von Therapeutenseite aus *zwei* Personen viele Interaktionsprozesse (z.B. in Gruppen oder bei Familiensitzungen) aufmerksamer registrieren können, gegenseitiges Feedback möglich ist und (z.B. via Therapeuten*paar*) geschlechtsspezifische Einseitigkeiten neutralisiert werden, können sich auch *störende* Faktoren bemerkbar machen: So kann für einen noch mißtrauischen Patienten in der Anfangsphase die Anwesenheit von zwei Therapeuten als bedrohlich erlebt werden bzw. umgekehrt die ungeschickte Intervention eines wenig erfahrenen Praktikanten den Verlauf der gesamten Therapiestunde gefährden.

Häufig ist es auch sinnvoll, *andere Personen* aus dem sozialen Umfeld von Patienten *einzubeziehen*. Im verhaltenstherapeutischen Verständnis hängt diese Entscheidung primär von der *funktionalen Analyse* der Zusammenhänge ab (nicht jedoch von irgendeiner starren Ideologie, wie z.B. „Man muß *immer* mit der gesamten Familie arbeiten"). Falls sich also herausstellen sollte, daß der Tablettenkonsum einer Hausfrau elementar mit Partnerschaftskonflikten zusammenhängt oder die schulische Leistungsverweigerung eines Kindes auf fehlender Zuwendung seitens des Elternhauses beruht, sollte die jeweilige Therapie statt mit den

Einzelpersonen mit allen funktional relevanten Interaktionspartnern erfolgen. Ob sich diese auch tatsächlich in die Therapie einbeziehen lassen, ist in der Praxis oft eine Motivationsfrage. Motivieren zur Teilnahme gehört jedoch auch zu den Aufgaben von Therapeuten in der Anfangsphase von Therapie (vgl. Kanfer, Reinecker & Schmelzer, 1990, S.211 ff.).

In jedem Einzelfall ist daher neu zu überlegen, welche Art von Behandlungskonstellation für den jeweiligen Patienten angesichts der speziellen Problematik günstig ist. Unter Umständen müssen solche Entscheidungen je nach Behandlungsphase und Therapieverlauf modifiziert bzw. revidiert werden.

5. Kontext ethisch-berufsständischer Richtlinien

Aufgrund bekannter Risiken für die adäquate Ausübung unserer Berufstätigkeit haben Psychologenverbände seit Jahren verbindliche ethisch-berufsständische Standards formuliert, die ebenso einen wesentlichen Kontext unserer Arbeit ausmachen. In den Richtlinien der „American Psychological Association" (APA, 1981) sowie der „Berufsordnung für Psychologen" (BDP, 1986) werden u.a. folgende Themen in Form von Verhaltensmaßregeln präzisiert:

- Achtung von Freiheit, Würde und Selbstverantwortung der Patienten
- Berufsausübung in sozialer Verantwortung
- Streben nach möglichst hoher beruflicher Kompetenz (incl. Verpflichtung zu lebenslanger Weiterbildung)
- Orientierung an wissenschaftlichen und fachlichen Standards
- adäquates Führen von Titeln und Berufsbezeichnungen (incl. Beachten von Vorschriften bezüglich Werbung, Beschilderung etc.)
- Vertrauensverhältnis zu Klienten
- Aufklärungspflicht gegenüber Klienten
- Verbot sexueller Beziehungen zu Klienten (sowie anderweitiger Ausbeutung)
- Sorgfaltspflicht (z.B. Abbruch bei Mißerfolg oder Gesundheitsgefährdung bei gleichzeitiger Pflicht zur Gewährleistung einer adäquaten Weiterbehandlung/-verweisung)
- Kollegiales Verhalten
- Schweigepflicht und Datenschutz
- Sorgfaltspflicht und Transparenz bei Gutachten/Berichten
  etc.

Tabelle 4. Einige Themenbereiche ethisch-berufsständischer Richtlinien für Psychotherapeuten

Eine intensive Beschäftigung mit diesem berufsrechtlichen Verhaltenskodex sollte bereits im Studium des entsprechenden Grundberufs verankert sein, spätestens aber im Zentrum jeder therapeutischen Ausbildung. Zwischenzeitlich liegen erste Erfahrungen mit verschiedenen „Ethiktrainings" vor (vgl. z.B. Eberlein, 1987; Gawthrop & Uhlemann, 1992; Kitchener, 1986; Welfel & Lipsitz, 1983 etc.), aus denen sich didaktische Strategien für die Therapieausbildung ableiten lassen.

6. Besonderheiten (insbesondere Grenzen) der therapeutisch-professionellen Beziehung (im Gegensatz zu sozialen Alltagsbeziehungen)

Kanfer (1994) hat auf die komplizierte Struktur der therapeutischen Beziehung hingewiesen, in der zwei sehr gegensätzliche Rollen integriert werden müssen: (A) eine *empathisch-unterstützende* Rolle (Haltung der vorbehaltlosen Akzeptanz und des echten Interesses für Klienten) sowie (B) eine *professionelle* Rolle (gekennzeichnet durch Aufgabenorientierung und die Tatsache, daß die Beziehung *einseitig* auf den Klienten

Alltägliche Sozialbeziehungen	Therapeutische Interaktionen
1. Die Interaktion kann im Prinzip **überall** und zu **jeder Zeit** stattfinden.	1. Ort und Zeit sowie Häufigkeit der Kontakte sind klar **festgelegt**.
2. Die Interaktion orientiert sich an **soziokulturellen Erwartungen, Etiketten und Normen**. Häufiges Benutzen allgemeiner Phrasen und Floskeln (z.B. "Wie geht's?").	2. Soziale "Anstandsregeln", diplomatische Bemerkungen, Höflichkeitsfloskeln u.ä. sind meist nicht adäquat; vielmehr wird ein **spezieller Stil der Gesprächsführung** verwendet, der Fortschritte und Veränderungen beim Klienten erleichtert.
3. Die Beziehungen sind meist **persönlicher** Natur und von **beidseitigen persönlichen Interessen** geprägt.	3. Die Beziehung ist **professioneller** Art; einziges Interesse des Threapeuten: Assistenz des Klienten bei der Verbesserung dessen Lebensalltags.
4. Der Verlauf der Kontakte ergibt sich in erster Linie **"spontan"** durch die Ansichten und Emotionen der Beteiligten.	4. Die Gesprächsbeiträge des Therapeuten sind **hypothesengeleitet** und verfolgen **systematisch** bestimmte diagnostisch-therapeutische **Absichten.**
5. Im Verlauf der Interaktionen **wechselt** der Fokus ständig von einer Person zur anderen.	5. Der **Klient** mit seinen Problemen und Zielen bildet immer den inhaltlichen Mittelpunkt des Gesprächs.
6. Das Gespräch ist häufig **Selbstzweck** ("Nett, mich mit Dir zu unterhalten...")	6. Das Gespräch ist **nie** Selbstzweck, sondern immer **Mittel zum Zweck** (z.B. um Änderungen des Klienten in dessen Alltag vorzubereiten und zu erleichtern).
7. **Freundschaftliche Beziehung** ohne "finanziellen Tauschwert".	7. **Dienstleistungsbeziehung** (die in der Regel direkt oder indirekt bezahlt werden muß).
8. **Gesamte Bandbreite** möglich von oberflächlichen Kontakten bis hin zu Beziehungen von hoher psychischer und physischer Intimität.	8. **Klare Grenzen** für physische Intimität; häufig hohe emotionale Dichte und **psychische** Intimität.

Tabelle 5. Idealtypische Gegenüberstellung von "alltäglichen Sozialbeziehungen" und therpeutischen Interaktionen" (in Anlehnung an Kanfer, Reinecker & Schmelzer, 1990, S. 379).

ausgerichtet ist und den Therapeuten in der Regel relativ „unberührt" läßt). Letzteres hat auch dazu geführt, die sog. Katalysator-Funktion von Therapeuten besonders zu betonen (vgl. Kanfer, Reinecker & Schmelzer, 1990, S.169), was - in stark vereinfachter Analogie zur Begriffsverwendung in der Chemie - bedeutet, daß ein Katalysator die Prozesse *anderer* Variablen zwar beschleunigt, jedoch selbst nicht „reagiert" oder aufgebraucht wird. Wenn Therapeuten versuchen, die Perspektive von Klienten empathisch zu verstehen und (zunächst) als gegeben hinzunehmen, heißt dies nicht, daß sie deren Sicht billigen oder gar als eigene übernehmen; wenn sie Probleme von und mit Klienten definieren, um daran therapeutisch arbeiten zu können, bedeutet das nicht, daß sie die Klientenprobleme zu ihren eigenen machen. Angehende Therapeuten müssen somit eine Art von Beziehung zu realisieren lernen, die von alltäglichen Sozialbeziehungen in mehrerer Hinsicht abweicht. Einen ähnlichen Standpunkt nimmt - aus Gründen der Prävention von „burnout" - im übrigen auch Maslach (1982) ein, die eine solche Grundhaltung als „distanzierte Anteilnahme" („detached concern") bezeichnet hat. Die nachfolgende Tabelle 5 enthält eine Gegenüberstellung wesentlicher Unterschiede zwischen alltäglichen Sozialbeziehungen und therapeutischen Interaktionen (vgl. nächste Seite).

Für die Praxis hat diese Differenzierung zur Folge, daß Therapeuten unter allen Umständen den Status eines *professionellen Helfers* einnehmen und wahren müssen. Nicht ohne Grund haben Psychoanalytiker schon früh vor den Gefahren einer „Gegenübertragungsreaktion" gewarnt und entsprechende „Abstinenzregeln" formuliert. Selbst wenn den strengen psychodynamischen Vorschriften nicht hundertprozentig gefolgt werden muß, betonen auch Verhaltenstherapeuten - mittlerweile unterstützt durch Befunde der Grundlagenforschung (vgl. z.B. Gutheil & Gabbard, 1993) - die Bedeutsamkeit klarer *Grenzen* hinsichtlich Raum, Zeit und Körperkontakt (vgl. Kanfer, Reinecker & Schmelzer, 1990, S.172):

So sollte die Therapie in der Regel im Sprechzimmer, d.h. in den Räumen des Therapeuten stattfinden. Es erfolgt eine Vereinbarung fixer Sprechzeiten, die regulär nach vorgesehenem Ablauf wieder beendet werden. Eine Therapie mit Personen, die zum Therapeuten in einem verwandtschaftlichen, freundschaftlichen oder dienstlichen Abhängigkeitsverhältnis stehen, ist nicht zulässig. Körperkontakt wird nur in sozial adäquater Form (Händeschütteln, Berühren „neutraler" Körperpartien zum Zweck unterstützender Gesten, tröstendes In-den-Arm-nehmen eines weinenden Kindes etc.) als legitim betrachtet. Gerade angesichts des (langsam enttabuisierten) Vorkommens von sexuellem Mißbrauch innerhalb von Therapie (vgl. z.B. Gabbard, 1989; Heyne und Mitarb., 1991; Pope & Bouhoutsos, 1986 etc.) kann diese Grenze nicht deutlich genug formuliert werden.

Schluß

Wenn Therapie - wie im verhaltenstherapeutischen Ansatz üblich - als Veränderung, d.h. als *Lernen*, verstanden wird, gilt es auch, die *Bedingungen*, unter denen dieses Lernen stattfindet, zu optimieren. Nicht nur die persönliche Beziehung (siehe dazu den Beitrag von Scholz in diesem Band), sondern auch äußere Rahmenfaktoren geben die Basis ab für eine gelungene Umsetzung des „eigentlichen" diagnostisch-therapeutischen Prozesses. Sie dürfen daher keinesfalls vernachlässigt werden. Für das *generelle* Klären und Optimieren externer Kontextbedingungen lassen sich die wesentlichen Schritte abschließend wie folgt zusammenfassen:
1. *Analyse* der Rahmenbedingungen (teils durch eigene Reflexion, teils durch Anregungen und Kritik von „außen"; auch z.B. durch Supervision, durch Institutionsanalyse etc.).
2. *Optimieren* der Rahmenbedingungen (soweit möglich; z.B. Schaffung einer ruhigen, ungestörten Gesprächsatmosphäre, Beseitigen von Störfaktoren, Anschaffen/Bereitstellen notwendiger Hilfsmittel etc.).

3. *Kontinuierliches (!) Beachten und Reflektieren von Kontexteinflüssen im Rahmen der praktischen Arbeit* (und Offenheit für diesbezügliches Feedback von Klienten, Kollegen, Supervisoren etc.).

Praxis-Literaturempfehlung

Kanfer, F. H., Reinecker, H. & Schmelzer, D. (1990). *Selbstmanagement-Therapie. Ein Lehrbuch für die klinische Praxis.* Berlin: Springer (insbesondere S.172, S.201-203, S.379-381).

Literatur

American Psychological Association (APA).(1981). Ethical principles of psychologists. *American Psychologist, 36,* 633-638.
Berufsverband Deutscher Psychologen (BDP).(1986). Berufsordnung für Psychologen. *Report Psychologie, 11,* 9-10/ 43-46.
Eberlein, L. (1987). Introducing ethics to beginning psychologists: A problem-solving approach. *Professional Psychology: Research and Practice, 18,* 353-359.
Gabbard, G. O. (Ed.).(1989). *Sexual exploitation in professional relationships.* Washington (DC): American Psychiatric Press.
Gawthrop, J. C. & Uhlemann, M. R. (1992). Effects of the problem-solving approach in ethics training. *Professional Psychology: Research and Practice, 23,* 38-42.
Gutheil, T. G. & Gabbard, G. O. (1993). The concept of boundaries in clinical practice: Theoretical and risk-management dimensions. *American Journal of Psychiatry, 150,* 188-196.
Heyne, C. & Mitarb. (1991). *Tatort Couch. Sexueller Mißbrauch in der Therapie - Ursachen, Fakten, Folgen und Möglichkeiten der Verarbeitung.* Zürich: Kreuz.
Kanfer, F. H. (1994, im Druck). The patient-therapist relationship: An introduction. In S. Borgo & L. Sibilia (Eds.), *The therapist-patient-relationship: Its many dimensions.*
Kitchener, K. (1986). Teaching applied ethics in counselor education: An integration of psychological processes and philosophical analysis. *Journal of Counseling and Development, 64(5),* 306-310.
Maslach, C. (1982). *Burnout - the cost of caring.* Englewood Cliffs (NJ): Prentice-Hall.
Pope, K. S. & Bouhoutsos, J. C. (1986). *Sexual intimacy between therapists and patients.* New York: Praeger.
Schmlelzer, D. (1994a). Zur Bedeutung von "Selbsterfahrung", "Selbstreflexion" und "Selbstmodifikatiion" in der Ausbildung von Verhaltenstherapeuten. In R. Frühmann & H. Petzold (Hrsg): *Lehrjahre der Seele: Lehranalyse, Selbsterfahrung, Eigentherapie in den psychotherapeutischen Schulen* (S. 257 - 301). Paderborn: Junfermann.
Schmelzer, D. (1994b). Berufszentrierte Selbsterfahrung: Das Konzept der „Zielorientierten Selbstreflexion". In G. Elke & A. Laireiter (Hrsg.), *Selbsterfahrung in der Verhaltenstherapie: Konzepte und praktische Erfahrungen.* Tübingen: DGVT., S. 45-56.
Welfel, E. R. & Lipsitz, N. E. (1983). Wanted: A comprehensive approach to ethics research and education. *Counselor Education and Supervision, 22(4),* 320-332.
Yalom, I. D. (1989). *Theorie und Praxis der Gruppenpsychotherapie. Ein Lehrbuch.* München: Pfeiffer.

Erwartungsklärung, Motivationsklärung und Aufbau von Therapiemotivation
• Dieter Schmelzer •

Das Thema „Motivation" zieht sich wie ein roter Faden durch den gesamten Therapieprozeß, für dessen Strukturierung Kanfer, Reinecker & Schmelzer (1990) ein Sieben-Phasen-Modell vorgeschlagen haben. Aus den vielen Einzelaspekten, die für eine effektive Therapiedurchführung notwendig sind, werden in diesem Abschnitt die Themen „Erwartungen klären" sowie „Motivationsklärung und Aufbau von Therapiemotivation" als Schwerpunkte herausgegriffen und ausführlich behandelt.

Erwartungen klären

Unsere Patienten kommen mit bestimmten *Erwartungen* in die Therapie. Darunter werden alle Wünsche, Hoffnungen, Ziele (auch Befürchtungen) etc. verstanden, die sich auf die Abläufe, Inhalte und Ergebnisse einer Therapie beziehen. Therapieerwartungen sind immer das Resultat vorheriger Erfahrungen von Patienten mit „Therapie" im weitesten Sinne - sei es direkt-persönlich, sei es indirekt via Informationen durch Bekannte bzw. über Medien etc. Diese Informationen haben bereits die Entscheidungen von Patienten auf dem Weg zur Therapie mitbestimmt. In der Regel handelt es sich um diffuse, implizite, ungeordnete, auch emotional gefärbte Annahmen, die bei aller Subjektivität, d.h., selbst wenn sie aus fachlicher Hinsicht noch so abwegig erscheinen mögen, für Patienten *handlungsleitend* sind.

Bereits ab dem Erstkontakt lohnt es sich, folgende *Bereiche* von Therapieerwartungen zu präzisieren (und ggf. zu verändern):

Rollenerwartungen ("role expectancies": Goldstein, 1966): z.B.: Welche Rollen im Therapieprozeß fallen - nach Ansicht des Patienten - dem Therapeuten bzw. dem Patienten zu?

Prognostische Erfolgserwartungen ("prognostic expectancies": Goldstein, 1966): z.B.: Mit welcher "Hoffnung auf Therapieerfolg" (bzw. umgekehrt mit welchem Grad von "Hoffnungslosigkeit") beginnt der Patient die Therapie?

Inhaltliche Erwartungen: z.B.: Was soll in der Therapie bearbeitet werden? Welche Probleme und welche Ziele sollen nach Meinung des Patienten im Mittelpunkt stehen? Welche Themen werden *vermieden* oder explizit *ausgeklammert*?

Ablauferwartungen: z. B.: Wie wird oder soll nach Ansicht des Patienten der Therapieprozeß ablaufen? Was soll umgekehrt *keinesfalls* passieren?

Erwartungen aufgrund subjektiver "Krankheitsüberzeugungen" ("health beliefs"): z.B.: Wie erklärt sich ein Patient seine Schwierigkeiten? Wodurch sind die Probleme seiner Ansicht nach bedingt, womit hängen sie zusammen? Wie beurteilt ein Patient bzw. sein soziales Umfeld die Probleme: als "Krankheit", "Störung", "Wink des Schicksals", "abnormes Verhalten"? Welche Konsequenzen haben diese subjektiven Alltagsvorstellungen? etc.

Tabelle 1. Mögliche Bereiche von Therapieerwartungen (nach Kanfer, Reinecker & Schmelzer, 1990, S.126)

Normalerweise vollzieht sich die Erwartungsklärung mit Hilfe entsprechender *direkter Fragen* (z.B. „Welche Hoffnungen oder Wünsche haben Sie denn für Ihre Therapie ... was sollte herauskommen?" - „Woran könnten wir beide erkennen, daß eine Therapie nicht weiter notwendig wäre?" - „Was soll Ihrer Ansicht nach als erstes behandelt werden?" etc.). Genauso wichtig ist jedoch das aufmerksame Registrieren aller *indirekten* Anzeichen für Therapieerwartungen:

Beispielsweise können aus bestimmten beiläufigen Bemerkungen der Patienten wichtige Therapieerwartungen abgeleitet werden („Mein Mann ist halt nun mal so, da kann man nichts machen!" - „Unser Hausarzt sagt, Tabletten helfen nicht viel, ich muß zum Psychologen, der soll mich entspannen..." - „Eine Frechheit war das von diesem Psychiater, mir einfach zu sagen, meine Schmerzen seien psychisch!" - „Das Reden bei Ihnen tut mir schon gut bei meinen Ängsten, da brauchen wir gar nichts Zusätzliches mehr machen..." etc.).

Die Erwartungsklärung erfüllt dabei folgende Hauptzwecke:

1. **Erleichterung der Kooperation zwischen Therapeut und Patient.** Da die Erwartungsklärung ein *beidseitiger* Prozeß ist, bei dem umgekehrt auch darüber informiert wird, was Patienten tatsächlich von uns erwarten können, entsteht zunehmend Klarheit über Möglichkeiten und Grenzen, über Spielregeln und Rahmenbedingungen der Therapie (siehe auch den Beitrag über „Kontextklärung" in diesem Band). Dadurch brauchen Therapeut und Patient nicht auf der Basis unausgesprochener, illusionärer Hoffnungen und Wünsche zu interagieren, sondern erhalten explizite, konkrete Handlungsleitlinien (Beispiel: „Aha, das heißt also, daß ich auch selbst gut mitarbeiten muß, damit die Therapie Fortschritte bringt?!").

2. **Modifikation bzw. Korrektur inadäquater Erwartungen.** Falls Patienten mit übertriebenen oder falschen Erwartungen auftauchen, muß eine behutsame aber eindeutige Korrektur versucht werden, da sich sonst sehr schnell destruktive Interaktionsmuster etablieren. Dies bedeutet für Therapeuten eine gewisse Gratwanderung zwischen den Polen „empathisches Verstehen" und „Hinarbeiten auf Veränderungen": Einerseits darf den Patienten wegen irriger Erwartungen (z.B. „Die Therapie muß meine Ängste sofort zum Verschwinden bringen!") kein Vorwurf gemacht werden, andererseits sollten aus Gründen der Empathie keine unangebrachten Erwartungen unwidersprochen im Raum stehenbleiben. Günstig ist hier die Methode des *„empathischen Konfrontierens"*: „Ich verstehe, daß Sie sich wünschen würden, von heute auf morgen Ihre Ängste los zu sein. Wenn das möglich wäre, würde ich Ihnen natürlich sofort dabei helfen. Leider haben wir kein solches Zaubermittel. Wir wissen aber, daß es gute Chancen gibt, auf *andere* Weise mit seinen Ängsten besser umzugehen und viele davon im Lauf der Zeit zu überwinden. Möchten Sie, daß ich Ihnen darüber näher Auskunft gebe?" Damit wird dem Patienten signalisiert, daß er sicher mit Unterstützung des Therapeuten rechnen kann, daß sich diese Hilfe aber auf *menschenmögliche* Ziele beziehen muß. Oder aber es wird verdeutlicht, daß der Therapeut das zugrundeliegende Hauptziel zwar für legitim hält, daß es aber *andere* Mittel und Wege gibt, um es zu erreichen.

3. **Rollenstrukturierung.** Die klinische Grundlagenforschung dokumentiert Hinweise auf einen guten Erfolg von Maßnahmen zur *Rolleninduktion* (vgl. z.B. Wilson, 1985). Hiermit ist gemeint, daß Patienten (mit Hilfsmitteln wie Broschüren, Informationsmaterial, kurzen Videofilmen etc.) gezielt über die Therapie informiert und an die jeweiligen Rollen von Therapeut und Klient herangeführt werden. Eine solche Verdeutlichung der Interaktions-Spielregeln trägt auch dazu bei, Therapieabbrüchen vorzubeugen, die auf falschen Rollenerwartungen beruhen.

4. **Induktion positiver Therapieerwartungen.** Wenn die eben erwähnte Rollenstrukturierung z.B. durch ehemalige (erfolgreich behandelte) Patienten - oder in einer Klinik durch kurz vor der Entlassung stehende

Mitpatienten geschieht, ergeben sich positive Zusatzeffekte, weil meist auch ein „Fünkchen Hoffnung" mitvermittelt wird. Diese Hoffnung wiederum hat sich als wichtiger genereller Faktor für Therapieerfolg herausgestellt (vgl. z.B. Bootzin, 1985; Frank, 1985; Goldstein, 1962 etc.). Sie hilft auch, der üblicherweise anzutreffenden Demoralisierung und Resignation der Patienten entgegenzuwirken und eine optimistische Grundeinstellung zu fördern (Scheier & Carver, 1992).

5. **Beginn des Aufbaus von Therapie- und Änderungsmotivation.** Während sich die (negativ geprägten) Eingangsbeschwerden von Patienten mit den Problemen und Schwierigkeiten beschäftigen, weisen Therapieerwartungen meist auf den positiven Gegenpol, d.h. auf eventuell erstrebenswerte Soll-Zustände hin. Sie geben Hinweise auf potentielle Therapieziele, eröffnen positive Zukunftsperspektiven und schaffen somit für einen sensiblen Therapeuten erste Grundlagen für den Aufbau von Therapiemotivation (siehe unten).

Motivationsklärung und Aufbau von Therapiemotivation

Es gehört zu einer Kernüberzeugung jedweder Therapie, daß Patienten in irgendeiner Form für ihre Therapie „motiviert" sein müssen (Garfield, 1986; Kanfer, 1992a, Meichenbaum & Turk, 1994). Ältere Sichtweisen des Themas betonten vor allem den „Leidensdruck" von Patienten, gingen von einer gleichbleibend-statischen Motivation aus und beschränkten sich meist darauf, die „motivierten" von den „unmotivierten" Patienten zu trennen (sogenannte Aschenputtel-Taktik: „Die Guten ins Töpfchen..."). Eine Anbindung an Motivationstheorien der allgemeinen Psychologie (vgl. z.B. Heckhausen, 1989) oder gar eine schlüssige Ableitung klinischer Motivationsstrategien aus solchen theoretischen Überlegungen fehlten in den meisten Fällen. Allenfalls wurden - spekulativ und abgekoppelt von jeder Empirie - schulenspezifische (z.B. triebdynamische) Konzeptionen entworfen.

Auch in der Verhaltenstherapie dauerte es lange, bis sich Theoretiker *explizit* mit dem Thema beschäftigten. Zwar sind Motivationsaspekte schon in frühen Lerntheorien enthalten, eine dezidierte Auseinandersetzung verzögerte sich aber wohl auch deswegen, weil „Motivation" in der Regel nicht direkt zu beobachten ist, sondern ein hypothetisches Konstrukt darstellt (vgl. unten).

Kanfer, Reinecker & Schmelzer (1990) haben sich mit unter den ersten bemüht, den Bogen von theoretischen Überlegungen und empirischen Befunden der Motivationspsychologie hin zur Verhaltenstherapie zu spannen und aus dieser Annäherung von Theorie und Praxis hilfreiche Strategien für Praktiker abzuleiten. Obwohl noch weit vom Ideal einer kohärenten Theorie der Therapiemotivation entfernt, sollen wesentliche Überlegungen dieser Autoren die Basis für den vorliegenden Beitrag bilden.

Therapiemotivation in der Verhaltenstherapie: Einige theoretische Grundlagen

In den meisten Theorien verkörpert Motivation die „energetisierende" Komponente, mit der eine Person ihr Verhalten auf ein Ziel hin ausrichtet. In diesem (zielorientierten) Verständnis von Motivation geht es somit um eine zusammenhängende Folge von Abläufen und Ereignissen, die mit einem Ungleichgewichts- oder Bedürfniszustand in einer Person beginnt und dann zu Ende geht, wenn ein Zustand erreicht ist, der den Bedürfniszustand aufhebt bzw. das Ungleichgewicht in Richtung (neues oder wiederhergestelltes altes) Gleichgewicht hin verändert, d.h. *Homöostase* herstellt (Abbildung 1, siehe auch Kanfer, Reinecker & Schmelzer, 1990, S.63):

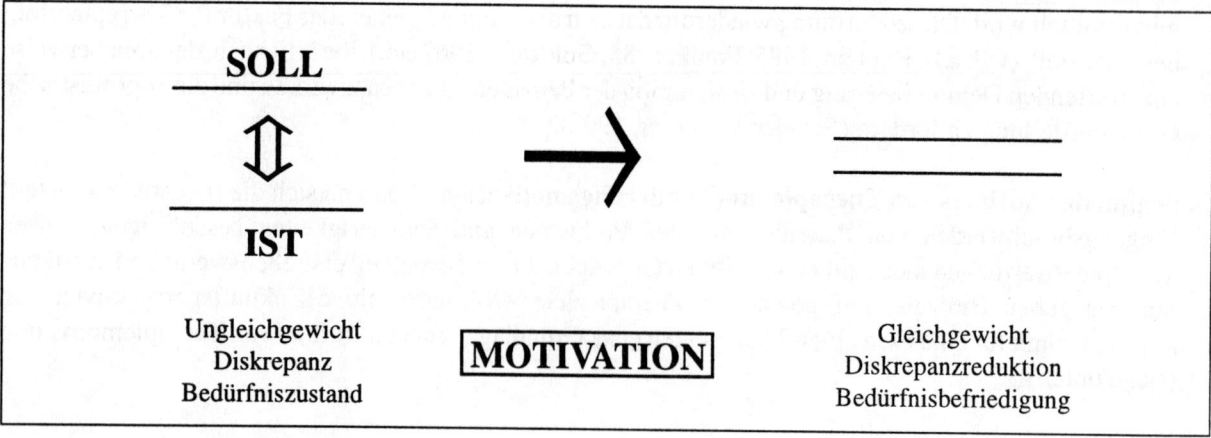

Abbildung 1. Basisprozeß der Motivation

Diese Bildung von Homöostase vollzieht sich auf allen Ebenen menschlichen Verhaltens von niedrigsten zellulären Regulationen des Autonomen Nervensystems bis hin zu den obersten bewußt-kontrollierten Vorgängen des Entscheidens und Handelns (vgl. Heckhausen, 1987, S.7). Aus diesem Grunde kann man festhalten, daß Lebewesen *immer* motiviert sind (oder deutlicher formuliert: Die „unmotivierten" liegen längst unter der Erde...").

Wie die nachstehende Abbildung zeigt, ist eine solche Sichtweise kompatibel zu Klinger (1975, 1977, 1987; Klinger, Barta & Maxeiner, 1981), der mit seinem Konstrukt der „Current Concerns" (CCs) eine ähnliche Vorstellung entwickelt hat (Abbildung 2):

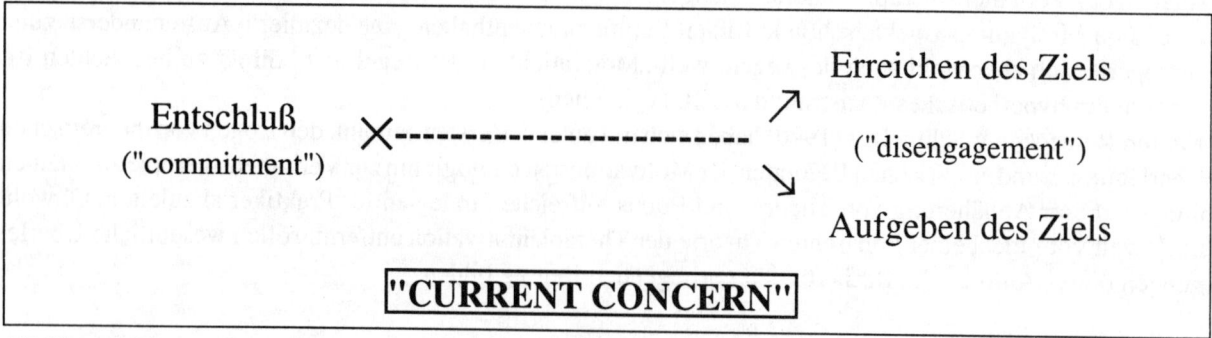

Abbildung 2. "Current Concern" in der Motivationstheorie von Klinger

Klingers Konzept der „Current Concerns" hat den Vorteil, daß sowohl die dynamischen *Fluktuationen* von Motiven als auch die Tatsache, daß Menschen zu jedem Zeitpunkt ihres Lebens „im Griff" *vieler* CCs sind, adäquat berücksichtigt werden können. Da insbesondere langfristige Ziele nicht ständig aktiv verfolgt werden (Zeigarnik, 1927), sondern zu bestimmten Zeiten „im Hintergrund" weiterlaufen, während andere Handlungen dominant sind, lassen sich mit CCs auch Vordergrund-/Hintergrund-Verschiebungen von Motiven erklären. In der Therapie werden persönlich bedeutsame „Hintergrund"-Motive wieder zugänglich gemacht: Durch den Prozeß der *Ziel- und Wertklärung* (siehe unten), bei dem - unter anderem mit Hilfe gelenkter

Phantasien - die Aufmerksamkeit auf zielrelevante Inhalte gelenkt wird, kann ein *Querschnitt* durch die CCs einer Person vollzogen werden. Dabei handelt es sich sozusagen um die *Momentaufnahme* wichtiger Ziele aus der Wertehierarchie der Patienten. Wenn sich ähnliche Ziele zu mehreren Erhebungszeitpunkten als persönlich bedeutsam herausstellen, ist die Annahme berechtigt, daß es sich um sehr *zentrale* Ziele und Werte der Person handelt. Solche Hierarchien können gut mittels der „Vertikalen Verhaltensanalyse" oder auch „Plananalyse" (Caspar, 1989; Grawe, 1987) strukturiert werden. Dabei ist erforderlich, daß die Therapie - zumindest für gewisse Zeit - ein vorrangiges Anliegen der Patienten werden und unter den ersten Prioritäten ihrer Zielhierarchie rangieren muß.

Klinger beschreibt außerdem anschaulich den sogenannten „*Motivationszyklus*", der mit dem festen Entschluß zu einer Handlung („commitment") beginnt und sich mit der erfolgreichen Handlungsausführung bzw. dem Aufgeben des Ziels wieder schließt („disengagement": Klinger, 1975, 1987). Wie wir weiter unten sehen werden, sind je nach Stadium des Motivationszyklus *andere* Motivierungsstrategien sinnvoll.

Da Motivation nicht direkt zu beobachten ist, müssen *indirekte* Beobachtungskriterien zum Erschließen herangezogen werden. So fanden als Motivationsindikatoren z.B. Verwendung: Intensität eines Verhaltens, Widerstand gegenüber Ablenkung durch alternative Handlungsimpulse, zeitliche Dauer eines Verhaltens, Mühe und Kosten, die in eine Tätigkeit investiert werden etc. Neben der *Intensität* von Motivation ist auch die *inhaltliche Richtung* von Bedeutung. So unterscheiden sich Personen - trotz ähnlicher biologisch-physiologischer „Ausstattung", d.h. trotz gleichartiger *primärer* Bedürfnisse - auch und gerade in persönlich bedeutsamen Lebensmotiven. Diese haben sich durch vielfältige Einflüsse im Verlauf der Lebensgeschichte entwickelt, und es versteht sich von selbst, daß eine erfolgreich verlaufende Therapie nicht gegen zentrale aktuelle Bedürfnisse der Patienten verstoßen darf. In der nachfolgenden Tabelle sind wichtige Gesichtspunkte zu „motivationstheoretischen Grundannahmen" zusammengefaßt (Tabelle 2):

- Menschen sind *immer* zu etwas motiviert.
- Ziele und Motive befinden sich kontinuierlich im Fluß; Therapiemotivation ist daher ein multidimensionaler dynamischer Prozeß, der ständigen Fluktuationen unterliegt.
- Therapiemotivation ist keine stabile Persönlichkeitseigenschaft.
- Therapiemotivation ist nicht global zu erfassen oder mit Eingangsmotivation zu Beginn der Therapie gleichzusetzen.
- Therapiemotivation bezieht sich immer auf bestimmte Situationen bzw. Handlungen; sie muß also für *jede* Einzelhandlung und für *jede* Episode (z.B. zur Therapie kommen, in Therapie bleiben, Informationen geben, aktiv mitarbeiten etc.) neu unterstellt werden.
- "Current Concerns" implizieren: Multiple, oft konfligierende Motive zum jeweiligen Zeitpunkt; Vordergrund-/Hintergrund-Relationen; Prioritätenänderungen; Querschnitt durch die momentane Motiv- und Zielhierarchie etc.
- Die Variabilität über die Zeit impliziert *Beeinflußbarkeit* (Möglichkeit des Motivationsaufbaus!) während der Therapie durch den Therapeuten bzw. durch den tatsächlichen Therapieverlauf (Nichts ist so erfolgreich wie der Erfolg...).
- Motivationsklärung ist *nicht* die Suche nach den "wahren", "letzten", "innersten" oder "endgültigen" Grundmotiven von Personen; sie bietet allenfalls kurz- bis mittelfristige Motivationshilfen.
- Motivation kann niemals *völlig* "geklärt" sein (immer nur Momentaufnahme von "Current Concerns" möglich; sicherlich deuten ähnliche Zielstrukturen, zu verschiedenen Zeitpunkten erhoben, auf eher überdauernde, persönlich relevante Motive hin (Grawe, 1987; Caspar, 1989) Trotzdem sind sie nicht als stabile Persönlichkeitsstrukturen interpretierbar.

Tabelle 2. Motivationstheoretische Grundannahmen

Speziell für Selbstmanagement-Therapeuten sind noch folgende Zusatzannahmen wichtig:

- Respekt vor den Zielen und Motiven anderer Personen (auch und gerade bei starken Diskrepanzen zu eigenen! Ausnahme: Gefahr der Selbst- und Fremdschädigung; Schutz anderer vor Übergriffen jedweder Art etc.).
- Grundsätzliches Akzeptieren der Annahme, daß Menschen - innerhalb von Grenzen - zu Selbststeuerung *fähig* sind und daher keine Bevormundung durch „besserwisserische" Experten benötigen.
  Diese theoretischen Annahmen haben u.a. folgende Konsequenzen für die Praxis:
- Entsprechend der Tatsache, daß Menschen *immer* motiviert sind (nur nicht immer zu dem, was andere Personen - z.B. Therapeuten - von ihnen wollen...), ist die Frage, ob ein Patient „motiviert" oder „unmotiviert" ist, falsch gestellt. Entscheidend ist hingegen: Mit welcher *Intensität* ist der Patient zum *momentanen Zeitpunkt* auf *welche spezifischen Ziele hin* motiviert?
- Eine *funktionale Analyse* der jeweiligen Motivation zum jeweiligen Zeitpunkt hilft dem Therapeuten, die obige Frage besser zu beantworten und vorhandene Motivationen *für therapeutische Zwecke zu nutzen* („Wozu / wodurch ist der Patient motivierbar?").
- Dazu ist zunächst die direkte *Beobachtung* sowie das *indirekte Erschließen* von Zielen, Werten und Motiven der Patienten notwendig. Sensible Therapeuten achten daher ab dem Erstkontakt kontinuierlich auf alle Anzeichen von Bedürfnissen, Motiven, Zielen und Werten ihrer Patienten (vgl. unten, Tabelle 3).
- Die Therapie muß selbst ein bedeutsames „Current Concern" der Patienten werden und in deren Zielhierarchie sehr weit oben rangieren.
- Statt einer Selektion „motivierter" Patienten geht es darum, alle Register zu ziehen, um einen Motivations-*aufbau* zu erreichen. - Motivation ist nicht nur zu Beginn der Therapie wichtig, sondern bleibt über den gesamten Therapieprozeß hinweg ein grundlegendes Thema.
- Selbstmanagement-Therapeuten begegnen ihren Patienten auch dann mit Respekt und Toleranz, wenn deren Lebensart ihren eigenen Überzeugungen widerspricht. Pluralismus der Weltanschauungen sowie Betonung von Selbstverantwortung sind vorrangig (bis zu dem Moment, an dem für Therapeuten eine ethische Pflicht zum Eingreifen entsteht).

Diese Gesichtspunkte fließen in die nachfolgenden Motivationsanregungen ein.

Möglichkeiten der Motivierung von Klienten im Rahmen der Therapie

Sensibilisieren für Ziele, Motive und Interessen

Ausgehend von der Prämisse, daß es genau genommen keine „unmotivierten" Patienten gibt, stellt sich als erstes die Frage, *wofür* jemand zu diesem Zeitpunkt des Lebens gerade motiviert ist. Da Menschen aber nicht ständig über die Ziele ihres Lebens nachdenken und ihnen ihre Motive/Interessen nicht ständig bewußt sind, geht es zunächst darum, Patienten für zielrelevante Hinweisreize zu *sensibilisieren*. Hierzu können die sogenannten „Indikatoren für Ziele und Werte" (vgl. Kanfer, Reinecker & Schmelzer, 1990, S.451) wichtige Anhaltspunkte geben (Tabelle 3).

Eine solche Sensibilisierung hilft auch *Therapeuten*, voreilige „Widerstands"-Zuschreibungen[1] zu vermeiden. Denn nach neueren Auffassungen beruhen viele „Widerstands"-Phänomene von Patienten auf der Tatsache, daß sie „natürliche Begleiteffekte" bedeutsamer Veränderungen des menschlichen Lebens darstellen, oder aber darauf, daß Therapeuten in diesem Moment noch kein adäquates Verständnis für die zentralen (aber anders gerichteten) Motive ihrer Patienten haben (vgl. Wittmann & Wittmann, 1986). Widerstand kann also auch ein „therapeutenproduziertes" Problem sein (Birchler, 1988). Eine weitere Hilfe der Sensibilisierung für Therapeuten besteht folglich darin, alle Interventionen (dazu gehören auch bereits verhaltensanalytische Fragen) stimmig an das Ziel- und Wertesystem der Patienten anpassen zu können. Nur wenn es Klienten gelingt, das therapeutische Vorgehen als Mittel zum Erreichen persönlich bedeutsamer Ziele zu erkennen, wird die Therapie erfolgreich ablaufen.

Bereiche	Indikatoren für ...
Sorgen Beschwerden Befürchtungen Probleme	*Das Erreichen wichtiger Ziele könnte gefährdet/behindert sein*
Gefühle Emotionen (positiv wie negativ)	*Wichtige "Kernbereiche" der Person könnten betroffen sein*
Kognitionen Absichten Interessen Pläne	*Relativ direkte Indikatoren für Ziele und Werte*
Reales Verhalten Aktivitäten Umgang mit Zeit Umgang mit Geld	*Welche (u.U. impliziten) Ziele und Werte spielen im Alltag tatsächlich eine Rolle*

Tabelle 3. Indikatoren für Ziele und Werte (nach Kanfer, Reinecker & Schmelzer, 1990, S. 451)

Nutzung generell motivationsförderlicher Grundbedingungen des „Selbstmanagement"-Ansatzes

Entsprechend Kanfer, Reinecker & Schmelzer (1990, S.213/214) gibt es im Konzept des „Selbstmanagement" mindestens sechs Aspekte, die - da sie sich wie ein roter Faden durch den gesamten Therapieprozeß ziehen - die Motivation von Patienten *generell* fördern:

1. Maximale Mitsprache und persönliche Kontrolle seitens des Patienten. Je mehr Mitsprache einem Patienten bei therapeutischen Entscheidungen zugestanden wird, um so mehr wird er - da es dann ja um *seine* Therapie geht - aktiv mitarbeiten. „Widerstand" wird in dem Maße unnötig, in dem Therapeuten vermeiden, restriktiv die Entscheidungsfreiheit ihrer Patienten einzuschränken oder sie in eine unerwünschte Richtung zu manipulieren.

2. **Selbstgesetzte Ziele als Motivationsquelle.** Im Gegensatz zu extern vorgegebenen Zielen, die meist nur wenig Anreize bieten, üben Ziele, die sich Patienten selbst wählen, starke Motivationswirkung aus. Das Verfolgen selbstgesteckter Ziele ist selbst eine Quelle der Motivation.
3. **Förderung der Selbsteffizienz („self-efficacy").** Spätestens seit den Arbeiten Banduras (z.B. 1977) wissen wir, daß die Entdeckung der Wirksamkeit eigenen Verhaltens sowie das Erleben persönlicher Kompetenz („Ich kann es schaffen!") die aktive Therapiebeteiligung von Patienten steigert. Durch Aufgaben und „Hausaufgaben" in Form kleiner (und daher erfolgreich umsetzbarer) Schritte werden Patienten in unserem Ansatz dazu angeleitet, sich sozusagen selbst von ihren Bewältigungsfertigkeiten zu überzeugen. Dies ist außerdem Grundvoraussetzung für eigenverantwortliches Handeln auch außerhalb (bzw. nach Ende) der Therapie.
4. **Selbststeuerung und Selbstmotivation.** Die Anleitung zur Klärung persönlich bedeutsamer Ziele und Werte ermöglicht es Patienten allmählich, sich immer effektiver an eigenen Maßstäben zu orientieren. Wenn intern hochgeschätzte Ziele einen Anreiz bieten, sind Patienten in der Lage, sich selbst zu motivieren und ihr Verhalten selbst zu regulieren. Dazu gehören auch gute Fähigkeiten zur Selbstbeobachtung sowie zur Steuerung des eigenen Verhaltens anhand der tatsächlichen Handlungsergebnisse (Feedback). Es ist nur auf den ersten Blick paradox, wenn solche Fertigkeiten zur Selbststeuerung zunächst durch Anleitung von außen, d.h. fremdgesteuert erlernt werden müssen.
5. **Maximale Transparenz.** Wenn Patienten mitbestimmen sollen, müssen sie auch stets angemessen darüber informiert sein, wozu welche diagnostisch-therapeutischen Schritte gut sind, welche Alternativen es gibt bzw. worauf sie sich evtl. einlassen. Nicht erst auf Nachfragen hin, sondern schon von sich aus schafft der Therapeut (z.B. durch Aufklärung auf einem alltagssprachlichen Niveau) Voraussetzungen für einen „mündigen Patienten".
6. **Prinzip der Freiwilligkeit.** Da eine zwangsweise Therapie unserem therapeutischen Selbstverständnis widerspricht und die dazu notwendige externe Kontrolle sowieso nie lückenlos ausgeübt werden könnte, betonen wir die Freiwilligkeit aller Schritte in Reden und Handeln. Im Extremfall bedeutet dies für Patienten auch die Freiheit, die Therapie zu beenden. Im positiven Sinne gibt dies den Patienten die Chance, unser Dienstleistungsangebot zu den von ihnen angestrebten Zielen in Anspruch zu nehmen, wodurch schon automatisch hohe Motivation zur Therapie entsteht.

Planen des Motivationsaufbaus mit Hilfe einer Motivationsanalyse

Entsprechend dem Flußdiagramm von Kanfer, Reinecker & Schmelzer (1990, S.218) sollte ein Motivationsaufbau gezielt mit Hilfe einer „Motivationsanalyse" geplant werden. Dabei wird vorausgesetzt, daß Therapeuten alle in diesem Beitrag erwähnten Hinweise für eine *generelle* Motivierung ihrer Patienten sowieso befolgen. Trotzdem können konkrete Motivationsprobleme auftauchen, die einen speziellen Motivationsaufbau notwendig machen.

Ausgangspunkt für eine Motivationsanalyse ist die Beobachtung, daß ein Patient eine bestimmte zielorientierte und „therapeutisch sinnvolle" Handlung nicht realisiert (z.B. „Hausaufgaben" nicht oder nur teilweise erledigt, beim Rollenspiel nicht mitmacht, in der Gruppe nicht redet etc.). Je nach Resultat einer funktionalen Bedingungsanalyse, die in der angegebenen Reihenfolge durchgeführt werden sollte, sind unterschiedliche Abhilfemöglichkeiten sinnvoll (Tabelle 4).

Die in Tabelle 4 präsentierten Schritte können auch für eine *„Widerstands"-Analyse* bzw. *präventiv* zur Vorbeugung von Motivationsproblemen genutzt werden. Im folgenden Abschnitt werden besonders die *Motivationsstrategien im engeren Sinn* (vgl. Punkt 3 in Tabelle 4) betrachtet.

Resultat der Bedinganalyse ("Motivationsproblem bedingt durch...")	Mögliche Abhilfe
1. Fehlendes, inadäquates *Wissen*	Wissensvermittlung, Aufklärung bzw. selbständiges Einholen-Lassen von Information
2. Fehlendes, inadäquates *Können*	Kompetenzaufbau, Verbesserung bestehender Fertigkeiten
3. Fehlende, inadäquate *Motivation* (im eigentlichen Sinn)	Motivationsaufbau durch a) Nutzung vorhandener Motivation für therapuetische Ziele (Kanalisation/ Umlenkung) b) Bedürfniszustand/Ungleichgewicht vergrößern c) Ziele/Werte klären und positive Anreize schaffen d) Abbau von Motivationshindernissen e) Handlungstendenzen erhöhen

Tabelle 4. Motivationsanalyse

Spezifische Motivationsstrategien - ein kursorischer Überblick

Aus Platzgründen wird eine Auswahl häufig verwendeter Motivationsstrategien nur *stichpunktartig* in Tabellenform dargestellt. Viele davon sind bei Kanfer, Reinecker & Schmelzer (1990, S. 220 ff.) ausführlicher beschrieben (Tabelle 5, siehe nächste Seite). Dabei soll nochmals darauf hingewiesen werden, daß diese Motivierungsversuche nie willkürlich erfolgen, sondern immer mittels der obigen „Motivationsanalyse" (vgl. Tabelle 4) je nach den funktionalen Bedingungen des Einzelfalls eingesetzt werden.

Berücksichtigen des jeweiligen Motivationszustands im Motivationszyklus

Sowohl Heckhausen (1987; Heckhausen, Gollwitzer & Weinert, 1987; Heckhausen & Kuhl, 1985) als auch Klinger (1975) haben seitens der Motivationspsychologie verdeutlicht, daß es im „Motivationszyklus" (vom langsamen „Auftauchen" erster Motive bis hin zur tatsächlichen Handlungsausführung) gesetzmäßige Abläufe gibt. Der Ansatz der Heckhausen-Gruppe unterscheidet dabei die drei Phasen des WÜNSCHENS, WÄHLENS und WOLLENS, wobei die ersten beiden noch vor jeder Handlungsausführung ablaufen. Erst im dritten Stadium wird der „Rubikon" überschritten, d.h., es kommt zur Umsetzung der Motive in reales Handeln. Dies hat für das praktisch-verhaltenstherapeutische Vorgehen folgende Konsequenzen (vgl. auch Kanfer, 1992a, 1992b):

Spezielle Motivierungsstrategien

a) Nutzung vorhandener Motivation für therapeutische Zwecke:
- Klären: Wozu ist Patient z. Zt. wie intensiv motiviert?
- Kann ich vorhandene Motivation für therapeutische Ziele nutzen (z. B. Oberziel, "für andere daseinwollen" geht auf Dauer nur, wenn ich zwischendurch auch auf mich schaue...)
- auch: Umdeuten/Umetikettieren (z. B. Wut = "Energie", die ich besser zu aktiv-konstruktiver Problembewältigung nutzen könnte...)

b) Bedürfniszustand/Ungleichgewicht vergrößern:
- Konfrontieren mit Implikationen/Konsequenzen der Fortsetzung des Status quo
- Rigidität/ Absurdität des Problemverhaltens verdeutlichen (Sokratischer Dialog, RET-Techniken etc.)
- Beobachtungs-/Selbstbeobachtungsaufgaben (Ziel: "Problembewußtsein" schaffen)
- Leidensdruck erhöhen

c) Ziele/Werte klären und poitive Anreize schaffen:
- Beobachtung anderer Personen/Heranführen an andere Lebensperspektiven (Motto: "Es gibt viele Wege zum Glücklichsein...")
- Neue Träume träumen ("Es könnte auch anders sein...")
- Intrinsische Motivation nutzen/entwickeln (z.B. kreativ/produktiv sein, Kontakte haben, neugierig sein, sich selbst herausfordern, Grenzen testen
- Arbeit mit ZWK-Indikatoren (vgl. Tab. 3)
- Ziel- und Wertklärung (über gelenkte Phantasie-Anregungen, erlebnisorientierte Rollenspiele, Gedanken- und Verhaltensexperimente u.v.m.; vgl. unten im Text)

d) Abbau von Motivationshindernissen:
- Angst vor Veränderung: Kleine Schritte (behutsame "sukzessive Approximation" an neue, andersartige Erfahrungen); Ungekanntes mit Bekanntem verknüpfen; "Schnupperphasen" anbieten bzw. Bedenkzeit einräumen
- Alte Gewohnheiten: Unterbrechen und durch (anfangs kleine) Änderungsschritte ersetzen; auch: irgend etwas Neues/anderes ausprobieren; wichtig: bewußte/absichtsvolle Zuwendung der Aufmerksamkeit (Selbstbeobachtung!), u.U. über langen Zeitraum
- gelernte Inkompetenz: Erfahrungen mit eigeninitiierten Veränderungen vermitteln; "self-efficacy" aufbauen
- Sekundäre Gewinne: Kurzfristige/langfristige Konsequenzen aufzeigen; alternative Gewinne dagegensetzen (falls möglich); provokatives bzw. paradoxes Vorgehen ("Weshalb wollen sie bei diesem massiven Vorteilen eigentlich etwas ändern...?!")
- Wissens- bzw. Fähigkeitsdefizite: Entsprechende Informationen/Kompetenzen vermitteln
- Widerstand gegen die Person des betreffenden Therapeuten: Widerstandsanalyse und -bearbeitung; Therapeutenwechsel?

e) Handlungstendenzen erhöhen:
- Hinweise zur Umsetzung von Vorsätzen in reales Handeln beachten (vgl. Kanfer, Reinecker & Schmelzer, 1990, S. 297-299)
- Globale, langfristige Ziele in kleine, kurzfristig handhabbare Einheiten zerlegen
- Begrenzte, überschaubare Ziele setzen
- Lernschritte so portionieren, daß Erfolg möglich wird
- Fuß-in-die-Tür/Schweizer-Käse-/Salami-Taktik (Prizip: "Große Portionen" zerkleinern, aber Patienten immer "am Thema" halten)

f) externe Verstärkung:
- materielle Anreize für Absolvieren der Therapie
- Token-Systeme
- Depot-Regelungen (eine hinterlegte Geldsumme wird in Teilbeträgen - kontingent auf Therapiebesuch - retourniert; für jede versäumte Stunde verfällt ein bestimmter Anteil)

g) Selbstmotivation (selbstverabreichte Kontingenzen):
- Selbstverstärkung (selbstverabreichte positive Konsequenzen)
- Selbstanwendung des PREMACK-Prinzips (z.B. "erst die Arbeit, dann das Vergnügen...")
- Vertrag mit sich selbst (klare Regeln, klare Selbstbelohnungen bzw. -bestrafungen)
- Testen eigener Leistungsgrenzen / Ziele als persönliche Herausforderung

h) Motivation durch optimale Handlungs-Rückmeldung (Feedback):
- Aufmerksamkeitslenkung auf (kleine) Fortschritte (Motto: minimale Erfolge erkennen und würdigen)
- Strukturierung der Therapie: Optimaler Schwierigkeitsgrad nächster Schritte (im Sinne "dosierter Diskrepanzerlebnisse": Heckhausen, 1965)
- Begrenzte, überschaubare Ziele setzen
- externes Feedback in interne Verstärkung überführen

i) Motivation in / durch natürliche Umgebung:
- materielle Ressourcen des natürlichen Umfelds nutzen
- soziales Netzwerk einbeziehen
- "Cues" setzen (lassen), um "gute Vorsätze" leichter umsetzen zu können
- Therapeutische Unterstützung bei Alltagspersonen suchen (positives Feedback!)

Tabelle 5. Einige spezielle Motivierungsstrategien im Überblick

1. Der Zustand des **Wünschens**, der alle möglichen „Motive" (Anreize, Triebe, Bedürfnisse, Wunschthemen positiver und negativer Qualität) umfaßt, impliziert noch *keinerlei* Handlungsabsichten. Wünsche werden normalerweise - solange wir nicht schwer depressiv, bewußtlos oder tot sind, „überproduziert"; nur ein geringer Teil davon findet seine Verwirklichung: Viele Wünsche bleiben Träume, Lippenbekenntnisse, fallen anderen (konfligierenden) Motiven zum Opfer oder werden wieder aufgegeben. Wir müssen Patienten daher dabei helfen, in dem Wust fluktuierender Motive (a) persönlich bedeutsame Wünsche zu erkennen und verbindlich zu formulieren, (b) sich in der Folgezeit auf diese zu konzentrieren und sie (c) - u.U. zunächst in kleinen Schritten - umsetzbar zu machen.
2. In der Phase des **Wählens** wird die Vielzahl potentieller Motive deutlich eingeengt (z.B. schon zwangsläufig durch die Fülle von Motiven sowie durch einander ausschließende, konflikthafte Wünsche). Personen treffen Entscheidungen, die z.B. von Fragen des subjektiven Nutzens, des nötigen Aufwands, negativen Begleiteffekten, Einschätzung der „self-efficacy" (Bandura, 1977; hier etwa nach der Frage „Kann ich es mit meinen Mitteln schaffen?") mit bestimmt sind. Therapeutische Unterstützung sollte sich hier besonders auf die Assistenz bei solchen Entscheidungen konzentrieren und helfen, daß sich Personen (a) auf relevante Entscheidungskriterien (z.B. Erfolgsaussichten, persönlicher Wert etc.) konzentrieren sowie (b) Nutzen und Aufwand „richtig" beurteilen.
3. In der Phase des **Wollens** gibt es - zum Handeln entschlossen - kein Zurück mehr: Der „Rubikon" ist überschritten, die Person drängt auf Realisierung ihres Wunsches und schirmt sich ab gegenüber widersprüchlichen Informationen. Als zweite Alternative kann sie bei der Zielerreichung scheitern oder sich entschließen, ein Ziel definitiv und endgültig aufzugeben. Falls sich Personen aber noch mit anderen Motiven in dieser „realisierungsorientierten" Phase befinden, weil sie ihren alten problematischen Gewohnheiten folgen, müssen sie erst aus ihrer Sackgasse herausgeholt werden; umgekehrt müssen übereilte, impulsiv-spontane „Lösungen" verhindert werden. Sobald nämlich die Handlungsumsetzung läuft, sind Grundsatzdiskussionen sinnlos: Dann werden kritische/störende Informationen normalerweise ausgeblendet (was z.B. die Sinnlosigkeit von Diskussionen mit zum Handeln entschlossenen Politikern erklärt...). In der Therapie gibt es diesbezüglich drei Hauptaufgaben: (1) Erleichterung der Umsetzung zielorientierter Handlungen durch die vorherige (vorbereitende) Arbeit an der *Entwicklung* von Motiven, Zielen und Vorsätzen; (2) Bremsen von dysfunktionalen, meist automatisierten „Bewältigungsversuchen", angstmotivierten Vermeidungsstrategien und alten Gewohnheiten; (3) Assistenz beim Umsetzen konstruktiver Bewältigungsstrategien (d.h. Aufbau und Realisierung alternativer Verhaltensweisen, u.U. in kleinen Schritten, bei optimalem Einsatz bewährter Therapietechniken, unter adäquater Nutzung vorhandener Patientenkompetenzen).

Beim Motivationsaufbau ist daher auch zu berücksichtigen, in welcher *Phase* des Motivationszyklus sich ein Patient befindet. Im Motivationszustand des „Wünschens" und „Wählens" sind andere Strategien der Motivierung angezeigt als im (bereits realisierungsorientierten) Zustand des „Wollens". Für das letztere Stadium, in dem es - falls die vorherigen Stadien gute Grundlagen geschaffen haben - „nur" noch um die adäquate *Umsetzung* von Methoden geht, hat die Verhaltenstherapie gute Richtlinien entwickelt, die in jedem methodischen Einführungstext nachzulesen sind. Daher können wir uns hier auf die Anregungen für den *Beginn* des Motivationszyklus konzentrieren. Kanfer (1992b) empfiehlt dazu, am Anfang der Therapie nicht nur auf kurzfristige Erleichterungen des Status quo hinzuarbeiten oder gar schon übereilt auf Veränderungen zu drängen, sondern Patienten zunächst „neue Träume" in Richtung verändertes Leben träumen zu lassen. Bereits der Umstand, *daß* sich Menschen mit potentiellen Zielen beschäftigen und sich Ziele setzen, begünstigt die spätere Zielverwirklichung (vgl. Locke & Latham, 1984). Auf der Basis einer kooperativen therapeutischen Beziehung (die oft die erste Motivationsquelle darstellt!) werden Patienten folglich zu

Überlegungen und Erfahrungen angeregt, die sich mit den *Möglichkeiten einer Veränderung* beschäftigen. Dabei geht es noch überhaupt nicht um die Frage, ob sie auch tatsächlich zu solchen Schritten *fähig* sind. Einige Techniken dazu sind: Gezieltes Beobachten anderer Personen und deren Art zu leben, Sammeln von Informationen über andere Lebensperspektiven (z.B. auch mittels verschiedener Medien), Beschäftigen mit positiven Konsequenzen einer Änderung (z.B. mittels erlebnisorientierter Rollenspiele des geänderten Zustands), unverbindliches, aber persönliches Explorieren potentieller Alternativen („Hineinschnuppern"), Einsatz von Modellen, gedankliche Experimente etc. Solche Maßnahmen machen Patienten zu Beginn der Therapie erst einmal neugierig, erlauben in geringer Dosis das Experimentieren mit Veränderungen und korrigieren durch direkte Erfahrungen das negative Denken über die Hoffnungslosigkeit von Änderungsversuchen. Ihre wichtigste Wirkung besteht wohl darin, daß Patienten die Erfahrung machen, ihr Leben *könnte* auch ganz anders sein.

Erst wenn der Patient die Attraktivität bestimmter Therapie- und Lebensziele erkannt hat, folgen Schritte der Entscheidung und Umsetzung (z.B. eine detaillierte Analyse von Hindernissen, Kosten-/Nutzen-Überlegungen sowie das Planen möglicher Wege zum Ziel).

Änderungsmotivation und die Grundfrage: Ändern vs. Akzeptieren?

Unter allen Facetten von „Therapiemotivation" ist besonders die „Änderungsmotivation" herauszuheben. So reicht es zwar zu Beginn einer Therapie aus, daß Patienten regelmäßig kommen, bereitwillig Informationen geben, den Therapeuten als vertrauenswürdig empfinden oder viele andere Dinge tun, die wir von „motivierten" Patienten erwarten. Da Therapie als *Veränderungsprozeß* definiert ist, kommt früher oder später der Moment, wo Patienten etwas verändern müssen, damit sie ihre Ziele erreichen. Dies bedeutet, daß die Motivation in Richtung Veränderung die - leider sehr starke - Motivation zur Beharrung auf dem bisherigen Zustand überwiegen muß. Bildlich läßt sich die Situation mit einer Waage verdeutlichen, auf der die Pole „Bleiben" vs. „Sich-Ändern" in etwa gleichgewichtig sind (Abbildung 3).

Nur wenn es gelingt, daß sich Patienten davon überzeugen, daß ihre Therapieziele wichtiger sind als andere momentane Anliegen bzw. als das Fortsetzen des bisherigen dysfunktionalen Verhaltens (trotz dessen sekundärer Gewinne!), wird die Waage in Richtung Veränderung ausschlagen (vgl. auch Kanfer, 1992b, S.3).

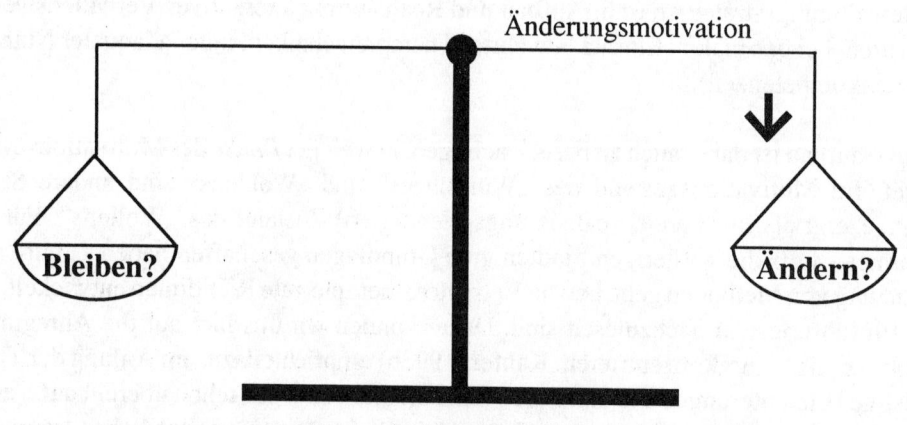

Abbildung 3. Die Grundfrage: "Ändern vs. Bleiben?"

Dabei sind mindestens vier Aspekte praktisch relevant:
1. Durchbrechen alter Gewohnheiten und verfestigter Routinen (z.B. „automatisierte Informationsverarbeitung", rigide Denk- und Verhaltensmuster, eingefahrene Vermeidungsstrategien)
2. Überwindung der Angst vor Veränderung (Bugenthal & Bugenthal, 1984) durch kleine, portionierte Änderungserfahrungen
3. Gemeinsame Kosten-/Nutzen-Überlegungen (Entscheidungshilfen)
4. Konzentration auf positive Aspekte einer Veränderung

Als weitere Hilfe für den Therapeuten zur Beurteilung der Frage „Ändern vs. Akzeptieren?" können die 5 grundlegenden Motivationsfragen gelten, die Kanfer, Reinecker & Schmelzer (1990, S.237 ff.) wie folgt formuliert haben:
1. Wie wird mein Leben sein, falls ich mich ändere?
2. Wie werde ich besser dastehen, falls ich mich ändere?
3. Kann ich es schaffen?
4. Was muß ich für eine Änderung investieren? („Lohnt" es sich?)
5. Kann ich auf die Unterstützung dieses Therapeuten bzw. dieser Institution bauen?

Nur wenn es gelingt, Patienten so zu motivieren, daß sie aus ihrer Sicht die obigen Fragen positiv beantworten, werden sie Änderungen vollziehen.

Es wäre allerdings eine Illusion (und widerspricht allen therapeutischen Erfahrungen) zu glauben, Therapie sei *immer* und *zwangsläufig* auf grundlegende Veränderungen beim Patienten und/oder dessen Umgebung ausgelegt. Motivation läßt sich nicht erzwingen, und auch bestgemeinte systematische Motivierungsversuche des Therapeuten haben keine automatische Erfolgsgarantie. Neben der Möglichkeit, daß sich Patienten den „Motivierungskünsten" von Therapeuten widersetzen, sei eine andere Option abschließend ebenfalls erwähnt, daß Patienten sich nämlich nach einer ausgedehnten Phase des (rationalen wie emotionalen) Abwägens von Alternativen bewußt zu einem „Ich-will-so-bleiben-wie-ich-bin" entscheiden. Es ist durchaus als „Therapieerfolg" zu werten, wenn Patienten nach intensiven Motivierungsversuchen sowie nach einer detaillierten Exploration eigener Motive und Kompetenzen[2] für sich zu dem Schluß kommen, daß es besser ist, den Status quo beizubehalten als die Mühen einer Veränderung auf sich zu nehmen. In gewisser Weise entspricht dies einem „emotionalen Coping", d.h. einem Anpassen an bestimmte (evtl. auch zum Teil selbstgeschaffene) „Tatsachen des Lebens" (vgl. Lazarus & Folkman, 1984). Genaugenommen vollzieht sich auch hier eine - innere - Veränderung, indem Patienten nicht mehr verbissen gegen bestimmte Problemzustände ankämpfen; in der obigen Abbildung 1 (siehe S. 34) reduziert sich damit die Diskrepanz zwischen IST- und SOLL- Zustand, weil der Patient seine SOLL-Ideen an die IST-Situation anpaßt. Der Motivationszyklus schließt sich wieder, indem sich der Patient von seinem Motiv „Es muß auf alle Fälle anders werden!" verabschiedet (= „disengagement") und es durch ein bewußt-absichtsvolles „Ich bleibe lieber so; für eine Veränderung müßte ich zuviel investieren" (= neues „commitment") ersetzt.

Präventives Arbeiten

Wenn Therapeuten auch über keine hellseherischen Fähigkeiten verfügen, geht es in einem zielorientierten Verständnis von Therapie darum, immer ein paar Schritte *voraus*zudenken und möglichen Motivationsschwierigkeiten vorzubeugen. Wenn der Therapeut stets sensibel auf die Ziele und Motive seiner Patienten achtet und mit ihnen explizite Zielvereinbarungen trifft, kann er alle künftigen Interventionen leichter an die Ziele der Patienten anpassen. Zwei Beispiele: „Sie hatten ja vorhin erwähnt, Sie möchten selbst genauer erfahren, was bei einer Angstattacke bei Ihnen so alles abläuft. Es wäre für uns *beide* sehr wichtig, darüber gut Bescheid zu wissen. Wir hatten außerdem schon darüber gesprochen, daß es bei unserer Art von Therapie ganz wichtig ist, auch *zwischen* den Therapiestunden aktiv zu sein. Könnten Sie sich vorstellen, sich bis zu unserem nächsten Termin ganz bewußt zu beobachten und schon auf kleinste Angstanzeichen zu achten? Vielen hilft es, sich danach auf einem Zettel gleich ein paar Notizen zu machen, die wir dann besprechen können." ... „Wie Sie in der letzten Stunde sagten, wollen Sie in der Therapie ja nicht nur 'tolle Einsichten' über sich selbst bekommen, sondern auch manche Dinge aktiv *ändern* lernen. Jetzt, hier in unserer Sitzung, vielleicht zunächst wieder im Rollenspiel, gibt es eine gute Gelegenheit dazu. Rollenspiele sind Ihnen ja schon vertraut ... OK, mit welcher der vorhin besprochenen Situationen möchten Sie anfangen?"

Den Beispielen ist gemeinsam, daß sich der Therapeut an bereits früher deutlich gewordene Motive der Patienten „anhängt" und alle Interventionen stimmig als Mittel zu den jeweiligen Zielen des Patienten plant. Je expliziter Patienten Ziele mitbestimmen können und je besser sie über die Therapieabläufe informiert sind (Transparenz!), desto weniger Einwände sind normalerweise zu erwarten. Falls sie dann doch nicht wie vereinbart mitmachen, kann sie der Therapeut mit diesem Sachverhalt konfrontieren. Eventuell müssen sie feststellen, daß sie doch nicht so hinter ihren zuvor formulierten Zielen stehen. Dann kann ihnen der Therapeut die Verantwortung über das weitere Vorgehen wieder zurückgeben: „Ich verstehe jetzt nicht ganz... Sie hatten letzte Stunde den Vorsatz X geäußert ... jetzt zögern Sie, sich auf X einzulassen... (Einige Alternativen zur Fortsetzung der Intervention:) Was ist da im Moment los? Habe ich Sie da irgendwo falsch verstanden? Haben wir irgendetwas Wichtiges übersehen? Können Sie mir das erklären? Was machen wir jetzt damit?" In solchen Fällen kann eine Analyse der Voraussetzungen und Hindernisse bzw. die gemeinsame Revision von Therapiezielen notwendig sein.

Eine andere präventive Gesprächstechnik läßt sich als „*Seeding*" bezeichnen (vgl. Kanfer, Reinecker & Schmelzer, 1990, S.181): Hier „sät" der Therapeut bestimmte Langzeiteffekte, deren „Ernte" er erst später einbringt. Er stößt bestimmte Themen an, die er für sinnvoll hält, ohne den Patienten allerdings zu einer sofortigen Antwort oder gar Bearbeitung zu drängen. Einige Beispiele: „Wir stehen zwar noch ganz am Anfang der Therapie - wir sollten aber eine der nächsten Stunden auch dafür reservieren, darüber nachzudenken, wie denn ihr Leben in den nächsten Jahren *trotz* Ihres Unfalls aussehen könnte." - „Vielleicht müssen wir demnächst auch einmal über Ihr Verständnis von Partnerschaft reden..." - „Sie haben jetzt zunächst einmal Ihre Tochter zur Testung einer Rechtschreibschwäche angemeldet, andererseits aber auch vorsichtig angedeutet, daß es Ihnen sehr zu schaffen macht, daß Ihnen Ihre Eltern ständig Vorwürfe wegen Ihrer Scheidung machen. Falls Sie in nächster Zeit auch zu diesem Thema meine Unterstützung möchten, bitte ich Sie, mir dies mitzuteilen. Ich bin gerne bereit, auch hieran mit Ihnen zu arbeiten - aber nur, wenn Sie das möchten..." Dies signalisiert einerseits hohes Interesse am Patienten, andererseits auch Respekt vor dessen Entscheidungsfreiheit bzw. die Anerkennung der Tatsache, daß sich in vielen Fällen Motivation (genauso wie Vertrauen) erst entwickeln muß und nicht erzwungen werden kann.

Daß der Therapeut anhand einer impliziten Motivationsanalyse (vgl. Tabelle 4) auch immer für die notwendigen Informationen sorgt bzw. zuerst einmal die erforderlichen Kompetenzen aufbaut, gehört ebenfalls zu den präventiven Möglichkeiten.

Auf dem Weg zu „intrinsischer Motivation": Ziel- und Wertklärung als Prozeß

Ziel der Selbstmanagement-Therapie ist es ja, Menschen zu befähigen, ihre persönlichen Ziele und ihr reales Handeln eigenständig in Einklang zu bringen - auch und gerade in der Zeit *nach Ende* der Therapie. Wenn Patienten lernen sollen, sich innerhalb bestimmter Grenzen selbst zu steuern, müssen sie sich zunächst einmal mit ihren Ziel- und Wertvorstellungen beschäftigen[2]. Mit einer Fülle von Phantasieanregungen, Gedankenexperimenten und erlebnisorientierten Rollenspielen können Therapeuten die Wahrnehmung ihrer Patienten auf zielrelevante Inhalte lenken. Häufig geschieht dies in einer äußerlich ruhigen, entspannten Situation, die nach Klinger (1977) einen Zustand der nach innen gerichteten Aufmerksamkeit - ähnlich wie in Trance - ermöglicht. Das praktische Vorgehen ist an anderer Stelle ausführlich beschrieben (vgl. Kanfer, Reinecker & Schmelzer, 1990, S.442 ff. bzw. Schmelzer, 1983, 1994), so daß hier auf die angegebene Literatur verwiesen werden kann. In der nachfolgenden Tabelle 6 sind stichwortartig einige Beispiele angeführt:

Beispiele für Phantasie-Anregungen zur ZWK
• Bergtour (Problemrucksack)
• Die gute Fee
• 3-Jahres-Frage
• 1/2-Jahres-Frage
• Zeitreise in die eigene Vergangenheit (+/-)
• Lebens-"Weichen"
• Rückblick aus dem Rentenalter
• Was wäre, wenn ...
• Was ich zum Leben brauche...
• Insel-Methapher
• Lebenskuchen/Problemkuchen/Zielkuchen
• Positive Ressourcen, Interessen, Hobbies und Talente
etc.
(weitere Quellen mit Anregungen in Kanfer, Reinecker & Schmelzer, 1990, S. 453ff.)

Tabelle 6. Beispiel für Phantasie-Anregungen zur Ziel- und Werteklärung

Erfahrungsgemäß ist bereits das gezielte Sich-Beschäftigen mit eigenen Zielen und Werten in sich selbst motivierend. Zudem entsteht - anders als beim negativ geprägten Leidensdruck, der bei Linderung der Beschwerden die Motivation wieder absinken läßt - eine hohe *Positiv-Motivation*: Das Streben nach persönlich hochgeschätzten Zielen ist für Patienten ein „Motor" für weiteres Handeln, der auch nach dem offiziellen Ende der Therapie nicht ins „Stottern" gerät. Eine solche „intrinsische" Motivation (Deci & Ryan, 1985) macht zunehmend unabhängig von externen Einflüssen (z.B. materielle Anreize, Anerkennung, sozialer Druck) und ist geeignet, eine *optimistische Grundhaltung* zu fördern, die für psychisches und physisches Wohlbefinden sorgt (vgl. Scheier & Carver, 1992). Dazu ist allerdings nötig, daß Patienten während der Therapie den *Prozeß* der Ziel- und Wertklärung lernen, der u.a. durch Antworten auf folgende Fragen gekennzeichnet ist (vgl. Schmelzer, 1994, S. 94):

• Was ist für mich und mein Leben wichtig? Was nicht?
• Welche Ziele setze ich mir mit Blick nach vorn?
• Welche Ziele sind unrealistisch, d.h., welche sollte ich besser aufgeben?
• Wie gehe ich mit Diskrepanzen zwischen IST/SOLL um?
• Welche Schritte kann ich tun, um mich meinem Ziel Y zu nähern? etc.

Das bessere Wahrnehmen wichtiger eigener Ziele - gekoppelt mit der Suche nach eigenen Grenzen - schafft gute Voraussetzungen für den Aufbau „selbstregulatorischer" oder „intrinsischer" Motivation. Idealerweise zeichnen sich intrinsisch motivierte Menschen dadurch aus, daß sie sich im Leben *selbst herausfordern*, indem sie ihre bisherigen Fähigkeitsgrenzen testen und dann minimal überschreiten. Im Sinne von Heckhausen (1965) verschaffen sie sich „dosierte Diskrepanzerlebnisse". Ein optimaler Einklang von (a) eigenen Fertigkeiten und (b) jeweiligen Handlungsanforderungen kann auch zu sog. *„flow"-Erfahrungen* (Czikszentmihalyi, 1987) führen, einem Zustand, der stark selbstmotivierend wirkt, weil Personen dabei „im Tun aufgehen". Gerade die Selbstmanagement-Therapie schafft hierzu optimale Lernbedingungen. Interessanterweise erwirbt man die Fähigkeit zur *Selbst*regulation und *Selbst*motivation aber zunächst einmal dadurch, daß man sich einem *fremd*gesteuerten Lernprozeß (= Therapie) unterzieht.

Schluß

Statt einer bloßen Selektion sogenannter „motivierter" Patienten sollten es Therapeuten als ihre Aufgabe betrachten, Patienten - besonders zu Therapiebeginn, aber auch während des gesamten diagnostisch-therapeutischen Prozesses - *zu motivieren*. Unter Bezug auf Ergebnisse der Grundlagenforschung habe ich einige Möglichkeiten skizziert, die Therapeuten zum gezielten Aufbau von Therapiemotivation einsetzen können. Dabei dürfte auch deutlich geworden sein, daß Motivationsarbeit nichts mit billigen Tricks oder gar hinterhältigen Strategien zu tun hat, mit denen jeder Patient zu beliebigen Verhaltensweisen zu überreden oder zu manipulieren wäre. Für ein solches Vorgehen - sollte es überhaupt gelingen - ist der Begriff „Motipulation" eher am Platze. Eine „gute" Verhaltenstherapie zeichnet sich vielmehr auch dadurch aus, daß der Therapeut sehr sensibel die persönlich bedeutsamen Motive seiner Patienten berücksichtigt. Dazu achtet er kontinuierlich auf IST/SOLL-Diskrepanzen, die - wie die übrigen Indikatoren für Ziele und Werte in Tabelle 3 - wichtige Bedürfnisse der Patienten signalisieren. Transparentes Vorgehen, Freiwilligkeit, ständige Mitbestimmung, gemeinsames Sortieren und Ordnen von Zielen in Form einer (fluktuierenden) Zielhierarchie etc. erleichtern die Mitarbeit von Patienten während der Therapie, die letztlich als *Mittel* zum Erreichen der Patientenziele verstanden wird.

Motivationsklärung muß nicht immer und zwangsläufig einen *Aufbau von Änderungsmotivation* und die Arbeit an *Veränderungen* zur Folge haben. In Anerkennung von Grenzen des menschlichen Lebens wie auch therapeutischer Möglichkeiten kann in vielen Fällen das *Akzeptieren des Unabänderlichen* eine sinnvolle Entscheidung werden. Nach einem sorgfältigen Abwägen aller Gesichtspunkte kann der Patient zu dem Ergebnis kommen, daß es unter den derzeitigen Bedingungen mehr Nachteile als Vorteile brächte und daß es daher unklug wäre, etwas zu verändern. Veränderungen lassen sich nicht erzwingen, und selbst bei noch so ausgeklügelten Motivierungsversuchen von Therapeuten sorgt das Alltagsleben unserer Patienten dafür, daß die „motivationalen Bäume" nicht in den Himmel wachsen.

---

[1] „Widerstand" kann meist als der negative Gegenpol von „Therapiemotivation" betrachtet werden. Ich konzentriere mich in diesem Beitrag auf die konstruktiven, positiven Lösungsansätze der Motivierung. Zum Umgang mit Widerständen vgl. auch Kanfer, Reinecker & Schmelzer (1990, S.474-481).

[2] Diese intensive Auseinandersetzung mit sich und seinen Problemen/Zielen gestattet eine positive Erfolgsbewertung und macht den Unterschied zu der anderen Alternative aus: daß nämlich der Patient während der Therapie aus Angst vor Veränderung nur seine Vermeidungsstrategien perfektioniert (und den Therapeuten zu diesem Zwecke für sich „einspannt"...). Letzteres wäre wohl als therapeutischer Mißerfolg zu werten.

Praxis-Literaturempfehlungen

Kanfer, F. H. (1992a). Die Motivierung von Klienten aus der Sicht des Selbstregulationsmodells. *Verhaltensmodifikation und Verhaltensmedizin*, 13, 137-152.

Kanfer, F. H., Reinecker, H. & Schmelzer, D. (1990). *Selbstmanagement-Therapie. Ein Lehrbuch für die klinische Praxis*. Berlin: Springer (insbesondere S.61-72; S.211-232; S.236-242; S.442-469; S.474-481).

Meichenbaum, D. & Turk, D.C. (1994). Therapiemotivation des Patienten. Ihre Förderung in Medizin und Psychotherapie - ein Handbuch. Bern: Huber.

Weitere Empfehlungen

Speziell zum Thema Motivation im Bereich „Sucht" bzw. „Alkohol":

Horvath, A. T. (1993). Enhancing motivation for treatment of addictive behavior: Guidelines for the psychotherapist. *Psychotherapy*, 30, 473-480.

Miller, W. R. (1985). Motivation for treatment: A review with special emphasis on alcoholism. Psychological Bulletin, 98, 84-107.

Petry, J. (1993). Behandlungsmotivation. Grundlagen und Anwendungen in der Suchttherapie. Weinheim: Psychologie Verlags Union.

Literatur

Bandura, A. (1977). Self-efficacy: Toward a unifying theory of behavioral change. Psychological Review, 84, 191-215.

Birchler, G. R. (1988). Handling resistance to change. In I. R. H. Falloon (Ed.), Handbook of behavioral family therapy (pp.128-155). New York: Guilford.

Bootzin, R. R. (1985). The role of expectancy in behavior change. In L. White, B. Tursky & G. E. Schwartz (Eds.), Placebo: Theory, research, and mechanisms (pp.196-210). New York: Guilford.

Bugenthal, J. F. T. & Bugenthal, E. K. (1984). A fate worse than death: The fear of changing. Psychotherapy, 21, 543-549.

Caspar, F. (1989). Beziehungen und Probleme verstehen. Eine Einführung in die psychotherapeutische Plananalyse. Bern: Huber.

Czikshentmihalyi, M. (1987). Das flow-Erlebnis: Jenseits von Angst und Langeweile: im Tun aufgehen (2.Aufl.). Stuttgart: Klett-Cotta.

Deci, E. L. & Ryan, R. M. (1985). Intrinsic motivation and self- determination in human behavior. New York: Plenum.

Frank, J. D. (1985). Die Heiler. München: dtv/Klett-Cotta.

Garfield, S. L. (1986). An eclectic psychotherapy. In J. C. Norcross (Ed.), Handbook of eclectic psychotherapy (pp.132-162). New York: Brunner-Mazel.

Goldstein, A.P. (1962). Therapist-patient expectancies in psychotherapy. New York: Macmillan.

Goldstein, A.P. (1966). Prognostic and role expectancies in psychotherapy. Journal of Psychotherapy, 20, 35-44.

Grawe, K. (1987). Psychotherapie als Entwicklungsstimulation von Schemata - ein Prozeß mit nicht voraussehbarem Ausgang. In F. M. Caspar (Hrsg.), Problemanalyse in der Psychotherapie (S.72-87). Tübingen: DGVT.

Heckhausen, H. (1965). Wachsen und Lernen in der Genese von Persönlichkeitseigenschaften. In H. Heckhausen (Hrsg.), Bericht über den 24.Kongreß der Deutschen Gesellschaft für Psychologie (S.125-132). Göttingen: Hogrefe.

Heckhausen, H. (1987). Wünschen - Wählen - Wollen. In H. Heckhausen, P. M. Gollwitzer & F. E. Weinert (Hrsg.), Jenseits des Rubikon: Der Wille in den Humanwissenschaften (S.3-9). Berlin: Springer.

Heckhausen, H. (1989). Motivation und Handeln. Lehrbuch der Motivationspsychologie (2.Aufl.). Berlin: Springer.

Heckhausen, H., Gollwitzer, P. M. & Weinert, F. E. (Hrsg.).(1987). Jenseits des Rubikon: Der Wille in den Humanwissenschaften. Berlin: Springer.

Heckhausen, H. & Kuhl, J. (1985). From wishes to action: The dead ends and short cuts on the long way to action. In M. Frese & J. Sabini (Eds.), Goal-directed behavior: The concept of action in psychology (pp.134-159). Hillsdale (NJ): Lawrence Erlbaum.

Kanfer, F. H. (1992b). Motivation and emotion in behavior therapy. Paper presented at Banff Conference, March 1992.

Klinger, E. (1975). Consequences of commitment to and disengagement from incentives. Psychological Review, 82, 1-25.

Klinger, E. (1977). Meaning and void: Inner experience and the incentives in people's lives. Minneapolis: University of Minnesota Press.

Klinger, E. (1987). Current concerns and disengagement from incentives. In F. Halisch & J. Kuhl (Eds.), Motivation, intention, and volition (pp.337-347). Springer: Berlin.

Klinger, E., Barta, S. G. & Maxeiner, M. E. (1981). Current Concerns: Assessing therapeutically relevant motivation. In P. C. Kendall & S. D. Hollon (Eds.), Assessment strategies for cognitive-behavioral interventions (pp.161-196). New York: Academic Press.

Lazarus, R. S. & Folkman, S. (1984). Stress, appraisal, and coping. New York: Springer.

Locke, E. A. & Latham, G. P. (1984). Goal setting: A motivational technique that works! Englewood Cliffs (NJ): Prentice-Hall.

Scheier, M. F. & Carver, C. S. (1992). Effects of optimism on psychological and physical well-being: Theoretical overview and empirical update. Cognitive Therapy & Research, 16, 201-228.

Schmelzer, D. (1983). Problem- und zielorientierte Therapie: Ansätze zur Klärung der Ziele und Werte von Klienten. Verhaltensmodifikation, 4, 130-156.

Schmelzer, D. (1994). Ziel- und Werteklärung - ein zentraler Prozeß der Selbstmanagement-Therapie. In Fachverband Sucht e.V. (Hrsg.), Therapieziele im Wandel? Beiträge des 6. Heidelberger Kongreses 1993, S.79-93. Geesthacht: Neuland.

Wilson, D. O. (1985). The effects of systematic client preparation, severity, and treatment setting on dropout rates in short-term psychotherapy. Journal of Social and Clinical Psychology, 3, 62-70.

Wittmann, L. & Wittmann, S. (1986). Widerstand als Chance. Zur Rekonzeptualisierung des Widerstandsbegriffs in der Verhaltenstherapie. Zeitschrift für Klinische Psychologie, Psychopathologie und Psychotherapie, 34, 217-233.

Zeigarnik, B. (1927). Über das Behalten von erledigten und unerledigten Handlungen. Psychologische Forschung, 9, 1-85.

Die professionelle Therapeutenrolle und ihre Vermittlung
• Hanne Dirlich-Wilhelm und Thomas Maurer •

Im ersten Abschnitt beschreiben wir die für unser Thema relevanten Aspekte der historischen Entwicklung der Verhaltenstherapie, ausgehend von ihren lerntheoretischen Wurzeln. Wir diskutieren insbesondere Erscheinungen, die bei der Übernahme der im anglo-amerikanischen Bereich entstandenen Konzepte und Techniken der Verhaltenstherapie in unseren Lebensraum entstanden sind.
Im zweiten Abschnitt beschäftigen wir uns dann mit einer Auswahl therapeutischer Basisfertigkeiten, die in der Fachliteratur zur Verhaltenstherapie nicht explizit behandelt werden. Unter Basisfertigkeiten verstehen wir allgemeine, schulenübergreifende Fähigkeiten und Fertigkeiten, Einstellungen und Haltungen, welche die Interaktion von Therapeut und Klient bestimmen, die Basis des therapeutischen Prozesses bilden und Träger der Anwendung der speziellen verhaltenstherapeutischen Techniken sind. Sie werden zu Beginn einer therapeutischen Ausbildung vermittelt und erworben; ihre Verfeinerung ist ein berufslebenslanger Prozeß.
Im dritten Abschnitt stellen wir Überlegungen zur Didaktik der Verhaltenstherapie an und geben einige Beispiele für die Vermittlung von Basiskompetenzen.

1. Die Entwicklung der Verhaltenstherapie

Die amerikanischen Ursprünge der Verhaltenstherapie liegen in den behavioristischen Lerntheorien, die bis in die 50er Jahre weiterentwickelt wurden (z. B. Skinner, 1953). Erste erfolgreiche Versuche, lerntheoretische Konzepte und Methoden, vor allem das operante Konditionierungsmodell, auf klinisch-psychologische Fragestellungen anzuwenden, erfolgten im englischsprachigen Raum in den 60iger Jahren (z. B. Bijou und Baer, 1961 und 1967; Ulrich et al., 1966). Bald wurde dieser Ansatz und die in England entwickelten Verhaltenstherapiemethoden als mögliche Alternative zu psychoanalytisch begründeten Therapieformen betrachtet.

1.1. Früheres Verständnis der Verhaltenstherapie
Als Ende der 60iger, Anfang der 70er Jahre die Verhaltenstherapie in Deutschland ihren Anfang nahm - an Universitäten und Forschungsinstituten - wurden englischsprachige Texte, meistens amerikanische Bücher zu lerntheoretischen Grundlagen, in die deutsche Sprache übersetzt - nicht übertragen. Diese Übersetzungen (z. B. Skinner, 1953, übersetzt 1973; Skinner, 1969, übersetzt 1974; Holland und Skinner, 1961, übersetzt 1971) erfolgten in Eile und in der ersten Begeisterung von Leuten, für die Verhaltenstherapie ebenso neu war wie ihr Sprachgebrauch. Die Texte wurden offensichtlich mit dem Wörterbuch in der Hand bearbeitet und ergaben eine deutsche Terminologie, die hölzern und weit entfernt vom allgemeinen Sprachgebrauch eine psychologische „Kunst"-Sprache darstellt, deren Vokabular für den Laien unverständlich bleibt und ihn in keiner Weise anspricht. Verglichen damit benutzt die Fachsprache der Psychoanalyse Worte, die eingängiger und nachvollziehbar sind.

Die Schwierigkeit, ein Therapieverfahren aus einem bestimmten soziokulturellen Kontext, hier dem anglo-amerikanischen, in einen anderen, hier den deutschsprachigen, zu übertragen, zeigt sich deutlich am Beispiel der Verhaltenstherapie: Eine Wurzel der Verhaltenstherapie ist im amerikanischen Kulturkreis zu finden, der eigene soziale Regeln und Übereinkünfte entwickelt hat. Die Schwerpunkte im der Verhaltenstherapie zugrundeliegenden Welt- und Menschenbild - Lernen am Erfolg, Bedeutung von Umwelt und sozialer

Bestätigung, Empirie und Pragmatismus etc. - haben in der amerikanischen Gesellschaft eine zentrale Bedeutung. Sie ließen den eher verstehenden und einfühlenden Umgang mit der Welt, der in Europa mehr betont wurde, in den Hintergrund treten.

In der Folge wurden die aus dem Amerikanischen übersetzten Textbücher von Fachleuten vor allem an Universitäten und Forschungsinstituten aufgegriffen, die in der Klinischen Psychologie eine anwendungsorientierte experimentelle Psychologie vertraten und eine nach naturwissenschaftlich-experimentellem Design methodisch "saubere" Überprüfbarkeit therapeutischen Handelns hoch schätzten; höher als die nur schwer zu beobachtenden und zu operationalisierenden emotionalen und kommunikativen Aspekte des Therapiegeschehens.

Es waren vorwiegend die universitären Gruppen, die für die Verbreitung der Verhaltenstherapie eine Vorreiterfunktion übernahmen. Der neue Therapieansatz diente einerseits dem Interesse von Forschungsinstituten und Universitäten, klinisch-psychologische Fragen mit experimentellen Methoden untersuchen zu können, andererseits unterstützten wissenschaftliche Untersuchungen die Abgrenzungsinteressen der Vertreter der Verhaltenstherapie gegenüber anderen Therapieverfahren.

Die Betonung der wissenschaftlichen Überprüfbarkeit der Verhaltenstherapie und ihre experimentell orientierte Darstellung in der Literatur hatte zur Folge, daß entsprechend interessierte Fachleute zu Verhaltenstherapeuten wurden. Sie waren in erster Linie von der Methode der Verhaltenstherapie und ihren Techniken beeindruckt, die Effizienz und Vorhersagbarkeit versprachen, pragmatische Handlungsanweisungen anboten und ein direktives Vorgehen erlaubten. Die Verhaltenstherapeuten der ersten Stunde verstanden sich folglich in erster Linie als „social engineers".

Durch die Orientierung an äußerem Verhalten waren Therapieerfolge „meßbar" geworden. Es konnten z. B. im Vergleich von Verhaltensweisen vor und nach der Therapie das Verschwinden von Symptomen oder andere Änderungen des Verhaltens nachgewiesen werden. Die Methode als solche galt als das therapeutische Hauptagens. In Anlehnung an die Skinnersche Lerntheorie des operanten Konditionierens, in der die Ausprägung eines Verhaltens von seinen Auslösebedingungen und Konsequenzen abhängt, bezog sich die Darstellung der Verhaltenstherapie ausschließlich auf beobachtbare Faktoren und deren funktionale Zusammenhänge. Dies ermöglichte eine präzise Beschreibung und schnelle Verbreitung der Methoden über ein Literaturstudium.

Die Lehrbücher waren didaktisch entsprechend aufbereitet mit dem Vorteil eines schriftlich vermittelbaren therapeutischen Wissens und dem Nachteil der Reduzierung therapeutischen Handelns auf die Anwendung von wissenschaftlich geprüften Anwendungsmethoden (Techniken), die unabhängig vom sozialen und interaktiven Kontext in der Therapie betrachtet wurden.

In den Lehrbüchern und den experimentellen Untersuchungen zur frühen Verhaltenstherapie spielte wie bereits angedeutet, z. B. das operante Konditionierungsmodell eine große Rolle. Emotionale Aspekte und Beziehungsaspekte in der Therapie sowie die Person des Therapeuten wurden dort für unerheblich gehalten. Entsprechend den Anforderungen eines experimentellen Designs wurden die Effekte dieser Elemente des Therapieprozesses als unspezifisch eingestuft und ignoriert. Bestenfalls zog man diese Faktoren als "intervening variables" (intervenierende Variablen) in Betracht. Sie wurden in der sog. "black box" (Skinner) angesiedelt, die alles enthielt, was nicht zu beobachten war und meßbar erschien. Damit wurde zwar indirekt die Existenz möglicher unspezifischer Wirkfaktoren eingestanden, die Spezifizierung und das Ausmaß ihrer Wirkung entzog sich jedoch wissenschaftlicher Beleuchtung.

Später erst begann man, sich für die Inhalte der „black box" zu interessieren:
Durch die Annahme von sog. organismischen Variablen, wie sie im SORKC-Schema von Kanfer und Phillips (1970) eingeführt wurden, erfuhren die nicht zu beobachtenden Wirkfaktoren der "black box" eine Beachtung und Aufwertung. In den sog. O-Variablen versuchte man körperliche, kognitive und emotionale Faktoren

zusammenzufassen, denen ein verstärkender oder abschwächender Einfluß auf die Symptombildung zugebilligt wurde. Man ging davon aus, daß sie das linear gedachte Reiz-Reaktions- bzw. Input-Output-Verhältnis modulierten und so ihren Teil zum betrachteten Verhalten (Symptom) beitrugen.

Einen wichtigen Meilenstein in der Entwicklung der Verhaltenstherapie bildete die "kognitive Wende". Sie brachte eine wesentliche Erweiterung und Verfeinerung der verhaltenstherapeutischen Konzepte mit sich. Kognitiven Faktoren wie Gedanken, Vorstellungen, Erinnerungen, die einer direkten Beobachtung zwar nicht zugänglich waren, wurde immerhin ein wesentlicher Einfluß auf die Symptombildung beigemessen. Viele neue Behandlungsansätze ergaben sich aus dieser Betrachtungsweise (z. B. Beck, 1976; Meichenbaum, 1977).

Die Bedeutung von Gefühlen und Beziehungsaspekten als therapeutische Wirkfaktoren wurde in der Verhaltenstherapie zu dieser Zeit nicht erkannt. In England richtete sich allerdings das wissenschaftliche Augenmerk auf Ängste und Phobien, d. h. auf Gefühle als Störung. Eine große Anzahl experimenteller Untersuchungen und die Entwicklung einer Reihe von frühen Behandlungsmethoden in der Verhaltenstherapie erfolgten aus dieser Perspektive (z. B. Eysenck und Rachman, 1971).

Die Grundfertigkeiten eines früheren Verhaltenstherapeuten bestanden vor allem darin, bestimmte Behandlungstechniken anwenden zu können, wie z. B. systematische Desensibilisierung, Reizüberflutung, „verdeckte" (covert) Strategien, Gedankenstopp, Selbstkontrolle u. a.

Der Therapeut war hier als fachmännischer Instruktor wichtig, nicht aber als Bezugsperson. Er war austauschbar. Diese Einstellung verleitete dazu, sich die Kenntnisse und Fertigkeiten der Verhaltenstherapie über Veröffentlichungen anzueignen. In der Folge klafften Wissen und Können manchmal weit auseinander. Das Gelingen eines so verstandenen Therapieansatzes hing sehr erheblich von der Art der Klientel ab: Nur hoch motivierte und an der Durchführung von Programmen interessierte Personen mit einer relativ stabilen Persönlichkeitsstruktur waren für dieses eher technische Vorgehen geeignet. Viele der experimentellen Untersuchungen zur Angstbehandlung wurden als sog. Analogstudien mit "normalen" Studenten durchgeführt. Im Bereich des operanten Konditionierens erfolgten jedoch auch viele wissenschaftliche Untersuchungen an klinischen Fällen, wie z. B. im Bereich geistiger Behinderung.

Die damalige Auffassung und Handhabung der Verhaltenstherapie sowie die ungeschickte lerntheoretische Terminologie haben sicher ihren Teil dazu beigetragen, daß in weiten Fachkreisen und in der Öffentlichkeit die Verhaltenstherapie bis heute nicht die Akzeptanz findet, die ihr in unseren Augen zusteht. Sie hat das weit verbreitete Image einer relativ engen, mechanistischen Methode, die nur bei bestimmten Problemen nutzbringend eingesetzt werden kann.

1. 2. Neueres Verständnis der Verhaltenstherapie

Zum weiteren Meilenstein in der Entwicklung der Verhaltenstherapie wurde die Anerkennung der Bedeutung der therapeutischen Beziehung und Interaktion. F. H. Kanfer et al. (Kanfer et al., 1991, S. 56), ein Altmeister der Verhaltenstherapie, räumt ein:

"Jede Therapie stellt einen Lernprozeß dar, der unter bestimmten Bedingungen abläuft. In diesem Sinne repräsentieren Beziehungsaspekte notwendige (nicht aber schon hinreichende!) Voraussetzungen für Therapieerfolg." Es klingt vorsichtig und distanziert, wenn dort die Therapeut-Klient-Beziehung beschrieben wird als "(zeitlich begrenztes) Arbeitsbündnis zur Erreichung bestimmter Ziele, die in Kooperation zwischen den beteiligten Personen individuell geklärt, vereinbart und umgesetzt werden". Diese Sichtweise von Lernen im Rahmen einer spezifischen (therapeutischen) Beziehung stellt jedenfalls eine Bereicherung des verhaltenstherapeutischen Denkens dar. Der Anspruch des nachprüfbaren, systematischen Vorgehens muß dabei nicht aufgegeben werden.

Es verwundert jedoch, daß diese Einsicht in die Bedeutung einer therapeutischen Beziehung die lerntheoretisch orientierten Forscher noch nicht angeregt hat, diese Beziehung genauer zu untersuchen. So schreibt Grawe (1992, S. 220): „Angesichts der empirisch überzeugend nachgewiesenen funktionalen Bedeutung einer guten Therapiebeziehung für den Prozeß und das Ergebnis von Psychotherapien sollte man eigentlich annehmen, daß eine therapeutische Orientierung, die für sich in Anspruch nimmt, sich am empirischen Forschungsstand zu orientieren, wie die Verhaltenstherapie, Konzepte dazu entwickelt hat, wie eine gute Therapiebeziehung aussieht, wie sie hergestellt werden kann und in welcher Beziehung sie zu den sonstigen Tätigkeiten des Therapeuten steht. Überraschenderweise ist dies ganz und gar nicht der Fall."

Wir gehen davon aus, daß Verhaltenstherapie eine Form der Psychotherapie ist, die bestimmte Schwerpunkte hat und neben anderen Psychotherapieformen mit anderen Schwerpunkten eine gleichwertige Stellung einnimmt. Ein Verhaltenstherapeut ist nach unserer Ansicht in erster Linie Psychotherapeut. Als solcher verfügt er zum einen über therapeutische Basisfertigkeiten und zum anderen darüber hinaus über ein solides Handwerkzeug therapeutischer Techniken. Therapeutenverhalten in diesem Sinne erfordert Grundfertigkeiten der Gesprächsführung und Beziehungsgestaltung, die schulenübergreifend und unabhängig vom theoretischen Hintergrund des Therapeuten sind. Ein Verhaltenstherapeut muß diese Grundfertigkeiten beherrschen, um den psychotherapeutischen Rahmen für die Anwendung seines Handwerkszeugs an wissenschaftlich überprüften verhaltenstherapeutischen Methoden bilden zu können. Unter diesen Voraussetzungen überzeugt die Verhaltenstherapie als eine Form der Psychotherapie und imponiert durch die Genauigkeit ihrer Analysen, die Folgerichtigkeit ihrer therapeutischen Handlungsanweisungen und durch ihre Effektivität.

Die hier angesprochenen Grundfertigkeiten betreffen die Person des Therapeuten und den Beziehungskontext, Faktoren, deren Bedeutung für den Therapieerfolg unumstritten sind, wie die Psychotherapieforschung inzwischen gezeigt hat (Orlinsky und Howard, 1986).

Wenn nun die soziale Komplexität einer Therapiesituation in die Betrachtung einbezogen und als wichtiger (notwendiger, nicht hinreichender) Wirkfaktor angesehen wird, bekommt die Verhaltenstherapie neben ihrer Wirksamkeit auch ganz lebendige und interessante Aspekte. Der Therapeut ist nicht mehr allein auf die Rolle eines objektiv-wissenschaftlichen Beobachters, Analysators und Instrukteurs beschränkt, sondern kann teilnehmender, agierender und reagierender Therapiepartner sein. Im Rahmen eines solchen erweiterten Verhaltenstherapieverständnisses begibt sich der Klient in einen Lern- und Veränderungsprozeß, im Vertrauen auf die Sachkenntnis des Therapeuten, seine Integrität und seine Fähigkeit, die Therapieziele im Auge zu behalten. Er ist Therapiepartner und mehr als nur ein Ausführender von Instruktionen. Die Therapieziele beschränken sich nicht nur auf die schnelle Beseitigung von Symptomen, sondern versuchen auch durch eine allgemeine Stabilisierung des Klienten, die Wahrscheinlichkeit für die Wiederkehr der Symptomatik zu reduzieren.

Im gleichen Sinne wie sich das (Selbst)-Verständnis der Verhaltenstherapie verändert und erweitert hat, werden auch andere, erweiterte Grundfertigkeiten vom Therapeuten gefordert. In einer interaktionellen Sichtweise muß der Therapeut der Verhaltenstherapie sehr viel mehr als früher ein hohes Maß an Selbstbeobachtung aufbringen und die gegenseitig verhaltensformenden Einflüsse erkennen und steuern können. Seine innere Haltung und sein äußeres Verhalten bekommen ein größeres Gewicht für den angestrebten Veränderungsprozeß des Klienten. Eine solche Erweiterung des verhaltenstherapeutischen Ansatzes ermöglicht es auch, eine schwierigere Klientel anzunehmen und schwerere Störungen erfolgreich zu behandeln.

Zusammenfassend kann festgestellt werden, daß die Verhaltenstherapie aufgrund ihrer historischen Entwicklung und ständigen Erweiterung ein breites Spektrum an Handlungsmöglichkeiten anbietet, das von didaktisch aufbereiteten Trainingsmanualen (Lernen am Erfolg) über Förderprogramme bis hin zu therapeutischen Interventionen reicht, die sich von anderen Therapieansätzen kaum unterscheiden. Der Klient macht Lernfortschritte, im einen Fall durch Anweisung und Rückmeldung in einem eher pädagogischen Setting, im anderen Fall ergeben sie sich vornehmlich über komplexe und subtile Lernprozesse, die im Rahmen einer spezifischen Beziehung zwischen dem Therapeuten und dem Klienten stattfinden.

Damit haben sich die Anforderungen an Verhaltenstherapeuten im Lauf der Zeit gewandelt. Als Folge haben sich die Schwerpunkte in der Ausbildung von Therapeuten verschoben. Die Anerkennung der Tatsache, daß die therapeutische Beziehung, anders als eine Alltagsbeziehung, für den Therapieerfolg von Bedeutung ist, gibt der Person des Therapeuten ein anderes Gewicht als früher. Er muß Kompetenzen besitzen, die eine motivierende Kontaktaufnahme und eine günstige Gestaltung der Beziehung zum Klienten ermöglichen.

Aus der Erkenntnis, daß die therapeutische Grundhaltung und die konkreten Interaktionen des Therapeuten in der Beziehung zum Klienten nicht immer von vorneherein in der optimalen Form gegeben sind, werden Überlegungen erforderlich, wie diese in der Ausbildung von Therapeuten zu vermitteln, zu erlernen und zu verbessern sind.

2. Verhaltenstherapeutische Grundfertigkeiten

Das Erfüllen der professionellen Rolle und therapeutisches Handeln sind offensichtliche und somit relativ leicht zu beschreibende Fertigkeiten des Therapeuten. Ihre Vermittlung und ihr Erwerb bereiten keine allzu großen Schwierigkeiten. Anders ist es bei jenen Grundfertigkeiten, welche sich auf die innere Haltung des Therapeuten beziehen, die Sensibilität seiner Wahrnehmung, seine Fähigkeit, psychische Prozesse nachzuvollziehen und zu reflektieren. Diese Kompetenzen sind weniger gut beobachtbar, beschreibbar und vermittelbar und daher gilt ihnen hier unser besonderes Interesse.

2. 1. Die professionelle Rolle

Unter "professionelle Rolle" (Kanfer et al 1991) verstehen wir ein Verhalten des Therapeuten, welches sich vor allem auf äußere Aspekte der Therapiesituation und auf ihre Rahmenbedingungen bezieht. Darunter fallen die Gestaltung des Therapieraumes, die äußere Erscheinung des Therapeuten, sein Auftreten und die Formen seines Umgangs mit Klienten und Patienten. Ebenso gehören zur professionellen Rolle die Gestaltung des Therapievertrags, terminliche Vereinbarungen, Terminabsagen und -versäumnisse, Kostenregelungen, die Strukturierung und Gestaltung von Erstgesprächen, Anamneseerhebungen, Testungen, die Information und Aufklärung über die Form der Therapie, speziell über Besonderheiten einer Therapiesituation, ihre Möglichkeiten und Grenzen, die Rolle des Therapeuten, den Umgang mit Kollegen aus anderen Fachdisziplinen und mit spezifischen Problemsituationen (z. B. Klinikeinweisung). Zur professionellen Rolle gehören auch ethische Grundsätze therapeutischen Verhaltens und Problembereiche wie Macht und Machtmißbrauch in der Therapie. Die Sicherheit, mit der ein Therapeut seine professionelle Rolle ausfüllt, gibt dem Klienten das Vertrauen, daß der Therapeut in therapeutischen Situationen zugleich Hilfe leisten und Grenzen wahren kann.

2. 2. Therapeutisches Handeln

Therapeutische Interventionen sind Handlungen des Therapeuten, die in den aktuellen Prozeß des Klienten eingreifen und Veränderung bestehender Reaktionsmuster im kognitiven, emotionalen und äußeren Verhalten in Richtung auf das Therapieziel beabsichtigen. Durch Hinweise, Fragen, Mitteilen des Erlebens und Aufforderungen zu Exploration, Reflexion, Ausprobieren und Rollenspielen erfolgt eine Wegweisung durch den Therapeuten, die neue Lernschritte ermöglicht, Erlerntes festigt und eine Übertragung in den Alltag unterstützt.

Das Medium verhaltenstherapeutischer Maßnahmen ist in erster Linie die Sprache. Sie dient einerseits der Herstellung und Aufrechterhaltung der therapeutischen Beziehung und andererseits der Unterstützung des Klienten bei problemlösenden Überlegungen und Handlungen, bei Wahrnehmung und Ausdruck von Körpersensationen und Gefühlen.

In den neueren Lehrbüchern zur Verhaltenstherapie bildet die Beschreibung therapeutischen Handelns in Form von Anleitungen zur Gesprächsführung, z. B. bei der Erhebung der Anamnese, der Verhaltensanalyse, der Therapiezielfindung und bei der Anwendung verhaltenstherapeutischer Behandlungsmethoden einen wichtigen Schwerpunkt (z. B. Sulz, 1992). Kanfer et al. (1991) geben Hinweise für die Gesprächsführung und Interaktion mit dem Klienten innerhalb eines Selbstmanagementtrainings. Sie beschreiben in ihrem Buch „Selbstmanagement-Therapie" (1991) sehr spezifisch, wie die Fähigkeiten und Fertigkeiten eines Therapeuten beschaffen sein sollten, um die Professionalität und Effizienz therapeutischen Handelns zu gewährleisten. Sie beschreiben ebenso differenziert, wie Selbstmanagementfertigkeiten beim Klienten gefördert werden können: Eine gute Selbstregulation erfordert nach ihrer Ansicht die Fähigkeit zur Selbstbeobachtung, Selbstbewertung und Selbstverstärkung (S. 422 ff.). Gehen wir davon aus, daß auch ein Therapeut sich gut selbstregulieren sollte, finden wir in diesem Buch allerdings keine Hinweise dazu, wie ein Therapeut diese Fertigkeit erlernen und entwickeln kann. Es wird auch nicht die Bedeutung der therapeutischen Einstellung oder Haltung diskutiert, mit welcher ein Therapeut dem Klienten begegnet.

Unser Anliegen ist es, weniger auf Interventionen und äußere Aspekte in der Therapie einzugehen und auch nicht die dazu notwendigen Fertigkeiten zu erläutern. Vielmehr wollen wir solche Fähigkeiten und Fertigkeiten diskutieren, welche die Grundbedingungen für die Entwicklung einer therapeutischen Beziehung sicherstellen sollen, innerhalb derer der Klient lernt, sich zu verändern und zu entwickeln.

Wir möchten hier auf therapeutische Grundfertigkeiten hinweisen, die bei Lern- und Veränderungsprozessen unausgesprochen und ganz selbstverständlich zur Anwendung kommen, obwohl sie nicht explizit Teil der konzeptuellen Grundlagen der Verhaltenstherapie sind. Bei „guten" und „effektiven" Therapeuten sind diese Fertigkeiten deutlich wahrnehmbar: Es ist die Art und Weise, wie Interventionen durchgeführt und Instruktionen gegeben werden und in welcher Beziehungsatmosphäre die Interaktionen mit dem Klienten stattfinden.

2. 3. Die therapeutische Haltung, die Eindeutigkeit des Therapeuten und therapeutisches Wahrnehmen und Reflektieren

Sowohl eine spezielle innere Haltung des Therapeuten wie auch die Fähigkeit zum therapeutischen Wahrnehmen und Reflektieren, die das Wie der therapeutischen Interaktionen ausmachen, lassen sich unseres Erachtens ebenso wie therapeutisches Handeln vermitteln, erlernen und verbessern.

Diese Beziehungskompetenzen stützen sich auf menschliche Fähigkeiten, deren Ausprägung möglicherweise bereits sehr früh in der Entwicklung eines Menschen angelegt oder erworben wurde, die jedoch auch später noch zu lernen und zu verbessern sind. Für das Erlernen und die Verbesserung dieser Kompetenzen ist ein anhaltendes Interesse an der Person des Klienten, seiner Lebenssituation, seinem Erleben und Verhalten eine notwendige Voraussetzung. Ist diese Motivation beim Therapeuten vorhanden, kann er die Grundfertigkeiten einer therapeutischen Beziehung ausbilden.

Die hier vollzogene Auswahl therapeutischer Basiskompetenzen stellt zum Teil (2.3.1. und 2.3.2.) eine Annäherung an die in der klientenzentrierten Psychotherapie von Carl Rogers gefundenen Einstellungsvariablen dar. Dort wurden durch systematische Beobachtungen an Therapeuten drei Faktoren der therapeutischen Haltung als wesentlich für den Therapieerfolg beschrieben: Empathie, Akzeptanz und Kongruenz (empathy, acceptance, congruency).

Da bisher in der Literatur zur Verhaltenstherapie wenig zu Therapeutenvariablen und Beziehungsaspekten gesagt wurde, bestätigt unsere Auswahl Grawe (1992), der folgendes bemerkt: „In dieser Hinsicht ((Therapiebeziehung)) werden Verhaltenstherapeuten in ihrer Ausbildung von ihren theoretischen Modellen bis heute im Stich gelassen. Dies ist sicher einer der wesentlichen Gründe dafür, daß sich Verhaltenstherapeuten immer wieder bei anderen Therapierichtungen nach einer Ergänzung ihrer in dieser Hinsicht mit Recht als unvollständig empfundenen Ausbildung umschauen." (S. 221)

Die Auswahl solcher Fertigkeiten ist exemplarisch zu verstehen und nicht als vollständiges Ausschöpfen aller Möglichkeiten. Sie orientiert sich an unserer eigenen Lehrerfahrung in Ausbildungsseminaren, in denen diese Aspekte als wichtige Komponenten im Therapieprozeß deutlich wurden:
1. Eine innere Haltung der Unvoreingenommenheit und emotionalen Wärme, die dem Gesprächspartner interessiert und mitfühlend (empathisch), möglichst frei von Vorurteilen und Bewertungen (akzeptierend) begegnet.
2. Eindeutigkeit (Authentizität, Kongruenz, Konsistenz, Stimmigkeit, Echtheit) aller Aspekte von Erscheinung und Verhaltens des Therapeuten.
3. Die Fähigkeit, psychische Vorgänge wahrzunehmen, nachzuvollziehen, zu reflektieren und entsprechende therapeutische Handlungen einzuleiten.

Diese Kompetenzen bilden die Basis dafür, das Gespräch mit einem Klienten in einer Weise führen und so strukturieren zu können, daß ein Kontakt entsteht, der den Klienten ermutigt, selbst zu reflektieren, sich zu äußern und Veränderungen anzustreben. Sie sind Grundlagen einer jeden fördernden Beziehung.

2. 3. 1. Die therapeutische Haltung des mitfühlenden Annehmens

Die Haltung oder Einstellung des Therapeuten zum Klienten bildet den Hintergrund, vor dem sich aktuelles Verhalten und die Interaktion in der Therapiesituation abspielt. Zu dieser Haltung gehört, daß sich der Therapeut seiner Verantwortung für die Gestaltung der Therapiesituation bewußt ist. Er ist aufgefordert, sich innerhalb der therapeutisch vertretbaren Grenzen auf die Interaktion mit dem Klienten zu dessen Gunsten einzulassen.

Die Grundeinstellung des Therapeuten ist gekennzeichnet durch freundliche Unvoreingenommenheit, wohlmeinende und mitfühlende Offenheit, weitgehende Vermeidung negativer Beurteilungen und Wertungen sowie die Bereitschaft, den Klienten uneigennützig bei Problemlösungen, Veränderungen und Entwicklungen zu unterstützen.

2. 3. 2. Die Eindeutigkeit (Authentizität, Kongruenz, Echtheit, Stimmigkeit) des Therapeuten

Für das Zustandekommen einer erfolgreichen therapeutischen Interaktion ist ein Vertrauen des Klienten in die fachliche und menschliche Kompetenz des Therapeuten Vorbedingung. Das Wachsen eines solchen Vertrauens wird wesentlich bestimmt durch die Klarheit des Therapeuten in seinem Auftreten, die Stimmigkeit seines Ausdrucks und die Eindeutigkeit seiner Handlungen.

Uneindeutigkeit des Therapeuten irritiert und verwirrt den Klienten, macht ihn unsicher und begünstigt die Entstehung von Hemmungen im Ausdruck und Handeln. Wenn beim Therapeuten Inhalt und Form einer sprachlichen Äußerung nicht übereinstimmen: „Wie geht es Ihnen?" („ich interessiere mich für Sie") bei abgewandter Körperhaltung und gelangweilter Stimme ("Sie interessieren mich nicht"), hört der Angesprochene zwar die Aufforderung zu antworten, spürt aber nicht, daß die Antwort für den Therapeuten Bedeutung hat und fühlt sich möglicherweise abgewertet. Der Klient reagiert verunsichert, ängstlich oder ärgerlich.

Ein Therapeut kann also je nach Klarheit und Eindeutigkeit seiner Selbstgestaltung in der therapeutischen Beziehung für den Veränderungsprozeß des Klienten vorbildhaft oder hemmend wirken. Stimmigkeit beruht auf Selbstvertrauen und der Sicherheit, dies auch zu zeigen. Die aus der Stimmigkeit des Therapeuten folgende Eindeutigkeit in der Kommunikation kann für den Klienten eine Erfahrung sein, die in seinem Alltag in Beziehungen nicht gegeben ist oder in seiner Vergangenheit nicht ausreichend vorhanden war.

2. 3. 3. Therapeutisches Wahrnehmen, Nachvollziehen und Reflektieren

Eine der wichtigsten Grundfertigkeiten des Verhaltenstherapeuten ist eine präzise und differenzierte Wahrnehmung sowohl in bezug auf die eigene Person als auch auf die des Klienten.

Die Differenzierung der Wahrnehmung betrifft alle Verhaltensebenen (kognitiv, emotional, physiologisch und motorisch) und erfordert vom Therapeuten anfänglich ein bewußtes Bemerken (Reflektieren) von Zuständen und Prozessen der eigenen Person und wie auch der des Partners. Die Informationsaufnahme läuft vor allem über akustische und visuelle Eindrücke, also über Hören und Sehen, oder genauer ausgedrückt, über Zuhören und Hinsehen.

Die Reflexion des Wahrnehmungsgeschehens ist ein zur therapeutischen Interaktion gleichsam parallellaufender Vorgang der Informationsverarbeitung, welcher die therapeutische Interaktion steuert und die Selektion therapeutischer Interventionen bestimmt. Anfangs mag es unmöglich oder zumindest sehr schwierig erscheinen, sowohl Vorgänge an sich selbst wahrzunehmen als auch gleichzeitig die beim Partner ablaufenden Prozesse zu erfassen. Mit wachsender Übung und Erfahrung wird dies jedoch immer leichter und zu einer therapeutisch wesentlichen Begleiterscheinung des aktuellen Geschehens.

Die Bewußtmachung von psychischen Vorgängen und ihre Reflexion hängt zunächst stark mit ihrer sprachlichen Erfassung zusammen. Die sprachliche Verarbeitung macht die Mitteilung des Beobachteten erst möglich. Der sprachliche Ausdruck von Beobachtungen und Reflexionen ist damit ein wesentliches Medium in der Aneignung und Differenzierung therapeutischer Wahrnehmung.

Zwei wichtige Grundfertigkeiten ergeben sich aus einer verfeinerten Wahrnehmung innerer Prozesse: die Fähigkeit der Identifikation mit einer anderen Person (Nachvollziehen) einerseits und der Unterscheidung zwischen verschiedenen Personen andererseits.

Die begleitende Beobachtung (Wahrnehmung) und Reflexion der psychischen Vorgänge (Verhalten, Gefühle, Gedanken etc.) des Klienten durch den Therapeuten lassen den Therapeuten annäherungsweise nachvollziehen, was im anderen abläuft. Es findet eine vorübergehende Identifizierung des Therapeuten mit der inneren Situation des Klienten statt. Diese Art des Verstehens oder Sich-einfühlen-Könnens in eine andere Person läßt den Therapeuten „in Schwingung geraten", so daß eine Resonanz entsteht, die wichtige Informationen über das Erleben des Klienten vermittelt und ein Nachvollziehen von dessen inneren Prozessen möglich macht. Der Klient erlebt dies häufig als unterstützend, er fühlt sich verstanden und wahrgenommen. Neben der Identifikation mit dem Klienten, welche die Wahrnehmung von Ähnlichkeiten zum Inhalt hat, kann die Beobachtung auch auf Unterschiede zwischen den Personen gerichtet sein.

Die Wahrnehmung und Reflexion psychischer Vorgänge der eigenen und der anderen Person dienen auch der Unterscheidung beider Personen und verhindern die Vermischung der Eindrücke. Die psychologische Grenze wird dadurch präzisiert und die therapeutische Beziehung wird dadurch klarer zu gestalten ist. Sowohl der Therapeut als auch der Klient können besser "bei sich" bleiben. Dadurch erfährt der Klient deutlicher die Möglichkeit, sich selbst wahrnehmen und reflektieren zu können und eigene Handlungsimpulse zu spüren.

3. Die Didaktik der Verhaltentherapie - Das Training von Verhaltenstherapeuten

Die Erlernbarkeit und die Lehrbarkeit der Verhaltentherapie wird nach dem bisher Gesagten komplexer, komplizierter, aber auch lebendiger im Vergleich zu einer ausschließlich auf Bücherwissen gestützten Vermittlung. Die Weitergabe von theoretischen Kenntnissen und praktischen Techniken wie es bisher hauptsächlich durch geschriebenes und gesprochenes Wort geschah, reicht nicht aus, wenn gelernt werden soll, Kenntnisse und Techniken in einer bestimmten Situation bei einer bestimmten Problemstellung mit einem bestimmten Menschen umzusetzen.

Die Anwendung theoretischen Wissens bedarf eines psychotherapeutischen Trainings, das dem Lernenden erlaubt, unter realistischen Bedingungen therapeutisches Verhalten zu erwerben und einzuüben. Die Schulung therapeutischer Fähigkeiten und Fertigkeiten geschieht hier vor allem auch auf dem Wege des Modellernens und Lernens durch Tun. Der handelnde Umgang mit einer realen Person führt zu Kompetenzen in Persönlichkeitsbereichen, die über eine theoretische Anleitung nicht erreicht werden können. In einem psychotherapeutischen Training werden Fähigkeiten angesprochen und Fertigkeiten entwickelt, die es z. B. ermöglichen, die Gefühlsebene und andere komplexe und subtile Prozesse des Klienten wahrzunehmen und diese in die therapeutische Interaktion einzubeziehen. Das Sammeln eigener Erfahrung, die nicht nur auf die intellektuelle Ebene beschränkt ist, sondern auch andere Erlebnis- und Verhaltensebenen betrifft, ist ein Hauptziel eines Trainings. Die eigene Beteiligung durch Handeln und Erleben ist also ein wesentliches Element komplexer Lernvorgänge, wie sie im Rahmen einer Psychotherapieausbildung stattfinden.

In der Psychotherapieausbildung, d. h. in einem Training der Verhaltenstherapie, ergänzen sich pädagogisch-didaktische Aspekte mit therapeutischen insofern, als der Ausbilder versucht, eine für den Lernenden günstige motivationale und strukturelle Lernsituation herzustellen.

Die Person des Ausbilders und die Beziehung zum Ausbildungskandidaten stellen wichtige motivationale Faktoren dar, welche komplexes Lernen (Lernen am Modell und die Entwicklung eines eigenen Arbeitsstiles) begünstigen. Sie fordern vom Ausbilder Fertigkeiten, die den genannten therapeutischen Grundfertigkeiten entsprechen.

Zu den strukturellen Lernbedingungen eines Psychotherapietrainings gehören Cotherapie, Selbsterfahrung und Supervision. Übungen und Rollenspiele sind unterstützende Strukturelemente in der Ausbildung, die spezifische Aspekte und Situationen des Therapiegeschehens herausnehmen und einer genaueren Betrachtung zugänglich machen.

Cotherapie, Selbsterfahrung und Supervision

In einem Psychotherapietraining sind Cotherapie, Selbsterfahrung und Supervision Lehr- und Lernsituationen, in denen sich der angehende Therapeut entwickeln, erproben und verbessern kann.

In der Cotherapie ist der Ausbildungskandidat in der Therapiesituation anwesend, um durch Beobachtung des Therapiegeschehens und durch Lernen am Modell komplexe therapeutische Verhaltensweisen zu erlernen oder aber unter Anleitung des therapeutischen Trainers Interventionen auszuprobieren und zu üben. Der Therapeut (Trainer) kann dem Cotherapeuten (Ausbildungskandidaten) durch konstruktive Rückmeldung zu einer differenzierten Wahrnehmung und einem differenzierten Therapeutenverhalten verhelfen.

In der Selbsterfahrung (Einzeltherapie und Selbsterfahrungsgruppe) lernt der Ausbildungskandidat seine eigenen lern- und lebensgeschichtlich bedingten Reaktionsmuster kennen, welche in den Therapieprozeß einfließen und zum Hindernis werden können. Er lernt, seinen eigenen inneren Prozeß und die lerngeschichtlich geprägten Reaktionstendenzen von den Reaktionen zu unterscheiden, die durch den Gesprächspartner und dessen Erleben ausgelöst werden. Diese Wahrnehmungsdifferenzierung schafft beim Therapeuten mehr Klarheit über die eigene Person und dadurch eine bessere Abgrenzungsmöglichkeit in der Therapiesituation. Es entstehen eine therapeutische Distanz und gleichzeitig eine therapeutische Nähe, die effektives und für den Klienten förderliches Intervenieren möglich machen.

In der Supervision wird ein Feedbackkreis zwischen dem lernenden Therapeuten und dem Supervisor aufgebaut, der sicherstellen soll, daß die Interaktion zwischen Therapeut und Patient den Therapiezielen nicht entgegensteht und die Anwendung der verhaltenstherapeutischen Methoden in einer motivierenden Atmosphäre verläuft. Die Rückmeldung des Supervisors vertieft und verfeinert die therapeutischen Fertigkeiten des Supervisanden.

Übungen und Rollenspiele

Übungen und Rollenspiele sind ein wichtiges Medium komplexen Lernens. Sie eignen sich besonders, wenn die Lernziele Komponenten des therapeutischen Beziehungskontextes betreffen. Übungen und Rollenspiele sind Situationen und Aktionsformen, in denen besonders effektiv komplexes Verhalten durch den Lehrer demonstriert und vom Lernenden übernommen werden kann und das Dilemma einer ausschließlich schriftlichen Vermittlung verhaltenstherapeutischen Wissens umgangen wird.

Wir wollen hier anregen, Lernsituationen herzustellen, die komplexes Lernen ermöglichen. Der Formulierung von Instruktionen fällt dabei eine besondere Bedeutung zu. Instruktionen für bestimmte Übungen oder Rollenspiele lassen einen Ausschnitt einer natürlichen Situation in aller Vielfalt entstehen. Die Komplexität therapeutischer Interaktionen wird also durch spezifische Instruktionen auf bestimmte Aspekte einer Therapiesituation reduziert, die in einer Übungssituation isoliert praktiziert werden können und einen Transfer (Generalisierung) auf eine reale Therapiesituation zulassen.
Die Instruktionen für Übungen und Rollenspiele verfolgen bestimmte Ziele, beschreiben ein bestimmtes Setting, stellen eine bestimmte Aufgabe und geben Gelegenheit zur Rückmeldung.

Das Ziel bei Übungen zur Erforschung der inneren Einstellung ist z. B. die Feststellung eines Ist-Zustandes, die man "Eigendiagnose" nennen könnte. Erst das Klarwerden über bestehende Wahrnehmungs- und Einstellungsmuster läßt eine Veränderung derselben zu. Ein anderes Lernziel könnte sein, sich im Gespräch eindeutig zu verhalten.
Das Setting liefert z. B. bei Rollenspielen und Übungen den Rahmen, der günstige Lernbedingungen für das Erreichen der gesteckten Lernziele darstellt. Dies kann eine kollegiale Partnerübung sein oder aber ein Rollenspiel, in dem ein Partner die Therapeutenrolle übernimmt und der andere die Patientenrolle. Hier wird das Szenario festgelegt, d. h. der Ausschnitt der Realität, der exemplarisch hergestellt werden soll. So beschreibt das Setting die Situation, in der sich die Gesprächspartner befinden, z. B. ein Erstgespräch oder eine Abschlußsitzung, eine bestimmte Problemstellung, wie z. B. akute Krise des Klienten, Motivationsschwierigkeiten, Unregelmäßigkeiten etc.
Die gestellte Aufgabe betrifft den Inhalt einer Übung oder eines Rollenspiels. Z. B. soll ein bestimmter Aspekt der therapeutischen Haltung exploriert und differenziert oder eine bestimmte Fertigkeit geübt werden.
Die Rückmeldung des Übungs- oder Rollenspielpartners hilft, die abgelaufenen Vorgänge zu reflektieren und zu verbessern, indem er mitteilt, was er bemerkt und erlebt hat. Dies kann sowohl auf der Beziehungsebene wie auch auf der therapeutisch-technischen Interventionsebene sein.

3. 1. Die Vermittlung der beschriebenen Basiskompetenzen
Die unter 2. 3. 1. bis 2. 3. 3. beschriebenen therapeutischen Fähigkeiten und Fertigkeiten stellen eine Auswahl dar, die zwar nicht erschöpfend ist, die aber eine gute Grundlage für den Aufbau einer therapeutischen Beziehung darstellt und die Therapiemotivation verbessert. Je nach Anliegen und Person des Klienten sind diese Basiskompetenzen zumindest günstige Rahmenbedingungen, wenn nicht gar wesentliche therapeutische Agentia, unter denen anhaltende Veränderungsprozesse stattfinden können. Wir gehen davon aus, daß diese Grundfertigkeiten, wie oben erläutert, vermittelt werden können. Sie zeigen ihre Auswirkung nicht nur im Therapiekontext, sondern auch im Ausbildungsrahmen für das Verhältnis zwischen Ausbilder und Lernendem.
Übungen für die beschriebenen Basiskompetenzen dienen der Selbstwahrnehmung, der Selbstreflexion, der Selbsterforschung und der Bewußtmachung hemmender und fördernder Aspekte einer bestimmten inneren Haltung des angehenden Therapeuten. Sie folgen einem einfachen Grundmuster und werden in Zweiergruppen durchgeführt:
a) In Gegenwart eines interessiert zuhörenden Partners verbalisiert der reflektierende Partner im Monolog die ins Bewußtsein kommenden Aspekte seiner inneren Einstellung als Therapeut.
b) In einer anderen Form von Übungen kann das Wiederholen einer gezielten Frage durch den Zuhörenden eine Unterstützung für die Selbsterforschung des Übenden darstellen.
Nach einer zeitlichen Begrenzung von etwa 10 Minuten wechseln die Partner der Zweiergruppe ihre Positionen, so daß der andere die Gelegenheit zu dieser Übung bekommt.

Rollenspiele dienen dem Einüben komplexer Verhaltensweisen und der Realitätsprüfung durch die Rückmeldung des Rollenspielpartners. Die Wahrnehmung und das Nachvollziehen psychischer Prozesse sind auf diese Weise zu differenzieren, und die Authentizität des Lernenden, d. h. seine Eindeutigkeit im Ausdruck, kann vertieft werden.

Hier sitzen sich ein „Therapeut" und ein „Klient" gegenüber. Eventuell nimmt ein dritter Gruppenteilnehmer die Rolle eines „Beobachters" ein. Nach einer zeitlichen Begrenzung werden die Rollen getauscht, um dem anderen die gleiche Lernerfahrung zu ermöglichen.

Beispiele:

Ohne vollständig sein zu wollen, greifen wir einen der genannten Aspekte einer günstigen Therapeutenhaltung heraus und versuchen dazu exemplarisch Übungen zu formulieren.

Betrachten wir als Beispiel eine Übung, die darauf abzielt, die wiederkehrenden Muster in der eigenen Wahrnehmung oder inneren Haltung und die bei anderen dadurch ausgelösten Reaktionen kennenzulernen: Akzeptanz und Vorbehaltlosigkeit z. B. können dadurch gefördert werden, daß der angehende Therapeut sich im Spiegel eines zuhörenden Gegenübers einerseits seiner bestehenden inneren Haltung einem Klienten gegenüber klar wird (Vorbehalte und Wertschätzung) und andererseits erfährt, wie es ihm selbst in dieser Hinsicht in seinem Privatleben geht. Diese drei Aspekte, Vorbehalte (a) und Wertschätzung (b) dem Klienten gegenüber und die Erfahrung im eigenen Umkreis (c) können auf diese Weise exploriert werden.

Die Instruktion für den Reflektierenden kann z. B. lauten:

a) Für hemmenden Aspekte einer akzeptierenden Haltung: "Welche Vorbehalte gegen X. verbietest Du Dir auszusprechen?" oder "Was stört Dich an X.?" oder "Was macht es Dir schwer, X. zu akzeptieren?"

b) Die positiven Aspekte der Haltung einer Person gegenüber sind auf die gleiche Weise zu erforschen: "Was gefällt Dir an X.?" oder "Erinnert Dich X. an positive Ereignisse und Begegnungen in Deinem Leben?" oder "Wie gut kannst Du X. akzeptieren?"

c) Instruktionen zur Exploration der eigenen Situation könnten sein: "Wie gut fühlst Du Dich in Deinem Privatleben akzeptiert?" oder "Von wem fühlst Du Dich besonders akzeptiert?" oder "Von wem fühlst Du Dich nicht akzeptiert?" oder "Wen hast Du in Deiner Vergangenheit als besonders akzeptierend erlebt?"

Für eine Instruktion wird die Formulierung gewählt, welche eine Selbsterforschung subjektiv begünstigt. Hier sind dem Einfallsreichtum des Ausbilders keine Grenzen gesetzt, um für die jeweilige Person und Situation passende Instruktionen zu finden.

Zusammenfassung

Wir haben in diesem Kapitel versucht, solche Aspekte der historischen Entwicklung der Verhaltenstherapie darzustellen, die in unseren Augen einerseits die Akzeptanz dieses Psychotherapieansatzes in der Öffentlichkeit beeinträchtigen und uns andererseits für eine angemessene Weitergabe dieses Wissens bedenkenswert erscheinen. Aus dem Blickwinkel der Didaktik haben wir auf solche Grundfertigkeiten des Verhaltenstherapeuten aufmerksam gemacht, die zwar in der Praxis selbstverständlich vorhanden sein sollten, aber in der Verhaltenstherapieliteratur bisher keinen Platz gefunden haben. Wir sind von der Notwendigkeit überzeugt, daß auch diese Basiskompetenzen in der Verhaltenstherapieausbildung ausdrücklich vermittelt werden sollten und haben uns bemüht, exemplarisch dafür Anregungen zu geben.

Literatur

Beck, A. T. Cognitive therapy and emotional disorders. New York, International University Press, 1976.

Bijou, S. W. and Baer, D. M. Child development I. A systematic and empirical theory. Century Psychology Series, New York, Appleton-Century-Crofts, Inc., 1961.

Bijou, S. W. and Baer, D. M. Child development: Readings in experimental analysis. Appleton-Century-Crofts, Inc., 1967.

Eysenck, H.-J. und Rachman, S. Neurosen - Ursachen und Heilmethoden. Deutscher Verlag der Wissenschaften, Berlin, 1971.

Grawe, K. Komplementäre Beziehungsgestaltung als Mittel zur Herstellung einer guten Beziehungsgestaltung. In: J. Margraf und J. C. Brengelmann (Hrsg.): Die Therapeut-Patient-Beziehung in der Verhaltenstherapie. Röttger, München, 1992.

Holland, J. C. and Skinner, B. F. The analysis of behavior: A program for self-instruction. New York, McGraw Hill, 1961.

Kanfer, F. H. and Phillips, J. S. Learning foundation of behavior therapy. New York, Wiley, 1970.

Kanfer, F. H., Reinecker, H. und Schmelzer, D. Selbstmanagement-Therapie. Springer, Berlin, 1991.

Meichenbaum, D. Cognitive-behavior modification. New York, Plenum Press, 1977.

Orlinsky, D. E. and Howard, K. J. Process and outcome in psychotherapy. In: S. L. Garfield and A. E. Bergin, Handbook of Psychotherapy and Behavior Change. New York, Wiley, 1986, 311-384.

Skinner, B. F. Science and human behavior. New York, MacMillan, 1953.

Skinner, B. F. Contingencies of reinforcement: A theoretical analysis, Appleton-Century-Crofts, 1969.

Sulz, S. K. D. Das Verhaltensdiagnostiksystem VDS: Von der Anamnese zum Therapieplan. Handbuch. CIP-Medien, München, 1992.

Therapeutisches Basiskönnen

• Werner Scholz •

Eines der zentralen Themen in der gegenwärtigen Diskussion von Psychotherapie und Psychotherapieforschung ist die Untersuchung und Erforschung allgemeiner therapeutischer Wirkfaktoren (Frank 1985; Garfield 1986; Grawe et al. 1990; Huf 1992; Textor 1990).

Ausgehend von der zunehmenden Erkenntnis, daß alle psychotherapeutischen Schulen ähnliche Therapieerfolge erzielen (Bergin & Lambert 1978; Efran et al. 1992; Luborski et al. 1975; Thomas & Schmitz 1993), begannen extensive Überlegungen darüber, was psychotherapeutischen Bemühungen gemeinsam sei, was ihnen zugrunde liegen könne; übrigens ein Thema, mit dem sich Haley (1978) bereits 1963 beschäftigt hat. Wenn unterschiedliche Therapierichtungen ähnliche Erfolgsquoten erzielen und wenn auch nicht-professionelle Helfer vergleichbare Wirkungsgrade haben (Durlak 1979; Hattie et al. 1984), liegt die Vermutung nahe, daß nicht ausschließlich das jeweils schulspezifische Vorgehen ausschlaggebend für therapeutische Wirkungen ist, sondern etwas, das allen Therapeuten und Therapieinterventionen auf einer tieferliegenden Ebene gemeinsam sein muß. Dieses zugrundeliegende Agens wiederum muß etwas sein, was in alltäglichen Interaktionen nur selten oder überhaupt nicht auftaucht. Denn unbestritten ist ebenso, daß Interaktionen mit Freunden, Bekannten, Verwandten etc. dauerhaft kaum geeignet sind, positive Änderungen bei psychischen Problemen herbeizuführen, ein Umstand, der jedem Therapeuten immer wieder berichtet wird.

Nach den vorgehenden Überlegungen muß Psychotherapieforschung sich also auf die Suche machen nach Konstanten im therapeutischen Prozeß, um Wirkfaktoren eruieren zu können.

Konstant im Zusammenhang mit therapeutischen Situationen ist in jedem Fall die Anwesenheit eines Therapeuten, selbst wenn diese, wie aus extremen Fällen bekannt ist, nur in Form stimmlicher Anwesenheit über eine Kassette gegeben ist. Der Schluß liegt nahe, therapeutische Wirkung habe etwas zu tun mit dem Therapeuten bzw. dessen Verhalten, das wiederum schulübergreifend Ähnlichkeiten aufweisen muß; ein Verhalten, das spezifische Kenntnisse und auch Können im Sinne „therapeutischer Kunst" umfaßt (Gadamer 1993). Ich will dies im Rahmen der vorliegenden Arbeit als therapeutisches Basiskönnen bezeichnen.

Konstant sind auch Rahmen und Regeln, in denen Therapie stattfindet. Es gibt Hinweise, daß bereits dies von therapeutischer Wirksamkeit ist (Rosenfarb & Hayes 1984).

Konstant ist darüber hinaus in allen therapeutischen Situationen die Therapeut-Patient-Dyade oder eine spezifische Interaktionsform zwischen Therapeut und Patient. Auf diesen Sachverhalt wird im Kapitel "Therapeutische Beziehung" ausführlich eingegangen.

Noch einmal: Therapeutischer Umgang mit Menschen muß sich unterscheiden von alltäglichem Umgang unter den Menschen, und dies, wie bereits Haley (1978) darstellt, auf sehr elementarer Ebene. Grundlegend unterschiedlich ist offensichtlich, daß in therapeutischen Situationen nicht konventionell, also für den Patienten ohne weiteres vorhersagbar, reagiert wird (Beier & Young 1984), sondern anders, nicht nach den üblichen Interaktionsschemata.

Üblicherweise sind Situationen, in denen Hilfe angeboten und geleistet wird, so strukturiert, daß eine Person an eine andere einen Hilfsappell richtet, der umgehend mit einen Hilfsangebot beantwortet wird - eine klassische Situation, die z.B. das Arzt-Patient-Verhältnis weitgehend bestimmt.

Psychotherapeutische Interaktionen dagegen laufen unüblich ab: Ein Patient richtet an den Therapeuten einen Hilfsappell, der üblicherweise nicht mit einem umgehenden Angebot zur Hilfe beantwortet wird. In dieser Grundsituation der Therapie verweisen wir die Patienten auf ihre Selbsthilfefähigkeiten, die von uns unterstützt werden können, auf den Umstand, daß Veränderungen Zeit brauchen, schnelle Hilfe also nicht möglich sei, es werden keine schnellen Ratschläge gegeben, die Symptome umgehend lindern, leidmindernde Vermeidungsstrategien werden in Frage gestellt etc. Von der Struktur her handelt es sich um paradoxe Interaktionen, die dem Therapeuten einen inneren, dennoch anteilnehmenden Abstand zum Leiden des Patienten ermöglichen (Condrau 1992; König 1993; Kroeger 1976). Es scheint so zu sein, daß erst ein solcher angemessener innerer Abstand wirkliches Helfen ermöglicht. Das Gleichgewicht zwischen Abstand einerseits und Interesse, Anteilnahme und Akzeptanz andererseits ist hierbei jedoch immer mitzubedenken, um therapeutische Interaktionen nicht zu geschäftsmäßigen Austauschaktionen werden zu lassen (Freud zit. in Petzold 1980a; Greenson 1975).

Innerer, teilnehmender Abstand allein kann jedoch nicht für sich therapeutisch wirksam sein, dies findet sich in viel zuvielen alltäglichen Kontakten der Patienten, ohne hilfreich zu sein; er muß begleitet werden von weiteren Variablen, die wir zuerst im und beim Therapeuten aufspüren wollen.

Übereinstimmend wird in Veröffentlichungen über allgemeine therapeutische Wirkfaktoren die Therapeutenpersönlichkeit als wichtiges Agens genannt (Sloane et al. 1975; Garfield 1982); aber auch Berichte von Patienten bestätigen dessen wichtige Rolle im therapeutischen Prozeß (Howe 1993).

Von grundlegender Bedeutung scheint mir etwas zu sein, was ich hier als Authentizität bezeichnen will. Der Therapeut muß leben können, was er sagt, muß selbst können, was er verlangt, muß erfahren haben, wovon er spricht, muß in Kontakt sein mit seinen eigenen Grenzen, Unzulänglichkeiten, blinden Flecken. Kontinuierliche Selbstreflexion, therapeutische Selbsterfahrung und regelmäßige Supervision nehmen deshalb im Bereich der Verhaltenstherapie zu Recht immer größeren Raum ein. Authentizität des Therapeuten ist Voraussetzung für Vertrauen des Patienten.

Daneben scheinen mir spezifische grundlegende Einstellungen und Verhaltensmuster des Therapeuten von besonderer Wichtigkeit zu sein:

Echtheit (Rogers 1957; 1959), d.h. der Wille, nichts vorzuspielen oder vorzuspiegeln, die eigenen Gefühle im Prozeß mit zu reflektieren und sie nicht zu unterdrücken.

Wahrhaftigkeit: Wahrhaftig sein heißt nicht, wie dies z.Zt. in manchen medizinischen Situationen üblich ist, brutal und ohne Rücksicht die Wahrheit zu sagen. Wahrhaftig sein heißt, nichts vorzulügen, aufrichtige Rückmeldungen zu geben, die jeweils der Belastungsfähigkeit des Patienten und der Therapiephase angemessen sind.

Schließlich Sympathie und Empathie, also die Fähigkeit, auch problematische Patienten positiv gestimmt anzunehmen und bereit zu sein, sich in ihre Person und ihr Verhalten annehmend einzufühlen. Verfahren wie die Verhaltenstherapie, die scheinbar, aber nur scheinbar, schnelle Problemlösungen anbieten, erfordern vom Therapeuten noch die besondere Fähigkeit der Geduld, sich und dem Patienten Zeit zu lassen, nicht vorschnell zu handeln oder anzuweisen, Zeit-Raum zu geben.

Die bisher dargestellten Grundmuster therapeutischen Wissens und Könnens erfordern darüber hinaus jedoch die Bereitschaft des Therapeuten, seine Wirkung auf andere zu reflektieren und in Frage stellen zu lassen. Auch dies ist eine unabdingbare Notwendigkeit, um therapeutischen Fortgang bewußter gestalten zu können.

Es muß darum gehen, das für den anderen Offensichtliche, das uns selbst meist das Verborgenste ist (Heidegger 1984), zu wissen, zu überprüfen, zu hinterfragen und schließlich auch zu ändern. Erfahrungsgemäß bleibt manchen Therapeuten die Wirkung ihres Äußeren, ihrer spezifischen Eigenheiten und Angewohnheiten sowie die Funktion ihrer Körpersignale verborgen. Wir müßten seit Watzlawick, Beavin & Jackson (1972) wissen, daß man nicht nicht kommunizieren kann, daß also jeder der genannten Aspekte des Therapeuten auch kommunikative, d.h. therapiebeeinflussende Funktion hat. Ähnliche Überlegungen wurden übrigens bereits im Rahmen psychoanalytischer Diskussionen angestellt (Greenson 1982; Ermann 1992) mit dem Ergebnis, es gäbe innerhalb des psychoanalytischen Prozesses keinen übertragungsfreien Raum, also keine Möglichkeit nicht zu kommunizieren.

Auch unter dem Gesichtspunkt der Authentizität kann es keine allgemein verbindlichen Verhaltensvorschriften geben, selbst wenn dies durchaus an anderem Ort versucht wurde (Langs 1991). Wichtig scheint mir zu sein, daß Therapeuten Gelegenheit haben, sich zu beobachten und ihre Wirkungen auf andere zu überprüfen, um dann ggf. Korrekturen vorzunehmen.

Selten mitbedacht, trotz breiter populärpsychologischer Diskussion, werden die Körpersignale des Therapeuten (Argyle 1979; Dychtwald 1977; Kurtz & Prestera 1979), aber auch Sprach- und Sprecheigenschaften, die äußere Aufmachung (Langs 1991) und sonstige Störvariablen. Selbst wenn ein Therapeut so sein will wie er ist, muß er doch auch wissen, wie er wirkt.

In Tabelle 1 sind einige personenspezifische Charakteristika und deren mögliche Auswirkungen zusammengestellt.

---

1. Körpersignale
  1.1. Körperhaltung
      Welche Haltung bevorzugt der Therapeut: zurückgelehnt - nach vorne gebeugt - Arme verschränkt - Beine übereinandergeschlagen - angespannt?
  1.2. Blick
      Ist der Blick des Th. starr auf den Pt. gerichtet - umherirrend - ausweichend - aggressiv?
  1.3. Mimik und Gestik
      Verkrampft - ausufernd - demonstrativ?
  1.4. Sitzabstand
      Wie nahe, wie weit ist der Th. vom Pt. entfernt?
      Was geschieht, wenn der Pt. den Abstand verändert, zu nahe kommt, sich zu weit entfernt?
  1.5. Berührungen
      Wie geht der Th. mit Berührungen um? Wieviel Körperkontakt will oder erträgt er? Wie wirken seine Berührungen und ist er sich über die Auswirkungen im klaren? Wie ist der Händedruck?

2. Sprach- und Sprecheigenschaften
  Kann sich der Th. der Sprache des Pt. anpassen? Verwendet er bestimmte wiederkehrende Floskeln? Wie schnell spricht er? Wie artikuliert spricht er?

3. Äußeres
  Welche Kleidung wird bevorzugt? Wie gepflegt oder ungepflegt ist er?

4. Störungen
  Intensives Parfüm oder Rasierwasser - Körpergeruch - Ausdünstungen nach dem Essen oder Trinken.

Tabelle 1. Personenspezifische Charakteristika des Therapeuten - mögliche Auswirkungen auf die Patienten

Ich gehe davon aus, daß im Rahmen verhaltenstherapeutischer Ausbildungscurricula gelernt werden kann, wie solche charakteristischen Eigenheiten auch modifiziert werden können, und zwar so, daß verändertes Verhalten nicht aufgesetzt und künstlich wirkt.

Zusammenfassend ließe sich in Anlehnung an Ticho (1972; zitiert in König 1993) sagen: Erfolgreiche Therapeuten seien „unaufdringliche, unprätentiöse Menschen, die sich akzeptieren, ohne hauptsächlich auf sich selbst ausgerichtet zu sein. Sie engagieren sich stark mit den Patienten und weisen eine basale Stärke und viel Geduld auf".

Zentraler Punkt therapeutischen Wirkens ist in jeder Therapieschule die Gestaltung von Kommunikation und Interaktion mit dem Patienten. Die offiziell verkündete Behauptung mancher Verfahren, alle Interaktion gehe vom Patienten aus, der Therapeut sei z.B. nur Spiegel (wie bei Freud selbst, und dann pointiert in der Psychoanalyse der 50er und 60er Jahre), oder Katalysator, unterschätzt die Macht des Wortes und der Tat. Nicht selten sind Therapeuten auch von ihren schulspezifischen Verfahren und Techniken so überzeugt, daß alle Auswirkungen nur auf diese zurückgeführt werden; Verhaltenstherapeuten können ein Lied davon singen. Wichtiger, natürlich nicht einziger Aspekt jedweder Psychotherapie ist die Wirkung des Wortes. Insofern trifft der Begriff „talking cure" auch außerhalb der Psychoanalyse den Kern.

Im Rahmen unseres Diskurses über therapeutisches Basiskönnen liegt der Schwerpunkt der Erörterungen zwangsläufig mehr auf den gestaltenden Aspekten des Therapeuten im Rahmen der Therapie; Patientenverhalten wird in unserem Zusammenhang vorwiegend unter dessen Blickwinkel betrachtet. Ich bin mir der Künstlichkeit dieser Konstruktion bewußt, hoffe dadurch aber mehr Klarheit vermitteln zu können.
Es sollen drei Aspekte therapeutischer Kommunikation/Interaktion unterschieden werden: der rezeptive, reflexive und reaktive Aspekt.
Wir erinnern uns, Ausgangspunkt unserer Überlegungen hinsichtlich therapeutischer Wirksamkeit war die Annahme, zwischen Therapie- und Alltagsverhalten bestehe die wesentliche Differenz darin, daß erstere in der Gestaltung von Beziehung zu unüblichen, unkonventionellen Mitteln greife. Diese Anforderung gilt, meine ich, besonders für die konkreten kommunikativen und interaktiven Verhaltensweisen des Therapeuten.
Der rezeptive Aspekt von Kommunikation/Interaktion umfaßt Verhaltensmöglichkeiten des Therapeuten, Botschaften aufzunehmen.
Zuhören, im Sinne therapeutischen Zuhörens verstanden, muß akzeptierend sein. Insbesondere zu Therapiebeginn, aber auch in kritischen Phasen, Umbruchsituationen und bei spürbaren Irritationen, wird akzeptierendes Zuhören zur wichtigen Strategie. In Anlehnung an Rogers (1959) sollte der Therapeut in der Lage sein, in sein Zuhören minimale verbale und nonverbale Signale einzubeziehen, die seinem Gegenüber Rückmeldung geben. Auch wenn Blickkontakt noch vermieden wird, die Fremdheit der Situation Wahrnehmungen erschwert, Patienten ausschließlich mit sich selbst beschäftigt sind, geht es darum, ihnen dennoch das Gefühl von Präsenz, Anteilnahme und Aufmerksamkeit zu übermitteln. Sparsames Paraphrasieren von Mitteilungen hilft darüberv hinaus, Bereitschaft zum Verständnis ihrer Mitteilungen zu zeigen. Und schließlich dient das Reflektieren der Gefühle des Patienten dazu, zu einem ersten, gefühlsmäßigen Einklang zu kommen. Parallel dazu findet in einem ebenso ununterbrochenen Fluß von Aufmerksamkeit Beobachten seinen Ort. Beobachten heißt, die nonverbalen Botschaften empfangen: Körperhaltung, Beweglichkeit, Aufregung, Auffälligkeiten, Behinderungen, Einschränkungen, kompensatorisches Verhalten, Reaktionen auf Äußerungen, Auftreten, Kleidung, alles, was zusätzliche Hinweise erbringen kann. Hier ist auch der Ort, Unstimmigkeiten zu registrieren: Passen verbale und nonverbale Reaktionen zusammen? Entsteht der Eindruck, es werde etwas verschwiegen? Passen Auftreten und Problemschilderung zusammen?
Gleichzeitig ist der Therapeut permanent bereit, sich in Probleme und Problemverhaltensweisen einzufühlen. Es geht darum, den emotionalen Gehalt der Botschaften zu erspüren, emotionale Implikationen und Verstrickungen wahrzunehmen, den Patienten in seinem gefühlsmäßigen Leid zu begegnen.
Zuhören, Beobachten und Einfühlen müssen begleitet sein von der Fähigkeit, den Patienten anzunehmen, so wie er eben ist und sich darstellt. Annehmen heißt dabei nicht, sich zu identifizieren oder zu solidarisieren, weil dann der nötige Abstand verlorengeht. Annehmen heißt, Anderssein ohne Vorbehalte als solches stehen lassen können. Tabuisiertes Verhalten, personenspezifische Peinlichkeiten, insbesondere der Problembereich Gewalt, Vergewaltigung, Mißbrauch und nicht selten der gesamte Bereich der Sexualität können uns immer wieder an die Grenzen der Fähigkeit zur Akzeptanz bringen. Ist Annehmen nicht möglich, ist auch

Therapie nicht möglich; wir alle müssen deshalb für uns klären, was wir zu tolerieren und dann auch zu therapieren bereit sind.

Aushalten: die Fähigkeit, Situationen, die unangenehm, unerträglich oder gar bedrohlich sind, nicht zu vermeiden, abzubrechen, vorzeitig mit Sprechen oder anderen vermeidenden Pseudointerventionen zu überleben. Nicht selten handelt es sich um Belastungstestsituationen, in die Patienten uns stellen, Situationen also, die klären helfen sollen, wie stabil, wie zuverlässig wir sind. Oft aber sind es auch Situationen, in denen Interaktionsangebote an uns herangetragen werden, die, wenn konventionell beantwortet, ein Scheitern der Therapie wahrscheinlicher machen; ich werde darauf im weiteren Verlauf noch näher eingehen.

Schließlich bedarf der Therapeut noch der Fähigkeit, Patienten und ihre Kommunikations- und Interaktionsangebote auf sich einwirken zu lassen und muß gleichzeitig offen sein für eigene aufkeimende Gefühle, Gedanken, Handlungsimpulse, Phantasien, Erinnerungen, Voreingenommenheiten usw. An diesem Ort, also im rezeptiven Bereich, kann es nur um ein Registrieren, Gewahrwerden gehen.

Auf einer dahinterliegenden Ebene, ich möchte sie hier reflexiv nennen, müssen dann die rezeptiv erlangten Eindrücke in einem allgemein therapeutischen Rahmen verarbeitet werden. Auch wenn es Mühe kostet, hier sollte immer noch nicht therapieschulspezifisch interpretiert oder interveniert werden. Vorschnelles Einordnen in schulspezifische Schubladen nimmt die Möglichkeit, ein breiteres Verständnis des Patienten zu erlangen. Es muß zunächst darum gehen, ihn zu verstehen, sich in seine Lage zu versetzen, in seinem Bezugsrahmen zu denken, seine inneren Notwendigkeiten nachzuvollziehen, so lange und intensiv, bis wir ein Drehbuch über ihn schreiben könnten (Sulz 1987). Das Interesse hier ist rein phänomenologisch, es bleibt bei den Dingen selbst (Husserl 1950/52), versucht nicht zu interpretieren.

Dreh- und Angelpunkt für die Wirksamkeit späterer therapeutischer Interventionen ist die Fähigkeit des Therapeuten, zu erkennen, in welchem Kontext die gesamten Äußerungen seines Patienten stehen und was sie bewirken. Ich gehe mit Beier & Young (1984) davon aus, daß jeder kommunikative und interaktive Akt ein Angebot an die Umwelt darstellt, in einer bestimmten Art und Weise zu reagieren. Dies gilt wohl auch für „neurotische" Symptome, die manchmal schon in ihrer Entstehung appellativen Charakter haben, diesen aber in jedem Fall später, sekundär entwickeln. Im Basiskönnen des Therapeuten muß liegen, daß er diese Angebote erkennt und angemessen darauf antwortet. Es gilt, sich klarzumachen, was konventionelle Antworten auf Angebote des Patienten wären, und eben nicht entsprechend zu reagieren.

Um es zu konkretisieren: Menschliches Zusammenleben kann nur funktionieren, wenn Reaktionen der Mitmenschen vorhersagbar oder zumindest berechenbar sind. Auf die Aussage „ich bin krank" z.B. erfolgt meist ein Hilfsangebot. Das heißt, ein kranker Mensch kann üblicherweise erwarten, daß ihm geholfen wird. Aus dem Blickwinkel des Patienten bedeutet dies, er macht dem Helfer ein Angebot, auf eine bestimmte Art und Weise zu reagieren. Wenn ich also Hilfe will, könnte ich diese über den Satz „ich bin krank" mit großer Wahrscheinlichkeit bekommen. Ähnliches gilt natürlich auch für nonverbale Kommunikationsakte; ein bedeutungsschwerer Griff in die Herzgegend wird sehr wahrscheinlich die Frage „Ist dir nicht gut?" oder Ähnliches auslösen. Es sind diese Interaktionen, die Patienten immer wieder in ihrer normalen Umgebung initiieren und damit auch immer wieder komplementäre Reaktionen auslösen. Fakt ist, daß solch übliche Reaktionen meist hilfreich sind und auch für eine gewisse Zeit eingefordert werden können; Fakt ist aber auch, daß konventionelle Reaktionen bei psychischen Störungen nicht hilfreich, ja symptomverstärkend sind. Die Aussage „ich habe Angst" darf hier eben nicht zum Angebot von Hilfe im vermeidenden oder oberflächlich erleichternden Sinne führen. Genau dies aber geschieht üblicherweise und verstärkt das Problemverhalten. Im Falle chronischer körperlicher Erkrankungen und besonders bei längerdauernden psychischen Erkrankungen wird die gängige einfühlende Reaktion der Umwelt mittelfristig abgelöst durch ermahnende, ungeduldige, aggressive Reaktionen; auch dies ist wiederum für Patienten eine vorhersagbare, also auch auslösbare Reaktion.

Der Therapeut muß mit Menschen umzugehen, die alles versucht haben, mit ihrem Problem fertig zu werden, die immer wieder gescheitert sind und dennoch festhalten an ihren eingefahrenen Verhaltensmustern. Deren Behandlung ist Gegenstand therapeutischer Interventionen. Das mehr oder weniger lange Leben mit pathologischen Mustern hat darüber hinaus aber eingefahrene Kommunikations- und Interaktionsabläufe zur Folge, die zur Aufrechterhaltung der Störungen beitragen. Solche Strukturen zu erkennen ist für den Therapeuten unabdingbare Voraussetzung, um darauf hilfreich, aber gerade nicht im üblichen Sinne, sondern unüblich, paradox reagieren zu können. Nur so können symptomfördernde Strukturen aufgelöst werden, nur so kann eine Erschütterung eingefahrener Denk- und Handlungsstrukturen stattfinden (Scholz 1986), und nur so findet sich Raum zu neuen, unkonventionellen Lösungen.

Aber nicht nur einfache verbale und nonverbale Äußerungen dienen als Angebote, in einer bestimmten Art und Weise zu reagieren, sondern auch komplexe und komplizierte Verhaltenssequenzen erfüllen diesen Zweck.

Menschen lernen im Laufe ihres Lebens, sich unter differierenden Umständen unterschiedlich zu verhalten, sei dies situations- oder personenspezifisch. Solche Rollen erleichtern das Leben insofern, als einmal recht flexibel in verschiedenen Situationen reagiert werden kann, und wir uns zum anderen nicht jedesmal grundlegend neu orientieren müssen. Da die Anzahl solcher Rollen notwendig begrenzt sein muß, werden zwangsläufig gleiche Verhaltensstrategien in ähnlichen Situationen und bei ähnlichen Menschen angewandt. Die Charakteristika, nach denen Ähnlichkeit festgestellt wird, sind zweifellos persönlichkeitsspezifisch, also von außen nicht unbedingt nachvollziehbar. Solche komplexen Verhaltensmuster sind nun wiederum für sich Angebote an das Gegenüber, in vorhersagbarer Weise zu reagieren. Sich in Gegenwart von Autoritätspersonen „kindlich-infantil" zu verhalten ist gleichzeitig Angebot und Einladung zu einer „Eltern-Reaktion". Wir sprechen in psychoanalytischer Nomenklatur vom Phänomen der Übertragung (Freud 1969), einem der Grundpfeiler analytischen Denkens und insbesondere Handelns (Ermann 1992). Verhaltenstherapeutischem Denken bleibt die Annahme fremd, Übertragungsreaktionen seien Produkte des Unbewußten, die mit einer eigenen Dynamik, insbesondere im Fall negativer Übertragung (Loch 1971), ausgestattet seien. Gemeinsam ist in beiden Denkansätzen das, was beobachtet werden kann: Ein Teil der Patienten verhält sich dem Therapeuten gegenüber, wie er es im Umgang mit anderen Menschen, meist Eltern oder anderen signifikanten Personen der Kindheit, gelernt hat (Freud 1969). Die Kindheit ist zweifellos die bedeutsamste Phase, Rollenverhalten einzuüben, aus diesem Grund bieten unreflektiert angewandte Verhaltensschemata oft ein infantiles Bild.

Solche inadäquaten Verhaltensmuster als Reaktionsangebote zu erkennen und nicht im erwarteten Sinne darauf zu antworten, ist wichtige Voraussetzung konstruktiver therapeutischer Arbeit. Eine Arbeit an „Übertragungen", also an fehllaufenden Interaktionsmustern, ist wohl auch auf solche Art möglich. Die Fehlannahmen des Patienten können auf diese Art an der konkreten Interaktion überprüft und in ihr modifiziert werden (Petzold 1980a).

Ein weiterer Bereich verhaltenstherapeutischer Kommunikation und Interaktion ist jedoch nicht von Verhalten im Sinne der „Übertragung" gefährdet, sondern von manipulativen Strategien der Patienten. Hier unterscheidet sich unser Ansatz von dem der Psychoanalyse grundlegend. Letztere kennt keinen übertragungsfreien Raum (Ermann 1992), jedes Verhalten des Patienten steht für etwas anderes. Wir gehen davon aus, daß die Dinge sind, was sie sind (Condrau 1992), daß manipulative Strategien manipulative Strategien sind und nicht eine zwanghafte Wiederholung kindlicher Verhaltensmuster und deren Übertragung auf den Therapeuten.

In der Literatur, leider vorläufig meist psychoanalytischer Provenienz, findet sich eine Vielzahl solcher Muster (Ambühl 1992; Berne 1967; Cashdan 1990; siehe auch das Kapitel „Therapeutische Beziehung"). Schließlich will ich unter dem reflexiven Aspekt noch die Notwendigkeit permanenter Selbstreflexion nennen. Hier werden alle die Eindrücke reflektiert, die der Therapeut unter dem rezeptiven Modus auf sich einwirken ließ. Was lösen die Interaktions- und Kommunikationsangebote bei mir aus? Wie fühle ich mich selbst an den geschilderten Sachverhalten beteiligt? Es geht darum, zu erkennen, wann die Gefahr besteht, den angemessenen, anteilnehmenden Abstand zum Leid des anderen, also unsere Möglichkeit zu helfen, zu verlieren. Dies geschieht zum einen aus einem Mangel an Distanz, weil uns das Problem direkt angeht, betrifft, bewegt, wenn sich Grenzen zwischen Therapeut und Patient aufzulösen beginnen; dies geschieht aber mindestens genauso oft durch zu große Distanz. Kommt uns das geschilderte Problem zu belanglos vor? Ist uns die Struktur des Patienten zu einfach? Verstehen wir als Frau männliche Probleme, als Mann weibliche Probleme, nicht nur im sexuellen Bereich, wirklich (Tannen 1993)? Und nicht zuletzt stellen wir hier die Frage nach unserer eigenen psychischen Verfassung; situationsspezifisch, aber auch persönlichkeitsspezifisch. Wir sollten Klarheit darüber haben, wo unsere Empfindlichkeiten und Verletzlichkeiten liegen, unsere eigenen blinden Flecken. Nur so läßt sich vermeiden, daß dem Patienten von unserer Seite aus Reaktionsangebote gemacht werden, die ihn in seiner therapeutischen Arbeit einschränken.

Nun zum reaktiven Aspekt therapeutischer Kommunikation/Interaktion.
Therapeutisches Handeln schließlich, der Bereich, auf den Lehrbücher der einzelnen Richtungen fast ausschließlich Bezug nehmen, ist in bestimmten Bereichen therapie- schulübergreifend konzeptualisierbar, d.h., verbale und nonverbale Reaktionen des Therapeuten weisen viele Gemeinsamkeiten auf, denen hier nachgespürt werden soll. Die naive Annahme aus der Frühzeit der Verhaltenstherapie, die Techniken und deren Anwendung seien die Essenz des Verfahrens, sind glücklicherweise vorbei. Die Sicht auf verhaltenstherapeutisches Handeln hat sich stark erweitert, in der Diskussion sind Metaphernkonzepte statt klassischer behavioristischer Erklärungen (Bandura 1986), die Rolle therapeutischer Beziehung (Margraf & Brengelmann 1992; Caspar & Grawe 1992) und die Untersuchung übergreifender therapeutischer Verhaltensweisen (Blaser et al. 1992; Textor 1990).
Ich will versuchen, einen Überblick über verbale und nonverbale Reaktionen des Therapeuten auf Interaktionsangebote der Patienten zu geben, die in allen denkbaren therapeutischen Situationen leider meist unreflektiert Anwendung finden. So naiv Verhaltenstherapie früher war, so naiv sind manche orthodoxen Vertreter analytischer Verfahren, wenn sie ihre sprachlichen Interventionen nicht auf deren implizite Wirkmechanismen hin untersuchen wollen, sondern nur an metaphorischen Interpretationen kleben.
Nach rezeptiver Aufnahme und reflexiver Verarbeitung von Informationen, geht es in einem weiteren Schritt therapeutischer Arbeit nun darum, zu reagieren, anfangs, um die Äußerungen des Patienten einer weiteren Klärung zuzuführen. Es wurde von verhaltenstherapeutischer Seite vorgeschlagen, therapeutische Gespräche im Sinn sokratischer Dialoge zu führen, d.h., eine Frage-Antwort-Situation zu schaffen. Dabei scheint mir die ursprüngliche Technik von Sokrates denkbar ungeeignet zu sein, sie fragt mehr in den anderen hinein als aus ihm heraus (Platon 1984 zit. nach Bodenheimer 1992). Es muß vielmehr darum gehen, offene Fragen zu stellen, die dem Patienten Raum zur Antwort geben, es muß um nicht-bedrängendes Fragen, Nachfragen und Hinterfragen gehen; Fragen dürfen nicht zur Waffe werden, zum inquisitorischen Instrument, zur peinlichen Befragung. Klärung finden wir, indem Aussagen der Patienten aufgegriffen und hinterfragt werden, möglichst ohne eigene persönliche oder theoretische Vorurteile herauszufragen.
Erst bei Klarheit über den Patienten und sein Leid ist therapeutische Intervention im schulspezifischen Sinne angebracht. Doch auch im Rahmen dieser Maßnahmen laufen allgemeine Verhaltensmuster ab, die zu reflektieren sind und um deren Wirkung und Einsatzort wir wissen müssen.
Verbale Interventionen sind uns allen so selbstverständlich, daß sie außer im Bereich Ericksonscher Hypnotherapie (Erickson & Rossi 1981) kaum untersucht geschweige denn hinterfragt wurden. Jeder Therapeut hält seinen eigenen Stil für den Stil therapeutischer Kommunikation schlechthin, und ist sich kaum

den Gründen für die Macht, aber auch Ohnmacht seiner Worte im klaren. Der Rahmen dieses Artikels würde gesprengt, wenn auf verbale Kommunikationsmuster in extenso eingegangen würde. Ich möchte mich hier auf einige Interventionen näher beziehen, die aus meiner Erfahrung besondere Wichtigkeit haben.

Je direkter und direktiver der Sprachstil des Therapeuten, desto größer der zu erwartende Widerstand; ein Phänomen, das häufig in Verhaltenstherapien zu beobachten ist. Das Reaktionsangebot hierzu kommt vom Therapeuten, denn Druck erzeugt üblicherweise Gegendruck oder irgendeine subversive Art des Widerstandes. Therapeutische Aufgaben nicht zu machen, gelernte Strategien fehlerhaft anzuwenden sind nur zwei von vielen Möglichkeiten hierzu.

Eine elegante Art, Widerstand nicht aufkommen zu lassen, bietet eine abgewandelte Form des „Begleitens und Führens", bekannt unter dem Namen "pacing and leading" (Grinder & Bandler 1981). Der erste Schritt besteht darin, den Patienten zu begleiten, in seinem eigenen Bezugssystem zu verweilen, ihn zu verstehen und anzunehmen. Erst wenn er das Gefühl entwickeln kann, ernstgenommen zu sein, bietet sich eine realistische Gelegenheit, Veränderungen vorzuschlagen und zu initiieren. Zusätzliche Unterstützung in der Phase des Begleitens gibt der Aufbau einer Ja-Haltung (Erickson et al. 1978); die Gesprächsinhalte kurz vor geplanten Interventionen können hier auf eine Art besprochen werden, die beim Patienten Unterstützung und Einverständnis findet, so daß allgemein ein positives Klima entsteht, auf dessen Hintergrund Veränderungen leichter möglich werden. Insbesondere im Rahmen kognitiv-behavioraler Methoden wirken die Restrukturierungsvorschläge dann leichter, unbeschwerter. Führen, d.h. Gedanken und Handlungen in neue Bahnen zu lenken, bedarf gründlicher Einstimmung auf den Patienten und nicht nur überzeugender rationaler Argumente. Aber auch in anderen Interventionsbereichen ist das geschilderte Vorgehen hilfreich, so in der Vorbereitung auf Konfrontationstechniken.

Auf dem allgemeinen Hintergrund positiv gestalteter therapeutischer Beziehung, die auch immer Einverständnis des Patienten zur Mitarbeit voraussetzt, bleibt es empfehlenswert, mit sogenannten therapeutischen Bindungen zu arbeiten. Dies sind sprachliche Konstruktionen, die dem Patienten die bewußte Wahl zwischen zwei oder mehreren Alternativen lassen, die alle vom Therapeuten als wirksam erachtet werden (Erickson & Rossi 1981). Sprachliche Muster weisen folgende Struktur auf: „Es muß nicht sein, daß Sie jeden Tag ihre Übungen durchführen; es genügt, wenn sie diese jeden zweiten Tag, aber dann etwas länger machen." oder: „Es ist eigentlich egal, wann Sie Ihre Übungen machen, morgens oder abends." In der hypnotherapeutischen Literatur findet sich für interessierte Leser eine Vielzahl von Beispielen auch komplexerer Art hierzu (Lankton & Lankton 1983).

Besonders im verhaltenstherapeutischen Bereich, mit seiner permanenten Aufforderung zu direkten Aktionen, ist Kenntnis und Verwendung indirekter Arbeit sehr empfehlenswert. Hierbei handelt es sich um die Anwendung indirekter Suggestionen im nicht-hypnotherapeutischen Rahmen. Indirekte Botschaften haben den Vorteil, Patienten im Rahmen sprachlicher Mitteilung nicht zu üblicherweise geäußerten Reaktionen aufzufordern, die sie bei direkten Botschaften gleichen Inhalts zeigen würden.

Eine direkte Botschaft wie „Ich möchte, daß Sie Ihre Angst in der bestimmten Situation anschauen", führt eher zu Verweigerung als die Aussage: „Wir wissen beide, daß Sie sehr daran interessiert sind, konstruktiv mitzuarbeiten; deshalb werden Sie sicher ihre Angst anschauen, auch wenn es Ihnen schwerfällt". Die indirekte Botschaft besteht in der Zuschreibung großer Therapiemotivation, dies bindet den Patienten fast in die Verpflichtung ein, seine Aufgabe zu erfüllen.

Im Bereich therapeutischer Intervention bei Selbstwertstörungen bietet sich die Verwendung indirekter Botschaften besonders an. Solchen Patienten direkt positive Rückmeldung zu geben, ist völlig sinnlos; die langwierige Arbeit kognitiver Umstrukturierung oder der Veränderung von Kognitionen über Verhaltensänderungen kann dadurch verkürzt werden.

Patienten mit Zweifeln an ihrer Intelligenz könnte z.B. gesagt werden: „Probleme, wie Sie sie beschreiben, sind mir nur bei intelligenten und sensiblen Menschen bekannt", womit klar ist, wenn die Problematik vorliegt, was sie zweifellos tut, liegt auch Intelligenz und Sensibilität vor.

Die Verwendung solcher indirekter Kommunikation setzt von seiten des Therapeuten jedoch voraus, daß er sorgfältig zugehört und beobachtet hat, welche Mitteilungen sein Patient ihm bisher gemacht hat. Indirekte Botschaften sind nämlich dann am wirksamsten, wenn der Inhalt dieser Botschaften vom Patienten zumindest manchmal oder teilweise selbst geäußert wird. Wir beobachten ja nicht selten selbstunsichere Menschen, die unter bestimmten Umständen durchaus positive Selbstbewertungen äußern, wenn auch nur unter größten Mühen und Einschränkungen, oder bei paradoxen negativen Rückmeldungen mit einem Lächeln reagieren. Diese Botschaften sollten bevorzugt indirekt übermittelt werden, um die sicheren Teile der Person zu stützen. Wenn direkte Verhaltensanweisungen nicht wirken, könnte auf indirekte Art versucht werden, zum gleichen Ergebnis zu kommen. Man könnte dem Patienten im Detail beschreiben, wie ein anderer Patient eine bestimmte Aufgabe erledigt hat, und dadurch ein spezifisches Ziel, das unser Patient dringend erreichen will, erreicht hat. Auch hier ist es notwendig zu klären, ob die Patienten überhaupt in der Lage sind, die beschriebenen und indirekt vorgeschlagenen Verhaltensweisen überhaupt zu äußern.

Sorgfältig dosiert, sind paradoxe (Weeks & L'Abate 1982) und auch provokative Interventionen (Farrelly & Brandsma 1986) im verhaltenstherapeutischen Rahmen wichtig.

Bekannteste paradoxe Intervention ist zweifellos die Symptomverschreibung (Frankl 1975); Umdeutungen von Erfahrungen oder Leiden im paradoxen Sinn haben sich ebenfalls als sehr hilfreich erwiesen („Ihre Angst hindert Sie daran, sich körperlich zugrunde zu richten"). Bezugsrahmen des Verstehens werden verschoben, neue Ebenen der Sinngebung erreicht, verkrustete Strukturen aufgebrochen, Menschen zum Nachdenken gebracht über die unkonventionelle Art, Sachverhalte auszudrücken.

Ich selbst habe sehr gute Erfahrungen mit paradoxer Entspannungstherapie gemacht. Immer wieder haben besonders angespannte oder „brave" Patienten Schwierigkeiten, sich zu entspannen, weil sie sich dazu zwingen wollen. Ihnen zu sagen, daß sie sich nicht entspannen, sondern nur Veränderungen im Körper beobachten sollen, die, im Laufe der Anweisungen ganz von selbst geschehen, erleichtert sie und macht Entspannung eigentlich immer möglich.

Paradoxe Gesprächstechniken bieten sich immer dann an, wenn von Patienten offensichtlich Reaktionsangebote gemacht werden, die den Therapeuten in ihr symptomaufrechterhaltendes System verstricken sollen. Angebot: „Mir geht es so schlecht"; erwartete Reaktion: „Ach, Sie Armer, was kann ich für Sie tun." Paradoxe Reaktion: „Gut, nur wenn es Menschen schlechtgeht, haben sie einen wirklichen Grund, sich zu verändern."

Eine Steigerung paradoxer Vorgehensweisen stellen provokative Interventionen dar. In sehr übertriebener Art wird versucht, dem Patienten seine Selbstverbalisationen zurückzugeben, um eingeschliffene Reaktionsmuster zu durchbrechen und dadurch positive Veränderungen zu erreichen. Auf das Angebot: „Mir geht es so schlecht" die Provokation: „Das ist mir schon lange klar, daß Sie es nie schaffen werden, aus Ihren Problemen herauszukommen." Intendierte Reaktion: "Dir zeig' ich es !"

Dies ist nur eine kleine Auswahl an fortgeschrittenen Kommunikationstechniken, die unabhängig von Therapieschulen eingesetzt werden können. Wichtiger ist, daß Therapeuten ihre meist unreflektierten Gesprächstechniken auf ihre Wirkungsweise hin untersuchen, um Klarheit über Effekte zu bekommen. Wohl Das Schlimmste, was uns passieren kann ist, eine Technik einzusetzen, ohne uns über ihre Wirkung im klaren zu sein.

Nicht zu vergessen im ganzen Angebot verbaler Interventionen ist jedoch die Kunst des rechten Schweigens. Wir alle sind, besonders wenn „alles nichts mehr hilft", wenn die Therapiesituationen unübersichtlich zu werden drohen, versucht, zuviel zu sprechen. Dann finden Missionierungsstunden statt, es wird permanent erklärt, lernpsychologische Mechanismen werden erläutert, um vielleicht doch noch mit konventionellen Mitteln erfolgreich zu sein, obwohl ihr Scheitern längst, zumindest dem Patienten, klar ist. Dann hilft vor allem Schweigen, um neu zuhören zu können, aber auch, um Dringlichkeit aus der Therapiesituation herauszunehmen, Druck von Therapeut und Patient zu nehmen. Die Fähigkeit, zu erkennen, wann alte Muster nur noch in Sackgassen führen und den Therapeuten einengen und lähmen, setzt permanente Selbstreflexion voraus und die Fähigkeit, sich eigenes Scheitern einzugestehen und neu zu beginnen; etwas, das Cecchin et al. (1993) Respektlosigkeit nennen.

Zuletzt noch ein Wort zu nonverbalen Interventionsmöglichkeiten.
Über den Einfluß von Körperhaltungen, Bewegungen und Berührungen wurde bereits gesprochen. Ich möchte hier ein kurzes Beispiel über Einflußmöglichkeiten in diesem Bereich geben.
Wir beobachten besonders bei depressiven Patienten eine Tendenz, Blickkontakt zu vermeiden und sich körperlich in sich selbst zu verkriechen. Sie sprechen wenig und schleppend und geben kaum Raum, an ihrer Welt teilzunehmen. Worte prallen ohnehin meist ab.
Eine mögliche komplexe Reaktion des Therapeuten könnte so aussehen: Anfangs dem Patienten nur zuhören mit deutlichen verbalen Rückmeldungen; Emotionen rückspiegeln; dies alles bei zurückgelehnter Körperhaltung des Therapeuten; Aufbauen einer Ja-Haltung über permanentes Reflektieren der erfaßten Gefühle; jeden Ansatz zum Blickkontakt sofort mit Lächeln, Kopfnicken und verbalen Bestätigungen verstärken; nach einiger Zeit, sich mit dem Körper zum Patienten beugen, um eine größere Chance auf Blickkontakt zu bekommen; wenn Blickkontakt möglich, diesen verstärken, beim Blickkontakt bleiben und den Patienten durch gleichzeitiges Zurücklehnen in seiner Körperhaltung öffnen, massiv verstärken.

Auf dem Hintergrund der bisher diskutierten therapeutischen Fähigkeiten und Fertigkeiten, möchte ich nun näher auf Phänomene eingehen, die Gegenstand vergleichender Therapieforschung sind, nämlich die allgemeinen therapeutischen Wirkfaktoren. Unter verschiedenen Bezeichnungen (Blaser et al. 1992; Garfield 1986; Huf 1992; Orlinsky & Howard 1988; Textor 1990) kristallisieren sich folgende Bereiche heraus: Grundlegende Wirkvariablen sind: Die therapeutische Beziehung, auf die im Kapitel "Therapeutische Beziehung" ausführlich eingegangen wird, und die Persönlichkeit des Therapeuten (s.o.). Auf dem Hintergrund dieser Bereiche scheinen darüber hinaus noch wirksam zu sein:

    Fähigkeiten und Möglichkeiten zur Motivation des Patienten
    Vermittlung realistischer Erwartungen, Unterstützung von Hoffnung
    Erklärung, Begründung und Interpretation des Problems und der therapeutischen Interventionen
    Zur Verfügung stellen von Informationen
    Emotionale Erleichterung und Katharsis
    Veränderung von Selbstwahrnehmung und Selbstbild
    Therapeutische Verwendung von Zeit
    Veränderung symptomaufrechterhaltender kognitiver Muster
    Veränderung symptomaufrechterhaltender Verhaltensmuster

Im konkreten therapeutischen Tun muß es also auch darum gehen, schulunabhängig Bereiche abzudecken, die die Wirksamkeit von Therapie allgemein fördern.
Erster wichtiger Teilbereich ist angemessene Motivierung des Patienten; keine Schule der Psychotherapie kann darauf verzichten. Meist sind psychotherapeutische Prozesse in bestimmten Phasen anstrengend oder schmerzhaft, und es muß von Beginn an einigermaßen abschätzbar sein, ob Patienten bereit sein werden, diese Phasen durchzustehen, denn erfahrungsgemäß geht es Therapieabbrechern oft schlechter als vor Beginn der Therapie.

Motivierung impliziert dabei eine Fähigkeit des Therapeuten, die Motivation des Patienten zu wecken, ohne sich dafür die Verantwortung geben zu lassen, d.h. Motivation ist immer Motivation des Patienten, die unterstützt und gefördert werden kann, die jedoch nie vom Therapeuten einzufordern ist. Sobald wir Verantwortung hierfür übernehmen, sind wir Gefangene, die Verantwortung übernehmen müssen für etwas, das nur vom Patienten verantwortet werden kann.

Im allgemeinen wird es darum gehen, das Interesse des Patienten, und meist kommt er aus eigenem Antrieb in Therapie, zu fördern, seine Bereitschaft zu unterstützen und durch frühe, kleine Erfolge die Motivation zu verstärken. Je konkreter die gesetzten Therapieziele, desto eher sind positive Veränderungen feststellbar, die wiederum positive Erwartungen für den weiteren Verlauf erzeugen.

Leidensdruck ist darüber hinaus eine wichtige Variable zur Unterstützung von Therapiemotivation. Ihn im positiven Sinne zu verwenden und nicht eine mögliche Demoralisierung des Patienten zuzulassen, muß Intention des Therapeuten sein.

Noch ein Wort zu empfohlenen, geschickten oder zur Therapie verurteilten Menschen. Wir sind in der Pflicht, auch hier nicht Motivation von uns aus zu erzeugen, sondern sorgfältig auch rudimentäre Ansätze beim Patienten zu erkennen und ggf. zu unterstützen.

Sekundäre Motivation wie „Meiner Bekannten geht es nach der Therapie besser, das will ich auch" oder „Mein Mann hat mich geschickt, weil ich so unmöglich bin" sind für sich genommen nicht ausreichend. Dennoch ist davon auszugehen, daß hinter diesen Sätzen Eigenmotivation steckt, die Patienten sind schließlich nicht gezwungen worden zu kommen; es gilt, diese zu fördern. Problematischer sind Patienten mit Therapieauflage von Gerichten. Hier besteht meist die einzige Motivation darin, nicht oder nicht so massiv verurteilt zu werden. Therapeuten sind oft zu Schreibern von Bestätigungen degradiert. Wir sollten so frei sein, Therapien abzulehnen, wenn kein Ansatz zu konstruktiver Zusammenarbeit erkennbar ist.

In engem Zusammenhang mit Motivierungsvariablen ist die Unterstützung realistischer Hoffnung in bezug auf die Therapie zu sehen.

Hoffnung ist, insbesondere zu Beginn, ein wichtiges Werkzeug in Therapien; sie unterstützt Motivation, macht Leid vorübergehend erträglicher und gibt der Therapie einen Vertrauensvorschuß, ohne den, bei anfänglich sehr hohem Leidensniveau, Arbeit kaum möglich wäre.

Auch hier ist wieder wichtig, daß von seiten des Therapeuten nur realistische Hoffnungen unterstützt werden; alles andere führt früher oder später zu Enttäuschungen, zu Schuldzuweisungen an den Therapeuten und zu Therapieabbrüchen.

Das Bestehen auf realistischen Hoffnungen erspart uns darüber hinaus, uns an der Jagd nach unerfüllbaren Zielen zu beteiligen und unsere Verantwortung auf konkrete Ziele zu beschränken.

Wie sehr häufig in therapeutischen Zusammenhängen ist auch der Diskurs über Hoffnung auf therapeutische Veränderungen gefährdet, zum Machtinstrument gegen den Therapeuten zu verkommen. Patienten in ihrer Not, bei ihrem Stand der Demoralisierung (Frank 1985), suchen meist nach Lösungen von außen, wollen Verantwortung an andere abgeben - und wer wäre mehr prädestiniert hierfür als ein Therapeut? Unrealistische Hoffnungen unkommentiert hinzunehmen oder gar zu wecken bringt ihn in ein unlösbares Verantwortungsverhältnis zur positiven Entwicklung, zur „Heilung" des Patienten, die er letztlich jedoch nicht in der Hand hat. In einer so gelagerten Beziehung ist er darüber hinaus auch wichtiger, therapiefördernder und frustrierender Freiheitsgrade beraubt.

Eine Menge Erfahrung und Selbstvertrauen, aber auch die Fähigkeit zur genauen Einschätzung von Worten gehören dazu, direkt Hoffnung zu wecken. Mir selbst ist nur M. Erickson bekannt, der auf die Frage „Können Sie mir helfen? schlicht antwortet „Ja, ich kann Ihnen helfen!" (Haley 1978a).

Das Gegenteil zu tun, Hoffnungen nur verklausuliert zu fördern ist aber auch nicht hilfreich. Wir alle haben gelernt, auf unsere Art Therapie zu machen; wir alle können uns auf empirische Methoden berufen, die funktionieren und deshalb durchaus Hoffnungen unterstützen, wenn unsere Methoden beim Patienten angewandt werden und anwendbar sind. Unreflektierte Heilsversprechen müssen jedoch Wunderheilern überlassen werden.

Fast ausnahmslos kommen Menschen zur Therapie, die nicht, oder nur sehr verzerrt verstehen, warum sie krank geworden sind. Nahezu allen ist gemeinsam, daß sie alles in ihrer Macht Stehende versucht haben, wieder gesund zu werden - und daran gescheitert sind. Dieses stetige Scheitern ist demoralisierend, perpetuiert und verschlimmert das Leid, das meist als willkürlich und sinnlos erscheint oder auch als Strafe erlebt wird. Patienten mit einer Erklärung für ihr Problem, einer subjektiven Krankheitstheorie (Thommen et al. 1990) also, sind für ihre Therapeuten insofern eine Herausforderung, als versucht werden muß, sie ernst zu nehmen und gleichzeitig ihre Ideen so zu modifizieren, daß sie im jeweiligen therapeutischen Rahmen sinnvoll eingesetzt werden können.

Es scheint nämlich allen Therapiesystemen gemeinsam zu sein, daß sie ihren Patienten eine theoretische Erklärung für Entstehung, Verlauf und Aufrechterhaltung ihres Leids geben. Und erstaunlicherweise scheint die Art der Information, ob psychoanalytisch, verhaltenstherapeutisch, systemisch etc., nicht wichtig zu sein. Von Bedeutung ist die innere Logik der Erklärungen und die mögliche Übereinstimmung mit den Glaubenssystemen der Patienten. Anhänger eines aktiv wirkenden Unbewußten z.B. werden von lerntheoretischen Erklärungen nur schwer zu überzeugen sein, ebenso wie eher nüchtern denkende Menschen Reinkarnationsgedanken nur schwerlich akzeptieren können werden. In jedem Fall muß die Erklärung als Metapher so überzeugend sein, daß dem Patienten sein Problem verständlich wird und daß sie das weitere therapeutische Vorgehen durchsichtig und überzeugend macht. Letztlich geht es auch hier wieder darum, eingefahrene Betrachtungsweisen zu erschüttern, unerwartete und unkonventionelle Strategien anzuwenden.

In engem Zusammenhang mit der Vermittlung von Erklärungen, jedoch darüber hinausreichend steht die Wirkung von Information. Im sexualtherapeutischen Bereich von eminenter Bedeutung und mitunter bereits ausreichende Intervention (Annon 1976), spielt sie auch im weiteren therapeutischen Rahmen eine große Rolle. Psychisch kranken Menschen zu sagen, daß sie nicht allein sind, daß auch andere unter solch „merkwürdigen" Problemen leiden, kann helfen. Oft sind Erklärungen organischer Abläufe, z.B. die Wirkung des Adrenalins im Zusammenhang mit Ängsten, äußerst wichtig und entschärfen die Symptomatik. In Fällen, in denen kombinierte medikamentöse und psychotherapeutische Verfahren zur Anwendung kommen, sind Informationen über die Medikamente, ihre Wirkungsweisen und Nebenwirkungen notwendig. Insbesondere Informationen, die die „moderne" Abneigung gegen Medikamente in Frage zu stellen, werden therapeutische Prozesse unterstützen.

Der Stellenwert der Gefühle und ihres Ausdrucks im Rahmen psychotherapeutischer Verfahren wurde bereits von den großen französischen Hypnotiseuren des letzten Jahrhunderts hoch eingeschätzt und mitunter zu dem therapeutischen Agens schlechthin und unter dem Begriff Katharsis hochstilisiert. Dies findet sich auch noch in den Anfängen der Psychoanalyse (Freud & Breuer 1970). Ebenso in anderen Bereichen, wurde der Umgang mit Gefühlen und deren Wichtigkeit, in der Verhaltenstherapie kaum reflektiert. Es war lange Zeit mehr die Domäne der Gestalttherapie (Perls et al. 1977), sich mit ihnen zu befassen und an ihnen zu arbeiten. Erst ein zweiter, distanzierterer Blick auf verhaltenstherapeutisches Tun deckt auf, welcher enorme Stellenwert den Gefühlen in der Arbeit zukommt. Ob im klassischen behavioralen Rahmen oder im kognitiven Bereich, nahezu jede Arbeit befaßt sich mit dem Erkennen, Erleben, Aushalten von und Umgang mit Gefühlen. Aber auch über unsere Schule hinaus findet die Integration der Arbeit mit Gefühlen immer breiteren Raum (Araoz 1989); insbesondere scheint die Aktivierung von Gefühlen und die gleichzeitige Koppelung mit verhaltensmäßigen oder kognitiven Bewältigungsstrategien sehr wichtig zu sein (Balakrishnan & Blum 1991).

Daß Therapeuten Gefühle zulassen, ja sie als wichtig ansehen, ihren Ausdruck fördern, sie nicht mißbilligen, nicht über Gefühlsausbrüche erschrecken oder sie abwürgen, erstaunt Patienten immer wieder. Dieser ungewöhnliche Umgang schafft nicht nur emotional Erleichterung, sondern bietet neue Modelle im Umgang mit ihnen. Immer wieder befinden wir uns dabei jedoch auf einer Gratwanderung, angemessene, nicht-manipulative Gefühle zu unterstützen und gleichzeitig sehr wach dafür zu sein, wann hinter ihnen Reaktionsangebote an den Therapeuten stecken, also Strategien, ihn in übliche, symptomaufrechterhaltende Interaktionsmuster einzubinden. Starke Gefühle, wie Trauer, Wut und Zorn dürfen uns nicht erschrecken, wir müssen auch damit umgehen können, sie aushalten und so die Chance geben, deren Energie abzubauen und neue Modelle, mit ihnen umzugehen, bereitstellen.

Von schulübergreifender Wichtigkeit ist des weiteren die Modifikation von Selbstwahrnehmung und Selbstbild. Hier muß es vor allem darum gehen, Kanäle für Rückmeldungen zu öffnen, besonders für die des Therapeuten. Vorausgesetzt, wir handeln echt und wahrhaftig, versuchen unsere Patienten also nicht mit falschen Interpretationen künstlich aufzurichten, dann besteht die Aufgabe immer darin, Interventionen zu finden, die uns Gehör verschaffen.

Patienten verfügen meist über verzerrte Selbstbilder, nehmen Verhalten und Äußerungen anderer Menschen nur gefiltert, nach ihren eigenen Selbsteinschätzungen auf. Ihre Welt ist stimmig, weil keine Informationen zugelassen werden, die das Selbstbild stören könnten. Gleichzeitig entsteht immer wieder der Eindruck, als ob ein gewisser Teil im Patienten wüßte, daß es auch ganz anders sein könnte. Allgemein geht es darum, diesen Teil, der weiß, daß die Unzulänglichkeiten nicht so groß sind, das Aussehen nicht so schlecht etc., zu unterstützen. Plumpe direkte Interventionen wie „Sie müssen sich zwingen, das richtig zu sehen" sind ebenso unwirksam wie zu massive indirekte Botschaften. Von zentraler Bedeutung scheint das Sich-öffnen-Können für Rückmeldungen zu sein. Patienten dabei zu begleiten und zu unterstützen ist in diesem Bereich Hauptaufgabe des Therapeuten. Erfahrungsmöglichkeiten schaffen, in denen unerwartete Reaktionen anderer eintreten, ist ebenso notwendig wie Mut zu auch angstvollen Selbsterfahrungen zu vermitteln. Immer, wenn es gelingt, Menschen in wirklichen, nicht nur technischen Kontakt mit der Umwelt zu bringen, können Selbstbilder verändert werden. Hier wird die Authentizität des Therapeuten seinen Patienten helfen, tiefergehende Erfahrungen zu machen.

Auf eine bisher noch wenig bedachte Therapievariable weist Garfield (1986) hin, die auch mit von Wichtigkeit zu sein scheint, nämlich die Rolle der Zeit in der Psychotherapie. Sie spielt in Langzeittherapien ein wichtige, vor allem paradoxe Rolle (Haley 1978). Patienten mit starkem Leidensdruck suchen üblicherweise schnelle Hilfe - der Therapeut steckt bereits zu Beginn einen Rahmen von mehreren Jahren ab. Sie gibt aber auch Raum, Veränderungen organisch wachsen zu lassen. Auch in Kurzzeittherapien spielt Zeit eine wichtige Rolle, insbesondere im Zusammenhang mit der Auswahl des richtigen Zeitpunktes (Kairos) einer Intervention (de Shazer 1989). Auch von M. Erickson ist bekannt, daß er die Dauer seiner Sitzungen so lang hielt, daß natürliche, alltägliche Trancezustände, die ungefähr alle 1 1/2 Stunden auftreten, genutzt werden konnten (Rossi 1986). Jeder fixe Zeitraum, der Menschen vom Therapeuten zur Verfügung gestellt wird, führt darüber hinaus dazu, mit den Problemen konzentrierter umzugehen. Auch sich auf wöchentliche Abstände einrichten zu müssen verschafft allein schon dadurch Möglichkeiten der Selbstkontrolle („Ich kann darüber ja nächste Woche mit meinem Therapeuten sprechen.").

Auf die Veränderung kognitiver und verhaltensbezogener Muster brauche ich in meinem Rahmen nicht einzugehen, hier liegt ja der Schwerpunkt verhaltenstherapeutischer Arbeit schlechthin.

Ich hoffe, es ist mir bis hierher gelungen, deutlich zu machen, daß therapeutisches Basiskönnen und -wissen ganz alltägliche Sachverhalte umfassen, immer jedoch unter einem unkonventionellen Blickpunkt. Alltägliches Tun ist so selbstverständlich, daß uns seine Wirkungen meist verborgen bleiben, es zu reflektieren, in einen anderen Rahmen zu stellen, gibt ihm therapeutische Wirkung. Analog zu Heideggers Seinsvergessenheit

(Heidegger 1984) möchte ich von Wirkungsvergessenheit sprechen in dem Sinn, daß wir vergessen, die Wirkung unseres alltäglichen, automatisierten Verhaltens im Rahmen der Therapie auf ihre Wirkungen hin zu überprüfen. Noch einmal: Die Faszination, die von unseren Techniken ausgeht, darf uns nicht ablenken von der Tatsache, daß ihnen allgemeinere Wirkfaktoren zugrunde liegen (Lambert 1986), ohne die auch ausgefeilteste Techniken, weil zur bloßen Technik verkommen, in ihrer Wirkung verpuffen.

Auf einige dieser Bereiche, die erst in letzter Zeit publizierte Aufmerksamkeit auf sich gezogen haben, möchte ich im weiteren Verlauf noch eingehen (Eckstaedt 1992; Langs 1987; 1991). Es geht um Variablen des Vor- und Umfeldes von Therapie und bestimmte, nicht im engeren Sinn der Therapie zuzurechnende Umstände. Der Umstand, daß Verhaltenstherapie in ihren Anfängen meist im Rahmen von Universitäten und Forschungsinstituten durchgeführt wurde, verstellte lange Zeit den Blick für ihre Rahmenbedingungen. Erst mit zunehmender Arbeit in freien Praxen erweiterte sich hier unser Sichtfeld, entwickelte sich Problembewußtsein.

Von großer Wichtigkeit für den späteren Verlauf von Therapien ist der Erstkontakt; in den meisten Fällen, in denen Therapeuten nicht über psychologische Assistenten verfügen, wird er telefonisch mit dem späteren Patienten sprechen. In dieser Situation können zukünftige Interaktionsmuster beeinflußt oder gar determiniert werden. Wie sehr sich ein Therapeut bereits jetzt auf nähere Gespräche einläßt, wieviel Hilfe er schon hier anbietet, kann spätere Begegnungen in bestimmte Richtungen lenken. Besonderes Augenmerk gilt der ersten Terminvereinbarung; versucht der Patient seine Vorstellungen durchzudrücken, wird bereits dieser Termin öfter verschoben oder gar abgesagt, müssen hierzu Überlegungen angestellt werden. Nachgedacht werden sollte auch über die Vereinbarungen vor Therapiebeginn. Empfehlenswert scheint eine Darstellung möglicher Belastungen durch therapeutische Arbeit, eine Schweigepflichtsentbindung gegenüber Ärzten, die von der Therapie unterrichtet werden sollen, und Vereinbarungen von Fristen zur Absage von Therapiestunden, sowie über die Höhe des Ausfallshonorars. Eine mögliche Form solcher Vereinbarungen findet sich bei Görlitz (1993).

Auch das Umfeld, in dem Therapie stattfindet, hat seine Bedeutung für die vorgesehen Arbeit. In welchem Rahmen wartet der Patient auf seine Stunde? Gerade hier wird versucht werden, Eindrücke zu sammeln, Unsicherheiten zu vermindern und sich Gedanken über den Therapeuten zu machen. Besonders wichtig aber: Ist Anonymität gewährleistet oder werden Namen, vielleicht auch Informationen, vor anderen Patienten genannt? Die nächste Station, der Behandlungsraum; hier sind besonders intensive Eindrücke über den Therapeuten möglich, seinen Stil, seine Interessen. In schwierigen Situationen, wie dies Therapiesituationen für Patienten sind, dient jeder mögliche Hinweis dazu, Sicherheit zu gewinnen, d.h. seinen Therapeuten besser einschätzen zu können. Lieblose Einrichtung, brechend volle Schreibtische, chaotische Organisation fördern das Therapeutenbild nicht. Man wird in diesem Umfeld auch Abstriche bei den Anforderungen im Rahmen der Therapie machen müssen. - Stichwort Authentizität!

Mitbedacht werden muß der Umgang mit Aufzeichnungen. Seltene Notizen geben den betreffenden Informationen z.B. sehr viel Gewicht. Bedenkenswert ist schließlich das Zulassen von Sitzungsunterbrechungen. Was ist uns wirklich wichtig genug, unsere Arbeit zu unterbrechen oder von außen unterbrechen zu lassen. Viele Unterbrechungen, vielleicht gar Telefongespräche im Rahmen der Therapiestunde signalisieren wohl eher Geringschätzung der Probleme: „Alles andere war ihm wichtig!".

Weitere Punkte, über die wir uns Gedanken machen sollten, sind in Tabelle 2 zusammengestellt:

Umgang mit versäumten Terminen
Umgang mit chronischem Zu-spät-Kommen (oder Zu-früh-Kommen bei kritischer Wartesituation)
Umgang mit sehr langwierigen Terminverhandlungen und mit häufigen Terminverschiebungen
Beenden von Sitzungen - Was tun, wenn Patienten ihre besten Einfälle bis zum Schluß aufheben?
Ausblenden von Therapien
Regelung der Bezahlung - Umgang mit Zahlungsverzug
Umgang mit Geschenken
Umgang mit Forderungen des Patienten bezüglich therapeutischer Strategien und Interventionen
Umgang mit sehr persönlichen Fragen an den Therapeuten

Tabelle 2. Worüber müssen Therapeuten sich noch Klarheit verschaffen?

Jeder von uns muß seine eigenen Umgangsmöglichkeiten damit herausfinden. Unreflektierter Umgang mit diesen Dingen birgt die Gefahr, sich selbst Fallen zu bauen und dann auch noch hineinzutreten. Als Beispiel sei hier nur das Problem unbezahlter Rechnungen genannt; man hofft von einer Stunde zur anderen, daß die Patienten uns dieses Problem abnehmen, indem sie einfach bezahlen, aber es geschieht nicht; der Ärger wächst, die Arbeit ist belastet, die Abhängigkeit des Therapeuten zementiert, und die Therapie bleibt dennoch manchmal unbezahlt.

Anhand einer kritischen Therapiesituation möchte ich zum Schluß den Ort für therapeutisches Basiskönnen und -wissen explizieren, Möglichkeiten aufzeigen, die schulübergreifend Anwendung finden können und auf die schließlich im Rahmen einzelner Therapierichtungen aufgebaut werden kann.

Vor eminente Probleme stellen uns akut suizidale Patienten; fast immer muß in Situationen, in denen wir mit ihnen konfrontiert sind, der Fortgang systematischer Arbeit zugunsten von Notfallinterventionen unterbrochen werden. Therapeuten sind hier auf einer Ebene gefordert, die über die Anwendung spezifischer Techniken und Verfahren hinausgeht.

Grundlegende Voraussetzung, um mit dieser Situation angemessen umgehen zu können, ist das Wissen um den rechtlichen Rahmen. Wir müssen uns vergegenwärtigen, in welcher juristischen Verantwortlichkeit der ärztliche oder psychologische Therapeut steht. Wie sind im Notfall die Modalitäten einer Zwangseinweisung und wer kann sie vornehmen? Auf dem Hintergrund dieses juristischen Vorwissens ist verantwortliche Arbeit überhaupt erst möglich. Hinzukommen muß dann psychologisches Wissen um Suizidalität, um einschätzen zu können, welchen therapeutischen Spielraum wir haben. Ich möchte, ohne Anspruch auf Vollständigkeit, einige dieser Punkte nennen: Erhöhtes Risiko besteht bei familiärer Häufung, wenn mehrere Suizidversuche vorausgegangen sind, wenn die Patienten sehr jung oder sehr alt sind, wenn wenig soziale Bindungen bestehen, wenn die Depressionen schwer sind, aber noch nicht so schwer, daß eine weitgehende Lähmung von Aktivitäten vorliegt, wenn Bestrafungstendenzen gegenüber sich selbst oder anderen spürbar sind, und wenn die Ankündigung ernst klingt. Die letzten beiden Punkte hängen bereits eng zusammen mit der Fähigkeit zum Zuhören, Beobachten und Einfühlen bei gleichzeitigem inneren Abstandhalten, um handlungsfähig bleiben zu können.

Vorlaufende und begleitende Selbstreflexion muß soweit wie möglich Klarheit geben über persönliche Einstellungen zum Problem des Suizids. Welche ganz persönlichen Ängste, nicht nur im juristischen Zusammenhang, werden ausgelöst? Sind wir zu schnell oder gar nicht bereit, suizidale Handlungen zu verstehen? Welche religiösen Bindungen liegen bei uns vor? Durch eine eingehende Selbstreflexion erst setzen wir uns in die Lage, unser Tun angemessen planen zu können.

Schließlich muß es darum gehen, den Patienten zu erspüren, ihn auf sich einwirken zu lassen, ihm Raum zu geben und nicht vorschnell zu handeln. Zu schnelles Handeln zieht die Gefahr nach sich, nicht alle Aspekte der Problematik zu erfassen, den Patienten abzuwürgen und an ihm vorbeizureden. Hier ist auch Raum, um zu erspüren, wie ernst die Drohung gemeint sein könnte.

Gespräche mit akut Suizidalen erfordern viel Geduld, die Fähigkeit, sich in die Gedankenwelt des Patienten einzulassen, ihm Verständnis entgegenzubringen und zu vermitteln und eigene Ängste zu ertragen.

Erst dann kann es, in der Phase der Abklärung, darum gehen, weitere Informationen zu sammeln, um sich Klarheit über den Grad der Gefährdung zu verschaffen (s.o. Risikofaktoren!). Auf indirekte Weise sollte über soziale Bindungen und Bezugspersonen gesprochen werden, über deren Tragfähigkeit und die Möglichkeiten, sie in der konkreten Situation zu nutzen. Hier sind religiöse Haltungen abzuklären und die Möglichkeiten, sie in therapeutisches Tun einzubinden, zu erforschen. Besonders in den Anfangssituationen im Umgang mit Suizidalen muß es darum gehen, sehr indirekt nachzufragen. Plumpes Ansprechen erhöht das Risiko! (Z.B. „Was glauben Sie, wird Ihre Mutter dazu sagen, wenn Sie sich umbringen?", „Wenn Sie an Gott glauben, dürfen Sie sich nicht umbringen!")

Oft kann es hilfreich sein, Gedanken zum Suizid aufzugreifen, sie zu besprechen, auf das Bezugssystem einzugehen (Begleiten); auch von Gedanken über die Art, sich das Leben zu nehmen, muß gesprochen werden können, wenn es dem Patienten wichtig ist.

Je nachdem, in welcher Therapiephase die akute suizidale Situation auftritt, muß unterschiedlich reagiert werden. Zu Beginn einer Therapie kann abgeklärt werden, ob Bereitschaft zu therapeutischer Arbeit besteht, also mit der Hoffnung des Patienten gearbeitet werden kann, oder ob er aufgrund äußeren Drucks, aber ohne Motivation, hier ist. Im ersten Fall wird an Hoffnungen und Erwartungen angeknüpft werden können, in letzterem muß zuerst an der Motivation gearbeitet werden. Auch über die Verhaltenstherapie hinaus kommen mündliche oder schriftliche Kontrakte zum Tragen, die sicherstellen, daß die therapeutischen Interventionen eine Chance bekommen. Ereignet sich die Suiziddrohung in laufender Therapie, wird jetzt an spezifische therapeutische Interventionen angeknüpft werden können; dies soll hier jedoch nicht Thema sein.

Schließlich muß vor Sitzungsende weitgehend sichergestellt sein, daß der Patient sich bis zum nächsten Termin nicht suizidiert. Man könnte hier beiläufig über Zukunftserwartungen sprechen, über Pläne etc., um indirekte Mitteilungen darüber geben zu können, daß es viele Gründe gibt, weiterzuleben. Als letztes kann die Terminvereinbarung in Form einer therapeutischen Bindung gestaltet werden. Allein die Tatsache, daß ein Termin vereinbart wird, signalisiert oft den Willen des Patienten, weiterzuleben. Unterstützt werden kann dieser Aspekt auch noch mit sprachlichen Mustern wie „Wollen Sie nächsten Dienstag wiederkommen, oder ist Ihnen ein anderer Tag lieber?". Zuletzt soll noch an den Einsatz von Hausaufgaben im Rahmen therapeutischer Bindungen erinnert werden. Jede Aufgabe, die der Patient übernimmt, und sei es nur das Ausfüllen von Fragebögen oder um Erkundigungen bei der Krankenkasse einzuholen, macht implizites Einverständnis, weiterleben zu wollen, deutlicher.

Nachdem der Therapeut sein ganzes, feingesponnenes Netz über die Situation und den Patienten geworfen hat, wäre eine direkte Rückversicherung über Suizidabsichten zum Schluß der Sitzung wohl eher schädlich. Sätze wie „Können Sie mir versprechen, sich nicht das Leben zu nehmen?", werden voraussichtlich das Risiko erhöhen.

Natürlich wird jeder Therapeut sein eigenes Vorgehen wählen müssen, das zu seiner spezifischen Struktur paßt; mir ging es vor allem darum, allgemeine therapeutische Strategien anhand eines Beispiels zu klären. Ausführlichere Erörterungen, die über den Rahmen gezielter Notinterventionen hinausgehen, finden sich in Bongar et al. (1989) und Dorrmann (1991).

Literaturempfehlung

Beier, E.G. & Young, D.M. (1984) The Silent Language of Psychotherapy. Aldine, New York.
Hervorragendes Buch über Prozesse, die in Therapien „still" ablaufen und vom Therapeuten, wenn sie erkannt sind, positiv eingesetzt werden können.

Literatur

Ambühl, H. (1992). Therapeutische Beziehungsgestaltung unter dem Gesichtspunkt der Konfliktdynamik. In Margraf, J. & J. Brengelmann (Hrsg.), Die Therapeut-Patient-Beziehung in der Verhaltenstherapie (S. 245-264). München: Röttger.

Annon, J.S. (1976). The Behavioral Treatment of Sexual Problems, Revised Edition Vol.1: Brief Therapy. New York: Harper & Row.

Araoz, D. L. (1989). Die Neue Hypnose. Paderborn: Junfermann.

Argyle, M. (1979). Körpersprache und Kommunikation. Paderborn: Junfermann.

Balakrishnan, J.D. & Blum, G.S. (1991). Die Rolle des Affektes im affektabhängigen Lernen. Experimentelle und Klinische Hypnose, 7(1), 19-44.

Bandura, A. (1986). Social Foundations of Thought and Action. A Social Cognitive Theory. Englewood Cliffs, NJ: Prentice Hall.

Beier, E. G. & Young, D. M. (1984). The Silent Language of Psychotherapy. New York: Aldine.

Bergin, A.E. . (1978). The Evaluation of Therapeutic Outcomes. In Garfield, S.L. & Bergin, A.E. (Hrsg.), Handbook of Psychotherapy and Behavior Change (2. Aufl). New York: Wiley.

Bergin, A.E. & Lambert, M.J. (1978). The Evaluation of Therapeutic Outcomes. In Garfield, S.L. & Bergin, A.E. (Hrsg.), Handbook of Psychotherapy and Behavior Change (2. Aufl). New York: Wiley.

Berne, E. (1967). Spiele der Erwachsenen. Psychologie der menschlichen Beziehungen. Hamburg: Rowohlt.

Blaser, A., Heim, E., Ringer, C. & Thommen, M. (1992). Problemorientierte Psychotherapie. Ein integratives Konzept. Bern: Hans Huber.

Bodenheimer, A. R. (1992). Warum? Von der Obszönität des Fragens. Stuttgart: Reclam.

Bongar, B., Peterson, L. G., Harris, E. A. & Aissis, J. (1989). Clinical and Legal Considerations in the Management of Suicidal Patients: An Integrative Overview. Journal of Integrative and Eclectic Psychotherapy, 8(1), 53-67.

Cashdan, S. (1990). Sie sind ein Teil von mir. Köln: Edition Humanistische Psychologie.

Caspar, F. & Grawe, K. (1992). Psychotherapie: Anwendung von Methoden oder ein heuristischer, integrierender Produktionsprozeß? Report Psychologie, 7/1992, 10-22.

Cecchin, G., Lane, G. & Ray, W. A. (1993). Respektlosigkeit. Eine Überlebensstrategie für Therapeuten. Heidelberg: Auer.

Condrau, G. (1992). Sigmund Freud und Martin Heidegger. Daseinsanalytische Neurosenlehre und Psychotherapie. Freiburg/Schweiz: Universitätsverlag.

de Shazer, S. (1989). Der Dreh. Heidelberg: Carl-Auer.

Dorrmann, W. (1991). Suizid. Therapeutische Interventionen bei Selbsttötungsabsichten. München: Pfeiffer.

Durlak, J. A. (1979). Comparative Effectiveness of Paraprofessional and Professional Helpers. Psychological Bulletin, 86, 80-92.

Dychtwald, K. (1977). Body-Mind. New York: Jove.

Eckstaedt, A. (1992). Die Kunst des Anfangs. Psychoanalytische Erstgespräche. Frankfurt/M: Suhrkamp.

Efran, J. S., Lukens, M. D. & Lukens, R. J. (1992). Sprache, Struktur und Wandel. Bedeutungsrahmen der Psychotherapie. Dortmund: Verlag Modernes Lernen.

Erickson, M. H., & Rossi, E. L. (1981). Hypnotherapie. Aufbau - Beispiele - Forschungen. München: Pfeiffer.

Erickson, M. H., Rossi, E. L. & Rossi, S. L. (1978). Hypnose. Induktion - Psychotherapeutische Anwendung - Beispiele. München: Pfeiffer.

Ermann, M. (1992). Die sogenannte Realbeziehung. Forum der Psychoanalyse (Manuskript), 4/1992.

Ermann, M. (1993). Übertragungsdeutungen als Beziehungsarbeit. In Ermann, M. (Hrsg.), Die hilfreiche Beziehung in der Psychoanalyse (S. 50-67). Göttingen: Vandenhoeck & Ruprecht.

Farelly, F. & Brandsma, J.M. (1986). Provokative Therapie. Berlin: Springer.

Frank, J. D. (1985). Die Heiler. Über psychotherapeutische Wirkungsweisen vom Schamanismus bis zu den modernen Therapien. München: dtv.

Frankl, V. E. (1975). Theorie und Therapie der Neurosen. München: Ernst Reinhardt.

Freud, S. (1969). Die Übertragung. In Freud, S. (Hrsg.), Vorlesungen zur Einführung in die Psychoanalyse Und Neue Folge (Bd.I, S. 415-430). Frankfurt/M: S. Fischer.

Freud, S. (1990). Ratschläge für den Arzt bei der psychoanalytischen Behandlung. Gesammelte Werke Bd. 8, (S. 376ff.) Frankfurt/M: S. Fischer

Freud, S. & Breuer, J. (1970). Studien über Hysterie. Frankfurt/M: Fischer.

Gadamer, H.G. (1993). Über die Verborgenheit der Gesundheit. Frankfurt/M: Suhrkamp.

Garfield, L. (1986). An Eclectic Psychotherapy. In Norcross, J. C. (Hrsg.), Handbook of Eclectic Psychotherapy (S. 132-162). New York: Brunner/Mazel.

Garfield, S.L. (1982). Psychotherapie: Ein eklektischer Ansatz. Weinheim: Beltz.

Görlitz, G. (1993). Das Erstgespräch in der Verhaltenstherapie - Grundlagen. In Keil-Kuri, E. (Hrsg.), Vom Erstinterview zum Kassenantrag (S. 55-82). Neckarsulm: Jungjohann.

Grawe, K., Caspar, F. & Ambühl, H.R. (1990). Differentielle Psychotherapieforschung: Vier Therapieformen im Vergleich. Zeitschrift für Klinische Psychologie, 19(4), 294-376.

Greenson, R. R. (1982). Die übertragungsfreie Beziehung in der psychoanalytischen Situation. In Greenson, R., R. (Hrsg.), Psychoanalytische Erkundungen (S. 308-335). Stuttgart: Klett-Cotta.

Grinder, J. & Bandler, R. (1981). Trance-formations. Neuro-Linguistic-Programming and the Structure of Hypnosis. Moab: Real People Press.

Haley, J. (1978a). Die Psychotherapie Milton H. Ericksons. München: Pfeiffer.

Haley, J. (1978). Gemeinsamer Nenner Interaktion. Strategien der Psychotherapie. München: Pfeiffer.

Hattie, J. A., Sharpley, C. F. & Rogers, J. H. (1984). Comparative Effectiveness of Paraprofessional and Professional Helpers. Psychological Bulletin, 95, 534-541.

Heidegger, M. (1984). Sein und Zeit. Tübingen: M. Niemeyer Verlag.

Howe, D. (1993). On Being a Client. Understanding the Process of Counselling and Psychotherapy. London: Sage Publications.

Huf, A. (1992). Psychotherapeutische Wirkfaktoren. Weinheim: Beltz.

Husserl, E. (1950/52). Ideen zu einer reinen Phänomenologie und phänomenologischen Philosophie (Bd. III/IV/V Husserliana). Den Haag: Nijhoff.

König, K. (1993). Gegenübertragungsanalyse. Göttingen: Vandenhoeck & Ruprecht.

Kroeger, M. (1976). Themenzentrierte Seelsorge. Über die Kombination Klientzentrierter und Themenzentrierter Arbeit nach Carl R. Rogers und Ruth C. Cohn in der Theologie. Stuttgart:.

Kurtz, R. & Prestera, H. (1979). Botschaften des Körpers. Bodyreading: Ein illustrierter Leitfaden. München: Kösel.

Lambert, M. J. (1986). Implications of Psychotherapy Outcome Research For Eclectic Psychotherapy. In Norcross, J. C. (Hrsg.), Handbook of Eclectic Psychotherapy (S. 436-462). New York: Brunner/Mazel.

Langs, R. (1987). Die psychotherapeutische Verschwörung. Stuttgart: Klett- Cotta.

Langs, R. (1991). Der beste Therapeut für mich. Ein Ratgeber für die psychoanalytische Therapie. Hamburg: Rowohlt.

Lankton, S. R. & Lankton, C. H. (1983). The Answer Within: A Clinical Framework of Ericksonian Hypnotherapy. New York: Brunner/Mazel.

Loch, W. (1971). Die Krankheitslehre der Psychoanalyse. Eine Einführung. Stuttgart: S. Hirzel.

Luborski, L., Singer, B. & Luborski, L. (1975). Comparative Studies of Psychotherapy. Archives of General Psychiatry, 32, 995-1008.

Margraf, J. & Brengelmann, J. C. (Eds). (1992). Die Therapeut-Patient-Beziehung in der Verhaltenstherapie. München: Röttger.

Orlinsky, D.E. & Howard, K.I. (1988). Ein allgemeines Psychotherapiemodell. Integrative Therapie, 14(4), 281-308.

Perls, F., Hefferline, R. F. & Goodman, P. (1977). Gestalt Therapy. Excitement and Growth in the Human Personality. New York: Bantam.

Petzold, H. (Ed). (1980). Die Rolle des Therapeuten und die therapeutische Beziehung. Paderborn: Junfermann.

Petzold, H. (1980a). Die Rolle des Therapeuten und die therapeutische Beziehung in der Integrativen Therapie. In H. Petzold (Hrsg.), Der Rolle des Therapeuten und die therapeutische Beziehung. Paderborn: Junfermann.

Platon. (1984). Menon. In Platon (Hrsg.), Sämtliche Werke (Bd. II, S. 8-42). Reinbeck/Hamburg: Rowohlt.

Rogers, C.R. (1957). The Necessary and Sufficient Conditions of Therapeutic Personality Change. Journal of Consulting Psychology, 21, 95-103.

Rogers, C.R. (1959). A Theory of Therapy, Personality, and Interpersonal Relationships as Developed in Client-Centered Framework. In S. Koch (Hrsg.), Psychology: A Study of a Science (Bd. 3, S. 184-256). New York: Brunner/Mazel.

Rosenfarb, I. S. & Hayes, S. C. (1984). Social Standard Setting: The Achilles Heel of Informational Accounts of Therapeutic Change. Behavior Therapy, 15, 515-528.

Rossi, E. L. (1986). The Psychobiology of Mind-Body Healing. New Concepts of Therapeutic Hypnosis. New York: Norton.

Scholz, W. (1986). Taoismus und Hypnose - Der Weg Milton H. Erickson's. Augsburg: AV-Verlag.

Schwab, R. (1980). Die Rolle des Therapeuten und die therapeutische Beziehung in der Gesprächspsychotherapie. In Petzold, H. (Hrsg.), Die Rolle des Therapeuten und die therapeutische Beziehung (S. 57-82). Paderborn: Junfermann.

Seiderer-Hartig, M. (1980). Die Rolle des Therapeuten und die therapeutische Beziehung in der Verhaltenstherapie. In Petzold, H. (Hrsg.), Die Rolle des Therapeuten und die therapeutische Beziehung (S. 83-104). Paderborn: Junfermann.

Sloane, R.B., Staples, F.R., Christol, A.H., Yorkston, N.J. & Whipple, K. (1975). Psychotherapy versus Behavior Therapy. Cambridge: Harvard University Press.

Sulz, S. K.D. (1987). Psychotherapie in der klinischen Psychiatrie. Stuttgart: Thieme.

Tannen, D. (1993). Du kannst mich einfach nicht verstehen. Warum Männer und Frauen aneinander vorbeireden. München: Goldmann.

Textor, M. R. (1990). Gemeinsamkeiten von Therapieansätzen. Integrative Therapie, 16 (3), 246-259.

Thomas, G. J. & Schmitz, B. (1993). Zur Effektivität ambulanter Psychotherapien. Report Psychologie, 18(5/6), 22-25.

Thommen, M., Blaser, A., Ringer, C. & Heim, E. (1990). Zum Stellenwert subjektiver Krankheitstheorien in der Problemorientierten Therapie (POT). Psychotherapie, Psychosomatik, medizinische Psychologie, 40, 172-177.

Ticho, E.A. (1972). The Effect of the Analyst's Personality on Psychoanalytic Treatment. Psychoanalytical Forum, 4, 137-151.

Watzlawick, P. Beavin, J. H. & Jackson, D. D. (1972). Menschliche Kommunikation. Formen, Störungen, Paradoxien. Bern: Huber.

Weeks, G.R. & L'Abate, L. (1982). Paradoxical Psychotherapy. Theory and Practice with Individuals, Couples, and Families. New York: Brunner/Mazel.

Die therapeutische Beziehung

• Werner Scholz •

Der gegenwärtige Stand therapeutischer Wirkungsforschung zeigt unbestritten, daß die therapeutische Beziehung zu den wesentlichen unspezifischen Wirkfaktoren der Psychotherapie zählt. Ich bin darauf auch im Kapitel „Therapeutisches Basiskönnen" näher eingegangen.
Wenig hinterfragt ist jedoch in allen Publikationen zur vergleichenden Therapieforschung das Wesen therapeutischer Beziehung, also die Frage, was da eigentlich an und in der Beziehung wirkt.
Klar ist, die therapeutische Beziehung muß sich von anderen Beziehungen unterscheiden, weil diese zumindest in schwierigeren Fällen psychischer Probleme nicht in der Lage sind, über längere Zeit Patienten bzw. Leidende zu tragen oder ihnen gar positive Veränderungen zu ermöglichen. Evident ist darüberhinaus, daß therapeutische Beziehungen an bestimmte Rahmenbedingungen gebunden sind (Rosenfarb & Hayes 1984), einen definierten Zweck verfolgen und spezifischen Interaktionsregeln unterliegen. Außerdem scheint die zeitliche Begrenztheit, also die Endlichkeit der Beziehung eine wichtige Rolle zu spielen.
Wir wissen ansonsten noch sehr wenig über Gestaltung und Nutzung solcher Beziehungen, was aus heutiger Sicht merkwürdig erscheint, weil Psychotherapie, in welcher Form auch immer, nur in Beziehungen möglich war und ist.

Geschichtliches

Um die Schwierigkeiten des gegenwärtigen Beziehungsdiskurses verständlich zu machen, bedarf es geschichtlicher Rückbesinnung. Psychotherapie, in ihrer modernen Form, führt sich auf die hypnotherapeutischen Verfahren von Mesmer (1734-1815) zurück. Bereits dort ist die Tendenz festgehalten, die Wirkung von Therapie scheinbar objektiven äußeren Einflüssen zuzuschreiben, hier dem Magnetismus, die Beziehungsvariablen jedoch auszublenden. Wie schwer uns dies im Zusammenhang mit Hypnose heute fallen würde, kann jeder erproben, der die Mesmerschen Techniken an sich selbst erfahren hat. Es lag im Zug der Zeit, wissenschaftliche Erklärungen zu suchen und auch wissenschaftliche Verfahrensweisen im Bereich der Psychotherapie anzuwenden. Die klassische naturwissenschaftliche Untersuchungssituation setzt den unbeteiligten Beobachter und Experimentator voraus, durch den das Beobachtete nicht beeinflußt wird. Auch Freud fügte sich lange in dieses zeitgemäße Schema des „Chirurgen", der Wirkung ausübt, ohne sich selbst in den Prozeß einzubringen (Freud 1990) - zumindest tat er dies in seinen theoretischen Schriften. Über ihn wird jedoch verschiedentlich berichtet (Condrau 1992), wie herzlich er mit seinen Patienten umging, ja, wie nahe er ihnen war, näher, als wir dies heute noch therapeutisch verantworten könnten (König 1993). Erste, veröffentlichte Ansätze, die therapeutische Beziehung selbst zum Gegenstand psychoanalytischer Arbeit zu machen finden sich erst bei Ferenczi (1964).
Selbst die konventionellen Begriffe von Übertragung und Gegenübertragung, die eine Beschäftigung des Analytikers als Mensch mit dem Analysanden und der analytischen Beziehung suggerieren, sollten uns jedoch nicht darüber hinwegtäuschen, daß eine Übertragung immer nur stattfindet zwischen einem Patienten und dessen Bild des Analytikers; und daß die Gegenübertragung, zumindest bei Freud, ebenfalls nicht mit dem Analytiker als Menschen in einer Begegnung zu tun hat, sondern der Analytiker quasi ein Implantat des Patienten auf diesen zurückwirft. Hier findet zur Zeit ein radikaler Wandel bei einigen psychoanalytisch Arbeitenden statt, hin zu einer Reflexion der eigenen Einflüsse auf den Patienten (Ermann 1993; König 1993).

Bedenken wir nun, daß sich die Verhaltenstherapie auf dem Hintergrund des Behaviorismus entwickelt hat und dieser wiederum sich explizit vom romantischen Mentalismus abgegrenzt und in Opposition zu ihm entstanden ist, ist es sehr verständlich, daß es gerade hier per definitionem nicht möglich sein konnte, über so wenig faßbare Dinge im damaligen Zeitsinn wie Beziehungen zu denken oder gar zu sprechen. Die frühe Verhaltenstherapie verstand sich als absolut wissenschaftlich. Sie hatte die Möglichkeit zu schaffen, durch Anwendung bestimmter Methoden Veränderungen bei Menschen zu erreichen. Die therapeutische Beziehung galt, wenn überhaupt mitreflektiert, lange nur als Störvariable, die durch elegante Versuchsdesigns zu minimieren oder gar zu eliminieren war. Hier vollzieht vor unseren Augen sich die Wendung hin zur Einbeziehung kognitiver Variablen. Die Ergebisse der Kognitionswissenschaften haben viele Verhaltenstherapeuten ermuntert, sich auch jenseits der klassischen Verhaltensebene zu bewegen und zu arbeiten. Beziehungsaspekte, sie wurden zwar immer schon am Rande erwähnt (Kanfer & Phillips 1970; Ullmann & Krasner 1969), spielen jedoch erst in letzter Zeit eine zunehmend wichtige Rolle im verhaltenstherapeutischen Diskurs (Margraf & Brengelmann 1992; Schneider & Margraf 1993; Vogel & Schulte 1993).

Etwas ketzerisch ließe sich zum jahrzehntelangen Defizit, Beziehung im therapeutischen Rahmen mit zureflektieren, sagen: Trotz der offiziellen Unwichtigkeit des Therapeuten und seiner ihm zugeschriebenen neutralen Rolle oder gerade deshalb, haben einige Generationen von Verhaltenstherapeuten den therapeutischen Beziehungen unreflektiert therapeutisch genützt; eine Selbstreflexion war nicht gefordert.

Allgemeines

Die Notwendigkeit, therapeutische Beziehungsvariablen intensiver mitzubedenken, wurde erst dringlicher, als die therapeutische Begegnung aus ihren starren, formalisierten Interaktionsvorschriften herausgelöst wurde. Dies gilt sowohl für die klassische Couch-Situation der Analyse wie auch für den den Quasi-Laborcharakter verhaltenstherapeutischer Arbeit.

Unterschiedliche äußere Bedingungen sorgen meines Erachtens im verhaltenstherapeutischen Rahmen und darüber hinaus in weiten Bereichen klinischer Psychologie in den letzten Jahren zunehmend für Diskussionsstoff (Polkinghorne 1992; Köhlke 1992 und die daran anschließende Diskussion). Es sieht so aus, als gäbe es einen Gegensatz zwischen Psychotherapie in Forschung und Lehre einerseits sowie in der Praxis andererseits, wobei der eine Vorwurf die mangelnde empirische Fundierung der Interventionen betrifft, der andere die mangelnde Praktikabilität. Ich denke, daß ein Großteil der Kontroverse durch die fehlende Reflexion von Beziehungsvariablen zustande gekommen ist; doch dazu später.

Klar scheint mir, daß unterschiedliche äußere Rahmenbedingungen unterschiedliche therapeutische Beziehungsstrukturen begründen. Eine Quasi-Experimentalsituation im Rahmen eines Forschungsprogramms, vielleicht noch mit wechselnden Therapeuten oder therapeutischen Bezugspersonen, wird Beziehungsvariablen weniger Gewicht verleihen als eine Langzeittherapie im Rahmen einer privaten psychotherapeutischen Praxis. In beiden Settings wird wichtige therapeutische Arbeit geleistet, jedoch mit unterschiedlichen Schwerpunkten. Aber auch unterschiedliche Therapieformen im gleichen Setting werden in ihren Auswirkungen auf die Beziehungsstruktur differieren, so z.B. bei kurzfristigen symptomorientierten Interventionen, wie Konfrontationstechniken oder in längerfristigen Interventionen wie in der Therapie von Borderline-Störungen. Daß andererseits die unterschiedliche Intensität der Begegnung in den verschiedenen Therapiesituationen ihrerseits wieder Auswirkungen auf therapeutische Strategien haben muß, ist klar; ein begrenzterer Begegnungsrahmen zwischen Therapeut und Patient, wie er oft in Forschungsprogrammen gegeben ist, fördert wohl eher direktivere und spezifischere Interventionen; die Möglichkeit intensivere Begegnung in Langzeittherapien fördert mehr Interventionen, die langen Atem brauchen. Es erscheint kaum denkbar, eine längere Therapie lediglich durch das Aneinanderreihen einzelner und kurzer Interventionsstrategien zu gestalten, vielmehr sollten diese harmonisch in eine längerfristige allgemeine Strategie eingebaut werden.

Dabei spielt sicher auch die Erfahrung des Therapeuten eine große Rolle, wie homogen das daraus resultierende Verfahren dann wird. Bereits hier sollte klargeworden sein, daß von der therapeutischen Beziehung schlechthin nicht gesprochen werden kann, sondern von verschiedenen Arten therapeutischer Beziehungen ausgegangen werden muß.

Rollenverhalten im therapeutischen Prozeß

Ich möchte vorerst jedoch auf die Frage näher eingehen, in welchem Maß Erwartungen an den Therapeuten die Beziehung beeinflussen.

In Anlehnung an Kanfer (1993) läßt sich wohl sagen, daß die meisten Schwierigkeiten zwischen Therapeut und Patient entstehen, weil die gegenseitigen Rollenerwartungen zu oft undiskutiert bleiben; dies ist in anderen Beziehungen weniger oder gar nicht der Fall. Tabelle 1(nach Kanfer, 1993) zeigt einige typische Rollenverteilungen.

Rolle	Rollenerwartung
Priester	Seelsorge, spirituelle Hilfe
Lehrer/in	Vermittlung von Wissen und Fertigkeiten
Arzt/in	Körperliche Wiederherstellung/Gesundung
Anwalt/in	Vertretung von Interessen
Richter/in	Gerechte Beurteilung von Taten
Eltern	Erziehung, emotionale Nähe, Vertrauen
Freund/in	Emotionale Stütze, gemeinsame Aktivitäten
Heiler/in	Befreiung von Leid ohne Anstrengung
Liebhaber/in	Sexuelle Heilung
Therapeut/in	????

Tabelle 1. Verschiedene Rollen und Rollenerwartungen

Bei Durchsicht dieser Liste wird deutlich, daß Therapeuten nicht selten mit all den genannten Erwartungen, und manchmal einigen mehr, konfrontiert werden. Bleiben sie ungeklärt, scheitern Therapien früher oder später, weil die Entwicklung einer therapeutischen Arbeitsbeziehung unter diesen Bedingungen undenkbar ist.

Erste Aufgabe jedes Therapeuten muß deshalb sein, die eigene Rolle in der therapeutischen Beziehung zu klären. Daß diese Klärung zum Schwierigsten gehört, was Therapie ausmacht, zeigt ein Blick auf die Übertragungs- und Gegenübertragungsdiskussion psychoanalytischer Kollegen überdeutlich.

Je klarer unsere eigene Definition, desto klarer die therapeutische Situation. Oft sind es Größenphantasien, die uns einen Strich durch die Rechnung machen, ein bestimmtes Rollenverständnis von uns selbst. Patienten können in uns zum Objekt unseres eigenen Ehrgeizes verkommen; Stichwort: der Therapeut als Guru (Kopp 1981). Ebensogut ist es möglich, Patienten zum bloßen Objekt wissenschaftlicher Erkenntnisgewinnung zu degradieren, um die Möglichkeit zu schaffen, mit möglichst geringer persönlicher, mitmenschlicher Beteiligung auszukommen. Wohl eine der gefährlichsten Arten therapeutischer Beziehungsgestaltung, vom Therapeuten her gesehen, ist die Tendenz, durch die Wirkung eigener persönlicher Gefühle heilen zu wollen; oft kommt es in so strukturierten Beziehungen zu Grenzüberschreitungen, nicht nur sexueller Art (Russell 1993; Zwiebel 1992). Die eigene Erfahrung im Rahmen von Supervisions- oder Selbsterfahrungssituationen, gewinnt deshalb zunehmend auch im verhaltenstherapeutischen Bereich an Wichtigkeit. Nur wenn blinde Flecken erkannt, eigene automatisierte Reaktionen geklärt werden können, sind deren Auswirkungen auf unsere Therapien kalkulierbar (Görlitz & Hippler 1992).

Zweite Aufgabe des Therapeuten muß sein, die eigene Rolle, soweit sie bereits geklärt ist, dem Patienten zu vermitteln. Wir sind wie gesagt nicht selten, je nach unserer eigenen Persönlichkeitsstruktur, durchaus anfällig für die Rollenerwartungen, die an uns gestellt werden. Ich möchte diese Erwartungen im folgenden als Beziehungsangebote des Patienten an uns bezeichnen, weil sie uns einladen sollen, nicht nur bestimmte Erwartungen zu erfüllen, sondern darüber hinaus vom Patienten definierte Beziehungen einzugehen.

Dies geschieht im einfachsten Fall schlichtweg dadurch, daß nicht wirklich bekannt ist, was im Rahmen von Therapie geschehen soll und kann; überzogene Heils-Erwartungen sind häufig Folge solch ungeklärter Situationen (und werden von manchen in der Öffentlichkeit auch genährt).

Nicht selten haben Patienten aber auch fixe Erwartungen und Ansprüche, die der Therapeutenrolle zuwiderlaufen, es werden priesterliche oder heilerische Fähigkeiten erhofft und entsprechende Beziehungsangebote unterbreitet: "Ich mache alles, was Sie wollen, wenn Sie mich nur heilen."

Unter den genannten Bedingungen besteht die Notwendigkeit kontinuierlicher Beziehungsklärung; immer wieder sollten die Beziehungsangebote, die der Therapeut wahrnimmt, angesprochen und bearbeitet werden, um sinnvolle Arbeit sicherzustellen. Dies gilt auch für die Art von Beziehungsangebot, die gemeinhin als Übertragung bekannt sind; oft ist es hier jedoch mit einfacher Klärung nicht getan.

Patienten mit stärker gestörten Persönlichkeitsstrukturen und daraus resultierenden Wahrnehmungsverzerrungen werden immer wieder versuchen, Beziehungen entsprechend ihrer daraus resultierenden Bedürfnisse zu gestalten (Ambühl 1992). Oft dienen therapeutische Beziehungen dann einer Neuinszenierung früherer Beziehungen; ebensooft wird versucht, diese so zu gestalten, daß vorhersagbare und vorhersehbare Resultate erzielt werden. "Ich hatte so große Erwartungen in Sie gesetzt, aber Sie haben mir auch nicht helfen können!"

In den seltensten Fällen sind die sich daraus ergebenden Prozesse mit klärenden Gesprächen zu beeinflussen - meist wird es nötig sein, die Störungen im Auge zu behalten, im therapeutischen Tun fortzufahren und die Beziehungsangebote freundlich, aber hartnäckig nicht anzunehmen. Auf diese Weise kann es langsam möglich werden, neue Lernerfahrungen innerhalb der Therapie verfügbar zu machen, ohne explizit darüber zu reden oder offensichtlich daran zu arbeiten. Ich verstehe das Vorgehen der psychoanalytischen Kollegen, z.B. bei schweren Borderline-Störungen in diesem verhaltenstherapeutischen Sinn (Kernberg 1975; Masterson 1981).

Verhaltenstherapeuten sind als Vertreter einer experimentell ausgerichteten Therapieschule immer wieder gezwungen, sich mitten in die therapeutische Beziehung und den therapeutischen Prozeß zu begeben; nur in seltenen Fällen wird es möglich sein, bei längerfristigen Interventionen wohl überhaupt nicht, sich hinter technisch angewandten Therapieverfahren zu verstecken. Wir sind als Menschen in der therapeutischen Begegnung gefordert und deshalb immer in Gefahr, verstrickt zu werden. Dies verpflichtet uns in besonderem Maße zu permanenter Selbstreflexion und -kontrolle. Verhaltenstherapeutisches Vorgehen ermöglicht uns aber andererseits, den Patienten neue Erfahrungen, auch und insbesondere in der Gestaltung von Beziehung, direkt zu vermitteln, festgefügte Erwartungsmuster zu durchbrechen, anstatt nur darüber zu reden.

Allgemeine Charakterisierung therapeutischer Beziehung

Unter Berücksichtigung der genannten denkbaren Fallen, die wir uns stellen und die uns gestellt werden können, wollen wir uns jetzt der Frage nach dem Wesen therapeutischer Beziehung im verhaltenstherapeutischen Kontext weiter annähern, wohl wissend, daß es keine einheitliche Definition aller möglichen Beziehungen geben kann und darf.

Wir sind, denke ich, verpflichtet, davon auszugehen, daß die therapeutische Beziehung ist, was sie ist, und von uns angenommen werden muß, wie sie sich uns darbietet. Verhaltenstherapeutische Beziehung steht nicht für irgendeine andere Beziehung. Wir sind weder Väter oder Mütter unserer Patienten noch Partialobjekte, Über-Ich-Instanzen oder sonstiges. Der Verhaltenstherapeut ist der, der er ist, und bringt sich als solcher ein, wohl wissend, daß die Gefahr, verkannt zu werden (Stichwort: Projektive Identifikation, siehe die beiden Kapitel von J. Kemper in diesem Buch), immer besteht.

Der Kontakt mit dem Patienten, richtig verstanden, zeichnet sich aus durch "Nicht-Anhaften". Ich wähle diesen aus dem Buddhismus entliehenen Begriff, weil er wesentliche Aspekte therapeutischer Beziehung in sich vereint. Einmal das Nicht-Festhalten des Patienten durch den Therapeuten, ebenso das Sich-nicht-festhalten-Lassen vom Patienten; beide müssen sich darüber klar sein, daß therapeutische Bemühungen endlich sind; zum zweiten die Fähigkeit, nicht an den Problemen der Patienten in dem Sinn anzuhaften, daß der erforderliche innere Abstand des Therapeuten verlorengeht; daneben den Aspekt, weder am vermeintlichen Erfolg noch am Mißerfolg hängenzubleiben, und anderes mehr.

Vor dem Hintergrund dieser Voraussetzungen sind alle weiteren Charakterisierungen zu sehen. Sehr schnell wird mit verhaltenstherapeutischer Beziehungsgestaltung assoziiert, sie habe ziel-, methoden- und aufgabenorientiert zu sein; wir halten uns auch viel auf die Transparenz unseres Vorgehens zugute, wenngleich hier schon ernste Zweifel anzumelden sind (Kraiker 1991). Die Gleichberechtigung, im Sinne rationaler Zusammenarbeit zweier Partner zur Erreichung eines gemeinsamen Ziels, hat sich im Laufe der Zeit als, in therapeutischen Beziehungen nicht realisierbar herausgestellt; sie sind ungleichgewichtig, denn zumindest zu Beginn hat der Therapeut die Verantwortung für seine Patienten zu übernehmen. Ich will mir hier weitere Erörterungen über Widersprüchlichkeit, Komplexität, Dynamik, Vertrauen etc ersparen, es gibt hierzu bereits ausgezeichnete Veröffentlichungen (Margraf & Brengelmann 1992).

Näher will ich auf einen bisher wenig explizierten Aspekt therapeutischer Beziehung eingehen, den der Wahrhaftigkeit. Nicht nur scheint Wahrhaftigkeit von seiten des Therapeuten eine notwendige Voraussetzung im therapeutischen Kontext zu sein, ebenso wichtig muß die Wahrhaftigkeit des Patienten genommen werden. Sinnvolle Zusammenarbeit setzt dabei nicht nur platte Ehrlichkeit voraus im Sinne des Nicht-absichtlich-Lügens, sondern, viel diffiziler, die Bereitschaft, sich nicht selbst anzuschwindeln, sich nichts vorzumachen. Eigentlich alle Interventionen sind zum Scheitern verurteilt, wenn Patienten gedanklich flüchten, aufschieben, uminterpretieren. Wie oft erleben wir, daß Expositionen bei Zwangskranken fehlschlagen, weil die Zwangshandlungen verzögert und heimlich zu Hause nachgeholt werden. Wie oft schwindeln sich Angstpatienten über exponierte Situationen hinweg, ohne sich wirklich darauf einzulassen. Therapeutische Beziehung muß solche Wahrhaftigkeit ermöglichen, aber auch einfordern.

Bevor ich näher auf das Spannungsfeld eingehe, in dem therapeutische Beziehung steht und stattfindet, und ohne daß sie nicht gänzlich verstanden werden kann, möchte ich noch hervorheben: Die jahrzehntelange Vernachlässigung des Beziehungsaspekts im verhaltenstherapeutischen Denken sollte nicht abgelöst werden von einer Tendenz zur Mystifizierung dieses Aspekts. Verhaltenstherapie lebt zwar auch von der Wirkung therapeutischer Beziehung, jedoch nicht ausschließlich von ihr, wie im Folgenden zu zeigen sein wird.

Das Spannungsfeld therapeutischer Beziehung

Anhand von Abbildung 1 möchte ich aufzeigen, wie therapeutische Beziehung im Gesamtrahmen verhaltenstherapeutischer Interventionen einzuordnen ist, um ihre Bedeutung und ihren Stellenwert transparenter zu machen. Aus Gründen der Übersichtlichkeit sind die einzelnen Variablen jeweils nur in ihrem Verhältnis zur therapeutischen Beziehung dargestellt; es wurde darauf verzichtet, deren Beziehungen untereinander zu explizieren.

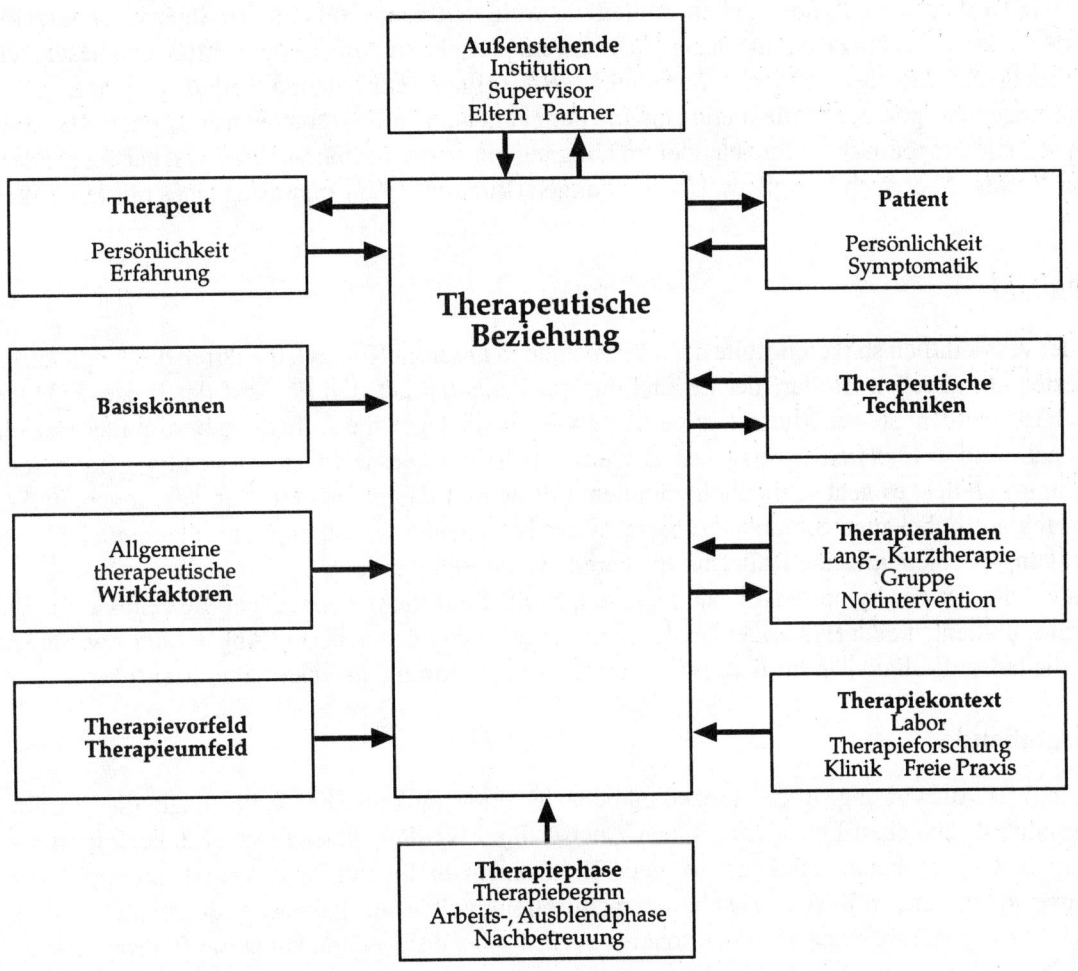

Abbildung 1. Spannungsfeld "Therapeutische Beziehung"

Der Therapeut

Beginnen wir die Diskussion mit dem Therapeuten, seiner Persönlichkeit, seiner Erfahrung; dieser Aspekt wird übrigens, in der vergleichenden Psychotherapieforschung übereinstimmend als ein wesentlicher unspezifischer Wirkfaktor angesehen. Zusammen mit dem Patienten konstituiert er die Beziehung und bestimmt sie auch (Bandura 1977; Marmor 1982). Jeder Therapeut wird den Interaktionen seinen eigenen

Stempel aufdrücken, abhängig von seiner Persönlichkeitsstruktur und vor allem abhängig von seiner Erfahrung (Hoshmand & Polkinghorne; Polkinghorne 1992; Schön 1983). Ebenso deutlich ist aber auch, daß die erfahrenen und erlebten Beziehungen wiederum ihn beeinflussen, prägen, dauernd verändern, auch nicht selten voreingenommen machen. Sich öffnen für Neues bleibt untrennbar verbunden mit der Bereitschaft, sich wirklich einzulassen, nicht schon alles vorher und sowieso zu wissen (Cashdan 1990). Besonders empirisch orientierte Therapie sollte uns zwingen, uns immer wieder unseren Erfahrungen zu stellen, Erfahrungen mit dem Patienten als Person, nicht nur mit ihm als Träger der Auswirkungen von Interventionen. Auch die Vorsicht im Umgang mit Diagnosen sollte uns helfen, den Blick offen zu halten. Spätestens dann, wenn wir immer wieder dieselbe Diagnose stellen, sollten wir wohl vertrauensvoll unseren Supervisor aufsuchen!
Ein Aspekt, der in diesem Zusammenhang noch zu wenig reflektiert wird, ist der Einfluß des Geschlechts des Therapeuten auf die therapeutische Beziehung. Wir sollten sensibel und hellhörig genug sein, diese Auswirkungen zu spüren, zu reflektieren, um mit dem Patienten darüber sprechen zu können. Das darf nicht nur im sexualtherapeutischen Bereich oder im Umgang mit sexuell Mißbrauchten geschehen, sondern weit darüber hinaus. Aber auch hier gilt es, Übertreibungen (Burstow 1992) zugunsten eines mittleren Weges zu meiden.

Der Patient

Trotz der vermeintlich stärkeren Rolle des Therapeuten in unserem Kontext, die durch das Ungleichgewicht der Beziehung gegeben ist, darf der Einfluß unserer Patienten auf den Fortlauf der Prozesse keinesfalls unterschätzt werden; sie beeinflussen uns ebenso wie wir sie, legen die Aufnahme bestimmter Beziehungsmuster nahe und werden immer versuchen, Einfluß zu behalten. Dies ist für sie notwendig, gerade wegen des Beziehungsgefälles; es geht schließlich vor allem um sie und ihre erwarteten Veränderungen, und es geht darum, unklare, unbekannte Situationen überschaubar, berechenbar zu halten. Nicht zuletzt spielt hier die sog. Übertragungsproblematik eine Rolle, auf die bereits verwiesen wurde.
Aber auch die Art der Symptomatik hat wichtigen Einfluß auf die therapeutische Beziehung. Sie wird bei Borderline-Patienten oder Hysterikern anders gestaltet werden müssen als bei Angst- oder Zwangskranken, bei Verhaltensauffälligkeiten im Kindesalter anders als bei Störungsbildern alter Menschen.

Außenstehende

Selten in ihrer Auswirkung auf den Prozeß mitbedacht werden außenstehende Personen, die Einfluß haben oder zumindest versuchen, Einfluß zu nehmen. Auch dadurch werden Beziehungen gestaltet, oft im negativen Sinn, eben weil sie kaum reflektiert werden. Therapeuten in Institutionen wissen aus meist leidvoller Erfahrung von diesen Einflüssen - manche therapeutisch sinnvollen oder gar notwendigen Interventionen sind undurchführbar, weil anonyme oder auch konkrete Außenstehende Einschränkungen auferlegen. Supervisoren verändern Beziehungen, meist hoffentlich zum Nutzen von Therapeut und Patient. Schwerer einschätzbar sind die Auswirkungen von Eltern (in Kinder- und Jugendlichentherapien) oder von Partnern unserer Patienten. Bereits nichtreflektierte Erwartungshaltungen oder diffuse Abwertungen können Beziehungen stark belasten. Schließlich sei noch an den Einfluß wohlmeinender ärztlicher oder psychotherapeutischer Kollegen erinnert. Wenn Einmischung von außen durch solche "Fachleute" erfolgt, ist eine Störung der therapeutischen Arbeit vorprogrammiert ("Ich habe Ihnen doch gesagt, daß dieser ganze Psychokram nichts bringt!" oder "Oberflächliche Arbeit wie in der Verhaltenstherapie kann Ihre tiefsitzenden Probleme doch wohl nicht lösen!")

• UNSPEZIFISCHE WIRKFAKTOREN •

Neben der Anwendung schulspezifischer Techniken, auf die ich später noch komme, lebt jede Therapie vom schulübergreifendem Basiskönnen des Therapeuten und vom Vorhandensein allgemeiner therapeutischer Wirkfaktoren. Beide Bereiche zeigen direkte Auswirkungen auf die Gestaltung therapeutischer Beziehung, wirken aber nicht nur darüber, sondern auch direkt therapeutisch. Basiskönnen umfaßt in weiten Teilen auch die Fähigkeit, Interaktion und Zusammenarbeit so zu gestalten, daß effektive Arbeit leichter möglich wird. Die allgemeinen Wirkfaktoren, wie Motivation des Patienten, Arbeit mit Emotionen, Informationsvermittlung, Modifikation von Selbstwahrnehmung und Selbstbild haben einen ebenso wichtigen Einfluß auf die Beziehung zwischen Therapeut und Patient und entfalten ihre Wirkung wohl am besten dann, wenn diese sicher, stabil und vertrauensvoll gestaltet werden kann was wiederum zum nicht geringen Teil vom allgemeinen Können des Therapeuten abhängt.

Nur selten Beachtung finden Variable, die ich hier unter dem Begriff des Vorfeldes und Umfeldes von Therapie zusammenfasse. Ich bin auf diese Variablen ausführlich in dem Kapitel "Basiskönnen" näher eingegangen und nehme auf die dortigen Ausführungen Bezug. Von sehr großer Bedeutung für den späteren Verlauf einer Therapie, insbesondere aber für die Gestaltung einer hilfreichen und nützlichen Beziehung, ist das Erstgespräch. Meist werden dort schon oder bereits bei telefonischen Vorgesprächen grundlegende Interaktionsmuster festgelegt, die später nur noch schwer zu verändern sind (Eckstaedt 1992; Langs 1987; 1991). Aber auch der Rahmen, in dem Therapie stattfindet, gestaltet Therapiebeziehungen; Patienten suchen in für sie schwer kontrollierbaren Situationen Hinweise über ihren Therapeuten zu finden. Hinweise, die aus der Einrichtung, dem Auftreten, der Kleidung vermeintlich oder tatsächlich entnommen werden können. Bereits hier gibt es Anhaltspunkte für Idealisierungen oder auch Ansatzpunkte, den Therapeuten zumindest stillschweigend abzuwerten.

Darüber hinaus sollten wir uns selbst Klarheit darüber verschaffen, daß scheinbare Äußerlichkeiten wie versäumte Termine, Zuspätkommen, permanente Forderungen des Patienten, Schwierigkeiten beim Beenden von Sitzungen und auch unbezahlte Rechnungen Beziehungen beeinflussen, wenn nicht belasten. Diese Umstände müssen mitreflektiert werden, um keine unausgesprochenen Dissonanzen entstehen zu lassen, die unsere Arbeit beeinträchtigen.

Therapiekontext

Nachdem wir nun über die Einflüsse eher subjektiver Umstände auf die Beziehung gesprochen haben, wenden wir uns den objektiveren Faktoren zu.

Wie schon erwähnt, entstehen meines Erachtens viele Mißverständnisse zwischen Praktikern und Therapeuten in Forschung und Lehre dadurch, daß Beziehungsvariablen in der Diskussion nicht mitbedacht werden. Wir sollten uns klarmachen, daß der äußere Kontext, in dem Interventionen stattfinden, über die daraus resultierenden Beziehungsstrukturen therapeutische Prozesse beeinflußt. Am deutlichsten wird das bei Experimenten im Labor; hier stehen, vereinfacht gesagt, apparative Prozeduren im Vordergrund, um bestimmte Veränderungen zu erzielen. Der Experimentator wird, im Idealfall als Therapeut nicht in Erscheinung treten, weil er als Störvariable die Ergebnisse verzerren würde. Ich gehe davon aus, daß die therapeutische Wirkung unter solchen Umständen nicht nur vom angewandten Verfahren, sondern auch durch den wissenschaftlichen Charakter der Situation und der entsprechenden Beziehungsgestaltung mitbedingt werden. Hier wird ein Experiment nach dem neuesten Stand der Wissenschaft durchgeführt. Bereits das, aber nicht nur das ist therapeutisch wirksam, ein Phänomen, das aus der Medizin hinlänglich bekannt ist. Die über die Beziehung vermittelte Wirkung besteht also darin, daß sie weitgehend fehlen darf, aus naturwissenschaftlichen Gründen, zumindest jedoch stark eingeschränkt ist.

Etwas anders stellen sich die Dinge im Umfeld universitärer Arbeit dar. In Experimenten zur Wirkungsforschung müssen aus Gründen des experimentellen Designs Beziehungen genormt werden, Interventionen eher standardisiert sein und Abläufe möglichst gleichförmig gemacht werden; oft erfolgt auch ein Therapeutenwechsel, je nach Therapiephase (Einzel-, Gruppensituation). Die sich daraus ergebenden Interaktionen sind zwangsläufig lockerer, weniger vertrauensvoll, im Sinne des Sich-gänzlich-Anvertrauens, reservierter; Therapeuten können sich in diesem Rahmen nicht voll auf ihre Patienten einlassen, einmal, um das Experiment nicht zu stören, zum anderen, weil unter Umständen aufbrechende Störungen nicht ausreichend schnell aufgefangen werden können. Es geht in diesem Bereich von Therapie auch nicht darum, umfassendere und komplexere Therapiezielbereiche abzudecken, es kann hier nur darum gehen, vorgegebene Interventionen in ihrer Wirksamkeit an objektiven Variablen (Fragebögen, Ratings, psychophysiologische Maße etc.) zu messen - ein Vorgehen, das im Rahmen längerer Therapien, z.B. in freien Praxen, nicht gut vorstellbar ist, weil objektive nicht mit subjektiven Veränderungen deckungsgleich sein müssen. Einen Patienten hier wegzuschicken, der sich gebessert, aber nicht zu Ende therapiert fühlt, ist unvorstellbar. Ähnlich verhält es sich nicht selten bei stationären Therapien; auch dort bestimmen äußere Gegebenheiten Strukturen von Beziehungen, und darüber vermittelt, den therapeutischen Prozeß. Eine im Normalfall meist vorgegeben begrenzte Aufenthaltsdauer erzwingt standardisiertere Therapieverfahren, die oft auch von unterschiedlichen Therapeuten durchgeführt werden. Weiter werden die Prozesse dadurch beeinflußt, daß die Therapeuten bei der hohen Durchlaufzahl der Patienten, üblicherweise ihre Stunden eher auf ausgewählte Patienten konzentrieren - übrigens, bereits das Wissen davon beeinflußt die nicht so dicht betreuten Patienten und dadurch auch deren Beziehungen zum Therapeuten. Alle Variablen zusammengenommen, legen spezifische Interventionsformen im klinischen Setting nahe, die sich von denen in anderen Umgebungen unterscheiden müssen, um wirksam sein zu können. Interventionen, in denen Beziehungsvariablen eine geringere Rolle spielen, wie standardisierte Programme, bilden dort deshalb oft den Schwerpunkt therapeutischer Arbeit.

Schließlich noch zu dem Bereich, der in den letzten Jahren zunehmend an Bedeutung innerhalb verhaltenstherapeutischen Arbeitens gefunden hat, der ambulanten Therapiesituation. Wenn Therapeuten nicht zu starken äußeren Zwängen unterworfen sind, wie dies in manchen Institutionen leider vorkommt, werden hier Beziehungsvariablen den höchsten Stellenwert haben. Die spezifische Zweiersituation, selten erweitert durch Außenstehende, fördert zwangsläufig intensivere Therapeut-Patient-Beziehungen, allein schon dadurch, daß der Therapeut für eine bestimmte Zeit zu einer der wichtigsten Bezugspersonen des Patienten wird. Das fordert von ihm permanentes Mitreflektieren dieser Einflüsse und eröffnet dadurch Möglichkeiten von Zusammenarbeit auch in schwierigsten Phasen therapeutischer Arbeit. Die sehr enge Zusammenarbeit gibt Einflußmöglichkeiten, die über bloße Anwendung von Techniken hinausgehen und direkte Erfahrungen in vertrauensvoller Atmosphäre zulassen.

Ich möchte dies kurz an einem **Beispiel** aufzeigen: Eine für Verhaltenstherapeuten üblicherweise einfache Symptomatik stellen Selbstwertstörungen dar. Eine Kombination von Selbstsicherheits-, Kontakt- und Kommunikationstrainingsverfahren gehört zur üblichen Routine, die Einbeziehung signifikanter Bezugspersonen, evtl. Arbeit in der Gruppe und Maßnahmen rationaler Restrukturierungen kommen meist hinzu. In welchem Rahmen auch immer durchgeführt, zeigen sich meist schnell positive Symptomveränderungen, die natürlich durch angemessene Verfahren der Therapieausblendung gesichert werden müssen. Immer wieder kommt es trotz guter Therapieplanung zum Wiederauftreten von Symptomen, weil alle therapeutischen Interventionen im geschützten Rahmen einer Klinik, einer psychologischen Gruppe, mit Menschen, die die Probleme verstehen, etc. durchgeführt werden. Auch der Therapeut "muß" ja positive Rückmeldungen geben; dafür wird er schließlich auch bezahlt. Und die anderen außenstehenden Personen "sagen ohnehin nicht die Wahrheit". Ein häufig schwieriger Fall, der auch durch rationaltherapeutische Maßnahmen meist nicht positiv zu wenden ist. Längere Zusammenarbeit, ob ambulant oder stationär, mit einem konstanten Therapeuten kann hier ihre Stärke zeigen. Die experientielle Natur verhaltenstherapeutischer Situationen, die Möglichkeit, sich gegenseitig gut genug kennenlernen zu können, und die Fähigkeit des Therapeuten, wahrhaftig und offen zu sein, schafft in diesem Zusammenhang die Möglichkeit, Rückmeldungen als nicht artifiziell anzusehen und als solche anzunehmen. Die Erkenntnis, daß Therapeuten in vertrauensvollen Beziehungen durchaus schmerzhafte Interventionen einsetzen können und die Beziehung dennoch tragfähig für sinnvolle Arbeit bleibt, gehört zu den wichtigen positiven Erfahrungen im Rahmen von Therapie. Patienten lernen dabei sehr direkt neue Zusammenhänge, daß z. B. Kritik erfahren nicht heißt, absolut abgelehnt zu werden, oder daß positive Rückmeldungen nicht nur als Mittel eingesetzt werden, manipulativ bestimmte Ziele zu erreichen. Erst unter diesen Umständen ist wirkliche, tiefergehende Veränderung möglich, wie immer dies lernpsychologisch benannt werden kann. Dann findet Lernen durch Erfahrung in lebendiger Begegnung statt, und dies ist nur in längerfristigen Beziehungen so intensiv möglich.

An dieser Stelle möchte ich dem Mißverständnis vorbeugen, nur Langzeittherapie im ambulanten Rahmen sei wirkliche Therapie. Verhaltenstherapie zeichnet sich durch ihre große Flexibilität aus, durch die Möglichkeit, sie in unterschiedlichen Situationen und Zusammenhängen einsetzen zu können. Wir sind nicht wie zumindest orthodoxe Psychoanalytiker gezwungen, immer die gleichen äußeren Bedingungen zu schaffen, um therapeutische Arbeit zu ermöglichen; wir können flexibler arbeiten, sind dadurch jedoch bei weitem anfälliger für "Störeinflüsse", die aus der direkten Arbeit, dem Sich-Einlassen auf den Patienten, entstehen. Wir müssen uns darüber hinaus immer wieder klarmachen, daß selbst die bloße Durchführung von Techniken uns eigentlich nicht vor diesen "Störungen" schützt; doch dazu mehr im weiteren Verlauf des Diskurses.

Therapierahmen

Ein weiterer, wichtiger Bereich, der therapeutische Beziehung beeinflußt und von dieser wiederum selbst beeinflußt wird, ist der Rahmen, in dem Therapie sich bewegt. Kurzfristige Interventionen in Notsituationen (Krisenintervention) stellen dabei die intensivsten Anforderungen an therapeutische Beziehungen; meist steht und fällt solche Arbeit mit der Fähigkeit des Therapeuten, möglichst schnell eine möglichst gute und enge Beziehung herzustellen. Das ist nur möglich, wenn die erspürten und erahnten Bedürfnisse des Patienten in den Kontakt eingebaut werden, wenn, vom Therapeuten her gesehen, die Möglichkeit gewährleistet ist, als Projektionsfläche für diese Bedürfnisse - vorübergehend und ohne Einschränkungen - zu dienen. Es läßt sich denken, daß solche Beziehungen, in denen nicht in Frage gestellt und nicht hinterfragt wird, nur im Notinterventionsrahmen therapeutisch zulässig sind. Die Gratwanderung besteht darin, trotz intensiven Entgegenkommens keine unrealistischen Erwartungen entstehen zu lassen oder solche gar zu unterstützen. Dies gilt dann um so mehr, wenn sich eine Therapie beim selben Therapeuten anschließt, und noch mehr, wenn Notinterventionen in den Zeitrahmen therapeutischer Arbeit fallen. Es muß sichergestellt sein, daß der Weg zurück zu nicht-anhaftendem Arbeiten möglich ist, ohne daß die Beziehung an der Ent-Täuschung unrealistischer Erwartungen zerbricht.

Wie schon erwähnt, setzt insbesondere Langzeittherapie eine intensive, vertrauensvolle Beziehung voraus, oder gibt den Rahmen, in dem eine solche entstehen kann. Jeder Therapeut muß sich hier im klaren sein, daß er für eine nicht unbeträchtliche Zeitspanne, im Schnitt ein bis zwei Jahre, zu einer der wichtigsten Bezugspersonen des Patienten werden kann, daß alle seine Äußerungen, Verhaltensweisen, Gewohnheiten etc. für diesen von Bedeutung sein können. Langfristig angelegte Interventionen zwingen uns dazu, therapeutische Strategien mit langem Atem zu planen. Ein bloßes Aneinanderreihen von Techniken ohne inneren Bezug zueinander und ohne Berücksichtigung des jeweiligen Standes der Beziehung kann nicht effektiv sein. Das Hineinnehmen der Beziehung als Wirkvariable erfordert sorgfältige und individualisierte Arbeitsstrategien und gleichzeitig die Reflexion nicht nur von Symptom-, sondern auch von Beziehungsveränderungen.

Kurzzeittherapien hingegen werden mehr die technischen Aspekte in den Mittelpunkt der Arbeit stellen. Schnellere diagnostische Abklärung, strukturierte zeitliche Bedingungen und massive Fremdunterstützung stehen hierbei im Vordergrund. Beziehung hat mehr die Funktion eines Vehikels, um strukturierte und zügige Arbeit möglich zu machen (Eckert 1993). Dabei wird immer im Vordergrund stehen müssen, daß die vorgesehenen Methoden zur Anwendung kommen und ein entsprechendes Klima erforderlich ist, dies zu unterstützen, oder überhaupt erst möglich zu machen. Näheres, persönliches Einlassen, die Arbeit über die Beziehung, würden in diesem Zusammenhang wahrscheinlich nur stören, denn im Vordergrund steht die Vermittlung kognitiver oder verhaltensmäßiger Kompetenz.

Erneut andere Anforderungen an den Therapeuten stellt die Gruppensituation und die ihr immanenten Vorgaben für die Gestaltung von Beziehung. Eine eingehende Reflexion dieses Bereichs würde den Rahmen meines Beitrages sprengen. Die Vielfalt verhaltenstherapeutischer Gruppensettings findet sich reflektiert in den entsprechenden Beiträgen dieses Buches; dort wird auch Bezug genommen auf unser Thema. Verweisen will ich darüber hinaus auf die sehr ausführliche und fundierte Publikation von Yalom (1974).

Therapiephase

Wir sind in unserem bisherigen Diskurs mit therapeutischer Beziehung umgegangen, als sei sie etwas Statisches, das, einmal konzipiert, unverändert bliebe; dies ist nicht so! Beziehung ist dynamisch, dauerndem Wechsel unterworfen, immer wieder größeren Belastungen ausgesetzt, durch die sie verändert wird. Veränderungen sind Prozesse, die sich in der Zeitdimension ereignen, also in den zeitlichen Ablauf des therapeutischen Prozesses gestellt werden müssen und unter diesem Aspekt hier diskutiert werden sollen. Abhängig von den bereits erwähnten Einflußgrößen wird zu Therapiebeginn eine Beziehung entstehen, die äußerst anfällig für Verzerrungen ist - von seiten des Patienten, um sich eine ungesicherte Situation sicherer zu machen, von seiten des Therapeuten, weil er sich auf Menschen einlassen muß, die er nicht kennt. Besonders hier besteht die Gefahr, sich durch verfrühte Diagnosen, durch scheinbare Menschenkenntnis aufgrund langer Erfahrung oder durch narzißtische Selbstüberschätzung von solchen Unsicherheiten zu früh befreien zu wollen. Der Einfluß auf die Beziehung ist dann problematisch; sie wird belastet von verzerrten Patientenbildern oder nicht hinterfragten Heilserwartungen an den scheinbar allmächtigen Therapeuten. Der Hintergrund verhaltenstherapeutischen Denkens, keine vorschnellen Diagnosen zu stellen, die Schwächen und Stärken der Patienten abzuklären, ihn mehr in die therapeutischen Denkprozesse einzubeziehen, bietet hiervor gewissen Schutz.

Der Aufbau einer tragfähigen therapeutischen Beziehung mit möglichst geringen belastenden Verzerrungen schon zu Beginn der Therapie setzt Geduld voraus, etwas, das den Patienten wie selbstverständlich abverlangt wird, das wir aber in noch viel höherem Maße uns selbst abverlangen sollten. Sich wirklich ausreichend Zeit lassen, bis Gedanken über den Patienten sich zu einem schlüssigen Bild zusammenfügen, und noch mehr, bis ein stringenter Therapieplan entwickelt wird, sollte permanent Gegenstand unserer Überlegungen sein. Nur so kann vertrauensvolle Beziehung entstehen, die den Belastungen der Therapie auch standhält. Besonders in der Anfangsphase ist das Machtgefälle groß, vorschnelles Handeln unterstützt nur die Aufrechterhaltung dieses Gefälles. Paradebeispiele hierfür bieten manche Hypnotherapien, die ohne genügend Zeit zur Abklärung sehr schnell intervenieren und damit dem Mythos der Wunderheilung Vorschub leisten.

Therapie und die darin ablaufenden Prozesse transparent zu gestalten, eine der Grundanforderungen verhaltenstherapeutischen Handelns (Kraiker 1991), ist insbesondere am Beginn von Therapien gefordert; sie begrenzt Unsicherheit auf seiten des Patienten und ermöglicht klarere, gleichberechtigte Beziehungsdefinitionen. Wir dürfen dennoch nicht so naiv sein zu glauben, die Beziehung lasse sich mit rationalen

Erläuterungen quasi domestizieren, also so weit klären, daß wir sie für den Rest der Arbeit aus dem Auge verlieren dürften. Gegenseitige Beziehungsverschreibungen, gemeinsame, implizite Festlegungen über die Art von Beziehung, die Therapeut und Patient eingehen, lassen sich nie gänzlich fassen und somit als Störvariablen eliminieren. Es ist im Gegenteil durchaus wünschenswert und therapeutisch förderlich, die Beziehungsangebote der Patienten bei unserer Arbeit einzusetzen. Vor allem zu Beginn sind viele Interventionen leichter möglich, wenn die Hoffnungen, das Vertrauen und die Erwartungen des Patienten genutzt werden. All diese positiven Zuschreibungen können und sollen dazu beitragen, unseren Patienten über die erste schwere Zeit der Therapie hinwegzuhelfen. Wir verlangen, besonders hier, von häufig demoralisierten Menschen (Frank 1985) schwierigste Dinge: sich mit Angst zu konfrontieren, Vermeidungsverhalten abzubauen etc. Dies kann erleichtert werden, wenn die manchmal unrealistischen Zuschreibungen auf den Therapeuten für den positiven Gang der Therapie genutzt werden können. Klar ausgedrückt, überzogene Erwartungen, Gefühle des Verliebtseins, Zuschreibung übergroßer Kompetenz, Vertrauensvorschuß im Rahmen von Therapieexperimenten, weil man am Puls der Therapieentwicklung teilhaben darf, müssen nicht immer sofort geklärt, aus der Welt geschafft werden, sondern sind durchaus zu nutzen. Trotzdem - jeder Therapeut muß sich darüber im klaren sein, daß er diese Erwartungen nutzt; und wir alle sollten sie deshalb permanent im Auge behalten. Nur so entgehen wir der Gefahr, selbst Opfer solcher "Therapiespiele" zu werden.

Zu Beginn der Therapie wird von Patienten viel wegen des Therapeuten getan oder für ihn; in der anschließenden Arbeitsphase muß darauf geachtet werden, daß Therapeut und Patient gemeinsam arbeiten, was eine neue Beziehungsdefinition verlangt. Schließlich wird in der Ausblend- und Nachbetreuungsphase der Patient weitgehend für sich selbst arbeiten, der Einfluß des Therapeuten wird sich zunehmend vermindern. Die Arbeitsbeziehung erfordert zunehmende Gleichberechtigung, gemeinsame Arbeit an konkreten Plänen, möglichst große Transparenz darüber, was geschieht. Hier muß es darum gehen, Eigenverantwortung und Selbstkontrolle zu fördern, hier müssen aber auch kontinuierlich die gegenseitigen, ungeklärten Rollenerwartungen und -zuschreibungen bearbeitet werden. Zum einen muß man als Therapeut immer mehr aus den Reaktionsangeboten der Patienten ausklinken, zum anderen, diesen permanent die ablaufenden Prozesse verdeutlichen. Verhaltenstherapeutische Arbeit kann nicht bloße Übertragungsarbeit sein, kann sich also nicht darauf beschränken, die "unbewußten" Beziehungsangebote zu nutzen und zu bearbeiten; hier muß es darum gehen, Beziehungen zu klären, um gemeinsame Arbeit, die dann möglich wird, effektiver zu gestalten. Dennoch bleibt auch in dieser Phase nicht aus, daß ungeklärte Beziehungsangebote den therapeutischen Prozeß beeinflussen oder gar beeinträchtigen. Mangelnde Stabilisierung von Therapieerfolgen, unerklärliche Rückfälle oder gar ausbleibende positive Veränderungen innerhalb der Arbeitsphase sind häufig nur im Zusammenhang mit unzureichend überdachten Beziehungsvariablen zu verstehen; vorausgesetzt natürlich, der Therapieplan ist adäquat. Mißerfolg kann also seine Ursache in ungeklärten Beziehungsstrukturen haben: Wenn Patienten zu Therapiebeginn etwas dem Therapeuten zuliebe tun, geht das in Ordnung, wenn sie es in der Arbeitsphase so beibehalten, läuft etwas in der Therapie schief. Es wird Abhängigkeit perpetuiert, die schließlich zum Scheitern der Arbeit führen muß, weil dieses "Dem-Therapeuten-zuliebe-Tun" dessen andauernde Existenz erfordert, also das Angebot einer unendlichen Therapie enthält. Hier ist der Ort, an dem Therapie, nicht nur im sexuellen Sinne (Russell 1993) zum Mißbrauch führen kann.

Mißerfolg wiederum kann aber auch Beziehungsstörungen hervorrufen: Schlecht geplante oder durchgeführte Therapien machen Therapeuten immer anfällig für Manipulationen ihrer Patienten; Schuldvorwürfe, Insuffizienzsuggestionen etc. fallen dann leichter auf fruchtbaren Boden. Aber auch umgekehrt behelfen sich Therapeuten nicht selten mit Vorwürfen mangelnder Therapiemotivation oder gar "unbewußter Obstruktion", um ihr eigenes Versagen nicht eingestehen zu müssen; eine destruktive "folie à deux" läuft unter diesen Umständen ab.

Was uns als Therapeuten in solchen Situationen nur noch retten kann, ist Respektlosigkeit (Cecchin et al. 1993), die Fähigkeit also, uns selbst, unsere Planungen und Interventionen radikal in Frage zu stellen. Ansonsten beißen wir uns nur an erfolglosen Strategien fest und steigern damit unsere Hilflosigkeit. Im schlimmsten Fall mißbrauchen wir unsere Patienten, um unser eigenes Versagen nicht sehen zu müssen. Naturgemäß muß therapeutische Beziehung bei erfolgreich verlaufender Therapie immer klarer, lockerer, unwichtiger werden, jedoch gleichzeitig immer noch tragfähig genug sein, daß Patienten auch bei Rückfällen ihr Vertrauen in den Therapeuten nicht verlieren.

In der Ausblendphase, wenn also die Kontakte langsam in immer größeren Abständen erfolgen, ist Beziehung meist am klarsten; die Patienten wenden sich anderen Bezugspersonen zu, der Therapeut verliert an Wichtigkeit, nimmt sich selbst auch immer mehr zurück. Allein schon durch die abnehmende Frequenz verändert sich die Beziehung, verliert sie an Wichtigkeit, ohne daß explizit darüber gesprochen werden müßte.

In der Nachbetreuungsphase, wenn die Sitzungen nur noch zur Auffrischung des Gelernten in sehr großen Abständen erfolgen, muß therapeutische Beziehung so unwichtig geworden sein, daß der Patient sie nicht mehr braucht. Sie muß andererseits aber ohne größere Probleme wiederaufgenommen werden können, so daß er sich weiterhin an den Therapeuten wenden kann. Wir sollten uns und dem Patienten klarmachen, daß ein Wiederauftreten der Symptomatik nichts mit Versagen zu tun hat, sondern durchaus möglich ist. Therapeutische Veränderung ist, wie alles andere in unserem Leben auch, permanent bedroht, und auch Psychotherapie heilt nicht ein für allemal. Belastungen können zu erneuter Erkrankung führen; wir unterscheiden uns in dieser Sicht der Dinge nicht von der Medizin im ganzen. Vor diesem Hintergrund erfolgt ein Ausblenden der Beziehung, so daß Patienten bei einem Rückfall wiederkommen können, ohne sich über ihr "Versagen" schämen zu müssen. Noch wichtiger ist, daß der Therapeut vermitteln kann, er selbst fasse Rückschläge nicht als persönliches Versagen auf und dürfe deshalb vom Patienten damit nicht belastet werden; in beiden Fällen wäre der Rückweg versperrt.

Noch ein Wort zur Sitzungsfrequenz: Es ist klar, die Häufigkeit von Kontakten zwischen Patient und Therapeut muß Auswirkungen auf die Qualität der Beziehung haben; tägliche Sitzungen wie in der orthodoxen Psychoanalyse rücken zwangsläufig diesen Aspekt in den Vordergrund - dies ist auch so gewollt. Im verhaltenstherapeutischen Beziehungsrahmen wird üblicherweise mit Einzelsitzungen bei wöchentlichen Kontakten gearbeitet, die bei bestimmten Techniken durchaus mehrstündig sein können (z.B. Reizüberflutung). Manchmal, nicht nur bei Krisenintervention, sind höherfrequente Kontakte indiziert. In diesen Fällen muß jedoch die Beziehungsqualität und -gestaltung explizit im Auge behalten werden, um nicht dadurch negative Effekte zu erzeugen.

Therapeutische Techniken

Lange Zeit wurden Verhaltenstherapie und die Anwendung verhaltenstherapeutischer Techniken als das gleiche angesehen; erst langsam beginnen wir zu verstehen, daß in unseren Therapien mehr geschieht, als nur Techniken anzuwenden. Ich möchte in unserem Zusammenhang das Augenmerk darauf richten, wie Techniken therapeutische Beziehungen und diese wiederum den Einsatz von Techniken beeinflussen.

Wir finden uns in der Entwicklung von Verhaltenstherapie in einem Diskurs wieder, der in vielen Therapierichtungen ähnlich geführt wird - man sucht ein neues Verständnis für "allzubekannte" Sachverhalte. Die Psychoanalyse verabschiedet sich von ihren Ideen, daß die Aufarbeitung von Kindheitserlebnissen therapeutisches Agens sei (Ermann 1993), die Daseinsanalyse stellt den Beziehungsaspekt im Rahmen ihrer Arbeit immer noch mehr ins Zentrum ihres Tuns (Reck 1992; Weiss 1993), und auch innerhalb der Verhaltenstherapie verstärken sich Tendenzen, bisher nicht hinterfragte Wirkungszusammenhänge zu hinterfragen. Insbesondere die Arbeiten von Bandura geben wichtige Denkanstöße (Bandura 1974; 1977; 1986). Es wird nicht mehr unreflektiert hingenommen, zentrale Begriffe der Lernpsychologie als mechanistisch wirkende Entitäten zu sehen, es geht zunehmend darum, ihren Platz im Gesamtzusammenhang menschlicher Existenz zu sehen. Kognitive Vermittlung und Beziehungseinwirkungen werden zunehmend zur Wirkungserklärung herangezogen (Bruder 1993). Ich möchte versuchen, diese Erklärungsansätze anhand einiger Beispiele zu verdeutlichen.

Über lange Jahre war die Anwendung von Token-Systemen im Bereich von Kliniken, vor allem aber im schulischen Bereich (Hippler & Scholz 1974; Scholz 1977) eine gängige verhaltenstherapeutische Intervention. Die Wirkmechanismen schienen klar zu sein, es ging darum, positive Verstärkung möglichst kontingent auf erwünschte Verhaltensweisen folgen zu lassen. Da dies über primäre Verstärker nicht immer möglich war, wurden sekundäre, also Token-Verstärker eingesetzt. Den lernpsychologischen Gesetzen war Genüge getan, die Effektivität war tausendfach empirisch überprüft, die verhaltenstherapeutische Welt war in Ordnung. Aus der Distanz betrachtet, geschah bei der Anwendung von Token-Systemen jedoch eine ganze Menge mehr. Das allgemeine Klima in den Institutionen veränderte sich positiv, Lehrer oder Betreuungspersonal mußten ihre Beziehung zu Schülern/Patienten umdefinieren; nicht mehr sie allein hatten jetzt die Macht über Verstärkerquellen, über positive Hinwendung; die klare Struktur von Token-Systemen machte es Schülern/Patienten sehr viel leichter möglich, ihre Betreuer zu kontrollieren, weil sie bei definiertem Verhalten im positiven Sinne reagieren mußten. Bereits an diesem Beispiel zeigt sich, das vielfältige kognitive und beziehungsmäßige Vermittlungsprozesse eine Rolle spielten, die im Rahmen orthodoxer Interpretation nicht explizit mitgedacht werden durften.

Wir sollten uns immer darüber im klaren sein, daß die Anwendung spezifischer verhaltenstherapeutischer Techniken nicht nur die Beziehung beeinflußt, sondern daß auch die Beziehung Rückwirkung auf die ausgewählten Interventionen haben kann.

Deutlich wird dieser Zusammenhang zwischen therapeutischer Beziehung und angewandter Technik auch bei Konfrontationsverfahren. Um solche Verfahren vorzubereiten, muß von seiten des Therapeuten ein sehr vertrauensvolles und stabiles Verhältnis geschaffen werden, die gemeinsame Durchführung intensiviert diese Beziehung weiter; Therapeut und Patient kommen sich auf emotionaler Ebene sehr nahe, sie haben gemeinsam z.T. massive Gefühlsausbrüche erlebt und durchgestanden, und dies muß die Beziehung umgestalten.

Auf andere Art wird sich die Anwendung imaginativer und entspannender Verfahren auf die Beziehung auswirken; das aufgebaute Vertrauen ist ein mehr passives Sich-Anvertrauen des Patienten, die Gefahr der Idealisierung des Therapeuten scheint mir größer zu sein, übertriebene Erwartungen könnten sich als Hindernis für den Therapieprozeß einstellen.

Das komplexe Zusammenwirken aller genannten Einflußgrößen auf die Beziehung soll anhand von Beispielen abschließend noch näher erläutert werden.

Erstes Beispiel ist der Fall eines agora-acrophoben Patienten: Ein Mann, ca 50 Jahre alt, ehemaliger aktiver Sportler, verheiratet, brav, überangepaßt, von Beruf Kraftfahrzeugmeister, begibt sich wegen massiver agora-acrophobischer Symptome in Therapie. Diese traten erstmals nach einem Verkehrsunfall auf, bei dem er eine Gehirnerschütterung erlitten hatte und anschließend 15 Minuten bewußtlos war. Nach seiner Entlassung aus dem Krankenhaus, es waren keine organischen Veränderungen zu diagnostizieren, entwickelte er eskalierende Ängste vor der Teilnahme am Straßenverkehr, vor Brücken, Aufzügen, vor dem Reparaturgraben in seiner Kfz-Werkstatt etc. Er konnte nicht mehr seiner Arbeit nachgehen, weil er permanent Angst hatte, Fehler zu machen, wodurch Unfälle ausgelöst werden könnten.

Aufgrund der Massivität der Symptomatik, wurde er stationär in einer Psychosomatischen Klinik behandelt. Dort erfolgte eine recht dichte Betreuung durch Psychotherapeuten; die klare Diagnose und Auslösesituation legten als Standardintervention eine Variante von Reizkonfrontationstechniken nahe. Die begleitenden Gespräche wurden

nicht von demselben Therapeuten durchgeführt, der die Übungen machte.
Die Beziehungsstruktur war durch die Methodenwahl und den Therapiekontext (Klinik) bestimmt: Nach der Anamneseerhebung, die stark auf das Symptom ausgerichtet war, erfolgte eine intensive Vorbereitung auf die Konfrontationsübungen; der Patient wurde sehr gestützt und unterstützt, sich zu konfrontieren, erhielt massive Zuwendungen, wenn ihm dies gelang und absolvierte "brav" alles, was von ihm verlangt wurde - nur die Angst flachte nicht ab. Die Beziehung zum Therapeuten, mit dem er die Übungen machte, war bestimmt von der Technik, er konnte neue Aspekte nicht erkennen, der Therapeut, mit dem er ausführlicher sprechen konnte, versuchte hauptsächlich auf die Flucht-und Vermeidungswünsche einzuwirken.
Die überangepaßte Persönlichkeitsstruktur des Patienten machte schließlich eine Entlassung aufgrund von Symptomverbesserungen möglich.
Sichtbar ist, daß die ausgewählte Technik die Beziehung bestimmte, aber auch die Beziehung, weitgehend determiniert durch Klinikumgebung und knappen Zeitrahmen, zur Auswahl bestimmter Techniken führte.
Eine ambulante "Nachbetreuung" mit sehr viel geduldigerer Anamneseerhebung erbrachte dann, daß die Symptomatik nicht ohne die wiederholten Erfahrungen mit Sterben und Tod zu verstehen war. Beginnend mit dem 4. Lebensjahr, erlebte er immer wieder, daß Freunde und Bekannte durch Unfälle ums Leben kamen - er hatte sich damit nie mehr explizit beschäftigt, verleugnete über lange Jahre auch diese Erlebnisse, lief vor ihnen davon und wurde erst durch seinen Unfall wieder an seine eigene Sterblichkeit erinnert.
Die Struktur einer freien Praxis kann andere Beziehungsmuster zulassen als der stationäre Rahmen; mehr Zeit, engere Bindung, wohl auch überzogene Erwartungen von seiten des Patienten machten hier eine andere Arbeit möglich und nötig; eine Kombination von sanfteren Desensibilisierungsmaßnahmen und rationalen Umstrukturierungen, insbesondere im eigenen Umgang mit dem Tod wurde angewandt.

Ich will mit dieser Fallvignette nicht suggerieren, daß die stationär tätigen Kollegen schlechte arbeiten, sondern nur deutlich machen, wie äußere Umstände, unreflektierte Anwendung von therapeutischen Techniken und der Zwang, Übungen anderem Personal zu übertragen, Beziehungen, und damit therapeutische Arbeit beeinflussen. Um das Bild geradezurücken, noch kurz die Darstellung eines Falls von Anorexie.

Die Patientin, 18 Jahre alt, intelligent, Gymnasiastin, entwickelt unvermittelt eine Anorexie, als sie erfährt, daß ihr Vater schon jahrelang Beziehungen zu anderen Frauen unterhält. Als er versucht, seine Lieblingstochter auf seine Seite zu ziehen, fängt sie an, ihr Essen zu verweigern.
Im ambulanten Rahmen war klar, es mußte nicht nur an ihrer Essenssymptomatik gearbeitet werden, auch die Vater- und Mutterproblematik bedurfte der Bearbeitung. Daneben sollte im Auge behalten werden, daß aufgrund des Alters des Therapeuten die Wahrscheinlichkeit bestand, daß Vatererwartungen, im Sinne von Verhaltensverschreibungen an ihn, herangetragen werden würden. Die Beziehung bestimmte zum Teil die Auswahl der Methoden, das Angebot, Vaterfunktionen zu übernehmen, wurde anfangs aufgegriffen, um die Anwendung von Selbstkontrolltechniken zu erleichtern. Die Konflikte im Elternhaus wurden besprochen, Verhaltensalternativen herausgearbeitet. Ergänzend kamen dann noch Körperwahrnehmungsinterventionen hinzu. Es zeigte sich relativ schnell ein Gewichtszuwachs, dem die Patientin recht ambivalent gegenüberstand. Die häusliche Situation entspannte sich, die Therapie konnte beendet werden. Als der Vater die Familie durch erneute Eskapaden belastete, ging die Patientin nicht mehr in ambulante Therapie, "weil sie dort beim letzten Mal zugenommen habe". Die Symptomatik verschärfte sich in lebensbedrohlichem Ausmaß, eine stationäre Einweisung wurde nötig. Neben den äußeren, die Symptomkontrolle fördernden Faktoren wirkte sich die Beziehungsgestaltung wesentlich auf die Patientin aus; sie kam mit weiblichen Therapeutinnen zusammen, konnte dennoch zu keiner eine enge Beziehung aufbauen und lernte, natürlich auch durch die angewandten Interventionen, mit Konflikten und Spannungen umzugehen, ohne sich immer wieder einen neuen Vater zu suchen.
Die im stationären Rahmen angewandten Techniken legten in diesem Fall eine bestimmte Beziehungsgestaltung nahe, die sich für die Patientin als positiv erwies.

Zusammenfassend bleibt zu sagen:

Die Untersuchung von Beziehungsvariablen im Rahmen verhaltenstherapeutischer Arbeit gewinnt erst in letzter Zeit, auch gedrängt von den Erkenntnissen analytisch arbeitender Kollegen, die Bedeutung, die ihr zusteht. Wir sollten jedoch jetzt nicht in eine Beziehungseuphorie verfallen; Beziehung ist in unserem Kontext die Basis, auf der Therapie stattfindet, nicht therapeutischer Selbstzweck. Beziehung ist aber dennoch eine wichtige Größe, um unsere Interventionen und deren Wirkungen besser verstehen zu können. Ohne sie mitzureflektieren, ignorieren wir einen wichtigen unspezifischen Wirkfaktor, aber schlimmer noch, wir entheben uns der Möglichkeit, Bedingungen therapeutischer Fehlschläge zu erkennen und ihnen zu begegnen. Ich möchte uns Verhaltenstherapeuten ermutigen, uns mit den Erkenntnissen der psychoanalytischen Kollegen auseinanderzusetzen und die Dinge zu übernehmen, die unsere Arbeit betreffen. Die Differenz im therapeutischen Vorgehen, die größere Variabilität unserer Interventionen, die experimentelle Struktur unserer Therapie und ihre kürzere Dauer lassen eine unkritische Übernahme von Erkenntnissen nicht zu. "Wir sind deshalb aufgerufen, unsere eigene Wahrheit zu konstruieren."

Literaturempfehlung

Margraf, J. & Brengelmann, J.C. (Eds). (1992) Die Therapeut-Patient-Beziehung in der Verhaltenstherapie. München: Röttger • In diesem Buch wird der Stand der Dinge zum Thema »Therapeutische Beziehung« im Bereich der Verhaltenstherapie dargelegt.

König, K. (1993). Gegenübertragungsanalyse. Göttingen: Vandenhoeck & Ruprecht. • Von einem Psychoanalytiker verfaßt, der jedoch explizit das Angebot macht, schulübergreifend über therapeutische Beziehungen nachzudenken. Ein Buch, das Denkanstöße bietet.

Literatur

Ambühl, H. (1992). Therapeutische Beziehungsgestaltung unter dem Gesichtspunkt der Konfliktdynamik. In Margraf, J. & J. Brengelmann (Hrsg.), Die Therapeut-Patient-Beziehung in der Verhaltenstherapie (S. 245-264). München: Röttger.

Bandura, A. (1974). Verhaltenstheorie und die Modelle des Menschen. In A. Bandura (Hrsg.), Lernen am Modell. Stuttgart: Klett.

Bandura, A. (1977). Self-Efficacy: toward a Unifying Theory of Behavioral Change. Psychological Rev., 84, 191-215.

Bandura, A. (1977). Social Learning Theory. Englewood Cliffs: Prentice Hall.

Bruder, K.J. (1993). Subjektivität und Postmoderne. Der Diskurs der Psychologie. Frankfurt: Suhrkamp.

Burstow, B. (1992). Radical Feminist Therapy. Working in the Context of Violence. London: Sage Publ.

Cashdan, S. (1990). Sie sind ein Teil von mir. Köln: Edition Humanistische Psychologie.

Cecchin, G., Lane, G. & Ray, W. A. (1993). Respektlosigkeit. Eine Überlebensstrategie für Therapeuten. Heidelberg: Auer.

Condrau, G. (1992). Sigmund Freud und Martin Heidegger. Daseinsanalytische Neurosenlehre und Psychotherapie. Freiburg/Schweiz: Universitätsverlag.

Eckert, P.A. (1993). Acceleration of Change: Catalysts in Brief Therapy. Clinical Psychology Review, 13, 241-253.

Eckstaedt, A. (1992). Die Kunst des Anfangs. Psychoanalytische Erstgespräche. Frankfurt/M: Suhrkamp.

Ermann, M. (1993). Übertragungsdeutungen als Beziehungsarbeit. In Ermann, M. (Hrsg.), Die hilfreiche Beziehung in der Psychoanalyse (S. 50-67). Göttingen: Vandenhoeck & Ruprecht.

Ferenczi, S. (1964). Bausteine zur Psychoanalyse. Bern: Huber.

Frank, J. D. (1985). Die Heiler. Über psychotherapeutische Wirkungsweisen vom Schamanismus bis zu den modernen Therapien. München: dtv.

Görlitz, G. & Hippler, B. (1992). Selbsterfahrung in der Ausbildung zum Verhaltenstherapeuten. Erfahrungsbericht. Verhaltenstherapie, 2, 151-158.

Hippler, B. & Scholz, W. (1974). Token-Verstärkungssysteme in der Schule. In Kraiker, Chr. (Hrsg.), Handbuch der Verhaltenstherapie (S. 513-530). München: Kindler Verlag.

Hoshmand, L.T. & Polkinghorne, D. (1992). Redefining the Science-Practice Relationsship and Professional Training. American Psychotherapist, 47, 55-66.

Kanfer, F., H. (1993). Persönliche Mitteilung.

Kanfer, F. H. & Phillips, J. S. (1970). Learning Foundations of Behavior Theory. New York: Wiley & Sons.

Kernberg, O. (1975). Borderline Conditions and Pathological Narcissism. New York: Jason Aronson.

Köhlke, H.U. (1992). Aktuelle verhaltenstherapeutische Standardprogramme: Moderner Rückschritt in die Symptomtherapie?! Verhaltenstherapie, 2, 256-262.

König, K. (1993). Gegenübertragungsanalyse. Göttingen: Vandenhoeck & Ruprecht.

Kopp, S. B. (1981). Triffst du Buddha unterwegs... Psychotherapie und Selbsterfahrung. Frankfurt/M: Fischer.

Kraiker, C. (1991). Hypnose und Verhaltenstherapie. Was kann die Verhaltenstherapie von der Hypnose lernen? In B. Peter, C. Kraiker & D. Revenstorf (Hrsg.), Hypnose und Verhaltenstherapie (S. 188-212). Bern: Hans Huber.

Langs, R. (1987). Die psychotherapeutische Verschwörung. Stuttgart: Klett-Cotta.

Langs, R. (1991). Der beste Therapeut für mich. Ein Ratgeber für die psychoanalytische Therapie. Hamburg: Rowohlt

Margraf, J. & Brengelmann, J. C. (Eds). (1992). Die Therapeut-Patient-Beziehung in der Verhaltenstherapie. München: Röttger.

Margraf, J. & Brengelmann, J. C. (1992). Vom Uniformitätsmythos zur Prozeßforschung: Die therapeutische Beziehung in der Verhaltenstherapie (Einleitung). In J. Margraf & J. C. Brengelmann (Hrsg.), Die Therapeut-Patient-Beziehung in der Verhaltenstherapie (S. 1-9). München: Röttger Verlag.

Marmor, J. (1982). Dynamic Psychotherapy and Behavior Therapy: Are They Irreconcilable? In M.R. Goldfried (Hrsg.), Converging Themes in Psychotherapy. Trends in Psychodynamic, Humanistic, and Behavioral Practice (S. 193-206). New York: Springer.

Masterson, J. F. (1981). The Narcistic and Borderline Disorders. An Integrated Developmental Approach. New York: Brunner/Mazel.

Polkinghorne, D. . (1992). Postmodern Epistemology of Practice. In Kvale, S. (Hrsg.), Psychology and Postmodernism (S. 147-165). London: Sage.

Reck, H. (1992). Daseinsgemäße therapeutische Begleitung. Daseinsanalyse, 9, 263-274.

Rosenfarb, I. S. & Hayes, S. C. (1984). Social Standard Setting: The Achilles Heel of Informational Accounts of Therapeutic Change . Behavior Therapy, 15, 515-528.

Russell, J. (1993). Out of Bounds. Sexual Exploitation in Counselling and Therapy. London: Sage.

Schneider, S. & Margraf, J. (1993). Non-spezifische Prozeßvariablen in der Behandlung des Paniksyndroms. Beitrag zum 4. Kongreß der Deutschen Gesellschaft für Verhaltensmedizin und Verhaltensmodifikation; in Verhaltenstherapie , 3; Suppl. 1.

Schön, D. (1983). The Reflective Practioner. New York: Basic Books.

Scholz, W. (Hrsg.). (1977). Verhaltensprobleme in der Schulklasse - Verhaltensmodifikatorisch- pädagogische Modelle für Lehrer an Grund-, Haupt- und Sonderschulen. München: Ernst Reinhardt Verlag.

Ullmann, L. P. & Krasner, L. (1969). A Psychological Approach to Abnormal Behavior. Englewood Cliffs: Prentice-Hall.

Vogel, G. & Schulte, D. (1993). Entscheiden unter Affekt: Möglichkeit und Grenzen rationalen Planens und Handelns im therapeutischen Entscheidungsprozeß. Beitrag zum 4. Kongreß der Deutschen Gesellschaft für Verhaltensmedizin und Verhaltensmodifikation; in Verhaltenstherapie , 3; Supplement 1.

Weiss, H. (1993). Spiel, psychotherapeutischer Prozeß und kulturelle Erfahrung. Daseinsanalyse, 10(1), 14-19.

Yalom, I. D. (1974). Gruppenpsychotherapie. Grundlagen und Methoden. Ein Handbuch. München: Kindler Verlag.

Zwiebel, R. (1992). Der Schlaf des Analytikers. Die Müdigkeitsreaktion in der Gegenübertragung. Stuttgart: Verlag Internationale Psychoanalyse.

Zielanalyse und Therapieplanung
• Serge K. D. Sulz •

1. Von der Störung zum Therapieziel

Es gibt kaum Psychotherapien, die der Zielanalyse explizit besondere Bedeutung beimessen. Deshalb sind die hierzu notwendigen Gedankengänge auch meist sehr ungewohnt und mühsam. Von unseren Patienten wissen wir, daß diese Trägheit zum Widerstand in Form von rationalen Gegenargumenten führt. Nicht anders verhält es sich mit Therapeuten. Deshalb sei hier eine Begründung vorangestellt.

Die Zielanalyse definiert vorläufige Ziele, die im Lauf der Behandlung ständiger Umformulierung bedürfen (Kanfer et al. 1990).

Die Zielanalyse ist ein Verhandlungsangebot des Therapeuten an den Patienten. Der kleinste gemeinsame Nenner der Zielvorstellungen von Patient und Therapeut ergibt schließlich die zunächst angestrebten Therapieziele. Gibt es diesen gemeinsamen Nenner nicht, wird die Therapie nicht begonnen (Klerman et al. 1984).

Die Zielanalyse beinhaltet das ständige empathische Erspüren des Patienten und das intuitiv-kreative Phantasieren seiner Entwicklungstendenzen. Die letztlich kognitive Zielformulierung ist nicht das Ergebnis logisch-deduktiver Denkprozesse, sondern der Versuch, das affektiv-kreative „Werk" sprachlich präzise zu fassen.

Dies bedeutet, daß das Verständnis der autonomen Psyche (Sulz, 1994) des Patienten mit ihrer individuellen psychosozialen Homöostase nur möglich ist, wenn der Therapeut über die kritisch-logische Informationsverarbeitung seiner eigenen willkürlichen Psyche hinausgeht und seine autonome Psyche „befragt". Empathie kann nur von der autonomen Psyche des Therapeuten aus geschehen. Es ist nicht die Empathie mit der willkürlichen Psyche des Patienten, sondern mit dessen autonomer Psyche. Dies führt oft zu einem diffusen Gefühl des Verstehens, das nur schwer in Worte gefaßt werden kann. Trotzdem ist es für Patient und Therapeut sehr wichtig, dieses Verstehen sprachlich zu fassen und sprachlich zu kommunizieren. Im Sinne von Kelly (1955) ist der Therapeut ohnehin der Schüler des Patienten, der versucht, dessen komplexe affektiv-kognitive Theorie der Welt zu verstehen. Indem er das, was er bisher verstanden hat, in Worte faßt und dem Patienten sagt, kann dessen autonome Psyche erstaunlich exakt die Ungenauigkeiten der Beschreibungsversuche des Therapeuten rückmelden. Hypnotherapeuten versuchen diesen Dialog unter Umgehung der willkürlichen Psyche des Patienten zu optimieren.

Für den diagnostischen Prozeß ist die Fähigkeit des Therapeuten, bewußten Zugang zu seiner eigenen autonomen Psyche zu haben, unverzichtbar. Diese Fähigkeit ist ein zentrales Kriterium für die Befähigung eines Arztes oder Psychologen zum Beruf des Psychotherapeuten. Sie kann durch Selbsterfahrung gefördert werden, und es liegt in der Verantwortung jedes Psychotherapeuten, sich diese Fähigkeit zu bewahren und sie weiterzuentwickeln.

Man kann sagen, daß es zwei Typen von Therapeuten gibt: diejenigen, die mit ihrer willkürlichen Psyche in der kognitiven Verhaltensanalyse verharren mit festem Boden unter den Füßen, aber diesem Boden zugleich verhaftet. Und es gibt diejenigen, die unter weitgehender Aussparung der rational-kritischen Fähigkeiten ihrer willkürlichen Psyche sich schwimmend und schwebend in den Gewässern der autonomen Psyche tummeln, allerdings kaum den festen Boden einer kognitiv-sprachlichen Analyse des Problems betretend.

Sollten sie einem Dritten sagen, was in der Therapie geschieht, so würden sie keine Worte finden, die einer Metaebene der evaluativen Analyse der Therapie entsprechen würde. Sie betonen, daß ihr Verständnis ganzheitlich sei und deshalb so schwer kommunizierbar.

Durch diese beiden Arten, das Teil mit dem Ganzen zu verwechseln, wird gerade das ganzheitliche Verständnis des Menschen verhindert. Erst beide Arten zusammen ergeben ein wirklich ganzheitliches Verständnis. Dieses „und" erfordert jedoch den Mut des Landbewohners, sich ins Wasser zu begeben, und die Mühe des Wassertieres, sich auf dem Land zu bewegen.

Die Schnittstelle zwischen beiden - die Küste - ist die systematische Zielanalyse. So wie Phobiker bereits das Vorfeld der angstauslösenden Situation konsequent vermeiden, meiden auch unsere beide Therapeutentypen diese Schnittstelle. Die Angst beider macht diese Küste zum Niemandsland. Ihr Betreten bringt für das Landtier die Gefahr, ins Wasser zu fallen, für das Wassertier die Unsicherheit mit der mühsamen Bewegung zu Land nicht schnell genug in den Schutz des Wassers zu finden. Deshalb sei hier die Ermutigung zu ersten Schritten für beide ausgesprochen. Der Anfang könnte so aussehen: Der rationale Therapeut darf jede intuitiv-affektive Wahrnehmung durch eine kognitive Analyse paraphrasieren, so daß er mit einem Bein auf festem Boden steht. Der intuitive Therapeut darf nach jeder trockenen, kognitiv analysierenden Verbalisierung sogleich wieder kurz ins Gewässer tauchen, um die Verbindung dieser Aussage mit dem Erspürten herzustellen.

Wir hätten es tatsächlich einfacher mit der Zielanalyse, wenn das Ziel das logische Gegenteil der Störung wäre. Selbst das würde aber eine sprachlich exakte Formulierung der Störung erfordern. Darüber hinaus wäre erforderlich, daß unsere Sprache eindeutige Zuordnungen von Gegensatzpaaren erlaubt. Beides ist nicht möglich. Deshalb muß selbst in günstigen Fällen der deduktiv aus der Störung ableitbaren Zielformulierung das definierte Ziel recht unscharf bleiben.

Selbst wenn eine klinische Störungstheorie den Zustand der psychischen Gesundheit in ihre Axiome einbezieht, wie zum Beispiel die affektiv-kognitive Entwicklungstheorie (Sulz, 1994 und das vorausgegangene Kapitel), bleibt erstens das Hinterfragen dieser Gesundheitspostulate und zweitens das Problem einer gemeinsam akzeptierten menschlichen Ethik. Selbst wenn der Therapieprozeß nicht unethisch manipulativ abläuft, kann die Manipulation des Menschen noch in der expliziten Zielformulierung bzw. noch schlimmer in den unbewußten impliziten Zielvorstellungen des Therapeuten liegen.

Wer sich wehrt, Therapieziele zu formulieren, wehrt sich dagegen, sich seine impliziten Zielvorstellungen bewußtzumachen, und wird gerade dadurch ein unethisch manipulativer Psychotherapeut. Es gibt für den Therapeuten keinen Ausweg aus dem ethischen Dilemma der Zieldefinition. Es bleibt nur eines: sich dieses Dilemma möglichst immer wieder vor Augen zu führen. Der sicherste Weg dazu ist eine systematische Zielanalyse, die als permanenter Hintergrundprozeß die gesamte Therapie begleitet (Kanfer et al. 1990).

Unter dem Vorbehalt, daß die Zielanalyse mit einer systematischen Erarbeitung von Detailzielen aus den Detailstörungen des Patienten nur vorläufige Überlegungen des Therapeuten sind, über die später mit dem Patienten verhandelt werden muß, können wir nun den Schritt zur systematischen Zielanalyse wagen.

Vom Störungsdetail zum Detailziel

Aufbauend auf den kognitiven Entwicklungstheorien Piagets (1981), Kohlbergs (1974) und Kegans (1986), haben wir im vorigen Kapitel eine allgemeine affektiv-kognitive Entwicklungstheorie psychischer Störungen formuliert, die detailbezogene Zielformulierungen nahelegt, wie sie Sulz (1992a,b) schon für einzelne psychische Störungen versucht hat.

Tabelle 1 zeigt in der mittleren Spalte die Detailzielformulierungen, die sich allerdings ebenso wie die Detailstörungen einem ganzheitlichen Fallverständnis unterordnen müssen.

Die Detailstörung (linke Spalte) ist behoben, wenn das Detailziel (mittlere Spalte) erreicht ist. Oder: eine Reduzierung der Detailstörung ist durch Annäherung an das Detailziel zu erreichen.

Die **Lebensgestaltung** wird von pathogenen Beschränkungen und Überwertigkeiten befreit, indem alternative erfüllende Lebensbereiche zusätzlich aufgebaut werden. Die **Beziehungsgestaltung** wird „gesünder", wenn sie zur Gesundung des Individuums und der sozialen Gemeinschaft beiträgt, d.h., eigene emotionale Anliegen ebenso zur Geltung kommen wie diejenigen der Bezugspersonen und zusätzlich gemeinsame Anliegen entstehen. Für **bisher symptomauslösende Lebenssituationen** sollen künftig effiziente Bewältigungsstrategien verfügbar sein und auch selbstverantwortlich eingesetzt werden.

Angeborene Dispositionen können teils modifiziert, teils kompensiert werden, sind aber auch in ihren unveränderbaren Anteilen zu akzeptieren. Ein realistischeres Verständnis der **Lerngeschichte** hilft, die emotionalen Auswirkungen frustrierenden oder verängstigenden Elternverhaltens zu erkennen. Aus ihnen lassen sich auch die affektiv-kognitiven Strukturen des **Selbst- und Weltbildes** ableiten sowie die **Grundannahmen über das Funktionieren der Welt** als logische Schlüsse bzw. Wenn-dann-Aussagen des Kindes mit dessen begrenztem kognitiven Horizont. Diese empirischen Erfahrungen des Kindes und seine auf deren Basis aufgestellten Verallgemeinerungen liefern nicht nur die Prämissen für eine kindliche implizite Theorie der Welt, sondern auch das Verständnis für die **Überlebensregel**, deren Rekonstruktion zu den zentralen Zielen einer Therapie gehört. Die prämorbide Persönlichkeit und ihre **dysfunktionalen Verhaltensstereotypien** sind die Realisierung der Überlebensregel auf der Erlebens- und Handlungsebene. Ihre Modifikation ist ein weiteres Detailziel bzw. bei Persönlichkeitsstörungen das Hauptziel. Das **Dauerdilemma**, das durch die restriktive Überlebensregel entstand, soll durch Befreiung aus dem dichotomen Denken stets neu lösbar werden.

Die **primären Emotionen** in zwischenmenschlichen Interaktionen sollen ihre Funktion der Verhaltenssteuerung wiedererlangen. Die **primären Handlungsimpulse** sollen nicht mehr unreflektiert unterdrückt, sondern bewußt überprüft und in situationsadäquates Verhalten umgesetzt werden. Die **Antizipation der Konsequenzen** soll empirische Erfahrungen des erwachsenen Menschen zur Vorhersage heranziehen anstatt der kindlichen Grundannahmen. **Gegensteuernde Gefühle**, die bisher eine Unterdrückung und **Vermeidung** von effizienten Bewältigungsstrategien hervorriefen, sollen ihre verhaltenssteuernde Funktion verlieren - ebenso wie die „neuen" **verhaltenssteuernden Gefühle** (im Gegensatz zu den primären), die bisher das **Symptom** auslösten. **Sekundäre Verhaltensweisen**, die bisher auf das Symptom folgten, dieses erträglich machten, sollen als symptomerhaltend erkannt und reduziert werden.

Das subjektive **Vermeiden aversiver Konsequenzen** mit Hilfe des Symptoms sollte gelöscht werden, einerseits indem die Erfahrung gemacht wird, daß auch ohne Symptom das Aversive nicht eintritt, andererseits durch die Erfahrung, daß das Aversive, wenn es doch eintritt, gut ausgehalten werden kann, also nicht traumatisch ist. Das **Bewahren von Verstärkungen** durch das Symptomverhalten ist ebenfalls zweifach aufzulösen: zum einen durch den Verzicht auf die bisherigen (kindlichen) Verstärkungen bzw. Bedürfnisbefriedigungen, zum anderen dadurch, daß diejenigen Verstärker, die auch für den erwachsenen Menschen bedeutend bleiben, durch eigenes selbständiges, selbstverantwortliches und effizientes Verhalten erreichbar sind. Der bisherige Zwang zur **Bestätigung der bisherigen Selbst- und Weltsicht** (Assimilation) soll einer Lernfähigkeit weichen, die die Akkommodation der affektiven kognitiven Bedeutungen ermöglicht und so eine stimmige Selbst- und Weltsicht ergibt. Die bisherige **positive Verstärkung durch die soziale Umwelt** für die alten dysfunktionalen Verhaltensstereotypien und für das persönliche Opfer der Symptombildung zugunsten des sozialen Systems sollen schließlich einer Änderungsbereitschaft auch der Bezugspersonen weichen.

Tabelle 1. Von der Störung zu Ziel und Therapie (allgemeines Modell)

Die Situation	Was ist gestört?	Das Therapieziel ist ...	Die Therapie wird sein ...
Pathogene Lebensgestaltung	Pathogene Lebensgestaltung (Auf welche Weise wird das übrige Leben so gestaltet, daß es unbefriedigend sein oder bleiben bzw. scheitern muß?)	Mehrere erfüllende Lebensbereiche aufbauen (Beruf, Hobbys, Freundeskreis, Partnerschaft und Familie)	Planerisches Problemlösen (z.B. in Sulz, 1987, Psychotherapie in der klinischen Psychiatrie)
Pathogene Beziehungsgestaltung	Pathogene Beziehungsgestaltung (auf welche Weise wird in den aktuellen intimen und näheren Beziehungen mit den anderen Menschen so umgegangen, daß diese Beziehungen unbefriedigend werden oder scheitern müssen?)	In Beziehungen emotional offen sein, eigene Bedürfnisse äußern, sich den nötigen Freiraum schaffen, dabei die Interessen des anderen berücksichtigen.	Training der Wahrnehmung und Kommunikation von Gefühlen und Bedürfnissen, des Führens von Konfliktgesprächen.
Auslösende Lebenssituation	Auslösende Lebenssituation (Welche konkreten Ereignisse im letzten Jahr bzw. welche größeren Veränderungen im Laufe der letzten zwei Jahre führten zur Symptombildung und damit zur Auslösung der psychischen Erkrankung? Welches Problem konnte nicht anders als durch Symptombildung gelöst werden? - Bei Persönlichkeitsstörungen ist hiermit diejenige, ohne fremde Hilfe nicht mehr zu bewältigende Lebenssituation gemeint, die den Leidensdruck so groß machte, daß Psychotherapie begonnen wurde.)	Künftig in der symptomauslösenden Problemsituation effiziente Bewältigungsstrategien verfügbar haben, so daß die Symptombildung verzichtbar wird.	Vermittlung von Streßbewältigungsstrategien, Training sozialer Kompetenz, Vermittlung von Problemlösestrategien.
Die Person	**Was ist gestört?**	**Das Therapieziel ist ...**	**Die Therapie wird sein ...**
Angeborene Disposition	Angeborene Disposition körperlicher oder psychischer Art, die anfällig für die Symptombildung macht.	Aufbau von Selbstakzeptanz für die eigenen Schwachstellen und Begrenzungen der Lebensgestaltung.	Affektiv-Kognitive Umstrukturierung des Ideal-Selbstbildes (Reduktion der Ist-Ideal-Diskrepanz)
Lerngeschichte	Lerngeschichte (Verhalten der Eltern)	Lerngeschichtliches Verständnis der motivationalen und emotionalen Auswirkungen elterlichen Verhaltens auf das kleine Kind.	Bedingungsanalytische Gespräche

Forts. Tab.1	Störung	Therapieziel	Therapie
Kindliches Weltbild	Kindliches Bild der Welt: Frustrierendes bzw. traumatisierendes Elternverhalten wird ungeprüft auf die Erwachsenenwelt übertragen	Lernen, daß die Menschen im heutigen Erwachsenenleben meist anders reagieren als früher die Eltern dem Kind gegenüber	Training sozialer Wahrnehmung
Kindliches Selbstbild	Kindliches Selbstbild (eigene Bedürfnisse, Erwartungen, Fertigkeiten)	Erkennen, wie sehr das heutige Selbstbild noch von kindlichen Bedürfnissen und Befürchtungen geprägt ist; deren Einfluß vermindern.	Selbstkontrollstrategien mit gezielter Selbstbeobachtung und Selbstbewertung
Kindliche Grundannahmen	Kindliche Grundannahmen über das Funktionieren der Welt (Erfahrungen mit den Eltern)	Herausarbeiten der kindlichen Logik als Wenn-dann-Beziehung zwischen Selbst und Welt, z.B.: Nur wenn ich Mutters Wünsche erfülle, hat sie mich lieb.	Kognitive Gesprächsführung nach Beck: Sokratischer Dialog
Überlebensregel	Überlebensregel (Was muß ich unbedingt tun, was darf ich auf keinen Fall tun, um von der sozialen Umwelt die zum emotionalen Überleben benötigten Reaktionen zu erhalten?)	Abschwächung oder Falsifikation der kindlichen Überlebensregel, so daß effizientes erwachsenes Sozialverhalten erlaubt ist.	Empirische Hypothesenprüfung nach Beck: Tu das Gegenteil dessen, was Deine Überlebensregel Dir befiehlt, und sieh, ob die vorhergesagten Folgen eintreten.
Dysfunktionale Verhaltensstereotypien	Dysfunktionale Verhaltensstereotypien (habituelle Erlebens- und Reaktionstendenzen, die in der Kindheit funktionale Copingstrategien waren und jetzt im Erwachsenenalter in den meisten Situationen dysfunktional geworden sind - sie definieren die Persönlichkeit)	Reduktion der dysfunktionalen Verhaltenstendenzen (z.B. selbstunsicher oder dependent oder zwanghaft oder histrionisch)	Definition der Überlebensregel, die das Verhaltensstereotyp determiniert. Training der sozialen und Emotionswahrnehmung und des Sozialverhaltens.
Dauerdilemma	Dauerdilemma (Konflikt zwischen den Geboten und Verboten der Überlebensregel und meinen zentralen Wünschen und Bedürfnissen)	Vor- und Nachteile des alten Verhaltensstereotyps und des funktionalen Bewältigungsverhaltens abwägen, verantwortlich entscheiden.	Planerisches Problemlösen als kognitive Strategie des Aufbaues von selbstverantwortlichem Verhalten.
Reaktion/ Symptom	**Was ist gestört?**	**Das Therapieziel ist ...**	**Die Therapie wird sein ...**
Primäre Emotion	Primäre Emotion, die die natürliche Antwort auf das problematische Ereignis der Lebens-Situation S wäre (meist tabuisiert oder bedrohlich, z.B. Wut, Ärger, Trauer)	Die ursprüngliche Emotion wieder wahrnehmen, sie sich erlauben, ihre Funktion als Motivator von Copingverhalten erkennen und nutzen.	Übung der Gefühlswahrnehmung, kognitive Umstrukturierung bisheriger Verbote, Übung der Verhaltenskette primäre Emotion - adäquates Copingverhalten.

Forts. Tab.1	Störung	Therapieziel	Therapie
Primärer Handlungs-impuls	Primärer Handlungsimpuls, der sich aus der primären Emotion ergäben würde: a) inadäquat intensiver Impuls (unzivilisiert, daher allgemein sozial abgelehnt); b) adäquates Coping (wegen emotionaler Abhängigkeit zu bedrohlich)	Kognitive Kontrolle über den primären Handlungsimpuls erreichen: inadäquate Impulse ersetzen durch adäquate, effiziente Handlungskonzepte.	Selbstinstruktionsübungen nach Meichenbaum, kognitive Umstrukturierung zu strenger Normen, die adäquates Coping verbieten.
Antizipation der Konsequenz	Antizipation der Konsequenz dieses primären Handlungsimpulses, die eine extreme Bedrohung des Organismus bzw. der Person bedeuten würde (Ablehnung, Zurückweisung)	Erkennen, daß die dysfunktionale Überlebensregel der Kindheit eine unrealistische Bedrohung vorhersagt (die emotional nicht überlebt wird)	Empirische Hypothesenprüfung nach Beck: handeln entgegen der dysfunktionalen Überlebensregel.
Gegensteuernde Gefühle	Gegensteuernde Gefühle (Angst, Scham, Schuldgefühle, Ekel), die verhindern sollen, daß der primäre Handlungsimpuls in eine Handlung umgesetzt wird.	Den gegensteuernden Gefühlen (Angst, Scham, Schuldgefühle, Ekel) die verhaltenssteuernde Wirkung nehmen (Toleranzvergrößerung)	Selbstkontrollübungen (immer länger diese Gefühle aushalten lernen, ohne zu tun, wozu sie drängen)
Vermeidung	Vermeidung: Unterdrückung des primären Handlungsimpulses	Das Vermeidungsverhalten bewußt beobachten und der Selbstkontrolle zugänglich machen: doch noch das funktionale Coping ausführen.	Selbstbeobachtungs- und Selbstinstruktionsübungen
Neue verhaltenssteuernde Gefühle	Neue verhaltenssteuernde Gefühle, die unmittelbar zu diskriminativen oder reflexhaft auslösenden Stimuli des Symptomverhaltens werden (z.B. Hilflosigkeit bei Depression, Angst beim Paniksyndrom)	Symptomatische Gefühle, die zeitlich unmittelbar dem Symptom vorausgehen, als konditionierte Symptomauslöser löschen.	Emotionsexposition zur Löschung der klassischen und instrumentellen Konditionierungen.
Symptom	Symptom als qualitativ neues Verhalten, das einerseits eine partielle Problemlösung in der auslösenden Situation bringt, andererseits aber auch nicht die Verbote und Gebote der Überlebensregel verletzt	Ein alternatives, mit dem Symptom unverträgliches Verhalten aufbauen (evtl. als Gegenkonditionierung)	Bei Depression z.B. Trauerexposition, bei Agoraphobie Angstexposition, bei Eßstörungen Anti-Diät-Training etc.
sekundäre Verhaltensweisen	Verhaltensweisen, die sekundär versuchen, die Auswirkungen des Symptoms abzumildern bzw. deren negativen Auswirkungen entgegenzusteuern.	Erkennen, daß diese Art, das Symptom erträglich zu machen, für die Aufrechterhaltung des Symptoms sorgt.	Durch Selbstkontrolle die das Symptom abmildernden Verhaltensweisen stoppen und ersetzen durch das primär intendierte Bewältigungsverhalten.

Forts. Tab.1	Störung	Therapieziel	Therapie
Konsequenzen	Was ist gestört?	Das Therapieziel ist ...	Die Therapie wird sein ...
Vermeiden aversiver Konsequenzen	Vermeiden der aversiven Konsequenzen einer „gesunden" Copingreaktion als autonomem, selbstverantwortlichem Verhalten wie das Risiko der Ablehnung, des Unmutes.	Die Angst vor Ablehnung und Unmut der anderen während des "gesunden" Copingverhaltens aushalten können	Unterstützung und Ermunterung, Shaping, Verstärkung von Teilerfolgen.
Bewahren von Verstärkungen	Bewahren von Verstärkungen (Gratifikationen aus der Abhängigkeit von wichtigen Bezugspersonen und Beziehungen)	a) Weniger Verstärkung aus Abhängigkeit benötigen b) Diese Verstärkung sich selbst holen können, bei wem ich sie holen will.	a) Affektiv-kognitive Entscheidung zum bewußten Verzicht (z.B. auf soviel Geborgenheit) b) Aufbau neuer soz. Beziehungen c) Selbstverstärkung
Bestätigung der Selbst- und Weltsicht	Bestätigung der alten Selbst- und Weltsicht	Lernfähigkeit aufbauen, um alte Selbst- und Weltsichten durch ständig neue Erfahrungen realitätsgerecht verändern zu können und zu wollen	Kognitives Lernset durch kognitive Gesprächsführung wie den Sokratischen Dialog herstellen.
Positive Verstärkung durch die soziale Umwelt	Zusätzliche positive Verstärkung des Symptomverhaltens durch die soziale Umwelt	Erkennen, welchen Vorteil das Symptom für die soziale Umwelt bringt, um deren verstärkendes Verhalten identifizieren und löschen zu können	Familienbeobachtung, Familiengespräche zur gemeinsamen Bedingungsanalyse

Grob zusammenfassend lassen sich, bezogen auf das SORK-Schema, fünf **Hauptziele** formulieren:
Situation (S-Ziel): Die Lebensführung und Beziehungsgestaltung so ändern, daß sie künftig von konstruierten „Sollbruchstellen" frei bleiben. In Problemsituationen künftig nicht mehr symptomatisch, sondern adäquat bewältigend reagieren können.
Person (O-Ziel): Die dysfunktionale Überlebensregel modifizieren (leben statt überleben) und das dysfunktionale Verhaltensstereotyp aufgeben zugunsten von Verhaltenstendenzen, die im Dienst der eigenen Entwicklung stehen.
Reaktion (R-Ziel): Primäre emotionale und Handlungstendenzen zulassen und zivilisieren, d.h. verantwortlich einsetzen.
Symptom-Ziel: Die Funktion des Symptoms erkennen und Alternativen hierzu entwickeln.
Konsequenz (K-Ziel): Die Erfahrung machen, daß neue Problemlösungen nicht zwingend zum Verlust bisheriger Verstärkungen und auch nicht zu nicht zu bewältigenden Bestrafungen durch die Umwelt führen. Sowohl beim einzelnen Patienten als auch bei verschiedenen klinischen Störungen müssen die Ziele spezifiziert werden, treten verschiedene Detailstörungen mehr in den Vordergrund. Weiterhin ist der gegenwärtige Entwicklungsstand des Patienten und der bei ihm anstehenden Entwicklungsschritte zu berücksichtigen.

ZIELSPEZIFITÄT: Vergleich der Therapieziele bei verschiedenen Störungen

Um ein Gefühl für eine differentielle Zielanalyse zu entwickeln, lohnt es sich, die Detailziele der verschiedenen klinischen Störungen gegenüberzustellen. Hier sei auf einige Vergleiche beispielhaft eingegangen:

Lebensgestaltung

Angstpatienten sollen ihre Lebensgestaltung nicht mehr der Absicherung der Verfügbarkeit von Schutz und Sicherheit widmen. **Zwang**spatienten sollen in ihrer Lebensgestaltung mehr spontane Impulse, Experimentier- und Risikofreude zulassen. **Depressive** Patienten sollen das Primat der Selbstwertregulierung aus ihrer Lebensgestaltung herauslassen. **Bulimie**patientinnen sollen ihre Lebensgestaltung unter Wahrnehmung einer größeren Vielfalt von Eigeninteressen als nur der des emotionalen Hungers betreiben.

Beziehungsgestaltung

Angstpatienten sollen das Einengende der Partnerschaft frühzeitig spüren und Freiraum durchsetzen, diesen angstfrei gestalten. **Zwang**spatienten sollen sich dem anderen Menschen emotional öffnen und ihr Beziehungsverhalten durch Emotionen steuern. **Depressive** Patienten sollen auf Selbstwertzufuhr von der Bezugsperson verzichten. **Bulimie**patientinnen sollen in Beziehungen Konflikte zulassen, austragen und dadurch riskieren, daß das emotionale Futter ausbleibt.

Bisher symptomauslösende Lebenssituationen

Angstpatienten sollen den Trennungsimpuls als Angstauslöser kennen und statt der Dichotomie unerträgliche Enge versus beängstigende Freiheit den dritten Lösungsweg probieren: Freiraum in der Beziehung. **Zwang**spatienten sollten eine größere Toleranz gegenüber Risiko, Uneindeutigkeit, Unabwägbarkeit und Verantwortlichkeit entwickeln. **Depressive** Patienten sollten zentrale Verluste betrauern können, das Verlorene loslassen und dann wieder frei werden für neue Lebensbezüge. **Bulimie**patientinnen sollen Bedürfnisfrustrationen einerseits mehr tolerieren, andererseits sich besser dagegen wehren können.

Hier muß wieder betont werden, daß kaum ein Patient diese idealtypischen Störungsmuster aufweist. Für den einzelnen Patienten werden einige Details in ausgeprägter Form zutreffen, andere sind bei ihm zu vernachlässigen. Trotzdem lohnt es sich immer wieder, bei den Reflexionen über die individuell vorrangigen Therapieziele einen Blick auf die störungsspezifische Zielübersicht zu werfen. Viel zu oft unterliegen Patient und Therapeut in unausgesprochener Übereinkunft einem systematischen Diagnosefehler (Sulz und Gigerenzer, 1982). Ein die Störung von ganz neuer Seite zeigendes Detail wird einfach links liegengelassen und erst viel zu spät in die gemeinsamen Betrachtungen einbezogen. Dann vielleicht, wenn nicht mehr genügend Finanzmittel für weitere Stunden vorhanden sind. Die systematische Detail-Zielanalyse läßt dieses gemeinsame Skotom beheben bzw. „das gemeinsame blinde Auge" von Patient und Therapeut öffnen.
Wenn beim Patienten neben der klinischen Symptomstörung **zusätzlich** eine subklinische oder klinische **Störung seiner Persönlichkeit** besteht, wird die Störungs- und Zielanalyse durch die Persönlichkeitsstörung recht komplex. Um so wichtiger ist es dann, zunächst beide Störungen zu trennen und eine getrennte Störungs- und Zielanalyse für die Syndromstörung und die Persönlichkeitsstörung durchzuführen. Erst in einem dritten Schritt werden diese zu einer Gesamtanalyse zusammengefügt. Meist wird der Fehler gemacht, sofort diese Störungsbereiche zu mischen. Dadurch verliert das individuelle, fallbezogene Störungsmodell seinen Erklärungswert. Denn die Funktionen der verschiedenen Störungsbereiche werden verschleiert.

Folgendes Vorgehen wird deshalb empfohlen:
a) Analyse der Persönlichkeitsstörung
b) Analyse der Symptomstörung
c) Gemeinsame Analyse beider Störungen.

Ähnlich problematisch wird es, wenn ein Patient zwei klinische Syndromstörungen hat, zum Beispiel eine Angststörung und eine Depression. Hier ist folgendes Vorgehen erforderlich:
a) Genaue getrennte Exploration der zeitlichen Auslösung, der Entstehung, des erstmaligen Auftretens und des Ablaufs beider Störungen.
b) Sobald sich ergibt, daß eine der Störungen ein sekundäres Syndrom ist, das durch das Bestehen der anderen verursacht wurde, genügt es, sich zunächst für die weitere Störungs- und Zielanalyse auf das primäre klinische Syndrom zu konzentrieren. Trotzdem wird vielleicht mit der Behandlung einer sekundären Depression begonnen, weil der Patient in seinem depressiven Zustand für die Behandlung einer primären Angststörung gar nicht geeignet ist.
c) Handelt es sich um zwei eigenständige Syndrome, die unabhängig voneinander eine zentrale Funktionalität in der Lebensgestaltung des Patienten haben, so sollten sie auch völlig getrennt analysiert werden.

Um selbst eine systematische Zielanalyse bei einem konkreten Patienten durchführen zu können, kann der bei Sulz (1994) abgedruckte Leitfaden zur Zielanalyse verwendet werden. Er ist auch zu theoretischen Zwecken einzusetzen. Man kann mit seiner Hilfe ein eigenes Störungsmodell analog den oben beschriebenen VDS-Störungsmodellen erarbeiten.

ZIELPRIORITÄTEN: Von den Detailzielen zum Globalziel

Die systematische Analyse der Störung führte uns über die definitorischen Details der Störung zu den individuellen Detailzielen: Mit 23 Zielen haben wir eine Datenvielfalt erhalten, die zwar dem individuellen Fall und seinem klinischen Syndrom gerecht wird, die aber zugleich der Datenreduktion bedarf. Hierzu bieten sich zwei verschiedene Wege an. Zum einen die bereits oben vorgeschlagene Zielformulierung innerhalb des SORK-Schemas, mit einem S-Ziel, einem O-Ziel, einem R-Ziel, einem Symptom-Ziel und einem K-Ziel. Zum anderen die völlig freie Prioritätensetzung, etwa indem bei jedem **Detailziel** zunächst seine **Wichtigkeit** beurteilt und dichotom entschieden wird: eher wichtig / eher unwichtig.
Im zweiten Schritt wird eine **Rangordnung** der verbliebenen, wichtigen zum Beispiel acht Detailziele gebildet. Der dritte Schritt ist die Bestimmung der **Zahl der endgültigen Ziele**, zum Beispiel vier oder fünf. Dieses Vorgehen hat den Vorteil, daß das Ergebnis völlig dem individuellen Fallverständnis des Therapeuten unter Würdigung des von ihm erarbeiteten Störungsmodells entspricht.
Der Nachteil dieses Vorgehens besteht darin, daß seine subjektive Wertung vielleicht relevante Aspekte unberücksichtigt läßt. Jeder Therapeut hat seine Vorlieben. Der eine arbeitet überwiegend kognitiv an einer Änderung der Organismusvariablen, der andere stellt ganz das Verhalten in den Mittelpunkt seiner Arbeit. Beide vernachlässigen eventuell die Kontingenzen und Bedingungen menschlichen Verhaltens (die klassische Konditionierung und die Verstärkung). Auch wenn es schematisch erscheinen mag, hat die Bestimmung der Zielprioritäten innerhalb des SORK-Schemas große Vorteile. Es wird keine der vier Hauptvariablen der Störung außer acht gelassen. Wenn als fünftes Ziel jeweils ein Symptomziel hinzugefügt wird, passiert es auch nicht, daß das Symptom links liegen bleibt. Denn das erste Ziel des Patienten ist stets die Symptomlinderung. Selbst wenn ein Symptomziel nur dem Patienten zuliebe formuliert wird, besteht der Gewinn in der Regel doch darin, seine Therapiemotivation für die übrigen Interventionen zu fördern oder überhaupt erst herzustellen.

Das SORK-Schema ist eine Grobgliederung der psychosozialen Homöostase des Menschen, darstellbar als ein kybernetischer Regelkreis (Sulz, 1987). Das kybernetische System besteht aus dem Menschen und seiner sozialen Umwelt. Den Regler dieses Systems haben wir als autonome Psyche benannt, da das resultierende Verhalten nicht auf einer bewußten Ebene willkürlich gesteuert wird, die instrumentelle Funktion des Verhaltens nicht bewußt intendiert ist. Für die lernpsychologisch fundierte Verhaltenstherapie ist dies eine Selbstverständlichkeit. Die kognitiv orientierten Therapeuten, die sich an eine kognitive Bewußtseinspsychologie anlehnen, laufen jedoch Gefahr, alles der willkürlichen Psyche, die durch bewußte Informationsverarbeitung sowie durch bewußt und willkürlich intendierte Reaktionen charakterisiert ist, zuzuschreiben. Wenn sowohl die systemische als auch die Selbstregulation des Menschen bei der Zielsetzung berücksichtigt werden sollen, sind Zielsetzungen sowohl bezüglich der Situations- und Konsequenz-Variablen als auch bezüglich der Organismus- und Reaktionsvariablen hilfreich. Wer dies bisher nicht getan hat und es jetzt bei einigen Patienten ausprobiert, wird bald merken, welche Aspekte er bisher vernachlässigt hat.

Die Zielbestimmung innerhalb des SORK-Schemas kann folgendermaßen ablaufen:
a) Auswahl der beiden wichtigsten S-Ziele, der beiden wichtigsten O-Ziele, der beiden wichtigsten R-Ziele, der beiden wichtigsten K-Ziele
b) Auswahl der vier wichtigsten Ziele aus diesen acht verbliebenen Zielen
c) Wer möchte, kann auch eine Zwangsauswahl treffen, d.h. zu jeder Variablen des SORK-Schemas genau ein Ziel auswählen
d) Hinzufügen des Symptomziels

Die fünf Ziele können anschließend noch bezüglich ihrer Priorität oder ihrer Reihenfolge in eine Rangreihe gebracht werden (hier ein Beispiel einer Angstpatientin):
1. Lernen, mit der Angst umzugehen (Symptom)
2. Vermeidungsverhalten reduzieren - in der Situation bleiben (K)
3. Lebensbereiche aufbauen, die Eigenständigkeit ermöglichen (S)
4. Falsifizierung der Überlebensregel (O)
5. Inadäquate Trennungsimpulse ersetzen durch effiziente interaktionelle Handlungskompetenz (R)

Bei Sulz (1992a, 1994) und im Strategieteil des Therapieprotokollheftes (Sulz, 1992b) ist ein **Formblatt zur individuellen Zielanalyse** abgedruckt.
Ein letzter Schritt ist die **Formulierung eines Gesamtziels**, das notwendigerweise abstrakter ist. Wiederum ist eine ungewohnte geistige Disziplin erforderlich, wenn der Wechsel der Abstraktionsebenen nicht zur Diagnoseroutine gehört. Die beiden extremen Grundhaltungen sind dabei das Verlieren im Detail versus die eindimensionale vom Konkreten abgehobene und nicht operationalisierbare Zukunftsutopie.
Das Gesamtziel wird einerseits mit Seitenblick auf das Spezifische des klinischen Syndroms (worauf kommt es bei Agoraphobie an?) und andererseits mit Blick auf den gesamten Menschen (worauf kommt es bei genau diesem Menschen an?) formuliert. Es ist eine Abstraktion und Verdichtung der vier Einzelziele. Damit läßt sich die Grundrichtung der Therapie immer wieder vor Augen führen. Die einzelnen Ziele erscheinen als Operationalisierungen des Gesamtziels, die immer wieder auf dieses bezogen werden können. Später wird diesem Gesamtziel eine Gesamtstrategie als abstrakte Formulierung des Therapieplanes entsprechen.

ZIELE DES THERAPEUTEN - Wo bleibt der Patient?

Obige Überlegungen zur Zielanalyse wurden zwischen den Sitzungen mit dem Patienten angestellt. In den Sitzungen lerne ich vom Patienten, wie seine Welt beschaffen ist, und erlebe ihn in der Beziehung zu mir. In der nächsten Sitzung sage ich ihm, was ich bisher verstanden habe. Ausgehend von den für mich bestehenden

Ungereimtheiten der letzten Stunde, stellen wir weitere gemeinsame Betrachtungen seiner subjektiven Welt an. Dabei kommen wir beide zu einem immer weiterführenden Verständnis seines Selbst-Welt-Systems. Der Patient bestätigt die vermutliche Richtigkeit meiner Hypothesen, die sich zu einer Theorie über ihn und seine Welt zusammenfügen. Er versteht sich besser und fühlt sich verstanden. Manchmal scheint es, daß die diagnostischen Sitzungen die wichtigsten Stunden der Therapie sind. Diese Art des diagnostischen Vorgehens verbindet eine umfassende Diagnostik mit dem Aufbau einer stabilen emotionalen Beziehung, die rasch tragfähig genug wird, um die psychischen Belastungen einer intensiven Kurzzeittherapie aufzufangen.

Mit der Kommunikation des individuellen Störungsmodells ist auch der Dialog über die daraus abzuleitenden Therapieziele verbunden. Hier stockt das gemeinsame Verstehen. Niemals ist zu hören: „Ja, genau das will ich!" Höchstens das etwas reserviertere „Was kann ich tun, um das zu erreichen?" und nicht selten „Was kann ich tun, um das zu wollen?" Dies bedeutet nicht, daß dem Patienten die affektive Einsicht in unsere gemeinsame Störungsdefinition fehlt. Er spürt aber, daß er sich innerlich sträubt, die Nachteile der Zielerreichung in Kauf zu nehmen und die Vorteile des Ist-Zustands aufzugeben. Wenn dem nicht so wäre, hätte es keiner Symptombildung bedurft!

Hier wird die gemeinsame Zielanalyse zu einer therapeutischen Intervention, die dem Vermitteln von Problemlösestrategien (Fiedler 1981, Sulz 1987) dient. Die **affektive Bedeutung der** jeweiligen **Zielerreichung**, d.h. der emotionalen Verluste oder Gefahren, versucht der Patient in unserem Gespräch zu erspüren. Die **Wahrnehmung der Gefühle**, die eintreten, wenn sich das Leben im Sinne der Zielerreichung geändert hat, ist nur möglich, wenn aus der sprachlichen Zielformulierung ein Bild bzw. eine Szene entsteht. Die auftretenden Gefühle sind nicht Selbstzweck, sondern ein notwendiges Mittel um die affektive Bedeutung herausarbeiten zu können. Bleiben Patient und Therapeut in einem spachlich-kognitiven Dialog, so gelingt es dem Patienten nicht, die wirkliche Bedeutung des Ziels bewußt zu erfassen.

Es tritt Angst (vor Veränderung) oder Trauer (in Antizipation des Verlustes) auf. Es ist hier eine große Hilfe, eine therapeutisch eingeleitete Imagination der Zielerreichung herzustellen. Erst danach sollte wieder zur kognitiv-sprachlichen Ebene der Zielbewertung zurückgekehrt werden.

Ein Formblatt „**Zielbewertung durch den Patienten**" ist bei Sulz (1994) abgedruckt.

Die **vom Patienten selbst genannten Ziele** werden ebenfalls gemeinsam untersucht und bewertet. Sie werden allerdings dahingehend bewertet, ob sie Entwicklungsziele (progressive Ziele) oder „nostalgische" (regressive) Ziele sind. Die progressiven Ziele werden mit obigen parallelisiert und das Therapeutenziel durch das bedeutungsgleiche Patientenziel ausgetauscht.

Die **regressiven Ziele des Patienten** bedürfen ganz besonderer Beachtung, denn sie bestimmen den **Widerstand** gegen die therapeutischen Versuche, die progressiven Ziele zu erreichen. Es wäre falsch, den Patienten „zur Vernunft" oder zur gefügigen Anpassung an die Entwicklungsziele zu bringen. Das verbale Ausformulieren, das Bedenken und Aufzählen der Vor- und Nachteile, das Imaginieren der Zielerreichung mit dem Erleben der dabei auftretenden Gefühle, die die affektive Bedeutung des Ziels signalisieren, ist unbedingt notwendig. Hier wird die Zielanalyse zur „Ziel- und Widerstandsanalyse". Mit dem Formblatt „Zielbewertung durch den Patienten" (Sulz, 1994) können auch die regressiven Ziele festgehalten werden.

Ich schließe eine **Exploration der Bedürfnisse** an. Nach einer freien Aufzählung der Bedürfnisse gebe ich einen Bedürfnisfragebogen zum Ausfüllen (Sulz, 1994). Die regressiven Ziele lasse ich so auf die zentralen zwischenmenschlichen und selbstbezogenen Bedürfnisse zurückführen. Der Patient kann auf diese Weise die kognitive Ebene verlassen, die zwar hilft, die Fähigkeiten der willkürlichen Psyche nutzend, eine effektive therapeutische Änderung in Gang zu setzen. Aber nicht die willkürliche Psyche beherbergt die wichtigen lerngeschichtlichen Erfahrungen der Kindheit, sondern die autonome Psyche. Diese wird erreicht über das **Wahrnehmen der Bedürfnisse**. Dem Patienten sollte im Gespräch Raum gegeben und der Weg bereitet werden, wirklich zu spüren, was er braucht, nicht nur zu denken, daß er es braucht.

Es zeigen sich überwiegend zwei Arten des Widerstands:
1) Der absolute Vorrang von Abhängigkeitsbedürfnissen gegenüber Autonomiebedürfnissen
2) Die Befürchtung, die Autonomiebedürfnisse nicht mehr befriedigen zu können und wieder in Abhängigkeit zu geraten

Mit dem Wahrnehmen und Spüren des Bedürfnisses kommt auch die Erinnerung an die **Geschichte dieses Bedürfnisses**, an das Unglück des Kindes, dem die Befriedigung dieses Bedürfnisses vorenthalten wurde oder das auf die Befriedigung verzichten mußte, weil sonst sein emotionales Überleben gefährdet gewesen wäre.

Darauf müssen Patient und Therapeut gemeinsam **Empathie für den bedürftigen Menschen** aufbringen. Es wäre eine falschverstandene Zielorientierung, den Istzustand abzuwerten oder dem Patienten das Recht dazu abzusprechen, Probleme zu haben. Ebenso wichtig wie die Empathie des Therapeuten ist die **Empathie des Patienten** für das bedürftige Kind und für den bedürftig gebliebenen Erwachsenen. Wenn ihm Therapie als Entwicklung vermittelt wird, so kann auch verdeutlicht werden, daß Verständnis und Wohlwollen einen besseren Boden für Entwicklung und Wachstum bereiten als Ablehnung und Selbstkritik. Zur therapeutischen Zielorientierung gehört die **Akzeptanz des Ist-Zustandes**, die beim Patienten einer **Selbstakzeptanz** entspräche. Wir können allerdings nicht erwarten, daß der Patient schon zu Beginn der Therapie ausreichend Selbstakzeptanz aufbringt, müssen also seine fehlende Akzeptanz akzeptieren. Der Therapeut hat hier eine wichtige Modellfunktion, die er erfüllt, wenn er immer wieder Verständnis und Akzeptanz für den Ist-Zustand deutlich ausspricht. Wir halten fest, daß Selbstakzeptanz in unserer Definition der Zielorientierung implizit enthalten ist. Widerstand können wir vorläufig als fehlende Kongruenz der Therapeutenziele und der Patientenziele definieren. Ein wesentlicher Bestandteil der Zielanalyse ist die Benennung und Würdigung der regressiven („antitherapeutischen") Ziele des Patienten. Die affektive Entscheidung gegen die Beibehaltung eines regressiven Ziels ist bereits Therapie, ebenso wie die Entscheidung für ein progressives Ziel.

Erst beides zusammen stellt die **Bereitschaft zur Entwicklung** her. Im therapeutischen Gespräch muß wiederum dem Patienten Zeit und Raum gegeben werden, sich kognitiv und affektiv die Bedeutung der Zielerreichung zu vergegenwärtigen. Seine Entscheidung hat nur dann therapeutischen Stellenwert, wenn er das Ziel gefühlhaft erspüren kann. Und seine Entscheidung ist nur dann eine Entscheidung, wenn er aus diesem Fühlen heraus die Frage „Wollen Sie das wirklich?" mit Ja beantwortet. Der Therapeut wiederum muß sich vergegenwärtigen, daß die Zielentscheidung des Patienten im Bewußtsein der Verletzung seiner alten Überlebensregel getroffen wird, daß er also spürt, daß es um sein emotionales Überleben geht und daß er sich bereit erklärt, ein Wagnis einzugehen, das mit einem für ihn unabwägbaren Risiko behaftet ist. Nur die Verfügbarkeit des Therapeuten und nur das Vertrauen auf die therapeutische Beziehung helfen ihm, das Ziel zu bejahen.

ZIELERWARTUNGEN: Die Richtung stimmt, aber wie weit geht die Reise?

Sowohl die vom Modell abgeleiteten als auch die den Phantasien des Patienten entspringenden Zielformulierungen klingen nicht selten paradiesisch. So, als wollte und könnte man ein absolutes Maximum erreichen. Bleibt es dabei, so baut der Patient entweder zu hohe Erwartungen auf, und die Ernüchterung im Lauf der Therapie führt zum großen Rückfall in das Symptomverhalten. Oder das hohe und hehre Ziel erscheint von Anfang an als nicht zu bewältigender Berg: „Das schaffe ich nie!"

Wir müssen uns deshalb vor Augen führen, daß unsere bisherigen Zielformulierungen lediglich **Zielrichtungen** angegeben haben wie ein Wegweiser ohne Kilometerangabe. Wie weit wir in diese Richtung gehen wollen, bleibt damit ungeklärt, was dazu führen kann, daß Patient und Therapeut ganz verschiedene

Zielvorstellungen entwickeln und dies mangels Kommunikation zu spät merken. Der Patient meint vielleicht, es seien zwei Kilometer Weg zurückzulegen, der Therapeut geht von zwanzig Kilometern aus. Der Therapeut wundert sich über die langsamen und kleinen Schritte des Patienten, und wieder denkt er an Widerstand. Hier ist eine gemeinsame Festlegung der **konkreten Zielerwartungen** hilfreich. Im therapeutischen Kontext bietet sich hierzu die **Zielerreichungsskalierung** (Goal-Attainment-Scaling, GAS) nach Kiresuk und Sherman (1968) an. Der Grad der Zielerreichung am Therapieende wird für jedes Ziel auf einer 5stufigen Skala eingeschätzt:

- −2 = Das Ergebnis der Therapie ist **sehr viel schlechter** als erwartet
- −1 = Das Ergebnis der Therapie ist **schlechter** als erwartet
- 0 = Das Ergebnis der Therapie ist **wie erwartet**
- +1 = Das Ergebnis der Therapie ist **besser** als erwartet
- +2 = Das Ergebnis der Therapie ist **sehr viel besser** als erwartet

Der mittlere Skalenwert Null entspricht demnach dem, was in den Augen des Therapeuten und des Patienten am wahrscheinlichsten zu erreichen sein wird. Schlechtere und bessere Ergebnisse als dieses halten sie für weniger wahrscheinlich. In diese Skalierung geht sowohl die klinische Erfahrung des Therapeuten, als auch seine Beurteilung des individuellen Falles ein, hängt also sehr von der Person des Therapeuten und des Patienten ab. Tabelle 2 zeigt ein Beispiel für einen depressiven Patienten.

Ein Formblatt „**Kriterien der Zielerreichung (Erwartung)**" zur Verwendung bei eigenen Patienten befindet sich bei Sulz (1992a, 1994) und im Strategieteil des Therapieprotokollheftes (Sulz, 1992b).

Einige Patienten stellen auch in der Therapie so hohe Ansprüche an sich, daß sie zur Selbstakzeptanz erst dann bereit sind, wenn sie das Traumziel erreicht haben. Abgesehen davon, daß der Therapeut in seiner eigenen Persönlichkeitsentwicklung bei den meisten Zielen auch nicht auf Stufe +2 steht, ist bei diesen Patienten die Arbeit an konsensfähigen Zielerwartungen eine wichtige therapeutische Intervention. Die kognitiven Schemata eines solchen Patienten bedürfen der Akkommodation, sonst mißbraucht er die Therapie zur Assimilation der Therapieergebnisse an seine überzogenen Schemata, d.h., in dieser Hinsicht hat keine Therapie stattgefunden. Die Akkommodation bedarf weniger der kognitiven Intervention. Primär geht es um die Akkommodation der affektiven Bedeutung der verschiedenen Zielerreichungsstufen. Diese Patienten wenden noch die dichotome Alles-oder-nichts-Denkweise auf ihre Selbstbewertung an: „Nur wenn ich das Idealziel ganz erreiche, bin ich ein wertvoller Mensch".

Wieder stoßen wir auf die kindliche Überlebensregel des Menschen, die ihm verbietet, nicht ideal zu sein, wenn ihm sein emotionales Überleben lieb ist. Wieder geht es um das Infragestellen dieser Überlebensregel als einer in der Kindheit zwar zutreffenden Regel, im Erwachsenenalter jedoch ungeprüften und unbewiesenen Hypothese. Und es geht um das Abschiednehmen von dem durch die Überlebensregel vorgegebenen Weg, der zur Erfüllung der Sehnsüchte und Wünsche der Kindheit hinführen sollte. Der Abschied vom bisherigen Weg kommt teils vorläufig, teils endgültig dem Abschied von der Wunscherfüllung gleich. Dies führt zu Trauer und Schmerz. Der Therapeut sollte nicht versäumen, dem Patienten die „hautnahe" Wahrnehmung dieser Gefühle zu ermöglichen. Erst trauern und Abschied nehmen ermöglicht es, die affektive Bedeutung (d.h. das affektiv-kognitive Schema) zu akkommodieren und eine neue Zielerwartung aufzubauen.

Nicht selten ist eine so durchgeführte Zielanalyse im Sinne des therapeutischen Problemlöseparadigmas schon die halbe Therapie. Das Problembewußtsein ist hergestellt, die Therapiemotivation ist aufgebaut und die therapeutische Beziehung ist entstanden.

DER BEHANDLUNGSPLAN - Therapeutische Strategien

Der Weg vom Problem zum Ziel wird zum Instrument eines zweckbestimmten Handelns oder zum operanten Verhalten, das durch Hoffnung auf Erfolg und durch positive Verstärkung gesteuert wird. Natürlich wird der Patient seinen Behandlungsplan nicht ohne Zutun des Therapeuten aufstellen. Aber er findet Antworten auf die Frage, **was** getan werden kann, um ein Ziel zu erreichen.

Wie dies im therapeutischen Kontext umgesetzt werden kann, weiß der Therapeut hinzuzufügen und vorzuschlagen. Dabei müssen spezielle Interventionstechniken im Sinne von Verhaltensexperimenten nur dann vorgeschlagen werden, wenn die eigenen Möglichkeiten des Patienten nicht ausreichen oder unökonomisch sind.

Begeben wir uns zunächst jedoch wieder auf die Metaebene der theoriegeleiteten strategischen Therapieplanung. Der dritte Schritt zur effizienten Psychotherapie ist, nach der
- individuellen Bedingungsanalyse und der
- systematischen Zielanalyse, die
- **strategische Therapieplanung**.

Die vier Hauptvariablen des SORK-Modells führen zu vier **Hauptstrategien** (im Beispiel einer Angstpatientin):
1) Angstexposition, um zu lernen mit der Angst umzugehen (zur Angstreduktion)
2) Selbstkontrolliertes Aufsuchen aller bisher vermiedenen Situationen (zum Abbau des Vermeidungsverhaltens)
3) Aktivitätenplanung: Unternehmungen ohne den Mann (zur Veränderung des Selbst- und Weltbildes)
4) Empirische Hypothesenprüfung nach Beck (zur Falsifizierung der alten Überlebensregel)
5) Kommunikationstraining (aktives Konfliktlösen statt Trennung)

Für jede dieser Hauptstrategien lassen sich, ausgehend von der allgemeinen kognitiven Entwicklungstheorie psychischer Störungen von kognitiver und verhaltenstherapeutischer Seite Detailstrategien vorschlagen, die wiederum durch vom einzelnen Therapeuten und vom Patienten kreativ gefunden Interventionen individuell praktisch umgesetzt werden können.

Tabelle 1 zeigt in der rechten Spalte die Detailstrategien, die hier nur probatorischen, beispielhaften Charakter haben sollen. Sie sind nicht als immanenter Bestandteil der in diesem Buch vorgestellten Theorie zu sehen. Vielmehr spiegeln sie derzeitige kognitive und verhaltenstherapeutische Praxis wider.

Da die Zielanalyse bereits zu einer Selektion von fünf Detailzielen geführt hat, ist nun kein Auswahlprozeß mehr erforderlich. Betrachte ich die Detailstrategien als Teilstrecken des gesamten Weges zum Ziel, so muß ich mir vorstellen können, auf diese Weise wirklich
a) mit diesem Patienten
b) bei seiner spezifischen Lebenssituation
c) und seinem klinischen Syndrom
d) in die gewünschte Richtung
e) bis an den gewünschten Ort
zu gelangen.

Nach einer eventuellen Überarbeitung wird eine dem oben formulierten Gesamtziel korrespondierende **Gesamtstrategie** auf relativ abstraktem Niveau genannt, die einerseits eine Zusammenfassung obiger vier Hauptstrategien ist, andererseits angibt, was Therapeut und Patient tun werden. Ein Beispiel für eine Gesamtstrategie bei einem depressiven Patienten ist:

"Durch die Erfahrung von Selbsteffizienz (Durchsetzen eigener Vorstellungen am Arbeitsplatz) unabhängig werden von der äußeren Selbstwertquelle (ständige Bestätigung des Vorgesetzten)."

Nicht nur zur Ausarbeitung einer Falldokumentation, wie bei Sulz (1992a) vorgeschlagen wird, sondern auch zu therapeutischen Zwecken ist es notwendig, von der abstrakten Sprache des Modells auf die konkrete Person und ihr konkretes Erleben und Verhalten zurückzukommen, wenn der Behandlungsplan aufgestellt wird. Konkrete, auf den individuellen Patienten bezogene Formulierung der geplanten Behandlung schafft die Brücke zur praktischen Umsetzung der Strategie.

Zur Verwendung bei eigenen Patienten ist ein Formblatt „**Behandlungsplan**" bei Sulz (1992a, 1994) abgedruckt. Dieses befindet sich auch im Strategieteil des Therapieprotokollheftes (Sulz, 1992b).

DAS THERAPIEPROTOKOLLHEFT

Aufzeichnungen während der Therapiestunden sind bei manchen Therapeuten verpönt. Sie stören allerdings den Patienten kaum. Ständiges Mitschreiben würde tatsächlich den Dialog stören. Aber das kurze zwischenzeitliche Niederschreiben eines wichtigen Aspekts dann, wenn eine Sequenz intensiver interaktioneller Intervention (z.B. Exposition oder Rollenspiel) gerade beendet ist, gibt auch dem Patienten die Möglichkeit, aus dem Modus des unmittelbaren, affektiven Erlebens in den Modus der kognitiven Reflexion über das gerade Geschehene zu wechseln. Dieser Wechsel ist für das therapeutische Arbeiten unverzichtbar. Der Patient kann gleichzeitig seine eigenen Notizen machen.

Im Therapieprotokollheft (Sulz, 1992b) werden die ersten vier Therapiestunden ausführlich protokolliert. Auf der Rückseite ist jeweils Platz für freie Aufzeichnungen. Die Formblätter für die weiteren Sitzungen sind so einfach gestaltet, daß sie sich für die Routine des Therapiealltags eignen. Sie enthalten kleinere Varianten mit wechselnden Hinweisen zur Berücksichtigung des Beziehungsaspektes, zur Ausschöpfung weiterer Ressourcen des Patienten, zur Wahrnehmung bisher unbemerkt gebliebener Blockaden, zum Umgang mit Rückfällen, zur Vorbereitung des Therapieendes und zur Zeit nach der Therapie, zum Abschiednehmen, zur Rückfallprophylaxe und zur Rückschau auf die Therapie. Begleitend werden im letzten Therapieabschnitt für die Zeit zwischen den Therapiestunden konkrete Ablösungs- und Verselbständigungsschritte des Patienten angeregt.

Der dritte Teil des Therapieprotokollheftes beinhaltet Angaben zur **Therapieevaluation**, unter anderem ein Verlaufsdiagramm der Fragebogendaten, Katamneseprotokoll und Verlaufs- und Abschlußbericht (vgl. Sulz 1992a).

Findet zwischen den Therapiesitzungen keine Entwicklung statt, so hat der Therapeut in der vorausgegangenen Stunde zu wenig oder auf eine falsche Weise Anreiz hierzu gegeben. Da bei der Kurzzeittherapie **jede Therapiestunde auf Tonband aufgezeichnet wird**, beginnt die Fehlersuche beim Anhören der Tonbandaufzeichnungen der letzten Sitzung. Dies gibt Aufschluß zum Beispiel über ein Verharren auf der konkreten Handlungsebene oder auf freiem kognitivem „Reden über ..." beim Vernachlässigen der Vergegenwärtigung der schützenden Funktion der Blockaden etc.

Zusammenfassend kann die strategische Therapieplanung als Formulierung des konzeptionellen Rahmens einer "strategischen Kurzzeittherapie" betrachtet werden. Eine Möglichkeit ihrer praktischen Durchführung beschreibt Sulz in seiner Monographie (1994) und verkürzt auch in diesem Buch.

Literaturempfehlung für die Praxis

Eine sehr gut verständliche und praxisbezogene Einführung in Problem-, Bedingungs-, Verhaltens- und Zielanalyse sowie Therapieplanung, Therapieverlaufskontrolle und -evaluation findet sich in: Sulz SKD. Strategische Kurzzeittherapie - Wege zur effizienten Psychotherapie. München: CIP-Medien, 1994.

Literatur

Caspar F., Grawe K.: Vertikale Verhaltensanalyse (VVA). Analyse des Interaktionsverhaltens als Grundlage für die Problemdefiniton und Therapieplanung. In: Bommert H, Petermann F, ed. Diagnostik und Praxis-Kontrolle in der Klinischen Psychologie. Tübingen: DGVT, 1982:

Dilling H., Mombour W., Schmidt M., ed.: Internationale Klassifikation psychischer Störungen. ICD-10 Kapitel V (F). Bern: Huber, 1991:346.

Fiedler P. ed.: Psychotherapieziel Selbstbehandlung. Weinheim: edition psychologie, 1981:

Hand I.: Verhaltenstherapie und Kognitive Therapie in der Psychiatrie. In: Kisker K, Lauter H., Meyer J., Müller C., Strömgren E., ed. Psychiatrie der Gegenwart 1: Neurosen, Psychosomatische Erkrankungen, Psychotherapie. 3 ed. Berlin: Springer, 1986: 277-306. vol 1).

Hiller W., Zaudig M., Mombour W.: MDCL. Münchner Diagnosen Checklisten für DSM-III-R und ICD-10.München: Logomed, 1990

Kanfer F., Reinecker H., Schmelzer D.: Selbstmanagement-Therapie.Berlin: Springer, 1990

Kegan R.: Die Entwicklungsstufen des Selbst - Fortschritte und Krisen im menschlichen Leben.München: Kindt, 1986:392.

Kelly G.: The Psychology of Personal Constructs. New York: Norton, 1955:1218. ; vol 1).

Kiresuk T., Sherman R.: Goal Attainment Scaling: A general method evaluating comprehensive community mental health programs. Community Mental Health Journal 1968;4:443-453.

Klerman G., Weissman M., Rounsaville B., Chevron E.: Interpersonal Psychotherapy of Depression. New York: Basic Books, 1984

Linehan M.:Cognitive-Behavioral Treatment of Borderline Personality Disorder. New York: Guilford, 1993:558.

Piaget J., Inhelder B.: Die Psychologie des Kindes. Frankfurt: Fischer, 1981

Sulz S.K.D.: Das Verhaltensdiagnostiksystem VDS: Von der Anamnese zum Therapieplan. München: CIP-Medien, 1992a

Sulz S.K.D.: Therapieprotokollheft, Materialie VDS 11 zum Verhaltensdiagnostiksystem VDS. CIP-Medien, Nymphenburger Str. 185, 80634 München, 1992b

Sulz S.K.D.: Strategische Kurzzeittherapie - Wege zur effizienten Psychotherapie. München: CIP-Medien, 1994

Sulz S.K.D, Gigerenzer G.: Psychiatrische Diagnose und nosologische Theorie: Untersuchungen zum individuellen Diagnoseschema des Arztes. Arch Psychiatr Nervenkr 1982;232:39-51.

Sulz S.K.D., Gigerenzer G.: Über die Beeinflussung psychiatrischer Diagnoseschemata durch implizite nosologische Theorien. Arch Psychiatr Nervenkr 1982;232:5-14.

Ullrich R., Ullrich R.: Das Situationsbewertungssystem. Testmappe SB/EMI-S. Anleitung für den Therapeuten. Teil III. München: Pfeiffer, 1979

Ullrich R., Ullrich R.: Der Unsicherheitsfragebogen. Testmappe U. Anleitung für den Therapeuten. Teil II.München: Pfeiffer, 1979

Wittchen H., Saß H., Zaudig M., Koehler K.: Diagnostisches und Statistisches Manual Psychischer Störungen DSM-III-R. (3. Auflage ed.) Weinheim: Beltz, 1991

Wittchen H., Zaudig M., Schramm E., et al.: SKID Strukturiertes klinisches Interview für DSM-III-R, Interviewheft. Weinheim: Beltz Test, 1990

„Das Erreichte beibehalten können"
Möglichkeiten zur Prophylaxe von Rückschritten
• Gerhard J. Kettl •

1. Einleitung

Viele Langzeitstudien stellten immer mehr den jahrzehntelang bestehenden behavioristischen Optimismus in Frage, jedes Verhalten sei veränderbar und jede Veränderung bleibe auch nach der therapeutischen Intervention stabil. Dieser Optimismus zeigte sich zum Beispiel dadurch, daß in noch vor einigen Jahren herausgegebenen Büchern zu verhaltenstherapeutischen Standardmethoden die Begriffe Rückschritt- bzw. Rückfallprophylaxe nicht oder nur ansatzweise zu finden waren. Häufig wurde eine diesbezügliche Prophylaxe stillschweigend angenommen, statt explizit beschrieben zu werden.

Des weiteren setzte sich in den letzten Jahren immer mehr die Erkenntnis durch, daß Techniken, welche eine Verhaltensänderung bewirken, nicht unbedingt die effektivsten sein müssen in der Generalisierung bzw. Aufrechterhaltung dieser Veränderung.

Nicht nur im Suchtbereich, sondern auch in vielen anderen Bereichen psychotherapeutischen Handelns gewann der Aspekt, wie Patienten tatsächlich langfristig Veränderungen beibehalten können, immer zentralere Bedeutung für die Therapieplanung.

Wichtige Beiträge zur Erforschung des Rückfallgeschehens kamen aus dem amerikanischen Raum. Besonders Marlatt (1985), Annis (1989) und Daley (1989) kommt das Verdienst zu, verschiedene Rückfallaspekte (v.a. bei Abhängigkeitserkrankungen) transparenter gemacht und 'Relapse-managements' entworfen zu haben, welche wichtige Bausteine moderner Behandlungsformen geworden sind. Diese Interventionsstrategien sind aber nicht nur im Kontext zu stoffgebundenen Suchtformen zu sehen, sondern haben auch in den Behandlungen anderer Störungsbilder (Ängste, Depressionen, pathologisches Spielen, Eßstörungen, Zwänge etc.) ihren festen Platz. Aus diesem Grunde wird in diesem Beitrag versucht, derzeit bestehende Rückfallmodelle und Möglichkeiten zur Intervention bzw. Prophylaxe allgemeiner darzustellen, so daß ein Transfer auf die jeweiligen Treatments möglich wird. Die Targets, für deren Veränderung sich Patient und Therapeut entschieden haben, werden im weiteren in allgemeiner Form als Problemverhalten (PV) bezeichnet.

Unter 4.4. wird auf spezielle Möglichkeiten der Prophylaxe bei Suchtmittelabhängigkeiten eingegangen.

2. Erscheinungsform und Begriffsklärung

Es klingt plausibel, daß bis zu dem Zeitpunkt, an dem sich ein Patient in Behandlung begibt, bereits mehrere „Rückfälle" auftraten; Sequenzen also, in denen deutlich wurde, daß eigene Selbstkontrollversuche meist gekoppelt mit gutgemeinten Ratschlägen nahestehender Personen nicht ausreichten, ein bestehendes PV adäquat in der gewünschten Richtung zu verändern. (Selbst-)Versprechungen oder zu hochgegriffene Vorsätze können nicht durchgehalten werden, und dieses z.T. tägliche Scheitern läßt das vorhandene Problem noch gravierender, die eigenen Kompetenzen zur Bewältigung hingegen noch geringer erscheinen (z.B. „Teufelskreis" bei stoffgebundenen Abhängigkeiten, depressive Spirale, ständig sich reduzierender Aktionsradius bei Phobien, Zwängen u.ä.m.).

Auch die therapeutischen Interventionen garantieren keineswegs einen kontinuierlichen Aufwärtsprozeß. Realistisch ist vielmehr, daß „Rückfälle" letztlich alltägliche „Vorfälle" in jedem Behandlungsverlauf sind. Rückschritte können auch als Fortschritte gesehen werden, da sie eine Chance für die Allianz Therapeut-Patient bieten, neue Copingstrategien zu erarbeiten. Dagegen bergen zu optimistische Erwartungen von beiden Seiten die Gefahr, daß eine Stagnation in den Problemveränderungen oder gar das Aufflackern alter, unerwünschter Verhaltensmuster im Therapieverlauf bereits als genereller „Rückfall" attribuiert werden, mit der meist fatalen Folge, daß Therapie- und Veränderungsmotivation auf beiden Seiten abnimmt. Nach Therapiebeendigung obliegt es dem Patienten, alleine mit der erreichten Veränderung zu leben bzw. immer neuere Bewältigungsstrategien erfolgreich auf plötzlich auftretende - in der Therapie nicht geübte - Situationen anzuwenden.

Der zur Zeit gebräuchliche Rückfallbegriff beschreibt diese meist *nach* Therapieende auftretenden Schwierigkeiten in der Aufrechterhaltung bereits erreichter Veränderungen.

Kritisch anzumerken ist hierbei allerdings, daß der Terminus Rückfall kaum geeignet ist für eine differenzierte Betrachtung dieses Prozesses. Von seinem semantischen Gehalt vermittelt er vielmehr die stille Annahme eines schlagartig auftretenden, ungebremsten Zurückfallens auf ein (weit) zurückliegendes Niveau, dem der Betroffene hilflos gegenübersteht (analog dazu kann manch ideologisch gefärbte Betrachtung des Zustandes und der Folgen der Abstinenzverletzung eines „trockenen" Alkoholikers gesehen werden). Hinzu kommt die Attribution des Zurückfallens für den Patienten, welche das lebenslange Ausgeliefertsein verstärkt und somit als ein „Alles-oder-nichts-Phänomen" traumatisierend wirkt.

Daß aber anfangs lediglich eine Facette des ursprünglichen Problembereiches wieder zutage tritt und somit keineswegs sämtliche positiven Veränderungen (z.B. in der Familie, im Arbeitsleben, in der Freizeit oder im Freundeskreis) verlorengehen, vermag der Begriff Rückfall nicht zu vermitteln.

Es wäre somit sicherlich von Vorteil - ähnlich wie im amerikanischen Sprachraum (slip - lapse - relapse - full blown relapse) - zu differenzieren und Begriffe wie Lapsus oder Rückschritt zu verwenden, welche der Dynamik des Zurückschreitens in alte Verhaltensweisen (PV) gerechter werden.

3. Theoretische Grundlagen

Die derzeit diskutierten Rückfallmodelle basieren im wesentlichen auf Erkenntnissen der Streßforschung, wobei allerdings von einer engen und an Auslösesituationen verhafteten Definition zugunsten einer komplexeren Sichtweise verschiedener erlebnisbezogener Ebenen (z.T. mit Berücksichtigung somatischer Konzepte) ausgegangen wurde (vgl. Petry, 1993).

Eine Auflistung dieser Ebenen, verbunden mit der Nennung möglicher Interventionsstrategien findet sich als Übersichtstabelle am Ende dieses Beitrages.

Streß als Ursache für das Zurückgreifen auf alte, problematische Verhaltensweisen resultiert demnach aus einer Instabilisierung des Gleichgewichts zwischen den Anforderungen und Erwartungen sowohl der Person an sich selbst wie auch des Umfeldes und den zum jeweiligen Zeitpunkt verfügbaren Bewältigungsstrategien. Besondere Bedeutung kommt der subjektiven Bewertung des jeweiligen streßauslösenden Ereignisses zu: Wird diese als Herausforderung erlebt, so forciert die Person die Bewältigungsreaktionen, wird sie jedoch als Bedrohung erlebt, so tendiert die Person vermehrt dazu, die Situation zu vermeiden bzw. daraus zu flüchten. Mit dem Versuch, die innere Balance wiederzuerlangen, dafür Energie zu mobilisieren vs. sich einfach gehenzulassen und abzuwarten, sind viele Momente verbunden, welche ein Wiederauftreten des alten PV möglich machen: Sind z.B. keine alternativen Bewältigungsmuster verfügbar, so ist es durchaus nachvollziehbar, daß der Patient auf zwar problematische und früher quälend empfundene Verhaltensmuster zurückgreift; sie sind ihm aber im Unterschied zur momentan belastenden Situation gewissermaßen vertraut, können durchaus positiv erscheinen und versprechen somit eine kurzfristige Entlastung.

Beispiel: Ein Patient mit agoraphobischen Störungen weiß genau, welche langfristigen Konsequenzen ein bestimmtes Vermeidungsverhalten (in der Stadt nicht mehr einzukaufen) nach sich zieht. Trotzdem ist er in einer bestimmten Situation nicht in der Lage, die Alternative (Konfrontation mit der angstauslösenden Situation) auszuführen, wobei er eben dieses Vermeiden als ausgesprochen entlastend erlebt.

Das Wissen, daß jedoch diese alte Handlungsweise mit den bestehenden (Therapie-)Zielen inkompatibel ist, bewirkt, daß die ersten Schritte in Richtung PV in scheinbar irrelevanten Entscheidungen verborgen werden bzw. durch Rationalisierungen legitimiert werden.

Beispiel: Jemand, der vor fünf Wochen zu rauchen aufgehört hat und nun wieder Zigaretten einkaufen *muß*, da er heute Abend Gäste erwartet, *denen* er Rauchwaren zum Kaffee *anbieten* könnte.

Inwieweit es dem Patienten nun gelingt, diese Rückschritte abzubremsen, hängt von drei wesentlichen Überzeugungen ab (vgl. Bandura, 1977), nämlich
1) daß er die Situation als auslösende Bedingung erkennt,
2) daß es überhaupt alternative Handlungen gibt und
3) daß er selbst in der Lage ist, diese Handlungen auszuführen.

Ersteres betrifft das Introspektionsvermögen des Patienten, Risikosituationen entsprechend zu bewerten; die zweite Überzeugung wird als Konsequenzerwartung bezeichnet. Zur Handlungsplanung (3) reichen Konsequenzerwartungen allein allerdings nicht aus. Der Patient muß sich selbst die Fähigkeit zusprechen, mit einer bestimmten Art von Situationen in der gewünschten Weise fertig zu werden, um somit eine alternative Handlung zielführend auch einsetzen zu können. Diese Zuversicht kommt in dem Wissen um die eigene Effektivität (self-efficacy-expectancy) zum Ausdruck und findet sich in Formulierungen wie: „Ich bin mir sicher, daß...". Diese Haltung wird durch Informationen seitens des Therapeuten in Gang gesetzt und ist zunächst ein rein kognitiver Prozeß (Vorstellung von Bewältigungsmöglichkeiten, Beschreibung des Therapiezieles bzw. relevanter Teilziele). Sie erhöht die Motivation, handelnd diesen erwünschten Zustand zu erreichen. Diese Handlungen haben wiederum den positiven Effekt, daß der Patient konkret die Richtigkeit seiner positiven Erwartungen sieht. Ist der Patient dann überzeugt, daß ihm ein effektives Bewältigungsrepertoir zur Verfügung steht, wird er an ein Problem konstruktiv und offensiv herangehen. Allerdings müssen diese Erwartungen auch realistischen Charakter haben. Unrealistische Erwartungen verführen lediglich zu riskanten Handlungen, welche häufig negative Konsequenzen zur Folge haben können. Andererseits soll die Einschätzung der eigenen Fähigkeiten auch eine optimistische Komponente beinhalten, da nur so der Betreffende das Wagnis unternimmt, auch neue, ungeübte Probleme anzugehen und zu lösen. Wäre diese Komponente nicht vorhanden, würde sich der Patient nur in sicheren Bereichen bewegen und seine Kompetenzen nicht aktiv weiterentwickeln (Schwarzer, 1993).

Es gibt viele Hinweise, daß dieses Wissen um die eigene Effektivität einer der wichtigsten Prädiktoren ist, inwieweit Streßsituationen bewältigt werden können bzw. inwieweit Rückschritte wieder gestoppt werden können. So zeigt sich ganz deutlich, daß in Situationen, in denen er sich wenig Effektivität zuschreibt, die Gefahr von Rückschritten wächst. Glaubt ein Patient z.B. in Situationen mit interpersonellen Konflikten über keine adäquaten Bewältigungsreaktionen zu verfügen, so ist bei Auftreten eben dieser Situationen ein Zurückgreifen auf alte, automatisierte PV hochwahrscheinlich. Die Folge ist, daß er diesen Schritt u.U. als generelles Versagen attribuiert, was zu einem weiteren Fortschreiten des PV beiträgt.

Für die Alkoholabhängigkeit bezeichnete Marlatt (1985) diesen Attributionsprozeß als „Abstinenzverletzungstrauma", welches aus zwei Komponenten besteht:

Die erste beschreibt die wahrgenommene Dissonanz zwischen dem mittlerweile gewonnenen Selbstkonzept des alkoholabstinent Lebenden und dem aktuellen Konsum von alkoholischen Getränken.

Als zweite Komponente findet eine Selbstattribution dieser Dissonanz in der Form statt, daß sich der Betroffene als generell unfähig oder willensschwach bezeichnet, um dem Drogenkonsum zu widerstehen, so daß er im Sinne einer zumeist noch ideologisch geprägten sich selbst erfüllenden Prophezeiung die letzten Barrieren fallenläßt, die ihn bis zu diesem Zeitpunkt vor weiterem, exzessiverem Konsum schützten.

Bei diesem Prozeß nehmen zwar die Selbstbewertungen der jeweiligen Person eine zentrale Position ein, die Reaktionen des sozialen Umfeldes/Systems (Partner, Familie, Freundeskreis, Betrieb, Selbsthilfegruppe etc.) dürfen dabei aber keineswegs vernachlässigt werden. So hängt der weitere Verlauf auch in zunehmendem Maße davon ab, ob von diesem Umfeld der erste Rückschritt als Katastrophe beurteilt wird nach dem Motto: „Jetzt waren alle Bemühungen umsonst" oder als konstruktive Aufforderung zur gemeinsamen Bewältigung.

4. Möglichkeiten der Prophylaxe

4.1. Informationsvermittlung

Vor der Beschreibung der einzelnen Möglichkeiten zur Prophylaxe soll näher darauf eingegangen werden, wie der Patient auf die Tatsache der realistische Möglichkeit von Rückschritten vorbereitet werden kann mit dem Ziel, diese Rückschritte zu enttabuisieren:

Verbunden mit diesem Ansprechen, besteht oftmals die Befürchtung auf seiten des Therapeuten, damit das Vertrauen in seine fachliche Kompetenz zu erschüttern. Von seiten des Patienten, der das PV, weswegen er sich in Therapie begeben hatte, am liebsten nie wiederkehren sehen würde, kommt dann die mit etwas Enttäuschung gefärbte Bemerkung: „Glauben Sie, ich werde das PV nie los, dabei dachte ich, jetzt hätte ich es mit Ihrer Hilfe geschafft".

Oft wird dieses Thema auch vermieden, um den Optimismus in die geleisteten Schritte (auch seitens des Therapeuten) nicht zu stören (man will ja „den Teufel nicht an die Wand malen"). Tritt dann aber in den nächsten Wochen oder Monaten das alte PV auch nur ansatzweise auf, so ist der nicht darauf vorbereitete Patient wesentlich stärker irritiert. Es könnte auch sein, daß ein erneuter Kontakt mit dem Therapeuten vermieden wird, um diesem die „Schande" nicht eingestehen zu müssen, so kurz nach dem Therapieabschluß wieder „rückfällig" geworden zu sein. Die Folge ist, daß ein erneuter Kontakt, bei dem beide Seiten die Möglichkeit hätten, die aktuellen Rückschritte therapeutisch zu nutzen, erst dann aufgenommen wird, wenn das PV wieder Ausmaße erreicht hat, die dem Patienten bzw. seinem Umfeld das Leben unerträglich machen.

Ein möglicher Einstieg in das Thema Rückschrittsprophylaxe kann das Resümieren der im bisherigen Therapiegeschehen vorhandenen Fort- und Rückschritte sein. Ein besonderes Augenmerk ist hier auf die Betonung der bereits bewältigten Rückschritte zu legen, da diese den Patienten immer wieder zu neuen Anstrengungen in Richtung Problembewältigung motiviert haben und sein Wissen um die eigene Effektivität und somit sein Selbstvertrauen erhöht haben.

In Richtung Therapiebeendigung könnte der Einstieg folgendermaßen lauten:

„Sie haben in der Therapie bereits viele Ziele erreicht. Dennoch kann es vorkommen, daß in irgendwelchen Situationen Teile des PV wieder zurückkommen. Welche Situationen, glauben Sie, könnten gefährlich werden?....Wie bewerten Sie es, wenn dies passiert?....Wie Sie wissen, sind negative Bewertungen, wie:'Ich werde es nie schaffen' oder 'Es war wieder alles umsonst' keine Hilfe, damit würden Sie wahrscheinlich nur noch mehr dem alten Problem Platz machen, also die Häufigkeit und Intensität des Auftretens der Symptome erhöhen. Ein Rückschritt an sich stellt keine Katastrophe dar, er kann für Sie ein wichtiger Hinweis sein, daß Sie etwas ändern müssen. Somit beinhaltet er also eine wichtige Chance, Neues zu lernen."

Auch im Abschlußgespräch kann die Möglichkeit einer „undramatischen" Wiederaufnahme der therapeutischen Kontakte mittels des Symbols „Strichpunkt" verdeutlicht werden. Das derzeitige Therapieende stellt den „Punkt" dar, aus dem der Patient, sollte es zu gravierenden Rückschritten kommen, jederzeit ein „Komma" machen kann, so daß dann die Therapie ohne weiteres wiederaufgenommen werden kann.

4.2. Allgemeine Strategien zur Prophylaxe

Diese Strategien eignen sich sowohl in einzel- als auch gruppentherapeutischen Settings. Vorteile der Gruppe sind sicherlich in dem größeren Reservoir von Erfahrungen zu sehen; weiters bietet ein stattfindendes Modellernen einen größeren Lerntransfer (z.B.: „Wie schaffte es Frau X, aus ihrer depressiven Stimmung wieder herauszukommen?").

Anhand eigener Erfahrungen mit früheren Rückschritten soll der Patient bzw. die Gruppe zu einer Sammlung von Risikosituationen angeregt werden.

Eine weitere Herangehensweise an Risikosituationen, welche nun aber nicht auf bisher Erlebtes Bezug nimmt, sondern zukunftsorientiert abläuft, stellt das „Prehearsal" (Kanfer et al., 1991) dar, welches sich mit Fragen nach dem „Schlimmsten" beschäftigt, was auf den Patienten in der Zukunft zukommen könne. Diesbezüglich ist allerdings anzumerken, daß dabei sowohl Therapeut als auch Patient keine realistischen Rückmeldungen erhalten, sondern auf Spekulationen angewiesen sind. Andererseits spricht für dieses Vorgehen, daß der Patient ermutigt wird, selbst für extrem antizipierte Szenarios eine Bewältigungsstrategie zu entwerfen.

Die Struktur des Vorgehens bei beiden Ansätzen ist dem schrittweisen Lösen von allgemeinen Problemen angeglichen und kann dem Patienten anhand einer exemplarischen Situation demonstriert werden, was auch einer Rekapitulierung bisheriger Therapieschritte dient:

a) Problemdefinition: Die Risikosituation wird genau beschrieben, wobei besonderes Augenmerk auf die jeweils auslösenden Faktoren und ihre externale bzw. internale Attribution gerichtet werden soll. Problematische Internalisierungen (Insuffizienzgefühle) oder zu krass formulierte Externalisierungen (Schuldzuweisungen) sollten mit Hilfe des Therapeuten in konstruktiver Richtung (Übernahme von Verantwortung bzw. eigene Entlastung durch eine registrierte Beteiligung anderer, äußerer Umstände) korrigiert werden.

b) Zielbestimmung: Der erwünschte Zielzustand wird festgelegt. Wichtig ist eine realitätsnahe, den jeweiligen Kompetenzen des Patienten entsprechende inhaltliche Konkretisierung.
Weiter soll auf das emotionale Erleben bei Erreichen des Zieles („Wie werden Sie sich fühlen, wenn Sie es geschafft haben?"), auf die langfristigen Konsequenzen („Was bedeutet dies für Sie und für andere?") und auf die damit verbundene Erhöhung der eigenen Kompetenz (positive Selbstkommunikation) eingegangen werden.

c) Sammlung und Auswahl von Bewältigungsstrategien: In diesem Schritt werden zunächst alle möglichen Mittel, welche der Situationsbewältigung dienen, gesammelt. Hier ist zu unterscheiden zwischen dem aktiven Eingreifen in die Situation mit dem Ziel, die äußere Situation zu verändern, und einem „emotionalen Coping" im Sinne einer Anpassung an die äußere Situation (Gelassenheit, Tatsachen auch akzeptieren zu können).

Hinsichtlich der Angemessenheit und Durchführbarkeit sowie der kurz- bzw. langfristigen Bewältigung werden die geeignetsten Strategien herausgegriffen und deren Einsatz besprochen.

4.3. Erstellen individueller Pläne zur Situationsbewältigung (Intervention des Patienten)

Verbesserung der Introspektionsfähigkeit: „Seismograph"

Bevor es zu konkret beobachtbaren Rückschritten kommt, findet meist eine über längere Zeit bestehende unterschwellige kognitive Beschäftigung mit deren Ausführung statt. Diese kann sich äußern in einer ständigen Unausgeglichenheit, Unzufriedenheit oder auch in Träumen, welche sich um das PV drehen bis hin zu scheinbar irrelevanten Entscheidungen, in denen sich der Patient in eine Situation hineinmanövriert, in welcher der Rückschritt scheinbar zwangsläufig erfolgt.

Ähnlich einem *Seismographen* als Frühwarnsystem sollten diese Instabilisierungen („Vorbeben") vom Patienten registriert werden und zu einer sofortigen verstärkten Aufmerksamkeit und Handlungsbereitschaft führen.

„Einfach zum Nachdenken"

Nimmt der Patient solche Vorboten wahr, so wird er aufgefordert, einige „Bedenkminuten" einzulegen, in denen er folgendes reflektiert:

1) Was nehme ich gerade jetzt in mir wahr? Was geschieht um mich herum? Wie spüre ich meinen Körper? Bin ich eher angespannt oder entspannt?
2) Was beschäftigt mich gedanklich besonders stark? Denke ich an Vergangenes oder an Dinge, welche passieren könnten?
3) Was wünsche ich mir in diesem Moment? Was empfinde ich in der momentanen Situation angenehm oder unangenehm?
4) Soll es so bleiben oder möchte ich etwas ändern? Falls ich eine Änderung möchte, in welcher Richtung gehen meine Gedanken?
5) Gehen Sie in Richtung PV, taucht dieses alte Verhalten wieder auf? Was würde geschehen, wenn ich es wieder ausführen würde? Was würde dem wieder folgen?
6) Welche andere Möglichkeiten habe ich noch, was müßte und könnte ich tun, damit es mir langfristig gut geht? Wie werde ich mich fühlen, wenn ich die vorhandene Situation positiv bewältige?
7) Was spüre ich in meinem Körper, wenn ich mich nun mit den anderen Lösungen beschäftige? Was machen meine Arme und Beine? Sind sie locker oder verkrampft? Wie kann ich mich entspannen, damit ich mich wohler fühle?
8) Nachdem ich nun innegehalten habe, was kann ich tun, damit es mir langfristig gutgeht? Was mache ich als nächstes?

Abhängig davon, welche Entspannungstechniken oder Imaginationsübungen der Patient bisher erlernt hat, können entsprechende Elemente in diese **„Bedenkminute"** eingebaut werden.

Persönliche Aufzeichnungen bzw. Tonbandaufnahmen:

Der Patient wird gebeten, eine gefährliche Situation zu beschreiben, welche er gerade noch positiv lösen kann, wobei er ausführlich darauf eingehen sollte, welche konkreten Maßnahmen er unternimmt, damit er diese Situation bewältigt. Diesen Bewältigungsplan deponiert er so, daß er in kritischen Situationen darauf zurückgreifen kann. Weiter besteht die Möglichkeit, diese Bewältigungsstrategien auf eine Tonbandkassette zu sprechen, u.U. gekoppelt mit Musikstücken, die er als ermutigend empfindet. Dieses Band soll er sich im Sinne einer selbstgeleiteten Imaginationsübung regelmäßig anhören.

„Logbuch"
Der Patient wird aufgefordert, seine erfolgreiche Strategien zur Situationsbewältigung zu notieren. Auf diese Weise erstellt er ein „Erfolgskompendium", das ihm in besonders belastenden Momenten als Unterstützung dient. Mit diesen Selbstaufzeichnungen verpflichtet er sich - auch über den Therapiezeitraum hinaus -, bisher effektiv empfundene Strategien weiterzuentwickeln, bis diese ein gewisses Maß an Automatisierung erreicht haben.

„Notfallplan"
Es wird eine Liste erstellt, was der Patient unternehmen soll, um einerseits nicht in noch gefährlichere Situationen zu geraten und mit wem er andererseits (sofort) Kontakt aufnehmen kann, um externe Hilfe zu erhalten, sollte er bemerken, daß seine eigenen Ressourcen erschöpft sind. Wenn möglich, sollten bei der Erstellung dieses Planes relevante Bezugspersonen miteinbezogen werden.
In einer Einzelsitzung kann dieser Notfallplan in sensu mit folgender Imaginationsübung durchgespielt werden:

Der Patient wird gebeten, sich vorzustellen, er sei als Pilot alleine in der Kanzel seines Flugzeuges (selbstverantwortliche Lebensführung). Seit geraumer Zeit bewegt er sich in einer unzureichend angekündigten Schlechtwetterfront. Einige Meßinstrumente (Copingstrategien) sind ausgefallen, so daß er sich in den Wolken nicht mehr ausreichend orientieren kann. Oberstes Gebot ist nun, Ruhe zu bewahren, um nicht in Panik zu geraten. Wie schafft er das? Welche Worte könnte er zu sich sagen, die es ihm ermöglichen, einen klaren Kopf zu behalten bzw. mit denen er sich selbst ermutigen kann. Welche Bodenkontaktstelle könnte er über Funk zu erreichen versuchen. Ab wann ist es unbedingt erforderlich, auf den Autopiloten umzuschalten (Notfallplan)? Wie gelingt es ihm, das Flugzeug noch sicher landen zu können? Wie wird er sich fühlen, wenn er endlich im Nebel die Lichter der Landebahn wahrnimmt und letztlich heil aus seiner Maschine klettert?

„Was wäre, wenn..."
Oft kann es für den Patienten in schwierigen Situationen sehr hilfreich sein, sich das erlebte, oftmals exzessiv verlaufene PV mit allen damaligen Konsequenzen deutlich vor Augen zu führen. Damit verbunden ist das Erstellen einer Entscheidungsmatrix (Abwägen der Argumente, welche für oder gegen eine Wiederaufnahme des PV in diesem bestimmten Moment sprechen) mit gleichzeitiger Gewichtung der damit verbundenen längerfristigen Konsequenzen.

Entwicklung einer selbstverantwortlichen Lebensgestaltung
Es kann auf lange Sicht hin kein Ziel sein, das PV nicht auszuüben oder „beschwerdefrei" zu leben. Wichtig ist vielmehr
• positive, befriedigende Ziele zu entwerfen, für die es sich lohnt zu leben
• mehr Gelassenheit gegenüber alltäglichen Belastungen und Tatsachen zu entwickeln
• positive Eigenschaften an sich finden und schätzen zu lernen
• neue Verhaltensweisen aufzubauen, welche nicht nur Sinn machen, sondern auch dem hedonistischen Streben gerecht werden, z.B. Aktivitäten konsequent durchzuführen, welche ausgesprochen positiv erlebt werden und damit verbunden das Genießen wiederzuerlernen („Genußtraining")

Diesen allgemein einsetzbaren Strategien können zusätzliche, auf die vorhandene Störung bezogene Elemente in die „maßgeschneiderte" Prophylaxe hinzugefügt werden. Dieses Vorgehen soll am Beispiel der stoffgebundenen Abhängigkeiten verdeutlicht werden:

4.4. Ergänzende Möglichkeiten der Prophylaxe bei stoffgebundenen Abhängigkeiten

Erlernen einer realistischen Einschätzung des Gefahrenpotentials bestimmter Situationen

Gewissermaßen als spezielle Anwendung der verbesserten Introspektionsfähigkeit lernt der Patient, bestimmte Situationen hinsichtlich deren „Gefährlichkeit" einzuschätzen und anhand folgender Fragen zu bewerten:

Reichen die derzeit vorhandenen Ressourcen aus, um die Situation X drogenfrei überstehen zu können? Falls dies negiert wird:

Welche Strategien wären dazu erforderlich? oder

Was könnte er unternehmen, um nicht in diese Situation zu gelangen?

Gibt es irgendwelche Hilfsmittel, welche er übergangsweise einsetzen kann, z.B. bei Alkoholabhängigkeit der Einsatz von Disulfiram (Antabus®).

Bewältigungsstrategien hinsichtlich des plötzlich auftretenden Verlangens nach der jeweiligen Droge (craving)

Der Patient soll hier erfahren, daß das erlebte Verlangen kein ausschließlich körperlich verursachter Zustand ist, der nun zwangsläufig in Richtung „Rückfall" abläuft, sondern einen Gefühlszustand darstellt, der den rechtzeitigen Einsatz erlernter Bewältigungsstrategien erfordert. Hilfreich ist hier die Vorstellungsübung des „Wellenreitens" (Petry, 1993), in welcher der Patient lernt, das eigene Verlangen gleichsam einer Welle, auf der er reiten gelernt hat, zu entwickeln bzw. es wieder abklingen zu lassen (Ablenkung, Gedankenstopp) und so die Kontrolle zu behalten.

Substitution der „Drogenkompetenz" durch subjektive Kompetenz

Da der Rückgriff auf Drogen häufig als Mangel an alternativen Verstärkungsmöglichkeiten zu verstehen ist, sollen die Defizite auf sozialem Gebiet sowie im intrapersonalen Bereich ausgeglichen werden (z.B. Training in sozialer Kompetenz).

Als weiterer wichtiger Punkt ist letztlich die **Entschärfung von Abstinenzverletzungen** durch eine realitätsgerichtete Attribution externer und interner Faktoren zu nennen (siehe 4.2.a)

5. Rückschritte und ihre Bedeutung für den Therapeuten

5.1. Rückschritte im Verlauf der Therapie

Rückschritte sind keine Ausnahmeerscheinung im Therapieverlauf, sondern die Regel. Sie stellen eine Unterbrechung des geplanten Veränderungsprozesses dar und zwingen sowohl den Therapeuten als auch den Patienten, die bisherigen Schritte zu reflektieren.

Wichtig soll hier für beide sein, die dafür verantwortlichen Gründe zu eruieren und nicht in Schuldzuweisungen zu verfallen. Als mögliche Gründe können hier angeführt werden:

- **Mangelnde Veränderungsbereitschaft:** In der gemeinsamen Zieldefinition hat der Patient zwar einer Verhaltensänderung zugestimmt und die ersten Schritte in dieser Richtung auch gut bewältigt. Der aktuelle Rückschritt kann ein Zeichen dafür sein, daß das Fernziel u.U. doch nicht so attraktiv erscheint, da er angenehme Aspekte des PV aufgeben müßte. Aus der Angst, die Therapie könne nichts bewirken, wurde somit die Angst, sie könne tatsächlich etwas zu einer Veränderung beitragen. Hier wäre es die gemeinsame Aufgabe, Ziele und Pläne nochmals zu überdenken („Ziel- und Wertklärung", Kanfer et al., 1991).

- **Gründe für die Rückschritte, welche außerhalb des Therapiegeschehens liegen:** Es ist Tatsache, daß selbst in einer relativ engmaschig angelegten ambulanten Therapie von einem Kontakt pro Woche, der Patient weiterhin 167 Stunden in seinem ursprünglichen Umfeld lebt, in dem das PV aufgetreten ist und oft über lange Zeit aufrechterhalten wurde. Es wäre somit illusorisch zu erwarten, daß einige Therapiestunden ausreichen, um sofort eine ubiquitäre Verhaltensänderung zu erzielen. Hilfreich kann hier sein, dieses Umfeld in der Therapieplanung genauer zu berücksichtigen bzw. die Therapieerwartungen den realen Gegebenheiten anzunähern, um so einen zwar langsameren, dafür aber effektiveren Veränderungsprozeß zu ermöglichen.

- **Rückschritte aufgrund von Fehlern in der Therapie:** Rückschritte können ein Zeichen dafür sein, daß der Patient über- bzw. unterfordert wurde oder mögliche Veränderungsstrategien für ihn nicht effizient genug waren. An diesem Punkt besteht die Chance, den geplanten Verlauf den tatsächlichen Fähigkeiten des Patienten besser als bisher anzupassen, künftig auf ähnliche Risikosituationen in der Therapie zu achten und genauere Rückmeldung von seiten des Patienten einzuholen.

5.2. Gründe für Rückschritte unmittelbar vor Therapieende

Wurde dem geplanten Therapieende, also dem Abschied zwischen Patient und Therapeut bzw. therapeutischer Institution, zu wenig Raum gegeben, so sind häufig Rückschritte als Zeichen von Anklammerungstendenzen die Folge. Neben einem Wiederauftreten alter Verhaltensweisen werden u.U. stets neue Probleme als behandlungsbedürftig in die Therapie eingebracht, um eine Verlängerung der Behandlung zu erzielen. Um diesem Geschehen vorzubeugen, ist es im gesamten Therapieverlauf - und nicht erst am Therapieende - wichtig, immer wieder die zielorientierte „Arbeitsbeziehung" zwischen Therapeut und Patient und dessen Fähigkeit zur effektiven Selbstregulation zu betonen.

5.3. Gründe für Rückschritte unmittelbar nach der Therapie

Rückschritte unmittelbar nach der Therapie weisen darauf hin, daß die Lösungswege zur längerfristigen Bewältigung noch zu wenig internalisiert wurden. So stellt sich z.B. nach stationären Therapieaufenthalten oftmals das Problem, daß der Transfer des im sicheren Rahmen der Klinik gelernten Bewältigungsverhaltens auf die Alltagssituation zu Hause nicht ausreichend gelingt. Eine Erklärung dafür kann sein, daß die zu Hause auftretenden Belastungsmomente unberechenbarer und krasser als in der Klinik sind und somit ein schrittweises Üben des Patienten einfach nicht erlauben bzw. daß eingeübte Bewältigungsreaktionen zu Hause einfach nicht verfügbar sind. Eine Möglichkeit, diesen absehbaren Schwierigkeiten zu begegnen, ist die Planung einer vor Ort stattfindenden ambulanten Weiterbehandlung bzw. die Anbindung an regionale Selbsthilfegruppen.

5.4. Aufgaben an den Therapeuten, um effektiver mit den Rückschritten der Patienten arbeiten zu können

- **Selbstreflexion eigener Rückschritte anhand der folgenden Fragen**
  Wann habe ich mir zum letzten Mal vorgenommen, ein ungeliebtes Verhalten („schlechte Angewohnheit") zu verändern?
  Welches Verhalten war das?
  Wann und auf welche Weise habe ich diesen Veränderungsvorsatz wieder fallenlassen?
  In welchen Situationen trat mein altes PV dann wieder auf?
  Wie habe ich mich danach gefühlt?
  Wie kann ich den heutigen Stand diesbezüglich bewerten?

- **Klärung der Erwartungen an den Patienten und an den eigenen Therapieansatz**
  Sich mit Rückschritten intensiver zu beschäftigen bedeutet auch eine kritische Beleuchtung der eigenen Kompetenzen, Handlungen und Möglichkeiten. Sind die Erwartungen an die eigene Veränderungskompetenz im Rahmen der gegebenen Möglichkeiten zu groß, ist häufig eine Unzufriedenheit mit der eigenen Tätigkeit die Folge. Dies kann sich ausdrücken

a) in einer negativen Notation über das jeweilige Arbeitsgebiet (z.B.: „Im Suchtbereich kann man nicht länger als 10 Jahre seines Lebens arbeiten"),

b) in einer „Selbsterkenntnis der eigenen Inkompetenz" (Selbstattribution als „schlechter Therapeut", ständige Suche nach immer neueren, exotischen Therapiemethoden)

c) durch eine eindeutige Schuldzuschreibung an den Patienten entweder offen („undankbar", „unmotiviert", „Therapeutenkiller") oder hinter dem jeweiligen Störungsbild verdeckt („chronisch rückfällig" bzw. „unheilbar").

Um zu verhindern, daß so geartete Rückschritte des Therapeuten stattfinden, soll in kollegialen Gesprächen oder externer Supervision neben einer emotionalen Entlastung und Unterstützung an einer Korrektur unrealistischer Zielvorstellungen gearbeitet und somit Strategien gesucht werden, die Rückschritte des Patienten als Weiterentwicklungen sehen und nutzen zu können. Ziel des Therapeuten kann es nicht sein, daß „sein" Patient drogenabstinent bzw. angst- oder depressionsfrei lebt. Ziel muß es vielmehr sein, Unterstützung dahingehend zu geben, daß der Patient Strategien erlernt, die es ihm ermöglichen, auf Dauer einen zufriedeneren Lebensstil zu finden und somit sein Leben in der Weise wieder in die Hand zu nehmen, daß die Relevanz des PV obsolet wird und auch längerfristig bleibt.

- **Konsequente Fort- und Weiterbildung**
  Neben einer fundierten Ausbildung ist es Pflicht des Therapeuten, neue Entwicklungen in Theorie und Praxis zu verfolgen, um somit den eigenen Arbeitsstil zu optimieren und dem Patienten die derzeit effektivsten Strategien vermitteln zu können.

- **Entwicklung einer optimistischen, realitätsnahen Therapeutenhaltung**
  Diese Haltung sollte den Therapeuten in die Lage versetzen, auch kleine Fortschritte des Patienten wahrzunehmen, um sie dem Patienten rückmelden zu können. So ist es eine Tatsache, daß die bislang erreichten Erfolge des Patienten auch seine Erfolge bleiben, unabhängig davon, in welchem Ausmaß er sie vielleicht zum jetzigen Zeitpunkt tatsächlich realisieren kann. Die resignative Formulierung „Jetzt ist es wieder wie vor der Therapie" ist somit keineswegs gerechtfertigt.

Last not least soll sich auch der Therapeut **eigenes Ausgleichsverhalten zur Regeneration** aneignen, um die nötige Stabilität, Ruhe und Gelassenheit zu entwickeln, die es ihm wiederum ermöglicht, auch mit seinem Beruf zufrieden und gerne zu leben.

Tabelle 1. Verschiedene Ebenen, auf denen Rückschritte ausgelöst und forciert werden und entsprechende therapeutische Interventionsmöglichkeiten

	Erscheinungsform	Intervention
Gefühlsebene	Ärger, Angst, depressive Verstimmtheit, seltener positive Gefühlszustände	Emotionsanalyse, Erlernen eines konstruktiven Umgangs mit negativen Emotionen
Verhaltensebene	Mangelnde Bewältigungsmöglichkeiten (nicht nur bei einschneidenden Veränderungen, sondern auch bei täglich auftretenden belastenden Anforderungen!), inadäquater Umgang mit Stressoren	Elemente aus sozialen Kompetenztrainings mit dem Ziel der Optimierung des Verhaltensrepertoires, Streßbewältigung
Kognitive Ebene	Kognitive Verzerrungen im Sinne von depressionsfördernden Denkmustern, mangelnde Selbsteffektivität verbunden mit dem Wunsch nach kurzfristiger Entlastung durch das PV	Entwicklung positiver Selbstkommunikation: Selbstermutigung, Selbstverstärkung, Imaginationsübungen, Entscheidungsmatrix
Beziehungsebene (System)	Mangelndes Eingebundensein, Mängel im sozialen Netzwerk, destruktive Interaktionsmuster, „Risikofaktoren" wie Schmerzen	Förderung der sozialen Integration, Modifikation destruktiver Interaktionsmuster; Kontaktaufnahme mit Selbsthilfegruppen
Physiologische Ebene	Unwohlsein, Krankheiten, Verspannungszustände	Schmerzbewältigung, gesundheitsorientierter Lebensstil, mehr Gelassenheit gegenüber alltäglichen Belastungen
Psychologische Ebene	Riskanter Lebensstil, nicht aufgearbeitete Verletzungen in der Vergangenheit, Schuldgefühle, Leere, Sinnlosigkeit (in Form eines Vakuums nach dem Wegfallen des PV und der damit u.U. verbundenen positiven Anteile)	Ziel- und Wertklärung, Lernen, mit der eigenen Geschichte zu leben, Sinnfindung, Genußtraining

Literatur

Annis, H.M. & Davis, C.S. (1989). Relapse prevention. In Hester, R.K. & Miller, W.R. (Hrsg.), Handbook of alcoholism treatment approaches. New York: Pergamon Press.

Bandura, A. (1977). Self-efficacy: Toward a unifying theory of behavioral change. Psychological Review, 84, 191-215.

Daley, D.C. (1989). Relapse Prevention - Treatment alternatives and counseling aids. Blue Ridge Summit: TAB Books Inc.

Kanfer, F.H., Reinecker, H. & Schmelzer, D. (1991). Selbstmanagement-Therapie. Berlin: Springer Verlag.

Marlatt, G. & Gordon, J., Hrsg. (1985). Relapse Prevention: Maintenance strategies in the treatment of addictive behaviors. New York: Guilford.

Petry, J. (1993). Alkoholismustherapie. Weinheim: Beltz Verlag.

Schwarzer, R. (1993). Defensiver und funktionaler Optimismus als Bedingungen für Gesundheitsverhalten. Zeitschrift für Gesundheitspsychologie, 1, 7-31.

Kontingenzmanagement als therapeutische Intervention
• Udo Brack •

Begriffsbestimmung

"Verhaltenstherapie ist Kontingenzmanagement". Diesem Satz hätten vor zwanzig Jahren die meisten Psychotherapeuten zugestimmt, und zwar die Anhänger der Verhaltenstherapie ebenso wie ihre Gegner - mit zustimmendem bzw. abwertendem Unterton. Denn Skinners grandioses Denkgebäude, die Handlungsregulation von Lebewesen (der Menschen und weiter Teile des Tierreichs) konsequent unter Reiz-Reaktions-Kontingenzen, deren Wirkungen den Charakter von Naturgesetzen haben, zu betrachten, legte es nahe, die Therapie gestörten oder unerwünschten Verhaltens als praktische Anwendung dieser Naturgesetze anzusehen.

Die Theorie der Psychotherapie erhielt dadurch eine Komponente, die ungleich dynamischer war als die traditionellen "psychodynamischen" Ansätze: Verhalten - gestörtes wie "normales" - ist in permanente Lernprozesse eingebunden und damit nicht durch vergangene Erfahrungen relativ starr determiniert, sondern durch die Umwelt (v.a. die soziale Umwelt) stets in jeder Richtung veränderbar; nämlich durch Kontingenzen, die sich in der natürlichen Umgebung ereignen oder die als therapeutisches Agens vorgeplant sind (Abb. 1). Gemeint waren, der Entwicklung der Lernpsychologie entsprechend, zunächst "direkte" Kontingenzen, d.h. in Verbindung zum Verhalten gesetzte Reize, die nicht durch ihren semantischen Inhalt wirken; das bedeutet, daß Sprache nur in ihrer unmittelbarsten Funktion als verbaler Stimulus betrachtet wurde, nicht jedoch in der Funktion, die sie - langfristig und übergreifend - handlungsregulierend entfaltet, wenn der Zuhörer die Bedeutung der aufgenommenen Sätze verarbeitet.

Dieser Ansatz stieß allerdings an Grenzen. Kontingenzen lassen sich nur bedingt verändern, zum einen aus technischen, zum anderen aus ethischen Gründen. Insbesondere im Bereich der emotionalen Störungen, die dem Paradigma des klassischen Konditionierens unterliegen, wäre ein therapeutisch wirksames Arrangement reaktionskontingenter Stimuli nur schwer zu erreichen - wenn etwa bei einem Phobiker die soziale Umwelt ihre Anforderungen laufend wohldosiert dem momentanen Angstniveau des Patienten anpaßt. Ethische Grenzen ergäben sich dort, wo solche Arrangements, im operanten wie im respondenten Paradigma, gewissermaßen über den Kopf des Klienten hinweg erfolgten, indem z.B. eine Ehefrau detailliert angeleitet würde, welche Verhaltensweisen ihres Mannes sie verstärken, ignorieren usw. solle - ohne daß dieser darüber aufgeklärt bzw. einbezogen würde. In der Erwachsenentherapie ist es vielmehr üblich, nicht nur alle Betroffenen von den Maßnahmen zu informieren, sondern die Behandlung generell in das Gespräch mit ihnen einzubinden.

"Kontingenzmanagement" bedeutet demgegenüber den *planmäßigen* Einsatz bestimmter Stimuli kontingent zu bestimmten Verhaltensweisen des Klienten, und zwar fast ausschließlich im operanten Paradigma. Therapeutisch induzierte Veränderungen des Verhaltens beruhen also auf einer Neuordnung der Kontingenzen unter dem Aspekt eines bestimmten Zieles. Sprachliche Stimulation ist dabei auf ihre unmittelbare Wirkung, d.h. auf Lob, Strafe, aber auch Hinweise auf Sachverhalte oder konkrete Aufforderungen, reduziert; sie wird insbesondere nicht zur semantischen Bearbeitung ('Einsicht') der Probleme des Klienten eingesetzt.

Homme (1966) beschrieb als erster detailliert die therapeutische Strategie des Kontingenzmanagements; schon damals zeichnete sich ab, daß Kontingenzmanagement (im ursprünglichen Sinn) ganz überwiegend in der Kindertherapie einsetzbar ist; und zwar - so würden wir heute sagen - um so konsequenter, je jünger das Kind bzw. je früher seine Entwicklungsstufe anzusiedeln ist.

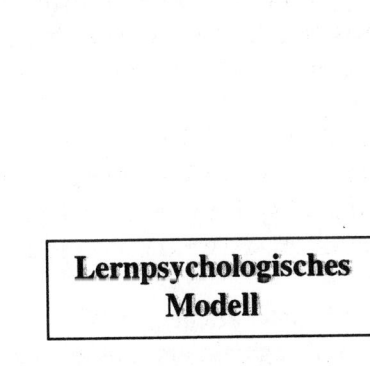

Abbildung 1. Exemplarische Gegenüberstellung zweier Modelle der Entstehung und Behandlung gestörten Verhaltens. (Auf die Nomenklatur - "Neurose" usw. - wird hier nicht eingegangen.)

Wirkungsweise und Indikation

Elaboriert und an einer großen Zahl von Kindern und Jugendlichen mit Verhaltensproblemen erprobt wurde das Kontingenzmanagement von Tharp & Wetzel (1969).

Die Erfolge, die sie mit ihrem "Behavior Research Project" erzielten, machten ihre spezielle Variante des Vorgehens für einige Jahre bei den Verhaltenstherapeuten äußerst populär (in Deutschland zumindest theoretisch):

Beratender Psychologe - Mediator - unmittelbarer Therapeut - Klient

Die beratenden und supervidierenden Psychologen schulten die Mediatoren (z.B. Studenten) in der Gestaltung des Kontingenzmanagements bei den verschiedensten Verhaltensauffälligkeiten der Klienten und Konstellationen ihrer sozialen Umwelt. Sie sahen die Klienten in der Regel nicht selbst!

Die Mediatoren hatten die Aufgabe, gewissermaßen vor Ort die Probleme zu beobachten und die unmittelbaren Therapeuten (v.a. Eltern und Lehrer, aber auch Bekannte der Familie, den Fahrer des Schulbusses usw.) bei einer Neuordnung der Kontingenzen, also der auf relevante Verhaltensweisen des Kindes oder Jugendlichen folgenden positiven oder negativen Konsequenzen, zu beraten und konkret anzuleiten.

Die unmittelbaren Therapeuten sollten dann diese Vorschläge im Alltag in die Tat umsetzen, wobei sie sich bei allen auftretenden Fragen - von der Strukturierung des Tagesablaufs bis zum Abschluß von Kontrakten mit dem Klienten - bei den Mediatoren Rat holen sollten.

Die Behandlungsplanung bezog sich ausschließlich auf Maßnahmen im operanten Modell; dennoch unterscheiden die Autoren, im Anschluß an Homme (1966), zwischen Kontingenzmanagement und operantem Konditionieren: Unter ersterem verstehen sie eine Zuordnung von relativ grob bzw. pragmatisch definierten Reizen und Reaktionen, z.B. Zuwendung bei Arbeitsverhalten eines unruhigen Kindes, "in the natural environment" (die Übersetzung von 1975 - "im gegebenen Sozialfeld" - zeigt deutlich eine damalige Tendenz der deutschen Klinischen Psychologie); mit "operantem Konditionieren" ist ein von außen initiierter Lernvorgang mit viel schärfer gefaßten S-R-Definitionen, gewissermaßen im Labor, gemeint.

Diese Unterscheidung ist heute nicht mehr gebräuchlich, weil im Zuge der zunehmenden Ausdifferenzierung therapeutischer Methoden das Kontingenzmanagement, wie schon angedeutet, v.a. abgehoben wird von allen primär über Sprache arbeitenden Therapieansätzen, wie sie in der Regel bei Erwachsenen eingesetzt werden; zugleich ist die betonte Differenzierung zwischen supervidierenden Psychologen und Mediatoren nicht mehr zentral - ob Mediatoren, z.B. Pädagogen im Schulunterricht oder psychologisch-technische Assistentinnen in der Klinik eingesetzt oder Bezugspersonen direkt von den Therapeuten angeleitet werden, entscheidend ist die konkrete Veränderung von Kontingenzen in realen Problemsituationen (vgl. Abb. 2).

Das direkte Vorgehen des Kontingenzmanagements in dieser breiteren Definition, das unmittelbar auf relevante Verhaltensweisen festgelegte Reize setzt und meist bei Kindern angewendet wird, weicht aber nicht nur in der Methodik, sondern auch in der Wirksamkeit von der Erwachsenen-Psychotherapie (jeglicher Schulrichtung) ab: Eine große Zahl von Untersuchungen weist eine Erfolgsquote auf, die weit über der in der Erwachsenentherapie diskutierten Größenordnung liegt (vgl. Grawe 1992).

Die Bedeutung des Kontingenzmanagements i.w.S. wird überdies dadurch unterstrichen, daß es der Klinischen Psychologie neben den Verhaltensstörungen ein zusätzliches Wirkungsfeld erschlossen hat, nämlich die Behandlung von Entwicklungsverzögerungen (und natürlich auch der damit verbundenen Verhaltensprobleme). Es ist praktisch die einzige Methode, die systematisch auf die Förderung retardierter Entwicklungsbereiche, z.B. von Rückständen im Spiel- und Explorationsverhalten, angewendet wird und die sich auch bereits in früher Kindheit bei schweren Störungen einsetzen läßt, die mit der Hirnschädigung einhergehen, die die Retardierung verursacht (z.B. auch bei massiven Eßstörungen im Säuglingsalter: Süss & Brack 1984).

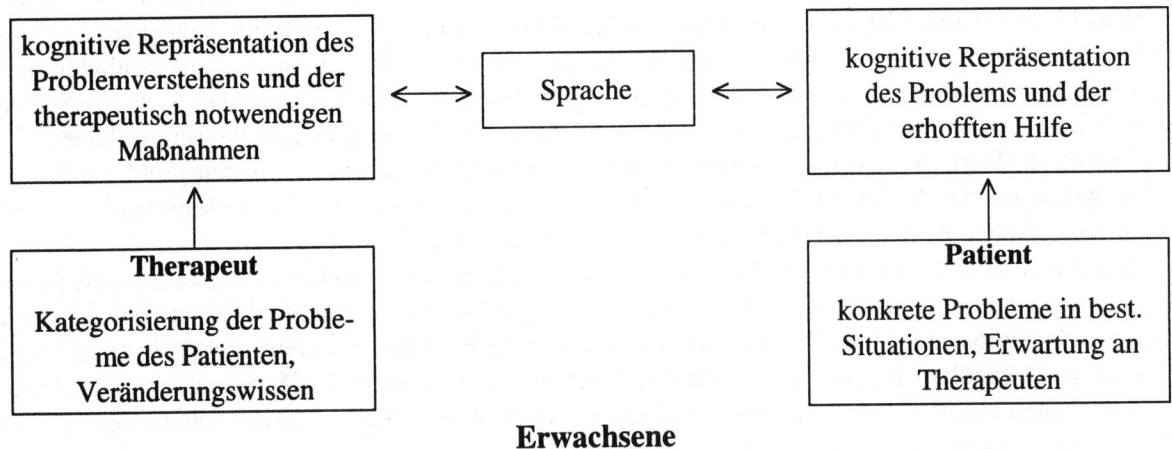

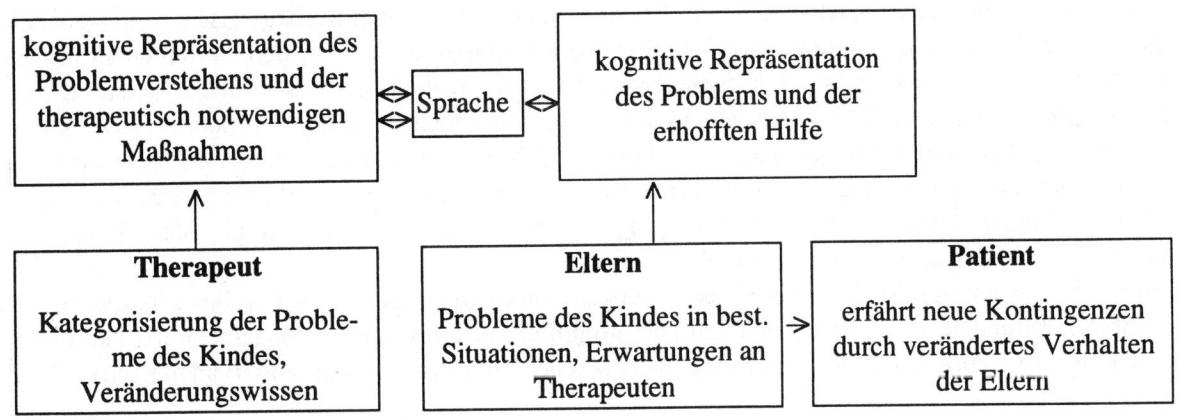

Abbildung 2: Unterschiede der Rolle des Therapeuten gegenüber dem Patienten zwischen der Erwachsenen- und der Kindertherapie. Die Übergänge sind fließend, und die dargestellten Besonderheiten der Kindertherapie zeigen sich v.a. auf frühen Entwicklungsstufen.

Der enorme, in einer großen Zahl von Publikationen - v.a. im angloamerikanischen Sprachraum - belegte Erfolg des Kontingenzmanagements bei kindlichen Verhaltens-, aber auch Entwicklungsstörungen ändert jedoch nichts an der Tatsache, daß es in Deutschland nur sehr selten bzw. nur sehr rudimentär praktiziert wird.
Bei den *Verhaltensstörungen* (von Bettnässen über Unkonzentriertheit bis zur Aggression) verhindert meist eine - isolierbare Variablen vermischende - voreilig "ganzheitliche" oder "systemische" Sicht die Setzung klarer Kontingenzen, die die Informationsverarbeitung des kindlichen Organismus bewältigen kann.
Dabei wurde die Wirksamkeit klar strukturierten Kontingenzmanagements bei Verhaltensproblemen bereits in den Anfängen der Verhaltenstherapie dokumentiert (bzw., sie war an der wissenschaftlichen und praktischen Etablierung der Verhaltenstherapie wesentlich beteiligt).
So behandelten schon Patterson et al. (1965) die Unruhe und Unaufmerksamkeit eines Schulkindes äußerst erfolgreich mit deutlich gesetzten Konsequenzen für erwünschte und unerwünschte Verhaltensweisen in der realen Schulsituation. Das Kind, das vorher den Unterricht laufend in massivster Form gestört hatte, zeichnete sich nach der Behandlung in der Lehrerbeurteilung durch besonders freundliches, kooperatives und aufmerksames Verhalten aus. Dennoch findet das Verfahren, mit hyperaktiven Kindern in der Schul- oder Hausaufgaben-Situation nach einem festgelegten Reiz-Reaktions-Plan vorzugehen, heute kaum mehr Verwendung; vielmehr wird in der Regel der Einsatz von Medikamenten bevorzugt. In vergleichenden Untersuchungen, soweit sie überhaupt noch durchgeführt werden, wird dementsprechend meist dem medikamentösen Vorgehen nur ein standardisiertes, nicht auf individuelle Verhaltensausprägungen eingehendes Kontingenzmanagement gegenübergestellt.
Bei den *Entwicklungsstörungen* dagegen wird häufig der Aspekt der Entwicklungsfortschritte des Kindes in der '"Frühförderung" vermischt mit seiner Befindlichkeit (und mit derjenigen des Behandlers).
Die Erfolge des Kontingenzmanagements auf diesem Gebiet sind schwerer nachzuweisen, denn sie werden nicht in erster Linie an der Veränderung von Verhaltensfrequenzen (wie bei den Verhaltensstörungen), sondern an der Erreichung strukturell komplexerer Leistungskompetenz gemessen (also z.B. daran, ob ein Kind mit einem Sprachentwicklungsrückstand durch Therapie - nicht etwa durch spontane Entwicklungsfortschritte - syntaktisch und semantisch adäquate Dreiwortsätze zu produzieren gelernt hat); und sie erweisen sich v.a. in der Langzeitwirkung, d.h., wenn der retardierte Bereich nachhaltig verbessert wird (und nicht nur die Entwicklung kurzfristig eine Beschleunigung erfährt, um dann wieder auf die ohne Therapie zu erwartende Verlaufskurve einzuschwenken).
Dennoch gibt es eine große Zahl von Untersuchungen mit vielversprechenden Ergebnissen, die mit dem operanten Lernmodell, d.h. in der konkreten Durchführung mit Kontingenzmanagement arbeiten und die Entwicklungsfortschritte etwa durch den Vergleich zwischen Therapie- und Warteintervall messen (vgl. Süss & Brack 1991).

V.a. zwei Gründe reduzierten das Interesse der Klinischen Psychologie am Kontingenzmanagement:

- Die '"kognitive Wende" der wissenschaftlichen Psychologie wirkte sich im klinischen Bereich in einer Betonung der genannten, an der Sprache orientierten Therapieformen aus. Diese übersehen jedoch oft, daß menschliches Verhalten (und seine Störungen) nur in sehr beschränktem Maß kognitiv reguliert wird. Statt übergreifende kognitive Strukturen mit dem Patienten verbal zu bearbeiten, muß der Therapeut im Kontingenzmanagement Verhalten genau beobachten und in kleinsten Schritten bearbeiten. Insbesondere darf dabei bei einem Stagnieren der Therapiefortschritte nicht auf andere Themen ausgewichen und das Vorgehen verallgemeinert werden, sondern in der Regel muß die Reiz-Reaktions-Analyse verschärft und damit noch aufwendiger gemacht werden.
- Die Rolle des Therapeuten wird auch in der Verhaltenstherapie noch oft im "medizinischen Modell" gesehen: Der Patient trägt eine bestimmte Störung in sich; zur Heilung oder Besserung muß eine

kompetente Person aufgesucht werden, die spezifische, dem Patienten nur beschränkt erklärbare (und erklärte) Maßnahmen ergreift. Beim Kontingenzmanagement i.e.S. kommt dagegen dem Patienten eine wesentlich aktivere Rolle zu, und der Therapeut erleidet alleine schon dadurch einen Prestigeverlust, daß er sich, statt distanzierter Gesprächsführung in seinen Praxisräumen, in den realen Alltag seiner Patienten begeben muß. Das ist nicht nur mit erheblichem Aufwand, sondern auch mit einer Offenlegung der Erfolgskontrolle verbunden: Konkrete Ratschläge zur Veränderung von Kontingenzen in konkreten Situationen erweisen sich, für den Patienten unmittelbar einsehbar, nach kurzer Zeit als richtig oder falsch.

Auf bestimmten Gebieten allerdings hat sich das Kontingenzmanagement in den letzten Jahren fest etabliert:

- Die Neuropsychologie, ursprünglich in erster Linie an der Zuordnung bestimmter Leistungen bzw. Ausfälle zu bestimmten Bereichen bzw. Funktionseinheiten des Gehirns interessiert, hat, seitdem sie sich intensiver mit der Rehabilitation befaßt, gewissermaßen die traditionelle Lernpsychologie neu entdeckt (vgl. v. Cramon & Zihl 1988) und sie in ganz konkrete Übungen für den Alltag der Patienten übersetzt, die weitgehend von Kontingenzmanagement geprägt sind.
- Die pädagogische und auch die Literatur zur elterlichen Erziehung ist mittlerweile durchzogen von Hinweisen, die dem Kontingenzmanagement entstammen - auch wenn sie oft weder entsprechend deklariert noch konsequent durchstrukturiert sind.
- Bereits Tharp & Wetzel (1969) erweiterten das ursprüngliche Konzept dadurch, daß sie neben der direkten Änderung von Kontingenzen des Problemverhaltens auch verbal-kognitive Strukturen zur Änderung von Kontingenzen unter aktiver Beteiligung der Klienten einsetzten, indem sie etwa mit älteren Kindern bzw. Jugendlichen das Vorgehen besprachen und insbesondere auch Verträge mit ihnen festlegten (contract management). Diese "kognitive Variante" des Kontingenzmanagements (die vielerlei theoretische Probleme aufwirft, etwa das der '"Selbstverstärkung") findet sich heute nicht nur häufig als integrierter Bestandteil von Therapien, die primär am Gespräch zwischen Klient und Therapeut orientiert sind, sondern oft als zentrale Maßnahme in der Verhaltensmedizin, z.B. bei der Behandlung von Schmerz- oder chronisch kranken Patienten (vgl. Miltner et al. 1986).

Anwendungsformen

In der konkreten Anwendung ist der Ausgangspunkt des Kontingenzmanagements die Feststellung des Problemverhaltens. Das gilt zwar für die gesamte Verhaltenstherapie, beim Kontingenzmanagement steht jedoch die Verhaltensbeobachtung in der (möglichst) realen Situation im Vordergrund. Häufig ersetzt ein Beobachtungsraum mit Einwegscheibe die 'natürliche' Umgebung. Das ist ökonomischer und oft auch valider - v.a. in der Kindertherapie würde ein in der 'natürlichen' Situation anwesender Beobachter das zu beobachtende Verhalten evtl. zu stark stören.

Das Geschick des Diagnostikers zeigt sich dabei darin, daß es ihm gelingt, Situationen so zu strukturieren, daß die in der natürlichen Umgebung auftretenden kritischen Verhaltensweisen und v.a. Kontingenzen sichtbar werden; daß also etwa das Kind die Mutter genauso provoziert wie im häuslichen Alltag und daß die Mutter genauso wie dort sich darauf einläßt und zugleich kaum ruhiges Spielverhalten verstärkt.

Ähnliche Überlegungen gelten für die Gestaltung von *Testdurchführungen*, wenn Kontingenzmanagement zur Entwicklungsförderung von Kindern oder zur neuropsychologischen Rehabilitation eingesetzt wird. Entwicklungsstand und Leistungsausfälle sollten genau erfaßt und unter dem Aspekt konkreter Defizite im Alltag analysiert werden.

Bei den *Verhaltensstörungen* ist entscheidend, die Kontingenzen, in die das Problemverhalten eingebunden ist, möglichst vollständig zu erfassen. Sonst besteht die Gefahr, daß der Versuch, dieses über Kontingenzänderungen zu löschen, durch unerkannte Verhaltenskonsequenzen (z.B. Zuwendung bei Provokationen des Kindes durch die mit im Haushalt lebende Großmutter) konterkariert wird.

Oft vernachlässigt werden die Kontingenzen auf der dem Verhalten vorausgehenden Seite, also die diskriminativen Reize. Auch hier mag wieder das "medizinische Modell" bei der unausgesprochenen Annahme mitspielen, daß ein Individuum aggressiv, unruhig usw. *ist* und daß diese *Eigenschaft* therapiert werden muß. In der Verhaltenstherapie generell und im Kontingenzmanagement speziell sollte dagegen stets die Reiz- bzw. Situationsabhängigkeit von Verhaltensweisen geprüft werden.

Dadurch lassen sich einerseits Therapieziele einengen. So treten Aggressionen, Provokationen, Negativismus u.ä. oft nur gegenüber bestimmten Personen oder Unruhe, Ausweichverhalten, Unaufmerksamkeit u.ä. nur in bestimmten Situationen auf und müssen nur in dieser Konstellation angegangen werden. (Daß die Gefahr einer Symptomverschiebung auf andere Personen oder Situationen - zumindest auf der trivialen Ebene einer homöostatischen Aufrechterhaltung - nicht besteht, ist ausreichend in der Literatur belegt.)

Andererseits relativiert die Einbeziehung der Reizkontrolle in die Verhaltensanalyse das Gewicht (und die unausgesprochene Prognose) mancher Symptome und Syndrome erheblich. Ein typisches Beispiel dafür ist die 'Aufmerksamkeits- und Hyperaktivitätsstörung' bei Kindern. Sie wird meist aufgrund der Befragung der Bezugspersonen nach vorgegebenen Verhaltenskategorien (z.B. DSM-III-R; vgl. Wittchen et al. 1989) oder durch quantifizierende Fragebögen (z.B. die Conners-Skalen; vgl. Goyette et al. 1978) diagnostiziert. Eine sorgfältige Beobachtung in verschiedenen Situationen aber zeigt meist, daß das Problemverhalten keineswegs ubiquitär auftritt, sondern sich auf bestimmte Umgebungsbedingungen (z.B. auf wenig strukturierte Anforderungen) einengen läßt. Für Eltern (und Kontingenzmanager) verschiebt sich dadurch das Bild von einem gestörten, syndrombehafteten Patienten zu einem Kind mit situationsabhängigen Verhaltensproblemen.

Klassifizierung und Quantifizierung des beobachteten Verhaltens erfolgen beim traditionellen Kontingenzmanagement relativ oberflächlich; prinzipiell aber können alle in der Verhaltenstherapie bekannten Verfahren eingesetzt werden (Zeitstichproben, qualitative Kategorien, Intensitätsschätzungen, apparative Messungen usw.).

Bei der Verhaltenserhebung in der natürlichen Umgebung haben sich pragmatische Modifikationen aufwendiger Meßverfahren bewährt - z.B. Zeitstichproben in der Form, daß über eine Stunde hinweg alle drei Minuten Registrierungen über das kritische Verhalten erfolgen.

Pragmatisch wird meist auch bei Fragen verfahren, die den lern- und verhaltenstheoretischen Hintergrund betreffen. Ein Beispiel: Die Unruhe eines Kindes läßt sich als Überschuß (an motorischer Aktivität) ebenso interpretieren wie als Defizit (an ruhigem Spiel- und Arbeitsverhalten); statt die Therapie von theoretischen Überlegungen zu möglichen Verhaltensklassen und ihrer Differenzierung abhängig zu machen, werden im Kontingenzmanagement in der Regel pauschale Maßnahmen getroffen, indem etwa Unruhe ignoriert und simultan eine Übung zur Verstärkung ruhigen Spielverhaltens etabliert wird.

In der eigentlichen Intervention besteht, entsprechend seiner engen Verbindung zum operanten Konditionieren, die zentrale Methode des Kontingenzmanagements im Setzen positiver und negativer Konsequenzen auf die relevanten Verhaltensweisen (vgl. Abb. 3).

Konsequenz auf Verhalten	appetitiver Reiz	aversiver Reiz
Vergabe	positive Verstärkung	Strafe Typ I
Wegnahme	Strafe Typ II	negative Verstärkung

Abbildung 3. Verstärkung und Bestrafung im operanten Modell

Die Klassifikation von belohnenden und bestrafenden Reizen erfolgt wieder sehr pragmatisch (und im Skinnerschen Sinn), indem sie einzig durch ihre *Wirkung* beim einzelnen Individuum definiert werden.
Als Verstärker dienen, je nach Problem und Alter bzw. Entwicklungsstand des Kindes oder Jugendlichen, materielle Belohnungen, Münzverstärker (tokens), Zuwendung und Handlungsverstärker.
Zuwendung hat den Vorteil der schnellen (und über eine gewisse räumliche Distanz wirkenden) Einsetzbarkeit. Damit ist gerade bei kleinen Kindern die Grundvoraussetzung der nicht semantisch vermittelten Verstärkung, die eine Latenz von weniger als eine Sekunde haben sollte, erfüllt.
Handlungsverstärker sind bei Jugendlichen, bei denen offene '"Belohnung" oft einen aversiven Effekt hat, von großer Bedeutung. Tharp und Wetzel (1969) setzten geschickt die Erlaubnis zu Besuchen bei Freunden oder Freundinnen (oder zu Telefonaten mit ihnen) ein, um sozial auffällige Klienten für prosoziales Verhalten zu verstärken. Die Auswahl von Handlungsverstärkern wird durch Premacks Prinzip erleichtert: In einer bestimmten Situation vom Klienten häufig ausgeführte Handlungen können, wenn ihre Ausführung vom Therapeuten kontrollierbar ist, als Verstärker für in der gleichen Situation seltenes Verhalten eingesetzt werden.
Als kontingente, verhaltensunterdrückende Verfahren werden meist Auszeit (time out), Münzentzug (response cost), Ignorieren, Überkorrektur (overcorrection) in Form von Restitution bzw. positiver Praxis oder auch leichte physische Strafen wie Einengung (etwa bei Aggressionen oder Autoaggressionen) eingesetzt. Der Übergang von Extinktion zu Bestrafung ist dabei fließend, und die Methoden können, je nach Ausgangsstimulation und ihren Veränderungsmöglichkeiten, zu komplexen Mustern zusammengesetzt werden (vgl. Brack 1993, S. 74ff).
Das gilt insbesondere für Kombinationen von Verstärkungen und Bestrafungen. Gerade bei der Verhaltensmodifikation "in der natürlichen Umwelt" ist die Faustregel der Verhaltenstherapie, die Reduktion von unerwünschtem Verhalten stets mit der Etablierung oder Intensivierung erwünschten Verhaltens zu verbinden, von großer Bedeutung.
Ein Beispiel dafür sind multiple Münzverstärkungssysteme, wie sie z.B. in Schulklassen (vgl. Ross 1981, S. 115ff) oder bei (prä-)delinquenten Jugendlichen (vgl. Gardner & Cole 1988) Verwendung finden. In die Überlegungen zur Gestaltung solcher Programme gehen immer motivationale Aspekte ein (auch wenn diese von den Skinnerianern unter den Kontingenzmanagern natürlich nicht als Erklärung, sondern als Epiphänomen der Verstärkungseffekte interpretiert werden). So wird immer wieder betont, wie wichtig es ist, die Token-Vergabe und -Einlösung plastisch und aufwendig zu gestalten und für interessante Eintauschverstärker zu sorgen, möglichst unter Verwendung eines Verstärkermenüs. Schon Tharp und Wetzel (1969) achteten überdies darauf, daß als Strafe für unerwünschtes Verhalten abgezogene Tokens nicht von den vorher für positives Verhalten verdienten, sondern von gesondert (also gewissermaßen für das Nichtauftreten des jeweiligen Problemverhaltens inkontingent) vergebenen genommen wurden; damit sollte vermieden werden, daß das Erfolgserlebnis bei erwünschtem Verhalten geschmälert wird.
Natürlich kann Kontingenzmanagement, z.B. im Klassenzimmer, auch auf das Verhalten von Gruppen angewendet werden. Allerdings birgt die damit verbundene Notwendigkeit der Kontrolle interindividueller Verhaltenskomplexität (ähnlich wie bei intrainidviduellen multiplen Münzsystemen) die Gefahr der Entstehung neuer, unerwünschter Verhaltensweisen, die im ursprünglichen Plan nicht berücksichtigt sind.
Eine bei schulrelevanten Verhaltensauffälligkeiten höchst wirksame Methode ist die Verstärkung der ganzen Klasse für adäquates Verhalten eines einzelnen Schülers (oder einiger weniger Schüler). Ein Beispiel: Ein unruhiges Kind hat an jedem Unterrichtstag dreimal Gelegenheit, bestimmte Aufgaben je fünf Minuten lang zu bearbeiten und bekommt bei Erfolg (d.h. konzentrierter Arbeit mit resultierenden richtigen Lösungen) jeweils eine Münze; die Münzen werden für die ganze Klasse sichtbar neben der Tafel aufbewahrt; wenn drei Münzen gesammelt sind, liest die Lehrerin der ganzen Klasse eine lustige Geschichte vor, zeigt ihr einen

Videofilm oder gibt zehn Minuten zusätzliche Pause. Ein solches Vorgehen führt die Mitschüler dazu, ruhiges Arbeiten des therapierten Kindes zu unterstützen - während sie sonst meist an seiner Unruhe und der damit verbundenen Abwechslung im Unterricht interessiert sind.

Der *therapeutischen Ausgestaltung* der Abfolge Reiz-Reaktion-Konsequenz im Kontingenzmangement stehen dann alle in der Verhaltenstherapie bekannten Methoden zur Verfügung, d.h. einige wenige, zur Verwendung in der Intervention genügend gut abgesicherte Lerngesetze eröffnen eine Vielfalt von therapeutischen Strategien (die "science of learning" erfordert die "art of teaching" - vgl. Skinner 1954).

Die basalste Strategie ist diejenige der sukzessiven Approximation: Zwischen Ist- und Soll-Zustand der relevanten Verhaltensweisen werden Übergangsstufen festgelegt, die schrittweise erarbeitet werden. (Für angehende Kontingenzmanager, die Vorerfahrungen mit traditioneller Psychotherapie haben, ist das in der Regel das eklatanteste Kennzeichen des Vorgehens: daß es nicht 'die Therapie' gibt, sondern eine Abfolge von Stufen, die erarbeitet werden müssen.)

Zur Umsetzung dieses Prinzips stehen Substrategien zur Verfügung, insbesondere Ausformung (shaping), Verkettung (chaining), Reizüberblendung (fading) und die das steuernde Reizspektrum bzw. das gesteuerte Verhalten einengenden Lernmechanismen der Diskrimination bzw. Differentiation mit ihrem Antagonisten, der (Reiz- bzw. Reaktions-)Generalisation.

Auf Einzelheiten der Verwendung dieser Verfahren zur Behandlung diverser Störungen soll hier nicht eingegangen werden, sie sind in den gängigen Lehrbüchern der Verhaltenstherapie nachzulesen. Hier werden nur einige Aspekte, die das Kontingenzmanagement innerhalb der Verhaltenstherapie kennzeichnen, herausgearbeitet. Details der Therapieplanung in der Kinderbehandlung, der Domäne des Kontingenzmanagements, finden sich, für Verhaltens- wie für Entwicklungsstörungen und in Abhängigkeit von der Test- und Verhaltensdiagnostik, z.B. bei Brack (1993).

Kennzeichnend für das Kontingenzmanagement i.S. von Tharp und Wetzel (1969) ist, daß auf der einen Seite bei den Begriffen und Methodenabgrenzungen kein allzu großer Wert auf Exaktheit gelegt, aber auf der anderen Seite mit viel Planung, Nachdruck und Kontrolle auf die Einhaltung der Kontingenzänderungen und die resultierenden Verhaltensänderungen geachtet wird. Dementsprechend sind die Interventionspläne genau durchdacht in bezug auf Schlüssigkeit und Durchführbarkeit: Ist für die Person, die die Kontingenzen setzt (also z.B. die Mutter, die das Kind für bestimmte Verhaltensweisen loben, ihm für andere Münzen geben und für wieder andere Münzen wegnehmen soll) in jedem Moment eindeutig, wie sie sich verhalten soll oder treten unklare Situationen auf, evtl. dadurch bedingt, daß der Therapeut bei der Planung gehofft hat, daß das Kind bestimmte Verhaltensweisen zeigt und andere nicht? Können die Kontingenzen wirklich so gesetzt werden wie im Plan vorgesehen oder ist das gelegentlich aus praktischen Gründen nicht möglich?

Diese Fragen verdeutlichen die oben getroffene Unterscheidung: Lernpsychologisches Wissen, insbesondere über das operante Konditionieren, liefert die methodischen Grundlagen; die Kunst des Kontingenzmanagements besteht darin, diese Methoden so in das Leben eines Klienten einzubauen, daß die gewünschte Verhaltensänderung tatsächlich erreicht wird.

Ein Beispiel für typische Fehler der Interventionsplanung, die die Durchführbarkeit und Schlüssigkeit beeinträchtigen, sei am Plan für eine in der Erziehung verunsicherte Mutter eines massiv provozierenden, negativistischen und aggressiven Kindes dargestellt. Dieser sieht u.a. vor, daß die Mutter Provokationen (demonstrative Ausführung von Verhaltensweisen, deren Unerwünschtheit dem Kind bekannt ist, weil es in der Vergangenheit unzählige Male dafür getadelt wurde) ignorieren soll und daß sie dem Kind für festgelegte, ausgeprägt prosoziale Verhaltensweisen (z.B. spontan Hilfe anbieten oder um Rat fragen) Tokens gibt, die in einem durchsichtigen Gefäß auf dem Küchenschrank aufbewahrt werden und unmittelbar, wenn zehn Stück erreicht sind, in eine kleine materielle Belohnung umgesetzt werden.

Die Mutter stößt nun bei der Durchführung auf zwei Probleme:

Das Kind bringt sich gelegentlich bei seinen Provokationen selbst in Gefahr, indem es etwa auf den Tisch steigt oder sich an der elektrischen Steckdose zu schaffen macht. Die Mutter kann das natürlich nicht ignorieren - sie greift ein, tadelt das Kind und ermahnt es, d.h. begibt sich gewissermaßen außerhalb des Therapieplans, der genau diese Reaktionen der Mutter beseitigen sollte. Der Therapeut hatte vergessen, den Plan dadurch "schlüssig" zu gestalten, daß er Verhaltensweisen des Kindes berücksichtigt, die ein Eingreifen notwendig machen. Er hätte etwa formulieren sollen: „Ignorieren Sie unerwünschte Verhaltensweisen des Kindes, wie besprochen und eingeübt. Wenn es aber etwas Gefährliches oder sehr Unangenehmes tut, dann greifen Sie sofort *schweigend und ohne zu strafen* ein, indem Sie ihm den kritischen Gegenstand abnehmen oder es davon trennen. Registrieren Sie bitte getrennt die Provokationen, bei denen Sie komplett ignorieren und bei denen Sie eingreifen mußten." Indem der Therapeut auch ein Eingreifen bei "sehr unangenehmen" Verhaltensweisen festlegt, demonstriert er der unsicheren Mutter (und bespricht das natürlich auch mit ihr), daß in der Erziehung des Kindes nicht nur dessen, sondern auch ihre eigenen Wünsche und Bedürfnisse Berücksichtigung finden sollten.

Das Kind zeigt die festgelegten prosozialen Verhaltensweisen auch außerhalb des Haushalts, was im Plan nicht berücksichtigt war. Soll die Mutter dem Kind nun dabei, etwa auf der Straße, eine der Spielmünzen geben und diese dann zunächst in ihrer Tasche aufbewahren? Was soll sie tun, wenn damit gerade die zehnte Münze erreicht wird, die unmittelbar zum Vorlesen einer Geschichte führen soll? Eine klare Antwort ist wichtig, weil es sich um ein schwer verhaltensgestörtes Kind handelt, das alle Erziehungsmaßnahmen der Mutter zu unterlaufen und mit ihr darüber zu verhandeln versucht; und weil das Kind, wenn es Unsicherheiten der Mutter bemerkt, sofort mit seinen problematischen Verhaltensweisen reagiert, indem es etwa der Mutter Vorwürfe über ihre Ungerechtigkeit macht oder auf der Straße laut zu schreien beginnt, daß es jetzt die versprochene Geschichte hören will. Im Plan hätte also etwa stehen können: „Wenn die besprochenen positiven Verhaltensweisen außerhalb des Haushalts (beim Einkaufen, auf Ausflügen usw.) auftreten und Ihr Kind eine Münze verdient bzw. die zehn Münzen zur Geschichte erreicht, dann sagen Sie bitte *mit einem einzigen, kurzen Satz,* daß Sie ihm sofort, wenn Sie nach Hause kommen, die Münze geben bzw. die Geschichte vorlesen. Reagieren Sie dann prinzipiell mit keinem Wort mehr auf jeden Versuch des Kindes, über die Münze oder die Geschichte zu diskutieren". Zudem wird der Therapeut dem Kind, wenn sein Sprachverständnis genügend entwickelt ist, das künftige Vorgehen seiner Mutter bei entsprechenden Gelegenheiten *einmal* in deren Anwesenheit erklären.

Mit der Schlüssigkeit und Durchführbarkeit von Kontingenzmanagement-Plänen soll allen einbezogenen Personen auch deutlich gemacht werden, daß diese Pläne nicht nur ernst gemeint sind, sondern daß auch - zumindest im Bereich der Verhaltensstörungen - an ihrem Erfolg bei richtiger Durchführung nicht zu zweifeln ist. (Auch beginnenden professionellen Kontingenzmanagern muß immer wieder klargemacht werden, daß operantes Konditionieren zwar in vielfältiger Weise verflochten und mit anderen, auch verbalen Lernprozessen verknüpft ist, daß es aber nicht willkürlich initiiert oder ausgeblendet werden kann, sondern einem Naturgesetz entspricht, das permanent über zentralnervöse Aktivität das Spektrum der Verhaltensfrequenzen des Menschen - und vieler Tiere - prägt und entsprechend einsetzbar ist.)

Auf dieser Sicherheit der prinzipiellen Wirksamkeit beruht auch die für das Kontingenzmanagement typische Buchführung. Interventionspläne sind in aller Regel begleitet von Registrierungen, durchgeführt in erster Linie von den Personen, die die Kontingenzen setzen oder von dem gelegentlich kontrollierenden Therapeuten.

Die Registrierungen sollen die relevanten Verhaltensweisen erfassen und Fortschritte bzw. Stagnation der Therapie aufzeigen. Wie bei den Verhaltensbeobachtungen zu Beginn der Intervention, die v.a. der Formulierung der Therapieziele dienen sollten, sind auch bei den behandlungsbegleitenden und ebenso bei den abschließenden, evaluierenden Erfassungen prinzipiell alle in der Verhaltenstherapie üblichen Techniken

einsetzbar. Im Kontingenzmanagement werden diese jedoch wieder möglichst pragmatisch gehandhabt - sie sollen Verhalten und dieses einbindende Kontingenzen in natürlicher Umgebung möglichst gut erfassen, aber zugleich möglichst wenig stören. Deshalb werden, sowohl bei Häufigkeitsmaßen als auch bei Intensitätsschätzungen, meist relativ grob quantifizierende Verfahren verwendet. Abb. 4 gibt ein Beispiel.
Solche Registrierverfahren lassen sich auch bei der Variante des Kontingenzmanagements einsetzen, die die Klienten in die Therapieplanung einbezieht, indem ihnen die veränderten, durch Bezugspersonen gesetzten Kontingenzen angekündigt, Kontrakte zwischen ihnen und den Bezugspersonen vermittelt oder sie veranlaßt werden, selbst Kontingenzen zu ändern, z.B. in Form von Selbstverstärkungen.
Dieses Vorgehen erlaubt prinzipiell die Verwendung der gleichen Mittel und Strategien wie das "direkte" Kontingenzmanagement, nur muß über dessen Wirkungen hinaus mit Meta-Effekten gerechnet werden, die sich positiv (Extrem: Der Klient stellt allein durch seine Mitplanung der veränderten Kontingenzen sein Verhaltensproblem ein) oder negativ (Extrem: Der Klient verweigert jede Mitarbeit) darstellen können.
Bei den Kontrakten, v.a. mit Jugendlichen, wird meist ein gemischtes Modell gewählt: Die Klienten sind an der Ausarbeitung des Kontraktes beteiligt, die geplanten Kontingenzen aber werden dann durch die Bezugspersonen vermittelt. Ein Beispiel ist die finanzielle Unterstützung eines Jugendlichen beim Kauf eines Fahrrades oder Autos durch die Eltern, indem in einem komplexen Vertrag Punkte (oder unmittelbar Geldbeträge) für bestimmte Verhaltensweisen vergeben bzw. abgezogen werden. Solche Kontrakte, wenn sie geschickt vorbereitet und ausgearbeitet werden, haben den Vorteil, die Situation zu entemotionalisieren. Beide Seiten können sich jederzeit auf den einmal geschlossenen Vertrag berufen, der Klient war selbst an der Vertragsformulierung beteiligt.

Tag	von	bis	Note Spiel des Kindes	Wie oft Eingreifen nötig?	Note Befindlichkeit der Mutter
z. B. 7.9.	18.04.	18.37	3	IIII	2

Abbildung 4. Beispiel einer Registrierliste für eine häusliche Übung zum Aufbau ruhigen Spielverhaltens. Die Übung soll täglich möglichst exakt von 18.00 bis 18.30 Uhr stattfinden.
Die Noten bedeuten: 1 = sehr gut, 2 = gut, 3 = mäßig, 4 = schlecht, 5 = sehr schlecht.

Anwendungsprobleme

Die Zielgerichtetheit des Vorgehens sollte natürlich nicht dazu führen, Kontingenzmanagement "naiv" in dem Sinne zu betreiben, daß angenommen wird, nur die in die Planung einbezogenen Kontingenzen bzw. ihre Veränderungen seien wirksam und zu berücksichtigen. Vielmehr sind vielerlei gelegentlich auftretende, zusätzliche Effekte beschrieben worden (und in der konkreten Arbeit immer wieder zu beobachten), auf die geachtet werden sollte.
Dazu gehört der erwünschte Effekt, daß Bezugspersonen, die im Rahmen eines Behandlungsplans sich mit einem Kind häufiger beschäftigen und u.a. lernen, es gezielt zu loben, oft selbst für das Kind eine zunehmend

positive Valenz erhalten - so daß das Kind sich stärker an ihnen orientiert und dadurch ursprünglich vorgesehene weitere Therapieschritte überflüssig werden. Manchmal ändert sich das Problemverhalten auch schon durch das Gespräch mit den Klienten und ihren Bezugspersonen über dieses Verhalten.

Auf der anderen Seite beeinflußt das Kontingenzmanagement natürlich auch bestehende Beziehungsstrukturen, die nicht im Mittelpunkt der Behandlung stehen. Dabei können erhebliche negative Konsequenzen auftreten. So verschärfen sich u.U. Konflikte zwischen den Eltern eines verhaltensgestörten Kindes über den richtigen Erziehungsstil durch den Therapieplan, indem dieser in die Argumentation darüber einbezogen wird, wer recht bzw. in der Vergangenheit Fehler gemacht hat. Oder bestehende Eheprobleme und das Kontingenzmanagement (wie jeder Eingriff von außen) können sich gegenseitig beeinflussen. So mag die Verhaltensstörung des Kindes ein Gleichgewicht an Schuldzuweisungen und damit die Ehe der Eltern aufrechterhalten haben; eine Reduktion der Verhaltensprobleme des Kindes bringt dann evtl. den einen oder anderen Ehepartner auf die Idee, sich zu trennen und einen neuen Anfang zu versuchen. In jedem Fall sollte deshalb die Wirkung des Kontingenzmanagements auf den gesamten sozialen Bezugsrahmen des Klienten beachtet und das Vorgehen entsprechend angepaßt werden.

Ein anderer problematischer Aspekt ist die adäquate Kooperation der Personen, die die veränderten Kontingenzen kontrollieren, also in der Kindertherapie der Eltern, Lehrer usw. Diese läßt sich durch regelmäßige Kontakte und die erwähnten Registrierungen verbessern. Entscheidend aber ist, daß die veränderten Kontingenzen (bzw. ihre Auswirkungen) auch einen verstärkenden Effekt auf kooperatives Verhalten der betroffenen Bezugspersonen haben müssen. Nicht nur regelmäßige Gespräche, sondern auch eine Abstufung der Relation von Aufwand und Veränderung sind dabei von Bedeutung: Gerade bei entwicklungsretardierten Kindern mit vielfältigen Verhaltensproblemen sollten den Eltern Erfolgserlebnisse vermittelt werden, indem etwa vor einer langwierigen Entwicklungsförderung belastende, relativ schnell zu bessernde Verhaltensstörungen angegangen werden. Eine Mutter wird einen auf zwei Jahre angelegten Kontingenzplan zur täglichen Sprachförderung ihres Kindes zuversichtlicher in die Tat umsetzen, wenn sie zuerst die Erfahrung macht, daß dessen arbeitsaufwendiges Bettnässen über Kontingenzmanagement in wenigen Wochen beseitigt wurde.

Auch durch zu hohe Ansprüche kann die Kooperation der Bezugspersonen eingeschränkt sein. Nicht wenige Eltern versuchen, Ausformungspläne zu beschleunigen, indem sie z.B. statt der vereinbarten zwei Minuten ruhigen Sitzenbleibens für eine Münze gleich fünf Minuten verlangen, so daß das Kind keine Verstärkung mehr erhält; oder indem sie, gegen den Rat des Therapeuten, die Kontingenzen übermäßig erweitern und so neue Verhaltensprobleme schaffen - etwa dann, wenn sie, weil das Kind vormittags keine Münze für positives Sozialverhalten erlangt hat, ihm zusätzlich, ohne daß das vereinbart war, nachmittags Hausarrest geben.

Kontingenzmanagement in der Schule stößt oft auf das Bestreben der Pädagogen, es möglichst schnell mit Inhalten des Lehrstoffs zu verbinden, was für den betroffenen Schüler zu einer Serie von Mißerfolgen und damit zum Scheitern des Therapieplans führen kann. Die Behandlung von Hyperaktivität im Klassenzimmer - z.B. über das Angebot von kurzen Konzentrationsübungen mit Münzverstärkung - beginnt in der Regel mit einfachstem Aufgabenmaterial und verlangt zunächst nur das ruhige Verfolgen einer Anforderung über einige Minuten, ohne sonstigen Leistungsdruck. Der Schüler kann aber kein konzentriertes Arbeitsverhalten aufbauen, wenn die Verstärkungen ausbleiben, weil die Lehrkraft vorschnell den anstehenden Lehrstoff, den er nur unvollständig beherrscht, in den Übungsaufgaben verwendet.

Gelegentlich scheitert Kontingenzmanagement nicht an der Umsetzung, sondern schon an der Ausgangsplanung, nämlich dann, wenn die Schritte des Vorgehens zu wenig detailliert ausgearbeitet und die relevanten Variablen nicht genügend getrennt werden. Dazu gehört zu schnelle oder zu grobe Reizüberblendung; etwa bei der Verlängerung des unbeliebten und der Verkürzung des beliebten, verstärkenden Verhaltens in der Anwendung von Premacks Prinzip; oder der Beginn eines Ausformungsplanes auf zu hohem Niveau - z.B.

beruhen Mißerfolge bei der Behandlung extrem hyperaktiver, chaotischer Kinder oft darauf, daß nicht, wie von vielen erfolgreichen Therapien berichtet, mit der Verstärkung von so simplen Verhaltensweisen wie "fünf Sekunden auf ein Buch schauen" oder "wenigstens einen Bleistift mit zur Schule bringen" begonnen wird.; oder bei kurzer Isolierung (Auszeit) wird nicht auf die verbundene Kontingenzbedingung von Zeit und Verhalten geachtet (z.B. Beendigung, wenn drei Minuten vorüber sind und das Kind für zehn Sekunden ruhig war); oder - und insbesondere - es wird beim Kontingenzmanagement mit Kindern nicht genügend auf die Kontrolle der Zuwendung geachtet - so kann das Problemverhalten verstärkt statt abgebaut werden, wenn die Eltern die vom Therapeuten empfohlene kontingente Auszeit zu entsprechenden Drohungen benützen. Nur die Kombination von Gespräch, Verhaltensbeobachtung, Registrierung und exakter Ausarbeitung und Anpassung der Therapieschritte kann solche Fehlschläge verhindern.

Kontingenzmanagement - Gegenwart und Zukunft

Kontingenzmanagement im ursprünglichen Sinn wird, wie erwähnt, derzeit bei uns kaum praktiziert. Nur sehr wenige Therapeuten im Kinder-, aber auch im Erwachsenenbereich gehen aktiv in die soziale Umwelt ihrer Klienten hinein und leiten die Personen, die deren problematische Verhaltensweisen in der natürlichen Umgebung in Kontingenzen einbinden können, konkret an. Neben der genannten partiellen Verwendung des Kontingenzmanagements als Zusatz zu primär verbal strukturierten Therapieansätzen aber zeichnen sich für die Zukunft einige Gebiete ab, auf denen vermehrt Kontingenzmanagement eingesetzt werden wird:

- Die Betreuung chronisch kranker Menschen, v.a. Kinder, bedarf einer Anleitung der Bezugspersonen im Setzen von Verhaltenskontingenzen, und zwar in bezug auf das direkt die Krankheit betreffende Verhalten, z.B. die Medikamenteneinnahme, wie auf begleitende Schwierigkeiten, z.B. Resignation oder Verwöhnungshaltung (vgl. Petermann et al. 1987).
- Das gleiche gilt für die gesamte Verhaltensmedizin, d.h., vereinfacht gesagt, für die Anwendung der Verhaltenstherapie auf medizinische Probleme, insbesondere im sog. "psychosomatischen" Bereich (vgl. Miltner et al. 1986; Williamson et al. 1987).
- Eine besondere Ausprägung in Form von vielerlei Übungen für die Förderung der Orientierung und Kompetenz im Alltag findet das Kontingenzmanagement in der neuropsychologischen Rehabilitation (vgl. Prosiegel 1991); dabei stellt die Anwendung bei Kindern einen relativ neuen Arbeitsbereich dar (vgl. Reynolds & Fletcher-Janzen 1989).
- Innerhalb dieses Bereiches wird Therapie über Kontingenzmanagement ganz gezielt bei den Teilleistungsstörungen eingesetzt. Auch im deutschen Sprachraum gibt es hierzu vielerlei Anregungen (vgl. Steinhausen 1991).
- In der Literatur finden sich einige neuere Ansätze, das traditionelle Kontingenzmanagement in elaborierter Form, d.h. abgestimmt auf die daneben ablaufende individuelle Therapie, einzusetzen, d.h. Bezugspersonen zum Einsatz von Kontingenzen anzuleiten (etwa bei kindlichen Phobien: King 1993).
- Eine erfolgversprechende Mischung der Formen des Kontingenzmanagements bei Verhaltensstörungen (Kontingenzen in freier Situation im Alltag) und bei Teilleistungsstörungen (Kontingenzen bei gezielt vorgeplanten Übungen) findet sich z.B. in der letzten Zeit in einigen Publikationen zur Behandlung der Aufmerksamkeits- und Hyperaktivitätsstörung, etwa als "Behavior Management Program" (Silver 1992).

Praxis-Literaturempfehlung

Brack, U.B. (Hg.). Frühdiagnostik und Frühtherapie. Psychologische Behandlung von entwicklungs- und verhaltensgestörten Kindern. 2. Aufl. Weinheim: Psychologie Verlags Union 1993.

Weitere Literaturempfehlungen

King, N.J.: Simple and social phobias. In: Ollendick, T.H. & Prinz, R.J. (eds.): Advances in clinical child psychology. Vol. 15. New York: Plenum 1993, 305-341. (Kontingenzen bei der Behandlung kindlicher Verhaltensstörungen.)

Miltner, W., Birbaumer, N. & Gerber, W.-D.: Verhaltensmedizin. Berlin: Springer 1986. (Überblick über eine relativ neue Wissenschaft, die Psychologie und Medizin verbindet und in der Kontingenzmanagement von großer Bedeutung ist.)

Patterson, G.R., Jones, R., Whittier, J. & Wright, M.A.: A behavior modification technique for the hyperactive child. Behaviour research and therapy 2, 1965, 217-226. (Eine frühe Arbeit, die zeigt, daß mit intensivem Kontingenzmanagement schwere Verhaltensstörungen erfolgreich behandelt werden können - was heute zum großen Teil in Vergessenheit geraten ist.)

Petermann, F., Noeker, M. & Bode, U.: Psychologie chronischer Krankheiten im Kindes- und Jugendalter. München: Psychologie Verlags Union 1987. (Ein wichtiger Versorgungsauftrag an die Klinische Psychologie, bei dem Kontingenzmanagement eine erhebliche Rolle spielt.)

Prosiegel, M.: Neuropsychologische Störungen und ihre Rehabilitation. Hirnläsionen, Syndrome, Diagnostik, Therapie. München: Pflaum 1991. (Kontingenzmanagement zur Förderung höherer kortikaler Funktionen, v.a. durch geschickt gestaltete, alltagsnahe Übungen.)

Tharp, R.G. & Wetzel, R.J.: Behavior modification in the natural environment. New York: Academic 1969 (dt.: Verhaltensänderungen im gegebenen Sozialfeld. München: Urban & Schwarzenberg 1975; eine historische Publikation, die zeigt, wie Verhaltensprobleme von Kindern und Jugendlichen ökonomisch und erfolgreich im natürlichen Lebensraum angegangen werden können).

Literatur

Brack, U.B. (Hg.): Frühdiagnostik und Frühtherapie. Psychologische Behandlung von entwicklungs- und verhaltensgestörten Kindern. München: Psychologie Verlags Union. Urban & Schwarzenberg 1986.

v. Cramon, D. & Zihl, J. (Hg.): Neuropsychologische Rehabilitation. Grundlagen - Diagnostik - Behandlungsverfahren. Berlin: Springer 1988.

Gardner, W.J. & Cole, C.L.: Conduct disorders. Psychological therapies. In: Matson, J.L. (ed.): Handbook of treatment approaches in childhood psychopathology. New York: Plenum 1988, 163-194.

Goyette, C.H., Conners, C.K. & Ulrich, R.F.: Normative data on revised Conners Parent and Teacher Rating Scales. Journal of abnormal child psychology 6, 1978, 221-236.

Grawe, K.: Psychotherapieforschung zu Beginn der neunziger Jahre. Psychologische Rundschau 43, 1992, 132-162.

Homme, L.E.: Contiguity theory and contingency management. Psychological records 16, 1966, 233-241.

King, N.J.: Simple and social phobias. In: Ollendick, T.H. & Prinz, R.J. (eds.): Advances in clinical child psychology. Vol. 15. New York: Plenum 1993, 305-341)

Miltner, W., Birbaumer, N. & Gerber, W.-D.: Verhaltensmedizin. Berlin: Springer 1986.

Patterson, G.R., Jones, R., Whittier, J. & Wright, M.A.: A behavior modification technique for the hyperactive child. Behaviour research and therapy 2, 1965, 217-226.

Petermann, F., Noeker, M. & Bode, U.: Psychologie chronischer Krankheiten im Kindes- und Jugendalter. München: Psychologie Verlags Union 1987.

Prosiegel, M.: Neuropsychologische Störungen und ihre Rehabilitation. Hirnläsionen, Syndrome, Diagnostik, Therapie. München: Pflaum 1991.

Reynolds, C.R. & Fletcher-Janzen, E. (eds.): Handbook of clinical child neuropsychology. New York: Plenum 1989.
Ross, A.O.: Child behavior therapy. New York: Wiley 1981.
Silver, L.B.: Attention-deficit hyperactivity disorder. A clinical guide do diagnosis and treatment. Washington: American Psychiatric Press 1992.
Skinner, B.F.: The science of learning and the art of teaching. Harvard educational review 24, 1954, 86-97.
Steinhausen, H.-Ch.: Therapie und Verlauf von Hirnfunktionsstörungen. In: Steinhausen, H.-Ch. (Hg.): Hirnfunktionsstörungen und Teilleistungsschwächen. Berlin: Springer 1991, 169-186.
Süss, H. & Brack, U.B.: Extreme Nahrungsverweigerung bei Säuglingen, Kleinkindern und retardierten Kindern. Sozialpädiatrie 6, 1984, 660-664.
Süss-Burghart, H. & Brack, U.B.: Therapie von Sprachentwicklungsverzögerungen bei mental retardierten Kindern. Zeitschrift für Kinder- und Jugendpsychiatrie 19, 1991, 158-163.
Tharp, R.G. & Wetzel, R.J.: Behavior modification in the natural environment. New York: Academic 1969 (dt.: Verhaltensänderungen im gegebenen Sozialfeld. München: Urban & Schwarzenberg 1975).
Williamson, W.A., McKenzie, S.J., Goreczny, A.J. & Faulstich, M.: Psychophysiological disorders. In: Hersen, M. & Van Hasselt, V.B. (eds.): Behavior therapy with children and adolescents. New York: Wiley 1987, 279-300.
Wittchen, H.U., Saß, H., Zaudig, M. & Koehler, K.: Diagnostisches und Statistisches Manual Psychischer Störungen DSM-III-R. Weinheim: Beltz 1989.

Imaginationsverfahren im psychotherapeutischen Prozeß

• Birgit B. Lehner •

1. Definition
Imaginationsverfahren sind Verfahren, die dem Klienten mit Hilfe seiner visuellen Vorstellungskraft und seiner Fähigkeit, sich zu entspannen, in seinem persönlichen Entwicklungs- und Heilungsprozeß unterstützen.

2. Indikation
Imaginationsverfahren sind indiziert
- beim Aufbau einer positiven Lebensgrundeinstellung
- bei der Klärung innere Konflikte
- bei psychosomatischen Beschwerden
- beim Aufbau neuer, selbstsicherer Verhaltensweisen
- bei der Bearbeitung und Klärung schmerzlicher Gefühlszustände

3. Ziele
Imaginationsverfahren, so wie sie hier beschrieben sind, verschaffen dem Klienten mehr Klarheit und Bewußtheit über sich selbst, helfen ihm selbstsicherer zu werden und neues Verhalten und neue Einstellungen aufzubauen und zu stabilisieren.

4. Therapeutisches Vorgehen und Wirkprinzipien
Der Klient lernt ein Entspannungsverfahren (z.B. Autogenes Training), um dann im entspannten Zustand sein momentanes Thema visuell und imaginativ zu bearbeiten. Unterstützend für den Entspannungsprozeß und die geleitete Imaginationsarbeit wirkt beruhigende Musik im Hintergrund. Passende Duftöle aus der Aromatherapie können den Prozeß positiv unterstützen.

Übungsanleitungen: Der Klient liegt oder sitzt in einem bequemen Stuhl und hat die Augen geschlossen. Er entspannt sich entweder allein und hebt dann die rechte Hand als Zeichen dafür, daß er sich im Entspannungszustand befindet, oder er entspannt sich unter Anleitung des Therapeuten. Dann leitet der Therapeut das persönliche Thema des Klienten ein.

Beispiele:
Zum Thema: Aufbau einer positiven Lebensgrundeinstellung
Therapeut: „Erinnern Sie sich an eine Situation, in der Sie sich sehr wohl und glücklich gefühlt haben. Schauen Sie sich diese Situation genau an: was gibt es da zu sehen ..., sind andere Menschen dabei ..., wie sind die Lichtverhältnisse ..., welche Farben haben die Dinge, von denen Sie umgeben sind ..., was hören Sie..., was schmecken Sie ..., was riechen Sie ..., was spüren Sie ..., welche körperlichen Empfindungen nehmen Sie wahr ..., lassen Sie sich in diese positive Situation hineinfallen und genießen Sie diesen Zustand .... „Allmählich kommen Sie wieder in den Raum zurück, öffnen langsam die Augen und recken und strecken sich."

Klienten, die eine negative Lebensgrundeinstellung haben, können dadurch positiv unterstützt werden, indem sie positive Situationen „sammeln", um zu lernen, wieder die andere Seite des Lebens zu sehen. Dadurch wird die positive Seite der Persönlichkeit gefördert und der anderen, destruktiven Seite weniger Aufmerksamkeit geschenkt. Die Kraft und Energie, die dann frei werden kann, kann der Klient nutzen, um seine momentanen Probleme anzugehen und zu lösen.

Zum Thema: Innere Konfliktklärung

Therapeut: „Geben Sie nun den Konfliktanteilen Ihres momentanen Konflikts Tiernamen und lassen Sie diese mit einander in einen Dialog treten. Welche Tiere sehen Sie?"

Klient: z.B. „Elefant und Tiger."

Therapeut: „Was sagt der Elefant zum Tiger? Hören Sie genau hin... Was hat der Tiger dem Elefanten zu sagen? Hören Sie wieder genau hin...Die Tiere führen nun ein Zwiegespräch. Hören Sie sich an, was die beiden sich zu sagen haben ...
Wie fühlt sich der Elefant ...?
Wie fühlt sich der Tiger ...?
Hören Sie, was die beiden sich über ihre Gefühle zu sagen haben ...
Kommen Sie allmählich wieder in den Raum zurück, öffnen Sie langsam die Augen und recken und strecken Sie sich."

Der Klient erhält mit dieser Methode Bewußtheit über seine Persönlichkeitsanteile, die ihn daran hindern, den Konflikt zu klären. Diese Anteile in seiner Person werden für ihn jetzt greifbarer sein als vorher und können nun weiter in der Therapie bearbeitet werden. Dadurch wird der Prozeß der Konfliktklärung und Lösung einerseits in Gang gebracht und andererseits handhabbar für den Klienten. Seine Angst vor dem Konflikt wird abnehmen und das Selbstvertrauen, seinen Konflikt zu lösen, wird zunehmen.

Zum Thema: Psychosomatische Beschwerden

Therapeut: „Konzentrieren Sie sich nun auf Ihr körperliches Leiden und geben Sie ihm einen Namen. Nun treten Sie mit ihm in einen Dialog. Fragen Sie das Symptom: warum bist du bei mir ...? Wieso bist du wichtig für mich ...? Was kann ich durch dich lernen ...? Welche Funktion/ Bedeutung hast du für mich ...? Was willst du mir sagen ...? Wie gehen andere Menschen mit mir um, seitdem du bei mir bist ...? Was geschieht, wenn ich dich loslasse ...? Hören Sie jedesmal genau hin, und achten Sie dabei auf Ihre Gefühle. Verabschieden Sie sich nun von dem Symptom, und bedanken Sie sich für die Auskünfte, die Sie erhalten haben. Allmählich kommen Sie wieder in den Raum zurück, öffnen die Augen, recken und strecken sich."

Auch diese Bewußtheit, die durch die Übung entstehen kann, kann nun im weiteren therapeutischen Prozeß zur Heilung genutzt werden. Der Klient lernt durch diese Methode, sich von dem Symptom zu distanzieren und mit ihm umzugehen. Dadurch fühlt er sich nicht mehr hilflos ausgeliefert, sondern kann Verantwortung für seine Krankheit übernehmen und seine Lebensumstände entsprechend aktiv gestalten lernen.

Zum Thema: Aufbau neuer Verhaltensweisen

Der Klient ist Student und hat Redeangst.

Therapeut: „Stellen Sie sich vor, wie Sie vor Ihren Mitkommilitonen stehen und ein Referat halten. Sie fühlen sich ruhig und sicher. Sie sprechen langsam, deutlich und laut, so daß jeder im Raum Sie gut verstehen kann, denn das, was Sie sagen, ist bedeutend. Sie sind überzeugt von dem, was Sie referieren, und überzeugen somit auch die Zuhörer. Lassen Sie dieses Bild immer deutlicher werden und in einem hellen Licht entstehen ... Allmählich kommen Sie wieder in den Raum zurück, öffnen die Augen, recken und strecken sich."

Der Klient stimmt sich mit dieser Übung positiv auf die angstbesetzte Situation ein. Negative Vorstellungen werden gelöscht, indem ihnen keine Aufmerksamkeit mehr geschenkt wird. Jedes neue, positive oder selbstsichere Verhalten kann auf diese Art und Weise eingeübt werden. Das Selbstvertrauen des Klienten wird zunehmen. Der Klient lernt, daß er verantwortlich ist, ob er mit seiner Vorstellungskraft positives, erfolgreiches Verhalten bewirkt oder Mißerfolge erleben wird. Er kann lernen, sich selbst zu unterstützen. Dieses Vorgehen setzt voraus, daß keine Verhaltensdefizite bestehen und daß die soziale Angst nicht so groß ist, daß sie verhindert, obige Situation angstfrei zu imaginieren. Andernfalls ist das von Ullrich und Ullrich in diesem Buch beschriebene Vorgehen notwendig.

Zum Thema: Schmerzliche Gefühle (z.B. Trauer, Alleinsein, Einsamkeit, Verzweiflung, Hilflosigkeit, Angst)
Der Klient kommt in die Sitzung und befindet sich in einem für ihn schmerzlichen Gefühlszustand.
Wichtig: Der Klient soll sich vor der folgenden Übung nicht entspannen. Die Übung findet im Sitzen statt.
Therapeut: „Setzen Sie sich bequem hin, und schließen Sie die Augen. Richten Sie nun Ihre Aufmerksamkeit auf dieses schmerzliche Gefühl, und geben Sie ihm einen Namen ... Sagen Sie nun laut zu dieser Empfindung: Komm her! Sagen Sie es noch einmal, etwas lauter dieses Mal: Komm her! Seien Sie mutig, und schauen Sie sich dieses Gefühl genau an ... Geben Sie Ihren körperlichen Empfindungen nach, und erlauben Sie sich zu weinen. Sagen Sie noch einmal laut und deutlich: Komm her! Und schauen Sie sich die Bilder an, die in Ihnen auftauchen. Nehmen Sie sich Zeit dafür. Lassen Sie das geschehen, was geschehen soll..."
Der Klient verliert allmählich die Angst vor schmerzlichen Gefühlen und lernt mit ihnen positiv umzugehen, indem er sich darauf einläßt und sich nicht mehr dagegen wehrt. Der positive, lebenserhaltende Persönlichkeitsanteil tritt mit dem negativen, destruktiven, lebensverneinenden Persönlichkeitsanteil in Kontakt und der Klient macht die Erfahrung, daß er die Kraft besitzt, seine Negativität aufzulösen. Häufig tauchen Bilder von vergangenen schmerzlichen Erfahrungen, auf die bis in die früheste Kindheit zurückgehen können. Mit diesen Erkenntnissen kann dann in der Therapie weitergearbeitet werden.

5. Wirkprinzip
Die Imaginationsmethode wirkt im Alpha-Zustand, der vor Beginn der Imagination durch ein Entspannungsverfahren erreicht wird. In diesem Zustand nimmt der Klient auf der Ebene des Vorbewußten neue Sichtweisen wahr, da der Beta-Zustand (Wachzustand) ausgeschaltet ist. Er kann in diesem entspannten Zustand diese leichter zulassen als im Wachzustand, wo analytisches Denken und Hinterfragen das Wesentliche wieder zerstören. Mit den Erkenntnissen, die sich häufig in Bilderform manifestieren, wird dann therapeutisch weitergearbeitet. Die individuelle Botschaft gilt es für den Klienten ernst zunehmen, anzunehmen, um letztendlich das zu tun, was es für ihn zur Zeit zu tun gibt, um gesund zu werden. Die innere Ruhe, die durch den Entspannungszustand entsteht, fördert das Selbstvertrauen und den Mut und mindert die Angst. Neues Verhalten und neue Einstellungen werden im Alpha-Zustand programmiert, so daß alte, hemmende Muster zurückgehen und gelöscht werden. Der Klient stellt sich z.B. das neue Verhalten bildlich vor, wie einen neuen Film, der in der Entspannung vor seinem geistigen Auge abläuft.

6. Barrieren
Widerstände sind sichtbar an der mangelnden Bereitschaft, sich entspannen zu wollen, scheinbar nicht zu können oder gar unfähig zu sein. Manche Klienten haben auch Schwierigkeiten, sich vor ihrem geistigen Auge das Gesprochene bildhaft vorzustellen. Hier empfiehlt sich der Einstieg über das Malen von Gefühlen, Empfindungen, Vorstellungen, so daß der Klient einen Zugang zum Visuellen bekommt.

7. Kontraindikationen
Bei der Entspannung müssen die „Nebenwirkungen" beachtet werden, die auftreten können, wenn der Klient z.B. zur Kreislauflabilität neigt oder häufig Migräne hat, da dies durch die Entspannung, die den Parasympathikus aktiviert, indiziert werden kann.

8. Praxis-Literaturempfehlungen
Gawain, Shakti: Stell dir vor. Kreativ visualisieren. Rowohlt, 1986.
Lazarus A.: Innenbilder, Imagination in der Therapie und als Selbsthilfe, 2. Auflage, München, Pfeiffer, 1993
Silva, Jose, Goldmann, Burt: Die Silva-Mind-Methode. Das Praxishandbuch. Heyne-Verlag, 1988.
Stevens, JO: Die Kunst der Wahrnehmung. München: Kaiser 1981, 6. Aufl.

Die Systematische Desensibilisierung
• Rüdiger Ullrich •

Definition und Ziele

Mit der Beschreibung eines feinabgestuften, zunächst unter Entspannung in der Vorstellung durchgeführten Angstabbauverfahrens als Systematische Desensibilisierung hat Wolpe (1958, 1974) den Durchbruch der Verhaltentherapie im klinischen Sektor begründet. Ein Verfahren, welches dezidiert Angstauslöser neutralisieren konnte, also im respondenten Funktionsbereich ansetzte, auch und besonders imaginative Stimuli erfaßte und in seiner Vorgehensweise klar strukturiert und einfach zu handhaben war, fehlte bislang in allen Therapieverfahren. Verhaltenstherapie wurde dann viele Jahre lang mit der Phobienbehandlung gleichgesetzt und diese mit der Systematischen Desensibilisierung (SD).

Die wenig später aus Tierversuchen zur Reizüberflutung abgeleitete Implosionsbehandlung Stampfls (1967) und die In-Vivo-Konfrontationstherapien (Marks 1969) wie Habituationstraining oder Expositionstherapie als zusätzliche respondente Verfahren der Angstbehandlung erhielten im Vergleich zur Desensibilisierung, deren Schwerpunkt soziale Ängste sind, ihren Anwendungsschwerpunkt im Gebiet der multiplen Situationsphobien oder Agoraphobien. Im Handbuch der Verhaltenstherapie (Kraiker 1975) werden beide Hauptrichtungen der Angstbehandlung in ihrer unterschiedlichen Anwendung und Wirkungsweise noch ausführlich beschrieben (die SD durch Wengele und die Reizüberflutungsverfahren durch den Autor).

Im Zuge der sogenannten kognitiven Wende wurden dann diese bedingungsanalytisch klar einzuordnenden und bewährten Methoden in der Literatur soweit vernachlässigt, sodaß heute Ausbildungskandidaten die Systematische Desensibilisierung oft nur noch vom Namen her kennen, zumeist jedoch das Vorgehen und die - auch für viele andere Therapieformen zentrale - Hierarchiebildung nicht mehr beherrschen. Der Verzicht auf diese Behandlungsmethode macht auch die bedingungsanalytische Erklärung und Modifikation phobischen Verhaltens insgesamt unergiebig. Aus der S- CER- VM Funktion mit der separaten Variationsmöglichkeit von jeder Bedingungsgröße wird eine reine S-R- oder S1-S2-S3-etc.-Schreibweise, die als einseitig kognitive Methode die veränderte Stimulusdeutungen oder - falls überhaupt eingesetzt - die Entspannung lediglich im Sinne von Streßbewältigung in den Rahmen von symptomatischen Operationen setzt.

Vom Vorgehen her kann das Verfahren der SD definiert werden als :
Die Systematische Desensibilisierung ist ein Verfahren zur Behandlung von Phobien, indem zunächst unter Entspannung in der Vorstellung ein hierarchisch nach Angststeigerung feinabgestufter Angstauslöser kurzfristig so lange angeboten wird, bis in der Vorstellung auf dieser Stufe keine Angst mehr erlebt wird.

Zeitlich verzögert wird dann diese Vorgehensweise in die Realität übertragen, vorausgesetzt, die Auslöser lassen sich in vivo darstellen und abstufen.

Kognitive Techniken sind mit diesem Vorgehen sehr sinnvoll zu kombinieren. Die Entwicklung und Erprobung von Stimulusumdeutungen, von Selbstinstruktionen, von Reaktions- und Konsequenzumdeutungen bei den Itemdarbietungswiederholungen mit dem Vorteil imaginierter Probeanwendungen waren klinisch längst in das Vorgehen integriert, bevor Theoretiker einen Entweder-oder-Gegensatz zur kognitiven Therapie formulierten. Die Vorgehensweise der Systematischen Desensibilisierung hat durch ihre Erlebnisorientierung auch Vorteile durch die mögliche Schulung der Selbstwahrnehmung und durch die günstige Kombination mit fertigkeitsvermittelnden Vorgehensweisen. Hierbei ist die sukzessive Abschwächung der blockierenden

Systematische Desensibilisierung

Angstbedingungen mit einer zeitlich verzahnten, ebenfalls hierarchisch strukturierten Fertigkeitsvermittlung als Voraussetzung für die Anwendbarkeit des neugelernten Verhaltens notwendig, umgekehrt erlaubt die neue Fertigkeit einen leichteren Verzicht auf die phobischen Vermeidungspraktiken.

Die Systematische Desensibilisierung erreicht das allen wirksamen Entängstigungsverfahren gemeinsame Ziel des **Löschens der negativen Erwartung durch angstfreie Neuerfahrung,** indem es das Vermeidungsverhalten unnötig macht. Dabei werden die das Vermeidungsverhalten bedingenden Variablen "Stimulusintensität" und "Reaktionsintensität bzw. Erregung" in jeweils leicht auszuhaltenden Abstufungen angeboten.

Die **Art der Feinabstufung, die Dauer und Intensität der Vorstellung auf der Stimulusseite und die Tiefe der Entspannung auf der Reaktionsseite sind wiederum sich gegenseitig beeinflussende Variablen,** die sich in ihrem Beitrag für die Schwierigkeitsbestimmung der phobischen Vorstellung ergänzen und im beschränkten Umfang auch ersetzen lassen.

Dies läßt auch sinnvolle Variationen des Vorgehens zu.

Zusätzlich zur muskulären, mentalen und - unter Ausnahmebedingungen auch medikamentösen - Entspannung hat Wolpe auch andere emotionale Zustände, die mit der Angst nicht gleichzeitig erlebt werden können, wie gutes Essen, Sex oder selbstsicheres Verhalten als mögliche Bedingungsveränderung während der abgestuften Stimulusdarbietung benutzt.

Für die lerntheoretisch abgeleitete vorherrschende Erklärung des Wirkungsprinzips einer Habituation durch Löschung des Vermeidungsverhaltens nach Beseitigung der negativen Verstärkung durch Erregungsreduktion ergänzen sich Stimulusabschwächung und Entspannung in systematischer Weise.

Ein Verfahren ist nicht durch den Namen, sondern durch die jeweils benutzten Bedingungsveränderungen eindeutig definiert.

Indikation

Die SD hat ihren bevorzugten Einsatzbereich bei denjenigen **Phobien,** die ihre Auslöser in der **Vorstellung** haben, etwa bei Erwartungängsten und eine relativ **umschriebene und eher eindimensionale Reizgeneralisierung** aufweisen, und wo zur Situationsbewältigung Fertigkeiten benötigt werden, teils weil die Vermeidung zum Übungsmangel und Defizit führte, teils weil ein primärer Strategienmangel die aversiven Konsequenzen und die Angstentwicklung bedingt haben. Hier ist die **ebenfalls hierarchisch strukturierte Fertigkeitsvermittlung zeitlich mit dem fortschreitenden Angstabbau zu verzahnen. Der Angstabbau macht Schritt für Schritt erst den Einsatz der neugelernten Strategien möglich.**

Klassische Beispiele sind dafür die Behandlung von Schul-, Prüfungs- und Vortragängsten. Bei letzteren kann eine unmittelbare Exposition über lange Dauer zusätzlich (etwa die "Schwerhörigenübung" des ATP mit dem Zwang, über Stunden in der Öffentlichkeit laut zu sprechen) oder auch als alternative Indikation gewählt werden, weil der Fertigkeitsaspekt eine eher bescheidene Bedeutung hat. Viele Rhetorikkurse mit z.T. perfektionistischen Fertigkeitsansprüchen sensibilisieren mehr als daß sie desensibilisieren. Bei den sozialen Angstauslösern ist das Auftreten isolierter und umschriebener Generalisationsbereiche eher die Ausnahme. Eine Prüfungsangst ist zumeist eingebettet in eine allgemein erhöhte Versagens- und Kritikerwartung, diese ist oft gepaart mit Ablehnungsängsten im Kontakt oder beim Äußern eigener Bedürfnisse und Schuldgefühlen beim Neinsagen. Früher haben wir im Einzelfall entsprechend viele Hierarchien hintereinander angeboten. Die Notwendigkeit der zeitlichen Verzahnung ohne Gefährdung der Transferleistung und zur Vermeidung von Redundanz hat neben den vielfach ähnlichen Reizgeneralisierungen schließlich zu Gruppendesensibilisierungen, zu Mehrfachhierarchien und - über die Hereinnahme eine zusätzlichen Fertigkeitentrainings und eines Selbstbewertungsverändernden Übungsteiles - zur Entwicklung des Assertiveness-Training-Programms ATP geführt. Heute setzen wir die Technik der SD oft begleitend zum ATP bei besonders kritischen Inhaltsbereichen und zum Ausgleich von Schwierigkeitssprüngen in den Durchschnittshierarchien ein.

Eine Domäne der SD sind auch Erwartungsängste mit sexuellen Funktionsstörungen, etwa bei erektiver Impotenz, bei Vaginismus oder Anorgasmie. Die Vaginismusbehandlung in der von uns entwickelten Form unter Einsatz genormter Metallstifte (Hegarstifte), die nach Einführungstiefe und Umfang variiert werden (zunächst in der Vorstellung und dann zu Hause in vivo), ist auch ein Musterbeispiel präziser räumlicher Annäherungshierarchien.

Tierphobien erlauben zwar ebenfalls einfache Merkmalsvariationen und wurden als leicht kontrollierbares Vorgehen und in Ermangelung echter Patienten zur Hauptindikation der SD an den Hochschulen, sie sind in der Praxis aber zu vernachlässigen und eher nicht mit SD zu behandeln. Entweder dient die SD als explorativer Einstieg in eine andere Reizgeneralisierungsgeschichte, oder es liegen intensive Ängste vor, die besser mit Habituationstraining angegangen werden. Das gilt generell für sehr hohe Erregungszustände, multiple Auslöser ohne andere Fertigkeitserfordernis als dem der Aufgabe von Fluchtversuchen, die bei Verhinderung zur Panik führen, also den multiplen Situationsphobien oder Platzängsten.

Ängste vor Kontrollverlust sind keine Phobien, sondern Ängste vor dem Unwirksamwerden oder der Unmöglichkeit der Anwendung bislang funktionierender Angstbewältigungsstrategien oder Panikreaktionen bei Verhinderung der Vermeidung entsprechend den tierexperimentellen Befunden. Analog zum Angstzulassen als Antipanikstrategie bei den agoraphoben Situationen wird bei den Angstexzessen vor Erröten (Erythrophobie), vor Erbrechen in der Öffentlichkeit oder vor Schwitzen und Zittern das notwendige Aushalten- und Annehmenkönnen ohne Vermeidungszwang besser mit Habituationstraining zu vermitteln sein. Eine SD ist bei dieser funktionalen Bedeutung nicht indiziert, wohl aber, wenn die körperliche Mißempfindung oder Funktionsstörung (etwa Stottern) als Folge eines Angstauslösers auftritt, also CER ist.

Vorgehen

Das Vorgehen besteht aus der Hierarchieerstellung, der Vermittlung einer Entspannungstechnik und der Darbietung der Hierarchie. Die ersten beiden Teile werden in der Vorbereitungszeit parallel zur feineren bedingungsanalytischen Abklärung vermittelt.

Unmittelbar vor der Darbietung der Angstitems wird als dritte Voraussetzung noch die Vorstellfähigkeit, hier zumeist gleichgesetzt mit der Visualisierungskraft, getestet und gegebenenfalls verbessert.

Jede dieser Vorbereitungen hat in sich selbst oder in einer methodenimmanenten Weiterentwicklungsmöglichkeit bereits selbständige therapeutische Effekte wie ja auch die allem vorausgehende Bedingungsanalyse selbst.

Der Hierarchieerstellung geht wieder die Vorbereitung durch die genaue Exploration und Beobachtung von angstauslösenden Situationen, Bewertungsvorgängen und kognitiven Vermeidungsmustern voraus.

Bereits hier stellt sich dem klinisch Unerfahrenem eine Fülle von Problemen. Die bequeme Aufforderung an den Patienten, jetzt doch, bitte schön, für zwei Wochen jedes Angsterlebnis aufzuschreiben, scheitert ja an seiner Vermeidung. Auch die gezielte Exploration des Therapeuten hat hinsichtlich der Hierarchiefindung anfangs nur beschränkte Erfolgsaussichten, da durch jahrzehntelange Vermeidung eine realistische und differenzierende Wahrnehmung und Bewertung der phobischen Stimuli ja gar nicht möglich ist.

Hier muß der Therapeut aus seinem Erfahrungswissen über typische Angstentstehungs- und -Ausbreitungsbedingungen schöpfen und logisch vorkonstruierte Abfolgen zur Schwierigkeitsmodifikation anbieten. Um überhaupt empirisch persönliche Auslöser zu finden, ist es oft sogar nötig, vor der Therapie schon

Konfrontationen mit den Angstauslösern zu suchen. Dies entfällt bei akut anstehenden, nicht vermeidbaren Problemen wie Prüfungssituationen. Als Kriterium einer solchen **Situationssammlung** wird die spürbare Steigerung der körperlichen Erregung gewählt, zu der die Patienten dann sofort die unmittelbar vorausgehenden Situationen und die äußeren Situationscharakteristika sowie ihre Vorstellungen und Gedanken aufschreiben sollen. Die zeitliche Beschränkung eines solchen Protokolls soll der Sensibilisierung durch ungelenkte Katastrophenpantasien ohne Habituationsmöglichkeiten vorbeugen.

Die so gesammelten Situationen werden auf separaten Zetteln noch nach Angstprozentzahlen bewertet und vom Therapeuten zunächst unter den Gesichtspunkt der Einheitlichkeit geordnet: Ist das Beispiel vom Transfer auf die Zielsituation hin (100%-Item) ein geeigneter und logischer Zwischenschritt, oder ist es Teil einer anderen Angstauslösekette, die den Aufbau separater Hierarchien für mehrere SD-Durchgänge erfordert? Die Einschätzung, ob die Zielsituation des Klienten nicht wiederum ein Zwischenitem einer höhergeneralisierten Angst ist, führt dagegen im sozialen Bereich häufig zur Bevorzugung einer breitgestreuten Entängstigung über eine entsprechend angelegte Selbstsicherheitstherapie.

Innerhalb einer so vorbestimmten einheitlichen Situationssammlung werden dann die fehlenden Zwischenschritte vorkonstruiert und in eine 15 bis 30 Beispiele umfassende feinabgestufte Hierarchie sortiert. Dieser Sortiervorgang erfolgt nach der **Schwierigkeitseinschätzung auf einer Prozentskala (Angstthermometer).** Wir bevorzugen den Begriff Schwierigkeitsskala, um nicht dauernd nach Ängsten fragen zu müssen, was sensibilisierend wirken kann. Die Eichung der Skala erfolgt über die Definition der 100%-Situation nach ("Das würde ich nie tun.") bis zu 0 % ("Da regt sich keinerlei Anspannung oder ungute Erwartung.") über 30% ("Es macht etwas erregt aber es ist noch mühelos auszuhalten.") hin zu 50 % ("Da muß ich mich schon deutlich überwinden.") und 70 % ("Es geht nur mit sehr viel Zwang oder Hilfe."). Pro Schwierigkeitsklasse werden die Items in Häufchen gelegt, erneut in eine Rangordnung gebracht, redundante und gleich schwierige Items entfernt und fehlende Zwischenitems ergänzt.

Die Itemdefinition und bewußte Schwierigkeitsvariation erfolgt dabei nach den folgenden **Dimensionen der Hierarchiebildung:**

Die einfachste und ursprünglich verbreitetste Form der Schwierigkeitsvariation ist die nach **zeitlicher und räumlicher Nähe.**

Bei den anfangs beliebten Übungsdesensibilisierungen von Tierphobien wurde die Schlange oder Maus erst aus großer Entfernung, dann bis auf einen viertel Meter annähernd, bis hin zur Berührung dargeboten, dem eigentlichen Objekt ging eine Zeichnung oder ein Foto in der Darbietung voraus, was neben der räumlichen Distanz schon Aspekte der Reizgeneralisierung nach der **figurativen, visuellen Ähnlichkeit** beinhaltete. Dies konnte dann über die **haptischen** Qualitäten, etwa in den Dimensionen von "Felligem" oder von "Glattem", von plötzlichen Bewegungen als **kinästhetische** Qualität oder auch von **akustischen** Formen in die Hierarchie aufgenommen werden, immer vorausgesetzt, der Klient konnte dem Angebot in seiner Angstausbreitungsdimension und seiner Wahrnehmungsrepräsentanz folgen.

Die Berücksichtigung unterschiedlicher Wahrnehmungsrepräsentanzen hat in der SD nur zögernd Einzug gehalten. Vielfach wird bei mangelhafter visueller Vorstellfähigkeit ein Vorstellungstraining - etwa über freie oder gelenkte Erinnerungen unter Entspannung - der eigentlichen SD vorgeschaltet.

Bei den viel häufigeren und klinisch weitaus relevanteren sozialen Ängsten einschließlich der Schuld-, Scham- und Schmerzreaktionen oder der auf das sexuelle Verhalten bezogenen Ängste, ist die Art und Dimension der Schwierigkeitsbedingenden Parameter ungleich komplexer.

Bei isolierten sexuellen Versagensängsten mit erektiver oder ejakulativer Impotenz kann die räumliche Dimension - etwa nach den erogenen Zonen mit der hier parallelen zeitlichen Nähe zum GV - eine ausreichende Abstufung sein. Die therapeutische Vorgehensweise, eine solch festgelegte Berührungsfolge mit zeitlicher Begrenzung, mit Entspannung und dem Verbot der Konfrontation mit der hauptschwierigkeitsauslösenden Situation (hier vaginaler GV) vor Abschluß der Hierarchie zu durchlaufen, ist als Therapie nach Masters und Johnson (1964) eine klassische SD-Behandlung.

Schon etwas schwieriger ist die Beschränkung auf die Ähnlichkeitsdimension bei Prüfungs- und Kontaktängsten, um die häufigsten Anlässe für klinisch relevante SD-Anwendungen zu nennen.

So kann bei der Definition der Prüfung die globale, nicht in Bedingungsanteile zerlegte Situation nach räumlicher Nähe gesteigert werden, etwa indem ich zunächst am Prüfungsgebäude, dann am Prüfungszimmer oder dem des Prüfers vorbeigehe, mich dann in die Räume hineinbegebe etc. Nach zeitlicher Nähe könnte jede Situation wieder einen Monat, eine Woche und einen Tag vor der Prüfung gesteigert und im Vorfeld zunächst wieder mit Abbildungen (etwa Prüfung im Fernsehen erleben) gearbeitet werden. Aber soll ich nicht auch den Prüfer, das Fach, die Zuhörer variieren? Welche Steigerung soll ich wie lange beibehalten, wann verliere ich den Bezug zur Ursprungsangst und wann streife ich eine neue Angstqualität? Wie sieht es mit den partiellen Verhaltensschwierigkeiten der Prüfungsvorbereitung und den Fertigkeiten aus, wie mit der Selbstbewertung und allgemeinen Versagensangst?

In der Praxis wurden diese Fragen mit anderen parallelen Therapiebausteinen bearbeitet oder - mangels ausreichender Bedingungsanalyse - einem Versagen der SD-Methode zur Last gelegt.

Eine ganz wesentliche Verbesserung in der Hierarchiebildung erfolgte dann durch die Standardisierung der komplexen Situation in ihren schwierigkeitsbedingenden Variablen und die Abstufung innerhalb dieser Bestimmungsstücke, was die Grundlage des ATP wurde. Bei der Hierarchieerstellung unterscheiden wir die **Dimensionen und die Merkmale** oder **Situationsvariablen** als Parameter einer Schwierigkeitsabstufung. Die Dimensionen sind **Annäherunggradienten nach wachsender Ähnlichkeit** zur zentralen Angstvariable, sei es als maximal erregendes Merkmal oder als angenommener Ursprungsreiz.

Dimensionen der Ähnlichkeit können sein:

Die wachsende räumliche Nähe, die zeitliche Annäherung, die inhaltliche Annäherung, die Bildähnlichkeit mit dem Unteraspekt der wachsenden Unmittelbarkeit der Wahrnehmung (vom Fernsehen bis zum realen Erleben) oder die Wahrnehmung von peripheren zu zentralen Situationsmerkmalen oder zu besonders sensiblen Wahrnehmungsrepräsentanzen - etwa vom visuellen zum haptischen, die Zufügung des akustischen zum optischen Vorstellungsinhalt etc.

Die Situationsvariablen wurden von Ullrich de Muynck und Ullrich (1974) in die Hierarchieerstellung eingeführt und ersetzten die globale thematische Variationsgröße. Die Steigerung der Schwierigkeit erfolgt analog zu den später als SORK-Schema nach Kanfer eingeführten situativen Bedingungsvariablen: Die Reaktionen bzw. die **Verhaltensweisen (als abhängige Variable)** steigern sich innerhalb eines Inhaltsbereiches nach Komplexität und nach den oben beschriebenen Dimensionen (etwa einfache Informationsfragen, komplizierte Informationsfragen, offene Sachfragen, persönliche Fragen, geschlossen bis offen die Äußerung eigener Gefühle und Bedürfnisse im Kontakt), oder von Informationen erfragen, Reklamationen durchsetzen bis zur Forderung nach Gehaltserhöhung oder Anerkennung seitens primärer Bezugspersonen. Die Steigerung der Schwierigkeit der Handlungsvariable geschieht immer auch im Hinblick auf den Fertigkeitsaspekt. So soll die komplexere Verhaltensweisen auf der Übung der einfachen aufbauen, etwa die Informationswiederholung bei ATP-Übung 2 als Vorläufer von Decodierungstechniken interpersoneller Probleme.

Die **Personvariable als Stimulus** steigert etwa die Angst in der Fehlschlagangsthierarchie nach Zuschauerzahl und Status der Leistungsbewerter, in der Kontakthierarchie nach Alter, Geschlecht und Attraktivität, beim Bedürfnisäußern nach Macht und Abhängigkeit, beim Abgrenzen (Neinsagen) nach emotionaler Nähe (Liebesverlust).

Die **Variable "Verhalten der Personen" oder Lebewesen als Konsequenz** der Handlung wird von Zustimmung bis zur verzögerten Zustimmung gesteigert. Nur bei Bewältigungsdurchgängen und späten

Übungen zur Kritikimmunisierung werden negativ geäußerte Rückmeldungen und Bewertungen eingebaut. Die **Ortsvariable** ist besonders für die Kontakthierarchie eine zusätzlich sinnvolle Stimulussteigerungsgröße.

Negative Konsequenzen, also Bestrafungen werden primär nicht in die hierarchisch strukturierte Entängstigung eingebaut. Eine gefürchtete physiologische Reaktion, die selbst wieder Stimulus für eine neue phobische Funktion wird, kann jedoch abgestuft als S-Variable angeboten werden.

Beispiele für diese Art der Schwierigkeitsvariation nach transparenten Bedingungsgrößen finden sich in den Übungsmanualen für Patienten zum ATP. Die Klienten lernen selbst, bei Hausaufgaben unvorhergesehene Schwierigkeitssprünge zu erkennen und diese abzuschwächen, also Hierarchien zu variieren.

Für die Hierarchievariation gibt es auch hier zwei parallele Zugangswege: die durch Vorwissen vom Therapeuten abgeleiteten typischen Angststeigerungsschritte und Angstauslösesituationen, etwa in den vier Haupthierarchien des ATP, und die vom Patienten durch Exploration und durch Selbstbeobachtung, hier durch Vermeidung der angezeigten zu hohen Schwierigkeit einer Situation, ermittelten Angstauslöser. Für die sozialen Ängste etwa ist die Ähnlichkeit der Auslöser und die die Schwierigkeit definierenden Bedingungen so hoch, daß es naheliegend war, hierfür typische Vorgaben von Itemfolgen zu konstruieren. Ullrich de Muynck und Ullrich (1974) haben die vier empirisch gewonnenen Sozialangstbereiche dann noch einer Schwierigkeitseinschätzung von Patienten unterzogen und nach gemittelten Rangplätzen **typisierte Hierarchien mit durchschnittlicher Schwierigkeitsabstufung** als Gerüst des ATP verwendet. Umgekehrt werden diese Vorgabehierarchien oft Einzeldesensibilisierungen zugrunde gelegt, indem sie aus dem ATP entnommen werden. Dabei muß beachtet werden, daß in den Buch- und Videomaterialien die Hierarchien vermischt und auch einzelne Items so verdichtet sind, daß sie Übungsbeiträge in mehreren Hierarchien zulassen.

Schließlich gibt es noch die Hierarchiebildung über die therapeutisch gelenkte Erfahrungsebene, etwa Imagination vor der Realitätstestung, oder die Abfolge Modellvorgabe, Verhaltensprobe und Übung im realen Alltag beim ATP, wobei auch die Imagination unter Entspannung noch vor der Verhaltensprobe zur Glättung von Schwierigkeitssprüngen zum Einsatz kommt.

Die Entspannung

Entspannung als die neben der Hierarchiebildung zweite Methode der Angstabstufung besteht zumeist aus der Progressiven Muskelentspannung nach Jacobson, dem Autogenen Training und/oder Ruhebildern. Sie soll möglichst gut und schnell wirken, vom Patienten selbst vollzogen werden und den Ablauf nicht durch allzuviel Aktivierung stören. Der Autor bevorzugt eine Kombination dieser drei Methoden, richtet sich aber sonst nach der vom Patienten bevorzugten Technik.

Die **Angstabschwächung ist neben der Tiefe der Entspannung auch eine Funktion der Stimulusabstufung, der Darbietungsdauer und der Vorstellungsintensität.** Bei großen Schwierigkeitssteigerungen sollte sie entsprechend tiefer sein, als es bei sehr fein gesteigerter Schwierigkeit nötig erscheint. Die Erregung sollte bei erneuter Entspannung zwischen den Itemdarbietungen 20 % nicht überschreiten, Tranceinduktion ist für dieses Vorgehen nicht nötig. Medikamente sind entbehrlich, außer wenn sehr hohe Aktivierungszustände etwa mit Tachykardien oder Hochdruckbeschwerden vorliegen. Dann sollten Betarezeptorenblocker gewählt werden. Tranquilizer sind obsolet. Neben den Abhängigkeitsgefahren spricht die auch nach klinischen Erfahrungen wahrscheinliche Existenz des "state dependent learning" dagegen, wonach das neu gelernte Verhalten nur unter der Einwirkung der bei dem Lernen vorherrschenden Zustände reproduzierbar ist. In einer Untersuchung über die medikamentös unterstützte Sympathikolyse bei der Angstbehandlung von 32 Patienten mit multiplen Situationsphobien konnten Ullrich et al. (1975) zeigen, daß die Betarezeptorenblocker zwar insgesamt die Resultate verbesserten, dies jedoch gelegentlich auf Kosten des subjektiven

Erfolgserlebnisses ging und daß die Überlegenheit im wesentlichen durch die Linderung von Beschwerden primär hoch aktivierter Personen bedingt war.

Neben der Muskelentspannung hat Wolpe (1974) auch gutes Essen, Sex und selbstsicheres Verhalten als Zustandsbedingung zur leichteren Konfrontation mit Angstitems genannt. Die Grundannahme ist dabei, daß man schwerlich zur gleichen Zeit Lust und Frust erfahren kann. Das theoretische Erklärungsprinzip des Counterconditioning hat dann freilich der Methode SD mehr geschadet, da es sich zur Erklärung der Wirksamkeit nicht halten ließ. Der Grundgedanke, angstfreie Hintergrundsbedingungen für die Bearbeitung negativ besetzter Dinge zu schaffen, ist ja weit über die Angstbehandlung hinaus ein bewährtes Problemerleichterungsprinzip. So sind das Verbot von Selbst- und Fremdkritik am Anfang, eine lockere Gruppenatmosphäre, viel Bestätigung und die Hierarchien neben gelegentlich zusätzlicher Entspannung zusätzliche ngstvermindernde Größen im ATP.

Dem Einsatz von Sex und gutem Essen zur Angstverringerung sind im therapeutischen Rahmen enge Grenzen gesetzt.

Es ist zwar eine altbewährte Strategie, heikle Angelegenheiten bei Tafelgenüssen zu klären. Wirkliche Gaumenfreuden sind kaum mit Angst oder Aggression vereinbar. Ob dies Gegenkonditionierung genannt wird und damit eine theoretische Diskussion entfacht, erscheint dem Empiriker als sekundär. Sekundär ist die Methode auch für die Kassenpsychologen, da sie wohl schwerlich bei Wassersüppchen funktionieren dürfte. Frühe eigene Erfahrungen mit der SD unter kulinarisch erstklassigen Rahmenbedingungen und mit gezielter thematisch abgestuften Konfrontation heikler Gesprächsinhalte waren jedenfalls erfolgreich und sehr belohnend.

Die Durchführung der Systematischen Desensibilisierung

Die etwa 20 bis 30 Items der Hierarchie werden zweckmäßig in je zwei Halbstunden pro Woche angeboten. Pro Sitzung werden etwa zwei bis drei Items bearbeitet. Jedes Item wird wiederholt vorgestellt, bis sichergestellt ist, daß es angstfrei erlebt wird. Dies kann zwei, in Ausnahmefällen auch vier Wiederholungen erfordern. Zumeist wird dann jedoch entweder die Schwierigkeit erniedrigt, indem man ein Item schon bewältigter Rangplätze anbietet, oder es werden angstreduzierende Bewältigungsstrategien in die Situation eingebaut. Die Vorstellung soll wie ein Diapositiv ausschließlich die Situationskomponente betreffen, die für das jeweilige Item maßgebend ist. Es soll also nicht weiterphantasiert werden, was ja die Schwierigkeit unkontrollierbar erhöhen würde. Dazu wird auch die Vorstellungszeit mit circa 20 Sekunden eher knapp bemessen, was ebenfalls Abschweifen erschweren soll. Bei der Wiederholung der Items und mit fortschreitender Hierarchie kann die Zeitvorgabe verlängert oder aufgehoben werden, bei der In-vivo-Bearbeitung sogar auf Habituationstrainingsausmaße von Stunden ausgedehnt werden. Die Anschaulichkeit der Vorstellung kann durch Namen (Franz gibt sein Heft schon ab), Farbe (etwa eine bestimmte Kleidung) und durch die persönlich formulierte Erlebnisform (Ich berühre jetzt...) gesteigert werden. Nach jedem Itemdurchgang erfolgt erneut Entspannung. Die "ausreichende" Entspannungstiefe von unter 20 % wird durch Handanzeigen kontrolliert.

Zu der - im klassischen Vorgehen zentralen Technik des Vorstellungabbruchs bei zu hoher Angstentwicklung bestehen kontroverse Vorstellungen. Einerseits ist es sicher notwendig, aversive Konsequenzen aus dem gelenkten Neuerleben der Therapie herauszuhalten. Andererseits ist die Aufforderung, bei unangenehmen Gefühlen anzuzeigen und die Vorstellung sofort abzubrechen, selbst gelegentlich über eine negative Erwartungshaltung sensibilisierend. Da ein gewisses Erregungsmaß bei der Vorstellung im Sinne der Bewältigung auch Vorteile haben kann - gewöhnlich wird ein leichtes Kribbeln oder 30% Erregung zugelassen - erscheint es ausreichend, die Angstentwicklung optisch zu kontrollieren und als Therapeut im

Verdachtsfall selbst Entspannung und positiven Ausgang bei stärkerer Erregung zu induzieren. Schließlich hat sich uns auch die von Ullrich de Muynck eingeführte Itemnachexploration mit der Entwicklung verbesserter Bewältigungsstrategien und ihrer Verankerung im wiederholten Vorstellen und Realerleben sehr bewährt. Es stellt ebenfalls sicher, daß keine negativen Konsequenzen der Situationsdarbietung bleiben, und verringert die Gefahr der Vermeidung beim Übertragen in den Alltag.

Wirkprinzip

Das Wirkungskriterium der SD ist die angstfreie Konfrontation mit dem Ziel- oder Topitem der Hierarchie. Ob es erreicht wird, hängt im wesentlichen von der richtigen bedingungsanalytischen Therapieableitung ab und der Indikationsstellung hinsichtlich der Angstgeneralisierung oder hierarchisch strukturierten Aversionserwartung. Ist das gewählte Topitem etwa wieder nur ein Unterabschnitt anderer, allgemeinerer Angstbereiche wie oft die Prüfungsangst der allgemeinen Versagensangst, so kann eine dauerhafte Stimulusneutralisierung oder Löschung des Vermeidungsverhaltens nur bedingt erreicht werden. Dann müssen klinisch ergänzende und weiterführende Methoden eingesetzt werden.

Zur **Wirksamkeit** berichtet Wolpe unter Einbeziehung zusätzlicher Strategien über eine Erfolgsquote von 90% (Wolpe 1958, Wolpe und Lazarus 1966, Paul 1960). Diese Studien sind zwar methodisch angreifbar, die Vielzahl der experimentell anspruchsvolleren Untersuchungen über die Wirksamkeit der SD wurde andererseits mit Nichtpatienten durchgeführt, was die Übertragbarkeit in den klinischen Bereich mehr erschwert als methodische Mängel. Zum Wirkungsprinzip läßt sich trotz der Fülle von Studien ebenfalls keine verbindliche Aussage machen. Unseres Erachtens spielt hierfür die Vernachlässigung der wechselseitigen Bedingtheiten der untersuchten Variablen die Hauptrolle. Plausibel erscheinen Befunde, die z.B. die Tiefe der Entspannung in Bezug zur Höhe des Erregungs- oder Aktivierungsniveaus setzen. Dabei zeigen bei hohem Erregungsniveau die Methoden unmittelbarer Konfrontation mit langer Dauer gegenüber der üblichen SD höheren Erfolg (Marks et al 1979), Patienten mit höherem Angstniveau machen langsamere Fortschritte in der Hierarchie bei der SD (Lang und Lazovik 1963). Patienten mit hohem Erregungsniveau schnitten selbst beim Habituationstraining mit medikamentöser Sympathikolyse je nach Intensität der Erregungserniedrigung besser ab (Ullrich et al. 1975). Wir haben diese Befunde mit dem Yerkes-Dodson-Gesetz der optimalen Lernmöglichkeit bei mittlerer Erregung als gemeinsames Erklärungsprinzip in Verbindung gebracht (Ullrich und Ullrich de Muynck 1974). Für die SD heißt dies tiefere Entspannung und feinere Hierarchien bei höherer Grundaktivierung. Ähnlich gilt für den Wirksamkeitsbeweis der hierarchischen Vorgehensweise, daß sie zur Erleichterung reziproker Hemmung (Goldstein und Foa 1980) oder zur graduierten Löschung (Reinecker 1986) und vieler zu erlernenden Vorgehensweisen als erwiesen wirksam gelten kann. Widersprüchliche Befunde können oft durch die Wechselwirkung der Variablen Konfrontationsdauer, -intensität und Erregungshöhe (Angstpegel versus Entspannungstiefe) erklärt werden. So fanden Krapfl und Nawas (1969) zwar die hierarchische Stimulusdarbietung einer Kontrollgruppe mit ungeordneter Itemdarbietung gegenüber überlegen, aber auch die Gruppe mit umgekehrter Itemrangfolge war wirksamer als die mit zufälliger. Nach eigenen Untersuchungen ist bereits die erstmalige Konfrontation mit dem Hauptangstauslöser als therapeutischer Schritt (im Sinne der Überprüfung des Realitätsgehalts der negativen Erwartung) ein hochwirksamer Angstreduzierer. Der therapeutische Effekt der Gegenhierarchie hatte so möglicherweise gar nichts mit der Frage der Hierarchierichtung zu tun.

Barrieren und Kontraindikationen

Wie bei jeder Therapie muß der Therapeut an die Wirksamkeit und das vermittelte Wirkungsprinzip glauben und dies dem Klienten vermitteln. Motivationsprobleme können entstehen, wenn die Hierarchien zu lang und wenn sie heterogen sind. Das sich selbst verstärkende Zielannäherungsverhalten wird außer Kraft gesetzt. Der Patient kann auch eine andere Wahrnehmungsrepräsentanz als die Darbietungsform der Items haben, was zu kommunikativen Störungen führt. Bei zu hoher Erregung und bei traumatischen Phobien kann eine klassische SD fehlschlagen, wenn nicht über mehr kognitive Bearbeitung oder über Entspannungsvertiefung Brücken geschlagen werden. Gestörte Transferfähigkeit beim Klienten oder Transfervermittlung von Therapeuten kann das Zielannäherungsverhalten behindern. Schließlich können noch Fehler bei der diagnostischen Bedingungsanalyse (etwa Ängste vor Kontrollverlust als Phobie zu behandeln) und Fehler in der fortlaufenden Bedingungsanalyse den Prozeß torpedieren. Besonders die sogenannten automatisierten (starr über Ton- oder Bildträger) oder standardisiert - etwa vom technischen Personal - dargebotenen Hierarchien bergen die Gefahr, daß die durch die Teilkonfrontation ausgelösten veränderten Bewertungen mit anderen, neuen Schwierigkeitsdimensionen und -abstufungen übersehen werden.

Fehler wären in jedem Falle Sensibilisierungen, etwa wenn einzelne Hierarchieschritte nicht bewältigt oder nicht angstfrei erlebt werden konnten, ohne daß die neue negative Erfahrung sofort wieder abgebaut wird. Dies kann sehr tückisch dann passieren, wenn der Klient in der Vorstellung vermeidet und längere Zeit nur distanziert - etwa nach dem Motto "das ist ja nicht mein Problem" oder es ist "lediglich Vorstellung" - ohne Erleben die Situationen gedacht hat und nun in vivo konfrontiert wird. Ein Planungsfehler mit Angststeigerung ist auch eine angefangene Hierarchie ohne Abschluß, sei es, daß der Gutachter keiner Verlängerung der Sitzungen zustimmt oder der Patient aus der Klinik entlassen wird. Insgesamt ist die SD jedoch als eine klar strukturierte und schonende Vorgehensweise eher arm an Mißgeschicken und Gegenanzeigen.

Literatur

Goldstein, A, und Foa, E.B.: Handbook of behavioral interventions. New York, 1980, Wiley.
Kraiker, Ch.: (Hrg.) Handbuch der Verhaltentherapie. München, Kindler, 1974.
Krapfl, J.E. und Nawa, M.M.: Differential ordering of stimulus presentation in systematic desensitization. in: J.Abn.Psychol. 75, 1970, 333-337.
Lang, P.J. und Lazovik, A.D.: Experimental desensitization of a phobia, in: J.Abn.Psychol. 66, 1963, 509-525
Marks, I,M.: Fears and phobia. London, Heinemann, 1969
Marks, I.M., Boulougouris, J., Marset, P.: Flooding versus desensitization in the treatment of phobic patient: A crossover study. in: Brit. J.Psychiat. 9, 1979,.353 - 375
Masters, W.H. und Johnson, V.E. Human sexual response. London, Churchill, 1966.
Stampfl, T.G. und D.J. Levis: Essentials of implosive therapy: A learning theory- based psychodynamic behavioral therapy. In: J.Abn.Psychol., 1967, 72, 496-503
Ullrich, R. und Ullrich de Muynck, R.: Implosion, Reizüberflutung, Habituationstraining. In: Kraiker C. (Hrsg.) Handbuch der Verhaltensthherapie. München, 1974, Kindler.
Ullrich, R. Ullrich de Muynck, R., Peikert, V. und Crombach, G.: Die Therapie multipler Situationsphobien durch Habituationtraining und periphere Erregungshemmung. Zeitschrift für klinische Psychologie, 4, 1975, 209-233.
Wengele, M.E.: Die Systematische Desensibilisierung. In: Kraiker(Hrsg): Handbuch der Verhaltensthherapie. München, 1974, Kindler.
Wolpe, J.: Praxis der Verhaltenstherapie. Bern, 1974, Huber.
Wolpe, J. und Lazarus, A.A.: Behavior therapy technics. London, Pergamon, 1966

Angstexpositions- und Reizkonfrontationsverfahren

• Bernd Hippler •

Zu den bedeutsamsten verhaltenstherapeutischen Techniken gehören die sogenannten Expositionsverfahren oder Reizkonfrontationstechniken. Sie stellen ein klassisches Repertoire für jeden Therapeuten dar. Allerdings besteht offenkundig ein eklatanter Widerspruch zwischen der nachgewiesenen Effektivität von Konfrontationsverfahren und deren Anwendung in der ambulanten Praxis. Es scheint so zu sein, daß die an die eintausend empirischen Untersuchungen zu dieser Thematik von Praktikern kaum wahrgenommen werden und sie viel lieber andere Methoden, weniger symptomorientierte, anwenden. Weitere Gründe für den selteneren Einsatz von Konfrontation könnten ethische Gesichtspunkte sein, da diese Techniken zumindest in der Anwendung früherer Jahre ein deutliches Machtverhältnis zwischen Therapeut und Patient schufen. Außerdem setzen sie zeitliche und räumliche Flexibilität voraus, da oft weder das zeitliche Ende noch der Ort der Behandlung, wenn es sich um In-vivo-Sitzungen handelt, festzulegen sind. Hand meint, es läge daran, daß nur die heute „niedergelassenen Verhaltenstherapeuten bis vor kurzem die Chance gehabt hätten, während ihrer Ausbildung adäquate Verhaltenstherapie von Angststörungen zu erlernen, die an einem der wenigen Zentren mit langjähriger praktischer Erfahrung und Forschung ausgebildet wurden" (Hand 1993, S. 64). Damit führt er es auf einen Ausbildungsmangel zurück.

Geschichtliche Entwicklung

Dabei waren von Beginn an die Expositionsverfahren zur Behandlung von Ängsten und Zwängen die verhaltenstherapeutischen Techniken schlechthin. Das erste Expositionsverfahren, die systematische Desensibilisierung, wurde experimentell bereits in den frühen 50er Jahren von Wolpe angewandt. Sie entwickelte sich zum verhaltenstherapeutischen Standardverfahren, und Laien, die von Verhaltenstherapie nur wenig gehört hatten, identifizierten anfangs Verhaltenstherapie sogar allein nur mit diesem Verfahren. Dies war wohl darauf zurückzuführen, daß man hier ein Mittel zur Angstbehandlung hatte, das schon damals effektiv und allen anderen Techniken weit überlegen war. In einer zweiten Phase wurden die spezifischen Wirkmechanismen der systematischen Desensibilisierung immer weiter untersucht, und man kam am Ende der 60er Jahre zu dem Schluß, daß weder die Entspannung noch die Hierarchisierung wesentliche Wirkbestandteile des Verfahrens waren, sondern daß Angstabbau nur durch einen Bestandteil der Exposition erfolgen kann. Damit konnte man künftig auf Entspannung verzichten. Des weiteren wurden die Wirkfaktoren von Angstvorstellungen (In-sensu-Übungen) mit lebensnahen Konfrontationen im Alltag (In-vivo-Übungen) verglichen. Schließlich wurde auch die Mitwirkung des Therapeuten überprüft, und man fand, daß die Zeiten zwischen den Therapiesitzungen wichtiger waren als die Sitzungen selbst und daß man auf den Therapeuten schon nach einigen Sitzungen ganz verzichten konnte. Man ging über zu Methoden der Selbstexposition mit Tagebuchaufzeichnungen. Weiterhin untersuchte man die Effizienz zwischen systematischer Desensibilisierung und Reizüberflutung (flooding) und fand heraus, daß nicht unbedingt ein sehr hoher Angstreiz gegeben werden muß und daß Modellernen nur stattfand, wenn Elemente der Exposition enthalten waren (Marks 1987).

Konfrontationsverfahren wurden offensichtlich schon lange verwendet, bevor man den Namen selbst kannte. Von Marks (1987) und Margraf & Schneider (1989) wird eine Anekdote aus Goethes Dichtung und Wahrheit zitiert. Er schreibt, daß er über lange Zeit hinweg an agora- und vor allen Dingen akrophobischen Ängsten gelitten habe. Dadurch sei es ihm unmöglich gewesen, Türme zu besteigen, da ihn jedesmal ein Schwindel befallen habe. Deshalb habe er sich vorgenommen, sich für mehrere Tage hinweg auf das Straßburger Münster zu begeben und dort so lange auszuhalten, bis die Angst von alleine abnahm. Offensichtlich hatte er damit großen Erfolg, denn er konnte später bei seinen Italienreisen Baugerüste, insbesondere am Dom zu Florenz, besteigen und auch auf engen Übergängen in schwindelnder Höhe entlanggehen, ohne wieder das Angstgefühl zu verspüren.

Expositionsverfahren	Konfrontationsart: in sensu/ in vivo graduiert/massiert	Flucht möglich durch:	Kombination mit:
Systematische Desensibilisierung			
gut bei: sozialen Ängsten, Tierphobien, gemischten Phobien, generalisierter Angststörung *schlecht bei:* Agoraphobie, Panikstörungen	in sensu und in vivo möglich, zuvor Angsthierarchie mit Angstreizen zwischen 0 und 100 erstellen, graduierte Angstannäherung (Prinzip der kleinen Schritte), Angstmeidung?	gedankliche Ablenkung, geringe Vorstellungsfähigkeit und Aufmerksamkeit	Muskelentspannung, Imaginations- und Selbstinstruktionstraining, Antidepressiva oder Betablocker zu Beginn
Habituationstraining			
gut bei: allen komplexen Ängsten, ausgeprägtem Vermeidungsverhalten und großer Angst vor Reizüberflutung, größere Wahlfreiheit für Patienten bei Selbsttherapie	in vivo und graduiert, keine hierarchische Durchführung, Beendigung nach Angstreduktion, gute Kombinationsmöglichkeit	lediglich mittlere Angsthöhe, Mitnahme von "Sicherheitsobjekten", Gedanken	Kognitve Methoden: Entkatastrophisieren, Angstbewältigungsstrategien, Medikamente wie oben
Reizüberflutung			
gut bei: starker Vermeidungshaltung, aber Mut und Akzeptanz für Konfrontation, gründliche Vorbereitung nötig, hohe Entschluß- und Überzeugungskraft beim Therapeuten *schlecht bei:* innerer Ablehnung oder nur wegen sozialer Erwünschtheit	nur in vivo, schnell und intensiv (Prinzip:"Wer wagt, gewinnt." Hand 1993), Ziel ist Induktion von Angst, häufige Wiederholungen an aufeinanderfolgenden Tagen ohne lange Pausen dazwischen, Beendigung erst nach deutlicher Angstreduktion	kaum möglich durch Angst-"Überschwemmung" und langer Dauer (bis 4 Std.), ausgewogene Hilfe durch Therapeuten verhindert Vermeidung	verschiedene Settings möglich: Therapeuten- oder selbstgeleitet, einzeln oder Gruppe, Medikamente sind kontraindiziert, nur anfangs nützlich
Implosion			
gut bei: internen (kognitiven und übermäßig physiologischen) Reizen, Zwangsgedanken *schlecht bei:* allen Arten von Ängsten	nur in sensu und massiert, schnell, intensiv, wiederholt. Ziel ist intensive Induktion von Angst	gedankliche Ablenkung, kognitive Abwertung durch irrationale Schilderung	psychodynamischen Erklärungen, Hoffnung auf selbständige "Katharsis"

Tabelle 1. Vergleich der Reizexpositionsverfahren

Formen der Konfrontationsverfahren

Von den ursprünglich vielen Varianten der Exposition sind vier Formen im wesentlichen übriggeblieben, die heute noch praktiziert werden (siehe dazu Tabelle 1).

Mit Reizkonfrontation ist zunächst jede Art der Reizexposition gemeint, bei der der Patient mit dem gefürchteten und in der Regel gemiedenen Angstreiz in irgendeiner Form zusammengebracht wird. Gleichzeitig wird das sonst übliche Vermeidungsverhalten, sei es motorisch oder kognitiv, verhindert (response prevention). In der anglo-amerikanischen Literatur wird dafür der Begriff Expositions-Reaktionsverhinderung (exposure response prevention, ERP) verwendet. Hand (1993) kritisiert an diesem Begriff, daß er eigentlich irreführend sei, da hierbei nicht auch auf eine Vermeidung von emotionalen und physiologischen Faktoren geachtet wird. Er meint, daß jeder, der von Konfrontationsverfahren spricht, auch jeweils dazu angeben müsse, welche Arten von Vermeidung er durch das eingesetzte Verfahren verhindern möchte.

Das Grundprinzip der **systematischen Desensibilisierung** ist, in tiefer Entspannung mit abgestuften Angstreizen konfrontiert zu werden. In der Regel wird sie in sensu durchgeführt und vor Beginn wird eine Angsthierarchie erstellt, die von 0 (keine Angst) bis 100 (extreme Angst) reicht. Im Prinzip der graduierten Annäherung oder dem Prinzip der „kleinen Schritte" wird die Angst damit vom geringsten auslösenden Reiz bis zum stärksten hin abgebaut. Bei diesem Verfahren liegt es nahe, daß sich Patienten während der Angstreizdarbietung gedanklich leicht ablenken können und daß sie bei nur geringer Vorstellungsfähigkeit der jeweiligen Situation nicht zu dem erwünschten Angsterleben kommen. Die mangelnde Fokussierung auf den Angstreiz ist für viele Patienten angenehm, da sie nicht die volle Stärke der bisher vermiedenen Angstreaktion erleben. Aus diesem Grund hat Hand (1993) die Exposition nach dem Desensibilisierungsmodell auch „Meidungsmanagement" genannt. Damit würde es strenggenommen nicht zu den Konfrontationsverfahren zählen, da aus dieser Perspektive die Vermeidung der Angst im Vordergrund steht und nicht die Konfrontation der Angst in kleinen Schritten. Die Einsatzfähigkeit der systematischen Desensibilisierung ist besonders gut bei sozialen Ängsten, Tierphobien, gemischten Phobien, situativen Phobien und schlechter bei Panikstörungen und Agoraphobie. Man wird sie allerdings immer dann einsetzen, wenn Patienten sich weigern, an stärker angstauslösenden Verfahren teilzunehmen. Viele dieser Patienten befürchten, daß zu starke emotionale Ausbrüche hervorgerufen werden könnten, die sie nicht mehr unter Kontrolle haben. Systematische Desensibilisierung ist gut kombinierbar mit Muskelentspannung, Imaginations- und Selbstinstruktionstraining. Gleichzeitig kann es auch dann eingesetzt werden, wenn vom Patienten Antidepressiva und Betablocker begleitend zu Beginn der Behandlung eingenommen werden.

Das **Habituationstraining** ist ein Verfahren, das andernorts auch als graduierte Löschung bezeichnet wird (Reinecker 1986). Während die systematische Desensibilisierung noch als In-sensu- und In-vivo-Verfahren durchgeführt wird, richtet sich das Habituationstraining ausschließlich auf In-vivo-Übungen. Diese Übungen werden graduiert gegeben und zuvor festgelegt, müssen aber nicht hierarchisch angeordnet sein. Dabei werden allerdings nicht wie bei der systematischen Desensibilisierung antagonistische Reaktionen hervorgerufen. Der Patient kann jeweils dann die Angstexposition beenden, wenn er eine deutliche Reduktion verspürt. Die Habituation ist besonders gut geeignet bei ausgeprägtem Vermeidungsverhalten und sehr großer Angst vor der Reizüberflutungstechnik. Es bringt eine größere Freiheit in der Auswahl der einzelnen Angstsituationen für den Patienten mit sich. Daher wird es hauptsächlich auch für selbsttherapeutische Zwecke eingesetzt. Obwohl diese Form der Exposition äußerlich gut kontrollierbar ist, so daß motorische Vermeidungsreaktionen sichtbar werden, kann doch eine Reihe von Vermeidungsstrategien, wie z.B. die Mitnahme von sogenannten „Sicherheitsobjekten", nicht verhindert werden. Auch gedankliche Ablenkungen sind bei dieser Art jederzeit möglich, da die Angstausprägung ein weit geringeres Ausmaß als während der Reizüberflutungstechnik erreicht. Es kann kombiniert werden mit Selbstinstruktionstraining und kognitiven Methoden wie Entkatastrophieren und Modifikation von irrationalen Gedanken. Auch hierbei können Medikamente weiterhin begleitend eingesetzt werden.

Die **Reizüberflutungstechnik** (flooding) ist empirisch nachgewiesen die effektivste Form der Konfrontation. Sie wird nur in vivo, schnell und intensiv durchgeführt. Statt der Meidung von Angst steht hier die Induktion von Angst im Vordergrund. Statt mit graduierten Übungen oder mit dem Item, das die geringste Angst auslöst, wird hier mit dem sogenannten „Top-Item" begonnen. Damit ist das höchste, vom Klienten am meisten gefürchtete Item der Angsthierarchie gemeint. Dieses Verfahren ist für den Patienten stark belastend. Es eignet sich jedoch außerordentlich gut bei starker Vermeidungshaltung des Patienten. Eine Voraussetzung ist aber die gründliche Vorbereitung und eine hohe Entschluß- und Überzeugungskraft des Therapeuten. Wenn dieses Konfrontationsrational vom Patienten nicht selbst akzeptiert wird, so ist von einer Durchführung der Reizüberflutung eher abzuraten. Der Vorteil dieser Technik liegt besonders darin, daß kaum eine Flucht möglich ist, da der Reiz zu groß ist und die Überschwemmung mit katharsischen Effekten jede kognitive, motorische, aber auch physiologische und emotionale Vermeidung verhindert. Dieses Verfahren ist in verschiedenen Settings, die therapeutengeleitet, einzeln, in der Gruppe oder auch in Selbstanleitung denkbar sind, durchzuführen. Medikamente sollten zuvor abgesetzt werden, da sie den Therapieprozeß behindern und die erwünschten Angsteffekte nicht auftreten lassen.

Das **Implosionsverfahren** (implosion) wird im Gegensatz zur Reizüberflutung nur in sensu, aber auch massiert, schnell, intensiv und wiederholt eingesetzt. Es ist ebenfalls ein Verfahren, das Angst induziert, wobei die einzelnen Angstszenen meist übertrieben dargeboten werden. Die auch hierbei leichte gedankliche Ablenkungsmöglichkeit kann durch ständige Berichte des Patienten über das interne Erleben verhindert werden. Erhofft wird eine selbständige Katharsis mit Angstreduktion. Dieses Verfahren gründet sich im wesentlichen auf psychodynamische Zusammenhänge. Sie sollten daher dem Therapeuten zuvor auch bekannt sein. Es ist gut einsetzbar bei internen Reizen, bei Gedanken, insbesondere Zwangsgedanken, und bei physiologischen Erregungen.

Da aus meiner Sicht systematische Desensibilisierung und "implosion" nicht zu den eigentlichen Konfrontationsverfahren gehören, die angstinduzierend wirken, möchte ich diese bei der weiteren Beschreibung ausschließen und mich statt dessen ganz auf das oben so genannte Habituationstraining und die Reizüberflutungstechniken beschränken.

Zur besseren Übersicht und zur Abgrenzung der einzelnen Verfahren dient Tabelle 1.

Wirkmechanismen der Konfrontationstechniken

Die Mechanismen, durch die Angst beim Einsatz von Konfrontationsverfahren reduziert wird, sind nicht klar. Vermutlich sind Löschungs- und Habituationsprozesse dafür verantwortlich. Marks (1987) räumt ein, daß sich manchmal einzelne Phobien und Zwangshandlungen spontan verbessern, während die Patienten auf einer Warteliste sind oder sich einem Entspannungsverfahren, einer tiefenpsychologisch ausgerichteten Therapie oder Hypnose unterziehen. Diese Therapieerfolge lassen sich jedoch nicht reproduzieren, während es bei Durchführung von Konfrontationstechniken durchaus gute Reproduktionserfolge gibt.

Die Ergebnisse der Detailuntersuchungen wurden von Emmelkamp, Bouman & Scholing (1993) gut zusammengefaßt:

- In-vivo-Exposition ist effektiver als In-sensu-Exposition.
- Langfristige Exposition ist effektiver als kurzfristige Exposition. Verschiedene Autoren stellen fest, daß Sitzungen von zwei und mehr Stunden bessere Ergebnisse bringen als kurze Sitzungen von viermal einer halben Stunde.
- Eine rasche Exposition ist effektiver als eine langsam durchgeführte.
- Das häufige Üben ist effektiver als Üben mit großen Zwischenpausen.
- Eine Exposition in der Gruppe ist in etwa genauso effektiv wie eine individuell durchgeführte Exposition.
- Die Behandlung kann als Selbsthilfeprogramm durchgeführt werden.
- Die Effekte von Expositionsprogrammen sind dauerhaft. Follow-up-Ergebnisse berichten bei unterschiedlichen Autoren einhellig, daß die Angst zwischen vier und neun Jahren reduziert blieb. Hand (1993) berichtet sogar von Erfolgsquoten zwischen 65 und 85% bei Langzeitkatamnesestudien zwischen ein und vier Jahren nach Therapieende.
- Die individuellen Reaktionsmuster von Patienten spielen bei der Effektivität keine Rolle. Unabhängig davon, ob Patienten eher kognitiv oder motorisch beobachtbar oder physiologisch auf die Konfrontationssituationen reagieren, treten ähnliche angstreduzierende Effekte auf.

Man kann davon ausgehen, daß die Veränderung des motorisch beobachtbaren Verhaltens und damit des bisherigen Vermeidungsmusters auch zu einer Korrektur der bisherigen emotionalen Erfahrung führt. Patienten erleben in der Konfrontationssituation bei richtiger Durchführung selbst ein deutliches Absinken der Angst, das oftmals unter dem Angstwert liegt, der vorher als Erwartungsangst beschrieben wird und letztlich zur Vermeidungsreaktion führte. Erst nach der emotionalen Korrektur wird auch eine gedankliche Umstrukturierung vorgenommen. Diese wird oft eigenständig vom Patienten eingeleitet, ohne daß der Therapeut kognitive Strategien einführen muß (Hand 1993b). Dies erinnert sehr stark an die Vorgehensweise und Wirkprinzipien bei systemischen Therapien, bei denen auch zunächst versucht wird, den Handlungszusammenhang zu verändern. Die entstehende kognitive Dissonanz zwischen fühlbarem Erleben und gedanklicher Bewertung führt dann zu einer Veränderung des sogenannten Bedeutungszusammenhanges. Auch hier kommt es zu einer spontanen Veränderung durch die beteiligten Patienten selbst und nicht unbedingt aufgrund der Intervention durch den Therapeuten.

Indikation und Kontraindikation

Konfrontationstraining ist *indiziert* bei:
- anhaltendem Meidungsverhalten im Rahmen einer Angst- oder Zwangserkrankung, wobei sowohl Zwangshandlungen als auch -gedanken und -rituale mit eingeschlossen sind
- Wunsch des Patienten nach Selbsterweiterung, Veränderung der Lebensqualität und Aufhebung der Selbstbeschränkung
- Bereitschaft des Patienten, genügend Zeit dafür zu verwenden, und Möglichkeit beim Therapeuten, seine Termine soweit wie möglich flexibel zu gestalten.

Voraussetzung ist auch eine vertrauensvolle Patient-Therapeut-Beziehung. Sie muß zumindest so gestaltet sein, daß sich der Patient auf die vorgeschlagenen therapeutischen Techniken des Therapeuten verlassen kann und daß dieser durch sein Verhalten auch genügend Sicherheit für den Patienten bietet.

Kontraindiziert ist die Anwendung von Konfrontationstechniken bei:
- organischen Vorerkrankungen, wie z.B. kardiovaskulären Erkrankungen, Asthma, Diabetes mellitus
- psychotischen Episoden in der Vorgeschichte des Patienten, da durch Ausübung von Konfrontationstechniken durchaus eine erneute psychotische Episode hervorgerufen werden kann

- Depressionen, insbesondere solchen, bei denen ein hoher endogener Anteil zu vermuten ist. Gerade diese Patienten setzen sich häufig sehr stark unter Druck und erleben bei Mißerfolg und Abbruch der Konfrontationstechniken erneut ein massives Gefühl von Hilflosigkeit und Hoffnungslosigkeit der Krankheit gegenüber, was insgesamt zu einer Verschlechterung der Prognose führen kann.

Die Konfrontationstechnik muß immer in eine Gesamtbehandlung eingebettet sein und darf nicht als einzige Behandlungsmethode verwendet werden. Die langfristige Anwendung von Konfrontationstechniken scheint ebenfalls kontraindiziert. Hand glaubt, daß damit ein Ersatzritual für Symptomrituale oder auch kurzfristige Lebensinhalte geschaffen werden könnten. Dagegen schreibt Marks (1993), daß komplexe Angsterkrankungen eine Fortsetzung der Reizkonfrontation über viele Monate erfordern.

Ähnlich widersprüchlich wird auch die Rolle der Medikation in der Therapie von Ängsten und Zwängen diskutiert. Während man auf der einen Seite die antidepressive Medikation als sinnvolle Ergänzung zur Reizkonfrontation ansieht, wird von anderen Autoren die weitere Einnahme von Medikamenten und der Konsum von Alkohol als kontraindizierend betrachtet. Dies erscheint mir einleuchtender, da ja der angenommene Wirkmechanismus des Konfrontationsrationals die Indikation hoher Angstzustände voraussetzt.

Vorgehensweise beim Reizkonfrontationstraining

Obwohl die Konfrontationsmethode selbst denkbar einfach erscheint, da sie letztlich nur die Botschaft enthält: „Setze dich der Angst aus! Laß die Angst kommen!", ist die Durchführung sehr schwierig. Es ist im Grunde ein paradoxes Vorgehen, weil vom Patienten verlangt wird, das zu tun, was er/sie möglicherweise über Jahre zuvor zu tun vermieden hat. Für Patienten und deren Bezugspersonen ist es gleichermaßen schwierig sich vorzustellen, daß eine langanhaltende massive Vermeidung mit oftmals nachfolgenden ausgeprägten Zwangsritualen so "einfach" zu therapieren sei. Statt dessen steht die Annahme im Vordergrund, daß eine so komplizierte Störung auch komplizierte Methoden der Therapie braucht. Daher ist es notwendig darauf hinzuweisen, wieviel Anstrengung und Mühe die Anwendung dieser Technik vom Patienten und eventuell auch von den Bezugspersonen verlangt. Man sollte sich also erst dann zu deren Anwendung entschließen, wenn der Patient wirklich dazu bereit ist.

Viele Angst- und Zwangspatienten neigen zu Autoritätsgläubigkeit und abhängig machenden Beziehungen dem Therapeuten gegenüber. Daher ist es naheliegend, daß sie oft vorschnell einwilligen. Bei ausbleibendem Erfolg durch die Konfrontationstherapie entdeckt man erst nach längerer Zeit, daß sie aus übermäßiger therapeutischer Compliance die Konfrontation akzeptiert haben und nicht aus eigener innerer Einsicht. Eine Verordnung der Konfrontationstechnik, die immer auch gleichzeitig einer Entmachtung des Patienten gleichkommt, ist auch im Rahmen der Gesamtbehandlung fehlindiziert. Denn viele dieser Patienten stehen im Konflikt, sich von übermäßiger Fürsorge und Behütung freimachen zu wollen, haben aber zu wenig eigene Mittel zur Verfügung (siehe dazu auch den Artikel über Angst und Panikstörungen). Ein sie in Verträge einbindender Therapeut (Bartling et al. 1980) würde diese Eigenständigkeitstendenz ignorieren. Er würde im Gegenteil dazu den erwünschten Effekt, nämlich zu erfahren, wie man die Angst durch eigene Mittel überwinden kann, zunichte machen. Viele Bezugspersonen in der Gegenwart oder Vergangenheit hatten bei diesen Patienten in ähnlicher Weise wie dieser machtvolle Therapeut gehandelt und wirkten damit verstärkend für das Krankheitssystem. Ein machtvoller Therapeut, der Konfrontationstechniken verschreibt, würde meines Erachtens nach bei diesen Patienten auch die bisher bekannten Widerstände erneut auslösen. Damit wäre die Konfrontationsbehandlung zu Ende, noch bevor sie begonnen hat.

Andererseits braucht es einen machtvollen Therapeuten, der für den Patienten glaubhaft, vertrauenswürdig und stark genug erscheint, so daß er ausreichend emotionale Unterstützung für den Patienten in der schwierigen Situation verspricht. Diese Patienten sind sehr sensibel im Hinblick auf Empfindungen des

Therapeuten und geraten sofort in Zweifel, wenn sie zögerliches Verhalten bei ihm bemerken. Daher ist es außerordentlich notwendig, daß Therapeuten zuvor die Konfrontationstechniken an sich selbst ausprobiert haben, am besten mit anderen Kollegen im Rahmen einer Selbsterfahrungsgruppe oder Supervision. Wenn sie selbst Zweifel an der Methode haben, sollten sie sie nicht anwenden.

Aufgabe des Therapeuten ist es, in einem ausbalancierten Verhältnis zum Patienten genügend Achtung für dessen Eigenständigkeit aufzubringen und gleichzeitig zu zeigen, daß er bereit ist, diese Übungen mit ihm gemeinsam durchzuführen, um die Beschwerden abzubauen.

Wünschenswertes Therapeutenverhalten wäre also:
- Der Therapeut ist von der Wirksamkeit und Notwendigkeit der Methode überzeugt.
- Er beschreibt die jeweiligen Schritte klar, detailliert und konkret und bereitet den Patienten auf die zu erwartenden Erfahrungen vor. Je mehr die eintretenden Prophezeiungen mit der Wirklichkeit übereinstimmen, desto größer wird die Glaubwürdigkeit des Therapeuten sein, und um so mehr wird der Patient auch motiviert sein, die Behandlung fortzusetzen.
- Der Therapeut nimmt eine unterstützende, ermunternde, gleichzeitig aber nicht zu stark fordernde Haltung ein, so daß der Patient in keinem Augenblick der Therapie die Eigenverantwortung abgeben kann.
- Er läßt sich intensiv auf die emotionalen und kognitiven Auswirkungen der Konfrontationstherapie ein und ist auch zwischen den Sitzungen während der selbst durchgeführten In-vivo-Übungen für den Patienten erreichbar.

Daher ist auch von vornherein klar, daß der Patient, selbst wenn er sich auf die Konfrontationsbehandlung einmal eingelassen hat, jederzeit wieder abbrechen kann. Die Aufgabe von Therapeut und Patient ist es dann, die Ursachen für die Blockade zu suchen und Möglichkeiten zu deren Überwindung zu finden. Dabei kann sich dann herausstellen, daß ein rascher Symptomabbau durch den Patienten deswegen nicht gewünscht wird, weil er noch keine alternativen Bewältigungsmaßnahmen oder alternative funktionell verstärkende Aktivitäten entwickelt hat. Es könnte sich auch ergeben, daß der Patient den bisherigen Therapiefortgang als zu restriktiv empfindet und mit dem Therapeuten neue Schwierigkeitsgrade der Übungen aushandeln muß. Manche Patienten äußern aber auch die Vorstellung, daß mit einem raschen Symptomabbau die Therapie beendet sei und die eigentliche Zielsetzung, nämlich die Selbsterweiterung und Selbstgestaltung, damit nicht erreicht worden wäre. Wenn dem Patient nun klargemacht wird, daß dies der erste Schritt innerhalb einer Gesamtstrategie ist, kann er auch ermuntert werden, das Training fortzusetzen. Im Gegensatz zu ursprünglichen Befürchtungen des Patienten bleibt somit für die anderen therapeutischen Inhalte mehr Zeit, und die Konfrontationsbehandlung kann neben anderen therapeutischen Inhalten vom Patienten selbst weitergeführt werden.

Das gesamte Konfrontationstraining setzt sich aus folgenden Schritten zusammen:

---

1. Motivations- und Vorbereitungsphase:
    - kognitive Informationsphase
    - emotional-körperbezogene Vorbereitungsphase
2. Entscheidungs- u. Festlegungsphase (klare Planung über den weiteren Ablauf: graduiert oder massiert, Anteile von in sensu zu in vivo, Hierarchieerstellung, Modalitäten und Regeln)
3. In-vivo-Durchführungsphase (Maßnahmen des Flooding in Verbindung mit Response prevention bzw. eines Habituationstrainings mit Response prevention, therapeuten-, bezugspersonenbegleitet oder in Selbstdurchführung)
4. Aufzeichnungs- und Bewertungsphase
5. Generalisierungsphase mit Selbstdurchführung

Diese Phasen werden nun detailliert beschrieben. Sie gelten als Vorschlag für die Durchführung und sollten für jeden einzelnen Fall gesondert festgelegt werden. Ein standardisiertes Vorgehen, das, wie manchmal vorgeschlagen wird (Hand 1993, Marks 1987), auch durch Klinikpersonal durchgeführt werden könnte, lehne ich ab, da die Gefahren bei falscher Anwendung erheblich höher sind als bei anderen verhaltenstherapeutischen Verfahren.

Motivations- und Vorbereitungsphase

Sie setzt sich zusammen aus der kognitiven Informationsphase und der emotional-körperbezogenen Vorbereitungsphase.

Die Information über die Wirkung der Konfrontation steht am Beginn der Behandlung. Inhaltlich bietet sich hierzu die Darstellung des Habituationsmodells an, das die meisten verhaltenstherapeutischen Bücher zur Angstbehandlung beinhalten. Am besten scheint mir die vereinfachte Erklärungsweise in Anlehnung an Rost (1990) und die etwas wissenschaftlichere von Margraf & Schneider (1989) in der ursprünglichen Fassung von Bartling et al. (1980) geeignet.

Nach dem vereinfachten Modell erkläre ich dem Patienten zunächst, daß jeder Angstreiz zu einem Anstieg aller beobachtbaren Angstparameter (Muskelspannung, Blutdruck, Herzfrequenz, Schwitzen, subjektive Angstbewertung, Angstgefühle) führt. Diese sogenannten „Orientierungsreaktionen" sind eine natürliche Reaktion auf jede neue, unbekannte Herausforderung. Hält man diese körperliche Reaktion über eine gewisse Zeitspanne hindurch aus, so wird dieser Reiz allmählich „habituieren". Das heißt, das Angstniveau wird sich auf eine mittlere Angststärke einpendeln. Diese Erklärung wird durch die graphische Darstellung ergänzt, in die der erwartete Angstverlauf mit den individuellen Angstreizen des Patienten eingetragen wird. Die grundlegende Botschaft dieser Erklärung an den Patienten lautet etwa: Meine Angst ist eine natürliche Reaktion auf neue, unbekannte Reize, die erst der Überprüfung und dann der Bewältigung bedürfen.

Das „normale" Angstreduktionsverhalten wird dann in Relation gesetzt zum üblichen Verhalten von Angstpatienten. Diese neigen dazu, nach dem ersten Angstreiz die Flucht zu ergreifen und später die Angstsituation ganz zu vermeiden. Mit jeder erneuten Flucht und Vermeidung wird sich jedoch die Angst stärker erhöhen. Jeder neue Versuch, die Angst zu bewältigen, verlangt vom Patienten bei einem größeren Angstniveau wieder einsteigen zu müssen. Dies wird als „der Fluch von Flucht und Vermeidung" bezeichnet.

Mit der Einführung von Konfrontation hat nun der Patient die Möglichkeit, diese Angstbewegung, die graphisch durch zwei entgegengesetzte Kurvenverläufe dargestellt wird, in die entgegengesetzte Richtung zu bringen. Statt daß sich die Angststärke erhöht, wird sie mit jeder erfolgreichen Konfrontation absinken. Der Patient wird von Mal zu Mal mit weniger Angst die angstauslösende Situation aufsuchen. Dies wird „der Segen der Konfrontation" genannt.

Das anspruchsvollere Erklärungsmodell bedient sich der Grafik zum „Konfrontationsrational" (Margraf & Schneider 1989). Daran werden die Angstverläufe bei Flucht, Aufbau von Erwartungsangst und Flucht, versuchter Angstunterdrückung und Angstakzeptanz mit Habituation erklärt. Diese Unterschiede sind für Angst- und Zwangspatienten gut nachvollziehbar, da dies ihrer täglichen Erfahrung entspricht. Allerdings müssen die Begriffe „unterdrückte" und „akzeptierte" Angst klar voneinander abgegrenzt werden, da dies für den Erfolg der Methode ausschlaggebend ist. Unter „unterdrückter Angst" verstehe ich die Grundhaltung des Patienten, alle verfügbare Kraft aufzubringen, um die Angst nicht kommen zu lassen im Sinne des „der Indianer kennt keinen Schmerz". Das Angsterleben paßt prinzipiell nicht in das Selbstkonzept von Stärke, Tapferkeit und Eigenständigkeit des Patienten. Schon das Auftreten von Angst oder Zwangshandlungen wird entweder als Kränkung oder als schamhaftes Erleben sich selbst oder anderen Personen gegenüber erlebt. Daher wird der Patient auch versuchen, sich selbst gedanklich oder motorisch abzulenken, Sicherheitsobjekte mit in die Situation zu bringen und alles daransetzen, um sich selbst oder anderen die Angst oder die Zwangshandlungen nicht zeigen zu müssen.

Unter „akzeptierter Angst" verstehe ich die Bereitschaft des Patienten, sich auf das Gefühl der Angst mit all seinen Konsequenzen einzulassen, sogar eine Art Neugierde zu entwickeln, was auf ihn zukommt. Dies erfordert natürlich Mut, Risikobereitschaft, aber auch Offenheit und Leidensbereitschaft. Diese Patienten stimmen aus eigener Überzeugung zu und nicht wegen einer von außen kommenden „Sollensanweisung". Sie entwickeln zuvor entweder die Hoffnung, daß sie dadurch Kraft gewinnen, gegenwärtige Probleme zu überwinden, um die Einengung der jetzigen Situation zu beenden oder sie sind vom Leidensdruck bestimmt, der aus der zunehmenden Vermeidung in allen Lebensbereichen erwächst. Dieser Annäherungs-Vermeidungs-konflikt wird klar zugunsten der Annäherung und der Veränderung entschieden. Das Selbstkonzept dieser Personen ist prinzipiell davon bestimmt, daß Gefühle ein wichtiger Zugang zum Wachstum und zur Reife der Persönlichkeit sind und daher auch eine Quelle von Kraft und Selbsterweiterung. Dazu zählen auch sogenannte negative Gefühle wie Angst.

Wenn es gelingt, Patienten zu letzterer Überzeugung zu führen, werden sie das Konfrontationstraining erfolgreich durchlaufen. Sie werden sich eher selbst- und nicht fremdgeleitet sehen, sind kreativer bei der Erstellung neuer Aufgaben oder Zwischenschritte, berichten über starke Gefühle und irrationale Gedanken während der Übungen, träumen heftig, erinnern sich spontan an frühere Ereignisse in der Kindheit und spüren einen deutlichen Drang, die Übungen auch regelmäßig weiter fortzuführen.

Zur kognitiven Information muß also in der Regel die **emotional-körperbezogene** hinzukommen. Sie erst schafft die Grundlage für die innere Überzeugung der Angstakzeptanz.

Dazu werden wiederum verschiedene vorbereitende Schritte angeboten:
Viele Angstpatienten haben über lange Zeit zuvor vermieden, ihren Körper wahrzunehmen, da sie ihn als die Angstquelle ansehen. Sie mißtrauen ihm und versuchen statt dessen, die Kontrolle durch Gedanken oder Zwangsrituale zu übernehmen. Daher lernen sie in der Vorbereitung abgestuft, die Körperwahrnehmung wiederzuerlangen oder überhaupt erstmals Körperempfindungen zu spüren und zu benennen.

a) **Wahrnehmung der konkreten Körperempfindungen in einer für den Patienten neutralen Situation.** Die Patienten beobachten all ihre Körperfunktionen in neutralen Situationen, sei dies in der Therapiesitzung oder beim Fernsehen oder Musikhören zu Hause, je nachdem, was sie als neutral bezeichnen. Sie schätzen die jeweilige Körperbefindlichkeit ein und bewerten diese von 0 bis 100. Unterschiedliche Autoren schlagen dafür eine sogenannte „Körper-Checkliste" (Leidig 1993) vor. Wichtig bei dieser Übung erscheint mir, daß die Patienten lernen, ihre Körperempfindung zu beobachten, aber nicht in irgendeiner Weise als negativ oder wünschenswert zu bewerten ("Beobachten und nicht bewerten!").

b) **Wahrnehmung der konkreten Körperempfindungen in Korrelation zur jeweiligen Situation.** Die Patienten pendeln nun in einem zweiten Schritt zwischen der jeweiligen Körperempfindung und der Wahrnehmung der äußeren Situation hin und her und versuchen Vermutungen über Zusammenhänge herzustellen.

c) **Wahrnehmung der konkreten Körperempfindungen in Verbindung zu einem anderen als dem ursprünglichen Stressor.** Hierbei sollen die Patienten erfahren, daß auch andere als die von ihnen geschilderten Angstreize durchaus die erwarteten körperlichen und gefühlsmäßigen Angstreaktionen auslösen können. Für diesen Zweck eignen sich sogenannte emotionale Provokationsübungen wie Vorbereitung auf einen lauten Knall durch Händeklatschen bei geschlossenen Augen nach Zählen in einem Countdown-Verfahren, alle sogenannten körperlichen Provokationsübungen wie Hyperventilationsversuch, Erzeugen von Drehschwindel, schnelle, heftige Körperbewegungen; Erzeugung von Erwartungsängsten im Hinblick auf soziale Exposition oder andere angstauslösende Stimuli.

Ziel all dieser Übungen ist es, die Aufmerksamkeit des Patienten auf die jeweilige interne und externe Reizsituation zu fokussieren. Sämtliche Vermeidungsstrategien sollen ausgeschlossen werden. Der Patient verinnerlicht damit, was es heißt, sich persönlich in einer bestimmten Situation akzeptieren zu lernen.

Des weiteren hat gerade die kognitive Therapie gezeigt, daß viele Angst- und Zwangspatienten ihre Umgebung völlig unrealistisch und überzogen wahrnehmen. Es ist daher notwendig, klarzulegen, daß die Quelle der Angst nicht die wahrgenommene konkrete physikalische Realität ist, sondern die gedankliche Phantasie, die der Patient dazu aufbaut. Deshalb wird vorbereitend auch ein Training der ganz konkreten Beschreibung der sie umgebenden Realität durchgeführt. Dabei sollen die Patienten beschreiben, was sie sehen, hören, schmecken, riechen, fühlen. Damit lernen sie, Selbstgespräche später in der jeweiligen Konfrontationssituation durchzuführen und äußere Streßreize von inneren zu entkoppeln.

Schließlich wird der erste Versuch einer Konfrontation in sensu zur individuellen Angstsituation des Patienten durchgeführt. Dabei werden alle bisher erlernten Prinzipien, sowohl den Körper als auch die Umgebung möglichst detailliert wahrzunehmen, die Unterscheidung dieser Wahrnehmung von Gedanken und das Wissen um den Sinn und Wert die Angst zu konfrontieren, angebahnt. Der Patient wird gebeten, sich die Situation mit allen Sinnen so genau wie möglich vorzustellen und während der Schilderung durch den Therapeuten dann aufzuzeigen, wenn er nicht mehr in der Lage ist, die Aufmerksamkeit zu halten und dazu tendiert, gedanklich oder körperlich zu vermeiden. Sind Patienten nicht in der Lage, sich auf dieses Vorgehen, wie eben beschrieben, einzulassen, wird auch das weitere Konfrontationsvorgehen nur wenig erfolgreich sein. Ich habe Patienten in der Praxis erlebt, die aufgrund früherer kurzer oder falscher Therapieversuche oder selbstgeleiteter Therapie seit Jahren Konfrontationsübungen an sich durchführen, ohne auch nur im geringsten den Effekt der Angstreduktion erlebt zu haben. Statt dessen trat beispielsweise ein bestimmter Patient mit massiven agoraphobischen Zuständen seine Autofahrt über die Autobahn zur Arbeitsstelle mit dem Gedanken an, es doch hoffentlich auch diesmal wieder zu schaffen, oder mit der Idee, daß es eine Katastrophe wäre, wenn die Angst bei der Autofahrt überhaupt aufträte. Er entwickelte im Laufe der Zeit eine Fülle von Ablenkungsstrategien, die immer über eine gewisse Zeit hinweg durch aberglaubisches Verhalten oder zufällige spontane Spannungsreduktion Erfolg hatten. Mit der Durchführung einer sorgfältig geplanten Motivations- und Vorbereitungsphase wäre diese fehlgeleitete Konfrontationstherapie mit dem über Jahre geduldig ertragenen Leiden des Patienten nicht eingetreten.

Entscheidungs- und Festlegungsphase

Nach der ersten In-sensu-Übung kann der Patient den weiteren Verlauf bei den kommenden In-vivo-Übungen einschätzen und sich entscheiden, ob und in welcher Weise er die Konfrontationsübungen durchführen möchte. Dies ist wichtig, da nur bei selbst durchgeführter Reizkonfrontation die Fortschritte, die mit Hilfe des Therapeuten erzielt wurden, auch langfristig aufrechterhalten werden können (Marks 1993). Auf einen Kontrakt mit Androhung einer Therapiebeendigung wird verzichtet, da dies, wie oben erwähnt, einer Entmachtung des Patienten gleichkommt und völlig unnötig erscheint, da bis zu diesem Zeitpunkt ein genügend stabiles Patient-Therapeutenverhältnis erreicht worden ist.

Ich weise die Patienten auf die obenerwähnten empirischen Ergebnisse der Konfrontation hin und lasse sie selbst auswählen, ob sie die Angst lieber mit graduierten und damit voraussichtlich länger durchzuführenden oder massierten Übungen mit raschem Erfolg angehen wollen. Auf jeden Fall sollte „jede Übung etwas *Unbehagen*" auslösen (Marks 1993) und der Patient mit einem täglichen Übungspensum von ein bis zwei Stunden oder mehr rechnen.

Die Erstellung einer Angsthierarchie erfolgt nach dem Prinzip des „Angstthermometers". Alle angstinduzierenden Situationen werden auf Kärtchen geschrieben und in eine Angsthierarchie eingeordnet. Bei

Reizüberflutung beginnt man mit dem Top -Item, bei graduierten Übungen wird eine mittlere Angststärke gewählt. Hierarchien können im Hinblick auf angstauslösende Orte, zu erwartende körperliche Belastungen, alleine oder in Begleitung durchgeführt, übergeordnete Befürchtungen, die einem gedanklichen Prinzip unterliegen (z.B. alles was einengend wirkt durch die Idee, nicht sofort aus der Situation entweichen zu können), etc. erstellt werden. Wichtig dabei ist nicht die vollständige Aufzählung aller angstauslösenden Situationen, sondern möglichst die Bildung von übergeordneten Prinzipien, die die derzeitige Angst aufrechterhalten. Es ist daher ratsam, auch die Festlegung der einzelnen Hierarchiesituationen zuvor in Vorstellungsübungen durchzugehen, um somit eine ganz konkrete und detaillierte Kenntnis des Angstablaufs zu erhalten. Diese Regeln werden für den Patienten wie folgt zusammengefaßt:

- Jede innerlich akzeptierte Konfrontation läßt die Angst von Mal zu Mal absinken, jede Flucht erhöht sie.
- Üben Sie **täglich** mindestens eine Stunde.
- Bleiben Sie so lange in der Situation, bis die Angst gesunken ist. Gehen Sie erst dann in eine neue Situation über.
- Richten Sie Ihre gesamte Wahrnehmung auf die sie umgebende Realität.
  Führen Sie zu Ihrer Unterstützung Selbstgespräche über alles, was Sie sehen, hören, riechen, schmecken, tasten, fühlen und körperlich spüren.
- Bleiben Sie mit sich selbst und der Umgebung in engem Kontakt. Stellen Sie fest, wann Ihre Aufmerksamkeit die Situation verläßt und fliehen möchte. Seien Sie neugierig über den Grund dieser inneren Flucht, denn dadurch erfahren Sie mehr über sich selbst.
- Bevorzugen Sie massive und rasche Konfrontationen, denn diese bringen guten Erfolg.
- Führen Sie ein Tagebuch, in dem Sie Ihre Erfahrungen niederlegen.

Beispiele zur Hierarchieerstellung eines selbst durchgeführten Konfrontationstrainings finden sich bei Mathews et al. (1988).

In-vivo-Durchführungsphase

Üblicherweise beginnt man das Konfrontationstraining mit einigen mehrstündigen Sitzungen in vivo. Leider sind kassenrechtlich nur 100 Minuten abrechenbar, was nicht immer ausreichend ist. Zu kurze Übungen wirken kontraindiziert! Die Sitzungen sind frühzeitig zu planen, da sie täglich wiederholt werden sollen und im allgemeinen den Terminplan stark durcheinanderbringen. Um Zeit zu gewinnen, ist es günstig, sich mit dem Patienten an dem „Angst-Ort" zu treffen. Dort sollten alle vereinbarten Regeln, mögliche auftretende Probleme und die damit befürchteten Angstreaktionen noch einmal durchgesprochen werden. Der Therapeut sollte ein ruhiges, geduldiges und sicheres Modell für den Patienten abgeben, da wie oben bereits erwähnt, besonders agoraphobische und zwanghafte Patienten ein sensibles Gespür für die Empfindsamkeit des Therapeuten haben. Die innere Haltung des Therapeuten beeinflußt ganz wesentlich den Erfolg der ersten Konfrontationssitzungen in vivo. Dieser versteht sich dabei als Begleiter, Trainer oder Anleiter in bestimmten Situationen, nicht aber als einer, der die Verantwortung oder gar die Ängste des Patienten übernimmt. Es sollten daher also keine ablenkenden Gespräche während der Konfrontationssitzungen durchgeführt werden, so daß die Angst auch in dem zu erhoffenden Sinne erlebt werden kann. Sollte der Patient abbrechen wollen, bittet ihn der Therapeut, in der Situation zu verbleiben, bis die Angst deutlich abgesunken ist. Gleichzeitig erinnert er ihn an alle die vorbereiteten Maßnahmen, die durchgeführt wurden, und besonders an die, die bisher als günstig für den Patienten herausgearbeitet worden sind. Unter Umständen können diese als Selbstinstruktionssätze dem Patienten in der angstauslösenden Situation wiedergegeben werden. Reichen diese unterstützenden Maßnahmen nicht aus, wird es sinnvoll sein, eine Situation geringerer Angststärke auszuwählen, so daß der Patient hierbei die Konfrontationsübung erfolgreich beenden kann. Erst dann wird man wieder Situationen mit höherer Angststärke auswählen. Diese Maßnahme sollte aber erst dann gewählt werden, wenn alle anderen Bemühungen versagt haben, denn das Ziel der Konfrontationsbehandlung ist die massive Auslösung der Angst mit all ihren Komponenten und die sich daran anschließende kathartische Entladung. „Beginnende Therapeuten lassen ihre Patienten manchmal erst einige Minuten auf der Straße gehen, dann für einige Minuten einen Supermarkt betreten, dann ein kleines Stück mit dem Bus fahren, bis die Sitzung vorbei ist. Obwohl so eine Sitzung lange dauert, ist die tatsächliche Exposition in jeder Situation nur kurz. Es ist dann auch nicht verwunderlich, daß die Exposition auf diese Art oft keinen Erfolg hat. Eine solche Exposition kann zur Folge haben, daß der Patient wiederholt aus einer Situation flieht, während er noch ängstlich ist." (Emmelkamp et al., 1993). Es ist also wichtig, daß der Patient in ein- und derselben Situation so lange bleibt und diese möglichst noch steigert, bis es wirklich zur Angstauslösung und nachfolgenden Reduktion gekommen ist. Man sollte darauf achten, daß das Ausweichen auf eine leichtere Situation eine Ausnahme bleibt, damit sich daraus nicht auf die Dauer ein Fluchtmechanismus entwickelt.

Nach einigen Sitzungen sollte der Patient dazu übergehen, die Übungen selbstgeleitet durchzuführen und Aufzeichnungen in die nächste Therapiesitzung mitzubringen. Dabei können die jeweiligen Erfahrungen und Widerstände besprochen werden. Der Übergang kann allmählich stattfinden.

Am Beispiel einer 28jährigen klaustrophobischen Patientin soll dies erörtert werden. Die Patientin hatte die Therapie aufgenommen, da sie nachts nicht mehr alleine sein und weder enge Räume noch Aufzüge aufsuchen konnte. Darüber hinaus konnte sie sich nicht vorstellen, die bevorstehenden Prüfungen ihres Wirtschaftsstudiums erfolgreich zu Ende zu bringen, da es hierbei Pflicht war, die ersten 1 1/2 Stunden des Prüfungsablaufs im Raum zu verbleiben. Solche und ähnliche Situationen lösten bei der Patientin panikartige Angst aus. Aufgrund der guten Praktikabilität wurde der Aufzug im Haus der Praxis als Situation zur Exposition ausgewählt. Anfangs fuhr die Patientin bis zu 90 Minuten in Begleitung des Therapeuten in alle Stockwerke des fünfstöckigen Hauses. Dabei traten massive Panikzustände mit Zittern, lautem Weinen, Jammern, Festhalten und vor allen Dingen Todesängsten auf. Die Patientin „überlebte" die jeweiligen Sitzungen und hatte danach ein euphorisches Gefühl, nach sieben Jahren der Angstvermeidung, heute Sieger über die Angst gewesen zu sein. Wie vorausgesagt, war es zu einer Angstreduktion und zu einem deutlichen Ermüdungseffekt gekommen. Am Ende äußerte die Patientin Gleichgültigkeit der Aufzugsituation gegenüber. Tags darauf jedoch kam die Patientin wieder mit starken Erwartungsängsten und mit Bitten, die Übung für einen Tag aussetzen zu wollen. Sie wurde erinnert an den möglichen Verlust des bisherigen Erfolges, an die positive Stimmung des Vortages und den Sinn der Übungsprozedur. Daraufhin war es ihr erneut möglich, sich einzulassen und es konnte an vier aufeinanderfolgenden Tagen die Exposition weiter durchgeführt werden. Während am Anfang nur der Aufzug im Haus der Praxis benutzt wurde, dehnten sich die Expositionsübungen auf alle Aufzüge der umliegenden Häuser aus. Dabei wurden verschiedene Variationen von Aufzügen versucht, die acht, aber auch nur vier Personen aufnehmen können, solche, die sehr langsam oder sehr schnell fahren und solche, die von ihrem äußeren Bild her eher Risiko oder eher Sicherheit vermitteln. Schließlich wurde der Aufzug durch den Notfallhebel angehalten und für zehn Minuten zwischen den Stockwerken zum Stehen gebracht. Die Fahrt wurde erst dann fortgesetzt, als die Patientin ein deutliches Absinken der Angst berichtete. Danach äußerte die Patientin den Wunsch, jetzt alleine üben zu wollen. Zur Etablierung und Stabilisierung praktizierte sie jetzt allein wiederholt genau den Übungsplan den sie an den vorausgehenden

Tage gemeinsam mit dem Therapeuten absolviert hatte. Jeweils bei Übungsbeginn meldete sie sich in der Praxis bei der Assistentin und gab am Ende der Übungen einen kurzen mündlichen bzw. schriftlichen Bericht über die gemachten Erfahrungen ab. Damit schuf sie einerseits eine gewisse Kontrolle, so daß sie damit rechnen konnte, daß wir von der Praxis aus handeln, wenn sie nach der vereinbarten Zeit nicht zurückgekehrt ist, andererseits bekam sie für das regelmäßige Üben auch genügend Anerkennung und Bestätigung.

In der dritten Phase der Therapie fanden die Übungen mit der in unserer Praxis tätigen Assistentin statt. Sie fuhren beide auf den 33stöckigen Hotelturm und wagten sich an außergewöhnliche, einengende Situationen heran. Auch diese Übungen wiederholte die Patientin wie zuvor mit dem Therapeuten anschließend wieder mehrere Male alleine. Schließlich steigerte sie die Einengungssituation durch Benutzung von Zügen mit jeweiligen "lustbetonten" Zielen, wie dem Besuch einer Veranstaltung gemeinsam mit dem Bruder, den sie in der Stadt aufsuchte, oder das Wahrnehmen von erwünschten Einkäufen. Die Patientin übte täglich und erlebte dabei eine Ausweitung auch aller übrigen Aktivitäten und die positiven Auswirkungen auf ihre doch bis zu diesem Zeitpunkt sehr einengende Beziehungsgestaltung zu ihrem Freund.

Zum Abschluß der Behandlung war es ihr möglich, zum ersten Mal einen Flug von München nach Zürich und zurück zu wagen, und erlebte allerdings auch in dieser Situation wieder, wie anfangs beim Aufzugfahren starke Angstgefühle, die sich aber ähnlich wie zuvor nach einiger Zeit der Konfrontation abbauten. Die Art der Übungsgestaltung bei dieser Patientin hat sich durch die Entschlossenheit, gemeinsam die Exposition zu wagen, sich allmählich zu verselbständigen und durch das Gefühl der Selbsterweiterung dynamisch entwickelt. Die genaue Planung wurde dann aufgegeben, als sich allmählich vermehrt Eigeninitiativen der Patientin zeigten.

Aufzeichnungs- und Bewertungsphase

Nur das Führen eines Verhaltens-Tagebuches, in dem die täglichen Übungserfolge berichtet werden, gewährleistet von Sitzung zu Sitzung die genaue Durchführung der Konfrontationsbehandlung, ohne daß sich Flucht- und Vermeidungsstrategien einschleichen. Gleichzeitig werden dem Patienten damit auch die erreichten Erfolge bewußt gemacht, denn man sollte nicht vergessen, daß sich bei isolierten Phobien die Konfrontationsübungen über einige Wochen, bei komplexen Ängsten und Zwängen über mehrere Monate hinweg ziehen können. Ohne regelmäßige Aufzeichnungen verzweifeln die Patienten oft, weil sie die bisherigen Übungserfolge nicht mehr wahrnehmen und die ursprünglichen Angstsituationen nicht mehr detailliert erinnern.

Häufig treten auch bei Therapiebeginn durch die Expositionsverfahren und das Bewußtwerden immer neue Ängste und Zwangshandlungen auf, bei denen es sich vielleicht um Symptomverschiebungen handeln könnte, die aber meines Erachtens nach mehr auf die jetzt erfolgte Offenlegung der Angstreaktionen zurückzuführen sind. Daher ist es besonders wichtig, eine umfangreiche Baseline mit dem Patienten am Anfang zu erstellen, um diesen für den Patienten doch oft deprimierenden Effekt von vornherein gering zu halten.

Verhaltens-Tagebücher werden dann geführt, wenn sie möglichst einfach gestaltet sind, gleichzeitig aber doch Erinnerungshilfen für die Bearbeitung in der therapeutischen Sitzung geben. Bei Ängsten empfehle ich ein Aufzeichnungsbuch mit sechs Spalten (siehe dazu Emmelkamp et al. 1993). Die Spalten der Reihe nach beinhalten: Datum, Zeit von - bis, Angst zwischen 0 bis 100, Route (wo entlang?), Angstort, Begleitung (mit wem oder alleine), Fortbewegungsart. Bei Zwangspatienten wird das Tagebuch in sechs Spalten inhaltlich verändert. Hierbei beinhalten die Spalten folgende Überschriften: Datum, auslösende Situation für Zwangsgedanken oder Handlungen, gedankliche oder motorische Impulse (Neutralisierungsimpuls), Angst 0 bis 100, unterlassene -Handlungen bzw. Gedanken, Versicherungen über Richtigkeit des Handelns (bei wem? bei sich selbst?). Alle Eintragungen in die Liste sollten jedoch freiwillig und nicht wie es bei Zwangspatienten häufig vorkommt, von Schuldgefühlen begleitet sein, wenn sie nicht, in der vom Therapeuten erwünschten Art ausgefüllt sind. Dadurch würden nur neue Probleme geschaffen werden. Sollten Patienten mit dem vorgegebenen Schema der Aufzeichnungen nicht einverstanden sein, ist es günstiger, auch hier wie in der gesamten Konfrontationstherapie, auf Eigenvorschläge der Patienten Rücksicht zu nehmen.

Die Aufzeichnungen werden in vierfacher Hinsicht ausgewertet

1. **Überprüfung der ursprünglich katastrophalen Ideen auf ihren Realitätsgehalt**: Hat die Befürchtung mit der Erfahrung in der Exposition übereingestimmt? Beispielsweise kann eine agoraphobische Patientin die Erfahrung machen, daß sie bei plötzlich auftretender Übelkeit mit dem Gefühl, erbrechen zu müssen, durchaus nicht hilflos und verlassen ist, wie sie es bisher immer angenommen hatte. Statt dessen kann sie bei auftretender Panik in ein Geschäft gehen, um einen Stuhl und ein Glas Wasser bitten und erfährt Mitgefühl und Zuwendung.
2. **Die Erfahrung der Exposition mit allen Sinneskanälen noch einmal nachspüren und ähnliche Gefühle mit Bildern aus der Vergangenheit assoziieren**: Diese Übung wird besonders bei aufgetretenen Blockaden und bei Abbruch der Konfrontation in vivo angewandt. Häufig macht man die Erfahrung, daß die Angstzustände mit bestimmten kognitiven Grundannahmen, Glaubenssätzen, Sichtweisen verknüpft sind, die stärker als der externe Angstreiz selbst zu wirken scheinen (Beck & Emery 1985). Beispielsweise fühlt sich eine klaustrophobische Patientin spontan bei der Exposition im vollbesetzten Bus daran erinnert, wie sie zwischen dem 5. und 7. Lebensjahr, in einer Zeit, in der sich die Ehe ihrer Eltern auflöste, oft alleine mit dem Bus in den Kindergarten bzw. die Schule fahren mußte und dabei das Gefühl hatte, von den sie umgebenden großen Erwachsenen erdrückt zu werden und nichts mehr zu sehen. Sie empfand dabei besonders Gefühle von Ausgesetztsein, Lähmung und Handlungsunfähigkeit. Die Lähmung sei auch jetzt das herausragende Gefühl. Die Lösung besteht darin, die Patientin an ihre jetzt erlernten Fähigkeiten als Erwachsene zu erinnern und sie spüren zu lassen, daß sie genügend Kraft hat, um sich gegen Bedrängung zu wehren. Dies läßt sich auch im Rollenspiel einüben.
3. **Aus bisher gemachten Erfahrungen Merksätze, neue Schlußfolgerungen und Einsichten über sich selbst entwickeln**: Diese Auswertung des Exposition zielt auf eine Veränderung des in der Angstsituation bestehenden Selbstbildes. Aus der Idee "Ich werde das nicht überleben, ich bin nicht stark genug" könnte werden: "Ich habe jetzt eine Situation überlebt, an die ich früher nicht zu denken gewagt hätte. Ich (mein Körper, meine Vorstellungsfähigkeit, meine inneren Regulationsmechanismen) habe mehr Kraft, als ich je von mir gedacht hätte".
4. **Sich selbst visualisieren in einer Zukunft ohne Angst**: Diese Frage richtet sich auf die Auswirkungen zunehmender Angstbewältigung und ist mit folgenden Fragen verbunden: "Wie reagieren bestimmte andere Menschen auf diesen Erfolg? Wie bewerte ich dies für mich selbst? Welche Dinge (Aktivitäten, Lebensziele etc.) werden möglich, die ich bisher für unmöglich gehalten habe? Ist die symptomfreie positive Zukunft ohne Angst erstrebenswert? Es läßt sich noch eine Reihe anderer Auswertungsmöglichkeiten finden, die alle darauf beruhen, daß durch die Exposition ein enormes emotionales Potential ausgelöst wurde, an das sich Bilder und kognitive Grundannahmen der Vergangenheit knüpfen.
5. **Generalisierungsphase durch Selbstdurchführung**: Es ist eine alte verhaltenstherapeutische Weisheit, daß sich Behandlungserfolge in einem Bereich nicht unbedingt sofort generalisieren. Daher sind auch gemeinsam "Generalisierungspläne" aufzustellen. Diese sollen vor allem Hinweise erhalten, daß die Übertragung auf eine neue Situation (anderer Ort, alleiniges Üben, veränderte Grundstimmung) häufig wieder die frühere Angststärke auslöst. Im Unterschied zu früher bestehen jedoch Vorerfahrungen, die

jetzt genutzt werden können. Der wichtigste Generalisierungsschritt ist der, von der begleiteten zur selbst durchgeführten Exposition zu gelangen. Er kann ebenfalls in verschiedenen Stufen vollzogen werden: gemeinsames Üben, gemeinsam nur am Beginn und am Ende der Exposition, wechselnde begleitende Personen, lediglich Ankündigung über Beginn und Ende der Übung, lediglich Bericht über die durchgeführte Übung und schließlich lediglich Tagebuchaufzeichnungen am Ende der Therapie, die in langfristigen Follow-up-Sitzungen vorgestellt werden. Bei strikter Einhaltung der Reizüberflutung fallen natürlich diese Zwischenschritte weg, sobald der Patient der selbstgeleiteten Durchführung zugestimmt hat. In ähnlicher Weise sind Generalisierungspläne zu erstellen, die sich auf unterschiedliche Orte, auf unterschiedliche Körperempfindungen und veränderte Grundstimmungen des Patienten beziehen. Hierbei sollte der Patient auch darauf hingewiesen werden, daß besonders an den Tagen, an denen er sich niedergeschlagen, gedrückt oder gar depressiv fühlt, diese Übungen zur Aufhellung der Stimmung dienen können. Sie sollten jedoch unterbleiben, wenn der Patient derzeit in einer, wie oben erwähnt, akuten Phase einer Major Depression ist.

Konfrontationstherapie läuft keineswegs "brutal" ab, wie es vielleicht vielen beginnenden Therapeuten erscheinen mag (Schulte 1992). Es war meine Absicht, aufzuzeigen, in welch einfühlsamer Weise zwei grundlegende therapeutische Wirkprinzipien, das der Akzeptanz und das der Konfrontation mit unangenehmen Reizen miteinander verbunden werden können. Erst beide miteinander schaffen die Voraussetzung für eine positive persönliche Entwicklung. Ohne Akzeptanz wird jede Konfrontationstherapie unwirksam und läuft Gefahr, kalt, unmenschlich und feindselig zu werden. Ohne Konfrontation mit angstauslösenden Stimuli bleibt die Therapie in einem Rahmen der Unverbindlichkeit. Der Therapeut tendiert dazu, mit seinem Patienten in einem harmonischen, oft konfluenten Beziehungsverhältnis zu bleiben (siehe dazu auch den Artikel von Scholz "Die therapeutische Beziehung"). Das Einlassen auf die Konfrontationstechnik schafft eine Beziehungsnähe zwischen Patient und Therapeut in der natürlichen Umgebung, die über viele Sitzungen, die mit Gesprächen verbracht werden, nicht erreicht werden kann. Sie hat eindeutige Ähnlichkeit auch zu anderen Therapieformen wie das "Festhalten" (Prekop, 1985) und körperbezogene Methoden der Bioenergetik. Allerdings haben diese Therapietechniken ihre therapeutische Wirksamkeit nicht nachgewiesen, während die Konfrontationsmethoden bei Verwendung beider Wirkprinzipien in doppelter Weise wirksam sind.

Empfohlene Literatur

Bartling, G., Fiegenbaum, W. & Krause, R. (1980) Reizüberflutung. Theorie und Praxis. Stuttgart: Kohlhammer
In diesem Buch finden sich, ausführlich beschrieben, unterschiedliche Varianten des Expositionstrainings. Zur Zeit der Drucklegung dieses Artikels war es allerdings vergriffen.
Hand, I. (1993) Expositionsbehandlung. In: Linden, M., Hautzinger, M. (Hrsg.) (1993) Verhaltenstherapie. Techniken und Einzelverfahren. Berlin: Springer
Marks, I. M. (1993) Gegenwärtiger Stand von Reizkonfrontation („Exposure") und Reizüberflutung („Flooding"). In: Verhaltenstherapie 3, 53 - 55
Beide Artikel von Hand und Marks sind gute Übersichtsbeiträge, die rasch Einblick in die wesentlichen Grundlagen der Methode geben.
Zur Vertiefung und kritischen Reflexion der Anwendung von Reizkonfrontation sind die beiden Hefte der Zeitschrift *Verhaltenstherapie* (1992) 2, 334 - 345 und (1993) 1, 44 -65, sehr zu empfehlen. Sie dienen auch der eigenen Auseindersetzung.

Literatur

Beck, A.T. & Emery, G., Greenberg, R.L. (1985) Anxiety disorders and phobias: A cognitive perspective. New York: Basic Book

Emmelkamp, P.M. G., Bouman, T.K. &Scholing, A. (1993) Angst, Phobien und Zwang. Göttingen: Verlag für angewandte Psychologie

Hand, I. (1993) Expositions-Reaktions-Management (ERM) in der strategisch-systemischen Verhaltenstherapie. In: Verhaltenstherapie 1993, 3, 61 -65

Leidig, S. (1993) Nur keine Panik! - Oder: Wie sage ich's meinem Patienten? In: Praxis der klinischen Verhaltensmedizin und Rehabilitation 23, 168 - 174

Margraf, J. & Schneider, S. (1989) Panik. Angstanfälle und ihre Behandlung. Berlin: Springer

Marks, I.M. (1987) Fears, Phobias and Rituals. New York: Oxford

Mathews, A., Gelder, M. & Johnston, D. (1988) Agoraphobie. Eine Anleitung zur Durchführung einer Exposition in vivo unter Einsatz eines Selbsthilfemanuals. Berlin: Springer

Prekop, I. (1985) Festhalten - eine neue Therapie und Lebensform. In: Deutsche Krankenpflegezeitschrift, Heft 6

Reinecker, H. (1986) Methoden der Verhaltenstherapie. In: Deutsche Gesellschaft für Verhaltenstherapie (Hrsg.). Verhaltenstherapie. Theorien und Methoden. Tübingen: DGVT

Reinecker, H. (1991) Zwänge: Diagnose, Theorie und Behandlung. Bern: Huber

Rost, W. (1990) Emotionen. Elixiere des Lebens. Berlin: Springer

Schulte, D. (1992) Reizkonfrontation: Standardtherapie nur für Standardpatienten? In: Verhaltenstherapie 2, 335 - 338

Entschärfen negativer Selbstaussagen

• Gerd H. Brunner •

Viele Patienten, die zu uns kommen, bringen ein niedriges Selbstwertgefühl mit. Wir als Therapeuten erkennen die niedrige Selbsteinschätzung schon an der Art und Weise, wie der Patient über sich spricht: „Ich komme nicht mehr von meiner Angst los." „Fast nie finde ich mich mit etwas ab." „Ich bin ein total ungeduldiger Mensch." „Ich bin ein ängstlicher Typ." „Ich bin nicht fähig, einen einzigen positiven Gedanken zu fassen." „Ich sage mir: Das schaffst du dann alles wieder nicht." „Ich steigere mich immer in alles rein." „Ich muß immer etwas haben, worüber ich mich aufrege." „Ich kann mich einfach nicht mehr konzentrieren. Ich vergesse immer alles wieder." „Ich bin sehr leicht zu entmutigen, wenn ich irgend etwas nicht begreife." „Ich bin zu dick. Ich bin häßlich. Mich schaut sowieso niemand an." „Ich drehe mich ständig im Kreis." „Jetzt bleibe ich bei diesem Wort schon wieder hängen!" Die Reihe solcher Aussagen läßt sich beliebig fortsetzen. In den ersten Sitzungen haben zunächst wir das Bedürfnis, vom Patienten alle für eine Therapie relevanten Informationen zu bekommen. Patienten haben hierfür in der Regel sogar dann Verständnis, wenn sie ihre "Geschichte" zuvor schon einer Reihe anderer Therapeuten erzählt haben. Auch wenn allein das Erzählen ihres Problems ihnen eine gewisse Erleichterung bringen mag, behalten sie von der ersten Sitzung an den Wunsch, ihrerseits vom Therapeuten etwas zu bekommen, das sie als Hilfe erkennen können.

Hier bietet sich als möglicher erster therapeutischer Einstieg der im Folgenden beschriebene Ansatz an, wenn der Patient in die oben angedeutete Gruppe fällt und ein Mindestmaß an Verständnis für Sprache und Grammatik mitbringt.

Schon in den ersten Sitzungen werden Weichen gestellt für den gesamten Verlauf der weiteren Therapie: Aufbau der Therapeut-Patient-Beziehung, Klären der Motivationslage des Patienten, Definition der Rolle des Therapeuten für den Patienten, Selbstverständnis des Patienten gegenüber dem Therapeuten, Abstecken des Spielraums der mit diesem Patienten möglichen therapeutischen Interventionen.

Der vorliegende Ansatz stellt den Patienten sehr früh darauf ein, daß Therapie nicht nur in den Sitzungen geschieht, sondern ebenso zwischen den Sitzungen. Er erhält schon bald eine erste Hausaufgabe, die ihm wie die Einnahme einer verschriebenen Medikation das Gefühl gibt, etwas für seine Gesundheit tun zu können. Da er hierzu selber aktiv werden muß, wird er unmittelbar mit der Position "Therapie ist Hilfe zur Selbsthilfe" bekanntgemacht. Da die Aufgabenstellung keine übermäßig schweren Anforderungen an ihn stellt, erlebt er schon zu Beginn seiner Therapie kleine Erfolge. Dies wird wiederum die Kooperationsbereitschaft mit dem Therapeuten stärken und somit das Erreichen der größeren Therapieziele begünstigen.

Unser Thema sind drei Typen negativer Selbstaussagen, wie sie in den obigen Beispielen aufgewiesen werden können. Der folgende Ansatz versteht sich nicht als eigene Therapierichtung, sondern als ein Element innerhalb einer Therapieform mit Struktur und Konzept, wie z. B. der kognitiven Verhaltenstherapie.

Präsentationsvorschlag für die Umsetzung in einzelne Therapieschritte

Von der ersten Sitzung an sammelt und notiert der Therapeut die Formulierungen, die er beim Patienten als negative Selbstaussagen erkennt. Wenn der Rapport hergestellt ist und die Bereitschaft zu aktiver Mitarbeit, Erledigung von Hausaufgaben u. ä. geklärt wurde, kann der Therapeut sehr bald zur Selbstaussagenthematik übergehen, etwa mit dem Satz „Mir fällt schon eine ganze Weile auf, wie Sie sich unentwegt auf Mißerfolg vorprogrammieren". Erwartungsgemäß dürfte auf diese Ankündigung das emotionale Niveau beim Patienten

leicht ansteigen und seine Neugier geweckt werden. Wir erwarten als Rückfrage „Wie? Wieso?"
Bei einer beispielhaft krassen negativen Selbstaussage können wir uns auch schon mal an den Patienten wenden: „Und das ist eine Lüge!" Durch diese provokative Formulierung wird sein Wunsch, zu protestieren und wiederum sicherlich seine Neugier geweckt. Wenn wir so sein Interesse wachgerufen haben, fahren wir fort: „Um Ihnen zu verdeutlichen, wie sehr Sie hier von der Wahrheit abweichen, möchte ich etwas weiter ausholen. Stellen Sie sich vor, ich begegne Ihnen auf der Straße und frage Sie "Wo fahren Sie hin?", und Sie antworten mir meinetwegen "Ich fahre nach Hause" oder "Ich fahre zur Arbeit", so sehe ich, wie Sie gerade nach Hause oder zur Arbeit fahren. Wenn ich Sie nun hier, mir gegenübersitzenderweise, frage "Wo fahren Sie denn hin?" und Sie antworten mir "Ich fahre heim" oder "Ich fahre nach Spanien", so weiß ich mir das zu übersetzen: Nicht im Moment fahren Sie heim, sondern wenn unsere Sitzung aus ist, werden Sie nach Hause fahren; nicht im Moment fahren Sie nach Spanien, sondern wenn Sie sich einmal wieder Urlaub gönnen können, werden Sie nach Spanien fahren. Sie sagen also "Ich fahre ...", meinen damit aber "Ich werde ... fahren." Es ist im Deutschen durchaus zulässig, daß Sie hier die Gegenwartsform, "Ich fahre", statt der Zukunftsform "Ich werde ... fahren" gebrauchen (laut Duden). Durch die knappere Form gilt es sogar als guter Stil, wenn Sie die Zukunft mit der Gegenwartsform darstellen.
Bei Sätzen wie Ihrem vorigen ... (Hier lesen wir dem Patienten noch einmal den Satz vor, von dem wir ausgegangen sind, z. B. den Satz "Ich kann mich schwer konzentrieren"), tut sich für Sie eine große Gefahr auf. Können Sie sich im Moment auf das konzentrieren, was ich Ihnen sage? Haben Sie mir zugehört und das Bisherige verstanden?" Der Patient antwortet vielleicht: „Ja, aber ich weiß nicht, worauf Sie hinaus wollen."
Ich fahre fort: „Gut, also haben Sie sich so weit konzentrieren können, daß Sie verstanden haben, was ich Ihnen bis jetzt erklärt habe. Somit ist Ihr Satz "Ich kann mich nicht konzentrieren" gelogen, da er für den Moment ja nicht stimmt." (analog etwa: „Ich habe so Angst!" „Haben Sie auch jetzt, mir gegenüber Angst?" „Nun, jetzt bin ich ja bei Ihnen, da fühle ich mich sicher." „Ihr Satz stimmt also für hier und jetzt, die Gegenwart, nicht? Dann kann Ihr Satz nach den Regeln der deutschen Grammatik nur die Zukunft meinen.") „Haben Sie prophetische Fähigkeiten? Ich meine, die Fähigkeit, in die Zukunft zu schauen und sie vorauszusagen?" „Nein, das kann ich nicht." „Gut, ich auch nicht. Wollen wir uns dann darauf einigen, keine endgültigen Aussagen über die Zukunft mehr zu machen." Hier erfolgt in der Regel von seiten des Patienten Zustimmung, evtl. mit der weiterführenden Frage: „Aber wie soll ich denn dann sagen? Ich kann ja nicht sagen "Ich kann mich gut konzentrieren." (analog "Ich habe nie Angst.") Denn das stimmt ja gar nicht."
An dieser Stelle könnte ein Exkurs zum Thema "positives Denken" nach Dr. Joseph Murphy (1975) erfolgen, von dem erstaunlich viele Patienten schon gehört oder gelesen haben, mit dessen Empfehlungen im Sinne positiver Autosuggestionen sie aber oft nicht zurechtgekommen sind.
Hier ein Beispiel für den weiteren Verlauf des Gesprächs zu diesem Thema: „Da haben Sie recht, auch das trifft die Wahrheit nicht. Vielleicht haben Sie Dr. Joseph Murphy gelesen, der empfiehlt, wenn es Ihnen schlecht geht, so sollten Sie sich etwa vorsagen: "Mir geht es gut, von Minute zu Minute geht es mir immer besser und besser, ich fühle förmlich, wie es mir immer bessergeht." Wenn Sie nach einer Weile überprüfen wollen, ob es Ihnen tatsächlich schon bessergeht, könnten Sie feststellen: "Mist, nicht die Bohne!", also werden Sie nach Murphy fortfahren "... und noch besser, und immer besser". Murphy (1975, S. 115) macht selbst auf die kritischen Momente dieses Verständnisses seiner Empfehlungen aufmerksam. Was dabei herauskommt, ist letzten Endes, daß Sie Ihren eigenen Worten nicht mehr glauben. Unser Ziel sollte umgekehrt vielmehr sein, daß Sie sich selbst die Wahrheit sagen.
Also zurück zu Ihrer Formulierung: "Ich kann mich nicht mehr konzentrieren." Wir haben nachgewiesen, daß diese Aussage so für die Gegenwart nicht stimmt; für die Zukunft können Sie keine wirklich gültigen Aussagen treffen. Wie also wollen Sie formulieren?" Durch meine prononcierte Gegenüberstellung von "Gegenwart" und "Zukunft" im vorletzten Satz kommen hier Patienten oft selbst darauf: „Vielleicht in der

Vergangenheit?" „Probieren Sie es!" „Ich konnte mich nicht konzentrieren." „Ja. Sagen Sie sich bitte jetzt noch einmal beide Sätze in Gegenüberstellung vor: "Ich kann mich nicht konzentrieren" und "Ich konnte mich nicht konzentrieren" (analog: "Ich habe so Angst" vs. "Ich hatte so Angst"). Mit welchen Gefühlen gehen die Sätze jeweils einher?" „Der erste Satz läßt mir keine Hoffnung." „Und der zweite Satz?" „Der drückt aus, daß es bis jetzt so war." „Ja. Sie lassen sich mit der zweiten Formulierung die Hoffnung, daß es anders werden könnte. Sie sagen damit nicht, daß es bestimmt anders wird, denn das können Sie ja noch gar nicht wissen. Aber Sie lassen sich zumindest die Hoffnung, die Ihnen der Satz "Ich kann mich nicht konzentrieren" auch für die Zukunft nehmen würde."

Einige Patienten drücken hier ihr Erstaunen darüber aus, daß ihnen dieses Detail in ihrer Sprechweise noch nie aufgefallen ist. Andere meinen skeptisch: „Glauben Sie, daß so ein kleiner Unterschied bei meinem Zustand so viel ausmacht?" In diesem Fall überschütten wir den Patienten mit seinen eigenen Formulierungen im Sinne einer negativen Selbstaussage, wie wir sie seit der ersten Sitzung gesammelt haben, und gestehen zu: Ein Tropfen ist schnell verdunstet. Jedoch: Steter Tropfen höhlt den Stein.

Auf die Frage: „Muß ich jetzt vielleicht immer alles in der Vergangenheit ausdrücken?" erläutern wir: „Alle Aussagen, die uns nicht betreffen, können uns durch unkorrekte Formulierung ja nicht schädigen. Positive Selbstaussagen dürfen ebenfalls in der Gegenwart stehenbleiben. Auch wenn sie dann nicht ganz korrekt sein mögen, so haben sie doch zumindest keinen negativen Einfluß auf unsere Stimmung und unsere Zukunft."

An dieser Stelle mag auch eine Definition des Begriffs "Negative Selbstaussage" angebracht sein. Wir fragen: „Ist der Satz "Ich bin faul" eine negative Selbstaussage?" „Ja, sicher." „Sie haben recht, wenn Sie "faul" für sich als eine negative Eigenschaft betrachten. Ein Arbeitssüchtiger, der von seiner Arbeitswut befreit werden möchte und eines Tages erklärt "Ich bin faul", drückt damit ja aus, daß er am Ziel seiner Wünsche ist. Er kann es sich endlich wieder einmal erlauben, faul zu sein. In diesem Fall ist "Ich bin faul" keine negative Selbstaussage. Ich möchte deshalb folgende Definition vorschlagen: "Eine negative Selbstaussage liegt dann vor, wenn Sie von sich eine Fähigkeit, einen Zustand oder eine Eigenschaft beschreiben, von der Sie wegwollen"."

Weiterer Skepsis begegnen wir mit dem Zitieren folgender Untersuchungsergebnisse: „Man hat in einer Studie einmal den inneren Dialog von Erfolgsmenschen, den sogenannten Glückspilzen, und von Mißerfolgsmenschen, den sogenannten Pechvögeln, untersucht, und zwar bei Leuten aus ganz verschiedenen Bereichen, wie Wissenschaft, Wirtschaft, Politik, Kunst, Sport ... Nehmen wir ein Beispiel aus dem Sport: Ein erfolgreicher Tennisspieler hat wieder einmal ein Match gewonnen. Sein innerer Dialog lautet etwa so: "Ja, so kenne ich das von mir. Heute war ich wieder ganz der alte. So bin ich das eigentlich gewohnt." Er identifiziert sich also mit seinem Erfolg. Hat er ein Spiel verloren, so sagt er zu sich: "Nein, heute habe ich mich nicht von meiner besten Seite gezeigt. Ich weiß, daß ich es besser kann. Heute sind mir Fehler unterlaufen." Er nimmt eine Fehleranalyse vor und formuliert den Vorsatz: "Ich will versuchen, diese Fehler nicht mehr zu machen." Er distanziert sich also von seinem Mißerfolg. Der "geborene Pechvogel" macht es genau umgekehrt. Hat er ein Spiel verloren, so verläuft sein innerer Dialog etwa folgendermaßen: "Das mußte ja wieder so kommen. Das habe ich schon vorhergesehen. Ich verliere immer alle Spiele. Das konnte ja gar nicht anders sein. Mir geht immer alles schief." (Bei diesen Beispielsätzen nicken die Patienten oft verständnisinnig. Es sind die Sätze, die sie in thematisch jeweils passender Form ja schon so oft zu sich selber gesagt haben.) Er identifiziert sich also mit dem Mißerfolg. Hat er jedoch ein Spiel gewonnen, dann sagt er sich: "Ja, das ist ja nur, weil der andere Gegenlicht oder Gegenwind gehabt hat. Ich habe ja nur gewonnen, weil mein Mitspieler heute nicht gut drauf war. Das ist ja nur, weil ich heute mal etwas besser drauf war." Er distanziert sich somit von seinem Erfolg (Waitley, 1980).

Wir sehen: Die Erfolgstendenz bestimmt die Art und Weise des verbalen Ausdrucks eines Menschen. Warum sollte nicht umgekehrt die Art der Formulierung einen Einfluß auf die Erfolgstendenz haben? Da wir die

Erfolgstendenz nicht erzwingen können, warum sollten wir die Chance nicht nutzen, durch die Art unserer Formulierungen Erfolge zumindest zu begünstigen?"
Soweit die Erläuterungen zum Typ I negativer Selbstaussagen.

Ob wir Typ II und Typ III der negativen Selbstaussagen in derselben Sitzung besprechen wie Typ I, wird von der Auffassungsgabe, der Bereitschaft, neue Inhalte dieser Art anzunehmen, der zu bearbeitenden Skepsis und evtl. noch anderer Umstände abhängen.
Für die Erläuterungen von Typ II gehen wir wieder von einem typischen Beispiel aus, das wir als Aussage des Patienten in dieser oder einer früheren Sitzung notiert haben, zum Beispiel "Ich verliere immer die Beherrschung." Nachdem wir Typ I besprochen haben, bitten wir um Entschärfung und der Patient liefert uns: "Ich verlor immer die Beherrschung" oder "Ich habe bisher immer die Beherrschung verloren." Vielfach merkt er jetzt selbst, daß das "immer" ja nicht so ganz richtig sein kann, stutzt und bringt brauchbare Vorschläge. Falls nicht, sagen wir etwa: „Ja, der wichtigste Giftstachel ist raus aus dem Satz. Jetzt gefällt mir aber immer noch etwas nicht an dem Satz." Wenn hier die Nennung des entsprechenden Wortes erfolgt, fragen wir: „Haben Sie tatsächlich immer die Beherrschung verloren, oder gab es auch mal Zeiten oder Momente, wo Sie sich im Griff hatten?" Hier lenkt der Patient ein: „Natürlich gab es die." Wir können fortfahren: „Also ist "immer" nicht richtig. Was käme hier der Wahrheit näher?" Kommt jetzt seitens des Patienten "selten", dann haken wir ein: „Stimmt "selten" tatsächlich mit der Wahrheit überein? Ist das nicht untertrieben?" Nun wird der Patient korrigieren: „"Oft" oder "häufig" stimmt eher." Wir erklären, daß "immer" zur Wortgruppe der Universalquantoren gehört. "Universal" wie "Universum", "Weltall", und "Quantor" von "Quantum", "Menge". „Universalquantoren sind also diejenigen Mengenbegriffe, die keine Ausnahmen zulassen. Kennen Sie weitere Universalquantoren?"
Man mag einwenden, daß es unnötig sei, Patienten mit solchen schwierigen Fremdwörtern, wie "Universalquantor" zu belasten. Gehen andererseits nicht auch heute noch viele Leute davon aus, daß eine wirksame Medizin bitter schmecken und einen komplizierten griechischen oder lateinischen Namen tragen muß?
Wenn der Patient sich schwertut, weitere Universalquantoren zu finden, deuten wir an: „Das Gegenteil von immer? Ausschließlichkeit bei Personen? Ausschließlichkeit bei Sachen?" Patienten, die so die weiteren Universalquantoren gefunden haben, werden sich oft momentan darüber klar, in welchen anderen negativen Selbstaussagen sie selber diese Worte oft und oft gesagt und gedacht haben. Als Rezept zur Entschärfung dieser Gruppe negativer Selbstaussagen bieten wir dem Patienten an: Reduktion der Universalquantoren auf ein realistisches Maß (keine Untertreibungen! So nahe wie möglich an der Wahrheit bleiben!).
Diese Gruppe macht erfahrungsgemäß wenig Schwierigkeiten.
Für den letzten, etwas nachgeordneten Typ negativer Selbstaussagen könnten unsere Sitzungsprotokolle des betreffenden Patienten eventuell keine Beispiele enthalten. In diesem Fall schlagen wir ein Beispiel vor, wie es unser Patient gesagt haben könnte: "Jetzt mache ich das schon wieder falsch" oder "Jetzt habe ich schon wieder Angst". Wir lassen zunächst entschärfen analog Typ I: "Jetzt habe ich das schon wieder falschgemacht" bzw. "Da hatte ich schon wieder Angst" oder "Da habe ich schon wieder Angst gehabt". Dann bringen wir zum Ausdruck, daß uns immer noch etwas nicht gefällt. Hier wird schnell erraten werden, daß wir nur das "Schon wieder" meinen können. Für die Patienten ist leicht nachzuvollziehen, daß das "Schon wieder" ein "Wie schon so oft" und ein "Wie wohl auch weiterhin" impliziert. Eine bessere Alternative werden sie uns meist schuldig bleiben. Auf den Vorschlag, das "Schon wieder" einfach wegfallen zu lassen, können wir uns nicht einlassen. In Sätzen wie "Jetzt hab' ich das schon wieder falschgemacht" trägt das "Schon wieder" den vollen emotionalen Akzent, und wo soll die Emotion hin, wenn wir "schon wieder" ersatzlos streichen? Wir dürfen uns hier nicht etwas wegnehmen, ohne uns mindestens gleichwertigen Ersatz dafür zu

Entschärfen negativer Selbstaussagen

bieten. Der Vorschlag, das "Schon wieder" durch "doch noch mal" zu ersetzen, wird also von uns kommen. Bei der Gegenüberstellung der Sätze "Jetzt habe ich das schon wieder falschgemacht" und "Jetzt habe ich das doch noch mal falschgemacht" wird der Patient erstens merken, daß das "doch noch mal" die Emotion ebenso nachdrücklich zu tragen imstande ist wie das "schon wieder". Zweitens wird er beim "doch noch mal" die tendenzielle Implikation "weg vom Fehler" spüren. Auch die mitschwingende Bedeutung "Ich habe das Recht, Fehler zu machen" wird hier zuweilen genannt.

Nachdem der Patient nun Typ I, II und III der negativen Selbstaussage kennengelernt hat, fassen wir für ihn noch einmal die drei Umwandlungsregeln zusammen und lassen sie ihn notieren:

1. Negative Selbstaussagen in der Gegenwart werden entschärft durch Umformulierung in die Vergangenheit.
2. Negative Selbstaussagen mit Universalquantoren werden entschärft, indem die Universalquantoren reduziert auf ein realistisches Maß werden.
3. Negative Selbstaussagen mit "schon wieder" werden entschärft, indem das "schon wieder" durch "doch noch mal" ersetzt wird.

Es gibt immer mal wieder skeptische Patienten, die an dieser Stelle fragen: „Und Sie glauben, daß allein dieses Umformulieren hilft, daß ich von meinen depressiven Zuständen wegkomme?"

Hier leistete bisher, wenn auch nicht zur Beseitigung jeglicher Skepsis, so doch zur Steigerung der Motivation, es wenigstens versuchen zu wollen, folgender Tatsachenbericht über den Therapieverlauf bei einem anderen Patienten gute Dienste:

„Ich stand den Untersuchungsergebnissen über Erfolgs und Mißerfolgsmenschen ebenfalls sehr skeptisch gegenüber, bis eines Tages ein junger Mann mein Sprechzimmer betrat. Den Tränen nahe schilderte er, wie er gerade seine Freundin, seinen Führerschein und damit auch seine Arbeit verloren hatte. Zudem hatte er durch eine weitere Dummheit eine Menge Schulden gemacht. Etwa jeder dritte seiner Sätze bestand aus einer negativen Selbstaussage, wie wir sie oben besprochen haben. Nach etwa einer Viertelstunde wurde es mir zu viel, und ich habe ihn unterbrochen. Ich erklärte ihm, was er mit sich selber treibt, wenn er gehäuft diese Formulierungen gebrauche. Er hörte aufmerksam zu und ging nach der Stunde sehr nachdenklich weg.
Zur nächsten Sitzung betrat er heiter gelöst, locker, lächelnd den Raum. "Nanu, was ist mit Ihnen heute los? Spielen Sie mir Theater vor? Ist das eine Maske?" "Nein, ich muß sagen, mir geht es gut." "Wie haben Sie dieses Wunder fertiggebracht?" "Ich habe versucht, mich ganz strikt an das zu halten, was wir letzte Stunde besprochen haben. Seither geht es mir gut." Ich konnte das zunächst nicht glauben und versuchte, durch alle möglichen verfänglichen Fragen den Patienten dazu zu bringen, neuerlich zu seiner mißlichen Lage Stellung zu beziehen. Er tat es und bewies durch die Formulierung seiner Ausführungen, daß er tatsächlich am Inhalt der letzten Stunde aktiv gearbeitet haben muß (wie sich später herausstellte, sogar schriftlich): Es kamen kaum noch unentschärfte negative Selbstaussagen in seinen Formulierungen vor. Ihm gelang tatsächlich nach relativ wenigen Sitzungen, im Leben wieder Fuß zu fassen, die Freundin zurückzugewinnen, eine Arbeit zu finden, ein Konzept zu entwerfen, wie er die Schulden abbauen kann. (Katamnese drei Monate nach der letzten Sitzung)
Ich gebe gerne zu, daß dies bisher der einzige Fall war, wo es jemandem schon nach einer Sitzung gelungen ist, sich den richtigen Umgang mit negativen Selbstaussagen anzuerziehen. Für gewöhnlich dauert dieser Prozeß viel länger, da er ja eine Umgewöhnung erfordert."

Falls Patienten Zweifel haben, ob sie sich je umgewöhnen können, auch wenn sie es wollten, hat sich zumindest bei älteren Jahrgängen folgender Hinweis bewährt: „Erinnern Sie sich an die Zeit, als die Gurtpflicht für Autofahrer eingeführt wurde? Zuerst haben wir uns mit dem Gurt unwohl und eingezwängt gefühlt. Wie ergeht es Ihnen heute, wenn Sie im Auto sitzen?" Meistens bestätigt der Patient: „Ich würde mich ohne Gurt unwohl fühlen."

Oder für jede Altersgruppe: „Stellen Sie sich vor, Sie würden von Süddeutschland, wo man "Grüß Gott" sagt, nach Norddeutschland umziehen. Was glauben Sie, wie lange würde es dauern, bis Sie, wie dort landesüblich, "Guten Tag" sagen?"

Wenn auf diese Weise genügend Motivierung geleistet wurde, erhebt sich für den Patienten die Frage, wie er sich denn nun an die Umgewöhnungsarbeit machen kann.

Analog zu kognitiv-verhaltenstherapeutischen Ansätzen, die Gefühle bearbeiten, wie z. B. das Angstbewältigungstraining (vgl. Sulz 1987), gilt der erste Schritt zunächst einmal dem Zulassen des negativen Elements. Der Patient wird also aufgefordert, negative Selbstaussagen noch zuzulassen und aufzuschreiben. Wir unterstreichen hierbei, daß allein das Aufspüren und Entlarven einer negativen Selbstaussage eine Belohnung, i. S. eines sich selbst ausgesprochenen Lobs etwa, verdient, auf keinen Fall aber Tadel, d. h. Strafe, etwa in der Form "Mist, jetzt ist mir schon wieder so ein Satz passiert!"

Es darf nicht darum gehen, negative Selbstaussagen ganz auszurotten. Das Resultat wäre ein recht emotionsarmes Wesen. Unser Ziel ist es ja vielmehr, negative Selbstaussagen so zu modifizieren, daß sie keinen Schaden mehr anrichten können. Hierzu hat sich bewährt, daß der Patient sich spezielle Blätter oder ein Heft im Format DIN A 4 oder 5 zulegt, vertikal knickt oder unterteilt, links vom Trennknick die negative Selbstaussage notiert, wie sie ihm in den Sinn oder über die Lippen gekommen ist, rechts die Umformulierung im Sinne einer Entschärfung versucht. Wir weisen ihn darauf hin, daß auch gedachte negative Selbstaussagen schon ihre verhängnisvolle Kraft entwickeln können, er bei seinen Aufzeichnungen also auch die nur gedachten "Aussagen" erfassen soll.

In der Regel bestätigen Patienten, die sich dieser Aufgabenstellung unterzogen haben, sehr bald, daß nach einigen Seiten voll Notizen Formen von Aussagen wiederkehren, die sie weiter oben schon einmal fixiert hatten. Dieses Erlebnis vermittelt dem Patienten die Erfahrung, daß er an keiner uferlosen Arbeit sitzt, sondern daß er nach wenigen Tagen den wichtigsten Teil seiner negativen "Lieblings"-Aussagen beisammen hat, sich also nicht jedesmal von neuem an die Umformulierungsarbeit machen muß, sondern auf die frühere Notierung des gleichen Musters zurückgreifen kann.

Auch wenn der Patient meint, er käme sehr gut alleine mit der Arbeit zurecht, sollte der Therapeut darauf bestehen, daß der Patient von Zeit zu Zeit seine Aufzeichnungen mitbringt. Erfahrungsgemäß machen es sich Patienten mit den Umformulierungen anfangs oft viel zu schwer und verfehlen dabei manchmal den Sinn der Aufgabenstellung: „Mir fallen alle Haare aus" vs. „Mir fallen doch noch sehr viele Haare aus", statt „Mir fielen sehr viele Haare aus." „Das bringt ja sowieso nichts" vs. „Ich habe bis jetzt doch noch keinen Erfolg damit gehabt", statt einfacher „Das brachte mir bisher noch wenig". „Ich bin zu faul" vs. „Bis jetzt bin ich in einigen Dingen nicht sehr motiviert gewesen", statt viel einfacher „Ich war bisher zu faul". Hier mag die Umdeutung der Patientin die elegantere Version sein; wenn sie sich jedoch mit einem ähnlich hohen Anspruch an Eleganz ihre weiteren Sätze vornimmt, macht sie es sich nur unnötig schwer und riskiert, in ihrer Alternativformulierung dem Sinn ihres ursprünglichen Satzes nicht gerecht geworden zu sein. „Ich habe mich selber satt" vs. „Zur Zeit habe ich mich selber oft satt." Hier wurde von der Patientin die Implikation des Universalquantors "immer" richtig erfühlt, darüber aber die Zeit des Satzes übersehen. Wir nehmen die Anregung des "oft" auf: „Ich hatte mich in der letzten Zeit selber oft satt." „Daraus wird nie etwas" vs. „Die Chancen sind ganz winzig, daß daraus etwas wird", anstatt „Daraus wurde bis jetzt noch nicht viel". „Ich heule immer so schnell los" vs. „Zur Zeit heule ich wegen Kleinigkeiten", statt „In der letzten Zeit heulte ich öfters schnell los". Manchmal wird übersehen, daß ein Satz gleich mehrere Typen negativer Selbstaussagen enthält: „Wenn ich einen längeren Satz spreche, bleibe ich immer stecken" vs. „Wenn ich einen längeren Satz spreche, bleibe ich manchmal stecken", statt „Wenn ich einen längeren Satz sprach, blieb ich manchmal (oder vielleicht realistischer: "öfter", wenn nicht gar "oft") stecken." Oder „Am Morgen ist mir immer schlecht" vs. „Am Morgen war mir immer schlecht", statt „Am Morgen war mir in der letzten Zeit sehr häufig schlecht." Viel zu kompliziert gerieten folgende Umformungen: „Nichts kann mich von meinem Kummer ablenken" zu „Zeitweise, wenn auch nur kurz, fühle ich mich unbeschwert. Das ist Anlaß zu Hoffnung auf Besserung." „Ich bin völlig überfordert" zu „Ich bin manchen Anforderungen gewachsen. Erfolg und Mißerfolg halten sich gelegentlich die Waage." „Es ist für mich eine einzige Qual" zu „Die Qual ist auf bestimmte Stunden beschränkt."

Häufig kommen Patienten nach der ersten Hausaufgabenstellung mit Umformulierungen ins positive Gegenteil, wie: „Ich habe Angst" zu „Ich habe keine Angst mehr". Hier verweisen wir noch einmal darauf, daß unsere Arbeit ja nicht den Selbstbetrug in positive Richtung fortsetzen will, sondern verhindern soll, daß wir uns weiterhin negativ vorprogrammieren. Einige weitere Übungsbeispiele bringen den Patienten dann meist aufs richtige Gleis.

Schwierigkeiten können auftauchen bei Sätzen wie: „Ich sage mir: Das schaffst du dann alles wieder nicht." Hier genügt die Umwandlung des ersten Satzteiles in die Vergangenheit, um die zweite Satzhälfte und somit den ganzen Satz zu entschärfen.

Beim Satz „Meine Mutti ist jetzt vier Wochen auf Kur; davor habe ich Angst!" wird natürlich nur die zweite Hälfte umgewandelt.

Auch folgender Satz wurde als Beispiel für eine negative Selbstaussage von einer Patientin mitgebracht: „Es gibt nichts Schlimmeres auf der Welt, als alleine zu sein." Erst die sinngemäße Ergänzung „für mich" macht ihn zu einer Selbst-Aussage. In dieser Form dürfte die Umwandlung keine weiteren Probleme mehr bereiten. Ähnliches gilt für den Satz „Es ist alles sinnlos." Wir ergänzen „für mich" oder „meiner Meinung nach" und entschärfen: „Bisher kam mir vieles sinnlos vor."

Das aktuelle Erleben „Jetzt kriegst du deine Zustände!" in einer typischen Angstsituation macht es dem Patienten schwer, hier eine passende Umformulierung zu finden. Er wird beteuern: „Ich spüre ja ganz deutlich, daß ich sie jetzt bekomme. Es wäre ja gelogen, wenn ich behaupten wollte, daß ich sie nur früher bekommen habe." Wir bieten dennoch die Variante: „In solchen Situationen habe ich bisher häufig Zustände bekommen." Denn somit bleibt offen, ob auch jetzt in vollem Ausmaß die Zustände kommen werden oder sich evtl. noch abbiegen lassen. Der Patient gibt sich also noch die Chance, die Angst unter Umständen in den Griff bekommen zu können.

Auch die Umformulierung des Satzes „Ich komme schwer darüber hinweg, daß ich nur mittelmäßig bin" in „Ich kam schwer darüber hinweg, daß ich nur mittelmäßig war" wird als nicht mit der Wahrheit in Einklang moniert werden. Hier liegt eine Spezifizierung der Aussage des zweiten Satzteils nahe: „Ich kam bisher schwer darüber hinweg, daß ich im Abgangszeugnis nur mittelmäßige Noten hatte."

Bei der Befürchtung „Ich schaffe die Prüfung nicht" können wir uns auch mit Spezifizierung weiterhelfen: „Ich habe bisher diese oder jene Prüfung nicht geschafft." Eine weitere Möglichkeit bietet sich an, wenn wir den Ausgangssatz um die Ergänzung „Ich glaube, ..." oder „Ich fürchte, ..." bereichern, nämlich: „Ich hatte zeitweise die Befürchtung, ich würde die Prüfung nicht schaffen."

Die konditionale Formulierung „Wenn das so weitergeht, schaffe ich die Prüfung nie" bedarf dagegen keiner Umwandlung. Hier genügt der anschließende Vorsatz: „Deshalb will ich ..."

Ganz nach unseren Regeln tranformieren wir alle Satzteile in die Vergangenheit jedoch bei folgendem Beispiel einer Wenn-dann-Aussage: „Ich kann nur eine Beziehung zu einem Mann haben, den ich absolut nicht liebe. Denn wenn ich ihn liebe, bin ich mit absoluter Stummheit geschlagen."

Die Umwandlung von „Ich bin häßlich" in „Ich war häßlich" wird wiederum den Protest des Patienten hervorrufen: „Wieso? Ich bin's ja noch." Also bieten wir an: „Ich hielt mich bisher für häßlich."

Analog verfahren wir bei dem Satz „Ich müßte mich aus dem Verkehr ziehen." D. h.: „Ich meinte bisher zuweilen, ..."

Auf das Gros der gesammelten Sätze des Patienten dürften die drei Regeln ohne größere Umformungen anwendbar sein. Im Falle von Alternativmöglichkeiten entschärfter Formulierungen gilt: Je einfacher die Regeln umgesetzt werden, desto leichter läßt sich das Entschärfen negativer Selbstaussagen zu einer Gewohnheit etablieren.

Mögliche Wirkfaktoren beim Entschärfen negativer Selbstaussagen

Das beschriebene Vorgehen wurde bisher noch nicht unter kontrollierten Bedingungen auf seine Wirksamkeit hin untersucht. Tendenziell zeichneten sich im BDI, ausgegeben jeweils vor der Vermittlung der Vorgehensweise und in der Sitzung nach der Vermittlung und ersten Hausaufgabenstellung, Verbesserungen des Punktwertes ab. Dies kann aber noch nicht als eindeutiger Indikator für die spezifische Wirksamkeit des Vorgehens interpretiert werden, da die Möglichkeit, erstmalig über sein Problem sprechen zu können, die Tatsache, einen Therapieplatz bekommen zu haben, sowie mögliche weitere Inhalte der Sitzung die Stimmung der Patienten ebenfalls verbessert haben können.
Gedanken über mögliche Wirkfaktoren mögen sich deshalb vorerst an Kriterien orientieren, die aus einer bereits veröffentlichten Studie zu effektivem therapeutischen Vorgehen resultieren.
In ihrer großangelegten Therapie- und Therapeutenvergleichsstudie haben Lieberman, Yalom und Miles (1973) aufgezeigt, daß vier Faktoren für effektives Einwirken von Therapeuten auf ihre Patienten entscheidende Bedeutung haben. Sie haben sie benannt "meaning attribution", "caring", "emotional stimulation" und "executive behavior".
"Meaning attribution" umfaßte kognitives Therapeutenverhalten, das den Gruppenteilnehmern Ideen, Konzepte oder Werte vermittelte, die ihnen bei ihrer Veränderung helfen sollten. "... the leader states and explicates the significance of members" experience. It refers to the translation of feelings and emergent behavior into ideas."
In diesem Sinne kam kognitives Feedback bei den effektiven Therapeuten in maximaler Ausprägung vor.
Als "caring" wurde die emotionale Wärme und Anteilnahme des Therapeuten beschrieben. Auch dieser Faktor erzielte bei den Therapeuten mit großer Effektivität hohe Werte.
"Emotional stimulation" beinhaltete das Erzeugen von emotionaler Betroffenheit durch Demonstration, Herausforderung und Modellvorgabe. Hier erwies sich die mittlere Ausprägung des Faktors als besonders effektiv.
"Executive function" beschreibt das Ausmaß, in dem der Therapeut sein Vorgehen strukturiert und enthält zwei Kategorien: "Limit-setting" (Vorgabe von Regeln, Standards, Normen und Zielen; geplante Zeiteinteilung, Ende setzen) und "Command Response" (Interventionen mit Einladungs-, Aufforderungs-, Befragungs- und Vorschlagscharakter, Darbieten von Lehrinhalten und strukturierten Übungen oder Spielen). Auch bei diesem Faktor stellte sich die mittlere Ausprägung als besonders effektiv dar.
Wenngleich sich die Studie auf therapeutische Arbeit mit Gruppen bezieht, soll hier dennoch überlegt werden, inwieweit die benannten Faktoren in den vorliegenden Ansatz eingebracht werden können.
Die Unterstellung inhaltlicher Wirksamkeit des Entschärfens negativer Selbstaussagen gründet sich auf die Hypothese: Wenn Gefühle und Einstellungen einen Einfluß auf Formulierungen haben, so haben Formulierungen ihrerseits auch Einfluß auf Gefühle und Stimmungen.

Da die Umsetzung der Inhalte vom Patienten selbst geleistet werden soll, kommt dem Wie der Übermittlung dieser Inhalte, wenn sie wirken sollen, besondere Bedeutung zu: Die Übermittlung soll den Patienten ausreichend motivieren, auf längere Zeit auch zwischen den Sitzungen für sich selbst tätig zu werden. Da der Therapeut hier eigentlich Wissen vermittelt, hilft der Einbau der obigen Kriterien vielleicht, einen trockenen Vortragsstil zu vermeiden und die Wahrscheinlichkeit einer aktiven, längerfristigen Umsetzung der Inhalte durch den Patienten zu erhöhen:

"Meaning attribution" wird realisiert, indem der Therapeut die Sprachmuster des Patienten aufnimmt, ihm in der Bewertung dieser Muster ein kognitives Feedback zukommen läßt und Ideen, Konzepte und Werte vermittelt, die ihm bei seiner Veränderung helfen sollen. Bei einem Rückfall in alte Muster der negativen Selbstabwertung macht der Therapeut den Patienten auf seine Fehler aufmerksam, erfüllt also in hohem Maße das in "Maximum"-Ausprägung als therapieerfolgsrelevant nachgewiesene Kriterium "kognitives Feedback". Strukturiertes Vorgehen im Sinne der "executive function" ist insofern in mittlerer Ausprägung umsetzbar, als eine Übermittlung genau festgelegter Inhalte erfolgt, deren Präsentation sich aber ganz auf die individuelle Situation in der Therapiesitzung (momentane Aufnahmebereitschaft des Patienten, seine intellektuellen Fähigkeiten, seine Motiviertheit usw.) abstimmen läßt. Wir bieten Regeln, Standards, Normen und Ziele an und können schon in der ersten Sitzung den Patienten zu Übungen einladen, in denen er überprüfen kann, inwieweit es ihm bereits gelingt, die vermittelten Regeln konstruktiv auf eigene Satzbeispiele anzuwenden. Bei uns liegt es, wie wir die Zeit einteilen, ob wir dem Patienten alle drei Typen negativer Selbstaussagen in einer Sitzung darbieten oder die Inhalte auf mehrere Sitzungen aufteilen.

Als Mittel zur Erzeugung von mittlerer "emotional stimulation" wurden bereits Sätze wie "Mir fällt schon eine ganze Weile auf, wie Sie sich unentwegt auf Mißerfolg vorprogrammieren" oder auf krasse negative Selbstaussagen "Und das ist eine Lüge!" und "Um Ihnen zu verdeutlichen, wie sehr Sie hier von der Wahrheit abweichen, ..." genannt. Wir hoffen, durch diese provokative Art der Formulierung eine gewisse emotionale Betroffenheit, die sich im Rahmen mittlerer Ausprägung halten dürfte, zu erzeugen.

"Caring" hängt als Persönlichkeitsvariable des Therapeuten ganz von dessen verbalem wie nonverbalem Stil beim Eingehen auf den Patienten ab, ist mit dem Ansatz aber durchaus zu vereinbaren.

Somit wären in der Präsentation der Inhalte alle als interventionsrelevant und effektiv beschriebenen Faktoren untergebracht. Hat sich beim Patienten die erwartete Verbesserung der Stimmung nach absehbarer Zeit eingestellt, so bietet dies eine gute Voraussetzung für einen weiteren erfolgreichen Verlauf der Therapie.

Literatur

Duden Band 4 (1984): Duden-Grammatik. Dudenverlag, Mannheim. 4. Aufl. S. 145, 1.
Lieberman, M. A. (1971/1972): Interpers. Develop. 2: 21-49
Lieberman, MA, Yalom ID, Miles M: Encounter Groups: First Facts. New York 1973
Murphy, J. (1975): Die Macht Ihres Unterbewußtseins. Ariston, Genf. 10. Aufl., S. 29, 4. ff, S. 39, S. 45, 2., S. 78, S. 82, S. 88, S. 91, S. 102, S. 115-116, S. 137
Sulz, S. K. D. (1987): Psychotherapie in der klinischen Psychiatrie. Thieme, Stuttgart. S. 77
Waitley, D. (1980): The Winner"s Edge. Berkley, New York.

Aufbau sozialer Kontaktfähigkeit

• Birgit B. Lehner •

1. Definition
Sozialer Kontaktaufbau: Dem Klienten werden Selbsthilfetechniken vermittelt, die seinen Mut und sein Selbstvertrauen fördern und mit denen er die Angst vor anderen Menschen bewältigen kann. Ziel ist, daß er fähig wird, Kontakt zu anderen Menschen in unterschiedlichen Alltagssituationen herzustellen.
Die Bausteine, die vermittelt werden, sind:
1. Angstabbau, Angstbewältigung über den Weg der Selbsterkenntnis und Förderung der Entspannungsfähigkeit
2. Aufbau von Selbstvertrauen und Selbstsicherheit durch das Verabschieden alter, destruktiver Glaubenssätze und negativer Einstellungen und dem Aufbau von positiven Signalsätzen
3. Vermittlung sozialer Fähigkeiten durch Verhaltenstraining in Form von Rollenspielen

2. Indikation/ therapeutischer Kontext (wann mache ich was?)
Die Anbahnung und der Aufbau von sozialen Kontakten ist bei allen Störungsbildern, die Angst vor anderen Menschen beinhalten, indiziert. Dies ist z. B. der Fall bei sozialen Phobien, Rückzugstendenzen bei Depressionen, selbstunsicheren Persönlichkeiten, Schüchternheit und Erröten.

3. Ziel: wozu, wohin soll sich etwas verändern?
Das Ziel des sozialen Kontaktaufbautrainings ist es, die Aufnahme von zwischenmenschlichen Kontakten im privaten Alltag (hier z.B. Aufbau eines Freundeskreises) und im beruflichen Alltag (Kontakt zu Vorgesetzten, Mitarbeitern, Kollegen, Geschäftspartnern) zu fördern. Der Klient soll Vertrauen in sich und andere bekommen, so daß er den Mut aufbringt, in Situationen hineinzugehen, die er sonst vermieden hätte, da z.B. die Angst vor Ablehnung, sich lächerlich zu machen oder verletzt zu werden, übermächtig gewesen wäre. Er lernt Nähe zuzulassen, in dem er erst einmal Nähe zu sich selbst herzustellen lernt (z.B. eigene Gefühle, Bedürfnisse, Wünsche wahrnehmen). Langfristiges Ziel ist, offene und vertrauensvolle Beziehungen aufbauen zu können, um eine soziale Desintegration und Isolation zu verhindern.

4. Therapeutisches Vorgehen
Das Vorgehen ist in 3 aufeinander aufbauende Stufen, die den Prozeß des sozialen Kontaktaufbaus wiedergeben, gegliedert.

A: Erstes Ziel: positive Selbstannahme
1. Bewußtseinsbildung: Verstärkung der Selbsterkenntnis
    1.1 Wahrnehmung von körperlichen Blockaden
    1.2 Wahrnehmung der negativen Lebensgrundeinstellung
    1.3 Erkennen des Teufelskreises
    1.4 Vermeidungssituationen wahrnehmen

2. Ursachenanalyse: Elterliche Botschaften erkennen

B: Zweites Ziel: Entfaltung der Persönlichkeit durch Selbstvertrauen
1. Neuentscheidung: Aufbau einer positiven Lebensgrundeinstellung
    1.1 Kognitive Umstrukturierung negativer Gedanken
    1.2 Erarbeitung positiver Signalsätze zur Selbstunterstützung
2. Vermittlung eines Entspannungsverfahrens
3. Umgang mit Widerständen

C: Social skill-training, Selbstsicherheitstraining

Das Schema stellt den Verlauf des therapeutischen Prozesses dar. Erfahrungsgemäß durchläuft der Klient die verschiedenen Stufen mehrmals. D.h., daß z.B. beim Punkt B. 1. neue Erkenntnisse auftauchen können, die unter A fallen oder daß Widerstände bereits unter A auftauchen, mit denen dann im Hier und Jetzt konstruktiv umgegangen werden muß, so daß der Klient sein Therapieziel erreichen kann. Die Pfeile im Bild verdeutlichen den prozeßhaften Charakter des Vorgehens.

Darstellung konkreter Interventionsschritte

zu A: positive Selbstannahme
1. Bewußtseinsbildung, Verstärkung der Selbsterkenntnis
Angst vor anderen Menschen erkennen, annehmen und Aufbau von Selbstverantwortlichkeit.
Der erste Schritt besteht in der Bewußtseinsbildung, daß Angst vor Menschen sich in körperlicher Anspannung oder irgendeiner Form von körperlichem Unwohlsein zeigt: z. B. Zähne zusammenbeißen, Nackenverspannungen, flaues Gefühl im Magen, weiche Knie, Schweißausbruch. Dies führt oft zu Vermeidungsverhalten, da die Angst den Klienten überwältigt. Diese Zusammenhänge werden mit dem Klienten erarbeitet. Er soll dann Situationen beschreiben, in denen es ihm schwerfällt, Kontakt zu anderen Menschen aufzunehmen, oder Situationen, in denen er gerne Kontakt aufnehmen würde, jedoch nicht den Mut dazu aufbringt (Vermeidungssituationen). Das folgende Arbeitsblatt wird mit dem Klienten besprochen. Es empfiehlt sich, dies als Hausaufgabe in Form einer Selbstbeobachtungsübung durchführen zu lassen, da der Klient dann seine Ängste und Blockaden wahrnehmen lernt.

Selbstbeobachtungsbogen			
Vermeidungssituation	Gedanke	körperliches Empfinden	Gefühle

Th.: „In die erste Spalte tragen Sie bitte Situationen ein, in denen es Ihnen schwerfällt, Kontakt aufzunehmen oder in denen Sie die Kontaktaufnahme vermeiden. In die zweite Spalte schreiben Sie Ihre Gedanken dazu auf, z.B. oh, je, das kann nicht gutgehen. In der dritten Spalte beschreiben Sie Ihr körperliches Empfinden, z.B. zittrige Hände, und in die letzte Spalte Ihre Gefühle, z.B. Angst, Unsicherheit, Ohnmacht, Hilflosigkeit."
Mit dem Inhalt des Selbstbeobachtungsbogens wird dann in der nächsten Sitzung weitergearbeitet.
Th.: „Schauen wir uns nun den Selbstbeobachtungsbogen einmal an. Was können Sie erkennen? Gibt es Zusammenhänge? Ähnlichkeiten? Einen roten Faden?"
Der Klient soll nun selbst erkennen, daß negative Gedanken zu körperlichem Unwohlsein führen und zu Gefühlen, die wiederum Vermeidungsverhalten auslösen.

In das Arbeitsblatt: „Teufelskreislauf" soll er nun seinen persönlichen Teufelskreislauf eintragen:

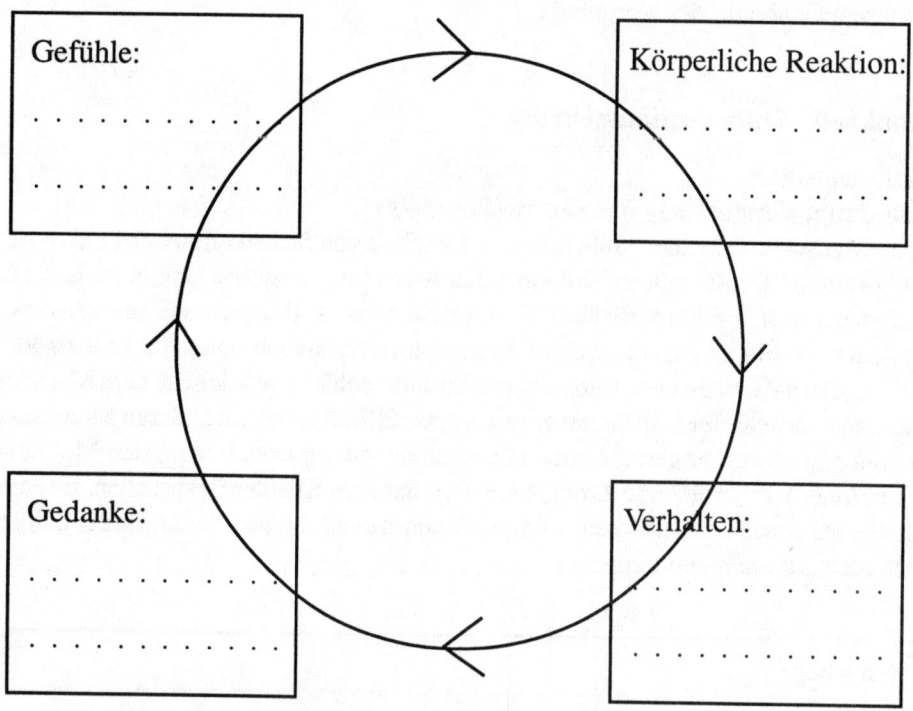

Dann fragt der Therapeut den Klienten nach Möglichkeiten, wie er den Teufelskreislauf durchbrechen können.
Der Therapeut führt den Klienten mit gezielten Fragen an die Möglichkeiten hin, aus dem Teufelskreislauf herauszukommen. Negative Gedanken können zu positiven umstrukturiert werden, und auf der körperlichen Ebene kann der Klient lernen, sich zu entspannen.
Der Klient übernimmt nun zum ersten Mal Verantwortung für das Entstehen seiner Angst, und er merkt, daß er dieser Angst nicht hilflos ausgeliefert sein muß, sondern einen Ansatzpunkt hat, wo er an sich arbeiten kann. Dies verstärkt seine Zuversicht und sein Selbstvertrauen. Für manche Klienten sind diese Selbsterkenntnisse befreiend. Anderen Klienten fällt es schwer, sich anzunehmen und ihre negative Lebensgrundeinstellung, die sich in Form von negativen Gedanken darstellt, zu akzeptieren. Aussagen, wie, „ich komme, um mich zu

verändern und nicht um mich zu konfrontieren" sind die Folge. Der Klient wehrt sich, sich so anzunehmen, wie er wirklich ist.

Hier entstehen oft **Widerstände**, da die Selbstannahme ein schmerzlicher Prozeß ist. Klienten, die einen hohen Anspruch an sich haben und perfekt sein wollen, müssen sich nun erst einmal mit ihrem Perfektionismus auseinandersetzen und erkennen, daß sie sich mit ihrem überhöhten Anspruch an sich selbst unter Druck setzen, der sich wiederum in Angst Luft macht, nämlich häufig in der Angst, sich vor dem Therapeuten zu blamieren, in Versagensängsten oder in der Angst vor dem Neuen, der Veränderung, die nun sichtbar wird. Hier sind die Sensibilität und Wahrnehmungsfähigkeit des Therapeuten gefragt. Dieser sollte fähig sein, im Moment das zu erkennen, was wirklich Sache ist und wie das momentane Thema des Klienten lautet, damit der Klient selbst seinen Widerstand erkennen kann. Durch gezieltes Nachfragen und Spiegeln des Wahrgenommenen in der therapeutischen Situation erhält der Klient die notwendige Unterstützung vom Therapeuten, um seine Arbeit an sich durchführen zu können.

Zurück zu unserem Widerstand. Ist es dem Klienten mit Unterstützung des Therapeuten gelungen, den Widerstand wahrzunehmen und zu bewältigen, wird der Klient mit seiner Selbsttäuschung konfrontiert. Er wird über seine negative Lebensgrundeinstellung und das damit verbundene Muster enttäuscht sein. Die damit verbundene Traurigkeit ist ein wichtiger Schritt zur Heilung. Der Therapeut vermittelt dem Klienten, daß diese Gefühle in Ordnung und erwünscht sind und daß er sich wertfrei annehmen kann. Viele Klienten haben die innere Einstellung, daß sie schwach sind, wenn sie Gefühle der Traurigkeit und Enttäuschung spüren. Diese innere Selbstabwertung menschlicher Gefühsqualitäten wird kognitiv umstrukturiert, in dem der Therapeut z.B. folgendes sagt: „Gefühle der Traurigkeit, der Enttäuschung, Hilflosigkeit oder Ohnmacht sind Gefühlsqualitäten wie auch Freude, Zuversicht, Hoffnung, Mut, die es nicht zu bewerten gilt. Leider werden in unserer Gesellschaft Gefühle, wie z.B. Traurigkeit tabuisiert und als negativ abgewertet. In Wirklichkeit sind sie jedoch nur der andere Pol oder die andere Seite der dazugehörigen „positiven" Gefühlsqualität. Die Trauer ist eine Gefühlsqualität ebenso wie die Freude, und der Mensch könnte das eine nicht ohne das andere empfinden." Hier findet kognitive Umstrukturierung statt. Der Klient bekommt die Hausaufgabe, sich in seinen Gefühlen zu beobachten, ohne sich zu bewerten und sich anzunehmen und liebevoll mit sich umzugehen. Es wird zusätzlich mit dem Klienten erarbeitet, wie er sich selbst in seinem Prozeß der Selbstannahme unterstützen kann, d.h., wie er sich etwas Gutes tun kann (z.B. spazierengehen, etwas Gutes essen, ein Bad nehmen, sich ins Bett legen und Musik hören, Blumen kaufen). Somit hat der Klient die Möglichkeit, mehr und mehr im Einklang mit sich zu leben und nicht mehr gegen sich zu arbeiten, wie es vielleicht die Eltern lange Zeit getan haben, indem sie ihn abgelehnt haben, nicht wahrgenommen haben oder für eigene Zwecke benutzt haben. Er holt sozusagen das von den Eltern Versäumte nach, indem er sich die liebevolle Zuwendung und Aufmerksamkeit nun selbst zu geben lernt. Eine unterstützende Hausaufgabe ist, sich selbst in den Arm zu nehmen und ja zu sich zu sagen, zu allem, was die eigene Persönlichkeit ausmacht.

2. Ursachenanalyse

Mit der Frage, woher kennen Sie das, oder wer ist mit Ihnen so abwertend umgegangen, führt der Therapeut den Klienten zurück in vergangene Erfahrungen. Der Klient antwortet wahrscheinlich, daß der autoritäre Vater ihm immer wieder gesagt habe, daß er nicht mit anderen Menschen umgehen könne, daß er zu tolpatschig sei oder ähnliches.

Der Fragebogen: Elterliche Maßregeln (Lehner, 1992) unterstützt diesen Bewußtheitsprozeß.

Erinnerte Kindheitssituationen soll der Klient mit Hilfe des folgenden Selbstbeobachtungsbogens sammeln.

Selbstbeobachtungsbogen		
Kindheitssituation	Gefühle als Kind	elterliche Botschaft

Der Klient füllt als Hausaufgabe die erste und zweite Spalte aus. Die dritte Spalte erarbeitet er zusammen mit dem Therapeuten. Auch hier ist die emotionale und mitfühlende Unterstützung von seiten des Therapeuten für die emotionale Verarbeitung schmerzlicher Kindheitserlebnisse des Klienten wichtig. Trauer, Verzweiflung, Wut, Enttäuschung werden noch einmal als Gefühlsqualitäten beschrieben, die in Ordnung und für den Heilungsprozeß sehr wichtig sind. Der Klient soll sich Zeit für diese Gefühle nehmen und ihnen liebevoll nachgehen, indem er sich wie ein Kind in den Arm nimmt und sich streichelt und selbst das von den Eltern Versäumte nachholt und sich gibt.

Die elterlichen Botschaften, die der Klient erkennen kann, sind häufig mit seinen eigenen negativen Gedanken identisch. Er hat das elterliche Weltbild übernommen und glaubt immer noch, daß sie Recht haben. Die Eltern sind in ihm lebendig, obwohl sie nicht mehr mit ihm zusammenleben, vielleicht sogar schon verstorben sind. Häufig setzt nun ein Prozeß ein, in dem der Klient seine negativen Kindheitserlebnisse verarbeitet. Wut und Enttäuschung kann er in Briefform an den Elternteil (Hausaufgabe für die nächste Stunde), um den es geht, formulieren, um sich dann in der Therapie mit dem Elternteil auseinanderzusetzen und sich zu verabschieden. Hemmungen zeigen sich häufig in dem inneren Glauben, die Eltern ehren und achten zu müssen. Hier ist die Sensibilität des Therapeuten im Umgang mit den damit verbundenen Widerständen erforderlich. Widerstände zeigen sich darin, daß der Klient die Hausaufgabe, einen Brief an den betreffenden Elternteil zu schreiben, nicht gemacht hat. Fragen, wie „Was hat Sie daran gehindert, was hat es Ihnen schwergemacht", machen die Blockade bewußt, und der Umgang damit wird möglich.

Die Eltern annehmen, heißt sich annehmen. Die Eltern ablehnen, bedeutet oft, sich selbst auch ablehnen. Erst wenn die Wut auf die Eltern spürbar geworden ist, kann die dahinterliegende Trauerarbeit geleistet werden und der emotionale Abschied vom elterlichen Weltbild ist möglich. Erst dann sind ein ehrliches und aufrichtiges Verzeihen gegenüber den Eltern und der damit verbundene Neubeginn für das eigene Leben möglich. Hier bieten sich Rollenspiele an, in denen der Klient mit den Eltern oder dem betroffenen Elternteil reden kann. Die Technik des leeren Stuhls (siehe auch Lehner, 1992) eignet sich gut für die Auseinandersetzung und Verabschiedung. Der Klient wird fähig, alte Glaubenssysteme und alte Kindheitsängste wahrzunehmen und zu differenzieren zwischen früheren Konditionierungen und Prägungen und seinem Leben heute. Die Ablösung und der Abschied von den Eltern bewirken beim Klienten das Loslassen von überkommenen, altern und selbstschädigenden Mustern. Dadurch wird die Persönlichkeitsentfaltung und Selbstverwirklichung des Klienten möglich.

zu B: Entfaltung der Persönlichkeit durch Selbstvertrauen
1. Neuentscheidung
Der Klient merkt nun mehr und mehr, was er übernommen hat und auf andere Menschen überträgt. Seine Fähigkeit, Selbstverantwortung für sein Leben zu übernehmen, nimmt zu. Denn er spürt, daß er sich nun neu entscheiden kann, für ein positiveres Weltbild. Das Selbstvertrauen wächst. Generalisierungen können erkannt werden.

Nun werden die negativen Gedanken umstrukturiert in positive Signalsätze, die den Klienten ermutigen, in Vermeidungssituationen hineinzugehen. Der Widerstand zeigt sich in Zweifeln an der Methode, Ausdrücken wie „das ist aber schwierig, künstlich ...", Ja das ist so, es ist harte Arbeit an sich selbst, die sich jedoch lohnt. Die Angst vor dem Neuen und Ungewohnten steckt häufig hinter dem Widerstand. Diese gilt es zu erkennen und zu bewältigen.

2. Vermittlung eines Entspannungsverfahrens

Bei vielen Klienten erwies es sich als unterstützend, ein Entspannungsverfahren zu lernen (Autogenes Training, Progressive Muskelrelaxation) mit dem Ziel, innere Gelassenheit aufzubauen, die die Handlungskompetenz fördert.

Eine systematische Desensibilisierung erbrachte bei manchen Klienten gute Erfolge. Sie lernten in der Vorstellung sich auf angstbesetzte Situationen der Kontaktaufnahme einzustellen und sich zu entspannen. Dies verstärkte den Mut, in diese Situationen auch tatsächlich hineinzugehen und Kontakt aufzunehmen. Der Erfolg trug wiederum zur Verstärkung des Selbstvertrauens und der Selbstsicherheit bei. So lernte der Klient, Unsicherheit auszuhalten und in die Situation hineinzugehen. Der positive Signalsatz (z.B. ich bleibe ruhig, ich fühle mich sicher, ich nehme Blickkontakt auf) wirkt beruhigend und ermutigend. Die Erfolgsspirale kann beginnen.

Der Klient füllt nun seine persönliche Erfolgsspirale mit folgendem Arbeitsblatt aus:

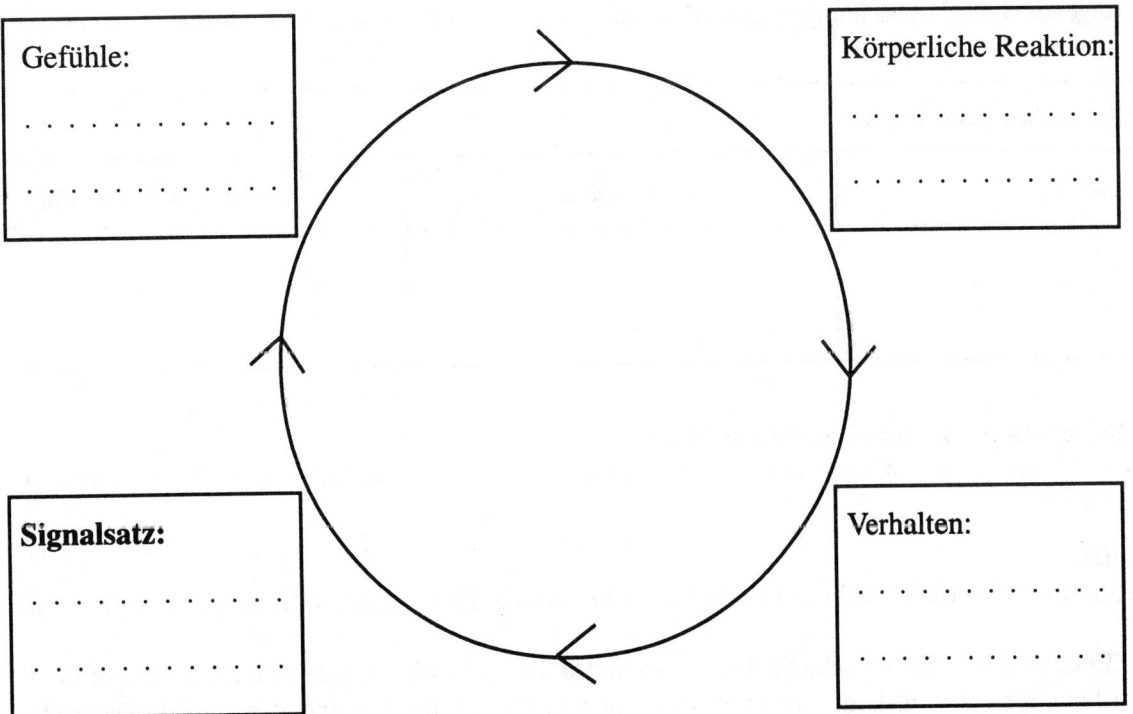

In einem Vertrag mit sich selbst formuliert er seine positive Lebensgrundeinstellung

Beispiele

Vertrag mit mir selbst
Ich nehme Kontakt zu anderen Mitmenschen auf.
Ort,   *Datum:*   *Unterschrift:*

Vertrag mit mir selbst
Ich bin ein liebenswerter Mensch.
Ort,   *Datum:*   *Unterschrift:*

Vertrag mit mir selbst
Im Kontakt mit anderen Menschen bleibe ich ruhig und gelassen.
Ort,   *Datum:*   *Unterschrift:*

---

zu C: social skill-training, Selbstsicherheitstraining
Für manche Klienten ist es hilfreich sich jetzt erst einmal eine Zeitlang zu beobachten, mit dem Ziel, die eigenen Bedürfnisse, Gefühle und Wünsche herauszufinden, um sich mitteilen zu können.
Der folgende Selbstbeobachtungsbogen hilft dem Klienten, sich mehr Selbstbewußtsein zu verschaffen.

Selbstbeobachtungsbogen:		
Situation	Gefühle	Bedürfnisse/ Wünsche

Ich-Botschaften schaffen Kontakt und Nähe
Wesentlich ist, daß der Klient lernt, aufrichtig zu kommunizieren (vgl. Lehner, 1993), in Form von Ich-Botschaften:

Beispiel:
Im Café sitzt eine anziehende Frau. Der Klient möchte sich dazu setzen und ein Gespräch anfangen. Wie geht das?
Kl.: „Entschuldigen Sie, ich sehe Sie hier sitzen und würde mich freuen, wenn ich mich dazusetzen darf."
Der Klient spricht von dem, was er wahrnimmt und was er möchte und dabei fühlt. Diese Art der Kommunikation ist sehr positiv und bewirkt mit großer Wahrscheinlichkeit beim anderen, daß er ja sagt und auf den Wunsch des Klienten eingeht.

Negativer wäre: „Entschuldigen Sie, ich möchte mich dazu setzen. Der Platz hier, ist der noch frei?"
Hier ist keine Freude spürbar. Die Frage lädt auch zu einem Nein ein und die Ablehnung ist wahrscheinlicher als bei der ersten Kommunikation.

Die nonverbalen Aspekte der Kommunikation müssen dabei beachtet werden. Der Klient kann auch Aussage 1 nonverbal negativ aussprechen und eine Abwehr provozieren und ebenso Aussage 2 freudig aussprechen und ein Ja bekommen. Die nonverbale Kommunikation wirkt wesentlich intensiver als die verbale Kommunikation. Untersuchungen haben gezeigt, daß 93% der Wirkung nonverbaler Merkmale zugeschrieben werden und nur 7% der Wirkung verbaler Merkmale (vgl. Birkenbihl, 1990). Also, im Grunde ist es fast egal, was ich sage, Hauptsache ist, daß ich das, was ich zu sagen habe, positiv und wohlwollend ausspreche. Erst dann wirken verbale Aspekte. Die nonverbale Kommunikation hängt nun mit der inneren Lebensgrundeinstellung eng zusammen, und wenn der Klient seine negative Lebensgrundeinstellung verändert hat und eine positive Haltung zu sich und zu anderen einnehmen kann, ist die nonverbale Kommunikation häufig automatisch positiv und wohlwollend. In den Rollenspielen ist darauf zu achten.

Hier wird die Notwendigkeit der ersten Stufen deutlich. Kommuniziert der Klient nonverbal negativ (z.B. aggressiv), ist es wichtig, noch einmal zurückzugehen und bei der Lebensgrundeinstellung weiterzumachen. Videoaufnahmen verstärken den Bewußtheitsprozeß und helfen dem Klienten selbst zu erkennen, um was es für ihn geht.

Rollenspiele, in denen der Therapeut die Rolle des jeweilgen Sozialpartners übernimmt, um den es geht, helfen dem Klienten, die geeigneten Worte zu finden. Der Therapeut reagiert spontan und authentisch, gibt dann Rückmeldung, welche Äußerung oder nonverbales Merkmal was bei ihm bewirkt hat. So kann der Klient lernen, wie er „richtig" kommunizieren kann, Abwehr beim anderen verhindern kann und Vertrauen aufbauen kann. Er bekommt dadurch Sicherheit und Selbstvertrauen, die den Mut fördern, das Gelernte umzusetzen. Kleine Schritte sind wichtig, und wenn es schiefgeht, gilt der **Grundsatz, sich wahrzunehmen und anzunehmen, ohne sich zu bewerten, um daraus zu lernen.** Mit dieser positiven Einstellung kommt der Klient mehr und mehr aus seinem Teufelskreislauf der Vermeidung und Abschottung vom Leben heraus und nimmt erfolgreich Kontakt auf.

Jetzt empfiehlt sich, die Inhalte des sozialen Kompetenztrainings (Ullrich de Muynck & Ullrich, 1976) und kommunikative Fähigkeiten (Lehner, 1993) an den Defiziten des Klienten orientiert zu vermitteln und einzuüben. Eine wichtige Übung ist der Smalltalk. Der Klient übt mit dem Therapeuten im Rollenspiel. Die Themen sind z.B. das Wetter, aktuelle politische Themen oder sportliche Ereignisse. Der Klient soll die Erfahrung machen, daß er mit dieser Art eine andere Person näher kennen lernen kann bzw. den Kontakt auch ohne Gesichtsverlust wieder abbrechen kann, wenn er merkt, daß er diesem Menschen doch nicht näherkommen will.

Die Art der Kontaktaufnahme zu Beginn jeder Therapiestunde sollte als Übungseinheit mit in den Behandlungsplan eingebaut werden. Dies ist ein guter Einstieg. Der Klient kommt und begrüßt den Therapeuten. Der Therapeut achtet auf seine eigenen Gefühle, die durch das Verhalten des Klienten ausgelöst werden und teilt diese dem Klienten als Feedback (konkret, beschreibend, unmittelbar) mit. Die Arbeit kann beginnen.
Hier ist die Kreativität des Therapeuten gefordert.

5. Wirkprinzip: wodurch wirkt das?

Das beschriebene Vorgehen wirkt durch die Anbahnung der Neuentscheidung im Sinne einer positiven und vertrauensvollen Lebenseinstellung und der vorausgegangenen Verabschiedung von den elterlichen selbstschädigenden Glaubenssystemen. Negative Gedanken werden kognitiv umstrukturiert, und der Klient lernt positiver zu denken. Positive Gedanken verursachen positive Gefühle. Dadurch entsteht Selbstsicherheit und Selbstvertrauen und der Mut, in angstbesetzte Situationen hineinzugehen. Der Klient lernt Methoden kennen, mit denen er sich selbst unterstützen kann (positive Signalsätze, Entspannungsverfahren). Seine Hilflosigkeit und Ohnmacht nehmen ab, und er kann aktiv werden. Dies wird durch eine systematische Desensibilisierung unterstützt. Voraussetzung ist natürlich, daß er sich wirklich verändern will und die Arbeit an sich und mit sich angeht. Auch dies ist eine Entscheidung, die der Klient bewußt treffen sollte, z.B. mit einem „Vertrag mit sich selbst". Mit Hilfe von Rollenspielen trainiert der Klient neue Verhaltensweisen, die er dann in seinem Alltag umsetzen kann. Dies verstärkt sein Selbstvertrauen, da er Defizite abbaut und sich neue Fähigkeiten aneignet. Videoaufnahmen unterstützen den Prozeß der Selbsterkenntnis und verstärken neues Verhalten. Durch Hausaufgaben wird der Klient angehalten, aktiv mitzuarbeiten und Selbstverantwortung für sich zu übernehmen. Dies fördert seine Zuversicht und seine Selbstsicherheit.

Eine wesentliche Voraussetzung für den Erfolg des Klienten sind das Verständnis, die Herzlichkeit und das Mitgefühl des Therapeuten, die für den emotionalen Verarbeitungsprozeß des Klienten notwendig sind. Der Therapeut muß fähig sein, eigene Blockaden zu reflektieren, anzunehmen und aus der therapeutischen Beziehung herauszuhalten.

6. Barrieren, welche Widerstände erwarte ich?

Barrieren und Widerstände sind während des ganzen Prozesses möglich. Wichtig ist, diese zu erkennen und zu thematisieren. Der Therapeut muß acht geben, daß er nicht auf ein Spiel im Sinne der Transaktionsanalyse, das der Klient mit sich und ihm spielt, hereinfällt. Diese Spiele können ganz unterschiedlicher Art sein: Selbstmitleid, Flirtspiel, Flucht in das Alleinsein - ich mache es mir schön, richte mir mein Leben so ein, Besserwisserei etc.

Praxis-Literatur und Literaturempfehlungen

Birkenbihl, Vera,F.: Kommunikationstraining. Zwischenmenschliche Beziehungen erfolgreich gestalten. mvg-Verlag, 1990.
Birkenbihl, Vera, F.: Kommunikationstraining für Könner schnell trainiert. mvg-Verlag, 1991.
Ceh, Johann: Ihr Weg zu mehr Selbstbewußtsein. mvg-Verlag 1989.
Fliegel et al.: Verhaltenstherapeutische Standardmethoden. U & S Psychologie,1981.
Gawain, Shakti: Stell dir vor. Kreativ visualisieren. Rowohlt-Taschenbuch, 1986.
Gawain, Shakti: Leben im Licht. Quelle und Weg zu einem neuen Bewußtsein. Heyne-Verlag, 1986.
Lehner,Birgit, B.: Selbstsicher werden - Hemmungen überwinden. Beltz-Verlag, 1992.
Lehner, Birgit, B.: Selbstsicher handeln: Erfolgreich im Beruf und Alltag. Beltz-Verlag, 1993.
Silva, Jose: Der Siva Mind Schlüssel zum inneren Helfer. Heyne-Verlag, 1989.
Silva, Jose & Goldman, Burt: Die Silva-Mind Methode. Das Praxishandbuch. Heyne-Verlag, 1990.
Ullrich de Muynck Rita und Ullrich Rüdiger: Einübung von Selbstvertrauen und sozialer Kompetenz. München: Pfeiffer, 1978.
Vopel, Klaus, W., Kirsten, Rainer, E.: Kommunikation und Kooperation. Ein gruppendynamisches Trainingsprogramm. München Pfeiffer, 1988.
Vopel, Klaus & Renate: Selbstakzeptierung und Selbstverantwortung 1- 3. Isko-Press, 1990.
Zuchtriegel, L.: Selbstbewußtsein. Übungen und Speile zur Selbsterfahrung. Schangrila, 1985.

Soziales Rollenspiel nach Liberman: Training zur Entwicklung sozialer Fertigkeiten bei psychiatrischen Störungen

• Barbara Rabaioli-Fischer •

Psychiatrische Patienten - Schizophrene, schwer Depressive, Zwangskranke, Patienten mit chronischen Ängsten oder Persönlichkeitsstörungen - haben entweder bereits prämorbid oder in der Folge der Erkrankung sehr häufig ausgeprägte soziale Unsicherheiten entwickelt. Diese Unsicherheiten verursachen erheblichen Streß, der zu sozialem Rückzug oder Rückfällen führen kann. Ein Training sozialer Kompetenz ist daher bei nahezu all diesen Patienten indiziert. Liberman hat nun - spezifisch für diese Patientengruppen - ein sehr differenziertes Trainingsprogramm entwickelt, das jedoch auch als Grundlage für die Durchführung von Selbstsicherheitstraining generell gelten kann (Liberman et al., 1989).

Im vorliegenden Kapitel soll sein Training unter den drei Aspekten vorgestellt werden:
1. Ziele des Trainings
2. Auswahl und Vorbereitung der Patienten mit individueller Zielerarbeitung
3. Durchführung des Trainings

Die schriftlichen Materialen zu seinem Training sind bei Liberman et al. (1989) im Anhang zu finden. Alle Seitenangaben in diesem Kapitel beziehen sich auf dieses Buch.

1. Allgemeine Ziele des Trainings sozialer Fertigkeiten

Liberman zielt in seinem Training sozialer Fertigkeiten auf die Vermittlung sogenannter Basisfertigkeiten in der sozialen Interaktion ab, die dann für jeden Patienten individuell - je nach seinen Verhaltensdefiziten - um spezifische Trainingsziele erweitert werden können.

Darin liegen auch die großen Vorteile des Trainings. Diese sind einmal, daß alle Patienten in der Gruppe gemeinsame Ziele verfolgen, was das Gefühl der Kooperation und die Kohäsion verstärkt, zum anderen fühlt sich jeder Patient durch die individuellen Lernziele auch entsprechend persönlich gewürdigt. Dies fördert die Arbeitsmotivation jedes einzelnen Gruppenmitglieds.

Mit den Basisfertigkeiten sind folgende Verhaltensweisen bzw. Elemente sozialer Interaktion gemeint:
1. Die Phase des Empfangs, der Aufnahme von Information
2. Die Phase des Verlaufs (Prozesses), der Informationsverarbeitung
3. Die Phase der „Sendung" von Informationen, der Informationsweitergabe und Informationsrückmeldung

Selbstunsichere Patienten zeigen üblicherweise Defizite in allen drei Phasen. Im Einzelnen sollen dabei folgende Fertigkeiten für diese Phasen geschult werden:

ad 1. Informationen empfangen
Hiermit ist die Schulung all der Fertigkeiten gemeint, die notwendig sind, um Information im sozialen Kontakt zu erfassen und aufzunehmen.
Beispielsweise ist damit gemeint, zu wissen, mit wem ich interagiere, die Gefühle und Bedürfnisse des anderen richtig zu erkennen, aufmerksam zuhören zu können und das Ziel der Interaktion richtig zu erfassen.

ad 2. Informationen verarbeiten

Hiermit ist die Schulung der Fertigkeiten gemeint, die die Patienten in die Lage versetzen, aktiv eigene Fertigkeiten in die Interaktion einzubringen. Dazu gehört die kognitive Verarbeitung der empfangenen Information und die Auswahl eigener Reaktionsmöglichkeiten. Liberman beschreibt dies auch als Problemlösefertigkeit in dem Sinn, daß die Patienten lernen, eigene richtige Reaktionen systematisch und organisiert zu wählen, d.h., den Inhalt ihres Gesprächsteils zu wählen und zu bestimmen, wo und wann sie mit diesen eigenen Reaktionen aktiv werden wollen.

ad 3. Informationen geben

Hiermit ist schließlich das Ausführen der Reaktionen in der Interaktion gemeint, d.h. das tatsächlich zu zeigende Verhalten. Die Fertigkeiten beim Geben von Informationen sind beispielsweise der verbale Inhalt einer Botschaft und die Art und Weise bzw. der nonverbale Teil, wie die Information weitergegeben wird. Hierzu gehört also, daß Patienten auch lernen mit welcher Mimik, Gestik, welchem Tonfall sie sich anderen klar vermitteln können.

Beim Training wird dabei stets darauf abgezielt, daß der Erwerb der Fertigkeiten von einfachen zu immer schwierigeren Situationen gestaltet wird, so daß Patienten nicht überfordert werden oder Mißerfolge erleben, die zur Demotivierung führen können und sie des weiteren auch relativ angstfrei bleiben können, da sie erleben, daß die Übungen bewältigbar für sie sind.

In seinem neu vorgelegten Training zur Entwicklung sozialer Fertigkeiten bei psychiatrischen Patienten hat Liberman dieses - im Gegensatz zum 1975 vorgelegten Training persönlicher Effektivität (Personal Effectiveness) - um einen speziellen Trainingsteil erweitert (Liberman et al., 1989). Dieser beschäftigt sich mit spezifischeren Fertigkeiten im Kontaktbereich, nämlich die Patienten in die Lage zu versetzen, sich ein eigenes soziales Netz, einen Freundeskreis und evtl. eine Partnerschaft aufzubauen. Für dieses Training sind nur die Patienten geeignet, die den ersten Teil erfolgreich durchlaufen haben, da die Übungen schwieriger sind. Die Interventionsmethoden sind jedoch die gleichen wie beim Basistraining, mit stärkerer Betonung der Entwicklung von Problemlösefertigkeiten, mehr Anwendung von Hausaufgaben und In-vivo-Übungen.

2. Auswahl und Vorbereitung der Patienten

2.1. Auswahl der Patienten für das Training

Für das Training kommen Patienten unterschiedlichster psychiatrischer Diagnosen in Frage. **Ausschlußkriterien** sind jedoch:

- Inkohärentes Denken, schwere formale und inhaltliche Denkstörungen, wie sie z.B. bei Schizophrenen in akuten Phasen vorkommen können
- Probleme des Kurzzeitgedächtnisses, wie sie z.B. bei organischen Psychosen wie der Alzheimerschen Erkrankung vorkommen, oder häufige Irritationen durch psychotische Symptome, wie z.B. Wahnvorstellungen, Halluzinationen, Agitiertheit u.ä.

Die Patienten müssen im Training in der Lage sein, innerhalb des strukturierten Lernprozesses Anweisungen zu folgen, die bei Einzeltrainings bis zu 15 Minuten, beim Gruppentraining bis zu 90 Minuten dauern können. Liberman (S. 28) gibt folgende Kriterien an, die für die Auswahl der Patienten zum Training erfüllt sein sollten:

- Antwortet der Patient angemessen, wenn er nach seinem Namen, Geburtsdatum und aktuellem Datum gefragt wird?
- Kann er selbst einfache Sätze gebrauchen und verstehen?
- Ist er in der Lage, einer anderen Person mindestens 3-5 Minuten ohne Unterbrechung zuzuhören?
- Kann er einfachen 3stufigen Anweisungen folgen, wie z.B. „Stehen Sie auf, gehen Sie hinüber zu der Person die am Tisch sitzt und sagen Sie Grüß Gott"?
- Kann er in einer Kleingruppe angemessen interagieren, ohne Selbstgespräche zu führen, andere zu provozieren oder andere störende Verhaltensweisen zu zeigen?
- Hat er das Bedürfnis persönliche Gefühle wie Ärger, Angst, Freude und Frustration auszudrücken und diese Gefühle in einer gegebenen Situation zu benennen, wie z.B. : „Ich war völlig fertig, als ich meine Brieftasche verloren hatte"?

Bei der Auswahl der Patienten ist meiner Meinung nach zusätzlich die Variable der „Ängstlichkeit" zu beachten. So ist bekannt, daß sozial unsichere Patienten, deren Unsicherheit sich in extremer Angst vor anderen Menschen äußert (sog. Sozialphobien), von einem Selbstsicherheitstraining erst dann profitieren können, wenn sie vorher in der Therapie die extreme Angst so weit abgebaut haben, daß sie in ihrer Aufnahmefähigkeit nicht mehr durch die Ängste beeinträchtigt sind. Die Patienten können dies durch z.B. Interventionen wie systematischer Desensibilisierung lernen, bis sie sich in der Lage fühlen, sich mit mehreren Personen in vivo zu konfrontieren. Oft helfen auch intensive Entspannungsübungen, die vorher in der Einzeltherapie geübt werden, bis der Patient heftige, die Angst begleitende physiologische Erregungsmuster kontrollieren kann. Bei diesen Patienten ist es auch immer sinnvoll, daß Sie mit ihm in der Einzeltherapie bereits Übungen, Rollenspiele mit Videounterstützung durchführen, damit er sich bereits vorher an den praktischen Ablauf des Trainings gewöhnen kann. Außerdem erfolgt eine Gewöhnung an die Konfrontation seiner Person mit dem Videogerät.

Wenn Sie in einer Institution tätig sind, in der Patienten behandelt werden, die allgemein leichtere Diagnosen haben, wie z.B. psychosomatische Beschwerden, Phobien, Depressionen u. dergl., können Sie mit diesen Patienten das Training nach Liberman auch durchführen. Sie sollten dann jedoch beachten, daß ein Training, das so stark durchstrukturiert ist wie das Libermansche, dazu führen kann, daß die Patienten evtl. „desaktiviert" werden und zu wenig Verantwortung für sich selbst übernehmen. Dies können Sie jedoch dadurch vermeiden, daß Sie bei dieser Gruppe nach und nach mehr Aufgaben an einzelne Patienten übergeben (z.B. Leiten der Rückmelderunde, Einleitung und Strukturierung einer Sitzung gemeinsam mit den Patienten u.ä.).

2.2. Vorbereitung der Patienten

Überprüfen der sozialen Fertigkeiten und Erarbeiten individueller Trainingsziele

In der Vorbereitungsphase für das Training sind zwei Aufgaben zu erfüllen. Einmal die praktische Absicherung, ob ein Patient schon für das Training geeignet ist, zum anderen die Erarbeitung individueller Trainingsziele für jeden Patienten.

Überprüfen der vorhandenen sozialen Fertigkeiten

Um einem Patienten und sich selbst zu ersparen, daß Sie ihn einem Training sozialer Fertigkeiten zuweisen, ohne daß er dafür geeignet ist, können Sie verschiedene Wege wählen. Einmal den, daß Sie sich alle möglichen Zusatzinformationen über den Patienten holen, beim Pflegepersonal, anderen Bezugs- und Betreuungspersonen, sowie Verhaltensbeobachtungen des Patienten aus seiner Umgebung mit in Betracht ziehen. Liberman empfiehlt zusätzlich die Durchführung des Selbstsicherheitsfragebogens nach Rathus, der etwa dem im deutschen Sprachraum vorliegenden Unsicherheitsfragebogen nach Ullrich de Muynck & Ullrich (1976) entsprechen würde. Der Fragebogen von Rathus ist bei Liberman et al. (1989) im Anhang zu finden. Die Überprüfung der Eignung von Patienten mit Hilfe einer Verhaltensübung, die dem praktischen

Trainingsteil des sozialen Kompetenztrainings entspricht, ist von großem Vorteil. Einmal lernt der Patient das Training gleich in einem praktischen Ausschnitt kennen, kann dadurch auch selbst durch eigene Stellungnahme autonom seine Auswahl unterstützen. Zum anderen erhalten Sie als Therapeut ebenfalls einen realistischeren Eindruck von der Eignung des Patienten für das Training und können schon erste Ideen zu den individuellen Trainingszielen für den Patienten entwickeln.

Bei Liberman et al. (1989) befinden sich Beispiele zur Durchführung einer solchen Übungssituation und Kriterien zur Einstufung bzw. Eignung der Patienten.

Erarbeiten individueller Trainingsziele
Sobald sie die Entscheidung, ob sie den Patienten in das Training übernehmen können, gefällt haben, beginnen Sie mit dem nächsten Schritt, der Erarbeitung der individuellen Schritte für ihn und mit ihm und dies immer wieder unter dem Gesichtspunkt der Förderung von Selbständigkeit und der Selbstwirksamkeitsüberzeugung von Patienten. Deshalb ist es unerläßlich, daß Sie den Patienten auch bei diesen Schritten so viel wie möglich aktiv beteiligen. Dies verhindert außerdem späteren Widerstand im praktischen Training.

Folgende Leitlinien für die Wahl von Zielen bei der individuellen Vorbereitung von Patienten für das Training müssen beachtet werden (Liberman, S. 40):
1. Ziele müssen als erreichbar formuliert werden, z.B. erst ein kleines Gespräch mit einer attraktiven Person führen, bevor eine Verabredung ausgemacht wird. Erst ein Kompliment geben, bevor eine widersprechende Meinung diskutiert wird. Erst den Chef nach positiver Rückmeldung über Arbeitsleistung fragen, bevor nach einer Beförderung gefragt wird.
2. Die Ziele sollten positive, konstruktive Verhaltensweisen beinhalten: z.B. erst nach Hilfe fragen, um seine Arbeitsleistung zu verbessern, anstatt dem Chef zu widersprechen, wenn er eine Veränderung am Arbeitsfeld vorschlägt.
3. Die Ziele sollen spezifisch sein, beschrieben in konkreten Begriffen: welches Gefühl oder Bedürfnis soll vermittelt werden, mit wem, wo und wann.
4. Funktionale Verhaltensweisen, d.h. Verhaltensweisen, die einen maximalen Effekt für den Patienten im Alltag haben, z.B. einen Freund zum Essen einladen und nicht um einen Gefallen bitten.
5. Die Ziele sollen konsistent sein mit den Rechten und der Verantwortlichkeit des Patienten, d.h., sie sollen kulturellen, sozialen Normen entsprechen und nicht diese unterlaufen.
6. Die Ziele sollen mit dem Patienten ausgewählt werden, d.h., der Patient soll einverstanden sein und es auch in seinem Interesse sehen, ein bestimmtes Verhalten zu erlernen.
7. Häufig vorkommende Verhaltensweisen, d.h., die Verhaltensweisen, die er immer wieder braucht sollen geübt werden.
8. Verhaltensweisen, deren Auftreten in der Zukunft oder in der Vergangenheit eine hohe Wahrscheinlichkeit hat, d.h., Ziele sollen geübt werden, die der aktuellen Lebenssituation des Patienten wirklich entsprechen.

Das wichtigste Kriterium ist immer die ganz spezifische, klare Formulierung der Ziele für den Patienten mit Hilfe des Therapeuten. Hilfreiche Fragen, um mit dem Patienten die einzelnen Ziele für das Training kompetenten Sozialverhaltens zu formulieren sind z.B. (Liberman S. 53):
• Welche Schwierigkeiten haben Sie mit anderen Leuten?
• In welchen Situationen treten diese Schwierigkeiten auf?
• Was geschieht dann, erzählen Sie genau von Anfang an?
• Wie haben Sie sich in dieser Situation verhalten?
• Wie hat die andere Person reagiert?

- Haben Sie ihr Ziel in dieser Begegnung nicht erreicht?
- Mit wem genau hatten Sie das Problem?
- Wie häufig trat dies auf?

Bei Liberman et al. (1989) befindet sich ein Ablaufschema, das die einzelnen Schritte, Auswahl der Pat. und Erarbeitung individueller Trainingsziele darlegt, sowie ein Schema, das es erleichtert, die Defizite bestimmten Lebensbereichen wie Familie-Freundeskreis (emotionaler Bereich) und Arbeits-Freizeitbereich (instrumenteller Bereich) zuzuordnen.

3. Die Durchführung des Trainings

Die Trainer

Liberman empfiehlt, das Training generell mit zwei Trainern durchzuführen. Dies erleichtert die genauere Beobachtung der Patienten im Training und erlaubt deren bessere individuelle Begleitung bezüglich ihrer Fortschritte und Ziele. Betrachtet man die Komplexität des Libermanschen sozialen Kompetenztrainings, die vielen Hilfsmaterialen für Patienten, die Interventionstechniken und Auswertebögen, erscheint es geradezu unerläßlich, das Training mit zwei Trainern durchzuführen!

Therapeutische Basisfertigkeiten

An die Therapeuten werden folgende Erwartungen gestellt:
Einmal sollten Sie in der Lage sein, empathisch, warm, sensibel, echt und spontan mit den Patienten umzugehen und selbst fähig sein, verschiedene Gefühle verbal und nonverbal auszudrücken.
Zum anderen sollen Therapeuten die folgenden Aufgaben erfüllen (Liberman S. 12):

- Das Zielverhalten in spezifischen konkret handhabbaren Schritte aufbauen.
- Genaue Anweisungen für die individuellen Defizite in den Bereichen von Informationsaufnahme und Informationsverarbeitung geben.
- Die dysfunktionalen Kognitionen des Patienten identifizieren und umstrukturieren, die negative Erwartungshaltungen entstehen lassen und ein effektives soziales Verhalten behindern könnten. Hierzu gehören dysfunktionale Kognitionen wie Übergeneralisierung, überschnelle Schlußfolgerungen, Katastrophisieren und Selbstabwertung.
- Klare Anweisungen und Unterstützungen geben können, um das erwünschte Verhalten zu erreichen. Diese wiederholen, um den Patienten erfolgreich durch die Übungen zu führen.
- Dem Patienten helfen, kurz- und langfristige Ziele in der Situation im Auge zu behalten und Verhaltenselemente aufzeigen, die das Erreichen dieser Ziele ermöglichen.
- Den Patienten ermutigen, die einzelnen Fertigkeiten unter direkter Supervision einzuüben.
- Dem Patienten ermöglichen, die Bedürfnisse, Rechte und Gefühle anderer Personen in einer gegebenen Situation beurteilen zu können.
- Die Selbsteinschätzung des Patienten erkennen im Hinblick auf seine Selbstwirksamkeitsüberzeugung.
- Dem Patienten Modelle für angemessene Kommunikationsstrategien im Rollenspiel zeigen.
- Positive Rückmeldung und Verbesserungsvorschläge geben, um dem Patienten zu ermöglichen, allmählich bessere Kommunikationsstrategien zu erlernen.
- Dem Patienten genaue Hausaufgaben geben, um stufenweise Übungserfahrung in der tatsächlichen Alltagssituation zwischen den Trainingssitzungen zu ermöglichen.
- Differenziert erfolgreiche Annäherung an das gewünschte Verhalten belohnen, das der Patient außerhalb der Sitzung erreicht hat.

Zuletzt ist das Verhalten des Therapeuten im Training von Liberman durch hochaktives, strukturierendes Verhalten gekennzeichnet. Wie bereits erwähnt, birgt dies natürlich die Gefahr in sich, daß Patienten sich dadurch in eine zu passive Rolle begeben und abwarten, welche Instruktionen die Trainer geben, hingegen ihre eigenen spontanen, kreativen Ideen blockiert und/oder nicht geäußert werden. Deshalb sollten meiner Meinung nach beide Trainer stets darauf achten, daß sie auch die Gruppenteilnehmer immer wieder aktiv in die Gestaltung des Trainings mit einbeziehen. Dies kann z.B. durch ein kurzes Blitzlicht im Verlauf einer Gruppensitzung, die ständige Aktivierung der Teilnehmer bei den Übungsschritten (z.B. selbst Notizen am Flipchart vorzunehmen) oder mit der Übergabe an Aufgaben an einzelne Teilnehmer (Beachtung von Übungszeiten, Beobachtungsaufgaben beim Üben anderer Patienten und dgl.) erfolgen.

Die Gruppengröße
Das Training wird in einer Gruppengröße von mindestens 4 bis maximal 10 Teilnehmern durchgeführt.

Dauer der Sitzungen
Die Sitzungen sollten bei einer Frequenz bei 1-2 mal wöchentlich zwischen 45 bis 90 Minuten dauern.

Hilfsmaterialien
Bei der Durchführung werden von den Patienten Aufzeichnungen über Fortschritte und zu den Hausaufgaben gemacht. Beispiele für diese Bögen finden sich bei Liberman et al. (1989) im Anhang. Eine Tafel und oder Flipchartbögen sind nützlich, da die Patienten strukturierte Anweisungen dadurch direkt vor Augen haben. Solche Anweisungen könnten bestimmte Zielverhaltensweisen sein, Ergebnisse zur Rückmeldungsrunde, über die Fortschritte, Notizen zu den Hausaufgaben.

Videoeinsatz
Der Einsatz von Video ist hilfreich, um eine genauere Auswertung des Trainings zu ermöglichen. Unmittelbare Vorteile für die Patienten sind darin zu sehen, daß diese sich und ihr Verhalten nur verzerrt wahrnehmen. Korrigierende Rückmeldungen von Therapeuten oder anderen Patienten sind dabei oft nicht überzeugend. Hier zeigt sich die Vorführung der Videoaufzeichnungen weitaus eindrucksvoller, da die Patienten eher an die Beweiskraft des Bildes glauben („besser einmal sehen als tausendmal hören", orientalisches Sprichwort). Wird den Patienten das eigene Verhalten mittels Videoaufzeichnung vorgeführt, ist darauf zu achten, mögliche negative Auswirkungen der Selbstkonfrontation zu vermeiden. Bei Patienten, die sich durch das Vorhandensein der Kamera beeinträchtigt fühlen, muß dies thematisiert werden. Dies ist deswegen konstruktiv, da die Thematisierung dieser Ängste sich oft als fruchtbar für den therapeutischen Prozeß erweist.

Ein weiterer Vorteil des Videoeinsatzes ist, daß Sie Patienten die Aufgabe geben können, sich allein außerhalb der Gruppentherapie einzelne Szenen, in denen sie geübt haben, noch einmal anzuschauen, um Lernfortschritte und weitere Lernziele erkennen zu können und sich praktisch im Prozeß des Shaping selbst zu unterstützen.

Allerdings darf die Frage der Objektivität nicht unterschlagen werden. In der Fachliteratur wird oft stillschweigend vorausgesetzt, daß eine Videoaufzeichnung eine objektive Wiedergabe der Realität sei. Dies kann jedoch niemals gegeben sein, es handelt sich nur um Zeichen im Sinne der Semiotik. Immer wieder werden sich Realitätsverzerrungen auch durch die Identifikation und Stabilität von Wahrnehmungsverzerrungen ergeben, die auch Videomaterial beeinflussen. (Weitere Hinweise zum Videoeinsatz siehe das entsprechende Kapitel in diesem Buch sowie Mudrak D. u. Rabaioli-Fischer B., Erfahrungen mit Video in einer psychologischen Praxis, Videoinformationen 1988, Jahrgang 11,2,24-28).

Spezielle verhaltenstherapeutische Verfahren bzw. Lernprinzipien, die zur Anwendung kommen.

Folgende Verfahren kommen im Training zur Anwendung (Liberman S.70):

- Spezifikation und Zielsetzung des Trainings individuell in Verhaltens- und operationalen Begriffen. Hiermit ist gemeint, daß Sie mit den Patienten zusammen Übungsbeispiele und Situationen erarbeiten, die so konkret sind, daß sie schon Vorgabe für Übungen sein können. Weiterhin ist durch die Aufteilung in kurz- und langfristige Ziele die Gewähr gegeben, daß Sie langsam aufbauend von einfachen zu komplexeren Situationen gehen können.
- Messung und Überwachung der Fortschritte. Durch die Erarbeitung der o.g. konkreten Listen läßt sich eine leichtere Überwachung gewährleisten und der Prozeß des Shaping auch leichter überprüfen.
- Funktionale Analyse der vorausgehenden Bedingungen und Konsequenzen, die evtl. problematisches Verhalten und Defizite aufrechterhalten könnten.
  Durch die funktionale Analyse lernt der Patient selbst, im Sinne des Diskriminationstrainings soziale Situationen unter dem Aspekt der Stimulus-Reaktionskette genauer zu beobachten, und wird dadurch auch befähigt, selbst Fehler zu erkennen
- Identifizierung von Verstärkern, die die Beteiligung und den Fortschritt des Patienten verbessern können. Dies muß bereits vor dem praktischen Training geschehen. Die Frage ist dabei, welche Form von Lob für den Patienten geeignet ist und welche Selbstverstärkungen bei ihm wirksam sind.
- Kompensation von kognitiven Defiziten, durch Unterstützung mit audiovisuellen und anderen Hilfsmitteln. Da viele dieser Patienten in ihrer Wahrnehmungsfähigkeit, durch Belastung mit sozialer Unsicherheit in ihrer Aufnahmefähigkeit eingeschränkt sind, sind audiovisuelle und andere Hilfsmittel, Flipcharts, in denen entsprechende, unterstützende Sätze stehen, Vorgabe von Modellsituationen auf Video oft unersetzlich, um Lernfortschritte zu fördern und zu unterstützen.
- Optimale Dosierung der Psychopharmaka, die Lernen nicht behindern. Diese Aufgabe ist in Zusammenarbeit mit dem behandelnden Arzt zu lösen und nicht Aufgabe des Therapeuten.
- Sofortige Verstärkung kleinerer Verbesserungen im Verhalten (shaping). Hier ist gemeint, daß Sie sofort für jede kleine Verbesserung eine positive Rückmeldung geben, um den Lernfortschritt auszuformen. Dies wird von Therapeuten oft vernachlässigt, ist jedoch unerläßlich bei einer korrekten Durchführung des Shaping-Prozesses. Zusätzlich können gerade hierbei Videoaufnahmen von Lernsequenzen, bei denen Sie zusätzlich weiter sofort verstärken können, hilfreich sein.
- Genaue therapeutische Anweisungen und Mitteilung der Erwartungen. Da die Patienten erfahrungsgemäß in der Übungssituation wieder eine gewisse Nervosität zeigen, benötigen sie zur Erleichterung eine genaue Instruktion darüber, welche Situation durchgeführt werden soll, <u>wie</u> sie und <u>mit welchem</u> Lernziel sie durchgeführt werden soll, um die Informationsverarbeitung zugunsten genaueren Übens zu entlasten.
- Modellernen in der Situation mittels Video. Es hat sich als sehr sinnvoll erwiesen, die einzelnen Situationen vorzuspielen oder von den anderen Klienten vorspielen zu lassen.
- Wiederholtes Üben und Überlernen. Aus der Lernpsychologie ist bekannt, daß Überlernen gewährleistet, daß ein gelerntes Verhalten auch in Streßsituationen gezeigt werden kann. D.h., daß es so weit beherrscht wird, daß auch Belastungen in der Situation den Patienten am Zeigen des Verhaltens nicht hindern.
- Aktive Unterstützung und Führung (prompting). Hiermit ist gemeint, daß der Therapeut ein Stichwort gibt, das den Klienten führt, während er das Rollenspiel durchführt. Ein Stichwort könnte z.B. sein „lauter", sofort wenn Sie bemerken, daß ein Patient zu leise spricht. Solche Prompting-Signale können auch nonverbale Signale sein, die Sie mit dem Patienten jeweils vereinbaren.
- Positive Verstärkung von Fortschritten. Damit das erlernte Verhalten auch attraktiv für den Patienten selbst bleibt, ist es unerläßlich, daß Sie ihn darin unterstützen, seine eigenen Fortschritte zu erkennen, und Sie diese auch loben, damit der Patient stellvertretend durch Ihr Modell lernen kann, auch sich selbst zu loben.
- Förderung der Generalisierung auf die tatsächliche Lebenssituation. Dies erfolgt vor allen Dingen durch die Hausaufgaben bzw. Übungen im Alltag, die Sie dem Patienten aufgeben und die in den jeweiligen Sitzungen besprochen werden.

Die einzelnen Schritte des Trainings

Liberman gibt genaue Hinweise für den typischen Ablauf einer Sitzung. Diese Darstellung befindet sich bei Liberman et al. (1989) im Anhang.

Wenn Sie sich diese Darstellung vor Augen führen, wird sehr schnell deutlich, wie komplex das Training ist. Andererseits erhalten Sie dabei jedoch als Trainer genaue Strukturierungshilfen für die Durchführung des Trainings.

Folgende Hauptelemente einer Sitzung werden aufgeführt:
- Schritt 1 bis 6 gelten als Beginn der Sitzung
- Punkt 7 bis 11 gelten als Trockenübungsteil
- Schritt 12 beinhaltet Übungen zur sozialen Wahrnehmung und Problemlöseprozesse
- Punkt 13 bis 16 meinen die Durchführung mit einem Modell
- Punkt 17 bis 19 beinhalten den Wiederholungsteil
- Punkt 19 und 20 dienen der Übertragung von Hausaufgaben

Zusatzhinweise zu den Hauptelementen

Folgende ergänzende Zusatzhinweise sollen Ihnen die Durchführung des Trainings erleichtern:

1. Beginn der Sitzung: Wenn Sie eine Trainingssitzung leiten, achten Sie darauf, daß zu Beginn keine langen Diskussionen aufkommen. Dies ist wichtig, damit die Patienten die notwendige Aufmerksamkeit erhalten können und nicht abgelenkt oder überfordert werden durch unnötiges Argumentieren und Verfließen wichtiger Zeit, die Sie für das praktische Training benötigen.

2. Trockenübungsteil: Hier ist es wichtig, daß Sie darauf achten, sofort und soviel wie möglich positive Rückmeldung zu geben, um das Gefühl der Selbsteffizienz beim Patienten zu erhöhen und ihm klar zu vermitteln, welche Verbesserungen er anbringen kann. Weiter sollten Sie die Patienten im praktischen Tun engagieren, damit sie nicht passiv werden und evtl. die Aufmerksamkeit für die Übungssituationen nicht mehr beibehalten können.

Bei der Mitteilung Ihrer Rückmeldungen achten Sie darauf, daß Sie nicht übertreiben, sondern diese adäquat geben. Die Rückmeldungen sollten auch so formuliert sein, daß Sie den Patienten zu weiteren Übungen motivieren. Dabei ist im besonderen darauf zu achten, daß die Rückmeldung konstruktiv ist und keine Mißerfolgsängste beim Patienten entstehen läßt. Sie können durch die Beteiligung aller Gruppenmitglieder die Gruppenkohäsion bei der Rückmeldungsrunde fördern.

3. Wahrnehmung und Problemlösung: Hier geben Sie den Patienten eine Möglichkeit in die Hand, wie sie selbst außerhalb der Therapiesitzung auftretende Probleme durch einfache Fragen lösen können. Um dies zu vereinfachen, ist es wichtig, die Fragen in der immer gleichen Reihenfolge zu stellen, dann sind sie im Alltag leichter verfügbar.

4. Wiederholung mit Modell: Hier ist es sinnvoll, daß Sie mit den Patienten zusammen bestimmte Handsignale besprechen, die sofort Hinweise und unterstützende Hilfe geben, z.B. Hand hochheben, wenn der Patient zu leise spricht, oder Hand senken, wenn er zu laut spricht. Hier lohnt es sich, im Libermanschen Training die verschiedenen Vorschläge für nonverbale Signale anzuschauen, um neue Ideen als Trainer zu erhalten.

Wenn Sie mit den Patienten die Verbesserungen besprechen, erreichen Sie damit auch eine Erhöhung der Selbstwirksamkeitsüberzeugung, die wichtig ist für Wiederholungen der Übungen und um Durchhaltefähigkeit zu motivieren.

5. Hausaufgaben

Die Hausaufgaben dienen dazu, die Generalisierung zu erleichtern und dem Patienten zu helfen, daß er die erlernten Fähigkeiten auch außerhalb der Therapiesitzung nutzt. Zusätzlich können sie den shaping-Prozess fördern.

Um den Patienten davor zu schützen, daß er Mißerfolgserlebnisse konstruktiv nicht verarbeitet, ist es sinnvoll, ihn vorher auf evtl. auftretende Schwierigkeiten aufmerksam zu machen. Das Wichtigste ist, daß er überhaupt versucht, seine Fertigkeiten außerhalb der Therapiesitzungen weiterzuschulen.

Wenn Sie die Schwierigkeiten, die ein Patient bei der Ausführung von Übungen im Alltag erlebt hat, einstufen lassen, haben Sie außerdem einen guten Gradmesser, inwieweit die Übungen im Training evtl. zu schwierig oder zu leicht sind.

Förderung der Generalisierung des Erlernten auf den Alltag des Patienten.

Der wichtigste Aspekt des Trainings sozialer Fertigkeiten ist sicher der, daß der Patient sie in verschiedenen Bereichen des Alltags umsetzen kann. Um die Generalisierung zu fördern, können folgende Maßnahmen zur Anwendung kommen (Liberman S. 123):

- Hausaufgaben
- Verschiedene Übungsvorgaben durch Trainer
- Verwendung von Problemlösestrategien
  Hier können Sie klassische Problemlöseverfahren einführen wie sie in den verschiedenen Lehrbüchern beschrieben werden
- In-vivo-Übungen
  In-vivo-Übungen können Sie mit den Patienten durchführen, die schon einen gewissen Übungsgrad erreicht haben. Dadurch erkennen Sie neue Lernziele und können sehen, welche geübten Fertigkeiten jetzt ausreichend beherrscht werden, bzw. noch verbessert werden müssen
- Langsames Auflösen der Strukturiertheit des Trainings, der Häufigkeit und der Verstärkung
  Bereits angesprochen wurde, daß die starre Struktur des Trainings Passivität fördern kann. Deswegen ist besonders gegen Ende des Trainings wichtig, daß Sie immer mehr den Patienten selbst die Aufgabe geben, die Gruppensitzung zu strukturieren.
- Langsames Annähern des Trainings an die tatsächliche Umgebung
- Einführung und Vorgabe natürlicher Verstärker für den Patienten, um die erworbenen Fertigkeiten zu erhalten.
- Üben von Fertigkeiten die im sozialen Umfeld des Patienten erwünscht sind und ihm als Unterstützung in der Gemeinschaft dienen
- Den Patienten Selbstverstärkungsmöglichkeiten lehren
  Dieses wird sinnvollerweise im Gruppentraining durchgeführt, da bei der Erarbeitung von Selbstverstärkungsmöglichkeiten mit einem Patienten auch andere Patienten profitieren können, indem sie für sich selbst nach solchen Möglichkeiten suchen
- Wiederholte Übungen und Überlernen (overlearning) verwenden
- Verwenden von funktionellen und erreichbaren Zielen im Training
  Betrachten Sie diese Tabelle immer wieder, wenn Sie Trainings durchführen, um sich evtl. noch Anregungen zu holen, wie Sie die Generalisierung auf den Alltag fördern, erhalten und verstärken können
  Weiterhin sollten Sie evtl. die Abstände zwischen einzelnen Sitzungen verlängern, um den Patienten mehr Zeit zu geben, zu überprüfen, ob die erlernten Fertigkeiten für den Alltag ausreichen

Auswertungshilfen für die Beurteilung der Erfolge und Fortschritte der Patienten

Um den genauen Verlauf der Erfolge der Patienten beobachten zu können, ist es sinnvoll, daß Sie jeden Patienten in den Sitzungen und dazwischen seine Fortschritte notieren lassen. Dies kann mit Hilfe der vorgegebenen Fragebögen geschehen oder in einer Art Tagebuch, das der Patient zu bestimmten Situationen führt. Als Trainer können Sie sich Informationen darüber verschaffen, indem Sie folgende Fragen zu beantworten versuchen (Liberman S. 126):

1. Bessern sich die verbalen und nonverbalen Fertigkeiten des Patienten allmählich in einem zufriedenstellenden Maß?
2. Beteiligt sich der Patient während der Trainingssitzungen zunehmend aktiv?
3. Sind die Ziele des Patienten angemessen, sind sie zu schwierig, oder sind sie zu leicht?
4. Sind die verwendeten Interventionsmethoden für diesen speziellen Patienten effektiv?
5. Lernt der Patient soziale Situationen genauer zu erfassen und nimmt z.B. freiwillig als Rollenspielpartner in den Szenen teil, oder muß er immer wieder zum aktiven Teilnehmen aufgefordert und darin unterstützt werden?

Beurteilungsbögen, mit denen die Patienten selbst ihre Fortschritte notieren können, befinden sich bei Liberman et al. (1989).
Diese Bögen haben den Vorteil, daß die Patienten ihre Fortschritte ständig vor Augen haben und andererseits ihnen klare Strukturierungshilfen für die Übungen und im Hinblick auf ihre Lernziele gegeben werden.

Rückmelderunde

Liberman gibt im Punkt 18 des Ablaufs einer Trainingssitzung (siehe Liberman et al., 1989, Anhang) den Hinweis auf die Rückmelderunde. Hier scheint mir ebenfalls die Verwendung der Verhaltenselemente, die im Patientenbogen zu Fortschritten im Training angegeben sind, hilfreich. Das heißt, daß die Rückmeldungen nach Verbesserungen im nonverbalen Verhalten (Gestik/Mimik), Verbesserungen im verbalen Verhalten (Sprachweise) und im Inhalt erfolgen. Dies sind die Basisfertigkeiten Empfang einer Botschaft, Verarbeitung einer Botschaft und Sendung einer Botschaft. Wiederum um das Training nicht zu starr und schematisch ablaufen zu lassen, halte ich es für unerläßlich, daß Sie die Patienten sofort aktiv in die Rückmelderunde mit einbeziehen und auch Rückmeldungen von Patienten aufnehmen, die nicht dem vorgegebenen Katalog entsprechen.

Beurteilung der therapeutischen Kompetenzen

Um sich selbst in Ihrer therapeutischen Kompetenz beurteilen zu können, benützen Sie z.B. die obengenannten Kriterien. Sie können dies anfangs bei jeder Sitzung machen, später in längeren Abständen. Ein gegenseitiger Informationsaustausch über die einzelnen Verhaltensweisen ist vorteilhaft, wenn Sie das Training zu zweit durchführen. Sie können sich dadurch mehr auf die tatsächlichen Aufgaben konzentrieren, wenn Sie wissen, daß Sie nachher mit Ihrem Kollegen den Verlauf der einzelnen Sitzung besprechen.
Bei Liberman et al. (1989) befindet sich im Anhang die Checkliste für die Beurteilung der Trainerkompetenz. Mit ihrer Hilfe können Sie den Austausch mit dem Co-Trainer strukturieren und zusätzlich für die Verbesserung ihrer eigenen Kompetenz als Trainer Lernziele setzen. Diese Liste wurde auch deswegen übersetzt, da sie auch bei der Durchführung anderer Gruppenverfahren einsetzbar ist und bei der Supervision angewandt werden kann.

Abschließende Bemerkungen

Das Training sozialer Fertigkeiten nach Liberman hat seine zwei Seiten. Einmal gibt es durch seine hochstrukturierte und gleichzeitig individualisierte, auf spezifische Patienten ausgerichtete Form eine Fülle von konstruktiven und hilfreichen Anregungen, wie Sie Patienten helfen können, Fertigkeiten im sozialen Bereich zu erwerben, zu erweitern und zu festigen. Kein anderes Training bietet in gleicher Weise konstruktive Vorgaben und Materialien für ein individualisiertes Vorgehen beim Erwerb sozialer Kompetenz.

Zum anderen liegt die Gefahr der hochstrukturierten Form darin, daß Sie Patienten evtl. entmündigen, langweilen oder demotivieren, wenn Sie jede Gruppensitzung in der gleichen, mechanischen Weise ablaufen lassen. Um dieser Gefahr vorzubeugen, wurden verschiedene Möglichkeiten genannt.

Zusätzlich können Sie sich jedoch darauf verlassen, daß Sie mit zunehmender Erfahrung bei der Durchführung des Trainings Ihre eigenen, individuellen Ideen entwickeln werden, um das Training vielfältiger, flexibler und für Sie selbst und den Patienten lebhafter, lebendiger zu gestalten.

Literatur

Ullrich R. u. R. Ullrich (1976), Der Unsicherheitsfragebogen, Pfeiffer, München

Empfehlenswerte Literatur

Liberman R., King L., De Risi W., McCann M. (1975): Personal Effectiveness, Research Press, Champaign
Liberman R., De Risi W., Mueser K. (1989): Social Skills Training for Psychiatric Patients, Pergamon, New York

Es lohnt sich, beide Werke zu lesen, da Sie als Trainer eine Fülle kreativer Anregungen finden können.

Selbstsicherheitstherapien, Training sozialer Kompetenz: Das Assertiveness-Training-Programm ATP als bedingungsanalytische Gruppentherapie*

• Rüdiger Ullrich und Rita Ullrich de Muynck •

Definition

Therapien mit dem definitiven Ziel, eine bessere Selbst- und Weltsicht und eine bessere Bedürfniswahrnehmung und eindeutigere Äußerungsmöglichkeit von Bedürfnissen sowie eine effektivere Nutzung der Umweltressourcen an positiven Verstärkerpotentialen zu ermöglichen oder zu vermitteln, gehören in diese Gruppe von Verfahren.

Verschiedene Ansätze sind möglich:
der Ansatz am Selbst des Individuums mit einer durch seine Lerngeschichte bedingten Erwartung, Wahrnehmung, Deutung, Empfindungsreaktion und Bedürfnisbildung, der Ansatz an den sozialen Fertigkeiten, also dem beobachtbaren Verhalten und der Ansatz an der sozialen Umwelt in der Art der Interaktionspartner, der Gruppenzugehörigkeiten, der Rangplätze und Rollendefinition in Arbeit, Familie und Freizeit.
Die Zuordnung und die bedingungsanalytische Ableitung der therapeutischen Strategien variieren gemäß den verschiedenen Ansätzen.
Therapien mit dem Ansatz an Selbstvertrauen, an Selbstsicherheit, Selbstentfaltung, Selbstmanagement etc. haben andere Ziele und Methoden als reine Effektivitäts-, Fertigkeits- oder Kompetenztrainings, und diese unterscheiden sich wieder von den Sozialtrainings mit Anpassungsverbesserung in einem vorgegebenen Beziehungsfeld bis hin zu reinen Schulungs- und Sozialmaßnahmen. Auch wenn über die sich gegenseitig bedingenden Wechselwirkungen einzelne Veränderungen in jedem der drei Ordnungsgrößen Selbst, Umwelt und vermittelndes Verhalten durchaus hinlängliche Gesamtverbesserungen erzielen können, ist ein solcher partieller Ansatz für unseren Anspruch auf möglichst wirksame und umfassende Bedingungsveränderung einer Therapie nicht ausreichend.
So kann eine noch so effiziente Fertigkeit nutzlos bleiben, wenn sie bei weiterbestehenden Negativerwartungen gar nicht oder in einzelnen, zumeist besonders schwierigen und relevanten Anwendungsbereichen, nicht zum Tragen kommt. Eine weiterbestehende negativ verzerrte Selbstwahrnehmung mit oder ohne Fremdlobabwehr wird trotz geübten selbstsicheren Verhaltens langfristig keine Selbstsicherheit aufkommen lassen, und eine extrem abwertende Bezugsperson oder defizitäre Anerkennungssituation wird auch die Erfolge veränderter Selbstbewertung und kompetenteren Verhaltens zunichte machen. Klinisch relevante Selbstsicherheitstrainings müssen eine entsprechende Breite im Ansatz und in den Methoden haben, um hier bedingungsgerecht vorgehen zu können. Im Regelfall wird die systematische Abschwächung der Störungsbedingungen über ein Gruppenvorgehen und die Veränderung spezieller Problemanteile über eine begleitende Einzeltherapie angestrebt. Neben der Zuordnungsmöglichkeit der Verfahren nach dem **Ansatz am Selbst, dem interaktionellem Verhalten und am sozialen Kontext** sollten klinisch relevante Vorgehensweisen auch eine überzeugende Antwort auf die Frage nach den Voraussetzungen einer Fertigkeitsanwendung bieten. **Ohne Angstabbau werden selbstsichere Verhaltensweisen bestensfalls im geschützten Rahmen der Therapiesitzung angewandt.** Eine erfolgreiche Entängstigung wiederum sollte Schwierigkeitsabstufungen,

---

* Siehe auch Ullrich und Ullrich de Muynck: "Diagnose und Therapie sozialer Störungen". München: Pfeiffer 1980/1995

am zweckmäßigsten als konsequente Hierarchisierung, neben anderen modifizierenden Größen wie kognitive Umbewertung, Modellvorgabe, kohäsive und entspannte Gruppenatmosphäre etc. einsetzen.

Zum tieferen Verständnis dieser zentralen Problematik siehe auch Ullrich de Muynck und Forster (1974) zum Thema Angst und Fertigkeit im Selbstsicherheitstraining.

Neben isolierten Vorläufern, wie Salters (1949) Training von Selbstsicherheit über emotionale und expressive Eindeutigkeit, hat erst die Möglichkeit einer feinabgestuften Enträngstigung nach Wolpes (1958) Verfahren der Systematischen Desensibilisierung den Durchbruch für Selbstsicherheitstherapien und für die klinische Verhaltenstherapie insgesamt erbracht. Aus den Gruppendesensibilisierungen sozialer Ängste, den operanten Fertigkeitsübungen und kommunikativen Anwendungen in Primärgruppen entwickelten sich die heute bekanntesten Verfahren, etwa das Assertiveness Training Programm ATP, das für viele Partialisierungen und Variationen im deutschen Sprachraum die Basis lieferte, und die Vorgehensweisen von Wolpe und Lazarus (1969), von Liberman (1974) u.v.a. im englischen Sprachraum.

Seit der ersten Vorstellung unserer Therapie (1971) mit der Standardisierung des Vorgehens als experimentelle Notwendigkeit für die Therapieforschung wird die Dimension von standardisierten versus weniger oder gar nicht standardisierten Selbstsicherheitstherapien als Ordnungsgesichtspunkt zur Einteilung von Selbstsicherheitstherapien benutzt. Dies macht im klinischen Sektor keinerlei Sinn und ist außerhalb der Therapiekontrolle auch nie für das ATP zutreffend gewesen! Hier werden Definition und Variation von Bedingungen des Verhaltens zur transparenten Veränderungsarbeit und die Strukturierung von Therapien in ihren Bausteinen mit der nur im Experiment geforderten Wiederholungsstarrheit verwechselt.

Die Autoren haben ihr eigenes Vorgehen als "Einübung von Selbstvertrauen und Sozialer Kompetenz" (1976) in drei Büchern für Patienten und einer Handanleitung für Therapeuten (1980) sowie den Büchern zur experimentellen Entwicklung und Absicherung (1981, 1982) beschrieben und das Vorgehen z.T. in der Videoverfilmung 1982/1992 vorgestellt.

Ziele

Für das ATP wurden die Ziele 1971 wie folgt definiert: "Mit dem Begriff der Selbstsicherheit ist die Fähigkeit eines Individuums gemeint, in Relation zu seiner Umgebung eigene Ansprüche zu stellen und sie auch verwirklichen zu können. Dazu gehört also, **sich zu erlauben, eigene Ansprüche zu haben, sich zu trauen, sie auch zu äußern und die Fähigkeit zu besitzen, sie auch durchzusetzen.** Ungestörtes Verfügen über diese drei Kategorien in der täglichen sozialen Interaktion führt zu einem optimalen Selbstwertgefühl durch ständiges Erhalten positiver Verstärker."

Neben dem Aspekt des Wohlbefindens als oberstem Ziel der Therapie analog zur WHO-Definition von Gesundheit sind der Freiheitsaspekt (das Ziel, den "inneren und den äußeren Freiheitsspielraum zu vergrößern") und der Selbstmanagement- oder Vorbeugeaspekt angesprochen (".., daß der Patient lernt, selbst eine Kontrolle auf Stimuli und Verstärker auszuüben"). Diskriminationstexte und Übungen schaffen die Abgrenzung von ethisch und bedingungsanalytisch unerwünschten Formen der Selbstbehauptung wie dem aggressiven, dem zu angepaßten oder zu perfektionistischen Typ der Angstabwehr.

Selbstbewertungsübungen sind Bestandteil jeder Verhaltensprobe und auch der freien Erfahrungsinterpretationen.

Das zentrale Ziel, die negativen Erwartungen hinsichtlich der Umweltreaktionen durch Neuerfahrung zu korrigieren, wird durch vier Angstabbauhierarchien als Teilziele erreicht:

- der Fehlschlag-, Versagens, -Kritik- und Autoritätshierarchie
- der Kontakt- und Nähehierarchie
- der Hierarchie Bedürfnisse äußern gegen Mißbilligungs - und Ablehnungsängste
- der Hierarchie Angst vor Ablehnung, Liebesverlust und dem Alleingelassenwerden sowie Schuldgefühle beim Abgrenzen von anderen

Indikation

Selbstsicherheit als Ausdruck freier Verfügbarkeit von Verstärkern, somit von Wohlbefinden und Selbstkontrolle im Sinne von Selbstmanagement, sowie kommunikative Fertigkeiten sind Ziel einer Fülle von Selbsterfahrungs- und Selbstentwicklungskursen. Die klinische Indikationsstellung muß hier zunächst nach der Intensität der Einschränkung und der Unabdingbarkeit der Bedingungsvariation dieser Größen für "krankheitswertige Störungen " im Sinne der Versicherungsträger erfolgen.

So besteht für die Gesamtheit der Strategien und Kursabschnitte im ATP nur selten eine klinische Notwendigkeit, d.h. für die vollständigen 100 Kursstunden und die wöchentlichen oder 14tägigen Einzelbegleittherapien, obgleich dieses intensive Vorgehen durchaus langfristig wegen der erhöhten Selbststeuerungsmöglichkeiten wünschenswert wäre. Bedingungsanalytisch können wir die Indikationsstellung zunächst an der **phobischen Funktion** erläutern, die für den Großteil der Exzesse an aversiven Erwartungen und Erfahrungen sowie für die meisten Defizite in den sozialen Fertigkeiten und der Selbstwert- und Ansprachebilanz funktional verantwortlich ist.

Auf der Stimulus- oder Auslöseseite lassen sich die aversiven Reaktionen im zwischenmenschlichen Bereich einteilen in:

Situationen mit öffentlicher Beachtung und Leistungskontrolle durch viele und wichtige und strafend-autoritäre Personen. Dies entspricht dem empirisch und faktorenanalytisch ermittelten Faktor eins des Unsicherheitsfragebogens, der als **Fehlschlag- Kritik- oder Versagensangst** definiert wurde.

Der Faktor zwei, der als **Kontaktangst** gelabelt wurde, umfaßt die Herstellung von Erstkontakten und von Nähe zu anderen und generalisiert nach der für die eigene Bedürfniserfüllung signalisierten Attraktivität der Personen und nach Ortsvariablen über Intimität oder Öffentlichkeit.

Als dritten Stimulusbereich mit sinnvoller Eigenständigkeit haben wir den Bereich **Angst vor Ablehnung beim Fordern, d.h. beim Vertreten eigener Bedürfnisse** gewählt, der als Faktor drei des U-Fragebogens positiv als "Fähigkeit zum Fordern, Fähigkeit, Bedürfnisse eindeutig zu zeigen" definiert wurde. Er hängt besonders eng mit einem negativen Selbstwertgefühl zusammen, die klinisch relevanten Störungen zeigen sich weniger als manifeste Angstreaktion, sondern über die erlittenen Konsequenzen.

Der vierte Auslösebereich, die **Angst vor Ablehnung** in engeren emotionalen Bezügen beim "Nicht lieb sein" oder beim **Neinsagen** geht ebenfalls stark mit Selbstlosigkeit einher, zeigt jedoch in der Entstehung und den Folgestörungen über die zwangsläufige Dekompensation der Bewältigungsstrategie "Überanpassung und Aufopferung" eine klinisch relevante Eigenständigkeit.

Neben diesen vier für Selbstunsicherheit zentralen Stimulusklassen gibt es im U-Fragebogen die Faktoren **Schuldgefühle** im Hinblick auf die Verletzung der Helferrolle und "Anständigkeit" als **Angst vor Normenverletzung** " mit der Stafandrohung Mißbilligung oder Blamage. Stimuli aus dem sexuellen interaktionellen Verhalten wurden primär über andere Fragebogensysteme erfaßt und werden klinisch nach allgemeiner Übereinkunft nicht den sozialen Ängsten zugeordnet, obwohl sie zum Großteil nur Teilbereiche von Versagens-, Kontakt- und Ablehnungsängsten darstellen.

Von der zweiten phobischen Variable her, der **konditionierten emotionalen Reaktion**, ziehen wir neben den Angstreaktionen im engeren Sinne auch die Schuld- und Schamgefühle mit in den Bereich der sozialen Ängste ein, wenn sie durch die oben definierten Auslösesituationen hervorgerufen werden.

Als Indikationsanlaß werden diese Verhaltensweisen nur relevant, wenn sie in nicht vermeidbaren Situationen auftreten und über ihre optische Signalwirkung auf andere oder über ihre Funktionsstörung Anlaß einer Störung werden. Als Leistungsstörungen können hier die Lern- und Wiedergabestörung bei Prüfungen, die über Wiederholung sich aufschaukelnde Tremorreaktion beim Dirigieren, beim Schreiben oder Sprechblockaden und die erektile Impotenz genannt werden. Die Indikationen, in denen die optische Signalwirkung auf andere in Form des Errötens, Schwitzens, Erbrechens oder Zitterns Therapieanlaß werden, sind selten Exzesse an CER, sondern zumeist Ängste vor Kontrollverlust. Besonders dann, wenn die Betreffenden angeben, sie hätten außer dieser einen Furcht sonst keine Probleme, läßt sich zumeist eruieren, daß hier panikartige Ängste auftreten mit dem Inhalt, daß bloß niemand das Versagen der Angstkontrollhaltung übers "cool bleiben" bemerken dürfe und eine so eklatant klare Dokumentation eigener Erregbarkeit als öffentliche Versagensvorstellung in Form oben geschilderter Körperreaktionen die totale Bankrotterklärung der bislang praktizierten Angstverleugnung bedeuten würde. Diese bedingungsanalytische Unterscheidung ist deshalb wichtig, weil die fälschliche Zuordnung etwa des Errötens als Reaktion etwa zur Therapieindikation "Systematische Desensibilisierung" führen würde, die bei Panikstörungen nicht sehr wirkungsvoll ist. Dennoch geistern seit der Beschreibung der Phobien durch Marks diese Störungen - etwa als Erythrophobie auch schon früher beschrieben - durch die Literatur als typische Beispiele einer sozialen Phobie.

Eine weitere Einordnungsschwierigkeit emotionaler und physiologischer Reaktionen zu den sozialen Stimuli liegt in den sich intraindividuell aufschaukelnden Spätreaktionen. So wird etwa aus den Angstreaktionen Zittern erst über den Versuch der Gegensteuerung durch Mehrkontrolle der Schreibkrampf, und dieser wiederum führt zu Entladungsreaktionen als Ausrutscher, die äußerlich kaum vom Zittern als CER auf Versagensangststimuli zu trennen sind. Die bekannten Ärgerniederschläge und Reaktionsbildungen etwa im Gastrointestinaltrakt (Ärgerschlucken) werden zumeist durch Ablehnungsängste (Nicht-nein-Sagen) angestoßen, sind jedoch in ihrer weiteren Bedingungskette und damit funktionalen Deutung keiner eindeutigen Überprüfung zugänglich. Dies gilt auch für die emotionalen Folgen veränderter Konsequenzen wie von depressiven Gefühlen oder von Schuldgefühlen, auch wenn es plausibel erscheint, sie als Funktion von Selbstvorwürfen und gestörter Gesamtansprachebilanz zu interpretieren.

Die veränderten Handlungskonsequenzen: Statt der C-Angsterfahrung eine ¢-Entlastungsreaktion oder eine zusätzliche C+Anerkennungsreaktion zu erfahren, führen uns zur dritten phobischen Variable, den **Vermeidungs- oder Angstbewältigungsreaktionen.**

Daß es gerade die langfristig einengenden und blockierenden Schutzstrategien sind, die zum Behandlungsanlaß werden, und nicht der zumeist nicht mehr vorhandene Strafanlaß, sind ja die Basis und Rechtfertigung aller Psychotherapien. Diese immer ausgeklügelteren und komplexeren Schutzhaltungen oder Verstärkersuchstrategien durchdringen in ihrer hierarchischen Struktur schließlich alle Verhaltensmuster und definieren über Einstellungen oder zentrale Verhaltensmuster die sogenannte Persönlichkeit. Sie bilden infolgedessen auch die Indikation für die persönlichkeitsverändernden Maßnahmen und entsprechend psychiatrisch gelabelte diagnostische Einheiten. Dabei sind diese Strategien einerseits inzwischen zumeist unnötig, andererseits sind sie durch ihre sich selbst verstärkende Funktion exzessiv anwachsend und bedingen die Defizite an Situationsannäherungs- und -erfahrungsmöglichkeiten.

Die primären Reaktionsweisen bei Gefahr sind Rückzug oder Flucht, vorbeugender Gegenangriff oder Einschüchterung, Unterwerfung oder Anpassung oder etwas ganz anderes, Unbeteiligtes anstelle der offerierten Auseinandersetzung zu tun (Tarnung). Bedingungsanalytisch unterscheiden wir die Schutzverhaltensweisen, die über die unmittelbare Verringerung der aversiven Zustände belohnend wirken, also durch negative Verstärkung zunehmen, von den Verhaltensweisen, die etwa über die soziale Billigung des Verhaltens, auch noch eine Anerkennung mit sich bringen, also zumeist noch zusätzlich durch positive Verstärkung aufrechterhalten werden. Wir haben diese in Analogie zu den Angstkläffern oder Angstbeißern bei Hunden **Vorwärtsvermeidung** genannt, um den Patienten klarzumachen, daß auch ein mutig oder erfolgreich wirkendes Abwehrverhalten dann Angstvermeidung ist, wenn es durch seinen automatischen und vorbeugenden Charakter eine Situationsüberprüfung und damit eine Neuerfahrung mit Umlernmöglichkeit gar nicht erst zuläßt.

Im Bereich Fehlschlagangst sind klinisch relevante Störungen durch "Rückzugsvermeidung" etwa die Schulschwänz-, Arbeitsplatzwechsel- oder "Krankmacher"-Problematik, die Nachteile bei Prüfungsvermeidung, sich nicht melden oder einbringen mit eigenem Wissen, die Wahl nicht auffallender Ersatztätigkeiten, die Leugnung von Verantwortung mit sekundären Anerkennungskomplexen bis paranoiden Fremdattribuierungen der versagten Anerkennung etc. Vorwärtsvermeidungen sind perfektionistische oder zwanghafte Leistungseinstellungen und exzessiv erhöhte Anspruchshaltungen, die halt "normalerweise" nicht erfüllbar sind und ein Versagen so erträglich machen. Eine stimulusverändernde Strategie mit ähnlicher Funktion ist der Versuch, andere schlechter erscheinen zu lassen, um die eigene Leistung aufzuwerten etc.

Im Kontakt- und Bindungsangstsektor sind die durch schüchterne Zurückhaltung bedingten Ansprache- und Liebesdefizite bekannt. Vorwärtsvermeidungsprobleme können bei Bindungsunfähigkeit durch häufigen Partnerwechsel und bei Kontaktängstlichen durch aufreißerisches Getue entstehen.

Im Bereich Bedürfnisäußerung und Fordern entstehen Probleme durch das Nichttun mit Wahrnehmungs- und Anerkennungsdefiziten, mit Bestätigung der negativen Selbstsicht und depressiven Reaktionen oder - bei Erwartung der "gebührenden" Anerkennung, ohne die eigenen Qualitäten zeigen zu können - eine überzogene Selbstdarstellung am falschen Platz oder eine enttäuschte bis feindliche Weltverdrossenheit wegen der ständigen Verkennung der eigenen Wünsche und Leistungen. Die Vorwärtsvermeidung in diesem Gebiet kann sich im überzogenem Forderungsverhalten und überdurchschnittlichen Werten im U-Faktor „Fordern können" zeigen, geht dann auf Kosten anderer und kann besonders über aversive Rückmeldungen im emotionalen Sektor Ansprachedefizite bedingen.

Im Faktor vier, der Ablehnungsangst bei abweichenden Bedürfnissen, ist die Unfähigkeit nein zu sagen mit dem Versuch, es allen und jedem recht zu machen, bereits eine Vorwärtsvermeidungsstrategie. Als Unfähigkeit der Abgrenzung führt es bei Therapeuten zum Burn-out-Syndrom oder bei ihren Klienten zu unnötiger Abhängigkeit und ist die häufigste Indikation für das ATP als Selbsterfahrungsmethode. Langfristig werden die durch Hilfe und Nettigkeit verursachten belohnenden Konsequenzen für die Beziehungspersonen zum Anlaß, immer mehr vom Betreffenden zu erwarten, was zur Überforderung führt, damit zur Dekompensation dieser Angstschutzstrategie und zum depressiven Versagenszustand in einem Alter, in dem ein Neuanfang nach der Therapie aus sozialen Gründen sehr erschwert ist, zumal meist eigene Bewertungskriterien und individuelle Adreßmerkmale bei diesen Personen oft gänzlich fehlen. Eine Rückwärtsvermeidung von Ablehnungsängsten könnten die Rationalisierung, das emotional Erstarren und der vorbeugende soziale Rückzug ein.

Vom **Anlaß** her können wir die Indikation einteilen in:

Störungen, die unmittelbar als soziale Ängste zum Therapieanlaß werden. Sie treten zumeist als Fehlschlagangst, etwa bei Prüfungen oder Beförderungen, auf oder im Alter ab 40 bei Dekompensationen perfektionistischer Vorwärtsvermeidungen und gehen in diesen Fällen mit Leistungsstörungen einher. Sie sind mit Ausnahme mancher Vorwärtsvermeider zumeist bereits bei Schuleintritt nachweisbar. Diese primären Sozialängste, im Gegensatz zu sekundären, erst im Erwachsenenalter nach primär selbstsicherer Entwicklung entstandenen Störungen, gehen zu 60 % mit sozialen, zu 70 % mit körperlich-geistigen Stigmata (körperliche inklusive von Längen- und Umfangsabweichungen) einher, die unmittelbar Außenseiterrollen bedingten. Da Selbstunsicherheit andererseits ein normalverteiltes Merkmal ist und wir keine Vergleichswerte für die "Stigmatisierung" bei Nichtpatienten haben, sind solche Stichprobenmerkmale nur als Anhaltspunkte für die Verwertung anamnestischer Daten interessant.

Zur **Intensitätsbestimmung** und zur Einordnung der Werte zu Vergleichsgruppen haben sich für uns besonders bewährt der **Fehlschlagangst-Fragebogen FAF** mit einer höheren Einflußnahme negativer Selbstbewertung und die Kritikangstskala des **Unsicherheitsfragebogens (U)** mit eher situationsspezifischer Fehlschlagangst.

Die psychiatrische Diagnostik setzt Soziale Phobien zumeist mit der Fehlschlagangst gleich, etwa nach DSM III, während ICD-10 hier offener ist.

Mit unmittelbaren Kontaktängsten kommen circa ein Drittel der primär sozial Ängstlichen in Therapie und dies naturgemäß zumeist in dem Alter, in dem Kontaktvermeidung am unangenehmsten ist, nämlich beim Erstkontakt in der Pubertät oder über spätere Isolationsprobleme und nach Partnertrennungen, wenn die Kompensation über einen kontaktfreudigeren Partner entfällt.

Kontaktängste erfassen wir mit der Skala U2 des Unsicherheitsfragebogens.

Die Ablehnungsängste beim Äußern eigener Bedürfnisse gehen nur gelegentlich als unmittelbarer Therapieanlaß ein, etwa wenn sie zu Arbeitsplatz- oder Partnerstörungen führen. Sie sind sehr häufig über die psychosomatische Ausdrucksform von blockierten Bedürfnissen oder über depressive Bilanzstörungen Anlaß von Therapien.

Dies gilt besonders auch für die Ablehnungs- und Alleingelassenwerdens-Ängste in engen emotionalen Beziehungen mit zumeist intensiven Schuldgefühlen, andere zu belasten oder zu verstimmen. Die überangepaßte, konfliktvermeidende und Liebe spendende und -heischende Vorwärtsvermeidung in diesem Angstsektor ist über die spätere defizitäre Ansprachebilanz mit starken depressiven Reaktionen eine sehr häufige Indikationsbasis.

Im Unterschied zu der durch Leidensdruck (C-Überwiegen) bedingten Therapiesuche bei vorwiegend negativ verstärktem Vermeidungsverhalten haben wir bei den Vorwärtsvermeidungsverhaltensweisen mit auch positiver Verstärkung hier die Indikation oftmals schon vor der drohenden Dekompensation der Bewältigungsstrategie zu stellen. Der Therapeut muß hier sehr behutsam Alternativen für positive Verstärkung aufbauen, bevor er die die Störung programmierende, aber derzeit noch als zentrale Anspracheequelle dienende Konstellation destabilisiert. Eine Empfehlung zum Auszug aus dem Elternhaus, zur Trennung von Partner oder Arbeitsplatzwechsel, ein Aversivmachen von Perfektionismus oder Helfer-Aufopferungsrollen können als Zufügung von C - zum falschen Zeitpunkt ohne Verhaltensalternativen - "Körperverletzung" sein, eine Unterlassung der Problematisierung und bedingungsgerechten und rechtzeitigen Veränderung jedoch auch einen therapeutischen Indikationsfehler darstellen. Dies ist einer der vielen Gründe, Indikationen für eine Selbstsicherheitstherapie schon vor der Dekompensation von Vermeidungsstrategien anzubieten.

Sozialphobie, selbstunsichere Persönlichkeit und nahezu alle weiteren Persönlichkeitsstörungsdiagnosen mit bedingungsanalytischer Zuordnungsmöglichkeit zu spezifischen Vorwärtsvermeidungsstrategien sozialer Ängste in unseren weiteren, empirisch ermittelten Generalisationsbereichen stellen etwa die Hälfte der klinischen Anlässe für die ambulanten Therapiesuche bei uns dar.

Mindestens genausooft liegt der primäre Anlaß in depressiven Störungen. In einer eigenen Untersuchung waren die Intensität und der Verteilungstyp von Antworten in einer nicht unterdifferenzierten Unsicherheitsskala für eine Gruppe von primär als "Sozialphobie" klassifizierten und für die Gruppe der primär als "Neurotische Depression" (beides nach ICD 9) diagnostizierten Patienten identisch! Komplexe Formen der Selbstsicherheitstherapien sind daher auch für einen Großteil depressiver Störungen die Methode der Wahl. Dies wird im unten Abschnitt "Wirkungsweise" noch erläutert.

In einer dritten Indikationsgruppe finden wir die Vielzahl von klinisch primär ganz unterschiedlichen Störungsbildern, bei denen einzelne zentrale Bedingungsgrößen nicht ohne systematische Veränderung am Selbst oder den sozialen Ängsten und Fertigkeiten geändert werden können, obwohl sie selbst nicht dem Gebiet der sozialen Ängste und Fertigkeiten zugeordnet sind. Dies kann bei Suchtverhaltensweisen die spannungsbedingende Größe Fehlschlag- oder Ablehnungsangst sein, der hohe, ebenfalls Druck schaffende Grad perfektionistischer Vermeidung, die blockierte Wunschäußerung mit psychosomatischen und psychotischen Kommunikationsformen etc. Selbstunsicherheit ist schließlich kein selbst krankhaftes Verhalten. Als Merkmal zeigt es im Fragebogen Normalverteilung in Stichproben Ungestörter. Zu hohe und zu niedrige Werte deuten auf problematische Konstellationen hin. Ein Großteil von uns hat soziale Arrangements getroffen und Einstellungen entwickelt, die seine sozialen Defizite und Exzesse ausreichend kompensieren oder legalisieren. Intakte Systeme und nicht progressiv auf Destabilisierung angelegte Austauschbeziehungen sind kein Grund für Bedingungsproblematisierung oder -veränderung.

Vorgehen

Bedingungsanalyse, Definition der Ziele, auch in Form der zu verändernden Exzess- und Defizitgrößen sowie Plananalyse sind Gegenstand der Therapievorbereitung und der ersten fünf Kursstunden. Das Vorgehen wird unterstützt durch die therapeutisch gelenkte Buchlektüre und die Protokolle und Arbeitsblätter zur Verhaltensbeobachtung. Die Fähigkeit zur Hierarchiebildung, die Notwendigkeit und Vorgehensweise der situativen Umbewertung und einfache Selbsthilfestrategien wie Muskelentspannung werden zumeist ebenfalls in der bei uns ca 6 Monate dauernden Wartezeit vermittelt.
Eine weitere **Vertiefung der Bedingungs- und Plananalyse ohne Übung und Neuerfahrung ist unseres Erachtens nicht sehr ergiebig.**
Die zeitliche Koordination von Einzeltherapiestrategien mit dem Gruppenvorgehen ist wichtig, um Redundanz zu vermeiden und bedingungsverändernde Prozsse von beiden Seiten zu unterstützen.
Die Gruppenzusammenstellung erfolgt nach Geschlecht gemischt, nach Alter und Bildungsgrad möglichst homogen.
Die Festlegung des Vorgehens und der unverzichtbaren Rahmenbedingungen wie der Enthaltung von Selbst- und Fremdabwertung, der hierarchischen Vorgehensweise und der eigenen Übungen in Form eines Vertrages (Arbeitsblatt 12 der ATP- Bücher) ist zu empfehlen.
Die Übungen werden im Buchtext und Videomodell so vorgegeben, daß die/der Übende die psychologischen Erfahrungsmöglichkeiten mit Transfer zu ihren/seinen Fernzielen von der Inszenierung zu unterscheiden lernt und daß sie in der Schwierigkeit nicht überzogen werden. Die Rolle des Übungspartners mit oft sehr viel höherer Angstinduktion wird als "Nur-Übungshilfe" bezeichnet und damit dissoziiert und mit der Erlaubnis, hier in der "Als-ob-Fiktion" eines Rollenspieles tätig zu werden, beschrieben. Eigene Originalitätsbedürfnisse, die oft in ihrer schwierigkeitserhöhenden Folge die Verhaltensprobe erheblich erschweren, haben in dieser Definition keinen Platz. Umgekehrt werden die Echtheit und Eindeutigkeit bei den Übenden durch Beschreiben-lassen eigener Empfindungen oder durch die Rückmeldung von Doppelbindungen kontrolliert. Daß in einem abgestuften Selbsterfahrungsvorgehen die **Inszenierung eines Annäherungsschrittes nicht selbst normengebend sein kann,** ist leicht zu vermitteln und erspart eine zeitraubende Normendiskussion, hinter der sich ja doch nur eine zu hohe Schwierigkeit mit der "Das-würde-ich-nie-tun"-Vermeidung verbirgt. Die Schwierigkeit der Übungen und Hausaufgaben wird über ein Angstthermometer mit subjektiver Eichung kontrolliert und sollte nicht über 30 % liegen. Außer der gezielten situativen Bedingungsvariation der vorgegebenen Hierarchiebeispiele ist hier die erneute Modellvorgabe oder auch Entspannung eine sinnvolle Strategie zur

Überwindung von Schwierigkeitssprüngen. Hausaufgaben müssen kontrolliert und die Erfolge in der Gruppe verstärkt werden.

Grundsätzlich kann die/der Therapeut/in nicht genug positive Verstärker geben, auch während der Übungsteilschritte und für Modellvorgaben (vikariierende Verstärkung). Die Techniken der Verhaltensproben mit "prompten" und "shapen", mit der Analyse von Problemen und Teilrückmeldung "hinter dem Vorhang" werden eingesetzt. Die Verstärkermatrix im ATP in Form der Bewertungskriterien bei den Hausaufgaben erfolgt nach einem System, das Sättigungseffekte verhindern soll, intermittierende Verstärkung zur Förderung von Löschungsresistenz liefern und die Transferbildung fördern soll. Eine Anlehnung an diese **Hierarchie der Selbstbewertung,** die auch die Schwierigkeiten in der Annahme von Lob und Nähe berücksichtigt, wird empfohlen.

Nach unseren Erfahrungen ist besonders der Einsatz von **Videomodellen** eine große Erleichterung. Der Therapeut kann ohne das Problem der persönlichen Beziehung diese Modelle verstärken, der Übungspartner hat ebenfalls ein Modell für die schwierigkeitsgerechte Wiedergabe. Damit werden Valenzen des Therapeuten - etwa zur Wahrnehmung und Steuerung interaktioneller Prozesse - frei. Dennoch sollte jeder Therapeut die Modellvorgabe selbst beherrschen und alle Übungen im Selbststudium erarbeitet haben. Bei einer falschen Wiedergabe und besonderen Problemen ist die eigene Modellvorgabe - etwa unter dem Aspekt "Ich möchte es mal für mich austesten" - unerläßlich.

Die über mehrfache Verfilmungen ausgewählten Übungsmodelle des ATP sind vorwiegend noch in Schwarz-weiß-Qualität erhältlich, was den Arbeitscharakter und damit die Akzeptanz eher fördert.

Videorückmeldung kann zunächst ein negatives Selbstbild verstärken und sollte nach unseren Erfahrungen erst zu einem späteren Zeitpunkt - beim ATP etwa nach dem Grundkurs - eingesetzt werden. Siehe zu diesem Thema auch Hellauer in diesem Buch und die mit ihm erstellten 8stündigen Begleit-Video-Materialien zum ATP.

Die Steuerung der Gruppeninteraktion sollte ebenfalls bei sozial ängstlichen Patienten bedingungsgerecht vor sich gehen. Die **Gruppenkohäsion** als eine der wichtigsten positiven Gruppentherapiegrößen ist nach Graves Untersuchungen im ATP besonders hoch und wird gezielt durch das anfängliche Kritikverbot und über gemeinsame Privattreffen als Hausaufgaben gefördert. Am Anfang wäre eine zu starke persönliche Öffnung und Nähe für viele jedoch einfach zu ängstigend. Ein Forcieren zum falschen Zeitpunkt muß dann Vermeidung und Widerstand zur Folge haben. Die später verstärkten persönlichen Darlegungen, etwa bei der Wiederaufnahme der Plananalysen in der Zwischenbilanz nach dem Grundkurs, legen neben der Ausbildung in bedingungsgerechter Problemanalyse und Bewältigungsarbeiten über Verhaltensproben den Grundstein zu wirklich hoch**potenten und effektiven Selbsthilfegruppen**, die oft noch Jahre nach dem ATP zusammenkommen und sich gegenseitig durch Problemanalysen und Übungen unterstützen.

Ein großes Problem beim Vorgehen ist die **partialisierte Übernahme** von ATP-Bausteinen. Nach mündlicher Mitteilung soll das ATP in einer Untersuchung von Linden nach den kognitiven Techniken die am häufigsten genannte Methode in Therapieanträgen sein.

Zumeist werden hier aber nur Teilbereiche wie die Übungen, einzelne Hierarchien oder Anwendungsbereiche, das Konstruktionsprinzip mit der schwierigkeitstransparenten Situationsdefinition, die Videos oder Bücher eingesetzt, ohne daß ersichtlich wird, ob der gewählte Teilbereich auch eine ausreichende Bedingungsvariation zuläßt.

Eine Grundkursdurchführung als geschlossene Gruppe mit Anschlußtherapieempfehlung bringt unseres Erachtens oft mehr als nur gestreifte Teilbereiche. Dies setzt natürlich immer voraus, daß die Therapie in der Hand von ausgebildeten Verhaltenstherapeuten mit Gruppenerfahrung liegt

Für verhaltenstherapeutisch geschulte, jedoch noch nicht gruppenerfahrene Therapeuten empfehlen wir, zunächst das ATP einzeln und selbst, dann unter Zusammenlegung von zwei, später auch bis zu 4 Personen als "**Therapie in Gruppe**" und später erst als **interaktionelle Gruppe** mit bis zu maximal 8 Teilnehmern durchzuführen.

Barrieren und Kontraindikationen

Die häufigsten Widerstände, auch im Selbstsicherheitstraining, beruhen auf aktivierten Ängsten und einer noch nicht verfügbaren alternativen Copingmöglichkeit. Druckerhöhung in dieser Situation muß die Vermeidung steigern und - wenn diese wie im ATP durch Vertrag etc. unterbunden ist - zu verdeckter Vermeidung (Als-ob-Verhalten, Normendiskussion) oder gar zum Therapieabbruch führen. Das therapeutische Problem in Selbstsicherheitsgruppen liegt hier darin, daß für den einzelnen die Schwierigkeit erniedrigt wird, ohne daß es für die Gruppe wie eine Tolerierung von Vermeidung aussieht.

Andere Barrieren beruhen oft auf der mangelnden theoretischen Vorbereitung, etwa wenn die Inszenierung einer Übungserfahrung von den vermittelten therapeutischen Teilzielen nicht unterschieden wird.

Barrieren können schließlich die notwendigen Verzichtleistungen der übermäßig "selbstsicheren" Gruppenmitglieder bilden, weil diese zunächst über Weglassen eine Einbuße positiver Verstärkung erfahren. Dies wird also zweckmäßig von vornherein - etwa bei der Erstellung der "Ver- und Erlernlisten" bearbeitet und kann später über die Verstärkung gruppenbezogener Interaktionen und die hohe Gruppenakzeptanz aufgefangen werden.

Kontraindikationen in absoluter Form bestehen nicht. Natürlich müssen die Bedingungen für eine ausreichende Wahrnehmungs- und Lernfähigkeit vorhanden sein. In relativer Form ist bei der Auswahl des Vorgehens auf die Transferfähigkeit zu achten. Ist diese vermindert wie bei manchen Denkmustern von Patienten mit Diagnosen aus dem schizophrenen Formenkreis oder bei hirnorganischen Leistungsstörungen, so empfielt sich eine sehr klare regelorientierte Einübung selbstsicheren Verhaltens mit einem Diskriminationstraining, wann und wo was angezeigt ist. Übungen mit reiner Zwischenerfahrung wie Ärger erfahren, Wut zulassen und laut werden können sind hier fehl am Platz.

In der Gruppenzusammenstellung achten wir auch darauf, daß nicht inkompatible Pläne, etwa Patienten mit dem Plan, am besten sein zu müssen, aufeinandertreffen. Auf diagnostische Labels bezogen, heißt das, möglichst je nur ein Borderline oder eine paranoide Psychose pro Gruppe aufzunehmen.

Wirkungsprinzip

Die frühe Therapieforschung war besonders befaßt mit der Nachweis, ob überhaupt gesicherte Resultate der Selbstsicherheitstherapien nachzuweisen waren und welche Bausteine oder singuläre Verfahren am besten wirkten. Eine Übersicht dazu gibt der Artikel von Zimmer (1974). Wir selbst haben das ursprüngliche ATP-Gerüst mit den lediglich 110 Übungen und 4- oder 6wöchiger Dauer unter hochstandardisierten Bedingungen mit den verschiedensten Varianten von 1969 bis 1974 am Max-Planck-Institut für Psychiatrie und bis 1982 dann die heutige Form am IST München untersucht. Die anfänglichen Ergebnisse waren ermutigend, blieben jedoch noch weit hinter den heutigen Resultaten der experimentell entwickelten Endform zurück. Die jetzt als durchschnittliches Therapieerfolgskriterium zu fordernden Endresultate in Höhe von Normalwerten in den vier Hauptzielgebieten oder Skalen des Unsicherheitsfragebogens waren seinerzeit noch Traumresultate. Signifikanzen erfreuten die Therapeuten.

Das Erreichen der "Normalwerte" in den Skalen für Fehlschlag- und Kritikangst, für Kontaktangst und die Ablehnungsängste beim Fordern und beim Abgrenzen ist als soziale Validierung der Therapie und ihrer hypothetischen Bedingungsableitung von Veränderungszielen anzusehen. Dieses Kriterium wird beim heutigen Vorgehen mit Videomodellen zu 80 % bereits bei Ende des Grundkurses erreicht. Zu diesem Zeitpunkt sind besonders die perfektionistischen und überangepaßten Vorwärtsvermeider oft erst dabei, qualitativ ihr Repertoire in Frage zu stellen und durch neue Verhaltensweisen zu ersetzen. Diese Klientel hinkt daher den Resultaten der Nur-Beeinträchtigten etwas hinterher und benötigt den weiteren Kursteil. Für die klinisch beeinträchtigte Klientel Selbstunsicherer ist eine Zeitdauer unter 20 Sitzungen wenig sinnvoll und mager im Resultat.

Dies ist für die immer wieder versuchten Kürzungen und Partialisierungen sicher bedeutsam.

Das Kriterium für Therapieerfolg in der Form, daß der gestörte Verhaltensanteil nicht mehr nachweisbar ist, ergänzt durch Nachweise in Form verbesserter Fertigkeiten und positiver Umweltkontrolle, sollte als Prüfstein effizienter Therapien gegenüber dem Gütenachweis über Methodenvergleiche bevorzugt werden. Abgesehen davon, daß bei Selbstsicherheitstherapien die Komplexität der Methoden dieses Vorgehen kaum aussagekräftig werden läßt, ohne daß klinisch relevante Faktoren als Artefakt weggelassen werden, gibt es kaum jemals Arbeiten, in denen nicht die Erwartung, daß das eigene Vorgehen besser abschneiden müßte als die Vergleichsbedingung, bestätigt wurde.

Für unsere eingangs definierte Modellvorstellung der Beeinflussungen von den drei Wirkungskreisen Selbst, Umwelt und vermittelndes Verhalten scheint uns eine Untersuchung an 40 Patienten mit der Primärdiagnose "Neurotische Depression" (Nach ICD 9) recht illustrativ zu sein. Die Stichprobe ist im Band 2 der „Experimentellen Ergebnisse zum ATP" (Ullrich de Muynck et al. 1982) beschrieben. Die Patienten entstammten verschiedenen ambulanten Gruppen vor dem Videoeinsatz und wurden nach Reihenfolge und der Primärdiagnose Depression selegiert.

Nach einem einfachen "Waagemodell des Befindens" müßte jede Abnahme aversiver Ereignisse wie Selbst- und Fremdablehnung in der einen Waagschale und jede Zunahme positiver Ereignisse wie Selbstakzeptanz, die Annahme von Fremdlob und Zuneigung in der anderen Waagschale die Stimmung oder das Befinden als positive Bilanz der Ansprache verbessern.

Die **Abnahme von handlungsblockierenden Sozialängsten** und die Abnahme aversiver Stimulation durch Neutralisierung von Angstauslösern konnte in über 15 Selbsteinschätzungs- und Fremdbewertungsparametern einschließlich physiologischer und motorischer Meßebenen gesichert und im Ausmaß als weitgehend beseitigt angesehen werden.

Die **Zunahme sozialer Fertigkeiten** mit einer Erhöhung von positiven Verhaltenskonsequenzen und einer **Abnahme negativer Verhaltenskonsequenzen** in der sozialen Interaktion konnte in 13 unterschiedlichen Parametern auf verschiedenen Verhaltensebenen und zusätzlich durch den direkten Nachweis **verstärkender Fertigkeiten** durch die Messung interaktioneller Mehrfachsequenzen nachgewiesen werden.

Die persönliche Ausstrahlung und Wirkung auf die Umgebung wurden **attraktiver, sympathischer und schöner, die Selbstwahrnehmung und das optimistische Befinden positiver.**

Dies schlug sich in einer verbesserten Nutzung der **Verstärkerquellen nieder**: 95 % verbesserten zu 53% im Beruf, 83 % zu 57% im Freundeskreis, 78% zu 47% in der Freizeit und 70 % zu 59% in der Familie.

Als Ausdruck der insgesamt **positiven Bilanzierung** der **Befinden**sfaktoren zeigten 93% eine zu 62% verbesserte **Stimmung** und 100% ein zu 58% verbessertes Gesamtbefinden.

Für depressives Verhalten mit gestörter Anspracheblianz durch Angst- und Selbstwertprobleme, damit für den Großteil aller sogenannten neurotischen, reaktiven oder dysthymen Diagnostiklabels, ist eine große Selbstsicherheitstherapie wie das ATP also ein durchaus bedingungsgerechtes Vorgehen mit recht passablen Resultaten.

Für die hohe Verbesserung der Berufszufriedenheit läßt das Ergebnis einer früheren Untersuchung (Ullrich de Muynck u. Ullrich 1974) Aussagen über die Wirkungsfaktoren zu, die zeigen, daß dies nicht über eine Förderung von Vorwärtsvermeidung und gesteigerte gesellschaftliche Anpassung erfolgt. In den ATP-

Gruppen kam es hier bei einer hohen Abnahme fehlender Tage in der Arbeit (von 30 Tagen vor Therapie auf 7 Tage nach der Therapie, jeweils erstes Halbjahr) gegen Therapievergleichsgruppen gleichzeitig zu einer verbesserten Freizeitnutzung. Alle Faktoren überzogener und rigider Leistungsmotivationen und alle Maße für leistungshemmende Ängste nahmen ab, nicht aber die mittlere Leistungsmotivation, Tüchtigkeit und die fördernde, positive Leistungsangst. Für die immer wieder benutzte Schiene der Leistungssteigerungsversuche durch Erhöhung des Drucks, durch Leistungsvergleiche und öffentliche Kritik, einschließlich der fälschlichen Förderung der Vorwärtsvermeidung Perfektionismus laden diese Resultate und die bedingungsanalytische Hochrechnung von Motivations- und Antimotivationsbedingungen zum Denken ein.

Der Aufbau von Sebstsicherheit unter Beibehaltung von Vorwärtsvermeidungsstrategien mit potentieller Zwangsdekompensation ist ein Fehler.

Neben einer verminderten Nutzbarkeit von Verstärkerressourcen wie Arbeitsplatz- und Angehörigenverluste kann dies die sich selbst stabilisierenden Resultate gefährden.

Die kurzfristig mögliche Steigerung der Ressource Mensch durch die Industrie über Angstbedingungen hat langfristig eine totale Leistungsdekompensation und Zerstörung zur Folge. Sie ist weder sinnvoll noch therapeutisch zu verantworten. Schon Salter forderte, daß die Anpassung des Individuums im Selbstsicherheitstraining nicht an die Gesellschaft, sondern an sich selbst erfolgen solle oder wie eingangs erwähnt, das Individuum soll anpassungsfähig werden, jedoch selbst die Kontrolle über die Verstärker erlangen.

Prognose und Langzeiteffekte

Prognose ist einmal im traditionellen diagnostischen Denken die Zuordnung einer bestimmten Störungs- oder Personkonstellation zu den Ergebnissen einer bestimmten therapeutischen Prozedur.

Prognose ist im bedingungsanalytischen Denken der Verhaltenstherapie die hypothesengeleitete Abschätzung, ob die aus der Bedingungsanalyse abgeleiteten störungserhaltenden Variablen veränderungsfähig sind - und wenn ja - mit welcher Strategie oder Therapie, und ob und wieweit - etwa als Moderatorvariable (O-Variable), hier modifizierende Personeinstellungen oder Pläne, somatische Eigenschaften etc. in der jeweiligen Strategie berücksichtigt werden müssen und ob und wieweit bei nicht veränderbaren negativen Umweltkonstellationen die Möglichkeit besteht, auf der Ebene der Umbenennung und über Ausgleichsoperationen zumindest eine verbesserte Ansprachebilanzierung zu erreichen ist.

Auf lange Sicht entscheidend ist jedoch, ob die in der Selbstsicherheitstherapie gewonnenen Freiräume auch zur realen Veränderung der sozialen Situation genutzt werden. So kann der größte Lerneffekt aus der Therapie keinen Bestand haben, wenn weiterbestehende Defizite in der Ansprache durch Isolation oder weiterbestehende real aversive Einflüsse von Partner-, Eltern-, Arbeitsseite der Beibehaltung des selbstsicheren Verhaltens entgegenwirken bzw. dieses wieder unter aversive Kontrolle bringen.

Dieser prognostisch zentrale Faktor ist auch durch die beste Selbstmanagementfähigkeit nur begrenzt auszugleichen. In der heutigen Situation ist es - alters- und geschlechtsabhängig - in sehr vielen Fällen nicht mehr möglich, hochqualifizierte Menschen nach dem Abbau ihrer Arbeitsstörungen beruflich wieder einzugliedern, so daß zwangsläufig erhebliche Defizite auch nach erfolgreicher Therapie in der Ansprachebilanz bestehen bleiben.

Abgesehen von dieser akuten Negativentwicklung, über deren Einfluß noch keine Untersuchungen vorliegen, erwiesen sich die Effekte des ATP auch bei Langzeitnachkontrollen als stabil und unterstützten die Annahme, daß sich über bessere Verstärkerkontrolle stabilisierende Wechselwirkungen von Selbst, Umwelt und vermittelndem Verhalten bilden (Ullrich und Ullrich de Muynck 1982c).

Literatur

Lewinsohn, P.M.: A behavioral approach to depression. In : Friedman, R.I., Katz, M.. (eds) : The psychlogy of depression. Washington, Winston, 1974

Salter, A.: Conditioned reflex therapy. New York, Capricorn, 1949

Ullrich de Muynck, R. und Ullrich, R. Standardisierung des Selbstsicherheitstraining für Gruppen. Vortrag, 1. Kongress für Verhaltenstherapie.München, 1971. In: Brengelmann, J.C. und Tunner, W.:Behaviour therapy- Verhaltenstherapie. München, Urban und Schwarzenberg, 1973.

Ullrich de Muynck, R. u. Ullrich, R. : Das Assertiveness Training Programm ATP: Einübung von Selbstvertrauen und sozialer Kompetenz. Teil I: Bedingungen und Formen sozialer Schwierigkeiten. Teil II: Selbstsicheres Verhalten Grundkurs. Teil III : Selbstsicheres Verhalten - differenzierende Anwendung im Freundeskreis, am Arbeitsplatz, in der Familie. München, Pfeiffer, 1976.

Ullrich, R. und Ullrich de Muynck, R.: Diagnose und Therapie sozialer Störungen. München, Pfeiffer, 1980.

Ullrich, R. und Ullrich de Muynck, R.: Das Bilanzmodell der Verstärker in der Ätiologie und Diagnose depressiven Verhaltens. In: Ullrich de Muynck, R. : Soziale Kompetenz Band 2, München, Pfeiffer, 1980.

Ullrich, R. und Ullrich de Muynck, R.: Das Bilanzmodell der Verstärker und das Wirkungsspektrum des Assertiveness Training Programm ATP bei 40 depressiven Patienten. In: Ullrich de Muynck, R. : Soziale Kompetenz Band 2, München, Pfeiffer, 1980.

Ullrich de Muynck, R und Ullrich, R. : Der Unsicherheitsfragebogen, Testmappe U. München, Pfeiffer, 1977.

Ullrich de Muynck, R. und Forster, T.: Selbstsicherheitstraining. In Kraiker (Hrsg.) Handbuch der Verhaltenstherapie. München, Kindler, 1974.

Ullrich, R. u. Ullrich de Muynck, R.: Das Assertiveness Training Programm ATP: Therapieresultate in der ambulanten Versorgung. In: Ullrich de Muynck, R., Ullrich, R. Grawe, K. u. Zimmer, D.: Soziale Kompetenz 2, München, Pfeiffer, 1980.

Ullrich, R., Ullrich de Muynck, R. u. Hellauer, D.: Videomodelle zum ATP. Cassetten 1 bis 3 : Grundkurs selbstsicheres Verhalten. Cassette 4: Selbstsicheres Verhalten : Freunde. Cassetten 5a und 5b: Partner und Familie. Cassette 6 und 7: Selbstsicheres Verhalten am Arbeitsplatz. München, Münchner Therapiefilme, 1980, 1982,1992

Konfliktbewältigung
• Birgit B. Lehner •

1. Definition
Ein Konflikt kann in einer Person (intraindividueller Konflikt) bestehen oder zwischen zwei Personen (interindividueller Konflikt) existieren. Die Person, die einen inneren Konflikt besitzt, ist zwischen verschiedenen Alternativen hin und her gerissen und kann sich nicht für eine Möglichkeit entscheiden. Haben die Alternativen negative Konsequenzen, so sprechen Kurt Lewin (zitiert nach Berkel, 1990) und Miller (1951) von einem Vermeidungs-Vermeidungskonflikt, da jede Entscheidung für sie belastend wäre. Folgen den alternativen Handlungsmöglichkeiten positive Konsequenzen, definiert Miller dies als Annäherungs-Annäherungskonflikt, und sind die Konsequenzen sowohl positiv als auch negativ beschrieb Miller dies als Annäherungs-Vermeidungskonflikt. Je nachdem, welche Konsequenz stärker ist, wird sich die Person zu der einen oder anderen Seite hingezogen fühlen.

2. Indikation/ therapeutischer Kontext
Konfliktbewältigung ist dann indiziert, wenn der Klient sich entweder in einem inneren Konflikt befindet und sich zwischen zwei oder mehreren Alternativen nicht entscheiden kann oder wenn er einen Konflikt mit einer anderen Person hat. Er fühlt sich aufgrund dessen unwohl, ist frustriert, deprimiert, hat schlechte Laune, „ist genervt". Dies kann sich auch in psychosomatischen Erscheinungen zeigen, z. B. in Form von Kopfschmerzen, Übelkeit, muskulären Verspannungen.

3. Ziele
1. Innere Konfliktklärung und Lösung führen zu innerer Ruhe und Entspannung
2. Zwischenmenschliche Konfliktklärung führt zu Beziehungen, die entspannt sind
3. Streßabbau
4. Hilfe zur Selbsthilfe

4. Therapeutisches Vorgehen/ Interventionsstrategien

1. Wahrnehmung von Konflikten

1.1. Einstieg über das Symptom
Häufig sind sich die Klienten nicht bewußt, daß sie sich in einem Konflikt, egal welcher Art befinden. Der Einstieg in die therapeutische Arbeit kann über das Symptomangebot des Klienten geschehen, z.B. mit folgenden Fragen des Therapeuten an den Klienten: „Was verursacht Ihnen Kopfschmerzen, worüber zerbrechen Sie sich den Kopf, wovon ist Ihnen so übel, was bereitet Ihnen Bauchschmerzen, wovon sind Sie so genervt, was frustriert Sie oder deprimiert Sie?"
Sagt der Klient dann: „Das weiß ich nicht, ich bin halt genervt", hat sich die „Technik des leeren Stuhls" (vgl. Lehner, 1993) als hilfreiche Interventionsmethode zur Bewußtheitsbildung bewährt: Der Klient spricht mit den Kopfschmerzen oder dem Genervt-Sein, um herauszufinden, welche Funktion dieses Symptom hat und wofür es steht. Vorgehensweise:
Ein leerer Stuhl steht für das Symptom. Auf dem anderen Stuhl sitzt der Klient, der nun mit der Befragung des Symptoms beginnt, z.B.: „Bauchschmerzen, wieso seid Ihr da?"

Er wechselt den Platz und nimmt die Rolle der Bauchschmerzen ein und antwortet als diese.
Hier können Widerstände und Hemmungen auftreten: „Das mache ich nicht, weil das künstlich ist," sagt der Klient.
Therapeut antwortet: „Ja, das ist richtig, was hält Sie zurück, sich auf die Übung einzulassen?"
Klient: „Ich mache mich vielleicht lächerlich."
Therapeut: „Sie haben Angst, sich vor mir zu blamieren?"
Klient: „Ja."
Therapeut: „Ja, das kann ich verstehen, die Situation ist wirklich sehr ungewöhnlich und die künstliche Technik ist hilfreich und erfordert viel Mut, sich darauf einzulassen. Probieren Sie es noch einmal."
Klient: „Ja." Die Übung geht weiter.
oder „Nein"
Therapeut: „O.k. vielleicht ist die Zeit noch nicht reif dafür."

Die Bestätigung des Klienten und das Verständnis für seine Schwierigkeiten sind sehr wichtig. Es hat keinen Zweck, den Klienten zu überfordern. Hier kann es nun wichtig sein, die therapeutische Beziehung zu thematisieren. Wieso hat der Klient Angst, sich zu blamieren. Vielleicht hat er Angst, abgelehnt zu werden. Er ist mißtrauisch gegenüber dem Therapeuten. Dies gilt es herauszufinden und zu klären und zu schauen, ob dieses Thema eine Übertragung früherer Beziehungsmuster ist, weil der Klient früher negative Erfahrungen gemacht hat, als er sich öffnete, oder ob der Therapeut ihm etwas nicht zur Verfügung stellt, was der Klient braucht. Dann erst kann die Arbeit am Konflikt weitergehen.
Inhalt des Widerstandes kann jedoch auch die Angst vor der Veränderung sein. Dies ist ebenfalls zu thematisieren, so daß der Klient sich bewußt entscheiden und den Veränderungsprozeß annehmen kann.

Der Klient nimmt abwechselnd die Rolle des Symptoms ein und spricht als dieses und dann ist er wieder er selbst. Dies geht so lange, bis er sich die Bewußtheit geschaffen hat, die er braucht, um den Inhalt und das Thema des Konflikts anschauen zu können. Er ist dann fähig, seinen Konflikt wahrzunehmen.
Bei der Durchführung der Übung ist das emotionale Erleben des Klienten wesentlich, das durch den Therapeuten verstärkt wird, da dies häufig schon zur Konfliktklärung beiträgt.

1.2. Der Konfliktkreis
Eine andere Methode, Konflikte wahrzunehmen, ist die Technik des Konfliktkreises. Der Klient soll auf einem Blatt Papier einen Kreis mit Pfeilen zeichnen (s. Abbildung 1). In diesen Kreis soll er vier innere und vier äußere zwischenmenschliche Konflikte schreiben.

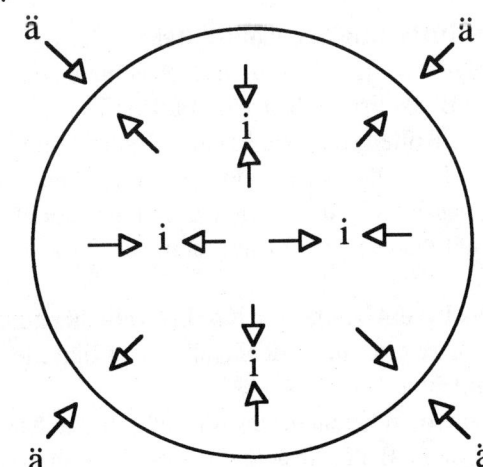

Abbildung 1. Konflikte wahrnehmen mit dem Konfliktkreis

ä = äußerer Konflikt
i = innerer Konflikt

2. Kognitive Umstrukturierung einer negativen Einstellung gegenüber der Existenz von Konflikten

Der Therapeut fragt bei der gemeinsamen Behandlung des Konfliktkreises: „Wie geht es Ihnen mit dieser Darstellung? Welche Gefühle löst ihr Konfliktkreis in Ihnen aus?"
Mögliche Antworten vom Klienten können nun sein:

„schlechte Gefühle" „Ohnmacht" „Angst" „Hilflosigkeit" „Verzweiflung"	oder	„gute Gefühle" „Zuversicht" „Mut" „Antrieb"

Diese Gefühle sind mit einer bestimmten inneren Haltung gegenüber Konflikten verbunden.

Konflikte sind lästig. Konflikte sind unangenehm. Konflikte sind schrecklich. Ich will keine Konflikte haben.	oder	Konflikte sind dazu da, um gelöst zu werden. Konflikte gehören zum Leben dazu.

Hat der Klient eine negative Werthaltung gegenüber Konflikten, ist die erste Aufgabe des Klienten, zu lernen, daß Konflikte zum Leben dazugehören und daß sie dasind, um geklärt zu werden.
Der Klient erarbeitet sich mit der Unterstützung des Therapeuten einen positiven Signalsatz, der ihm hilft, seine negative Einstellung zu verändern. Solche Signalsätze können sein:
• Ich nehme meine Konflikte an.
• Konflikte gehören zum Leben dazu.
• Ich werde meine Konflikte wahrnehmen und klären.
Der „Vertrag mit sich selbst" unterstützt den Klienten, sich an diesen neuen Glaubenssatz zu halten. Dies führt zu Mut und Selbstvertrauen. Der Klient fühlt sich seinen Konflikten gegenüber nicht mehr hilflos ausgeliefert.

3. Interventionsstrategien zur inneren Konfliktlösung

3.1. Personifizierung der Konfliktteile
Der Klient gibt den Konfliktteilen einen Namen und schlüpft dann in die Rolle dieser Konfliktteile und spricht als diese, z.B. als Pro und als Contra. Der Therapeut verstärkt die damit verbundenen Gefühle. Der Klient wechselt die Rollen so lange, bis alle Konfliktanteile alles gesagt haben.
Durch diese Form der Auseinandersetzung mit sich selbst klären sich häufig der Konflikt und die Lösung, es wird klar, was der Klient zu tun hat. Es können jedoch neue Aspekte auftreten, die dem Klienten vor der Übung nicht bewußt waren, und er tritt nun in den Prozeß der Konfliktklärung ein, der Zeit benötigt.

3.2. Die positive Absicht der Konfliktteile herausfinden
Der Klient antwortet in der Rolle aller Konfliktteile auf folgende Frage des Therapeuten: „Welche positive Absicht vertrittst du?"
Dadurch wird dem Klienten bewußt, daß z. B. die Absicht von Pro ist, daß er sich weiterentwickeln und Neues lernen soll, und z.B. die Absicht von Kontra ist, ihn zu schützen, ihn zu warnen. Unter diesen neu auftretenden

Aspekten kann er den Konflikt noch einmal anschauen und herausfinden, was für ihn wichtiger ist. Dies verstärkt die Klarheit, und die gibt dem Klienten die Möglichkeit, das für ihn Wesentliche herauszufinden und danach zu handeln.

3.3. Prioritäten setzen
Die Frage des Therapeuten nach den Lebenszielen stellt den momentanen Konflikt des Klienten in einen größeren Zusammenhang, und der Klient lernt Prioritäten zu setzen. Die Frage: „Was müssen Sie heute tun, um in zwei Jahren Ihr definiertes Ziel zu erreichen?" bewirkt Klarheit und Klärung.
Auch die Frage "Was würden Sie tun, wenn Sie noch ein halbes Jahr zu leben hätten?" stellt den momentanen Konflikt in einen größeren Zusammenhang und bewirkt eine Klärung des Konflikts.

4. Interventionsstrategien zur zwischenmenschlichen Konfliktklärung (Vermittlung von Gesprächstechniken)

4.1. Konfliktpartner statt Gegner - die innere Haltung überprüfen
Therapeut: „Betrachten Sie Ihren Konfliktkreis und richten Sie Ihre Aufmerksamkeit nun auf die von Ihnen dargestellten zwischenmenschlichen Konflikte. Wie beschreiben Sie die Sozialpartner, mit denen sie Konflikte haben? Als Gegner oder als Konfliktpartner?"
Meistens bewerten Klienten Menschen, mit denen sie Konflikte haben, als ihre Gegner oder sogar Feinde. Eine solche Einstellung produziert Angst vor dem Sozialpartner. Diese Angst führt häufig zur Vermeidung der anstehenden Auseinandersetzung und zu innerem Streß und Unwohlsein. Diese negative Haltung gegenüber dem Menschen, mit dem der Klient einen Konflikt hat, soll umprogrammiert werden in eine positive Einstellung: Statt als Gegner wird die Person, mit der der Klient einen Konflikt hat, nun als Konfliktpartner beschrieben. Diese Beschreibung löst Mut und Zuversicht aus und das notwendige Selbstvertrauen, um in die Auseinandersetzung zu gehen.
Oft werden Konflikte als etwas Lästiges und Überflüssiges beschrieben. Aus Konflikten mit anderen Personen können wir jedoch, wenn wir dafür offen sind, sehr viel über uns selbst lernen (s. Projektionen) und Neues dazulernen, d.h. unseren Horizont und Blickwinkel erweitern (vgl. Lehner, 1993)

4.2. Projektionen erkennen und Verantwortung dafür übernehmen
Therapeut: „Betrachten Sie nun noch einmal Ihren Konfliktkreis und richten Sie heute Ihre Aufmerksamkeit auf die von Ihnen dargestellten zwischenmenschlichen Konflikte. Denken Sie dabei an die Frage, was das, was Sie ihrem Konfliktpartner vorwerfen, mit Ihnen zu tun haben könnte. Vielleicht merken Sie, daß Sie manche eigenen inneren Spannungen, Unsicherheiten oder Ängste auf den anderen abwälzen. Dies geschieht oft in der Form, daß der andere zum Sündenbock gemacht wird. Z.B. wirft der Klient seiner Frau vor, daß sie ihm nicht das Recht zugesteht, einmal in der Woche am Abend zum Stammtisch zu gehen. Hat er sich denn mit ihr wirklich auseinandergesetzt? Hat er versucht, einen Kompromiß zu finden, oder hat er aufgegeben und in ihm schwelt der innere Konflikt weiter, sich selbst das Recht zugestehen zu dürfen zum Stammtisch zu gehen oder nicht , weil er selbst nicht fähig ist, sich angemessen durchzusetzen? Hier in diesem Beispiel wäre es für den Ehemann wichtig zu lernen, sich mit seiner eigenen Durchsetzungskompetenz und seinen eigenen inneren Verboten auseinanderzusetzen. Der Klient soll nun seine zwischenmenschlichen Konflikte überprüfen und innere Unsicherheiten, Ängste und Konflikte, die er auf den Konfliktpartner überträgt, erkennen.
Der Klient wird dazu aufgefordert, Projektionen (Übertragungen eigener innerer, ungelöster Konflikte oder Ängste auf eine andere Person, die dann z.B. die Rolle des Sündenbocks zugeschrieben bekommt) wahrzunehmen. Diese Übertragungen konfrontieren ihn mit seinen eigenen Schwierigkeiten, die dann in der Therapie bearbeitet werden können mit dem Ziel, daß der Klient seinen eigenen Standpunkt in bezug auf das

Konfliktthema aufbaut und vertritt. Erst dann ist er fähig, in eine konstruktive zwischenmenschliche Konfliktauseinandersetzung hineinzugehen. Die Gesprächsführung dazu wird im nächsten Punkt dargestellt.

4.3. Gesprächsführung

4.3.1. Baustein 1: Verständnis für den anderen entwickeln (aktives Zuhören und Paraphrase)

Der Klient wird nun dazu aufgefordert, in die Rolle des Konfliktpartners zu gehen und als dieser dessen Standpunkt zu vertreten. Dies erfordert Selbstdisziplin vom Klienten, da dieser nun die Abwehr, die er gegen den Konfliktpartner spürt, überwinden muß. Der Therapeut achtet darauf, daß auch in Gestik, Mimik und Körperhaltung der Konfliktpartner nachgeahmt wird, so daß der Klient eine Ahnung von den Gefühlen des Konfliktpartners bekommt. Kann der Klient die Gefühle des Konfliktpartners erkennen, fällt es ihm leichter, diesem in Zukunft mit mehr Verständnis und der damit verbundenen inneren Ruhe entgegenzutreten. Dies verhindert eine Eskalation des Konflikts.

Im nächsten Schritt übernimmt der Klient wieder seine Position und vertritt sie. Der Therapeut hört aktiv zu und faßt in seinen Worten das Gehörte zusammen (paraphrasieren). Dies geschieht so lange, bis sich der Klient in seinem Standpunkt richtig verstanden fühlt. Die Kommunikationsart des Therapeuten bewirkt beim Klienten Gelassenheit und Zufriedenheit. Der Druck, die Wut, der Ärger nehmen ab. Diese Erfahrung kann der Klient nun nutzen, um in umgekehrter Weise mit seinem Konfliktpartner so zu kommunizieren, wie der Therapeut mit ihm kommuniziert hat.

Der Therapeut übernimmt nun die Rolle des Konfliktpartners und fordert den Klienten auf, aktiv zuzuhören, das heißt, seinen eigenen Standpunkt, seine eigenen Argumente und seine eigene Sichtweise erst einmal beiseite zu legen, um dann das Gehörte in eigenen Worten zusammenfassen zu können (paraphrasieren). Hier übt der Klient, auf den Konfliktpartner einzugehen und Verständnis für ihn aufzubauen.

Dadurch wird auf der Beziehungsebene zwischen den Konfliktpartnern die gegenseitige Wertschätzung (Ich bin o.k. - du bist o.k.) vermittelt, die oft in Auseinandersetzungen nicht mehr besteht. Vermittelt der Klient seinem Konfliktpartner die Botschaft „Du bist nicht o.k.", so greift dieser automatisch zur Verteidigung und der destruktive Machtkampf beginnt.

Wichtig ist, daß der Klient auch lernt, sich Feedback von seinem Konfliktpartner in der beschriebenen Art zu holen, indem er ihn bittet, doch das Gehörte in eigenen Worten zusammenzufassen, z.B.: „Mir ist es wichtig, daß wir uns verstehen und Mißverständnisse abbauen. Deshalb bitte ich dich, das, was ich gesagt habe, noch einmal zusammenzufassen."

Ist die Beziehungsebene wiederhergestellt, kann der Konflikt nun auf der Sachebene weiterbearbeitet werden.

4.3.2. Baustein 2: Gemeinsame Ziele und Interessen erkennen und äußern

Der Klient wird nun wieder vom Therapeuten aufgefordert, den Konfliktkreis zu betrachten und nach gemeinsamen Zielen zwischen ihm und seinen Konfliktpartnern zu suchen.

Beispiel 1: Sabine will mit Robert ins Kino, Robert will mit Sabine ins Theater. Wenn beide erkennen, daß sie beide Interesse daran haben, mit dem anderen etwas zu unternehmen, können sie eine Form des Zusammenseins finden, mit der sie beide zufrieden sind. Das gemeinsame Hintergrundsinteresse ist in diesem Fall das Bedürfnis nach Nähe.

Beispiel 2: Herr Bauer möchte eine Gehaltserhöhung. Sein Vorgesetzter will nicht darauf eingehen. Der Vorgesetzte ist daran interessiert, daß Herr Bauer weiterhin motiviert seine Arbeit macht. Ebenso liegt Herrn Bauer sehr viel daran, mit Engagement zu arbeiten. Thematisiert Herr Bauer dies im Gespräch, so nimmt die Kompromißbereitschaft des Vorgesetzten mit großer Wahrscheinlichkeit zu. Das gemeinsame Interesse ist in diesem Fall das motivierte Arbeiten.

Konfliktbewältigung

Im Rollenspiel übt der Klient diese gemeinsamen Interessen, wenn er sie erkennen konnte, auszusprechen und einzubringen.

Nimmt der Klient gemeinsame Interessen nicht wahr, so übt er im Rollenspiel mit dem Therapeuten, der die Rolle des Konfliktpartners einnimmt, nach gemeinsamen Interessen zu suchen, um dann einen für beide akzeptablen Kompromiß finden zu können.

4.3.3. Baustein 3: Aus einer starken Position heraus verhandeln: Kooperation

Der Klient wird nun vom Therapeuten aufgefordert, zu überlegen, was der Konfliktpartner von ihm haben möchte und was er selbst vom Konfliktpartner will. Diese „Mittel" können dann „ausgetauscht" werden. Es geht letztendlich darum, herauszufinden, wie sich die Konfliktpartner gegenseitig behilflich sein können, das zu bekommen, was jeder will.

Beispiel: Egon möchte einmal abends in der Woche zum Stammtisch. Anna, seine Frau, will, daß er zu Hause bleibt. Was könnte Egon Anna anbieten, damit er sein Ziel erreicht? Anna hat Macht über Egons Freiheit. Egon hat Macht über Annas Wunsch nach seiner Nähe. Egon könnte Anna anbieten, an einem bestimmten Tag in der Woche etwas Schönes zu unternehmen, das Anna bestimmen darf. Somit geht Egon auf Annas Wunsch nach seiner Nähe ein, und Anna ist bereiter, ihm seinen Wunsch, zum Stammtisch zu gehen, zu erfüllen.

4.3.4. Eine andere Form der Gesprächsführung in Konfliktsituationen

Baustein 1: Wut äußern in Form von Ich-Botschaften

Der Klient spielt den Konflikt in Form eines Rollenspiels mit einem leeren Stuhl vor, der für den Konfliktpartner steht. Der Klient wechselt die Rollen.

Dann übernimmt der Therapeut die Rolle des Klienten und spiegelt ihm seine Art der Kommunikation. Der Klient wird aufgefordert, zu beschreiben, wie dies auf ihn wirkt.

Im nächsten Schritt äußert der Therapeut die Wut und den Ärger des Klienten in Form einer Ich-Aussage und der Klient wird wieder dazu aufgefordert, wahrzunehmen, wie diese Art der Kommunikation wirkt.

Ich-Aussagen schaffen Nähe und verhindern den Angriff auf das Selbstwertgefühl des anderen. Dies kann bewirken, daß der andere sich nicht rechtfertigen muß (vgl. Lehner 1993).

Baustein 2: Wut und Ärger in eine Bitte oder einen Wunsch umformulieren

Der Klient soll dann seine Wut oder seinen Ärger in einen Wunsch oder eine Bitte umformulieren. Dies wird im Rollenspiel geübt.

Die Umformulierung der Wut in eine Bitte oder einen Wunsch bewirkt beim Konfliktpartner, daß er eher bereit ist, auf den anderen einzugehen, da keine Angriffe auf seine Person stattfinden.

Beispiel
Baustein 1
„Ich bin wütend, weil ich sehe, daß in deinem Zimmer immer noch ein großes Durcheinander herrscht."
Darin steckt die negative Botschaft: „Du räumst nie auf." Und das ist ein Vorwurf.
Baustein 2
„Bitte räume dein Zimmer auf. Ich würde mich freuen, weil ich dann deine Wäsche wieder in deinen Schrank einräumen kann und nicht mehr über deine Sachen steigen muß."

Hier macht natürlich der Ton die Musik. Der Therapeut muß im Rollenspiel die nonverbalen Mechanismen (Mimik, Gestik, Tonfall) daraufhin überprüfen, ob sie wohlwollend dem anderen gegenüber sind oder nicht. Videoaufzeichnungen geben konkretes Feedback und machen ein Verhaltenstraining effektiv.

5. Wirkprinzip: Wodurch wirkt das?

Die Personifizierung des Symptoms oder der Konfliktanteile bewirken eine emotionale Distanzierung und Handlungsfähigkeit. Der Klient ist dem Konflikt nicht mehr hilflos ausgeliefert, sondern geht aktiv mit dem Problem um. Dies verstärkt sein Selbstvertrauen und seine Selbstsicherheit und gibt ihm Energie, das zu tun, was für ihn wichtig ist. Negative Glaubenssysteme werden kognitiv umstrukturiert und neue, positive Einstellungen und Gedanken in Form von Signalsätzen und im „Vertrag mit sich selbst" formuliert und geübt. Diese positive Einstellung fördert die Zuversicht und das Selbstvertrauen des Klienten.

Die Fragen nach übergeordneten Zielen relativieren den momentanen Konflikt in seiner Übermächtigkeit und tragen dazu bei, daß das Problem „kleiner" wird. Dies fördert den Mut und das Selbstvertrauen und trägt zur Konfliktklärung im Hier und Jetzt bei.

Rollenspiele mit Videofeedback vermitteln dem Klienten neue nonverbale und verbale Verhaltensweisen, mit denen er zwischenmenschliche Konflikt lösen kann.

6. Barrieren, Widerstände, Probleme

Widerstände können durch die Angst vor der Veränderung, die mit einer Konfliktlösung einhergehen kann, auftreten.

Ebenso ist die Funktion des Konflikterhaltes von Bedeutung, wenn der Stabilisierung des Konfliktes positive Konsequenzen folgen.

Beispiel: Die positive Konsequenz des inneren Konfliktes, ob der Klient sich für ein Medizin- oder ein Jura-Studium einschreiben soll, kann darin liegen, daß er, solange er sich nicht entscheidet, sehr viel Zeit für seine Hobbys hat, die ihm mehr Spaß machen, als zu lernen und Prüfungen abzulegen.

Der Therapeut thematisiert Widerstände, so daß er dem Klienten die notwendige Unterstützung gibt und dieser seine Barrieren abbauen kann.

Praxis-Literaturempfehlungen

Berkel, Karl: Konflikt und Konfliktbewältigung. Duncker & Humblot, 1984.
Berkel, Karl: Konflikttraining. Konflikte verstehen und bewältigen. Sauer-Verlag, 1990.
Jandt, Fred: Konfliktmanagement. Haupt-Verlag, 1990.
Lehner, Birgit,B.: Selbstsicher handeln. Erfolgreich in Beruf und Alltag. Beltz-Verlag. 1993.
Lumma, Klaus: Strategien der Konfliktlösung. Windmühle-Verlag, 1988.

Coping - Psychische Bewältigung chronischer Erkrankungen
• Barbara Rabaioli-Fischer •

> **Hoffen und Harren macht manchen zum Narren**
> Sprichwort

In ihrem Lehrbuch „Selbstmanagementtherapie" (1990) geben Kanfer et al. verschiedene Imaginationsübungen an, die Patienten helfen sollen, für sich bzw. ihren Lebensalltag erstrebenswerte Ziele und Werte zu erarbeiten.

Eine dieser Übungen ist die folgende: „Halbjahres oder Einjahresfrage": Ab und zu bitten wir Erwachsene zwischen 25 und 50 Jahren darum, sich eine Szene vorzustellen, in der sie gerade einen Arzt zu einer routinemäßigen Generaluntersuchung besuchen. Zu ihrem Entsetzen und völlig unerwartet erfahren sie, daß der Arzt Symptome einer seltenen Krankheit entdeckt hat, die relativ schnell fortschreitet und innerhalb von einem 1/2 bis 1 Jahr tödlich verläuft, allerdings ohne Beeinträchtigungen oder Schmerzen. Nachdem der Phantasiedialog mit dem Arzt entsprechend strukturiert wurde, wird der Klient gefragt: „Nun, wenn Sie noch etwa halben bis einem Jahr zu leben hätten, wie würden Sie diese Zeit verbringen?".

Wenn Sie einmal diese Übung für sich selbst durchführen, dann wird es Ihnen sicher gut gelingen einen Einstieg, in die Situation zu finden, in der sich Patienten befinden, die Ihre Praxis aufsuchen, weil sie **tatsächlich** mit der Situation einer schweren, nicht heilbaren körperlichen Erkrankung konfrontiert sind. Diese ist üblicherweise jedoch gekoppelt mit körperlichen und seelischen Beeinträchtigungen, häufig mit Schmerzen, nicht immer, aber mit einem bald zu erwartenden Sterben. Wenn Sie sich nun noch diese **erschwerenden** Bedingungen vorstellen, dann haben Sie die Situation, der die Patienten tatsächlich ausgesetzt sind.

Das vorliegende Kapitel „Coping" soll ihnen Vorschläge, Interventionsmöglichkeiten für den praktischen Umgang mit Patienten vorstellen, die an einer chronischen Erkrankung leiden. Eingangs soll kurz eine Einführung in die wichtigsten theoretischen Grundlagen des Coping-Prozesses gegeben werden. Da sich die verhaltenstherapeutische Arbeit zu Coping-Prozessen anfangs überwiegend damit beschäftigt hat, das Erleben und Erfahren von körperlichen Erkrankungen mit therapeutischer Unterstützung zu erleichtern und dies auch der Hauptteil der praktischen Arbeit ist, werden wir uns in diesem Kapitel schwerpunktmäßig damit befassen. Es soll jedoch ebenfalls auf Therapiemöglichkeiten eingegangen werden, wenn Patienten mit einschneidenden Lebensereignissen konfrontiert werden, die der Unterstützung bedürfen. Hierzu gehören z.B. das Erleben eines Überfalls, sexueller Mißbrauch, Tod des eigenen Kindes, - Traumata, wie sie bei der posttraumatischen Belastungsstörung (DSM-III-R) beschrieben werden. Auch diese Patienten brauchen therapeutische Unterstützung im Prozeß der Bewältigung bzw. des Coping.

Somit gliedert sich das Kapitel in die drei Teile:
1. Darstellung der theoretischen Grundlagen von Bewältigungs - bzw. Coping-Prozessen
2. Therapeutische Interventionen bei der Bewältigung körperlicher Erkrankung
3. Therapeutische Interventionen bei der Bewältigung traumatischer Lebensereignisse

---

Frau Dr. Sibylle Kraemer herzlichen Dank für die Unterstützung bei der Bewältigung dieses Kapitels

1. Darstellung der theoretischen Grundlagen des Coping

Der englische Begriff Coping wird in der Fachliteratur entweder unübersetzt oder gleichrangig mit dem deutschen Begriff „bewältigen" benutzt. An diese Regelung wollen wir uns hier auch halten. Die Gruppe um Lazarus (1966) hat den wesentlichen theoretischen Beitrag zum Coping geliefert. Obwohl wenig empirisch untersucht, ist dieser Ansatz für die praktische Therapiearbeit sinnvoll zu nutzen. Die Definition der Lazarus-Gruppe für den Prozeß des Coping lautet:
„Coping ist das beständige Verändern von kognitiven Prozessen und Verhaltensweisen, um spezifische externe und/oder interne Anforderungen, die von der Person so erlebt werden, daß sie ihre persönlichen Ressourcen steuern und/oder überfordern, handhaben zu können". (Lazarus, 1966)

Das heißt, daß Personen, die mit kritischen Lebensereignissen wie schweren Krankheiten, plötzlichem Tod eines Kindes, einem Gewaltverbrechen usw. konfrontiert worden sind, sich in einem fortdauernden Prozeß der Verarbeitung dieses Geschehens befinden. Sie müssen es wahrnehmen, bewerten, abschätzen lernen in seinen Folgen für das tägliche Leben. Sie werden teilweise oder ganz aus dem normalen Lebensrhythmus herausgerissen, so z.B. bei einer Krankheit die Arbeit aufgeben oder ihr Verhalten ändern, z.B. bestimmte Diäten einhalten, komplexe medizinische Eingriffe über sich ergehen lassen, mit Schmerzen oder Behinderung umgehen lernen.
Mit dieser Aufgabe sind nun viele Patienten überfordert oder meinen, daß ihre persönlichen „Ressourcen", d.h. Kraftquellen, nicht ausreichen, um den Prozeß der Krankheits- oder Lebensbewältigung in den Griff zu bekommen. Die Aufgabe des Therapeuten ist nun also, den Patienten beim Prozeß der Bewältigung zu helfen.

In der Definition des Coping, wie Lazarus sie vorgibt, nämlich das beständige Verändern von Kognitionen und Verhaltensweisen, wird von Broda (1987) auf folgende, für die Therapie wesentliche Punkte aufmerksam gemacht:
1. Coping ist prozeß- und nicht statusorientiert
2. Coping ist differenziert vom automatisierten adaptiven Verhalten
3. Bewältigung ist unabhängig vom Ergebnis
4. Es werden auch Verhaltensweisen mit in Betracht gezogen, die vordergründig als nicht erfolgreiche Bewältigung gelten, wie Vermeidung und Akzeptieren

Bei der Betrachtung dieser vier Punkte für die Therapie zeigt sich ihre Bedeutung wie folgt:

zu 1. Coping ist prozeß- und nicht statusorientiert
Dieser Aspekt ist deswegen wichtig, da er uns (Patient wie Therapeut) darauf hinweist, daß die Bewältigung eines kritischen Lebensereignisses in vielen, oft kleinen Schritten passiert und daß die Bewältigung, z.B. das Umgehen mit einer Erkrankung ein oft täglich geschehender, permanenter Prozeß ist. So ist z.B. bei einer chronischen Krankheit wie Rheuma, die oft starke Schmerzen zur Folge hat und die sich auf immer mehr Gelenke ausweitet, der Patient unterschiedlich gut in der Lage, die Schmerzen auszuhalten. Externe Stressoren, wie z.B. ein anstrengender Arbeitstag, kann dem einen Patienten helfen, sich gut von Schmerzen abzulenken, bei einem anderen Patienten diese jedoch bis zur Unerträglichkeit steigern.

zu 2. Es wird zwischen Bewältigung und adaptivem, automatisiertem Verhalten differenziert
Hier wird mit einbezogen, daß es z.B. automatische, organisch-physiologische Veränderungen geben kann, die den Kranken „entlasten", so z.B. die immer geschicktere Benutzung des Hörsinns bei Sehbehinderung. Man könnte außerdem hier auch kognitive Prozesse wie die schwindende Erinnerung an ein traumatisches Ereignis hinzuzählen. So vergißt eine Patientin Details wie Kleidung, Sätze, Dialektfärbung des Gewalttäters

einige Monate nach dem Überfall. Die anfangs erinnerte Prägnanz des Ereignisses verliert ihre Konturen und verhilft ihr durch das „Vergessen" zu verarbeiten.

zu 3. Bewältigung ist unabhängig vom Ergebnis

Der Begriff der Bewältigung läßt uns in der Therapie oft den Trugschluß tätigen, „die Belastung kann endgültig akzeptiert werden". Zielen wir dagegen zusammen mit dem Patienten daraufhin ab, daß menschliches Verhalten Schwankungen unterworfen ist und lenken unsere Aufmerksamkeit auf Flexibilität, dann geben wir dem Patienten mehr Freiheit im Fühlen und Denken und ersparen uns als Therapeuten und dem Patienten irreale Erwartungen.

Wir können z.B. in der Therapie oft erleben, daß es einem Patienten bei der Bewältigung einer Erkrankung helfen kann, wenn er sich gelegentlich erlaubt, mit seinem Schicksal zu hadern und seine Wut oder Verzweiflung über die Krankheit zu äußern.

zu 4. Es werden auch Verhaltensweisen mit in Betracht gezogen, die vordergründig als nicht erfolgreiche Bewältigung gelten, wie Vermeidung und Akzeptieren

Hier wird darauf aufmerksam gemacht, daß „Bewältigung" auch beinhaltet, daß Patienten einem traumatischen Ereignis nicht ständige Aufmerksamkeit schenken können oder wollen, sondern daß sie mitunter gerade ablenkende Tätigkeiten, wie etwa den Besuch eines Konzerts, hilfreich empfinden können.

Ein weiteres Beispiel wäre eine Patientin mit Multipler Sklerose, die nach anfänglich intensiver Beschäftigung mit medizinischer Literatur über ihre Krankheit, die Bücher beiseite legt und abwartet, was nun tatsächlich auf sie zukommen wird, und versucht, so lange wie möglich „normal" weiterzuleben.

Alle der bisher genannten definitorischen Aspekte des Copingprozesses machen schon deutlich, wie komplex dieser Prozeß ist. Mit anderen Worten heißt dies, daß ein hohes Maß an Flexibilität von Patient und Therapeut bei der Bewältigung von Krankheitsprozessen oder kritischen Lebensereignissen gefordert ist.

2. Der Zusammenhang von kognitiven Prozessen, Stressoren und Verhalten: Das transaktionale Streßbewältigungsmodell von Lazarus

Wenn eine Person mit einem belastenden Ereignis (z.B. die Diagnose einer schweren Erkrankung, einem Überfall) konfrontiert wird oder wurde, dann wird die Bewältigung abhängen von den drei Aspekten:

1. Stressor
2. Verhalten
3. Kognitive, emotionale Reaktionen

Alle 3 Aspekte hängen voneinander ab und beeinflussen sich gegenseitig. Lazarus (1966) stellt diese Tatsache in einem Kreisprozeß dar:

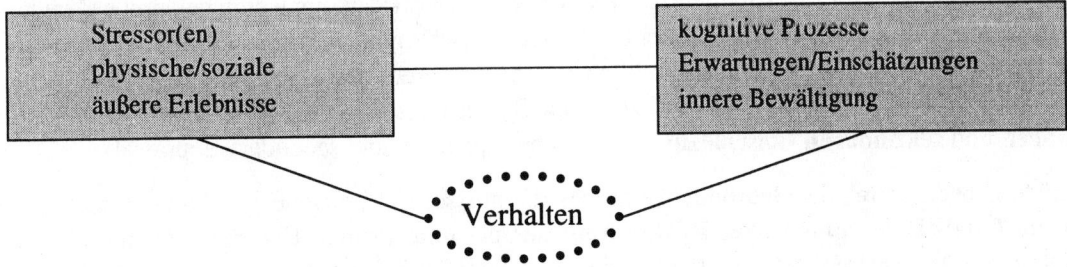

Abbildung 1. Der Zusammenhang von Stressoren, kognitiven Prozessen und Verhalten.

Die Möglichkeiten der Bewältigung werden bestimmt durch:

1. Stressoren
Je nachdem, ob der Stressor ein gesundheitliches Problem darstellt, den Verlust des Arbeitsplatzes oder traumatische äußere Ereignisse, wird die Reaktion unterschiedlich ausfallen.

2. Verhalten
Je nachdem, welche Fähigkeiten bzw. Fertigkeiten ein Patient im Umgang mit Belastung früher entwickelt hat, wird er über ein unterschiedliches Verhaltensrepertoire verfügen, das den Umgang mit dem traumatischen Ereignis erschwert oder erleichtert.

3. Die individuellen kognitiven Reaktionen. Sie laufen nach der Konfrontation mit einem Stressor und werden den Bewältigungsprozeß in unterschiedlicher Weise färben. Diese kognitiven Prozesse spielen nun auch die Schlüsselrolle im Streßbewältigungskonzept nach Lazarus.

Damit ein Ereignis als belastend erlebt wird, muß es kognitiv als möglicherweise schädigend, bedrohlich oder unangenehm von der beteiligten Person eingestuft werden. Lazarus (1966) bezeichnet diesen Vorgang als „appraisal" bzw. Einschätzung/Bewertung. Der Bewertungs- oder Einschätzungsprozeß muß diskutiert werden unter den Faktoren

a) psychologische Bedeutung/Relevanz (Basowitz et al. 1955)
b) potentielle Gefährlichkeit (Lazarus, 1966) sowie
c) der Kontrollierbarkeit des Ereignisses (Stokols, 1979)

zu a) Psychologische Bedeutung/ Relevanz
Basowitz et al. (1955) haben in ihrer klassischen Studie zum Fallschirmspringertraining herausgefunden, daß Personen in der Wahrnehmung von Belastung beträchtlich variieren, und zwar gerade dadurch, wie **bedeutend** das Ereignis für sie war. Belastungen müssen somit in einem Kontinuum von Ereignissen gesehen werden, die Angst bei jedem hervorrufen, bis hin zu jenen, die nur für wenige Personen bedeutsam sind. Für die Therapie bedeutet dies, daß **immer** abgeklärt werden muß, welchen Stellenwert bzw. Bedeutung im gesamten Lebenskontext eines Patienten das traumatische Ereignis (z.B. die Erkrankung, der Überfall) erlangt.

zu b) Potentielle Gefährlichkeit
Traumatische Ereignisse, Stressoren variieren häufig in den Konsequenzen. Diese wiederum haben Einfluß auf die Bewältigungsmöglichkeiten für eine Person. So gibt es schwere chronische Erkrankungen, die zum Tode führen oder aber „lediglich" bestimmte körperliche Behinderungen zur Folge haben.

zu c) Kontrollierbarkeit des Ereignisses
Stokols (1979) weist auf den wesentlichen Faktor der „Kontrollierbarkeit" hin, der Bewältigungsprozesse moderiert. Je weniger eine Belastung von Personen kontrolliert werden kann, desto höher wird der Belastungsgrad. Dies erleben z.B. Patienten dann, wenn über ihre Erkrankung wenig bekannt ist, weder über deren Verlauf noch über Heilungsmöglichkeiten. Welche Bewältigungsfertigkeiten nun letztendlich zum Tragen kommen werden, ist jedoch hauptsächlich von den inneren, den kognitiven Prozessen abhängig. Lazarus hat die Dynamik der inneren Einschätzungs- und Bewertungsprozesse (appraisals) in den zwei Stufen der **primären** und **sekundären** Einschätzung beschrieben (primary und secondary appraisal).

Die **primäre Einschätzung** der Bedrohlichkeit eines Ereignisses (z.B. einer Erkrankung) determiniert die Intensität und **Qualität** der **emotionalen Reaktion** auf die Belastung. Primäre Einschätzungen sind nicht starr oder einmalig, sondern sie werden fortlaufend variiert, und damit variieren auch die emotionalen Prozesse und umgekehrt. So kann sich beispielsweise eine erste spontane Reaktion auf die Diagnosestellung einer schweren

Erkrankung in einer schockähnlichen Starrheit äußern, dann evtl. in starken Ängsten vor dem Sterben. Der zweite Schritt ist dann die **sekundäre Einschätzung** (secondary appraisal), bei dem Individuen angesichts einer Belastung nach verfügbaren Bewältigungsstrategien suchen. Auch dieser Prozeß ist fortlaufend und nicht statisch.

Als **verfügbare Bewältigungsstrategie** wird dabei die Summe sowohl der kognitiven als auch verhaltensmäßigen Anstrengungen gesehen, mit denen eine Person Anforderungen aus der Umwelt, interne Anforderungen und Konflikte zwischen den beiden zu meistern versucht. Sie sind das zentrale Thema der Therapie. Es gibt nun zwei verschiedene Formen von Bewältigungsstrategien:
a) problemorientierte und
b) emotionsorientierte Strategien

zu a) Problemorientierte Copingstrategien
Hierzu zählen jene Verhaltensweisen, mit denen Individuen Verhaltensweisen aktiv verändern, um mit einer Belastung zurechtzukommen, indem sie entsprechend ihrer verringerten Belastbarkeit durch die Erkrankung z.B. ihre Arbeitszeit vermindern.

zu b) Emotionsorientierte Strategien
Damit sind jene Verhaltensweisen gemeint, durch die eine Person versucht, erlebnismäßige Komponenten und physiologische Erregungsprozesse innerlich so zu beeinflussen, daß sie kontrollierbar bleiben und nicht das Wohlbefinden und das soziale Funktionieren beeinträchtigen. Das heißt, die Selbstregulation emotionaler und physiologischer Prozesse wird von der Person etwa über die Anwendung von Entspannungsübungen versucht.
Zusammenfassend sind die Bestimmungsschritte von Coping nachfolgend in Abbildung 2 dargestellt.
Aus diesen Faktoren lassen sich therapeutische Interventionen ableiten, die im folgenden Teil beschrieben werden.

3. Praktischer Teil

Die praktisch-therapeutische Arbeit kann in zwei Teile gegliedert werden.

Erstens sind bestimmte **Basisinterventionen** erforderlich, die bei allen Patienten/Patientinnen angewandt werden, die kritische Lebensereignisse (d.h. Krankheit, Gewaltverbrechen etc.) zu verarbeiten haben und damit allein überfordert sind. Zweitens werden zu einigen traumatischen Lebensereignissen beispielhaft **spezifische** Interventionen genannt.

3.1. Basisintervention bei der Unterstützung in der Bewältigung schwieriger Lebensereignisse
Aus der obigen Darstellung, in der die wesentlichen theoretischen Bestimmungsstücke von Bewältigungsmöglichkeiten kritischer Lebensereignisse nochmals dargestellt wurden, ergeben sich die Basisinterventionen, die die Vorgehensweise in jeder Therapie von Patienten, die mit kritischen Lebensereignissen konfrontiert wurden, bestimmen.
Bevor Sie bei Patienten, die mit solchen Ereignissen konfrontiert wurden, mit der Erhebung der Verhaltensanalyse beginnen, sollten Sie ihre Vorgehensweise erklären, da gerade diese Patientengruppe ja erlebt hat oder noch erlebt, daß das auslösende Ereignis, das sie in die Therapie geführt hat, sie in Ungewißheit und Hilflosigkeit versetzt oder versetzt hat. Indem Sie ihre Vorgehensweise klar erläutern, setzen Sie einen Gegenpol zur Ungewißheit durch die klare Informationsvorgabe. Diese kann weiter durch das Erklären der nötigen Schritte im Bewältigungsprozeß unterstützt werden (z.B. nach Womack et al., 1983).

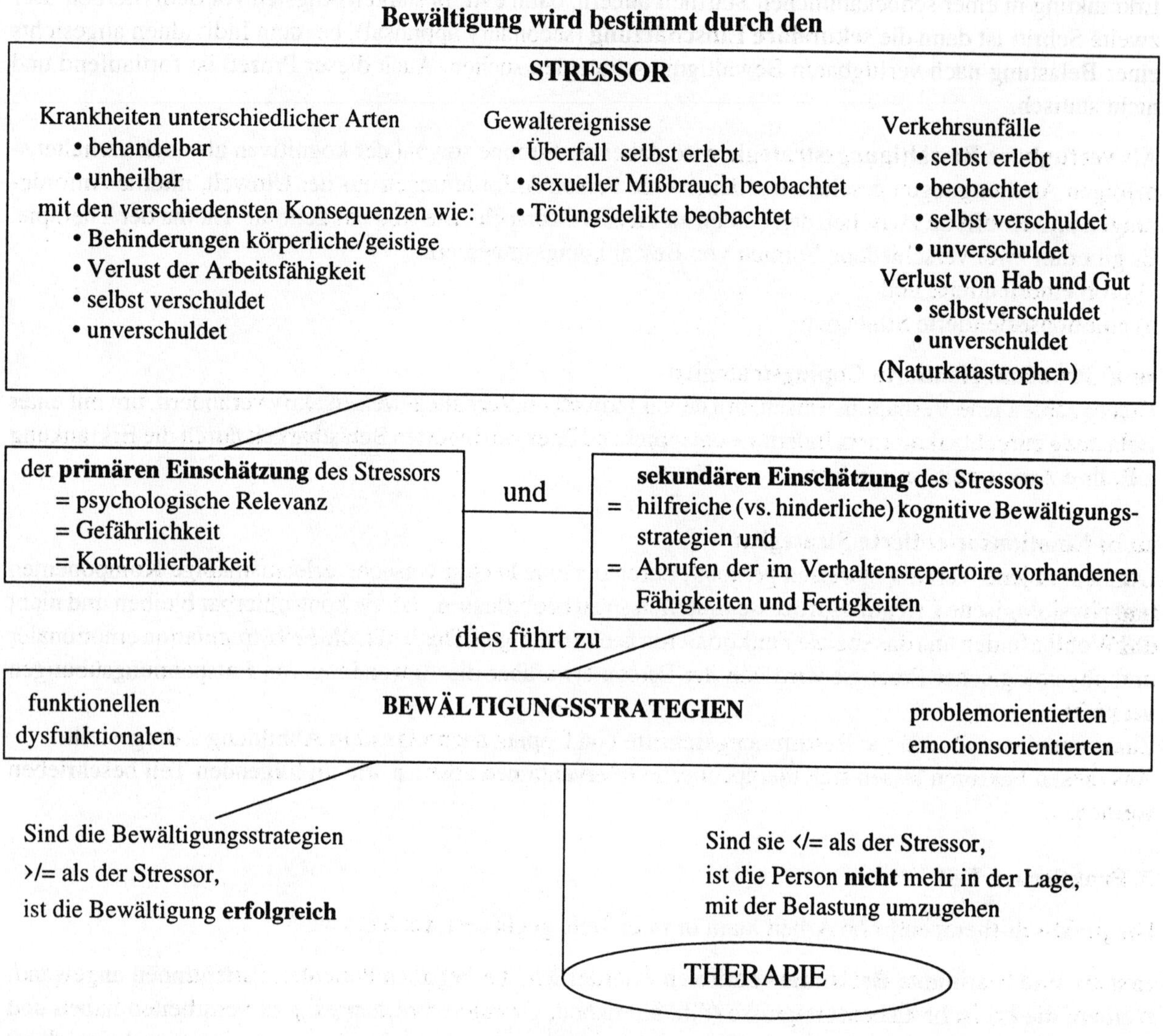

Bewältigung wird bestimmt durch den
STRESSOR

Krankheiten unterschiedlicher Arten	Gewaltereignisse	Verkehrsunfälle
• behandelbar	• Überfall selbst erlebt	• selbst erlebt
• unheilbar	• sexueller Mißbrauch beobachtet	• beobachtet
mit den verschiedensten Konsequenzen wie:	• Tötungsdelikte beobachtet	• selbst verschuldet
• Behinderungen körperliche/geistige		• unverschuldet
• Verlust der Arbeitsfähigkeit		Verlust von Hab und Gut
• selbst verschuldet		• selbstverschuldet
• unverschuldet		• unverschuldet
		(Naturkatastrophen)

der **primären Einschätzung** des Stressors
= psychologische Relevanz
= Gefährlichkeit
= Kontrollierbarkeit

und

sekundären Einschätzung des Stressors
= hilfreiche (vs. hinderliche) kognitive Bewältigungsstrategien und
= Abrufen der im Verhaltensrepertoire vorhandenen Fähigkeiten und Fertigkeiten

dies führt zu

| funktionellen | **BEWÄLTIGUNGSSTRATEGIEN** | problemorientierten |
| dysfunktionalen | | emotionsorientierten |

Sind die Bewältigungsstrategien
>/= als der Stressor,
ist die Bewältigung **erfolgreich**

Sind sie </= als der Stressor,
ist die Person **nicht** mehr in der Lage,
mit der Belastung umzugehen

THERAPIE

Abbildung 2. Coping in seinen Etappen

Der/die Patient/in erfährt somit Erleichterung im Bewältigungsprozeß durch das Kennenlernen der einzelnen möglichen Therapieschritte.

Ein weiterer konstruktiver Effekt ist der, daß Sie Möglichkeiten aufweisen, **wie** der Patient selbst den Therapieprozeß mitgestalten kann (Erhöhung von Selbstwirksamkeit (self-efficacy), Verringerung von Hilflosigkeitsgefühlen, Gefühlen des Ausgeliefertseins). Sie können dann mit der Analyse des Einzelfalles beginnen. Die Kernpunkte, die in Abbildung 2 stehen und die über die Bewältigungsmöglichkeiten entscheiden, sind also:
• der Stressor bzw. das belastende Ereignis
• die primäre und sekundäre Einschätzung, die wiederum Bewältigungsfertigkeiten ergeben.
Im nächsten Therapieschritt erfassen Sie also diese zwei Punkte.

Im klassischen verhaltenstheoretischen Therapieprozeß werden in der Verhaltensanalyse Stimulus-Organismusvariablen-Reaktionen-Kontingenzen und Konsequenzen (S-O-R-K-C) erfaßt, um eine Therapie planen zu können.

Bei Patienten, die mit einem traumatischen Ereignis konfrontiert wurden, bestimmt der Stressor einmal die Stimulusvariable, zum anderen jedoch auch die Konsequenzen.

Das heißt, daß Sie zuerst genaue Informationen über den Stressor einholen müssen, teilweise zusammen mit dem Patienten, teilweise, z.B. bei Krankheiten, auch über die Befragung der behandelnden Ärzte und über die Durchsicht medizinischer Grundlagenliteratur.

Bei jedem Stressor ist es unerläßlich, daß Sie **alle** in der Tabelle aufgeführten Teile abfragen, bzw. genau kennen. So ergeben sich gravierende Unterschiede in der Therapie, ob ein Patient selbst eine Krankheit als heilbar oder unheilbar sieht, ob er sie als selbstverschuldet (z.B. „Ich habe immer stark geraucht") oder als Schicksalsschlag erlebt („Warum bekomme gerade ich das?").

Am **Beispiel** einer Patientin verdeutlicht heißt dies: Sie erfahren von einer Patientin, daß sie die Diagnose Magenkrebs hat und operiert werden muß. Die Diagnose bedeutet für die Patientin in erster Linie starke Ängste vor der Operation, in zweiter Linie auch Angst vor dem Sterben bzw. dem Sterbeprozeß (Pflegebedürftigkeit, Hilflosigkeit, Schmerzen). Sie wissen damit, daß das „Ereignis" außerordentlich bedrohlich ist und außerdem nach der Operation gravierende Konsequenzen für den Alltag mit sich bringt (körperliche Behinderung, Arbeitsunfähigkeit, Schmerzen u. dergl.).

Um jedoch als Therapeut nicht Gefahr zu laufen, durch die Identifikation mit der Patientin eigene Bewertungen über den Stressor (S) und dessen Konsequenzen (C) anzulegen, müssen wir mit ihr zusammen klären, welchen Bedeutungsrang der Stressor Magenkrebs „in ihrem Leben und Erleben erlangt". Sobald Sie genauer geklärt haben, welche Belastung vorliegt und welche Konsequenzen diese generell hat, wird Inhalt der Therapie sein, die kognitiven und verhaltensmäßigen Reaktionen der Patientin zu erfassen. Dies sind die von Lazarus als „primäre" und „sekundäre" Einschätzung benannten Faktoren in der Abbildung 2.

Zuerst sollen hier die Faktoren besprochen werden, die die primäre Einschätzung beeinflussen. Hilfreich ist dabei, die erste spontane Reaktion der Patientin zu erfassen. Hierzu gehören die Gedanken, die Gefühle, die sie erlebt hat und welches Verhalten sie gezeigt hat. Sie erhalten darüber Klarheit, ob es sich überwiegend um funktionale oder dysfunktionale Reaktionen (R) handelt. Hilfreich ist ist auch die Klärung, wie die Patientin mit früheren Belastungen umgegangen ist, um Hinweise auf mögliche Ressourcen der Patientin zu erhalten. Die Suche nach solchen kognitiven Mustern und Verhaltensweisen im Umgang mit Stressoren kann durch Fragebögen wie z.B. den Streßverarbeitungsfragebogen SVF (Janke et al. 1985), unterstützt werden.

Bereits erwähnt wurden die Untersuchungen von Stokols (1979), der den Aspekt der Kontrollierbarkeit berücksichtigt. Angelehnt an das Konzept des Locus of Control nach Rotter, ist für die Arbeit mit Patienten, die z.B. unter einer chronischen Erkrankung leiden, wichtig, daß sie, um Erleichterung zu erlangen, das Gefühl von Kontrollierbarkeit der Belastung soweit als möglich erreichen. Somit soll vermieden werden, daß sie sich gegenüber der Situation ausgeliefert und hilflos fühlen und somit entsprechend dem Konzept von Seligman evtl. depressiv werden. Patienten, die sich als extern kontrolliert erleben, haben eine schlechte Adaptation an Streß. Um externe/interne Kontrolle zu erfassen, können Sie den IPC von Krampen (1981) verwenden.

Weitere Informationen zur psychologischen Relevanz des Ereignisses, sowie die vom Patienten erlebte Gefährlichkeit, die die Bewältigungsmöglichkeiten mitbestimmen, können mittels einer Einschätzskala festgelegt werden. Diese soll an einem Beispiel gezeigt werden. Sie lassen von einem Patienten die Bedeutung der Erkrankung in den verschiedensten Lebensbereichen mit Punktwerten einschätzen.

Die Einschätzskala könnte also in etwa so aussehen

Die Erkrankung hat für mich große = 10 _____ 1 = wenig Bedeutung

im Familienleben 4
bei Freunden 5
für die Arbeit 10
in der Freizeit 6
für mein Selbstbewußtsein 8
usw.

Eine andere Variante wäre die Gewichtung nach dem Vorschlag von Albee (1977):
Er versucht in der folgenden Formel die „Größe" einer Belastung zu bemessen:

$$\text{Belastungsgrad} = \frac{\text{Streßexposition} + \text{Vulnerabilität}}{\text{Psychologische} + \text{soziale Anpassungsfähigkeit}}$$

Der Begriff der psychologischen Anpassungsfähigkeit ist dabei zu vergleichen mit den primären und sekundären Einschätzungen von Lazarus, die zu den Bewältigungsstrategien führen.
Diese Gewichtungen werden sich sicher immer wieder verändern, geben jedoch der Patientin und Ihnen Klarheit, auf welche Bereiche Sie ihre Arbeit zuerst konzentrieren könnten oder sollten.

Zum nächsten Schritt, der Erfassung der sekundären Einschätzung des Patienten zum Ereignis, bekommen Sie oft schon Informationen, wenn Sie sowohl den Stressor und dessen Bedeutung für den Patienten festhalten, als auch bei der Besprechung der primären Einschätzung. Der Bewältigungsprozeß ist so komplex und dynamisch verwoben, daß beim Erfassen der einen Variable oft auch bereits Informationen über eine andere Variable gegeben werden.
So werden Sie einzelne Bewältigungsstrategien ebenfalls mit den Fragebögen von Janke und Krampen erfahren haben und können diese erweitern durch das Erfassen automatischer Gedanken, Tagebucheintragungen, wie sie in den kognitiven Therapieverfahren (siehe entsprechendes Kapitel in diesem Buch) angewendet werden. Das gleiche gilt für den Umgang mit früheren Belastungen. Auch hier werden sich bereits Informationen ergeben, die Aussagen über vorhandene Fähigkeiten/Fertigkeiten im Verhaltensrepertoire des Patienten enthalten. Zusätzlich ist jetzt eine exakte biographische Analyse notwendig, um stabile erworbene Annahmen über das Selbstbild, Weltbild des Patienten, seine daraus resultierenden Grundannahmen und Überlebensregeln zu bekommen. Hierbei geht man z.B. nach dem von Sulz (1992) im Verhaltensdiagnostik-System (VDS) vorgelegten Vorschlägen vor (vertikale Verhaltensanalyse).

Im letzten Schritt ergeben sich durch die obengenannten Analysen die vorhandenen Bewältigungsstrategien, die in funktionale, dysfunktionale und problemorientierte bzw. emotionsorientierte unterteilt werden können.
Im folgenden Schema sollen nun die einzelnen Schritte in der Therapie nochmals aufgeführt werden.

Schema 1
Basisinterventionen beim Umgang mit Patienten, die schwierige Lebensereignisse zu bewältigen haben.

1. Erklären des Zusammenhangs von Stressoren, kognitiven Prozessen, Ressourcen, psychophysiologischen Reaktionen und Verhalten und deren Bedeutung für die Vorgehensweise (Therapieplanung, Durchführung) mit dem Patienten. Dies z.B. anhand des Schemas von Womack im oder des Regelkreismodells von Lazarus in der theoretischen Einführung (Abb.1)

2. Analyse des Stressors durch
- Erfragen anhand der Faktoren in Abbildung 2
- Erarbeiten durch Zusatzinformationen anderer Behandler (Ärzte)
- Evtl. Erarbeiten medizinischer Grundlagenliteratur
3. Erfassen der primären Einschätzung mit Hilfe von:
- Einschätzskalen
- Spontanen Gefühlsreaktionen und Gedanken der/des Pat.
4. Erfassung der sekundären Einschätzung mit Hilfe von:
- Einschätzskala „Gewichtung des Ereignisses"
- Fragebogenverfahren (IPC, SVF, Freiburger Fragebogen zur Krankheitsverarbeitung).
- Analyse des Umgangs mit früher aufgetretenen Belastungen
- Vertikale Verhaltensanalyse, individuelle biographische Analyse anhand von Anamnesebögen - VDS von Sulz
5. Zusammenstellen der Informationen unter den Gesichtspunkten:
- funktionaler und dysfunktionaler Bewältigungsstrategien
- problemorientierter und emotionsorientierter Bewältigungsstile

Aus den erfaßten Bewältigungsstrategien/-stilen läßt sich dann die individuelle Therapieplanung ableiten. Ein Beispiel soll dies nun verdeutlichen.

		Bewältigungsstil
funktionale	• Suche nach therapeutischer Unterstützung	p.o.C.
	• Verändern der Arbeitszeiten wegen verringerter körperlicher Belastung	p.o.C.
	• Sichern finanzieller Bedingungen (Teilrente)	p.o.C.
	• Genereller Lebensoptimismus („Ich bin immer ein humorvoller Mensch gewesen")	e.o.C.
	• Selbsthilfegruppen aufsuchen	p.o.C.
dysfunktionale	• plötzlicher, häufig erhöhter Alkoholkonsum	p.o.C. +e.o.C.
	• erhöhte Aggressivität gegenüber sog. Gesunden	p.o.C. +e.o.C
	• Gleichgültigkeit gegenüber ärztlichen Anweisungen	e.o.C.
	• Versuch, sich sozial zu isolieren	p.o.C.
	• negatives Gefühl sich selbst gegenüber („bin weniger Wert")	e.o.C.
	• Jammern bei Schmerzen	p.o.C. +e.o.C.
	p.o.C.= problemorientiertes Coping /e.o.C.= emotionsorientiertes Coping	

Tabelle 1. Erfaßte Bewältigungsstrategien bei einem Patienten

(Anmerkung: Die beiden Coping**stile** lassen sich manchmal nicht klar trennen, da wie z.B. erhöhter Alkoholkonsum primär auch zu einer Veränderung der Emotionen und zu körperlicher Entspannung führen kann, aber auch eine aktive Handlung ist, also als „problemorientiert" gilt).

Anhand einer solchen Zusammenstellung haben Sie dann Vorgaben, welche Standardverfahren der Verhaltenstherapie Sie in der Therapie anwenden, mit dem Patienten erarbeiten bzw. ihn lehren können. Zu diesen Standardverfahren gehören z.B. Schmerzbewältigungstraining, Problemlösetechniken, Entspannungsverfahren, Selbstsicherheitstraining, kognitive Techniken.

3.2. Spezifische Interventionen

Welches schwierige Lebensereignis ist zu bewältigen?
Jede Therapie wird natürlich auch mit davon bestimmt, welches schwierige Lebensereignis zu bewältigen ist. Es sollen zwei Gruppen unterschieden werden:
a) einmal physische Belastungen, das sind Krankheiten jeglicher Art
b) zum anderen psychische Belastungen, wie z.B. lange Arbeitslosigkeit, Gewalterlebnisse, Tod eines Kindes etc. Zu beachten ist dabei, daß jede psychische Belastung auch körperliche Folgen haben kann. Z.B. sei an die Auswirkungen ständiger psychischer Anspannung auf das Immunsystem bzw. körperliche Befinden gedacht.

„Es gibt wirklich, allen Turnlehrern zum Trotz, eine beachtliche Anzahl von Geistesprodukten, die von kränklichen oder zumindest körperlich stark verwahrlosten Leuten hervorgebracht wurden" (Berthold Brecht, Notizen zur Gesellschaft 1948)

3.2.1 Krankheiten

Der Weg zur Diagnose und eine bevorstehende Operation:
Arbeiten Sie mit Patienten, die noch keine klare Diagnose für ihre Erkrankung haben, benötigen diese Unterstützung für die unangenehme Wartezeit, Zeit der Ungewißheit. Dabei sind folgende Interventionen hilfreich:

Behandlungsplan:	Zeit vor der Diagnosestellung
	Bevorstehende Operation
Phase I	1. Tagesstrukturierung
	2. Erstellen einer Liste angenehmer Tätigkeiten
	3. Gedankenstopp
	4. Lehren von Entspannungstechniken
	5. Lehren von Imaginationstechniken.
Phase II	Anwendung
Phase III	Überprüfung der gelehrten Verfahren in der Praxis.

Phase I:

1. Tagesstrukturierung
Für die meisten Patienten ist es einfacher, während des Wartens noch zu arbeiten. Sie haben dann leichtere „Ablenkungsmöglichkeiten". Deswegen ist genau abzuwägen, bei wem hier eine Krankschreibung hilfreich ist. Ist sie jedoch wegen des schlechten körperlichen Befindens unerläßlich, kann ein Tagesplan, in dem genau festgelegt ist, was wann getan wird, eine hilfreiche auch ablenkende Stütze (Konzentration auf die Tätigkeiten) sein. Eine intensive Befragung des Patienten, was er gerne tut, sowie Pflichten, die zu erledigen sind, sind hierzu nötig. All diese Aspekte müssen auf seine Belastbarkeit abgestimmt werden. Vielleicht sperrt sich mancher Patient gegen diesen Regelkatalog. Deswegen sollten Sie Freiraum gewähren, jedoch ihm zu vermitteln versuchen, daß eine äußere Struktur aktives Bewältigen erleichtert und somit sinnvoll und hilfreich ist.
Ist der Patient stationär untergebracht, muß der Tagesplan in die Klinikroutine eingebettet werden. Patienten sollten selbst lernen, ihre Tagesplanung zu erstellen. Der Vorteil ist, daß allein die selbständige Ausarbeitung der Pläne wieder Ablenkung von Ängsten und Ungewißheit bietet und gleichzeitig das Gefühl von Selbstkontrolle erhöht.

2. Erstellen einer Liste angenehmer Aktivitäten
Dies ist deswegen hilfreich, damit dem Patienten eine Fülle alternativer Tätigkeiten zur Verfügung steht, die ihn vor Langeweile und Grübeln schützt. Zum anderen, da ja damit gerechnet werden muß, daß sich an die Diagnosestellung ein längerer stationärer Aufenthalt anschließt und er somit für diese lange Zeit Ablenkungsmöglichkeiten zur Verfügung hat.

3. Gedankenstopp
Um Phasen des Grübelns, die eine schlechte emotionale Verfassung bedingen, unterbinden zu können, wird dem Patienten die Technik des Gedankenstopps gezeigt. Auch hier ist es unerläßlich, daß er eine große Zahl alternativer, positiv aufbauender Gedanken abrufen kann. Es ist auch wichtig, daß er darauf aufmerksam gemacht wird, den Gedankenstopp häufig, 10- bis 30/40mal am Tag, einzusetzen, da sich Gedanken und Ängste über die evtl. Diagnose immer wieder einstellen können. Sie sollten diese Techniken sehr bald lehren, da oft keine lange Therapiezeit bis zur Diagnosestellung zur Verfügung steht.

4. Entspannungstechniken
Es sollten kurze Verfahren gelehrt werden, da wir auch hier keine längere Therapiezeit haben, in der Patienten eine Entspannungstechnik sehr gründlich erlernen können. Es eignet sich z.B. das Verfahren der Tiefenatmung sowie Ruhesuggestion (lange einatmen, sich innerlich das Wort „ganz" vorstellen, lange ausatmen, sich innerlich das Wort „ruhig" vorstellen). Weiter sollte der Therapeut gleichzeitig eine Kassette erstellen, die der Patient mit nach Hause oder ins Krankenhaus nimmt. Diese kann eine ausführliche Entspannungstechnik, wie z.B. die progressive Relaxation nach Jacobson oder das Autogene Training, beinhalten. Somit ist es ihm möglich, alleine ein ausführliches Entspannungsverfahren zu erlernen. Das Erlernen von Entspannung ist ein essentieller Teil jeder Therapie, in der es um Bewältigung schwieriger Situationen geht. Deshalb muß und soll der Therapeut Entspannungstechniken selbst an den Patienten vermitteln und diese nicht als „unwesentliches Äußeres" an andere Personen delegieren. Zusätzlich erhält er auch gerade hier wichtige diagnostische Informationen über den Patienten, seine Entspannungsfähigkeit, seine Disziplin und inwieweit er sich an Instruktionen hält.

5. Imaginationstechniken
Anschließend an die Vermittlung verschiedener Entspannungsverfahren sollten mit dem Patienten angenehme, bildhafte Vorstellungen erarbeitet werden. Die Anwendung von entspannenden Bildern ermöglicht die kognitive Verlagerung der Aufmerksamkeit von der bevorstehenden Diagnose oder Operation und vertieft gleichzeitig die Entspannung.

Phase II: Anwendung

Da bei der Vorbereitung auf eine Diagnose oder eine Operation oft wenig Therapiezeit zur Verfügung steht, sollten Sie diese intensivst mit dem Patienten zum Üben nutzen. Sie sollten ihr Augenmerk ganz besonders in der Anwendungsphase darauf richten, ob der Patient das Erlernte auch richtig anwendet, welche Hilfen er zusätzlich braucht, ohne ihn unter Druck zu setzen. Man muß ja berücksichtigen, daß er sich bereits unter großer Anspannung befindet. Um Enttäuschungen zu vermeiden, ist es weiterhin von Bedeutung, daß sie keine irrealen Ziele setzen, denn eine gewisse Spannung ist vor der Stellung einer Diagnose oder Operation auch normal.

Krankheiten, die zum Tode führen
Bei Krankheiten, die zum Tode führen, muß der Therapeut ebenfalls wieder ganz individuell vorgehen. Ein Standardprogramm durchzuziehen, in dem der Patient vor seinem Sterben Abschied nehmen soll von der Welt

und ähnliche Strategien, sind nicht nur plump und gegenüber dem Patienten verächtlich, sondern ethisch unvertretbar. Es muß das Recht eines jeden einzelnen bleiben, wie er mit dieser Situation umgehen will. Deshalb ist individuell zu erarbeiten, wie sich der Kranke auf diese Situation vorbereitet und ob er z.B. tatsächlich noch Dinge klären will, auch formale Dinge, oder ob er sich selbst mit dieser Situation nicht auseinandersetzen möchte. Dies ist auch nicht die Aufgabe des Therapeuten, sondern z.B. des direkten Angehörigen oder eines Seelsorgers. Therapeuten sollten sich nicht als Ersatzseelsorger sehen, vielmehr mit ihm diese Dinge nur besprechen, wenn er dies ausdrücklich wünscht. Eigene Konzepte über Sterben und Tod sind jedoch hilfreich, um den Patienten eine Sinnhaftigkeit und ein sinnvolles Gespräch in diesen Situationen anbieten zu können.

Krankheiten die zur Körperbehinderung führen
Bei Krankheiten, die zur Körperbehinderung führen, kann folgender Behandlungsplan gelten:
Interventionen für:

1. Erhalt von Selbstbewußtsein   - idealisiertes Selbstbild
2. Alltagsleben   - Selbstsicherheitstraining
- Wohnung   - Streßbewältigung
- Arbeitsplatz   - Tagesstrukturierung
- Rolle im Erwerbsleben   - Aktivitätsplanung
3. Veränderungen der Sozialkontakte   - Problemlösetraining
- Familie   - kognitive Verfahren
- Freundeskreis   - Imaginationstechniken

Erkrankungen, die zur Körperbehinderung führen, bedingen Konsequenzen für alle oben genannten Bereiche, d.h., in der Therapie müssen Lösungsmöglichkeiten für alle gefunden werden. Dies ist jedoch nicht nur Aufgabe des Therapeuten, sondern hier sollte Unterstützung vom Sozialarbeiter des Krankenhauses bzw. der Rehabilitationseinrichtung gesucht, sowie die Zusammenarbeit mit Arbeitgeber und der Familie angestrebt werden. Die Hauptaufgabe des Therapeuten besteht darin, die psychische Verarbeitung dieser Veränderungen und Einschränkungen zu unterstützen und entsprechende emotionale und kognitive Verarbeitungsmöglichkeiten anzubieten. Zum Erhalt des Selbstwertgefühls ist es notwendig, sich auf die Stärken, Fertigkeiten, Fähigkeiten, die dem Patienten bleiben, zu konzentrieren und ihm diese bewußt zu machen. Kognitive Umstrukturierung evtl. entstandener Selbstabwertungen sowie der Umgang mit Abwertungen, die ihm von außen her begegnen, z.B. wegen Arbeitsunfähigkeit, müssen im Rollenspiel und mittels kognitiver Umstrukturierung immer wieder geübt werden. Dies kann nicht in einer einstündigen Therapiesitzung erfolgen, sondern nur in kleinen Schritten und mit Rückfällen. Therapeut und Patienten sollten auf zum Teil extreme Stimmungsschwankungen vorbereitet sein. Patienten brauchen auch die Möglichkeit, über eine Behinderung wütend zu sein, da dies eine normale menschliche Reaktion ist.
Der schwierigste Bereich ist die Veränderung des Freundeskreises. Gerade bei chronisch kranken Patienten mit Körperbehinderung wird sich der Freundeskreis verändern. Deswegen sollten ihnen Möglichkeiten aufgezeigt werden, wo sie sich mit anderen treffen können, die das gleiche Schicksal wie sie haben (Selbsthilfegruppen) und sie dadurch auf mehr Verständnis stoßen und neue Kontaktmöglichkeiten finden können.

An folgendem **Beispiel** soll ein Bewältigungsprozeß dargelegt werden:
Ein Patient, der an einer schweren Stoffwechselerkrankung leidet, die zu zunehmender Körperbehinderung führt, hat folgende Schritte bei der Krankheitsbewältigung erlebt:

Folgendes muß er akzeptieren:
- Daß er da ist: „Ich kann nichts daran ändern, daß ich diese Gene habe, da ist etwas schiefgelaufen".
- Daß ich so erzogen worden bin, wie es meine Eltern gemacht haben, streng leistungsorientiert, was zu meiner Erkrankung nicht paßt: „Ich kann daraus nur das Beste machen".
- „Ich möchte dazu stehen, wie ich ausschaue." Er verarbeitet dies damit, daß er sagt: „Ich bin stiefmütterlich vom Schicksal behandelt worden. Auch hier will ich trotzdem das Beste daraus machen".
- „Ich muß akzeptieren, daß Geldmittel beschränkt sind und dadurch Entscheidungen schwieriger werden."
- „Ich muß in der Welt so leben, wie sie ist. Das politisch-gesellschaftliche System akzeptieren, das auf Leistungsfähigkeit, Gesundheit, Jugendlichkeit Wert legt, und kann nur versuchen, mich optimal da anzunähern, wo ich mich in diesem System wohlfühle."
- „Ich muß akzeptieren, daß mein Körper wenig bringt, deswegen will ich mein Gehirn nicht verrotten lassen".

Die Tatsache, daß er immer unbeweglicher wird und schließlich einen Rollstuhl benötigt, kann er so bewältigen, daß er sich die Konzequenzen vorstellt, wenn er weiter auf den Rollstuhl verzichtet. Seine erste Befürchtung ist, daß er sich mit Rollstuhl zu wenig fordert (lasse ich zu oft los...was passiert dann?). Er sieht jedoch die Konsequenzen deutlich, wenn er auf dieses Hilfsinstrument verzichtet. Er sieht, wie er sich selbst und andere damit gefährdet. Schließlich sieht er die Vorteile des Rollstuhls, die darin liegen, daß er andere nicht explizit um Hilfe bitten muß, sondern daß viele Leute doch sofort hilfsbereit reagieren, wenn er beim Einsteigen in der U-Bahn, bei Rolltreppen Hilfe braucht und er dadurch sogar oft angenehme Kontakte erlebt.
Die Aufgabe den Tagesablauf zu verändern, formuliert er positiv so:
„Ich brauche mehr Selbstmanagement, ich muß meinen Tag einteilen für mich. Auch dies ist eine Aufgabe in der ich mich selbst beweisen kann. Als Slogan sucht er sich hier das „carpe diem".

Krankheiten, die Schmerzen verursachen: Für Verfahren der Schmerzbewältigung, die das Kapitel sprengen würden, wird auf das Buch von Keeser et al. (1982) verwiesen.

Arbeit mit den Angehörigen der Patienten

Werden Patienten schwer krank, wird sich immer die Dynamik in der Familie verändern. Auch für die Angehörigen bedeutet eine schwere Erkrankung, egal, ob sie zum Tod führt, Behinderung oder Schmerzen bedingt, ebenfalls Belastung. Deshalb ist es notwendig, die Angehörigen in die Therapie mit einzubeziehen, um auch ihnen Unterstützung für die sehr fordernde Aufgabe zu geben. Sie haben somit die Möglichkeit, die Probleme zu besprechen sowie vom Therapeuten klare Vorgaben für den Umgang mit dem Patienten zu erhalten, damit sie nicht ungünstiges Krankheitsverhalten fördern. Ebenfalls sollte mit ihnen nach Entlastungsmöglichkeiten gesucht werden, wo sie selbst „auftanken", um ein „burn-out" zu verhindern.

Ablaufschema - Arbeit mit Angehörigen
1. Aufbau einer Arbeitsbeziehung Therapeut - Angehöriger
2. Klärung der emotionalen Beziehung Angehöriger - Patient
3. Sammeln bereits vorhandener Bewältigungsfertigkeiten
4. Sammeln von fehlenden Bewältigungsfertigkeiten, schwierige Situationen
5. Erarbeiten von Problemlösemöglichkeiten zu Punkt 4
6. Besprechen und Üben von konstruktivem Umgang mit dem Erkrankten
7. Sammeln von Entlastungsmöglichkeiten für Angehörige und Suche nach praktischen Umsetzungsmöglichkeiten in den Wochenablauf.

Als Beispiel sei ein Patient genannt, der seinen krebskranken Freund begleitet:
Als Slogan, den er für sich gewählt hat, um die schwierige Situation zu ertragen, nannte er: „Ich will jetzt dasein". „Ich will jetzt durchhalten". Diese Formulierungen erarbeitet er aufgrund folgender Überlegung: „Die Basis einer langjährigen Beziehung besteht für mich darin, daß ich dann da bin und gerne da bin, wenn der andere mich braucht". Er beschreibt, daß sich die Situation für ihn nicht nur negativ gestaltet, da er feststellt, wie er eigene kleine Beschwerden (hin und wieder Magenweh, Kniegelenkbeschwerden) kaum noch bemerkt. Er komme weg von der Konzentration auf eigene „hypochondrische Ängste" und erlebe, wie sich durch die Erkrankung seines Freundes so vieles relativiere. Nun kann er bessere Gewichtungen für sein Leben erstellen.
Er konzentriert sich nicht einseitig auf die Aufgabe, den Freund zu unterstützen, sondern achtet darauf, daß er ihn immer dann fordert, wenn es möglich ist, damit dieser sich nicht ihm völlig ausgeliefert fühlt. Zusätzlich wird genau mit ihm erarbeitet, daß er situationsspezifisch reagiert, d.h. auch für sich selbst eigene Nischen sucht, wo er sich erholt und Spaß hat. So geht er allein ins Cafe, in Museen, in Ausstellungen, macht weiter Dinge, die ihm Spaß machen, um aufzutanken und die fatale Situation zu vergessen.

3.2.2 Bewältigung von schwierigen Lebensereignissen

Als Beispiel für schwierige Lebensereignisse können solche Ereignisse stehen, wie etwa langfristige Arbeitslosigkeit mit evtl. bedingter Änderung des Berufs, Umschulung, Akzeptieren einer niederwertigen Tätigkeit. Bewältigung des Todes eines Kindes, Bewältigung von Scheidungsfolgen, Bewältigung von Kriegsfolgen (z.B. Kinder jugoslawischer Eltern in der BRD), Bewältigung von Anderssein bezüglich der Geschlechtsidentität (Homosexualität), Bewältigung von sexuellem Mißbrauch oder anderen Gewalterlebnissen (Überfälle, Einbrüche usw.).
Da nicht für jede Situation ein Konzept vorgestellt werden kann, soll hier am Beispiel eines sexuellen Mißbrauchs der Ablauf einer Therapie vorgestellt werden:
Die 22jährige Patientin erlebte den sexuellen Mißbrauch in einer Arztpraxis. Sie war zu dieser Zeit unter Beruhigungsmittel gestellt worden, so daß sie erst an den Folgen (extreme Schmerzen im Bauchraum, Verletzungen im Vaginalbereich) klar feststellen konnte, daß sie mißbraucht worden war. Beim Gang zur Polizei waren bereits bewältigungserleichternd der einfühlsame Umgang der Ärztin, sowie entsprechender Kripobeamter, die ihr auch Kontakt zu anderen Frauen, die vom gleichen Arzt mißhandelt worden waren, verschafften und sie somit eine Entlastungsmöglichkeit im Gespräch mit anderen Betroffenen fand.
Das Gewalterlebnis führte zu Schlafstörungen, Konzentrationsstörungen und anfangs zu starkem Ekel bis zur Entfremdung vom eigenen Körper. Tagsüber belastete sie besonders, daß immer wieder Bilder von diesem Mann und der Situation in ihr hochkamen. Zusätzlich war für sie besonders schwierig, daß sie nicht genau wußte, was mit ihr gemacht worden war. Die Patientin benötigte viel Zeit, um ihre Wut auf den Vorfall erstmals zu äußern, dann jedoch konstruktiv für sich sogenannte Sicherheitssignale zu erarbeiten, die sie vor einer ähnlichen Situation in Zukunft schützen.
Folgende Gefahrensignale hatte sie übersehen: eine sofortige Antipathie gegenüber dem Arzt. Die Tatsache, daß der Arzt sie in Anwesenheit einer Arzthelferin zu später Abendstunde (20.00 Uhr) zu sich bestellt hatte, hatte zwar Mißtrauen bei ihr ausgelöst, jedoch nicht die entsprechende Sicherheitsreaktion, diesen Termin abzusagen.
Um das Gefühl von Kontrollierbarkeit wieder zu erlangen, besuchte sie zusätzlich einen Selbstverteidigungskurs für Frauen. Sie lernte Entspannungstechniken mit angenehmen Bildern aus der Kindheit, Bildern vom Meer, an dem sie aufgewachsen war, zu den verschiedenen Jahreszeiten, Bildern von Getreidefeldern, Landschaften von zu Hause. Die Bilder vom Meer führten schließlich dazu, daß sie Baden, Duschen wieder

genießen konnte und sie damit langsam wieder dazu kam, ihren Körper liebevoll zu berühren, ihn wieder „kennenzulernen und zu mögen". Sie lernte diese Bilder mit der Ruhesuggestion auch tagsüber einzusetzen, wenn ihr plötzlich Szenen aus der Mißbrauchssituation einfielen. Sie konnte sich dann wieder entspannen und sich sagen, daß sie das Ereignis vergessen möchte, sich nicht damit beschäftigen möchte.

Hilfreich beim Prozeß des Vergessens war zusätzlich, daß sie versuchte, das Ereignis so zu berichten, wie sie es innerlich distanzierter in 20 Jahren berichten wird. Zusätzlich setzte sie Gedankenstopptechniken ein, wenn sich ungewollte Bilder wieder aufdrängten und sie dadurch von der Arbeit abgelenkt wurde. Sie konnte sich dann sehr schnell erneut auf ihre eigentliche Tätigkeit konzentrieren.

Der Gerichtstermin, vor dem sie ebenfalls große Ängste hatte, wurde mit ihr mehrmals im Rollenspiel geübt. Zusätzlich stellte sie sich den Termin innerlich vor. Hilfreich war, daß die Kriminalbeamtin sie genau über den Ablauf der Gerichtsverhandlung informierte, ihr den Raum zeigte, so daß sie sich in der Therapie vorstellen konnte, wie sie dort mit dem Täter noch einmal konfrontiert wird, ohne Haßgefühle, da sie die Bestrafung von ihm als ausreichende Rache erlebte. Zusätzlich erlebte sie auch seine Gestörtheit und empfand zeitweise sogar keinerlei Aggression mehr, da sie sah, daß er sich selbst seine Existenz ruiniert hatte. Um die Aufmerksamkeit jedoch nicht zu stark auf ihn und seine Lebensgeschichte zu lenken, half sie sich mit dem Satz „Er soll keine Wichtigkeit mehr haben, das Ereignis soll mein weiteres Leben nicht mehr bestimmen, ich kenne jetzt Sicherheitssignale und Verteidigungstechniken, so daß ich mich besser schützen kann". Zusätzlich nutzte sie als Code-Wort immer wieder den Begriff der „Gelassenheit".

Parallel dazu übte sie mit Freunden, Freundinnen, sich dem Ort des Geschehens - der Praxis - immer mehr zu nähern, dort stehenzubleiben, so daß sie wieder ihren ursprünglichen Weg zur Arbeit benutzen konnte, der an der Praxis vorbeiführte. Weiter konzentrierte sie sich auf ihre männlichen Kollegen in der Arbeit und erlebte dort mit Hilfe eines Diskriminationstrainings, wieder die Möglichkeit „Männer" differenzierter zu sehen, die Unterschiede bei ihnen zu bemerken, diese nicht einseitig zu verdammen und ein unrealistisches Bild von ihnen zu entwickeln.

Die Behandlung kann in folgendem Ablaufschema dargestellt werden:
1. Berichten des Ereignisses, genaue Verhaltensanalyse der Reaktionen
2. Entspannungs- und Imaginationstechniken zur Bewältigung der Konzentrations- und Schlafstörungen und der Ängste
3. Aufbau des Gefühls der Kontrolle durch Sammeln von Sicherheitssignalen und Erlernen von Selbstverteidigung
4. Kognitive Umstrukturierung der Selbstvorwürfe in „zukunftsorientiertes Handeln" = Lernen aus dem Geschehen
5. Imaginationstechniken mit Bildern von Wasser/Meer, dadurch langsame Annäherung an eigene Körperempfindungen angenehmer Art
6. Üben der Gerichtsverhandlung in der Vorstellung und Rollenspiel, um Selbstsicherheit zu erhalten
7. Schrittweise Annäherung an den Tatort
8. Diskriminationstraining zum Aufbau eines realistischen Bildes von „Männern", um entstandene Aggressionen nicht pauschal bestehen zu lassen.

4. Zusätzliche Anmerkungen zum therapeutischen Vorgehen

1. Personenabhängige, individuelle Unterschiede in der Therapie

Der Vollständigkeit halber soll hier erwähnt werden, daß der Therapeut natürlich nicht davon ausgehen kann, „ mit jedem Patienten ein Standardprogramm zum Aufbau von Bewältigungsstrategien" durchzugehen. Er muß sich natürlich auf den jeweiligen Patienten einstellen. Individuelle Unterschiede in der Ängstlichkeit, bisherigen Lebensbewältigung, Intelligenz und Sozialverhalten werden den Therapieverlauf bestimmen. Hier werden nicht nur eine gute Beobachtungsgabe und Einfühlsamkeit des Therapeuten verlangt, sondern auch vor allem, die wiederholte direkte Befragung des einzelnen Patienten, <u>wie er</u> sich selbst im Bewältigungsprozeß erlebt, <u>wo er</u> steht und <u>wo er</u> jetzt weitermachen will. Hochängstliche und extrem perfektionistische, zwanghafte Patienten sind in der Krankheitsbewältigung erfahrungsgemäß mehr gefordert. Extrem ängstliche benötigen in der Therapie mehr Stütze im Sinn von Absicherung, Erklärung (z.B. viel mehr Zeit für die Vermittlung von Informationsmodellen). Extrem perfektionistische, zwanghafte Patienten müssen oft gebremst werden, wenn sie mit sich selbst hadern, daß sie nicht alles verstehen können, oder auch in der Krankheitsbewältigung perfekt sein wollen und sich dann emotional überfordern.

2. Die besondere Bedeutung des sozialen Umfeldes in der therapeutischen Bearbeitung von schwierigen Lebensereignissen

Wie aus der Literatur bekannt, ist die Prognose bei der Bewältigung schwieriger Lebensereignisse günstiger, wenn Patienten über ein sozial stützendes Netz verfügen. Deswegen ist in jeder Therapie das Augenmerk mit auf das soziale Umfeld des Patienten zu richten. Er muß bestärkt werden im Aufrechterhalten von Kontakten und gegebenenfalls im Aufbau von neuen Kontakten. Die Prognose für die Bewältigung von schwierigen Lebenssituationen ist immer dann schlechter, wenn z.B. keine Partnerschaft, kein Freundeskreis existieren. Sie wird noch schlechter, wenn der Patient durch dieses Ereignis aus der Arbeitswelt herausgerissen wird und sich dadurch auch diese Sozialkontakte reduzieren. Außerdem besteht dann die „Gefahr, daß er sich zu sehr auf den Therapeuten konzentriert, die einzige Person mit der er alles besprechen kann", was eine Abhängigkeit schafft, die die Eigenkompetenz des Patienten behindert.

Es müssen somit alle Möglichkeiten ausgeschöpft werden, die zur Verfügung stehen, um dem Patienten zu helfen, sich wieder in ein normales, soziales Umfeld zu integrieren, oder in eine Gruppe von ebenfalls Betroffenen. Dies kann durch Interessen geschehen, z.B. Teilnahme an Gruppen mit bestimmten Freizeitaktivitäten, Gruppen ebenfalls Betroffener, Einbindung in Nachbarschaftshilfe und ähnliches. Die Aufgabe, solche Gruppen zu suchen, in denen sich der Patient wieder integrieren mag, sollte ihm selbst überlassen werden. Er soll in seiner eigenen Kreativität, wo, wann er solche Gruppen finden kann, bestärkt und unterstützt werden. Bei Körperbehinderung ist natürlich besonders auf leichte Erreichbarkeit dieser Gruppe zu achten. In der Therapie kann er dann z.B. mit dem sozialen Kompetenztraining üben, Kontakte aufzunehmen und zu pflegen.

3. Die besondere Rolle des Therapeuten bei der Vermittlung von Coping-Strategien

Therapeuten, die gesund sind und mit schwerkranken Patienten arbeiten, dürfen nicht vergessen, daß sie als Modell für den Patienten oft nicht geeignet sind. Oft wird ein Therapeut mit Aggressionen der Patienten konfrontiert, da er selbst gesund, evtl. sogar in einer guten Partnerschaft, einem guten Freundeskreis lebt und er evtl. den Vorwurf erfährt, daß er sich nicht in die Situation des Kranken hineinversetzen könne. Besonders verständlich ist dies bei den Patienten, die durch ihre Erkrankung mit Sterben und Tod konfrontiert sind. Deshalb muß der Therapeut dem Patienten klarmachen, daß eine zu große Identifikation mit den Beschwerden und Problemen des Patienten sowohl distanziertes, effektives Arbeiten verhindert als auch nicht realitätsgerecht ist. Sie müssen im Alltag ebenfalls damit leben, daß sie umgeben sind von gesunden Personen, die ihr Schicksal nicht teilen, und können dies in der Therapie stellvertretend lernen. Solche schwierigen Konfliktgespräche können im Rollenspiel immer wieder geübt werden.

4. Coping-Prozesse für den Therapeuten

Die Arbeit mit Patienten, die schwer erkrankt sind oder andere schwierige Lebenssituationen erleben, ist auch für den Therapeuten besonders belastend. Deswegen sollte er für sich selbst auch entsprechende „Psychohygiene" betreiben und die Bewältigungsfertigkeiten, die er seinem Patienten vermittelt auch ganz besonders bei sich selbst anwenden. Patienten profitieren mehr von der Arbeit mit Therapeuten, die ihre eigene Unbeschwertheit, Kreativität erhalten, als von Therapeuten die sich zu stark mit dem Leiden ihrer Patienten identifizieren, in gedrückter Stimmung ihnen gegenübersitzen und damit auch keine kreativ-effektive Unterstützung weitergeben können.

Literatur

Albee G. (1977): Strategies of Primary Prevention, Paper presented at Primary Prevention Conference, National Conference.of Mental Health Centers, Tucson, Arizona, October 1977 in Womack Zit. s.u.
Basowitz H., H. Persky, S.J. Kordun U. (1955): Anxiety and Stress, Mc Graw Hill, New York
Broda M. (1987): Wahrnehmung und Bewältigung chronischer Krankheiten, Deutscher Studienverlag, Weinheim
Janke W., Erdmann G., Boucsein W. (1985): Streßverarbeitungsfragebogen, Hogrefe, Göttingen
Keeser W., Pöppel E. u. Mitterhuser.P. (Hrsg.) (1982): Schmerz, Urban C., Schwarzenberg, München
Krampen G. (1981): IPC-Fragebogen zu Kontrollüberzeugungen, Hogrefe, Göttingen
Lazarus, R.S. (1966): Psychological Stress and the Coping Process. New York: Mc Graw Hill
Lazarus R.S., Folkman S. (1984): Stress, Appraisal, and Coping, Springer, New York
Rotter J.B. (1966): Generalized expectancies for internal versus external control of reinforcement. Psychological Monographs 80
Stokols D. (1979): A congruence analysis of human stress. In: I. Sarason & L. Spielberger, (eds.): Stress and Anxiety, Vol. 6., Hemisphere, New York
Womack W. M., P. Vitaliano, Maiuro R. (1983): The relation of Stress to Health and Illnes. In: Carr I. & H. Dengerink eds. Behavioral Science and the Practice of Medicine, Elsevier, Biomedical, New York, S. 227-248

Empfehlenswerte Literatur

Meichenbaum D. & M. Jaremko (1983): Stress Reduction and Prevention, Plenum, New York

Entspannung durch Progressive Muskelrelaxation
• Serge K.D. Sulz •

Nach Jacobson (1938) sind neuromuskuläre Vorgänge notwendiger Bestandteil des Denkens und Fühlens, demnach muß ihre Veränderung auch Veränderungen der emotionalen und der kognitiven Prozesse nach sich ziehen. Er beobachtete, daß Muskelentspannung bei Beseitigung auch der Restspannungen, dazu führt, daß u.a. die Atmung regelmäßig wird, sich die Pulsrate verringert, der Patellarsehnenreflex abnimmt oder gar verschwindet, ebenso Schluck- und Dehnungsreflexe verzögert sind, alle Bereiche des Ösophagus entspannen, mentale und emotionale Aktivität minimiert wird, für kurze Intervalle völlig verschwindet, das Individuum völlig ruhig und bewegungslos liegt, ohne Zeichen von Steifheit, ohne Muskelzuckungen, mit bewegungs- und tonuslosen Augenlidern. Diese Veränderungen gehen einher mit einem Zustand angenehmen und ruhigen psychischen Wohlbefindens (1977, S. 30).

Angst ist die Ursache der Spannungen (Jacobson, 1938). So war es naheliegend, daß Verhaltensforscher, die sich mit der Psychophysiologie der Angst beschäftigten, auch den Spannungszustand der Muskulatur als eine Reaktionskomponente der Angst untersuchten und als Verfahren der Entängstigung die Progressive Muskelrelaxation einsetzten (Paul, 1969). Wolpe (1958) ging so weit, daß er Entspannung als spezifisches Agens gegen Angst betrachtete. Angst und Entspannung waren für ihn so unverträglich wie Feuer und Wasser. Infolgedessen wurde die Progressive Muskelrelaxation zum unabdingbaren Bestandteil des von ihm entwickelten Angsttherapieverfahrens der Systematischen Desensibilisierung, der wohl bisher am umfassendsten wissenschaftlich geprüften Angstbehandlung (siehe auch das Kaptiel Ullrich "Systematische Desensibilisierung" in diesem Buch). Auch die Streßforschung nahm die komplementären Vorgänge der Spannung und der Entspannung in den Brennpunkt ihrer Aufmerksamkeit. Goldfried (1971) und Meichenbaum (1991) setzten Muskelentspannung als Bestandteil von Streßbewältigungsstrategien ein, wenngleich gedankliche Selbstinstruktionen zunehmend an Bedeutung gewannen (vgl. das Kapitel Wagner-Link:" Streßbewältigung" in diesem Buch).

Wer nicht nur Kognitionen ändern will bzw. dies für einen therapeutischen Umweg hält, sondern Emotionen direkt wahrnehmbar und bewußt regulierbar machen möchte, ist auf die Wahrnehmung der körperlichen Teilprozesse der Gefühle angewiesen. Entspannungsverfahren sind der leichteste Einstieg zur Körper- und Gefühlswahrnehmung.Wer mit Konzepten wie Spannung, Streß, Angst und Aggression arbeitet, kommt über die Wahrnehmung und gezielte Beeinflussung von Muskelspannung zu oft zentralen Veränderungen im psychotherapeutischen Kontext.

Die Zusammenhänge seien hier kurz erläutert: Muskelspannung und -entspannung sind die beiden Teilkomponenten von Bewegung. Ein erhöhter Muskeltonus kann entweder als Vorbereitung zur baldigen Bewegung verstanden werden oder als zurückgehaltene Bewegung. Chronische Muskelverspannungen sind in diesem Sinne blockierte Bewegungen. Aus Bewegung wird Haltung mit einer **Haltespannung** der Muskulatur. Es wird gehalten, wo keine Haltung notwendig ist. Und es wird in **Haltung** verharrt, wo längst die situative Notwendigkeit vorbei ist.

Gehen wir in unseren Betrachtungen weiter, so sind Bewegungen Bestandteil von Handlungen. Es gibt zwei Hauptgründe, um in einer intendierten **Handlung** innezuhalten: Annäherung an den anderen Menschen **aus Zuneigung** werde ich abbrechen oder schon im Ansatz blockieren, wenn ich große **Angst vor Ablehnung** und Zurückweisung habe. Ärgerliche oder **wütende Annäherung** werde ich zu verhindern suchen, wenn ich **Angst vor der Gegenaggression** des mir eventuell körperlich überlegenen oder sozial mächtigeren anderen verspüre oder äußere oder innere Normen mir rechtzeitig Einhalt gebieten.

Vor diesem Hintergrund bekommt **Entspannung** eine tiefere Bedeutung. Entspannung bedeutet **Behebung der Blockade** einer ursprünglich intendierten Handlung, sei es Annäherung aus Zuneigung oder aus Ärger. Beides zusammen genommen heißt, daß Zurückhaltung oder ein In-sich-Halten, die bzw. das sich der Hilfe muskulärer Verspannungen bediente, einer Bewegung auf den anderen Menschen zu weicht. Der Mensch geht nun aus sich heraus, geht auf den anderen Menschen zu. Und er hat den Mut, sich der Begegnung mit dem anderen zu stellen, seine zuneigenden oder seine ärgerlichen Intentionen quasi öffentlich werden zu lassen - bereit, die Reaktionen des Gegenübers anzunehmen und ihnen potentiell standhalten zu können.

Kehren wir zurück zur Bedeutung von Spannung als Fest- bzw. Zurückhalten einer aggressiven Handlung aus Angst vor den Folgen dieser Handlung. Damit ist Spannung ein emotionales **Konglomerat von Aggression und Angst**. Dasselbe trifft übrigens auch für Streß zu. Die Spannung wird aufrechterhalten, weil es scheinbar nur eine mögliche Konsequenz von Nicht-mehr-Anspannen zu geben scheint: "Wenn ich nicht mehr anspanne, werde ich die verbotene bzw. tabuisierte aggressive Bewegung bzw. Handlung durchführen und es wird Schreckliches mit mir geschehen (ich werde Rache, Strafe oder Schuld auf mich ziehen)." Daß es daneben andere Möglichkeiten gibt, der Spannung zu entkommen, wird vom Betroffenen nicht bedacht. So wie die muskuläre Spannung außer durch Bewegung auch einfach durch Verzicht auf den Bewegungsimpuls, d.h. durch einfaches Loslassen der Spannung beseitigt werden kann, kann psychische Anspannung außer durch aggressives Ausagieren bzw. Angreifen auch durch vorübergehenden Verzicht auf eine wehrhafte Handlung behoben werden. Die muskuläre Entspannung ist damit ein vorübergehendes Zurücknehmen des konflikthaften Handlungsimpulses, ein Zurückgehen aus der zwischenmenschlichen Konfliktzone, das naturgemäß zur Abnahme der Angst führt. Die geringere Angst kann auch mehr Loslassen gewähren, was wiederum zu weniger Angst führt.

Viele Menschen bleiben statt dessen in ihrer konflikthaften Intention, ihrem Anliegen stecken, sie können es auch nicht für eine Stunde loslassen, bleiben dadurch selbst nachts in einer inneren Streßhaltung. Spannung als ständiges Gegeneinander von Agonisten und Antagonisten blockiert so rund um die Uhr wichtige physiologische und biochemische Körperabläufe. Bedenkt man, daß auch die glatte Muskulatur der Blutgefäße, des Herzkreislaufsystems, der Atemorgane, des Magen-Darm-Systems, des Haut- und Bindegewebes mitreagiert und daß die hormonelle Unterstützung und Vorbereitung von Bewegungs- und Handlungsmustern ebenfalls nicht ausgeschaltet wird, so sind nicht nur die psychischen, sondern auch die körperlichen Folgen von chronischen Verspannungen verständlich.

So wie Wilhelm Reich vom Charakterpanzer als Schutzschild vor den anderen Menschen spricht, so tragen auch manche Menschen einen **Muskelpanzer** mit sich herum. Im Panzer steckt beides: meine **intendierte Aggression** und meine Einschätzung der sozialen Umwelt als so bedrohlich, daß ich mich durch einen Panzer schützen muß. Er zeigt auch den Ursprung des Bedrohlichen auf, denn nur wer selbst Kämpferisches im Sinn hat, muß erwarten, daß die zu Gegnern Gemachten zurückschlagen.

Entspannung bedeutet also auch, seinen Schutzpanzer ablegen. Dies erfordert aber ein Vertrauen darauf, daß während dieses Loslassens nichts Bedrohliches geschehen wird.

Wenn wir nun auch wieder die annähernde Bewegung aus Zuneigung betrachten und fragen, welche Bedrohung durch Loslassen antizipiert werden könnte, so stoßen wir auf das Problem der **Hingabeangst**. "Gebe ich mich in Vertrauen liebevoll dem anderen hin, wird er ein gleiches tun? Oder wird er die Gelegenheit nutzen, um meine so entstandene Wehrlosigkeit auszunutzen?" Nicht wenige Menschen begegnen bei ihren Entspannungsversuchen, dieser Frage. Entspannung ist für sie deshalb so bedeutungsgeladen, daß es ihnen schwerfällt, sich darauf einzulassen.

Spannung und Entspannung bilden einen Gegensatz von Festhalten und Loslassen. Der Angstpatient hält an Schutz- und Fluchtmöglichkeiten fest, der Depressive am Verlorenen, der Suizidale am Rettungsanker Tod, der Zwangspatient an der Kontrolle, der Schizophrene an seiner Projektion. Widerstände gegen Entspannungsverfahren werden verständlicher, wenn wir uns von therapeutischer Seite aus vergegenwärtigen, welche Bedeutung Spannung und Entspannung für den einzelnen Patienten hat.

Die Methode der Progressiven Muskelrelaxation

Jacobson (1990) beschreibt ursprünglich seine Methode so, daß mit einem sehr großen Zeitaufwand (täglich eine Stunde) mehrere Tage lang bei dem Kennenlernen der Spannungszustände einzelner Muskelgruppen verweilt wird. Die zweite Hälfte der Übungsstunde dienten zur Erfahrung des gegenteiligen Zustands: Entspannung wird im Kontrast dazu als bloßes Aufhören des Anspannens, als Nichts-tun erlebt. Die ersten zehn Minuten einer Übungsstunde werden lediglich dazu verwendet, Ruhe durch stilles Liegen mit Erschlaffen aller Muskeln einkehren zu lassen. Damit bleiben 20 Minuten für den Umgang mit Spannung. Jacobson warnt vor suggestiven Formeln, da diese hypnoide Zustände induzieren und von der Wahrnehmung der Körpermuskulatur wegführen würden. Der Patient gibt durch Handzeichen an, ob im betreffenden Muskelbereich gute Entspannung eingetreten ist.

Da für Verhaltenstherapeuten Entspannung nur ein Teil einer therapeutischen Intervention war, verbrachten sie nicht so viel Zeit damit. So sollten bei Wolpe (1958) die Patienten binnen vier Wochen dahin kommen, daß sie mit einer Kurzformel, z.B. "Ruhe, Entspannen, Loslassen", innerhalb einiger Sekunden eine Entspannung des ganzen Körpers erzielen können. Dieser Zustand völliger muskulärer und psychischer Entspannung war für Wolpe die Voraussetzung für das nachfolgende Entängstigungsverfahren der Systematischen Desensibilisierung, bei der der Patient sich eine nur wenig beängstigende Situation bildlich vorstellen sollte. Entspannung sollte dazu führen, daß überhaupt keine Angst während der Visualisierung auftritt. Mit Hilfe der vorausgegangenen Entspannung konnte der Patient sich in der Vorstellung im Laufe von zehn Therapiesitzungen angstfrei der maximalen phobischen Situation nähern, bis die Phobie überwunden war.

Folgendes Vorgehen hat sich in der Verhaltenstherapie als ökonomisches und wirksames Vorgehen erwiesen: 5 Sekunden Anspannung der Muskelgruppe, anschließend 10 Sekunden Entspannung. Wiederholen dieser Sequenz. Übergehen zur nächsten Muskelgruppe. Im Schulter-Nacken-Kopf-Bereich werden mehr Muskelgruppen differenziert als bei Bernstein und Borkovec, vor allem im mimischen Bereich. Dafür wird mit beiden Beinen gleichzeitig geübt. Die Reihenfolge ist ebenfalls anders: Arme, Schulter, Kopf, Beine, Beckenboden, Gesäß, unterer Rücken, Bauch und zuletzt die Atemmuskulatur. Anschließend kommt die Visualisierung eines persönlichen Ruhebildes. Die Instruktionen lauten etwa: "Wir lenken jetzt die Aufmerksamkeit auf den rechten Oberarm und beugen den rechten Arm ab, spannen dabei die Oberarmmuskeln an. Spüren Sie die Spannung in den Muskeln des rechten Oberarmes. Deutlich die Spannung spüren. Spannung halten und spüren. Jetzt lassen wir die Spannung einfach los, so daß der Arm zur Unterlage zurücksinkt. Beobachten Sie den Vorgang der Entspannung in den Muskeln des rechten Oberarmes. Bleiben Sie mit Ihrer Aufmerksamkeit ganz bei den Muskeln des rechten Oberarmes und beobachten Sie den angenehmen Vorgang der Entspannung. Ohne Ihr Zutun entspannen sich die Muskeln einfach weiter, wenn Sie dies zulassen und einfach loslassen. Jetzt wiederholen wir und beugen den rechten Oberarm noch einmal an. ..." Nachfolgend ist eine vollständige Instruktion abgedruckt. Die Satzform mit "wir" verwende ich, weil ich (sitzend und mit geöffneten Augen) alle Übungen selbst mitmache. Es bleibt bei einiger Erfahrung noch genug Aufmerksamkeit für die Patienten. Zu Beginn können die Patienten immer wieder zu mir herschauen und sich vergewissern, ob sie die Instruktion richtig verstanden haben. Wichtiger erscheint mir, daß ich auf diese Weise ein sehr viel besseres Gefühl für den richtigen Zeittakt habe und auch näher am Vorgang des Entspannens und damit bei den Patienten bin.

Kontextbedingungen der praktischen Durchführung

Am einfachsten sind die ersten Lernschritte im Liegen auf einer nicht zu weichen Unterlage durchzuführen, die so breit sein muß, daß beide Arme bequem Platz haben. Oft reicht eine dicke Decke auf dem Teppichboden. Die meisten Patienten können sich auf die Muskelwahrnehmung besser konzentrieren, wenn sie die Augen geschlossen haben. Wer sich dabei unwohl fühlt, läßt die Augen offen. Vor Übungsbeginn erfolgt eine ausführliche Instruktion über den Zusammenhang zwischen körperlicher und psychischer Entspannung, auch über die Wechselwirkung von Spannungsempfindungen im Körper und angespanntem Gefühl im emotionalen Bereich bzw. von körperlicher Entspannung und angenehmen wohltuenden Gefühlen im psychischen Bereich. Wird die Muskelrelaxation in der Angsttherapie eingesetzt, so wird auch die Unvereinbarkeit von Angst und Entspannung erklärt. Es wird darauf hingewiesen, daß das Ziel zunächst nur darin besteht, zu lernen, die verschiedenen Spannungszustände wahrnehmen und unterscheiden zu lernen, d.h. festzustellen, wo und wann unnötig viel Spannung in der Körpermuskulatur zwar nicht bewußt, aber doch aktiv selbst hergestellt wird. Dies sei die Voraussetzung dafür, daß allmählich diese Aktivität losgelassen werden kann, so daß ohne aktives Zutun Entspannung eintreten kann.

In der Regel stellt sich im Zusammenhang mit der Durchführung von Entspannungsübungen schneller als bei Therapiegesprächen eine vertrauensvolle Atmosphäre ein, und die Patient-Therapeut-Beziehung erreicht schneller eine gute Tragfähigkeit. Dies ist so auffallend, daß bei instabiler Beziehung allein aus diesem Grund ein Entspannungstraining erwogen werden kann.

Sehr oft wird die Progressive Muskelrelaxation in Gruppen durchgeführt. Wenn der Raum groß genug ist, kann die Gruppe sechs bis acht Teilnehmer umfassen. Allerdings gestaltet sich die Wahrnehmung der Entspannungsvorgänge bzw. eventueller Störungen bei allen Teilnehmern nicht ganz einfach. Auch kann nicht auf alle gleichermaßen eingegangen werden, so daß einzelne eventuell den Anschluß nicht halten können. Dem kann durch eingestreute Einzelstunden abgeholfen werden. Ein großer Vorteil der Gruppe ist neben der zeitlichen Ökonomie die stellvertretende Erfahrung durch die Berichte der anderen Gruppenmitglieder.

Ich habe gute Erfahrungen damit gemacht, den Patienten nach etwa viermaligem Üben eine Audio-Kassette mit nach Hause zu geben. Die Compliance ist wesentlich höher. Fast alle Patienten machen die Übungen tatsächlich zweimal täglich, ohne Kassette dagegen höchstens 70%. Ein weiteres wichtiges Hilfsmittel ist die Protokollierung jeder Entspannung mit Angabe, wie hoch die Ausgangsspannung in Prozent war (z.B. 60%, wenn 100% maximale Anspannung bedeutet) und auf wieviel Prozent die Anspannung gesenkt werden konnte. Sehr gut wäre z.B. eine Senkung auf 20%. Näheres zur Protokollierung siehe Sulz (1987).

Gemeinsam mit kognitiven Copingstrategien läßt sich die Progressive Muskelrelaxation als Streßbewältigungsstrategie einsetzen, und der letzte Teil des Entspannungstrainings kann zum Training der Streßbewältigung werden (Abbildung 1). Sulz (1994) hat das Vorgehen beschrieben.

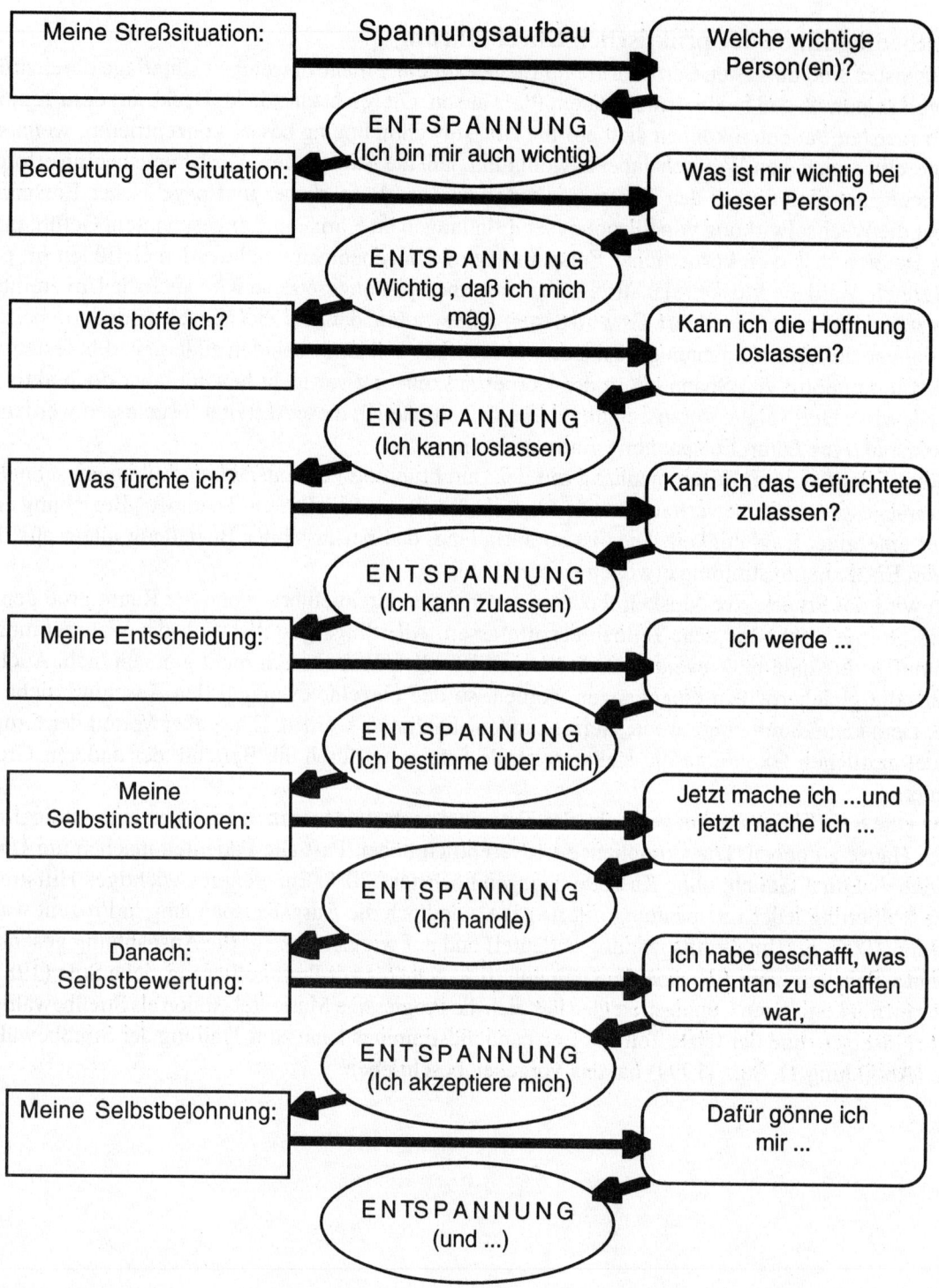

Abbildung 1. Streßbewältigung unter Einsatz von Progressiver Muskelrelaxation als Entspannungsverfahren (aus Sulz 1994)

Progressive Muskelrelaxation

Entspannungsinstruktion

Machen Sie es sich auf Ihrem Stuhl, ihrer Liege bequem. Ist die Brille abgenommen, der evtl. zu enge Gürtel gelockert? Sie können in jedem Moment Ihre Sitzhaltung bzw. Ihre Liegeposition ändern, wenn es dadurch bequemer wird. Spüren Sie Ihren Körper auf der Unterlage, spüren Sie die Kontaktfläche, die Größe der Kontaktfläche.
Wir werden jetzt der Reihe nach alle wichtigen Muskelgruppen anspannen und danach entspannen. Ziel dieser Übungen ist zunächst nur, daß Sie die Wahrnehmung für die verschiedenen Spannungszustände schulen. Bemühen Sie sich nicht aktiv, Entspannung herbeizuführen. Ich werde alle Übungen selbst mitmachen, so daß Sie kurz zu mir herschauen können, wenn Sie sich nicht sicher sind.

Wir beginnen mit dem **rechten Arm und der rechten Hand.**
Ballen Sie die rechte Hand zur Faust. Spüren Sie die Spannung in der rechten Hand und im rechten Unterarm. Nehmen Sie deutlich diese Spannung wahr (etwa 5 Sekunden).
Jetzt lösen Sie die Faust, lassen die Spannung los und beobachten den Vorgang der Entspannung in den Muskeln des rechten Unterarmes. Gehen Sie mit Ihrer Aufmerksamkeit ganz zum rechten Unterarm und spüren Sie, wie die Muskeln sich immer weiter entspannen, ganz von selbst weiter entspannen. Sie brauchen nur loszulassen und den Entspannungsvorgang zuzulassen.
Wir **wiederholen** diese Übung: Ballen Sie die rechte Hand zur Faust. ......

Nun lenken wir die Aufmerksamkeit auf den **rechten Oberarm.**
Beugen Sie den rechten Arm ab, und spannen Sie den Bizeps kräftig an. Gut anspannen, die Spannung spüren, Spannung halten (etwa 5 Sekunden).
Jetzt loslassen, den Arm wieder zurücksinken lassen auf die Unterlage bzw. die Lehne. Nehmen Sie wieder den Vorgang der Entspannung in den Muskeln des rechten Oberarmes wahr. Spüren Sie, wie die Muskeln sich von selbst entspannen, immer weiter entspannen. Vielleicht können Sie einfach noch mehr loslassen und den Entspannungsvorgang zulassen. Beobachten Sie den angenehmen Vorgang der Entspannung.
Wir **wiederholen** diese Übung: Beugen Sie den rechten Arm ab ...

Wir haben jetzt den rechten Arm entspannt und gehen zum linken Arm.
Lenken Sie Ihre Aufmerksamkeit auf den **linken Arm und die linke Hand.**
Ballen Sie die linke Hand zur Faust. Spüren Sie die Spannung in der linken Hand und im linken Unterarm. Nehmen Sie deutlich diese Spannung wahr (etwa 5 Sekunden).
Jetzt lösen Sie die Faust, lassen die Spannung los und beobachten den Vorgang der Entspannung in den Muskeln des linken Unterarmes. Gehen Sie mit Ihrer Aufmerksamkeit ganz zum linken Unterarm und spüren Sie, wie die Muskeln sich immer weiter entspannen, ganz von selbst weiter entspannen. Sie brauchen nur loszulassen und den Entspannungsvorgang zuzulassen.
Wir **wiederholen** diese Übung: Ballen Sie die linke Hand zur Faust. ......

Nun lenken wir die Aufmerksamkeit auf den **linken Oberarm.**
Beugen Sie den linken Arm ab und spannen Sie den Bizeps kräftig an. Gut anspannen, die Spannung spüren, Spannung halten (etwa 5 Sekunden).
Jetzt loslassen, den Arm wieder zurücksinken lassen auf die Unterlage bzw. die Lehne. Nehmen Sie wieder den Vorgang der Entspannung in den Muskeln des linken Oberarmes wahr. Spüren Sie, wie die Muskeln sich von selbst entspannen, immer weiter entspannen. Vielleicht können Sie einfach noch mehr loslassen und den Entspannungsvorgang zulassen. Beobachten Sie den angenehmen Vorgang der Entspannung.
Wir **wiederholen** diese Übung: Beugen Sie den linken Arm ab ...

Wir haben jetzt den linken Arm entspannt, beide Arme entspannt.

Erspüren Sie jetzt Ihre **Schulter**, die Schulterblätter, die Muskeln des ganzen Schulterbereichs.
Pressen Sie Ihre Schultern fest gegen die Unterlage (im Liegen) bzw. die Lehne (im Sitzen). Spüren Sie die Spannung in den Muskeln der Schulterpartie - deutlich die Spannung spüren. Spannung halten (etwa 5 Sekunden). Jetzt loslassen, alle Kraft herauslassen, nichts mehr halten. Beobachten Sie den Vorgang der Entspannung in den Muskeln der Schulterpartie, zwischen den Schulterblättern und über den Schulterblättern. Nehmen Sie wahr, wie die Muskeln sich von selbst weiter entspannen, wenn Sie einfach loslassen. Geben Sie den Schulterbereich ganz an die Unterlage ab, lassen Sie sich tragen. Nehmen Sie den angenehmen Vorgang der Entspannung wahr.
Wir **wiederholen** diese Übung: Pressen Sie Ihre Schultern fest gegen die Unterlage ....

Wir gehen weiter mit unserer Aufmerksamkeit zum **Nacken**. Nehmen Sie die Muskeln des Nackens war. Wenn Ihnen dies nicht gelingt, machen Sie eine leichte Bewegung mit dem Kopf.
Pressen Sie nun den Kopf fest gegen die Unterlage (im Liegen) bzw. gegen die Handflächen der hinter dem Kopf gefalteten Hände (im Sitzen). Spüren Sie deutlich die Spannung in den Muskeln des Nackens - deutlich die Spannung spüren und die Spannung halten.
Lassen Sie los, lassen Sie den Kopf ohne Kraftaufwendung auf der Unterlage liegen, geben Sie ihn an die Unterlage ab. Nichts mehr halten, einfach loslassen und den angenehmen Vorgang der Entspannung wahrnehmen. Spüren Sie, wie die Muskeln sich von selbst weiter entspannen, weiter und weiter. Wie Sie noch etwas mehr loslassen können und der Entspannungsvorgang noch weitergeht.
Wir **wiederholen** diese Übung: Pressen Sie Ihren Kopf fest gegen die Unterlage ...

Nun lenken wir die Aufmerksamkeit auf die **Stirn**.
Nehmen Sie ihre Stirn, die Muskeln der Stirn und deren Spannung wahr.
Wir spannen die Stirnmuskeln an, indem wir die Augenbrauen fest nach oben ziehen, so daß sich breite Furchen auf der Stirn bilden. Spüren Sie die Spannung in den Muskeln der Stirn - deutlich die Spannung spüren und die Spannung halten.
Jetzt loslassen, die Stirn wieder glatt werden lassen. Ganz loslassen und den angenehmen Vorgang der Entspannung beobachten. Versuchen Sie noch mehr loszulassen, einfach ganz loslassen und entspannen. Und wieder spüren wie die Stirnmuskeln sich von selbst weiter und weiter entspannen.
Wir **wiederholen** diese Übung: Wir spannen die Stirnmuskeln an, indem wir die Augenbrauen ...

Nun gehen wir mit der Aufmerksamkeit zu den äußeren **Augenmuskeln**. Nehmen Sie die äußere Augenpartie wahr.
Zwicken Sie Augen zu. Fest die Augen zuzwicken und die Spannung in den äußeren Augenmuskeln spüren. Spüren Sie die Spannung, halten Sie die Spannung.
Und jetzt loslassen, ganz loslassen. Alle Kraft herauslassen und den Entspannungsvorgang beobachten, den angenehmen Vorgang der Entspannung wahrnehmen. Bleiben Sie ganz mit der Aufmerksamkeit bei den Augenmuskeln. Sie können sich währenddessen vorstellen, daß sich nicht nur die äußeren Augenmuskeln entspannen, sondern die Augenpartie - die Augen insgesamt sich entspannen.
Wir **wiederholen** diese Übung: Zwicken Sie die Augen fest zu. ...

Jetzt gehen wir weiter zur Nase. Lenken Sie die Aufmerksamkeit auf die **Nase**.
Sie können die Nase etwas bewegen, um besser hinspüren zu können.
Rümpfen Sie jetzt die Nase - fest die Nase rümpfen. Spüren Sie die Spannung in den Muskeln der Nasenpartie - deutlich die Spannung spüren. Spannung spüren.
Und jetzt loslassen, ganz loslassen, lockerlassen, alle Kraft herauslassen. Nehmen Sie den angenehmen Vorgang der Entspannung deutlich war. Spüren Sie, wie die Muskeln sich von selbst weiter entspannen - noch mehr entspannen und wie Sie noch etwas mehr loslassen können.
Wir **wiederholen** diese Übung: Rümpfen Sie die Nase ...

Nun lenken wir die Aufmerksamkeit auf die **Mundpartie.** Erspüren Sie die Lippen, bewegen Sie diese leicht. Nun pressen Sie die Lippen fest zusammen. Fest den Mund zupressen. Die Spannung spüren. Deutlich die Spannung spüren.
Und loslassen, ganz loslassen, locker lassen. Nehmen Sie den angenehmen Vorgang der Entspannung wahr. Beobachten Sie, wie die Muskeln sich weiter und weiter entspannen. Lassen Sie noch mehr los, ganz loslassen.
wir **wiederholen** diese Übung: Pressen Sie die Lippen fest zusammen. ...

Wir kommen nun zu den **Kaumuskeln.** Machen Sie eine leichte kauende Bewegung, um die Kaumuskeln zu spüren. Beißen Sie nun die Zähne fest aufeinander. Fest die Zähne zusammenbeißen und die Spannung in den Kaumuskeln spüren. Deutlich die Spannung spüren und die Spannung halten.
Jetzt einfach loslassen, ganz loslassen Wenn der Mund sich öffnen möchte, so lassen Sie das zu. Der Unterkiefer findet so die entspannteste Stellung. Bleiben Sie mit Ihrer Aufmerksamkeit ganz bei den Kaumuskeln. Beobachten Sie den angenehmen Vorgang der Entspannung.
Wir **wiederholen** diese Übung: Beißen Sie die Zähne fest aufeinander. ...

Wir haben nun alle wichtigen Muskeln des Gesichtes entspannt. Wir haben den Nacken, die Schultern und beide Arme entspannt. Nun kommen wir zu den Beinen.

Wir beginnen mit den **Füßen.** Bewegen Sie Ihre Füße leicht und nehmen Sie Ihre Füße wahr. Lassen Sie in den folgenden Übungen Ihre Fersen im Kontakt mit dem Boden.
Beugen Sie nun die Füße **in Kopfrichtung,** bis Sie eine deutliche Spannung in den Waden verspüren. Fest anspannen und die Spannung in beiden Unterschenkeln spüren. Spüren Sie die Spannung in den Muskeln des Unterschenkels.
Jetzt loslassen, ganz loslassen. Nichts mehr halten. Alle Kraft herauslassen. Spüren Sie wieder wie der Entspannungsvorgang ganz von selbst weitergeht, wenn Sie nur loslassen. Beobachten Sie den angenehmen Vorgang der Entspannung.
Wir **wiederholen** diese Übung: Beugen Sie die Füße in Kopfrichtung.
Lassen Sie dabei Ihre Fersen im Bodenkontakt. ...

Jetzt machen wir eine <u>zweite</u> Übung mit den <u>Füßen.</u>
Strecken Sie jetzt Ihre Füße, **strecken Sie die Füße weg** von sich. Wieder spüren Sie eine deutliche Spannung in den Unterschenkeln. Fest anspannen und die Spannung spüren.
Und jetzt loslassen, einfach loslassen. Ganz loslassen, locker lassen. Und deutlich wahrnehmen, wie sich die Muskeln von selbst weiter entspannen, wie die Entspannung immer weitergeht. Und noch weitergeht.
Wir **wiederholen** diese Übung: Strecken Sie jetzt ihre Füße, strecken Sie die Füße weg ...

Wir gehen weiter mit der Aufmerksamkeit zu den Oberschenkeln. Erspüren Sie Ihre **Oberschenkel.** Wir können diese gut isometrisch, d.h. ohne Bewegung anspannen.
Spannen Sie jetzt die Muskeln beider Oberschenkel an. Lassen Sie diese Muskeln ganz hart werden. Ganz hart werden lassen, anspannen und die Spannung deutlich spüren.
Jetzt loslassen, ganz loslassen, locker werden lassen und den Vorgang der Entspannung beobachten. Nehmen Sie den angenehmen Vorgang der Entspannung wahr. Und versuchen Sie noch mehr loszulassen, die Entspannung zuzulassen. Alle Kraft herauslassen.
Wir **wiederholen** diese Übung: Spannen Sie die Muskeln beider Oberschenkel an. ...

Nun lenken wir die Aufmerksamkeit auf das **Gesäß.** Erspüren Sie die Muskeln des Gesäßes.
Spannen Sie jetzt die Muskeln des Gesäßes an. Fest anspannen und die Spannung halten. Die Spannung spüren.
Jetzt loslassen und entspannen. Ganz loslassen und entspannen. Beobachten Sie, wie die Muskeln des Gesäßes von selbst weiter entspannen, wie die Entspannung sich von selbst ausbreitet und die Muskeln noch entspannter werden. Wir **wiederholen** diese Übung: Spannen Sie die Muskeln des Gesäßes an. ...

Wir kommen nun zur **Beckenboden-Muskulatur**. Das ist eine Muskelplatte zwischen dem After und den Genitalien. Erspüren Sie den Beckenboden und seine Muskulatur.
Jetzt spannen wir die Muskeln des Beckenbodens an. Anspannen und die Spannung halten - die Spannung spüren.
Und - loslassen, locker lassen und entspannen. Nehmen Sie den angenehmen Vorgang der Entspannung wahr.
Lassen Sie zu, daß die Muskeln des Beckenbodens sich von selbst weiter entspannen.
Wir **wiederholen** diese Übung: Spannen Sie die Muskeln des Beckenbodens an. ...

Jetzt lenken wir die Aufmerksamkeit auf die **untere Rückenpartie** im Lendenwirbelbereich. Erspüren Sie die Muskeln entlang der Wirbelsäule.
Machen Sie jetzt ein Hohlkreuz, und spannen Sie die Muskeln entlang der Wirbelsäule an. Lassen Sie diese Muskeln ganz hart werden. Sie können mit den Händen prüfen, wie diese Muskeln jetzt angespannt sind.
Und jetzt loslassen, den Rücken wieder auf die Unterlage zurücksinken lassen. Ihn und den ganzen Körper an die Unterlage abgeben und sich einfach tragen lassen. Spüren Sie, wie die Rückenmuskeln sich von selbst weiter entspannen, wie der Entspannungsvorgang weitergeht, wie Sie noch ein bißchen loslassen können, noch mehr loslassen. Ganz loslassen und nichts mehr halten.
Wir **wiederholen** diese Übung: Machen Sie ein Hohlkreuz, und spannen Sie die unteren Rückenmuskeln an. ...

Wir gehen weiter mit der Aufmerksamkeit. Nehmen Sie Ihre **Bauchdecke** wahr. Während Sie ganz normal weiter atmen, spüren Sie Ihre Bauchdecke.
Lassen Sie Ihre Bauchmuskeln in einer Mittelstellung hart werden. Spannen sie Ihre Bauchmuskeln an. Spüren Sie die Spannung und halten die Spannung.
Jetzt loslassen, ganz loslassen, die Bauchdecke ganz weich werden lassen, so weich, daß sie vom Atem auf und ab bewegt wird. Beobachten Sie, wie die Bauchmuskeln sich von selbst weiter entspannen. Einfach loslassen und den angenehmen Vorgang der Entspannung wahrnehmen.
Wir **wiederholen** diese Übung: Lassen Sie die Bauchmuskeln hart werden. ...

Ohne in Ihren Atemrhythmus einzugreifen, beobachten Sie jetzt Ihre **Atmung**. Lassen Sie es atmen, und spüren Sie, wie beim Einatmen die Spannung im Brustkorb steigt und beim Ausatmen die Spannung wieder sinkt. Beobachten Sie das Wechselspiel von Spannung beim Einatmen und von Entspannung beim Ausatmen. Mit jedem Atemzug entspannt sich Ihr Brustkorb beim Ausatmen. Genießen Sie diese Entspannung, während Sie Ihren Atem strömen lassen. Nehmen Sie das entspannende Strömen während des Ausatmens wahr.

Sie können jetzt eine bildliche Phantasie kommen lassen. Das Bild einer Situation, die für Sie Ruhe und Entspannung bedeutet. Z.B. wie Sie entspannt an einem Strand liegen und die wärmenden Sonnenstrahlen angenehm spüren, während ein angenehmer frischer, leichter Wind über Ihre Haut streicht. Oder wie Sie auf einer Blumenwiese im Schatten eines Baumes liegen, Vogelgezwitscher und das leise Rascheln der Blätter hören, das Gras und die Kräuter riechen. Oder irgendein eigenes Bild - Ihr **Ruhebild**. Bleiben Sie noch etwas in dieser Situation, und genießen Sie die Entspannung (etwa eine Minute ohne Worte).

Nehmen Sie jetzt wieder Ihre Atmung wahr. Nehmen Sie deutlich die strömende Atemluft wahr. **Atmen Sie jetzt tief**, hörbar durch die Nase ein und wieder hörbar durch den Mund aus. Spüren Sie, wie Sie mit jedem Atemzug frischer und wacher werden.
Spüren Sie, wie in Ihrem Körper Bewegung entstehen will, z.B. die Hände, die Füße. Lassen Sie diese Bewegungen zu. Lassen Sie zu, daß immer mehr Bewegung in Ihren Körper hineinkommt, ein Rekeln und Strecken entstehen. Gähnen, Rekeln und Strecken. Strecken Sie jetzt kräftig Arme und Beine, um den Kreislauf wieder in Schwung zu bringen, und setzen Sie sich langsam von der Seite her auf. Wenn Sie sich noch mehr bewegen wollen, stehen Sie auf und gehen langsam im Raum umher. Wie entspannt sind Sie jetzt? Wie ruhig fühlen Sie sich? Lassen Sie Ruhe und Entspannung noch da sein, während Sie frisch und wach werden.

Indikation und Kontraindikation

Progressive Muskelrelaxation hat einen ähnlichen Indikationsbereich wie das Autogene Training. So wird es mit gutem Erfolg bei essentieller Hypertonie eingesetzt (Blanchard et al. 1986, 1988). Darüber hinaus kann es zur gezielteren Therapie von Schmerzsyndromen eingesetzt werden, die ihren Ursprung in muskulären Verspannungen haben, wie Spannungskopfschmerz, HWS- und LWS-Beschwerden (Jungnitsch 1992, Rehfisch und Basler 1990). Für die Angsttherapie wird es heute nicht mehr so oft angewandt, da die Verhaltenstherapie auf kognitive und Expositionsverfahren übergegangen ist. Allerdings ist die ängstliche, nervöse Persönlichkeit weiterhin eine Hauptindikation.

So wie in der psychotherapeutischen Medizin Entspannungsverfahren immer als Zweitmaßnahme neben einem psychotherapeutischen Hauptverfahren wie Verhaltenstherapie oder tiefenpsychologisch fundierte Psychotherapie eingesetzt werden, so werden sie in der Psychiatrie ebenfalls nachrangig nach der pharmakologischen Behandlung zur Anwendung gebracht.

In der psychiatrischen Klinik kann die Progressive Muskelrelaxation sowohl bei endogenen Psychosen wie Schizophrenie (Sulz et al. 1987), bei endogenen und psychogenen Depressionen (McLean und Hakstian 1979, Sulz und Carl 1984, Sulz und Lauter 1986), bei Abhängigkeitserkrankungen als auch bei Persönlichkeitsstörungen und im gerontopsychiatrischen Bereich angewandt werden. Hier geht es oft eher um das gezielte Einsetzen einer ich-gesteuerten Handlung ("Ich entspanne mich jetzt") als um die Fähigkeit, Ich-Funktionen vorübergehend ruhen zu lassen.

Dieser breite Einsatz im Vergleich zum Autogenen Training ist möglich durch den nicht-suggestiven Ansatz, durch die Körpernähe, d.h. durch das Verbleiben bzw. Herstellen klarer Wahrnehmungen in einer konkreten Realität. Die Aufmerksamkeit wird weggelenkt von den oft quälenden inneren Bewußtseinsprozessen des depressiven oder des schizophrenen Patienten. Allein diese kurzzeitige Ablenkung schafft eine Erleichterung, die zu einer guten Compliance führt. Um diesen Effekt vollständig zu nutzen bzw. es dem akut erkrankten Patienten, die natürlich vormediziert sind, überhaupt zu ermöglichen, 20 bis 30 Minuten lang dabeizubleiben, muß der Traingsleiter ohne größere Pausen sprechen. Jeder von ihm gesprochene Satz ist eine Aufmerksamkeitslenkung, die die Patienten von ihren internen psychischen Prozessen wegführt. Und er bewirkt ein Einbinden in einen aktiven intentionalen Vorgang, der über eine Körperwahrnehmung auch eine alternative Selbstwahrnehmung verschafft. Es ist erstaunlich mit welcher Bereitschaft selbst akut psychotische Patienten, wenn sie medikamentös eingestellt sind, an den Entspannungsübungen teilnehmen. Ihnen gegenüber wird besonders betont, daß sie die Augen geöffnet halten können bzw. diese jederzeit öffnen können. Auch daß sie sich zwischendurch immer wieder der festen Unterlage, auf der ihr Körper sicher liegt, vergewissern können (festen Boden unter mir haben).

Aus einem Zustand sehr großer Erregung oder Angst heraus kann Entspannung nicht durchgeführt werden. Angstpatienten bekommen noch mehr Angst, wenn sie sich auf ihren Körper konzentrieren, und ich habe es erlebt, daß paradoxe Konditionierungsprozesse abliefen. Das aufs Bettlegen, um Entspannungsübungen zu machen, wurde zum neu gelernten Auslöser für Panikattacken. Deshalb sollte darauf geachtet werden, daß nicht während eines Angst- oder Erregungszustandes mit dem Lernen von Entspannung begonnen wird.

Zum gegenwärtigen und perspektivischen Stellenwert

Therapieziel ist allgemein, neben der fremdinduzierten medikamentösen zentralnervösen Dämpfung und Anxiolyse die selbstinduzierte Entspannung und Entängstigung einzuleiten und die bleibende Fähigkeit zu entwickeln, Spannung, Streß und Angst bereits auf einem niedrigen Erregungsniveau wahrzunehmen und frühzeitig eine Gegenregulation einzuleiten, d.h., Krankheitsverhalten durch Gesundheitsverhalten zu ersetzen. Entspannungstraining ist eine leicht zu erlernende Form, mit seinen Gefühlen umgehen zu lernen, sie so steuern zu können, daß Eskalationen verhindert werden können. Von seiten des Arztes mit genügend Überzeugungskraft verordnet, fachkundig vermittelt und von seiten des Patienten mit der nötigen Ernsthaftigkeit betrieben, ist Entspannung in Form der Progressiven Muskelrelaxation ein natürliches und sehr wirksames, breit einsetzbares Therapeutikum.

Literatur

Bernstein D.A., Borkovec, T.D.: Entspannungs-Training. Handbuch der progressiven Muskelentspannung. Pfeiffer, München: 1982

Blanchard, E.M.; Musso, A.; Gerardi, M.A.; Pallmeyer, T.P.; Geradi, R.J.; Cotch, P.A.; Siracusa, K.; Andrasik, F.: A Controlled Comparison of Thermal Biofeedback and Relaxation Training in the Treatment of Essential Hypertension: 1. Short-Term and Long-Term Outcome. Beh.Ther. 17, 1986, kS. 563 - 579

Blanchard, E.M.; Wittroc, D.; Muso, A.; Geradi, R.J.; Pangburn, L.: A Controlled Comparison of Thermal Biofeedback and Relaxsation Training in the Treatment of Essential Hypertension: 2. Effects on Cardiovascular Reactivity. Health Psychology 7, 1988, S. 19 - 33

Goldfried, M.R.: Systematic desensitization as training in self-control. Journal of Consulting and Clinical Psychology 37, 1971, S. 228-234

Jacobson, E.: Experiments on the Inhibition of Sensations. Psychol. Rev. 18, 1911a, S. 24 - 53

Jacobson, E.: Consciousness under Anaesthetics. Am. J. Psychol. 22, 1911b, S. 333 - 345

Jacobson, E.: On Meaning and Understanding. Am.J.Psychol. 22, 1911c, S. 553 - 577

Jacobson, E.: Progressive Relaxation. Chicago: University of Chicago press: 1929, 11. Auflage 1968

Jacobson, E.: The origins and development of Progressive Relaxation. J.Beh.Ther.&Exp.Psychiat. 8, 1977, S. 119 - 123

Jacobson, E.: Entspannung als Therapie. Progressive Relaxation in Theorie und Praxis. Pfeiffer, München: 1990 (Engl. Original: You must relax. New York: McGraw-Hill, 1934)

Jungnitsch, G.: Psychologische Verfahren in der Therapie chronischer Schmerzen: Grundlagen und Überblick. In: Geisner, E.; Jungnitsch, G. (Hrsg.): Psychologie des Schmerzes, Weinheim: Psychologie Verlags Union, 1992, S.227 - 242

Linden, M.: Entspannungstraining. In: Linden, M, Hautzinger,M (Hrsg.): Verhaltenstherapie. Springer, Berlin, 1993, S. 135 - 138

McGrady A.; Bernal, G.A.A.; Higgins, J.T.: Effect of Biofeedback-Assisted Relaxation on Bloodpressure and Cortisol Levels in Normotensives and Hypertensives. J.Beh.Medic. 10, 1987, S. 301 - 310

McLean, P.D.; Hakstian, A.R.: Clinical depression: Comparative efficacy of out-patient Treatments. J.Consult.clin.Psychol. 47, 1979, S. 818, 836

Meichenbaum, D.: Intervention bei Streß. Anwendung und Wirkung des Streßimpfungstrainings. Huber, Bern, 1985

Paul, G.L.: Insight versus desensitization in psychotherapy. Stanford: Stanford University press, 1966

Rehfisch, H.P.; Basler, H.D.: Entspannung und Imagination. In: Basler, HD, Franz, C, Kröner-Herwig, B, Rehfisch, HP, Seemann, H. (Hrsg.): Psychologische Schmerztherapie. Berlin: Springer, 1990, S. 448 - 468

Sulz, S.K.D.; Carl, D.: Progressive Muskelrelaxation und Bewegungstherapie bei Depression. In: Wolfersdorf MG, Straub, R.; Hole, G.: Depressiv Kranke in der Psychiatrischen Klinik. Regensburg, Roderer, 1984, S. 87 - 93

Sulz, S.K.D., Lauter, H.: Stationäre Verhaltenstherapie der Depression - Ein multimodaler Ansatz in der klinischen Praxis. In: Sulz, S.K.D.: Verständnis und Therapie der Depression. München: Reinhardt, 1986

Sulz, S.K.D.; Kraemer, S.; Bittner, R.; Michl, R.; Wachinger, A.: Ein verhaltenstherapeutischer Ansatz in der Therapie chronisch Schizophrener - eine kontrollierte Therapiestudie. In Sulz: Psychotherapie in der klinischen Psychiatrie. Stuttgart: Thieme, 1987

Sulz, S.K.D.: Strategische Kurzzeittherapie - Wege zur effizienten Psychotherapie. München: CIP-Medien, 1994

Schultz, I.H.: Das autogene Training. Stuttgart, Thieme, 1991

Wagner-Link A.: 1. Aktive Entspannung und Streßbewältigung. 2. Aufl. Ehningen: Expert, 1993

Wolpe, J.: Psychotherapy by reciprocal inhibition. Stanford University press: Stanford, 1959

Progressive Muskelrelaxation

Anti-Streß-Training
• Angelika Wagner-Link •

Der optimale Umgang mit der eigenen Energie hat in den letzten Jahren zunehmend an Interesse gewonnen. So besteht heute sowohl im Therapiebereich (z.B. psychosomatische Beschwerden, Leistungsstörungen) als auch in der Prävention (z.B. Management-Schulung, Erwachsenenbildung) deutlicher Bedarf an umfassenden und systematischen Streßbewältigungstechniken. Im folgenden wird ein Breitbandprogramm vorgestellt, das in der Praxis vielfach durchgeführt und auf seine Effizienz überprüft wurde.

Es handelt sich um ein verhaltenstherapeutisches Gruppentraining für den präventiven und therapeutischen Bereich. Ziel ist die Verbesserung des aktiven Umgangs mit alltäglichen Belastungen und die Förderung bzw. Erhaltung des körperlichen und subjektiven Wohlbefindens.

Das Programm geht vom Streßmodell nach Lazarus sowie einigen Grundgedanken Selyes und der Integration des Typ A-Verhaltens nach Glass aus. Es wurde auf der Basis des von Krauthan und der Autorin unter der Leitung von Brengelmann (1983) erarbeiteten Streßbewältigungstrainings (verwandt dem IFT-Streßprogramm, Kessler, 1974) - ursprünglich für Polizeibeamte - laufend weiterentwickelt und auf unterschiedliche Zielgruppen übertragen.

Indikation
Alle Störungen, deren Ursachen und/oder Folgen ineffektiver Umgang mit Streß sind, z.B. "burn out", Typ-A-Verhalten, psychosomatische Störungen, Bluthochdruck, Spannungskopfschmerz, Ulcera, Gastritis, Erschöpfung, depressive Verstimmungen usw. Das Programm kann präventiv und therapeutisch, z.B. in Kurkliniken und in der (Verhaltens-)Therapie, angewandt werden.

Kontraindikation

Alle schweren psychischen und körperlichen (auch funktionellen) Störungen, insbesondere extreme Erregung, Ängste, starke soziale Hemmungen und akute existentielle Belastung (wie Scheidung), die eine für alle Seiten befriedigende Integration in die Gruppe ausschließen. In diesen Fällen können die Techniken (z.B. kurzfristige Erleichterung, Einstellungsänderung, Entspannung) in die Einzeltherapie integriert werden.

Dauer
Das hier beschriebene Programm geht von einem 3wöchigen Intervall-Training (je 1 Woche Training, 4 Wochen Pause) aus, wie es u.a. bei der Polizei Nordrhein-Westfalen, Niedersachsen und Rheinland-Pfalz seit 1983 durchgeführt wird. Die einzelnen Bausteine werden auch separat eingesetzt (z.B. bei verschiedenen Industrieunternehmen) in 3-4 Tages-Seminaren oder in mehrwöchigen Kursen mit je zwei bis vier Wochenstunden und ein bis zwei Wochenend-Blöcken, insgesamt ca. 30-40 Stunden (z.B. bei Betriebskrankenkassen). Sämtliche Techniken können auch als Einzelmaßnahmen geübt oder in andere verhaltenstherapeutische Verfahren integriert werden.

Auswirkungen
Die Evaluation (siehe Bruns, 1986) des 3wöchigen Trainings konnte nachweisen, daß zahlreiche positive Effekte erzielt wurden, z .B. Reduzierung von Streßreaktionen, Veränderung streßreduzierender Bewertungen und deutlicher Rückgang der Reizbarkeit.

Gruppenzusammensetzung
6 bis maximal 12 Teilnehmer (Tn), bei zwei Therapeuten/Trainern bis 14 Teilnehmer. Bei der Zusammensetzung sind die üblichen Kriterien für Therapie- und Präventivgruppen zu berücksichtigen.

Therapeuten-/Trainerverhalten
Eine Kombination von freundlich-direktiv-strukturierendem Therapeuten-/Trainerverhalten hat sich beim o.a. Training als besonders effektiv erwiesen. Wesentlich sind sicher auch angstreduzierendes und konstruktives Verhalten sowie die Bereitschaft, als Modell Rollenspiele/Übungen vorzuführen. Es ist dabei von Bedeutung, daß der Therapeut/Trainer seine Modellfunktion und seine Fähigkeit, belastende Situationen umzustrukturieren (z.B. mit Humor und Provokation), bewußt einsetzt.

Gruppenregeln
Es hat sich bewährt, bereits beim ersten Treffen Gruppenregeln festzulegen. Am wichtigsten sind:
1. Regelmäßige, pünktliche Teilnahme
2. Schweigepflicht bezüglich aller persönlichen Informationen
3. Hausaufgaben sind Transferübungen und deshalb natürliche Konsequenz der Treffen. Sie werden von den Tn selbst festgelegt.
4. Gegenseitige Unterstützung, d.h.
- Kommunikationsregeln, wie nicht unterbrechen, zuhören usw. werden eingehalten.
- jeder stellt sich bei Übungen/Rollenspielen als Partner zur Verfügung, wenn er dazu aufgefordert wird.
- Feedback wird konstruktiv formuliert (hier auf Lerngesetze hinweisen), positives Verhalten wird rückgemeldet, „Fehler" werden weitgehend „gelöscht" bzw. Verbesserungsvorschläge formuliert (Nebeneffekt: Die Beobachter üben Wahrnehmungslenkung als Streßbewältigungstechnik, siehe unten).

I. Streßanalyse

Theoretischer Hintergrund
Ausgehend vom transaktionalen Streß-Modell (Lazarus) und in Anlehnung an das Analysemodell von Kanfer werden hier bezeichnet:
Streßauslösende Bedingungen **Stressoren** (S) (z.B. Konflikte „daily hassles" wie Zeitnot, zu viele Anforderungen auf einmal);
Reaktionen als **Streßreaktionen** (R) auf vier Verhaltensebenen:

- subjektiv - kognitiv (z.B. Konzentrationsstörungen)
- emotional (z.B. Angst, Wut)
- autonom
- vegetativ (z.B. Herzklopfen, feuchte Hände)
- muskulär (z.B. Verspannungen, Zähneknirschen) sowie
- (willkürliche) komplexe Verhaltensweisen (z.B. Rückzug, Angriff)

und langfristige **Streßfolgen**/Schädigungen (z.B. Gereiztheit, Gastritis, Schlafstörungen, Leistungsschwäche); als intervenierende Variable die **Person** selbst, hier bezeichnet als Organismus (0).

Diese Transaktion zwischen Person (0) und Umwelt (S) wird durch **Bewertungen** (appraisal) beeinflußt (Lazarus, Laumier). Diese (primären, sekundären, tertiären) Bewertungsprozesse führen dazu, daß Streß individuell betrachtet werden muß.

Auf Konsequenz (K) und Contingence (C) wird erst beim Einsatz von Copings eingegangen (hier nicht spezifiziert).

Im folgenden Modell wurde versucht, eine Kombination der wichtigsten Streßkonzepte dem Laien näherzubringen.

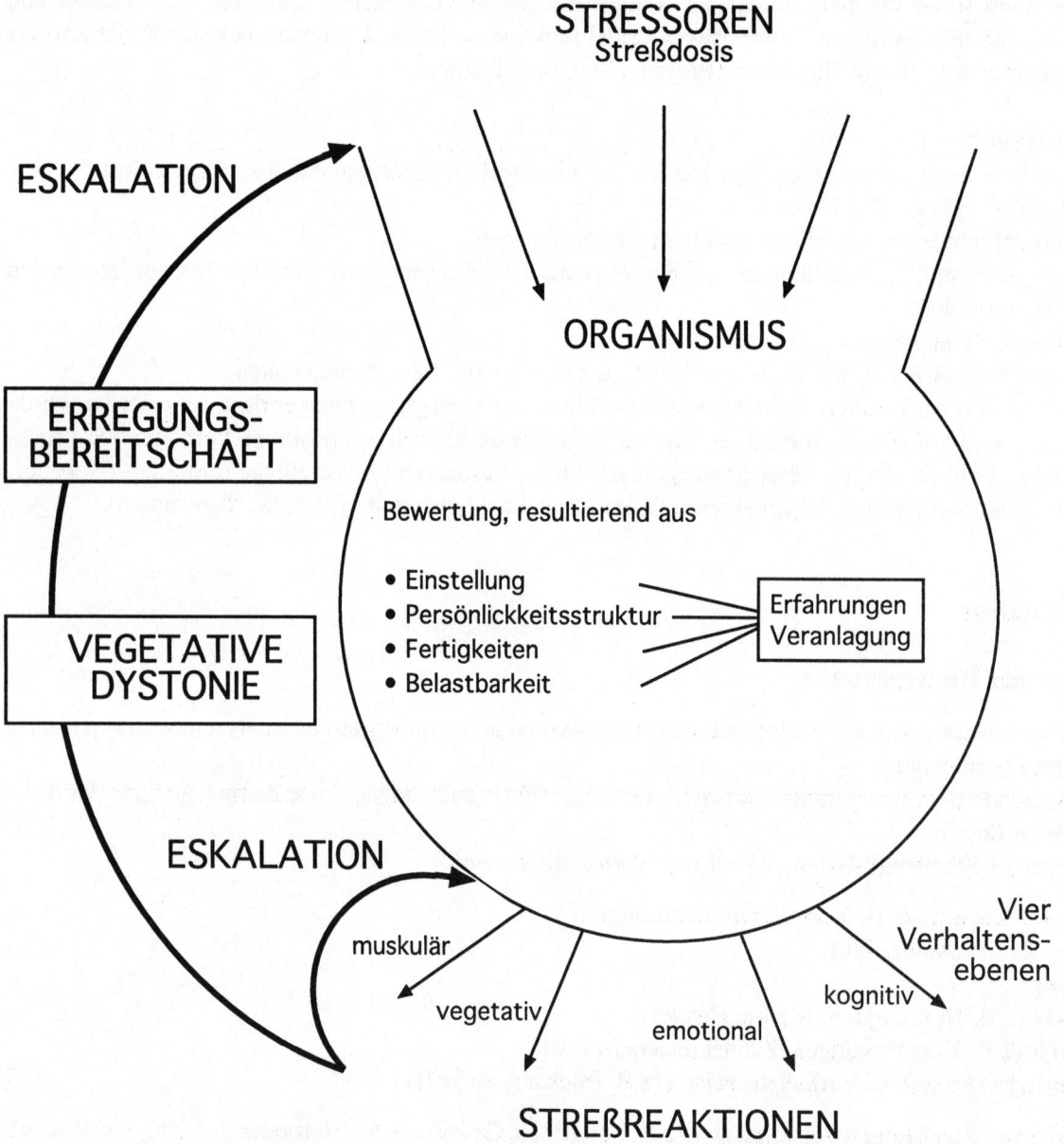

Abbildung 1. Streßanalyse - Stressor, gestresster Organismus, Stressreaktionen

Vorgehensweise

1. Streßtheorie

Bereits bei der Vorstellungsrunde nennen die Tn erste Belastungsfaktoren. Nach der gemeinsamen Erarbeitung und/oder Kurzinput (z.B. durch Folie, Filme etc.) des Therapeuten/Trainers wird das S-0-R-Schema (oder das klassische Modell von Lazarus) erarbeitet. Hervorgehoben wird die Aussage: „Streß ist individuell, die Bewertung entscheidet". Wichtig ist auch die Verdeutlichung, wie im Streß Körper und Psyche zusammenwirken und welche (psycho)somatischen Störungen entstehen können: Verstehen ermöglicht Selbstverantwortung.

2. Persönliche Streßanalyse

Danach erarbeiten die Tn weitere eigene Streßbeispiele (S), erstellen individuelle Stressorenlisten (evtl. nach Priorität geordnet) und reflektieren ihre typischen Streßreaktionen (R) auf den Verhaltensebenen und eventuelle langfristige Streßfolgen. Die Tn werden ermuntert, sich bis zum nächsten Treffen selbst zu beobachten und weitere Stressoren sowie Reaktionen, aber auch Vermutungen über eigene Bewertungsmuster zu sammeln.

II. Streßbewältigung

In Kleingruppen werden zunächst die bisherigen Streßbewältigungsversuche zusammengestellt, und im Plenum werden dann ungeeignete anhand der kurz- und langfristigen Folgen ausgesondert (z.B. Entspannungsschluck). Die passenden Copings der Tn werden später den jeweiligen Techniken zugeordnet; dadurch wird der Transfer erleichtert.

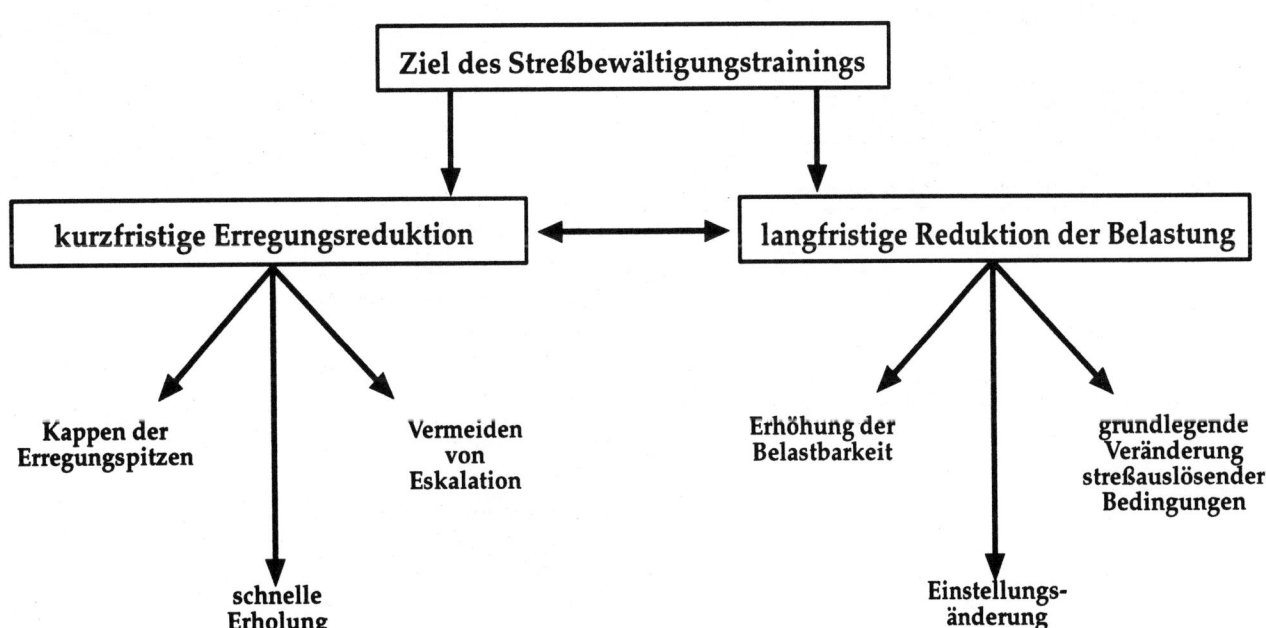

Abbildung 2. Ziele des Streßbewältigungstrainings

Kurz- und langfristige Methoden

Es gibt grundsätzlich zwei Wege, Streß zu bewältigen:
1. Methoden, mit denen die Ursachen von Streß verändert werden. Diese sogenannte problemorientierte oder langfristige Streßbewältigung ändert entweder die Streßsituation oder den Menschen selbst. Man geht die Belastung direkt an und löst das Problem langfristig. Die Belastungssituation wird nicht nur erträglicher, sondern grundsätzlich verändert oder der Organismus streßresistenter gemacht (S, O).
2. Auf der anderen Seite gibt es die Techniken der kurzfristigen Erleichterung. Dabei geht man die Auswirkungen bereits auftretender Streßreaktionen direkt an und versucht, Eskalationen zu vermeiden und die Spitzen der Erregung zu kappen (R).

Drei Ansatzpunkte zur effektiven Streßbewältigung:
1. bei den Stressoren „die Umwelt verändern" (S)
   Man kann die Summe der Stressoren (Streßdosis) verringern, indem man einige davon
   • ausschaltet • reduziert • vermeidet.
2. beim Menschen selbst „sich selbst verändern" (O)
   Man kann sich selbst durch langfristige Streßbewältigungsmethoden verändern und dadurch stabiler werden, indem man
   • die Belastbarkeit (z.B. durch Entspannung) erhöht
   • positives Verhalten aufbaut (z.B. Hobbies)
   • die Bewertung der Streßsituation verändert.
3. bei der Streßsituation „die Erregung drosseln" (R)
   Selbst dann, wenn weder der Stressor noch die Persönlichkeit beeinflußt werden kann, gibt es durch die Techniken der kurzfristigen Erleichterung Wege, die Streßreaktion so zu beeinflussen, daß man
   • die Erregungsspitzen kappt,
   • Aufschaukelung verhindert.

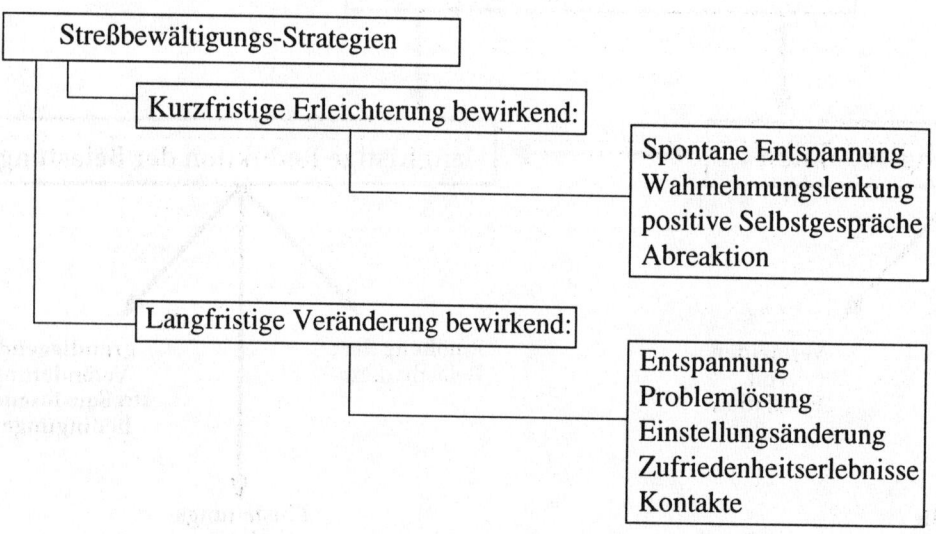

Abbildung 3: Streßbewältigungsstrategien

Kurzfristige Erleichterung (KE)

Die Techniken der kurzfristigen Erleichterung haben gemeinsam, daß sie an der Streßreaktion direkt ansetzen und deshalb nur eine kurzfristige Veränderung des Befindens bewirken. Sie sind immer dann anwendbar, wenn die eigentlichen Ursachen für die Belastung (momentan) nicht zu beheben sind und man die eigene Erregung abbauen möchte.

Einsatzmöglichkeiten
- Vorbereiten auf typische persönliche Streßsituationen und bereits vorher überlegen und üben, welche streßabbauenden Maßnahmen hier sinnvoll eingesetzt werden können
- In und nach Streßsituationen die vorher geübten und ausgewählten Techniken auf Abruf einsetzen und so die Erregung drosseln
- Auch bei Auftreten von Streßreaktionen ohne momentan definierbaren Auslöser mit erregungsreduzierenden Maßnahmen antworten

Abgesehen von Entspannungstechniken werden die Techniken der KE zuerst trainiert, da diese
- leicht zu erlernen sind - schnell zu Erfolgserlebnissen (Erleichterung) führen - eine Basis für langfristige Techniken bilden - Bereitschaft zum strukturierten Umgang mit Streßbelastung und zur konkreten Handlungsplanung und -durchführung schaffen - und damit Vermeidungsverhalten vorbeugen.
Die Techniken werden vorgestellt und die passenden, von den Teilnehmern gesammelten eigenen Copings als konkrete Beispiele zugeordnet. Je zwei Techniken werden trainiert, dann folgen jeweils Rollenspiele.

1. Systematische Spontanentspannung

Wenn systematische Formen der Entspannung sicher beherrscht werden, können Kurzformen abgeleitet werden. Besonders geeignet für solche „auf Kommando" abrufbaren erregungsreduzierten Maßnahmen sind Übungsteile aus:
- der systematischen Muskelentspannung
- dem Autogenen Training
- den Atemübungen.

Wie bei den Langformen der Entspannung, sind im allgemeinen muskuläre Methoden am leichtesten einsetzbar.

2. Wahrnehmungslenkung

Äußere Wahrnehmungslenkung (Ablenkung)

Damit sind gezielte Aktivitäten gemeint, die die Belastung vorübergehend vergessen lassen. Man macht kurzfristig etwas anderes und konzentriert sich vollständig auf die neue Tätigkeit.
Diese Methode ist sehr einfach durchzuführen. Sie bewährt sich besonders, wenn es darum geht, Erregungsspitzen zu kappen. Die gewählten Aktivitäten dürfen natürlich nicht neuen Streß erzeugen, wie das bei vielen „altbewährten Tröstern". z.B. bei der Entspannungszigarette (Nikotin aktiviert), dem Entspannungsschluck u.a. der Fall ist.
Beispiele: Beschäftigung mit anderen, angenehmeren Arbeiten, zum Kopieren gehen, Schreibtisch aufräumen, Kurzpausen einlegen, spazierengehen, Blumen gießen.

Innere Wahrnehmungslenkung
Hier lenkt man die Aufmerksamkeit von der streßauslösenden Situation weg und richtet sie intensiv auf etwas anderes:
- **auf konkrete Reize** - Beispiele: Kugelschreiber, Bild, Blumen, (Urlaubs-)Foto, Vogelzwitschern
- **auf nach innen geschaute Bilder**
  Das bedeutet die Konzentration auf Ruhebilder und die dabei entstehenden Empfindungen (z.B. Riechen, Sehen, Hören ...) Beispiele: Strand, Wiese, Berglandschaft, Badewanne etc.
  Wenn die nach innen geschauten Bilder vorher mit Entspannung gekoppelt sind, sind sie besonders wirksam.
- **auf neutrale oder positive Gedanken**
  Man denkt an nichtbelastende, neutrale oder positive Ereignisse.
  Beispiele: Freizeitaktivitäten, Urlaub, Hobbies, nette Menschen, lustige Ereignisse, schöne Tagträume

3. Positive Selbstgespräche

In Streßsituationen tauchen Gedanken auf wie: „Das schaffe ich nie", „Das wird schiefgehen", „Ich fühle mich schrecklich" etc. (Streßreaktion).
Ziel der Methode der positiven Selbstgespräche ist es, sich positiv zu beeinflussen oder negative Selbstgespräche zu erkennen, um sie in positive umzuwandeln (Veränderung von Bewertungen).
- **Umstrukturieren**

Viele Belastungen haben auch positive Elemente. Bei dieser Technik konzentriert man sich auf die erfreulichen und fördernden Aspekte der Situation und mißachtet die negativen.
„Jede Träne kitzelt auch die Wange." „Jede Forderung gibt mir auch die Chance, mich zu behaupten zu lernen" usw. Man sieht die ganze Sache aus einer anderen Perspektive und macht sie dadurch erträglicher. (Diese Methode ist eine gute Vorbereitung für die Einstellungsänderung.)
- **Selbstinstruieren**

Das bedeutet, sich selbst aufzufordern, streßauslösende Bedingungen zu verändern, also sich nicht zu sorgen, wie unsicher man z.B. seine Aussagen formuliert, sondern sich zu instruieren, ruhig und gelassen mit fester Stimme Lösungsansätze vorzutragen. Man fordert sich auf, das Richtige zu tun. (Diese Methode ist eine gute Vorbereitung für die systematische Problemlösung.)
- **Selbstermuntern**

Es gibt zahlreiche Möglichkeiten, sich durch Selbstgespräche zu ermuntern, sich Mut zuzusprechen und sich dadurch zu stärken: „Ich habe die Situation in der Hand.", „Du wirst es schaffen", „Du bist gut vorbereitet."

Mögliche Vorgehensweise
- Die Tn sammeln alle Selbstgespräche, die ihnen in Streßsituationen durch den Kopf gehen
- teilen diese Gedanken in positive und negative ein
- überlegen sich positive Selbstgespräche anstelle der gesammelten negativen. Es ist dabei wichtig, daß diese Formulierungen akzeptiert werden. Z.B. anstatt: „Ich mache sicher Fehler" nicht: „Ich mache sicher keinen Fehler", sondern eher: „Wenn ich Fehler mache, ist das nicht so schlimm".
- stellen außerdem mögliche ermunternde Selbstgespräche zusammen, die bei der Bewältigung helfen.

Beispiele für die Veränderung negativer Selbstaussagen in positive Selbstgespräche zeigt Tabelle 1.

	negative Selbstaussage	positives Selbstgespräch
I. Vor der Streßsituation	„Das wird schiefgehen.." „Ich weiß nicht, wie ich das schaffen soll.. „Du liebe Zeit, was da wieder auf mich zu kommt.."	„Erst einmal probieren.." „Ich beginne langsam und deutlich zu sprechen.." „Ich werde daraus lernen."
II. In der Streßsituation	„Ich werde schon wieder nervös." „Mein Herz schlägt wie wild" „Die Angst wird mich überwältigen.."	„Nur ruhig, entspanne dich ..." „Bleib ruhig.." „Ich kann Erregung nicht verhindern, aber ich werde steuern.."
III. Nach der Streßsituation	„Ich habe versagt.." „Das lerne ich nie.."	„Es war besser, als ich gedacht hatte.." „Jedesmal, wenn ich das Verfahren einsetze, wird es besser werden.."

Tabelle 1. Von der negativen Selbstaussage zum positiven Selbstgespräch

4. Abreaktion

a) Körperliche Abreaktion
Wenn man die Möglichkeit hat, sich körperlich abzureagieren, tut man das, wozu man physiologisch programmiert ist: Man bewegt sich (Nach einem frustrierenden Arbeitstag die Treppe statt des Fahrstuhls nehmen.) Beispiele: • mit der Faust auf den Tisch schlagen
• abends Sport treiben (wenn man noch immer „geladen" ist)

b) Emotionale Abreaktion
Die im Streß angestauten Gefühle kann man abreagieren. Wichtig ist aber die Fähigkeit, sich so zu kontrollieren, daß man sich und anderen nicht schadet und neuen Streß verursacht (Ärgerkontrolle).

c) Der richtige Interventions-Zeitpunkt
Wichtig ist die Wahl des richtigen Zeitpunktes. Die Techniken der kurzfristigen Erleichterung sollen möglichst frühzeitig eingesetzt werden. Je höher die momentane Erregung ist, desto geringer die Transferchance (Blackout). Abbildung 4 zeigt ein Beispiel.

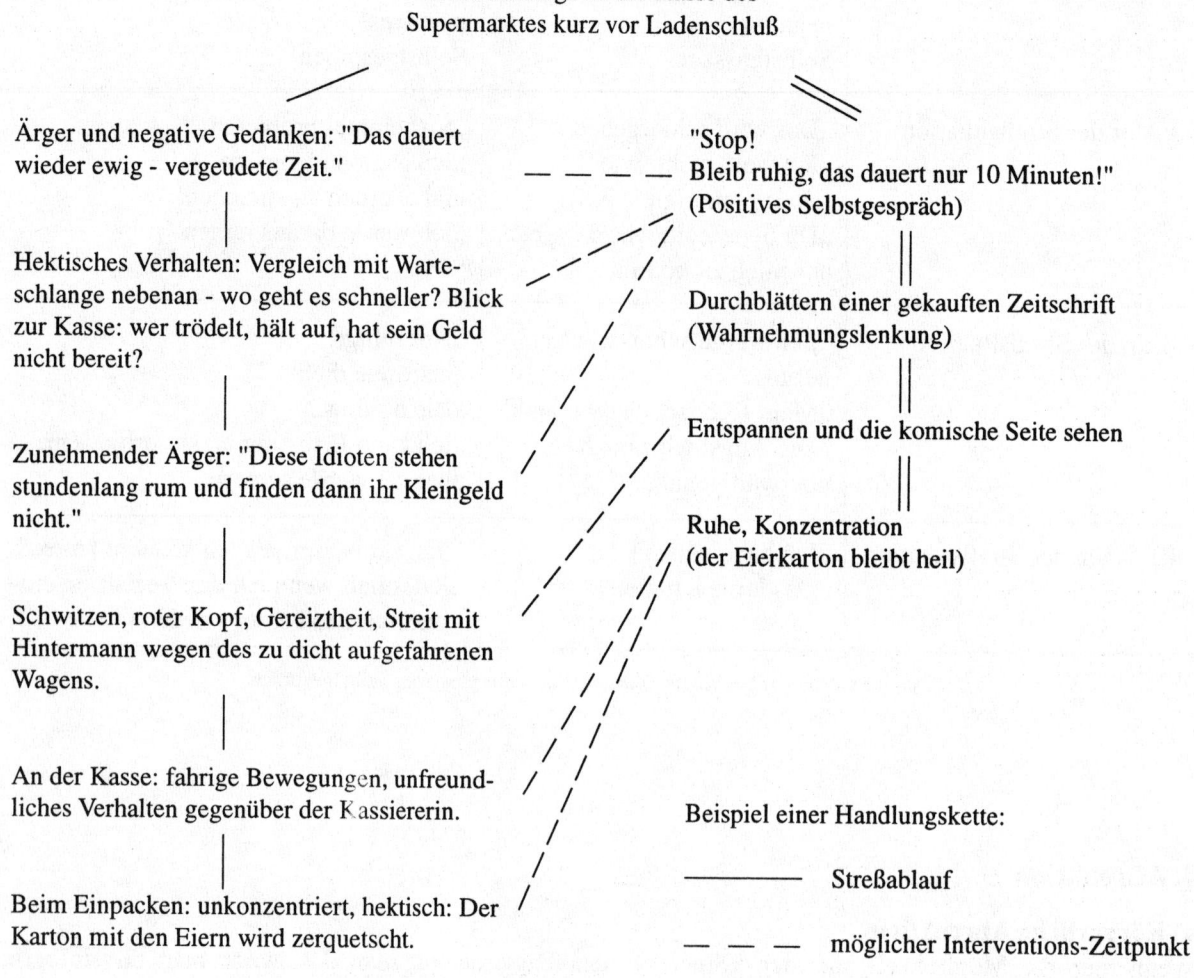

Abbildung 4. Beispiel einer Streßbewältigung

Rollenspiele zur kurzfristigen Erleichterung KE

Rollenspiele zur KE sind Transferübungen/Handlungsproben zur konkreten Umsetzung der erlernten Techniken. Besonders wichtig ist die detaillierte Beschreibung der individuellen Situation und des konkreten Zielverhaltens sowie die Bestimmung des Interventions-Zeitpunkts. Die Teilnehmer lernen, Streßsituationen in einzelne Kriterien zu zerlegen (entgegen dem Alles-oder-nichts-Prinzip und der erlernten Hilflosigkeit), erleben so zunehmende Freiheitsgrade im Umgang mit der Auslösesituation und dem eigenen Verhalten. Das Verhaltensrepertoire wird erweitert.

Vorgehensweise

1. Schritt: Der Therapeut/Trainer demonstriert mit einem von ihm bestimmten Tn ein kurzes Rollenspiel aus dem Lebensbereich der Tn oder auch häufig auftretende und damit vertraute Streßsituationen (Zahnarztbesuch, Warteschlange, Vortrag) ohne gemeinsame Vorbereitung (Dauer ca. 1-3 Minuten). Danach wird im Plenum anhand der Bestimmungsstücke (s.u.) ein Tn-Beispiel erarbeitet.

Bestimmungsstücke

- **Situation**
  An dieser Stelle wird nur eine kurze Überschrift für die gewählte Situation notiert.
- **Schwierigkeitsgrad**
  Auf einer Skala von 1-3 (differenzierter 1-6) legt der Tn fest, wie belastend für ihn die Situation ist und wie schwierig dementsprechend die Bewältigung.
- **Zeit und Ort**
  Hier wird möglichst detailliert und konkret festgelegt, wo und wann die Situation spielt. Je genauer dies erfolgt, desto besser kann sich der Übende in die Situation versetzen und desto größer ist der Übungsgewinn.
- **Partner**
  Es wird eine kurze Beschreibung des oder der eventuellen Partner gegeben, mit dem oder mit denen der Übende in der Situation in Beziehung tritt, z.B. ob es jemand ist, der sehr aufgeregt ist, Verständnis zeigt, aggressiv auftritt usw. Eine möglichst genaue Beschreibung ist wichtig, damit der Übungspartner sich gemäß der Vorstellung des Rollenspiels verhält.
  Der Übende sucht sich die Übungspartner unter den übrigen Kursteilnehmern selbst aus, da nur er entscheiden kann, wer dem Partner in der Realität am ähnlichsten ist.
- **Handlung**
  Kurzbeschreibung (evtl. in einer Handlungskette), was sich in der betreffenden Situation alles ereignet. Wesentliche Dialoge werden in wörtlicher Rede vorformuliert. Dies bedeutet nicht, daß diese Passagen später im Rollenspiel wörtlich wiedergegeben werden müssen. Spontane Änderungen aus der Situation heraus sind erlaubt.
- **Partnerverhalten**
  Über die allgemeine Beschreibung des Partners hinaus wird festgelegt, wie er sich konkret in der vorliegenden Situation zu verhalten hat. Es muß sich dabei nicht um das Verhalten handeln, das der Übende in der betreffenden Situation tatsächlich erlebt hat, sondern um eines, das dem o.a. Schwierigkeitsgrad entspricht. Wesentliche Dialoge werden in direkter Rede vorformuliert.
- **Zielverhalten/Technik**
  Hier wird konkret und detailliert festgelegt, welche (Kombination von) Technik(en) der Tn einsetzen möchte. Also nicht: „Ich werde mich positiv instruieren", sondern „Ich werde sagen: Bleib ganz ruhig!" etc.

Ob die Situation in der Realität tatsächlich so ablaufen wird, ist zunächst unwesentlich. Erst wenn der Übende sich sicher genug fühlt, soll die Situation wirklichkeitsnah gespielt werden.

2. Schritt: Wenn alle Bestimmungsstücke definiert sind, das Zielverhalten als „Trockenübung" erprobt und die nötigen Partner aus dem Tn-Kreis vom Rollenspieler ausgesucht wurden, werden eventuelle Requisiten (Stuhl, Schreibtisch etc.) bereitgestellt. Der Therapeut/Trainer liest nochmals das „Drehbuch" vor, der Tn (und eventuelle Partner) spielt die Situation in der Mitte des Tn-Kreises und führt beim vorher festgelegten Interventions-Zeitpunkt die gewählte Technik (laut gesprochen und deutlich demonstriert) durch.

Der Trainer fungiert notfalls als „Souffleur" und hält sich zur eventuellen Hilfestellung in der Nähe des Tns auf. Direkt nach Einsatz der Technik wird durch Klatschen abgebrochen, und es folgt die Feedback-Runde.

3. Schritt: Feedback: Der Spieler selbst, danach der Gruppenteilnehmer und zuletzt der Therapeut/Trainer geben konstruktive Rückmeldung für die Durchführung des Verhaltens.
Danach wird das Rollenspiel entweder einigen Vorschlägen entsprechend modifiziert oder aber unverändert (zur Etablierung des Verhaltens) wiederholt.

4. Schritt: Für die Erarbeitung von persönlichen Rollenspielen in individueller Einzelarbeit oder Lernpartnerschaft suchen die Tn je eine persönliche Belastungssituation, in der sie eine oder mehrere der kurzfristigen Techniken einsetzen wollen. Endziel ist jeweils ein fertiges Drehbuch.

5. Schritt: Die Rollenspiele werden nacheinander (bei größeren Gruppen parallel in Kleingruppen) durchgeführt.

6. Schritt: Als Hausaufgabe soll das erlernte Verhalten - evtl. auch in ähnlichen Situationen (Generalisierung) - erprobt werden. Tabelle 2 zeigt ein Beispiel

Beispiel: Rollenspiel zur KE

Situation	Kieferchirurgischer Eingriff
Schwierigkeitsgrad 1-3	2
Zeit/Ort	Dienstag, 9.15 Uhr, Praxis Dr. X., im Wartezimmer
Partner	Dr. X., Sprechstundenhilfe Fr. S., ein mir fremder Patient (ca. 40 Jahre)
Handlung (kann auch als Handlungskette beschrieben werden s.o.)	Ich habe bereits zwei schmerzhafte kieferchirurgische Eingriffe hinter mir und stehe jetzt vor der nächsten (letzten) Operation. -> Das Wartezimmer ist voll. Die meisten Leute sind nervös. --> Ich warte 10 Minuten. Ich bin die nächste Patientin. ---> Nun öffnet Dr. X die Tür. Ich bekomme ein flaues Gefühl im Magen und ... (die weiteren Streßsymptome werden hier nicht mehr geschildert, da der Interventions-Zeitpunkt spätestens hier einzusetzen ist)
Partnerverhalten	Dr. X. ist angespannt (viele Patienten), Fr. S. lächelt, Mitpatient wirkt erleichtert (hat die Behandlung hinter sich, wartet auf Röntgenbild) und schaut mich an.
Zielverhalten/Technik	beim 1. gewählten Interventions-Zeitpunkt: --> **Spontanentspannung:** Ich entspanne meine Hände und atme bewußt aus. **Wahrnehmungslenkung:** Ich unterhalte mich mit dem Mitpatienten über ein neutrales Thema. beim 2. gewählten Interventions-Zeitpunkt: ---> **Spontanentspannung:** s.o. **Positives Selbstgespräch:** "Das ist der letzte Eingriff. In einer halben Stunde ist es vorbei. Ich werde mich entspannen, dann überstehe ich es gut".
->	= einige mögliche Interventions-Zeitpunkte
-->	= 1. gewählter Interventions-Zeitpunkt für ein Rollenspiel
--->	= 2. gewählter Interventions-Zeitpunkt für ein Rollenspiel

Tabelle 2. Beispiel eines Rollenspiels zur kurzfristigen Erleichterung KE

Umgang mit möglichen Schwierigkeiten

Rollenspiele sind bei vielen Menschen angstauslösend. Deshalb ist es wichtig, selbst angstfrei und souverän das erste Rollenspiel zu demonstrieren. Bei einer Gruppe mit ausgeprägtem Vermeidungsverhalten empfiehlt es sich, die Übung nicht als Rollenspiel, sondern beispielsweise als Handlungsprobe, Übung etc. zu bezeichnen.

Bei ausgeprägtem Vermeidungsverhalten in der Gruppe soll der Therapeut/Trainer Lust am Spielen vermitteln. Die Rollenspiele sollen einfach durchführbar wirken. Dazu sind eine klare Struktur und Regieanweisung wichtig.

Der Therapeut/Trainer muß die Bedeutung der Situation für den Tn richtig einschätzen (wo genau liegt der Streß, was belastet in dieser Situation? Das ist besonders wichtig, wenn sich der Übende beim Spiel „verzettelt").

Bei zu hohem Schwierigkeitsgrad sind Manipulationen an Situation, den Handlungspartnern und deren Verhalten oder aber eine Vorverlegung des Interventions-Zeitpunktes sinnvoll.

Wird diese Technik falsch angewandt und Streßverhalten tritt auf, bricht der Therapeut/Trainer das Spiel mit Klatschen ab und strukturiert die (unangenehme) Situation um: (z.B. "Genauso läuft es immer, nicht wahr, aber jetzt spielen wir es einmal anders.")

Bei der Erarbeitung von Kriterien tendieren aber auch manche Therapeuten/Trainer dazu, möglichst perfekte Lösungen anzustreben. Dieses eigene überhöhte Anspruchsniveau erzeugt beim Tn das Gefühl, die Technik sei äußerst kompliziert, und in der Folge entsteht Vermeidungsverhalten. Hier empfiehlt es sich, aus vielfältiger Erfahrung auch als Therapeut/Trainer selbst positiv vorzugehen und den Tn konstruktiv zu unterstützen (shaping). Sicher bieten viele Rollenspielsituationen genug Ansatzpunkte zu zusätzlicher langfristiger Veränderung (z.B. Einstellungsänderung, Problemlösung). Das soll an dieser Stelle jedoch nicht berücksichtigt werden. Der Therapeut/Trainer kann allerdings darauf und auf die entsprechende langfristige Technik hinweisen.

Bei der Feedback-Runde ist strikt auf konstruktive Rückmeldung zu achten und auf Individualität von Streß hinzuweisen, wenn die Beobachter ihre eigenen Erfahrungen mit ähnlichen Situationen einbringen (hier unerwünscht!).

Langfristige Techniken

Strategien, mit denen man die Belastungssituation (Stressor) selbst angeht oder das zukünftige Auftreten dieser Situation verhindert, und Techniken, die die eigene Bewertung (Organismus/Person) verändern oder die Belastbarkeit erhöhen, werden hier als langfristige Techniken bezeichnet.

1. Entspannung

Systematische Entspannungsmethoden sind Grundlage der Erregungsreduktion und führen zum Abbau funktioneller Beschwerden und zu emotionalen Effekten (wie Loslassen, Gelassenheit, Ruhe, Erholung, Öffnung neuen Erfahrungen gegenüber). Sie haben eine palliative Funktion, d.h., sie mildern Symptome, ohne die Ursachen zu beheben. Sie setzen am Organismus (O) an. Wenn Entspannung beherrscht wird, können Spontanentspannungstechniken abgeleitet werden.

Ausgangsbasis ist die Progressive Muskelrelaxation nach Jacobson, kombiniert mit einer selbstsuggestiven Reise durch die Muskelpartien (konzentrative Entspannung). Das Autogene Training nach Schulz wird als Aufbautechnik vermittelt, um die vegetative Ebene gezielt ruhigzustellen.

Ein weiterer Weg zur vegetativen Entspannung ergibt sich über die Atmung. Deshalb werden aufbauend auf Muskelrelaxation auch Atemtechniken vermittelt.

Den Tn soll eine Wahlmöglichkeit ihrer bevorzugten Kombination von Techniken im Sinne selbständiger Streßbewältigung gegeben werden.
Vorrangiges Ziel ist jedoch das sichere Beherrschen der Muskelrelaxation. Alle oben genannten Techniken sind vielfach wissenschaftlich untersucht worden (insbesondere die Muskelentspannung) und haben sich als effektiv erwiesen.
In den letzten Sitzungen können die Übungen auch mit Phantasiereisen und Musikmeditation gekoppelt werden. Wichtig ist hierbei die Lenkung auf positive Ruhe-Imaginationen.

Vorgehensweise
Vom ersten Treffen an werden regelmäßig Entspannungstechniken trainiert; die Übungen werden als Hausaufgabe bis zum nächsten Treffen gegeben.
Über die Vorgehensweise bei der Rückmelderunde existiert ausreichend Literatur, deshalb erfolgen an dieser Stelle keine weiteren Ausführungen.

Aufbau der Übungen, bezogen auf die Verhaltensebene

muskulär
- Anspannung/Entspannung
- konzentrative Muskelentspannung
- Tiefentraining

vegetativ
- Autogenes Training
- Atemtechniken

emotional-kognitiv
- **Phantasiereisen**
- meditative Musik

2. Systematische Problemlösung

Vorgehensweise in sieben Schritten (siehe auch D'Zurilla und Goldfried 1971)
Diese Technik dient zur Bewältigung von wesentlichen individuellen Belastungen (aus der Stressorenliste) der Teilnehmer. (Ansatzpunkt primär: Stressoren <S>) Zusätzlich erlernen die Teilnehmer Problemlösen als Fertigkeit (Ansatzpunkt Person <O>), und sie verfügen somit über eine weitere effektive Bewältigungstechnik anderer (auch zukünftiger) Belastungen. Hier ist ein Gruppentraining von großem Vorteil, da einerseits durch die anderen Teilnehmer eine Vielzahl von denkbaren Bewältigungsmöglichkeiten vorgeschlagen wird, zum anderen jeder einzelne von den Problemlösungsschritten der anderen profitiert (Generalisierung/Modell-lernen). Im Kurs wird ein typisches Beispiel erzählt; ein weiteres aus dem Teilnehmerkreis wird gemeinsam im Plenum überarbeitet. Die anderen Teilnehmer überprüfen dieses Exempel auf seine Übertragbarkeit für die eigenen Probleme. Als Hausaufgabe sollen die Tn eigene Situationen auswählen, die für die systematische Problemlösung geeignet sind. Sie benennen das Problem und beschreiben es genau. Die weiteren Schritte erfolgen dann im Plenum oder - vom Therapeuten/Trainer begleitet - in Kleingruppen.

1. **Schritt: Stressorenauswahl**
   Die Teilnehmer suchen aus ihren Stressorenlisten je ein für sie wesentliches Problem aus, das sie aktiv bewältigen wollen.
2. **Schritt: Beschreibung des Problems**
   Das Problem/die Situation, die eigenen Reaktionen sowie daraus entstehende Konsequenzen werden nach dem Prinzip der Verhaltensanalyse möglichst konkret und detailliert geschildert.
3. **Schritt: Sammeln von Lösungsmöglichkeiten**
   Nun werden im Sinne eines „brainstormings" von allen Gruppenteilnehmern möglichst viele Problemlösungen gesammelt und schriftlich festgehalten. Zunächst erfolgt keinerlei Bewertung, auch momentan unsinnig erscheinende Vorschläge werden zugelassen, die Phantasie hat freien Lauf. Kombinationen und Verbesserungen von Strategien werden ebenfalls notiert.
   Durch die Trennung von Lösungssuche und Bewertung wird die Menge der Vorschläge erhöht, eine vorschnelle Gegenargumentation/Verteidigung des betroffenen Teilnehmers wird verhindert.
4. **Schritt: Bewertung und Auswahl**
   Der Sammlung folgt die Bewertung der Lösungen: Aus dem gesammelten Material werden die ungeeigneten Lösungen ausgeschieden. Die verbleibenden Möglichkeiten werden auf ihre Realisierbarkeit hin überprüft. Kriterien hierfür sind die zu erwartenden Konsequenzen: die persönlichen für den Teilnehmer und die sozialen oder beruflichen anderer beteiligten Personen, und zwar in kurz- und langfristiger Hinsicht. Falls sinnvoll, kann eine Rangreihe der Lösungen gebildet werden (Priorität 1-3). Daraufhin wird entschieden, welche der möglichen Lösungen oder welche Kombination von Lösungen durchgeführt wird. Dies ist in der Regel die Strategie, die am erfolgversprechendsten, ohne unangemessenen Aufwand durchführbar ist und die geringsten oder keine negativen Folgen hat.
5. **Schritt: Handlungsplan**
   Es werden Maßnahmen zusammengestellt, die die gewählte Lösung zu verwirklichen helfen. Die einzelnen Schritte müssen dabei dem genau geplanten Handlungsablauf entsprechen. In einem Zeitplan wird festgelegt, bis zu welchem Termin die einzelnen Schritte realisiert werden sollten. Es ist zu beachten, daß zur Verwirklichung genügend Zeit vorhanden ist und nicht zu viele Maßnahmen gleichzeitig ergriffen werden.
   Die Durchführung der Schritte erfolgt als „Hausaufgabe" außerhalb des Kurses.
6. **Schritt: Umsetzung**
   Die Realisierung erfolgt gemäß der Handlungsplanung in möglichst einfachen Belastungssituationen als Hausaufgabe. Wenn die Belastung so bewältigt wird, ist das Ziel der Technik erreicht; führt die Umsetzung zu Mißerfolgen und Pannen, muß eine Analyse der Ursache folgen.
7. **Schritt: Erfolgsprüfung**
   Die Durchführung wird in der Gruppe diskutiert. Erfolge/Mißerfolge in den einzelnen Teilschritten werden auf Konsequenzen überprüft. Waren die Maßnahmen erfolgreich, ist die Problemlösung beendet. Bei Mißerfolg/Teilerfolgen wird überlegt, zu welchem Schritt der Teilnehmer zurückgehen soll, ob z.B. die Beschreibung des Problems nicht ausreichend war, ob weitere Schritte der Problemlösung gesammelt werden müssen oder der Handlungsplan zu überarbeiten ist.

Die systematische Problemlösung kann gut bei Sachproblemen (z.B. am Arbeitsplatz) angewandt werden - gerade in homogenen Gruppen - und überzeugt daher auch sachorientierte Menschen. Das Hinterfragen des Problems erzeugt bei der Gruppe Einsicht in die Notwendigkeit, Bewertungen zu verändern. Möglichst nicht bei Problemen anwenden, bei denen offensichtlich eine Einstellungsänderung angebracht ist! Beide Techniken (Einstellungsänderung und Problemlösung) sind in der Kombination meist zu komplex, daher sind sie besser zu trennen.

Beispiel der systematischen Problemlösung (in Kurzfassung)

1. Stressorenauswahl - „Montags-Streß"
2. Problembeschreibung

• Anfang der Woche kommen viele Dinge nach und nach - trotzdem/bzw. gerade deshalb Buch lesen - am Abend schlechtes Gewissen - Unerledigtes hindert an anderen Beschäftigungen (an „Neuem" am „frei sein" für etwas anderes) - leicht und schnell ablenkbar

zusammengefaßt: Leistungsreduktion und kein Genießen der Freizeit

3. Lösungsmöglichkeiten
- •1 Prioritäten setzen für den Tag
- •1 Zettel anfertigen
- •1 Zettel mit genauen Zeitangaben, Tages-/Wochenplan
- •3 nach Tag Belohnung, Störquellen abstellen, Freizeitplatz einrichten
- •1 Freizeit einplanen

Zettelkasten, Pin-Wand, Schreibtisch ordnen, Notizzettel (in jedem Zimmer), Notizzettelkontrolle (durchstreichen/wegwerfen), Personen, die kontrollieren/nachfragen
- • 2 Wecker, Signal, Recorder (Formel)

Vorbereitung (z.B. Essen), damit keine Ablenkung
- •1 Arbeitszeiten festlegen
- •2 Entspannungspausen (Kopf auslüften): Spazierengehen, Delegieren, Buch lesen (Seiwert), Seminar besuchen (Streß)
- •1 Prioritätenkasten (1..2..3..) mit leichter Sache beginnnen
- •1 Vorgänge durchziehen (nicht unterbrechen), Unerledigtes sofort in Prioritätenkasten ordnen
- •2 Anrufbeantworter
- •3 leichte Tätigkeiten für Tiefpunkte sammeln

4. Bewertung und Festlegung der Reihenfolge
- •1 Prioritäten setzen für den Tag, die Tätigkeiten mit genauen Zeitangaben versehen und in Zettelkästen (nach Wichtigkeit) ordnen, die Arbeits- und Freizeit festlegen
- •2 Entspannungsübungen einplanen, den Anrufbeantworter ggf. einschalten, Wecker stellen
- •3 leichte Tätigkeiten „sammeln", um Tiefpunkte auszufüllen, Belohnungen für den Tag festlegen

5. Handlungsplan (Zeit/Ort)
nächster Montag: Wochenplan (Di.-Fr.) ausarbeiten, d.h.
• Planung/Festlegung von Arbeits- und Freizeit - Prioritäten setzen, Kästchen anlegen - Zeiten für Entspannung/Sport einplanen
Dienstag: Umsetzung des Tagesplans

6. Umsetzung

7. Erfolgskontrolle
- auf Band sprechen - abends anhören - Flips aufhängen und abschreiben - Fr.: Überprüfung der Punkte. Veränderungen festhalten - Wie ging es mir jeden Tag? - Hat die Leistungseffektivität zugenommen? - Kann ich die Freizeit genießen?

3. Einstellungsänderung

Einstellungsänderung setzt an der Bewertung von Belastungen an (Organismus). Manche Ereignisse werden erst dadurch belastend, daß sie als unangenehm, ärgerlich etc. bewertet werden.
Von Interesse sind hier:
- Bewertungen und selbsterfüllende Prophezeiungen, die bei der Bewältigung von Belastungssituationen nicht hilfreich oder sogar gegenläufig sind, wie
- „Der will mich ärgern" - „Das schaff ich nie"
- irrationale Einstellungen (nach RET/Ellis), wie: - „Ich muß immer besser sein als die anderen" - „Man kann niemandem vertrauen"

Einstellungen haben kognitive, affektive und Verhaltenskomponenten, eine Veränderung setzt demnach sinnvollerweise an allen drei Aspekten an.

Vorgehensweise
Ein Beispiel, möglichst nahe am Teilnehmerkreis, wird in Anekdotenform erzählt und gemeinsam erarbeitet, in welchem sich der Protagonist das Leben unnötig schwer macht.
Themenvorschläge:
- „Ich bin vom Pech verfolgt." - „Das Leben ist ein steter Kampf." - „Es ist nie gut genug."
  Anschließend folgt ein Kurzvortrag, was Einstellungen sind und wann es sinnvoll ist, sie zu ändern. Einige Kriterien für irrationale Einstellungen werden erarbeitet, wie z.B.:
- Übertreibungen und Katastrophierungen - Alles oder Nichts-Prinzip - unrealistische und selbsterfüllende Erwartungen - unzulässige Generalisierungen und Schlußfolgerungen - überhöhte Anforderungen an sich selbst (+ Perfektionismus)

Typische Formulierungen sind:
„Es ist schrecklich, unerträglich, daß ..." - „Die anderen/die Welt sollte, müßte..." - „Wenn..., bin ich nichts wert", usw.

Die Tn werden aufgefordert, eigene Einstellungen und Belastungssituationen zu schildern, in denen irrationale Bewertungen eine wesentliche Rolle spielen.
Dann wird die Methode der Einstellungsänderung in 5 Schritten an einem Tn-Beispiel im Plenum exemplarisch durchgeführt.

1. Schritt: Erkennen von Belastungssituationen
a) Objektive Situationsbeschreibung
   Zunächst soll die belastende Situation erkannt und genau beschrieben werden. Diese objektive Situationsbeschreibung gleicht dem Blick durch das Objektiv einer Kamera.
b) Analyse des mit der Situation verbundenen Gefühls
   Schlüsselfrage: Wie fühle ich mich in der Situation?
   Hilfreich ist es, sich die Streßsituation mit geschlossenen Augen möglichst bildhaft vorzustellen und sich auf die dabei aufkommenden Gefühle zu konzentrieren. Das Gefühl ist auf einer Skala von 1-10 einzuordnen.
c) Benennung der belastenden Bewertung/irrationalen Gedanken.Schlüsselfragen: - Was sage ich mir in der Situation? (Parallelen zu früheren Situationen)
   - Was erwarte ich von mir, von anderen?
   - Welchen Anspruch habe ich in solchen Situationen an mich/andere?
   - Was könnte geschehen?

Nun wird versucht, die belastende Bewertung in einem Satz („Extremsatz") zu beschreiben. Der Satz könnte folgendermaßen beginnen: „... andere dürfen, ... sollten, ... ich muß, ich erwarte in solchen Situationen..., ... ich sollte immer... z.B.: „ich muß fehlerfrei arbeiten, sonst bin ich nichts wert."
An dem Satz wird so lange gearbeitet und gefeilt, bis der Tn sich damit identifizieren kann.

2. Schritt: Inhaltliche Überprüfung
a) Überprüfung des Realitätsbezugs
   Um die alte unangemessene Einstellung auf Realität zu überprüfen, eignen sich folgende Schlüsselfragen:
   • Wie realistisch ist mein Anspruch?
   • Sehe ich nur die negative Seite?
   • Wie sehen mich andere?
   • Habe ich zu hohe/falsche Erwartungen an mich/an andere?
   • Übertreibe ich?
b) Überprüfung der Konsequenzen
   • Zu welchen positiven Konsequenzen führt meine Einstellung? (z.B. Zuwendung durch andere/ich kann provozieren)
   • Zu welchen negativen Konsequenzen führt meine Einstellung? (z.B. ich überfordere mich und andere; ich nehme Unannehmlichkeiten auf mich; ich laufe mit Scheuklappen durch die Gegend, ich leide.)

3. Schritt: Veränderung des Denkens
a) Umbewertung der Einstellung
   Die alte unangemessene Einstellung wird in Frage gestellt und zugunsten einer neuen funktionaleren Haltung umbewertet.
   Schlüsselfragen: - Wo ist der Beweis, daß es mir am schlechtesten geht, daß ich mir solche Sorgen machen muß? usw.
   • Welche negativen Konsequenzen würde ich mir „ersparen"?
   • Wie werde ich später darüber denken?
   • Was könnte ich mir Positives sagen?
   • Sind meine Gedanken hilfreich?
   • Welche anderen Perspektiven, die ich bisher noch nicht berücksichtigt habe, sind noch wichtig?
   • Wie würde ich mich lieber fühlen?
   • Was würde ich einem Freund/Freundin mit einer solchen Einstellung raten?
   • Wie sehen/verhalten sich andere in einer solchen Situation?
b) Formulierung der neuen Einstellung
   An dieser Stelle wird ein neuer Satz formuliert, der die neue angemessene Einstellung in der betreffenden Situation widerspiegelt.

4. Schritt: Veränderung des Handelns
Hier ist ein konkret abgestufter Handlungsplan angebracht. Die neugewonnene Einstellung wird nun im Verhalten bzw. Handeln konkret erprobt. Bisher problematische Situationen werden nun aktiv aufgesucht und die neue Einstellung und die daraus resultierende Verhaltensänderung getestet.

5. Schritt: Kontrolle
Zuletzt muß die neue Einstellung und das daraus folgende Verhalten fortlaufend kontrolliert werden. Falls ein Rückfall in alte Verhaltensgewohnheiten eintritt, muß der Fehler analysiert und an dem entsprechenden

Schritt neu mit der Einstellungsänderung begonnen werden. Eventuell müssen einige Schritte wiederholt werden. (Auf ein Beispiel wird hier verzichtet, da der Gesamtprozeß - auch aus Platzgründen - nicht nachvollziehbar und glaubwürdig dargestellt werden kann.)

4. Zufriedenheitserlebnisse und soziale Geborgenheit als Belastungsausgleich

Positives Erleben und Erholung durch Freizeitaktivitäten wie Hobbies, Sport und zufriedenstellende soziale Kontakte werden bei anhaltenden Belastungssituationen meist erheblich eingeschränkt. Durch die fehlende Kompensation nimmt das Belastungsgefühl zu; die Aufmerksamkeit wird immer mehr auf Belastungsfaktoren gelenkt. Derartige Zufriedenheitserlebnisse müssen zudem regelmäßig gepflegt werden, sonst reduziert sich das Verhaltensrepertoire, bzw. das soziale Netz löst sich auf (siehe auch Depression).
Ziel dieses Bausteins ist es, den Tn Hilfestellung zu geben, zufriedenstellende Aktivitäten und ein intaktes soziales Netz auf-/auszubauen.

Vorgehensweise
Freizeitaktivitäten
Die Tn beobachten und bewerten Menge und Qualität ihrer Freizeitaktivitäten/Zufriedenheitserlebnisse. Checklisten können dabei helfen. In Kleingruppen entscheidet sich jeder Teilnehmer, welche Aktivitäten er wieder aufnehmen und welchen neuen Hobbies/Interessen er sich widmen möchte und wie er das bewerkstelligen kann. Die anderen Gruppenmitglieder helfen dabei.

Da die Qualität der Aktivitäten ausschlaggebend ist, wird dann im Plenum diskutiert, daß
- jeder Mensch ein Recht auf eigene Bereiche hat - Ausgleich auch bedeutet, bisher im Alltag brachliegende Interessen zu befriedigen - Leistung, Wettbewerb und Kampfgeist (Typ A), aber auch Hektik, zuviel auf einmal (Freizeitstreß usw), kontraindiziert sind - die Aktivitäten Spaß und Genuß bringen sollen.
An dieser Stelle empfiehlt es sich, mit der Gruppe einige „Genußübungen" durchzuführen.

Soziale Geborgenheit:
Vermittelt werden einige Informationen im Zusammenhang mit sozialem Rückzug, Einsamkeit, Depression und Belastung.
Grundformen und Quellen sozialer Unterstützung werden erarbeitet:
- emotionale Unterstützung Verständnis, Anteilnahme, Vertrauen, Zuneigung, etc.
- Unterstützung durch Taten, Hilfe bei einer Arbeit, Versorgungstätigkeiten, finanzielle Unterstützung
- Unterstützung durch Ratgeben, Hinweise zur Problembewältigung, Hinweise auf Möglichkeiten, sich tätige Hilfe zu verschaffen
- Quellen sozialer Unterstützung, wie Familie, Freunde, Bekannte, Arbeitskollegen

Die Tn überlegen (z.B. anhand eines Kontaktdiagramms), bezogen auf die o.a. Bereiche, wie zufrieden sie mit der Häufigkeit/Intensität der Kontakte sind, zu wem sie die Beziehung intensivieren wollen, oder aber, wo sie Möglichkeiten sehen, neue Kontakte zu knüpfen.
Die Umsetzung der Vorsätze wird konkret geplant, und bei den nächsten Treffen werden Erfolge/Mißerfolge ausgetauscht.
(An dieser Stelle erübrigt sich die Darstellung eines Beispiels.)
Zum Abschluß ein Hinweis zur Selbstmotivierung des Therapeuten/ Trainers:
Aus langjähriger Erfahrung möchte ich darauf hinweisen, daß auch der Therapeut/Trainer hinsichtlich seiner eigenen Belastung von der kontinuierlichen Durchführung des Streßtrainings profitieren kann. Er hat die Möglichkeit, seine eigenen Belastungssituationen durch den Kontakt mit Menschen aus unterschiedlichem

Umfeld zu relativieren und gute Copings zu imitieren. Obendrein muß er, um glaubwürdig zu sein, seine Erregung laufend kontrollieren und mit spontan auftretenden Streßsituationen souverän umgehen können, d.h. er bleibt ständig in Übung. Ferner wird ungesundes Verhalten von den Tn kritisch beobachtet und rückgemeldet (K-). So wird der Lehrende zum Lernenden und umgekehrt.

Literaturhinweise

Kessler, A.: Streßbewältigungsprogramm, Kursleiter-Unterlagen, IFT-Manuale, Bd. 24, München
Wagner-Link, A.: Aktive Entspannung und Streßbewältigung, Ehningen 1993

Weitere Literaturempfehlungen

Zur Theorie
Lazarus, R. S.: Psychological stress on the coping process, New York 1966
Nitsch, J. R.: Streß, Theorien, Untersuchungen, Maßnahmen, Bern, Stuttgart, Wien 1981
Selye, H.: Geschichte und Grundzüge des Streßkonzepts, in Nitsch, J. R. (Hrsg.) in: Streß, Theorien, Untersuchungen, Maßnahmen, Bern, Stuttgart, Wien 1981

Zur Problemlösung
D'Zurilla, T./Goldfried, M.: Problem solving and behaviour modification, Abnorm Psychol. 78: 107-126, 1971

Zur Einstellungsänderung
Ellis, A.: Praxis der Rational-Emotiven Therapie, München 1979
Meichenbaum, D./Novaco, R.: Stress inoculation: A preventive approach. In: Spielberger, C. D./Sarason, I. D. (Eds.) Stress and anxiety, vol. 5, Washington, D.C. 1978

Zum Genußtraining
Koppenhöfer, E.: Therapie und Förderung genußvollen Erlebens und Handelns in: Zielke, M./Mark, N. (Hrsg.): Fortschritte der angewandten Verhaltensmedizin, Berlin 1990

Detaillierte Beschreibung von Streßbewältigungs-Trainings
Brengelmann, J.C.: Streßbewältigungstraining 1: Entwicklung, Frankfurt 1988, (Beschreibung des 1. Streßbewältigungstrainings für die Polizei)
Kaluza, H./Basler, D.: Gelassen und sicher im Streß, Berlin 1991

Auch für Laien geeignet
Fontana, D.: Mit dem Streß leben, Bern/Stuttgart 1991
Meichenbaum, D.: Streß bewältigen, München 1985

Die Weisheit des Organismus ist älter als der Mensch:
Körper - Wahr - Nehmung

• Frank Giesen •

> Das Auge sagte eines Tages: "Ich sehe hinter diesen Tälern im blauen Dunst einen Berg. Ist er nicht wunderschön?"
> Das Ohr lauschte und sagte nach einer Weile: "Wo ist ein Berg, ich höre keinen."
> Darauf sagte die Hand: "Ich versuche vergeblich, ihn zu greifen. Ich finde keinen Berg."
> Die Nase sagte: "Ich rieche nichts. Da ist kein Berg."
> Da wandte sich das Auge in eine andere Richtung. Die anderen diskutierten weiter über diese merkwürdige Täuschung und kamen zu dem Schluß: "Mit dem Auge stimmt etwas nicht."
>
> (K. Gibran)

Was tun Sie, wenn Sie sich durch etwas "durchbeißen" wollen? Beißen Sie die Zähne zusammen?
Was tun Sie, wenn Sie Weinen nicht zeigen wollen?
Sie schlucken und zahlen als Preis einen auf Dauer schmerzhaften "Kloß" im Hals.
Wie folgen Sie körperlich dem Befehl: "Reiß" dich zusammen"?
Was tun Kinder, wenn sie Schmerz unterdrücken wollen oder müssen. Oder Wut.
Sie pressen die Lippen zusammen. Und ballen die Fäuste. Und vieles mehr.
Haben Sie schon einmal ein Kind oder eine Katze auf den Arm genommen, die das nicht wollten?
Der Körperteil, mit dem sie in diesem Moment das Nein ausdrücken, ist der untere Rücken; dort machen sich beide steif. Denn an dieser Stelle hat sich der Mensch im Laufe seiner phylogenetischen Entwicklung aufgerichtet und Überblick gewonnen, den Kind und Katze in dieser Haltung verlieren und sich mit der ungeschützten Körpervorderseite ausliefern.

Übung: Andererseits: Bewegen Sie die Gesichtsmuskeln, die zu einem Grinsen führen, und halten sie sie eine Weile. Es wird nicht lange dauern, und Sie haben das Gefühl, das zu dieser Gesichtsmuskelstellung gehört. Und dann kommt jemand herein und sieht Sie grinsend vor dem Spiegel stehen. Wohin stecken Sie die Peinlichkeit? Und wie machen Sie das muskulär? Wie Sie sehen (spüren), führen Gefühle zu einer Haltung, ebenso produziert eine bestimmte Haltung Gefühle.

Übung: Schließen Sie für drei Minuten die Augen und stellen Sie sich unter Zuhilfenahme aller Ihrer Sinne eine intime Situation mit einem anderen Menschen vor. Lassen Sie sich den Raum "sehen", in dem Sie sich befinden (Teppich oder Parkett, Pflanzen, Bilder an der Wand etc.), gibt es dort typische Geräusche (knarrende Fußböden, quietschende Türen etc.). Gibt es Gerüche, die Sie kennen? Wie ist die Atmosphäre in diesem Raum? Wie geht es Ihnen im Zusammensein mit dieser Person?
Bleiben Sie in dieser Vorstellung, bis Sie sich vollkommen eingelassen haben. Und tun Sie es jetzt - bevor Sie den nächsten Satz lesen.
Plötzlich geht die Tür auf, und jemand betritt den Raum. Augen zu! Wohin gingen alle Ihre Energien in diesem Moment? Was passierte mit Ihren Gefühlen, in welcher Reihenfolge? Was geschah mit ihrem Bezug (Beziehung) zu Ihrem Partner?

Emotionen (von lat.: ex movere: herausbewegen) haben nur einen Sinn: ausgedrückt, herausbewegt zu werden, um den Körper und den Menschen von einem Druck zu befreien. Mehr wollen sie nicht.
Jeder weiß, wie er sich fühlt, wenn der "Dampf" erst einmal 'raus ist. Erstaunlicherweise ist dann auch der Kopf wieder klar.

Sie haben einen Körper. Und Sie haben ihn überall dabei - ob Ihnen das gefällt oder nicht.

Der Körper ist gefrorene Erfahrung. Er ist der Ort, an dem buchstäblich alles ertragen werden muß. Alle Erfahrungen, die wir im Laufe unseres Lebens sammeln, werden gespeichert.

Aber nicht nur in den Zellen unseres Gehirns - dort werden sie als Information festgehalten -, sondern auch als Erlebnis, das sich in allen Organen unseres Körpers einnisten kann. Die Alltagssprache kennt diese Vorgänge, wenn sie davon spricht: etwas schlägt uns auf den Magen, etwas bricht uns das Kreuz oder das Herz, etwas geht mir an die Nieren, zieht mir den Boden unter den Füßen weg, die Knie werden weich, wir werden starr vor Angst, zerfließen vor Glück, werden halsstarrig, sind hartnäckig etc. Es schlägt sich körperlich nieder, was psychisch nicht ausgedrückt werden will oder darf.
Dabei helfen entsprechende Stellen im Körper, dieses Ausdruckstabu zu installieren, ihm eine körperliche Heimat zu geben, in die das psychisch Unangenehme verdrängt werden kann. Sie werden zum Zielpunkt und Wirkzentrum von Prozessen aus dem psychischen Bereich. Solchermaßen abgespalten, ist ein Konflikt zunächst nicht mehr bzw. nur noch körperlich wahrnehmbar. "Ich" kann ich mich so vorerst einer notwendigen Auseinandersetzung entledigen (und zum Arzt gehen).

Bis zu einem Zeitpunkt, an dem der Druck des Unerledigten so groß wird, daß sich ein Nein! zu der dieser Stelle auferlegten Last, für die sie nicht geschaffen ist, in Form einer Krankheit äußert. Denn das betroffene Organ wird auf Dauer krank, weil es in seiner ihm eigenen, natürlichen Pulsation (= Rhythmus und Frequenz einer fortwährenden Kontraktions- und Expansionsbewegung) durch die Überlagerung mit Spannungen behindert wird; es kann nicht mehr in seinem Rhythmus pulsieren. Krankheit ist so gesehen der letztlich inadäquate Versuch, diese Spannungen, die auf normale Weise nicht verarbeitet werden können, zur Wiederherstellung des ursprünglichen Gleichgewichts aufzulösen.

In Krankheit organisiert sich ein Widerstand, um dessen Herkunft, Formation und Zugang sich Sigmund Freud vergeblich bemüht hatte. Wilhelm Reich, ein zeitweiliger Schüler von Freud und Vater der heutigen, ernstzunehmenden Körperpschotherapien, fand seine Erklärung durch die Beachtung diskrepanter Reaktionen seiner Patienten, daß z. B. eine Person lächelnd über ihre Traurigkeit sprach. Fragte er nach der Bedeutung des Lächelns, so stellte sich heraus, daß die körperliche Verstellung dem Patienten half, ein zugrundeliegendes, unerträgliches Gefühl erträglich zu machen - um den Preis der Maskenhaftigkeit des Ausdrucks.

Reichs "Charakteranalytische Vegetotherapie" als Grundlage der meisten heutigen Körperpsychotherapien fußt auf dem Verständnis des Charakters eines Menschen als Abwehrmechanismus gegen die Bedrohung seiner primären Bedürfnisse. Die somatischen Wurzeln dieser Abwehr zeigen sich in einem komplexen System chronischer Verspannungen in Haut, Muskeln, Gewebe, Knochen und inneren Organen sowie in gestörten Atmungsmustern als zentralem Mechanismus neurotischer Unterdrückung. Je nach (segmentalem) Verteilungsmuster dieser Spannungen sowie einem dazugehörigen typischen Atmungsmuster spricht man von verschiedenen "Charakterstrukturen". Entgegen diesem statischen Begriff geht die Körperpsychotherapie von Bewegung aus, dem wichtigstem Kriterium für "Leben" (Pulsation des Bioplasmas, der cerebrospinalen Flüssigkeit) etc., inklusive der Atembewegung als Spiegel befreiter oder unterdrückter Emotionen, somit als affektiver Kommunikation. Auch weniger auf gleichzeitig psychotherapeutische Arbeit ausgerichtete Ansätze benutzen Bewegung als zentralen Wirkmechanismus: Tanztherapie, Bewegungstherapie, Feldenkrais u.a.

Die Angst vor dem schwarzen Mann

Was tun Sie, wenn Sie Angst haben, sie aber nicht zeigen dürfen?

Übung: Legen Sie das Buch einen Moment zur Seite, und nehmen Sie eine Haltung ein, mit der Sie Angst ausdrücken. Bleiben Sie für eine Minute in dieser Stellung. Vergessen Sie nicht die Augen. Lassen Sie sich vom Kopf bis zu den Füßen spüren, wie sich das anfühlt - und wo bzw. wie Sie sich dann halten müssen, um auszudrücken, was Sie nicht ausdrücken dürfen. Wie Sie (nicht) atmen.

Anschließend verlassen Sie diese Haltung, indem Sie sich dehnen und strecken und die Glieder ausschütteln.

Nun stellen Sie sich ein Kind vor, das in einer Familie aufwächst, in der die Atmosphäre von Angst beherrscht wird. Weil der Vater Alkoholiker ist, unberechenbar in seinem wechselnden Gefühlsausdruck. Weil die Mutter, mit Kindererziehung, Haushalt, Geldbeschaffung überfordert, ständig nervös und gereizt ist, dabei immer häufiger ungerecht wird und sich schließlich mit "schlagenden" Argumenten gegen die wachsenden Probleme durchsetzen muß. Ein solches Kind kommt nach der Schule in Erwartung des nächsten Nackenschlages nach Hause - und spannt genau diesen Körperteil an, um gegen das wachsende Gefühl von Angst gewappnet zu sein. Zusätzlich wird es die Schultern hochziehen, um den Nacken zu schützen, und sie gleichzeitig ein wenig vorziehen, um in der Brust, in der Herzgegend den Schmerz einer erneuten Ablehnung nicht spüren zu müssen, weil Mutter nicht auch noch Schulprobleme aushält. Schließlich wird es die Knie durchdrücken und die Zehen krümmen, um die Situation durchstehen zu können und im Boden Halt zu finden (Hammerzehen). Stehen Sie für einen Moment auf, und nehmen Sie die beschriebene Haltung ein.
Nun? Wie fühlt sich das Kind?
Mit diesen und weiteren, feineren Spannungen auf tieferer, z.B. endodermer Ebene (Verdauungstrakt, Organe) nimmt es eine Haltung (das "falsche Selbst") ein, die auf den ersten Blick nicht als funktionaler Mechanismus zum Schutz gegen ein (erneutes) unangenehmes Erlebnis erkennbar ist. Statt dessen hört es:"Halte dich gerade, zieh' den Bauch ein, schlurf nicht so" etc. Oder: "Wenn Du nicht ... dann kommt der schwarze Mann", oft genug in Form des eigenen Vaters, der es abends für einen Fehler bestrafen wird, den es vormittags begangen hat. Bis dahin erwartet es ihn in einer Haltung, die ihm die unerträgliche Erwartungsspannung aushalten/einhalten hilft, so daß Schläge schließlich zu einer Erlösung werden. So werden Körperhaltungen zu einer Überlebensstrategie.

Als Erwachsener erscheint es (das frühere Kind) u.a. wegen Rücken- und Schulterschmerzen, Kniegelenksproblemen beim Masseur und Krankengymnasten, nach deren Behandlung es sich einen halben Tag lang wohl fühlt. Danach stehen die Schultern wieder oben, und die Knie schmerzen wieder, weil z.B. chronisch muskulär und gelenksgebundene Angst zu einem Laufen auf den Außenkanten der Füße führt, wodurch die Knie ihre Wirkung als Stoßdämpfer verlieren. Dauern solche (familiären) Situationen lange genug an, verfestigen sich Bewegungs- und Haltungsstrukturen: Sie werden chronisch und beeinflussen Wachstum und Körperbau. Innerlich werden sie zur Haltung/Einstellung dem jeweiligen Gefühl gegenüber, z.B. als Folge der Erziehungsideologie:"Ein Indianer kennt keinen Schmerz" verlerne ich zu weinen, um damit eine heilende Reaktion des Körpers auszudrücken.

Weil darüber hinaus z.B. Angst unmännlich ist, verstehe ich als erwachsener Mann nicht, warum ich auf emotionaler Ebene immer Probleme mit anderen habe, die mich zurückhaltend erleben, beobachtend, teilnahmslos, unerreichbar, ja arrogant. Derweil ich innerlich ganz anders fühle, eigentlich gerne "dabei" wäre, mich unter anderen aufgehoben fühlen möchte, gerne Freunde hätte. Daß ich Angst habe, vor allem vor "Kontakt", habe ich längst "vergessen". Kinder von Drogenabhängigen wissen das (nicht).

Denn was wir lernen, lernen wir in Beziehungsgeflechten, und die machten es nötig, Angst nicht zu spüren (z.B. weil Mutter dann an ihre eigene Angst erinnert wurde und sie nicht ertragen konnte. Und wir nicht aushalten konnten, daß Mutter leidet).

Sie haben einen Körper - ob Ihnen das gefällt oder nicht. Und Sie haben ihn immer dabei.

Form folgt Funktion

Äußerlich werden Sie zu dem, was wir gewöhnlich Körperhaltung nennen. Sie ist charakteristisch für jeden Menschen. Dabei beschreiben z.B. ein mühsamer Gang, ein gesenkter Kopf, niedergeschlagene Augen, hängende Schultern und ein eingefallener Brustkorb die Geschichte dieses Menschen als eine Kette endloser Enttäuschungen, einer lebenslangen Last, eines Versagens in der Selbstbehauptung sowie die empfundene Aussichts - losigkeit. Der Körper als gefrorene Geschichte eines depressiven Menschen, der keine "Aussicht" hat, weil in Gefühlen gebundene, in ihrer natürlichen Pulsation behinderte Körperteile (Nacken, Schultern, Rücken) seine Augen (nieder - geschlagen) zu Boden zwingen. Ver - körperte Geschichte. Form als zumindest ver-langsamte Bewegung, in der Leben eingemauert ist. Unsere Haltungen werden im Laufe der Zeit unbewußt, selbstverständlich, wir sind uns ihrer und ihres Ausdrucks nicht mehr gewahr. Wir kennen uns nur so. Man könnte sagen, daß der Körper die Manifestation des Unbewußten ist (Körper-Subjekt).

Form folgt Funktion

Ich werde nie wieder ...

Nach wievielen abgeschlagenen Bitten hören Sie auf, die Arme auszustrecken? Und welche Muskeln müssen Sie anspannen, um ein "Bitte" nicht mehr ausdrücken zu "können"? Und um ein "Ich möchte" nicht mehr fühlen zu müssen? In welchen Teil Ihrer Arme, Ihres Rückens, in welche Gelenke stecken Sie die Resignation, nicht in Kontakt zu kommen? Der schizoide Charaktertyp kennt den (körperlichen) Schmerz, zieht sich in den Kopf zurück und versucht, die Welt von dort zu bewältigen, bewegt sich (mit viel Kreativität) von dort. Entsprechend unlebendig, fragmentiert wirkt sein körperliches Erscheinungsbild. Das Fühlen zerreißt ihn und macht ihm Angst. Zugleich erlebt er im Nicht-mehr-Fühlen den so bedrohlichen Existenzverlust. Er lebt zwischen sich Erhängen oder sich Erschießen; beides ist keine Lösung, da er sich in der Verweigerung lebendig fühlt.

Um uns (vor "Schmerz" im weitesten Sinne oder vor erneuten Schocks [Joergensen, 1991]) zu schützen, müssen wir uns also aus bestimmten Erlebensbereichen zurückziehen. Körperlich geht das nur durch den gegenseitigen Mißbrauch z.B. verschiedener Muskulaturgruppen als somatischem Ort des "Widerstandes", also im wesentlichen mit der Haltungs- und Bewegungsmuskulatur sowie durch die Entwicklung von Spannungen und segmentalen Spannungsmustern auf weiteren Ebenen. Dieser Mißbrauch kann unter Bedingungen von Angst zu allen möglichen körperlichen Symptomen führen, z.B. auf mesodermer Ebene zu Gelenkschmerzen (Körper-Objekt).

Entwicklungsstufenorientierte Ansätze

Der Grundgedanke dieser am psychoanalytischen (psychosexuellen) Entwicklungsmodell orientierten Ansätze, wie z.B. der Bioenergetik, liegt in der Annahme, daß der Prozeß der Charakterformation aus der Wirkung traumatischer Einflüsse aus der Umwelt, meist eine Mutter oder die Eltern, auf einen mit bestimmten Entwicklungsaufgaben beschäftigten Organismus entsteht. Dabei ist seelische Entwicklung meist nur um den Preis von Angst zu haben (Formen der Angst in neurotischer Ausformung).

Diese Ansätze bleiben insofern linear, als sie davon ausgehen, daß äußere Einflüsse auf einen Organismus treffen, der in sich reagiert. Seine Reaktionen scheinen keine rückbezüglichen Aus-wirkungen auf das Verhalten der Umgebung zu haben. Zum zweiten handelt es sich immer nur um negative Einflüsse, die eine Charakterformation bestimmen, mit der Folge, daß sich ausschließlich defensive Strukturen herausbilden oder etwas, das Hilton (1988) als "enviromental negativity" bezeichnete.

Dieser Auffassung zufolge kann der Rückzug aus Erlebnisbereichen, z.B. nach invasiven, grenzüberschreitenden Handlungen einer Bezugsperson, als Folge einer Mangelerfahrung oder durch traumatische Erlebnisse sehr früh beginnen. Je nach Entwicklungsphase, also abhängig von der Verfügbarkeit bereits gewachsener innerer und äußerer Strukturen und Bewältigungsmechanismen, liegen die Bedingungen für diesen Rückzug in der subjektiv empfundenen Bedrohung eines bestimmten "Rechts auf ...".
So hat der "orale" bzw. "depressive" Charakter (in bioenergetischen Termini der "schizoide", nach Olney (o.J.) der "creative" , nach Baker (1980) der "okulare" - eigentlich noch vor der oralen Phase liegend) sehr früh die Bedrohung seines Rechts auf Existenz erfahren, z.B. durch ein Nicht-angenommen-Werden, ausgedrückt durch einen feindseligen, ablehnenden Augenausdruck der Mutter. Mit dem Erlebnis von Gewalt, gegen die er sich nicht wehren kann, wird er seitdem versuchen, einer empfundenen Vernichtung, einem Nicht-willkommen-Sein durch Abspaltung seiner Gefühle zu entgehen. Dazu wird er sich mit der Kernüberzeugung: "Ich bin, was ich denke" zusammenhalten und sich mit im Inneren gebundener Energie entsprechend starr und fragil bewegen.
Seine Objektverlustangst, die Angst, den zu verlieren, an dem das Leben hängt, ist nicht situativ gebunden. Er erlebt nicht Angst - er ist Angst. Er ist die Angst des Schneemanns vor dem Frühling. Menschen sind ihm aufgrund seiner Erfahrung gleichgültig. Er möchte jemanden lieben, aber es könnte genausogut jemand anderes sein. Aufgrund des Verlustes des Gefühls seiner Einzigartigkeit, in der er erleben und ausdrücken durfte, hat er Mühe, andere in ihrer Einzigartigkeit zu erkennen. Dafür hätte er ein liebendes Gegenüber gebraucht.

Die therapeutische Arbeit mit ihm führt ihn in ein milderes Klima und lehrt ihn, mit der Angst umzugehen, die aufbricht, wenn es wärmer wird. Der psychoanalytisch wie bioenergetisch als "oraler", von Olney als "Loving" bezeichnete Charakter, in seinem Recht auf Sicherheit bedroht durch eine Mutter, die nicht für ihn sorgen wollte, sich z.B. ärgerte, wenn das Kind weinte, oder es fütterte, statt ihm Körperkontakt zu geben, wird in der Überzeugung, doch immer wieder verlassen zu werden, flehentlich klammernd nach Unterstützung suchen und so der notwendigen Entwicklung seiner Selbständigkeit (selber stehen können) im Wege stehen. Das empfundene "Ich kann nicht alleine" führt zwangsläufig zu einer Unterladung seiner peripheren Muskulatur, wodurch sein Körper kollabiert erscheint.

Abgestillt worden zu sein, ist für ihn der Verlust des Paradieses und die Erfahrung, mit der eigenen Existenz für die Mutter eine Überforderung gewesen zu sein. Insofern wird seine Depression eine Gehemmtheit im Bereich der Wunschwelt sein: "Wenn ich wünsche, bin ich ein schlechtes Kind, weil ich andere damit einschränke". Alles, was ich mich trauen darf, ist vielleicht ein geheimer Diebstahl. Am Tisch darf ich nicht essen - aber nachts am Kühlschrank.

Störungen in der psychoanalytisch so genannten "analen" Phase ("Zwangsneurotiker") begründen den späteren Kampf des (bioenergetischen) Psychopathen (Olney: "Challenging") um seine Autonomie, nachdem ihm der gegengeschlechtliche, übermächtige, verführerische und manipulative Elternteil gezeigt hatte, wie unwichtig er war. In der Überzeugung, es sei alles nur eine Willenssache, spiegelt ein im Vergleich zur schwächlich ausgebildeten unteren Körperhälfte aufgeblasener Rumpf den Versuch, mit Macht ein erneutes Herumgestoßen und Ausgenutzt-Werden durch andere oder durch die eigenen Gefühle unter Vermeidung von

Nähe zu verhindern. "Du oder ich" wird sein Lebensmotto, und er wird lernen müssen, daß es Spielräume gibt. In der psychoanalytisch gesehen gleichen Phase erfährt der Masochist (Olney: "Enduring"), daß "alles recht machen" und "aushalten" eine Möglichkeit ist, einem grenzüberschreitenden Elternteil zuvorzukommen. Seine gesamte Muskulatur ist zum "Nein"-sagen entwickelt. Dieses Nein drückt er durch ein Sich-Zusammmenpressen, durch ein Sich-kurz-und-dick-Machen aus, besonders in der Schultergürtel- und Nackengegend. Komprimiert läßt sich leichter "alles ertragen". Seine Bitte, ihm nicht weiter weh zu tun, begleitet eineinen weicher, flehender Augenausdruck.

In der Zurückhaltung und der dauernden Leistungsbereitschaft scheinen die größten Chancen des "Rigiden" (ödipale Phase; Olney: "Achieving") zu liegen, seine Angst vor erneuter Zurückweisung beim Ausdruck liebender oder sexueller Gefühle zu bändigen; Kreativität, Flexibilität und Spontaneität sind für ihn "gefährliche" Formen kritisierbarer Lebendigkeit. Deren Einschränkung erkauft er sich über eine hohe Spannung in den Streck- und Beugemuskeln, eine Überladung in den peripheren Muskeln, mit denen er tiefe Gefühle zurückhält und die Abwehr gegen Lust unterstützt.

Die Psychoanalyse kennt in dieser Phase auch den "hysterischen" (heute: "histrionischen") Charakter, der jedoch, als Äqivalent zum männlichen "Rigiden", ausschließlich der weiblichen Hälfte der Menschheit vorbehalten bleibt und einen schizoiden "Vorbau" benötigt, um die Angst, in der Liebe glücklich werden zu können, binden zu können. Dabei führt die angenommene inzestuöse Übertragungsliebe dieses Menschen zu dem seelischen Paradoxon, daß sie nicht finden darf, was sie sucht. Nicht nur, weil "es" sie wegen der Heftigkeit ihrer Empfindungen zerreißen wird, wenn sie es gefunden hat, sondern auch, weil die gefundene Liebe immer eine inzestuös gebundene sein wird, und sie sie daher nicht genießen kann. Der in Schuldangst gebundene, situationsinadäquate Zwang zur Selbstdarstellung ist der Ausdruck für ein dauerndes Werben-Müssen.

Ich werde nie wieder die Arme "ausstrecken" - es nimmt mich ja doch niemand an; nie wieder die Wahrheit sagen - es glaubt mir ja doch keiner; nie wieder um etwas bitten - ich bekomme ja doch nicht, was ich will. Zusammengefaßt wird also ein in starrer Struktur eingemauertes Leben beschrieben.

Übung: Um ansatzweise ein Gefühl für "starre Struktur" zu bekommen, stellen Sie sich hin, atmen Sie tief ein, halten den so aufgeblähten Brustkrob fest - und atmen normal weiter ein und aus - ohne Bewegung im Brustkorb. Zusätzlich nehmen Sie das Becken zurück und rasten die Knie ein, Ihr Gewicht liegt tendenziell auf den Fußballen. Und nun gehen Sie in dieser Haltung ein paar Schritte. Wie flexibel sind Sie jetzt noch? (etwa so flexibel wie der "rigide" Charakter).

Und ohne etwas zu verändern, nehmen Sie nun gewöhnlichen Kontakt zu einer anderen Person auf, reden mit ihr, begeben sich in einen normalen Umgang mit ihr - aber bleiben in der beschriebenen Haltung. Zusätzlich beobachten Sie Ihr Gegenüber argwöhnisch hinsichtlich jeglichen verbalen und nonverbalen Ausdrucks von Nähe, Zuneigung, Beziehungswunsch, aber auch Ablehnung, sich Entfernens, Kritik.

Da sich als Erwachsener Ihre Fähigkeit entwickelt hat, Abstand zu sich selbst einzunehmen, können Sie durch Selbstbeobachtung erfahren, wie sich Ihre innere und äußere Haltung anfühlt, und dies auch formulieren.

Vor allem aber in der Kindheit besteht nicht die Möglichkeit, traumatisierende Geschehnisse rational zu verarbeiten. Entsprechende körperliche Spannungsmuster, meist "Zusammenziehen", in denen wir Gefühle binden, bieten zwar einen gewissen Schutz. Gleichzeitig aber zahlen wir einen enormen Preis dafür: die Einschränkung unserer Lebendigkeit. Wo keine Bewegung ist, sind auch keine Gefühle, ist auch keine Bewegung ... Depressive kennen das. Denn "Depression" heißt nicht Traurigkeit, sondern Unterdrückung aller Gefühle, inclusive der Traurigkeit, und damit etwas, das uns "bewegt", was wir nicht mehr in Bewegung umsetzen. Ohne Bewegung, Bewegtheit, sieht die Welt grau und öde aus; sind wir bewegt, z.B. verliebt, ist dieselbe Welt fröhlich und bunt. Wie wir die Welt wahrnehmen, hängt entscheidend von der Lebendigkeit der drei Schichten Endoderm, Mesoderm und Ektoderm ab (s.a. Boadella 1990).

Um einen Eindruck davon zu bekommen, wie der Körper auf natürliche Weise mit der Atmung pulsiert, und damit in Bewegung bleibt, können Sie die folgende Übung probieren (Merken Sie sich Ihre Ausrede, wenn Sie jetzt nein sagen). Sprechen Sie sie beim ersten Mal auf Band, oder lassen Sie sie sich von jemandem vorlesen. Das Nachschauen der Anweisungen während der Übung behindert deren organischen Ablauf und erreichbare Wirkung. Sie sollten sich beim ersten Mal wenigstens eine halbe Stunde Zeit nehmen. Sind Sie geübter, reichen 20 Minuten. Keine Jeans, die Naht drückt empfindlich auf Wirbel.
Sie werden an einen Punkt kommen, an dem Sie "müde" werden. Wollen oder können Sie einschlafen (z.B. nachdem Sie zu Bett gegangen sind), geben Sie dem nach. Wollen Sie sich ausgeruht und frisch fühlen (z.B. zur Überwindung der Mittagsmüdigkeit), so atmen und bewegen Sie sich durch diesen Moment hindurch.

Übung: Legen Sie sich mit dem Rücken auf den Boden, und stellen Sie die Knie auf. Füße flach auf den Boden, etwa hüftbreit auseinander, die Arme liegen seitlich neben dem Körper. Lassen Sie sich spüren, wo der Körper am Boden aufliegt. Rücken Sie sich nicht zurecht, "um zu entspannen".
Nehmen Sie drei-/viermal ein paar tiefe Atemzüge, indem Sie stoßweise einatmen und sich in einem Zug ausatmen lassen, nicht aktiv ausatmen. Danach gehen Sie zu Ihrem normalen Atemrhythmus zurück, ohne besonders tief ein- oder auszuatmen. Bauch und Brustkorb kommen beim Einatmen heraus und fallen ein mit dem Ausatmen. Nicht entspannen wollen!

Sie können am Anfang jeden einzelnen Übungsteil in seiner Intensität übertreiben, um ein besseres Gefühl für den Bewegungsablauf zu bekommen. Danach gehen Sie in eine Intensität, die Ihnen angenehm und nicht anstrengend ist.

1. Mit jedem nächsten Einatmen nehmen Sie die Füße einen Millimeter vom Boden weg, und drücken sie mit jedem nächsten Ausatmen wieder in den Boden hinein. Dabei senkt sich das Becken mit dem Einatmen zum Boden, mit dem Ausatmen kommt es hoch zur Zimmerdecke, ohne sich vom Boden zu heben. Sie werden bemerken, daß sich der untere Rücken, etwa in Gürtelhöhe mit dem Einatmen vom Boden wegkrümmt (anspannt) und sich beim Ausatmen rundet, auf dem Boden aufliegt. Wiederholen Sie diese Bewegung, bis Sie nicht mehr darüber nachdenken müssen. Sie bleibt der zentrale Bewegungsablauf während der gesamten Übung.

2. Während Sie weitermachen, lassen Sie sich spüren, wie sich diese Bewegung durch Wirbelsäule und Hals hindurch zum Kopf fortsetzt, ohne daß Sie es absichtlich tun. Kopf und Becken bewegen sich jeweils in die gleiche Richtung. Mit dem Einatmen senkt sich das Kinn zur Brust (wie das Becken zum Boden), mit dem Ausatmen kommt es hoch zur Decke.

3. Sodann ziehen Sie die Schultern mit dem Einatmen zu den Ohren, dabei heben sie sich ein wenig zur Decke. Mit dem Ausatmen lassen Sie sie zurückfallen. Beide Übungsteile wiederholen, bis Sie nicht mehr darüber nachdenken müssen.

4. Wieder mit dem nächsten Einatmen drehen Sie Ihre Arme leicht nach innen, so daß die Handflächen zum Boden kommen; dabei krümmen Sie die Finger ein wenig. Mit dem Ausatmen drehen Sie die Arme nach außen, Handflächen zur Decke und öffnen die Finger. Alle drei Übungsteile gleichzeitig wiederholen, bis sie zusammen fließend ablaufen.

5. Mit dem nächsten Einatmen drücken Sie die Knie leicht zusammen, mit dem Ausatmen lassen Sie sie ein wenig auseinanderfallen. Mehrmals wiederholen, alle gleichzeitig.

Sie bemerken vielleicht jetzt schon, wie sich der Körper mit dem Einatmen tendenziell zusammenzieht, und sich mit dem Ausatmen öffnet.

6. Im vorletzten Übungsteil schließt sich der Mund mit dem Einatmen, Sie atmen durch die Nase ein, und öffnet sich mit dem Ausatmen, Sie atmen durch den Mund aus. Mehrmals wiederholen.

7. Als letztes schließen Sie die Augen mit dem Einatmen, und öffnen sie mit dem Ausatmen, sie bleiben an der Decke hängen, sehen, nehmen aber nicht wahr.

Nun lassen Sie alle Übungsteile zusammen ein paar Minuten lang ablaufen, immer gleichzeitig, ohne Anstrengung. Finden Sie Ihren Rhythmus, und überlassen Sie sich ihm. Nach ca. fünf Minuten beginnen Sie damit, die Bewegungen immer feiner werden zu lassen.
Und noch feiner. Bis sie äußerlich aufhören und Sie sie schließlich nur noch als innere Bewegung spüren. Bleiben Sie mit geschlossenen Augen noch etwas liegen, und lassen Sie sich wahrnehmen, wie es Ihnen geht.

Wenn Sie sich bereit fühlen und aufstehen (wollen), drehen Sie sich auf eine Seite, und kommen Sie aus der Seitenlage hoch, noch besser, Sie gehen in eine kniende Position, öffnen die Augen und kommen aus dieser Lage hoch. Bleiben Sie eine Zeitlang stehen, und lassen Sie alle Muskeln los, die Sie nicht zum Stehen benötigen. (Vielleicht spüren Sie jetzt deutlicher, wie sich z.B. die Schultern mit dem Ein- und Ausatmen heben und senken). Erst dann wieder normal bewegen, z.B. strecken.

Und mit welchen Gefühlen, Empfindungen und mit welcher veränderten Haltung und Wahrnehmung gehen Sie jetzt auf Ihre Umgebung zu?

Wer sich nicht in Gefahr begibt, kommt darin um.

Wie Sie gesehen und gespürt haben, wird Lebendigkeit erfahrungsgebundenen Bewegungsgewohnheiten geopfert, sie wird zu Ritualen zwischen Ökonomie und Rigidität. Aus ehemals situationsadäquaten Problemlösungsversuchen werden dauerhaftende Strategien zur Vermeidung von z.B. Angst. Goldener Käfig trügerischer Sicherheit. Der zwanghafte Charakter kennt das. Seine "Halsstarrigkeit" bezahlt er u.a. mit Steifheit in der entsprechenden Region (das bedeutet nicht, daß jeder, der einen steifen Hals hat, zwanghaft ist). "Angst", vom lateinischen "angus", meint Enge. Enge, in der ich mich immer wieder nur auf die gleiche Weise bewegen kann, aus der heraus mir die sehnsüchtig erträumte Freiheit grenzenloser (nicht hemmungsloser) Lebendigkeit unerreichbar erscheint ("Wenn ich könnte, wie ich wollte ..."). Freie Kräfte können nicht mehr körperlich mobilisiert werden, sich nicht mehr spontan in neuen Strukturen organisieren.

Gefrorene Funktion schützt vor vermeintlich gefährlicher Veränderung in Richtung auf ein"Neues", Unbekanntes - um den Preis zunehmender Unlebendigkeit ("Neurotischer Wiederholungszwang"). Spürbar in (organischen) Krankheiten, in chronischen inneren Konflikten, die sich nicht ausdrücken lassen, weil das Ausleben etwas mit Bewegung, auch innerer Bewegung, zu tun hätte, die gefährlich scheint. Und/oder als mit einer bestimmten Gefühlsqualität behafteten Grundstimmung ("Depressive Verstimmung"). Das ist der Tribut, den ich alten Überlebensmustern zolle, an denen ich, neuen Aufgaben gegenüber, scheitern werde.

Wer sich nicht in Gefahr begibt, kommt darin um.
Es geht immer da lang, wo die Angst ist, nie von ihr weg.

Um in der Muskelpanzerung verschlossene und verdrängte Regungen freizusetzen, greift der Masseur oder Arzt zu kurz. Ohne ihnen zu nahetreten zu wollen (es ist ja auch nicht ihre Auf-gabe), stellen sie z.B. verkürzte Muskeln fest und lösen Spannungen, ohne dabei jedoch die Energie einer Emotion freizusetzen (und deren Bedeutung im Beziehungsgeflecht eines Menschen). Deswegen ziehen sich die Schultern auch wieder hoch und vor, denn ihre Aufgabe ist es, ein Gefühl zu binden, zum Schutz der Person. Z.B. das Gefühl der Scham einer Frau, die in ihren Augen eine zu große Brust hat und diese gerne verbergen möchte. Die Schultern sinken zu lassen würde die schmerzhafte Erinnerung an traumatisch Erlebtes (gehänselt werden) oder an die akute Scham hervorholen. Deswegen hat es auch keinen Sinn, sich vorzunehmen, "richtig" zu atmen; diesen Vorsatz haben Sie nach dem dritten Atemzug vergessen, denn Ihr Atmungsmuster hat eine Funktion.

Energetische Ansätze

Gegen Ende seines Lebens wandte sich W. Reich von der rein psychoanalytischen Auffassung ab, und aufgrund seiner vielen Forschungsarbeiten (die bis heute von seiner Nachlaßverwalterin unter Verschluß gehalten werden) der Annahme eines energetischen Lebensprinzips zu. In einem bestimmten energetischen Funktionieren, dessen Substrat er "Orgonenergie" nannte, erkannte er die Basis für die Charakterbildung, in den zur Aufrechterhaltung nötiger Überlebensregeln entwickelten körperlichen Spannungen die somatischen Wurzeln des Widerstandes in der Neurose, die er "Charakterpanzer" nannte. Vor dem Hintergrund unserer Erfahrungen ermöglicht er uns, "in der Welt" zu sein, scheinbar angstfrei. Insofern ist "Charakter" eine Illusion: mit dieser Haltung überlebe ich.

Ein unter diesen Ansätzen, die auch von den Neo-Reichianern noch nicht zusammenhängend als rein energetische wissenschaftlich formuliert wurden, arbeitender Therapeut verfolgt und beeinflußt mit bestimmten Techniken den sich in bestimmten Wirkungen zeigenden Energieverlauf im Körper (z.B. Hautrötungen, Wärme/Kälte-Staus, Leblosigkeit von Segmenten oder anatomisch zusammengehörigen Gruppen von Segmenten, z.B. Kehle und Zwerchfell, Atmungsmuster etc.), ohne dabei primär interpretierend auf die vergangenheitsbezogenen Erlebnisberichte einer Person einzugehen.

Vorderhand ist ihnen der Ausdruck, das Ausdrücken des sich in den Spannungen verbergenden Gefühls wichtig. Sie achten dabei auf die der natürlichen Pulsation entgegenlaufende sog. Gegenpulsation. Z.B. darauf, daß jemand beim Einatmen den Bauch einzieht, statt ihn sich weiten zu lassen. Was dies geschichtlich-inhaltlich bedeutet, ist sekundär. Primäres Lernziel ist also nicht die Kenntnis der Vergangenheit, sondern die Wahrnehmung (der Energie) eines Gefühls, der dazugehörigen körperlichen Spannungen, und schließlich der Ausdruck dieses Gefühls. Langfristiges Lernziel ist die generelle Wiederherstellung der Fähigkeit zum freien Gefühlsausdruck in der Gegenwart und damit einer ungehinderten Energieverteilung im Körper, so daß eine Person zu ihrer naturgegebenen Lebendigkeit zurückfindet.

Das häufigste, aber nicht einzige therapeutische Mittel in den traditionellen, charaktertyp-ge-bundenen Ansätzen, wie z.B. in der Bioenergetik (Lowen, Keleman, Pierrakos u.v.a.), sind im somatischen Zugang Streßpositionen, Atemübungen etc. und umschriebene Ausdrucksübungen; sie stammen zumeist aus der Tradition des Kum Nye (tibetisches Yoga; T. Tulku, 1983). Basierend auf der Kenntnis einer Charakterstruktur und dessen, was diese vergangenheitsbezogen zu lernen haben, zielen sie körperlich auf die Provokation entsprechender, alter Gefühle sowie auf die Stärkung der hypotonischen Muskeln, damit sich eine Person besser "halten" kann.

So kann die Fallangst des "Oralen" mit einer Streßposition namens "Butterfly" provoziert und bewußt gemacht werden oder die Angst des "Rigiden" vor dem Nachgeben, was für ihn identisch ist mit Aufgeben, mit Hilfe des "Wallsits". Danach folgt die Interpretation des Erlebten und Beobachteten.

In den eher prozeßorientierten, energetischen Ansätzen wird mehr Wert gelegt auf das, was sich (möglicherweise von Sitzung zu Sitzung) akut im Leben eines Menschen abspielt. Bei der Interpretation des Ausdrucks ist seine Charakterstruktur zweitrangig.

Theoretisch würde ein neues energetisches Funktionieren eine andere Charakterstruktur hervorbringen. Die Gefahr dieses Ansatzes liegt in einer zu sehr auf karthatische Prozesse ausgerichteten Arbeit.
Stellen Sie sich vor, jemand ist wütend (Wie werden Sie wütend?), nimmt das auch wahr (weiß es), hat aber Angst, seine Wut auszudrücken, weil er sie für zerstörerisch hält. Die Energie seiner "Wut im Bauch" bindet er durch Anspannung der Muskeln an dieser und anderen Stellen, z.B. in den Händen oder Armen oder im nächtlichen Zähneknirschen. Der Therapeut hilft diesem Klienten beim Ausdruck seines Gefühls, indem er ihn z.B. ein Handtuch mit den Händen wringen läßt, ihn zu Variationen im stimmlichen Ausdruck, zu einem Vor- und Zurückschieben des Kiefers, einer bestimmten Zungenbewegung oder zu einem sonstigen Bewegungsablauf ermutigt, der die Energie dieses Gefühls im Moment authentisch transportiert.
Das bessere "Halten" kann auch durch ein "Lassen" entstehen.

Danach aber geht es darum, die in der Regel nicht-zerstörerischen und meist nicht-gewalttätigen (Er-) Regungen (nach Reich: den "Kern"), manchmal ein anderes Gefühl, hinter dieser Wut herauszuarbeiten.

Anders wäre das körpertherapeutische Vorgehen, wenn der Klient seine Wut nicht wahrnimmt (abspaltet) und sie für etwas anderes hält, z.B. für Hilflosigkeit, die er mit Lachen ausdrückt. Hier würde man in der Tradition der Reich"schen Vegetotherapie eher über die "Maske" (tertiäre, äußere Schicht) intervenieren, die der Klient zur Schau trägt, während sein Körper alle Anzeichen unterdrückter Wut zeigt.

Nicht immer geht es in dieser Arbeit darum, gebundene Energien freizusetzen. Manchmal sind die Hemmungsmuster (Abwehrstrukturen) so zerbrechlich, unterladen, daß eine Person z.B. in den Zustand des (Über-)Flutens mit der Gefahr eines psychotischen Schubes geraten würde, würde man ihr ihre Abwehr nehmen. Sie muß das "Halten" lernen. Neben Charakterstrukturen, die in den von W. Reich beschriebenen einzelnen Segmenten energetisch überladen sind und die "loszulassen" lernen müssen, gibt es also auch solche, die lernen müssen, stärker zu binden und dabei gleichzeitig alte Muster aufzugeben. Was "alt" sei, ist jedoch relativ.

In wieder anderer Art würden vielleicht als funktional-energetisch zu bezeichnend arbeitende Therapeuten vorgehen, die ebenfalls weniger stereotyp an Charaktertypen und deren Interpretation gebunden sind (mit einem "Typ" arbeiten), sondern eher, im Reichschen Sinne energetisch, die Einmaligkeit der verkörperten Geschichte eines Menschen und sein Verhalten anschauen. Oder wie geht man z.B. vor, wenn die Bedingungen der Entstehung einer Störung (besser: Wachstumshemmung) in der Entwicklung eines Kindes im vorsprachlichen Bereich liegen? Oder wie erfaßt man die englische, im Deutschen nicht vorhandene Unterscheidung zwischen Horror und Terror körperlich?

Die Darstellung dieser Arbeit (z.B. Keleman, 1986, 1982; Kurtz/Prestera, 1971) würde den Rahmen dieses Artikels überschreiten (für einen Überblick s. z.B. Boadella, 1991), wie überhaupt eine wirklich trennscharfe Kategorisierung der verschiedenen Ansätze z.Zt. kaum möglich ist. Es ist vermutlich jedoch nicht zuviel gesagt, wenn man feststellt, daß es den meisten Richtungen in der Arbeit mit dem Körper um die Integration von Atemmuster, gesunder Spannung auf den drei genannten Ebenen und emotionalem Ausdruck geht, so daß sich eine Person auf der Basis einer gesunden Pulsation wieder als fließende Ganzheit erlebt.
Dabei kann allen drei Ansätzen nicht die Kritik erspart bleiben, über eine isolierte Betrachtung des einzelnen Organismus und seines passiv empfangenden bzw. strukturell defensiv reagierenden Erlebens die wechselweise prägende Wirkung systemischer Interaktion zu vernachlässigen.

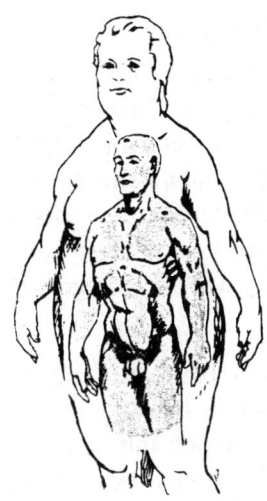 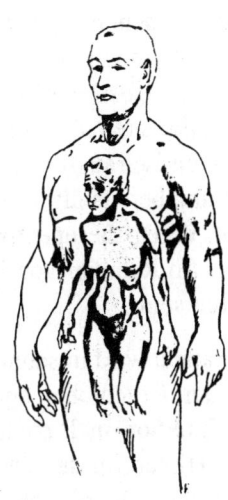

aufgeschwollenes Außen   *rigides Außen*
rigides Inneres   *kollabiertes Inneres*

Abbildung 1. Körperliche Wirklichkeit (aus Keleman S.: Verkörperte Gefühle. Der verkörperte Urspung unserer Erfahrungen und Einstellungen. Kösel, München, 1992, S. 173)

Systemische Ansätze

sind in bezug auf den einzelnen Organimus und seine charakterlogischen Funktionsweisen noch nicht formuliert. Hier könnten die Arbeiten von Lichtenberg (1983) und Stern (1986, 1990), hier nur kurz angerissen, wegweisend sein. Mit der auf Beobachtungen und Experimenten beruhenden Formulierung eines holistischen Prinzips in Zusammenhang mit der Entwicklung eines "sense of self", in dem auditorische, visuelle, olfaktorische und kinästhetische Fähigkeiten in einem Neugeborenen bereits vorhanden sind und deren Entwicklung sich in qualitativen Sprüngen mit Konsolidierungspausen vollzieht, legt er die Grundlagen für einen auf eine systemisch zu formulierende Körperpsychotherapie anwendbaren kreisläufig (statt einseitig wirksamen) interaktiven Ansatz. Stern zufolge ist entgegen bisherigen psychoanalytischen Annahmen die Entwicklung dieser Fähigkeiten keine Frage von in einer begrenzten Zeit stattfindenden und von der Vollendung von Entwicklungsaufgaben abhängenden Prozessen, die Entwicklung des Selbst nicht mehr das Ergebnis psychischer Strukturen und Prozesse, sondern von bereits vorgeformten Anlagen, die sich über Interaktion ausdifferenzieren und verfeinern. Das Baby benutzt diese Fähigkeiten bereits aktiv, möglicherweise schon im Mutterleib.

Ebenfalls anders als in der Objekt-Beziehungs-Theorie, derzufolge sich Objekt-Repräsentanz und Selbst durch Prozesse wie Trennung und Bindung langsam formieren und damit Beziehung ermöglichen, begründet Stern seine Annahme, daß so etwas wie "Beziehungsfähigkeit" eine von Anfang an bestehende Grundausstattung sei, angelegt in einer realen und nicht erst wachsenden Mutter-Kind-Dyade. Für Erwachsene so schwierig zu lebende Autonomie in einer Beziehung wird bereits von einem Baby aktiv gesteuert, z.B. durch Veränderung des Augenkontakts, Regulierung seiner Aufmerksamkeit etc. Größere zusammenhängende Abläufe wie den Mund öffnen, die Zunge herausstrecken, den Kopf vorstrecken und den Oberkörper aufrichten sind bereits aktive Reaktionen im Rahmen einer Interaktion, nicht nur entwicklungsabhängiges Probieren.

Die in bereits vorhandenen Basisfähigkeiten angelegte soziale "Reaktivität" und Kooperativität des Neugeborenen bedarf jedoch zur Gestaltung des Dialogs zwischen ihm und der Umwelt (Vater, Mutter, andere) des wichtigsten Überlebensmechanismus: Kontakt. Nur im Kontakt und auf der Basis von Interaktion erkennt es seine Fähigkeiten als ihm gehörig. Ohne Kontakt sind es nicht einmal Fähigkeiten.
Solange es keine sytemisch ausformulierte Körperpsychotherapie gibt, werden sich die vorhandenen Ansätze mit der Hinzuziehung bereits als wirksam erkannter Modelle, wie z.B. der Systemischen Familientherapie begnügen müssen, deren therapeutisches Verständnis wesentlich auf kreisläufiger und rückbezüglicher Interaktion beruht. Im Rahmen von Interaktion werden organismus-prägende, energetische Wirkprozesse noch zu formulieren sein.

Ein (Körper-)Therapeut wird unseren wütenden Klienten also auch z.B. paar- oder familien-therapeutisch-systemisch nach der Geschichte der Notwendigkeit einer chronischen Bindung seiner Wut und ihrer rückbezüglichen Funktion in Beziehungen befragen. Natürlich lassen sich mit den bisher dargestellten Ansätzen z.B. die Hintergründe einer problematischen Partnerwahl und den dann beinahe zwangsläufig folgenden Konflikten, als die charakterimmanente, psychologische Illusion einer Lösung meiner Schwierigkeiten durch den anderen verstehen: er/sie wird mir geben, was ich selber nicht entwickeln kann/will, oder mich vor der Offenlegung eines unterdrückten, weil gefährlichen Lebensausdrucks schützen ("neurotische Verschränkung"). Eine Beschreibung des Partners durch den Klienten beinhaltet aber dessen charaktergebundene Problemsicht. Die Schwierigkeiten eines Zusammenseins zwischen einem "Rigiden" und einem "Oralen" lassen sich aus der isolierten Betrachtung der jeweiligen Charakterstruktur denken: Für den "Oralen" ist die vermeintliche Stärke des "Rigiden" attraktiv, während sich dieser nichts Schöneres vorstellen kann als die ihn entlastende Weichheit des "Oralen", die aber eine kollabierte ist, was er haßt; aber er durchschaut es nicht, bevor er seine Lektion nicht gelernt hat. Aus den charaktergebundenen Eigenschaften der beiden erfahren wir aber nichts über deren Beziehung - außer daß sie schlecht ist, weil beide nicht bekommen, was sie voneinander erwarten.

Aus den Sternschen Untersuchungen wird deutlich, daß die Annahme eines passiv, weil "ungebildeten", traumatischen Einflüssen von seiten einer Person ausgesetzten Organismus" hinfällig ist. Sich als typische Lebensprobleme äußernde Charakterdeformationen sind nicht passiv beeinflußt erworbene, sondern in interaktiven Mustern / Kontexten gestaltete, rückbezügliche und das Gegenüber formende Bewältigungsmuster.

Das einzig Beständige ist der Wandel - Ohne Wandel keine Entwicklung

Körper-Psychotherapie sollte immer auf beiden Ebenen arbeiten. Die verbale, die Sprache der Erfahrung, erforscht die konzeptuelle, subjektive Wirklichkeit eines Menschen auf der Basis von Beziehungen. Die somatische Arbeit befaßt sich mit dem (energetischen) Prozeß der Verkörperung seiner spezifischen Erfahrungen, deren Bewußtmachung und deren Veränderung in der Zukunft. Deswegen ist es auch nicht richtig, jeder Krankheit eine linear-logische, vom individuellen und Beziehungs-Kontext unabhängige Bedeutung in Zusammenhang mit einem bestimmten, traumatischen Ereignis zu bringen (Schnupfen "bedeutet" dieses, Krebs "bedeutet" jenes). Jeder Mensch erlebt verschieden, erfährt (sich etwas) anders. Gefühle sind nicht "richtig" oder "falsch". Gefühle sind Gefühle, sie haben keine Logik und kümmern sich nicht darum, was wir über sie denken. Wir wissen nicht einmal, was sie sind. Aber sie enthalten immer unsere Erfahrungen, vor allem in Beziehungen. Diese Erfahrungen können nicht richtig oder falsch sein. Ein Globus-Gefühl ("Kloß" im Hals) kann jenseits unterdrückten Weinens den Konflikt in der Kehle des masochistischen Charaktertyps darstellen, angestrengt zu verhindern, zum Essen gezwungen zu werden oder erbrechen zu müssen (Funktion?). Hammerzehen sind nicht nur der vergebliche Versuch des oralen Charaktertyps, seine vertikale Erdung und damit seine Kontinuität in Raum und Zeit zu finden. Sie können auch durch die jahrelange, chronisch falsche Betätigung der Kupplung Ihres Autos entstehen (Funktion? - Vielleicht, um den Beifahrer durch sanftes Fahren zu besänftigen).

Beziehung beginnt mit der Wahrnehmung von Nicht-Ich

Reich hatte in bezug auf den gesunden Umgang von Individuen miteinander eine Vision, die er den "genitalen Charakter" nannte, worunter er den völlig ungepanzerten Menschen verstand, der nach erfolgreichem Durchlaufen der genitalen Phase, dem freien Ausdruck seiner Emotionen folgend, anderen begegnen kann. Diese Ansicht könnte den vor allem in den 60er und 70er Jahren propagierten Irrtum fördern, jeder solle in jeder Situation seine Gefühle zeigen und ausleben. In der sog. Urschrei-Therapie (Janov) führte dies zu dem vergeblichen Versuch, Struktur (seelisch-körperliche Gewachsenheit) mit einem Mal überkommen zu wollen. Eine vollkommene Überforderung eines weisen, seiner Beziehungsgeschichte bewußten Organismus". Auch heute fragen Klienten mit diesem Ansinnen nach Körperpsychotherapie.

Es könnte mich meinen Arbeitsplatz kosten, mit allen existentiellen Konsequenzen, wenn ich meinem Chef gegenüber "mit der Faust auf den Tisch haue", weil mir seine Art der Firmenleitung nicht paßt, und mir ein Körpertherapeut gezeigt hat, wie ich mit dem Tennisschläger Wut loswerde, wenn auch nur auf ein Kissen. Es ist etwas anderes, ob ich meine Destruktivität befreit und gesunde, beziehungsgestaltende Protestfähigkeit entwickelt habe, oder auf anderen, in der Absicht zu verletzen und ohne Respekt vor der Integrität der Person, Ungeliebtes, Unverarbeitetes ablade und neue Wunden schlage.

Unsere Existenz beginnt mit dem beziehungsgestützten Geerdetsein in jemand anderem, nämlich im Mutterleib. Beziehung beginnt mit der Fähigkeit zur Wahrnehmung von Nicht-Ich. Man sieht nur mit dem Herzen gut (A. de Saint-Exupery).

Ein falscher Schritt, und man ist am Ziel anderer

"Panzer" muß frei verfügbar werden, soll nicht charakterimmanenter Habitus bleiben, auch nicht hemmungslose, falsch verstandene individuelle (Gefühls-)Freiheit, d.h., ich muß also beides lernen: Gefühle zu binden, mich absichtlich, bewußt zu panzern, wenn es die Situation erfordert (was nicht unbedingt identisch ist mit: Kontrolle über sich zu haben), und sie zeigen, wenn es nötig ist, mit dem Wunsch, im Kontakt zu bleiben, als autonomer Mensch, der im/in anderen wurzelt, ohne seine Selbständigkeit (selber stehen können) aufzugeben.

Geplanter, an "Strukturen" oder Zielen orientierter Wandel führt meist nur zu absehbaren Veränderungen. Manchmal besteht das Tun im Lassen. Wirkliche Entwicklung, auf freien Kräften beruhend, ist nicht absehbar.

Individuelle Entwicklung beginnt mit der Wertschätzung der eigenen Charakterstruktur als früher notwendige Überlebensstrategie in einer Beziehung. Betreiben Sie dafür aber keine Selbst-Analyse allein; denn - um es salopp zu sagen - Sie schauen sich immer mit den eigenen Macken an. Das Auge sieht sich selbst erst, wenn es erkrankt. Wenn es sich als graue Wolke sieht, muß Ihnen ein anderer sagen, daß Sie "Grauen Star" haben; dann ist es bereits zu spät.

Für die Bestimmung Ihrer eigenen Position brauchen Sie immer einen Bezug (Beziehung), z.B. einen Therapeuten, der möglichst das Körper-Lesen gelernt und ein paar Beziehungsnarben hat.

Wertschätzung beginnt mit der Frage nach dem Wie. Wie werde ich wütend? (Durch Schreien. Wie schreie ich? Den Hals anstrengen, die Kehle eng machen, den Brustkorb hochziehen etc.) Wie halte ich meine sexuelle Erregung, wenn ich eigentlich müde bin (in den Kopf gehen, um nicht mehr zu spüren, Bauch einziehen, Oberschenkelmuskeln und Beckenboden anspannen etc.)? Wie mache ich mich hilflos? Wie habe ich Angst?

Worte, Bilder gehen immer mit körperlichen Bewegungsmustern einher (leibhaftiges Geschehen). Deren Wahrnehmung erhöht die Wachheit für Erleben und Verarbeitung. Gehen Sie von dem aus, was ist, nicht von dem, was sein soll. Und geben Sie sich Zeit. Abstrakte Zeit, in Monaten oder Jahren gemessen, spielt dabei, wie wir seit Stern wissen, keine Rolle. Wenn Älterwerden eine Prämie der Kultur ist, dann kann man es nur mit kulturellen Mitteln überwinden. Erst mit der Entdeckung der Langsamkeit wurde deutlich, wie sehr schneller Fortschritt den Bestand an (individueller) Kultur verhindert. Und schließlich kann aus Therapieerfahrung auch Gesellschaftskritik werden.
Es sind die kleinen und beständigen Schritte, die uns vorwärts bringen, wie z.B.

Übung: Nur einen Tag lang mal keine Ausrede benutzen und sich dem Gegenüber in der momentanen Unzulänglichkeit stellen.

Die Großen haben meist etwas Katastrophisches an sich. Entwicklung ist kein Wettrennen. Mich agreologisch benehmen muß kein Rückschritt sein. Aber im Ernstfall zwingt mich eine Krankheit zur Selbstwahrnehmung (ist auch Beziehung) oder zu einem Bezug, z.B. zu meinem Leistungsverhalten, das erst ein Herzinfarkt sinnvoll einzuschränken in der Lage scheint. Mit einem Ziel vor Augen ("So will ich sein", und das möglichst in 60 kassengenehmigten Sitzungen) verlieren Sie Ihren (Wachstums-) Prozeß, und der geht vorwärts - nie zurück. Ein falscher Schritt, und man ist am Ziel anderer (Lec, 1971).

Ausblick: Es gibt keine Probleme - es gibt nur Situationen

Der vermutlich größere Teil der Menschheit betrachtet das Leben als ein Problem, das gelöst werden muß (z.B. weil es Angst macht). Eine Minderheit hat den Mut, es als ein Abenteuer zu sehen, das bestanden werden, oder als eine Situation, die bewältigt werden kann. Mit der Sichtweise von Hindernissen als "Problem" habe ich automatisch immer zwei Probleme: die vor mir liegende Schwierigkeit und die Tatsache, daß ich damit nicht zurechtkomme. Zum zweiten suche ich bei der problemorientierten Betrachtung in der Regel zurückgerichtet in der Vergangenheit nach "Ursachen".

Eine "Situation" hat gegenüber einem "Problem" deutlich spürbar einen nach vorne gerichteten Herausforderungscharakter, etwas, das es zu bewältigen gilt. Sie konfrontiert mich mit einem "Noch nicht", mit einer seit Geburt vorhandenen, noch nicht entfalteten Fähigkeit zu ihrer Bewältigung. Insofern bietet sie mir die Chance, Seiten an mir zu ent -wickeln, die bisher durch die Art, wie ich mir mein Leben eingerichtet habe, verborgen blieben. Deswegen begegnete ich dieser Schwierigkeit auch nicht zufällig. "Neurose" heißt letztlich nichts anderes als der vergebliche Versuch, an Unerledigtem vorbeikommen zu wollen. Es ist hilfreich, die Vergangenheit verstanden zu haben. Doch damit löst sich nichts. Fragen Sie sich deshalb nicht weniger ernsthaft: Wozu was zu entwickeln fordert mich diese Situation heraus? Die Antworten werden nicht einfach sein.

Suchen Sie also in Ihrer Entwicklung nicht immer nur vergangenheitsgebunden nach Schwächen. Mindestens haben Sie mit deren Kompensation auch Stärken erworben, mit denen Sie eine Situation / Ihr Leben meistern können. Auch das ist Wertschätzung. Stärken und Schwächen verhalten sich zueinander wie die beiden Seiten einer Münze. Sie können nicht mit "Kopf" oder mit "Adler" bezahlen - Sie geben das ganze Geldstück. Sich im Spiegel anschauen ist immer ein Gespräch unter vier Augen. Natur ist nicht neurotisierend, sie ist in ständigem Wandel. Selbsttranszendenz als Befreiung ist eine Bewegung nach vorne - "So bin ich" nur die versteckte, kurzsichtige Delegation der Aufforderung an den anderen, sich zu verändern.

Und nachdem Sie jetzt für Lesen und Verstehen Ihre Augen stark beansprucht haben, sollten Sie sie ein wenig entspannen (wie im übrigen alle, die viel mit den Augen arbeiten, z.B. am Computer), bevor Sie den nächsten Artikel lesen.

Körperwahrnehmung

Übung: Schneiden Sie ein paar Grimassen: Stirn hochziehen, Kopfhaut anspannen, Augen aufreißen, den Mund in die Breite ziehen, Zunge weit rausstrecken und wieder zurück: Stirn runzeln, Augenbrauen zusammenziehen, Nase rümpfen, Lippen zusammenpressen und ...
Setzen Sie sich dann an einen Tisch, auf den Sie Ihre Ellenbogen aufstützen können, oder legen Sie sich mit dem Rücken auf den Boden, stellen die Füße auf und legen sich ein dickes Kissen auf den Brustkorb, auf das Sie die Ellenbogen stützen können.
Legen Sie die Finger mit den Handflächen nach oben so überkreuz aufeinander, daß die Unterseite der Finger der einen Hand die Oberseite der Finger der anderen Hand bedeckt. Knicken Sie die Handflächen ein wenig und legen Sie sie so auf Ihr Gesicht, daß die Augen in den Mulden der Handflächen ruhen. Dabei sollte kein Druck auf den Augen oder auf den Nasenflanken liegen. Sie müssen frei atmen können.
Lassen Sie die Augen offen, und manipulieren Sie die Hände so lange, bis kein Licht mehr durch die Fingerritzen dringt. Erst dann schließen Sie die Augen.
Lassen Sie sich normal atmen, und schauen Sie durch die geschlossenen Augen nach unten und innen, etwa in Richtung Nasenspitze. Lassen Sie sich spüren, wie die Wärme der Handflächen durch die Augenlider dringt. Sobald Sie sich bei Gedanken (Spannungen des Kopfes) ertappen, werden Sie bemerken, daß die Augen wieder nach oben gerichtet sind. Also schauen Sie wieder nach unten, und bleiben Sie mit der Aufmerksamkeit bei der Bewegung, die Bauch und Brustkorb während der Atmung machen.
10 Minuten sind eigentlich nötig. Wenn Sie diese Übung, die man "palming" (Bates; von engl.: palm, Handfläche) nennt, nur fünf Minuten ausführen können, haben Sie viel erreicht!

Am Ende der Zeit, die Sie sich dafür nehmen, öffnen Sie erst die Augen und nehmen dann erst die Hände vom Gesicht. Schauen Sie zunächst auf eine dunkle Fläche, bevor Sie die Augen wieder dem Licht aussetzen.

Anschließend gewöhnen Sie sich eine Art zu sehen an, bei der Sie nicht platt auf Objekte schauen, sondern deren Konturen mit den Augen umfahren. Sie werden neben der dabei entstehenden Erweiterung des Blickfeldes bald feststellen, um wieviel sich Ihr Erinnerungsvermögen an diese Objekte verbessert. Schauen Sie also nicht auf einen Baum, sondern umfahren Sie ihn

und die Zwischenräume zwischen seinen Blättern

mit schnellen Augenbewegungen. Danach lassen Sie sich gähnen, - das befeuchtet die Augen wieder,

so daß Sie nicht nur den Stein sehen, sondern auch den Schatten, den er unter der Sonne wirft. Den Raum zwischen den Worten erkennen. Und den Mut haben, Fische auf Bäumen zu sehen, wenn Sie in den Bach schauen.

Sehgewohnheiten sind auch Körperhaltungen.

Da sagte das Auge eines Tages: "Ich sehe hinter diesen Tälern im blauen Dunst einen Berg. Er ist wunderschön". Prognostisch günstig.

Viel Spaß!   Auf Wiedersehen!

Literaturempfehlungen für die, die verstehen wollen

Dietrich, R., Pechtl, W. (o.J.): Energie durch Übungen. Eigenverlag. Zu bestellen bei: Reinhold Dietrich, Paracelsusstr. 4, A-5020 Salzburg

Keleman, St. (1992): Verkörperte Gefühle. Der anatomische Ursprung unserer Erfahrungen und Einstellungen. Kösel. München

Reich, W. (1981): Charakteranalyse. Kap. III/II: Die Ausdruckssprache des Lebendigen.

Literatur

Baker, E.F.: Der Mensch in der Falle. Kösel. München, 1980
Bates, W.H.: Rechtes Sehen ohne Brille. In Zusammenhang mit Körperarbeit: Goodrich, J. 1986: Natürlich Besser Sehen. Verlag f.Angewandte Kineosologie. Freiburg i. Brsg., 1989
Boadella, D.: Wilhelm Reich. Scherz, 1981
Boadella, D.: Biosynthese-Therapie. Grundlagen einer neuen Körper-Psychotherapie. Trans-Form. Oldenburg, 1989
Boadella, D.: Organismus und Organisation: Der Platz der Somatischen Therapie in der Gesellschaft. Energie & Charakter, 22. Jhrg. Sonderband 1, 1991
Boadella, D.:Somatische Therapie. Wurzeln und Tradionen. Energie & Charakter. 21. Jhrg, 1990.
Gibran, K.: Der Narr. Walter. Freiburg, 1991
Hilton, R.M.: Countertransference and Bioenergetic Analysis. Unveröff. Manuskript, 1988.
Joergensen, St.: Bodynamic - Analytic work with shock/posttraumatic streß, 1991
Keleman, St.: Dein Körper formt Dein Selbst. Landsberg a.L. mvg, 1982
Keleman, St..: Leibhaftes Leben. Wie wir uns über den Körper wahrnehmen und gestalten können, 1982.
Keleman, St.: Bioenergetisch leben. Landsberg a.L. mvg, 1986
Kurtz, R./Prestera, H.: Botschaften des Körpers. Kösel. München, 1979
Lec, St.J.: Das Große Buch Der Unfrisierten Gedanken. Hanser. München, 1971
Lichtenberg, J.D.: Psychoanalyse und Säuglingsforschung. Berlin. Springer, 1991
Lowen, A.: Körperausdruck und Persönlichkeit. Kösel. Kempten, 1981
Reich, W.: Charakteranalyse. Fischer. bes. Kap. III/II: Die Ausdruckssprache des Lebendigen 1981.
A. de Saint-Exupery : Der kleine Prinz, 1943
Stern, D.N.: The Interpersonal World of the Infant. New York: Basic Books,1986
Stern, D.N.: Diary of a Baby. New York: Basic Books, 1990
Tulku, T.: Selbstheilung durch Entspannung. München: Scherz, 1983

Gruppentherapie

• Bernd Hippler •

In den 70er Jahren galten therapeutische Gruppen für Patienten und gleichermaßen für Therapeuten als aufregende, neue und fast obligatorische Möglichkeit, sich selbst im Kontakt mit anderen zu erfahren, zu erweitern und voneinander zu lernen. Diese Art der Therapie scheint aus der Mode gekommen zu sein. Dafür gibt es mehrere Anzeichen: Die Zahl der ambulant tätigen niedergelassenen Psychotherapeuten, die Gruppentherapie anbieten, ist denkbar gering. Zum Beispiel werden in einer Stadt wie Augsburg mit etwa 50 niedergelassenen Psychotherapeuten regelmäßig nur 5 bis 6 Gruppen angeboten. Anträge auf Kostenerstattung für Psychotherapie, die bei Gutachtern ankommen, enthalten nur zu einem geringen Prozentsatz auch Antragstellungen für Gruppensitzungen (Hand, mündliche Mitteilung, 1993).

Gleichzeitig ist aber die Zahl der Selbsthilfegruppen, entstanden durch Eigeninitiative oder gelenkte Initiative von Sozialpädagogen in unterschiedlichen gemeindlichen Einrichtungen der sozialen Wohlfahrtspflege, erheblich angewachsen. Die Entwicklung von Gruppentherapieprogrammen, besonders mit verhaltenstherapeutischer Ausrichtung, hat sich ebenfalls fast inflationär ausgeweitet (Zielke, 1993a). Sie sind allerdings nahezu ausschließlich in psychiatrischen, psychosomatischen oder universitären Einrichtungen entwickelt worden und werden auch hauptsächlich dort angewandt.

Das latente Interesse der Patienten an Gruppen scheint nicht geringer geworden zu sein. Bei genügend viel Angeboten und einer klaren Indikationsstellung durch den Therapeuten sind Patienten nach wie vor bereit, an einer Gruppe teilzunehmen, und bezeichnen dies nachher oft als den bleibenden, markanten Eindruck ihrer gesamten Therapie. Natürlich wollen viele der Patienten Gruppen zunächst vermeiden, weil sie befürchten, dort für ihr Problem nicht viel lernen zu können, in Konflikte mit anderen zu geraten, „auseinandergenommen zu werden", zum eigenen Problem auch noch Probleme anderer anhören zu sollen und den Therapeuten nicht mehr für sich alleine haben zu können. Zeigt sich der Therapeut also selbst unsicher, ob er eine Gruppentherapie für indiziert hält, wird sich auch der Patient eher zurückhalten und für die vermeintlich bessere, weil teurere Einzeltherapie stimmen.

Andererseits sprechen derzeitige gesellschaftliche Entwicklungen eher dafür, von sich aus erst auf Gruppenerfahrungen zurückzugreifen, wenn der Leidensdruck groß genug geworden ist. Denn „es ist charakteristisch für die Struktur unserer Tage, daß man dem, wodurch sich Menschen unterscheiden, ihrer Ich-Identität, einen höheren Wert beimißt als dem, was sie miteinander gemein haben, ihrer Wir-Identität" (Elias, 1987, S. 210). Ist also die Gruppentherapie dabei, eine Therapiemethode von Institutionen und im gemeindenahen Bereich für sozial hilfesuchende und benachteiligte Personen zu werden? Es erscheint tatsächlich so. Für ambulante Therapeuten bieten Gruppen erhebliche ökonomische Nachteile, für stationäre und gemeindliche Einrichtungen dagegen Vorteile.

Eine Gruppensitzung im ambulanten Bereich erbringt finanziell für den Therapeuten im Moment nicht viel mehr als eine Einzelsitzung. Die Zusammenstellung einer Gruppe benötigt sowohl für die Antragstellung, die Vor- und Nachbereitung, die räumliche Ausstattung und von der benötigten Anzahl an Patienten her weit mehr zeitlichen und finanziellen Aufwand als eine Einzeltherapie. Die beantragten Gruppensitzungen reduzieren gleichzeitig in der ambulanten Therapie das Einzelsitzungskontingent, so daß bei insgesamt 45 Therapiesitzungen (Langzeittherapie-Antrag in Verhaltenstherapie) nach 20 Gruppendoppelsitzungen meist nur noch

25 Einzeltherapiesitzungen übrigbleiben. Ein weiterer Antrag ist daher fast unumgänglich. Obwohl der Aufwand, aber auch die Effizienz von Gruppen erheblich ist, liegt die Vergütung demgegenüber weit zurück.

Gruppensitzungen im stationären Bereich scheinen ökonomisch dagegen günstiger. Es sind genügend Patienten vorhanden, die in unterschiedlich spezifizierte Gruppen aufgeteilt werden können. Auch scheitern Gruppen weder an der Anzahl und der zeitlichen Belastung der Therapeuten, da hier ein anderer Abrechnungsmodus besteht. Anträge müssen nicht gestellt werden. Die regelmäßige Teilnahme der Patienten ist eher gesichert.

Es wäre aber nun um die Psychotherapie schlimm bestellt, wenn ausschließlich ökonomische, personelle und räumliche Gegebenheiten für die Indikation einer bestimmten Therapieform sprächen, so daß sich die ambulante Therapie mehr zur Einzel- und die stationäre Therapie mehr zur Gruppentherapie entwickelt, wie es zur Zeit den Anschein hat.

Das Ziel dieses Artikels ist es, diesem Trend entgegenzuwirken und Sie als Leser und vermutlich überwiegend ambulant tätigen Therapeuten zu ermutigen, Gruppentherapie in Ihr therapeutisches Repertoire mit aufzunehmen. Die positiven Rückmeldungen und persönlichen Erfahrungen, die Sie in einer Gruppe bekommen werden, wiegen die noch für Sie, nicht für Ihre Patienten, bestehenden ökonomischen Nachteile bei weitem auf. Die Durchführung einer Gruppe erweitert Ihre Sicht vom Patienten, schult Ihre Beobachtungsfähigkeit von einzelnen und Beziehungsinteraktionen, verpflichtet Sie mehr als in der Einzeltherapie zu systematisch-planvollem und therapeutisch-authentischem Arbeiten. Die Gruppe bietet für Sie als Therapeuten ein ständiges Regulativ. Sie fordert Sie persönlich heraus, an sich zu arbeiten. Hier werden Sie, anders als in der Einzeltherapie, von meist acht Personen bewertet. Dazu müssen Sie eine klare Entscheidung treffen, welche Gruppe Sie durchführen möchten, wichtige Gruppenregeln und -prozesse im Auge behalten und Ihre Gruppe thematisch an Ihren eigenen Patienten ausrichten. Auf diese Punkte soll nun detailliert eingegangen werden.

1. Übersicht und Klassifikation verhaltenstherapeutischer Gruppen

Verhaltenstherapeutische Gruppen haben sich meist aus Einzeltherapieverfahren entwickelt und wurden dann auf Gruppen angewandt; teils, um die Techniken ökonomischer vermitteln zu können, größtenteils aber, um die Lernmöglichkeiten der Gruppe zur Aufarbeitung eines bestimmten Problems zu nutzen.

1.1. Was ist verhaltenstherapeutische Gruppentherapie?

Unter verhaltenstherapeutischer Gruppentherapie werden zunächst alle Formen der psychologischen Hilfestellung in Gruppen verstanden, die im Unterschied zu Gruppen anderer psychotherapeutischer Schulen ziel- und problemorientiert mit bestimmten therapeutischen Techniken arbeiten und die als oberstes Ziel psychische und physische Gesundheit (wieder-) herstellen wollen. Darunter fallen in der Regel keine Gruppen, die sich ausschließlich auf die persönliche Entwicklung, die berufliche Qualifikation und Selbsterfahrung beziehen.

Gruppen können informatorischer Art, ganz- oder nur teilstandardisiert sein, können den Charakter von Trainingsgruppen annehmen oder mehr als „interaktionelle Problemlösegruppen" (Grawe, Dziewas & Wedel, 1980) auf das Beziehungsgeschehen in der Gruppe eingehen. Diese letztgenannte Gruppenart, bei der das Problem von vornherein nicht genau festgelegt ist, entwickelt sich mehr nach den Gesetzen einer frei interagierenden, wenig strukturierten Gruppe. In ihr wird jeder Patient allmählich er selbst sein und sich mit den anderen Gruppenmitgliedern nach einer bestimmten Zeit so verhalten, wie er es mit seiner sonstigen sozialen Umgebung auch tut. Die Gruppe wird „zu einem sozialen Mikrokosmos der teilnehmenden Mitglieder" (Yalom, 1989, S. 43), und es zeichnen sich allmählich interaktionelle Stile der Teilnehmer ab, die in der Einzeltherapie in dieser Weise nicht beobachtet werden können.

1.2. Wie wirkt sich Gruppentherapie auf die Teilnehmer aus?

Es besteht eine hohe Übereinstimmung über die Wirkfaktoren von Gruppen in der Literatur (Yalom, 1989, S. 19ff, Grawe, 1980, Zielke 1993b, S. 17ff), und jeder, der an mehreren Gruppen teilgenommen hat, wird dies auch bestätigen können. Sie unterscheiden sich allerdings je nach Strukturiertheit der Gruppe.
Bei stärkerer Struktur und engen Zielvorgaben können die Teilnehmer folgende Wirkungen erfahren (in Anlehnung an die oben genannten Autoren):

Universalität des Leidens
Ich bin mit meinem Leiden nicht allein, andern geht es ähnlich wie mir. Die Befürchtung, nicht normal zu sein oder etwas Außergewöhnliches zu haben, mit dem mich niemand versteht, wird verringert oder abgebaut. Ich kann mein Leiden mit anderen teilen.

Hoffnung-Einflößen
Ich erlebe, wie andere mit ihren Problemen umgehen und sie allmählich besser bewältigen. Es gibt Techniken und Strategien, die mir helfen und die wir gemeinsam erlernen können.

Anleitung
Wenn ich Informationen, Anleitungen und Ratschläge anderer zulasse, kann ich Unterstützung bekommen und mich verändern. Ich erfahre neue Möglichkeiten, mit meinem Problem umzugehen.

Einsicht, kausale Attribution, Verhaltensanalyse
Durch die Erfahrung von Zusammenhängen bei mir und anderen kann ich Probleme in ihrer Entstehung als erklärbar erkennen. Ich kann mich im Umgang mit Verhaltensanalysen schulen.

Modellernen
Ich kann durch die Nachahmung anderer oder durch die anekdotische Vermittlung von Heilungs- und Änderungsprozessen neues Verhalten erlernen.

Kohäsion
Das Gefühl von Zusammengehörigkeit gibt Kraft zur Lösung von Problemen." Wir sitzen alle in einem Boot."
„Einigkeit macht stark." „Gemeinsam geht es besser."

Altruismus
Durch meine persönliche Hilfe und Unterstützung kann es anderen bessergehen. Andere können von mir lernen. Bei geringerer Strukturierung der Gruppeninhalte und in eher interaktionellen Problemlösegruppen kommen noch weitere Wirkfaktoren hinzu, die weniger planbar sind.

Interpersonelles Lernen
Ich kann durch das Feedback anderer, gegeben als positive Verstärkung, Ignorieren oder als konstruktive Kritik und durch sanktionsfreies Erproben neuer Verhaltensweisen lernen.
Dabei ist das Feedback intensiver, kritischer und wirksamer, weil es von einer ganzen Gruppe kommt und damit auch als objektiver angesehen wird (Schmidbauer, 1992, S. 78f).

Einsicht und Selbstbeobachtung
Durch Selbstbeobachtung und Feedback werde ich mir der Wirkung meines Verhaltens auf mich und andere mehr bewußt. Ich kann besser abschätzen, wie ich mich sehe, wie andere mich sehen und wie Selbst- und Fremdbild divergieren.

Katharsis
Durch das Ausdrücken und Ausleben von Gefühlen in der Gruppe verringern sich Spannungen. Ich kann Probleme „propagieren, statt weiterhin zu verheimlichen" und ich erfahre Normalität, weil die befürchtete Konsequenz anderer ausbleibt.
Bewußtwerden der Eigenverantwortlichkeit
Ich werde mir meiner Probleme bewußt und daß nur ich es letztlich bin, der trotz Unterstützung der Gruppe sein Leben selbst gestalten muß. Ich habe Verantwortung für meine Gesundheit.
Wiederbeleben von früheren familiären und sozialen Beziehungsmustern
Die Gruppe bietet mir die Möglichkeit, frühe soziale Erfahrungen wiederzuerkennen und jetzt zu verändern. Eingeschliffene Interaktionsmuster können ebenso wie geheime Wünsche und Gefühle anderen gegenüber wahrgenommen und geklärt werden.

Am Beginn einer Gruppe wird eine große Anzahl dieser Wirkfaktoren von den Patienten oft selbst genannt, wenn man sie nach den Erwartungen an eine Gruppe fragt. Besonders häufig erhoffen sich Patienten, sich mit ihren Problemen in anderen wiederzufinden zu können, Rückmeldung und Hilfestellungen zu bekommen.

1.3. Klassifikation verhaltenstherapeutischer Gruppen

Die jeweilige Zielsetzung des zu ändernden Verhaltens, die Bedürfnisse und die Anzahl der teilnehmenden Patienten bestimmen im wesentlichen, welche Art der Gruppentherapie durchgeführt werden soll. Entsprechend wurden auch in den letzten zwanzig Jahren spezielle Gruppentherapien entwickelt, die sich grundsätzlich einteilen lassen in „Verhaltenstherapie *in* der Gruppe" und „*durch* die Gruppe" (Zielke, 1993a, S. 6). Alle Therapieprogramme der ersten Kategorie sind eher informativ, inhaltlich, themenzentriert und völlig zielorientiert ausgerichtet. Die der zweiten Kategorie werden als interaktionelle Problemgruppen (Grawe, 1980) bezeichnet und sind auch am Prozeß in der Gruppe orientiert, damit eher problem- und zieloffen. Während die sogenannten themenzentrierten (Zielke 1993a, 1993b) Gruppen sich in den letzten Jahren ständig vermehrt haben, ist zu dem Ansatz von Grawe (1980) in der verhaltenstherapeutischen Literatur nur wenig dazugekommen. Darin sehe ich auch einen wesentlichen Grund, weswegen Gruppentherapien in der verhaltenstherapeutischen Praxis seltener geworden sind. Die Trainingsprogramme setzen eine hohe Anzahl von Patienten mit relativ homogenen Störungsbildern voraus, die zur selben Zeit kaum in der ambulanten psychotherapeutischen Praxis vorkommen. Daneben gibt es aber nahezu keine praktikablen Gruppenprogramme für größere heterogene Gruppen, wenn man von Selbstsicherheitstrainingsprogrammen und der Gruppentherapie von Grawe, Dziewas & Wedel (1980) einmal absieht. Diese Gruppenarten beziehen sowohl die Idee der Gruppe als sozialen Mikrokosmos mit ein als auch die Vorstellung, daß es sich in Problemlösegruppen um „Menschen mit komplexen Störungen des Beziehungsverhaltens" (Grawe, 1980) handelt.

Die m. E. beste Einteilung von Gruppen in der Klinik findet sich bei Zielke (1993a, S. 8).
Er unterscheidet:
• Standardgruppen für Standardproblembereiche
• Themenzentrierte Gruppen für bestimmte Störungen und Krankheitsbilder
• Themenzentrierte Gruppen der Funktionsbereiche Sport, Ergotherapie und Soziotherapie
• Informations- und Aufklärungsprogramme

Für den ambulanten Bereich gilt eine ähnliche Einteilung, wobei hier die beiden letztgenannten Gruppen selten oder gar nicht zu finden sind.

Zur besseren Übersicht und als Entscheidungshilfe, welches Gruppenprogramm, das derzeit bereits vorliegt, sich in der ambulanten Praxis eignet, möchte ich folgende Einteilung geben:

1. Standardgruppen

Bei komplexen Störungen der Beziehungsgestaltung und zur Problem- und Konfliktlösung
- Interaktionelle Problemlösegruppen (Grawe, Dziewas & Wedel, 1980)
- Förderung und Entwicklung interaktionellen Problemlöseverhaltens in Gruppen (Zielke, 1993b)

Bei Selbstsicherheitsstörungen
- Gruppentraining sozialer Kompetenz (GSK) (Pfingsten & Hinsch, 1991)
- Das Assertiveness-Training-Programm (ATP, 3 Teile) (Ullrich de Muynck & Ullrich, 1976)

Zur Streßbewältigung
- Rational-Emotive Therapie als Gruppentraining gegen Streß (Schelp, Maluck, Gravemeier & Meusling, 1990)
- Streß- und Konfliktbewältigung. Ein Gruppenprogramm (Tardy, 1989)
- Zur gemeinsamen Erarbeitung und Information eignet sich dazu auch eine Broschüre der Techniker Krankenkasse: Der Streß. Stressoren erkennen, Belastungen vermeiden, Streß bewältigen (Wagner-Link, 1993)

Zur Entspannung
- Entspannung, Desensibilisierung (Florin, 1978)
- Einführungskurse zum autogenen Training (Krampen, 1991)

2. Themenzentrierte Gruppen bei bestimmten Störungen

Bei psychosomatischen Störungen
Konkordanztherapie. Ein verhaltensmedizinischer Ansatz zu Einzel- und Gruppentherapie bei Patienten mit psychophysiologischen Erkrankungen. Dabei werden auch Elemente von körperorientierten Therapien mit einbezogen, die in der Gruppe durchgeführt werden können.
Gruppentraining gegen psychosomatische Störungen. Es betont die kognitiven Trainingsanteile, die im verhaltenstherapeutischen multifaktoriellen Bedingungsmodell enthalten sind, bezieht allerdings auch Entspannungstraining und Verhaltensübungen mit ein. (Franke, 1991)

Bei depressiven Erkrankungen
Therapiemanual zur Selbstkontrolltherapie der Depression in Gruppen. Elemente dieses Trainings sind Aktivitätenaufbau, Selbsteinschätzung, -bewertung und -verstärkung (Roth & Rehm, 1986)

Bei Ängsten und Panikattacken
Explizite Gruppentrainingsprogramme liegen nicht vor. Bei früheren Untersuchungen zur Angstbehandlung wurden zwar Reizüberflutungstechniken in der Gruppe durchgeführt, diese aber dienten eher der Effizienzüberprüfung.
Es ist denkbar, eines der vielen erschienen Manuale zur Angstbehandlung (Margraf & Schneider, 1989; Mathews et al., 1988) als Gruppenbehandlung anzubieten.
Für die Behandlung von Herzphobikern eignet sich das Gruppenkonzept von Sturm (1987).

Für viele andere Störungen liegt eine Reihe von Gruppenbehandlungen vor. Sie sind aber so spezifisch, daß sie für die ambulante Praxis kaum in Frage kommen.

Standardgruppen (eher prozeßorientiert)	**Themenzentrierte Gruppen** (eher störungsorientiert)
1. Strukturelle Aspekte	
geschlossen oder halboffen	geschlossen
Sitzungszahl individuell festlegbar (mind. 10 Doppelsitzungen) Doppelsitzungen)	feste Sitzungszahl (meist max. 15 - 20
Beginn und Ende bei laufender Gruppe möglich	Beginn und Ende einheitlich
größere Heterogenität bei Patienten möglich oder sogar erwünscht	Homogenität bezüglich Störung, Lerntempo, Geschlechterverteilung notwendig
niedrige Indikationsschwelle Ablauf wird durch Prozeß und Inhalt bestimmt	hohe Indikationsschwelle Ablauf wird durch Programm festgelegt
2. Inhaltliche und prozessuale Aspekte	
Zunächst inhaltlich offen für alle Probleme in der Gruppe	besondere Störung oder aufzubauende Funktion wird berücksichtigt
Interaktion der Teilnehmer wird thematisiert, ist diagnostisches Instrument	Interaktion ist nur als „Störungsvariable" relevant
Gruppe ist sozialer Mikrokosmos	Gruppe ist Information und Erleben
Offenheit, Vertrauen, Kohäsion muß aufgebaut werden	Kohäsion entsteht durch gleiche Thematik
breitere Hilfe durch unterschiedliche Patienten	Hilfe durch Wiedererkennen gleicher Probleme (Universalität des Leidens)
eigene Probleme erarbeiten im sozial stabilisierenden Rahmen	gemeinsame Analyse und Kooperation ermöglicht sozialen Rahmen
unterschiedliche Ziele	gemeinsame Ziele
Veränderungen *durch* die Gruppe	Veränderungen *in* der Gruppe
Hohe therapeutische Kompetenz notwendig, um Prozeß und Inhalt zu vereinbaren (evtl. mit Co-Therapeut)	Sicherheit für den Therapeuten durch programmatisches und stärker strukturiertes Vorgehen

Tabelle 1. Vergleich der Gruppenarten

1.4. Entscheidung zur Wahl der Gruppenart

Bei der Entscheidung, welche Gruppe durchgeführt werden kann, spielen strukturelle und inhaltliche Aspekte eine wichtige Rolle.

Die Standardgruppen sind in der Regel mehr am Prozeß der Gruppe orientiert. Unter „Prozeß" werden dabei alle in der Gruppe stattfindenden Interaktionen verstanden, die neben der inhaltlichen Kommunikation auf einer Meta-Ebene das Geschehen bestimmen (Yalom, 1989, S. 137). Das inhaltliche Erleben in der Gruppe wird dabei jeweils in der Gegenwart reflektiert.

Die themenzentrierten Gruppen beziehen sich auf den Abbau einer Störung bzw. eines Krankheitsbildes oder den Aufbau bestimmter Funktionen (Entspannung, Angst-, Stressbewältigung etc.). Reflexionsinhalt ist der Fortschritt beim Störungsabbau oder Funktionsaufbau. Je nach Entscheidung für eine Gruppe werden unterschiedliche Schwerpunkte gesetzt, die in Tabelle 1 „Vergleich der Gruppenarten" zusammengefaßt sind.

Entscheide ich mich als Therapeut also für eine Standardgruppe, dann sind folgende Implikationen enthalten:

- Die Patientengruppe besteht aus Frauen und Männern unterschiedlichen Alters, nicht zu großen, aber doch möglichen Bildungs- und Statusunterschieds, jedoch noch mit etwa gleichem Lerntempo, die alle eine eher komplexe Störung der Beziehungsgestaltung, des Selbstwerts und/oder unterschiedlich miteinander kombinierte Störungen aufweisen (z.B. soziale Angst, Entscheidungsunsicherheit, depressive Zustände). Es soll gewährleistet sein, daß ein „sozialer Mikrokosmos" wie die Herkunftsfamilie oder die Gegenwartsfamilie, soziale Gruppen des Alltagslebens der Vergangenheit oder der Gegenwart oder beruflich-betriebliche Gruppen entstehen können. Es ist möglich, diese Gruppe für alle gemeinsam beginnen zu lassen oder sie als dauerhafte Gruppen neben einer Einzeltherapie laufen zu lassen. Jeder Teilnehmer kann je nach eigener Entscheidung in Absprache und Diskussion mit der Gruppe zu einem bestimmten Zeitpunkt Gruppe „ein- oder aussteigen". Beim Einstieg muß zuvor die Gruppe über ihre Bereitschaft dazu befragt werden, beim Ausstieg werden Diskussionen über die Gründe geführt. Der jeweilige Prozeß ist ein Teil des Gruppenprozesses, da er immer auch die Dynamik innerhalb der Gruppe verändert.
- Jedem Teilnehmer muß von vornherein klar sein, daß er/sie am Veränderungsprozeß in der Gruppe teilnimmt, ganz gleich, wie er/sie sich auch immer verhält, gemäß dem kommunikativen Grundaxiom (Watzlawick, Beavin & Jackson, 1969): „Man kann nicht nichtkommunizieren" und daß er/sie bereit sein muß, sich zu öffnen, um vom Gruppenprozeß profitieren zu können.
- Er/Sie bestimmt selbst, welche Probleme er jeweils in den Gruppenprozeß einbringen möchte, sei es nun aufgrund eigener Überlegungen und Gefühlslage oder durch die vom Gruppenleiter angebotenen Inhalte.
- Er/Sie benutzt die Gruppe zur Rückmeldung und damit zur Verhaltensänderung. Dadurch lassen sich bestimmte, in der Gruppe immer wiederkehrende kognitive, verhaltensmäßige, emotionale und physiologische Muster erkennen.
- Um diesen Veränderungsprozeß der Patienten zu unterstützen, legt der Therapeut viel Wert auf die Herstellung eines warmen, vertrauensvollen Klimas zu Beginn, fördert Kohäsion und Kooperation und läßt erst danach Konflikt und Auseinandersetzung als Mittel zum Erlernen von sozialem Verhalten zu.
- Die Verschiedenheit der Teilnehmer (potentiell sind alle Persönlichkeitsstile vertreten) wird genutzt, um jeweils für den anderen Modell und Unterstützer zu sein. So kann beispielsweise ein etwas narzißtisch strukturierter Patient, der sich fortlaufend gekränkt fühlt, wenn andere ihn nicht sofort genügend beachten, durch die eher zurückhaltende Art eines depressiven Patienten zu mehr Besonnenheit kommen, und umgekehrt kann der depressive Patient lernen, welche Aktivitäten der andere unternimmt, um sich seine Bedürfnisse nach Anerkennung zu erfüllen. Das unterschiedliche Alter oder Bildungsniveau kann genutzt werden, um die Angst Jüngerer vor Autoritätspersonen, die sie evtl. in älteren, beruflich erfolgreichen

Patienten sehen, abzubauen. Andererseits können ältere Patienten die größere Veränderungsbereitschaft jüngerer als Modell nutzen, um das Risiko der Veränderung selbst auch einzugehen.
- Durch unterschiedliche, persönlich festgelegte Ziele erfährt der Teilnehmer von vornherein beides: die Entwicklung zur Autonomie bei einem bestimmten persönlichen Problem und den dafür notwendigen sozial stabilisierenden Rahmen der Gruppe. Andererseits müssen die Ziele zur Selbständigkeit und Autonomie auch sozial verträglich sein.
- Der Therapeut verfügt über ausreichende Kompetenz, um das relativ komplexe Gruppengeschehen zu erfassen. Nachdem er gleichzeitig inhaltlich und prozessual arbeiten muß, hat er auch jeweils die Balance zwischen Prozeß und Inhalt zu wahren, so daß weder die Gruppe zu einer Diskussionsrunde verkommt noch daß lediglich an auftretenden Beziehungsstrukturen gearbeitet wird. In dieser Gruppe wird es wohl am Anfang sinnvoll sein, einen Co-Therapeuten als Beobachter des Therapeuten mit einzubeziehen.

Entscheide ich mich dagegen für eine themenzentrierte Gruppe, sind andere Gewichtungen vorhanden:
- Die Patientengruppe besteht aus Frauen und Männern mit einer relativ homogenen Zielsetzung, da von vornherein der Abbau und die Bewältigung von Störungen geplant ist. Am häufigsten werden in der ambulanten Praxis Antidepressions-, Angstbewältigungs- oder Suchtgruppen (Alkohol, Eßstörungen) vorkommen. Die Zusammensetzung nach Alter, Bildungsgrad, Lerntempo und Status ist nicht von Bedeutung. Es soll aber gewährleistet sein, daß genügend intellektuelle Leistungsfähigkeit vorhanden ist, um das angebotene Programm zu erfassen, da sonst zeitliche Verzögerung und Langeweile für die übrigen Mitglieder aufkommen können.
- Die Gruppe beginnt zu einem festen Zeitpunkt und endet mit dem Ablauf des Programms. In jeder Sitzung ist Anwesenheitspflicht, um Wissenslücken bei einem aufeinander aufbauenden Programm zu vermeiden. Jeder Teilnehmer geht die Verpflichtung ein, bei Zusage zur Gruppe auch diese zu Ende zu bringen.
- Die Teilnehmer bekommen viel Wissen, Fertigkeiten, Kausalattribuierungen über Krankheitsentstehung und -aufrechterhaltung vom Therapeuten. Sie können ihr Wir-Gefühl als „Leute im selben Boot" nutzen, um sich als nicht allein zu erleben und gemeinsame Lösungen zu erarbeiten. Sie lernen vom wechselseitigen Modell und verstärken sich gegenseitig bei Fortschritten.
- Durch gemeinsame Unternehmungen und Übungen, auch außerhalb der Gruppe, entsteht eine gegenseitige Unterstützung, die sogar als Selbsthilfegruppe am Ende der Gruppentherapie „weiterleben" kann.
- Der Therapeut, besonders Anfänger mit Gruppen, erhält Sicherheit durch inhaltliche Planung. Nach Bearbeitung und Beachtung der instrumentellen Gruppenbedingungen kann er ungestört an der jeweiligen Thematik arbeiten.

2. Allgemeine Prinzipien zur Durchführung einer Gruppe

Wenn die prinzipielle Entscheidung zur Gruppenart getroffen ist, müssen konkret noch Fragen geklärt werden, die sich mit Patientenauswahl, Raum und Zeit, Gruppennormen und -regeln als äußere Rahmenbedingungen und das Herstellen einer günstigen Gruppenatmosphäre als innere Rahmenbedingung befassen.

2.1. Patientenauswahl in Kombination von Einzel- und Gruppentherapie

In der ambulanten verhaltenstherapeutischen Praxis hat sich als zweckmäßig erwiesen, nur Patienten in die Gruppe aufzunehmen, die gleichzeitig in Kombination dazu beim selben Therapeuten eine Einzeltherapie durchführen. Sie sollten bei Beginn der Gruppentherapie mindestens ein Drittel der geplanten Einzeltherapie hinter sich haben. Dies hat den Vorteil, daß der Therapeut den Patienten in einem neuen Setting erlebt und oft erstaunliche andere Wahrnehmungen in der Gruppe mit ihm machen kann. Eine weitere Bedeutung hat die Diagnostik des Interaktionsverhaltens und der Erarbeitung einer vertikalen Verhaltensanalyse gewissermaßen in einer In-vivo-Situation (Grawe, 1980). Zudem bietet die Gruppe, am Ende einer Einzeltherapie durchgeführt, eine Generalisierung und Transfermöglichkeit in eine Situation, die dem Alltagsleben mehr entspricht als die Einzeltherapie. Die Ablösung vom Therapeuten wird dadurch zusätzlich gefördert.

Die Einzeltherapie, die nur in wenigen Fällen durch die fünf vorausgehenden probatorischen Sitzungen ersetzt werden kann, bietet weiterhin eine schon ausreichende Kenntnis von Patient und Therapeut. Dem Therapeuten hilft es, die richtigen Indikationen zu stellen, dem Patienten wird der Eingang in die Gruppe, der von vielen Patienten sehr gefürchtet wird, sehr erleichtert. Durch das in der Einzeltherapie geschaffene vertrauensvolle Beziehungsverhältnis zum Therapeuten bringt er auch das Gefühl von Offenheit und Vertrauen in die Gruppensituation mit.

Indikation zur Gruppentherapie sind alle unter 1.4. genannten Patienten, die sowohl eine spezielle Störung bearbeiten wollen als sich auch durch die Gruppe im Rahmen einer komplexeren Problematik verändern möchten.

Kontraindiktationen sind Patienten, die nicht oder kaum in der Lage sind, Beziehungen herzustellen, da sie von allen genannten Wirkfaktoren kaum profitieren und erneut ein Zurückweisungserlebnis haben werden, das frühere Muster verstärkt. In Übereinstimmung mit Yalom (1989, S. 221ff) sollten keine Patienten an der Gruppe teilnehmen, wenn sie hirnverletzt, paranoid, hypochondrisch, drogen- oder alkoholabhängig, akut psychotisch oder psychopathisch sind. Des weiteren eignen sich kaum Patienten, die in einer akuten Krisensituation stecken, insbesondere auch solche, die zur Zeit akut suizidal sind. Für sie ist eine Krisenintervention im Rahmen einer Einzeltherapie sinnvoller. Diese Patienten halten den Gruppenprozeß eher auf, und die von vielen Patienten aufgestellte Prophezeiung erfüllt sich, daß zu den eigenen Problemen noch schwerwiegende andere Probleme hinzukommen, die man selbst nicht mehr verkraften kann. Treten solche Zwischenfälle ein, sind die obengenannten Wirkfaktoren ernsthaft gefährdet.

Es empfiehlt sich, für den ambulant tätigen Therapeuten, eine Kombination von Einzel- und Gruppentherapie vorzusehen, wobei 25 Einzeltherapiesitzungen und 20 Gruppendoppelsitzungen (100 Minuten) beantragt werden können, wenn dies von Anfang an als indiziert gilt. Solche kombinierten Anträge werden nach einer kurzen Begründung ohne Schwierigkeiten von den Gutachtern genehmigt. Leider wird davon, wie bereits oben erwähnt, wenig Gebrauch gemacht.

2.2. Räumliche und zeitliche Bedingungen

Der Gruppenraum sollte so groß sein, daß darin bequem acht Patienten und ein bzw. zwei Therapeuten Platz haben. Nachdem in jeder Gruppe auch körperbezogene Übungen durchgeführt werden, sollten dafür neben Stühlen auch Polster, Decken und eben genügend freier Raum zur Verfügung sein. Der Raum sollte so beschaffen sein, daß nur mit wenigen Handgriffen genügend Platz für räumliche Veränderungen erreicht werden kann. Es ist zu überlegen, ob man, um die Gruppenatmosphäre zu verbessern, eine Anwärmphase einrichtet, in der die Patienten zu Beginn der Gruppe Tee oder Kaffee miteinander trinken, um sich so auf das Gruppengeschehen langsam einlassen zu können.

In der Regel findet jede Gruppe einmal wöchentlich statt und dauert insgesamt 100 Minuten. Bei geschlossenen Gruppen wird die Anzahl der Gruppendoppelsitzungen meist zwischen 15 und 20 Sitzungen variieren. Die Anzahl der Gruppensitzungen wird zuvor festgelegt, und jeder Teilnehmer geht gewissermaßen einen Vertrag ein, die Dauer dieser Gruppe jeweils durchzuhalten. Die offenen oder halboffenen Gruppen können kürzer oder länger als 20 Doppelsitzungen sein, dies hängt jeweils von der Problematik, der individuellen Entscheidung des Patienten und den finanziellen Gegebenheiten bzw. dem verfügbaren Stundenkontingent ab. Es ist aber ratsam, spätestens nach 30 Doppelsitzungen gemeinsam zu entscheiden, ob es sinnvoll ist, die Gruppe über diesen Zeitraum hinaus noch weiterzuführen, da dann wichtige Gruppenziele, die bis zu diesem Zeitpunkt nicht realisiert wurden, kaum noch erreicht werden.

Die Gruppenmitglieder werden jeweils durch ausführliche Gespräche in der Einzeltherapie bzw. durch Vorgespräche auf die Gruppe vorbereitet. Darüber hinaus erhalten sie am Beginn der Gruppe einen Brief, in dem wesentliche Bedingungen, Regeln und Inhalte mitgeteilt werden.

Manche Therapeuten weisen bereits zu Anfang darauf hin, daß sich die Gruppe auch nach den Gruppenabenden privat treffen kann, und es werden auch Abende geplant, die ohne den Gruppenleiter stattfinden, um damit das Selbstmanagement und Selbsthilfepotential der Patienten rechtzeitig zu unterstützen. Damit wird auch ein möglicher Weg in eine Selbsthilfegruppe während der Gruppentherapie bereits angeleitet.

2.3. Gruppennormen und -regeln

Da der Therapeut verantwortlich ist für die Schaffung einer kooperativen Gruppenkultur, muß er unbedingt auf die Einhaltung einiger wichtiger Regeln achten. Sie lassen sich in äußere und innere Regeln unterscheiden. Während die äußeren Regeln explizit zu Beginn der Gruppentherapie verkündet und besprochen werden sollten, werden sich die inneren Regeln erst im Laufe der Zeit herausbilden und sollten beim Auftreten vom Therapeuten hervorgehoben und als solche Regeln oder Normen auch gekennzeichnet werden. Häufig lassen sich im Gruppenprozeß auftretende Probleme auf Verletzungen von Gruppennormen und -regeln zurückführen. Dadurch ist die innere Sicherheit der Gruppe bedroht und der Prozeß der gemeinsamen Entwicklung gefährdet.

Äußere Gruppenregeln

Es ist darauf zu achten, daß die Patienten pünktlich sind und daß natürlich auch der Therapeut die Gruppe zur festgelegten Zeit beginnt. Als hilfreich erweist sich eine viertelstündige Aufwärmphase, in der die Teilnehmer der Reihe nach eintreffen, nach der aber dann begonnen wird. Absagen zu Gruppenabenden müssen vorher, möglichst in der Gruppe, und nicht nur alleine mit dem Therapeuten, besprochen werden. Die Gruppe sollte genau über die Gründe des Wegbleibens informiert werden. Untergruppen sind möglichst zu vermeiden d.h., wenn im Anschluß an die Gruppentherapie Teilnehmer weggehen, so soll sich einer verantwortlich fühlen, alle Teilnehmer der Gruppe auch dazu einzuladen. Private Treffen außerhalb der Gruppe sollen nur mit Zustimmung durch den Therapeuten und in Diskussion mit der gesamten Gruppe durchgeführt werden.

Zu Beginn der Gruppe wird Schweigepflicht vereinbart, d.h. die Teilnehmer kennen nach Möglichkeit nur den Vornamen des jeweils anderen. Alle Informationen, die sie in der Gruppe erhalten, verbleiben in der Gruppe. Es ist lediglich erlaubt, eigene persönliche Gruppenerfahrungen an nahestehende Personen weiterzugeben, wenn dies für den jeweiligen Patienten notwendig erscheint.

Innere Gruppenregeln

Bei Bildung von Untergruppen oder bei Gesprächen außerhalb der Gruppe müssen sich die Teilnehmer verpflichten, wichtige Inhalte, die dort ans Tageslicht kommen, in die Gruppe einzubringen. Ansonsten entziehen sie der Gruppe wesentliche Informationen und Erfahrungshintergründe, da „nicht die Bildung von Untergruppen an sich zerstörerisch ist, sondern die Mauer des Schweigens, die sie im allgemeinen umgibt" (Yalom, 1989, S. 325).

Die Gruppenteilnehmer sollen des weiteren sogenannte „Störungen" möglichst zu Beginn der jeweiligen Gruppensitzung in die Gruppe einbringen. Dies können persönliche Vorfälle sein, durch die sie sich im jeweiligen Gruppenprozeß behindert fühlen, oder auch latente Konflikte mit Gruppenmitgliedern, die die inhaltliche Arbeit unmöglich machen oder erschweren.

Die Teilnehmer werden weiterhin im Laufe der Gruppentherapie darauf hingewiesen, sich am Gruppenprozeß zu beteiligen. Zumindest trägt der Gruppenleiter die Verantwortung, jedes Gruppenmitglied in etwa gleichem Maße am Gruppenprozeß zu beteiligen. Ansonsten begibt er sich in die Gefahr, daß sich die Gruppe zu einer Untergruppe der Voyeure und zu einer der Exponierer ausbildet. Dies hemmt ebenfalls den Entwicklungsfortgang innerhalb der Gruppe.

Weitere Gruppennormen können in der Gruppe mit dem jeweiligen Arbeiten festgelegt werden. Am einfachsten kann man die Entstehung von Gruppennormen Patienten dadurch sichtbar machen, wenn man bereits zu Beginn darauf hinweist, daß eine implizite Gruppennorm entsteht, wenn ein Teilnehmer zu sprechen beginnt, und alle anderen Teilnehmer halten sich an die Regel „immer der Reihe nach". Verletzt nun ein Teilnehmer diese Regel und spricht „dazwischen", obwohl einige zuvor bereits eine implizite Regel gebildet haben, wird dies oft von den anderen als Störung und als Nichtanpassung gedeutet. Es gibt eine Vielzahl anderer Gruppennormen, die allmählich das Geschehen bestimmen, und zwar um so mehr, je weniger strukturierend der Therapeut in das Geschehen eingreift. Die Normen sollten jeweils Teil der Meta-Kommunikation innerhalb des Gruppenprozesses sein. Deren Verletzungen führen nicht selten zum frühzeitigen Ausscheiden von Gruppenmitgliedern.

2.4. Aufgaben des Gruppenleiters

Die Aktivitäten des Gruppenleiters sollen besonders zu Beginn der Gruppe im Dienste der Herstellung der instrumentellen Gruppenbedingungen stehen. In Anlehnung an Grawe, Dziewas & Wedel (1980, S. 273) sind neben den günstigen Gruppenbedingungen auch Maßnahmen zur Herstellung einer funktionsfähigen Therapiebeziehung und die Erarbeitung einer angemessenen und motivierenden Problemdefinition wesentliche Aufgaben des Therapeuten. Er muß alles tun, daß er zu Beginn die Kohäsion in der Gruppe stärkt, da sie, nach einer großen Anzahl von empirischen Untersuchungen, die größte Kraft beinhaltet, die Gruppe sich entwickeln zu lassen. Er muß des weiteren die Offenheit und Transparenz innerhalb der Gruppe verstärken und darf auf keinen Fall zulassen, daß Offenheit von Gruppenmitgliedern in irgendeiner Weise von anderen sanktioniert wird. Darüber hinaus fördert er die Kooperation durch gemeinsame Aufgaben in der Großgruppe bzw. in verschieden zusammengesetzten Kleingruppen. Von immer stärkerer Strukturierung der Thematik sollte er zu immer größerer Selbstbestimmung der Patienten innerhalb der Gruppe anleiten. Der Grundsatz sollte lauten: Soviel Strukturierung wie nötig, soviel eigene Produktivität bei den Patienten wie möglich. Zwar werden die Leiter von Gruppen als um so kompetenter eingeschätzt, je mehr strukturierte Übungen sie verwenden, gleichzeitig wurde aber nachgewiesen, daß die Therapieergebnisse um so weniger positiv waren. Zu viele strukturierte Übungen sind kontraproduktiv (Yalom 1989, S. 156). Der Gruppenleiter sollte sich davor hüten, die Rolle des professionellen Helfers aufzugeben und statt dessen eine Rolle des Freundes anzunehmen, der sich kaum mehr von den übrigen Gruppenmitgliedern unterscheidet.

2.5. Innere Rahmenbedingungen

Die Gruppenmitglieder sollten eine Vorstellung davon haben, wie der jeweilige Abend verläuft und wie insgesamt die Zielsetzung lautet, d.h., welche Trainingselemente und therapeutischen Inhalte im Verlauf der Gruppe angestrebt werden. Für den Bereich der themenzentrierten Gruppe könnte z.B. der formale Ablauf der einzelnen Sitzungen gegliedert sein in Wochenspiegel, Hausaufgabenbesprechung, Durchführung von Übungen, neue Hausaufgaben und Schlußblitzlicht (Franke, 1991). Das gesamte Gruppenprogramm könnte nach dem Vorgespräch und dem Kennenlernen beginnen mit einem Entspannungstraining, dem Kognitionstraining, dem Verhaltenstraining und der Abschlußsitzung, nach einem halben Jahr auch katamnestisch (Franke 1991, S. 26ff).

Folgendes Schema zeigt die Struktur einer störungsorientierten Gruppe:

Struktur der störungsorientierten Gruppen

1. Wochenspiegel/Hausaufgabenbesprechung
Die Patienten besprechen ihren Übungserfolg bzw. Mißerfolg. Sie suchen nach Gründen für das eine oder andere. Sie versuchen neue Schritte oder gegenseitige Hilfen für die Aufgaben festzulegen. Es werden alternative Verhaltensweisen festgelegt. Möglicherweise werden auch Sanktionen vereinbart.

2. Einführung der jeweiligen neuen Thematik
Z.B. Entspannungstraining, Angstbewältigungsstrategien, Kognitive Restrukturierung, Selbstsicherheitsübungen, Körperangst-Bewältigung
Methoden dabei sind: Information, Provokationsübung, Rollenspiele, Anleitung durch den Gruppenleiter, Kleingruppenarbeit mit spezieller Fragestellung, Papier und Bleistift - Aufgaben

3. Erfahrungsaustausch in der Gruppe
Vergleich von Unterschieden, persönliche Erfahrungen auf allen Ebenen mitteilen, Störungen und Probleme, Erfahrung neuer Möglichkeiten

4. Auswertung und Entscheidung für bestimmte Lösungen
Durch den Erfahrungsaustausch kommt es zu möglichst vielen Lösungsvorschlägen und Bewertungen, so daß eine Entscheidung für eine bestimmte Art des Verhaltens getroffen werden kann.

5. Erprobung der neuen, alternativen Verhaltensweise
Die geplante Lösung wird ausprobiert, so daß die Übertragung in die Realität möglich wird: Rollenspiel, Erstellen einer Beobachtungsliste, Aufschreiben von Selbstinstruktionen etc.

6. Hausaufgaben festlegen

7. Gefühls-Blitzlicht

Für den Bereich der Standardgruppen könnte der jeweilige Gruppenabend beginnen mit einem Bericht und Rückmeldungen zu den Erfahrungen nach der letzten Gruppensitzung. Gleichzeitig ist hier Platz für Störungen, die angemeldet werden, und bestimmte Wünsche für den Abend. Danach können folgende Schritte im Sinne des Problemlösungsvorgehens durchgeführt werden:

1. Thematische Zielfestlegung für den jeweiligen Abend in Abstimmung mit den Teilnehmern.
2. Erarbeitung der jeweiligen Problematik durch gemeinsame Übungen, so daß das jeweilige Problem möglichst auf allen unterschiedlichen Ebenen erfahren werden kann. Die Übungen können in der Großgruppe, aber auch in der Kleingruppe stattfinden. Dabei sollen möglichst sowohl der Vordergrund als auch der jeweilige Kontext, in dem die Störung stattfindet, geklärt und identifiziert werden.
3. Bewertung des Problems: Mit Hilfe der Gruppe wird das jeweilige Problem bewertet und der damit arbeitende Teilnehmer sammelt Rückmeldungen bei den anderen. Hier wäre auch Platz, diagnostische Fragen zu erarbeiten.
4. Aufstellen von Zielen für künftige Verhaltensweisen, d.h., es soll gefragt werden, ob die bisherigen Verhaltensweisen als inadäquat und ineffektiv abgelehnt werden oder durchaus akzeptabel erscheinen oder ob nur kognitive Veränderungen vorgenommen werden müssen.
5. Die Planung von Schritten soll gleichermaßen mit deren Erprobung innerhalb der Gruppe durch Rollenspiele und Verhaltensübungen durchgeführt werden.

6. Der Patient probiert jeweils das neue Verhalten im Alltag aus und evaluiert es für sich selbst und in der sich anschließenden späteren Gruppensitzung.

Auch bei den weniger zielorientierten und sogenannten problemoffenen Gruppen scheint eine thematische Festlegung über den geplanten Gruppenverlauf hinweg wichtig. Es bieten sich folgende Themen an (siehe dazu auch Zielke, 1993b, S. 25):
Unter welchen Beschwerden leide ich, und wie wirken sich diese auf meine Beziehungen zu anderen aus?
Was schätze ich an mir besonders? Worauf bin ich stolz? Welches sind die Dinge, die ich gut kann?
Was finden andere an mir liebenswert? Was lehnen sie ab?
Wie werde ich von anderen gesehen, und wie möchte ich, daß mich andere sehen?
Was bedeuten Begriffe wie Selbstwert, Selbstvertrauen, Selbstbestimmung für mich, und wie erfülle ich diese? Wie erlebe ich den Kontakt mit anderen? Wieviel Nähe, wieviel Distanz wünsche ich mir?
Diese Liste möglicher Inhalte spiegelt die von Patienten meistgenannten Probleme wider, sie soll im dritten Teil ergänzt werden, wenn ein eigenes Gruppentherapieprogramm vorgestellt wird.

3. Beispiel einer verhaltenstherapeutischen Problemlösegruppe

Es ist im allgemeinen sehr schwer, in der ambulanten verhaltenstherapeutischen Praxis eine Patientengruppe zu bilden, die sich aus Patienten mit einer bestimmten Störung zusammensetzt. Leichter ist es dagegen, eine der oben erwähnten Standardgruppen zusammenzustellen, die entweder eine Selbstsicherheitsgruppe, eine Gruppe zum Aufbau von bestimmten Funktionen, wie z.B. Entspannung und Meditation, eine Gruppe zum Abbau von stressauslösendem Verhalten oder eine Problemlösegruppe sein könnte. Alle diese Gruppen setzen ein eher allgemeines theoretisches und praktisches Konzept voraus, so daß darin auch breitere Patientenpopulationen aufgenommen werden können. Trotzdem sollte aber von vornherein klar sein, daß mit jeder Art der Gruppentherapie, die der Therapeut festlegt, eine bestimmte Implikation für den Patienten enthalten ist. Eine Selbstsicherheitsgruppe wird dem Patienten suggerieren, daß es in der Gruppe um den Aufbau von bestimmten sozialen Fertigkeiten gehen wird und daß er vermutlich an einem Mangel an selbstsicheren Verhaltensweisen leidet. Eine Entspannungs- und Antistreßgruppe legt dagegen nahe, daß der Patient unter einem dauerhaften allgemeinen emotionalen und physiologischen Erschöpfungszustand leidet, der bestimmter Gegenmaßnahmen bedarf. Die Problemlösegruppe dagegen ist die am weitesten offene, da sie auch von der Benennung her kein bestimmtes Problem von vornherein definiert. Damit wird dem Patienten vorgegeben, daß er sein Problem, das er in die Gruppe einbringt und dort behandelt haben möchte, auch selbst definieren muß. In Übereinstimmung mit Grawe, Dziewas & Wedel (1980, S. 267) gehe ich davon aus, daß die Problemdefinition durch den Therapeuten und die des Patienten nicht in Übereinstimmung miteinander gebracht werden kann, je größer und je stärker die behandelten Inhalte und das prozedurale Vorgehen im vornherein festgelegt sind. Die Benennung der Gruppe als verhaltenstherapeutische Problemlösegruppe hat damit den Vorteil, daß weitgehende begriffliche Offenheit für den Patienten suggeriert wird und der Patient damit auch die Verantwortung für die Lösung seines Problems innerhalb der Gruppe selbst zu übernehmen hat. Man kann weiterhin zur Begründung dieses Vorgehens anführen, daß die Interventionen dann am effektivsten sind, wenn sie auf einem möglichst individualisierten Konzept über die Probleme eines Patienten basieren (Beck, Freeman et al., 1993). Dies gilt natürlich für jede Einzeltherapie, aber dieser Grundsatz sollte auch innerhalb der Gruppentherapie nicht außer acht gelassen werden. In früheren verhaltenstherapeutischen Gruppensettings, wie z.B. denen der multimodalen Verhaltenstherapie in Gruppen, wird die Tatsache betont, daß Patienten gewöhnlich „von einer Vielzahl spezifischer Probleme geplagt ist, die mit einer ähnlichen Vielfalt an spezifischen Verfahren behandelt werden sollten" (Lazarus, 1980).

3.1. Grundsätze der Problemlösegruppe

Bei der Durchführung einer verhaltenstherapeutischen Problemlösegruppe, wie ich sie seit langem durchführe, gelten daher bezüglich der Zielsetzung, der Auswahl der Inhalte, des prozeduralen Vorgehens und der Struktur folgende Grundsätze:

Im Hinblick auf die jeweilige Zielsetzung

Jeder Patient bringt spezifische Probleme in die Gruppe ein, die er dort lösen möchte. Die Problemdefinition wird in der Gruppe vorgenommen, dort mit dem Leiter und den Gruppenmitgliedern abgestimmt und kann auch jeweils mehrfach verändert werden. Ähnlich wie im gestalttherapeutischen Vorgehen können verschiedene Inhalte einmal als „Figur" und ein andermal als „Hintergrund" angesehen werden. Anders ausgedrückt heißt dies, daß jeder Probleminhalt sowohl auf der Symptomebene als auch in seinem Erscheinungskontext behandelt wird. Es kann weiterhin davon ausgegangen werden, daß gelöste Probleme wieder neue Probleme auf einer höheren Ebene hervorbringen können. Diese werden dann jeweils wieder neu als Ziel definiert.

Im Hinblick auf die inhaltliche Gruppengestaltung

Sie richtet sich nach der jeweiligen Problemdefinition. Im allgemeinen treten in der ambulanten Praxis am häufigsten Patienten mit Selbstwertproblemen, Ängsten verschiedener Art, depressiven Entwicklungen, Anpassungsstörungen nach akuten Krisen, Beziehungsstörungen von unterschiedlicher Art und psychosomatischen Erschöpfungszuständen auf. Die Inhalte sollen daher auf verschiedene spezifische therapeutische Vorgehensweisen zurückzuführbaren sein. Gemäß der genannten Störungsbilder werden sie in der jeweiligen Gruppe neu miteinander kombiniert. Damit kann dem Grundsatz einer für den Patienten gültigen Problemdefinition auch in der Gruppe nachgekommen werden. Der Therapeut muß natürlich im vorhinein alle Elemente dieser Behandlungsansätze kennen und sie entsprechend kreativ und effektiv einsetzen können. Dazu ist Erfahrung erforderlich.

Bei Selbstwertproblemen werden Teile des Selbstsicherheitstrainings (siehe dazu auch den Artikel Görlitz: "Soziale Ängste" in diesem Band) verwendet. Depressive Störungen verlangen die Einbeziehung allgemeiner Behandlungsgrundsätze zur Depression (Hautzinger, Stark & Treiber, 1989), insbesondere dabei kognitive Behandlungsmethoden. Unterschiedliche Ängste können dagegen mit Elementen aus einem Angstbewältigungstraining, bestehend aus Entspannung, Selbstinstruktionsmethoden, kognitiver Bewältigung wie z.B. Entkatastrophisieren, und einer gemeinsamen Konfrontationsübung (siehe dazu Margraf & Schneider, 1989), angegangen werden. Bei psychosomatischen Beschwerden können Elemente der psychosomatischen Trainingsprogramme, wie oben erwähnt, mit eingefügt werden. Die Beziehungsstörungen von Patienten werden als generell und übergeordnet angesehen und gelten als eigentliche gemeinsame Grundlage der Gruppe. Die interaktionellen Probleme sind ein Teil des zu beobachtenden Gruppenprozesses, werden aber nach der Beobachtung auch dort inhaltlich thematisiert.

Im Hinblick auf den Gruppenprozeß

Er wird als Mittel zur Verhaltensanalyse und Problemlösung verwendet. Das Gruppengeschehen wird reflektiert im Hinblick auf folgende sogenannte „instrumentelle Gruppenbedingungen":
Wieviel Offenheit und Vertrauen kann ich in die Gruppe einbringen? Was hindert/blockiert mich daran?
Was könnte ich verändern, um meine Risikobereitschaft, mich einzubringen, zu erhöhen?
Habe ich genügend Bereitschaft mitgebracht, um von anderen zu lernen und Hilfe anzunehmen?
Wieviel Nähe und Gemeinsamkeit kann ich zulassen, wieviel Abgrenzung zu anderen halte ich für notwendig oder empfinde ich als hinderlich?
Wie bereit bin ich, mit anderen zu kooperieren?
Gibt es Gefühle von Macht, Konkurrenz und Dominanz, die kooperative Lösungen verhindern?

Fühle ich mich häufig ausgeschlossen oder abgewiesen, bzw. glaube ich, manchmal von anderen „verschlungen" zu werden oder den Kontakt zu mir selbst innerhalb der Gruppe nicht aufrechterhalten zu können? Techniken zur Entwicklung von Vertrauen, Kohäsion und Zielorientierung in Gruppen, insbesondere auch die Beschreibung von förderlichen Therapeuten- und Gruppenverhaltensweisen, finden sich bei Krumboldt & Potter (1980).

Im Hinblick auf die Struktur
Die Gruppensitzungen haben keine vorher genau festgelegte Struktur, um die spezifische Problemdefinition nicht zu stark einzuschränken. Ein struktureller Ablauf ist jedoch notwendig, um nicht jedesmal neu über Verfahrensfragen diskutieren zu müssen. Es kommt zu folgendem strukturellen Ablauf:
1. Rückmeldung, Kommentare, Nachbearbeitung von vorangegangen Sitzungen.
2. Einführung der jeweiligen inhaltlichen Thematik gemäß der Problemdefinition durch die Teilnehmer oder durch den Gruppenleiter
   Zielbenennung dessen, was zu erarbeiten ist und Vorschläge von geeigneten Übungen, wie dies geschehen könnte durch Gruppenleiter oder -mitglieder
   Vorgeschlagen werden können Rollenspiele; Monodrama; gegenseitige Befragung und innere aktive emotionale Teilnahme in Zweier- und Dreiergruppen; Papier- und Bleistiftübungen; meditative und Entspannungsübungen; Imaginationsübungen; gemeinsame Projekte aus dem gestalterischen, körperlichen und kommunikativen Bereich; Langzeitprojekte zur Selbstbeobachtung, zur gegenseitigen Unterstützung; Körperübungen; Übungen in vivo etc.
3. Entscheidung in der Gruppe zur Art der Übungserfahrung, wobei das Problem eines einzelnen auch zum Problem für die gesamte Gruppe umgestaltet werden kann, so daß dann für den einzelnen eine breitere Rückmeldung über die Erfahrungen innerhalb der Gruppe möglich ist
4. Beobachtung des Interaktionsverhaltens und typischen, sich wiederholenden Interaktionsmustern während der Bearbeitung in Klein-und Großgruppe
5. Rückmeldung und explizite Meta-Kommunikation über den Inhalt und die Art der Vermittlung in der Großgruppe, so daß die Wirkung des Verhaltens auf die anderen Gruppenteilnehmer überprüft werden kann und wodurch eine erhebliche Erweiterung des Verhaltensrepertoires erfolgen könnte
   Die Methoden der Meta-Kommunikation können sein: spontane Reaktionen; „Reihum-Befragung", wie andere das eigene Verhalten erleben, was es bei ihnen an Gefühlen, Gedanken und spontanen Reaktionen auslöst; gezielte Befragung einzelner Gruppenmitglieder, die eine spezifische Bedeutung für den jeweiligen Akteur haben; Auswertung von Video-Aufzeichnungen
6. Entscheidung darüber, ob die Rückmeldung mit der beabsichtigten Wirkung kongruent ist oder vom Selbstbild divergiert. Dazu helfen Fragen, wie z.B.: Wie sehe ich mich? Wie möchte ich gerne gesehen werden? Wie sehen mich andere? Was löst die Erfahrung der Divergenz in mir aus? Verunsicherung, Kränkung, Verzweiflung, Trotz, Opposition, Dankbarkeit, Aggression etc.?
7. Bestätigung der alten, gewohnten Verhaltensweisen bzw. Erprobung von neuen mit Hilfe der Gruppe. Dazu müssen Überlegungen angestellt werden, wie z.B.: Genügt die Veränderung von Mitteln des Verhaltens oder sind grundsätzliche Überlegungen zur Veränderung von Gruppenannahmen über das eigene Selbstbild anzustellen?
8. Übertragung der erprobten Verhaltens- oder neuen Denkweisen auf den Alltag und Überprüfung der aufgestellten, gewonnenen Hypothesen in Situationen des täglichen Lebens. Dies kann in Form von Hausaufgaben durchgeführt werden, die bis zur nächsten Gruppensitzung erledigt sein sollten. Die darauffolgende Sitzung kann dann beginnen mit einem Bericht über die gemachten Erfahrungen, der Nachbearbeitung der vorangegangenen Sitzung und mögliche Änderungswünsche bezüglich des erarbeiteten Themas an die Gruppe

Diese acht Punkte bilden die Struktur der jeweiligen Gruppensitzung und werden nur durch die jeweilige inhaltliche Thematik variiert.

Pat. 1 (Persönliche Daten/Diagnose/Persönlichkeit/Bisherige Therapie): weibl., 32 J., unverh. Paarbeziehung, Industriekauffrau, Bulimie (symptomfrei), histrionisch, 44 Einzeltherapiesitzungen
Problemdefinition und Ziele: Größere Unabhängigkeit von Meinung und Anerkennung durch andere, Erlernen von adäquaten Konfliktlösungen, eigene Interessen auch gegen Bedürfnisse anderer durchsetzen können, geringere Abhängigkeit von Freund, Verminderung von Eifersucht

Pat. 2 (Persönliche Daten/Diagnose/Persönlichkeit/Bisherige Therapie): weibl., 24 J, alleinlebend, Bürokauffrau, depressive Neurose, dependent, 6 Wo. stationär, 40 E
Problemdefinition und Ziele: Wunsch nach dauerhafter Beziehung, ohne zu "verschmelzen", Vermeidung von sozialem Rückzug bei Zurückweisung, Abbau des Gefühls, nicht dazuzugehören, Eigeninitiativen aufbauen, Leistungsfähigkeit erhöhen, eigene Lebensperspektiven entwickeln

Pat. 3 (Persönliche Daten/Diagnose/Persönlichkeit/Bisherige Therapie): weibl., 35 J., alleinlebend, Gymnasiallehrerin, Selbstunsichere Persönlichkeitsstörung, 40 E
Problemdefinition und Ziele: Starker Beziehungswunsch bei gleichzeitiger Angst vor "Erkanntwerden". Abbau des "ständigen Schauspielerns", endlich "Ich" sein dürfen, zu eigenem Selbst stehen lernen, erkennen, daß Offenheit keine Gefahr birgt, Verändern der Idee, daß ich so nicht liebenswert bin

Pat. 4 (Persönliche Daten/Diagnose/Persönlichkeit/Bisherige Therapie): weibl., 23 J., verh., 2 Kinder, Hausfrau, depressive Neurose, zwanghaft, 25 E
Problemdefinition und Ziele: Weniger Bestimmung durch Regeln und Anforderungen von außen (internalisierte und reale), geringerer Leistungsdruck, weniger perfektionistische Strebungen, mehr Selbstbestimmung durch Ablösung von Eltern, Nachbarn und Schwiegermutter, Aufbau positiver Selbstverstärkungsmöglichkeiten, Erlaubnis geben, sich in der Gruppe Hilfe holen zu dürfen

Pat. 5 (Persönliche Daten/Diagnose/Persönlichkeit/Bisherige Therapie): männl., 43 J., verh., 2 Kinder, Betriebswirt in leitender Position, depressive Neurose, zwanghaft, 22 E
Problemdefinition und Ziele: Erleben, "daß ich trotz meiner Probleme normal bin", sich in unsichere soziale Situationen einlassen können, Abbau der Kontrolle durch minutiöse Vorplanungen, Wiedererlangen des Vertrauens in sich, die eigene Leistungsfähigkeit, den Körper, die Gefühle, sozial akzeptiert zu sein

Pat. 6 (Persönliche Daten/Diagnose/Persönlichkeit/bisherige Therapie): männl. 40 J., verh., 2 Kinder, Diplom-Ingenieur, Zwangsneurose, passiv-aggressiv, 24 E
Problemdefinition und Ziele: Abbau der Zwangsgedanken sexuellen Inhalts, Kontakte mit anderen als angenehm erleben, kein sozialer Rückzug mehr als Vermeidung der Zwangsgedanken, Erlernen von adäquaten Konfliktlösungen, angemessene Kommunikation mit wichtigen Personen erlernen, aggressive Impulse identifizieren, modifizieren und kontrollieren lernen

Pat. 7 (Persönliche Daten/Diagnose/Persönlichkeit/Bisherige Therapie): männl., 26 J., alleinlebend, Student, vor Berufsbeginn, soziale Phobie, starke Akne, selbstunsicher-paranoid, 19 E
Problemdefinition und Ziele: Angstabbau in sozialen Situationen, insbesondere wegen starker Akne abgelehnt zu werden, Aufbau von Selbstsicherheit und adäquatem Kommunikationsverhalten ohne vorschnelle Annahmen über andere, größeres Vertrauen in andere Menschen, sicheres Auftreten bei künftigen Vorstellungen

Pat. 8 (Persönliche Daten/Diagnose/Persönlichkeit/Bisherige Therapie): männl., 32 J., alleinlebend, Grafiker, freiberuflich, paranoide Persönlichkeitsstörung, 40 E
Problemdefinition und Ziele: Starker Beziehungwunsch wird durch Mißtrauen in andere vereitelt, daher: Abbau der übermäßig sensitiven Art der Wahrnehmung, Üben von konkreter Wahrnehmung der sozialen Wirklichkeit, Überprüfen der inneren Hypothesen, eigene Bedürfnisse, sich auch exponieren zu können, zulassen können, kein Rückzug bei vermeintlicher Zurückweisung

---

Tabelle 2. Patientenbeschreibung und Problemdefinition mit Zielen

3.2. Zusammensetzung und Zielsetzung der Gruppe

Die Gruppe könnte sich wie im folgenden Beispiel zusammensetzen:
Sie besteht aus acht Mitgliedern, vier Frauen und vier Männern mit unterschiedlichen Störungen. Wie aus der nachfolgenden Tabelle 2 zu entnehmen ist, ergeben sich aber trotzdem gemeinsame Problemdefinitionen und Ziele, die insbesondere die Interaktionen innerhalb der Gruppe, d.h. den Beziehungsaufbau zu anderen Menschen, betreffen.

Wenn man nun die einzelnen Problemdefinitionen zusammenfaßt, ergeben sich gemeinsame Ziele, die neben der Problembearbeitung des einzelnen in der Gruppe angegangen werden. Sie bilden sozusagen ein strukturelles Gerüst, das am Anfang der Gruppe vom Gruppenleiter stärker eingesetzt wird als gegen Ende.

Für diese Gruppe ergeben sich folgende Ziele:
1. Konkretes Wahrnehmen sozialer Situationen ohne verdeckte Deutungen, Bewertungen und Vermutungen, so daß der direkt offene Kontakt zu anderen möglich wird
2. Übergeordnete kognitive Muster erkennen lernen, die zu Fehldeutungen und Blockaden in der Beziehung zu anderen führen können
3. Körperliche Empfindungen und emotionales Erleben wahrnehmen, das sich in sozialen Situationen ereignet, und auslösende Bedingungen dafür zuordnen können
4. Rückmeldungen einholen können über bestimmte Verhaltensweisen durch andere, so daß Selbst- und Fremdbild miteinander verglichen werden kann
5. Entscheidungen treffen können, ob bisher bestehende Beziehungs- und Kommunikationsstrukturen aufrechterhalten oder verändert werden sollen. Die Gruppe zu Hilfe nehmen, um neue Verhaltensweisen innerhalb der Gruppe zu erproben
6. Mit Hilfe der Gruppe persönliche Bedürfnisse und Auslöser erkennen lernen, die diese persönlichen Bedürfnisse vereiteln
7. Zum eigenen Selbst stehen können, d.h. zunehmende Bereitschaft erfahren, sich anderen gegenüber in der Gruppe so darzustellen, wie man sich fühlt im Sinne einer zunehmenden Authentizität

Diese Ziele werden nach der zweiten Gruppensitzung mit den Teilnehmern auch besprochen, und es werden Schwerpunkte gesetzt, wann und wie diese Ziele erreicht werden sollen. Die Teilnehmer werden also ganz bewußt an der inhaltlichen Planung beteiligt.

3.3. Möglicher Ablauf der Gruppe

Wie bereits oben ausführlich beschrieben, können Problemlösegruppen nicht in ähnlicher Weise vorausgeplant werden wie störungsbezogene und themenzentrierte Gruppen. Täte man dies, so hätte man auch den Sinn dieser Problemlösegruppen verfehlt. Daher kann hier nur ein möglicher Ablauf der Gruppe geschildert werden, der aber in jeder Gruppe durch andere Problemsetzungen auch andere Schwerpunkte setzt.
Bei der folgenden Darstellung der Gruppe wird davon ausgegangen, daß sie über 20 Doppelsitzungen in wöchentlicher Frequenz durchgeführt wird.

1. Sitzung: Kontaktaufnahme - erster Eindruck
Ich vermute, daß du...
Du erinnerst mich an... („Schatten" aus der Vergangenheit durch Erinnerung an andere Personen)
Welche „Projektionen", Vermutungen habe ich über dich?
Wirkungen von Projektionen, deren Überprüfung und Möglichkeiten der Veränderung.
Wie beeinflußt mich die anfängliche Gruppensituation im körperlichen Empfinden, im gefühlsmäßigen Erleben und in meinen Gedanken?

Didaktische Form: Jeder Teilnehmer begrüßt am Anfang den anderen wie auf einer Party, beobachtet dabei, inwieweit er sich im ersten Gespräch auf den anderen einlassen möchte, was er sagen kann und was er noch zurückhalten möchte. Anschließend findet eine Kurzentspannung statt, deren wesentliches Ziel es ist, wieder zu sich selbst zu finden und die bisherigen Eindrücke innerlich zu ordnen. Am Ende der Entspannung werden Anschlußfragen gegeben, wie z.B.: An wen in der Gruppe erinnere ich mich besonders? Zu wem fühle ich mich hingezogen? Mit wem glaube ich im Laufe der Gruppe Schwierigkeiten zu bekommen? (Auch als Kleingruppenarbeit mit Teilnehmern, zu denen man sich hingezogen fühlt, möglich).

In der daraufolgenden Rückmelderunde werden erste Eindrücke vom jeweils anderen in einer vorgegebenen Form mitgeteilt: „Ich vermute, daß du...". Dabei sollen die Empfänger jeweils nur hören, nachfragen und nicht kommentieren.

2. Sitzung: Problemdefinition und Zielerarbeitung

Die Teilnehmer sammeln in Kleingruppen Erwartungen und Befürchtungen, die sie an die Gruppe haben. Sie stellen Ziele auf, was sie innerhalb der Gruppensituation erreichen möchten und welche möglichen Blockaden sie erwarten. Dabei kommt es erstmals zu einer Öffnung über die bestehende Problematik, und auch hier können die Teilnehmer erleben, auf welchen unterschiedlichen Verhaltensebenen sich die Mitteilung von Problemen an die Gruppe auswirkt. Sie entscheiden, wieweit sie sich bei der ersten Problemdefinition öffnen und was sie noch zurückhalten. In der Großgruppe werden die wesentlichen Ziele zusammengetragen und schriftlich festgehalten. Die Teilnehmer erkennen, daß die genannte Problematik auch bei anderen vorhanden ist, es kommt zu Erleichterung über die Erkenntnis, mit den eigenen Beschwerden nicht allein zu sein. Es werden implizite und explizite Verträge über die gemeinsame Kooperation und ein bestimmtes Ziel geschlossen.

3. Sitzung: Förderung von Offenheit und Vertrauen

Zunächst in Zweier-Gruppen erarbeiten die Patienten die Thematik: „Was gebe ich vor"? Damit ist gemeint, in welcher Weise setze ich mir persönlich eine Maske auf, um damit die vermeintlichen inneren Schwierigkeiten und Schwächen nicht preisgeben zu müssen. Die gesammelten Erfahrungen dazu werden mit Satzhülsen, wie z.B. „Ich gebe vor .... zu sein, obwohl ich in Wirklichkeit ... fühle, denke, meine, mich verhalte." Die Teilnehmer werfen die Ergebnisse gewissermaßen in die Mitte der Großgruppe und häufeln einen Berg an. Es schließen sich weitere Übungen dazu an mit den Fragen: „Mit welchen Verhaltensweisen erreiche ich das?" und „Was ist gut daran, etwas vorzugeben?"

Diese Übung kann ergänzt werden durch die Durchführung einer gestalterischen Übung, die die Erforschung der derzeitigen Gefühle zum Inhalt hat. Eine Bildmetapher zum jeweiligen Gefühl und dessen Polarität wird dargestellt und zwar als Symbol zum jeweiligen Körperempfinden mit Wahlmöglichkeiten von Papierformat und Wachskreiden. Durch die Übung sollen die Teilnehmer angeleitet werden, ihr derzeitiges Gefühl und ihre Stimmung für sich selbst und innerhalb der Gruppe symbolhaft darzustellen und zu verbalisieren. Damit sollen bewußt Wahrnehmungsmöglichkeiten von sich selbst im jeweiligen Gruppenprozeß eingeleitet werden.

4. Sitzung: Vorläufige Bestimmung der Beziehung zu anderen - Förderung der Kohäsion

Es wird ein „Gruppensoziogramm" dargestellt. Wesentliche Fragen dabei sind: Zu wem fühle ich mich hingezogen, zu wem halte ich Distanz? Die Teilnehmer werden gebeten, sich jeweils nach dem Maß der Zuneigung und dem tatsächlich jetzt ausgeübten Kontakt zu den jeweiligen Mitgliedern im Raum zu stellen bzw. zu setzen und dadurch ihr Maß an Nähe bzw. Distanz auszudrücken. Anschließend werden die jeweiligen Positionen verbalisiert und begründet. Lösungen für bisher nicht zufriedenstellende Beziehungen werden diskutiert und erarbeitet. Teilnehmer, die außerhalb der Gruppe stehen, werden durch verschiedene Probehandlungen zu integrieren versucht.

5. Sitzung:
Förderung eines ausgewogenen Gefühls von Nähe und Distanz, von Kohäsion und Abgrenzung

Durch die Körperübung „Im Kreis stehen", so daß körperliche Berührungen zu den Gruppenmitgliedern bestehen, durch Anfassen an den Händen mit anschließendem „Entknoten" machen die Teilnehmer die Erfahrung, inwieweit sie die körperliche Nähe des anderen ertragen oder ablehnen.

Es schließt sich ein gemeinsames Projekt „Brückenbau" an. Dabei werden die Teilnehmer in zwei zufällige Gruppen aufgeteilt und gebeten, mit Ton jeweils eine Hälfte einer Brücke zu bauen, die über einen Fluß führt. Es ist verboten, während dieser Übung zu sprechen, so daß nur mit nonverbalen Signalen gearbeitet werden darf. Das Projekt wird auf Video aufgezeichnet und anschließend im Hinblick darauf ausgewertet, welche Rolle jeder spontan innerhalb dieses Projekts eingenommen hat.

Folgende Fragen werden gestellt:

Wie aktiv war ich? Habe ich andere angeleitet oder habe ich darauf gewartet, angeleitet zu werden? War ich dominant oder eher submissiv? Wie entspricht diese Rolleneinnahme meinem Platz in der Gruppe, den ich normalerweise einnehme? Welche Veränderungsmöglichkeiten ergeben sich dadurch für mich?

Ermitteln von kognitiven Stilen, die Rolleneinnahmen in Gruppen bestimmen.

6. bis 8. Sitzung:
Beobachtung, Auswertung und Veränderung eigener Bedürfnisse und Kommunikationsstile

Anhand der gemeinsamen Übung „Kreis einbrechen", die wiederum durch Video aufgezeichnet wird, sollen die Patienten erleben, wie es sich anfühlt, dazuzugehören und ausgeschlossen zu sein. Gleichzeitig sollen sie durch spontane Bedürfnisäußerungen versuchen, in den Kreis Einlaß zu finden. Dies ist eine stark konfrontative Übung und muß mit viel Unterstützung durch den Gruppenleiter durchgeführt werden.

In der zweiten Phase werden die angewandten Kommunikationsmuster innerhalb der Video-Aufzeichnung und unter Zuhilfenahme von Fragebögen ausgewertet und ein jeweiliger Interaktionsstil ermittelt. Auch zu diesem Interaktionsstil sollen wieder kognitive Grundmuster und Schemata ermittelt werden. Diese sollen im Laufe der Zeit zusammen mit dem in der 5. Sitzung erarbeiteten Muster einen übergeordneten kognitiven Plan ergeben.

In der dritten Phase dieser Erforschung von überdauernden Kommunikations- und Persönlichkeitsstilen sollen die Patienten auch sogenannte „projektive Identifikationen" (Cashdan, 1990) im Kontakt mit anderen erkennen. Darunter wird die automatische kognitive Strategie verstanden, in andere ein bestimmtes Bild zu projizieren, damit wieder bestimmte Erwartungen zu verknüpfen und automatisch auf das vorgestellte projizierte Bild zu reagieren. Ziel ist es, die antizipierten Verhaltensreaktionen zu erforschen. Gleichzeitig soll damit die Möglichkeit der realen Wahrnehmung des anderen geübt werden. Schließlich sollen bisher unbekannte Kommunikationsmuster und -stile in Anlehnung an die Modelle der anderen Teilnehmer erprobt werden. Damit kann das Verhaltensrepertoire jedes einzelnen erweitert werden und empathische Möglichkeiten werden geübt.

9. Sitzung:
Erforschen von Lippenbekenntnissen, Sollens-Anweisungen und echten Wert- und Willensvorstellungen

Besonders wegen der perfektionistischen Ideen und dem hohen Anteil an zwanghaften Patienten werden Übungen zur Erforschung von sogenannten „Sollens-Anweisungen" durchgeführt. Zuerst in Dreier-Gruppen, in denen A (Akteur) berichtet, B (Begleiter) begleitet und C als Chronist die Antworten niederschreibt, wird auf Fragen eingegangen, welche grundsätzlichen Absichten jeder Teilnehmer hat, welche Anweisungen er meint befolgen zu müssen und bei welchen sich besonders Schuld- oder Schamgefühle ergeben, wenn diese nicht erreicht werden. Anschließend werden die Soll-Anweisungen sogenannten persönlichen Werten oder Willens-Absichten gegenübergestellt (siehe dazu auch Kanfer, Reinecker & Schmelzer, 1991). Am besten geschieht dies mit der sogenannten „Rucksack-Übung", indem sich die Teilnehmer vorstellen, einen Berg zu mit einem Rucksack zu erklettern, in dem alle ihre Werte sind. Sie müssen wegen der Beschwerlichkeit des Aufstiegs einen Wert nach dem anderen zurücklassen. Dadurch kann eine Prioritätenliste der Werte erstellt werden. Es wird verglichen, inwieweit sich die Teilnehmer bis zum heutigen Zeitpunkt an diese Werte halten.

10. Sitzung: Selbstakzeptanz und Selbstverstärkung - Förderung der Kooperation bei Erreichung bestimmter Ziele

Der Grad der Selbstakzeptanz wird durch die Übung, sich in anderen widerzuspiegeln, eingeleitet. Dabei sollen andere echtes Lob äußern, und es ist zu prüfen, inwieweit das Lob angenommen bzw. abgelehnt wird. Bei Patienten mit Selbstwertproblemen ist die Akzeptanz von Lob besonders schwierig, da sie über ein ausgeprägtes negatives Selbstbild verfügen. In den meisten Fällen müssen daher die kognitiven Schemata zuvor bearbeitet werden, die dies verhindern. Möglich ist dies mit einer Monodrama-Übung, bei der sich jeder Teilnehmer selbst spiegeln und die positiven Seiten in allen unterschiedlichen Verhaltensebenen schildern soll.

11. Sitzung: Umgang mit Zurückweisung und Kritik und chronischer Frustration von Bedürfnissen

Durch unterschiedliche Rollenspiele, des Ausschlusses aus Gesprächen, der Mißachtung von Wünschen und Bedürfnissen in unterschiedlichen Gruppen ermitteln die Teilnehmer kognitive, emotionale und körperliche Reaktionen auf Zurückweisung. Sie suchen gemeinsam nach Möglichkeiten, Zurückweisungen zu lösen bzw. sowohl aggressive Äußerungen als auch spontanen sozialen Rückzug zu verhindern. Dazu werden besonders Übungen zur Kritikäußerung, Kritikannahme und Klärungsschemata von Konflikten aus Selbstsicherheitstrainings verwendet.

Ähnlich wie in der 9. Sitzung werden eigene Bedürfnisse und deren Erfüllung bzw. chronische Frustration aufgezeichnet. Kognitive, verhaltensmäßige Blockaden werden untersucht und durch Probehandeln modifiziert.

12. Sitzung: Rückmelderunde zu bisherigen Veränderungen - Förderung des interpersonellen Lernens

Jeweils ein Teilnehmer setzt sich auf den sogenannten „heißen Stuhl" und empfängt Rückmeldungen über Verhaltensweisen, Begebenheiten, Ereignisse, an die sich die anderen Teilnehmer erinnern. Dabei werden die Teilnehmer angewiesen, die Rückmeldung in einer sozial verträglichen und für den anderen akzeptablen Weise zu formulieren.

13. bis 20. Sitzung:

Das jeweilige Sitzungsgeschehen wird von der Thematik, die jeder einzelne in die Sitzung einbringt, bestimmt. Dabei wird nach dem Strukturablaufmodell vorgegangen, wie es unter Punkt 3.1. beschrieben wurde. Dadurch wird die Möglichkeit eröffnet, daß auch Teilnehmer zu einem späteren Zeitpunkt in die Gruppe gehen können und möglicherweise die Gruppe als fortlaufende Gruppe weitergeführt werden kann. Ich möchte auch hier ein Beispiel einer Problemerarbeitung ausführen.

Ein Teilnehmer berichtet beispielsweise, daß er in seiner Arbeit eine unsachgemäße Bearbeitung eines beruflichen Problems durch einen Kollegen festgestellt hat. Er teilt dies zwei ihm nahestehenden Mitarbeitern mit, die ihm aber abraten, ernsthafte Maßnahmen dagegen zu unternehmen. Es erregt ihn sowohl die unsachgemäße und ethisch wenig vertretbare Bearbeitung der beruflichen Thematik als auch die erlebte Abweisung durch die Kollegen. Er fühlt sich stark verunsichert, erregt, gekränkt, nicht richtig wahrgenommen und würde am liebsten spontan aggressiv oder mit völligem sozialen Rückzug reagieren.

Die Problemlösungserarbeitung besteht darin, daß der Patient zunächst im Rollenspiel das Gespräch mit dem Kollegen nachvollzieht und sich Rückmeldung über sein und deren Verhalten bei den Gruppenmitgliedern einholt. Schließlich antwortet er auf die Frage „Wie sehe ich mich in dieser Situation?" und „Wie werde ich von anderen gesehen", daß er angenommen hat, das ganze Recht auf seiner Seite zu haben, so daß es keinen Zweifel daran gibt, von den Kollegen unterstützt zu werden. Dies führt zur Überprüfung der übergeordneten kognitiven Grundannahme „Wenn ich mich im Recht fühle, bin ich auch verpflichtet, die Welt zu verändern" und „Wenn dieses Recht so offensichtlich ist, muß es von jedem mitgetragen werden". Durch Rückmeldung von jedem Gruppenmitglied erfährt er, welche Reaktionen er damit bei anderen auslöst. Weiterhin erkennt er, wie diese Grundannahme in der Lebensgeschichte entstanden ist, wie sie sein Leben beeinflußt und ihn sehr häufig unter emotionalen Druck setzt. Er beschließt mit Hilfe der Gruppe unterscheiden zu lernen, inwieweit er Energien einbringen will, um Veränderungen in der tatsächlichen Situation vorzunehmen, ohne von den anderen Mithilfe zu erwarten oder auf Veränderungen manchmal ganz zu verzichten.

Wird eine Gruppentherapie in dieser eher zieloffenen Weise durchgeführt und erleben die Teilnehmer am Ende dieser Gruppe ein immer wiederkehrendes Strukturmuster, mit dem Problemlösungen erarbeitet werden, so werden sie auch bald in der Lage sein, auftretende Schwierigkeiten nach ähnlichen Vorgehensweisen selbst zu lösen. Gerade die fortwährende Wiederholung läßt auf eine automatische Verinnerlichung von Lösungsstrategien hoffen. Damit können sich Patienten sowohl einzeln als auch bei Fortführung der Gruppe als Selbsthilfegruppe unterstützen. Wenn es so wie in dieser Gruppe hauptsächlich um Patienten geht, die am Ende bzw. im zweiten Drittel ihrer Einzeltherapie standen, ist die Wahrscheinlichkeit eines Rückfalls mit der Durchführung einer Gruppentherapie erheblich verringert.

Literaturempfehlung

Standardbücher der Gruppentherapie, die vor der ersten Durchführung einer Gruppentherapie unbedingt gelesen werden sollten, sind:

- Grawe, K. (Hrsg.): Verhaltenstherapie in Gruppen. München: Urban & Schwarzenberg, 1980.
- Yalom, E.D.: Theorie und Praxis der Gruppenpsychotherapie: Ein Lehrbuch. München: Pfeiffer, 1989.

Besonders das Buch von Yalom, das ursprünglich schon 1970 erschien, wurde zum Klassiker im Bereich der Gruppentherapie. Es ist auch heute noch weitgehend gültig.

Literatur

Beck, A.T. & Freeman, u.a.: Kognitive Theorie der Persönlichkeitsstörungen. Weinheim: Psychologie-Verlags-Union, 1993.
Cashdan, S.: Sie sind ein Teil von mir. Köln: Edition Humanistische Psychologie, 1990.
Elias, N.: Die Gesellschaft der Individuen. Frankfurt: Suhrkamp, 1987.
Florin, I.: Entspannung - Desensibilisierung. Stuttgart: Kohlhammer, 1978.
Franke, A.: Gruppentraining gegen psychosomatische Störungen. Weinheim: Psychologie-Verlags-Union, 1991.
Gerber, W.-D., Miltner, W., Birbaumer, N. & Haag, G.: Konkordanztherapie. Ein verhaltensmedizinischer Ansatz zu Einzel- und Gruppentherapie bei Patienten mit psychophysiologischen Erkrankungen. Therapiemanual. München: Röttger, 1989.
Görlitz, G.: Das Erstgespräch in der Verhaltenstherapie - Grundlagen. In: Keil-Kuri, E. (Hrsg.) Vom Erstinterview zum Kassenantrag (S. 55-82). Neckarsulm: Jungjohann, 1993.
Grawe, K., Dziewas, H. & Wedel, S.: Interaktionelle Problemlösegruppen - ein verhaltenstherapeutisches Gruppenkonzept In: Grawe, K. Verhaltenstherapie In Gruppen. München: Urban & Schwarzenberg, 1980

Hautzinger, M., Stark, W. & Treiber, R. : Kognitive Verhaltenstherapie bei Depressionen. München: Psychologie-Verlags Union, 1989.

Kanfer, F.H., Reinecker, H. & Schmelzer, D. : Selbstmanagementtherapie. Berlin: Springer, 1989.

Krampen, G. : Einführungskurse zum autogenen Training. Stuttgart: Verlag für angewandte Psychologie, 1991.

Krumboltz, J.D. & Potter, B. (1980). Verhaltenstherapeutische Techniken für die Entwicklung von Vertrauen, Kohäsion und Zielorientierung in Gruppen. In: Grawe, K. (Hrsg.) (1980). Verhaltenstherapie in Gruppen. München: Urban & Schwarzenberg.

Lazarus, A. : Multimodale Verhaltenstherapie in Gruppen. In: Grawe, K. (Hrsg.) Verhaltenstherapie in Gruppen. München: Urban & Schwarzenberg, 1980.

Margraf, J. & Schneider, S. : Panik. Angstanfälle und ihre Behandlung. Berlin: Springer, 1989.

Mathews, A., Gelder, M. & Johnston, D. : Agoraphobie. Eine Anleitung zur Durchführung einer Exposition in vivo unter Einsatz eines Selbsthilfemanuals. Berlin: Springer, 1988.

Pfingsten, U. & Hinsch, R. : Gruppentraining sozialer Kompetenz. Weinheim: Psychologie-Verlags-Union, 1991.

Roth, D. & Rehm, L.P. : Therapie-Manual zur Selbstkontrolltherapie der Depression in Gruppen. In: Sulz, S.K.D. (Hrsg.). Verständnis und Therapie der Depression. München: Reinhardt, 1987.

Schelp, T., Maluck, D., Gravemeier, R. & Meusling, U. : Rational-Emotive Therapie als Gruppentraining gegen Stress. Bern: Hans Huber, 1990.

Schmidbauer, W. : Wie Gruppen uns verändern. Selbsterfahrung, Therapie und Supervision. München: Kösel, 1992.

Sturm, J.: Ein multimodales verhaltensmedizinisches Gruppenkonzept für die Behandlung von Herzphobikern. In: Nutzinger, D., Pfersman, D., Welan, T., Zapotoczky, H.G. (Hrsg.). Herzphobie. Stuttgart:Enke, 1987.

Ullrich de Muynck, R. & Ullrich, R. : Das Assertiveness Training Programm (3 Teile). München: Pfeiffer, 1978.

Tardy, J. : Stress- und Konfliktbewältigung; ein Gruppentherapieprogramm. In: Verhaltensmodifikation und Verhaltensmedizin. 2, 1989, 150-170.

Wagner-Link, A. : Der Stress. Stressoren erkennen, Belastungen vermeiden, Stress bewältigen. TKK-Schriftenreihe zur gesundheitsbewußten Lebensführung. Hamburg: Techniker Krankenkasse, 1993.

Watzlawick, P., Beavin, J.H. & Jackson, D.D. : Menschliche Kommunikation. Bern: Huber, 1967.

Zielke, M. : Zielsetzungen und Funktionen der Gruppentherapie in der stationären Behandlung. In: Praxis der klinischen Verhaltensmedizin und Rehabilitation. Heft 21, 1993a, 6-14.

Zielke, M. : Förderung und Entwicklung interaktionellen Problemlöseverhaltens in Gruppen. In: Praxis der klinischen Verhaltensmedizin und Rehabilitation. Heft 21, 1993b, 15-27.

Zielke, M. (Hrsg.): Gruppentherapie in der Verhaltenstherapie. Teil 1: Grundlagen und Standardgruppen. In: Praxis der klinischen Verhaltensmedizin und Rehabilitation. Heft 21, 1993c.

Zielke, M. (Hrsg.): Störungsspezifische Gruppentherapie in der Verhaltenstherapie. In: Praxis der klinischen Verhaltensmedizin und Rehabilitation. Heft 22, 1993d.

Praxis der Strategischen Kurzzeittherapie SKT
• Serge K.D. Sulz •

Eine aus der affektiv-kognitiven Entwicklungstheorie psychischer Störungen (siehe Kapitel 1 dieses Buches) abgeleitete strategische Kurzzeittherapie hat mit variabler Zahl der Therapiestunden etwa die in Tabelle 1 beschriebene Themenabfolge.

Der Therapeut, die Therapeutin

Therapeuten, die eine Kurzzeittherapie durchführen wollen, müssen für ihre eigene Person obige Themen gründlich geklärt haben. Die Selbsterfahrung in der Verhaltenstherapieweiterbildung leistet dies nur im Ausnahmefall. Also bleiben die Selbstanalyse und die Selbstmodifikation, genauer: die **Selbstentwicklung**. Ich bevorzuge diesen Ausdruck vor Kanfers Begriff des Selbstmanagements (Kanfer et al. 1990), der im wesentlichen dasselbe meint. Der Begriff „**Selbstentwicklung**" geht von einer dem Menschen innewohnenden natürlichen Tendenz zur Weiterentwicklung auch im Erwachsenenalter aus, d.h. das ganze Leben hindurch. Zudem gesteht er der autonomen Psyche des Menschen zu, diese Entwicklung zu vollziehen, während die willkürliche Psyche, lediglich entwicklungshemmende Unternehmungen und Barrieren reduzieren und entwicklungsfördernde Unternehmungen realisieren soll, d.h. lediglich eine Moderatorfunktion haben kann.

Der Patient, die Patientin

Es lohnt sich, sich die Frage zu stellen, wem von den primären Bezugspersonen der Kindheit der Therapeut am ehesten ähnelt bzw. zu welchem von beiden er am ehesten der Antityp ist (der ideale Vater oder die ideale Mutter). Dieser Wahlmodus darf nicht mit Übertragung verwechselt werden, denn es geht um die reale Person des Therapeuten, um seine Persönlichkeit. Eine Übertragung oder Übertragungsneurose im Sinne der Psychoanalyse entsteht erst dann, wenn emotionale Reaktionen des Patienten nicht auf die vorhandenen, sondern auf die projektiv wahrgenommenen Eigenschaften oder Handlungstendenzen des Therapeuten hin erfolgen. Insofern müssen wir das „Auserwählte" vom „Übertragenen" unterscheiden. Mit beiden muß völlig anders umgegangen werden. Die Übertragung bedarf der Akkommodation des Patienten, das Auserwählte bedarf der Akkommodation des Therapeuten. Insofern ist sowohl die Frage zu stellen:
„Welche Bedeutung hat mein Persönlichkeitstyp für meinen Patienten und dessen Therapie?",
als auch die Frage:
„Welche Bedeutung hat meine Biographie für mein Verständnis des Patienten und für seine Biographie?"
Auch eine dritte Frage sollte gestellt werden:
„Welche Bedeutung hat dieser Patient mit seiner Biographie für den Therapeuten und seine Biographie?"
Bereits im **Erstgespräch** sollten die Wahrnehmungen des Therapeuten auf diese Aspekte gerichtet sein. Diese sind nicht kognitiv erschließbar, nur affektiv spürbar. Beziehung ist nie kognitiv - sie ist stets emotional. Insofern ist **Beziehung** das sich zwischen zwei Menschen einstellende emotionale **interaktionelle Verhaltensstereotyp**. Wenn wir der autonomen Psyche eines Menschen die Fähigkeit zusprechen, unter Umgehung der bewußten Wahrnehmungen der willkürlichen Psyche das persönliche Verhaltensstereotyp des Gegenübers ganzheitlich zu erfassen und darüber hinaus auch Vorhersagen über dessen interaktionelles Verhaltensstereotyp (dessen Beziehungsmodi) zu machen, so nähern wir uns einer Erklärung zur Treffsicherheit der Partnerwahl und der Therapeutenwahl. In bezug auf die Partnerwahl kennen wir genügend eindrückliche, dramatische Fallbeispiele, die diese Fähigkeit begründen. Auch bei der Therapeutenwahl sollten wir so lange davon ausgehen, bis das Gegenteil bewiesen wurde.

Stunde	Thema der Therapiestunde	bis zur nächsten Stunde macht der Patient ...
1. Stunde	Erstgespräch	Symptomfragebögen
2. Stunde	Befunderhebung (Symptome/Syndrom) und Diagnosestellung (ICD10 oder DSM-III-R)	Anamnesefragebogen VDS1
3. Stunde	Anamneseerhebung	Bedürfnisfragebogen
4. Stunde	Nachexploration	Gefühlsfragebogen
5. Stunde	Gemeinsame Analyse der Störungsbedingungen (Funktion des Symptoms)	Entwicklungsfragebogen Persönlichkeitslisten
6. Stunde	Entwicklungs- und Persönlichkeitsdiagnostik (Phase, Überlebensregel, Verhaltensstereotyp)	Beziehungsfragebogen
7. Stunde	Beziehungsdiagnostik: Rekonstruktion der subjektiven Konstruktionen	Zielliste
8. Stunde	Zielanalyse und Lösungswege suchen (mit dem Problemlöseparadigma)	Liste regressiver Ziele
9. Stunde	Widerstandsanalyse (regressive Ziele und das Dilemma)	hört Tonbandprotokoll der bisherigen Stunden
10. Stunde	Die Entscheidung	hört von nun an Tonbandprotokoll der letzten Stunde
11. Stunde	Loslassen und Abschiednehmen - Trauern	
12. Stunde	Angst vor Veränderung - Ich stelle mich der Angst und den Gefahren	täglich 2 Stunden das Neue tun
13. Stunde	Die neuen Erfahrungen	täglich 3 Stunden das Neue tun
14. Stunde	Ich entwickle mich	
15. Stunde	Dabei bleiben	täglich 4 Stunden das Neue tun
16. Stunde	Niederlagen machen wehrhaft	
17. Stunde	Das neue Selbst und die neue Welt	täglich 6 Stunden das Neue tun
18. Stunde	Neue Beziehungen beginnen	
19. Stunde	Neue Beziehungen aufbauen	täglich 8 Stunden das Neue tun
20. Stunde	Neue Beziehungen gestalten	
21. Stunde	Nach dem Überleben kommt das Leben	Symptomfragebögen
22. Stunde	Die Therapie geht zu Ende - Evalution	Bedürfnis/Gefühlsfragebögen
23. Stunde	Die Therapie geht zu Ende - wie geht's weiter?	Persönlichkeitslisten
24. Stunde	Die Therapie geht zu Ende - Abschied, Trauer	die nächsten Entwicklungsprojekte planen
25. Stunde	Die Therapie ist beendet - die SELBST-Entwicklung beginnt	

Erste Stunde: das Erstgespräch

Die erste Begegnung zwischen Patient und Therapeut dient dem gegenseitigen Kennenlernen. Dem Patienten wird durch eine kaum strukturierte Gesprächsführung ausreichend Raum gegeben, sich und seine Beschwerden auf seine Weise darzustellen und von sich aus Beiträge zum Inhalt und zur Art des Gesprächs zu bringen.

Die Fremd- und Selbstwahrnehmung des Therapeuten liefern eine Fülle von Informationen, die zu Hypothesen über den Patienten führen. Diese Hypothesen bilden den Inhalt der zweiten Hälfte des Erstgesprächs - neben dem Versuch, die Auslösesituation und die Symptombildung zu verstehen (Sulz 1987).
Bis zur zweiten Stunde füllt der Patient zu Hause einen Symptomfragebogen (vgl. Sulz 1992 a) und Fragebögen zu seinem Verhalten in Problemsituationen (z.B. U-Fragebogen oder EMI von Ullrich und Ullrich,1979) aus. Er wird auch gebeten, Aufzeichnungen bezüglich seines Symptoms und dessen situativen Bedingungen zu machen.

Zweite Stunde: Befunderhebung und Diagnosenstellung

In der zweiten Stunde zeigt sich der Patient oft von einer anderen Seite, so daß wiederum Fremd- und Selbstwahrnehmung des Therapeuten wichtige ergänzende Informationen bringen.
Der psychische Befund wird in dieser Stunde vervollständigt. Manche Therapeuten führen die Befunderhebung mit Hilfe eines standardisierten Interviews, wie dem SKID (Wittchen et al. 1990), durch.
Wer den Befund frei erhebt, kann den VDS-Befund (VDS 14) zur Hilfestellung benutzen. Er ist eine übersichtliche Erinnerungshilfe, welche Symptome bei welchem psychopathologischen oder Somatisierungs-Syndrom zu erwarten sind und wie gefragt werden kann, um das Vorhandensein eines bestimmten Symptoms zu explorieren. Ein einfaches Ja des Patienten auf die Frage reicht nicht aus. Er wird gebeten, das Symptom näher zu beschreiben, bis der Untersucher sich überzeugen kann, daß das betreffende Symptom wirklich vorhanden ist.
Wir verwenden den VDS-Befund (Symptomliste). In psychiatrischer Tradition wird nach der Befunderhebung auf Symptomebene eine vorläufige **Syndromdiagnose** gestellt, zum Beispiel depressives Syndrom oder Angstsyndrom. Diese beschreibt zusammenfassend den klinischen Aspekt der Störung des Patienten. Allerdings enthält er einen sehr ausführlichen Teil zur Erfassung von psychosomatischen Beschwerden. Diese Art des diagnostischen Vorgehens mit einem ersten Urteil, welches Syndrom der Patient überhaupt aufweist, hat gegenüber standardisierten Vorgehen den Vorteil, daß die nachfolgende klassifikatorische Diagnose ohne Scheuklappen der Detailbetrachtung des Nonstop-Algorithmus erfolgt.
Wir können nur wenn wir nicht versäumt haben, das Symptom bzw. das Syndrom vollständig zu erfassen, nach der individuellen **Funktion des Symptoms** bzw. des Syndroms fragen. Zwei verschiedene Symptome sind wie zwei Schlüssel zu zwei verschiedenen Schlössern, wer sie nicht als solche versteht, kann auch die Tür zum Verständnis des Patienten nicht aufschließen. Auch die Beobachtung, daß ein und dasselbe Symptom bei zwei verschiedenen Menschen unterschiedliche Funktion haben kann, widerlegt nicht die spezifische Schlüsselfunktion des einzelnen Symptoms bei einem Menschen.
Der Patient erhält nach dieser Stunde den Patienten-Anamnesefragebogen VDS 1, um ihn bis zur nächsten Therapiestunde auszufüllen. Er wird gebeten, fünf Tage lang abends eine Stunde dafür zu reservieren - seine erste aktive Mitarbeit, die in ähnlichem Umfang die ganze Therapie über von ihm erwartet wird.Im teilstationären Setting des Kurzzeittherapiezentrums des CIP oder in einer psychotherapeutischen Klinik wurde die Anamnese schon früher erhoben.

Dritte und vierte Stunde: Anamneseerhebung

Wenn der Patient den ausgefüllten Anamnesefragebogen mitbringt, werden mit ihm die wichtigen Aspekte seiner Biographie anhand der Angaben im Fragebogen durchgesprochen. Abildung 15 gibt einen Überblick über die im Anamnesebogen erfaßten biographischen Aspekte. Insbesondere werden die affektiven Bedeutungen der Erlebnisse seiner Lebensgeschichte und die emotionalen Beziehungen zu den Bezugspersonen erfragt. Ziel dieser Nachexploration (siehe auch den Leitfaden zur Nachexploration VDS 3) ist es, die notwendigen Informationen zu sammeln, um ein erstes hypothetisches, individuelles Störungsmodell skizzieren zu können. Dabei werden gezielte Fragen bezüglich aller oben ausführlich diskutierten Bestimmungsstücke der affektiv-kognitiven Entwicklungstheorie gestellt. Dem Patienten wird bis zum nächsten Mal der Bedürfnisfragebogen und ein Gefühlsfragebogen (Sulz 1994) zum Ausfüllen mit nach Hause gegeben.

Fünfte Stunde: gemeinsame Bedingungsanalyse

Vermutlich hatte der Therapeut bereits nach der vierten Stunde ein ihn überzeugendes individuelles Störungsmodell gefunden. Dem Patienten wurde dieses bereits durch die Art der Fragen des Therapeuten nahegelegt. Insofern ist er auf das bedingungsanalytische Gespräch in der fünften Stunde vorbereitet. Der Therapeut trägt, halb sokratisch erfragend, halb sein bisheriges Verständnis ausdrückend, sein hypothetisches Modell vor und füllt **gemeinsam** mit dem Patienten das **SORK-Schema** auf Makro- und Mikroebene aus. Dabei wird klar ausgesprochen, wo sich die Sichtweisen von Patient und Therapeut nicht treffen, so daß kein Überstülpen eines Schemas erfolgt. Trotzdem verleiht der Therapeut seiner Überzeugung Ausdruck, daß er das erarbeitete Störungsmodell als gute Arbeitsgrundlage der weiteren Betrachtungen ansieht und als solche verwenden möchte. Schließlich bittet er den Patienten, noch einmal in eigenen Worten seine momentane Sichtweise einerseits und das erarbeitete Störungsmodell andererseits zu formulieren.

In dieser Stunde muß noch einmal überprüft werden, wann das jetzige Syndrom wirklich begann. Es interessiert zwar, ob das Symptom eine zu diesem Zeitpunkt völlig neuartige Schöpfung des Patienten ist oder ob es in abgeschwächter Form vor fünf oder zehn Jahren schon einmal vorübergehend auftrat. Auch wenn es früher schon aufgetreten ist, wird nun wichtig, **den Zeitpunkt der jetzigen klinischen Syndrombildung** gemeinsam festzulegen. Dabei sind die anfänglichen Nennungen des Patienten mehrfach zu hinterfragen. Es scheint nämlich, daß es für einige Patienten von großer Bedeutung ist, die zeitlichen Zusammenhänge zu „verschleiern", da sie kausale Zusammenhänge implizieren. Die kausalen Zusammenhänge verraten aber die Funktion des Symptoms und gefährden diese dadurch. Deshalb hat das alleinige Erarbeiten der zeitlichen Abfolge bereits einen therapeutischen Stellenwert, selbst wenn der Therapeut sich mit dem Aussprechen der kausalen und funktionalen Zusammenhänge noch zurückhält.

Der zweite Schritt ist die Beleuchtung des **auslösenden Aspekts** der jetzigen Lebenssituation. Zunächst werden noch einmal gemeinsam die pathogene Lebensgestaltung und die pathogene Beziehungsgestaltung betrachtet. Dann wird das Hinführen beider zur „Sollbruchstelle" der Symptombildung klar herausgearbeitet. Wie reagierte der Patient in dieser Situation? Und noch wichtiger: Was unterließ er zu tun? Welche **Konsequenzen** hätte er befürchtet, wenn er das Unterlassene getan hätte? Welche Veränderung hat er vermieden, und was ist der Vorteil der Nichtveränderung?

Zu Hause füllt der Patient Entwicklungsfragebögen und die Persönlichkeitsskalen aus. Letztere hatte er in der Regel bereits im Anamnesefragebogen ausgefüllt. Er soll darüber hinaus bei jedem Vorkommen des Symptoms die Funktion des Symptoms mit Hilfe des Mikro-SORK-Schemas bedenken. Jeden Abend soll er sich das SORK-Störungsmodell auf Makroebene durchlesen und vergegenwärtigen.

Sechste Stunde: Entwicklungs- und Persönlichkeitsdiagnostik

Ziel dieser Therapiestunde ist es, die sich aus den bisherigen Informationen ergebenden Hypothesen zum Entwicklungsstand und zur Persönlichkeit des Patienten durch weiteres Erfragen von Erleben und Verhalten in typischen Alltagssituationen und in Problemsituationen zu prüfen. Gemeinsam mit der siebten Stunde entspricht dies einer vertikalen Verhaltensanalyse nach Grawe (Caspar und Grawe, 1982). Die schließlich formulierte **Überlebensregel** weist einerseits auf die Entwicklungsstufe des Patienten hin und andererseits auf sein dysfunktionales Verhaltensstereotyp (Persönlichkeitstypus).

Diese Überlebensregel ist zugleich die innere Weichenstellung zur Symptombildung. Sie gebietet ein Verharren in den alten dysfunktionalen Verhaltensstereotypien, die jedoch zur Lösung des aktuellen Lebensproblems untauglich sind. Wenn bestätigt werden kann, daß die gefundene Überlebensregel tatsächlich das in der symptomauslösenden Situation entscheidende Verbot bewirkt, so spricht dies für ihre Wirksamkeit in der psychosozialen Homöostase des Patienten.

Die Überlebensregel läßt sich gemeinsam mit dem Patienten mit Hilfe von Tabelle 2 gut erarbeiten.

Was in der kognitiven Entwicklungstheorie die Überlebensregel, ist in der Tiefenpsychologie der unbewußte Konflikt. Allerdings gehen wir davon aus, daß das **Dilemma** des Patienten in der symptomauslösenden Situation bewußtseinsfähig ist, und wir greifen auch nicht auf ein umfassendes psychoanalytisches Theoriengebäude zurück. Die affektiv-kognitive Entwicklungstheorie legt nahe, daß sich in der symptomauslösenden Situation zeigt, auf welcher Entwicklungsstufe der Patient verharrt. Zur Problemlösung müßten ihm die Errungenschaften der nächsthöheren Entwicklungsstufe verfügbar sein. Eine einfache Hilfe zur **Entwicklungsdiagnose** sind folgende Vorgaben:

Ich bin .....
Ich brauche .....
Ich kann schon ....
Ich brauche nicht mehr ....
Ich kann noch nicht ....
Ich fürchte ...
Mein Dilemma ist: entweder... oder ...

Wenn wir das eigentliche adäquate Verhalten zur Problemlösung dem tatsächlich in der symptomauslösenden Situation ausgeübten Verhalten gegenüberstellen und dabei den Konflikt und die Befürchtungen vor den Folgen des adäquaten Problemlösens einbeziehen, können wir erkennen, **welche Entwicklungsstufe noch nicht erreicht wurde**.

Dies ist für die Zielformulierung von zentraler Bedeutung, da die Therapie darauf abzielen sollte, dem Patienten zu einer affektiv-kognitiven Umstrukturierung seines Selbst- und Weltbildes zu verhelfen, das ihm das adäquate Verhalten zur Problemlösung erlaubt. Dieses für das akute Problem erforderliche Verhalten ist erst auf der nächst höheren Entwicklungsstufe verfügbar. Wir versuchen deshalb herauszuarbeiten, welche Barrieren diesen Entwicklungsschritt bisher verhindert haben. Die drei Aussagen „Ich brauche noch ...", „Ich kann noch nicht ..." und „Ich fürchte ..." geben die Antwort auf die Frage nach den entwicklungshemmenden Barrieren.

Neben der Bestimmung des Entwicklungsstandes bzw. der Übergangsphase, mit der die symptomauslösende Situation gleichgesetzt werden kann, ist eine **Persönlichkeitsdiagnostik**, zum Beispiel mit Hilfe der VDS-Persönlichkeitsskalen (in den Anamnesefragebögen VDS 1 bis VDS 4), hilfreich. Die durch sie gefundenen dysfunktionalen Verhaltensstereotypien lassen sich ebenfalls auf eine dysfunktionale Überlebensregel zurückführen, die die wesentliche Entwicklungsbarriere darstellt. Wir können durch sie verstehen, warum und wozu die Lebens- und Beziehungsgestaltung pathogen wurden. Bis zur nächsten Sitzung erhält der Patient die Aufgabe, seine gegenwärtigen Beziehungen auf je einer DIN-A-4-Seite festzuhalten und dazu je eine konkrete Situation zu beschreiben, die typisch für die Beziehung ist.

Siebte Stunde: Beziehungsdiagnostik - Rekonstruktion der subjektiven Konstruktionen

Die von Sulz (1994) beschriebenen Beziehungstypen geben ein grobes Raster für die Beziehungsdiagnostik. Sie entspricht nicht notwendigerweise der Entwicklungs- und Persönlichkeitsdiagnostik, da sich in der psychosozialen Homöostase des Familiensystems ein eigenes Gleichgewicht einstellen kann, das sich vom Entwicklungsniveau der individuellen Homöostase unterscheidet - und zwar nach oben und nach unten verschoben. Wir lassen uns vom Patienten die gewöhnlichen und außergewöhnlichen Interaktionen in seinen zentralen Beziehungen ausführlich schildern und versuchen, allmählich eine eigene Phantasie dieser Beziehung zu entfalten. Die so gebildete Hypothese des Niveaus der Beziehungsgestaltung prüfen wir durch Fragen nach weiteren Beispielen und Gegenbeispielen. Die Interaktionsregel, die das emotionale Überleben **in der** Beziehung und zugleich das Überleben **der** Beziehung gewährleisten soll, definiert zugleich die Störung der Beziehung und weist uns auf das Ziel der Behandlung hin. Es gibt kaum einen Patienten, der seine zentralen Beziehungen zu seiner Zufriedenheit gestalten kann. Diese Aussage trifft zu, wenn wir auch die beruflichen Beziehungen als zentral bezeichnen, etwa zum Vorgesetzten, zu den ständigen Mitarbeitern oder zu den Untergebenen. Mit dem Beziehungs-Fragebogen (Sulz 1994) kann als Wahrnehmungsübung die Bedeutung der wichtigen Beziehungen erarbeitet werden.

Aus der Schilderung des Patienten rekonstruiert der Therapeut für sich die Beziehungswirklichkeit des Patienten. Der Vergleich seiner Rekonstruktion mit der ursprünglichen Konstruktion des Patienten ergibt die Subjektivität des Patienten. Die in dieser Therapiesitzung durchgeführte Beziehungsdiagnostik ist zugleich ein Versuch, die subjektive Beziehungswirklichkeit zur Beziehungshypothese umzudefinieren und empirische Überprüfungen dieser Hypothese nach Beck (siehe Wright und Beck 1986) in operationalisierter Form zu formulieren, zum Beispiel: „Wenn ich meinem Mann sage, daß ich nicht mehr bereit bin, seine abwertenden Äußerungen hinzunehmen und mir diese für die Zukunft verbitte, wird seine Reaktion entweder sein, daß er mich verläßt (Hypothese), oder er ist verwirrt über meine Entschiedenheit und wird sich darauf besinnen, daß er mich doch braucht (ein erster Schritt zur Falsifizierung der Hypothese)".

Die empirische Hypothesenprüfung verändert nicht nur das Selbst- und Weltbild des Patienten und damit die subjektive Beziehungswirklichkeit, sondern schafft auch eine wirklichere Beziehung.

Achte Stunde: Zielanalyse

Wie im Problemlöseprozeß (vgl. Sulz 1987) werden zunächst im Sinne eines „Brainstorming" alle Ziele gesammelt, die dem Patienten überhaupt einfallen, auch Lebensziele. Der Therapeut fügt einige hinzu, bietet Umformulierungen an, die näher am Verständnis des Problems liegen, aber zugleich das affektive Anliegen des Patienten ausdrücken.

Schließlich wird der Patient gebeten, für jedes Ziel die Vor- und Nachteile zu nennen. Wieder fügt der Therapeut diejenigen hinzu, die seinem Verständnis nach vergessen wurden, aber wichtig sind. Der Patient soll nun versuchen, sich die Zielerreichung mit den jeweiligen Vor- und Nachteilen vorzustellen, eventuell als **Imagination** mit geschlossenen Augen, und die Gefühle erspüren, die dabei auftreten. Dabei wird so mancher Vorteil zum Nachteil, oder er wird bedeutungslos. Die Gefühle, die bei den Nachteilen entstehen, werden in der nächsten Therapiestunde wichtige Indikatoren für Art und Ausmaß der gegen das Therapieziel gerichteten Motivation, d.h. Indikatoren für den Widerstand des Patienten gegen eine gezielte Veränderung des Ist-Zustandes ergeben. Einige vom Patienten genannte Ziele (bzw. die vom Therapeuten hinzugefügten „Abhängigkeits-" Ziele) werden als **regressive Ziele** benannt. Sie werden in der nächsten Stunde zum Thema gemacht.

Wer die therapeutische Intervention des planerischen Problemlösens kennt, weiß, daß diese Zielanalyse pure Therapie ist. Dabei kommt dem **Entscheidungsprozeß** des Patienten eine große Bedeutung zu. Kann er sich für die progressiven Ziele wirklich „von Herzen" entscheiden? Kann er auf die regressiven Ziele, wenn auch schweren Herzens, verzichten? Wenn die bisherigen Betrachtungen nicht in reinen Kognitionen steckenblieben, sondern die affektive Bedeutung der Zielentscheidungen erspürt und gefühlt werden konnten, so ist damit die Prognose der Therapie schon offengelegt. Es folgt ein Brainstorming der möglichen Lösungswege zu jedem verbliebenen Ziel und wieder wird versucht, durch Imagination die affektive Bedeutung der einzelnen Lösungswege bewußt zu machen, ihre Vor- und Nachteile zu antizipieren und sich für einige zu entscheiden und das Streichen der anderen zu begründen.

Die dysfunktionale Überlebensregel finden

SELBST - BILD

(als Kind, Jugendl., Erwachs.):

ICH BRAUCHE EINERSEITS ....
(Abhängigkeitsbedürfnis)

....

ICH BRAUCHE ANDERERSEITS ....
(Autonomiebedürfnis)

....

VON BEIDEM BRAUCHE ICH AM MEISTEN
.... ***

Ich kann (noch) nicht ....

Ich kann (schon) ....

Ich fürchte (noch) ....

WELT - BILD

(Eltern, Familie.):

VON VATER BEKOMME ICH * ....

NUR WENN ICH * ....

VON MUTTER BEKOMME ICH * ....

NUR WENN ICH * ....

Vater bedrohte/frustrierte mich jedoch mit
....
wenn ich folgendes unerwünschte Verhalten
zeigte: .... **

Mutter bedrohte/frustrierte mich jedoch mit
....
wenn ich folgendes unerwünschte Verhalten
zeigte: .... ****

> Wie kann ich über- leben ?

.... (Gebotenes, nützliches Verhalten *)

.... (Tabuisiertes, verbotenes Verhalten **)

.... (Befriedigung meiner zentralen Bedürfnisse ***)

.... ! (Überlebensgefährdende Bedrohung ****)

Überlebensregel

NUR WENN ICH IMMER ....

UND WENN ICH NIEMALS ....

BEWAHRE ICH MIR ....

UND VERHINDERE ICH, DASS ....

Neunte Stunde: Widerstandsanalyse (regressive Ziele, das Dilemma)

Obwohl der Patient bereits bei der Zielanalyse die Nachteile der Zielerreichung und die Nachteile des ausgewählten Lösungsweges bedacht und auch emotional vergegenwärtigt hat, ist es notwendig, noch einmal all das gründlich zu analysieren, was ihn in seinem bisherigen Leben davon abgehalten hat, den anstehenden Entwicklungsschritt zu tun. Gemeinsam mit dem Therapeuten sammelt er nun all das, **was er am liebsten behalten würde und ohne das er sich noch nicht vorstellen kann, leben zu können**. Diese Güter und Gratifikationen der Abhängigkeit müssen möglichst deutlich herausgearbeitet werden, ihre affektive Bedeutung ganz ausführlich erspürt und das Wohltuende an ihnen noch einmal gekostet werden. Und Patient und Therapeut müssen beide **akzeptieren, daß diese Bedürfnisse jetzt noch so stark da sind**.

Darauf schwenkt der Scheinwerfer der Aufmerksamkeit auf die Ziele, die in der letzten Stunde erarbeitet wurden. Dadurch wird der Patient sich seines Dilemmas bewußt. Er kann versuchen, diesen **doppelten Annäherungs-Vermeidungs-Konflikt** (Miller, 1944) aufleben zu lassen, nicht mehr aus der Perspektive dessen, der ihm ohnmächtig ausgeliefert ist, hin und her gerissen, entscheidungsunfähig. Sondern aus der Perspektive dessen, der sich auf den Weg machen möchte. Gelang es dem Patienten, die affektive Bedeutung der angestrebten therapeutischen Entwicklung in vollem Ausmaß zu thematisieren, so wird noch einmal versucht, Empathie und **Akzeptanz für das bisherige Sträuben** gegen Veränderung herzustellen.

Bis zur nächsten Stunde soll der Patient versuchen, täglich das Tonbandprotokoll dieser Stunde abzuhören, sich dabei emotional sein Dilemma zu vergegenwärtigen und eine empathische und akzeptierende Haltung zu dieser „änderungsbremsenden Person" zu finden.

Zehnte Stunde: Die Entscheidung

Sie dient dazu, die in den ersten acht Stunden bei vielen Patienten überwiegend kognitiven Bedeutungen ihres Selbst- und Weltbildes, ihrer Überlebensregel und ihrer Dilemmas und seiner Symptombildung durch deren affektive Bedeutungen zu ergänzen. Im Idealfall werden beide zu affektiv-kognitiven Bedeutungen integriert. Dies setzt voraus, daß der Patient im Kontext der therapeutischen Betrachtungen Ambivalenztoleranz aufbringen kann, also einen Entwicklungsschritt in Hinsicht auf die Bedeutungsentwicklung tun kann. Deshalb liegt auch in dieser zehnten Therapiestunde der Schwerpunkt auf dem **Vergegenwärtigen der affektiven Bedeutung der Entscheidung** für das Therapieziel und für den Lösungsweg.

Noch einmal werden die Ziele und Lösungswege mit ihren Vor- und Nachteilen klar formuliert. Die Bedenken und Ängste der dritten (änderungsbremsenden) Person werden wieder „gehört" und wieder „verstanden". Die Entscheidungen werden nun so formuliert, daß die Person angesichts der zuverlässigen Zusammenarbeit mit ihren beiden anderen Gesprächspartnern bereit sein kann, diese Entscheidungen mitzutragen.

Die Entscheidung für den therapeutischen Weg soll eine Konzeption skizzieren, die sich am „schwächsten Glied" orientiert, so daß dessen Mühe, mitzukommen und dessen Fehlschläge nicht zu neuen Insuffizienzerfahrungen führen. Vielmehr ist jeder seiner Schritte als ein Zeichen wachsender Selbsteffizienz zu bewerten.

Erst wenn auch diese dritte Person, das noch in Entwicklung befindliche Kind, sich entschieden hat, ist eine Entscheidung für den therapeutischen Weg gefallen. Ergebnis wird sein, daß dieser Weg die **Therapie als Entwicklung dieses Kindes** definiert. Beim Patienten ergibt sich nach einer so getroffenen Entscheidung eine deutliche Änderung seines Gefühlszustandes, oft einer Mischung aus befreitem, frohem Aufatmen und aufgeregtem Empfinden.

Die Entscheidung hat **Vertragscharakter** und ist verbindlich für alle drei Seiten. Insbesondere haben auch die Zugeständnisse gegenüber der dritten Person bzw. gegenüber dem sich entwickelnden Kind vertragliche

Verbindlichkeit, die immer wieder hervorgehoben werden muß. Am besten ist es, diese Zugeständnisse schriftlich festzuhalten, denn sie bestimmen das Ausmaß der Angst vor Veränderung.

Zwischen den Sitzungen hört der Patient täglich das Tonbandprotokoll dieser Therapiestunde, liest die vertraglichen Vereinbarungen durch und erklärt sich selbst gegenüber, daß er eine Entscheidung gefällt hat und zu dieser Entscheidung stehen wird.

Elfte Stunde: Loslassen und Abschied nehmen - Trauern

Jetzt, nachdem die Entscheidung gefallen ist, das Schiff gerade dabei ist, sich vom alten Ufer zu lösen, müssen die Taue, die es festgehalten haben, losgebunden und losgelassen werden. Während sich das Schiff vom Ufer entfernt, ist der Blick zurück ein Abschied nehmen - für immer. Die Endgültigkeit des Abschieds bezieht sich nur auf genau dieses Ufer - das alte Entwicklungsgleichgewicht des Selbst und der Welt. Dies wird im Erleben oft damit verwechselt, nie wieder an einem Ufer landen zu können, nie wieder festen Boden unter den Füßen zu bekommen.

Abschied - loslassen - trauern, diese Schrittabfolge ist nur möglich, wenn **ich weiß, daß ich überleben werde**, daß ich lebensfähig bin - daß ich den Verlust dessen, wovon ich mich verabschiede, verkraften werde.

Nur dann kann Überlebensangst in Trauer übergehen.

Aufgrund der Entwicklungsschritte in der bisherigen Therapie sollte der Patient jetzt im Besitz dieses Wissens sein. In der Therapiestunde kann die **Imagination** des Schiffes, mit dem der Patient sich vom Ufer entfernt und von dem aus er das Ufer entschwinden sieht, immer kleiner, immer ferner werden, bis es am Horizont verschwunden ist, diesen Vorgang affektiv erlebbar machen. Das Trauern wird dem Patienten dadurch erleichtert, daß er sich möglichst intensiv an das Gute, Wohltuende, Wertvolle, bisher so sehr Gewünschte und scheinbar Gebrauchte erinnert. Das **Weinen** um das Verlorene löst auch die bisher festgehaltenen Gefühle und schafft mit den wieder verfügbaren Gefühlen den Zugang zu den zugehörigen Handlungsimpulsen, die von nun an erlaubt sind und zum aktiven Verhaltensrepertoire gehören dürfen.

Bis zur nächsten Sitzung hört der Patient das Tonbandprotokoll dieser Sitzung und versucht diese Schritte in seinen Gefühlen so zu reaktivieren, daß jeden Tag Abschied, Loslassen und Trauern stattfindet.

Zwölfte Stunde: Angst vor Veränderungen - ich stelle mich der Angst und den Gefahren

Die Aufmerksamkeit richtet sich auf den eigenen Zustand der Veränderung - das alte Selbst und die alte Welt sind verloren, das neue Selbst formt sich und die neue Welt kommt bald in Sicht. Die Aufregung wird zur Angst, die im therapeutischen Kontext zur zu bewältigenden Furcht wird. Hier ist von therapeutischer Seite aus eine Mischung von Unterstützung (für die dritte Person, das sich entwickelnde Kind) und Überlassen von Selbstverantwortung (für den erwachsenen Menschen) notwendig. Der kognitive Ansatz hilft hier, die erforderliche Struktur der Wahrnehmung und des Denkens präsent werden zu lassen, damit der Patient seine erwachsenen Ressourcen einsetzen kann. Er relativiert im Sinne eines **Entkatastrophierens** die Gefahren und Bedrohungen seiner jetzigen Veränderungsschritte. Die realistischerweise verbleibenden Risiken nimmt er bewußt in Kauf, wobei er seine eigenen Fähigkeiten diese zu bewältigen, als ausreichend einschätzt. Nachher darf der Patient nicht das Gefühl haben, daß der Schutz des Therapeuten die Angst genommen hat, bzw. daß es ohne dessen Begleitung sehr bedrohlich gewesen wäre. Bis dahin wurde eine affektive und kognitive Neueinschätzung (Lazarus, 1975) der Konsequenzen der Zielerreichung bzw. des Beschreitens des ausgewählten Weges zum Ziel erlangt.

Der nächste Schritt erfolgt analog zur **Exposition** bei der Phobiebehandlung. Er steht unter dem Vorzeichen des „Lernens mit der Angst umzugehen" (Margraf und Schneider, 1990). Das weitere Vorgehen entspricht der kognitiven Angstbewältigung, in der von Sulz (1987) vorgeschlagenen Durchführungsform (ausführlich beschrieben bei Sulz, 1994).

Mit dem Patienten wird in der Therapiesitzung eine „Trockenübung" gemacht, die aus drei Abschnitten besteht:
1) Aufbau einer funktionalen affektiv-kognitiven Einstellung zur Situation und zum eigenen Vorhaben (a -c)
2) Rollenspiel der Situation inklusive Selbstinstruktion (d)
3) „Abbuchen" der Situationsbewältigung auf der „Haben-Seite"

Versäumt der Patient den letzten Punkt, so vermeidet er einerseits **Selbstverantwortung**, andererseits die notwendige **Selbstverstärkung**, die zum Aufbau des neuen Coping-Verhaltens erforderlich ist. Nach dieser ausführlichen Vorbesprechung kann der Patient die ersten Situationen aufsuchen, in denen er versucht, der Welt auf neue Weise zu begegnen. Es reicht, ein bis zwei Verhaltensexperimente zu vereinbaren, zum Beispiel „nein sagen, wenn ich nicht will" oder „aussprechen, wenn mich etwas ärgert". Da er darüber hinaus täglich das Tonbandprotokoll dieser Stunde anhört, bleibt er auf diese Weise beim Thema.

Dreizehnte Stunde: Die neuen Erfahrungen

Jeder Schritt der Zielerreichung ist ein Handeln gegen die Überlebensregel der alten Entwicklungsstufe. Jedes Ausbleiben zum Beispiel von Verlassenwerden, Verstoßenwerden, Nicht-mehr-geliebt-Werden, Kontrollverlust oder Identitätsverlust widerlegt die Vorhersage der Überlebensregel. Trotzdem bringt die Angst den Patienten wieder in die alte Perspektive, er denkt wieder wie bisher, zum Beispiel: „Diesmal hat er mein ungebührliches Verhalten noch durchgehen lassen, er hatte einen guten Tag. Ich bin gerade noch einmal davongekommen." Deshalb ist es sehr wichtig, mit dem Patienten die Erfahrungen der vergangenen Woche ausgiebig nachzubesprechen und hellhörig zu beachten, wie seine Formulierungen Rückfälle in das alte Selbst- und Weltbild sind. Er wird gebeten, diese Aussage zu wiederholen und selbst zu prüfen, welchem Selbst- und Weltbild sie entsprechen. Dann wird er gebeten, die Perspektive der neuen Selbst- und Weltsicht anzunehmen und aus dieser Sichtweise das Gesagte zu wiederholen. Hier können auch die von Brunner (1994) gemachten Vorschläge zur sprachlichen Neufassung behilflich sein.

Eine Explikation der neuen subjektiven Konstruktion des Selbst- und Weltsystems erleichtert der willkürlichen Psyche künftige Eingriffe in die psychische Homöostase im Sinne einer Selbstkontrolle. Nicht wenige Patienten machen sonst eine zweifache Erfahrung: Einerseits wissen sie nun, daß sie der erlebten spezifischen Belastung standhalten können, andererseits hat doch der Therapeut als Regisseur oder gar als steuernde Hand einer Marionette sie durch die Szene geleitet. Weder die nötige Attribuierung von **Selbsteffizienz** noch diejenige von **Selbstverantwortung** resultiert daraus.

Vierzehnte und fünfzehnte Stunde: Dabeibleiben - ich entwickle mich

Der Aufbau von neuem Verhalten als Alternative zum Symptomverhalten hat natürlich nur teilweise eine mit dem Symptom identische Funktion. Er ist ein alternativer Versuch der Problemlösung und der Konfliktbewältigung, hat hierdurch also eine gleichsinnige Funktion. Er hat aber andererseits die genau gegenteilige Funktion. Im Sinne einer empirischen Hypothesenprüfung nach Beck (Wright und Beck 1986) dient er dazu, die alte dysfunktionale Überlebensregel zu falsifizieren, d.h. empirische Belege für eine neue „funktionale" Überlebensregel zu sammeln.

Da eine einzige nicht bestätigte Vorhersage der alten Überlebensregel lediglich eine Ausnahme von der weiterhin gültigen Regel bedeutet, bedarf es einer größeren Zahl von neuen empirischen Erfahrungen.

Jede bisher massiv vermiedene Emotion eignet sich zum Gegenstand eines Expositionsverfahrens, allerdings ist fast nur bei Phobien und Zwängen die In vivo-Exposition praktisch durchführbar. Deshalb ist die Emotions-Exposition im therapeutischen Gespräch ein gangbarer Weg (Sulz 1994). Je mehr Gefühle wieder frei zur Verfügung stehen, um so vielfältiger kann die soziale Umwelt erlebt und bewertet werden, und um so vielfältiger kann die Verhaltenssteuerung Verhaltensweisen mobilisieren, die lange Zeit zum passiven Verhaltensrepertoire eines Menschen gehört hatten. Die Wahrnehmung wird treffender und das Verhalten situationsgerechter.

Ein adäquater Umgang mit der Welt im Sinne einer Handlung, die der psychosozialen Homöostase dient, bleibt aus, wenn die zur Verhaltenssteuerung erforderlichen Gefühle blockiert sind. Wer adäquates Sozialverhalten und eine reife Beziehungsgestaltung entwickeln will, muß auch die Emotionalität aufbauen. Ein Sozialtraining, das nur auf Kognitionen und „Performance" des Verhaltens achtet, mag eine gute, rational gesteuerte Verhaltenstechnologie aufbauen - eine „kühle" Homöostase, die der souveränen oder institutionellen Phase Kegans entspricht. Eine „durchblutete", gefühlvolle Beziehung ist dadurch jedoch nicht möglich.

Sechzehnte Stunde: Niederlagen machen „wehrhaft".

Niederlagen sind nicht vorprogrammierbar. Deshalb kann diese Therapiestunde die dreizehnte, vierzehnte oder auch erst die 21. Stunde sein. Niederlage ist nicht der Rückfall, sondern das Eintreten der befürchteten Folgen eines neuen Verhaltens. Etwa das Zerbrechen einer Freundschaft durch mein neues, wehrhaftes Verhalten, das öffentliche Versagen bei einer prinzipiell lösbaren Aufgabe oder das „Prügelbeziehen", das völlige Unterliegen in einer heftigen Auseinandersetzung. Wer sich wehrt, gerät in einen Schlagabtausch, in dem er nicht nur Schläge austeilt, sondern auch einsteckt. Diese Seite wird zu oft in der Therapie vernachlässigt. Die Konfliktvermeidung des Therapeuten kann dazu führen, daß der Patient in dieser Hinsicht davon abgehalten wird, neue Erfahrungen zu sammeln, die sein altes Selbst- und Weltbild revidieren helfen. Je mehr es gelingt, ein Selbsteffizienzgefühl über Wehrhaftigkeit aufzubauen und über die Courage sich emotional auf die Begegnung mit dem anderen Menschen einzulassen, um so mehr wird Selbstvertrauen entstehen, das nicht durch ständige äußere Bestätigungen „aufgemöbelt" werden muß. Wer konsequent Niederlagen vermeidet, verbannt sie aus seinem Alltag. Er kann nicht lernen mit ihnen umzugehen. Kommen sie doch, so sind sie die große Katastrophe. In der Therapie ist es wichtig, daß nicht der Therapeut über die Niederlage hinwegtröstet, sondern daß der Patient diese als einmalig, begrenzt und nur zum Teil selbst verursacht zu attribuieren lernt. Ohne Schuldzuweisung wird eine gemeinsame Fehleranalyse zu einem Entwurf der Meisterung dieser Situation führen. Dadurch wird einer künftigen Vermeidung dieser Situationen vorgebaut und eine Motivation erzeugt, es beim nächsten Mal schaffen zu wollen.

Siebzehnte Stunde: Das neue Selbst und die neue Welt

Die Verhaltensexperimente der vergangenen Stunden brachten eine Falsifizierung der alten dysfunktionalen Überlebensregel und damit die Möglichkeit, das alte Selbst- und Weltbild an die neuen Erfahrungen zu akkommodieren und weiterzuentwickeln. Im Gespräch wird auf die veränderte Selbstwahrnehmung und das neue Selbstgefühl eingegangen und die Art der Veränderung gemeinsam betrachtet. Die Unterschiede werden herausgearbeitet und Implikationen der neuen Sichtweisen gesucht. Diese kognitiven Analysen dienen der Festigung und Verankerung des neuen Entwicklungsstandes. Dabei wird die neue Überlebensregel explizit formuliert und die Errungenschaften des neuen Entwicklungsniveaus der Persönlichkeit und der Beziehungsgestaltung festgehalten. Schließlich wird die nunmehr vorhandene Fähigkeit, aus dem bisher symptomauslösenden Dilemma künftig durch inzwischen etablierte Bewältigungsmuster herausfinden zu können, konstatiert.

Zum neuen Selbst gehört der freie Zugang zur Wahrnehmung der eigenen Bedürfnisse, die neben einer auf einer humanen Ethik basierenden Wertorientierung und den Erfordernissen der sozialen Beziehungen handlungsleitend sind. Zur Verhaltenssteuerung des neuen Selbst können nun auch die bisher blockierten Gefühle dienen. Erst die neuen Erfahrungen lassen glaubhaft erscheinen, daß die Bedürftigkeiten des alten Entwicklungsniveaus nicht mehr bestehen, daß dieses neue Selbst einfach nicht mehr soviel Geborgenheit, Schutz oder auch Liebe braucht. Die Welt, von der ich dies nicht mehr brauche, erlebe ich weniger frustrierend, sie löst weniger Wut aus.

Achzehnte bis zwanzigste Stunde: Neue Beziehungen

Das Entwicklungsniveau der Beziehungsgestaltung kann in Gruppen- oder Paartherapien durch eine Zweierübung, in der Einzeltherapie durch eine Imaginationsübung festgestellt werden. Die Bedeutung der Beziehung, die Bedürfnisse, die der Partner befriedigen soll, die Ängste, die mit dem Partner und der Beziehung verbunden sind und die stereotypen Erlebens- und Verhaltensweisen weisen auf den gegenwärtigen Stand der affektiv-kognitiven Entwicklung hin (praktisches Vorgehen siehe Sulz 1994).
Wenn der Patient es geschafft hat, sein früheres Entwicklungsniveau zu verlassen, so können obige Aussagen diese Entwicklung widerspiegeln. Die alten Bedürfnisse und Ängste sollten jetzt nicht mehr im Vordergrund stehen. In einer Paarsitzung erfahren wir auch das Entwicklungsniveau des Partners und können beurteilen, ob eine große Diskrepanz zwischen beiden besteht. Auch wenn verschiedene Entwicklungsniveaus bei den Partnern vorhanden sind können sich diese nach dem Prinzip des Austausches gut arrangieren: „Wenn du mir gibst, was ich brauche, gebe ich dir, was du brauchst."
Oft verhilft eine Paartherapie, die an eine Kurzzeittherapie anschließen kann, zu einer Verminderung des Entwicklungsgefälles. Ihr Ziel sollte nicht die Synchronisierung des Entwicklungsniveaus sein. Denn die, durch die Entwicklung des einen Partners entstehende Spannung in der Beziehung ist stets auch Anreiz für Weiterentwicklung für den anderen. Dies bedeutet, daß keine Trennung vom bisherigen Partner erfolgen muß. Es wird lediglich die alte Art der Beziehungsgestaltung aufgekündigt. Durch neue Verhandlungen und neue Begegnungen kann **eine neue Beziehung** begonnen werden - **ohne eine Trennung** vom Partner. Diese Verhandlungen und Begegnungen gehören noch zur Kurzzeittherapie. Erst durch die Fähigkeit zu diesen Schritten ist die Fähigkeit zu neuen Beziehungen aufgebaut worden.

Einundzwanzigste. Stunde: Nach dem Überleben kommt das Leben

Es ist geschafft. Das Überleben ist gesichert. Die Begegnungen mit anderen Menschen erfolgen nicht mehr unter dem Vorzeichen in Frage gestellter Daseinsberechtigung, der Bindung des Partners, des Kampfes um Liebe und Anerkennung, der Versuche, den anderen zu kontrollieren, dem beschwörenden Verhindern von Gegenaggression und dem Ausweichen der Hingabe.
Dadurch wird sehr viel psychische Energie frei. Spielerische Kreativität, Interesse und Neugier für die Welt ersetzen die frühere angestrengte Wachsamkeit und ängstliche Vermeidungshaltung.
Darf ich so sein und bleiben, wie ich jetzt bin? Dürfen meine Bezugspersonen so sein und bleiben, wie sie jetzt sind? Darf mein Leben so sein und bleiben, wie es jetzt ist? Um diese Fragen geht es in der Therapiestunde. Pläne für eine aktive Lebensgestaltung werden darauf untersucht, ob sie vielleicht noch Überlebensstrategien sind. Die gegenwärtigen Abhängigkeits- und Autonomiebedürfnisse werden auf ihre Ausgewogenheit geprüft. Die gegenwärtig vorherrschenden Verhaltensmuster werden bedingungs- und funktionsanalytisch betrachtet. Dabei fällt auf, daß einige Verhaltensweisen noch genauso häufig auftreten wie früher, daß sie aber jetzt eine ganz andere Funktion haben. Musizieren dient zum Beispiel nicht mehr der Spannungsabfuhr und Aggressionsneutralisierung, sondern ist kreatives Spiel und Selbstausdruck geworden.

Mit dem Patienten wird durch Imagination die affektive Bedeutung dieser Lebenseinstellung erarbeitet. Welche Aussage macht noch Angst, welche erzeugt Widerstand? Durch Überzeichnen des Risikos, das getragen werden muß bzw. der negativen Konsequenzen des eigenen Verhaltens (die Katastrophe ausmalen), können beim Patienten affektive Bewertungen, zum Beispiel schlechtes Gewissen oder Angst vor Ablehnung, evoziert werden. Dies zeigt, wie frei oder unfrei er in obiger Hinsicht bereits ist.

22. bis 25. Stunde: Die Therapie ist beendet - die Selbstentwicklung beginnt.

Die letzten vier Stunden dienen dem Abschließen der Therapie. Der Patient bereitet sich auf die therapeutenlose Zeit vor. Er erspürt die emotionale Bindung, die er zum Therapeuten aufgebaut hatte, und er vergegenwärtigt sich das emotional Positive an dieser zwischenmenschlichen Beziehung, die jetzt beendet werden wird. Gefühle des Abschiednehmens und Trauerns werden bewußt wahrgenommen und ausgedrückt. Was werde ich nicht mehr haben? Was wird mir fehlen? Was werde ich mitnehmen? Es folgen Zuammenfassungen des gewonnenen Verständnisses der Störung, der Symptombildung, der funktionalen Zusammenhänge. Es wird eine Zielerreichungsskalierung durchgeführt, dabei das Erreichte ebenso gewürdigt wie das nicht Erreichte. Die Therapie wird als erster bewußter Schritt eines lebenslangen Prozesses der Selbstentwicklung definiert. Das Selbstmanagement (Kanfer et al. 1990) dieser Entwicklung wird ausführlicher besprochen und bereits erprobt. In den letzten zehn Stunden der Therapie ist der Therapeut nicht mehr der Ideenlieferant, Motor, Lehrmeister oder Fels in der Brandung gewesen.
 Die selbstkontrollierte Anwendung von Entspannung, von Streßbewältigungsstrategien, von planerischem Problemlösen, von Interaktions- und Beziehungsanalysen wurde und wird ebenso erarbeitet wie der Umgang mit Rückfällen. Schriftliche Ausarbeitungen helfen dem Patienten, sich im Bedarfsfall diese Strategien rasch verfügbar zu machen. Dieser Bedarfsfall kann in fünf Monaten oder in fünf Jahren auftreten. Es wird auch versucht, zu antizipieren, welche problematischen Lebenssituationen in der Zukunft am wahrscheinlichsten einen Rückfall herbeiführen könnten und was die beste Alternative zur Symptombildung wäre. Anhand von Kegans Lebensphasenbeschreibung wird der gegenwärtige Entwicklungsstandort bestimmt und die nächsten Entwicklungsschritte besprochen. Was habe ich bereits hinter mir gelassen, was konnte ich bereits loslassen (z.B. Geborgenheit)? Woran muß ich (mich) noch festhalten (z.B. Anerkennung)? Was kann ich noch nicht (fordern)? Was kann ich mir noch nicht einmal vorstellen (z.B. Hingabe)? Es wird versucht, die Meilensteine für den künftigen Weg der Selbstentwicklung zu setzen. Welchem Etappenziel entspricht der erste Meilenstein, welchem der zweite usw. Welche konkreten Vorhaben (z.B. Ärger wahrnehmen und ausdrücken) sind der Weg, die erste Etappe?
Der Besuch einer **Selbsthilfegruppe**, die als Selbst-Entwicklungsgruppe Feedback für die individuellen Versuche der Selbstentwicklung gibt, ist für diejenigen, die noch eine weite Strecke der Selbstentwicklung vor sich haben, sehr hilfreich.

Die knappe Darstellung des strategischen Ablaufs einer Kurzzeittherapie (ausführlicher bei Sulz 1994) zeigt, wie beim Patienten eine Entwicklung in Gang gesetzt werden kann, die nach der Therapie ihre Fortsetzung findet. Dieser strategische Therapieablauf, der eine konsequente Umsetzung einer affektiv-kognitiven Entwicklungstheorie ist, wird in der Verhaltenstherapie überlagert durch störungsspezifische Ziele und Therapieinterventionen. Ohne diese spezifischen Therapieinhalte ist oben skizzierte strategische Durchführung einer Kurzzeittherapie ein elaborierter Therapieansatz zur Behandlung von Persönlichkeitsstörungen. Wichtige Bestandteile bestehen deshalb darin, die psychosoziale Homöostase des Menschen, die bisher durch den dysfunktionalen „Sollwert" einer kindlichen Überlebensregel blockiert war, wieder zu befähigen, ein gesundes Fließgleichgewicht herzustellen. Hierzu ist die Balancierung von Abhängigkeits- und Autonomiebedürfnissen notwendig (motivationale Therapiestrategie). Außerdem muß der Zugang zu den blockierten Gefühlen ermöglicht werden (affektive Therapiestrategie). Diese müssen mit zugehörigen Kognitionen zu affektiv-kognitiven Bedeutungen verknüpft werden (affektiv-kognitive Therapiestrategie). Schließlich müssen die kindliche Selbst- und Weltsicht und die Grundannahme über das Funktionieren der Welt korrigiert und die dysfunktionale Überlebensregel falsifiziert werden (kognitive Therapiestrategie). Letztendlich ist der Abbau der dysfunktionalen Verhaltensstereotypien erforderlich (Handlungs-Therapiestrategie).

Sind diese Blockierungen der psychosozialen Entwicklung behoben, so kann der Übergang zur nächsten Entwicklungsstufe ermöglicht werden. Die dabei erforderlichen Therapieschritte wurden in der Beschreibung einer 25-stündigen Kurzzeittherapie dargestellt (Widerstand, Entscheidung, Loslassen, Veränderung, neue Erfahrungen, Entwicklung, Niederlagen, neues Selbst- und Weltbild, neue Beziehungen, Leben, Selbstentwicklung). Dieser strategische Therapieablauf kann einerseits als zu reflektierender Hintergrundsprozeß jeglicher Psychotherapie verstanden werden. In der Verhaltenstherapie laufen dann im Vordergrund die verhaltensmodifizierenden Interventionen ab. Andererseits kann diese Durchführung, vor allem bei Persönlichkeitsstörungen, als ein affektiv-kognitiver Ansatz zur Veränderung des Erlebens und Verhaltens angewandt werden .

Das Vorgehen ist direktiv mit ständigen kognitiven Klärungen und Konfrontation mit den „pathologischen bzw. pathogenen" Gefühlen der Angst und des Schuldgefühls sowie der unterdrückten „primären bzw. gesunden" Gefühle. Das Vorgehen ist eine Übertragung des ursprünglich bei Angst, Zwang und Trauer angewandten Expositionsverfahrens auf Emotionen allgemein: Emotionsexposition, gefolgt von der konsequenten Verknüpfung des Gefühls mit Kognitionen zur affektiv-kognitiven Bedeutung. Dies schafft die Voraussetzung für Handeln entgegen der alten Überlebensregel, um diese zu falsifizieren und zu beweisen, daß Überleben auch anders möglich ist.

Training der strategischen Kurzzeittherapie SKT

Um sich eine effiziente strategische Arbeitsweise als Psychotherapeut anzueignen, ist ein Training hilfreich, in dem alle wesentlichen Prozesse praktisch durchgegangen werden. Im Centrum für Integrative Psychotherapie CIP in München werden hierzu Intensivwochen durchgeführt.

Literaturempfehlung für die Praxis

Eine leichtverständliche und umfassende Einführung in den Ansatz der Kurzzeittherapie bietet:
Sulz : Strategische Kurzzeittherapie - Wege zur effizienten Psychotherapie. München: CIP-Medien, 1994
Zur praktische Handhabung der Strategischen Kurzzeittherapie dient: Sulz S.: Arbeitsmappe zur Strategische Kurzzeittherapie - Arbeitsblätter für Therapeuten und Patienten. München: CIP-Medien, 1995. Beziehbar über CIP-Mediendienst, Nymphenburger Str. 185, 80634 München

Literatur

Brunner G. In: Sulz S., ed.: Das Therapiebuch. München: CIP-Medien, 1994

Caspar F., Grawe K.: Vertikale Verhaltensanalyse (VVA). Analyse des Interaktionsverhaltens als Grundlage für die Problemdefiniton und Therapieplanung. In: Bommert H, Petermann F, ed. Diagnostik und Praxis-Kontrolle in der Klinischen Psychologie. Tübingen: DGVT, 1982:

Dilling H., Mombour W., Schmidt M., ed.: Internationale Klassifikation psychischer Störungen. ICD-10 Kapitel V (F). Bern: Huber, 1991:346.

Ehlers A., Margraf J.: Agoraphobien und Panikanfälle. In: Reinecker H, ed. Lehrbuch der Klinischen Psychologie. Göttingen: Hogrefe, 1990: 73-106.

Fiedler P., ed.: Psychotherapieziel Selbstbehandlung. Basel: edition psychologie, 1981:

Grawe K.: Psychotherapie als Entwicklungsstimulation von Schemata. Ein Prozeß mit nicht vorhersehbarem Ausgang. In: Caspar H, ed. Problemanalyse in der Psychotherapie. Tübingen: DGVT, 1987: 72-87.

Hand I.: Verhaltenstherapie und Kognitive Therapie in der Psychiatrie. In: Kisker K, Lauter H, Meyer J, Müller C, Strömgren E, ed. Psychiatrie der Gegenwart 1: Neurosen, Psychosomatische Erkrankungen, Psychotherapie. 3 ed. Berlin: Springer, 1986: 277-306. vol 1).

Hiller W., Zaudig M., Mombour W.: MDCL. Münchner Diagnosen Checklisten für DSM-III-R und ICD-10.München: Logomed, 1990

Kanfer F., Reinecker H., Schmelzer D.: Selbstmanagement-Therapie.Berlin: Springer, 1990

Klerman G., Weissman M., Rounsaville B., Chevron E.: Interpersonal Psychotherapy of Depression. New York: Basic Books, 1984

Linehan M.: Cognitive-Behavioral Treatment of Borderline Personality Disorder. New York: Guilford, 1993:558.

Margraf J., Schneider S.: Panik. Angstanfälle und ihre Behandlung. Berlin: Springer, 1990

Meichenbaum D.: Intervention bei Streß. Bern: Huber, 1991.

Miller N.: Experimental studies of conflict. In: McV. HJ, ed. Personality and the behavioral disorders. New York: Ronald Press, 1944: 431-465.

Schindler L.: Die empirische Analyse der therapeutischen Beziehung. Beiträge zur Prozeßforschung in der Verhaltenstherapie. Berlin: Springer, 1991

Sifneos P.: Short-term Dynamic Psychotherapy: Evaluation and Technique.New York: Plenum Press, 1979

Sulz S.K.D.: Selbstkontrolltherapie derDepression. In: Sulz SKD, ed. Verständnis und Therapie der Depression. 1 ed. München: Ernst Reinhardt, 1986: 149-164.

Sulz S.K.D.: Psychotherapie in der klinischen Psychiatrie.Stuttgart: Thieme, 1987

Sulz S.K.D.: Das Verhaltensdiagnostiksystem VDS: Von der Anamnese zum Therapieplan. München: CIP-Medien, 1992

Sulz S.K.D.: Depression Ratgeber für Betroffene, für Angehörige, für alle beruflichen Helfer.München: CIP-Medien, 1993

Sulz S.K.D.: Strategische Kurzzeittherapie - Wege zur effizienten Psychotherapie. München: CIP-Medien, 1994

Wittchen H., Saß H., Zaudig M., Koehler K. Diagnostisches und Statistisches Manual Psychischer Störungen DSM-III-R. (3. Auflage ed.) Weinheim: Beltz, 1991

Wittchen H., Zaudig M., Schramm E., et al.: SKID Strukturiertes klinisches Interview für DSM-III-R, Interviewheft. Weinheim: Beltz Test, 1990

Wright J., Beck A.: Kognitive Therapie der Depression. In: Sulz S, ed. Verständnis und Therapie der Depression. München: Ernst Reinhardt, 1986: 124-148.

Videoeinsatz in der Psychotherapie

• Dieter Hellauer •

Definition
Video-Technik ist aus der Erforschung therapeutischer Interventionen nicht mehr wegzudenken. Neben Fragebogen und standardisieren Interviews werden Video-Aufnahmen zur Diagnostik und Dokumentation weltweit eingesetzt.

Aber auch immer mehr Psychotherapeuten nutzen die Möglichkeiten dieser expansiven Technik. Die Entwicklung der letzten Jahre hat kleine Produktionseinheiten auf dem Markt gebracht, die bewegte Farbbilder mit Ton selbst bei normaler Raumbeleuchtung aufnehmen und unmittelbar danach in Fernsehqualität wiedergeben können.

Technisch gesehen handelt es sich dabei um sogenannte Camcorder, also Kombinationen aus farbtüchtiger Video-Kamera - mit einem bis drei Halbleiter-Chips als lichtempfindlicher Schicht - und einer miniaturisierten Video-Bandmaschine zur Aufzeichnung der Kamerasignale. Durch Verwendung der modernen Technik von Super-VHS (S-VHS) oder High-8 (Hi-8) sind Aufnahmezeiten von mehr als einer Stunde in so guter Qualität zu erzielen, daß Kopien, also auch Schnittfassungen von Aufzeichnungen, ohne sichtbaren Verlust an Auflösung möglich sind. Dabei bleiben die Kosten durch Einsatz der preiswerten und zweckentsprechenden Consumer-Geräte-Camcorder mit Fernseher - sowie durch Wiederverwertung gebrauchter Bänder vertretbar.

In der Psychotherapie läßt sich Video in vielfältiger Weise einsetzen. Neben der simplen Aufnahme von "Verhalten-in-bestimmten-Situationen" - zur Verhaltensanalyse oder Dokumentation ist vor allem die **Video-Selbstkonfrontation,** also die Wiedergabe von Patienten-Aufnahmen in deren Gegenwart, ein außerordentlich wirkungsvolles Verfahren, mit dem sich Motivationsimpulse erzeugen lassen und so festgefahrene Therapien wieder in Gang kommen.

Mit dem Einsatz von **Video-Modellen,** der Wiedergabe von konservierten Rollenspiel-Szenen, läßt sich durch aktive Nachahmung des Gesehenen Verhalten gezielt und effektiv verändern. Kombiniert man damit die selektive Wiedergabe von Szenen mit gelungener Nachahmung der Video-Modelle, eignet sich das Verfahren besonders zum **Selfmodeling,** der anhaltenden Verhaltensänderung in einer vom Patienten gewünschten Richtung,

Diese Beispiele, Grundstock der therapeutischen Videoarbeit, ergänzen und bereichern jede Behandlung, sofern sie gezielt und zum richtigen Zeitpunkt angewendet werden. Unverzichtbar erscheint ihr Einsatz aber dann, wenn sie der Therapie sogenannter Selbstbildstörungen dienen, deren Erforschung erst durch Videoeinsatz vorankam.

"Schrotschuß"-Einsatz von Video allerdings - vielleicht, weil die Technik gerade verfügbar oder hierzu anregende Literatur zur Hand ist - diffamiert ein wertvolles Verfahren und kann Patienten sogar gefährden, etwa dann, wenn die Selbstkonfrontation stark belastende, mit dem Selbstbild unvereinbare Inhalte zutage fördert, deren Bewältigung nicht gelingt.

Detaillierte Informationen über den zweckmäßigen technischen Aufbau einer Anlage, über die Auswahl eines spezifischen Verfahrens für bestimmte Patienten in einer bestimmten Behandlungsphase und über das schrittweise Vorgehen sind für den verantwortlichen Umgang mit Video unentbehrlich. Zudem sind Überlegungen nützlich, wie die Technik behutsam in die Behandlung einzubauen ist, so daß Patienten möglichst nicht irritiert werden und Therapiestörungen unterbleiben.

Videoeinsatz in der Therapie

Technische Anlage

Weder die glanzvolle Zurschaustellung der modernen Technik, noch der verborgene Einbau einer Anlage haben sich in der Praxis als zweckmäßig erwiesen - am ehesten kommt eine Art "Nischenexistenz" den Bedürfnissen von Patienten und Therapeuten entgegen. Die "versteckte Kamera" wird ja deshalb besonders gefürchtet, weil sie mit Überwachung gleichgesetzt wird. Auch übertechnisierte Einrichtungen - Kabelstränge ringsum, Kameras von oben und Monitore in den Ecken - blockieren offene Gespräche.

Für den praktischen Einsatz wichtig ist die Verfügbarkeit "auf Knopfdruck" - ohne Aufstellen von Zubehör, wie Mikrophon oder Stativ, Stöpseln von Verbindungen, langwieriges Wechseln von Kassetten oder elektrischen Installationen. Auch die Beleuchtung sollte ohne "Einleuchten" jederzeit verfügbar sein.

Unter den vielen Möglichkeiten des technischen Aufbaus hat sich eine Anlage bewährt, die im wesentlichen aus **Camcorder, Videorecorder und Fernseher** oder **Monitor** besteht.

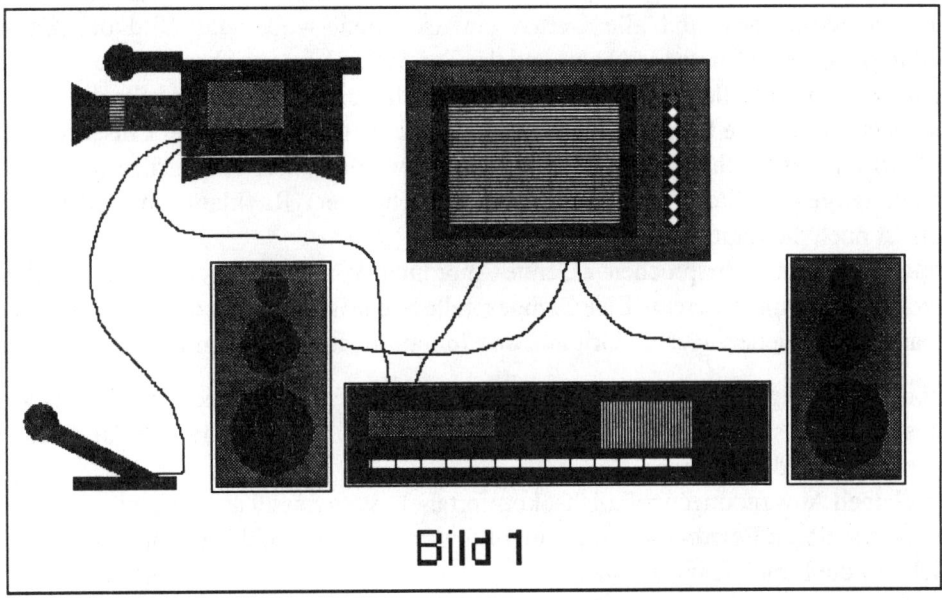

Bild 1

Da viele Patienten eher leise sprechen, empfiehlt sich ein zusätzliches **Mikrophon**, fest installiert nahe der Sitzgruppe. Moderne Fernseher, die mit Stereolautsprechern ausgerüstet sind, bringen besseren Ton, wenn ein **Stereo-Mikrophon** verwendet wird; auch lassen sich dann Störgeräusche leichter orten und überhören. Getrennt aufgestellte **Lautsprecher-Boxen** verbessern zusätzlich den Raumklang und die natürliche Sprachwiedergabe.

Als **Beleuchtung** genügt in der Regel indirektes Licht, also ein Strahler, der blendfrei gegen die Decke gerichtet ist. Halogenstrahler weisen eine tageslichtähnliche Farbtemperatur auf, wodurch Mischlicht (Kunst - mit Tageslicht) weniger stört als bei herkömmlichen Glühlampen. Mit 500 Watt versorgt diese Lichtquelle auch größere Räume ausreichend. Bessere Bilder erhält man allerdings durch 1 bis 2 zusätzliche **Spots**, also Lichtquellen mit schmalem Lichtkegel, die das Hintergrundlicht durch gezielte Beleuchtung ergänzen. Abzuwägen bleibt, ob der Vorteil, besser durchgezeichneter und deutlich hervortretender Bilder den Nachteil des erhöhten technischen Aufwands ("Einleuchten") wettmacht.

Die **Verkabelung** sollte bei allen Anwendungen gesteckt bleiben können. Camcorder - eventuell mit fest angeschlossenem Zusatzmikrophon - sollten am Netzgerät hängen und mit dem Videorecorder so verbunden sein, daß die volle Qualität (Eingänge für S-VHS oder Hi-VHS) übertragen wird. Das Signal müßte auch am

Ausgang des Videorecorders zur Verfügung stehen, wenn er zwar eingeschaltet ist, aber nicht läuft. Dann zeigt der mit dem Videorecorder fest verbundene Fernseher das Bild des Camcorders vor, während und nach der Aufnahme.

Die Verbindung vom Viderecorder zum Fernseher sollte wieder über die S-VHS (oder Hi-8)-Anschlüsse geführt werden, sofern der Fernseher (oder Monitor) über einen Eingang verfügt, bei dem Helligkeits- und Farbsignale (technisch: Y/C) getrennt sind. Meist ist dann eine gesonderte Tonleitung notwendig, die auch über einen zusätzlichen Verstärker mit Lautsprecher-Boxen in Verbindung stehen kann.

Nimmt man noch die Netzanschlüsse hinzu, kann der "Drahtverhau" hinter den Geräten schon verwirrend sein. Bei der vorgeschlagenen Anlage bleiben jedoch alle Verbindungen für jedes der beschriebenen Verfahren fest. Das soll aber nicht heißen, daß eine ordentliche Verkabelung - möglichst getrennt nach Netz-, Ton- und Video-Verbindungen nicht ihre Vorteile hätte: Neben der Übersichtlichkeit ist die Gefahr von Störungen der Signale untereinander geringer - kein Brummen, keine Verzerrungen oder Flitzer im Bild.

Zu Beginn der **Video-Arbeit** sind alle Geräte einzuschalten, wobei das Bild des Camcorders (in Aufnahmestellung) auf dem Monitor erscheint und der Ton in den Lautsprechern hörbar ist. Zu akustischen Rückkoppelungen, meist schrillem Pfeifen, kommt es bei höheren Lautstärken. Steckt eine Kassette im Camcorder, so beginnt mit dem Drücken des Startknopfs die **Aufnahme**. Je nach Einsatzzweck kann dann das Bild am Fernseher abgeschaltet oder dunkel gedreht werden. Drei Handgriffe reichen aus, um die Aufnahme wiederzugeben: Stop, sichtbarer (oder unsichtbarer) Rücklauf und Wiedergabe (Play); gegebenenfalls ist noch die Lautstärke zu erhöhen.

Modellvorgaben können in der besprochenen Geräte-Anordnung vom Videorecorder, der mit der gewünschten Kassette bestückt ist, abgespielt werden. Eine nachgespielte Szene ist dann über den Camcorder aufzunehmen und unmittelbar danach wiederzugeben: Original und Imitation lassen sich damit einfach vergleichen.

Zur Nachbearbeitung der eigenen Aufnahme werden die gewünschten Szenen nacheinander auf Videorecorder überspielt. Diese Schnittfassung der Aufzeichnung läßt sich sogar in Gegenwart vom Patienten erstellen und wird damit zu einem Teil der Therapie.

Um die besprochenen Anwendungen möglichst komfortabel - vom Sessel aus - durchführen zu können, ist der Einsatz einer drahtlosen **Fernbedienung** sinnvoll. Fernbedienungen, die gleich mehrere Geräte steuern können, erleichtern die Handhabung zusätzlich.

Video-Spiegel

Mit "Spiegelung" meint man in der Psychotherapie eine Nachahmung wesentlich erscheinender Verhaltenselemente - meist durch einen Therapeuten - mit dem Ziel, dem Patienten einen der Selbstwahrnehmung schwer zugänglichen Ausdruck erlebbar und somit zu einer Veränderung hinführen zu können.

Der Einsatz einer Video-Anlage erweitert diese Möglichkeit beträchtlich. Wie im Spiegel kann sich der Patient auf dem Bildschirm betrachten - je nach Brennweite (Zoom-Einstellung) in voller Körpergröße oder in Detailaufnahmen, etwa der Hände oder der Gesichtspartien.

Wechselt man den Kamerastandpunkt, sind auch "Spiegelungen" aus ungewöhnlichen Perspektiven, etwa von hinten oder von oben möglich. Verfestigte Haltungen und Verkrampfungen lassen sich so dem Patienten vorführen - ohne jede nach Kritik "schmeckender" Verbalisierung.

Bei ausgeprägter Selbstwertproblematik sollte diese Video-Spiegelung unbedingt mit der Suche nach der "Schokoladenseite" als Aufgabe für den Patienten beginnen. Ebenso wichtig wie die langsame Gewöhnung an die Situation, die durch anfängliche Bevorzugung von "unkritischen" Bildausschnitten erleichtert wird, ist der breite Raum für die Verbalisierungen vor, während und nach der Übung.

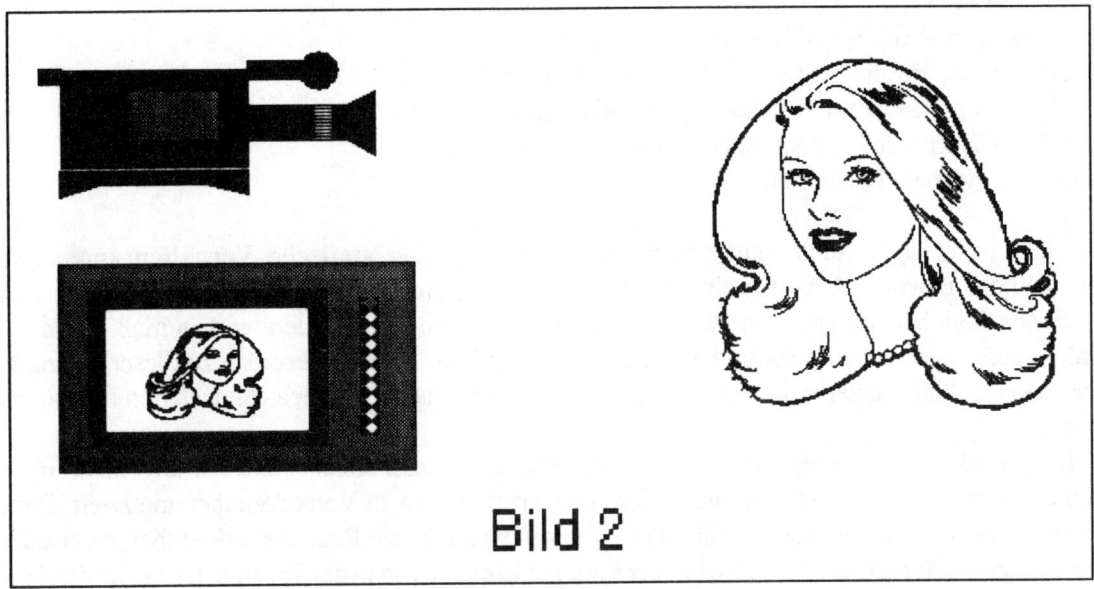

Bild 2

Eine hilfreiche Form des Erstkontakts mit dem Medium der Videoaufzeichnung ist die Aufforderung des Patienten, die Video-Anlage selbst zu bedienen, um die Technik kennenzulernen. Der Therapeut kann sich dann selbst "schön" ins Bild setzen lassen und gleich eine **Modellvorgabe** für das spätere Verhalten des Patienten liefern. So könnte er den "Kameramann (die Kamerafrau)" bitten, doch einen Ausschnitt so zu wählen, daß eine bestimmte Körperpartie nicht zu auffällig sichtbar wird, weil sie einem selbst weniger gefällt, dafür eine andere betont wird, die man selbst attraktiv findet. In dieser Vorübung bietet sich auch Gelegenheit, die Grenze der Video-Technik zu erfahren, wenn das Licht nicht ausreicht oder Schlagschatten stören, wenn die Farben nicht exakt stimmen oder der Zoom-Bereich bestimmte Einstellungen nicht erlaubt. Reicht diese Vorübung nicht aus, dem Patienten zu ermöglichen, das eigene, video-vermittelte Bild länger anzusehen, so läßt sich diese Aufgabe noch dadurch erleichtern, daß die Helligkeit weit heruntergefahren oder die Farbe weggedreht (beides am Fernseher) wird. Das Gespür des Therapeuten ist ausschlaggebend dafür, um zu entscheiden, ob der Video-Spiegel eventuell ganz abzubrechen oder zu verschieben ist.

Tatsächlich birgt gerade diese technisch einfachste Video-Anwendung - wohl wegen ihrer kaum bestreitbaren Objektivität - die größten Gefahren für den Patienten in sich.

Ihm wird vorgeführt, wie er wirklich aussieht. Verzerrungen und Verleugnungen des Selbstbildes werden ja in Gegenwart eines Dritten (des Therapeuten) entlarvt. Vorschneller Videoeinsatz, Technikverliebtheit und mangelnde Sensibilität, z.B. für eine aufkeimende Panikreaktion, führten bereits zu **Suizidversuchen**.

Warnzeichen für solche Extrem-Reaktionen bei Patienten können sein:
- massive Störungen des Körperselbstbildes
- geringe emotionale Ausdrucksfähigkeit
- allgemeine Reaktionsverzögerung ("Spätreagierer")
- verbale Ablehnung der Video-Anwendung
- Vermeidung des Ansehens eigener Video-Bilder
- starke Frustrationsreaktionen

Vorsicht beim therapeutischen Einsatz des Video-Spiegels beinhaltet:
- verbale Vorbereitung und ausdrückliche Zustimmung des Patienten
- vorbereitende praktische Einführung in die Technik
- Modell-Vorgabe für den Aufgenommenen durch den Therapeuten
- optisches "Herantasten" an besonders problematische Bildinhalte
- eventuelle Unterbrechung oder Abbruch des Video-Spiegels
- ausführliche verbale Nacharbeit

Anwendbar ist diese Technik immer dann, wenn auffällig eher **statische Verhaltensanomalien** dem Patienten nicht bewußt, aber störend sind. Das können Haltungsanomalien ebenso sein wie etwa ein verkniffener Gesichtsausdruck. Der Patient erfährt bildlich, wie er auf andere wirken muß, wenn er dieses Verhalten beibehält, und wird dadurch motiviert, es zu ändern. Im Nachgespräch zu dieser Übung können Änderungsvorschläge unterbreitet und deren Wirkung im erneuten Video-Spiegel unmittelbar probiert werden.

In der **Diagnostikphase** ist diese Anwendung unter Beachtung der Vorsichtshinweise allgemein sinnvoll, da sie den Zugang zu nonverbalem Ausdrucksverhalten eröffnet und zu Veränderungen motiviert. Damit läßt sich sowohl die Veränderungsbereitschaft des Patienten wie auch die Realisierbarkeit therapeutischer Ziele gut einschätzen. Häufig dient der *Video-Spiegel* nur zur **Einführung** in die Technik des *Video-Rückspiegels*, der sich unmittelbar daran anschließen kann.

Video-Zerrspiegel

Da viele Patienten ihr Selbstbild verzerrt, also nicht wirklichkeitsgetreu erleben, haben Selbstbild-Forscher technische Eingriffe in die Video-Anlage ersonnen, die eine Veränderung der Bildgeometrie erlaubt. Patienten können sich damit den Schock des Realbilds ersparen und ein Abbild ihrer selbst herstellen, das ihrer Vorstellung davon am ehesten entspricht. So können sich Adipöse mit Hilfe eines Reglers gertenschlank "zaubern", Anorektikerinnen sich auf die Suche nach ihrem vermeintlich viel zu breiten Ebenbild machen.

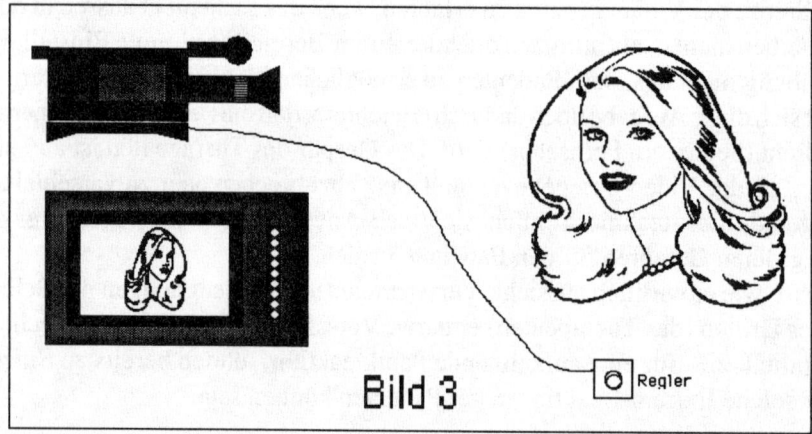

Bild 3

Drei Meßwerte können erfaßt werden: das *Realbild*, also das unverzerrte Kamerabild auf dem Bildschirm, das *Idealbild*, das Wunschbild des Patienten, und schließlich das *Selbstbild*, das vermeintliche Realbild. Das Ausmaß der Abweichung des Selbstbildes vom Realbild, dessen Einstellung die Probanden bei dieser Versuchsanordnung nicht kennen, korrespondiert mit der Fehleinschätzung der eigenen Ausmaße.

Eine therpeutische Anwendung findet der *Video-Zerrspiegel* vor allem bei der **Kontrolle von Therapieerfolgen**, wenn es um Korrektur eines falschen Selbstbildes geht. So dürfte es für Patienten mit Anorexie oder Bulimie außerordentlich wichtig sein, sich realitätsnahe zu sehen, um die extreme Kontrolle ihres Eßverhaltens (Essensverweigerung oder provoziertes Erbrechen) zu unterlassen.

Da der *Video-Zerrspiegel* therapeutisch bisher wenig verwendet wird, soll die notwendige Technik nur kurz dargestellt werden. Sowohl an der Kamera als auch am Fernseher finden sich Regler, die eine Einstellung der Bildbreite erlauben. Einer dieser Regler - am besten das Potentiometer an der Kamera - wird abgeklemmt und durch einen externen Regler ersetzt. Der Eingriff ist von einem Techniker durchzuführen.

Video-Rückspiegel

Gegenüber Manipulationen der Bildgeometrie hat die zeitversetzte Betrachtung von Aufnahmen im *Video-Rückspiegel* ungleich größere therapeutische Verbreitung gefunden.

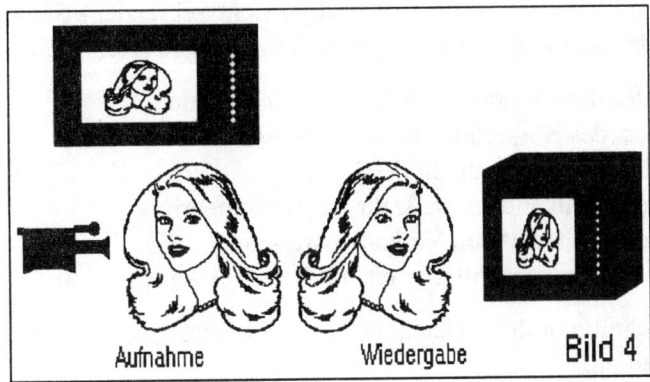

Technisch ist dazu neben Kamera und Mikrophon ein Aufzeichnungsgerät erforderlich, das meist im Kameragehäuse integriert ist. Mit der Möglichkeit, Bild und Ton zu speichern und zu beliebigen Zeiten in vielfältiger Weise wiederzugeben, eröffnet sich ein weites Feld für therapeutische Interventionen.

Zeitversatz und - gegenüber dem *Video-Spiegel* - erweiterte Eingriffsmöglichkeiten schaffen eine größere Distanz zwischen Betrachter und Video-Bild. Vermeidungsstrategien mit dem Ziel, der Konfrontation aus dem Weg zu gehen, nisten sich in der Zeit zwischen Aufnahme und Wiedergabe ein - nach dem Muster: "Damals war ich wirklich depressiv" oder "Das war nicht mein Tag" -, Frustrations-Reaktionen können sich an der mangelhaften Technik festmachen: ungünstiger Kamerastand, unwirkliche Farben, Einzelheiten nicht zu erkennen. Allerdings geben die Dauerhaftigkeit und Möglichkeit wiederholter Vorführung, auch vor anderen Personen, den Aufnahmen wiederum ein höheres Gewicht.

Die gegenüber dem *Video-Spiegel* verstärkt auftretenden Vermeidungs- und Frustrations-Reaktionen erfordern ein noch behutsameres Vorgehen beim Einsatz des *Video-Rückspiegels*.

Falls diese Abwehrmechanismen die therapeutische Video-Arbeit "infiziert" haben, dominiert die Angst, bloßgestellt zu werden, über jede Veränderungsbereitschaft. Das Medium ist zum Feind geworden. In einem solchen Fall könnte die zeitweise Solidarisierung mit dem Patienten gegen die "kalte" Technik helfen, wieder emotional sicheren Boden zu gewinnen. Erst zu einem späteren Zeitpunkt kann dann ein neuer Versuch - zuerst mit dem *Video-Spiegel* - gewagt werden.

Das hauptsächliche Einsatzgebiet des *Video-Rückspiegels* liegt bei der distanzierten Betrachtung und Analyse des eigenen Verhaltens, so, wie es andere zu sehen bekommen. In der Konfrontation mit eigenen Aufnahmen kommt es zu einem Konflikt zwischen dem Realbild auf dem Bildschirm und dem persönlichen Selbstbild. Dieses Selbstbild läßt sich als eher statisches, körperbezogenes "Ideengebäude" verstehen, das Teil der umfassenderen Selbsttheorie ist.

Diese Vorstellungen, die wir über uns selbst haben, ordnen und erklären unser sinnliches, kognitives und soziales Erleben und geraten in Gefahr, einzuknicken wie die Stützpfeiler eines Gebäudes, wenn wir uns mit einem fremden, aber unleugbaren Realbild unseres Selbst auseinandersetzen müssen. Wie ein erdbebensicheres Hochhaus kann eine realitätsnahe und gut fundierte Selbsttheorie durch Video-Konfrontation kaum erschüttert werden. Je notdürftiger und instabiler diese Konstruktion allerdings ist, desto größer auch die Gefahr eines Einsturzes und damit des psychischen Zusammenbruchs.

Besonders Patienten mit Abhängigkeitskrankheiten "verbiegen" ihr Selbstbild, um sich weiterhin Suchtmittel genehmigen zu können. So erlebt sich der Adipöse in der Regel schlanker, als er wirklich ist, und muß - um diese Illusion und das gewohnte Eßverhalten aufrechtzuerhalten - Hinweisen auf sein Realbild aus dem Wege gehen oder sie leugnen. Adipositas-Patienten steigen meist nicht regelmäßig auf die Waage oder täuschen sich selbst, indem sie sich nur nach einem (vorübergehend gewichtszehrenden) Saunabesuch wiegen, Figur kaschierende Kleidung tragen oder realistische Fotos als "schlecht getroffen" abtun.

Therapeutisch sinnvolle Video-Konfrontation umfaßt mehrer Schritte:
- Herausgreifen eines Aspekts des Körperbilds oder Verhaltens
- Anleitung zu dessen sachlicher Analyse durch den Patienten
- Herausarbeiten der Störungsimplikationen (z.B. für die Selbsttheorie)
- Besprechung und Planung von alternativen Verhaltensweisen
- Realisierung der gewählten Verhaltens-Alternative mit Video-Dokumentation

Anhand eines Therapieabschnitts in der Behandlung eines Stotterers soll das Vorgehen in 10 Schritten beispielhaft verdeutlicht werden:

1. Aufnahme einer Rollenspielszene mit dem Camcorder, wobei der Stotterer einen Mitpatienten nach der Uhrzeit fragt
2. Rückspulen der Kassette zum Szenenanfang (sichtbarer Rücklauf oder über Zählwerk)
3. Instruktion des Patienten, bei der Vorführung vor allem seine Armbewegungen zu beachten
4. Wiedergabe der Szene über den Bildschirm
5. Anleitung, die Zusammenhänge zwischen Wortfindungspausen und Armbewegungen zu analysieren (*Armverrenkungen in Wortfindungspausen*)
6. Wiederholte Wiedergabe charakteristischer Ausschnitte bis zur gelungenen Analyse
7. Herausarbeiten der "Funktion" dieses unbewußten Ausdrucksverhaltens (*Pausenfüller, als Demonstration intensiven Bemühens und Verhinderung des Gesprächsabbruchs*)
8. Instruktion, die Arme bei der Verhaltensprobe locker hängen zu lassen
9. Erneute Aufnahme und Rückspulen
10. Wiedergabe und Evaluation der Verhaltensänderung (*Arme locker, flüssigere Sprechweise*)

Dieses Beispiel demonstriert auch, daß die therapeutische Wirkung der Selbstkonfrontation - oder des **audio-visuellen Videofeedbacks**, wie das Verfahren auch genannt wird - von der Fokussierung der Aufmerksamkeit auf das "richtige" Verhaltenselement abhängt, hier die unbewußt gebliebenen Armverdrehungen, die das Stottern begleiten. Eine Konfrontation mit dem Stottern an sich hätte möglicherweise zu einer hohen psychischen Belastung ("wirklich so schlimm?") geführt und wäre zudem bestenfalls wirkungslos geblieben, da die Selbstaufmerksamkeit bei Stotterern ohnehin hauptsächlich auf das Sprechverhalten gerichtet ist.

Wie bei anderen therapeutischen Verfahren auch, hängt der Erfolg des *Video-Rückspiegels* von der sorgfältigen Einsatzplanung ab, die Zeitpunkt, Instruktion und Ziel der Intervention berücksichtigen muß. Wenn in der Literatur widersprüchliche Ergebnisse - von "schädlich" über "unwirksam" bis zum "therapeutischen Durchbruch" benannt werden, so hat das mit der Schwierigkeit zu tun, alle erfolgsbestimmenden Faktoren wissenschaftlich zu erfassen.

Video-Selbstkonfrontation ist therapeutisch besonders sinnvoll, wenn:

- die Verhaltensstörung verfestigt ist, wie z.B. bei Abhängigkeiten, Tics und Zwängen
- der Patient wenig Motivation zeigt
- der Therapeut gering motiviert ist
- ein deutliches, gut beobachtbares Verhalten vorliegt
- das störende Verhalten vom Patienten nicht bemerkt oder wenigstens nicht aufmerksam beobachtet wird
- das Verhalten durch Instruktion leicht zu ändern ist

Zur wirksamen Video-Selbstkonfrontation gehört auch das Einbeziehen oder Ausschalten der Tonaufnahme. Um bestimmte Verhaltensweisen, wie z.B. Gesten, besonders deutlich hervortreten zu lassen, wird die Lautstärke auf Null gedreht. Wenn es mehr um sprachliches Ausdrucksverhalten geht, kann auch das Bild weggeregelt werden. Nach der getrennten Analyse von Sprach- und Bildkanal, kann die Zusammenführung beider Kanäle zu neuen und überraschenden Beobachtungen führen. Auch dem erfahrenen Therapeuten, der sich der Suggestibilität mancher Patienten unschwer entziehen kann, dürfte diese video-gestützte 2-Kanal-Analyse zu aufschlußreichen und weiterführenden Erkenntnissen verhelfen.

Die Fokussierung auf wesentliche Einzelheiten einer aufgenommenen Szene und die Verwendung von Wiedergabe im **Zeitraffer, Zeitlupe** oder **Einzelbild** erleichtert die Analyse, weil sie sich vermehrt auf unbewußte Verhaltenselemente stützt. Im Zeitraffer (beschleunigte Wiedergabe) werden langfristige Veränderungen sichtbar, in Zeitlupe (verlangsamte Wiedergabe) minutiöse Verhaltensdetails, während das Einzelbild (Pause) erlaubt, charakteristische Momente herauszugreifen und in eindrucksvoller Weise festzuhalten.

Die Benützung des *Video-Rückspiegels* ist natürlich nicht auf Selbst-Konfrontationen beschränkt, in der Therapie hat sie auch bei der **Dokumentation von Fortschritten** ihren festen Platz. Es gehört zu den schönsten Momenten einer erfolgreich abgelaufenen Gruppentherapie, die Video-Kassette mit den ersten Übungen noch einmal vorzuführen. Unglaublich, wie schlecht das Erinnerungsvermögen an bereits verlerntes Verhalten ist!

Video-Brennspiegel
Als Sonderform des *Video-Rückspiegels* konzentriert der *Brennspiegel* die Video-Rückmeldung auf das Wichtigste. Damit verliert die Arbeit mit Video zum Teil ihren "kulinarischen Charakter", der aus der konsumatorischen Haltung des Fernsehzuschauers stammt. Durch Vorführen von Ausschnitten mit ausgewählten Verhaltensdetails wird ein starker Eindruck beim Zuschauer erzeugt: Unerwünschtes Verhalten erscheint vergrößert und dominant, erwünschtes deutlich und vorbildlich. Die technisch einfache Manipulation erzeugt oder verstärkt die Motivation, das eigene Verhalten zu ändern. So lassen sich aggressive, aber sonst selbstsichere Patienten mit ungenügender Selbstaufmerksamkeit mit diesem Vorgehen leicht dazu bewegen, eigenes Verhalten zu überdenken und an einer Veränderung zu arbeiten.

Die Video-Technik bietet drei Möglichkeiten zu dieser Manipulation von Aufzeichnungen. Am einfachsten ist es, mehrere Verhaltensproben eines Patienten mit schrittweiser Annäherung an das erwünschte Verhalten auf der Video-Kassette zu speichern und nur die letzte (beste) vorzuführen. Zusätzlich ist es wichtig, die

Aufmerksamkeit durch Instruktion auf gelungene Verhaltensdetails zu lenken; Wünsche - vor allem in der Gruppe - auch mißlungende Szenen sehen zu können, werden am besten ignoriert.

Eine technische Verfeinerung des *Video-Brennspiegels* verlangt nach dem **elektronischen Schnitt.** Während man Film immer noch mit der Schere, Bild für Bild, im Original trennen und neu zusammenkleben kann, muß man für den elektronischen Schnitt eine Kopie ziehen. Erst in dieser Kopie sind die gewünschten Ausschnitte in der geforderten Abfolge aneinandergereiht. Das "Mutterband", also das Original, bleibt unverändert.

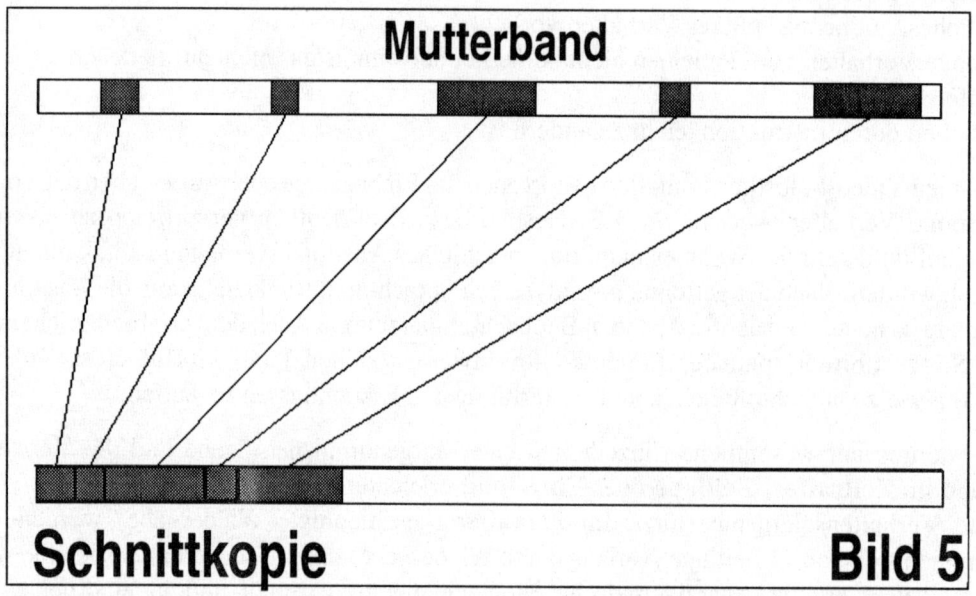

Damit der Zusammenschnitt, also die Kopie, originaltreu wirkt, muß die "Mutter" selbst eine gute Bild- und Tonqualität aufweisen. Für das Bild bedeutet das geringes Rauschen (Bildgrieseln), scharfe Konturen und lebensechte Farben, für den Ton vor allem gute Sprachverständlichkeit (kein Rauschen oder Brummen).

Die Herstellung einer Schnittkopie verlangt zuerst die Markierung der gewählten Ausschnitte, etwa, indem szenenweise die Zählerstände für Ein- und Ausstieg notiert werden. Der Videorecorder sammelt dann Szene für Szene, indem er bei Erreichen der Markierung (Zählerstand) von (Aufnahme-)Pause auf Aufnahme geschaltet wird. Die Pausenarretierung wird erst mit Ende der gewünschten Szene wieder gedrückt. Durch Aneinanderreihen der Ausschnitte und eventuell zusätzliches Vertauschen der Reihenfolge auf dem Mutterband entsteht ein Video-Konzentrat, mit dem sich flüchtige Beobachtungen fixieren und eindrucksvoll belegen lassen.

Einen filmähnlichen Eindruck wird man mit diesem Verfahren nicht erzielen. Dazu müßten auch Bilder von einem anderen Kamarastandpunkt, von bestimmten Details, sogenannte Zwischenschnitte, vorhanden sein und außerdem müßte der Schnitt so ausgeführt werden, daß die einzelnen Einstellungen flüssig ineinander übergehen, also optisch "logisch" sind. Da es jedoch nicht darum geht, die Arbeit eines berufsmäßigen Cutters zu imitieren, sondern darum, Details, die sonst in der Bilderflut untergehen würden, herauszuarbeiten, ist die einfache Aneinanderreihung völlig ausreichend.

Wem die filmische Gestaltung dennoch wichtig ist, sollte sich ein sogenanntes Schnittsteuergerät zulegen. Damit läßt sich die Schnittfolge vorweg - probeweise - festlegen, schon vor der Aufzeichnung betrachten und gegebenenfalls ändern. Das Umspulen zwischen den markierten Ausschnitten erledigt das Schnittstuergerät selbsttätig. Wenn die dadurch bedingten Wartezeiten nicht stören, lassen sich auch ohne Kopieren kondensierte Szenen vorführen.

Die Technik des *Video-Brennspiegels* bietet sich zur Lenkung der Selbstaufmerksamkeit an. Diese, **fokussiertes Videofeedback** genannte Selbstkonfrontation macht Patienten auf unerwünschte Verhaltensdetails aufmerksam und hilft ihnen durch erneutes Feedback bei der Änderung und Verbesserung ihres Verhaltens. Vor allem aber das sogenannte **Selfmodeling** durch *positives* Videofeedback ist als das wirksamste Video-Verfahren in die Literatur eingegangen. Sportliche Leistungen wie Skifahren lassen sich damit ebensogut verbessern wie selbstsicheres Verhalten.

Alle Patienten, die bereits mit Videofeedback zurechtkommen, können auch vom Selfmodeling profitieren. Wie der Name schon nahelegt, lernen sie hierbei am eigenen Modell. Indem sie im *Video-Brennspiegel* verdichtete und vorbildliche Einzelheiten ihres Verhaltens nachahmen, die aus einer größeren Zahl von Verhaltensproben herausgeschnitten wurden, verbessern sie zumindestens die Häufigkeit gewünschten Verhaltens. Folgen weitere Selfmodeling-Schritte, können damit gänzlich neue Fähigkeiten aufgebaut und unerwünschte effektiv gelöscht werden. Für Patienten erhöht es die Wahrscheinlichkeit einer geglückten Nachahmung dadurch entscheidend, daß es sich bei den Modellvorgaben um Verhaltensweisen aus dem eigenen Repertoire handelt.

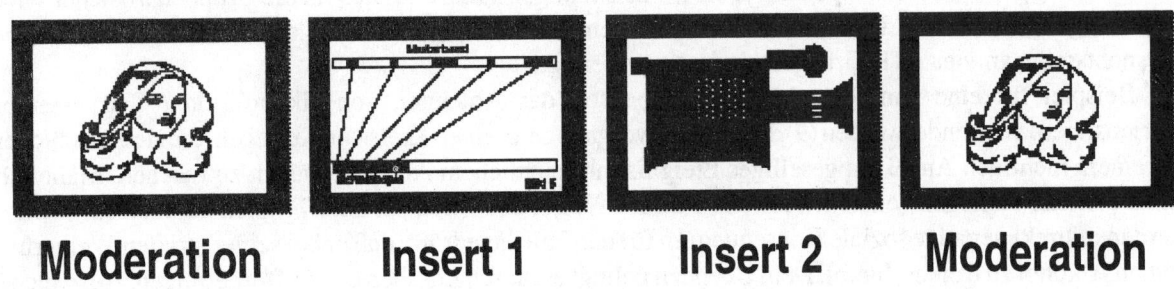

Moderation **Insert 1** **Insert 2** **Moderation**

Szenenabfolge bei Video-Instruktion   **Bild 6**

Video-Instruktion

Das Vermitteln von Wissen, die Anleitung zur Lösung von Aufgaben und die Einstllung zu vorgegebenen Situationen lassen sich per Video meist besser, genauer und exakt wiederholbar vermitteln als direkt in Worten. Das gilt für Testinstruktionen, für Beobachtungsaufgaben, aber auch für Strategien im Sozialkontakt oder der Selbstinstruktion. Selbst wenn die *Video-Instruktion* für sich in der Therapie noch wenig verwendet wird, könnte sie der kognitiven Verhaltenstherapie wesentliche Impulse geben.

Die Produktion solcher auf Kassette gespeicherter Instruktionen ist - orientiert man sich nicht an den Qualitätsstandards der Medien - bereits im Ein-Mann (Frau)-Betrieb möglich. Die Kamera ist auf den Instruktor gerichtet, der ein vorbereitetes und möglichst auswendig parates Manuskript, ähnlich wie ein Nachrichtensprecher, präsentiert. Hilfreich - und das Bildmedium besser nützend - sind sogenannte *Inserts*, d.h. Schaubilder, die in graphisch einfacher Form und deutlich beschriftet, Abfolgen oder Zusammenhänge illustrieren. Richtwert für die Zeitdauer eines Inserts ist das langsame, zweimalige Lesen der Beschriftung. Inserts können an eine Moderation bildlich angefügt und "aus dem Off" kommentiert oder nachträglich in eine fertige Moderation (Insertschnitt - siehe Gebrauchsanweisung des Camcorders) eingefügt werden.

Als gutes Beispiel für eine *Video-Instruktion* kann die in den *Münchner Therapiefilmen* vorgestellte Anleitung zum Gedanken-Stopp gelten. Dabei wird eine Doppelmoderation gezeigt, in der ein Moderator die Instruktionen des anderen direkt ausführt. Dieses Verhaltensmodell verstärkt die Wirkung auf den Zuschauer und erhöht die Chance der richtigen Nachahmung.

Video-Modell

Für Verhaltensproben und Übungen ist der Einsatz von *Video-Modellen* nahezu unersetzlich, da als Alternative nur eine Modellvorgabe durch Therapeut und Co-Therapeut in Frage kommt. In aufgezeichneten Szenen führen Akteure - die keine Berufs-Schauspieler sein sollten - vor, wie eine schwierige soziale Situation durch Einsatz bestimmter Verhaltensweisen am besten gelöst werden kann. Bei komplexen Situationen genügen zwei Akteure nicht mehr, so daß schon für die Modellvorgabe meist Patienten mit einbezogen werden müssen - ein häufig unübersichtliches und in seiner Wirkung kaum kontrollierbares Arrangement.

Zudem stehen geübte Co-Therapeuten für die Einzelsitzungen kaum und auch für die Gruppenarbeit nur selten zur Verfügung. Die Erwartung, daß "life"-Modelle dennoch wirksamer sind als "konservierte", wurde in einer Versuchsreihe an vier ATP-Gruppen eindeutig widerlegt.

Als Beispiel für eine komplexe Modellvorgabe soll das Ablehnen von alkoholischen Getränken bei Betriebsfeiern verwendet werden (9). Die Modellvorgabe zeigt einen Kreis von Kollegen, die sich anschicken, aus einem nichtigen Anlaß ein geselliges Ereignis mit reichlichem Alkoholkonsum zu machen. Männliche und weibliche Kollegen versuchen jeweils auf ihre Weise, den Übenden zum Trinken zu überreden. Dabei werden indirekt negative soziale Konsequenzen für den Fall angedroht, daß er bei seiner strikten Weigerung, keinen Alkohol zu trinken, bleibt. Dem Übenden gelingt es, durch Löschen der Aufforderungen, Ausweichen auf ein Alternativgetränk und gesellige Haltung, nicht nur seine Ablehnung beizubehalten, sondern auch in die Rolle des Spielverderbers abzurutschen.

Daß solch komplexe Situationen "life" - mit den Mitteln einer therapeutischen Praxis - als Modellvorgabe nicht annähernd so brauchbar darzustellen sind, liegt auf der Hand. Nur in einem eigenen Produktionsschritt vor dem Einsatz in der video-unterstützten Therapie können alle Rollen so "besetzt" werden, daß ein genügend hoher Schwierigkeitsgrad für den Übenden erreicht wird. Mag auch in einfachen Modellsituationen mehr die Bequemlichkeit des Therapeuten vorherrschen, nicht Modell spielen zu müssen, ist es in komplexen geradezu unmöglich. Dazu kommt in beiden Fällen die Überlegenheit einer geprobten und von Fachleuten aus mehreren Szenen ausgewählten Aufnahme. Verhaltensmodelle zu erstellen ist demnach einem Kreis von Experten vorbehalten, die neben dem technischen Wissen über langjährige Erfahrung mit Verhaltensproben verfügen.

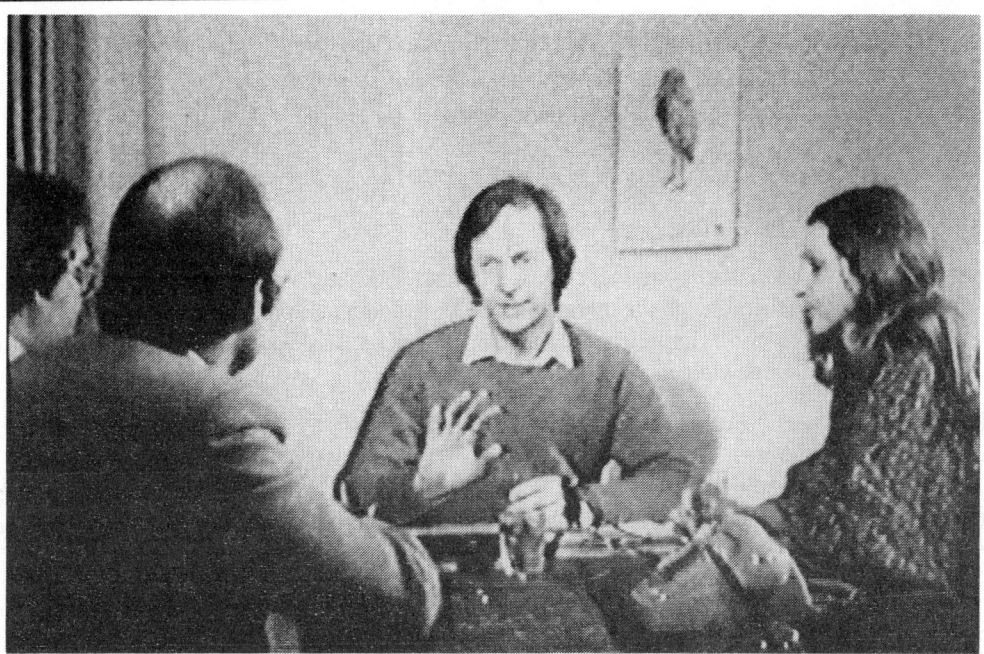

Grenzen der videounterstützten Therapie

Innerhalb der Verhaltenstherapie ist der Video-Einsatz bereits so selbstverständlich, daß das sorgfältige Abwägen von Nutzen und Schaden allzu häufig unterbleibt. Neben der möglichen Gefährdung von Patienten beschränken ethische sowie juristische Überlegungen den ungehemmten Einsatz dieser Technik.

Schon mit Beginn einer Aufnahme begibt sich der Therapeut auf ethisch-rechtlich unsicheres Terrain. Wiedergabe, Vorführung oder gar die Kopie einer Patientenaufnahme lassen ungeahnte Probleme wachsen. Ohne in die Einzelheiten der Rechtsprechung zu gehen, kann man Regeln formulieren, die den Umgang mit therapeutischem Video juristisch weitgehend entschärfen:

- Keine versteckte Kamera oder Mikrophone
- Patienten auf die Aufnahme und ihren Zweck gründlich vorbereiten
- Einverständnis für Aufnahme und Verwendung einholen
- Aufnahmen von Patienten besser nicht für Modellvorgaben verwenden
- Einverständnis für eventuell vorgesehen Verbreitung (zu Lehrzwecken, als Modellvorgabe) **nach** der Aufnahme schriftlich einholen
- Aufnahmen von Patienten vermeiden, die gesellschaftlich stark negativ bewertetes Verhalten zeigen (sexuelle Bloßstellungen, belustigendes, groteskes oder weitgehend unkontrolliertes Verhalten)
- Einverständnis für die Vorführung vor anderen Zuschauern einholen
- Vorführung bei starken negativen Reaktionen (Patient, Zuschauer) abbrechen
- Patienten-Aufnahmen nach Verwendung löschen (Löschdrossel nützlich)
- Patienten Kassetten nicht verleihen und diebstahlsicher verwahren

Die Video-Technik ist nicht uneingeschränkt nutzbar. Auf der einen Seite sind es Probleme der beruflichen Verantwortung und Schweigepflicht, die den Einsatz begrenzen, auf der anderen Überlegungen zum Nutzen der unterschiedlichen Verfahren, die bei jedem Patienten in jedem Therapiestadium neu anzustellen sind. Auch wenn die wissenschaftliche Untersuchung der Wirksamkeit nur die Erhöhung der Motivation bei Patient und Therapeut als unbestreitbare Wirkung belegen konnte, so muß sich der Anwender doch vor Augen halten, daß alle Studien heute hinter dem breiten und doch immer spezifischeren Einsatz hinterherhinken. Auch stehen der Verhaltenstherapie mit der geschickten Kombination von Techniken, wie *Video-Modell* und *Video-Rückspiegel*, umfangreiche video-gestützte Behandlungsverfahren zur Verfügung, deren Ergebnisse bislang nicht oder nur nur unzureichend untersucht wurden.

Zur Vertiefung empfohlen

Mittenecker, E. (1987). Video in der Psychologie. Bern, Stuttgart, Toronto: Verlag Hans Huber.
Sowohl die wissenschaftliche als auch die therapeutische Verwenduung von Video findet in dem kompakten, 161 Seiten starken Buch, neben der technischen Anleitung ausführliche Berücksichtigung. Ein eigenes Kapitel ist der Theorie der Video-Wirkung gewidmet.

Hellauer, D. & Ullrich , R. & Ullrich de Muynck, R. (Neubearbeitung 1991). ATP-Grundkurs/Aufbaukurs, Cassetten 1-7: Münchner Therapiefilme
Die Umsetzung der Übungen des Assertiveness Training Programms in Video-Material stellt das komplette und umfassende Therapiekonzept auch im Bild vor. Neben Video-Instruktionen, wie die Anleitung zum Gedankenstop, sind Modellvorgaben aller Übungen für die therapeutische Anwendung enthalten.

Video aktiv, die Fachzeitschrift für Videofilmer (Jahrgang 1993). Stuttgart: Vereinigte Motor Verlage
Die journalistisch gut gemachte Fachzeitschrift bietet eine laufende Übersicht über videotechnische Neuheiten mit Rubriken für Anfänger und Profis. Die in diesem Jahrgang enthaltende Serie "Filmwerkstatt" bringt eine brauchbare Anleitung für die Herstellung von Videos.

Anmerkung:
Die Verwendung der Schreibweise Patient oder Therapeut verzichtet - zugunsten der besseren Lesbarkeit - auf Doppelformen für beide Geschlechter.

Literatur

Gebhard, Ch. (1003), Hai 8 In: Video aktiv I/93. Stuttgart.
Mittenecker, E. (1987). Video in der Psychologie. Bern, Stuttgart, Toronto: Verlag Hans Huber.
Hellauer, D. & Wenzel, B. (1989). Veränderung des Körperschemas bei Gewichtsreduktion - eine Videostudie In Kügelgen, B. (Hrsg.). Video in Psychiatrie und Psychotherapie. Berlin Heidelberg: Springer-Verlag
Wenzel, B. (1991). Das Körperselbstbild und sein Einfluß auf langfristige Erfolge von Gewichtsreduktion, mit und ohne Verhaltenstherapie. München: Dissertation an der Medizinischen Fakultät der LMU
Epstein, S. Entwurf einer integrativen Persönlichkeitstheorie. In: Filipp, S.-H. (Hrsg.), Selbstkonzept-Forschung. Stuttgart: Klett-Cotta Verlag, 1976
Ellgring, H. (1989). Der Wert des Videos in der Psychotherapie. In Kügelgen, B. (Hrsg.), Video in Psychiatrie und Psychotherapie. Berlin, Heidelberg: Springer Verlag
Hellauer, D. & Ullrich, R. & Ullrich de Muynck, R. (1991). ATP-Grundkurs, Cassette 2. Münchner Therapiefilme
Hellauer, D. & Ullrich, R. (1981). Einsatz von Videomodellen im Assertiveness Training Programm. Vortragsmanuskript IAAPP, Kurzfassung in : Stille, D. & Hartwich, P. (Hrsg.), Video in klinischer Arbeit von Psychiatern und Psychotherapeuten. Berlin 1983.
Ullrich, R. & Ullrich de Muynck, R. (4. Aufl. 1987), Einübung von Selbstvertrauen und sozialer Kompetenz. Teil III. München, Pfeiffer Verlag
Hellauer, D. & Ullrich, R. & Ullrich de Muynck, R. (1991. ATP-Grundkurs, Cassette 6. Münchner Therapiefilme
Kügelgen, B. (1989). Rechtlich-ethische Probleme mit Video. In Kügelgen, B. (Hrsg.), Video in Psychiatrie und Psychotherapie. Berlin Heidelberg: Springer-Verlag

Therapie von Angst- und Panikstörungen

• Bernd Hippler •

Die Diagnose und Therapie von Angsterkrankungen ist für die Verhaltenstherapie schon seit ihrem Beginn ein zentrales Forschungsgebiet. Während allerdings früher hauptsächlich sogenannte monosymptomatische Ängste wie Tierphobien oder Naturphobien im Mittelpunkt des Interesses standen, wurden sogenannte komplexe Phobien wie Agora-, Klaustro-, Herzphobie und Panikstörung kaum untersucht und behandelt. Sie galten als prognostisch ungünstig, da stringente Erklärungsmodelle fehlten, die klassischen Therapietechniken wie systematische Desensibilisierung und flooding noch nicht genügend untersucht waren und ein langfristiger Behandlungserfolg ausblieb. Gleichzeitig bestand für die Praktiker das Dilemma, daß sie nahezu keine der vielfach untersuchten und in Instituten behandelten monosymptomatischen Ängste sahen, sondern fast ausschließlich nur stark generalisierte und komplexe Ängste. Für diese reichte oft das therapeutische Angebot nicht aus. Mitte der 70er Jahre setzte nun ein gewaltiger Boom zur Erforschung und Behandlung des Phänomens ein: Es kam zum Jahrzehnt der Ängste (Hand 1989). Die relevante Literatur zum Thema „Angst" erreichte nach einer Computer-Untersuchung von Marks (1987) einen Umfang von ca. 11000 Artikeln und mindestens 46 Büchern in den letzten davorliegenden sieben Jahren. Die Zahl der Veröffentlichungen zu dieser Thematik steigt besonders im deutschsprachigen Raum noch weiter an (Margraf & Schneider 1989; Emmelkamp, Bouman & Scholing 1993). Sie unterscheiden sich allerdings nur noch im wissenschaftlichen und praktischen Anspruch voneinander, nicht grundsätzlich in der Erklärung und in den Behandlungsansätzen. Kürzlich jedoch zeigte sich ein Aufbegehren der Praktiker (Köhlke 1992) gegen allzu stark symptomorientierte Vorgehensweisen in der Verhaltenstherapie, die meist die Literatur beherrschen. Es schlossen sich Leserbriefe im Diskussionsforum der Zeitschrift „Verhaltenstherapie" (1993) an. Die hauptsächliche Kritik am gegenwärtigen verhaltenstherapeutischen Vorgehen richtet sich gegen eine Vernachlässigung des Konflikthintergrunds, der in der ambulanten Praxis vermutlich deutlicher wahrgenommen wird als bei kurzfristigen stationären Behandlungen. Auf diese sehr kontrovers geführte Diskussion wird unten im Kapitel „Therapieplanung" noch weiter eingegangen.

Ich möchte mich auf die Seite der Praktiker schlagen, wenn sie aus der Anwendung bestimmter Behandlungsmethoden kein wissenschaftliches Dogma machen, sondern je nach Patient entscheiden, ob symptomorientiert oder „am Symptom vorbei" (Hand 1986) oder als Kombination von beidem vorgegangen wird. Leider sind Untersuchungen über die jeweilige Indikation therapeutischer Anwendungen in ambulanten Praxen nicht bekannt. Sehr wohl wurde aber die Wirkung von symptomorientierten Verfahrensweisen in Kombination mit Problemlösetraining, kognitiver Umstrukturierung, Kommunikations- und Selbstsicherheitstraining untersucht. Wann allerdings eine Behandlung am „Symptom vorbei" durchgeführt werden kann, ist noch ziemlich offen und muß der Erfahrung des Praktikers überlassen bleiben. Diese ist bei einer beispielsweisen zehnjährigen therapeutischen Tätigkeit und einem Anteil von 30-40% Angstpatienten in der ambulanten verhaltenstherapeutischen Praxis allerdings beträchtlich. Man kann davon ausgehen, daß ein Praktiker durchschnittlich 300-400 Angstpatienten während einer therapeutischen Tätigkeit im Laufe von zehn Jahren behandelt.

Diese hohe Anzahl läßt sich auch in epidemiologischen Untersuchungen nachweisen, die belegen, daß 10,3 bis 13,9% der Gesamtbevölkerung einmal im Leben an Agoraphobie, Panikstörung, an einfacher Phobie oder Zwangsstörung erkranken werden. Dabei liegt der Prozentsatz der halbjährlichen Prävalenzrate für Agoraphobie und Panikstörung allein zwischen 4,9 und 8,2% (Hand 1989). Angst- und Panikstörungen treten häufiger bei Frauen als bei Männern auf, meistens im Verhältnis 2:1. Dagegen findet sich in vielen anderen

Angaben das Verhältnis von Frauen und Männern von 3,5 : 1 bei generalisierten Angststörungen noch einmal erhöht. Viele Beschreibungen zu Angststörungen sind daher dazu übergegangen, nicht mehr von Patienten, sondern von Patientinnen zu sprechen, da sich die Angstbehandlung weit häufiger an Frauen richtet als an Männer. Damit sind Ängste und Phobien bei Frauen die vorscherrschendsten Beschwerden unter den psychopathologischen Krankheitsbildern, bei Männern stehen sie an zweiter Stelle nach dem Alkoholismus. Agoraphobien und Panikstörungen treten zudem häufiger auf als soziale Phobien und entstehen durchschnittlich zwischen dem 24. und 32. Lebensjahr (siehe dazu die epidemiologischen Übersichten von Emmelkamp, Bouman und Scholing 1993, 52ff.).

Es hat sich weiterhin gezeigt, daß eine frühbehandelte Angststörung zu relativ schnellen und stabilen Therapieerfolgen führen kann. Die Nichtbehandlung dagegen oder die lange Verzögerung einer Psychotherapie durch vorausgehende somatische und pharmakologische Behandlung kann zu weitreichenden sekundären Konsequenzen führen, wie z.B. zur sekundären Sucht durch Alkohol, Drogen und Tranquilizer, zu chronischen Depressionen als Folge der Minderung der Lebensqualität, zu weiterer Chronifizierung früherer Entwicklungsdefizite, zur emotional-kognitiven Nivellierung durch die immer wieder zu beobachtende Dauermedikation, zur Beeinträchtigung der Lebensqualität und erhöhtem Gesundheitsrisiko durch Psychopharmaka und den Abbau primärer Therapiemotivation mit schließlich resignativem Rückzug in die Krankheit (Hand 1989).

Im Folgenden sollen von allen Angststörungen exemplarisch Agoraphobie und Panikstörungen beschrieben werden, und zwar hinsichtlich der Abgrenzung zu normaler Angst, Klassifikation und Diagnostik, Verhaltensanalyse, Therapieplanung und therapeutischen Anwendungen.

1. Grenzen zwischen „normaler" und „pathologischer" Angst

Angst ist im allgemeinen ein lebensnotwendiges Gefühl, das sich nach Meinung der Emotionsforscher aus Furcht, Ärger, Traurigkeit, Schuld und Scham (Izard 1981) zusammensetzt. Furcht dagegen gilt als Spezialfall von Angst und gehört zu den zehn angeborenen, fundamentalen Gefühlen. Bei ihr kann jeweils ein konkreter beobachteter Auslöser fesgestellt werden. Die Disposition, mit Angst zu reagieren, scheint von einer generellen Angstbereitschaft abzuhängen, die sich aus der sensiblen Art der Wahrnehmung von Angstsituationen und deren Bewältigung ergibt. Im allgemeinen wird unterschieden zwischen Angst als Persönlichkeitsmerkmal (trait) und einem mehr oder weniger zeitlich begrenzten anhaltenden Zustand (state), zu dem die Angststörungen gehören.

Man kann sechs typische Charakteristika von Angst formulieren, die in Tabelle 1 zusammengefaßt sind:

Sechs Charakteristika von Angst in Anlehnung an Sims & Snaith (1983)

1. Angst ist ein emotionaler Zustand mit subjektivem Erleben von Furcht oder einem Gefühl (Schrecken, Terror, Horror, Bedrohung, Panik). Statt Kontrolle macht sich Hilflosigkeit breit.
2. Das Gefühl ist unangenehm. Es wird von Ungewißheit begleitet und dem Verlust von Sicherheit.
3. Es richtet sich auf die Zukunft. Es besteht ein Gefühl von Bedrohung ohne Hoffnung auf Bewältigung.
4. Entweder besteht keine reale Gefahr, oder die bevorstehende Bedrohung steht nach vernünftigem Ermessen in keinem Verhältnis zur ausgelösten Gefühlsreaktion.
5. Das Angstgefühl wird von subjektiv wahrgenommenen körperlichem Unwohlsein begleitet (besonders oft Engegefühl in der Brust).
6. Es bestehen manifeste körperliche Funktionsstörungen (Herzrasen, Atemnot, Beklemmungen, Taubheitsgefühl etc.).

Tabelle 1. Charakteristika der Angst

Die Grenze zwischen der „normalen" Angst und der pathologischen, behandlungsbedürftigen Angst besteht darin, daß:
- aus der Fähigkeit, die angstauslösende Situation zu kontrollieren, Hilflosigkeit wird
- die gewünschte Sicherheit verlorengeht und Ungewißheit aufkommt
- statt der Hoffnung auf Bewältigung ein zunehmendes Gefühl unkontrollierbarer Bedrohung entsteht, das sich auf die Zukunft richtet

Phobische Zustände sind nach Marks (1987) eine spezielle Form der Angst, die erstens den Bedingungen der Situation nicht angemessen sind, zweitens weder durch Erklärungen noch durch rationale Begründungen beseitigt werden können, drittens keiner freiwilligen Kontrolle unterliegen und viertens zu einer Vermeidung der gefürchteten Situation führen. Außerdem müssen die Zustände zeitlich überdauernd sein, auch andere Lebensbereiche beeinträchtigen und eigene Erklärungs- und Bewältigungsversuche können nicht zu ihrer Beeinflussung herangezogen werden.

Die „normale" Angst dagegen läßt nach, sobald der angstauslösende Stimulus verschwunden ist oder wenn geeignete Bewältigungs- oder Kontrollmöglichkeiten gefunden worden sind. „Normale" Angst wird als Signal auf einen bedrohlichen Reiz verstanden und entsprechende Handlungen können dagegen eingesetzt werden, während die pathologische Angst als Lähmung und Handlungsunfähigkeit beschrieben wird.

2. Klassifikation und Diagnose von Angststörungen

Klassifikatorische und diagnostische Fragen zu Angststörungen werden im „Diagnostic and Statistical Manual of Mental Disorders" (DSM-III-R 1987) und in der „Internationale Klassifikation psychischer Störungen" (ICD 10 1991) ausführlich beschrieben. Zudem findet sich bei Margraf & Schneider (1989, S. 18) eine gute Gegenüberstellung der einzelnen Diagnoseschlüssel.

Kritisiert wird im allgemeinen, daß die Panikstörung besonders im DSM-III-R gegenüber der Agoraphobie deutlich schwerer gewichtet wird. Dies suggeriert einen stärkeren endogen verursachenden Anteil bei den Panikstörungen, der durch die Verabreichung von Psychopharmaka, insbesondere Benzodiazepinen, behandelt werden kann. Durch eine Reihe von Untersuchungen konnte dagegen nachgewiesen werden, daß psychologische Behandlung sehr wohl bei Angstanfällen wirkt und nicht wie ursprünglich behauptet wurde, diese nur der rein medizinischen Behandlung zugänglich seien (Margraf & Schneider 1989).

Zur Differentialdiagnose von Panikstörung, Agoraphobie und Panikstörung mit Agoraphobie dient Tabelle 2. Wesentliches Kriterium der Unterscheidung von Panikstörung und Agoraphobie ist die Vermeidung von Situationen, die bei der ersteren nicht auftritt, wohl aber bei der Agoraphobie. Bei den *Panikstörungen mit Agoraphobie* kommt es allerdings zu ausgeprägtem Vermeidungsverhalten, Angst vor Kontrollverlust und Vermeidung bestimmter Situationen. Hilfreich ist es, die Frage zu stellen, warum vermieden wird. Handelt es sich um eine agoraphobe Situation oder um eine Situation, in der der erste Panikanfall stattgefunden hat, so daß hier eine Konditionierung besteht.

Differentialdiagnostisch müssen vor der Diagnose einer Angststörung noch folgende körperlichen Erkrankungen ausgeschlossen werden:

Hypoglykämie: Absinken des Blutzuckerspiegels wirkt sich auf das Zentralnervensystem aus und produziert als Folge Noradrenalin. Dadurch können Symptome auftreten wie Angst, Schwitzen, Tachykardie, Zittern und Hunger.

Hyperthyreose: Überfunktion der Schilddrüse ist durch einen Schilddrüsenfunktionstest vorher auszuschließen.

Herzkrankheiten: Es wurde ein mäßig starker Zusammenhang von Mitralklappenprolaps und Angststörung gefunden.

Karzinoide: Karzinoide Tumore produzieren unter anderem Serotonin. Dadurch entsteht Hautrötung mit Tachykardien.

Entzugserscheinungen: Besonders nach raschem Entzug von Alkohol und Drogen, ebenso nach Tranquilizern, steht Angst im Vordergrund der Symptomatik.

Unmäßiger Konsum von bestimmten Substanzen: Kaffee und koffeinhaltige Produkte können in ähnlicher Weise Angststörungen hervorrufen.

Vergleich von Panikstörung und Agoraphobie

Panikstörung	Agoraphobie
• 4 Symptome während eines 10minütigen Anfalls (z.B. Dyspnoe, Schwindel, Herzklopfen, Zittern, Depersonalisation, Erstickungsgefühle) • Antizipationsangst im Hinblick auf Kontrollverlust: somatisch: Herzinfarkt, Ohnmacht, Körper "läßt mich im Stich" psychisch: Angst verrückt zu werden, Ereignisse können nicht unter Kontrolle gehalten werden Verhalten: Verlust der Selbstkontrolle (aus dem Fenster springen, vom Lift/Turm springen, schreien) sozial: Scham über aufgetretene Beschwerden in der Öffentlichkeit • keine Angst vor bestimmten äußeren Situationen	• Vermeidungsverhalten steht im Vordergrund als Differentialdiagnostik zu Panik • Situationen "subjektiver Monotonie": Schlange stehen, im Stau stehen, beim Friseur sitzen, warten müssen • Situationen mit dem Anspruch, "plötzlich flüchten zu können". Veranstaltungen mit Menschenmassen, Autobahnfahren, Aufzüge • Situationen mit großen freien Orten: Räume, Plätze, Brücken, Wiesen • Festhalten an sicheren Ritualen und Gegenständen (Auto, Fahrrad, Tasche, Tablette, die nicht genommen wird, bestimmte Wege) • Vermeidung von Alleinsein: In Begleitung von Bezugspersonen kann alles getan werden, was sonst unmöglich erscheint • Katastrophale Gedanken besonders stark ausgeprägt

Tabelle 2: Vergleich von Panikstörung und Agoraphobie

Bei der Diagnose "Panikstörung mit Agoraphobie" treten beide Symptomgruppen in Kombination miteinander auf.

Von *anderen psychischen Erkrankungen* werden Angststörungen folgendermaßen abgegrenzt:

Die Panikstörungen sind zu unterscheiden von Hypochondrie und generalisierter Angststörung. Die Hypochondrie bedeutet eine anhaltende Überzeugung, krank zu werden, und ist nicht auf die Anfallszeit beschränkt. Die generalisierte Angststörung ist durch eine allgemein lang anhaltende Aktivierungserhöhung gekennzeichnet. Bei den Panikstörungen kommt es dagegen durchaus zu einem Spannungsabbau in den anfallsfreien Zeiten.

Die Agoraphobie ist abzugrenzen von Depressionen und sozialen Phobien. Bei diesen Patientengruppen kommt es auch, wie bei den Agoraphobien, zu Isolation und Vermeidung, allerdings fehlt es depressiven Patienten zusätzlich noch generell an Interesse und Antrieb. Bei sozialen Phobien werden speziell soziale Kontakte aus Angst vor Peinlichkeit, Bloßstellung und fehlender Durchsetzungsfähigkeit vermieden.

Damit ergibt sich folgende **Verlaufsanweisung zur Diagnosestellung** bei Panikstörung ohne und mit Agoraphobie und Agoraphobie ohne Panikstörung:
1. Beschreibung der Symptomatik auf allen vier Verhaltensebenen (Körper, Gedanken, Gefühl und Verhalten)
2. Ausschluß von organischen Faktoren (Krankheiten und/oder Entzug bzw. Mißbrauch von Alkohol und Drogen)
3. Abgrenzung zu psychischen Erkrankungen wie Psychosen, Hypochondrie, generalisierte Angststörung, Depression, soziale Phobie, Zwangsstörung, Ehekonflikte
4. Angstanfälle ohne Vermeidung bestimmter Situationen ergibt die Diagnose „Panikstörung ohne Agoraphobie" (DSM-III-R 300.01)
5. Angstanfälle mit Vermeidung bestimmter Situationen ergibt die Diagnose „Panikstörung mit Agoraphobie" (DSM-III-R 300.21)
6. Vermeidung bestimmter Situationen, weil dort diffuse Angst, Schwindel, Herzjagen, Ohnmacht-, Umfallangst auftreten könnte, ergibt die Diagnose „Agoraphobie ohne Paniksyndrom in der Vorgeschichte" (DSM-III-R 300.20)

Die dazu besten Entscheidungsdiagramme sind bei Hand (1986, S. 287) und Margraf & Schneider (1989, S. 17) zu finden.

Panikstörungen treten meist abrupt und, wie so häufig beschrieben, „aus heiterem Himmel" auf. Typischerweise tritt die Panikstörung in einer Situation auf, die der Patient zuvor schon viele Male erlebt hat, ohne daß dabei plötzlich und unerwartet ein intensives Gefühl der Angst eingesetzt hätte. Die dabei auftretenden massiven körperlichen Beschwerden werden als so alarmierend und unverständlich erlebt, daß die Angst, verrückt zu werden oder zu sterben, sich verstärkt und der Betroffene meist sofort ein Krankenhaus oder einen Arzt aufsucht. Danach setzt oftmals ein erhebliches Vermeidungs- und Fluchtverhalten ein, das wiederum die Antizipation von Angst in gleichen oder ähnlichen Situationen erheblich steigert. Mit jeder Flucht wird das Angstniveau erhöht, und die Annäherung an die Situation, in der der erste Panikanfall aufgetreten ist, wird erheblich erschwert. Es tritt sehr bald eine starke Angstgeneralisierung ein. Während die eigentliche Panikstörung häufig schon nach mehreren Monaten wieder abklingt, besteht oft das Meideverhalten langfristig weiter. Bei den Panikstörungen ohne Agoraphobie ist die Bewältigungsstrategie des Patienten in der Regel so stark, daß er den Vermeidungsstrategien widersteht und sich daraus deshalb keine zusätzliche Agoraphobie entwickelt. Können dagegen die ursprünglich angstauslösenden Situationen nicht mehr aufgesucht werden und bringt der Patient auch wenig Mut auf, diese aufzusuchen, entsteht eine rasche Generalisierung auf andere Angstsituationen und damit eine stark generalisierte Angst.

3. Erklärungsansätze zur Entstehung von Angststörungen

Geschichtlich bedeutsam für die Ätiologie von Angst war Mowrers Zwei-Faktoren-Theorie von Angst und Vermeidung. Nach dieser Theorie werden Phobien als ursprünglich neutrale Stimuli aufgrund traumatischer Ereignisse mit einem zentralen motivationalen Angstzustand assoziiert (klassische Konditionierung), und die darauffolgende Vermeidung dieser Stimuli wird durch Reduktion dieses aversiven Zustandes negativ verstärkt (operante Konditionierung). Nach dieser Theorie wirkt vermutlich der erste Angstanfall selbst als traumatischer Stimulus und wird durch Konditionierung mit körperlichen Vorgängen zum Auslöser für weitere Angstanfälle. Die Vermeidung des Angstreizes bzw. die Flucht auf den konditionierten Reiz führt zu Spannungsabbau und damit zur Aufrechterhaltung der Symptomatik. Dieses Erklärungsmodell ist mittlerweile umstritten und eher brauchbar für die Entwicklung einer Phobie, weniger für graduelle Entwicklungen, was bei den meisten Patienten mit Agoraphobie und Panikstörungen der Fall ist. Gerade bei diesen Patienten kann nicht immer angenommen werden, daß eine klassische Konditionierung an der Entwicklung beteiligt ist.

Ein schon umfangreicheres, sogenanntes integratives Modell der Entstehung, hat Mathews (1981) vorgelegt, das besonders durch verschiedene Vulnerabilitätsfaktoren erklärt wird. Zur Entstehung von Angst braucht es nach diesem Modell eine familiäre Umgebung, in der besonders ein sogenanntes „Angstmilieu" herrscht. Gleichzeitig besteht bei den gefährdeten Patienten eine hohe genetische Ladung für Trait-Angst. Die nonspezifischen Belastungen führen zu einer fehlerhaften Kausalattribution auf externe Situationen. Diese werden schließlich vermieden, und es kommt durch die vermehrte Anteilnahme von Bezugspersonen zur positiven Verstärkung.

Gerade in den letzten Jahren haben kognitiv-lerntheoretische Modelle an Bedeutung gewonnen. Danach sind Fehlattributionen, externe Kontrollüberzeugungen, Erwartung katastrophaler Konsequenzen und damit fehlgeleitete Wahrnehmung und Interpretation der Umgebung für die Entstehung von Angststörungen verantwortlich (Beck & Emery 1985). Dabei konnte auch festgestellt werden, daß die Agoraphobie um so schwerer ist, je mehr sie extern kontrolliert erscheint. Bedeutsam für die kognitive Therapie von Angststörungen ist auch die Annahme von Beck und andere, daß Ängste vor den agoraphobischen Situationen bereits vor dem ersten Angstanfall vorlagen. So wird beispielsweise davon ausgegangen, daß der jeweilige Angstpatient schon als Kleinkind z.B. überfüllte Geschäfte und enge Räume als bedrohlich empfunden hat. Tatsächlich ist es so, daß die meisten Angstpatienten, auch auf der Suche nach kognitiven Erklärungsmodellen in ihrer eigenen Angstgeschichte, durchaus Situationen ihrer Kindheit beschreiben können, in denen sie Angst katastrophal erlebten.
Es wurde dabei sowohl die Kontrolle der Angst nach außen verlagert als auch das Gefühl von Hilflosigkeit erlebt.

Eine sehr prägnante Erklärung zur Entstehung von Angst liefert das „Psychophysiologische Modell der Angstanfälle" (Margraf & Schneider 1989). Dieses Modell, das ursprünglich von Ehlers stammt, läuft im wesentlichen in fünf Schritten ab und ist auch die Grundlage für das „Teufelskreis-Modell", das zur Erklärung für Patienten verwendet wird. Dabei kommt es zu folgendem Ablauf:
a) Infolge situativer Stressoren oder emotionaler Reaktionen treten physiologische und kognitive Veränderungen ein.
b) Diese Veränderungen werden wahrgenommen.
c) Die kognitiven und körperlichen Veränderungen werden unmittelbar mit Gefahr assoziiert.
d) Die wahrgenommene Bedrohung löst Angst und Panik aus. Es kommt zu einem weiteren Ansteigen der Angst.
e) Interne und externe Stressoren erhöhen die Wahrscheinlichkeit von physiologischen und kognitiven Ereignissen, ebenso individuelle Prädispositionen sowie situative Faktoren externer und interner Art.

Nach diesem Modell kann die Therapie an jeder Stelle einsetzen. Es wird davon ausgegangen, daß die einzelnen Faktoren zur Angstentstehung und -aufrechterhaltung miteinander in einer Wechselwirkung stehen und sich nicht monokausal bedingen. Dabei ist auch eine einseitige Überbewertung kognitiver Erklärungen, wie dies in der Vergangenheit geschehen ist, nicht ausreichend. Die kognitive Neubewertung der Angstsituation führt insgesamt zur Angsterleichterung, sie stellten jedoch nicht den kausal wirksamen Faktor zum Abbau der Ängste dar.

Auf der anderen Seite wurde bislang ein enger Zusammenhang zwischen der Neigung zu Hyperventilation und der Entstehung von Ängsten angenommen. Dadurch wurden die körperlichen Prozesse überbetont. Auch hier hat man vereinfachend angenommen, man könne nur durch Veränderung von Atemtechniken zu einem raschen Abbau der Angststörungen kommen. Eine Reihe von Untersuchungen dazu legten jedoch nahe, daß die Angst- und Panikanfälle nicht das direkte Ergebnis der körperlichen Prozesse und damit auch nicht allein von Hyperventilation sind, sondern das Ergebnis der katastrophalen Interpretation dieser körperlichen Empfindungen (Emmelkamp, Bouman & Scholing 1993). Eine starke Reaktion auf Hyperventilation ist nach Untersuchungen von Margraf et al. (1991) nicht spezifisch für Personen mit Angstanfällen. Vielmehr wird angenommen, daß es sich dabei um ein generelles Merkmal von Personen mit Angstproblemen handelt. Die Patientengruppen beschrieben die Angst während und nach der Hyperventilation zwar subjektiv unterschiedlich, die physiologische Vulnerabilität auf Hyperventilation war dagegen zwischen den Angstgruppen nicht zu unterscheiden. Aus diesen Untersuchungen ergibt sich, daß vermutlich Angst- und Panikstörungen deswegen in der Vergangenheit so schwer zu behandeln waren, weil von einem multifaktoriellen Geschehen ausgegangen werden muß und einseitige kausale Annahmen der komplexen Störung nicht gerecht werden.

Bei Angststörungen lassen sich besonders häufig belastende Lebensereignisse finden. Diese wurden ebenfalls intensiv untersucht. Die Ergebnisse variieren allerdings beträchtlich. Während jeder Praktiker nach einigen Jahren Angsttherapie häufig als massiv belastenden Hintergrund in der momentanen Lebensgestaltung eine Ehe- oder Beziehungsproblematik finden kann, ist die empirische Nachweisbarkeit von Eheproblemen bei der Entstehung, Aufrechterhaltung und Behandlung von Phobien immer noch ungesichert. Dies mag an den unterschiedlichen Untersuchungsmethoden liegen. So wurde einerseits festgestellt, daß sich die Ehen von Patienten mit Angststörungen keinesfalls von Ehen anderer unterscheiden. Es wurde allerdings nicht das Maß an Enge und die Autonomiebestrebung eines der beiden Partner untersucht. Es scheint jedoch festzustehen, daß manche Ehen „von Agoraphobikern nach erfolgreicher Phobietherapie von beiden Partnern erheblich verbessert werden; in anderen kommt es nach erfolgreicher Therapie zur Trennung; in wieder anderen verbleibt die Agoraphobikerin in einer schlechten Ehe, intensiviert aber nach erfolgreicher Phobietherapie ganz erheblich ihre sozialen Außenkontakte" (Hand 1989, S. 48).

Die Untersuchungsergebnisse, die belastende Lebensereignisse bei Beginn der Angststörung nachweisen können, schwanken zwischen 33% und 84%. Das heißt, es muß den belastenden Lebensereignissen bei Beginn einer Agoraphobie und/oder Panikstörung immerhin eine bedeutende Rolle eingeräumt werden.

4. Verhaltensanalyse und Therapieplanung

Diese Erklärungsmodelle legen eine besonders sorgfältige Verhaltensanalyse bei Angststörungen nahe. Sie sollte sowohl die Mikroanalyse als Erfassung von auslösenden und aufrechterhaltenden Bedingungen, als auch die Makroanalyse als Beschreibung der derzeitigen funktionalen Bedingungen in der Lebensumwelt des Patienten enthalten.

Mikroanalyse:
Bei Agoraphobien und Panikstörungen finden sich gleichermaßen externe und interne Auslöser (S).
Die externen Auslösebedingungen können in drei Hauptgruppen unterteilt werden:
a) Situationen „subjektiver Monotonie":
  Damit sind Situationen gemeint, die ein gewisses Maß an Aufmerksamkeit verlangen, das mit Routinehandlungen und bisweilen absoluter Inaktivität gekoppelt ist (Rost 1990, S. 361), z.B. Warten in jeder Situation: Warteschlangen im Geschäft, beim Friseur, beim Arzt, im Stau, beim Autofahren, auf längeren monotonen Strecken etc. Dies können auch und besonders solche Situationen sein, in denen der Patient nach vorherigem längeren Streß zur Ruhe kommt und seine Körperempfindungen zu beobachten beginnt.

b) Situationen mit Einengung der Bewegungsfreiheit:
   In diesen Situationen haben Patienten die Vorstellung, sich von einem bestimmten Ort nicht sofort wegbewegen zu können. Alle Orte, die nicht die sofortige Flucht erlauben, wann immer es nötig erscheint, sind angstbesetzt und werden gemieden. Dies kann das Fahren auf der Autobahn von einer Einfahrt zur nächsten Ausfahrt sein oder eine Veranstaltung bzw. Prüfung, die eine bestimmte Zeit andauert, oder der Aufenthalt in der U-Bahn und anderen Verkehrsmitteln.
c) Situationen mit Entfernung von sicheren Orten und Personen:
   In diesen Situationen muß die ängstliche Person die Anwesenheit vertrauter Bezugspersonen oder Orte aufgeben. Das sind vorzugsweise Beziehungspartner, Ärzte, Krankenhäuser, das eigene Auto als „Sicherheitszelle". Solche Patienten wählen sehr häufig den Entfernungsradius danach aus, ob in angemessener Zeit die entsprechende Person oder der Ort als Sicherheitsanker erreicht werden kann. Je nach Störung kann aber auch gerade die Anwesenheit eines Partners als Enge interpretiert werden, und es kommt gerade bei dessen Anwesenheit zu Ängsten. Der Anspruch nach Schutz durch den Partner bzw. dessen Vermeidung (was gleichbedeutend mit dem Gefühl der Enge ist) gibt den Ausschlag, welche Situation jeweils angstauslösend ist.

Die internen Auslösebedingungen betreffen Gedanken, körperlich-physiologische Wahrnehmungen und Gefühle. Sie sind meist unerklärbar, scheinbar „wie aus heiterem Himmel" kommend und passen entweder nicht zum bestehenden Selbstbild, oder der bisherige Schutz ist verlorengegangen oder hat gar nie bestanden. Das Selbstbild ist bisher darauf ausgerichtet gewesen, sich selbst in den unterschiedlichen Bereichen vertrauen zu können, oder es ist bis zum jetzigen Zeitpunkt durch ähnliche Vorfälle nicht erschüttert worden. Es wird besonders von der Idee bestimmt, wie z.B. „Ich weiß, was ich tue, ich kann mich auf meinen Körper verlassen, meine Gefühle sind neutral oder angenehm". Mit der ersten Panikattacke wird dieses Selbstbild in Frage gestellt, und statt dessen sagt sich der Patient nun: „Auf meinen Körper ist kein Verlaß. Wenn ich mich nicht mit meinen Gedanken und durch ständige Beobachtung kontrolliere, bin ich verloren. Bin ich dazu selbst nicht in der Lage, muß ich mir Hilfe von außen holen." Andererseits wird der Patient, dem es schon immer an Vertrauen zu sich mangelt, von der Idee beherrscht, sich selbst nicht genügend unterstützen zu können.

Von der *organismischen Disposition (O)* her, liefern diese Patienten oft das Bild einer leicht erregbaren, über längere Zeit unter nonspezifischem (daher nicht wahrgenommenem) Streß stehenden Person. In den ersten probatorischen Sitzungen sprechen sie oft sehr schnell, hastig, zeigen hektische und fahrige Bewegungen tic-artigen Ausmaßes. Von der *persönlichen Disposition* her neigen sie zu starker sozialer Anpassung und Unterordnung, geben die Kontrolle über die eigene Lebensgestaltung mehr nach außen ab, Konflikte werden zugunsten von Harmonie, Sicherheit und Geborgenheit eher vermieden und es bestehen oft deutliche Fusionstendenzen mit anderen Menschen (siehe dazu auch Sulz 1992).

Die *Reaktion (R)*, auf allen vier Ebenen beschrieben, zeigt physiologische Erregungen, beruhend auf Atemnot, Herzklopfen, Schwindel, Benommenheit etc. (siehe dazu Körper-Checklisten bei Emmelkamp, Bouman & Scholing 1993; Koppenhöfer 1993, S. 161). Die kognitiven Interpretationen führen fast regelmäßig zu katastrophalen Beurteilungen, wie z.B. aus Herzklopfen wird Herzinfarkt, aus Schwindel wird ein Gehirntumor bzw. es kommt zu Umfallen und Ohnmacht. Die Assoziation mit Gefahr wird durch Erinnerung an ähnliche gehörte Ereignisse bei Bekannten, aus der Zeitung oder aus Fernsehberichten hergestellt. Die Gefühle werden als Hilflosigkeit, Kontrollverlust, Depression, Unsicherheit und Gelähmtheit beschrieben. Diese stehen allerdings weit weniger im Vordergrund wie die von den Patienten berichteten körperlichen Beschwerden.

Die *Konsequenzen (K)* auf das Angsterleben sind in der Regel negative Verstärkung durch Flucht und positive Verstärkung durch größere Aufmerksamkeit und Anteilnahme der jeweiligen Bezugsperson. Durch Flucht und Vermeidung kommt es zwar zu einem raschen Angstabbau, und daher wird die jeweilige Wiederholung oder neue Konfrontation mit dem Angstreiz allmählich zu einer Erwartungsangst: der Angst vor der Angst. Mit Eintritt in die angstauslösende Situation wird die jeweilige Erregung größer als zuvor, und es kommt im Sinne des Teufelskreis-Modells der Angst zu einem weiteren Ausbau der Angstsymptomatik. Durch Fürsorge und vermehrte Aufmerksamkeit der Bezugspartner, die auch immer Ärzte sein können, bekommt der jeweilige Angstpatient erhebliche Verstärkung und Aufmerksamkeit in einem sonst möglicherweise bereits sehr reduzierten Leben. Nicht selten kommt es zu einer Art von „Doktor-Shopping", worunter die Neigung des Patienten verstanden wird, keiner der bisher festgestellten Diagnosen trauen zu können und statt dessen weiterhin nach organischen Ursachen der Erkrankung suchen zu müssen. Dahinter verbirgt sich sehr häufig die mit jeder neu durchgeführten organischen Untersuchung verbundene Aufmerksamkeit durch Arzt und medizinisches Personal und gleichzeitig die negative Verstärkung, wenn keine organischen Hinweise gefunden worden sind. Zumindest zeitweilig wird so das verlorengegangene Bedürfnis nach Schutz, Sicherheit und Kontrolle durch außenstehende Personen erfüllt. Die doppelte Art der Verstärkung, negative und positive, wirkt allerdings als ein sehr löschungsresistentes Muster zur Aufrechterhaltung der Angststörungen.

Neben den negativen Verstärkungen durch Flucht- und Vermeidungsverhalten der Angstsituation direkt, ist eine ganze Reihe anderer Strategien von Patienten bekannt. Dazu gehört vor allem die Tendenz, bestimmte Gegenstände in die Angstsituation hineinzunehmen. In Anlehnung an die psychoanalytische Terminologie möchte ich diese mitgeführten Objekte zur Vermeidung (oder als subjektive Bewältigungsstrategien) als „Übergangsobjekte" bezeichnen. Darunter verstehe ich die Unfähigkeit, sich vom Auto entfernen zu können, das Mitführen von Handtaschen, Tabletten oder auch nur noch Tablettenhülsen, bestimmte Kleidung oder die Durchführung bestimmter gleichlaufender, automatisierter Rituale, die noch keine Zwangsstörungen sind. Auch dadurch versuchen Patienten die aufgetretene Angstsituation zu vermeiden. Die Kenntnis solcher, teilweise subtiler Vermeidungsstrategien ist besonders wichtig, wenn Konfrontationstechniken durchgeführt werden. Bei Beibehaltung solcher Strategien ist jeweils zu prüfen, ob es sich dabei wirklich um Bewältigungsstrategien oder um Vermeidungen handelt, wodurch die eingesetzte Konfrontationsmethode oft unwirksam werden kann.

Makroanalyse:
In der Makroanalyse werden Fragen gestellt, die die Funktion der Angststörung betreffen. Diese Fragen können lauten: Wozu ist die Angststörung gut? Was wäre, wenn die Ängste nicht da wären oder schon in den nächsten Tagen verschwinden würden? Welche Auswirkungen hätte dies auf die unterschiedlichen Lebensbereiche wie Beziehung, Beruf, persönliche Interessen usw.? Was ist das eigentliche Problem?
Diese Fragen beziehen sich auf die Signal- und Appellfunktion von Verhaltensweisen: auf mögliche vorhandene Sinnkrisen derzeitiger Lebensgestaltung, auf Erwartungen beim Übergang in eine neue Lebensphase, auf fehlendes Vertrauen und fehlende Ressourcen bei der Bewältigung bestimmter Aufgaben und allgemein auf den Grund der jetzigen Blockade, durch die sich der Angstpatient an seiner Weiterentwicklung gehindert fühlt.
Dabei geht es zunächst nicht um eine psychoanalytische Fragestellung in dem Sinne, daß die festgestellte Symptomatik lediglich als Symbol für einen dahinterliegenden tiefergehenden Konflikt angesehen wird. Es geht aber doch um ein Verständlichmachen der jetzigen Situation für den Patienten, „wenn etwa die nunmehr bewußte Intention der Angststörung mit sozial akzeptableren Strategien realisiert wird" (Hand 1986). Die Verwendung der neurotischen Angstbewältigungsmechanismen ist für die Patienten im allgemeinen sehr kränkend und wird von vielen als „kindhafte Verhaltensweise" interpretiert. Deshalb vertrauen sie sich auch

nur den nächststehenden Personen an und erwecken auch in der Therapie oft den Eindruck, daß sie sich von der Angststörung gleichzeitig durch Lächeln distanzieren, so als wären sie doch über ihre Angst erhaben. Wenn nun dieser unverständlichen Angstentstehung und -aufrechterhaltung eine sinnvolle Erklärung zugeschrieben wird und die Behandlungsstrategien danach ausgerichtet werden können, führt dies zu einer erheblichen Erleichterung. Dadurch können auch die oft selbstbeschuldigenden, verachtenden Äußerungen des Patienten über sich selbst wegen dieser Angststörungen reduziert werden. Professionelle Erklärungen lediglich auf der Mikroebene gegeben, reichen für viele Patienten nicht aus, da sie selbst schon über eine Reihe von Erklärungsmodellen, die mehr den Problemhintergrund betreffen, verfügen. Eine Sammlung möglicher Konflikte auf der Ursachenebene, die den Hintergrund zum Auftreten von Ängsten bildet, findet sich bei Rost (1990).

In Anlehnung daran soll eine Liste möglicher Konflikte im folgenden wiedergegeben werden:
- Ablösungskonflikt von den Eltern
- persönliche Anbindung durch Hochzeit
- Dominanzkonflikt in der Ehe oder Partnerschaft und der Familie mit Schwiegereltern, Eltern, Kinder usw.
- Dominanz- oder Konkurrenzkonflikt mit Chef, Vorgesetzten, Kollegen, Untergebenen in der Arbeit
- Perspektivkonflikte mit Arbeit, Wohnort, Ausbildung, insbesondere auch zu Prüfungszeiten
- Wartephase, z.B. vor Beginn von Prüfungen
- Verlust oder Trennung von einer ggf. ambivalent geliebten Person
- häusliche Anbindung durch Geburt eines weiteren Kindes
- Perspektivstauung durch Tod, Krankheit, Unfall oder Operation bekannter oder nahestehender Personen
- eigene Krankheit, Unfall oder Operation
- Sinnkonflikte mit Beziehung oder Beruf, insbesondere dann, wenn ursprüngliche Erwartungen nicht mehr erfüllt werden und ein Festhalten daran die persönlich Entwicklung deutlich blockiert

Es fällt dabei auf, daß geschlechtsspezifisch bei Frauen häufiger Konflikte mit intimen Beziehungen und Auseinandersetzungen mit anderen Personen zu finden sind, während berufliche Probleme häufiger den möglichen Konflikthintergrund bei Männern bilden.

Die mit den Konflikten beschriebenen Gefühle können grob in Polaritäten aufgeteilt werden, die andernorts auch als Ambivalenzkonflikte bezeichnet werden: Diese kreisen hauptsächlich um die Thematik „Verlangen nach Schutz und Sicherheit" auf der einen und zunehmende „Autonomiebestrebungen" auf der anderen Seite. Diese sind gleichzeitig begleitet von einem Bedrohungsgefühl der persönlichen Lebensgestaltung durch Enge. Diese kann als Einengung innerhalb der Beziehung erlebt werden oder als Einengung von beruflichen Perspektiven. Auch alle oben genannten Konflikthintergründe stehen in einem ähnlichen Ambivalenzkonflikt zueinander.

In Abbildung 1 "Konflikt zwischen Bedürfnis nach Schutz und zunehmender Autonomiebestrebung" wird auf der linken Seite der zunehmende Verlust von Schutz und Sicherheit beschrieben. Er entsteht durch den realen Verlust oder die Enttäuschungen bzw. Desillusionierungen zu bestimmten Lebenszielen, auch wieder hauptsächlich im Beruf und in der Beziehung. Bisherige Perspektiven scheinen keine Fortsetzung zu finden, so daß eine Veränderung in irgendeiner Weise notwendig wird. Auch der bisherige Sinn der Lebensgestaltung wird bezweifelt. Dies ist besonders auffällig, wenn agoraphobische oder Panikzustände bei Vertretern oder Handlungsreisenden auftreten, die zuvor ihren fahrenden Beruf mehr als 10 Jahre ausübten und nun zunehmend ihre Arbeit bezweifeln und dann in Situationen subjektiver Monotonie Panikzustände und agoraphobische Ängste erleben. Die meist dann folgenden Versuche der Veränderung durch Einbeziehung von Bezugspersonen und Aufstellen von neuen Lebensperspektiven können entweder an der Anpassung an die gegebenen Umstände scheitern oder eigene Bedürfnisse können durchgesetzt werden. Schließlich wird

Therapie von Angst- und Panikstörungen

die Notwendigkeit der Veränderung in der realen Situation oder von kognitiven Einstellungsmustern erkannt und es kann eine Überprüfung bestehender Ressourcen im Hinblick auf das erwünschte, zu erreichende Zielverhalten durchgeführt werden. Verläuft diese negativ, kommt es zu Angst, Verzweiflung und Unsicherheit über die künftige Lebensperspektive.

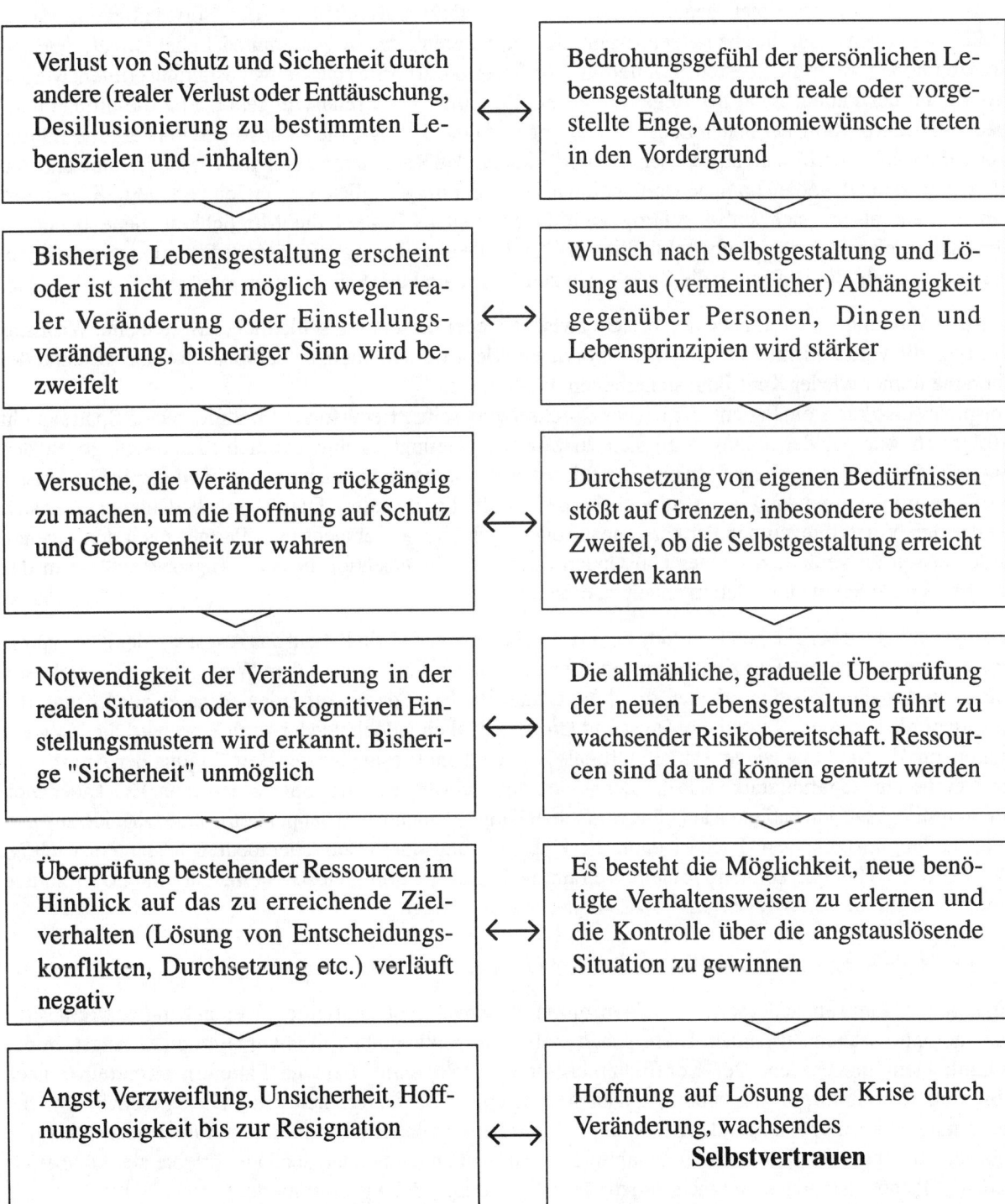

Abbildung 1. Konflikt zwischen Bedürfnis nach Schutz und zunehmender Autonomiebestrebung

Auf der rechten Seite von Abbildung 1 wird die bestehende Lebenssituation als Enge, Unsicherheit, Hoffnungslosigkeit bis zur Resignation und in der Folge bis zu ernsthaften depressiven Verstimmungen erlebt. Autonomiewünsche treten mehr in den Vordergrund, so daß die ursprüngliche Schutzfunktion verlorengeht. Der Wunsch nach Selbstgestaltung und Lösung aus der Abhängigkeit Personen, Dingen und bestimmten Lebensprinzipien gegenüber, wird immer stärker. Damit steigt die Notwendigkeit, eigene Bedürfnisse auch dann durchzusetzen, wenn sie bei anderen oder in bestimmten Lebenssituationen auf Grenzen stoßen. Allerdings bestehen weiterhin Zweifel, ob die erhoffte neue Selbstgestaltung erreicht werden kann, denn der Patient ist in der Regel zu diesem Zeitpunkt noch relativ ungeübt. Erst die allmähliche, graduelle Überprüfung der neuen Lebensgestaltung und erste Erfolge, die zu positiver Verstärkung führen, lassen die Risikobereitschaft anwachsen. Es wird erkannt, daß Ressourcen durchaus vorhanden sind und daß diese auch genutzt werden können. Darüber hinaus wird der ursprünglich nach außen verlagerte Kontrollort immer mehr als zu sich selbst gehörig empfunden, und es besteht die Möglichkeit, neue benötigte Verhaltensweisen zu erlernen und schließlich die Kontrolle über die angstauslösende Situation zu gewinnen. Dadurch entsteht die Hoffnung, die Krise lösen zu können, und das Selbstvertrauen wächst.

Wie in Abbildung 1 auch angedeutet, besteht zwischen jeder dieser unterschiedlichen Stufen eine Wechselwirkung, die vom Patienten jeweils auch ambivalent erlebt werden kann, so daß phasenweise während der Therapie immer wieder Konfliktunsicherheiten möglich sind.
Beispielsweise kann ein Patient, der bei der Durchsetzung seiner Bedürfnisse (3. Stufe, rechte Spalte) nicht erfolgreich war, wieder anfangen an sich zu zweifeln. Gelingt es ihm nämlich nicht, sich gegen den einengenden Partner durchzusetzen und zu riskieren, allein sein zu können, wird er eher wieder in alte Muster der Unterordnung und Anpassung zurückkehren (3. Stufe, linke Spalte). Dies könnte bedeuten, daß er sich wieder den Vorstellungen des Partners anpaßt oder doch wieder versucht, den Partner nach den eigenen Bedürfnissen zu verändern - unter Umständen auch mit Einbeziehung in das „Angstsystem" - um das Bedürfnis nach Schutz und Geborgenheit zu erhalten.

Bezogen auf einen beruflichen Konflikt, könnte dies bedeuten, daß ein Patient aus Angst vor der Übernahme eigener Verantwortung einer Konkurrenzsituation mit seinem Kollegen aus dem Wege geht und statt dessen wieder in der alten Position arbeitet, die ihm vertraut ist. Ist er damit zufrieden, kann es zur Lösung der Angstgefühle kommen. Kehren die Angst und Unzufriedenheit jedoch wieder zurück, so wird die Notwendigkeit zur Veränderung wieder stärker. Oftmals können dann Erfolge bei der Bewältigung der Angst auch das Durchsetzungsgefühl stärken, so daß der notwendige Schritt nun vollzogen werden kann. Es ist aber auch durchaus möglich, daß Patienten auf einer Stufe über längere Zeit hin und her pendeln, ohne wirklich zu einer Entscheidung zu gelangen. Hier ist dann die Unterstützung durch den Therapeuten besonders wichtig. Methoden der Therapie können Problemlösetraining, Zeitprojektion, Selbstsicherheitstraining oder andere Elemente sein, die den blockierten Prozeß wieder in Gang setzen.

Zur Verdeutlichung sollen **Fallbeispiele** im folgenden dazu angeführt werden:

Eine Frau, 28 Jahre alt, leidet seit zwei Jahren, unmittelbar nach der Geburt ihres zweiten Kindes, an klaustro- und agoraphobischen Zuständen. Diese gehen einher mit Beklemmung, Schwindel und der Angst, in der Öffentlichkeit umzufallen. Der Konflikthintergrund besteht darin, daß die Patientin unmittelbar nach Abschluß der Abiturprüfung ihren jetzigen Mann, einen Busfahrer, heiratete. Dies geschah, um der bevormundenden und einengenden Situation im Elternhaus zu entfliehen. Außerdem fühlte sie sich bei ihm geborgen und beschützt, da er um fünf Jahre älter war. Mit zunehmender Ehedauer erlebte sie ihn aber als reinen „Macho", der sich kaum mehr um die Familie und ihre Belange kümmerte.

Es entstand gleichzeitig ein Bedrohungsgefühl durch die Enge und durch die Befürchtung, aus der jetzigen Lebenssituation nicht mehr entweichen zu können. Autonomiebestrebungen treten zum Zeitpunkt des Therapiebeginns deutlich in den Vordergrund. Sie ist enttäuscht über ihren Ehemann und die bisherige Zukunftsperspektive in der Ehe. Als seine Frau ohne sinnvolle Arbeit weiterhin leben zu können, wird bezweifelt. Es kommt hinzu, daß sie ihren früheren Beruf, den sie auf Drängen ihrer Eltern erlernt hat, nicht mehr ausüben will. Die Versuche, den Schutz und die Geborgenheit von früher bei ihrem Mann doch noch zu bekommen, indem sie mit ihm häufiger diskutiert, die häusliche Situation angenehm für ihn arrangiert und ihn bittet, sich mehr um sie und die Kinder zu kümmern, scheitern. Die Notwendigkeit einer Veränderung wird immer drängender, und die bisher mit ihm erlebte und weiterhin erhoffte Sicherheit stellt sich als Enttäuschung heraus. Die bestehenden Ressourcen im Hinblick auf das zu erreichende Zielverhalten, nämlich Kommunikationsstrategien innerhalb der Ehe, der erfolgreiche Gedanke, von ihm getrennt alleine zu leben, finanzielle Unabhängigkeit, Fähigkeit, das Leben unter Umständen mit den beiden Kindern alleine leben zu können, reichen nicht aus. Es kommt hinzu, daß die Patientin aufgrund der Anbindung an die häusliche Situation kaum mehr Freunde und Außenkontakte hat und sich daher völlig dem Mann ausgeliefert fühlt. Es kommt zu Angst, Verzweiflung, Unsicherheit und Hoffnungslosigkeit, die zunächst nach Meinung der Patientin nur durch neuerliche Anbindung an ihren Mann aufgehoben werden können.

Erst im Rahmen der Therapie lernt sie nach gelungener Konfrontation innerhalb der Angstbehandlung Kräfte zu mobilisieren und zumindest teilweise Selbstvertrauen zu gewinnen, so daß sie auch in der Lage ist, Angstsituationen, die sie über Jahre vermieden hat, jetzt ohne ihren Mann durchzustehen. Sie aktiviert Außenkontakte, versucht, sich mit bestimmten Bedürfnissen ihrem Mann gegenüber durchzusetzen und erfährt damit einen enormen Zuwachs an Selbstsicherheit. Allmählich gewinnt sie auch die Sicherheit, neue berufliche Perspektiven entwickeln zu können, und sie entscheidet sich, sich von ihrem Mann zu trennen und ein Studium zu beginnen. Diese Entscheidung wurde allerdings erst nach zahlreichen Versuchen durchgeführt, den Ehemann doch noch zu einer Veränderung der Rollenverteilung innerhalb der Ehe zu bewegen. Die ursprüngliche Angstsymptomatik, die anfangs nach anhaltender Reizexposition völlig abgebaut werden konnte, trat immer wieder dann erneut in verringerter Form auf, wenn die Patientin Zweifel an der neuen Lebensgestaltung hatte oder vor neuen Entscheidungen stand. Waren diese überwunden, konnte sie auch jeweils wieder Aufzug, Bus und Straßenbahn fahren oder andere Orte mit Menschenansammlungen aufsuchen.

In einem anderen Fall berichtet ein damals 35jähriger Mann im gehobenen Dienst einer Behörde von der zunehmenden körperlichen Belastung, die aus selbstgemachten Anforderungen im Beruf entstanden waren. Um beruflich Karriere zu machen und um Anerkennung im Beruf und besonders auch im privaten Bereich zu erlangen, setzte er sich über Jahre hinweg unter Druck, und es kam zu den für Panikstörungen üblichen körperlichen Begleiterscheinungen. Die bisherige Lebensperspektive, Karriere im Beruf zu machen und damit das Bedürfnis nach Anerkennung, Sicherheit und Schutz erfüllen zu können, scheitert. Aufgrund der körperlichen Belastungen ist die bisherige Lebensgestaltung nicht mehr möglich, und Veränderungen sind angezeigt. Nachdem alle Interessen im Freizeitbereich fast völlig abgebaut wurden und kaum mehr Zeit zur Verfügung stand, kam es auch zu einem ganz erheblichen Verstärkerverlust. Versuche, doch noch über die Anpassung an berufliche Anforderungen am alten Karrieredenken festhalten zu können, scheitern. Er ist zunehmend von sich selbst enttäuscht, findet dabei aber auch keine Möglichkeiten, sich bei unterschiedlichen Bedürfnissen und Meinungen den Kollegen oder Vorgesetzten gegenüber durchzusetzen. Aufgrund der zunehmenden körperlichen Belastung fühlt er sich unfähig, entstandene Probleme zu lösen oder Entscheidungen zu treffen. Es kommt zu Verzweiflung, Hoffnungslosigkeit, Unsicherheit und einer fast völligen Abnahme des Selbstvertrauens.

Im Laufe der Zeit entwickelte der Patient nach Behandlung durch Konfrontation starke Wünsche, Beruf und Freizeit nebeneinander als gleichwertig zu betrachten und Anerkennung auch außerhalb des Berufslebens bekommen. Hilfreich dabei ist die Rückbesinnung auf früher ausgeübte Tätigkeiten, so daß durchaus Ressourcen erkennt, die jetzt genutzt werden können. Der Einsatz der benötigten Verhaltensweisen und die Erkenntnis, daß er in der Lage ist, im privaten Bereich zu Selbstverstärkung zu gelangen, bringt die Krise zu einem positiven Ende.

Die **Therapieplanung** hat aufgrund dieser in der Praxis häufig erlebten Beispiele Mikro- und Makroanalyse des Problemverhaltens mit einzubeziehen, um damit auch die Gefahr einer Symptomverschiebung zu vermeiden. Natürlich kann sich die Ausarbeitung der Mikro- und Makroanalysen jeweils verändern, da sie immer als vorläufige Hypothesen gelten, die mit jeder neuen Intervention neu überprüft werden müssen. Erzielen die Interventionen nicht die erhofften Effekte, ist entweder die Behandlungsstrategie nicht gut gewählt bzw. ausgeführt, oder die Funktionsanalyse weist Mängel auf. Im letzteren Fall ist es dann nötig, sich aufs neue zu besinnen und eventuell neue Informationen beim Patienten oder in seiner Umgebung einzuholen (Emmelkamp, Bouman & Scholing 1993, S. 78).

Es bleibt jedoch kein Zweifel, daß nach der Informationsvermittlung, der Selbstbeobachtung von problematischen Verhaltensweisen und der Aufstellung einer Bedingungsanalyse zunächst die Reizexposition bei Angstpatienten die Methode der Wahl ist. Sie steht entweder im Mittelpunkt der Gesamttherapie oder aber hat nur eine begrenzte vorübergehende Funktion. Nach Beendigung der Konfrontation fühlen sich Patienten sehr häufig gestärkt, da der erste Schritt, Selbstvertrauen zurückzugewinnen, erreicht ist. Oftmals ergeben sich daraus weitere spontane Veränderungen, ohne daß auf den Konflikthintergrund eingegangen werden muß.

Durch die symptomgerichteten Übungen kommt es nicht selten auch zu „kathartischer Entblockung" (Hand 1989), und es treten bis dahin vergessene Erlebnisse auf. Darüber hinaus kommt es zu einer Intensivierung der Patient-Therapeuten-Beziehung über die gemeinsam erlebten emotionsreichen Übungen. Dadurch ist oftmals ein rascherer Zugang zum Patienten möglich, der in anderen Therapien viele Sitzungen beanspruchen würde.

Erst nach der Reizkonfrontation wird der Konflikthintergrund angegangen, wenn es vom Patienten gewünscht und mit ihm abgesprochen ist. Die meisten Patienten haben ein starkes Bedürfnis, zunächst die Angst zu reduzieren und dann erst weitere Strategien im Hinblick auf eine größere Autonomie zu erlernen. Es sei darauf verwiesen, daß besonders bei Agoraphobien und Panikstörungen die Patienten unterschiedliche Behandlungsprioritäten hinsichtlich der Therapie haben als die Therapeuten. Während der Patient die Phobie als die entscheidende Behinderung der Lebensführung ansieht, möchte möglicherweise der Therapeut zunächst den Konflikthintergrund behandeln und hofft, dadurch die Beschwerden auf der Symptomebene abbauen zu können, ohne daß sie explizit angegangen werden müssen. Es gibt zahlreiche Untersuchungen dazu, daß diese, wenn auch sehr erwünschten Effekte nicht unbedingt eintreten. Es ist eindringlich davor zu warnen, dem Patienten Konflikthintergründe anzubieten und daran zu arbeiten, wenn der Patient zunächst nur das Beschwerdebild auf der Symptomebene in die Therapie mitbringt. Dadurch würde der Therapeut in unverantwortlicher Weise Entscheidungen präjudizieren, die dem Patienten auf der Suche nach seiner eigenen Form der Autonomie vorbehalten bleiben müssen. So muß es unter Umständen dem Therapeuten genügen, wenn ein Patient durch die angebotene Behandlung, auftretende Angstsituationen zu managen lernt, auch wenn der konfliktträchtige Hintergrund weiter bestehen bleibt. Das verhaltenstherapeutische Vorgehen, das erst den Angstabbau und dann erst die Behandlung von Beziehungs- oder Berufskonflikten angeht, bietet dem Therapeuten Schutz davor, seine eigenen Wertvorstellungen dem Patienten überzustülpen. Statt dessen orientiert er sich eng an der Frage: „Was will der Patient?" Ansonsten wäre die Verantwortung in einer Therapie mit einem Angstpatienten, der starke Unterstützung vom Therapeuten sucht und annimmt, für den Therapeuten kaum zu tragen. Denn wie soll ein Patient zu seiner Selbständigkeit finden, wenn die Ziele nicht selbst gefunden werden können, sondern durch die innere Wertehierarchie des Therapeuten vorgegeben sind?

Eine Therapie am „Symptom vorbei" ist dann indiziert, wenn deutliche Defizite im sozialen Bereich, in den kommunikativen Fähigkeiten und ein allgemein stark erhöhtes Streßniveau gegeben sind. Dann sollte besser der Aufbau sozialer Kompetenzen, die Durchführung eines Kommunikationstrainings und eines Streßbewältigungstrainings bzw. die Veränderung der Streß bedingenden Faktoren vorgezogen werden. Überwiegen dagegen die depressiven Anteile, ist zu überlegen, ob nicht ein Problemlösetraining und der Aufbau von verstärkenden Aktivitäten durchgeführt werden sollen. Auch wenn die funktionalen Anteile, die der Patient dem Therapeuten „anbietet", nicht zu übersehen sind, halte ich es für anmaßend, wenn der Therapeut frühzeitig entscheidet, daß es sich bei den Ängsten um „Warn-, Signal-, Ordnungsherstellungs- oder Ehestabilisierungsfunktionen" (Köhlke, 1993, S. 47) handelt. Diese Frage ergibt sich aus dem Therapieverlauf und kann durch die Konfrontation mit den Angstreizen beantwortet werden. Bei vielen Patientinnen zeigt sich nämlich in der Art, wie sie den Ehemann oder Beziehungspartner in die Therapie einbeziehen möchten, wohin sie eigentlich tendieren. Besteht eine agoraphobe Patientin beispielsweise darauf, ihren Partner als Begleiter beim Busfahren mit einzusetzen, er sich aber beharrlich weigert und ihre Ängste fortwährend ignoriert oder sich darüber lustig macht, kann dies entweder mit ihr alleine oder gemeinsam mit dem Partner thematisiert werden. Oftmals stellt sich dann der Wunsch nach Unterstützung durch den Partner heraus, der auch in vielen anderen Bereichen der Beziehung unerfüllt bleibt. Wünscht aber eine andere Patientin den Partner aus der Therapie fernzuhalten, dann sind die Wünsche nach Autonomie wesentlich deutlicher auszumachen. Wird diese Beobachtung thematisiert, zeigt sich das Bedürfnis der Patientin, sich gegen den Partner auch dann durchzusetzen, wenn er ihr nicht „erlaubt" ihr Leben selbst zu gestalten. Es wird dann ziemlich schnell klar, daß die Patientin die Therapie als den ersten Schritt in eine neue Freiheit betrachtet, und der Therapeut wird spätestens dann ein Teil des partnerschaftlichen „Systems". Er sollte sich der Rolle, die ihm darin zukommt, bald bewußt werden, um nicht in die Beziehungskonflikte der Patientin mit ihrem Partner verstrickt zu werden.

Das in Abbildung 2 aufgestellte **Therapieablaufmodell** bietet meines Erachtens den besten Schutz vor Verstrickungen und eigener Wertepriorität für den Therapeuten und faßt die erläuterten Schritte nochmals zusammen: Nach der *Information* über die Entstehung und Aufrechterhaltung der Angst gewinnt der Patient Einsicht und das anfänglich unerklärliche Geschehen kann zumindest kognitiv nachvollzogen werden. Dadurch entsteht die Hoffnung: „Die Angst ist besiegbar".
Dies wird durch die Bestätigung in der *Selbstbeobachtung* vertieft.
Je nach Bereitschaft wird ein *Reizexpositionsverfahren* gewählt, durch das die Angst entweder schrittweise bewältigt oder induziert und dadurch zur Habituation gebracht wird.
Die dabei auftretenden Gedanken und Erinnerungen werden einer *kognitiven Restrukturierung* unterzogen. Wird mit dieser symptomorientierten Vorgehensweise anhaltender Erfolg erzielt, kann die Therapie beendet werden. Sind jedoch als Folge während der Behandlung Hintergrundkonflikte aufgetreten, deren Lösung für den Patienten unmöglich erscheint, werden diese gesondert angegangen. Dabei wird gleichzeitig überprüft, ob die Lösung der Konflikte zur Angstbewältigung dauerhaft beiträgt und ob bei Unlösbarkeit bzw. Rückfall in frühere Konfliktlösestrategien ein Ansteigen der Angst auf das frühere Niveau zu beobachten ist. Die herausgearbeitete Funktion der Angst wird positiv kausal attribuiert, so daß der Patient den zu bearbeitenden Konflikthintergrund bearbeiten kann. Entsprechend der jeweiligen persönlichen Thematik werden ganze Trainings, Trainingselemente oder spezielle Interventionen mit dem Patienten neu geplant und durchgeführt.

Jeder Schritt im Therapieablaufmodell dient der Hypothesenerstellung und -überprüfung der vorausgegangenen Intervention. Die häufigsten Konflikte bei Angstpatienten sind Partnerschaftsprobleme, berufliche Konflikte, Ablösungsprobleme von nahestehenden Bezugspersonen und „Entwicklungsblockaden". Unter letzten wird die Angst des Patienten verstanden, bestimmte persönliche Ziele in der Zukunft nicht erreichen zu können, sei es, weil die derzeitigen Lebensbedingungen dagegenstehen oder weil die Fähigkeiten dazu nicht ausreichen. Es ist dann zu überlegen, ob wirklich die Fähigkeiten verändert oder aufgebaut werden sollen oder ob es nicht ratsam ist, das bestehende Selbstkonzept zu verändern.

Therapieverlauf

Information über Angstentstehung, Teufelskreismodell

Selbstbeobachtung der Angst auf allen vier Ebenen

Wahl des geeigneten Reizexpositionsverfahrens:
Meidungs- oder Angst-/Panik-Management

Gedankliche Neubewertung: Realitätsprüfung Entkatastrophisieren

Ist symptomorientiertes Vorgehen ausreichend?
Welche Veränderungen ergeben sich dadurch im Leben des Patienten?

Wenn ja, Beendigung der Therapie mit langfristigen Kontrollen
Wenn nein, Überlegung zur Bewältigung des Konflikthintergrundes anstellen

Partnerschaftsproblematik:
Kommunikations- und Konfliktlösetraining; Stärkung der Autonomiebestrebung bei gleichzeitigem Verzicht, sich die Bedürfnisse durch den Partner zu erfüllen, entlastet die Beziehung

Berufliche Konflikte:
Selbstsicherheits- und Entscheidungs- bzw. Problemlösetraining; Streßbewältigungstraining

Ablösungsproblematik:
Abbau von lebenspraktischen Verhaltensdefiziten, Stärkung der Risikobereitschaft, Aufbau der Fähigkeit allein sein zu können

"Entwicklungsblockaden":
Überprüfung bisheriger übergeordneter Lebensziele und Selbstbilder;
Neue Zielfestlegung bzw. Verzicht auf bestimmte Erwartungen erfordert Veränderung des bisherigen Selbstbilds; benötigte Verhaltensstrategien ermitteln und erlernen

Abbildung 2. Therapieablaufmodell der Angsttherapie

5. Therapeutische Anwendungen

Die therapeutischen Methoden werden in Anlehnung an das Therapieablaufmodell beschrieben. Ausführliche Darstellungen finden sich dazu unter den Beschreibungen therapeutischer Verfahren.

Für die **Information** über Angstentstehung und -aufrechterhaltung bevorzuge ich von Anfang an die Durchführung von *Verhaltensexperimenten*. Statt geistreiche intellektuelle Erklärungen zu hören, können diese erfahren werden und haben einen unmittelbaren persönlichen Bezug. Sie können außerdem sofort kausal attribuiert werden. Dazu zählen Übungen zur „inneren Visualisierung" von gegenwärtigen und früheren Angstsituationen, Aufzeichnungen von „internen Dialogen" bei Vorstellung von Angstereignissen, leichte Konfrontation mit einem „ungefährlichen Angstreiz" (z.B. Vorbereitung auf ein lautes Händeklatschen bei geschlossenen Augen) und Besprechung des inneren Erlebens, Rollenspiele zur Ermittlung von Hilfen durch andere Personen bei Auftreten der Angst, Darstellung der familiären Situation seit Eintreten der Angst durch zeichnerische Mittel oder Skulptur sowie natürlich das mittlerweile in allen Angstbroschüren zu findende Teufelskreis-Modell der Angst (besonders gut bei Margraf & Schneider,1989).

Dazu sollen zwei kurze Beispiele gegeben werden:
Bei der Visualisierungsübung kommt es häufig zu Gefühlen der Hilflosigkeit und Scham über die bestehende Angst und der Unfähigkeit mit ihr fertig zu werden. Die oben erwähnte Patientin erinnerte sich beispielsweise spontan an ein angstvolles Erlebnis mit fünf Jahren im Kindergarten. Sie wurde dort zur Strafe (vermutlich öfters) in ein kleines Zimmer eingesperrt. Bei der ausführlichen Visualisierung in einem leichten Trancezustand und der dabei stattfindenden Befragung wurde ihr bewußt, daß das enge Zimmer weniger Angst auslöste als der Gedanke, nun verlassen zu sein und die Idee für immer allein bleiben zu müssen. Sie fühlte sich hilflos und ausgeliefert. Dieses Gefühl entsprach exakt dem jetzt in klaustrophobischen Situationen Erlebten. Dieser wertvolle Hinweis wurde genutzt, um bestehende Fähigkeiten zu ermitteln, die sie heute als Mutter einsetzen würde, um ihren Kindern (3 und 5 Jahre alt) zu helfen.

Es wurde überprüft, ob ähnliche Instruktionen und Handlungen auch ihr heute nützen könnten.
Das persönliche Teufelskreis-Modell wird anhand der geschilderten Beschwerden angefertigt. Das plötzliche Auftreten von Herzklopfen und -rasen beim Autofahren auf langer Autobahnfahrt gilt als *auslösender Reiz*. Er wird als Herzrasen, Atemnot, Schwindel, Gleichgewichtsstörung, Benommenheit und nicht als Antwort des Körpers auf vorausgehenden anhaltenden Streßzustand *wahrgenommen*. Durch die sofortige Erinnerung, daß der Vater an Herzinfarkt gestorben ist, wird die *Assoziation mit Gefahr* hergestellt. Das ist eine Fehlinterpretation. Es kommt zu *Angst* mit Bewegungsdrang, Flucht- und Vermeidungstendenz. Diese wird von *physiologischen Reaktionen* des Körpers begleitet wie Ausschüttung von Noradrenalin, Erhöhung der Herzfrequenz etc. Die damit verbundenen *körperlichen Symptome* (Herzrasen, Schwindel durch schnelles Atmen, etc.) werden verstärkt wahrgenommen. Die Angst steigert sich. Dieses Modell ist für die meisten Patienten unmittelbar einleuchtend, da sie sich damit in ihrer Angst verstanden fühlen und erstmals eine plausible Erklärung haben.

Andererseits können die Angstfunktionen innerhalb der Familie durch eine vergleichende Schilderung bzw. Darstellung sichtbar gemacht werden. Der Patient erkennt, welche Veränderung in den Aktivitäten und in der Art der Beziehungen zwischen den Familienmitgliedern eingetreten sind, seitdem die Angst häufiges Gesprächsthema geworden ist.

Zur Information von Patienten sollten auch die mittlerweile vielen guten Aufklärungsbroschüren genutzt werden. Besonders zu empfehlen ist hierzu: Wittchen et al. (1993) Ratgeber Angst. Was Sie schon immer über Angst wissen wollten!

Unverzichtbarer Bestandteil zur Verifizierung der aufgestellten Hypothesen und gewissermaßen als Training zur Identifikation von Angstreizen ist eine regelmäßige **Selbstbeobachtung** des Angstverhaltens. Die

Patienten tragen zunächst eher undifferenziert das auftretende Angstgeschehen in der Zwei-Spalten-Technik nach auslösendem Reiz und nachfolgendem Verhalten ein. Im weiteren Verlauf der Therapie, insbesondere mit Einführung von kognitiven Methoden, erweitern sie die Spalten noch um die Kategorien „Gedanken" und Konsequenzen der Umwelt oder eigene Handlungen, die zur Bewältigung der Angst führten. Die Spalten werden im Sinne der kognitiven Therapie zunächst im nachhinein ausgefüllt, und zwar in der Reihenfolge: „Konsequenzen auf das Angstgeschehen", „Verhalten bei Angst", „vermutete auslösende Situation" und „Gedanken in /zu der Situation". Damit können sowohl externe als auch interne Angstauslöser identifiziert und später modifiziert werden.

Diese Aufzeichnungen können je nach Therapieschwerpunkt aber auch nur die Intensität und Häufigkeit der Panikzustände in der Darstellung eines „Angstthermometers" erfassen oder hauptsächlich als Körperchecklíste geführt werden, wenn die Ermittlung des körperlichen Beschwerdebilds im Vordergrund steht.

Die Anwendung von **Reizexpositionsverfahren** richtet sich nach der jeweiligen Komplexität der Angst, der Fluchtmöglichkeit und der Bereitschaft des Patienten sich einer Angst induzierenden Technik gegenüber auszusetzen.

Als Faustregel gilt dabei:
- Systematische Desensibilisierung (SD) eignet sich gut bei sozialen Phobien, Tierphobien und sog. gemischten Phobien, nicht dagegen bei Panikstörungen und Agoraphobie. Die nicht unbedingt notwendige, häufig aber doch eingesetzte Entspannung löst bei diesen Patienten eher Angst aus und kann weniger als Entspannung, sondern als erste Konfrontation angesehen werden. Viele Panikpatienten haben bei Behandlungsbeginn bereits leidvolle Erfahrungen mit autogenem Training hinter sich. Fluchtmöglichkeiten bestehen dabei besonders durch gedankliche Ablenkung und fehlende Fähigkeit der Visualisierung. SD kann gut kombiniert werden mit muskulärer Entspannung und Selbstinstruktionstraining.
- Reizüberflutungstechniken, ob graduierte oder massierte Übungen, haben die stärksten empirischen Argumente einer hohen Effizienz auf ihrer Seite. Sie eignen sich besonders gut bei ausgeprägtem Vermeidungsverhalten, und zwar als In-vivo-Übungen, weil die Fluchtmöglichkeiten eingeschränkt sind. Langfristige Exposition (mindestens 100 Minuten) ist besser als halbstündige, schnelle besser als langsame, und häufiges Üben ist unabdingbare Voraussetzung für dauerhaften Erfolg. Gruppenbehandlung ist ähnlich effektiv wie Einzelbehandlung, auch Selbsttherapie nach Manual hat durchaus Erfolgsaussichten.

Wie bereits oben mehrfach erwähnt, führt die Reizexposition sehr schnell zum Kontakt mit dem Angsterleben. Bei Panikstörungen wird der Therapeut mehr Konfrontationsübungen und sogenannte Provokationstests zu internen körperlichen Reizen verwenden, bei Agoraphobien mehr zu externen.

Reizexpositionsverfahren zur Konfrontation mit internen Angstauslösern, insbesondere bei Panikstörungen:
- Hyperventilationstest: Der Test wird als Experiment definiert, bei dem der Patient schnell und tief 60 Atemzüge pro Minute nimmt. Es wird eine Auswertung und ein Vergleich mit einem Angstanfall vorgenommen und das Ergebnis kausal attribuiert. Die körperlichen Vorgänge dabei werden als normale Reaktion beschrieben und detailliert erklärt (siehe dazu Leidig 1993, S. 169). Er ist eindrucksvoll und zeigt eine hohe Korrelation zu Angstreaktionen auf. Daher sollte nicht auf ihn verzichtet werden. Außerdem kann er benutzt werden, um ein Atemtraining, das insbesondere die „Bauchatmung" fördert, einzuleiten.
- Konfrontation zur Angst vor Ersticken: Der Patient wird aufgefordert, langsam einzuatmen, dann auszuatmen und solange zu warten, bis der Körper wieder alleine einatmet. Derselbe Vorgang wird dann umgekehrt.

- Konfrontation zur Angst vor Herzinfarkt: Verschiedene Bewegungsübungen, die das Herz schneller schlagen lassen, z.B. Kniebeugen, Treppesteigen, Herz in Ruhe oder in der Entspannung längere Zeit beobachten und Aufmerksamkeit dorthin fokussieren.
- Konfrontation zur spezifischen Körpersymptomatik: Es bietet sich ein schrittweises Vorgehen an. Es könnte so ablaufen: „betasten" - entspannen - Feststellen von Größe und Umfang, Form, evt. auch Farbe - entspannen - Begriff oder Vorstellung dazukommen lassen - entspannen - Schmerzintensität einschätzen - entspannen - bewußtes Verändern des Schmerzortes durch Provokation zur Schmerzintensivierung, Verlagern der Aufmerksamkeit auf andere Körperteile - entspannen - Vergleich der ursprünglichen Schmerzeinschätzung oder Veränderung von Vorstellung und Begriff davon - entspannen.

Es ist dazu noch eine Reihe weiterer Übungen denkbar (siehe dazu Margraf & Schneider 1989). Sie alle haben das Ziel, das verlorengegangene Vertrauen in die eigenen Körperfunktionen zu stärken und sich auf die körperlichen Vorgänge auch ohne Hilfe von außen wieder einlassen zu können.

Alle Übungen werden gleichzeitig auch als Hilfmittel für die Aufdeckung der dysfunktionalen Gedanken verwendet. Sie werden jeweils in gleicher Art durchgeführt: Einführung der Übung als Experiment, Durchführung der Übung, Schilderung der Erfahrungen auf verschiedenen Angstebenen, Ermittlung der gedanklichen Interpretation und des gedanklichen Fehlers mit **kognitiver Neubewertung.**

Reizexpositionsverfahren zur Konfrontation mit externen Angstauslösern, insbesondere bei Agoraphobie: Die genaue Vorgehensweise wird in einem gesonderten Artikel in diesem Buch beschrieben, daher wird hier nur ein Therapiebeispiel angeführt.

Bei dem oben beschriebenen 35jährigen Patienten mit Agoraphobie, der seine Wohnung alleine nicht mehr verlassen konnte, wurde ein graduierter Übungsplan erarbeitet. Dieser begann mit der Einteilung von Geh- und Fahrstrecken rund um die Wohnung anhand eines Stadtplans. Es wurde weiterhin festgelegt, welche „Hilfsmittel" er benutzen durfte: mit oder ohne Begleitung seiner Ehefrau, eines Arbeitskollegen, eines seiner Kinder, bei Verwendung von Zeitung oder Walkman, ob es sich um reine Übungssituationen handelt oder um zweckgerichtete oder früher positiv verstärkende Aktivitäten. Er verpflichtete sich, tägliche Übungen durchzuführen und jeweils die Zeitdauer, die Angsthöhe und die vermutete Angstbewältigungsmethode in ein Übungstagebuch einzutragen. Er begann mit Spaziergängen rund um die Wohnung, durch ein kurzes nahegelegenes Waldstück, mit Einkäufen in der Nähe, mit Wegen zur Bushaltestelle hin- und zurück. Die Übungen wurden gesteigert durch Fahrten von Wohnung zu Arbeitsstelle im Auto in Begleitung, Busfahren in Begleitung über eine und schließlich alle notwendigen Stationen hinweg. Der Patient entdeckte selbst, daß Begleitung eher hinderlich ist zum Angstabbau, und entschloß sich bald zu alleinigen Fahrten. Schließlich wurden die Übungen auf den Innenstadtbereich ausgedehnt, den der Patient besonders fürchtete. Hier mußte er sich auch Warteschlangen, Staus im Auto und Tunneldurchgängen aussetzen. Die häufige Übung zeigte bei diesem Patienten, wie bei vielen anderen auch, die sich einmal zum Üben entschlossen haben, bald ein fast „para-süchtiges" Verhalten. Nachdem er erlebt hatte, daß die Behauptung, durch Konfrontation der Angst komme es zum Angstabbau, stimmte, nahm die Tendenz der Annäherung gegenüber der Vermeidung zu. Die Lebensqualität stieg an, und er ließ keinen Tag ohne Übung vergehen.

Es ist sehr hilfreich, den Patienten zuvor das Selbsthilfemanual von Mathews et al. (1988) zur genauen Lektüre zu geben und die 10 „goldenen" Regeln zur Angst- und Panikbewältigung darin zuvor in Vorstellungssituationen als **Selbstinstruktionen** einzuüben. Dabei sollten sie allerdings ihre eigenen wirksamen Suggestionen formulieren, die sie anfangs statt anderer „Übergangsobjekte" (siehe 4. Verhaltensanalyse) als Zettel in der Tasche benutzen können und sie allmählich verinnerlichen.

Die **kognitive Neubewertung** bei der Angstbehandlung bezieht sich hauptsächlich auf Methoden der Realitätsüberprüfung, das Entkatastrophisieren und die Selbsteffizienztherapie in Anlehnung an Bandura. Ziel der Realitätsüberprüfung ist es, dem Patienten erfahrbar zu machen, daß die erlebten Ängste nicht aus einer realen Bedrohung durch die Umwelt entstammen, sondern ein Produkt der eigenen „gedanklichen Bewertung" einer Situation sind. Als Vorübung eignet sich besonders gut die Einübung von Wahrnehmungen zur Realität, wie sie in der Gestalttherapie als „awareness - continuum" bekannt ist. Dabei wird der Patient gebeten, alle Wahrnehmungen der konkreten physikalischen Realität, also durch Sehen, Hören, Riechen, Schmecken, Spüren, zu schildern und diese von Bewertungen abzugrenzen. Diese Übungen können erweitert werden durch exakte Beschreibungen der Umgebung, so daß der fokussierte Ort der Aufmerksamkeit mehr nach außen verlegt wird.

Des weiteren kann der Patient angeleitet werden, die befürchteten katastrophalen Gedanken in der jeweiligen Situation zu überprüfen. Beispielsweise kann die Angst einer Patientin, in der Öffentlichkeit in Ohnmacht zu fallen, so geübt werden, daß sie sich in Geschäften einen Sitzplatz erbittet und unter Umständen vorgibt einen Panikanfall zu haben. Anschließend kann sie die Verkäuferin nach deren Gedanken auf dieses Verhalten hin befragen. Es gibt eine Reihe weiterer Übungen dazu, die immer auch ein Risiko beinhalten, in der Öffentlichkeit aufzufallen oder nicht genügend Hilfe zu bekommen. Genau diese Kriterien lösen häufig zusätzlich Angst aus und sollten daher geübt werden.

Die Methoden des Entkatastrophisierens stellen Fragen, die über die erste Frage der Patienten in der Regel weit hinausgehen. Die häufigste Selbstinstruktion von Patienten ist: „Hoffentlich bekomme ich keinen Angstanfall!" Damit induzieren sie aber gerade die Angst. Durch Fragen wie: „Was kann mir im schlimmsten Fall passieren?" oder „Was tue ich in diesem Fall?" kann das Angst-Szenario geprobt und ein „gedankliches Sicherheitstraining" gestartet werden.

Die Selbsteffizienztherapie zielt in eine ähnliche Richtung. Sie beruht darauf, daß nach dem erwarteten oder tatsächlich angebotenem Stimulus die Erwartung, effektiv bei der Bewältigung zu sein, eintritt. Dabei werden besonders die zur Verfügung stehenden Ressourcen überprüft und mit der Angstsituation verglichen. Bei fehlenden positiven Antworten auf die antizipierte Angst werden hauptsächlich Ressourcen erarbeitet, die Selbsteffizienz erhöhen nach dem Motto „ Ich werde stärker sein als die Angst und meine Zukunft wieder positiv verändern".

Über alle unterschiedlichen Darstellungen in der Literatur hinweg lassen sich zusammenfassend insgesamt vier allgemeine Elemente der Angstbehandlung definieren:

1. Der Teufelskreis der Angstreaktion, der zu weiteren Angstreaktionen führt, muß durch Aufklärung, Entspannungstechniken und Atemtraining unterbrochen werden.
2. Beobachtungslisten und tägliche Tagebücher über Angstanfälle sind sinnvoll, um die kritischen somatischen, kognitiven und situativen Elemente der Paniksequenz zu ermitteln.
3. Direkte Exposition gegenüber bestimmten stereotypen Vermeidungsmustern ist notwendig.
4. Neue alternative Bewältigungsstrategien müssen eingeführt werden.

Die Therapie des **Konflikthintergrunds** ist nahezu immer notwendig, sollte jedoch nur dann durchgeführt werden, wenn der Patient dies auch wünscht, da sich hieraus, wie schon unter 4. Verhaltensanalyse beschrieben, weitreichende Konsequenzen für das Leben des Patienten ergeben können. Die einzelnen Methoden sind im Therapieablaufmodell aufgeführt. Sie umfassen im wesentlichen Maßnahmen zur Problemlösung, zur effektiven Kommunikation und Konfliktlösung, zur sozialen Durchsetzung bei gleichzeitigem Beziehungserhalt und zur Stärkung der Risikobereitschaft, auch allein sein und leben zu können.

Damit kann am ehesten die Lebensphilosophie von Angstpatienten aufgelöst werden, nicht allein sein zu können und selbst nicht in der Lage zu sein, das Leben zu meistern. Sie werden am Ende der Therapie hoffentlich in der Lage sein, ihr Leben als von sich aus gestaltet anzusehen und nicht mehr von der sie alles beherrschenden Angst.

6. Medikamentöse Behandlung

Drei Medikamentengruppen werden besonders häufig bei Angst- und Panikstörungen verordnet. Während sie am Beginn der Therapie noch sinnvoll erscheinen, werden sie allerdings mit längerer Dauer der Therapie immer fragwürdiger, da sie die erreichten therapeutischen Fortschritte verschleiern und zumindest zu psychischer Abhängigkeit führen können. Sie suggerieren zudem, daß Angst einer Dauermedikation bedarf und letztlich nicht heilbar ist.

Am bekanntesten ist der angstdämpfende Effekt von Benzodiazepinen, die schnelle Linderung verschaffen und daher zur regelmäßigen Einnahme verleiten. Die Induktion einer süchtigen Entwicklung ist jedoch gegeben. Nach Hand (1989, S.51) „sind sie geeignete Mittel, um in einer Akutsituation Angstanfälle zu dämpfen, sofern die Betroffenen zur Selbsthilfe mit nichtpharmakologischen Maßnahmen noch nicht angeleitet wurden; sie sind ungeeignet für eine Behandlung von Angsterkrankungen; sie beinhalten das Risiko einer zumindest vorübergehenden Krankheitsverschlechterung und zusätzlicher Entzugssymptomatik bereits in der Absetzphase." Sie taugen aber als Krisenintervention bis zur Einleitung einer verhaltenstherapeutischen Maßnahme.

Die Behandlung mit Antidepressiva, insbesondere die Imipraminbehandlung, ist ebenfalls weit verbreitet. Sie lindern besonders die depressiven Begleiterscheinungen und fördern den Schlaf. In vielen Untersuchungen scheinen gute Erfolge nachgewiesen. Allerdings wurden bei der Überprüfung der Wirksamkeit der Medikamente oft Kombinationen von Psychopharmaka und Verhaltenstherapie eingesetzt, so daß sich eher eine Aussage treffen ließe, daß Antidepressiva in Kombination mit therapeutischen Angeboten wirken.

Eine andere Gruppe von Patienten, die besonders über Bluthochdruck und Brustschmerzen klagen, werden häufig von ihren Hausärzten mit Betablockern versorgt. Viele der Patienten nehmen diese Medikamente punktuell, unmittelbar vor einem aufregenden, streßauslösenden Ereignis und berichten gute beruhigende Wirkungen. In dieser Form eingenommen, treten nur geringe Nebenwirkungen auf.

Jeder vernünftige, verantwortliche Therapeut wird aber bei der günstigen Prognose von Angst- und Panikstörungen zu Beginn mindestens eine kombinierte Therapie anstreben mit dem Ziel, die Medikamente auf Dauer auszusetzen.

Empfehlenswerte Literatur zur Einführung

Emmelkamp, P.M.G:, Bouman, T.K. & Scholing, A. (1993) Angst, Phobien und Zwang. Göttingen: Verlag für angewandte Psychologie

Margraf, J. & Schneider, S. (1989). Angstanfälle und ihre Behandlung. New York: Springer

Sulz, S.K.D. (1992) Das Verhaltensdiagnostiksystem VDS: Von der Anamnese zum Therapieplan. München, CIP-Medien. Dazu: Störungsmodell Agoraphobie und Panikzustände. In der Materialmappe VDS10. CIP - Mediendienst, Nymphenburger Str. 185, 80634 München

Wittchen, H. - U. (Hrsg.) (1993) Patientenseminar Angst. Wie informiere ich meine Patienten über Angst? Freiburg: Karger

Empfehlenswerte Literatur als Handreichung für Patienten

Mathews, A., Gelder, D. & Johnston, D. (1988) Agoraphobie. Eine Anleitung zur Durchführung einer Exposition in vivo unter Einsatz eines Selbsthilfemanuals. Berlin: Springer
Sims, A. & Snaith, P. (1993) Angsttherapie in der klinischen Praxis. Angst, Angststörungen und Angstbewältigung. München: Quintessenz
Wolf, D. (1989) Ängste verstehen und überwinden. Gezielte Strategien für ein Leben ohne Angst. Mannheim: PAL
Wittchen, H.- U. (Hrsg.) (1993) Ratgeber Angst. Was sie schon immer über Angst wissen wollten. Freiburg: Karger

Literatur

Beck, A.T., Emery, G. & Greenberg, R.L. (1985) Anxiety disorders and phobias. A cognitive perspective. New York: Basic books
Hand, I. (1986) Verhaltenstherapie und kognitive Therapie in der Psychiatrie. In: Kisker, J. (Hrsg) Psychiatrie der Gegenwart I. Berlin: Springer
Hand, I. (1989) Verhaltenstherapie bei schweren Phobien und Panik. Psychologische Aspekte. In: Hand, I. & Wittchen, H.- U. (1989) Verhaltenstherapie in der Medizin. Berlin: Springer
Hand, I. (1993) Expositions-Reaktions-Management (ERM) in der strategisch-systemischen Verhaltenstherapie. In: Verhaltenstherapie. 1, 61 - 65
Izard, C.E. (1981) Die Emotionen des Menschen. Weinheim: Beltz
Köhlke, H.- U. (1992) Aktuelle verhaltenstherapeutische Standardprogramme: Moderner Rückschritt in die Symptomtherapie?! In: Verhaltenstherapie. 3, 256 - 262
Leidig, S. (1993) Nur keine Panik - Oder: Wie sage ich's meinem Patienten? In: Praxis der klinischen Verhaltensmedizin und Rehabilitation. 23, 168 - 174
Koppenhöfer, E. (1993) Verhaltenstherapie der Angst. In: Praxis der klinischen Verhaltensmedizin und Rehabilitation. 23, 156 - 162
Margraf, J., Ehlers, A., Herber, B., Meisner, K. & Wrobel, F. (1991) Hyperventilation, Angstanfälle und soziale Ängste. In: Verhaltenstherapie. 1, 34 -46
Marks, J. M. (1987) Fears, Phobias and Rituals. New York: Oxford University Press
Mathews, A., Gelder, M., Johnston, D. (1981) Agoraohobia - nature and treatment. New York: Guilford
Rost, W. (1990) Emotionen. Elexiere des Lebens. Berlin: Springer
Sulz, S.K.D. (1992) Das Verhaltensdiagnostiksystem VDS: Von der Anamnese zum Therapieplan. München: CIP-Medien. Dazu: Störungsmodell Agoraphobie und Panikattacken. In der Materialmappe zum Verhaltensdiagnostiksystem. CIP-Mediendienst, Nymphneburger Str. 185, 80634 München

Soziale Ängste: Verständnis und Therapie
Einzel- und Gruppenbehandlung

• Gudrun Görlitz •

1. Erscheinungsbild: Vom Normalpsychologischen zur Sozialen Phobie mit Krankheitswert

„Was denken die anderen von mir?"
„Kann ich diese Erwartungen erfüllen?"
„Hoffentlich blamiere ich mich nicht!"
„Ich muß mich immer so verhalten, daß mich alle mögen!"
„In dieser feinen Gesellschaft werde ich bestimmt auffallen, falsch gekleidet sein, mich danebenbenehmen...!"
„Lieber sage ich nichts, bevor ich etwas Falsches sage!"
„Wenn ich jetzt diesen Raum betrete, werden mich gleich alle anstarren, und ich werde in den Boden versinken!"
„Ich muß immer das tun, was von mir erwartet wird, damit andere nicht schlecht über mich reden!" und so weiter...

Wer von uns kennt nicht den einen oder anderen dieser inneren Sätze. Leiden wir alle mehr oder weniger unter Sozialen Ängsten? Wie können wir den Übergang vom Normalpsychologischen zur Sozialen Phobie mit Krankheitswert erkennen?

Ein **Fallbeispiel** aus der Praxis macht den Übergang deutlicher:
Eine 28-jährige Patientin, ausgesprochen damenhaft gekleidet, stark geschminkt und perfekt frisiert, betritt vorsichtig, fast auf Zehenspitzen, meinen Therapieraum. Auf meine Aufforderung hin, Platz zu nehmen, wählt sie statt des bequemen Therapiesessels einen zur Seite gestellten Hocker, setzt sich auf dessen Vorderkante und ist schließlich völlig verunsichert, als dieser zu kippen droht. Die Patientin entschuldigt sich für ihre Ungeschicklichkeit, für ihre angeblich zerzausten Haare und für ihre Aufgeregtheit. Sie fährt fort: „So ergeht es mir immer, wenn ich unter Menschen bin, vor allem in neuen Situationen. Ich kann mir noch so sehr vornehmen, 'diesmal darf dir nichts passieren', aber immer bin ich diejenige, der ein Glas umfällt, die stolpert, sich beim Reden verhaspelt oder häufig, besonders im Kontakt mit mehreren Menschen, kein Wort mehr hervorbekommt. Ich habe ständig das Gefühl, mich lächerlich zu machen oder mich falsch zu benehmen. Ich habe immer Angst, nicht richtig gekleidet zu sein oder mich irgendwie ungeschickt zu benehmen. Besonders schlimm wird es, wenn ich z.B. bei einer Geburtstagsgesellschaft ein Glas heben muß, weil dann meine Hände so stark zittern, daß ich schon den Inhalt eines halben Glases verschüttet habe, was mir fürchterlich peinlich ist. Meist erröte ich dann sehr stark, alle schauen auf mich, und ich würde am liebsten in den Erdboden versinken. Ich besuche daher keine Feiern mehr, auch nicht im Betrieb und vermeide es immer mehr, unter Menschen zu gehen, oder mich in der Öffentlichkeit zu zeigen. Insbesondere im Kontakt mit Männern nimmt meine Angst deutlich zu. Mein ganzes Leben ist zu einer einzigen Anspannung geworden. Ich bin ständig mit meiner „Angst vor der Angst" beschäftigt und habe mich deswegen in letzter Zeit sogar einige Male krankgemeldet."

Dieses Beispiel veranschaulicht die wichtigsten **Unterscheidungsmerkmale** zwischen den normalpsychologischen, sozial ängstlichen Gedanken und der sozialen Angst mit Krankheitswert:
1. Ein ausgeprägtes soziales **Vermeidungsverhalten**
2. Eine ausgeprägte **Erwartungsangst** (die Angst vor der Angst)
3. Die soziale und berufliche **Beeinträchtigung**
4. Das subjektiv empfundene **Leid**.

2. Diagnostische Kriterien der sozialen Phobie

Die diagnostischen Kriterien der Internationalen Klassifikation Psychischer Störungen (ICD-10 F 40.1) besagen, daß diese Störung oft in der Jugend beginnt und sich um die Angst, von anderen Menschen prüfend betrachtet zu werden, zentriert. Dies führt schließlich dazu, daß soziale Situationen vermieden werden. „Im Unterschied zu den meisten anderen Phobien sind soziale Phobien bei Männern und Frauen gleich häufig. Sie können klar abgegrenzt sein und beispielsweise auf Essen oder Sprechen in der Öffentlichkeit oder Treffen mit dem anderen Geschlecht beschränkt sein. Oder sie sind unbestimmt und treten in fast allen sozialen Situationen außerhalb des Familienkreises auf. Angst, in der Öffentlichkeit zu erbrechen, kommt vor. Direkter Augenkontakt wird in einigen Kulturen als ausgesprochen belastend empfunden. Soziale Phobien sind in der Regel mit einem niedrigen Selbstwertgefühl und der Furcht vor Kritik verbunden. Sie können sich in Beschwerden wie Erröten, Vermeiden von Blickkontakt, Händezittern, Übelkeit oder Drang zum Wasserlassen äußern. Dabei meint der Patient manchmal, daß eine dieser sekundären Manifestationen seiner Angst das primäre Problem darstellt. Die Symptome können sich bis hin zu Panikattacken verstärken. In extremen Fällen kann beträchtliches Vermeidungsverhalten schließlich zu vollständiger sozialer Isolation führen." (ICD 10, 1991, S. 146). Weiter wird im Sinne einer diagnostischen Leitlinie darauf hingewiesen, daß folgende Kriterien erfüllt sein müssen:

1. Die geschilderten Symptome müssen primäre Manifestation der Angst sein und dürfen nicht auf andere Symptome wie Wahn oder Zwangsgedanken beruhen.
2. Die Angst ist auf bestimmte soziale Situationen beschränkt.
3. Die angstauslösenden Situationen werden, soweit möglich, vermieden.

Im Diagnostischen und Statistischen Manual psychischer Störungen DSM-III-R (1989) wird die **soziale Phobie (300.23)** noch weiter ausgeführt.
Es wird darauf hingewiesen, daß die Person stets befürchtet, etwas Demütigendes oder Peinliches zu tun, dies bezieht sich auf die „Angst in der Öffentlichkeit zu sprechen, sich vor anderen beim Essen zu verschlucken, in einer öffentlichen Toilette zu urinieren, beim Schreiben vor anderen zu zittern oder in sozialen Situationen etwas Lächerliches zu sagen oder nicht antworten zu können." (S.299) Der angstauslösende Stimulus löst im Lauf der Störung fast immer unvermeidlich eine sofortige Angstreaktion aus, was zur Folge hat, daß die phobischen Situationen in der Regel vermieden oder nur unter intensiver Angst durchgestanden werden. Dieses Vermeidungsverhalten führt zu einer Beeinträchtigung sozialer Aktivitäten, der beruflichen Leistungsfähigkeit oder auch der sozialen Beziehungen und verursacht ein ausgeprägtes Leiden. Gleichzeitig erkennt die Person, daß ihre Angst übertrieben und unvernünftig ist. Wlazlo et al. (1992) weisen noch darauf hin, daß bei der Diagnose Soziale Ängste zwischen **Angst** und **sozialen Defiziten** unterschieden werden muß, da dies wichtige Konsequenzen für den Behandlungsplan hat. Die Autoren bezeichnen beides als Subkategorien einer Hauptstörung, der sogenannten **sozialen Gehemmtheit**.

3. Differentialdiagnose

„**Agoraphobie** und **depressive Störung** sind die wichtigsten Differentialdiagnosen. In schweren Fällen, in denen die betroffene Person schließlich an das Haus gefesselt ist, kann der Zustand wie die Folge einer schweren Agoraphobie aussehen. Ist die Unterscheidung sehr schwierig, soll vorzugsweise Agoraphobie diagnostiziert werden. Depressive Symptome sind häufig; eine Depression ist aber nur dann zu diagnostizieren, wenn ein voll ausgebildetes depressives Syndrom festzustellen ist." (ICD-10 1991, S. 146)
Diagnostisch sollte die soziale Phobie auch von der ängstlich-vermeidenden Persönlichkeitsstörung (ICD-10 F 60.6) und der abhängigen Persönlichkeitsstörung (ICD-10 F 60.7) abgegrenzt werden bzw. von der

selbstunsicheren Persönlichkeitsstörung (DSM-III-R 301.82) und der dependenten Persönlichkeitsstörung (DSM-III-R 301.60).

Ein wichtiges **Unterscheidungskriterium zur Persönlichkeitsstörung** besteht darin, daß bei der sozialen Phobie in der Regel spezifische Situationen vermieden werden. Bei Persönlichkeitsstörungen dagegen werden v.a. persönliche Beziehungen vermieden. Die Persönlichkeitszüge sind bei Persönlichkeitsstörungen unflexibel und wenig angepaßt, die Leistungsfähigkeit und die soziale Anpassung sind wesentlich beeinträchtigt oder führen zu subjektiven Beschwerden. Sie betreffen mehrere Bereiche der Persönlichkeit und sind verwurzelte, anhaltende Verhaltensmuster, die sich auf unterschiedliche persönliche und soziale Lebenslagen beziehen.

Bei der sozialen Phobie dagegen besteht eine klare Abgrenzung der Symptomatik auf eine Angst vor sozialen Situationen. Vertraute Einzelkontakte werden im Unterschied zu Patienten mit Persönlichkeitsstörungen von Sozialphobikern meist angstfrei erlebt.

Da die soziale Phobie mit ausgeprägtem Vermeidungsverhalten häufig nur schwer von der selbstunsicheren Persönlichkeitsstörung zu unterscheiden ist, möchte ich auch diese hier etwas ausführlicher darstellen. Gemäß DSM-III-R steht bei der **selbstunsicheren Persönlichkeitsstörung (301.82)** im Vordergrund „ein durchgängiges Muster von sozialem Unbehagen, von Angst vor negativer Beurteilung durch andere und Schüchternheit. Der Beginn liegt im frühen Erwachsenenalter und die Störung manifestiert sich in den verschiedensten Lebensbereichen. Mindestens vier der folgenden Kriterien müssen erfüllt sein:
Der Betroffene:

1. ist durch Kritik oder Ablehnung leicht zu verletzen;
2. hat enge Freunde oder Vertraute häufig nur aus dem Kreis seiner Verwandten ersten Grades (mit Ausnahme höchstens einer anderen Person);
3. geht keine Beziehungen ein, sofern er sich nicht sicher ist, akzeptiert zu werden;
4. vermeidet soziale oder berufliche Aktivitäten, bei denen engere zwischenmenschliche Kontakte geknüpft werden.
5. zeigt sich in Gesellschaft zurückhaltend aus Angst, etwas Unpassendes oder Dummes zu sagen oder eine Frage nicht beantworten zu können;
6. befürchtet, vor anderen durch Erröten, Weinen oder durch Anzeichnen von Angst in Verlegenheit zu geraten;
7. übertreibt potentielle Probleme, körperliche Gefahren oder Risiken..." (S. 426)

Bei der **dependenten Persönlichkeitsstörung (301.60)** findet man ein durchgängiges Muster von abhängigem und unterwürfigem Verhalten, das z.B. durch die Unfähigkeit der Person gekennzeichnet ist, eigene Entscheidungen zu treffen, anderen beipflichtet, kaum Eigeninitiative ergreift, sich meist hilflos und unwohl fühlt, große Verlassenheitsangst hat und durch Kritik oder Ablehnung leicht verletzlich ist (vgl. DSM-III-R, S.426). Im ICD 10 wird bei der Diagnose **abhängige (asthenische) Persönlichkeitsstörung (F 60.7)** noch Folgendes ergänzt: Unterordnung eigener Bedürfnisse unter die anderer Personen, Nachgiebigkeit, mangelnde Bereitschaft zur Äußerung angemessener Ansprüche gegenüber Personen, zu denen eine Abhängigkeit besteht, Erleben von innerer Zerstörtheit und Hilflosigkeit bei der Beendigung einer engen Beziehung und Abgeben der Verantwortung an andere bei eigenen Mißgeschicken (S. 217).

4. Begleit- oder Folgesymptomatik

Nach Wlaszlo et al. weisen 50 % der sozial Gehemmten **Depressionen** auf, 20 % exzessiven **Alkoholgebrauch** und 20 % **Zwangssymptome**. Die Autoren weisen auch auf eine Überlagerung von sozialer Phobie und **Agoraphobie** hin. In einer Studie von Greenberg et al. (1985) hatten 61 % keine Freunde in der Schulzeit,

43 % keinerlei Freunde oder soziale Kontakte zum Zeitpunkt der Erhebung, 63 % keinen intimen Partner und 60 % keinerlei sexuelle Erfahrung (Wlaszlo et al., S. 26).

Nach Marks (1987) ist die soziale Phobie die zweithäufigste Angsterkrankung hinter der Agoraphobie. Sie tritt zwischen dem 15. und 21. Lebensjahr auf.

Nach Zimbardo (1978) berichten 10 von 20 schüchternen Patienten, daß sie ihre sozialen Ängste aufgrund folgender **positiver Aspekte** mögen: Anonymität und Schutz, Gelegenheit, sich zurückzuziehen, zu beobachten und behutsam zu behandeln, Vermeidung von zwischenmenschlichen Konflikten. Außerdem genießen sie die positive gesellschaftliche Bewertung der damit einhergehenden Eigenschaften wie Zurückhaltung, Anspruchslosigkeit, Bescheidenheit (vgl. Wlazlo et al., S. 27). Dieser „sekundäre Krankheitsgewinn" sollte im Kassenantrag unter „Funktionsanalyse" berücksichtigt werden.

5. Indikation

Nach wie vor bereitet mir die einfach klingende Diagnose **soziale Phobie** mit all ihren Facetten von klar umgrenzten Ängsten vor sozialen Situationen bis hin zur völligen sozialen Isolation und dem damit verbundenen Defizit im Bereich sozialen Kontaktverhaltens diagnostische Abgrenzungsprobleme. Dies haben Sie vielleicht auch selbst beim Lesen der diagnostischen Kriterien erlebt. Dementsprechend schwierig gestaltet sich auch manchmal die therapeutische Indikationsstellung, insbesondere im Bereich einer oft notwendigen Gruppentherapie. Darauf werde ich jedoch weiter unten unter der Überschrift „Behandlungsziele und Behandlungsmethoden" noch genauer eingehen.

Zunächst möchte ich Ihnen noch etwas ausführlicher die Patientin, die Sie zu Beginn des Kapitels kennengelernt haben, vorstellen, da bei ihr eine klare Indikation für die Kombination einer verhaltenstherapeutischen Einzeltherapie mit einer begleitenden verhaltenstherapeutischen Gruppentherapie zum Thema „Selbstsicherheit, Angstbewältigung und Kontakt" bestand.

Um Ihnen möglichst viele praktische Anregungen zu geben, möchte ich an dieser Stelle die lebensgeschichtliche Entwicklung der Patientin sowie die Verhaltensanalyse in der Form wiedergeben, wie ich sie in dem vom Gutachter genehmigten Kassenantrag formuliert habe.

Exemplarischer Kassenantrag

1. Angaben zur Symptomatik: Die Patientin berichtet über panische Angst vor dem Erröten in zahlreichen sozialen Situationen, insbesondere im Kontakt mit Männern, sowie über allgemeine Unsicherheit, Kontaktschwierigkeiten und das Gefühl, nicht normal leben zu können, sondern durch ihre Ängste extrem eingeschränkt zu sein. Aus diesem Grund vermeidet sie nach ihren Angaben seit über acht Jahren zunehmend öffentliche Situationen und verbringt ihre freie Zeit überwiegend zu Hause. Nachdem sie nunmehr seit ca. einem halben Jahr auch jeden Morgen Ängste entwickelt, in die Arbeit zu gehen, hat sie sich auf Anraten ihres Hausarztes entschlossen, sich in Psychotherapie zu begeben.

2. Lebensgeschichtliche Entwicklung: Die 26jährige Patientin wuchs gemeinsam mit ihren beiden jüngeren Schwestern (heute 24 und 23 Jahre) bei ihren Eltern auf einem Bauernhof auf. Die Eltern waren durch die Landwirtschaft zeitlich stark beansprucht und hatten dadurch sehr wenig Zeit für ihre Kinder. Die Patientin fühlte sich jedoch in ihrer Kindheit relativ glücklich, da sie sich stets gemeinsam mit den Nachbarskindern sehr viel in der Natur aufhalten konnte. Sie kann sich nicht erinnern, daß in der Familie jemals gemeinsame Gespräche oder irgendeine Form des emotionalen Austausches stattfanden. Die **Mutter**, bei der Geburt der Patientin 22 Jahre alt, von Beruf Hausfrau und Landwirtin, wird als gutmütig, hilfsbereit und fleißig bezeichnet, die stets eine Koalition mit den Töchtern gegenüber dem äußerst strengen Vater einging. Insbesondere in der Zeit der Pubertät teilte sie mit der Patientin zahlreiche Geheimnisse. Diese betrafen vor allem den Kontakt mit Männern oder gleichaltrigen männlichen Jugendlichen und ihr abendliches Weggehen. Sie unterstützte sie jedoch nahezu ausschließlich nur in diesem Bereich (heimliches Geldzustecken, nächtliches Aus-dem-Fenster-Steigen usw.), was die Patientin heute auch als aggressiven Akt der Mutter gegen den Vater bewertet. Deutlich vermißte die Patientin jedoch von der Mutter Zärtlichkeit, Akzeptanz, Zeit und Zuwendung sowie Gespräche über altersgemäße Probleme oder Hilfestellungen im Umgang mit Konflikten.

Der **Vater**, bei Geburt der Patientin 25 Jahre alt und von Beruf Landwirt und Elektriker, wurde von der Patientin als überstreng und kontrollierend erlebt. Insbesondere am Wochenende trank er sehr viel Alkohol, wurde dann aggressiv und verbat der Patientin, aus dem Haus zu gehen. Die Beziehung zum Vater ist heute noch von Angst vor Wutausbrüchen und Verboten sowie Schuldgefühlen und schlechtem Gewissen aufgrund der permanenten Übertretung verschiedener Gebote geprägt.

Die Beziehung zu den beiden **Schwestern** beschreibt die Patientin als schon immer sehr gut. Durch die Koalition mit der Mutter gegen den Vater und gemeinsame Heimlichkeiten fühlen sie sich heute noch eng miteinander verbunden und leiden teilweise unter ähnlichen Ängsten. Die Patientin besucht heute ca. zweimal pro Woche ihre Eltern und hat nach wie vor das Gefühl, einerseits zu wenig Aufmerksamkeit zu erhalten, andererseits ohne den regelmäßigen Kontakt nicht leben zu können.

Bis zu ihrem 19. Lebensjahr fühlte sich die Patientin sowohl körperlich als auch seelisch gesund, hatte Freunde und gewöhnte sich an, Schwierigkeiten, Verboten oder Konflikten aus dem Weg zu gehen.

Schulische und berufliche Laufbahn:
Die Patientin absolvierte die Hauptschule mit dem QA und erlernte anschließend den Beruf der Verkäuferin. Seit sieben Jahren arbeitet sie in einem Damenbekleidungsgeschäft. Sie fühlt sich in ihrem Beruf wohl und kompetent, jedoch in letzter Zeit durch ihre Angst vor Erröten, die allmählich auf immer mehr Menschen generalisiert, beeinträchtigt und unter Dauerspannung.

Partnerschaften: Seit dem 14. Lebensjahr hatte die Patientin bis vor ca. zwei Jahren mehrere intime Beziehungen, die ihr jedoch stets ein schlechtes Gewissen und Schuldgefühle bereiteten. Ihre letzte, zwei Jahre dauernde Freundschaft ging vor 1 1/2 Jahren in die Brüche, weil die Patientin sich weigerte, sich mit ihrem Freund in der Öffentlichkeit zu zeigen. Nachdem er sie mehrmals überraschend in der Arbeit besucht hatte und sie dabei regelmäßig erschrak und stark errötete, brach sie diese Beziehung ab. Dies erlebte sie auch als Gewissenserleichterung und deutliche Spannungsreduktion im Kontakt mit ihren Eltern, da beide die Freundschaft zu diesem 15 Jahren älteren Mann abgelehnt und der Patientin verboten hatten, ihn mit nach Hause zu bringen. Die Patientin hat große Angst vor einer neuen Partnerschaft, da sie sich nicht in der Lage fühlt, mit einem Mann bei Tageslicht öffentlich aufzutreten.

Aktuelle Lebenssituation: Die Patientin lebt seit fünf Jahren in einer Zwei-Zimmer-Wohnung, in die sie ebenfalls mit Unterstützung der Mutter, danach ohne Wissen des Vaters heimlich einzog. Sie hat zwei Freundinnen, mit denen sie einmal im Monat eine „schummrige" Diskothek besucht. Ihre Freizeit verbringt sie überwiegend mit Fernsehen oder Besuchen von Eltern und Schwestern. Im Bereich verstärkender oder körperlicher Aktivitäten besteht ein deutliches Defizit. Die Patientin hat nicht gelernt, sich mit sich selbst zu beschäftigen. Ihre freie Energie steckt sie überwiegend in die fast zwanghafte Pflege ihres Äußeren, da sie nur aus dem Haus geht, wenn sie das Gefühl hat, wirklich perfekt geschminkt, frisiert und gekleidet zu sein.

3. Psychischer Befund zum Zeitpunkt der Antragsstellung

Die Patientin wirkt schüchtern, übervorsichtig und spricht stets mit leiser Stimme und häufigen Entschuldigungen. Es gelingt ihr, einen guten Rapport zur Therapeutin herzustellen. Sie berichtet auch, im Kontakt mit der Therapeutin weniger Angst vor dem Erröten zu erleben, da sie hier über ihre Probleme sprechen kann und nichts verheimlichen muß. Auffallend ist ihre mangelnde Differenziertheit im emotionalen Bereich. Hier weist sie nur ein sehr reduziertes sprachliches Repertoire auf („es geht mir gut, es geht mir schlecht, ich habe Angst"). Es fällt eine starke Fixierung auf das Problem Erröten auf. Im SCL 90-R erzielte sie extrem hohe Werte in den Kategorien Unsicherheit im Sozialkontakt und Ängstlichkeit. Leicht erhöhte Werte ergaben sich in den Bereichen Aggressivität und Feindseligkeit. Dies bestätigt das Ergebnis der Exploration und der Verhaltensbeobachtung. Die Patientin verhält sich bei bestimmten, ihr unangenehmen Fragen, vor allem über das Thema „Kontakt mit ihren

Eltern", leicht aggressiv. Die Patientin ist bewußtseinsklar, allseits orientiert, weist keine formalen oder inhaltlichen Denkstörungen auf, keine Wahrnehmungsstörungen, keine Ich-Störungen, keine suizidalen Tendenzen.

4. Verhaltensanalyse

a) Bedingungsanalyse:
Theoretisches Modell/Entstehungsbedingungen der Störung
Aus der geschilderten Lebensgeschichte der Patientin wird deutlich, daß sowohl in ihrer Primärfamilie als auch heute in ihrem erwachsenen Leben ein deutliches **Defizit** im Bereich emotionaler Wahrnehmungs- und Expressionsfähigkeit besteht. Da sie bereits in ihrer Kindheit gelernt hat, daß Gefühlsäußerungen nicht erwünscht sind und ihr auch keine hilfreichen **Modelle** zur Verfügung standen, hat sie das **Lernprogramm der Eltern internalisiert**. Sie reagiert heute auf jede Gefühlsreaktion, die mit physiologischen Korrelaten, z.B. Adrenalin-Ausschüttung und deren Folgen, verbunden ist, mit Erschrecken und Angst. Im Laufe der Pubertät fand eine **Angstkonditionierung** im Kontakt mit Männern (sowohl Vater als auch Freunde) statt, nachdem die Patientin einerseits das überstrenge und kontrollierende Verhalten des Vaters als angstinduzierend erlebte, andererseits die notwendige Verheimlichung des Kontakts mit Freunden ebenfalls mit Angst und physiologischer Erregung verbunden war. Neben Herzklopfen, Schwitzen und Zittern konzentrierte sich diese Angst auf das Erröten im Sinne einer **Erythrophobie**, da sie dadurch ihre inneren Empfindungen und Geheimnisse verraten fühlt.
Das Verheimlichen und Vermeiden angstauslösender emotionaler Konfrontationen mit dem Vater wurde zusätzlich durch die Zuwendung der Mutter **positiv verstärkt** und heute von beiden noch praktiziert. Das Vermeidungsverhalten selbst wird durch Spannungsreduktion **negativ verstärkt**.
Mit ihrem Auszug im Alter von 21 Jahren hat die Patientin zwar den Ablösungsprozeß von den Eltern begonnen, jedoch noch nicht beendet, da sie sich innerlich noch zu abhängig und verpflichtet fühlt. Schließlich hat sich im Lauf der Zeit eine Angst vor der Angst entwickelt, die zu einer hohen Erwartungsangst sowie zur Vermeidung und dadurch zur Aufrechterhaltung der Beschwerden führt.
Auslösebedingungen (unter denen die Symptomatik verstärkt auftritt): Kontakt mit Männern, helles Tageslicht, Kassieren an der Geschäftskasse, Geheimnisse verraten, in einer Menschenmenge auffallen, ein Lokal betreten, Autoritätspersonen, Gefühle äußern, eigene Meinung vertreten, im Mittelpunkt stehen usw.
Bedingungen, unter denen die Symptomatik nicht bzw. seltener auftritt: abgedunkelte Räume, „schummrige" Disco, Kontakt mit Mutter und Schwester, Freundinnen, älteren Kolleginnen.

b) Phänomenologie:
Kognition: Hoffentlich erwischt der Vater mich nicht. Ich möchte es gerne jedem recht machen. Ich möchte niemals unangenehm auffallen. Hoffentlich mache ich keinen Fehler. Hoffentlich werde ich jetzt nicht schon wieder rot. Ich verliere gleich die Kontrolle über mich. Ich möchte meinen Eltern nicht weh tun. Ich sehe nicht gut genug aus. Ich bin für diese Gelegenheit unpassend gekleidet usw.
Emotion: Unsicherheit, Angst, Hilflosigkeit, Aggression, Traurigkeit, Scham, Peinlichkeit.
Physiologie: Erröten, Herzklopfen, Zittern, Schwitzen, Sprechhemmung, erhöhter Stuhl- und Harndrang, körperliche Anspannung.
Verhalten: Vermeidung von Kontakten mit Männern bzw. Eingehen einer erneuten Männerfreundschaft, Vermeidung aller sozialen Situationen in der Öffentlichkeit bei Tageslicht, außer am Arbeitsplatz, Verlegenheitsbewegungen, um das Erröten zu verbergen, häufige Entschuldigungen, mangelnder Blickkontakt, übertriebene Höflichkeit, zunehmende soziale Isolation.

c) Funktionsanalyse:
Im Sinne einer **Spannungsreduktion** fungiert das umfangreiche Vermeidungsverhalten der Patientin.
Die **Schutzfunktion** der Symptomatik besteht darin, daß sie aufgrund ihrer sozialen Ängste keine flüchtigen sexuellen Abenteuer mehr eingeht, zu denen sie sich früher oft genug gegen ihre innere Überzeugung überreden

> ließ, da es ihr auch in diesem Bereich nicht möglich ist, ihre eigenen Wünsche und Bedürfnisse adäquat zu äußern. Da die Patientin wenig verstärkende Aktivitäten, Interessen oder Hobbies hat, kann die Symptomatik und die damit verbundene gedankliche Beschäftigung auch als **Ersatzfunktion** betrachtet werden.
>
> Nachdem die Patientin bereits überlegt hatte, ihren Arbeitsplatz, der ihr eigentlich sehr viel Spaß macht, aufgrund ihrer Ängste aufzugeben, dient die Symptomatik als **Signalfunktion** für die Patientin, ihr Leben zum ersten Mal selbst bewußt mit Hilfe einer Psychotherapie zu verändern, um ihre Existenz und Unabhängigkeit von den Eltern zu sichern.
>
> Im Sinne eines **sekundären Krankheitsgewinns** erlebt die Patientin ihren Beliebtheitsgrad bei den Arbeitskolleginnen, da sie als bescheiden, still, zurückhaltend und anspruchslos gilt und auch immer bereit ist, bei Konflikten nachzugeben oder Überstunden außer der Reihe zu machen.

Am Beispiel dieses Falles aus der psychotherapeutischen Praxis wird deutlich, daß immer dann eine klare **Indikation** für eine verhaltenstherapeutische Behandlung einer Sozialen Phobie gegeben ist, wenn sowohl in der Lebensgeschichte des Patienten klare **Angstkonditionierungen** bezüglich sozialer Situationen exploriert werden können als auch wenn die Patienten ein deutliches **Defizit im Bereich sozialer Kompetenzen** aufweisen. Folgende **Störungsvariablen** können hier eine Rolle spielen:

1. Mangelnde emotionale Wahrnehmungs- und Expressionsfähigkeit
2. Mangelnde Fähigkeit, eigene Wünsche und Bedürfnisse wahrzunehmen, zu äußern und adäquat durchzusetzen
3. Übertriebenes Bedürfnis, die vermuteten Erwartungen der Mitmenschen zu erfüllen
4. Fehlende Kommunikationsfertigkeiten
5. Mangelnde Übung in sozialen Kontaktsituationen
6. Fehlattributionen von natürlichen physiologischen Reaktionen in Erregungssituationen (falsche Kausalattribution)
7. Negatives Selbstkonzept
8. Mangelndes Vertrauen in das eigene Selbsthilfepotential und die vorhandenen Fähigkeiten und Stärken
9. Verstärker- Kontakt- und Aktivitätsdefizit
10. Ein nicht unterstützendes, abhängiges, abwertendes oder überfürsorgliches Verhalten primärer Bezugspersonen

Im geschilderten Fallbeispiel ist für die Patientin eine klare Indikation für die Kombination einer verhaltenstherapeutischen Einzel- und Gruppentherapie gegeben. Bei den unter der Differentialdiagnose geschilderten Persönlichkeitsstörungen hängt es vom Schweregrad der Störung, der Umgebung und den Bezugspersonen des Patienten ab, inwieweit ein weiter unten noch ausführlich dargestelltes **Selbstsicherheitstraining**, insbesondere in Gruppen, indiziert ist. Elemente hieraus können auch bei Patienten mit Persönlichkeitsstörungen angewandt werden.

6. Veränderungsziele:

Zunächst möchte ich nochmals einen Dialog aus einer der ersten Therapiesitzungen mit o.g. Patientin wiedergeben, der sich in ähnlicher Form nahezu in allen Therapien mehrmals wiederholt:

Beispiel - Veränderungsziele
Ther.:"Was möchten Sie gerne in Ihrem Leben verändern ?"
Pat.: „Ich möchte ganz einfach meine Angst und Unsicherheit verlieren, nie mehr erröten, zittern, schwitzen... einfach ohne Angst leben können."

Ther.:"Ich kann Sie begleiten, Wege und Veränderungsmöglichkeiten zu suchen und zu finden, wie Sie im Verlauf der nächsten Jahre allmählich lernen können, Ihre natürliche Aufregung in neuen oder schwierigen Situationen zu **akzeptieren und zuzulassen.**"

Pat.: „Aber ich halte diese Angst nicht mehr aus, ich will sie loswerden ! Allen anderen Menschen geht es besser als mir, ich kenne niemanden, der so unsicher ist wie ich !"

Ther.:"Ich kann Sie gut verstehen, daß Sie die Häufigkeit und Stärke Ihrer Angst und Unsicherheit und die oft schon tagelang vorher und nachher auftretenden negativen Gedanken als sehr belastend erleben. **Gleichzeitig** gehört ein gewisses Maß an unangenehmen Gefühlen und Körperreaktionen zu jedem Menschen. Angst, Unsicherheit, Erröten und Schwitzen wird Sie als **gesundes Körpersignal in aufregenden Situationen** bis an das Ende Ihres Lebens begleiten. Falls Sie gehofft haben sollten, daß ich in der Lage wäre, Angst wegzuzaubern, muß ich Sie enttäuschen."

Pat.: „Aber bei mir ist das nicht mehr normal"

Ther.:"Ihre **Angst vor der Angst** ist wirklich oft sehr groß - und Sie können sicherlich lernen, **Kräfte zu sparen und Vergnüglicheres zu tun** als sich jeden Tag so viele Stunden mit Angst zu beschäftigen. Meist genügt es, dies erst in der angstauslösenden Situation zu tun. Sie können auch mit meiner Unterstützung neue Möglichkeiten finden, mit Ihrer **gesunden Angst** umgehen zu lernen, sie vielleicht auch irgendwann einmal sogar als **Helfer** zu betrachten, sie auszusprechen und zu zeigen, statt immer krampfhaft, und oft vergeblich, zu versuchen, sie zu verbergen."

Pat.: „Wie soll ich das jemals schaffen.?"

Ther.:"Wieviel **Geduld und Änderungsbereitschaft** haben Sie mitgebracht ?"

Pat.: „Wenn ich ehrlich bin, nicht viel. Vielleicht muß ich erst einmal lernen, geduldiger zu werden, das wäre auch ein wichtiges Ziel für mich."

Ther.:"Wenn dies ein wichtiges Therapieziel ist, dann können wir gleich heute damit beginnen. Sind Sie damit einverstanden, sich bis zur nächsten Sitzung zunächst mit Bleistift und Papier in Geduld zu üben, sich eine Stunde Zeit zu nehmen, alles aufzuschreiben, was Sie als **„überflüssige Angst"** bewerten und auf ein Extrablatt alles, was Sie heute schon über Ihre persönliche **gesunde Angst oder Signalangst** wissen ? Diese kann von Mensch zu Mensch natürlich auch ganz unterschiedlich sein."

Pat.: „Zur überflüssigen Angst wird mir sicherlich sehr viel mehr einfallen !"

Ther.:"Dann ist es vielleicht besser, sich in der ersten halben Stunde mit der Angst zu beschäftigen, die gesund ist und die uns oft hilft zu überleben, z.B. wenn Sie jetzt gleich nach der Sitzung **angstfrei** über die Straße gehen würden, dann könnte es sein, daß Sie ein Auto überfährt. Die meisten Menschen wollen diese Form der Angst behalten !"

Gesellschaftliche Erwartungen, Leistungsdruck, Individualisierungstendenzen und Streben nach Perfektionismus haben sicherlich in den letzten Jahrzehnten das Verständnis von **sozialer Gehemmtheit** bzw. ihrem erwünschten Gegenteil, der **Selbstsicherheit,** in eine eher ungesunde Richtung verändert. Das phantasierte Idealbild von einem selbstsicheren Menschen ist bei vielen Patienten der perfekte, fehlerfreie, stets seinen Bedürfnissen entsprechend lebende, immer glückliche, zufriedene und bewunderte „Super-Kunst-Mensch". Er ist, entsprechend den Vorstellungen vieler Patienten, stets angstfrei, erlebt nie unangenehme Gefühle, kann sich in allen Lebenslagen gut ausdrücken und auch auf jede neue Lebenssituation sofort richtig und angemessen reagieren. Er fällt nie unangenehm auf, blamiert sich nie und zeigt keinerlei emotionale und körperliche Reaktionen, selbst wenn die soziale Situation noch so schwierig sein mag, sei es in Prüfungen, sei es bei öffentlichen Auftritten, sei es im Kontakt mit dem anderen Geschlecht, in Konfliktsituationen, bei Vorstellungsgesprächen usw.

Das wesentlichste übergeordnete Ziel von Selbstsicherheit, möchte ich als Streben nach **Authentizität** bezeichnen. Diese Echtheit oder Stimmigkeit eines Menschen in sozialen Situationen besteht aber gerade darin, auch unangenehme Gefühle als sozial angemessen in entsprechenden Situationen zuzulassen. Das heißt zum Beispiel, daß ein junger Mann, der in einem Lokal eine hübsche junge Frau ansprechen will, in der Regel Aufregung und Unsicherheit verspüren wird. Wenn er nun versucht, dies durch "Coolness", d.h. übertrieben selbstbewußtes Auftreten, zu überspielen, wirkt er nicht authentisch und erfährt von der ebenfalls aufgeregten und unsicheren jungen Frau sicher eher eine Ablehnung als wenn er das Gefühl vermittelt: „Wir sitzen im selben Boot". Diese wichtige Übereinstimmung von innen und außen, d.h. von Gefühlen, Gedanken, physiologischen Abläufen einerseits und Verhalten andererseits, betrachte ich als wichtigstes **therapeutisches Ziel**. Bei eher aggressiv-grenzüberschreitenden Patienten mit einem falschen Verständnis von Selbstsicherheit besteht das Ziel außerdem darin, eine soziale Sensibilität zu entwickeln. Diese „**Übereinstimmung von Innen und Außen**" (von Gerber et.al. 1989 auch als „**Konkordanz**" bezeichnet) ist das übergeordnete Ziel für die meisten Patienten, die sich mit sozialen Ängsten in unserer Praxis vorstellen. Ich bin mir meines „**Selbstbewußt**" heißt, ich kenne und zeige meine Stärken und Schwächen, und wenn andere Menschen meine Fehler kennenlernen, sind sie meist erleichtert, daß auch ich ein Mensch bin.

Zusammengefaßt besteht das **Behandlungsziel** bei der Diagnose „soziale Phobie" sowohl in der adäquaten Attribution und Akzeptanz natürlicher Erregung in schwierigen sozialen Situationen als auch in der Reduzierung der Erwartungsangst, dem Aufbau sozialer Kompetenzen und der damit einhergehenden Erweiterung des Verhaltensrepertoires. Die Entwicklung von Authentizität und **sozialer Sensibilität** erscheint dabei besonders wichtig.

Im folgenden möchte ich die wichtigsten Zielvorstellungen einiger Selbstsicherheits-Trainingsprogramme, die auch meine therapeutische Arbeit beeinflußt haben, zusammenfassend darstellen (vgl. auch Reinecker 1986, S 115-130):

Salter (1949), einer der Begründer des Selbstsicherheitstrainings, formulierte für das sogenannte „**Expressive Training**" folgende Ziele:

1. Ausdruck von Gefühlen
2. Ausdruck von Mimik und Gestik
3. Widersprechen und Angreifen
4. Gebrauch der Ich-Form
5. Annehmen von Lob und Selbstlob
6. Improvisation, Flexibilität sowie aktive und spontane Handlung

Das **Assertiveness-Training-Programm ATP** von Ullrich und Ullrich de Muynck (1976) hat den Aufbau sozialer Fertigkeiten zum Ziel sowie die Sensibilisierung dafür, diese neuerworbenen sozialen Fertigkeiten entsprechend den jeweiligen sozialen Anforderungen in unterschiedlichen Situationen auch angemessen einzusetzen. Sowohl im Rollenspiel als auch in der natürlichen Umgebung können 127 soziale Situationen trainiert werden. Diese Situationen beinhalten unter anderem das Stellen von Forderungen, Nein-Sagen und Kritisieren, Herstellen von Kontakten, das sich Aussetzen öffentlicher Beachtung und das Erlauben von Fehlern. Das ATP wird in diesem Band von den Autoren noch ausführlicher dargestellt.

Für Bandura (1977) besteht das Hauptziel in der Veränderung des **Selbsteffizienz-Konzepts**. „Die Antizipation von Mißerfolg, die Selbstabwertung eigener Fähigkeiten, die Abwehr von Lob und die Selbstabwertung in Gedanken, all dies beeinflußt die zukünftigen Perspektiven und Möglichkeiten. Angst, Vermeidung, Ungeschicklichkeit als Folge von Mißerfolgserwartungen führen dann häufig zu tatsächlichem Mißerfolg in sozialen Situationen. Diese konkreten (negativen) Erfahrungen bestätigen die abwertende Sicht der eigenen Fähigkeiten („efficacy expectations") im Sinne von Bandura (1977) und stehen angemessenem Verhalten in ähnlichen Situationen im Weg." ... „Die Veränderung dieser kognitiven Komponenten erfordert auch ein Training in adäquater Wahrnehmung eigener und fremder Reaktionen und Situationen (Training sozialer Sensibilität)" (Reinecker 1986, S. 119).

Feldhege und Krauthan (1979) formulierten für ihr **„Verhaltenstrainingsprogramm"** folgende Kategorien:

1. **Kommunikation:** Die Verbesserung der Beziehung zu Partnern, Freunden und Bekannten
2. **Kontakt:** Das Aufnehmen und Aufrechterhalten von Kontakten zu fremden Personen
3. **Selbstbehauptung:** Das Durchsetzen von berechtigten Ansprüchen und Forderungen
4. **Belastung:** Die Bewältigung von Belastungssituationen

Die **Konkordanztherapie** (Gerber, Miltner, Birbaumer und Haag 1989) wurde zwar zunächst für psychosomatische und Migräne-Patienten entwickelt, beinhaltet jedoch meines Erachtens einen weiteren wesentlichen übergeordneten Aspekt, den ich oben auch als **Authentizität** beschrieben habe. Die Konkordanztherapie „zielt darauf ab, den Patienten zur Wahrnehmung von Diskordanzen zwischen subjektiven verhaltensmäßigen und physiologischen Reaktionen zu befähigen. Ferner soll der Patient therapeutische Strategien erlernen, die eine angemessene Bewältigung bzw. Veränderung der Diskordanz zwischen Denken, Fühlen und Handeln ermöglichen" (S. 10). Den Patienten werden durch verschiedene streßauslösende Situationen ihre körperlichen Reaktionen und die damit verbundenen Kognitionen und Verhaltensweisen bewußt gemacht, ebenso ihre psychologischen und medizinischen Kausal- und Kontrollattributionen.

Pfingsten und Hintsch (1991) kritisierten an den standardisierten Selbstsicherheitsprogrammen die mangelnde Möglichkeit, flexibel auf die momentanen Gruppenbedürfnisse und die individuellen Unterschiede einzugehen. Sie sichteten zehn Jahre lang die einschlägigen Therapieprogramme im deutschsprachigen Raum und fanden heraus, daß diese Programme entweder zu aufwendig sind, nicht als Gruppentraining konzipiert waren oder keine empirischen Belege über ihre Effektivität vorliegen. Deshalb entschlossen sie sich, das **Gruppentraining sozialer Kompetenzen (GSK)** zu entwickeln mit dem Ziel eines standardisierten Gruppenverfahrens mit flexiblen Komponenten und einem multimodalen Ansatz im Sinne von Lazarus. Darüber hinaus war es ihnen wichtig, kognitive Elemente ebenso wie motorische Verhaltensfertigkeiten einzubeziehen und eine Vermischung von selbstsicheren und aggressiven Verhaltensweisen zu vermeiden. Außerdem sollte die Trainingskonzeption theoretische und empirische Erkenntnisse aus der einschlägigen Forschung berücksichtigen. Dies scheint ihnen mit der zweiten, überarbeiteten Auflage des Gruppentrainingsprogrammes sozialer Kompetenzen (1991) gelungen zu sein. Der Praktiker findet hier zahlreiche wertvolle Anregungen.

Wlaszlo et al. (1992) haben in einer Vergleichsuntersuchung zwischen **Expositionen in vivo** bei sozialen Ängsten und Defiziten mit herkömmlichem Training sozialer Kompetenz an 78 Patienten eine Überlegenheit der Exposition in vivo als Gruppentherapie bei sozial defizitären Patienten gefunden.
Folgende Ziele im Sinne eines hilfreichen Konzepts, mit Ängsten umzugehen, werden dem Patienten vermittelt:

1. Eingehen von Risiken
2. Abbau von Vermeidung
3. Angst zulassen
4. Realitätsüberprüfung
5. Erlernen neuer Verhaltensweisen, einschließlich Konfrontation
6. Übernahme einer aktiven Rolle
7. Veränderung statt Ursachenforschung
8. Eigenverantwortung und Selbständigkeit

Insgesamt beinhaltet das Therapiekonzept die Vermittlung einer generalisierbaren Copingstrategie für den Umgang mit sozialen Schwierigkeiten und umfaßt daher folgende Bereiche:

- Aufbau einer adäquaten sozialen Wahrnehmung als Voraussetzung für die Einschätzung der Reaktionen anderer Personen (Realitätsprüfung)
- Umgang mit angstbesetzten Situationen (Expositions- und Angstmanagement)
- Training der sozialen Fertigkeiten (verbal und nonverbal)
- Schulung in „sozialer Intelligenz"

Das Wissen über die meist unter experimentellen Bedingungen durchgeführten und entwickelten Programme beantwortet jedoch vielleicht noch nicht Ihre möglicherweise drängenden Fragen, wie Sie als Praktiker diese zahlreichen Ziele und Erkenntnisse in ihren praktischen Alltag umsetzen können. Hierzu ist ein Vorgehen nötig, das sowohl in der Gestaltung als auch in der Durchführung flexibel ist. Nach meiner Erfahrung muß es möglich sein, die Reihenfolge des therapeutischen Vorgehens den individuellen Bedürfnissen des Patienten und der Gruppe anzupassen, einzelne Trainingsschritte auszuwählen, diese auch in der Einzeltherapie zu verwenden sowie Bezugspersonen einzubeziehen. „Zwar ist die feste Struktur des Trainingsablaufs häufig hilfreich, gleichzeitig treten jedoch bei einer allzu starren Handhabung der Abfolge der Übungssituationen immer wieder Trainingsphasen auf, die von den Patienten als irrelevant für ihre eigenen Problemsituationen angesehen werden, mit nachteiligen Wirkungen auf die Motivation und das therapeutische Engagement." (Zielke 1993, S. 7)

Veränderungsebenen
Wichtig erscheint es mir, in jedem Fall auf allen vier Ebenen des menschlichen Erlebens und Verhaltens Veränderungen einzuleiten:

1. Im Bereich der **Kognition** durch Überprüfung und ggf. Veränderung des Selbst-Effizienz-Konzepts und kognitive Umstrukturierung
2. Im Bereich der **Emotion** durch Verbesserung der emotionalen Wahrnehmungs- und Expressionsfähigkeit
3. Im Bereich der **Physiologie** durch realistische Attributionen von körperlichen Erregungsvorgängen zu erregungsauslösenden sozialen Situationen, durch Aufbau von Konkordanz sowie einer adäquaten medizinischen Kausal- und Kontrollattribution
4. Im Bereich des **Verhaltens** durch Erweiterung des Verhaltensrepertoires, Aufbau partnerschaftlicher Kommunikation (vgl.Görlitz 1993), Eingehen von Risiken, Reizkonfrontation, Einübung sozialer Fertigkeiten, Aktivierung und Übernahme von Selbstverantwortung sowie Abbau des Vermeidungsverhaltens und Förderung des Selbsthilfepotentials

7. Praktisches Vorgehen - Einzelsitzungen

Meine langjährige praktische Erfahrung hat gezeigt, daß die Kombination von Einzel- und Gruppensitzungen bei der Behandlung sozialer Ängste am effektivsten und ökonomischsten ist. Folgender Modus hat sich dabei in meiner therapeutischen Arbeit bewährt:
Nach einer Phase von zunächst ca. 10-20 Einzelsitzungen (à 50 Minuten) einmal wöchentlich erfolgt die mit einer Gruppentherapie (Selbstsicherheitsgruppe, körperorientierte-, themenzentrierte-, störungsbezogene- oder andere Gruppen). In dieser Zeit finden die Einzelsitzungen in ein- bis zweiwöchigen Abständen statt, die Gruppe dreimal im Monat mit der Therapeutin. Einmal im Monat treffen sich die Gruppenmitglieder außerhalb der Therapiesituation, um die in der vorangegangenen Therapiesitzung besprochenen In-vivo-Übungen durchzuführen (Exposition in vivo bzw. Übungen zur Reizkonfrontation) und dies anschließend dann im Plenum zu besprechen (Eigeninitiative, Selbstmanagement).

Im Anschluß an die ersten vier **probatorischen Sitzungen** stelle ich in der Regel einen Erstantrag über 45 Sitzungen und beantrage, ca. 20 Sitzungen zur freien Verfügung für Einzel- oder Gruppensitzungen zu genehmigen. Nachdem ich mich in früheren Jahren häufig bereits zu früh für eine Gruppentherapie entschieden hatte, die dann manchmal aufgrund äußerer Umstände des Patienten oder der geplanten Gruppenzusammensetzung nicht zustande kam, räumt mir diese Form der Beantragung, der auch die meisten Gutachter zustimmen, einen größeren therapeutischen Spielraum ein und erspart mir unnötige Umwandlungsanträge.

Auch für die **Einzelsitzungen** ist es zwar nicht sinnvoll, ein standardisiertes Programm aufzustellen, um es in gleicher Form bei jedem Patienten durchzuführen, die Einzeltherapie eines sozial ängstlichen oder defizitären Patienten sollte jedoch einen Großteil folgender Standardmethoden beinhalten (die sich teilweise auch ergänzen oder überschneiden):

Standardmethoden in der Einzel- und Gruppentherapie sozial ängstlicher Patienten:

1. Aufstellen einer **Angsthierarchie** (die Patienten ordnen ca. 20 angstauslösende Situationen nach Schwierigkeitsgrad von 0-100 ein).
2. Durchführung von **Rollenspielen** zu angstauslösenden Situationen sowohl bezüglich lebensgeschichtlich bedingter als auch aktueller Konfliktsituationen, soweit möglich mit Video-Rückmeldung. Die Rollenspiele mit imaginierten lebenden oder auch verstorbenen primären Bezugspersonen geben Aufschluß über die heute noch wirksamen internalisierten Elternanweisungen und kognitiven Lern-Programme des Patienten.
3. Übungen zur **Reizkonfrontation**. Diese Übungen werden anhand der Angsthierarchie gemeinsam besprochen, durch therapeutische Rollenspiele vorbereitet und in der natürlichen Umgebung (Einkaufen, Restaurant, Behördengang usw.) mit Therapeut, Co-Therapeut oder auch in Eigeninitiative durchgeführt.
4. Führen von **Selbstkontroll- und Selbstbeobachtungsbögen** bezüglich der Symptomatik und den damit verbundenen Auslösebedingungen, Konsequenzen und Funktionen (z.B. in welcher Situation trat Angst auf, wie habe ich mich verhalten, wie hat die Umgebung sich verhalten, welche körperlichen Reaktionen habe ich verspürt, welche Gedanken, Gefühle und Verhaltensweisen standen damit in Zusammenhang, wie war mein allgemeines Erregungsniveau (0-100) an diesem Tag sowie die Beobachtung weiterer Einflußfaktoren wie Entspannung, Schlaf, Belastung, Zigaretten, Kaffee, Alkohol, Aktivitäten usw.
5. Durchführung einer oder mehrerer Methoden zur **Angstbewältigung** je nach Möglichkeit des Patienten und der Symptomzusammenhänge (z.B. kognitive Angstbewältigung, Attributionstherapie, Durchführung von Methoden zur Veränderung des Selbsteffizienz-Konzepts, Entspannungstraining, SD-Methoden usw.).
6. Gemeinsame Erarbeitung eines **realistischen Konzepts von Selbstsicherheit**, **Authentizität** und **sozialer Sensibilität,** auch im Sinne eines notwendigen Kompromisses zwischen dem Durchsetzungswunsch eigener Bedürfnisse und der Wahrnehmung der sozialen Verantwortung. Dies ist häufig ein Balanceakt im Spannungsfeld zwischen Anpassung an gesellschaftliche Normen und Selbstverwirklichung.
7. Analyse und Aufbau **sozialer Fertigkeiten**, auch durch Modellverhalten des Therapeuten oder Co-Therapeuten in entsprechenden In-vivo-Situationen.
8. Anwendung **„paradoxer" Selbstinstruktionen** (statt „hoffentlich bin ich jetzt nicht aufgeregt, unsicher usw" werden gemeinsam mit dem Patienten „gegenteilige" innere Sätze und Überzeugungen erarbeitet: "Ich erlaube mir meine Aufregung, ich will die Erregung zulassen, spüren, den Verlauf genauer kennenlernen, ich gestatte mir das Schwitzen, Zittern, Erröten als meine persönliche Form der Erregung in dieser für mich schwierigen sozialen Situation usw...)."
9. Förderung der **Autonomieentwicklung.**
Nachdem bei den meisten sozial ängstlichen Patienten auch **keine adäquate Ablösung von primären Bezugspersonen** stattgefunden hat und deren angstinduzierende Anweisungen meist heute noch das Verhalten des erwachsenen Patienten bestimmen, sind **Rollenspiele** zu dieser Thematik für mich in der ersten Therapiephase obligatorisch.

Am Beispiel der eingangs erwähnten Patientin möchte ich das praktische Vorgehen etwas ausführlicher beschreiben:

Beispiel: Förderung der Autonomieentwicklung

In ihrer **Angsthierarchie** erwähnt die Patientin ihre Angst vor Autoritäten, insbesondere vor Männern. Dabei berichtet sie folgende, bis heute noch aktuelle Angstsituation im Kontakt mit dem Vater: Sie sitzt zu Hause im Wohnzimmer ihrer Eltern, der Vater sieht fern, die Mutter strickt. Die Patientin setzt sich zunächst dazu, hat jedoch den Wunsch, sich mit den Eltern zu unterhalten. Kaum beginnt sie zu sprechen, weist der Vater sie barsch zurecht, den Mund zu halten, da er fernsehen möchte. Die Patientin fühlt sich hilflos, unterdrückt, ängstlich, handlungsunfähig und nicht in der Lage, diese Problemsituation für sich befriedigend zu lösen. Entweder bleibt sie errötend, wie erstarrt stumm sitzen, oder sie flieht aus der Situation. Auf der Skala der Angsthierarchie bewertet sie diese „Angstsituation" mit 80. Als nächsten therapeutischen Schritt stellt sich die Patientin mit geschlossenen Augen die Situation nochmals vor mit dem langfristigen Ziel, **alternative Verhaltensweisen** zur Hilflosigkeits- und Fluchtreaktion zu entwickeln. Im Anschluß an die Instruktion beschreibt die Patientin ihr Erleben auf den vier Ebenen, als Vorbereitung für die therapeutische Aufgabe der **Selbstbeobachtung erregungsauslösender Situationen** in ihrer natürlichen Umgebung zwischen den Einzelsitzungen:

1. Welche Gedanken sind mit dieser Situation verbunden?
2. Was fühle ich?
3. Welche körperlichen Veränderungen habe ich während der Vorstellung verspürt oder erinnert?
4. Wie verhalte ich mich?
5. Welche Verhaltensweisen könnten hilfreicher, befriedigender, weniger angstauslösend, erwachsener usw. sein?

Die Patientin macht sich während der Therapiesitzung zu allen fünf Punkten Aufzeichnungen. Ich halte mich dabei zunächst völlig zurück, um die Selbstbeobachtungsfähigkeiten und das **Selbsthilfepotential** der Patientin zu stärken, und antworte lediglich auf Verständnisfragen. Bei der Suche nach alternativen, hilfreicheren Verhaltensweisen gebe ich zunächst nur geringfügige Hilfestellungen, wie z.B.: „Was würde eine Freundin, ein Filmschauspieler, ein Romanheld usw., die Sie als besonders selbstsicher einschätzen, in dieser Situation tun?" Häufig ist an dieser Stelle eine 50minütige Sitzung zu Ende, so daß Sie der Patientin das Aufschreiben alternativer Handlungsmöglichkeiten als **therapeutische Aufgabe** mitgeben können. In der darauffolgenden Sitzung kann entweder das Vorgehen mit einer ähnlichen Situation nochmals wiederholt werden, oder Sie können je nach Differenziertheit und bereits entwickelten Alternativen zum Rollenspiel übergehen.

Das **Rollenspiel** kann entweder in Form eines Rollentauschs durchgeführt werden (die Therapeutin spielt Patientin, die Patientin selbst spielt die möglichen Reaktionen des Vaters, oder Sie spielen das Verhalten des Vaters, das Sie von der Patientin vorab geschildert bekommen haben, und die Patientin spielt sich selbst) - oder auch in Form eines **Monodramas** (in Anlehnung an die Stuhlarbeit aus der Gestalttherapie). Die Form des Monodramas bevorzuge ich deshalb, weil ich in meiner Therapeutenrolle meine gesamte Konzentration auf den Prozeß lenken kann und weil die Patientin selbst durch Identifikation mit zwei verschiedenen Rollen auch ihre soziale Wahrnehmung für andere Personen und ihre eigene Wirkung verbessern kann.

Beispiel: Monodrama
Die Patientin wählt zwei Stühle aus, stellt sie einander gegenüber und legt ihren und den Stuhl des Vaters fest. Sie setzt sich zunächst in ihren eigenen Stuhl, schließt die Augen und versucht eine innere Vorstellung (visuell, akustisch, kinästhetisch usw.) von ihrem Vater zu bekommen. Danach öffnet sie die Augen und beschreibt sein Aussehen, sein Verhalten und ihr Gefühl in der erwähnten Fernsehsituation in Du-Form, indem sie den leeren Stuhl, in dem der vorgestellte Vater sitzt, direkt anspricht, z.B. „Ich sehe, wie Du mir gegenübersitzt, keinen Blickkontakt mit mir aufnimmst, nur in den Fernseher schaust, eine Flasche Bier vor dir steht .... Ich rieche deine Alkoholfahne, dein Gesicht ist rot, und wenn ich dich ansehe, weiß ich einerseits, daß ich dir jetzt eigentlich gerne etwas aus meiner Arbeit erzählen möchte, andererseits spüre ich Angst, Abneigung und einen Kloß im Hals..."

Es ist durchaus möglich, daß sie für diese erste Sequenz mit der Patientin wiederum eine ganze Einzelsitzung benötigen, da es oft das erste Mal ist, daß sozial ängstliche Patienten in dieser Form mit ihren Eltern oder anderen „vorgestellten" Bezugspersonen sprechen. Dies löst häufig massive Gefühle in Form von Ärger, Wut, Angst, Hilflosigkeit oder einen Weinkrampf aus. Bei den Patienten mit starken emotionalen Reaktionen ist ein akzeptierendes und erlaubendes Verhalten des Therapeuten ausgesprochen wichtig. Dies kann von folgenden Formulierungen begleitet sein: „Es ist wirklich eine große Leistung, daß Sie zum ersten Mal in Ihrem Leben auf diese Art und Weise mit Ihrem Vater sprechen" oder: „Es ist wirklich sehr schwer, dem Vater ganz ehrlich die eigenen Gedanken und Gefühle zu zeigen, und gleichzeitig zu wissen, daß wir hier in einem geschützten Raum sind und Sie Ihrem wirklichen Vater gegenüber nur das äußern werden, was Sie sich wirklich zutrauen," oder: „Es ist gut, daß Sie weinen und sich ihre Gefühle erlauben können" oder „Es ist jetzt wirklich in Ordnung, daß Sie ihren Ärger oder Ihre Wut zulassen" usw..

Die **therapeutische Aufgabe** bis zur nächsten Sitzung könnte ein therapeutischer Brief an den Vater sein (ausschließlich zunächst für die Therapiesituation bestimmt), die Vorbereitung eines Dialogs oder Telefongesprächs mit dem Vater oder auch die Vereinbarung einer gemeinsamen therapeutischen Sitzung.

In der darauffolgenden Sitzung wird das Monodrama fortgesetzt. Die von der Patientin vorbereiteten Inhalte werden durchgespielt und ergänzt. Das Ziel ist die Förderung emotionaler Ausdrucksfähigkeiten und adäquater Handlungsstrategien.

In weiteren Sitzungen werden anhand dieses und anderer Rollenspiele mit wichtigen Bezugspersonen die heute noch wirksamen angstinduzierenden Lernprogramme der Patientin erarbeitet. Inwieweit dann eine tatsächliche Auseinandersetzung, erwachsene Neugestaltung und damit notwendige **Autonomieentwicklung** stattfinden, ergibt sich in der Regel aus folgenden Faktoren:
1. Chronifizierung der Symptomatik
2. Rigidität der Bezugspersonen
3. Motivation und Differenziertheit der Patientin
4. Überzeugung der Therapeutin, daß es sich um einen wesentlichen Wirkfaktor handelt
5. Alternativen Verstärker und Kontakte
6. Grad der Abhängigkeitsbeziehung zu den primären Bezugspersonen
7. Möglichkeiten des Therapeuten, zu strukturieren und die Intervention über mehrere Sitzung hinweg konsequent zu verfolgen
8. Intensität des Kontakts der Patientin mit den primären Bezugspersonen
9. Aus der Funktionsanalyse, d.h. welche Funktionen hat das angstauslösende Verhalten für das aktuelle Leben der Patientin (z.B. „Wenn du dich nicht anständig verhältst, passe ich nicht mehr auf dein Kind auf." bzw. umgekehrt im Sinne eines sekundären Krankheitsgewinns: Wieviel Zuwendung erhält die Patientin für ihr schüchternes, pflegeleichtes Verhalten?).

Die einzelnen Schritte des Vorgehens bis zum Konfliktbewältigungsgespräch mit den Eltern überlasse ich jedoch der Patientin selbst, da Therapeuten nur Möglichkeiten der Veränderung aufzeigen können und die Patienten sich selbst für ihren persönlichen, einzigartigen Weg entscheiden müssen.

Neben der real existierenden Einzigartigkeit eines jeden Menschen erscheint es auch aus folgenden Gründen wichtig, dem Patienten das individuell mögliche Maß an **Selbstverantwortung** zu überlassen:

1. Insbesondere bei sozial ängstlichen Menschen ergibt sich durch die Zunahme an Selbstbewußtsein und Unabhängigkeit meist auch eine **Veränderung der sozialen Beziehungen** (Eltern, Partnerschaft, Freunde), die immer wieder auch einmal zu Trennungen führen können. Deshalb ist es sinnvoll, daß der Therapeut zu Beginn der Behandlung den Patienten über diese mögliche „Zerreißproben für Beziehungen" aufklärt und ihn bittet, dies bei seiner Therapieentscheidung einzukalkulieren. Der Therapeut übergibt damit dem Patienten die Verantwortung und Entscheidungsfreiheit, anstatt ihm sein eigenes Wertesystem überzustülpen.
2. Ein weiterer Aspekt ist die **drohende Abhängigkeit vom Therapeuten**. Wenn wir dem Patienten das Gefühl vermitteln, „nur ich weiß genau, welcher Weg für Sie der richtige ist", verhindern wir die Mobilisierung der Selbsthilfekräfte sowie einer realistischen Kontrollüberzeugung. Therapie ist dann nicht mehr Hilfe zur Selbsthilfe und die Ablösung vom Therapeuten wird dem Patienten extrem schwerfallen.

8. Praktisches Therapeutisches Vorgehen - Gruppentherapie

Nach diesem Ausschnitt eines möglichen Vorgehens in der Einzeltherapie, möchte ich noch auf die begleitende Gruppentherapie eingehen. Ausführlichere Darstellungen zum Thema Gruppentherapie finden sich außerdem in den entsprechenden Kapiteln dieses Buches.

Nach Grawe (1983) können in einer Gruppe vielfältige zwischenmenschliche Situationen hergestellt werden sowie Modellverhalten und soziale Verstärkung, die als wichtige Instrumente zur Veränderung von Sozialverhalten dienen (S. 14).

Da der Kontakt mit den Gruppenmitgliedern für jeden einzelnen Patienten bereits eine **In-vivo-Situation** im Sinne von **Reizkonfrontation** darstellt, ist eine Gruppentherapie bei der Diagnose „soziale Ängste und Defizite" in hohem Maße effektiv und wesentlich ökonomischer als ausschließliche Einzeltherapie.

Bei der **Auswahl** der Teilnehmer für eine verhaltenstherapeutische Gruppentherapie zum Thema **Selbstsicherheit, Angstbewältigung und Kontakt** sollten Sie sich viel Zeit lassen. Im Laufe der Jahre habe ich aus zahlreichen Fehlern, wie z.B. voreiliger Gruppenzusammenstellung, gelernt und habe auch erfahren, daß die meisten Patienten und Therapeuten für eine Durchführung eines vollstandardisierten Programmes in der Regel nicht dauerhaft motivierbar sind. Zur Förderung der Motivation sollte der Therapeut stets darauf achten, möglichst jeden Gruppenteilnehmer auch in jeder Sitzung anzusprechen und einzubeziehen. „Der häufigste Fehler in der Gruppenleitung bei der Weiterführung der Verhaltens- und Bedingungsanalyse besteht darin, jeweils einen Patienten vor (oder in) der Gruppe zu explorieren. Das Engagement der Patienten, die gerade nicht dran sind, sinkt rapide ab und beschränkt sich bald nur noch auf die Vorbereitungen des eigenen „Auftritts". Selbst wenn die gegenseitigen Befragungen der Patienten etwas holprig sind, ist es langfristig besser, solche gegenseitigen Explorationen durch die Gruppenteilnehmer selber durchführen zu lassen." (Zielke 1993, S. 20)

Der Kontakt und die Gruppenkohäsion können durch Verteilung von Aufgaben zur Gruppendurchführung sowie die Einplanung von Gruppensitzungen ohne den Therapeuten zusätzlich gefördert werden.

Die Indikation für den Einzelfall bezüglich einer Gruppentherapie ist sehr viel einfacher als die Auswahl der Mitgliederkonstellation in der Gruppe selbst.

Auswahlkriterien für eine Selbstsicherheitsgruppe

1. Die Hälfte der Teilnehmer sollte männlich, die andere weiblich sein (bei sozialen Ängsten spielt die Angst vor dem anderen Geschlecht stets eine große Rolle).
2. Die Altersgruppe sollte möglichst breitgestreut zwischen 20 und 50 Jahren liegen (breites Verhaltensspektrum, Identifikations- und Auseinandersetzungsmöglichkeiten mit verschiedenen sozialen Aspekten, verschiedenen Altersgruppen und Generationen, Eröffnung neuer Kontaktmöglichkeiten).
3. Keiner der Gruppenmitglieder sollte sich aufgrund seiner Persönlichkeitsstruktur, seiner Diagnose oder seines Aussehens (z.B. Stottern, massives Übergewicht) als isolierter Außenseiter fühlen. Daher erweist es sich als günstig, jeweils zwei oder drei Patienten mit ähnlichen Merkmalen auszuwählen.
4. Patienten, die sich nicht fest verpflichten können, sondern sporadisch teilnehmen, vergiften in der Regel das Gruppenklima und blockieren sich durch diesen Zusatzkonflikt meist in ihrer eigenen Entwicklung. Daher nehme ich nur Patienten auf, die sich von vorneherein verpflichten, möglichst an jeder Gruppensitzung teilzunehmen (Urlaubspläne werden vorher abgestimmt).
5. Für minderbegabte Patienten sollte eine spezielle Gruppe zusammengestellt werden.

Darüber hinaus wäge ich bei jedem einzelnen Patienten die später noch erwähnten Kontraindikationen auch im Hinblick auf die Gesamtgruppe ab.

Bei der Durchführung von verhaltenstherapeutischen Gruppen liegt mein besonderer Schwerpunkt auf einer **erlebnisorientierten Vorgehensweise** (mehr tun und erleben, weniger denken und reden), die sich stärker an den jeweiligen Persönlichkeiten und dem davon abhängigen **Gruppenprozeß** als an einem vorgegebenen äußeren Rahmen orientiert. Die erwähnten Standardelemente (z.B. Kommunikation, Angstbewältigung usw.) erfahren die Patienten bei diesem Vorgehen daher eher beiläufig in real erlebten Gruppensituationen.

Diese Realerlebnisse in der Gruppe werden durch die beschriebenen Übungen eingeleitet (z.B. Partnerübung „Blickkontakt" mit anschließendem Partneraustausch der dabei aufgetretenen Gefühle, Gedanken, Körperreaktionen und der Rückmeldung des beobachteten Verhaltens, auch anschließend in der Großgruppe usw.). Die Standardelemente werden also überwiegend erlebt, ausprobiert und erfahren, jedoch weniger erklärt oder kognitiv vermittelt. Hierzu dienen die jeweils von Sitzung zu Sitzung vorbereiteten und dem Gruppenprozeß angepaßten Arbeitsblätter mit den entsprechenden Standardkriterien. Die **therapeutische Übungsaufgabe** besteht dann jeweils darin, diese Arbeitsblätter auch zur **Selbstbeobachtung** und **Selbstmodifikation** zwischen den einzelnen Sitzungen fortlaufend auszufüllen, entsprechend einer Grundregel: **Die tatsächliche Therapie geschieht größtenteils zwischen den Sitzungen.**

Dieses erlebnisorientierte Vorgehen erfordert deshalb im besonderen Maße Flexibilität, weil der Gruppentherapeut vor jeder Sitzung (und auch noch während den Sitzungen) das Vorgehen immer wieder der aktuellen Gruppensituation anpassen muß, d.h. sich auch stets ein richtiges „Timing" für die Vermittlung notwendiger Standardelemente zu überlegen hat. In einigen Gruppen ist es z.B. notwendig, bereits in den ersten Sitzungen mit **Kommunikation** zu beginnen, dagegen in anderen Gruppen mit guten Modellen im Bereich Kommunikation, jedoch bei geringen Fertigkeiten im Bereich der **Angstbewältigung** werden bereits zu Beginn eher physiologische Angstreaktionen auftreten, die dann auch real erlebnisorientiert genutzt werden können. Als sogenannte **Einstiegsübungen** für das erlebnisorientierte Vorgehen habe ich eine Liste von über 70 Einzelübungen und circa 30 **Arbeitsblätter** zusammengestellt, passend zu den jeweilig erwähnten Standardelementen. Diese können flexibel und dem jeweils aktuellen Gruppenprozeß angemessen eingesetzt werden.

Beispiel: Selbstsicherheits-Gruppen
Im folgenden möchte ich exemplarisch einen halbstandardisierten, flexiblen Ablauf einer Gruppe zum Thema **Selbstsicherheit, Angstbewältigung und Kontakt** über insgesamt 20 therapeutische Gruppensitzungen à 100 Minuten und 5 Termine (a=außerhalb) ohne Therapeutin darstellen:
An dieser **Selbstsicherheits-Gruppe** nahmen vier Männer im Alter von 24, 26, 42 und 47 Jahren teil sowie fünf Frauen im Alter von 23, 26, 32, 38 und 46 Jahren. Bei jedem Patienten war die Diagnose soziale Phobie eine Erst- oder Zweitdiagnose. Zwei Patienten hatten außerdem die Diagnose Stottern (ICD-10 F 98.5), zwei Patienten die Diagnose Anpassungsstörung mit depressiven Reaktionen (ICD-10 F43.21), zwei Patienten die Diagnose hypochondrische Störung (ICD-10 F 45.2) und drei Patienten die Diagnose Agoraphobie (ICD-10 F40.0). Folgender Ablauf wurde gewählt (wobei in Klammern teilweise auch noch weitere mögliche Einzelübungen aufgeführt sind):

1. bis 3. Sitzung

- **Kontaktübungen** (z.B. gegenseitiges Vorstellen, Party-Situation, mehrmaliger Austausch in Kleingruppen, Rollenspiele zum Ansprechverhalten usw.)
  Einführen von **Gruppenregeln** (Blickkontakt, Ich-Form, Vorrang von Störungen, Umgang mit Vermeidungswünschen, Wertschätzung jedes einzelnen, Schweigepflicht, mehr tun und erleben, weniger reden und diskutieren usw.). Für die Gruppenregeln übernehmen die Teilnehmer **Eigenverantwortung.**
- Mobilisierung der **Selbsthilfekräfte** (Jeder Patient erhält eine Aufgabenkarte, auf der er jeweils am Ende einer Gruppensitzung nach einer kurzen Besinnungsübung sich eine eigene Aufgabe zum aktuellen Gruppenthema vermerkt, die zu Beginn der kommenden Gruppensitzung in Zweier-Gruppen oder im Plenum besprochen wird)
- **Wahrnehmungsschulung** (Übungen zum Sehen, Hören, Spüren, Tasten, Riechen, Schmecken, verbunden mit Therapieaufgaben)
- Übungen zur **emotionalen Wahrnehmung** (Gefühlsfragebogen, Besinnungs-, Entspannungs- und Vorstellungsübungen mit anschließendem Malen oder auch Darstellung mit Ton, Austausch in Kleingruppen und therapeutischen Aufgaben zur Selbstbeobachtung auf den vier Ebenen)
- Beim ersten a-Termin (**Treffen der Gruppe außerhalb**) haben sich die Gruppenmitglieder in der vorangegangenen Sitzung auf drei schwierige soziale In-vivo-Situationen zum Thema **Kontakt** geeinigt. Jeweils in Zweier- bzw. Dreier-Gruppen führen sie verschiedene Ansprechübungen in einer Bank, beim Einkaufen und in einem Restaurant durch, beobachten sich gegenseitig und protokollieren den Verlauf und geben sich Rückmeldung.

4. bis 6. Sitzung

- Erarbeitung eines gesellschaftlichen und individuellen **Selbstsicherheitskonzepts** (z.B. in Form von Kurzreferaten, Bewertung verschiedener modellhafter Rollenspiele, Gruppen-Puzzle, Video-Rückmeldung für alle einer vorher durchgespielten Standard-Situation „Mann spricht Frau in einem Lokal an" usw.)
- Übungen zum Aufbau partnerschaftlicher **Kommunikation** (Inhalts- und Beziehungsebene anhand von Verhaltensbeobachtungen in der Gruppe)
- Übungen zur **Angstbewältigung** (paradoxe Interventionen, z.B. absichtliches Zittern, kognitive Angstbewältigung, Identifikation von angstinduzierenden und angstreduzierenden Gedanken, akzeptierender Umgang mit der Angst aus dem normalpsychologischen Bereich usw.)
- Aufbau **sozialer Kompetenzen** (durch Rollenspiele zu alternativen sozialen Reaktionsmöglichkeiten im Anschluß an eine Videorückmeldung verschiedener sozialer Verhaltensweisen in der Gruppe)

- Für den zweiten **a-Termin** haben sich die Patienten jeweils in der vorangegangenen Therapiesitzung in Zweier-Gruppen bezüglich ihrer Ängste gegenseitig exploriert und daraus gemeinsame **Übungsaufgaben** entwickelt (wie z.B. Umtausch eines Kleidungsstückes, Vorkosten in der Wurst-Abteilung, diverse Erkundigungen einholen, ein Restaurant mehrmals durchqueren, Präservative einkaufen usw.).

7. bis 10. Sitzung

- Fortsetzung **Kommunikation** (Lob gegenüber Teilnehmern äußern und annehmen)
- Übungen zur **Körperwahrnehmung** und zum Körperbewußtsein (Entspannungsübungen, Vertrauensfall, blindes Tanzen, Kennenlernen ohne Worte, Atemübungen usw.)
- Beschäftigung mit individuellen **Stärken**, die auch für den Veränderungsprozeß in der Gruppe nützlich sind (Theaterspielen, Musizieren, Malen, sportliche Aktivitäten, Mitbringen von liebgewonnenen oder wichtigen Gegenständen usw.) - Daraus wird ein langfristiges **Gruppenziel** für die Sitzung vor der Sommerpause oder die Abschiedssitzung entwickelt, in der jeder Teilnehmer mit seinen persönlichen Stärken ca. fünf Minuten im Mittelpunkt steht und sie gestaltet
- **Körperliche Aktivierung** (Tanzen, gemeinsames Joggen mit der Therapeutin im Anschluß an die Gruppensitzungen)
- Beim dritten **a-Termin** entschließen sich die Patienten zu einem gemeinsamen Singen und Musizieren auf einer öffentlichen Wiese, die wir im Frühling beim „Indianer-Trab" (Vorübungen zum Joggen) entdeckt haben (**Eigeninitiative**).

11. bis 13. Sitzung

- **Kommunikation** (Kritik gegenüber Teilnehmern äußern und annehmen)
- Übungen zur **Reizkonfrontation** innerhalb der Gruppe (z.B. freies Sprechen zum persönlichen Umgang mit Erröten, Zittern, Schwitzen, Stottern sowie den damit verbundenen Gedanken, Gefühlen und Verhaltensweisen, gemeinsame Entwicklung von Alternativen, Referate zu schwierigen Gruppenthemen, wie z.B. Sexualität, individuelle Übungen zum Thema „das Gefürchtete tun") - Erweiterung des Verhaltensrepertoires im Bereich verbaler und nonverbaler **Ausdrucksfertigkeiten** (anhand von Video-Feedback mit anschließender Einübung in Kleingruppen)
- Für den vierten a-Termin erhalten die Patienten ein Blatt mit ca. 60 Übungen, die aus den verschiedenen Selbstsicherheitsprogrammen zusammengestellt wurden, mit dem Ziel, etwa 80% dieser Übungen bis zum Ende der Gruppensitzung zunächst in Dreier-Gruppen, später alleine zu bewältigen.

14. bis 17. Sitzung

- **Kommunikation** (Wünsche äußern und ablehnen)
- **Eigeninitiative und Selbstverantwortung** (zeitlich begrenzte Übernahme der Gruppenleitung),
- **Aufbau sozialer Kompetenzen**: Blickkontakt (Partnerübung: massierter Blickkontakt über fünf Minuten mit anschließendem Austausch von Gedanken, Gefühlen, Verhalten und Körperreaktionen). Durchführung von Rollenspielen zu sozialen Angstsituationen aus der Gruppe sowie gemeinsame Erarbeitung der notwendigen sozialen Fertigkeiten, wie z.B. aktives Zuhören usw.
- Fortsetzung **kognitiver Angstbewältigung**
- Beschäftigung mit dem individuellen **Selbsteffizienz-Konzept** sowie dem entsprechenden Gruppen-Effizienz-Konzept (z.B. „ich kann nicht, ich bin zu dumm, ich schaffe es nicht..." versus „ich probiere, riskiere es...", Exploration in Dreier-Gruppen und anschließende Erarbeitung von Veränderungskonzepten im Plenum).

- Für den fünften a-Termin haben die Gruppenmitglieder geplant, zunächst einige **Standard-in vivo-Situationen** aufzusuchen und anschließend gemeinsam an einem öffentlichen Vortrag zum Thema Angst als Zuhörer teilzunehmen, wobei sich jeder einzelne vorgenommen hat, in der anschließenden Diskussion mindestens eine Frage zu stellen.

18. bis 20. Sitzung

- **Kommunikation** (Forderungen äußern und ablehnen)
- Gruppensoziogramm mit anschließender Rückmeldung (Beschreibung des persönlichen **Kontakts** und der damit verbundenen Gefühle, Gedanken, körperlichen Vorgänge und Verhaltensweisen)
- Der Abschlußabend wird zum Thema **Selbstsicherheit unter Nutzung der persönlichen Stärken** von den Gruppenmitgliedern selbst vorbereitet.

Da **körperliche Aktivierung** in Kombination mit einer psychotherapeutischen Behandlung aufgrund der damit verbundenen verbesserten **Körperwahrnehmung**, der begünstigenden physiologischen Mechanismen und der Erweiterung des Verhaltensrepertoires stabilisierend wirkt, führe ich etwa ab der 6. bis 8. Sitzung mit den Patienten ein Ausdauertraining im Anschluß an die Gruppensitzungen durch (vgl. auch Hirzel 1986, Golz et al. 1990, Bartmann 1993). Dieses anschließende Ausdauertraining auf freiwilliger (unbezahlter) Basis führt häufig dazu, daß sich Patienten auch zwischen den Sitzungen in Kleingruppen zu einem Lauftreff verabreden (und natürlich tut dies ebenfalls dem Körper des Therapeuten gut, der gleichzeitig auch modellhaft wirken kann und dadurch sich und die Gruppe ex- und intrinsisch motiviert).

Körperorientiertes Gruppenprogramm

Im Sinne einer Strategie am Symptom vorbei habe ich in Anlehnung an Gerber et.al. (1989), Wittmann et.al. (1993) und Franke et al (1993) außerdem für eine bestimmte Gruppe von Sozialphobikern und psychosomatischen Patienten ein primär **körperorientiertes Gruppenprogramm** entwickelt. Der primär körperliche Zugang eignet sich besonders für kognitiv überbetonte oder wenig differenzierte Patienten, für Teilnehmer mit einem ausgeprägten Wahrnehmungsdefizit im körperlichen und emotionalen Bereich oder für stark auf ihre somatischen Beschwerden fixierte Patienten.

Auch dieses Gruppenprogramm ist in einem besonderen Maße **erlebnisorientiert**, da der Aufbau adäquater psychophysiologischer Attributionen und sozialer Kompetenzen sowie die Reduzierung sozialer Ängste v.a. unter Nutzung und Aufbau von körperlichem Erleben und Körperaktivierung erfolgt. Da die ausführliche Darstellung dieses Gruppenprogramms den Rahmen dieses Artikels sprengen würde, möchte ich hier nur eine kurze Zusammenfassung geben.

Im Vordergrund stehen dabei Übungen zur Verbesserung der **Körperwahrnehmung und des Körperbewußtseins**. Dies geschieht in Form von Übungen zum Umgang mit Erregungsvorgängen in sozialen Situationen und körperlicher Aktivierung einerseits sowie durch Entspannungs-, Besinnungs- und Wahrnehmungsübungen andererseits. Die begleitenden Übungen zum Abbau der sozialen Ängste und Aufbau alternativer Strategien werden dabei anfangs nicht thematisiert. Die jeweiligen Körper- und Wahrnehmungsübungen z.B. werden von einzelnen Patienten mit Hilfe der von mir vorbereiteten Arbeitsblätter zu Hause eingeübt und in der nächsten Sitzung den anderen Gruppenmitgliedern vermittelt. Dies bedeutet, daß jeder Patient häufig in für ihn ungewohnten sozialen Situationen im Mittelpunkt der Gruppe steht und über das Medium Körper mit meiner Unterstützung neues **Sozialverhalten** und Umgang mit der entsprechenden physiologischen Erregung einübt. Das **Verhaltensrepertoire** der Patienten wird zusätzlich durch das Halten von Kurz-Referaten (z.B. in den Bereichen Körper, Ernährung und Gesundheit), Ausprobieren ungewöhnlicher Körperhaltungen und körperbezogener Verhaltensweisen, Partnerübungen zum

Körperkontakt, nonverbales Ausdrücken von emotionalen Zuständen usw. erweitert. Eine intensive emotionale und physiologische **Wahrnehmungsschulung im Hier und Jetzt** (ohne Zulassen von Bewertung und Katastrophisieren, vgl. Hand,1989) wird neben Übungen zur Verbesserung der „Wahrnehmung von durch Belastung evozierten Körperreaktionen", d.h. von physiologischen Erregungsvorgängen (wie z.B. Schwitzen, Zittern, Erröten usw.), permanent durchgeführt (vgl. auch Gerber et al., 1989). Die regelmäßig ausgehändigten **Arbeitsblätter** beziehen sich überwiegend auf den körperlichen Bereich (Körperbild, physiologische Erregungsabläufe, Körperbewußtsein, Körperwahrnehmung, körperliche Aktivierung, Körperhaltungen usw.). Diese dienen ebenfalls der fortlaufenden **Selbstmodifikation** zwischen den Sitzungen. Im zweiten Teil gelingt es den meisten Patienten, ihr verändertes Verhalten im körperlichen Bereich der Reduzierung ihrer sozialen Ängste zuzuordnen. Dies wird dann in den begleitenden Einzelsitzungen individuell thematisiert. Einige dieser Patienten nehmen anschließend an der geschilderten Selbstsicherheitsgruppe teil, deren Teilnahme ohne die Vorbereitung durch die Körpergruppe häufig nicht möglich gewesen wäre. Bei allen Patienten werden die in der Gruppe begonnenen Veränderungsschritte oder entstandenen Ängste und Konfliktsituationen jeweils in der dazwischenliegenden Einzelsitzung soweit nötig aufgearbeitet.

9. Wirkprinzipien

Nach Wlaszlo et al. (1992) und den meisten anderen Autoren liegt den **Trainingsprogrammen sozialer Skills (SST)** ein gemeinsamer Wirkfaktor zugrunde, nämlich derjenige der **Exposition** mit angstbesetzten Situationen (reale Gruppensituation, Rollenspiele, Hausaufgaben usw.). Kognitive Verfahren sind bei sozialen Phobikern ebenfalls effizient und können darüber hinaus die Wirksamkeit der Exposition erhöhen, wenn die kognitiven Methoden im Sinne von Coping-Strategien einen Bestandteil der Reiz-Konfrontations-Übungen darstellen.

Bei dem genannten eher **körperbezogenen Vorgehen** steht die Veränderung der Diskordanz zwischen Denken, Fühlen, physiologischen Reaktionen und Verhalten zunächst im Mittelpunkt. Die Patienten lernen, ihre unterschiedlichen Körperempfindungen und physiologischen Reaktionen (einschließlich der damit verbundenen Emotionen und kognitiven Abläufe), sozialen Situationen und erregungsinduzierenden Auslösern zuzuordnen. Die beschriebene Reizkonfrontation ergibt sich dabei teilweise ganz automatisch durch Real-Erlebnisse in der Gruppe und wird durch gezielte Aufgaben zwischen den einzelnen Gruppensitzungen gefördert. Soziale Wahrnehmung und Konkordanz werden dadurch intensiv geschult als notwendige Voraussetzung für das Training sozialer Skills. Gerber et al. (1989) beobachteten z.B. bei der Exploration von Migränepatienten, daß diese häufig mit heiterer Mimik über emotional belastende Themen sprachen. Dieses diskordante Verhalten im mimischen und physiologischen Bereich betrachten die Autoren als Folge sozialisationsspezifischer Einwirkungen und als eventuell über Verstärkerprozesse entstandene, verminderte Fähigkeit zur viszeralen Selbstregulation autonomer Prozesse seit der Kindheit. Im Bereich des Sozialverhaltens bedeutet dies, daß die beschriebenen Migränepatienten durch ihr diskordantes Verhalten Kommunikationsstörungen und schließlich soziale Verunsicherung und Ängste entwickeln können.

Das **gesundheitspsychologische Trainingsprogramm** von Wittmann et al. (1993) integriert alle der bisher genannten Wirkfaktoren:
1. Inhalte zur physiologischen Steuerungskompetenz
2. Inhalte zur kognitiven Problemlösekompetenz
3. Inhalte zur sozialen Handlungskompetenz
Der Transfer auf die persönliche Situation erfolgt durch Hausaufgaben.

Dementsprechend betrachte ich, auch nach langjähriger therapeutischer Erfahrung, als wichtigsten Wirkfaktor die **ganzheitliche Behandlung** des sozial ängstlichen Patienten (kognitiv, emotional, physiologisch und im Bereich des Verhaltens), einschließlich notwendiger Reizkonfrontation und der Erarbeitung und Durchführung individueller **Therapieaufgaben** zwischen den Sitzungen.

10. Barrieren / Kontraindikationen

„Die Erfassung von prognostischen Variablen bei **Mißerfolgspatienten** ergab, daß diese vor der Therapie nicht nur eine höhere Gestörtheit im Hauptproblembereich (soziale Phobie) zeigten, sondern auch sozial isoliert waren (keine Partner), eine höhere Generalisierung der Angst zeigten (z.B. Agoraphobie), sich im Alltag durch die sozialen Ängste/Defizite stärker eingeschränkt fühlten (Behinderung) und deshalb bereits erhebliche Sekundärsymptomatik entwickelt hatten (Depressionen). Außerdem hatten diese Patienten einen längeren Krankheitsverlauf mit häufigeren Arzt/Psychotherapeuten-Kontakten und eine längere Latenzzeit zwischen Erstauftreten ihrer Störung und erstem Verhaltenstherapie-Kontakt... Wie bei anderen Störungen erfordert Exposition in vivo eine spezifische Motivation und Risikobereitschaft seitens der Patienten sowie eine besondere Vertrauensbeziehung zum Therapeuten" (Wlaszlo et al., 1992, S. 23). Dies gilt aus meiner Erfahrung auch für die oben erläuterten Gruppenkonzepte.

Nach Emmons und Alberti (1983) gelten für ein Selbstsicherheitstraining in Gruppen folgende **Kontraindikationen**: extrem hohes Angstniveau, ausgeprägtes aggressives Verhalten, Patienten mit sehr niedrigen verbalen Fertigkeiten, Patienten aus anderen Kulturkreisen, Patienten, welche die gesamte Aufmerksamkeit der Gruppe beanspruchen, und Patienten, deren Umwelt (z.B. Familie) auf die Entwicklung selbstsicheren Verhaltens bestrafend reagiert. Nach Hand (1989) gelten speziell für Expositionsverfahren folgende zusätzliche Kontraindikationen:
1. reflexartige Anwendung bei Symptomdiagnose wie Phobie oder Zwang ohne Einbettung in eine therapeutische Gesamtstrategie
2. Durchführung trotz unzureichender Motivation des Patienten
3. Exposition jeweils über sehr kurze Zeitintervalle
4. Langzeitanwendung der Expositionsübungen
5. psychotische Episoden in der Vorgeschichte
6. bestimmte organische Erkrankungen, insbesondere des Herz-Kreislaufsystems (vgl. Wlaszlo, 1992, S. 31).

Aus meiner ganz persönlichen Erfahrung möchte ich noch drei weitere Ausschlußkriterien hinzufügen:
- Patienten, die aus beruflichen oder privaten Gründen bereits von vornherein ankündigen, nicht regelmäßig teilnehmen zu können
- Patienten, die befreundet, bekannt oder verwandt sind oder gar in einer Partnerschaft leben
- Patienten mit schwerwiegenden Persönlichkeits- oder Beziehungsstörungen

Trotz nachgewiesener Effektivität führen leider bisher noch viel zuwenig Verhaltenstherapeuten eine Kombination von Einzel- und Gruppensitzungen durch. Dies mag einerseits an dem bisher noch zu geringen Ausbildungsangebot im Bereich Gruppentherapie liegen, aber auch andererseits an den kassentechnischen Hürden (vgl. Görlitz, 1993). Ich möchte Sie jedoch an dieser Stelle dazu auffordern, diese Hürden zu überwinden, da auch für Sie selbst als Therapeut das Erleben und die Durchführung von Selbstsicherheitsgruppen eine persönliche Bereicherung ist und darüber hinaus viel Spaß machen kann.

11. Abschlußsitzung

Die Teilnehmer der exemplarisch geschilderten **Selbstsicherheitsgruppe** bereiteten zum Abschluß aus eigener Initiative ein zweiteiliges Theaterstück vor, umrahmt von Musik und Tanz, zum Thema „Ablösung von den Eltern". Sie benutzten dazu einen Dialog zwischen Eltern und Kindern aus dem Buch „Festhalten oder Loslassen" von Halpern (1981), übertrugen diesen auf eine Familiensituation und spielten zwei Szenen gleichen Inhalts, zuerst zum Thema schlechte Kommunikation und schließlich zum Thema partnerschaftliche Kommunikation. Jeder Teilnehmer äußerte zu Beginn und am Ende des Stückes seine Gefühle, Ängste, Befürchtungen und hilfreiche Gedanken.

Die eingangs vorgestellte Patientin, welche die Rolle der Tochter, die sich ihrem Vater gegenüber behauptete, übernommen hatte, äußerte zu Beginn des Stückes: „Ich spüre jetzt meine Aufregung sehr deutlich: Mein Herz klopft heftig, ich schwitze, meine Knie zittern, mein Kopf ist heiß, und ich befürchte, daß ich eine knallrote Birne habe - aber ich weiß, daß dies für mich eine außergewöhnlich schwierige Situation ist, da ich noch nie in meinem Leben Theater gespielt habe, und ich denke, es steht mir jetzt einfach zu, aufgeregt zu sein. Die Zuschauer (Therapeutin und Akteure des zweiten Teils) bitte ich einfach um ein wenig Verständnis, falls ich mich verhasple, rot werde oder den Faden verliere. Ich werde dann einfach meinen Spickzettel zur Hand nehmen und nachsehen. Ich probiere es jetzt einfach mal. Im schlimmsten Fall lachen mich alle aus, aber das werde ich auch irgendwie überleben."

Nach dem Stück, das glänzend vorbereitet war und in dem sich die Patientin lediglich einmal versprach und dabei errötete, äußerte sie große Erleichterung, Freude und das Gefühl, wieder einen wesentlichen Schritt zu ihrer Veränderung beigetragen zu haben. Sie wollte sich sogar überlegen, sich eventuell einer Laienspielgruppe anzuschließen. Mit der anschließenden Videorückmeldung, einem gemeinsamen Essen mit Musik, Singen und Tanzen wurde die Gruppentherapie schließlich beendet. Seit über einem Jahr jedoch treffen sich die Patienten weiterhin regelmäßig einmal monatlich im Sinne einer **Selbsthilfegruppe**, um sich weiterhin auszutauschen, Übungen zu machen, Kontakte zu pflegen und Vermeidungsreaktionen vorzubeugen. Einige Patienten haben in der Gruppe sogar Freunde gefunden.

Praxis-Literatur-Empfehlung

Pfingsten, O.; Hintsch, R. Gruppentraining sozialer Kompetenzen. Psychologie Verlags-Union. Weinheim 1991. (Die Autoren sichteten zehn Jahre lang die verschiedenen Selbstsicherheitstrainings und einschlägigen Therapieprogramme im deutschsprachigen Raum und entwickelten daraus das Gruppentraining Sozialer Kompetenzen (GSK) mit dem Ziel eines standardisierten Gruppenverfahrens mit flexiblen Komponenten und einem multimodalen Ansatz, das sie in ihrem Buch sehr ausführlich darstellen.)

Reinecker, H.; Methoden der Verhaltenstherapie (Kapitel 4.5., Training in Selbstsicherheit. In: dgvt-Forum 11, DGVT, Tübingen 1986. (In diesem Band wird die historische Entwicklung sowie die verschiedenen Selbstsicherheitsprogramme sehr verständlich und übersichtlich dargestellt.)

Wlaszlo, Z.; Schröder-Hartwig, K.; Münchau, N.; Kaiser, G.; Hand, I. Exposition in-vivo bei sozialen Ängsten und Defiziten. In: Zeitschrift Verhaltenstherapie. Band 2. Heft 1. Karger, März 1992.
(Dieser Artikel beginnt mit einer gut verständlichen Operationalisierung von sozialen Ängsten und Defiziten. Anschließend findet der Leser eine ausführliche Darstellung des gegenwärtigen Standes der Forschung und der empirischen Überprüfung der Übertragung des Modells der Exposition in vivo auf Patienten mit sozialen Ängsten. Zur Erweiterung des eigenen theoretischen Hintergrunds ist dieser Artikel sehr empfehlenswert.)

Literatur

Bartmann U.; Laufen und Joggen... und seine positiven Auswirkungen auf die Psyche. Trias, Stuttgart 1993.

Franke, A., Möller, H.: Psychologisches Programm zur gesundheitsförderung.quintessenz, München, 1993

Görlitz, G.; in Keil-Kuri E.; Vom Erstinterview zum Kassenantrag (Verhaltenstherapie-Teil). Jungjohann Verlagsgesellschaft, Neckarsulm 1993.

Golz N.; Erkelens M.; Sack H-G; Ein erlebnisorientiertes Sportprogramm zur Behandlung von Depressionen. Report Psychologie 4/90, Deutscher Psychologenverlag, Bonn 1990.

Halpern H., Festhalten oder Loslassen. Isko-Press, Hamburg 1981.

Hand, I.; Verhaltenstherapie bei schweren Phobien und Panik - psychologische und medizinische Aspekte. In: Hand, I. und H.-U. Wittchen (Hrsg.) Verhaltenstherapie in der Medizin. Springer, Berlin, 1989.

Hirzel G.; Fitness für jeden - mit Spaß und Freude zu mehr Bewegung. Ein Gruppenprogramm zum Abbau von Bewegungsmangel. IFT-Materialien 6, Röttger Verlag, München 1986.

Kanfer, F.H.; Reinecker, H.; Schmelzer, D. Selbstmanagementtherapie. Springer-Verlag, Hamburg 1991.

Strian, F.; Angst. Grundlagen und Klinik. Ein Handbuch zur Psychiatrie und medizinischen Psychologie. Springer Verlag, Hamburg 1983.

Verhaltenstherapeutische Körpergruppe

Indikationskriterien

- Patienten mit psychosomatischen Störungen, Angstpatienten
- Patienten mit einem Defizit im Bereich Körperbewußsein
- Patienten, die sich am Beginn einer Einzeltherapie befinden
- Patienten mit starker Symptomfixierung
- Patienten mit Verbalisierungshemmungen
- Patienten, die wenig kognitiv orientiert oder kognitiv überbetont sind
- zur Mobilisierung von Veränderungsmotivation
- zur Vorbereitung auf eher kognitiv ausgerichtete Selbstsicherheitsgruppen

Behandlungsziele und Ablauf

1. bis 5. Sitzung: Schwerpunkt Körpererfahrung, Körperwahrnehmung
a) Körper- und Gefühlswahrnehmung (Arbeitsblatt "Hier und Jetzt")
b) Gesundheitsförderung in den Bereichen Ernährung, Umgang mit Stress, körperliche Aktivierung (Gesundheitsbogen)
c) Förderung der Eigeninitiative

6. bis 10. Sitzung: Schwerpunkt Wechselwirkung von Körperempfindungen, Gedanken und Gefühlen
d) Wahrnehmungsförderung (Arbeitsblatt "Vier Erlebnisebenen")
e) Gesundheitsförderung: körperliche Aktivierung, Entspannung
f) Identifizierung sozialer Ängste in der Gruppe
- Fortsetzung und Wiederholung a, b, c

11.bis 15. Sitzung: Schwerpunkt Gefühlswahrnehmung, Angstbewältigung
g) Erregungsprovokation (Erschrecken) zum Aufbau von Angstbewältigung, Kausal- und Kontrollattributionen (Arbeitsblatt "Angstsituationen")
h) Gesundheitsförderung: Grundbedürfnisse (Wiederholung Gesundheitsbogen)
i) Umgang mit Gefühlen (Wahrnehmung, Ausdruck, Zulassen)
- Fortsetzung und Wiederholung a bis f

16. bis 20. Sitzung: Schwerpunkt Wahrnehmung und Ausdruck von Körperempfindungen und Gefühlen im sozialen Kontakt, soziale Kompetenz
j) Erregungsprovokation (soziale Angst)
k) Kontaktübungen (Arbeitsblatt "Ich-Äußerungen")
l) Erfahrung mit unangenehmen Gefühlen (Arbeitsblatt "SA-Übungen")
- Fortsetzung a bis l

Therapie sozialer Ängste durch kommunikative Problemlösegruppen: Kommunikationstraining, Bedingungsanalytische Decodierung
• Rüdiger Ullrich und Rita Ullrich de Muynck •

Definition

Kommunikationskurse werden in vielfältiger Form im außerklinischen Bereich angeboten. Kommunikative Abläufe sind im Arbeitsbereich für das Wohlbefinden der Mitarbeiter, für die klare und eindeutige Vermittlung von Instruktionen und für die Überprüfungs- und Korrekturschleifen, letztlich für das Funktionieren und die Effizienz von Unternehmen ein zentrales Anliegen. Trainer der verschiedenster Herkunft machen hier zumeist betriebsbezogene Übungen zu den Minimalregeln: Ichgebrauch, persönliche Wertung oder Empfindung, konkreter Situationsbezug und aktives Zuhören durch Rückfragen.

Besonders in den USA gibt es für Partner- und Familienselbsthilfen eine Vielzahl von Manualen oder Anwendungsbüchern mit ähnlichen Inhalten. Im deutschen Sprachraum wurden das Programm von Berlin (Das offene Gespräch, 1975) als Übungskurs und die Bücher von Gordon zu allen möglichen "Konferenzen" oder Problemlösungen auf dieser Basis am bekanntesten. Für nichtgestörte Beziehungen liefern Übungen aus diesem Bereich durchaus nützliche Verbesserungen der kommunikativen Abläufe.

Therapeutische Interventionen am Kommunikationsablauf unter gezielter Veränderung des Mitteilungs- und des Zuhörerverhaltens sind als Kommunikationsübungen- oder als Kommunikationskurse Bestandteil vieler verhaltenstherapeutischer Gruppenbehandlungen. Sie werden bevorzugt eingesetzt um

• die Aufnahme und Vertiefung von Kontakten zu fördern und um

• Verletzungen und Mißverständnisse in der Interaktion mit anderen zu verringern.

Zum ersten Bereich gehören Kommunikationsübungen im Rahmen von Kontaktangstbehandlungen in Selbstsicherheitstherapien.

Die kommunikative Kompetenz setzt Angstfreiheit voraus. Die verbalen Fertigkeiten, die erlernt werden, entsprechen den "reinforcing skills" nach Lewinson (1974). Ihr Einsatz bewirkt positive Gefühle beim Interaktionspartner, dies bedingt positive Reaktionen oder Antworten, die wiederum eigene positive Gefühle hervorrufen etc. Dies führt zu einer Erhöhung wechselseitiger Sympathie und fördert damit die Kontaktintensität, -dauer und -frequenz.

Zur Förderung von Kontaktverhalten werden etwa auf der verbalen Ebene die sogenannten offenen Fragen, etwa die Wie-, Was-, Welche-Fragen, die keine einfache Ja/Nein Antwort zulassen, eingeübt, die Fähigkeit zum unmittelbaren Ausdrücken eigener Wünsche wird etwa über das "laute Denken" angestrebt oder es wird das belohnende Zuhören durch Paraphrasieren oder positiv verstärkende gesprächsbegleitende Rückkopplungen geübt.

Die bedingungsanalytischen Voraussetzungen für die eigene, echte und überzeugende Mitteilungsfähigkeit mit Übereinstimmung auf allen Ausdruckskanälen und für die Fähigkeit, angstfrei auf andere zugehen zu können, werden im Selbstsicherheitsaspekt der Therapie geschaffen.

Diese Formen der Kommunikationsverbesserung sind daher Bestandteil breit gefächerter Selbstsicherheitstrainings wie des Assertiveness-Training-Programms (Ullrich de Muynck und Ullrich 1976).

---

* Dieses Kapitel ist zugleich ein Teil des im Pfeiffer-Verlag erschienenen Buches "Diagnose und Therapie sozialer Störungen" von Ullrich und Ullrich de Muynck und in Abschnitten der Beilagen zum Videofilm

Neben den Bemühungen um die Verbesserung des Kommunikationsverhaltens zur leichteren und vertieften Kontaktnahme ist die Überwindung von "Funkstille" und von Bestrafungsspiralen in geschlossenen Gruppen der häufigste Anlaß für gezielte Interventionen am Gesprächsverhalten.

Außer der Vermittlung der kommunikationsfördernden Strategien spielt hier die Unterbindung und das Unnötigmachen der gegenseitigen Verletzungen und die Aufdeckung und Analyse von konfliktbedingenden Mißverständnissen die Hauptrolle bei der Änderung des Gesprächsverhaltens.

Eindeutige Mitteilungen der eigenen Wahrnehmungen und der dadurch bedingten inneren Wertungen, Gefühle und Wünsche auf der einen Seite und die Übersetzung unklarer Äußerungen beim andern durch Rückfragetechniken bilden hier den Schwerpunkt der Kommunikationsübungen.

Kommunikationskurse bestehen als separate Behandlungseinheit zumeist in Übersetzungsübungen oder Decodiertechniken.

Die Begriffe Codieren und Decodieren wurden aus der Nachrichtentechnik übernommen. Codieren bedeutet die Verschlüsselung einer Nachricht. In der Kommunikation wird häufig das Gemeinte, etwa eine Aussage zur Beziehung, nicht so mitgeteilt, daß die Botschaft aus den Worten allein verständlich werden kann. Die Beziehungsaussage wird als analoge Kommunikation der buchstabengetreuen oder wörtlichen Mitteilung als der digitalen Kommunikation gegenübergestellt (siehe Watzlawick et al. 1967)

Wenn wir uns die mannigfaltigen Möglichkeiten unserer sprachlichen Selbstschutz- und Vermeidungs- oder Tarnstrategien anschauen, so erscheint der Vergleich zur Nachrichtenverschlüsselung in den Geheimdiensten sehr zutreffend. Die Kunst etwas so zu sagen, daß nur bestimmte Zuhörer die Anspielung verstehen, die unzähligen aversiven Übergriffe anderen gegenüber, ohne dafür persönliche Verantwortung übernehmen zu müssen oder der vielfach notwendige Schutz vor Ablehnung und Verurteilung durch indirekte Mitteilungen stellen den wesentlichen Freiheitsspielraum unterdrückter und abhängiger Menschen dar.

Diese Fertigkeit ist eine der wichtigsten "social skill"-Bereiche. Sie ist stark von kulturellen, sozioökonomischen und geschlechtsspezifischen Parametern geformt. Auf die zentralen Unterschiede nach geschlechtsspezifischer Kommunikation hat Tannen (1986) mit sehr anschaulichen Beispielen hingewiesen.

Die Entschlüsselung von Botschaften, das Decodieren, ist je nach der Wichtigkeit der Mitteilung dem Enträtseln von Geheimschriften durchaus vergleichbar. Die Wichtigkeit der Tarnung ist eine Funktion der eigenen Ablehnungsangst in Bezug zu bestimmten Wünschen und Personen. Das Erkennen von Verfremdungen und Verschleierungen, ihr Unnötigmachen durch Angstabbau und die Einübung von Übersetzungsstrategien - besonders in Form von Rückfragetechniken - stellt das Grundgerüst der kommunikativen Problemlösegruppen dar.

Zusätzlich werden aversive Mitteilungsformen durch rigorose Festlegungen des Übungssettings und durch die strikte Beschränkung auf Aussagen nur zur eigenen Person unterbunden. Anklagende und vorwurfsvolle Du-Sätze werden zu klaren Abbildungen eigener unangenehmer Gefühle und daraus abgeleiteten Änderungswünschen, manipulative " Wir sollten, man müßte und Du könntest ja schließlich auch mal... " zu "Ich möchte" (weil es mir gut tut, wenn..).

Diese inneren Wahrnehmungen von Empfindungen als Gefühle oder Bedürfnisse werden als die letzte, nur vom handelnden Subjekt selbst bestimmbare Wahrheit definiert. Die /der andere kann helfen sie zu erfragen, aber nicht mehr sie in Frage zu stellen! Er / sie kann seine innere Wahrheit dagegenstellen.

Neben dem Kriterium größtmöglicher Eindeutigkeit ist die Darstellung von inneren Bedingungsketten ein zentrales Anliegen unserer kommunikativen Problemlösegruppen.

Innere Bedingungsketten sollen vollständig erfahrbar und mitteilbar gemacht werden und darüber die am äußeren Verhalten nicht lösbaren Beziehungskonflikte erhellt und verstehbar gemacht werden.

In dieser Definition deckt sich die Zielsetzung mit dem zentralen Anliegen fast aller Therapieansätze. Die Patienten selbst in dieser Therapeutenkunst auszubilden, verlangt daher auch Schutz vor Mißbrauch. Das bedeutet die Einbettung der Kurse in therapeutisch geleitete und von beiden Seiten gewollte und zu verantwortende Bedingungsveränderungen, etwa in Partner-, Familien- oder Gruppentherapien..

Wie so oft in der bedingungsanalytischen Psychotherapie ist dabei das Arsenal an Fertigkeiten oder nützlichen Gesprächsstrategien recht einfach und übersichtlich, die Wirkprinzipien oder besser Erklärungsregeln sehr klar und überzeugend und die Anwendungsvoraussetzung mit den vielseitigen Angstblockaden und Wahrnehmungsstörungen diffizil und komplex und am arbeitsintensivsten für den Therapeuten.

Die folgende Beschreibung befaßt sich vorwiegend mit der Vermittlung verbaler Problemlösefähigkeiten als dem Kernstück unseres Kommunikationskurses.

Als isolierter Therapiebaustein wird dieses Vorgehen von uns als Kommunikatives Problemlösetraining (siehe die Kommunikationskurse des ATP) bezeichnet. **Geübt wird die Konfliktanalyse, für die Lösungen braucht der Klient in aller Regel keine therapeutische Hilfe!**

In dieser speziellen Anwendung darf nicht vergessen werden, daß die Kommunikationskurse bei uns in aller Regel in das ATP eingebettet bleiben. Eindeutig sein können setzt Selbstsicherheit und Abgrenzungsfähigkeit voraus. **Ein Verzicht auf Schutzstrategien ist nur möglich, wenn der Schutzanlaß nicht mehr existiert und nicht mehr erwartet wird.**

Dies muß also zuvor durch therapiegeleitete Neuerfahrung gewährleistet sein. Bei den hier anstehenden interaktionellen Problemen ist dies in der Regel die Systematische Entängstigung im Hinblick auf Ablehnung und Kritik. Sich zu trauen, eindeutig zu kommunizieren ist Selbstsicherheit. In unserem Therapiekonzept wird das eindeutige Codieren daher zunächst im Grundkurs des Assertiveness-Training-Programms ATP vermittelt.

Kommunikationskurse sind auch Bestandteil der meisten Partnertherapien und vieler Familientherapien. Ihre Wirkung und ihre Berechtigung, unter Therapie eingeordnet zu werden, hängt auch dort davon ab, ob und wieweit es gelingt, die bedingungsanalytischen Voraussetzungen für die Anwendung der neuen Gesprächsstrategien zu schaffen. Selbst dann ist die absolute Eindeutigkeit und Offenheit im Gespräch keine realistische oder auch nur wünschenswerte Dauerform im Gespräch. Dieser absolute Offenheitszwang wird aber in mißbräuchlichen Verwendungen von Kommunikationskursen bei totalitären Gruppen, etwa politischer oder weltanschaulicher Art wie in manchen Sekten, angestrebt. Im therapeutischen Rahmen gilt das für selbstsicheres Verhalten allgemein Gesagte: **Man soll es können können, jedoch nicht müssen müssen.**

Ursprünglich haben wir die Kommunikationsübungen unter Einbeziehung der Partner nach dem ATP-Grundkurs als Partnergruppe durchgeführt. Dieses Vorgehen hatte durch die Möglichkeit der stellvertretenden Übungen mit Abstufungscharakter und die unterschiedlichen Modellvorgaben sowie die Führung durch beide Autoren mit nach geschlechtsspezifischen Identifikations-, Modell- und Gesprächsmustern noch den Charakter einer eigenständigen Partnertherapie. Für die Partnerhausaufgaben wurde von uns ebenso wie später in den Partnertherapien von Schindler, Hahlweg und Revenstorf (1980) ein damals (1972) gerade durch Ursula und Josef Hoffman am Max-Planck-Institut für Psychiatrie übersetztes Programm aus dem Human Development Institute eingesetzt: Berlin: Das offene Gespräch (1975). Dieses inzwischen leider vergriffene Buch mit acht Lektionen stand also für einige gemeinsame Vorgehensweisen (Schindler et al. (1980), Ullrich de Muynck u. Ullrich (1976)) in den heutigen Kommunikationstherapien Pate., ebenso wie die Bücher aus dem Palo Alto-Forschungskreis, besonders Watzlawick und die Bücher von Anita und Herbert Mandel (1971).

Ab 1976 wurden die Decodierungsübungen in den Anwendungskurs des ATP eingebaut und ab 1982 mit Videomodellen eingesetzt. Dies wurde dann noch durch die bedingungsgerechte Analyse innerer Vorgänge unter dem Gesichtspunkt der Vollständigkeit sowie durch Plananalysen ergänzt. Die Partner wurden erst dann und über die begleitenden Einzelsitzungen einbezogen, wo nötig jedoch vor der Selbstsicherheitstherapie der nicht-dominanten Partner zwei bis fünf Stillhaltesitzungen mit Abschwächungsstrategien gegen aversive Kommunikationsspiralen angeboten.

Neben diesen Kommunikationskursen mit der definitiven Zielsetzung, verbales Verhalten zur eindeutigen und vollständigen Mitteilung und zum Hinterfragen subjektiver Problemursachen zu schulen, existiert in jeder Therapierichtung ein mehr oder weniger klar definierter Ansatz zum Fördern eindeutiger Äußerungsformen und der Verbalisationsfähigkeit oder Bewußtmachung innerer Vorgänge. Die Schulung emotionaler Eindeutigkeit und Expressivität ist bereits beim "Erfinder" der Selbstsicherheitstherapie im verhaltenstherapeutischen Setting (Salter 1949) zu finden, sie spielt eine große Rolle in gestalttherapeutischen Techniken oder in humanistischen Strömungen, wobei dann für Eindeutigkeit zumeist Echtheit definiert wird. Wenn im NLP die unterschiedliche Wahrnehmungsrepräsentanz zur Aufdeckung von Konflikten transparent gemacht wird und Übersetzungsübungen Wahrnehmungsdefizite und -verzerrungen vermindern sollen, so ist dies ebenfalls ein Ansatz, Kommunikation eindeutiger zu machen. Dagegen ist die Nutzung unterschiedlicher Wahrnehmungsrepräsentanzen und unterschiedlicher Planstrukturen zum Umdeuten über die Einbettung der Information in einen neuen Beziehungsrahmen, der die Bedeutung für das kommunizierende System oder den einzelnen verändern soll (reframing) nur von der Wirkung her, nicht jedoch vom Vorgehen eine Kommunikationsstrategie im oben definierten Sinne. Der Inhalt wird nicht durch mehr Eindeutigkeit verändert, sondern durch seine Verpackung oder veränderte Einbettung.

Für das Bewußtmachen innerer Vorgänge können neben der verbalen Hinterfragungs- oder Rückkopplungstechnik als Vorgehensweise der Kommunikationskurse und dem Spiegeln eigener Unstimmigkeiten auch die Imagination, die Focussierung oder eine Funktions-Zweckanalyse (Pläne) eine sinnvolle Ergänzung zur Klärung von Handlungsmotiven und Gesprächsformen sein.

Zusammenfassend können wir die hier beschriebenen Kommunikationskurse als Bausteine bedingungsanalytischer Psychotherapien beschreiben, in denen interaktionelle Probleme durch das Einüben von eindeutigem Mitteilungsverhalten (Codieren) und von Strategien des aktiven Zuhörens mit Hilfen für eine eindeutige und vollständige Abbildung innerer Vorgänge, welche eine gegebene Gesprächssituation bedingen (bedingungsanalytisches Decodieren) analysiert, verstehbar und ggf. lösbar gemacht werden können.

Indikation

In der um Decodierungstechniken zur Konfliktanalyse erweiterten Form bilden Kommunikationskurse eine wirksame Methode bei Selbsterfahrungsgruppen von Therapeuten.

Im klinischen Bereich besteht überall dort eine Indikation für Kommunikationstherapien, wo eine indirekte oder unvollständige, eine mehrdeutige oder unverständlich transformierte Mitteilungsform Beziehungs- und Identitätsstörungen bedingt und wo über andere therapeutische Strategien die Voraussetzungen zum angstfreien Mitteilungsverhalten geschaffen worden sind.

Ein weiterer klinischer Indikationsbereich sind defizitäre Kontaktfertigkeiten, die meist mit Angstblockaden einhergehen, und entsprechend eingebettet angegangen werden müssen sich aversiv aufschaukelnde interaktionelle Zerstörungsprogramme.

Vor jeder Änderungsplanung müssen gestörte Kommunikationsabläufe jedoch erst erkannt und analysiert werden. Die Übertragung unseres bedingungsanalytischen SORK-Schemas auf interaktionelle Abläufe setzt

dabei das Individuum zunächst als Moderatorvariable eines Informationsaustausches ein und erstellt parallel für die Kommunikanten separate Funktionsaussagen. Bezogen auf die hier interessierende Größe "Interaktionsverhalten ", werden diese als Beziehungsnormen oder Rollendefinitionen eine weitere Quelle intervenierender Variablen für den nach dem SORK-Schema zu analysierenden Kommunikationsablauf. Störungen als kommunikative Mißverständnisse, Defizite, Exzesse mit ihren aversiven Auswirkungen, ihren Konflikten oder Problemen durch mißglückte Vermeidungs- oder Kompensationsversuche müssen jedoch immer auf allen drei Mitwirkungsbereichen analysiert werden :
1. dem interaktionellen oder interpsychischem Ablauf
2. der intrapsychischen Wahrnehmungs-, Bewertungs-, Empfindungs-, Bedürfnis- und Konsequenzerwartungsebene
3. und der sozialpsychologischen Ebene von System - und Rollendefinitionen

Damit ergibt sich für die Indikation eines bedingungsgerechten Vorgehens von kommunikationsverbessernden Maßnahmen zwangsläufig, daß Kurse mit ausschließlichem Ansatz am Interaktionsverhalten selbst (als der bedingten Variablen) unproblematische Verhältnisse in der Subjekt- und Systemebene aufweisen müssen. Entsprechende Einschränkungen gelten für den primär individuellen oder systemischen Ansatz.
Dies kann bei therapeutischen Selbsterfahrungsgruppen, bei ziel- und strukturdefinierten Gruppen aus dem Privat- oder Arbeitsbereich durchaus der Fall sein. Häufig ist selbst dann für einzelne Mitglieder und Bedingungen eine Ausweitung des therapeutischen Zugangs über die reine Fertigkeitsvermittlung von Mitteilungs- und Zuhörerverhalten hinaus notwendig. Die gestörte Kommunikation eines größeren Systems kann durch die besonderen Schwierigkeiten eines einzelnen verursacht sein und läßt sich dann nur beheben, wenn diesem einzelnen durch Therapie sein besonderes Schutzbedürfnis mit der Notwendigkeit verfremdeter oder abwehrender Kommunikation genommen wird.

Schließlich wird die Indikationsstellung zur Therapie mit Ansatz am Kommunikationsgeschehen noch dadurch kompliziert, daß bestimmte Interaktionsmuster und Rollenzuteilungen zwar kurzfristig relativ störungsfrei funktionieren, aufgrund ihrer Verstärkungsbedingungen jedoch zwangsläufig so zunehmen, daß die Dekompensation des kommunikativen Systems vorherzusagen ist. In diesem Bereich liegt die Indikation für Kommunikationstherapien im vorbeugenden, Sektor.

Gerade in engen Beziehungen etwa besteht sehr oft in zentralen Verhaltensbereichen ein Interaktionsmuster, bei dem die Schwäche des einen durch die Stärke des andern, die Angst des einen durch eine andere Angst beim andern und - verhängnisvoller - der Wunsch nach mehr Nähe die Angst vor zu viel Nähe beim andern aktiviert.
Über die wechselseitigen Verstärkungsprozesse wird dann aus einer anfangs oft sinnvollen und häufig Partnerwahl bedingenden Ergänzung (der Schüchterne profitiert etwa von der Kontaktfähigkeit des andern, bekräftigt diese und vermeidet eigene Ansätze) eine so starke Assymmetrie, daß die zunehmenden Defizite des einen sich aversiv auf den andern wirken und die immer stärkeren und intensiveren Eigenschaften beim andern als Verhaltensexzeß aversiv für den Defizitträger werden. Ein Belohnungsaustauschsystem der Partnerschaft dekompensiert. Die dem Ergänzungssystem und der zwangsläufigen Eskalation zugrundeliegenden Fehlverhaltensweisen (etwa Bestätigung auf Kosten Schwächerer oder Beibehaltung von Unselbständigkeit und Abhängigkeit durch Verantwortungsdelegation an Stärkere) werden dann oft nicht erkannt und nicht durch Einzeltherapie verändert, sondern der Partner gewechselt und oft eine neue Runde mit gleichen Eingangsvoraussetzungen und zwangsläufig der Wiederholung des sich negativ aufschaukelnden Prozesses eingeleitet.

Mit Watzlawick (1967) hat sich die Unterscheidung gestörter Partnerbeziehungen als, sich ergänzende oder ausschließende assymmetrische gegenüber der auf Gleichheit oder Ähnlichkeit basierenden Beziehungsform als der "richtigen" symmetrischen Beziehung eingebürgert. Beide Extreme können nicht in reiner Form existieren, und beide haben ihre eigenen Stärken und Schwächen. Bei der Partnerwahl ist es sicher günstiger, auf der Basis von viel Übereinstimmung eine Beziehung zu begründen als auf der Basis ganz assymmetrischer Ergänzungsmodelle, wie sie besonders aus der Rollenfortsetzung aus der Primärfamilie abgeleitet werden. Die Fortsetzung der alten Abhängigkeitsverhältnisse mit der durch Kompensation über den anderen möglichen Beibehaltung eigener Defizite geschieht etwa über die Partnerwahl von großen Brüdern oder kleinen Schwestern, dominanten Vaterfiguren oder mütterlichen Umsorgerinnen etc. Die Vielzahl der durch Rollenfestlegung, Funktionsteilung und unterschiedliche Sozialisation zumeist geschlechtsspezifisch abweichenden Verhaltensweisen und nicht zuletzt der "kleine Unterschied" in der biologischen Ausstattung definieren in jeder Beziehung große Interaktionsbereiche als komplementär. Damit wird jede Beziehung in vielen Bereichen progressiv assymmetrisch. Sie muß begleitend immer wieder in den Funktions- und Rollenaufteilungen neu definiert werden. Sie kann auch durch sekundäre künstliche Angleichung als Gegenbewegung vor der drohenden Dekompensation der Ungleichheitsspirale gerettet werden. Diese Verzichtlösungen hinsichtlich konflikthafter Bedürfnisse haben wir im ATP als den defizitären Kompromiß beschrieben. Dabei wird der anfangs "stärkere" Partner krank, bei der ungesteuerten Assymmetrie der Schwächere.

Im Kommunikationsablauf bieten die Rollendefinitionen den Deutungsrahmen für Mitteilungen. Wenn etwa Herr C. sagt "Ich habe Hunger", kann Frau C. bei der Rollenzuteilung "kochen" das als Aufforderung empfinden zu kochen, wenn der zweite Bedeutungsrahmen "Uhrzeit" "dazu paßt oder - nach Tischzeit - auch als Vorwurf, daß sie nicht genug oder gut gekocht hat. Dabei muß Herr C. überhaupt keine analoge Mitteilung in dieser Richtung gemacht haben! Er könnte auch aus anderen Gründen zu wenig gegessen haben, aus anderen Gründen erneut Hunger haben etc.

Umgekehrt könnte bei der Rollenverteilung "Mann ist fürs Einkaufen zuständig" die eindeutige Feststellung von Frau C. "Ich habe kein Salz mehr" für Herrn C. eine Aufforderung bedeuten, dieses mitzubringen, wenn er zum Einkaufen gehen wollte, oder als Vorwurf, wenn er den Einkauf schon getätigt hätte. Diese Beispiele sollen zeigen, daß nicht immer auf seiten des Mitteilenden Doppelbindungen und Mangel an Eindeutigkeit die Ursache für chronische Mißverständnisse beim Zuhörer sind und auch ein genaues Zuhören alleine nicht vor solchen Fehlinterpretationen schützt.

Im Kommunikationskurs wäre hier keine technisch raffinierte Rückübersetzung auf das wirklich Gemeinte sinnvoll, die einfache wiederholende Rückfrage und ggf. noch die Aktivierung der Wunschfunktion über eine zweite Rückfrage würden das Problem klären.

Die Komplementarität der Verhaltensweisen von Partnern ist jedoch nicht automatisch negativ zu sehen. Nicht jede Schwäche des einen ist für das Lebens- und Selbstwertgefühl gefährdend. Die gegenseitigen Verstärkermöglichkeiten im wechselseitigen Austausch signalisieren Zuneigung und Verständnis. Auch die Verringerung von etwas Unangenehmem durch die Hilfe des Partners ist angenehm und beziehungsvertiefend.

Eine diagnostisch tückische Variante von Beziehungsstörung ist die als Metakomplementarität (Watzlawick) oder als Pseudosymmetrie benennbare Rollengebung, in der ein Partner den anderen "auf den Thron hebt", das kleine Hascherl von seinen Gnaden großmacht und so seine Überlegenheit ausspielt, etwa nach der Funktion des "Bitte nach Ihnen". Dieses Beispiel mag zeigen, daß die diagnostische Zuordnung der Funktion des kommunikativen Verhaltens ohne Berücksichtigung intrapsychischer Bedingungen und der subjektiven

Rollendefinition nur über den interaktionellen und den systemischen Aspekt nicht sicher genug vorgenommen werden kann.

Mit dieser für die gesamte bedingungsanalytische Indikationsstellung gültigen Ableitung können wir auch für die Kommunikativen Problemlösegruppen als Indikation formulieren:
Gestörte Beziehungen mit sich anbahnenden oder schon vorhandenen Erkrankungen des einzelnen und soziale Ängste mit der notwendigen Vermeidung von klaren Wunsch-, Gefühls- oder auch Bewertungsäußerungen stellen die Indikation von seiten dieser Klientel dar. Alle aus Vermeidung notwendigen Tarnstrategien des verbalen Verhaltens und die Mißverständnisse bedingenden eloquenten Verklausulierungen oder rollenspezifischen Fehlwahrnehmungen sind die Verhaltensexzesse und inadäquaten Verhaltensweisen, die durch eindeutige, vollständige und im Rahmen adäquate Verhaltensweisen ersetzt werden müssen.

Ziele

Die Berechtigung, die Einübung von eindeutigem Mitteilungsverhalten und von unterstützendem bis aufdeckendem Zuhörerverhalten überhaupt als selbständige Kurseinheit anzubieten, ergibt sich aus der damit verbundenen Bedingungsveränderung. Der Austausch aversiver Konsequenzen wird vermindert, der Austausch positiver Konsequenzen gefördert, wenn es gelingt, die entsprechenden Fertigkeiten auch tatsächlich zur Anwendung zu bringen und diese Anwendung im Rahmen gleichberechtigter ("symmetrischer") Beziehungen erfolgt. Dies ist Aufgabe der therapeutischen Indikationsstellung und Bedingungsveränderung zur Herstellung der Kursvoraussetzungen.

Auf der interaktionellen Betrachtungsebene stellt die Aussage des sich Mitteilenden den Auslöser für das nachfolgende Reaktions- oder Antwortverhalten des Zuhörers dar, und diese Antwort bestimmt wiederum als Konsequenz auf die Mitteilung die zukünftige Wiederholungshäufigkeit eben dieser vorausgegangenen Verhaltensweise. War die Reaktion für den Sprecher positiv, so steigert sich dieses Verhalten, war sie negativ oder bleibt es einfach ohne ersichtliche Konsequenz, so schwächt sich das zukünftige Verhalten oder Gesprächsmuster ab.

Jedes Verhalten, auch der Versuch, sich "rauszuhalten", stellt für das Gegenüber im Hinblick auf seine Erwartungen eine verhaltensformende Konsequenz dar. Gewollt oder ungewollt manipuliere oder forme ich meine Interaktionspartner.
Damit bin ich sowohl für deren positive Verhaltensweisen und Eigenschaften als auch für die Fehler, unangenehmen Eigenschaften und die mich störenden Verhaltensweisen mitverantwortlich.
Da wiederum die Zuneigung füreinander vom Austausch positiv besetzter Interaktionen und die Abneigung vom Erfahren negativer Verhaltenskonsequenzen abhängt, die Gleichgültigkeit vom Ausbleiben oder Löschen gemeinsamer Aktivitäten, ist jeder Interaktionspartner auch für die gemeinsame Beziehung durch seinen eigenen Kommunikationsstil verantwortlich.
Verhaltensweisen mit positiven Konsequenzen für den anderen wecken positive Einstellungen und Gefühle, die wiederum in positiv empfundene Antworten auf das Absender-Verhalten eingehen oder dieses bedingen - oder umgekehrt - ein Angriff führt zum Gegenangriff etc.
Nach dem Motto "Wie man in den Wald hineinruft, so schallt es heraus" der - positiv - dem lerntheoretischen Begriff der verstärkenden Fertigkeiten bin ich über meinen Kommunikationsstil und seine Rückwirkungen auch für mein eigenes Befinden verantwortlich.

Leider ist nicht alles positiv Gemeinte für den anderen auch belohnend, und nicht alle bestrafenden Äußerungen werden vom andern als solche empfunden. Die unterschiedlichen Lebenserfahrungen oder Konditionierungen und die unterschiedlichen Erwartungen und Lebenspläne führen dazu, daß "Gutes" mit "Schlechtem" und "Schlechtes" mit "Gutem" vergolten werden kann.

Kommunikative Problemanalyse und -lösung soll helfen, Gemeintes zu Gesagtem zu machen, d.h., im Codieren und im Decodieren eine größtmögliche Eindeutigkeit herzustellen.
Die Kriterien der Eindeutigkeit beim Mitteilen oder Codieren sind dabei :
1. Übereinstimmung von Empfindungen mit dem nonverbalen und dem verbalen Verhalten
2. Übereinstimmung von Empfindungen mit den adäquaten (im Sinne von selbstsicherem Verhalten und sozial üblichen) Auslösern im primär konditionierten Kontext
3. Die verbale Eindeutigkeit in der Verwendung des " Ichgebrauchs" und der damit verbundenen selbständigen Verantwortungsübernahme
4. Der Rekurs auf wahrnehmbare oder spürbare innere Vorgänge als "letzte", nicht mehr diskutierbare subjektive Wahrheiten, also die Prädikate " Ich fühle" oder „Ich möchte" zu verwenden
5. Als Objekt eine genaue konkrete Situation, Person und Verhaltensweise zu benennen
6. Als zwischen der Wahrnehmung des Fremdverhaltens und der eigenen problematischen Reaktion vermittelnde Wertungen und Gedanken zu registrieren und diese im zeitlichen Bedingungskontext zu zitieren.

Das " eigene Problem" besteht also aus einer persönlichen Empfindung, ausgelöst durch eine persönliche Interpretation der Mitteilung von anderen und dem dadurch ausgelösten Bedürfnis sowie der subjektiv erwarteten bestrafenden oder fördernden Reaktion.

Die Fortführung von Eindeutigkeit in diesen inneren Bedingungsbereich hinein geht bereits in den zweiten Teil des ATP mit eher zweiseitigen Lösungen hinein. In den Kommunikationskursen wird hier bevorzugt Problemlösefähigkeit geübt. Dies macht die Analyse von fremden Mitteilungen, also zunächst ein Decodieren in Richtung Eindeutigkeit beim anderen notwendig.

Die Voraussetzung, um einen anderen aus seinen eigenen Bedingungen heraus verstehen zu können ist die Fähigkeit, in sich bleiben zu können und eigene Selbstbewertungskriterien zu entwickeln.

Wer im Gespräch versucht, sich für eine vermutete Erwartung des anderen, für oder gegen eine lediglich unterstellte Wertung hin zu verhalten, kommuniziert letztlich mit sich selbst. Er kann sich nicht unabhängig erfahren und bestimmen und den anderen schon gar nicht aus dessen Kriterien heraus wahrnehmen oder begreifen.

Wir hören vom anderen immer nur das, was wir selbst hören wollen und können. Das Wollen hängt mit den eigenen Schutzplänen, das Können mit den eigenen Erlebnis- und Deutungsmöglichkeiten zusammen.

Der Zwang zum wiederholenden Zuhören beim anderen und die geschulte Fähigkeit der Selbstreflexion etwa hinsichtlich der blinden und tauben Flecken und ihrer Funktion schaffen Platz für die Wahrnehmung und das Verstehen von anderen in ihren eigenen Verhaltensweisen.

Sich aus den eigenen Bedingtheiten heraus eindeutig darstellen zu können ist eine wesentliche Bedingung für das Verstandenwerden von anderen bzw. hier spezifischer, in den dargestellten inneren Abläufen nachvollzogen werden zu können. Dies wiederum ist die Voraussetzung dafür, gemeinsame Problemanteile zu erkennen und trennende besser akzeptieren zu können.

In der Praxis von verbalen Problemlöseversuchen reicht es oft nicht aus, lediglich durch klare Subjekt-, Objekt- und Prädikatseindeutigkeit den Problemträger und den Problemverursacher herauszuarbeiten. Im Gegenteil, die klare Verantwortungsübernahme für die Botschaft in der Ichform kann zunächst die Schuldzuweisung gegenüber der verschleiernden Wirform für den Zuhörer erhöhen (nach dem Motto " Jetzt zeigt du endlich dein wahres Gesicht"). Um wirklich aus der Schuld/Rechtfertigungsachse oder der Kritik/ Gegenvorwurfspirale herauszukommen, ist es hilfreich, das Gegenüber nicht als ein willentlich frei und absichtsvoll handelndes Agens, sondern als ein passiv und zwangsläufig reagierendes Agens, quasi selbst als ein Opfer begreifen zu können. Wenn nun noch der andere nicht Opfer der eigenen Verhaltensweisen, sondern gar seiner höchst persönlichen Wertungen, Vorurteile und Verhaltensdeutungen wäre, dann würde ja seine Reaktion eher auf seine Lebensgeschichte, etwa als Opfer der meist nicht so geliebten Schwiegereltern, denn auf das eigene schuldhafte Versagen zurückzuführen sein. Auf diese innere Deutung, also auf das, was der Zuhörer dann denkt, wenn er etwas vom anderen wahrnimmt, erfolgt also die Reaktion des andern. Die unangenehmen Gefühle, die ihrerseits wieder zu den meist auch für den anderen unangenehmen Antworten führen, sind also zum großen Teil hausgemacht. Noch mehr Verständnis für sich selbst, den anderen und den Interaktionsprozeß gewinnen wir aus der zusätzlichen Analyse des inneren Konfliktes, der aus dem, was der Reagierende am liebsten tun würde (Annäherungsverhalten bei angenehmen und Distanzverhalten bei unangenehmen Gefühlen), und den in der Situation erwarteten Konsequenzen resultiert. Je nach deren positiver oder negativer Valenz entsteht so eine Fülle von Annäherungs-Annäherungs- oder von Vermeidungs-Vermeidungs- oder von Vermeidungs-Annäherungskonflikten.

Im Partnergespräch werden die handlungsbestimmenden Konsequenzen ebensowenig wie die Auslöser unmittelbar durch das offene Verhalten des andern, sondern durch zunächst innere Vorgänge beim Reagierenden oder Zuhörer bedingt. Daß die diskriminativen Hinweisreize im Verhalten des andern meist ungeprüft in stereotyper Weise für die Konfliktlösung und das darauffolgende Verhalten bestimmend werden und nicht das in der konkreten Situation tatsächlich gezeigte oder gemeinte Verhalten des andern, wird als ein weiterer Beleg für die Notwendigkeit benutzt, im Kommmunikationsablauf erst und zunächst die inneren Abläufe von Bedingungsketten zu erhellen.

Eine "vollständige" Botschaft müßte danach enthalten:
1. In Bezug zur Wahrnehmung des Verhaltens beim Sprecher meine wertenden Gedanken: Wenn Du... sagst, machst..., dann denke ich.....
2. In funktionalem Bezug zu den vorangehenden Gedanken die dadurch ausgelösten Gefühle: Wenn ich dann denke...., dann fühle, spüre ich...
3. Als zeitliche Folge dieser Gefühle die hierdurch bedingten unmittelbaren Bedürfnisse oder Wünsche: Wenn ich dann fühle daß..., dann möchte ich am liebsten.....
4. Die durch das unmittelbare Bedürfnis im bewerteten Kontext erwarteten Konsequenzen - hier als ein bis mehrere " Wenn-ich-dann-möchte-.., dann-denke-ich - "Rückschleifen der inneren Verhaltenskette gedacht
5. Und tue, sage schließlich etwas ganz anderes oder - als ungelöster Konflikt - teile ich alle Bedürfnisse zusammen mit, auch die sich widersprechenden- etwa auf unterschiedlichen Ausdruckskanälen.

Diese Abläufe wurden von den Autoren zunächst aus taktischen Gründen in die Kommunikationskurse eingeführt, um die Eindeutigkeit durch Vollständigkeit zu erhöhen. Da solche Abläufe selten bewußt sind, erfordert ihre Verwendung beim Codieren hohe Introspektionsfähigkeit und beim Decodieren nahezu therapeutische Fertigkeiten. Im ATP und analogen Vorgehensweisen in Selbsterfahrungsgruppen sind diese Voraussetzungen gegeben, in verkürzten Kommunikationskursen muß der Therapeut den Decodierungspart für beide übernehmen. Dies wird auch in den Situationen nötig, in denen der Stand der Therapie und der Stand der Beziehung zwischen Partnern eine weitere Kenntnisvertiefung erlauben oder erfordern - etwa über die Plananalyse bei den Bewertungen und Bedürfnissen oder das Focussieren bei den Gefühlen etc.

Von theoretischer Seite könnte es problematisch erscheinen, wenn wir all diese inneren Vorgänge - also die "black box" des radikalen Behaviorismus - als verbales Verhalten im Sinne des methodischen Behaviorismus labeln würden. Für uns waren Gedanken und Empfindungen von Gefühlen und von Bedürfnissen sowohl in der Wahrnehmung als auch in ihrer Äußerungsmöglichkeit sowohl auf den Verhaltensebenen als auch im zeitlichen Kontext hinlänglich zu unterscheidende Vorgänge, um die Kontingenzanalyse auch auf inneres Verhalten ausdehnen zu können.

Vorgehen

Der klinische Praktiker hat zunächst die Frage nach den bedingungsanalytischen, damit auch **motivatorischen Voraussetzungen** für das Erlernen und Anwenden von veränderten kommunikativen Strategien zu klären. Die Voraussetzungen für das **Erlernen** sind relativ einfach herzustellen, wenn die Interaktionspartner keine Konflikte miteinander haben und der Kursleiter für lernfördernde Bedingungen sorgt wie: lockere Gruppenatmosphäre oder Entspannung, Schwierigkeitsabstufung durch Rückübersetzung komplexer Situationen in ihre schwierigkeitsbedingenden Variablen und durch ein hierarchisches Abstufen der Fertigkeitselemente selbst, durch Modellvorgabe, Modellverstärkung, durch direkte positive Verstärkung in Teileinheiten und Annäherungsgradienten, etwa als shapen und prompten, und durch die Unterbindung aversiver Konsequenzen, also primär von Kritik während der Fertigkeitsaufbauphase. Falls diese Voraussetzungen eingehalten werden, hat das häufigste Vorgehen in der Form, das stationäre Patienten oder Klienten über Volkshochschulkurse oder in Betrieben anhand von spontan eingebrachten Problemen alternative Mitteilungs- und Frageformen einüben, durchaus Erfolgsaussichten hinsichtlich des Lernzieles Begreifen, Verstehen und positiv zur Anwendung Motivieren.

Da im klinischen Bereich die bedingungsanalytischen Voraussetzungen für die erfolgreiche Anwendung durch begleitende Einzel- und Partnertherapien geschaffen werden können, ist ein solches Vorgehen als offene Gruppe mit 5 bis 10 Sitzungen eine sinnvolle Zusatztherapie. Leider wird selbst in dieser einfachen Anwendungsform schon vielfach gegen die obengenannten Bedingungen verstoßen: Kritik, überhöhte Ansprüche, zu komplexe und schwierige Übungsbeispiele schaffen Mißerfolgsbedingungen und Antimotivation noch vor dem realen Härtetest. Ganz bedenklich können solche Kurse sein, wenn sie etwa von Nichtpsychologen oder klinisch Unerfahrenen durchgeführt, auch noch in der Zielsetzung die Störungsbedingungen perpetuieren. So werden gelegentlich Perfektion, Tarnung, Verwirrung, Ablenkung als rhetorische Fertigkeiten angestrebt, die als fehlerverdeckende Vermeidungsstrategien die Angst erhalten oder gar fördern.

Die zweite Voraussetzung für veränderte Kommunikationsmuster zu schaffen, nämlich die negative Erwartung und/oder Erfahrung bei ihrem Gebrauch durch eine fördernde positive zu ersetzen, wird im allgemeinen durch Selbstsicherheitstherapien der einzelnen Interaktionspartner und durch Partner- und Familientherapien angestrebt. Dabei sollte das Kernstück dieser Vorgehensweise der systematische Abbau der negativen Erwartungen oder der sozialen Ängste sein. Starke Kritik- und Ablehnungsängste lassen auch bei eindeutigen Botschaften keinen Raum für Neuerfahrung beim andern. Sie führen zu negativen Übersetzungen in Vorwurf, Kritik und Ablehnungsäußerungen und zu entsprechenden Reaktionen mit aversiven Bedingungen für den sich eindeutig Mitteilenden. Angst und Schuldgefühle versperren den Blick und Zugang zum anderen. Ärger und Wut in zumeist nicht adäquat erkannter und geäußerter Form lassen sicher keinerlei Motivation für ein artiges, rückfragendes Zuhören aufkommen. Negative Selbstbewertungen vermindern die Attraktivität und Nähe in Beziehungen, ebenso wie die ablehnungsangstbedingte Unfähigkeit zur Abgrenzung und die mangelnde Fähigkeit zur klaren Wunschäußerung etc.

Im Assertiveness-Training-Programm ATP wird deshalb die Vermittlung der Kommunikationsstrategien verzahnt mit dem Abbau der Ängste vor Kritik und Versagen, der Angst vor Ablehnung im Herstellen des

Kontakts, in der Herstellung von Nähe und beim Äußern eigener Wünsche und im Verneinen von Wünschen anderer. Die Selbstakzeptanz und das Annehmen von positiven Fremdkonsequenzen werden ebenfalls in hierarchischer Form angeboten.

Der Vorteil dieser in allem mit sehr kleinen Schritten arbeitenden Therapie ist neben der Möglichkeit wirklich tragfähige Persönlichkeits- und Beziehungsveränderungen zu bewirken, auch die Einsatzmöglichkeit von Videomodellen für die Ännäherungsschritte und nicht nur für die Bearbeitung von Standardkonflikten am Ende der Hierarchie.

Die Dauer ist entsprechend länger. Einzeltherapie begleitet die Kurse. Die notwendige Durchführung als geschlossene Kurseinheit ohne Zustiegsmöglichkeit begrenzt den Einsatz im stationären Bereich zumeist auf den Grundkurs.

Der oben beschriebene Grundkurs des ATP mit der vorrangigen Vermittlung von Codierungseindeutigkeit dauert ca. 20 Doppelstunden, ein anschließender Einführungskurs mit weiteren 15 Doppelstunden betrifft die Anwendung eindeutiger Gefühls- und Wunschäußerungen bei Freunden und führt ins Decodieren ein, während die Vertiefung dieser Vorgehensweise und ihre Anwendung im Partner- Eltern- Kinderbereich noch einmal ca. 15 Doppelstunden erfordern würden, was allerdings nur für einen kleinen Teil der Klienten notwendig ist.

Für Therapeuten, die Teile des ATP für ihre Kommunikationskurse verwenden, sei auf die Verdichtung und Verzahnung der einzelnen Übungen hingewiesen, die oft mehrfache Übungsschwerpunkte möglich sein lassen: So ist Übung 1 eine Situation zum Abbau der Angst beim Äußern eigener Wünsche oder Forderungen (einfache Informationsfrage), geübt wird aber auch schon die Eindeutigkeit der Äußerung in Ichgebrauch und Weglassen überflüssiger Verpackungen als Grundfertigkeit im Codieren.

Übung 2 ist eine Übung zur Kontaktaufnahme, zur Wunschäußerung, zur Fehlschlagangstbehandlung und im Rahmen von "Hilfe durch andere beanspruchen" auch in die Hierarchie Neinsagen hineinreichend. An Fertigkeiten wird in ihr geübt die Grundform der Rückfragetechniken in Form der präzisen Teilwiederholung und der zusammenfassenden "Situations- oder Problemabbildung". In den meisten Übungen aus dem Abschnitt "Geschäfte" geht es primär um Fordern oder Neinsagen, die Fertigkeiten zur Gesprächsführung werden jedoch ebenfalls geübt und müssen entsprechend verstärkt werden. Von den einfachen Rückfragen zur Inhaltsüberprüfung, den offenen Fragen zur Gesprächsförderung, dem Paraphrasieren und gezielten positiven Bekräftigungen steigern sich über die insgesamt 127 Übungen die kommunikativen Fertigkeiten bis hin zur therapeutischen Qualität mit der bedingungsanalytischen Decodierung von Konflikten oder eines "stummen Vorwurfsverhaltens" von Müttern oder Partnern.

Zu den Übungen kommen der schriftliche Instruktionsteil zur Transferförderung, das therapeutische Rückmelden und das Verstärken von Modellen, der Instruktionsteil und die Wiedergabe bei den Videobegleitmaterialien und die Kriterien zur Selbstbewertung bei den Hausaufgaben. Die Art der Rückmeldung selbst wird von vornherein als Kommunikationsübung gestaltet und so bekräftigt: Sie soll in der Ichform erfolgen, eine klare Wahrnehmung von Verhalten beinhalten und später eine klare positive Empfindung widerspiegeln. Solche Rückmeldungen werden sehr früh auch in Frageform wiederholt, was eine beiläufige intensive Übung im Decodieren zusätzlich darstellt.

Neben den 8-Stunden-Videomodellbändern ist ein Auszug als Demonstration der Anwendung kommunikativer Decodiertechniken als Einzelbaustein in Erprobung.

Für die Durchführung im freien Rollenspiel sollen hier noch einige Anregungen folgen: Lassen Sie bei schwierigen Situationen zunächst andere Gruppenmitglieder ohne unmittelbare Betroffenheit ihre Lösungen erarbeiten, oder geben Sie selbst Modell vor. Doubeln Sie dann den Rollenspielpartner, um in der Verhaltensprobe nochmals situative Schwierigkeitselemente variieren zu können und ein ermutigendes Feedback für Teilschritte und als subjektive Gesamtwirkung zu geben. Korrigieren Sie negative Resultate und Rückmeldungen anderer sofort indem Sie die Übung unterbrechen oder direkt im Anschluß selbst als Partner einspringen, um die "Wirkung des zu erprobenden Verhaltens selbst auszutesten". Benutzen Sie als weitere nicht direkt bestrafende Unterbrechung sofort bei aversiven Wendungen und Vermeidungen den "Vorhang". Analog zum Geschehen auf der Bühne bleiben dabei die Rollenspielpartner schweigend in der Übungssituation, während die Gruppe oder der Therapeut als Zuhörer die Probleme analysiert, Rückmeldungen gibt und als "lautes Denken" auch neue Strategien einführt.

Auch der Kriegsrat hinter dem Vorhang mit dem einen Interaktionspartner zum Abklären, welche Inhalte er hinterfragen möchte und wie er die eigenen spontane Erwiderungen zunächst aufschieben kann, hat sich uns als nützlich erwiesen.

Vergessen Sie nie, daß bei der Einbeziehung des Partners, der nicht nach Therapie gefragt hat, immer mit Widerstand gerechnet werden muß, da dieser als kontrollierender Teil von den therapeutischen Veränderungen des Partners eher response cost, also Bestrafung durch Verlust positiver Verstärker zu erwarten hat. Laden Sie ihn zum Erstgespräch als "Fremdberichterstatter", der Ihnen und dem Primärklienten damit weiterhilft. Bei den Kommunikationsübungen ist die spätere Teilnahme des andern, nachdem Ihr Klient diese Strategien selber zur Verfügung hat, ebenfalls die Motivation als "Übungshilfe" (obwohl er zu diesem Zeitpunkt die Hilfe meist selbst am notwendigsten hat) oder - dezent - daß die Techniken etwa im Beruf fürs Fortkommen nützlich sein können. Motivieren Sie die kostbare nicht therapierte Hälfte über die Intelligenz - und Wahrnehmungsleistung, um die Mitteilungen ihres Partners genau und vollständig zu wiederholen, kurz, seien Sie komplementär zum Überlegenheitsplan, um die neuen Spielregeln etablieren zu können. Andernfalls warten Sie mit der Einbeziehung, bis das neue Verhalten ihres Primärpatienten die alten Machtstrukturen ändert, was zwangsläufig bei konsequent selbstsicherem Verhalten folgen wird.

Vergessen Sie schließlich nicht, daß die Wirkung auch der so effizienten Kommunikationsstrategien von Ihren Deutungen, Überzeugungen und Erklärungen abhängt. Jede Regel wirkt durch Label (und umgekehrt?).

Wirkungsweise

Die unmittelbaren Wirkungsannahmen für die Kommunikationstechniken sind :
1. Die Abschwächung von Vorwurf und Beschuldigung, von Anklage und Herabsetzung durch die eindeutige und klare Darstellung eigener Bedingungsketten für unangenehme Empfindungen und nachfolgende negative Interaktionspläne
2. Die Steigerung positiven Gesprächsverhaltens durch Zuhörenkönnen, durch bessere Wahrnehmung und angstfreiere Äußerungsmöglichkeit angenehmer Empfindungen und daraus abgeleiteter Annäherungsverhaltensweisen
3. Der Abbau aversiver Interaktionsspiralen oder chronischer Konflikte durch bedingungsanalytisch geschultes Problemlöseverhalten und ein vertieftes Verstehen der Partner.

Neben der Wirkungsweise unserer Techniken über die Kriterien Eindeutigkeit und Vollständigkeit hinaus bietet auch der Rahmen von Kommunikationsübungen eine Reihe von Bedingungsveränderungen: Der unmittelbare Abfolgezwang, zunächst Botschaften wiederholend nachvollziehen zu müssen, verhindert zum Beispiel auch die Ausspielung von Machtassymetrien wie Rechthaben, die Suche nach besseren Argumenten, das Totreden und eloquente Brillieren etc. In diesem Sinne ist während der Sitzungen eine regel-gesteuerte Entmachtung der dominierenden Interaktionspartner möglich.

Ob und inwieweit die Voraussetzungen zur wiederholten Anwendung bei einem klaren Überwiegen der negativen Konsequenzen gegenüber den positiven im Bereich gestörter Partnerschaften wirklich zu erzielen sind, hängt nicht nur von der therapeutischen Effektivität ab. Hier ist die bedingungsanlytisch folgerichtige Entscheidung eben häufig die - in der Regel zumindestens dann schon einseitig beschlossene - Trennung. Die

Wirkung von kommunikativem Problemlösetraining ist hier nicht über die Kriterien einer verbesserten Partnerschaft zu erfassen, ähnlich wie ein gelöstes Abhängigkeitsproblem Heranwachsender durch Ablösung von der Primärfamilie nicht unbedingt in einer Verbesserung von Beziehungsparametern zu erfassen ist. Diese Probleme könnten zur Auffassung führen, daß die Kommunikationsregeln dort am wenigsten wirken, wo sie am notwendigsten erscheinen. Die Untersuchungen zum HDI (Human Development Institute)-Programm nach Berlin und die der Autoren Schindler, Revenstorf und Hahlweg zeigen, daß sich die Verbesserungen der Beziehung, des Selbstwertgefühls und des Wohlbefindens und die Effekte auf das gestörte Verhalten oder Symptom bei gestörten Beziehungen nicht einfach durch das Selbststudium eines Kommunikationskurses erzielen lassen, sondern im Rahmen einer Therapie, die auch die Voraussetzungen zur **Anwendung der Regeln** schafft. Nach unseren Erfahrungen ist die bedingungsanalytische Voraussetzung für die Wirksamkeit von kommunikativen Problemlösestrategien, damit ihre Effektivität in folgender Anwendungsreihenfolge am günstigsten : Therapeutenselbsterfahrungsgruppen, Assertiveness-Training-Programm ATP, Kommunikationskurse mit begleitender Einzeltherapie, etwa eingebettet in Teile des ATP als Emotionalitätstrainingsgruppen, oder als Bedingungsanalytische Problemlösegruppen, gefolgt von Familientherapie mit der Möglichkeit unterschiedlicher Rollen- und Modellbildungen, Partnergruppen und zuletzt erst die gemeinsame Arbeit mit gestörten Partnern. Sehr viel günstiger ist natürlich der Ansatz bei Paaren zur Problemvorbeugung.

Jede wirksame therapeutische Intervention verändert auch das Ausdrucks-, und Kommunikationsverhalten. Isolierte Hypothesenprüfungen im klinischen Sektor der Kommunikationsforschung sind dennoch selten und wegen der komplexen Wechselwirkung der Bedingungsgrößen auch nur beschränkt zu den Wirkungsprinzipien selbst möglich. Die Resultate der Untersuchungen der Arbeitsgruppe Schindler, Revenstorf und Hahlweg zur Partnertherapie (siehe dort) und die der Autoren zur Selbstsicherheitstherapie zeigen eine Vielzahl von Verbesserungen auch im Beziehungssektor auf, die sinnvoll auf veränderte Kommunikationsstrategien zurückgeführt werden können.

Isolierte und gezielte Untersuchungen zu den Kommunikationsabläufen haben Ullrich de Muynck und Ullrich 1982 an 79 ATP-Patienten im Rahmen eines aufwendigen Verhaltensbeobachtungsprojektes vorgenommen. Die Stichprobe aus sozialphobischen und depressiven Patienten fortlaufender ATP-Gruppen mit unterschiedlichen Therapeuten und damals noch ohne Videomodelleinsatz wurde auch hinsichtlich biographischer Daten aufgeschlüsselt. In der Vorgeschichte zeigten 71% dieser Patienten deutliche Doppelbindungsmuster bei je einem, bei beiden oder im Verhältnis der sich widersprechenden Erwartungen der Elternteile gegenseitig. Nur in 3% wurde das Verhalten der gegenwärtigen Bezugspersonen als positiv kommunikativ, auf den Probanden eingehend bewertet.

Im Verhaltenstest "Kontaktverhalten " hatten die Probanden den Auftrag, eine ihnen jeweils unbekannte Person im Wartezimmer anzusprechen und das Gespräch 10 Minuten lang zu führen. Von der Ansprechperson wurde nur mitgeteilt, daß diese "auch warten würde ". Diese Person war eine instruierte, gegengeschlechtliche, jeweils unbekannte, für die drei Meßanlässe vor Therapie, nach Therapie und Nachkontrolle jeweils andere, attraktive Testperson (letzteres wurde zumeist durch den Status als psychologische(r) Kollege/in oder Praktikant(in) garantiert). Sie sollte nicht selbst kommunikativ aktiv werden, sondern sich durch das Verhalten des anderen leiten lassen. Im unmittelbaren Verhaltensregistrieren und Videoauswerten wurden pro Person sieben Auswerter und Beobachter eingesetzt, diese wechselten, die Meßanlässe und Patienten waren den Auswertern nicht bekannt.

Die Resultate zur Wirkungsweise der im ATP vermittelten Kommunikationsstrategien und der Angstabbaumaßnahmen waren :

1. Die Gesamtsprechzeit nahm erheblich zu, die Zahl langer Schweigeeinheiten ab.
2. Die Sprechweise wurde modellierter, flüssiger, deutlicher, in der Lautstärke angemessener.
3. Die Rubriken "offene Fragen", "kommunikative Fragen" und "Rückkopplungen" zeigten signifikante Verbesserungen, auch zur Person des Gegenübers wurde gesichert häufiger Bezug genommen.
4. Die Mimik, Gestik und Kopfzuwendung (Blickkontakt) wurden gesichert offener bzw. reicher und zugewandter.
5. Die Qualität des sprachlichen Ausdrucks und der inhaltlich positive Bezug des Gesprächs verbesserten sich gesichert.

Für die Annahme der wechselseitigen Gesprächssteuerung wurden dreifache Interaktionssequenzen untersucht, die unsere Erwartungen in folgenden Punkten bestätigten :

Die Gesprächspartner werden positiver angesprochen, auf deren nunmehr auch positive Reaktion erfolgen wiederum positive Konsequenzen durch die Probanden wie Rückkopplungen oder paraverbales Verstärken. Dieses Ergebnis stellt einen **unmittelbaren Nachweis der "reinforcing skills"** nach Lewinson dar und stützt damit die zentralen Hypothesen über die Interaktionssteuerung nach Lernprinzipien.

Im Vergleich zu einer von den Beurteilern jeweils besonders ausgeprägt erlebten Bezugsperson als externes Kriterium (soziale Validierung) wirkten die Probanden im Gesprächsverhalten zu 55% verbessert in "geschickt", "gelöst", "hartnäckig", "sympathisch" und " attraktiv".

Die Resultate blieben in der Nachkontrolle 6 Monate nach Therapieende stabil (55 der 79 Probanden konnten noch einmal zum Verhaltenstest gewonnen werden).

Langzeitnachkontrollen mit Selbsteinschätzungsbögen (länger als 2 Jahre, 60 Probanden der 79 mit anfänglichem Verhaltenstest erfaßt) zeigen im Bereich Freunde, Partner und Familie die folgenden Veränderungen:
1. 68% geben das Verhalten Fremder ihnen gegenüber als positiver an.
2. Die Zahl der Freunde verdoppelt sich, die Beziehung zu diesen wird von 83% als verbessert erlebt.
3. Von vorher 50% Singles nahm die Zahl partnerloser Probanden auf 15% ab.
4. 62 % erlebten den Kommunikationsstil in der Partnerschaft als verbessert.
5. 70% erlebten die Beziehung zu Familienmitgliedern (Eltern, Kinder) als verbessert.

Die Fragebogenwerte für die Gesamtstichprobe, bei Therapieende erhoben, erreichten in Kontaktangst und Ablehnungsangst (Nicht-nein-sagen-Können) Normalwerte, das sind Mittelwerte von Nichtpatienten. Der Endwert für Kritikangst lag nur im oberen Streubereich des Normalwertes. Diese Ergebnisse haben sich seit der weiteren Revision und den Einführungen der Videomodelle 1982 noch wesentlich verbessert. Die Testsituation "Kontaktgespräch" wird gesichert weniger schwierig, bedrohlich und mit erhöhten positiven Erwartungen erlebt.

Insgesamt können kommunikative Fertigkeiten nachweislich mit erhöhten positiven Konsequenzen für das eigene Wohlbefinden, die Wertschätzung und das Verständnis von Partnern und in ihrer Auswirkung auf davon abhängige Verhaltensbereiche trainiert werden, wenn die Voraussetzungen für ihre Anwendung auch durch Therapie geschaffen werden.

Barrieren

Die Motivation und die Antimotivation, also die Barrieren, sind eine Frage der erwarteten Konsequenzen. Diese sind eine Funktion der eigenen Lerngeschichte mit den Plänen und Strategien zur Abwehr von negativen - und zur Gewinnung von positiven Konsequenzen. Indirekte Kommunikation hat entweder die Funktion, eine C(-)-Erwartung zu verringern oder eine C(+)-Erwartung zu realisieren. Die C(-)-Erwartung als Kritik, Vorwurf oder Ablehnung kann durch die direkte Kommunikation des Partners, d.h. hier durch das

Klarmachen, daß der Mitteilende über sein eigenes Problem spricht, verringert werden. Dieses weiß der in die Therapie neu einbezogene Partner jedoch noch nicht. Für ihn heißt die Aufgabe "mehr Eindeutigkeit" zunächst mehr, weil klarere, C(-)- Erwartung. Zusätzlich wird von ihm verlangt, daß er seine bewährten Schutz- und Machtstrategien wie den vorbeugenden Angriff oder die Schuldzuweisung als vorbeugende Verunsicherung des anderen aufgibt. Nur die Therapeutenaussagen über die möglichen positiven Auswirkungen nach erfolgreicher Durchbrechung der sich aversiv wechselseitig verstärkenden Interaktionsfolter werden wohl kaum solche Vorbehalte und Handlungsbarrieren durchbrechen.

Die Übungsbarrieren können auch aus Konflikten entstehen, die der Klient im Hinblick auf die Kommunikation außerhalb des engeren Anwendungsrahmens, in dem Vertrauen nicht Auslieferung bedeuten muß, hat.

Auch die mit der Partnerschaftsnorm verbundenen Grenzmarkierungen von Nähe und Distanz können durch eine Interpretation von eindeutigerer Kommunikation als Mehr an Nähe Antimotivation schaffen. Hier kann sich dann eine therapiespezifische Form der "komplementären Schismogenese" (nach Bateson in Watzlawick et al. 1967) entwickeln: Der Übungswunsch des einen als Wunsch nach mehr Verständnis wird zum Hinweisreiz für zu große Nähe beim andern und zur Übungsbarriere. In diesem Falle werden die neuen Formen der Kommunikation zum neuen Beziehungskrieg. Der mehr Distanz Suchende (oft der Mann) reagiert sauer auf den "Psychokack", der andere (oft die Frau) fühlt sich zurückgewiesen und unverstanden, verstärkt ihr Bemühen um ein größeres Verständnis etc. Ein Versuch, die Waffen des Patienten ungültig zu machen, ist das "Das ist dein Problem". In einer wegwerfenden "Du-gehst-mich-nichts-an"-Einbettung gehört diese Äußerung zu den Taktiken des Ehekrieges, insbesondere bei Partnern mit Therapieerfahrung. Dennoch ist es zunächst eine der wesentlichsten Voraussetzungen für eine Klärung von Problemen, die jeweils individuellen Wertungen, Empfindungen und Bedürfnisse zu erkennen und diese als eigenen Problemanteil separat vom Anteil des anderen äußern zu können.

Im ATP wird im Grundkurs Selbstsicherheitstherapie sehr viel Mühe darauf verwandt, sich von der überzogenen Ausrichtung auf die Erwartungen von anderen zu befreien und als Maßstab des eigenen Verhaltens wieder die nur selbst spürbaren inneren Wahrnehmungen zuzulassen. Die Maßstäbe für die eigene Bewertung in sich selbst zu suchen soll dabei Unabhängigkeit von anderen schaffen. Im kommunikativen Ablauf wird die eindeutige Mitteilung eingeübt und die tausendfach überzogenen Spekulationen und Absicherungen auf Akzeptanz zunächst als das "Problem des anderen" erklärt, dies jedoch als positiver Neulabel mit Bezug zu oft zentralen Plänen Selbstunsicherer als Akt der Fairness erklärt: Der andere soll eine Chance bekommen, sich selbst in seinen Ansichten und Bedürfnissen unbeeinflußt äußern zu können. Die unterstellte Kenntnis durch Gedankenlesen, die in der automatischen Bezugnahme beinhaltet ist, wird hingegen als manipulativ bewertet.

Die Motivation, überhaupt zur Kenntnis zu nehmen, daß ein Interaktionspartner sich ändert oder Informationen bislang unbekannter Art über sich mitteilt, stößt auf die Barriere, daß mit jeder Änderung beim andern auch das eigene Abwehrsystem in Bewegung geraten kann, was gerne vermieden wird. Diese Funktion haben unsere Stereotypbildungen mit der Festschreibung von Eigenschaften und Konsequenzerwartungen beim andern. Nach über zehnjährigem Zusammenleben sollen nur noch in 10 % richtige Deutungen über situative innere Vorgänge beim andern zu erzielen sein!

Anfangs wird der Zuhörer meist gar nicht fragen wollen, sondern lieber gleich Antwort geben: eine Lösung vorschlagen, eine Deutung geben, eine Korrektur, eine Rechtfertigung oder einen Vorwurf formulieren wollen. Dies ist eine Funktion der negativen Verstärkung und entspricht auch der besonders bei Freunden und Angehörigen verbreiteten Auffassung, daß man sich doch nach so langer Zeit so gut kennen müßte, daß jeder eh schon weiß, was der andere jeweils dazu meint, oder welches Problem er wieder anbringen wird. Bei einer im Ausland mit Dolmetscher durchgeführten Familientherapie fiel uns auf, daß der dolmetschende Schwager doppelt soviel redete wie die übrigen Kombattanten. Auf die Frage, was er da mache, bestätigte der Dolmetscher, daß der andere es zwar noch nicht gesagt habe, es jedoch sicher gleich sagen würde. Auf so interpolierte, erahnte, vorweggenommene Antworten reagieren Partner relativ häufig ohne die Komik der Situation als "Dialog mit sich selbst "zu erkennen.

Als " Sie werden jetzt gleich sagen, fragen.... " und darauf besser selbst zu antworten, existiert diese Entmündigung und Außerkraftsetzung von Zuhörern als Vortrags- oder Diskussionsstrategie.

Der Therapeut muß den Zuhörer also oft erst motivieren, sich überhaupt auf den Partner einzulassen. Dazu kann der Ehrgeiz bemüht werden, indem die Genauigkeit in der Wahrnehmung und Wiederholung als Frage der Intelligenz erläutert wird, die Präzision als Detektivarbeit zur neuartigen Auflösung des Beziehungspuzzle oder die Neugierde geweckt werden.

Ein großes Problem ist die Tatsache, daß diese Art zu kommunizieren so viel Konzentration, Zeit und positiven Verständigungswillen erfordert, daß sie sich nicht in die Alltagskommunikation als ständige Decodierungsarbeit integrieren läßt.

Es ist daher wichtig, die Decodierübungen oder Problemanalysestunden zeitlich zu verabreden, sie nicht länger als eine Stunde dauern zu lassen und jedes Nachtarocken zu untersagen.

Als reine Krisenintervention erfahren unsere Decodierungstechniken auf Dauer das gleiche Schicksal wie Entspannungsübungen und viele andere Selbsthilfestrategien: Ist der Anwendungsanlaß behoben, so verlieren sie ihre belohnende Funktion (die negative Verstärkung bleibt aus).

Eine eher akute Barriere für den Einsatz von Decodierungstechniken ist die eigene emotionale Blockade. Stärkere Grade von Ärger lassen ein wohlmeinendes Eingehen auf den Ärgernismacher nicht zu. Hier kann bestenfalls erwartet werden, daß der Ärger in direkter Form, also ohne Vorwurf losgelassen wird. Nach dem Loswerden des Ärgers in aller zutreffenden Intensität, aber ohne Fremdbeschimpfung ist dann der Zugang auf den anderen, eine Terminvereinbarung für einen erneuten Problemdurchgang, diesmal mit Decodierung möglich.

Begrenzte Verbalität aus intellektuellen, somatischen und besonders häufig sozialen Gründen kann ebenfalls den sinnvollen Einsatz von kommunikationsfördernden Methoden in Frage stellen. So lehnte einmal ein besonders einsilbiger Bajuware nach drei Partnersitzungen ein weiteres Einlassen auf seine Frau über die Wiederholungstechnik ab, weil er "ja sonst zukünftig doppelt soviel mit ihr reden müsse". In den Entstehungszeiten unserer Kommunikationstherapien hatten sich einmal vier inzwischen bekannte Spezialisten gemeinsam an einem Einödbauern und seiner Verbalität versucht. Nach einem intensiven Training konnte sein verbales Repertoire von einem fragenden: "So?" auf ein mehr zuhörendes: "So so" erweitert werden. Seinen Lebenswunsch nach einer Bäuerin konnte er sich wundersamerweise allerdings auch hiermit erfüllen.

Kontraindikationen

Schweigen als nonverbale Kommunikation, unverständliche, mit rein subjektiven Codierungen (etwa verdichteter, konkretisierender, symbolischer Art, totale Abstraktion) und relativierende, indirekte Mitteilungen mit der Möglichkeit, sich sofort wieder vom Gesagten distanzieren zu können, sind Schutzstrategien gegen Ablehnung und Verletzung in der Interaktion mit anderen. Die dadurch vermiedene Angst steht in positiver Beziehung zur Intensität der Vermeidung von Eindeutigkeit. **Je unverständlicher die Botschaft, um so größer ist das Schutzbedürfnis.** Dem subjektiven Schutzbedürfnis hat zumindest früher eine Notwendigkeit entsprochen. Therapeuten müssen sich immer erst genau über die Funktion des Verhaltens vergewissern, bevor sie es abbauen wollen. Zwar schützt sich der Patient zumeist selbst durch Therapieverweigerung und Abbruch, die Angstintensität bei Decodierungsversuchen etwa psychotischer Gesprächsinhalte kann aber durchaus so hoch werden, daß sie einen neuen Sprung im Kommunikationsmodus mit einem neuen Schub auslöst.

Die Decodierung zu stark angstbesetzter Inhalte ohne Abstufung, alternative Bewältigungshilfen etc. ist ein therapeutischer Fehler. Die Decodierung ("Aufdeckung") aversiv besetzter Interaktionsmotive zu früheren Interaktionspartnern mit zwischenzeitlich geänderten Rollenfunktionen ist eine bedingungsanalytisch meist unnötige und sozial destruktive Denunziation.

Bezugspersonen, die angstbesetzt sind und real aversive Kontrolle über den Patienten ausüben, Decodierungsstrategien zu vermitteln, können zur Schädigung des Patienten führen, wenn unser Klient nicht zuvor gelernt hat, kompetenter mit anderen umzugehen. Der Versuch, das Verhalten der "Symptomträger" gleich im pathogenen Milieu selbst zu verändern ist hier oft unzweckmäßig. Die unmittelbare Aufnahme von Partner- oder Familientherapien kann sich als Kontraindikation herausstellen. Zumindest wäre eine nicht bedingungsanalytisch eingebettete und geplante Einübung gemeinsamer Decodierungsstrategien in dieser Konstellation riskant und nicht indiziert.

Eindeutigkeit wider Willen ist in sozialen Beziehungen eine Auslieferung an die totale Kontrolle durch andere und jede Beihilfe dazu eine Beihilfe zur Körper-(oder Seelen-)Verletzung, auch dann, wenn diese im Gewand von Kommunikationskursen stattfindet. Relative Kontraindikationen für Decodierungsübungen, besonders hinsichtlich ihrer motivationserhellenden Funktion im Aspekt der Vollständigkeit, stellen auch Beziehungen dar, bei denen das Arrangement gemeinsamen Zusammenlebens auf einem Konsens über die Verleugnung bestimmter Probleme oder spannungsfördernder Wünsche basiert. Der Therapeut muß hier besonders sorgfältig abwägen, ob sein therapeutischer Auftrag hier Änderungen nötig oder auch nur sinnvoll macht.

Literatur

Berlin, J.: Das offene Gespräch. München, Pfeiffer, 1975.

Mandel, A. und Mandel, K.H.: Einübung in Partnerschaft durch Kommunikationstherapie und Verhaltenstherapie. In: Mandel, A., Mandel, K.H.,Stadter, E. und Zimmer, D. (Hrsg) : Einübung in Partnerschaft. München, Pfeiffer, 1971.

Lewinson, R. M.: A behavioral approach to depression. In : Friedman, R. J. und Katz, M. : The Psychology of depression. Washington, Winston,1974.

Salter, A.: Conditioned reflex therapy. New York, Capricorn, 1949

Schindler, L.,Hahlweg, K. und Revenstorf, D.: Partnerschaftsprobleme: Möglichkeiten zur Bewältigung. Berlin, Heidelberg, Springer, 1980.

Tannen, D.: Das habe ich nicht gesagt. Hamburg, Kabel, 1986.

Ullrich de Muynck, R. u. Ullrich, R. : Das Assertiveness Training Programm ATP: Einübung von Selbstvertrauen und sozialer Kompetenz.

Teil I: Bedingungen und Formen sozialer Schwierigkeiten. München, Pfeiffer, 1976.

Teil II: Selbstsicheres Verhalten Grundkurs. München, Pfeiffer, 1976.

Teil III : Selbstsicheres Verhalten - differenzierende Anwendung im Freundeskreis, am Arbeitsplatz, in der Familie. München, Pfeiffer, 1976.

Ullrich, R, Ullrich de Muynck, R.: Diagnose und Therapie sozialer Störungen: Anleitung für Therapeuten I. München: Pfeiffer, 1980

Ullrich, R. u. Ullrich de Muynck, R.: Das Assertiveness Training Programm ATP: Therapieresultate in der ambulanten Versorgung. In: Ullrich de Muynck, R., Ullrich, R., Grawe, K. u. Zimmer, D.: Soziale Kompetenz 2, München, Pfeiffer, 1980

Ullrich, R.., Ullrich de Muynck, R. u. Hellauer, D.: Videomodelle zum ATP. Kassetten 1 bis 3 : Grundkurs selbstsicheres Verhalten. Kassette 4: Selbstsicheres Verhalten : Freunde. Kassetten 5a und 5b: Partner und Familie. Kassette 6 und 7: Selbstsicheres Verhalten am Arbeitsplatz. München, Münchner Therapiefilme, 1980,1982/1992

Watzlawick, P., Beavin, J.K. und Jackson, D.D.: Menschliche Kommunikation. Bern, Stuttgart, Wien, Huber, 1969

Stottern - Entstehung und Behandlung
• Gudrun Görlitz •

1. Erscheinungsbild

Mit hochrotem Gesicht, weit geöffnetem Mund und einer bizarren Bewegung seiner Hand gegen den Oberschenkel versucht der 32jährige, gepflegte, betont freundliche Patient, mir „Gu... Gu... Gu....... ten TTTTTTag Fraaa..., Dingsda, Fraaa...., Dingsda.... Guuuten TTTag Fraaa....." zu sagen. Bei meinem Namen helfe ich ihm schließlich, „Görlitz", und im gleichen Moment ist mir bewußt, daß dieses angebliche Helfen wieder einmal genau der Fehler war, auf den ich so häufig Angehörige hinweise. Es war nicht meine Hilfsbereitschaft, sondern meine Ungeduld und Unfähigkeit in diesem Moment, in Ruhe abzuwarten, bis der Patient selbst das ausspricht, was er zu sagen beabsichtigt. Wieder einmal hat er seine angebliche „Kommunikations-Unfähigkeit" vor Augen geführt bekommen. Trotzdem lächelt der Patient mich weiter an, deutet wortlos mit einem fragenden Gesichtsausdruck auf einen Stuhl, und ich nicke automatisch, ebenfalls wortlos mit dem Kopf. Mit zittrigen Händen holt er einen Ordner aus seiner Tasche und reicht ihn mir, wortlos. Ich schlage ihn auf und entdecke einen etwa 20seitigen, sehr ordentlich und mit vorbildlicher Schrift geschriebenen Lebenslauf, zahlreiche Arztberichte und Therapieverlaufsberichte verschiedenster Therapeuten seit seinem sechsten Lebensjahr.

Natürlich verspüre ich die Versuchung, nun den bequemeren Weg zu gehen und mich mit dem Geschriebenen statt mit dem Patienten zu beschäftigen. Mit den Worten „Sie haben sich sehr viel Mühe gemacht, alles genau aufzuschreiben, aber bevor ich mir dies bis zur nächsten Sitzung ansehen werde, ist es mir wichtig, daß wir beide uns zunächst kennenlernen können", gelingt es mir jedoch wieder, den Kontakt zum Patienten aufzunehmen. Dieser versucht nun mit sehr vielen klonischen und tonischen Krämpfen der Sprechmuskulatur, zahlreichen Mitbewegungen des Gesichts und anderer Körperteile (Parakinesen), Wiederholungen, Dehnungen, Zögern, Innehalten und langen Pausen im Sprechfluß (vgl. ICD-10 1991, S. 303) meine Fragen zu beantworten. Nach 50 Minuten habe ich erst sehr wenig erfahren, höchstens fünf Prozent der Anamnesedaten, die ich in dieser Zeit üblicherweise bei einem stotterfreien Patienten erhebe. Der Patient wirkt völlig erschöpft wie nach körperlicher Schwerstarbeit, seine Hände sind bei der Verabschiedung schweißnaß und kalt, Gesicht und Hals sind mit roten Flecken übersät, seine Atmung ist stockend und unregelmäßig.

Ich nehme innerlich meine eigenen Inkompetenz-Befürchtungen wahr und spüre doch zugleich ein übergroßes Bedürfnis, ihm zu helfen. Nach vielen Jahren der Behandlung von Stotterpatienten versuche ich mich innerlich selbst mit folgenden Sätzen zu supervidieren: „Nahezu jedes Erstgespräch mit Stotterpatienten läuft ähnlich ab. Deine übergroße Hilfsbereitschaft kann für die notwendige Mobilisierung des Selbsthilfepotentials des Patienten hinderlich sein. Das Therapieziel heißt nicht flüssiges Sprechen, sondern besserer Umgang mit dem Stottern und Aufbau sozialer Kompetenzen - und mindestens das haben bisher auch alle ausreichend motivierten Stotterpatienten erreicht. "Wenn du gleich in der zweiten Sitzung eine Sprechtechnik einführst, kannst du dem Patienten zu einer raschen Entlastung verhelfen und vielleicht auch die Anamnese in der vorgeschriebenen Zeit durchführen; im schlimmsten Fall läßt du dir eben mehr Zeit und beantragst eine Probetherapie." Nach diesem Selbstgespräch fühle ich mich wieder im Besitz realistischer Kompetenzerwartungen. In der kommenden Sitzung berichtet der Patient, nach einer kurzen Einführung des metrischen Sprechens, in einem verlangsamten Sprechrhythmus, begleitet vom Taktgeber des Metronoms, über die

Logorrhoe seiner Mutter, die körperliche Bestrafung des Stotterns durch seinen Vater, das Hänseln und die zahlreichen Stotterwitze in der Schule, seine Rettung in überdurchschnittliche schulische und berufliche Leistungen, die sozialen Ängste, Vermeidungsreaktionen, Magenschmerzen, Kopfschmerzen und vieles andere. Am Ende der Sitzung ist er erleichtert über seine neue Mitteilungsfähigkeit.

Dieses Beispiel macht deutlich, daß das Stottern eine Kommunikationsstörung ist, die sich fast ausschließlich im Wechselgespräch mit anderen Menschen manifestiert. Typisch für diese Störung ist die Verzögerung oder Unterbrechung im Redefluß des Sprechers. Sie kann sich als Wiederholung von Lauten, Silben oder ganzen Wörtern zeigen bzw. als ein Dehnen oder Langziehen von Lauten. Unterbrechungen treten in Form von Verstummen oder Blockieren beim Aussprechen eines Lautes auf, der oft erst nach mehreren Anläufen mit erhöhter Kraftanstrengung und zum Teil in Begleitung von Mitbewegungen im Gesicht oder am ganzen Körper herausgebracht werden kann. Diese Unterbrechungen des Redeflusses treten reflexhaft auf und sind der willentlichen Kontrolle des betreffenden Menschen entzogen. Die gesamte Körperhaltung des Stotternden ist durch Verkrampfungen gekennzeichnet. In angstauslösenden Situationen verstärkt sich in der Regel das Stottern, in vertrauten Situationen, in denen sich der Patient sicher und akzeptiert fühlt, läßt das Stottern eher nach. Typisch sind ein ausgeprägtes Vermeidungsverhalten sowie die Prägung der gesamten Lebensgestaltung durch das Stottern (vgl. Wendlandt 1984, S. 12).

Nach *Fiedler* (1978, S. 3) gehen mit den Sprechauffälligkeiten häufig eine unübliche Atemtechnik und eine Fehlkoordination der am Sprechakt beteiligten Muskelgruppen einher, wie z.B. sekundenlang andauerndes verkrampftes Offenhalten des Mundes, ein Zusammenpressen der Lippen, ein Aufeinanderschlagen der Zähne, ruckartige Bewegungen der Zunge usw. *Fiedler* unterscheidet auch zwischen tonischem und klonischem Stottern: das **tonische Stottern** ist durch relativ lang andauernde Verkrampfungen der Sprechmuskulatur gekennzeichnet, die oft zu stummen Preßversuchen, verbunden mit großer Kraftanstrengung, führen. Das **klonische Stottern** ist charakterisiert durch kürzere, rasch aufeinanderfolgende Kontraktionen der Sprechmuskulatur, wobei es zu typisch hämmernden Wiederholungen von Lauten, Silben und Worten kommt. Diese beiden Formen des Stotterns können sowohl getrennt als auch kombiniert auftreten.

2. Diagnose - Differentialdiagnose

Die diagnostischen Kriterien des **ICD-10 (F98.5)** lauten: „Stottern ist ein Sprechen, das durch häufige Wiederholungen oder Dehnungen von Lauten, Silben oder Wörtern oder alternativ durch häufiges Zögern und Innehalten, das den rhythmischen Sprechfluß unterbricht, gekennzeichnet ist ... Begleitende Bewegungen des Gesichts und anderer Körperteile, die zeitlich mit den Wiederholungen, Dehnungen oder Pausen im Sprechfluß zusammenfallen, können vorkommen. Stottern ist von **Poltern** und **Tics** zu unterscheiden. In einigen Fällen kann es von einer Entwicklungsstörung des Sprechens oder der Sprache begleitet sein, wobei diese separat unter F80 einzuordnen ist" (S. 303).
Sowohl im Diagnostischen und Statistischen Manual (DSM-III-R 1989) als auch in der 10. Revision der Internationalen Klassifikation psychischer Störungen (ICD-10 1991) wird nicht mehr wie früher üblich zwischen Stottern und **Stammeln** unterschieden.
Stottern ist differentialdiagnostisch von **Poltern** abzugrenzen. Dies ist durch eine zu hohe Sprechgeschwindigkeit mit Undeutlichkeit in der Aussprache gekennzeichnet, wobei jedoch der für das Stottern typische Krampf der Sprechmuskulatur nicht auftritt. Typisch für Patienten mit der Störung Poltern ist das Auslassen von Silben, Wörtern, Wortenden oder sogar Satzteilen. Differentialdiagnostisch bedeutsam ist jedoch, daß sich im Unterschied zum Stottern die Störung bei willentlicher Anstrengung bessert, beim Stotterpatienten jedoch verschlechtert. Stottern tritt besonders ausgeprägt in sozialen Situationen auf und

kann dann völlig verschwinden, wenn sich die betreffende Person alleine in einem Raum aufhält, Poltern ist davon jedoch unabhängig. Im Gegensatz zu Stotterpatienten weisen Polterer weder ein Störungsbewußtsein noch Sprechangst auf (vgl. auch Kuhr 1991, S. 112-118).

Die **Spastische Dysphonie**, eine dem Stottern ähnliche Störung, unterscheidet sich gemäß DSM-III-R (S.124) durch eine gestörte Atmung. Ich persönlich habe jedoch noch keinen Patienten mit dieser Diagnose gesehen.

3. Überlegungen zu möglichen Ursachen

Etwa 80% aller Kinder im Alter zwischen zwei und fünf Jahren weisen in ihrer Entwicklung eine Phase deutlicher Sprechunflüssigkeiten und hastigen Sprechens auf, das sogenannte physiologische oder **Entwicklungsstottern**. Circa 10% aller Kinder im Grundschulalter entwickeln daraus eine Stottersymptomatik. Nach *Schulze* (1989) verschwindet das Stottern bei 80% der Betroffenen bis zum frühen Erwachsenenalter wieder. Die Wahrscheinlichkeit des ersten Auftretens des Stotterns nimmt ab dem 6. Lebensjahr mit zunehmendem Alter deutlich ab. Die **Prävalenz** aller Kinder im Grundschulalter liegt bei etwa 10 %, bei Erwachsenen wird sie auf 1% geschätzt.

In *Kuhr* (1991, S. 8-12) sind verschiedene Tabellen über mögliche zusätzliche organische Schädigungen als Ursache des Stotterns bei Erwachsenen (z.B. Hirnschlag, Schädelhirntrauma, Erkrankungen des extrapyramidalen Nervensystems) dargestellt sowie die verschiedenen Formen der Beeinträchtigung des Sprechens durch neurologische Schädigungen.

Ebenfalls dort sind die von *van Riper* 1982 stammenden Tabellen zur Entwicklung und Verlaufsform des Stotterns wiedergegeben. Im Gegensatz zu anderen Autoren geht *Kuhr* (1991) von der Annahme aus, daß Stottern in der Regel eine organische, **neurophysiologische Störung** ist. Stotternde haben eine verminderte Kapazität für die Koordination sequentieller motorischer Komponenten des Sprechens. Die resultierenden Unterbrechungen führen zu Konsequenzen in der Umwelt, die ihrerseits einen komplexen Prozeß des Vermeidungslernens in Gang setzen können und zu seiner Aufrechterhaltung beitragen, somit die „psychologische Komponente" hinzufügend. Trotz der Annahme einer organischen Störung sehen wir Stottern als veränderbar an (*Kuhr* 1991, S. 93).

Aufgrund von Familien- und Zwillingsstudien werden **genetische Faktoren** in der Ätiologie des Stotterns zunehmend mehr diskutiert. Bis zu 50% der Verwandten ersten Grades von Stotter-Patienten leiden selbst unter dieser Störung, die bei männlichen Patienten dreimal häufiger als bei weiblichen auftritt. Bei eineiigen Zwillingen besteht eine große Konkordanz.

Eine "entwicklungsbezogene Artikulationsstörung" sowie eine "expressive Sprachentwicklungsstörung" erhöhen die Auftretenswahrscheinlichkeit des Stotterns, Streß oder Angst verschlimmern es. (vgl. DSM-III-R, S. 123).

Nach *Fiedler* (1992, S. 12-14) handelt es sich bei der Schwierigkeit flüssig zu sprechen um eine **Störung der Autoregulation des Sprechens**. Mit zunehmender Übung und Geschicklichkeit des Kindes verläuft das Sprechen zunehmend automatisierter. Neuromotorische Prozesse des ZNS übernehmen die Kontrolle des Sprechens:

„Kommt es nun in dieser Zeit zunehmender Autoregulation des Sprechens dazu, daß die auf natürliche Weise vorhandenen frühkindlichen Sprechfehler durch Bezugspersonen beachtet, korrigiert, gar bestraft werden, so ist zu vermuten, daß die Autoregulation des Sprechens unterbrochen wird, weil das Bemühen des Kindes um eine verbesserte Aussprache zunimmt. Das Kind versucht nämlich - (was sollte es auch anderes tun?) - die Sprechunflüssigkeiten zu vermeiden. Und dies gelingt ihm nur, wenn es auf eine *bewußte, willentliche* Überwachung des Sprechvorgangs 'zurückschaltet' - ja: zurückschalten **muß**, weil ihm selbst keine anderen

Möglichkeiten bewußter Sprechselbstkontrolle zur Verfügung stehen." Dies behindert die Fortentwicklung der Autoregulation. Sowohl das Entwicklungsstottern als auch das später daraus hervorgehende Stottern läßt sich nach *Fiedler* demnach am besten als eine solche bewußte Störung oder Behinderung der Autoregulation des Sprechflusses erklären. Das flüssige Sprechen dagegen setzt offensichtlich die Fähigkeit zur Autoregulation voraus. „Willentlich korrekt sprechen wollen führt zu Fehlern. Das scheint ähnlich abzulaufen, wie in der Geschichte vom Tausendfüßler, der - als er darüber nachdenkt, wie es ihm gelingt, seine vielen Beine immer so schön gleichsinnig zu bewegen - plötzlich ins Stolpern kommt... So paradox dies auch anmutet: Das Stottern entsteht im Sinne dieser Annahme möglicherweise aus dem durchaus sinnvollen Bemühen des Kindes, flüssig sprechen zu wollen. Leider scheint das Sprechen so jedoch nicht so flüssig zu gelingen, als wenn man das Sprechen einfach sich selbst überlassen würde."

Auch wenn, wie dargestellt, ätiologisch eine Multikausalität (neurophysiologische, organische und psychologische Ursachen) angenommen wird und zweifellos eine familiäre Häufung die Disposition für die Entwicklung einer Stottersymptomatik begünstigt, sind sicherlich der **Erziehungsstil** und die gesamte lebensgeschichtliche Entwicklung für die tatsächliche Manifestation und den Schweregrad der Störung von entscheidender Bedeutung. Diese möchte ich im folgenden kurz zusammenfassen:

Symptomunterstützende Verhaltensweisen primärer Bezugspersonen

1. Überstrenge Erziehungsstile mit Gewaltanwendung im körperlichen oder seelischen Bereich
2. Überhöhter Leistungsanspruch sowie kontinuierliche Überforderung
3. Häufige Verletzungen und Abwertungen
4. Mangelnde Geduld und fehlendes Einfühlungsvermögen im Sprechkontakt, gekennzeichnet durch Unterbrechungen des Redeflusses, häufiges Verbessern und Zurechtweisen, stellvertretendes Aussprechen, mangelnder Blickkontakt, Überbewertung von Sprechunflüssigkeiten und Bestrafung, Überhäufung mit gut gemeinten Ratschlägen („sprich langsam, streng dich an, wiederhole alles noch einmal, atme zuerst tief ein" usw.) sowie mangelnde Vorbildfunktion (hastiges, atemloses und pausenloses Sprechen)
5. Überbehütendes Verhalten, mangelnde Möglichkeit zur Selbständigkeitsentwicklung, Abnehmen von kindlichen Verantwortlichkeiten, was zur Unterstützung und Ausbildung von Vermeidungsverhalten führt
6. Operante Verstärkung des Stotterns, die zu einem sekundären Krankheitsgewinn, verbunden mit einer Symptomstabilisierung,führen kann
7. Mangel an Ruhe- und Entspannungsphasen im Alltag sowie keine ausreichende Schlafdauer (vgl. *Richter* 1981, S. 30)
8. Fehlende Akzeptanz, Zuwendung und Möglichkeit zur Selbstentfaltung. Dies verhindert die Entwicklung eines gesunden Selbstwertgefühls und befriedigenden sozialen Kontaktverhaltens

Die Tatsache, daß die Häufigkeit des Stotterns in den USA abnimmt, wird z.B. durch das toleranter werdende Erziehungsklima erklärt. (vgl. *Kuhr* 1991, S.16)
Weitere Informationen können Sie dem Eltern- und Lehrer-Ratgeber der Bundesvereinigung der Stotterer-Selbsthilfe e.V.(*Baumgartner 1990*) entnehmen sowie dem Kapitel „Sprach-und Sprechstörungen" in dem Buch „Kinder ohne Zukunft? Verhaltenstherapeutische Praxis im Erzieheralltag" (*Görlitz* 1993).

4. Indikation - Prognose - Fallstricke

Da sich die Beachtung möglicher Fallstricke sowohl auf die Indikation als auch auf die Prognose auswirkt, möchte ich diese Begriffe gemeinsam behandeln.

Die **Indikation** für eine verhaltenstherapeutische Behandlung ist bei der Symptomatik Stottern insofern eindeutig, als durch die kombinierte, symptomorientierte Strategie (Sprechtechnik) und verschiedene Strategien am Symptom vorbei (im Bereich sozialer Ängste und anderer Sekundärsymptome) bei einem **realistischen Behandlungsziel** deutliche Erfolge erzielt werden können.

Die **Prognose** für eine verhaltenstherapeutische Behandlung von Stotterpatienten ist dann besonders günstig, wenn es dem Therapeuten gelingt, sich weniger vom Symptom als von der Persönlichkeit des Patienten beeindrucken zu lassen.

Der folgende kurze **historische Überblick** soll mögliche **Fallstricke** veranschaulichen und demonstrieren, wie schon immer Therapeuten durch die Stottersymptomatik leicht verführbar waren, eine reine Symptombehandlung zu wählen und dabei gelegentlich sogar zu gewalttätigen Methoden greifen. Hierbei wurde überwiegend das Augenmerk auf die Zunge als angebliche Verursacherin des Stotterns gelegt.

Francis Bacon (1627) behandelte z.B. die Zunge Stotternder mit heißem Wein. *Voisin* (19. Jahrhundert) ließ Stotterpatienten mit kleinen Steinchen im Mund sprechen. *Dieffenbach* (1841) führte sogar qualvolle und häufig tödlich verlaufende Operationen der Zunge durch, indem er sie an der Wurzel anschnitt oder ihr keilförmige Stücke entnahm (vgl. auch *Kuhr* 1991).

Auch der Umfang der zahlreichen unterschiedlichen Vorgehensweisen im Bereich der Stotterbehandlung spiegelt die besondere therapeutische und gesellschaftliche Hilflosigkeit wider.

Nach *Wendlandt* gab es schon vor 1984 über 50 anerkannte Therapiemethoden, die in der Stotterbehandlung eingesetzt werden (S.195). In der Verhaltenstherapie der 60er und 70er Jahre wurden überwiegend symptomorientierte übende Verfahren, wie z.B. das metrische Sprechen entwickelt, die zunächst zu einer raschen Symptomreduktion führten und insbesondere bei Patienten mit ausgeprägter Sprechunflüssigkeit die Kommunikationsmöglichkeiten in der Therapie deutlich verbesserten. In Verbindung mit Reizkonfrontationsübungen in vivo konnten so die Patienten relativ rasch ihren Alltag wesentlich besser meistern. Es zeigte sich jedoch, daß die Stotterpatienten durch die Zunahme ihrer Sprechflüssigkeit nicht die von Patient und Therapeut erhoffte innerpsychische Entlastung erlebten. Häufig folgten trotz Symptomreduzierung depressive Verstimmungszustände, psychosomatische Reaktionen, Partnerschafts- oder berufliche Probleme.

Die Weiterentwicklung der Verhaltenstherapie bis zur Entwicklung eines **ganzheitlichen Menschenbildes** der 90er Jahre (vgl. *Lieb* 1992, *Görlitz* 1993) ermöglicht heute auch eine ganzheitliche Behandlung des Patienten. Dies hat bei Stotterpatienten insofern eine besondere Bedeutung, als die Stottersymptomatik - in einem weitaus größeren Maße als viele andere Störungen - im Zentrum der therapeutischen Situation steht. Da das Stottern zunächst die Kommunikation und auch die Erhebung einer biographischen Anamnese unmöglich zu machen scheint, wird der Therapeut oft dazu verleitet, sich ausschließlich auf eine symptomorientierte Strategie zu konzentrieren. Der stark stotternde Patient, der sich oft kaum mitteilen kann und bei dem häufig die vier bis fünf vorgeschriebenen probatorischen Sitzungen nicht ausreichen, um eine biographische Anamnese zu erheben, erzeugt im Therapeuten außerdem oft zwei unterschiedliche, aber typische Reaktionsmuster, die eine Behandlung von vornherein deutlich erschweren und zu therapeutischen **Fallstricken** werden können (vgl. auch *Wendlandt* 1984): **Fallstricke für Stottertherapeuten**

1. Entweder reagiert der Therapeut mit Hilflosigkeit und Überbehütung und wiederholt alle Fehler, die der Patient in seinem täglichen Kontakt mit anderen Menschen ohnehin ständig erlebt und unter denen er leidet (wie z.B. Worte zu Ende sprechen, Aufschreiben lassen, Blickkontakt vermeiden, Unterbrechen, Überbetonung der Wichtigkeit des fließenden Sprechens usw.) oder
2. mit übertriebenem Ehrgeiz, Überaktivität, Überverantwortlichkeit und zu hohem Anspruch an das therapeutische Ziel. Dies alles ist deshalb unangebracht, weil es sich bei den Stotterpatienten ohnehin meist um Menschen handelt, deren Lebensgeschichten von zwanghaften, überfordernden und überehrgeizigen Verhaltensweisen, die oft auch mit Gewaltanwendung einhergingen, bestimmt waren und sind.

Die geschilderten therapeutische Reaktionsmöglichkeiten (ausschließliche Symptombehandlung, Überbehütung, Überaktivität usw.) verschlechtern deshalb die **Prognose** und auch die **therapeutische Beziehung**, weil sie die Wiederholung pathologischer und symptomaufrechterhaltender Beziehungen im Leben des Patienten darstellen. Dies erklärt auch meine Beobachtung, daß Stotterpatienten häufig einen umfangreichen Therapeutenverschleiß aufweisen können.

„Langwierige Stagnation im späteren Therapieverlauf und Behandlungsabbrüche gibt es in Stottertherapien immer dann, wenn Therapeuten zu Behandlungsbeginn nicht deutlich die einseitigen irrationalen, überhöhten oder neurotischen Ziele der Ratsuchenden erkennen und sich von ihnen abgrenzen können. Zum Beispiel hängt es erst vom Ausmaß der Erreichung der Ziele Selbstsicherheit, Abbau von Ängsten, Erweiterung des Verhaltensspektrums ab, wieweit das vom Stotternden gewünschte Therapieziel „Abbau der Stottersymptomatik" zu verwirklichen ist." (*Wendlandt*, 1984 S. 38)

Dabei ist auch zu berücksichtigen, daß viele Patienten eine ihnen zu Therapiebeginn oft nicht bewußte Angst vor einem Leben ohne Stottern haben. Das Stottern gehört häufig seit Jahrzehnten zu ihrer **Identität** und ist ein wichtiges Persönlichkeitsmerkmal geworden. Deshalb kann eine Stotterbehandlung ohne Bearbeitung der ungelösten lebensgeschichtlich bedingten Konflikte des Patienten und den daraus resultierenden Lernprogrammen, niemals erfolgreich sein.

Hilfreich hierfür sind insbesondere die in den letzten Jahren in der Verhaltenstherapie immer bedeutender gewordene **Funktionsanalyse** sowie die verhaltenstherapeutischen **Strategien „am Symptom vorbei"**. Der Patient befindet sich in der Regel mit seiner Stottersymptomatik in einem, wenn auch pathologischen Gleichgewicht und muß deshalb bei einer zu raschen Reduzierung des Stotterns zur Aufrechterhaltung dieses Gleichgewichtes alternative Symptome von Krankheitswert, wie oben geschildert, produzieren. Auch aus diesen Gründen ist eine reine Symptombehandlung kontraindiziert.

5. Behandlungsziele - Behandlungsmethoden - Patienteninformation

Die Formulierung eines **realistischen Behandlungsziels** gemeinsam mit dem Patienten ist bereits ein erster wesentlicher therapeutischer Schritt. Nahezu alle Stotterpatienten wünschen sich Symptomfreiheit, nur wenige erreichen diese tatsächlich, und nur selten ist dies in den ersten Sitzungen vorauszusagen. Daher lauten die wichtigsten **Behandlungsziele** einer Stotterbehandlung in der Regel:

1. Akzeptieren des Stotterns als persönliche Form der Erregung
2. Reduzierung des Stotterns durch Einführung von Sprechtechniken sowie von Körperwahrnehmungs- und Entspannungsübungen
3. Aufbau sozialer Kompetenzen und Abbau bestehender Vermeidungsreaktione
4. Aufbau alternativer Konfliktbewältigungsstrategien, bezüglich lebensgeschichtlich bedingter und aktueller Konfliktsituationen

Ein exemplarischer Behandlungsplan

Der **Behandlungsplan** könnte wie folgt formuliert werden:
1. Durchführung von Selbstbeobachtungs- und **Selbstkontrolltechniken** zur Identifikation erregungsauslösender Situationen und zur Vorbereitung für Übungen zur **kognitiven Umstrukturierung** im Bereich der Akzeptanz natürlicher körperlicher Erregungsvorgänge (körperliche Kausalattribution), verbunden mit Übungen zur Selbstverbalisation (z.B. ich erlaube mir meine Erregung in dieser neuen schwierigen Situation) und anschließenden **In-vivo-Übungen**

2. Durchführung des **metrischen Sprechens, Entspannungsübungen** nach *Jacobson*, verbunden mit Übungen zur Atem- und Körperwahrnehmung sowie entsprechendem Aufbau von Entspannungsphasen im Alltag
3. **Selbstsicherheits- und Kommunikationstraining,** zum Teil in Einzel- und zum Teil in Gruppensitzungen, Exposition in vivo
4. Übungen zur **emotionalen Wahrnehmungs- und Expressionsfähigkeit** und **Selbstbehauptung** als Vorbereitung für Rollenspiele und In-vivo-Übungen bezüglich (heute noch symptomrelevanter) lebensgeschichtlich bedingter und aktueller Konfliktsituationen.

Die Behandlung beansprucht voraussichtlich 40 bis 60 Einzel- und 20 Gruppensitzungen. Die Behandlungsstrategie ist **sowohl symptomorientiert** als auch als **Strategie am Symptom vorbei** geplant.

Bei der Betrachtung der geschilderten Erziehungsfehler, die die lebensgeschichtliche Entwicklung eines Patienten entscheidend prägen, wird deutlich, daß das Stottern häufig als vordergründiges Symptom, d.h. als Ausdruck einer persönlichen inneren Not, zu betrachten ist. Daraus folgt, daß in jedem Falle eine rein symptomorientierte Behandlung ein Kunstfehler sein muß.

Dennoch erscheint mir der Hinweis wichtig daß auch heute auf den Einsatz von Sprechtechniken, die immer auch auf einer **Verlangsamung des Sprechablaufs** basieren, insbesondere bei chronifizierten Stotterpatienten, nicht verzichtet werden kann. Dadurch wird häufig erst die Durchführung einer ganzheitlichen verhaltenstherapeutischen Behandlung im Sinne eines methodenkombinierten Verfahrens ermöglicht, da auch Verhaltenstherapeuten ohne die Möglichkeit eines verbalen Austausches in der Regel nicht umfassend genug intervenieren können. Dies kommt auch der erwähnten organischen Sichtweise entgegen, da deren Vertreter davon ausgehen, daß durch eine Verlangsamung des Sprechablaufs eine verbesserte sprechmotorische Koordination möglich ist und dadurch auch ein flüssigerer Sprechablauf.

Wendlandt fordert für den verhaltenstherapeutisch arbeitenden Stottertherapeuten neben gezielten Maßnahmen zur Modifikation des Sprechens ein methodisches Repertoire, das die folgenden **Behandlungsbausteine** enthalten sollte:
- Methoden zum Angstabbau: SD-Verfahren und Selbstsicherheitstraining
- Methoden zum Aufbau sozial angemessenen Verhaltens: Rollenspieltechniken, Methoden der Verhaltensübung und des Selbstsicherheitstrainings
- Methoden zur Einstellungsänderung: Verfahren zur kognitiven Umstrukturierung
- Generalisierungstechniken: In-vivo-Verfahren, Anleitung zum Selbsttraining
- Methoden zur Beeinflussung des sozialen Umfeldes von Stotternden: Elternarbeit, Bezugspersonen-Verhaltenstraining, Maßnahmen zur Resozialisierung (S. 82/83)

Die genannten Methoden werden als Mindestkatalog bezeichnet. Ich möchte deshalb noch selbst folgende Forderung ergänzen:
- Methoden zur Bearbeitung lebensgeschichtlich bedingter und aktueller Kofliktsituationen und die daraus resultierenden heute noch wirksamen, blockierenden Lernprogramme.

Den typischen Ablauf der ersten beiden probatorischen Sitzungen habe ich bereits eingangs geschildert. In der dritten Sitzung händige ich dem Patienten zunächst in der Regel das folgende Informationsblatt aus und bitte ihn, dies zur gleichzeitigen Einübung des metrischen Sprechens laut vorzulesen.

Informationsblatt für Patienten zur verhaltenstherapeutischen Behandlung des Stotterns

Sie haben bereits einen ersten wichtigen Schritt für Ihre Veränderung getan, indem sie selbst Ihre Sprachstörung als Stottern bezeichnen und dafür einen Therapeuten aufsuchen.

Die Behandlung mit Hilfe der Methoden und Möglichkeiten der **Integrativen Verhaltenstherapie** wird verschiedene Elemente beinhalten, die auf Ihre persönlichen Probleme und Ihre individuelle Entwicklungsgeschichte und Lebenssituation zugeschnitten sein werden. Wir werden uns zwar um Ihr Symptom Stottern, das Sie hierhergeführt hat, bemühen, es wird jedoch nur einen Teil dieser Behandlung ausmachen.

Vielleicht werden Sie erstaunt sein zu lesen, daß das **Behandlungsziel** nicht in erster Linie „Beseitigung des Sprachfehlers" heißen kann, sondern daß es darin besteht, das Stottern als „Ihre persönliche Form der Erregung" zu akzeptieren. Andere Menschen reagieren in Erregungssituationen mit Schwitzen, Zittern, Erröten, Magen-Darm-Störungen usw. Dies alles sind natürliche Angstreaktionen, die auch zum Überleben teilweise unbedingt erforderlich sind und es wäre falsch, zu versuchen, dies wegzutherapieren. Daher ist es notwendig, daß wir uns auch mit der Bedeutung und der hilfreichen Seite Ihrer Aufregung beim Sprechen beschäftigen werden.
Das Ziel der Behandlung besteht aber auch darin, daß Sie Übungen gezeigt bekommen werden, die Ihnen helfen können, die Häufigkeit und Intensität des Stotterns zu reduzieren, damit Sie sich nicht mehr hilflos dem Sprachfehler ausgeliefert fühlen und dadurch immer wieder in starke Erregungszustände geraten müssen, sondern daß Sie lernen können, das Stottern im Griff zu haben und nicht umgekehrt das Stottern Sie.

Neben anderen **therapeutischen Methoden**, die sich mit Ihren lebensgeschichtlich bedingten Konfliktsituationen, Ihren Ängsten, Vermeidungswünschen, körperlichen Beschwerden, Ihrem Selbstwert, Ihren Fähigkeiten, Ihrer Lebensfreude usw. beschäftigen werden, ist die Methode des metrischen Sprechens ein wesentliches Hilfsmittel, ihr Sprechen zu verbessern und Ihnen häufigeres angstfreies Sprechen zu ermöglichen.

Erfahrungsgemäß kostet dieser Teil der Stottertherapie sehr viel **Mut und Überwindung.** Manche Menschen können sich eher mit Ihrem gewohnten Selbstbild als Stotterer abfinden als eine neue, wiederum ungewöhnliche Art und Weise, im Takt zu sprechen, einzuüben und anzuwenden.
Es bleibt Ihrer **persönlichen Entscheidung** überlassen, ob Sie sich im Verlauf der Therapie mit Ihrem Stottern anfreunden können oder ob Sie mit Hilfe einer neuen schwierigen Sprechtechnik nach etwa 1 bis 1 1/2 Jahren Therapie entspannter und flüssiger sprechen wollen. Bei diesem Entscheidungsprozeß wird Sie Ihre Therapeutin begleiten.

Allgemeine Regeln zum metrischen Sprechen

In einer der ersten Therapiesitzungen wird Ihre Therapeutin mit Ihnen das rhythmische Sprechen mit Hilfe des Taktgebers eines Metronoms einüben .
In den darauffolgenden 10 bis 20 Sitzungen wird dann das Metronom regelmäßig zu Beginn der Sitzung eingestellt, und sowohl Sie als auch Ihre Therapeutin werden zunächst in einem sehr langsamen Sprechrhythmus miteinander über Ihre Probleme sprechen. Im Laufe der Sitzungen kann der Rhythmus etwas beschleunigt werden, so daß er später Ihrem natürlichen Sprechrhythmus angepaßt wird. Das Metronom wird zwischendurch immer wieder abgestellt werden.
Für den **Therapieerfolg** ist es erforderlich, das metrische Sprechen so lange einzuüben, bis es Ihnen in Fleisch und Blut übergeht und es Ihnen möglich ist, das metrische Sprechen jederzeit einzusetzen (durch Lesen, häufiges metrisches Sprechen mit Partner, Freunden, Kindern, Vertrauten, Eltern usw.). Dies wird Ihre Therapeutin mit Ihnen in Rollenspielen vorbereiten. Während der gesamten Therapie sollten Sie **täglich eine halbe bis eine Stunde laut metrisch lesen oder sprechen.**
Nach ca. vier bis zehn Sitzungen, in denen Sie sich an das metrische Sprechen gewöhnen können, beginnt eine **entscheidende Behandlungsphase.** Diese umfaßt einen Zeitraum von etwa drei Monaten, in dem Sie in Ihrer

> natürlichen Umgebung den ganzen Tag in jeder Sprechsituation metrisch sprechen werden. Diese Erfahrung ist ausschlaggebend für Ihren Therapieerfolg.
>
> **Das langfristige Ziel der nächsten 20 Jahre** besteht jedoch nicht darin, daß Sie ununterbrochen metrisch sprechen (obwohl dies als Übung sehr wirksam ist), sondern daß Sie lernen, das metrische Sprechen immer dann einzusetzen, wenn Sie die ersten Anzeichen von innerer Anspannung oder Atemblockaden spüren. Es gibt dabei zwei Möglichkeiten:
> 1. Wenn Sie bereits vorher merken, daß Sie bei einem Wort hängenbleiben werden, dann nehmen Sie sich zunächst bewußt mehr Zeit und sprechen Sie dann einige Worte davor und das Wort selbst auch metrisch.
> 2. Wenn Sie bei einem Wort hängenbleiben, dann versuchen Sie nicht, das Wort herauszupressen (dadurch wird das Sprechen jedesmal neu mit Angst und Aufregung gekoppelt und die Wahrscheinlichkeit des Stotterns erhöht), sondern nehmen sich wieder bewußt Zeit, spüren Sie Ihre Anspannung, versuchen Sie diese zu lösen und wiederholen Sie einige Wörter vorher und das Wort selbst metrisch.
> Wenn Sie Schwierigkeiten haben, den Beginn eines Satzes herauszubekommen, so können Sie intensiv in jeder Situation üben, die Satzanfänge (drei bis fünf Silben) immer metrisch zu sprechen.
>
> Die Therapiesitzungen alleine reichen nicht aus, um Ihren Sprachfehler zu reduzieren. Neben vielen therapeutischen Methoden, Aufgaben und Übungen zwischen den Sitzungen, die Ihnen den Weg zeigen können, mit Ihren Problemen besser zurechtzukommen, ist das Wichtigste in der Therapie **Ihre Eigeninitiative**. Dies bedeutet, daß Sie selbständig und selbstverantwortlich die erlernten neuen Verhaltensweisen in Ihrer natürlichen Umgebung so häufig und intensiv wie möglich anwenden. Sie können dabei die Erfahrung machen, daß für Sie selbst und für Ihre Umgebung das metrische Sprechen angenehmer ist als das Stottern (auf das die Personen Ihrer Umgebung bisher oft hilflos, verlegen oder falsch reagierten). Mit Hilfe des metrischen Sprechens werden Sie spüren, daß Sie wesentlich weniger Energie und Anstrengung für das Sprechen und damit auch die Bewältigung Ihres Alltags aufwenden müssen.
>
> Um die Scheu vor dem metrischen Sprechen dauerhaft überwinden zu können und sich dadurch auch zu ermöglichen, das metrische Sprechen jederzeit parat zu haben, ist es notwendig, daß Sie in allen Alltagssituationen, auch **nach Abschluß der Therapie**, immer wieder metrisch sprechen. Sie können sich dazu auch ein sog. **Hapto-Metronom** (das in eine Hosentasche paßt) besorgen, da es Ihren persönlichen Rhythmus über einen taktilen Reiz angibt. Dies ist jedoch nur dann sinnvoll, wenn Sie die oben genannten Phasen des metrischen Sprechens in der beschriebenen Art und Weise durchgehalten haben. Da Sie sich sicherlich einen dauerhaften Erfolg der Verbesserung Ihrer Sprechflüssigkeit wünschen, ist es für Sie wichtig zu wissen, daß Sie auch nach Abschluß der Therapie weitere drei bis fünf Jahre Ihre Sprechübungen fortsetzen müssen. Denn Ihre „neuen Fähigkeiten" haben auch nach Therapieabschluß eine viel geringere Gewohnheitsstärke als das langjährige Stottern.
>
> Sie haben nun vielleicht den berechtigten Eindruck, daß die verhaltenstherapeutische Behandlung des Stotterns auch mit sehr viel Arbeit und Anstrengung Ihrerseits verbunden ist. Erfahrungsgemäß ist dies jedoch genau die Stärke der Menschen, die seit Ihrer Kindheit unter Stottern leiden und im Gegensatz zu manchen anderen Patienten seit früher Kindheit gelernt haben, sich im Leben anzustrengen und damit auch eine ganze Menge Positives zu erreichen.
>
> Ich wünsche Ihnen, daß Sie auf diese Fähigkeit und Stärke vertrauen. Dies wird Ihnen auch das Durchhalten in dieser Art der Behandlung erleichtern.
>
> *Gudrun Görlitz: Stottern - Entstehung und Behandlung.*
> *In: Sulz (Hrsg.): Das Therapiebuch. CIP-Medien, München 1997*

Im Anschluß daran diskutiere ich mit den Patienten die Inhalte des Informationsblattes.
Während des Therapieprozesses wird dies mehrmals wiederholt. Sollten Sie dieses von mir vor vielen Jahren verfaßte und immer wieder modifizierte Informationsblatt in Ihrer eigenen Stottertherapie weitergeben, so

bitte ich Sie, sich darauf vorzubereiten, daß die Patienten insbesondere über das reduzierte Therapieziel **„mit dem Stottern leben lernen"** und den Zeitpunkt des Beginns des ununterbrochenen metrischen Sprechens diskutieren und sich geschickte Verhandlungsversuche über die Therapiebedingungen ausdenken werden.

Folgende **mögliche Interventionen** können Ihnen dabei helfen, das beschriebene therapeutische Setting auch einzuhalten:

1. eine **Video-Aufzeichnung** des Stotterns zu Beginn der Therapie in verschiedenen Sprechsituationen (z.B. Vorlesen, Nacherzählen, Unterhaltung). Nach der dritten oder vierten Therapiesitzung eine Wiederholung der Video-Aufzeichnung in den gleichen Sprechsituationen, nur dieses Mal mit Metronom. Wenn der Patient Entscheidungsschwierigkeiten zwischen Stottern und metrischem Sprechen hat, dann kann für ihn eine wiederholte Video-Rückmeldung zur wertvollen Entscheidungshilfe werden.
2. **In-vivo-Übungen** mit Hilfe des metrischen Sprechens (z. B. Einkaufen, Telefonieren, Menschen auf der Straße ansprechen usw.) bei denen Sie selbst als Modell für metrisches Sprechen fungieren. Das bedeutet in der Praxis, daß Sie zunächst die Führung übernehmen und selbst in Begleitung des Patienten Passanten metrisch ansprechen, metrisch einkaufen usw., dies anschließend abwechselnd mit dem Patienten tun und schließlich dem Patienten die Führung übergeben. Häufig ist eine Vorbereitung dieser In-vivo-Übungen durch Rollenspiele in den Therapieräumen wichtig.
3. **Hausbesuche** sowie Einbestellung der verschiedenen **Bezugspersonen** des Patienten in Ihre Praxis, bei denen Sie den Betreffenden, zusammen mit dem Patienten, das metrische Sprechen erklären und die ganze Sitzung hindurch ebenfalls im Takt sprechen. Dies hilft dem Patienten oft entscheidend, die Hürde zu überwinden, den Anfang in seiner Umgebung zu machen. Bei dieser Gelegenheit können Sie auch die Angehörigen entsprechend instruieren, dem Patienten die Wahl für oder gegen das metrische Sprechen in den jeweiligen Situationen selbst zu überlassen, ihn nicht zu kontrollieren, nicht zu ermahnen oder ihm gute Ratschläge zu geben, weil sie sich darauf verlassen können, daß dies während der Behandlungsphase in der Therapie geschieht.

6. Exemplarischer Behandlungsverlauf

Für diejenigen Leser, die sich über das oben Gesagte hinaus für einen möglichen praktischen Ablauf einer Stottertherapie interessieren, möchte ich noch kurz den exemplarischen Behandlungsverlauf des eingangs erwähnten Patienten darstellen.

1. bis 5. Sitzung:

- **Anamnese und Exploration**. Auswertung und Besprechung der ausgehändigten **Fragebögen** (Fragebogen für Verhaltenstherapie bei Erwachsenen (*Görlitz* 1993), SCL 90-R, FPI-R)
- Einführung des **metrischen Sprechens** (Frequenz 104). Aushändigen des Informationsblattes. Baseline, Video-Aufzeichnung

6. bis 15. Sitzung:

- Führen einer **Selbstkontrolliste** zur Selbstbeobachtung des Sprechverhaltens, der diskriminativen und auslösenden Bedingungen und der Konsequenzen sowie täglicher Übungen zum metrischen Sprechen. **Partnersitzung,** Instruktion und modellhaftes metrisches Sprechen mit der Ehefrau in der Therapiesituation. Einführung von **Entspannungübungen** nach *Jacobson* mit Körperwahrnehmungsübungen, insbesondere der Atmung
- **In-vivo-Übungen mit metrischem Sprechen** (Einkaufen, Telefonieren, lautes Zurufen auf der Straße), Vorbereitung durch therapeutische Rollenspiele

Nach der 10. Sitzung Beginn der durchgehenden metrischen Sprechphase in allen Alltags- und Lebenssituationen (Frequenzänderung auf 112)
- Aufstellen einer **Angsthierarchie** bezüglich angstauslösender Sprechsituationen mit anschließenden Rollenspielen und **therapeutischen Aufgaben**
- Beginn der Bearbeitung heute noch wirksamer, **blockierender Lernprogramme** (z.B. Du mußt überall der Beste sein", „nur Leistung zählt im Leben" usw.) aus der lebensgeschichtlichen Entwicklung, durch **kognitive Umstrukturierung** und Entwicklung von **Handlungsalternativen**. (entsprechende Situationen wurden mit Hilfe von Entspannungsinduktionen, Zeichnen einer Lebenslinie, Photoalben aus der Kindheit usw. wiedererinnert). Es wurde deutlich, daß häufig **überhöhte Leistungsansprüche** an sich und andere unmittelbare **Auslöser** für Stottern waren

16. bis 25. Sitzung:
- Ergänzung der Selbstbeobachtungsliste durch den Bereich der **Emotionen**
- Übungen zur emotionalen Wahrnehmungs- und Expressionsfähigkeit bezüglich aktueller konflikträchtiger Situationen sowie erneuter Übergang zu den **emotional** noch ungelösten lebensgeschichtlich bedingten Konfliktsituationen (z.B. durch Fragen wie „Woher kennen Sie dieses Gefühl?" „Haben Sie sich irgendwann in Ihrem Leben schon einmal ähnlich gefühlt?", „Wem in Ihrer heutigen oder früheren Umgebung gegenüber trauen Sie sich dieses Gefühl offen zu äußern?"), therapeutische Aufgaben Beobachtung **physiologischer** Korrelate
- Erweiterung der Selbstbeobachtungslisten durch spezielle **Ärgersituationen**, die der Patient auf den **vier Ebenen (Gedanken-Gefühl-Physiologie-Verhalten)** beobachtet und notiert
- Fortsetzung des metrischen Sprechens. Beschleunigung des Tempos von 112 auf 120. Fortlaufende Bearbeitung der **Angsthierarchie** durch Reizkonfrontation

25. bis 30. Sitzung:
- Auseinandersetzung mit der **Beziehung zum Vater** und den damit verbundenen **blockierenden „internalisierten Sätzen"**
- **Therapeutischer Brief** an den Vater („Was ich Dir schon immer sagen wollte"), anschließendes Rollenspiel in der Therapiesituation durch Verlesen des Briefes an den vorgestellten Vater, der im Sinne eines **Monodramas** auf die einzelnen emotionalen Äußerungen antwortet (ausführliche Darstellung siehe *Görlitz*, Kapitel „Soziale Ängste" in diesem Band). Die Rollenspiele werden stets metrisch durchgeführt, wobei das Metronom zeitweise abgestellt wird und der Patient dennoch metrisch weiterspricht.
Veränderung des Briefes. Verbesserung der **Kommunikation** (Ich-Form statt Du bist, Ergänzung durch offene Gefühlsäußerungen, Ergänzung durch zusätzliche Kindheitserinnerungen, die durch die Rollenspiele aktualisiert wurden), bis der Patient selbst ein stimmiges Gefühl hat
(Der Brief wurde von dem Patienten zwar nicht abgeschickt, er führte jedoch im Anschluß daran mehrere fruchtbare reale Konfliktbewältigungsgespräche mit dem Vater.)

30. bis 35. Sitzung:
- Beginn der begleitenden **Gruppentherapie** zum Thema *Selbstsicherheit, Angstbewältigung und Kontakt* (ausführliche Darstellung siehe *Görlitz* Kapitel „Soziale Ängste" in diesem Band)
- Fortsetzung der Überleitung des metronomabhängigen Sprechens in **freies metrisches Sprechen** (ohne das Metronom als akustischen Taktgeber)
- Gemeinsame Sitzung mit den **Eltern**. Anwendung der erlernten Kommunikations- und Konfliktbewältigungsstrategien sowie der emotionalen Expressionsfähigkeit bei durchgehendem metrischen Sprechen in der Doppelsitzung

- Beschäftigung mit der **Funktion des Stotterns** und der Bedeutung dieser individuellen natürlichen Form der Erregung durch Rollenspiele mit Familienangehörigen, Freunden, Arbeitskollegen, Chef usw.., Dialog mit der hilfreichen Seite des Stotterns

35. bis 40. Sitzung:
- Überprüfung der **Angsthierarchie**
  Veränderung des bisher laufend weitergeführten **Selbstbeobachtungsbogens** durch den Patienten selbst
- **Ausblenden des metrischen Sprechens**. Überführung in einen flüssigen Sprechablauf
  Einführung des **Hapto-Metronoms** als taktiles Signal für den Einsatz des metrischen Sprechens bei tatsächlichen oder befürchteten Blockierungen
- **Partnersitzung**: Thema „Unausgesprochene Gefühle und Konflikte"
- Wiederholung von Rollenspielen zu den Themen „Ich bin ein Stotterer" und Akzeptanz des Stotterns als "meine persönliche Form der Erregung"

40. bis 49. Sitzung:
- Wiederholung von In vivo-Übungen. Einsatz des Hapto-Metronoms
  Rollenspiele zum Thema Verzicht auf Ehrgeiz und **persönliche Überforderung** in privaten und beruflichen Kontaktsituationen
- Rollenspiele zu den in der **Gruppe** entstandenen Ängsten und Konfliktsituationen im Kontakt mit einzelnen Gruppenmitgliedern
- Individuelle Fortsetzung der in der Gruppe begonnenen **Kommunikations- und Durchsetzungsübungen**
- Förderung der **Eigeninitiative** durch eigene Planung eines Teils der therapeutischen Einzelsitzungen und der Selbstbeobachtungsliste
- Formulierung eines Zeitungsinserats zur Gründung einer **Stotter-Selbsthilfegruppe**. Erarbeitung entsprechender Handlungsstrategien

50. bis 56. Sitzung:
- **Ausschleichende Behandlung** durch größere Sitzungsabstände
  Überprüfen der Angsthierarchie, Erhöhung des Schwierigkeitsgrades von Rollenspielen, Telefonier- und In-vivo-Übungen
- Abschließende **Partnersitzung**. Aufstellen eines **Lebensplans** für die kommenden fünf Jahre
- Gründung und Teilnahme an einer **Stotterer-Selbsthilfegruppe**
- **Abschlußbilanz**

Insgesamt beanspruchte die Behandlung 56 Einzelsitzungen und 20 Gruppensitzungen über einen Zeitraum von 2 1/2 Jahren.

7. Wirkprinzipien - Kontraindikationen

Hier möchte ich mich v.a. auf die Wirkung von Sprechtechniken beschränken, da die Wirksamkeit aller anderen angesprochenen verhaltenstherapeutischen Methoden sicherlich hinreichend bekannt ist und teilweise auch in diesem Band an anderer Stelle ausführlicher beschrieben wird.
Weitere mögliche Sprechtechniken, wie z.B. das ebenfalls häufig angewandte **gedehnte Sprechen** können bei *Kuhr* (1991) und *Fiedler* (1978) nachgelesen werden. Die meisten Sprechtechniken werden in der Regel auf eine **Verlangsamung des Sprechens** zurückgeführt, die zu einer Vereinfachung und Erleichterung der

Ablaufkoordination führt, und damit zu einer Verbesserung des Sprechens. Es wird nämlich vermutet, daß die Ursache des Stotterns in einem Mangel an neuronalen Reserven für die Verarbeitung sensomotorischer Informationen liegt und daß der Stotternde aufgrund eines zentralen Kapazitätsmangels u.a. mehr Zeit benötigt, die adaptive Rückmeldeschleife Sprechen - Hören aufrechtzuerhalten (vgl. *Kuhr* S. 43-44).

Auch *Fiedler (1992)* führt den schnellen Erfolg der meisten Sprechtechniken auf die Verlangsamung des Sprechens zurück. „Die Verlangsamung bewirkt nämlich einerseits, daß die Sprechgeschwindigkeit an die tatsächlich vorhandenen Sprechfertigkeiten des Stotternden angepaßt wird. Andererseits lernt der Stotternde von Anfang an eine für ihn zumeist neue Form der Autoregulation des Sprechens. Das ist der Grund, warum die Sprechübungsbehandlungen so lange dauern. Es braucht seine Zeit, bis der Stotternde eine neue Sprechroutine erworben hat.

Und hier begegnen wir nun einem therapeutischen Paradox: Es ist nämlich unsinnig, mit der Sprechübungsbehandlung aufzuhören, wenn der Stotternde wieder fließend sprechen kann! Vielmehr ist zu fragen, ob das neu gelernte fließende Sprechen bereits autoregulativ vom Nervensystem gesteuert wird. *Auf keinen Fall* darf das fließende Sprechen mittels Sprechhilfe mit einer wiedererlangten Autoregulation verwechselt werden. Die Sprechübungen müssen noch eine erheblich längere Zeit fortgesetzt werden, wenn das in der Sprechtherapie wiedererlangte fließende Sprechen dauerhaft sein soll. Dieses Ziel wird in den Sprechbehandlungen leider nicht immer angestrebt, weil es sowohl dem Therapeuten, vor allem aber auch dem Klienten an Kraft und Ausdauer fehlt. So kommt es dann zu hohen Rückfallzahlen, die man häufig in der Folge scheinbar erfolgreich verlaufender Sprechübungsbehandlungen findet." (S. 16)

Das **absichtliche Stottern**, ebenfalls eine wirksame Technik bei stark angstbesetztem Stottern, ermöglicht dem Patienten Kontrolle über sein Stottern zu gewinnen und sich dadurch nicht mehr so hilflos ausgeliefert zu fühlen. Dies ist insbesondere bei Jugendlichen zu empfehlen, die sich häufig nicht an Sprechtechniken gewöhnen können. Dies wird auch als **Nicht-Vermeidungstherapie"** bezeichnet.

Das **metrische Sprechen** wurde bereits 1868 von *Wyneken* erwähnt und unter anderem vor allem von *Meyer und Mair* (1963), *Brady* (1971) und *Tunner* (1973) angewandt. (*Fiedler* 1978, S. 124-128).

„Die Wirkungen metrischen Sprechens werden zumeist damit erklärt, daß äußere Reize diskriminative Funktion für das Aussprechen von Silben und Wörtern erhalten. Ein neues Sprechen kann unter der Führung externaler Stimuli aufgebaut und aufrechterhalten werden... Die Aufmerksamkeit des Stotternden wird von der Selbstkontrolle des Sprechens hin auf die als Leitreize eingesetzten Metronomtakte gelenkt. Die Interferenzen zwischen den unterschiedlichen Rückmeldesignalen aus der eigenen Stimmgebung verlieren somit ihre störende Wirkung. Dabei spielt es offensichtlich eine wichtige Rolle, daß die Metronomtakte das Sprechen ebenfalls über die akustische Wahrnehmung steuern." (S. 129)

Dies macht deutlich, daß die akustischen Signale des Metronoms offensichtlich zunächst als Auslöser für das bei flüssig sprechenden Menschen „automatische Sprechen" fungieren. Sicherlich lenkt es die Aufmerksamkeit des Stotterpatienten auch weg von der ängstlichen Selbstbeobachtung und dem Bemühen um flüssiges Sprechen zum Bemühen, den Takt des Metronoms einzuhalten. Die Erfahrung zeigt auch, daß bei der Verwendung akustischer Reize beim Aufbau des metrischen Sprechens größere Erfolge erzielt werden können als mit einem taktilen Reizgeber, wie z.B. dem Hapto-Metronom, das erst am Ende der Therapie eingesetzt werden sollte.

Die **Wirkprinzipien** können jedoch nicht nur auf der Ebene der Methoden beurteilt werden, sondern müssen ganz entscheidend auch im Bereich der therapeutischen Beziehung und der Motivation des Therapeuten, sich auf Stotterbehandlungen zu spezialisieren betrachtet werden.

Stotterpatienten sind einerseits „leichte" Patienten, da sie in der Regel aktiv und motiviert mitarbeiten. Sie sind „schwierige" Patienten im Sinne der Mobilisierung von zahlreichen Hilflosigkeits- und Inkompetenzgefühlen beim Therapeuten. Gleichzeitig sind sie auch eine Herausforderung für den Therapeuten. Insbesondere im Bereich der Selbstsicherheit können Stottertherapeuten bei den metrischen In-vivo-Übungen viel profitieren.

Jeder Stottertherapeut sollte jedoch von seinem Patienten nur die Übungen fordern, die er selbst bereit ist mitzumachen.

Bezüglich der **Kontraindikationen** konnte ich neben den für Psychotherapie und Gruppentherapie (vgl. *Görlitz* 1993) allgemein bekannten Kontraindikationen in der Literatur nichts Eindeutiges finden.

Die praktische Erfahrung hat mich jedoch gelehrt, daß die Prognose für den Einsatz des metrischen Sprechens äußerst ungünstig ist, wenn die Patienten im Verlauf von ca. drei metrischen Sitzungen trotz Einsatz des Metronoms nicht überwiegend stotterfrei sprechen können. Bei diesen Patienten sollte zu einer anderen Sprechtechnik übergegangen werden.

8. Abschlußsitzung

Mit entspanntem Gesicht, lockerer Kiefermuskulatur und fließendem Atem verabschiedet sich der anfangs erwähnte Patient von mir mit folgenden metrisch gesprochenen Sätzen:

„Ich bin so aufgeregt, daß ich jetzt metrisch sprechen werde. Ich möchte Ihnen danken, daß Sie mich gelehrt haben, daß das Stottern für den Rest meines Lebens mein Begleiter sein wird, obwohl mir das anfangs sehr schwer fiel zu akzeptieren. Ich habe mich von dem Ehrgeiz verabschiedet, ein Star-Patient werden zu wollen, der am Ende der Therapie Ihnen und sich selbst beweist, daß immerwährendes flüssiges Sprechen für mich möglich sei.

Die Beziehung zu meinen Eltern ist erwachsener geworden, und ich kann mich gegen die Leistungsansprüche meines Vaters heute besser abgrenzen. Meiner Frau gegenüber kann ich meine Gefühle deutlicher zeigen, wodurch sehr viel mehr Wärme und Liebe, aber auch Wut, Ärger, Aggression und Enttäuschung Platz haben. Wenn ich zwischendurch an bestimmten Tagen wieder häufiger stottere, erkenne ich dies als Signal für Überforderungen oder auch mangelndes Zuhören im Kontakt mit anderen Menschen oder auch für unnötiges Prahlen mit übertriebenen Leistungen. Das metrische Sprechen und das Metronom sind mir zu einer wertvollen Krücke geworden, wie andere Menschen eben eine Brille, ein Hörgerät oder eine Prothese tragen. Es gab Sitzungen, in denen ich ärgerlich auf Ihr Therapiekonzept reagierte und dies auch als gegen mich gerichtete Unerbittlichkeit interpretierte. Heute weiß ich, daß ich dies möglicherweise auch mit der Unerbittlichkeit meines Vaters, meines Chefs, meiner Lehrer verwechselt habe.

Sie bestanden darauf, die auf dem Informationsblatt vorgestellte Therapiestrategie einzuhalten, ich persönlich hätte lieber nur in meinem stillen Kämmerlein metrisch gelesen. Heute weiß ich, daß diese Übungen auf der Straße, beim Einkaufen, mit meiner Frau, mit meinen Eltern und vor allem auch beim Telefonieren mir sehr viel neuen Mut und Selbstvertrauen gegeben haben, zumal ich auch entdecken mußte, daß ich verschiedene ganz simple Verhaltensweisen im Umgang mit Menschen oder in Geschäften nicht beherrscht habe. Ich weiß, es gibt noch eine Menge für mich zu tun, aber dies möchte ich jetzt selbst in Angriff nehmen, ohne Ihre Hilfe."

Praxisliteraturempfehlung

Fiedler, P. A.; Standop, R., Stottern. Ätiologie, Diagnose, Behandlung. Psychologie Verlags-Union. Weinheim 1978 (3. Auflage 1992).
In diesem Buch finden Sie eine ausführliche Darstellung der Therapie des „metrischen Sprechens" sowie einen allgemeinen Überblick über Ursachen und Behandlung des Stotterns.

Kuhr, A., Die verhaltenstherapeutische Behandlung des Stotterns. Ein multimodaler Ansatz. Springer-Verlag. Berlin-Heidelberg-New York 1991.
Dieses Buch ist das Ergebnis zehnjähriger klinischer und empirischer Arbeit mit stotternden Menschen. Es gibt einen sehr ausführlichen Überblick über die aktuelle Literatur und zahlreiche Stottertheorien. Darüber hinaus werden verschiedene Behandlungsprogramme vorgestellt.

Wendlandt, W., Zum Beispiel Stottern. Stolperdrähte, Sackgassen und Lichtblicke im Therapiealltag. Leben lernen 56. Pfeiffer. München 1984.
Dieses Buch sollte jeder Stottertherapeut gelesen haben, da es sehr viele praktische Hinweise über den Therapiealltag eines Stottertherapeuten erhält. Es ist auch für Nicht-Stotter-Verhaltenstherapeuten sehr empfehlenswert und ausgesprochen spannend zu lesen.

Weitere Literaturempfehlungen

Baumgartner, S., Wenn Ihr Schüler stottert. Ein Ratgeber für Lehrer. Demosthenes-Institut der Bundesvereinigung Stotterer-Selbsthilfe e.V. Köln 1991

Baumgartner, S., Wenn Ihr Kind stottert. Ein Ratgeber für Eltern. Bundesvereinigung der Stotterer-Selbsthilfe e.V. Köln 1992 (11. Auflage).

Fiedler, P., Über das Stottern. In: Therapieratgeber Stottern, Bundesvereinigung Stotterer-Selbsthilfe e.V., Köln 1992

Görlitz, G., Kinder ohne Zukunft? Verhaltenstherapeutische Praxis im Erzieheralltag.(Kapitel über Sprach- und Sprechstörungen) Leben lernen 87. Pfeiffer-Verlag 1993

Görlitz, G., Fragebogen für Verhaltenstherapie bei Erwachsenen. In: Keil-Kuri E., Vom Erstgespräch zum Kassenantrag. Jungjohann Verlagsgesellschaft, Neckarsulm 1993

Kern, N.C., Verhaltenstherapie bei stotternden Kindern. Ein Behandlungspaket. In: Zeitschrift Verhaltenstherapie, Band 2. Heft 4, Karger, Germering 12/92.

Richter, E., So lernen Kinder sprechen. Die normale und die gestörte Sprachentwicklung. Kinder sind Kinder 9. Ernst Reinhard Verlag. München 1984.

Schulze H., Redeflußstörungen und Stottern aus psychologischer Sicht.
In: Report Psychologie, Bonn September 1989

Van Ryper, C., Sprechstunde in der Praxis eines Sprachtherapeuten. Ernst Reinhard Verlag. München 1982.

Van Ryper, C., Die Behandlung des Stotterns. Bundesvereinigung der Stotterer-Selbsthilfe e.V. Köln 1986.

Tunner, W., Analyse und Modifikation des Stotterns. In: Handbuch der Verhaltenstherapie, Kindler, München 1974

Sexualstörungen

• Werner Scholz •

Diagnostische Erwägungen

Unter dem Begriff „Sexualstörungen" werden im allgemeinen, von Ätiologie und Phänomenologie her gesehen, unterschiedlichste Störungsbilder zusammengefaßt, die mit Sexualität in Verbindung stehen. So unterscheidet das DSM III-R (1989) unter dem Oberbegriff Sexuelle Störungen:
• Störungen der Geschlechtsidentität (Transsexualismus, Störungen im Kindesalter)
• Paraphilien (Fetischismus, Transvestismus etc.)
• Psychosexuelle Dysfunktionen (Appetenz-, Erregungs-, Orgasmusstörungen etc.)
• • Andere psychosexuelle Störungen

Ähnliche Einteilungen finden sich z.B. bei Keßler (1980) und Keßler & Hoellen (1980), die Sexuelle Dysfunktionen von sexuellen Varianten unterscheiden, oder bei Kockott, der eine Unterscheidung trifft zwischen Sexuellen Funktionsstörungen (Kockott 1981) und sexuellen Variationen (Kockott 1988b).

Einen anderen Weg diagnostischer Einordnung geht die ICD-10 (1991). Hier werden die sexuellen Funktionsstörungen subsumiert unter „Verhaltensauffälligkeiten mit körperlichen Störungen und Faktoren", die restlichen Störungsbilder unter „Persönlichkeits- und Verhaltensstörungen".

Allgemeine Erörterungen

Generell sollte bei Definitionsversuchen im sexuellen Bereich jedoch immer mitbedacht werden, daß hier ganz besonders, gesellschaftliche Faktoren eine Rolle spielen. Die diagnostischen Einordnungen, seit dem Beginn der modernen Sexualforschung durch Krafft-Ebing (1894) mit seiner Psychopathia sexualis, waren und sind großen Veränderungen unterworfen. (Dies gilt ebenso im weiteren Bereich psychischer Störungen, wie z. B. dem Entstehen und Vergehen der Diagnose „Paniksyndrom" (Klein 1981).)

Im Bereich der Sexualstörungen finden sich massive gesellschaftliche Einstellungsveränderungen reflektiert, was sich im Umgang mit „Homosexualität" sehr gut zeigen läßt; vor noch nicht langer Zeit eingeordnet als Perversion, dann nur noch als „ich-dystone Homosexualität" erfaßt (DSM III, 1984), wird sie schließlich in der neuesten revidierten Form (DSM III-R, 1989) überhaupt nicht mehr erwähnt.

Interessant auch der Umgang mit Masturbation - jahrhundertelang als Sünde betrachtet, wurde sie im 19. Jahrhundert zur pathologischen Handlung und schließlich im Rahmen sexualtherapeutischer Arbeit zur Therapieform (LoPiccolo & Lobitz 1978; LoPiccolo & LoPiccolo 1978).

Zu denken ist auch an eine relativ neu entstandene diagnostische Kategorie, nämlich die der Appetenzstörungen. Ein Sachverhalt, der vor den Zeiten der sogenannten sexuellen Revolution offensichtlich für niemanden ein Problem darstellte.

Die konventionellen Diagnoseschemata sind jedoch meines Erachtens nur brauchbar im Hinblick auf diagnostische Klarheit, erfüllen aber im Zusammenhang mit therapeutischen Fragestellungen ihren Sinn weniger gut. Zwischen den verschiedenen Störungsbildern finden sich fließende Übergänge und/oder Überschneidungen, die im Überblick in Tabelle 1 dargestellt sind.

TABELLE 1 • ENTWICKLUNG VON SEXUALSTÖRUNGEN

HOHES ← SEXUELLES REAKTIONSPOTENTIAL → NIEDRIGES

SEXUELLE VARIATIONEN	SOG. NORMALVERHALTEN	SEXUELLE FUNKTIONSSTÖRUNGEN	STÖRUNGEN DER GESCHLECHTSIDENTITÄT
VOR-BEDINGUNGEN INTRAUTERINE BEEINTRÄCHTIGUNGEN HORMONELLE STÖRUNGEN ORGANISMUSVARIABLEN	?	IN GERINGEM MASS: INTRAUTERINE BEEINTRÄCHTIGUNGEN HORMONELLE STÖRUNGEN ORGANISMUSVARIABLEN	INTRAUTERINE BEEINTRÄCHTIGUNGEN HORMONELLE STÖRUNGEN ORGANISMUSVARIABLEN
FRÜHE KINDHEIT GESTÖRTE FAMILIENBEZIEHUNGEN SEXUELLE UNKLARHEITEN VERFÜHRUNGSSTITUATIONEN MIßHANDLUNGEN SONSTIGE TRAUMATA FIXIERUNGEN IN BESTIMMTEN ENTWICKLUNGSSTUFEN	? GESTÖRTE FAMILIENBEZIEHUNGEN SEXUELLE UNKLARHEITEN VERFÜHRUNGSSTITUATIONEN MIßHANDLUNGEN SONSTIGE TRAUMATA FIXIERUNGEN IN BESTIMMTEN ENTWICKLUNGSSTUFEN	? GESTÖRTE FAMILIENBEZIEHUNGEN SEXUELLE UNKLARHEITEN VERFÜHRUNGSSTITUATIONEN MIßHANDLUNGEN SONSTIGE TRAUMATA FIXIERUNGEN IN BESTIMMTEN ENTWICKLUNGSSTUFEN	? GESTÖRTE FAMILIENBEZIEHUNGEN SEXUELLE UNKLARHEITEN VERFÜHRUNGSSTITUATIONEN MIßHANDLUNGEN SONSTIGE TRAUMATA FIXIERUNGEN IN BESTIMMTEN ENTWICKLUNGSSTUFEN

FRÜHE STRUKTURELLE MERKMALE DER PERSÖNLICHKEIT

PRÄ-ÖDIPAL	FIXIERUNGEN AUF BESTIMMTE OBJEKTE, PERSONEN, KÖRPERTEILE, VERHALTENSWEISEN OHNE SEXUELLE KONNOTATIONEN	FESTLEGUNG DER GESCHLECHTSPRÄFERENZ

ÄNGSTE IM ZUSAMMENHANG MIT SEXUALITÄT

PRÄPUBERTÄT PUBERTÄT	KOPPELUNG DER OBJEKTE, PERSONEN, KÖRPERTEILE ODER VERHALTENSWEISEN MIT SEXUALITÄT Z.B. ÜBER ONANIE FRÜHE VERFÜHRUNGSSITUATIONEN KINDLICHE SEXUALSPIELE	PRIMÄRE ODER GLOBALE APPETENZSTÖRUNGEN PHOBISCHES VERMEIDEN SEXUELLER REIZE ODER SITUATIONEN TOTAL/PARTIELL	WEITERE FIXIERUNG SEXUELLER UND NICHT-SEXUELLER ART AUF DIE ABWEICHENDE GESCHLECHTSIDENTITAT
ERWACHSENEN-ALTER PERVERSIONEN — SEXUELLE DEVIATIONEN	SEXUELLE VARIATIONEN, DIE GUT IN NORMALES SEXUALVERHALTEN INTEGRIERT SIND	SEXUELLE VORLIEBEN IM RAHMEN DES NORMALEN SEXUALVERHALTENS	
ABDRIFTEN IN SEXUELLE VARIATIONEN ← SUCHE VON ZUSATZREIZEN, ANREIZE DURCH PARTNER	NEGATIVE ERFAHRUNGEN IM ERWACHSENEN SEXUALLEBEN	ENTWICKLUNG SEXUELLER FUNKTIONSSTÖRUNGEN APPETENZSTÖRUNGEN UND/ODER SEXUELLER PHOBIEN	GENERELL VERRINGERTES SEXUALVERHALTEN BEI FRAU ZU MANN TRANSSEXUALISMUS ETWAS ERHÖHTER

In Anlehnung an Kockott (1981; 1988b) wurden folgende Kategorien unterschieden:
Sexuelle Variationen, Sexuelle Funktionsstörungen und Störungen der Geschlechtsidentität.
Zusätzlich ist das sog Normalverhalten aufgenommen, um Vergleichs,- und Bezugspunkte für die weitere Erörterung zu haben. Ich nehme zu den einzelnen Punkten bei den jeweiligen Störungsbildern ausführlicher Bezug, behandle sie hier vorläufig eher kursorisch.
Einig sind sich alle Sexualforscher, daß bei Störungen des Sexualverhaltens, in welcher auch Form immer, der Aspekt von Beeinträchtigungen in der Schwangerschaftsphase zu berücksichtigen ist. Hierbei wird insbesondere die Rolle veränderter hormoneller Bedingungen hervorgehoben. Dafür ergeben sich vor allem im Bereich sexueller Variationen und Störungen der Geschlechtidentität deutliche Hinweise (Langevin 1983; Arndt 1991).
Hinzu kommen, ebenfalls durch verschiedenste Untersuchungen belegt (Dorner 1976), Anhaltspunkte für Störungen des Hormonhaushaltes im Erwachsenenalter, auch pathologische neurologische Prozesse spielen wohl eine Rolle.
Denkbar sind im Bereich der Appetenzstörungen hormonelle Beeinträchtigungen, seien sie nun intrauterin, oder konstitutionell bedingt.
Im sog. Normalbereich der Sexualität finden sich hierzu natürlich keine entsprechenden Untersuchungen und Untersuchungsbefunde - es wird im Zusammenhang mit Sexualität nicht danach gesucht.
Von entscheidender Bedeutung im Bereich sexueller Variationen und bei Störungen der Geschlechtsidentität sind die vielfältigen Beeinträchtigungen familiärer Beziehungen, das Auftreten sexueller Unklarheiten, sowohl zwischen den Eltern, als auch zwischen Eltern und Kindern, und auch zwischen Geschwistern untereinander; selbstverständlich spielen Verführungssituationen, insbesondere sexuell gefärbter Art, und Mißhandlungsakte eine wichtige Rolle.
Auch sonstige traumatische Ereignisse während der frühen Kindheit sind im Zusammenhang mit den erwähnten Sexualstörungen zu finden. Nicht zuletzt bei sexuellen Funktionsstörungen im Sinne von Sexualängsten und Appetenzstörungen sind Beeinträchtigungen der erwähnten Art anzunehmen.
Zweifellos muß aber davon ausgegangen werden, daß sich ein mehr oder weniger großer Teil der erwähnten Beeinträchtigungen in früher und frühester Kindheit auch bei Menschen finden, die keine oder zumindest keine offensichtlichen Störungen in ihrem Sexualverhalten haben.
Vor dem Hintergrund der dargestellten Belastungsfaktoren und unter Berücksichtigung früher struktureller Merkmale der Persönlichkeit wie Extraversion/Introversion finden schon in der sog. präödipalen Zeit bei Kindern Fixierungen auf bestimmte Objekte, Personen, Körperteile und Verhaltensweisen statt. Auch eine frühe Festlegung der Geschlechtspräferenz scheint sich bereits hier herauszubilden (Stoller 1972; 1980).
Beides ist zu diesem Zeitpunkt jedoch unabhängig von Sexualität zu sehen; diese Ansicht findet sich bei vielen Autoren und wird auch von Freud (1973) geteilt. Aber erst zu einem Zeitpunkt, zu dem Sexualität explizit im Leben ihren Raum einnimmt, findet die Sexualisierung der vorher noch asexuellen Fixierungen und Präferenzen statt. Dies kann geschehen über Selbstbefriedigungsphantasien, frühe reale Verführungssituationen, sog. Doktorspiele, etc. In dieser frühen Phase der Sexualentwicklung besteht noch relativ große Flexibilität im Verhalten, so daß die Übergänge zwischen sexuellen Variationen und Normalverhalten fließend bleiben und Fixierungen/Präferenzen sich entweder später in das sexuelle Normalverhalten integrieren lassen oder in abweichendes Verhalten wegdriften.
Der gleiche Prozeß findet im Bereich der Störungen von Geschlechtsidentität statt, dort, wo sich Verhaltensweisen und Einstellungen sowohl durch sexuelle als auch durch nicht sexuelle Verstärker weiter fixieren.
Aber auch die Entstehung sexueller Funktionsstörungen beginnt nicht selten hier; dies gilt z. B. für primäre oder globale Appetenzstörungen, aber auch für die Ausbildung phobischen Vermeidungsverhaltens im sexuellen Bereich.

Der Schwerpunkt ihrer Entwicklung, mit allen ihren Ausprägungen, liegt jedoch naturgemäß dort, wo Sexualität im Rahmen von Beziehungen stattfindet und deshalb störanfällig ist.
Hier ist zugleich auch der zweite Ankerpunkt für die Entstehung von Appetenzstörungen und Sexualphobien zu suchen.
Auch jenseits der Pubertät gibt es immer wieder ein Abdriften sexuellen Normalverhaltens in sexuelle Variationen; dies kann im Zusammenhang stehen mit der Suche nach immer intensiveren sexuellen Reizen, aber auch mit dem Einfluß devianter Sexualpartner.
Persistierende Sexualstörungen können sich im späteren Leben, aus mehreren Gründen entwickeln - so infolge schwerer Krankheiten, wie z.B. Krebs (Auchincloss 1991), nach schweren seelischen Krisen, wie z.B. Depressionen und durch natürliche Veränderungen im zunehmenden Alter (Kockott 1988a). Insbesondere der Alterssexualität wird in Zukunft auch im therapeutischen Rahmen größeres Gewicht zufallen.
Ein Wort noch zu dem in Tabelle 1 angenommenen Zusammenhang zwischen dem Niveau des sexuellen Reaktionspotentials und spezifischen Sexualstörungen.
Es gibt Hinweise, daß die Entwicklung devianten oder perversen Sexualverhaltens im Zusammenhang zu stehen scheint mit dem sexuellen Reaktionspotential der Menschen, sei dies nun hormonell, hirnorganisch, oder psychisch bedingt (Langevin 1983). So finden sich bei Männern mit devianten Sexualverhaltensweisen häufiger erhöhte Testosteronwerte. Auch von der Erfahrung her scheint die Annahme schlüssig, daß perverse Menschen über ein höheres sexuelles Reaktionspotential verfügen als durchschnittliche Männer. Insbesondere aber gibt es Beobachtungen, daß Störungen der Geschlechtsidentität oftmals einhergehen mit weitgehendem Fehlen sexueller Interessen. Dies gilt vor allem für Mann-zu-Frau-Transsexuelle, weniger für den Frau-zu-Mann-Transsexualismus.

Therapeutenvariablen

Bevor auf den therapeutischen Umgang mit Sexualstörungen näher eingegangen wird, noch einige allgemeine Erwägungen in bezug auf therapeutische Interventionen im Bereich der Sexualität.
Sexualtherapie erfordert vom Therapeuten im besonderen Maße die Klärung eigener sexueller Probleme. Das Wissen um eigene Begrenzungen, blinde Flecken und Vorurteile ist unabdingbare Voraussetzung effektiver und verständnisvoller Sexualtherapie.
Wir müssen uns bewußt sein, daß besonders im sexuellen Bereich gesellschaftliche Normen unser Handeln bestimmen können, daß sich auch in unserer Gesellschaft noch erhebliche Unterschiede der Einstellungen im sexuellen Bereich finden lassen und daß Menschen mit unterschiedlichem kulturellen Hintergrund zu uns kommen (religiöse Bindung, Aussiedler, Gastarbeiter etc.).
Unsere Fähigkeit, Probleme zu verstehen, ist insbesondere im Bereich sexueller Variationen gefordert, wo mitunter eine Konfrontation mit Störungsbildern stattfindet, die uns an die Grenzen unseres Verstehens und Akzeptierens bringen. Vor allem hier wird Selbstreflexion vom Sexualtherapeuten verlangt und auch das Eingeständnis, für bestimmte Problembereiche keine Therapie machen zu können.

Störungen der Geschlechtsidentität

Hierunter fallen
- Transsexualismus
- Störungen der Geschlechtsidentität, Mischtranssexueller Typus
- Störung der Geschlechtsidentität im Kindesalter

Transsexualismus ist definiert (DSM-III-R 1989) als anhaltendes Gefühl des Unbehagens am eigenen Geschlecht, der erlebten Unangemessenheit des eigenen Geschlechts, anhaltender Beschäftigung mit dem Wunsch nach einer Geschlechtsumwandlung. Die Diagnose setzt das Erreichen der Pubertät voraus.

Über die Ursachen von Transsexualismus gibt es divergierende Theorien. Eine Denkrichtung geht davon aus, daß während der Schwangerschaft hormonelle Störungen stattfanden, die eine stabile Sexualorientierung beeinträchtigten; es finden sich Hinweise auf pathologische EEG-Befunde, insbesondere im Bereich des Temporallappens (Kockott & Nusselt, 1976)

Eine weitere Denkrichtung beschäftigt sich schwerpunktmäßig mit dem Einfluß von Umweltfaktoren, frühen Lernerfahrungen und der Familienstruktur auf die Herausbildung der Geschlechtsunterschiede (Money & Ehrhardt 1975).

Schließlich findet sich noch ein umfangreicher Bereich psychoanalytischer Theorien, die in ihren Erklärungen von Störungen in der präödipalen Phase ausgehen (Arendt 1991; Socarides 1988).

In letzter Zeit versucht Sigusch (1991a; 1991b) die Transsexualität in Anlehnung an den Prozeß, der im Bereich der Homosexualität stattfand, aus dem Bereich des Pathologischen überhaupt herauszunehmen. Die Diskussion hierüber ist kontrovers.

Sowohl psychoanalytische als auch verhaltenstherapeutische Behandlungsversuche erwiesen sich als wenig erfolgreich. Transsexuelle kommen fast ausschließlich wegen ihres Wunsches nach Unterstützung der Geschlechtsumwandlung in psychotherapeutischen Praxen. So konzentrieren sich die therapeutischen Ansätze insbesondere auf dieses Ziel (Satterfield 1988). Zentralpunkt der Interventionen sind Gruppenverfahren mit anderen Transsexuellen, die sich in der ersten Phase mit der Aufarbeitung des Mißbehagens am eigenen Geschlecht beschäftigen, mit Erfahrungsaustausch, mit Informationsvermittlung über die nötigen und fälligen hormonellen und operativen Schritte. Erst wenn die Patienten in der Lage sind, ihre eigene Situation klarer zu sehen, und wissen, was auf sie zukommt, werden weitere Schritte durchgeführt. Bei Patienten mit niedrigerem Mißbehagen, bei denen keine weiteren medizinischen Schritte unternommen werden, folgt dann eine intensive psychotherapeutische Betreuung, um ohne operativen Eingriff mit diesem Mißbehagen zu leben. Die Abfolge medizinischer Interventionen, von der Hormontherapie bis zu den einzelnen operativen Eingriffen, bedarf es häufig psychotherapeutischer Unterstützung. Psychologisch gesehen, treten kritische Situationen vor allem dann auf, wenn ein Leben in der anderen Rolle verlangt wird. Dies führt häufig zu massiven Konflikten mit Familie und Umwelt, die mit den Veränderungen nicht umgehen können.

In den meisten Fällen besteht unmittelbar nach der Geschlechtsumwandlung kein Bedarf an therapeutischer Unterstützung. Die Euphorie ist noch zu groß, die Belastung noch zu frisch.

Sollte jedoch ca. zwei Jahre nach der Umwandlung noch keine angemessene Anpassung an die neue Geschlechtsrolle erfolgt sein, treten therapeutischerseits fast unüberwindliche Schwierigkeiten auf, weil Patienten nicht zu ihrem ursprünglichen Geschlecht zurückkehren wollen, andererseits jedoch realisieren müssen, daß sie nicht vollständig dem anderen Geschlecht zugehören.

Von großer Wichtigkeit ist bei der Diagnose Transsexualismus, differentialdiagnostisch abzuklären, ob evtl. Transvestismus vorliegt oder ob naive Vorstellungen darüber, daß die Flucht aus dem eigenen Geschlecht allein schon Probleme lösen könnte (analog zu dem Wunsch nach korrigierenden Schönheitsoperationen). In all diesen Fällen ist der Therapeut verpflichtet, den Wunsch nach Geschlechtsumwandlung gemeinsam mit seinem Patienten zu hinterfragen. Dies geschieht hauptsächlich über Maßnahmen Rationaler Restrukturierung und kann verschiedene Therapieziele haben:

Entweder wird darauf hingearbeitet, eine mit den Lebensumständen verträgliche Form des Transsexualismus zu entwickeln oder an der Lösung derjenigen Probleme zu arbeiten, die sich die Patienten von einer Geschlechtskorrektur erwarten. Im ungünstigsten Fall ist zumindest darauf hinzuarbeiten, daß keine massiven invasiven Eingriffe vorgenommen werden.

Die weiteren Störungsbilder, nämlich: Störungen der Geschlechtsidentität in der Kindheit und in der Adoleszenz bzw. beim Erwachsenen ohne den Wunsch nach Geschlechtsumwandlung werden unter therapeutischem Aspekt in der Literatur nicht erwähnt und finden sich wohl auch äußerst selten in psychotherapeutischen Praxen.

Sexuelle Variationen

Diagnostik und allgemeine Erörterungen

In Anlehnung an Kockott (1988b) will ich im weiteren Verlauf die sexuellen Variationen unterteilen in:
- sexuelle Deviation, das ist der sexuelle Drang nach einem unüblichem Sexualobjekt oder unüblicher Art sexueller Stimulierung, und
- Perversion, das ist der progredient süchtige Verlauf sexueller Deviation (Giese 1962).

Außerdem ist als Kategorie
- sexuelle Delinquenz enthalten, als eine Handlung gegen die sexuelle Selbstbestimmung des Partners, unabhängig davon, ob sie mit einer sexuell devianten Praktik einhergeht oder nicht.

Ich bevorzuge diese Einteilung vor allem unter therapeutischen Gesichtspunkten. Die Unterscheidung von Deviation und Perversion macht prognostische Einschätzungen deutlicher und gibt Hinweise auf zu erwartende Schwierigkeiten im therapeutischen Prozeß.
So ist allgemein davon auszugehen, daß Menschen, die in zunehmend süchtige, d.h. perverse Verhaltensweisen hineingerutscht sind, kaum zu sinnvoller psychotherapeutischer Arbeit motiviert werden können; die Prognose muß hier wohl als eher ungünstig angesehen werden.
Trotz der übergroßen Vielfalt sexueller Variationen (Sargent 1988) lassen sich doch einige gemeinsame Fragestellungen festlegen, auf die zuerst allgemein eingegangen werden soll (siehe Tab. 1).
Wie schon erwähnt, gehen manche Untersuchungen davon aus, daß sexuelle Variationen in Zusammenhang stehen könnten mit hormonellen Störungen, möglicherweise als Reaktion auf intrauterine Belastungen. Ebenso wurden nicht selten hirnorganische Beeinträchtigungen, insbesondere im Temporallappenbereich, diagnostiziert. Von viel größerer Wichtigkeit scheinen jedoch Einflüsse in der frühesten und frühen Kindheit zu sein, vor allem scheint eine problematische Einstellung der Mutter zur eigenen Sexualität und ihr Benutzen der Kinder, speziell der Jungen als Surrogatpartner, von Bedeutung zu sein. Dies kann zu Schwierigkeiten in der Ablösung von der Mutter führen, was insbesondere bei Jungen später zu Geschlechtsrollenkonflikten Anlaß geben könnte. Nicht selten werden darüber hinaus in Einzelfallstudien auch sexuell gefärbte Mißbrauchshandlungen sowohl von Müttern als auch von Vätern berichtet, die oft dadurch kompliziert werden, daß gleichzeitig das offensichtliche Umgehen mit Sexualität verharmlost oder tabuisiert wird.
Diese frühen Unklarheiten im Bereich der Sexualentwicklung müssen Auswirkungen auf die spätere Sexualentwicklung haben; psychologisch gesehen, entwickelt sich eine Art von Vulnerabilität.
Ich denke in diesem Zusammenhang, daß Erkenntnisse um Einflüsse der frühen Kindheit auf späteres Verhalten keine psychoanalytische Exklusiverkenntnis sein darf. Auch solche Einwirkungen formen im Sinne elementarer, schlecht verarbeiteter Erfahrungen späteres Verhalten.
Parallel zu den Fehlentwicklungen im sexuellen Bereich treten bei Kindern in diesem frühen Alter die unterschiedlichsten Bevorzugungen diverser Objekte, Handlungsweisen oder Körperteile auf, die dann zu einem späteren Zeitpunkt, wenn die Sexualentwicklung mit der Pubertät einsetzt, unter noch nicht völlig

geklärten Umständen mit sexuellen Inhalten assoziiert oder konditioniert werden. Erst damit wären die Voraussetzungen für sexuell variantes Verhalten gegeben.

Denkbar wäre zur näheren Erklärung dieser Auswahlprozesse eine Kombination von Konditionierungsprozessen und bevorzugter Objektwahl analog zum Konzept der „preparedness" im Bereich der Angstobjekte (Seligman 1971). Danach würde sich die Anzahl möglicher Objekte, Körperteile und sexueller Handlungen im allgemeinen einschränken, weil nur eine bestimmte Auswahl auf die Bereitschaft stößt, mit Sexualität assoziiert zu werden. Diese Auswahl wiederum würde dann durch ihre Nähe zu sexuell Erregendem bei manchen Menschen konditioniert.

In nicht wenigen Fällen handelt es sich bei Devianten darüber hinaus um unreife ängstliche Menschen, die sehr früh gelernt haben, Bindungen als Bedrohung zu erleben, und deshalb in variante Verhaltensweisen abdriften.

Eine weitere zusätzliche Voraussetzung für eine solch abweichende Entwicklung scheinen frühe strukturelle Gegebenheiten zu sein, wie erhöhte Extraversion oder Introversion usw.

Nähere Ausführungen zu entwicklungspsychologischen Überlegungen finden sich in einer großen Anzahl bei Arendt (1991).

Geschlechtsspezifische Unterschiede

Interessanterweise zeigen sich sexuell variante Verhaltensweisen in überwiegender Mehrzahl bei Männern. Dies hat zu weitreichenden, insbesondere biologistischen Erklärungsversuchen geführt. Ich darf die Hauptargumente dieser Diskussion hier kurz zusammenfassen.

Im Rahmen bestehender gesellschaftlicher Verhältnisse ist es offensichtlich für Frauen eher möglich, abweichende sexuelle Impulse sozial angemessen zu äußern; so könnten Striptease-Shows Möglichkeiten zum Ausleben exhibitionistischer Tendenzen bieten, das Tragen maskulinisierter Kleidung könnte fetischistischen Ambitionen Raum geben etc.

Sexuelle Äußerungen, auch demonstrativer Art, werden - von Frauen in der Öffentlichkeit gezeigt - viel eher toleriert, als dies bei Männern der Fall ist, und, wenn überhaupt, als Erregung öffentlichen Ärgernisses verfolgt und nicht als Exhibitionismus.

Zudem scheint es aber auch so zu sein, daß die Entwicklung und Aufrechterhaltung eines stabilen Selbstwertgefühls bei Frauen in sehr viel geringerem Maße an Sexualität geknüpft ist als bei Männern, woraus sich ebenfalls die erhöhte Anfälligkeit, Objekte, Körperteile oder Tätigkeiten zu sexualisieren, bei Männern ergibt.

Die Fähigkeit mancher Männer, variante Verhaltensweisen und Vorlieben parallel zu scheinbar befriedigenden Intimbeziehungen zu artikulieren, wird des weiteren darauf zurückgeführt, daß für Frauen in sehr vielen Fällen Sexualität ein wichtiger Bestandteil übergreifender Intimität ist, während für Männer Sexualität oftmals autonome Aktivität sein kann.

Schließlich muß noch daran gedacht werden, daß in der sexuellen Entwicklung die Wahrscheinlichkeit, daß bei Jungen variante Verhaltensweisen fixiert werden, wohl auch deshalb größer ist, weil ihr generell höheres sexuelles Reaktionspotential sie anfälliger macht, Dinge zu sexualisieren, die bei Frauen unsexualisiert bleiben und deshalb nicht im Zusammenhang mit sexuellen Variationen auffällig werden. Dies könnte z.B. kleptomane Verhaltensweisen erklären, die im übrigen Kockott (1988b) bereits zu den sexuellen Variationen zählt. Bei Männern tritt impulsives Stehlen häufig im Rahmen fetischistischer und transvestistischer Orientierung auf, bei Frauen zeigt sich ein direkter Zusammenhang zwischen gestohlenen Objekten und sexuellen Präferenzen selten so deutlich.

Was bei vielen Frauen und manchen Männern als Schaulust in nicht sexualisiertem Sinne auftritt, äußert sich bevorzugt bei Männern in ihrer sexualisierten Form als Voyeurismus.

Einen interessanten Aspekt innerhalb dieses Themas bietet die gegenwärtige Beschäftigung, insbesondere von Frauen, mit dem Problem des Masochismus. In nicht wenigen Publikationen (LeSoldat 1988) werden Beobachtungen dahingehend beschrieben, daß masochistische Verhaltensweisen bei Frauen häufig in nichtsexuellen Zusammenhängen zu finden sind.

Ein weiter Bereich sexueller Variationen, Perversionen und insbesondere sexuelle Delinquenz, liegt jedoch bezüglich der Geschlechterverteilung noch weitgehend im dunkeln. Erst in letzter Zeit beschäftigt sich die Sexualwissenschaft z.B. mehr mit den Inzesthandlungen von Müttern, jedoch ohne über spekulative Häufigkeitsangaben hinauszugehen .

Variationsbreite sexueller Äußerungen

Ich darf an dieser Stelle noch einmal auf die fließenden Übergänge im Bereich des Sexualverhaltens verweisen. In vielen Fällen ungestörten oder wenig gestörten Sexualverhaltens finden sich Elemente sexueller Variationen, die jedoch integriert sind in den intimen Umgang zwischen zwei Menschen. So beschreiben allgemein gebräuchliche Sexualratgeber (Comfort 1987) u.a. Bestandteile sadomasochistischen Verhaltens und werden dort empfohlen als „Joy of Sex". In einer weiteren Übergangsstufe finden sich insbesondere bei Männern sexuell variante Verhaltensweisen öfters parallel zu sog. normalem Sexualverhalten. Nicht selten ist das Phänomen zu beobachten, daß Fetischisten, Voyeure oder auch Sadomasochisten ihre Bedürfnisse bei einschlägigen Prostituierten befriedigen und parallel dazu unauffällige Partnerschaften führen. Die nächste Übergangsstufe findet sich bei Personen, die sexuell variante Verhaltensweisen zu ihrem einzigen und ausschließlichen Sexualverhalten gemacht haben. Sie suchen keine Partnerschaften im üblichen Sinn, sondern fixieren sich auf auch wechselnde Personen, die ihnen eine Befriedigung ihrer Vorlieben ermöglichen. Dabei sind stabilere Beziehungssituationen nicht selten, wenn Partner komplementäre Bedürfnisse befriedigen können, z.B. sadomasochistische, aber auch exhibitionistisch-voyeuristische Paare.

Unmöglich werden Partnerschaften meist dann, wenn aus varianten Verhaltensweisen suchtartig-perverse Vorlieben entstanden sind und weitgehende Verwüstungen in den davon betroffenen Personen auslöst haben. Zur Befriedigung solch obsessiver Sexualwünsche werden meist wechselnde Partner herangezogen.

In all diesen Fällen lassen sich starke Bindungsängste, Fixierungen auf unreife Stufen der Persönlichkeitsentwicklung und übermäßiges Sexualinteresse ausmachen, das im Rahmen normaler Partnerschaften nicht mehr tragbar ist.

Auch im späteren Erwachsenenalter finden sich Umstände, unter denen Variationen im Sexualverhalten entwickelt werden können. Hierunter fällt der Bereich, mit dem sich die frühe Sexualwissenschaft sehr intensiv beschäftigt hat, nämlich die Suche zusätzlicher Stimulantien, die dann zu zunehmend abweichendem Sexualverhalten führen. Immer wieder wird aber auch von einer solchen Entwicklung berichtet, wenn Beziehungen mit devianten Partnern eingegangen worden sind.

In Tabelle 2 sind unterschiedliche diagnostische Klassifikationsschemata für den Bereich sexueller Variationen dargestellt. So unterscheidet Langevin (1983) reizabhängige und reaktionsabhängige Anomalien im Sexualverhalten und Dailey (1988) unübliches Sexualverhalten ohne Zwang und mit Zwang. Differentialdiagnostisch sind die meisten varianten Verhaltensweisen recht gut voneinander zu unterscheiden, besonderer Überlegung bedarf jedoch jeweils die Abklärung zwischen Transsexualismus und Transvestismus und vor allem die Abklärung zwischen inzestuösen Akten und Pädophilie.

Diagnoseschemata Sexuelle Variationen

Scholz (in Anlehung an Kokott 1988b)

Sexuelle Variationen

Deviationen/Perversionen		Sexuelle Delinquenz
Exibitionismus	Fetischismus	Inzest
Transvestismus	Voyeurismus	Pädophilie - hetero/homo/bisexuell
Sadismus	Masochismus	Sexualaggression/ Vergewaltigung
Frotteurismus	Erotophonie	
Nekrophilie	Sodomie	
Sex. Asphyxie	Koprophilie	
Urophilie	Klismaphilie	
Infantilismus	Gerontophilie	

Langevin 1983

Sexuelle Anomalien

Reizabhängige Anomalien	Reizunabhängige Anomalien
Homosexualität	Exhibitionismus
Bisexualität	Voyeurismus
Transsexualität/Transvestismus	Sexuelle Aggression/Vergewaltigung
Fetischismus	Sadismus und Masochismus
Pädophilie - hetero/ homosexuell	
Inzest	

Dailey 1988

Unübliches Sexualverhalten

Ohne Zwang	Mit Zwang
Fetischismus	Pädophilie
Sadomasochismus	Exhibitionismus/ Voyeurismus
Transvestismus	Erotophonie
Transsexualismus	Sexuelle Aggression

Tabelle 2. Diagnoseschemata: Sexuelle Variationen

Zur Therapie sexueller Variationen

Trotz der Vielfältigkeit abweichenden Sexualverhaltens und des ersichtlich großen Interesses an seiner Beschreibung, Diagnostik und Einordnung sind erstaunlich wenig überzeugende Therapieansätze in der Literatur beschrieben.

Dies liegt wohl vor allem an der recht geringen Therapiemotivation der Betroffenen, die sich, wenn überhaupt, meist nur aus Angst vor drohender Bestrafung an Therapeuten wenden. Selbst in diesen Fällen ist häufig zu beobachten, daß er mißbraucht wird, um den Willen zur Veränderung zu attestieren, ohne daß dieser Wille wirklich vorhanden wäre. In den meisten Fällen beschreiben Therapieberichte deshalb nur eine sexuell delinquente Klientel; am häufigsten Exhibitionisten, Voyeure, Pädophile, Inzesttäter und Vergewaltiger. Dieser Umstand ist aus lernpsychologischer Sicht nicht erstaunlich, denn dem hohen Maß lustvoller Verstärkung, das deviantes Verhalten ermöglicht, hat der Therapeut selten auch nur annähernd hohe, nicht abweichende Verstärkerqualitäten entgegenzusetzen Außerdem ist zur Erklärung der relativ geringen Zahl nicht-kasuistischer Therapieuntersuchungen zu bemerken, daß manche abweichenden Verhaltensweisen das Verständnis der Therapeuten doch recht stark strapazieren (so z.B. der ganze Bereich der Inzestproblematik, der Pädophilie und auch der Vergewaltigungen.)

Bei einem Überblick über die Publikationen zum Thema finden sich insbesondere im psychoanalytischen Bereich immer wieder Einzelfalldarstellungen (Keller - Husemann 1983), die weitgehend auf den ursprünglichen Freudschen Perversionskonzepten beruhen.

Neben verschiedenen anderen Gruppentherapieverfahren stammen die weitaus häufigsten Veröffentlichungen aus dem Bereich der Verhaltenstherapie oder solcher Verfahren, in denen Verhaltenstherapie ein wichtiger Bestandteil ist. Nicht selten wurden bestehende Konzepte auf die Therapie abweichenden Sexualverhaltens übertragen oder maßgeschneiderte neue Verfahren entwickelt.

Die Darstellung spezifischer Therapiemethoden sollte den Therapeuten jedoch nicht ablenken von einigen grundsätzlichen Erwägungen, die im Bereich sexueller Variationen mitbedacht werden müssen.

Nicht zuletzt finden sich diese Störungen fast nie abgelöst von anderen Problemen, ein Phänomen, das in letzter Zeit unter dem Begriff der Komorbidität auch auf anderen Gebieten der Psychopathologie diskutiert wird (Tonscheidt 1992).

Häufig beobachten wir, daß sexuelle Variationen vor dem Hintergrund gestörter Persönlichkeitsstrukturen auftreten, die insbesondere von psychoanalytischen Autoren in immer frühere Lebensabschnitte verlegt werden (Scharff 1989). Wenn solche Spekulationen auch im verhaltenstherapeutischen Bereich kaum eine Rolle spielen, ist doch auch in unserer Arbeit bei manchen Patienten von massiveren, d.h. möglicherweise auch früheren Störungen auszugehen. Oft treten Trennungsängste ins Blickfeld therapeutischer Arbeit oder Ängste vor Nähe, Kontaktprobleme, Durchsetzungsschwierigkeiten, Ängste vor Frauen im allgemeinen, vor Frauen als sexuellen Wesen und besonders Potenz- und Kastrationsängste, Angst, sich zu blamieren usw.

Auch ist es selbstverständlich, davon auszugehen, daß lang andauernde Abweichungen im Sexualverhalten zu sekundären Störungen der Persönlichkeit führen können; so wird zunehmende Abkapselung und Konzentration auf bevorzugte sexuelle Praktiken nicht selten Sozialängste hervorrufen und insbesondere Ängste vor Frauen, weil sich das Bild der Frau im Zuge abweichender Phantasien immer unrealistischer gestaltet (Dally 1977; Zilbergeld 1988).

Allgemein ist davon auszugehen, daß die Aufrechterhaltung varianter Verhaltensweisen zum einen durch massive kontingente und/oder intermittierende Verstärkungserlebnisse im Rahmen des Sexualaktes stattfindet, zum zweiten spielt eine möglicherweise noch bedeutsamere Rolle die orgasmische Konditionierung bei der Selbstbefriedigung und zum dritten bewegen sich die Patienten häufig in einschlägigen Kreisen, in denen abweichendes Sexualverhalten aufrechterhalten und auch von außen verstärkt wird. Nicht selten gehen dadurch Außenkontakte zu nichtvarianten Partnern verloren, die Kontaktängste nicht nur im sexuellen Bereich wachsen, und die Verstärkerquellen verlagern sich immer mehr ins variante Milieu.

Die genannten Argumente legen von der Therapieplanung her nahe, die Patienten in umfassendere Therapiekonzepte einzubinden, die nicht nur sexuelle Beeinträchtigungen und Beschränkungen zum therapeutischen Ziel machen. Erst vor dem Hintergrund einer, über das Sexualverhalten hinausgehenden Verhaltens-,

Bedingungs- und Funktionsanalyse kann der Therapeut seinen Patienten ganz gerecht werden.
Insbesondere am Beginn therapeutischer Interventionen liegt die Hauptaufgabe im Aufbau ausreichender Therapiemotivation. Dies gilt sowohl für variantes Verhalten, das gesellschaftlich wenig negativ sanktioniert ist, vor allem aber im Bereich sexuell delinquenten Verhaltens, wo die ohnehin meist dürftige Motivation der Patienten durch massive therapeutische Interventionen häufig stark strapaziert wird.

Die Anfänge verhaltenstherapeutischen Arbeitens mit devianten Störungsbildern lesen sich in ihrer Anwendung aversiver Techniken mitunter wie sadistisch gefärbte Bestrafungsrituale. Als aversive Stimuli wurden dabei hauptsächlich Elektroschocks und übelkeitserzeugende chemische Stoffe verwendet. Neben den ethischen Problemen, die mit der Durchführung aversiver Konditionierungstechniken entstehen, zeigte sich aber auch, daß aversive Interventionen keine besseren Ergebnisse erzielten als andere verhaltenstherapeutische Verfahren. Einige Erfolge, insbesondere mit Exhibitionisten, werden mit der Technik verdeckter Sensitivierung berichtet; hier wurden erregende Reize in der Vorstellung mit aversiven körperlichen Reaktionen gekoppelt (Maletzky 1974).

Vor allem im Zusammenhang mit sexuell delinquentem Verhalten wird mit Verfahren der Schamaversion gearbeitet, das von Wickramasekera (1980) entwickelt wurde. Hierbei wird der Patient dazu gebracht, sein sexuell deviantes Verhalten auszuführen, meist in Gegenwart von uninteressierten Zuschauern, die ihn im Anschluß daran lächerlich machen und beschämen (Näheres hierzu s.u.).

In Fällen von Sexualängsten wurden und werden Varianten systematischer Desensibilisierung angewandt. Von der Idee her faszinierend ist auch die Methode des Fading, die von Barlow et al. (1971; zit. in Langevin 1983) damals noch zur Behandlung Homosexueller entwickelt wurde. Dabei werden unter permanenter Messung der Erektionsstärke, Dias bevorzugter Sexualobjekte, in diesem Fall Homosexueller, langsam überlagert von Dias mit erwünschten Sexualobjekten, in diesem Fall Frauen, wobei die Patienten ihre Erektion aufrechterhalten müssen, auch wenn die vorher bevorzugten Sexualobjekte ausgeblendet sind. Eine solche Intervention erfordert jedoch eine recht aufwendige apparative Ausstattung.

Das gilt ebenso für die operante Konditionierung sexueller Erregung bei laufender Kontrolle der Erektionsstärke. Hierbei wurde Patienten über längere Zeit Flüssigkeit entzogen, um dann Flüssigkeitszufuhr als Verstärker für Erektionsreaktionen verwenden zu können. Auch diese Methode (Quinn, Harbison & McAllister 1970) wurde ursprünglich in der Behandlung homosexueller Männer angewandt. Es bliebe nachzuweisen, inwieweit ähnliche Interventionen auch therapeutische Effekte z.B. bei der Behandlung Pädophiler haben könnten.

Ohne technischen Aufwand durchzuführen und deshalb in der gegenwärtigen ambulanten Sexualtherapie durchaus verbreitet ist zum einen die orgasmische Rekonditionierung (Marquis 1970) und zum anderen die sogenannte Sättigungstherapie (Marshall & Lippens 1977). Beide Techniken setzen jedoch gute Motivation, den festen Willen zur Zusammenarbeit mit dem Therapeuten und Zuverlässigkeit von seiten des Patienten voraus. Die Methode orgasmischer Rekonditionierung versucht sich therapeutisch zunutze zu machen, was üblicherweise wesentlich zur Ausbildung und Weiterentwicklung abweichenden Sexualverhaltens führt, nämlich die orgasmische Verstärkung. Variante Verhaltensweisen beziehen ihre feste Fixierung in den meisten Fällen aus den kontingenten Verstärkungen varianter Phantasien durch orgasmische Reaktionen im Rahmen der Selbstbefriedigung. Therapeutisch angewandt, muß der Patient versuchen, sich mit allen ihm zur Verfügung stehenden Mitteln, auch mit der varianten Phantasie, sexuell zu erregen. Vor dem Orgasmus, d.h. anfangs mit dem Aufspüren des „point of no return", werden dann für ihn erwünschte Sexualverhaltensweisen in die Phantasie eingeblendet. Die Idee ist, daß alternative Vorstellungen in der Phantasie verstärkt und dadurch die Wahrscheinlichkeit ihres Auftretens in der Vorstellung und im konkreten Verhalten erhöht werden. Im weiteren Verlauf der therapeutischen Intervention wird von den Patienten versucht, den Zeitraum zwischen dem Einsetzen alternativer, angemessenerer Sexualphantasien und dem Orgasmus langsam, vom Orgasmus aus gesehen, zu vergrößern.

Mit dieser Methode sind jedoch Probleme verbunden; nicht selten berichten Patienten, daß neue, alternative Sexualphantasien mit Gewalt eingesetzt und zum Schluß alle Imaginationen sexueller Art langweilig werden. Für dieses Phänomen sind möglicherweise Männer anfälliger als Frauen. Alfonso, Allison & Dunn (1992) weisen darauf hin, daß intensive Sexualphantasien von Frauen eher in entsprechende Verhaltensweisen umgesetzt werden als von Männern. Erfahrungsgemäß läßt sich dieser Nebeneffekt am besten dadurch vermeiden, daß die alternativen Phantasieinhalte, die der Patient benutzt, mit ihm vorher sehr intensiv abgesprochen werden. Es nutzt nichts, variante Phantasien durch sog. normale zu ersetzen, wenn diese als langweilig erfahren werden.

Die Sättigungstherapie wird so durchgeführt, daß ein Patient mit seinen varianten Phantasien masturbiert, nach dem Orgasmus weitermasturbiert und seine Phantasien beibehält. Dies sollte so lange weitergeführt werden, bis dieser Akt als unangenehm erfahren und erlebt wird.

Aus der berichteten therapeutischen Literatur hat sich bis jetzt kein Verfahren als Methode der Wahl herausgestellt, so daß in letzter Zeit in zunehmendem Maße mit Therapiepaketen gearbeitet wird, dies vor allem bei Sexualstraftätern; hier werden sowohl Sexualverhaltensweisen in die Modifikationsprogramme eingeschlossen als auch allgemeine Störungen und Defizite der Persönlichkeit. Ich möchte hier auf zwei Modelle näher eingehen, die als erfolgversprechend beschrieben werden.

In das Universität-von-Minnesota-Sexualstraftäter-Behandlungsprogramm sind vor allem Exhibitionisten und Voyeure einbezogen (Dwyer 1988). In einem weiteren Behandlungsmodell, das vor allem für sexuell aggressive Patienten entwickelt wurde (Smith & Wolfe, 1988), liegt der Schwerpunkt bei Pädophilen in all ihren Variationen und bei Exhibitionisten.

Die zu erreichenden Behandlungsziele sind:

01. Deviantes Verhalten stoppen können und Auslösesituationen erkennen
02. Verantwortung einräumen und übernehmen können für angemessenes und unangemessenes Sexualverhalten.
03. Teilnahme an vorbereitenden Gruppen
04. An der Vorbereitungsgruppe muß so lange teilgenommen werden, bis Gedanken, Gefühle und neue Lernerfahrungen mit der Gruppe geteilt werden können und auf Kommentare und Gefühle der anderen Gruppenteilnehmer offen eingegangen werden kann
05. Lernen neuer Problemlösetechniken und deren Anwendung in konkreten Situationen
06. Gründliche Untersuchung jedes sexuellen Verhaltens, das Probleme verursacht hat, Ursachen und Bedeutung iden tifizieren und Austausch darüber mit Familie oder Gruppe
07. Präventionsmaßnahmen planen durch Erkennen von Verhaltensmustern, die zu problematischen sexuellen Reaktionen führen; Ändern dieser Muster und Aufrechterhalten der Veränderungen über ein Verhaltensprogramm
08. Einfühlungsvermögen entwickeln und verstehen, wie sexuelle Verhaltensweisen sich auf andere auswirken.
09. Definieren der eigenen Rolle in der Familie
10. Kommunikation mit der Familie verbessern: Gefühle teilen, Konflikte diskutieren, besser zuhören können, die Ursache des Konflikts verstehen lernen
11. Anerkennen und akzeptieren eigener Fantasien ohne Angst; erkennen, daß Phantasien nicht notwendigerweise zu entsprechendem Verhalten führen müssen; Vermehren erfreuender, alternativer Phantasien
12. Besseres Verstehen von Mitteilungen des Körpers und Austausch mit anderen darüber
13. Eigene sexuelle Bedürfnisse definieren und angemessen, angstfrei äußern
14. Sichereres und durchsetzungsfähigeres Verhalten in der Beziehung entwickeln
15. Positivere Einstellungen zum Leben entwickeln - Arbeit, Freundschaft, Familie, Freizeit

Tabelle 3. University-of-Minnesota-Straftäter-Behandlungsprogramm (nach Dwyer 1988)

Die Forschergruppe an der Universität von Minnesota kam durch ein extensives Befragungs- und Testprogramm mit betroffenen Patienten in die Lage, Verhaltensmuster und Charakteristika von Exhibitionisten und Voyeuren sehr genau zu beschreiben. Daraus konnten Interventionsstrategien entwickelt werden, mit denen Defizite, Abweichungen und Verhaltensexzesse therapeutisch anzugehen sind.

Bei den therapeutischen Interventionen wird eine Vielfalt unterschiedlichster Methoden angewendet, wobei neben psychoanalytischen auch familientherapeutische Verfahren eingesetzt werden, dazu Training sozialer Fertigkeiten, Maßnahmen zur kognitiven Umstrukturierung und klassisch verhaltenstherapeutische Techniken.

Ein Überblick über die in diesem Programm definierten Therapieziele findet sich in Tabelle 3. Nachuntersuchungen ergaben eine äußerst geringe Rückfallrate (Dwyer & Amberson 1982).

Dies gilt auch für den Therapieansatz von Smith & Wolfe, der eine Weiterentwicklung aversiver Verhaltenstechniken nach Wickramsakera (1980) darstellt.

Die beschriebenen Interventionen wurden jedoch erst begonnen, wenn die Patienten vorher an einer mindestens sechs Monate vorlaufenden allgemeinen Gruppenpsychotherapie teilgenommen hatten. Hierbei handelte es sich um ein hochkonfrontatives spezielles Gruppenprogramm für Sexualstraftäter, das viele der bereits im Artikel beschriebenen, insbesondere aber Konfrontationstechniken beinhaltet. Nach Berichten der Autoren stellt sich überraschenderweise heraus, daß vor allem die schwerwiegenderen Fälle, wie Pädophile jeder Richtung, recht hohe Therapieerfolgsquoten hatten. Exhibitionisten dagegen brachen häufiger das Programm relativ früh ab. Ein Überblick über die Behandlungsverfahren gibt Tabelle 4.

Phase 1: Vorbereitungsphase
Die Patienten werden in paradoxem Sinn so beeinflußt, daß sie an einem äußerst wirksamen Programm teilnehmen können. Diese Teilnahme sei jedoch extrem belastend, mitunter herabwürdigend, so daß nur bei extrem guter Motivation eine Teilnahme von Therapeutenseite empfohlen werden könne.

Phase 2: Aktive Behandlung
In dieser Phase werden systematisch alle abweichenden Verhaltensweisen vom Pt. geäußert und dann bestraft. Dies ist extrem belastend, da die Pt. zum ersten Mal ihre Abweichungen wirklich realistisch wahrnehmen. Die Pt. müssen minutiös ihre Phantasien und Handlungen schildern, die dann gemeinsam mit dem Th. aversiv immer wieder durchgegangen werden.
Diese Phase dauert drei Wochen, ist von massiven Anstrengungen und Unbehagen gekennzeichnet; lerntheoretisch handelt es sich um Bestrafung in vivo.

Phase 3: Öffentliche Selbstoffenbarung
In dieser Phase sehen Th. Ehepartner, Freunde, Verwandte etc., wie der Pt. sein abweichendes Verhalten ausführt. Dabei wird in der hier angewandten modifizierten Methode mit möglichst realistischen Rollenspielen gearbeitet, nie mit den realen Situationen (z.B. Vergewaltigungsopfer ist eine Schaufensterpuppe).
Sinn dieser Phase ist, daß die Verheimlichungen wegfallen, jeder weiß bis ins letzte Detail Bescheid, was geschieht.

Phase 4: Nachuntersuchungen und stellvertretende MAVÜ
Der Pt. wird in einer allgemeinen Gruppe weiterbetreut, in der auch andere Sexualstraftäter sind. Die Videos, die während der ganzen Behandlung gemacht wurden, werden in der Gruppe vorgespielt. Dem Pt wird bewußt, daß eine quasi-öffentliche Aufzeichnung seines abweichenden Verhaltens existiert.
Nachuntersuchungen zeigen, daß die Pt. bis sechs Monate nach der Behandlung immer noch aversive emotionale Zustände im Zusammenhang mit ihrem Verhalten beschreiben.

Tabelle 4. Modifizierte Aversive Verhaltensübung (Smith & Wolfe 1988)

Für ambulante Therapien im Bereich sexueller Variationen geht es vor allem darum, beim Patienten ausreichende Therapiemotivation sicherzustellen. Dies ist zugleich der schwierigste Bereich, und es sollte keinem Patienten abgenommen werden, daran intensiv zu arbeiten.

Schwierigere Fälle wären in institutionellem Rahmen sicher besser aufgehoben als im Bereich ambulanter Therapie. Leider fehlen entsprechende Einrichtungen weitgehend.

Erfahrungsgemäß ist ein gutes Vertrauensverhältnis zwischen Therapeut und Patient unverzichtbar, um sinnvoll arbeiten zu können. Alle, die in diesem Bereich tätig sind, sollten immer damit rechnen, mit Rückschlägen konfrontiert zu werden; sie müssen auch damit leben lernen, daß die Prognosen relativ ungünstig sind.

Literatur

Literaturangaben sind nach dem anschließenden Kapitel über sexuelle Funktionsstörungen für beide Kapitel gemeinsam gemacht worden. Bitte dort nachschlagen.

Sexuelle Funktionsstörungen
• Werner Scholz •

Differentialdiagnostische Erwägungen

Die weitaus häufigsten und therapeutisch meist dankbareren sexuellen Störungen im verhaltenstherapeutischen Alltag sind die sog. sexuellen Funktionsstörungen. Darunter werden Störungen verstanden, die den Ablauf des vollständigen sexuellen Reaktionszyklus hemmen, verzögern bzw. verlängern oder gänzlich unmöglich machen. In Zusammenfassung der relevanten Literatur (Kaplan 1978, 1981, 1988; Kockott 1988a, 1988c; Masters & Johnson 1970, 1973; Woody 1992; Zilbergeld 1983; Zimmer 1985) werden hier sexuelle Funktionsstörungen wie folgt unterschieden:

- **Sexuelle Appetenzstörungen:** Hierunter fallen alle Störungen, bei denen "sexuelles Wünschen, Verlangen und Begehren durch psychische Faktoren gehemmt ist" (Kaplan 1981). In der Literatur finden sich ähnlich gebrauchte Begriffe wie Sexuelle Lustminderung (SLM) oder Sexuelle Lusthemmung (SLH). Unter dem Bereich dieses Störungsbildes werden subsumiert: Primäre und sekundäre Formen der Lustminderung sowie der generelle Verlust des Geschlechtstriebes und die situationsspezifische Lustminderung; hier ist die mittlerweile veraltete Diagnose **Frigidität** enthalten. Darüber hinaus soll in der Kategorie Appetenzstörungen auch die Exzessive Sexuelle Appetenz fallen, in ihrer männlichen Variante als **Satyriasis** (ohne organische Verursachung) oder **Don-Juanismus** beschrieben, in der weiblichen als **Nymphomanie**.
- **Sexualaversion/Sexualphobie:** Anhaltende Aversionen und Ängste im Zusammenhang mit sexuellen oder potentiell sexuellen Situationen. Aversions- oder angstauslösend können dabei alle im Zusammenhang mit sexuellen Kontakten stehenden Hinweise, Reize oder Aktivitäten stehen. Berichtet werden Ängste vor Inimität, Lust, Nacktheit, dem Sehen und Beschäftigen mit Genitalien, Kontrollverlust etc.
- **Erregungsstörungen:** Darunter fallen alle Störungen der sexuellen Erregung sowohl körperlicher Art (Lubrikation bei der Frau, Erektionsstörungen/Potenzprobleme beim Mann) als auch der Mangel subjektiver Lustgefühle bei beiden Geschlechtern.
- **Orgasmusstörungen:** Unter dieser Kategorie werden nur solche Orgasmusstörungen zusammengefaßt, die beim Geschlechtsverkehr auftreten und auch nur dann, wenn die Erregungsphase ungestört verlaufen ist. Bei Frauen handelt es sich hierbei diagnostisch um Störungen des Orgasmus wie plötzlicher Verlust sexueller Lust, größere Verzögerungen des Orgasmus oder fehlender Orgasmus (**Anorgasmie**). Bei Männer zählen hierzu vorzeitiger und fehlender Samenerguß (**Ejaculatio praecox** bzw. deficiens).
- **Koitusprobleme:** Solche Probleme liegen vor, wenn durch den Vorgang des Koitus selbst Schwierigkeiten ausgelöst werden. Dies ist bei Frauen bekannt unter dem Begriff **Dyspareunie**, d.h. Schmerzen beim Verkehr; ähnliches berichten aber auch verschiedentlich Männer. Auch der **Vaginismus**, also die unwillkürliche Verkrampfung der Scheide bei der Penetration, gehört in diese Kategorie.
- **Störungen der Refraktärphase:** Diese Diagnose wird nur verwendet, wenn der sexuelle Reaktionszyklus bis zum Orgasmus ohne Auffälligkeiten ist und dennoch Mißempfindungen nach dem Orgasmus berichtet werden. Hierbei kann es sich sowohl um körperliche, als auch um psychische Mißempfindungen handeln.
- **Andere sexuelle Funktionsstörungen:** In diese Restkategorie fallen alle Störungen, die anderweitig nicht erfaßt worden sind; von manchen Autoren werden erwähnt die psychogene **Dysmenorrhoe**, starker Juckreiz im Genital- und/oder Analbereich (Pruritus) oder auch Schmerzen bei der Masturbation.

Allgemeines zur Entstehung, Aufrechterhaltung und Therapie verschiedener Sexueller Funktionsstörungen

Zur Ätiologie funktioneller Sexualstörungen soll noch einmal Bezug genommen werden auf Tabelle 1. Auch in diesem Bereich finden sich Hinweise auf hormonelle Verursachungsfaktoren, die als Organismusvariablen zu betrachten sind (z.B. bei Appetenzstörungen, Erregungs- und Potenzproblemen). Zweifellos führen massive frühkindliche Beeinträchtigungen, nicht nur sexueller Art, zusammen mit allgemein erhöhter Vulnerabilität zur Entwicklung von Sexualängsten, phobischem Vermeiden sexueller Reize oder Situationen und zu frühen und massiven Appetenzstörungen. Die meisten sexuellen Funktionsstörungen entstehen jedoch erst später im Zusammenhang mit sexuellen Erfahrungen. Hierbei kommt besondere Bedeutung zu:
- dem Druck von Jugendlichen-Cliquen in dem Sinne, daß sexuelle Erfahrungen bei Jungen und Mädchen von außen "herbeigeredet" werden, ohne daß angemessene innere Bereitschaft besteht;
- der ersten sexuellen Erfahrung: Zwang, Ungeschicklichkeit, Schmerzen, mangelndes Einfühlungsvermögen, Lächerlichmachen usw.; dies können prägende Eindrücke für das gesamte spätere Sexualverhalten sein. Hier ist auch der zeitliche Ort, an dem traumatische Konditionierungsprozesse ablaufen (z.B. für die Entstehung von Vaginismus oder auch Impotenz).
- den besonderen Umständen, unter denen Sexualität anfangs praktiziert wird; so sind nicht selten die früher üblichen Quickies auf dem Autorücksitz Auslöser für frühzeitigen Samenerguß. Selbstverständlich ist davon auszugehen, daß Vergewaltigungserlebnisse vorübergehende oder dauernde Störungen bedingen. Aber auch wiederholt auftretende mildere Zwangssituationen, wie sie in Partnerschaften nicht selten sind, ausgelacht, überfordert und verglichen werden, können persistierende Probleme verursachen.

Vorübergehende körperliche und seelische Krisen, die nicht selten zu sexuellen Schwierigkeiten führen, können insofern sexuelle Funktionsstörungen dauerhafter Art nach sich ziehen, wenn das Selbstwertgefühl allgemein leidet oder die Partner nicht mit genügend Sensibilität auf Schwierigkeiten reagieren; dies gilt auch für einen Bereich, der in verhaltenstherapeutischen Settings zunehmend an Bedeutung gewinnt, dem der Alterssexualität. Oft sind hier Partner nicht gewillt oder in der Lage, organisch bedingte Probleme anzunehmen und unterstützen damit deren Fixierung.

Sexualstörungen sind wie alle psychischen oder psychosomatischen Störungsbilder, nur ganz zu verstehen vor dem Hintergrund der persönlichen Geschichte der einzelnen Patienten. Alle generellen Hinweise zur Entstehung und Aufrechterhaltung sollten deshalb nur als Anhaltspunkte, die zum Weiterfragen ermutigen, dienen. Mit besonderer Vorsicht sind alle standardisierten therapeutischen Abläufe bei den einzelnen Sexualstörungen zu betrachten. Sexualtherapie, und gerade sie, darf nie zu einem schematischen Prozeß der Anwendung einzelner Techniken verkommen. Sie muß immer eingebunden sein in einen größeren psychotherapeutischen Zusammenhang. Nicht umsonst spricht Singer von Psycho-Sexual-Therapie.

Wichtige Vorbedingung sinnvoller therapeutischer Arbeit ist verantwortliche Selbstreflexion des Therapeuten; gerade hier sind besondere Fähigkeiten gefordert:
Vordringlich ist ein möglichst klares Verhältnis zur eigenen Sexualität. Unklarheiten und Konfusionen bei uns selbst führen zu unnötigen Verstrickungen in die sexuellen Probleme der Patienten. Therapeuten werden manipulierbar, wenn sie auf spezifische Schilderungen verunsichert oder verklemmt reagieren. Das Anhören und der Gebrauch sexueller Wörter muß unbefangen vor sich gehen, sonst hört man immer die Wörter, die einen befangen machen. Es ist in den seltensten Fällen angezeigt, vom Therapeuten her zu besonders vulgärer oder massiver Ausdrucksweise zu greifen - im einfachsten Fall löst es Erstaunen aus, oft aber starke, lähmende Ängste.

Weiter müssen die eigenen sexuellen Bedürfnisse, auch die, für die wir uns schämen, klar sein. Wir sind sonst zu hellhörig für Teilbereiche des Problems. Es muß uns klar sein, welche Rolle gerade jetzt Sexualität in unserem Leben spielt - oder eben gerade nicht spielt. Wenn die eigenen Bedürfnisse nicht erfüllt sind, entstehen sofort Verwirrungen im therapeutischen Kontext.

Therapeuten sollten sich auch immer wieder selbst und auch ihren Patienten klarmachen, daß ein volles Verständnis sexuellen Erlebens beim gegengeschlechtlichen Patienten wohl nie möglich sein wird. Darauf beziehen sich Veröffentlichungen in letzter Zeit (Tannen 1993). Dies muß kein Grund sein, solche Therapien nicht durchzuführen, es muß nur beiden Teilen klar sein, daß die Unterschiede bestehen. Oft spielen die Geschlechtsunterschiede auch eine wichtige positive Rolle, weil der Therapeut/die Therapeutin alternative Verhaltensmodelle geben und auch Handlungen und Motive der Partner ihrer Patienten besser erklären kann. Schließlich erfordert Sexualtherapie eine große Toleranz im Umgang mit Verhaltensweisen, über die wir erstaunt, von denen wir vielleicht angewidert sind, oder vor denen wir uns ekeln. Im Laufe der letzten 25 Jahre wurde eine Vielzahl von Interventionen entwickelt, die im Rahmen sexualtherapeutischen Vorgehens eingesetzt werden. In Tabelle 5 sind die gängigsten allgemeinen Verfahren dargestellt, auf die im weiteren Verlauf der Arbeit Bezug genommen wird.

---

1. Informationen zur Verfügung stellen und adäquat vermitteln
2. Maßnahmen zur Kognitiven Restrukturierung
3. Hausaufgaben zur Vermittlung neuer Verhaltensweisen und Erfahrungen
   - 3.01. Verbot von Geschlechtsverkehr
   - 3.02. Partneranleitung zum Berühren
   - 3.03. Sensate Focus
   - 3.04. Masturbationsanregungen
   - 3.05. Informationen über Selbstbefriedigung teilen und mitteilen
   - 3.06. Partnergeleitete Untersuchung der Genitalien
   - 3.07. Erfahrungen machen mit erotischer Literatur, Filmen und sonstigen Hilfsmitteln
   - 3.08. Kommunikation über sexuelle Bedürfnisse, Wünsche und Gefühle
   - 3.09. Aufgaben vor dem Sensate Focus (Ausgehen, Atmosphäre schaffen etc.)
   - 3.10. Gemeinsamer Besuch beim Frauenarzt oder Urologen
   - 3.11. Spiegelübungen allein und gemeinsam

Tabelle 5. Allgemeine Therapieverfahren nach Kaplan (1974), Masters & Johnson (1970), Woody (1992)

Übereinstimmend wird von allen Sexualtherapeuten immer wieder auf die Wichtigkeit der angemessenen Vermittlung von Informationen über Sexualität hingewiesen. Trotz aller "Aufklärung" im Zuge der Sexwelle scheint der Wissensstand bei nicht wenigen Menschen doch sehr beschränkt zu sein. So sind vielen Patienten die unterschiedlichen Verläufe der Sexualerregung bei Mann und Frau unbekannt, meist auch die Tatsache, daß die Orgasmusreaktionen differieren, und insbesondere entstehen bei vielen Frauen Probleme durch die Mißinterpretation der Refraktärphase des Mannes. Sie empfinden es als Kränkung und Mißachtung, daß Männer häufig nach dem Orgasmus schnell an Lust verlieren und im Unterschied zu Frauen weniger Bedürfnis haben, intime Nähe aufrechtzuerhalten. Ebenso oft zu Mißverständnissen führt die unterschiedliche Art, sexuell erregt zu werden. So sind Männer in der Regel schneller sexuell in Fahrt, reagieren unmittelbarer auf äußere Reize, als dies bei Frauen der Fall ist. Für sie spielt mehr allgemeine Stimmung, Atmosphäre und Vorbereitung auf den Sexualakt eine Rolle. Allein schon die Vermittlung dieser Information räumt Mißverständnisse aus dem Weg und führt nicht selten zu befriedigenderen Kontakten. Notwendige Informationen für unsere Patienten finden sich ausführlich in Masters & Johnson (1970).

Ein wichtiger Punkt im Bereich der Informationsvermittlung ist die gemeinsame Diskussion sexueller Mythen und daraus resultierender Ängste; eine ausführliche Darstellung hierüber findet sich bei Zilbergeld (1983); ich darf hier nur als Stichworte erwähnen den Mythos des immer bereiten und potenten Mannes, der passiv-rezeptien Frau, des gemeinsamen Orgasmus, der Größe des Gliedes usw. Die Vermittlung entsprechender Informationen muß in einem sachlichen, warmen und akzeptierenden Rahmen geschehen, wobei durchaus zurückgegriffen werden sollte auf illustrierte Informationsmittel, wie z.B. Haeberle (1985). Je nach Bedarf werden darüber hinaus noch entsprechende Bücher zur allgemeinen Sexualaufklärung empfohlen, die am besten von den Patienten gemeinsam gelesen und auch gemeinsam diskutiert werden sollten.

Eine zweite, allgemein wichtige, therapeutische Intervention im Bereich der Sexualtherapie ist die Methode der kognitiven Restrukturierung; diese schließt sich an eine adäquate Informationsvermittlung über sexuelle Sachverhalte an und soll dazu dienen, neu gewonnene Aspekte in das bestehende Wertesystem zu integrieren. Allgemein wird es vor allem darum gehen, bei den Patienten mehr Verständnis für den anderen zu entwickeln, durch das Wissen um Wünsche und Ängste des anderen zu einer neuen Sicht seiner sexuellen Reaktionen zu gelangen. In einem nicht unerheblichen Teil der Fälle genügen die bisher diskutierten Maßnahmen bereits, um erhebliche Verbesserungen zu erreichen; so geht Annon (1975) davon aus, daß durch solche, eher oberflächliche Maßnahmen in ca. 75% der Fälle positive Ergebnisse erzielt werden können.

Therapeutische Interventionen werden immer flankiert von spezifischen Übungen und Hausaufgaben, die je nach Störungsbild besonders abgestimmt werden.

Wichtig ist es, den Patienten bewußt zu machen, wie unterschiedlich Berührungen ausgeführt und empfunden werden. Frauen ist recht häufig nicht klar, daß von Männern Berührungen der Genitalien eher mit größerem Druck erwünscht sind, umgekehrt empfinden viele Frauen ihre Männer bei sexuellen Berührungen als zu grob. Dieses gegenseitige Erkunden ist Voraussetzung für den nächsten Schritt, die Durchführung des Sensate Focus. Diese Übung nimmt in fast jeder Art sexualtherapeutischer Intervention eine zentrale Stellung ein; sie wurde entwickelt von Masters & Johnson (1973). Hierbei handelt es sich um Streichelübungen der Partner, die in verschiedenen Formen durchgeführt werden. Zu Beginn als gegenseitiges, abwechselndes Streicheln des Körpers und Erkunden des Körpers mit Ausnahme von Brüsten und Genitalien; darauf aufbauend dann das Streicheln unter Einschluß von Brüsten und Genitalien und schließlich das Streicheln mit dem Ziel, beim Partner einen Orgasmus herbeizuführen (Sensate Focus I/II/III).

Eine wichtige Maßnahme zu Beginn jeder sexualtherapeutischen Arbeit ist das Verbot des Geschlechtsverkehrs, das zum einen zur Entlastung der Beziehung dient - die permanente Kette von Versuch und Fehlschlag wird damit unterbrochen; zum zweiten der Entlastung des gestörten Partners und darüber hinaus sehr häufig beiden die Möglichkeit gibt, andere sexuelle Erlebnisformen zu erkunden, ohne immer sofort zum Verkehr verpflichtet zu sein. Die paradoxe Struktur der Intervention selbst wirkt wohl auch bereits als Therapeutikum. Ein mitunter recht heikles Thema sind Masturbationserfahrungen, die oft geleugnet oder mit Peinlichkeit heruntergespielt werden. Es hat sich als günstig erwiesen, solche Erfahrungen im Rahmen von Hausaufgabenstellungen zu verlangen. Die Initiative für dieses Verhalten wird dann auf den Therapeuten attribuiert, und offenere Gespräche über Erfahrungen mit Selbstbefriedigung werden dadurch eher möglich. Etwaige religiöse Implikationen müssen unbedingt vor dem Einsatz dieser Intervention abgeklärt werden. Wichtig für einen neuen Umgang der Partner miteinander ist die verordnete Möglichkeit, die Genitalien des anderen zu sehen, zu berühren, zu untersuchen.

Oft findet auf Anregung des Therapeuten ein Experimentieren mit der Wirkung erotischer Literatur, Filmen und sonstigen Hilfsmitteln, wie z. B. Vibratoren, statt. Im Zusammenhang damit werden meist Aufgaben dahingehend gestellt, daß sich die Partner über ihre neuen Erfahrungen und Anregungen unterhalten, besser ihre Gefühle, Bedürfnisse und Wünsche auszutauschen lernen und Barrieren zu überwinden.

Schließlich werden von verschiedenen Autoren (Garfield-Barbach 1977) Spiegelübungen empfohlen; hier geht es darum, mit Hilfe von Spiegeln die eigenen Genitalien möglichst gut kennenzulernen, Ängste abzubauen, Scham und Widerwillen anzugehen und Informationen über sich selbst zu gewinnen. Diese Übungen können natürlich auch zusammen mit den Partnern durchgeführt werden.

Noch einmal, vor Einsatz irgendwelcher standardisierter Therapieverfahren muß eine sorgfältige individuelle Analyse der Ursachen erfolgen, um ihren sinnvollen Einsatz sicherzustellen.

Es ist dabei eine Selbstverständlichkeit, sich klar zu machen, daß gleiche oder ähnliche Ursachen verschiedenste Wirkungen im Sexualbereich haben können, ebenso wie bei gleichen Störungsbildern verschiedenste Ursachen zugrunde liegen können.

Oft übersehen und dennoch von größter Wichtigkeit ist die sorgfältige medizinische Abklärung. Nicht selten sind Sexualstörungen Folge von Krankheiten oder treten im Zusammenhang mit der Einnahme von Medikamenten auf. Einen guten Überblick hierüber gibt Singer (1981).

Abgeklärt werden müssen in jedem Fall eventuell vorhandene Erwartungsängste sexueller Art, z. B. die Angst vor dem Versagen, die Angst überfordert zu werden, usw. Darüber hinaus muß sich jeder Therapeut Klarheit verschaffen über den Stand sexueller Erfahrungen und Fertigkeiten bei seinen Patienten, des weiteren muß er Bescheid wissen über persönliche Ängste und Konflikte, die nicht notwendigerweise in unmittelbarem Zusammenhang mit Sexualität stehen müssen, über eventuell vorliegende Konflikte in der Partnerschaft und über Ängste und Wissensdefizite im Zusammenhang mit Schwangerschaften, Geschlechtskrankheiten und insbesondere Aids (Fliegel 1992; Arentewicz & Schmidt 1986).

Appetenzstörungen - Sexualaversionen - Sexualphobien

Es ist das besondere Verdienst von H.K. Singer, die Sexualtherapeuten auf den Einfluß früher Störungen für Entstehung und Aufrechterhaltung, funktioneller Sexualstörungen aufmerksam gemacht zu haben. Sie geht dabei wohl zu Recht davon aus, daß die Sexualstörung um so schwerwiegender ist, je früher die negativen Einflüsse liegen. Sexualaversionen deuten unter diesen Voraussetzungen darauf hin, daß bereits relativ früh Beeinträchtigungen bei den Patienten stattgefunden haben. Störungen z.B. in der Orgasmus- oder Refraktärphase hingegen würden von späteren negativen Einflüssen zeugen; Appetenz, Erregungs- und Lustfähigkeit sind hier ja weitgehend ungestört.

Zu den frühen negativen Einflüssen können gehören:

Mißbrauch, auch, aber nicht nur sexueller Art durch Vater und Mutter, Unklarheiten im sexuellen Umgang zwischen den Eltern (Sexualität wird als aggressiver Akt erlebt, weil die Eltern auch sonst sehr aggressiv miteinander umgehen); nicht selten, insbesondere, wenn die Altersunterschiede groß sind, kommen Unklarheiten sexueller Art zwischen Geschwistern hinzu. So können harmlose Doktorspiele recht schnell umschlagen. Zu denken ist in diesem Zusammenhang aber auch an nicht vordergründig sexuellen Beziehungsmißbrauch, wenn Elternteile Kinder zu Quasi-Ehepartnern machen und damit Beziehungsmodelle liefern, die später zu sexuellen Konfusionen führen können.

Oft sind Appetenzstörungen und Sexualphobien Ausdruck allgemeiner Lebenskrisen oder Erkrankungen, Folge von erhöhtem Streß und sonstigen Dauerbelastungen; schließlich finden sich nicht selten Beziehungsstörungen als Ursachen. Wer im außersexuellen Bereich nicht genügend gesehen wird, verliert leicht die Lust zum Umgang mit dem Partner, auch im sexuellen Bereich. Ehekriege werden eben meist, und gerade im Bett ausgetragen.

Ein nicht unerheblicher Teil der Appetenzstörungen und Sexualphobien läßt sich aber auch gut erklären im Rahmen der Analyse von einmalig belastenden oder wiederkehrenden Erlebnissen.

Wenn ständig an den Bedürfnissen eines Partners vorbei mit Sexualität umgangen wird, wenn Zwang zu bestimmten sexuellen Techniken ausgeübt wird, wenn Sexualität langweilig wird, sind Appetenzstörungen oder der völlige Verlust von Appetenz oft die Folge. Es sind dies häufig jene Männer und Frauen, die sich durch Seitensprünge beweisen müssen, daß sie noch sexuell funktionsfähig sind.

Sexuelle Phobien stehen häufig im Zusammenhang mit rigiden Erziehungseinstellungen, Problemen im Umgang mit Nacktheit, mit vielfältigen sexuellen Tabus und Ängsten, sich abhängig zu machen oder abhängig zu werden.

Therapeutisch ist in diesen Fällen am sinnvollsten folgendes Vorgehen:
Ausführliche individuelle Anamneseerstellung (einschließlich einer genauen Sexualanamnese)
Klare Verhaltens-, Bedingungs- und Funktionsanalyse des Symptoms
Wenn möglich, mindestens eine Partnersitzung, um die Auswirkungen der Sexualproblematik abklären zu können
Und schließlich, im Rahmen von Einzelsitzungen, ein Abklären der Interventionsmöglichkeiten - religiös-moralischen Einstellungen, persönlichen Hemmschwellen, die respektiert werden müssen, etc.
Im Falle von Sexualphobien wird es dann darum gehen, mit Mitteln systematischer Desensibilisierung zu arbeiten, durch freie Gespräche über sexuelle Ängste diese zu verringern und schließlich im Rahmen von Maßnahmen zur rationalen Umstrukturierung Anschauungen über Sexualität zu modifizieren und gegebenenfalls negative Erfahrungen neu verarbeiten zu lernen oder sie in neuem Rahmen zu sehen.
Dies gilt natürlich und vor allem auch für die beschriebenen frühen negativen Einflüsse, die im Rahmen von Imaginationsverfahren verarbeitet und anders gesehen werden können. Helfen werden auch verständnisvolle und einfühlsame Gespräche mit dem Therapeuten, diesen Erlebnissen ihre lähmende Wirkung langsam zu nehmen. Eine interessante und wichtige verhaltenstherapeutische Strategie zur Verarbeitung dramatischer Erfahrungen könnte das "Eye Movement Desensitization & Reprocessing" bieten, von der überraschende Erfolge berichtet werden (Marquis 1991; Shapiro 1991).
Unabdingbar im verhaltenstherapeutischen Setting ist jedoch das konkrete Umgehen mit Erfahrungen im Bereich der Sexualität. Bei festsitzenden Phobien wird es immer wieder nötig werden, die Patienten behutsam in Kontakt zu bringen mit den angstauslösenden Reizen oder Situationen. Die Erfahrungen, die dabei gemacht werden, geben permanent neue Hinweise auf die Notwendigkeit kognitiver Neuverarbeitung.
Erst wenn sichergestellt ist, daß Patienten sich in der Vorstellung mit ihren phobischen Auslösereizen oder -situationen konfrontieren können, sollte die Einbeziehung des Partners in den therapeutischen Prozeß erwogen werden. Auch dann muß es weiter darum gehen, Desensibilisierungmaßnahmen in Einzelsitzungen vorzunehmen, um weitere Ängste abzubauen. Jede Blockade im therapeutischen Prozeß bedarf dabei eingehendster Analyse und gegebenenfalls der Bearbeitung.
Hier wie bei allen anderen sexualtherapeutischen Interventionen muß vom Partner Verständnis aufgebracht werden, daß die sexuellen Bedürfnisse des Patienten für eine gewisse Zeit im Vordergrund stehen und es muß gleichzeitig sichergestellt werden, daß der nichtbetroffene Partner zur sexuellen Befriedigung kommen kann, wenn er dies wünscht.

Im Falle der Appetenzstörungen wird empfohlen, die ersten therapeutischen Interventionen ebenfalls im Rahmen von Einzelarbeit durchzuführen. Hierbei stellt sich erfahrungsgemäß die erste Schwierigkeit dann ein, wenn von den Patienten und Patientinnen verlangt wird, sich mit sexuellen Dingen zu beschäftigen, obwohl sie von ihrer Störung her dazu eigentlich keine große Motivation haben. Es beginnt eine oft recht mühselige Suche nach potentiell erregenden Phantasien, Situationen, Handlungen etc. Parallel dazu werden Experimente im Zusammenhang mit Selbstbefriedigung vorgeschlagen. Auch hier sollten Partner erst dann in die Therapie einbezogen werden, wenn ein gewisses Maß an sexueller Reaktionsfähigkeit hergestellt worden ist. Die weiteren gemeinsamen therapeutischen Schritte lehnen sich an die weiter unten beschriebenen therapeutischen Interventionen an.

Eine interessante Alternative zu dem hier beschriebenen Verfahren wird unter anderem von Rush (1978) vorgeschlagen und auch im Rahmen feministischer Sexualtherapien als Methode empfohlen, nämlich die Gruppenarbeit von Frauen mit Sexualstörungen.

Dabei kommt zur Anwendung eine Kombination kognitiver Techniken, Informationsvermittlung, Gefühlsarbeit und konkrete Einübung im Umgang mit dem eigenen Körper im sexuellen Sinne. Das Gruppensetting soll einerseits ermutigen, andererseits Angst nehmen und ein Forum zum Erfahrungsaustausch bieten. Es scheint für "Frauen mit Mut" eine durchaus erfolgversprechende Alternative zu konventionellen sexualtherpeutischen Verfahren zu sein.

Erregungsstörungen

Erregungsstörungen betreffen die erste Phase des sexuellen Reaktionszyklus, setzen also voraus, daß das Ausmaß an Sexualängsten, Sexualaversionen und Appetenzstörungen zumindest zu Beginn der Problematik sehr gering war. Trotzdem bleibt in all diesen Fällen immer wieder abzuklären, ob die Erregungsstörungen primärer oder sekundärer Art sind. Denn es ist vom psychologischen Standpunkt aus klar, daß länger anhaltende Erregungsstörungen zu Ängsten und Vermeidung im Sexualkontakt führen müssen. Deshalb ist es differentialdiagnostisch wichtig, jede Schwierigkeit im Ablauf der Therapie daraufhin zu überprüfen, ob nicht zuerst an den Ängsten und Vermeidungsverhalten gearbeitet werden muß, bevor die Erregungsstörungen sinnvoll therapeutisch angegangen werden können.

Auch hier wird das bereits erwähnte Therapiesetting empfohlen, nämlich die ersten Sitzungen mit dem von der Sexualstörung betroffenen Partner allein durchzuführen; hierbei muß auch geklärt werden, inwieweit Bereitschaft besteht, Übungen mit Selbstbefriedigung durchzuführen und gegebenenfalls welche Hilfsmittel (Filme, Vibratoren etc.) von den Patienten akzeptiert werden.

Insbesondere im Problembereich mangelnder Lustempfindung sollte eine Bereitschaft zum Experimentieren und eine gewisse sexuelle Neugier in Vorgesprächen geweckt werden. Es wird dann in einem weiteren Schritt mit dem Patienten besprochen, welche Möglichkeiten existieren, sich über Sexualität zu informieren. Hier muß von seiten des Therapeuten sehr intensiv Rücksicht genommen werden auf den jeweiligen Stand des Patienten, d. h., es muß unter allen Umständen eine Überforderung durch Materialien im Zusammenhang mit Sexualität verhindert werden.

So mag für manche bereits die Betrachtung sexueller Bilder überfordernd wirken, man wird sich in diesem Fall mit entsprechender Literatur behelfen, bei anderen wiederum kann es angebracht sein, Besuche in Sexshops zu empfehlen.

Erst wenn sichergestellt ist, daß die Patienten stabile innere oder äußere Erregungsauslöser haben, d.h. also, entweder auf sexuelle Phantasien reagieren oder auf Darstellungen, und erst wenn diese Erregung integriert werden kann in befriedigende Masturbationserfahrungen, wird ein gemeinsames Vorgehen, wie z.B. in Tab.6 empfohlen.

Unschwer ist zu erkennen, daß es sich bei dem beschriebenen Vorgehen um Desensibilisierungen in vivo handelt. Bei männlichen Erregungsstörungen, die landläufig unter den Begriffen Erektionsstörungen oder Potenzprobleme erfaßt werden, empfiehlt sich jedoch ein anderes Vorgehen.

Potenzprobleme lassen sich unterteilen in primäre und sekundäre Störungen. Primäre Erektionsstörungen liegen vor, wenn der Mann noch nie eine befriedigende Erektion hatte, weder bei der Selbstbefriedigung noch beim Verkehr. Die sekundäre Form ist gegeben, wenn sich im Laufe der sexuellen Entwicklung Potenzprobleme eingestellt haben, was im Zusammenhang mit Mißerfolgserlebnissen geschehen kann, in körperlichen oder psychischen Überforderungssituationen, bei Krankheiten oder in unbefriedigenden Partnerschaften. Man unterscheidet darüber hinaus generalisierte Potenzstörungen, die entweder primär oder sekundär alle sexuellen Situationen betreffen, und situative Störungen, in denen entweder Probleme in bestimmten äußeren Umständen, bei bestimmten Partnerinnen oder nur bei der Selbstbefriedigung bzw. ausschließlich beim Verkehr auftreten.

---

01. Verbot von Geschlechtsverkehr für das Paar
02. Sensate Focus I (ohne Genitalien und Brüste)
03. Sensate Focus II (mit Genitalien und Brüsten)
04. Streicheltechniken.
    Partner stimuliert Geschlechtsorgane und stoppt bei Anzeichen von Erregung; fortfahren, wenn Erregung sinkt.
05. Sensate Focus III. Rollenwechsel zwischen aktivem und passivem Partner. Stimulation, wenn gewollt, bis zum Orgasmus.
06. Intravaginale Erfahrung. Wobei die Frau oben sitzt und den Penis in die Scheide einführt - keine Bewegung.
07. Intravaginale Erfahrung. Wie oben, jedoch bewegt sich die Frau langsam und stoppt bei aufkommender Erregung.
08. Nicht-fordernde weibliche Bewegungen. Nur langsame, rhythmische Bewegungen, wobei kein Partner schneller wird im Bedürfnis nach dem Orgasmus.
09. Langsame Bewegungen des Mannes. Bei männlichen Sexualstörungen - der Mann kontrolliert seine Bewegungen.
10. Simultane Bewegungen des Unterleibes. Beide Partner verstärken ihre Bewegungen, um lustvolle Gefühle zu bekommen.
11. Zurückhalten der Ejakulation (bei männlichen Sexualstörungen)
12. Schnellerer Verkehr, wenn vom Paar gewünscht.

Tabelle 6. Therapieverfahren bei Erregungsstörungen nach Kaplan (1978), Masters & Johnson (1970), Woody (1992)

Dringend angezeigt ist in allen Fällen von Potenzproblemen eine gründliche urologische Untersuchung. Hinweise auf organische Mitbedingungen sind gegeben, wenn von den Patienten keine morgendliche Erektion geschildert wird und wenn die Erektion auch bei Masturbationserfahrungen ausbleibt oder gestört ist. In all diesen Fällen sollte darauf gedrungen werden, daß eingehende organische Abklärungen erfolgen. Vom Therapeuten muß in seine Überlegungen im Rahmen der Anamneseerhebung miteinbezogen werden, inwieweit körperliche Erkrankungen, Einnahme von Medikamenten und sonstige auf den Organismus einwirkende Streßfaktoren vorliegen.

Es macht natürlich keinen Sinn, bei wesentlicher organischer Mitbedingung den Patienten noch zusätzlich im Rahmen therapeutischer Maßnahmen zu frustrieren und mit seiner eigenen Unzulänglichkeit zu konfrontieren. In der Behandlung muß uns zu jeder Zeit klar sein, daß Störungen der Potenz die meisten Männer sehr tief in ihrem Selbstwertgefühl treffen und verletzen. Dies liegt wohl vor allem an Einflüssen, die im Bereich der Sozialisation zu suchen sind (Zilbergeld 1988).

Diese zumeist tiefen Erschütterungen bedürfen intensiver therapeutischer Arbeit, schwerpunktmäßig ist hier mit Maßnahmen zur rationalen Restrukturierung zu arbeiten. Erst wenn diese flankierenden Maßnahmen Wirkung zeigen, ist an Sexualübungen mit Partnern zu denken.

Es bietet sich bei Erektionsstörungen ein Vorgehen in Anlehnung an Tab. 7 an.

Von besonderer Wichtigkeit ist hier die erste Phase der Übungen durch den Mann allein. Erst wenn verläßlich Angst reduziert und Selbstvertrauen aufgebaut wurde, sollte an eine Einbeziehung der Partnerin gedacht werden. Ausnahmen hiervon stellen nur sehr vertrauensvolle Beziehungen mit einfühlsamen Partnerinnen dar. Bis zu diesem Zeitpunkt sollten nur wenige verletzende Erfahrungen vorgefallen sein.

1. Phase: Mann allein

01. Verlieren und Wiedergewinnen einer Erektion
    Masturbieren bis zur Erektion - Gefühl fokussieren - Erektion verlieren
02. Masturbieren zur Phantasie, Sex mit der Partnerin zu haben
    Phantasieren der ganzen Sequenz einschließlich problematischer Phasen
03. Masturbieren zur Phantasie, die Erektion zu verlieren und wiederzugewinnen
04. Masturbieren zur Phantasie einer ausbleibenden Erektion
    Zur häufigsten problematischen Situation masturbieren

2. Phase: Übungen mit Partnerin

05. Partnerin spielt mit dem schlaffen Penis
    Wenn der Penis steif wird, unterbrechen, bis die Erektion schwindet
06. Stimulierung des Penis durch die Partnerin mit Fokussieren
    Erektion ist unwichtig, wichtig ist, die Empfindungen bei verschiedenen Berührungsarten bewußt wahrzunehmen
07. Verlieren und Wiedergewinnen der Erektion wie 1. - mit Partnerin
08. Penis in Vagina mit minimaler Bewegung (empfehlenswert ist eine Stellung, in der der Mann das Einführen nicht beobachten kann - Frau führt den Penis ein).
09. Penis in Vagina mit Bewegung
10. Das Verlieren der Erektion
    Je nachdem, wo das Ausgangsproblem lag, sollte bewußt versucht werden, dort die Erektion wieder zu verlieren - entweder vor, während oder nach dem Einführen

Tabelle 7. Erektionsstörungen (nach Zilbergeld 1988)

Hierbei ergeben sich immer wieder ähnliche Probleme; zum einen, daß die Beziehungen in denen Patienten leben, nicht so stabil sind, daß sie eine Teilnahme der Partnerin an therapeutischen Verfahren erlauben würden, zum anderen befinden sich Betroffene oft überhaupt nicht in stabilen Partnerschaften, was meist Folge der Störung ist.

Unter diesen Umständen ist es empfehlenswert, weitere Übungen mit sexuellen Vorstellungen durchzuführen. Es muß im Rahmen der Einzelsituation sichergestellt sein, daß der Patient über eine stabile erregende Phantasie verfügt, die intensiv genug ist, ein stabiles Erregungsmuster erzeugen zu können. D.h., der Patient muß sich relativ sicher sein, daß er in der schwierigen Situation eines sexuellen Kontakts mit einer neuen Partnerin sich auf seine Phantasie zurückziehen und sich darauf verlassen kann, daß die Erregung des Gliedes dadurch ausreichend stark ist.

In diesem Zusammenhang sind vor dem ersten ernsthaften Kontakt mit einer Frau noch intensive Gespräche nötig, um Mißerfolgserlebnissen vorzubeugen bzw. ihnen den Charakter von Niederlagen möglichst zu nehmen. Alle Erfahrungen in diesen ersten Kontakten müssen genau im Therapiezusammenhang besprochen werden, um möglichst schnell intervenieren zu können.

Ist eine Partnerin vorhanden, die bereit ist zu kooperieren, besteht die Notwendigkeit, darüber zu sprechen, daß die Übungen, die im therapeutischen Rahmen durchgeführt werden, mechanistisch sind und sein müssen, um ein auf längere Sicht gesehen positive Veränderung zu erzielen. Unter allen Umständen sollte vermieden werden, die Partnerin zur bloßen Therapiehelferin zu degradieren; dazu gehört auch, daß, soweit sie dies wünscht, nach den Übungen ihre sexuellen Bedürfnisse befriedigt werden.

Im Bereich der Behandlung von Potenzproblemen hat sich in letzter Zeit eine neue Perspektive durch die Anwendung der Skat-Methode (Schwellkörper-Auto-Injektionstherapie) eröffnet. Hierbei werden in das Corpus cavernosum vasoaktive Substanzen injiziert. Dadurch wird eine künstlich induzierte Erektion erreicht, die für einige Zeit anhält und dem Mann die Möglichkeit gibt, Verkehr zu haben.

Es werden hiermit recht beeindruckende Erfolge vermeldet (z.B. Sidi et al. 1986, Kockott 1988a). Mit der Einbeziehung der Injektionsmethode in den Rahmen sexualtherapeutischer Behandlung beschäftigen sich darüber hinaus in einer neuen Veröffentlichung eingehend Wagner & Kaplan (1993).

Erfahrungen mit Männern, die ausschließlich über die Skat-Methode behandelt wurden, lassen jedoch ernsthaft Zweifel zu, ob dieses Verfahren ohne psychotherapeutische Unterstützung sinnvoll ist.

Erfolge werden nämlich nicht auf sich selbst attribuiert, sondern immer nur auf die Injektion; es entstehen psychische Probleme, durch die recht mechanistische Art, die Erektion zu bekommen. Oftmals sind sowohl der Patient als auch seine Partnerin dadurch sehr stark unter Druck, daß ein Verkehr dann erfolgen muß, wenn die Erektion besteht, und schließlich scheinen darüber hinaus auch organische Probleme bei zu langem Injizieren zu entstehen.

Im Rahmen einer kooperativen Therapie zwischen Urologen und Sexualtherapeuten kann die Injektionsmethode jedoch durchaus hilfreich sein und bei manchen Männern Anfangsschwierigkeiten im Zusammenhang mit Selbstbefriedigungserfahrung und daraus resultierender Probleme erleichtern.

Orgasmusstörungen

Darunter fallen bei Frauen der plötzliche Verlust sexueller Lust, Verzögerungen im Erreichen des Orgasmus oder ein total fehlender Orgasmus, bei Männern Ejakulationsprobleme im Sinne vorzeitiger, verzögerter oder gänzlich fehlender Ejakulation. In beiden Bereichen können diese Störungen beim Geschlechtsverkehr oder auch generell auftreten, d.h. auch im Akt der Selbstbefriedigung.

Definitionsgemäß liegen Orgasmusstörungen nur dann vor, wenn der normale sexuelle Erregungszyklus bis dahin ungestört ist, d.h. in diesem Fall, daß das Lustempfinden und die Fähigkeit erregt zu werden, vorhanden sind.

In allen Fällen sollte abgeklärt sein, ob tieferliegende Verursachungsfaktoren der Störung zugrunde liegen (z.B. Ehekonflikte). Abgefragt werden sollten in der Anamnese bei Frauen auf alle Fälle Vorerfahrungen mit Masturbation, weil Orgasmusstörungen häufig im Zusammenhang mit mangelnder Selbsterfahrung in sexuellen Dingen stehen. Oftmals beheben sich diese Störungen bereits dann, wenn Frauen bereit sind, Selbstbefriedigungserfahrungen zu machen. Nicht selten werden Orgasmusstörungen beim Verkehr von Frauen beklagt, deren Männer Schwierigkeiten haben, den Samenerguß zu kontrollieren oder einfühlsam genug auf die weiblichen Bedürfnisse einzugehen. Dies gilt vor allem bei Männern, die sogenannte Quickies bevorzugen, nicht gewillt sind, die entsprechende Stimmung und Atmosphäre zu schaffen und ihr Interesse hauptsächlich um ihren eigenen Penis zentrieren. Neben dem Einfluß der Partner auf die Störung sollte auf alle Fälle zusätzlich nachgefragt werden, inwieweit bei den betroffenen Frauen Ängste vor Kontrollverlust, vor sexueller Abhängigkeit von ihrem Partner, Sich-Schämen über sexuell gefärbte Laute wie Stöhnen usw. vorliegt.

Auch und besonders im Falle eines gehemmten oder fehlenden weiblichen Orgasmus ist es unbedingt nötig, die ersten Sitzungen mit der Patientin allein durchzuführen, ihr durch zunehmend intensivere Übungen mehr Selbstvertrauen zu vermitteln und erst dann den Partner in die Therapie mit einzubeziehen.

Tabelle 8 zeigt eine Zusammenstellung von Übungen, die in der Behandlung des gehemmten weiblichen Orgasmus eingesetzt werden können. Dabei sind die Schritte 1 - 9 Einzelübungen, die Schritte 10 - 12 gemeinsame Übungen mit dem Partner.

Alle geschilderten Übungen dienen gleichzeitig als diagnostische Kriterien immer dann, wenn Blockaden auftreten. Es ist in diesen Fällen sorgfältig nachzuprüfen, ob Frauen zum jeweiligen Stand ihrer Selbsterfahrung auf tieferliegende Ängste gestoßen sind, die weitere Fortschritte vorläufig verhindern. Die wohl häufigste Sexualstörung neben den Potenzproblemen beim Mann ist die Ejaculatio praecox, der vorzeitige Samenerguß.

---

01. Durchsicht der sexuellen Erziehung, der sexuellen Vorgeschichte, der sexuellen Einstellungen...
02. Körperliche Selbst-Erkundung (ohne Genitalien): Zur allgemeinen Verbesserung des Körperempfindens
03. Körperliche Selbst-Erkundung (mit Brüsten und Genitalien)
04. Spiegel-Übungen: Den eigenen Körper in einem großen Spiegel nackt betrachten und sich nackt vor dem Spiegel bewegen (Abbau von Hemmungen!)
05. Kegel-Übungen: Übungen, den Urinstrahl zu unterbrechen (im Sitzen und dann im Stehen), um die Muskeln im Genitalbereich besser spüren und kontrollieren zu können
06. Sexualtagebuch führen
07. Handspiegel-Übungen: Untersuchung und Betrachtung der Genitalregion; Beobachtung der Veränderungen bei und nach der Selbstbefriedigung
08. Phantasie-Übungen: Suchen und Einüben sexuell erregender Phantasien zur Steigerung sexueller Erregung und zur Ablenkung vom Orgasmuszwang
09. Fokussierte genitale Berührungen, um die lustvollste Art der Stimulation zu finden; hierbei werden Frauen auch ermuntert, einen Vibrator zur zusätzlichen Stimulation zu verwenden
10. Einsatz der Phantasie bei Selbstbefriedigung und Verkehr, um die sexuelle Erregung zu steigern und gleichzeitig ablenkende Gedanken zu verhindern und die "Verpflichtung" zum Orgasmus in den Hintergrund zu schieben
11. Orgasmus als Rollenspiel, um unbewußte Emotionen zu konfrontieren: Dabei sollen Frauen versuchen, sich absichtlich in den Orgasmus "hineinzusteigern", um Hemmschwellen gegebenenfalls zu überwinden
12. Fokussierte genitale Stimulation zur Intensivierung von Erregung und Lust. Möglichst intensive Stimulierung beim Verkehr dadurch, daß die Frau sich bei eingeführtem Penis selbst befriedigt (geeignete Stellung finden!)

Tabelle 8. Therapieverfahren bei gehemmtem weiblichem Orgasmus
nach Kaplan (1974) Masters & Johnson (1970) Woody (1992)

Dabei ejakuliert der Mann entweder kurz vor dem Einführen des Gliedes, während des Einführens oder in einer relativ kurzen Zeit danach; vorzeitige Ejakulation kommt aber auch vor im Rahmen der Selbstbefriedigung. Der schnelle Samenerguß des Mannes hat vielfältige psychologische Gründe, wobei Sexualtherapeuten im Rahmen der Anamneseerhebung immer abklären sollten, wie die ersten sexuellen Kontakte zu Frauen abliefen. Nicht selten zeigt sich, daß Kontakt mit Prostituierten durch deren drängendes Verhalten vorzeitigen Samenerguß auslöste, auch Kontakte auf dem Autorücksitz oder in Situationen, in denen Entdecktwerden drohte, führen häufig zu dieser Störung. Nicht selten wird sie darüber hinaus unterstützt von Partnerinnen, die selbst wenig sexuelle Lust verspüren und deshalb den Sexualakt möglichst schnell hinter sich bringen wollen. Hat sich der Mann selbst als sexuell gestört diagnostiziert, tritt in allen Fällen ein ähnliches Verhaltensmuster auf, das in ängstlicher Selbstbeobachtung vor dem erneuten Scheitern besteht, einer dadurch erhöhten Erregung, die wiederum zu den entsprechenden Sexualstörungen führt. Dies gilt sowohl für die Erregungs- als auch die Orgasmusstörungen des Mannes. Es sollte deshalb im therapeutischen Rahmen immer darauf geachtet werden, daß Männer die entsprechenden Informationen erhalten, also wissen, daß ängstliche Selbstbeobachtung in allen Fällen den Ablauf des normalen sexuellen Reaktionszyklus beeinträchtigt. Darüber hinaus ist bei Potenzstörungen und vorzeitigem Samenerguß eine Frequenzabnahme beim Verkehr zu beobachten, also Vermeidungsverhalten stattfindet, das wiederum die Symptomatik verstärkt, bei der

Ejaculatio praecox noch zusätzlich in biologischer Hinsicht, weil die Erregbarkeit des Mannes dadurch steigt. Die Übungen zur Therapie der Ejaculatio praecox sind in Tabelle 9 dargestellt.

Es hat sich als sinnvoll erwiesen, an den Anfang der Einübung von Ejakulationskontrolle die Drucktechnik zu stellen. Hierbei handelt es sich um eine Technik, bei der der Mann, sobald er merkt, daß der Punkt erreicht ist, an dem er seinen Samenerguß nicht mehr kontrollieren kann, relativ stark auf das Frenulum drückt, also auf das Vorhautbändchen, das die Eichel mit der Vorhaut verbindet.

Mit diesem Druck wird die Ejakulation verhindert, und es kann nach kurzer Zeit mit der Selbstbefriedigung fortgefahren werden. Der Einsatz dieser sehr sicheren Methode gibt betroffenen Männern schneller ein Gefühl der Kontrolle, als dies beim Verwenden der Stop-Start-Technik möglich ist. Diese sollte im nächsten Schritt eingeblendet werden. Der Mann muß hier ein Gefühl für den Punkt entwickeln, an dem der Samenerguß unmittelbar bevorsteht, dann aufhören zu masturbieren, die Erregung etwas abklingen lassen und wieder beginnen.

Erst bei genügend stabiler Kontrolle in der Einzelsituation sollte die Partnerin miteinbezogen werden. Als hilfreiche paradoxe Intervention im Rahmen des therapeutischen Vorgehens hat sich Übung 3.3.8. erwiesen, das absichtliche Herbeiführen eines vorzeitigen Samenergusses durch beide Partner, um einem Verhalten, das mehr oder weniger lang das Sexualleben beider beeinträchtigt, nunmehr den Schrecken zu nehmen.

Seltener findet sich bei Männern eine Störung, die als verzögerte oder ausbleibende Ejakulation beschrieben wird (Ejaculatio deficiens).

Liegt fehlende oder ausbleibende Ejakulation bereits bei der Selbstbefriedigung vor, sollten sehr sorgfältig organische Gründe abgeklärt werden. Darüber hinaus muß sichergestellt sein, daß es sich nicht um Störungen im Erregungsablauf handelt und daß der Patient Erfahrungen mit Selbstbefriedigung hat.

Es geht in diesen Fällen therapeutisch in erster Linie darum, mit Hilfe sehr stark erregender Sexualphantasien eine Ablenkung vom "Orgasmuszwang" zu erreichen

---

1. **Verbot des Geschlechtsverkehrs**

2. **Übungen durch den Mann allein**
2.1. Selbstbefriedigung - Herausfinden des "point of no return", dann Druck-Technik
2.2. Selbstbefriedigung unter Verwendung der Stop-Start-Technik
2.3. Selbstbefriedigung unter Verwendung einer erregenden Phantasie mit Stop-Start-Technik
2.4. Schnelles Masturbieren mit Fokussieren auf die sexuelle Erregung

3. **Übungen mit der Partnerin**
3.1. Sensate Focus (bei Bedarf)
3.2. Der Frau ihren Orgasmus über manuelle oder orale Techniken ermöglichen,
   wenn gewünscht auch in einer Nicht-Trainings-Situation
3.3. Stop-Start Verfahren mit der Partnerin
3.3.1. Manuelle Stimulation durch die Partnerin, mit Rückmeldung durch den Mann.
3.3.2. Manuelle Stimulation durch die Partnerin mit Verwendung von Gleitcreme
3.3.3. Orale Stimulation (wenn von beiden akzeptiert)
3.3.4. Stille Vagina-Bewegungen nur durch den Mann - Stop-Start
3.3.5. Stellung beim Verkehr außer der Position Mann-oben
3.3.6. Mann-oben-Position - nicht fordernde Bewegungen
3.3.7. Verkehr ohne Stoppen durch den Mann - bei Erregung Verlangsamen der Bewegungen
3.3.8. Absichtliches Herbeiführen eines frühen Samenergusses; beide Partner sind in dieses Bemühen einbezogen
3.3.9. Beibehalten der Slow-down-Technik auch im weiteren Verkehr

Tabelle 9. Therapieverfahren bei Ejaculatio praecox nach Kaplan (1974), Masters & Johnson (1970), Woody (1992)

Manchmal kann es unterstützend sinnvoll sein, eine Technik anzuwenden, die auch bei Frauen häufig erfolgreich ist, das Hineinsteigern in den Orgasmus. Dabei versucht der Mann im Rahmen eines Rollenspiels den Orgasmus zu spielen, um so über die Hemmschwelle hinwegzukommen.

Liegt eine Orgasmushemmung beim Geschlechtsverkehr vor, wird ein Ablauf der Therapieschritte in Anlehnung an Tabelle 10 vorgeschlagen. Es handelt sich, lerntheoretisch betrachtet, um eine Kombination von Desensibilisierungs-, Habituations- und Einblendmaßnahmen.

---

01. Verbot von Geschlechtsverkehr und Orgasmus bis zum Einsetzen der sexualtherapeutischen Maßnahmen
02. Sensate Focus mit dem weiblichen Partner
03. Mann bringt Frau zum Orgasmus nach den gegenseitigen Bedürfnissen
04. Mann darf ejakulieren auf eine Art, in der er weiß, daß er es kann, z.B. Selbstbefriedigung allein oder mit Partner
05. Frau stimuliert den Penis fordernd nach den erregendsten Methoden des Mannes
06. Manuelle Stimulation des Penis durch die Partnerin in maximaler Nähe zur Vagina (empfehlenswert ist eine Stellung, bei der der Mann seinen Penis nicht sehen kann)
07. Bei der Stimulation Verwendung einer erregenden Sexualphantasie zur Ablenkung vom Erfolgszwang.
08. Beim "point-of-no-return" schnelles Einführen des Penis in die Vagina
09. Bei ausbleibender Ejakulation Verkehr abbrechen und manuelle Stimulation fortsetzen
10. Wenn Ejakulation in der Vagina möglich ist, wird der Penis immer früher eingeführt, um die manuelle Stimulation auszublenden
11. Gleichzeitige vaginale und manuelle Stimulierung des Penis. Die Partnerin stimuliert manuell die Peniswurzel bei eingeführtem Penis

---

Tabelle 10. Therapieverfahren bei gehemmtem Männlichen Orgasmus beim Verkehr nach Kaplan (1974), Masters & Johnson (1970), Woody (1992)

Koitusprobleme

Die häufigsten Störungen in diesem Bereich finden sich bei Frauen in Form von Vaginismus, das ist das schmerzhafte Verkrampfen des Scheideneinganges beim Versuch, das Glied einzuführen, oder als Dyspareunie, also Schmerzen beim Verkehr.

Selbstverständlich ist hier eine vorausgehende organische Abklärung dringend angezeigt, darüber hinaus muß sichergestellt werden, daß die Scheide beim Verkehr ausreichend feucht ist und daß durch den Penis keine verletzenden Bewegungen ausgeführt werden.

Das allgemeine therapeutische Vorgehen bei Vaginismus und auch bei Dyspareunie findet sich aufgelistet in Tabelle 11. Insbesondere bei diesen schmerzhaften Sexualstörungen ist großes Einfühlungsvermögen des Therapeuten und des Partners nötig, um die Übungen nicht zur Technik verkommen zu lassen, mit der Frauen wieder für Männer verfügbar gemacht werden sollen.

In seltenen Fällen berichten Männer über Schmerzen bei der Ejakulation, die wahrscheinlich durch Muskelverkrampfungen im Beckenboden- oder Hodenbereich entstehen.

In diesen Fällen ist eine Kombination von Desensibilisierungsmaßnahmen und Entspannungstechniken zu empfehlen, daneben Übungen zur Selbstbefriedigung, z. B. im warmen Wasser der Badewanne, um die Muskeln des Beckenbodens zu entspannen.

Allgemein läßt sich zur Therapie von funktionellen Sexualstörungen einschließlich der Appetenz- und Angststörung im Sexualbereich sagen, daß die Erfolgsquote relativ hoch ist und Therapeuten durchaus berechtigt sind, ihrem Optimismus Ausdruck zu geben. Komplikationen treten erfahrungsgemäß meist dann auf, wenn schwerere psychische Verletzungen in früherer Kindheit vorkamen, wenn die Partnerschaftskonstellation eine Veränderung oder Verbesserung der Sexualstörungen nicht ertragen würde, aber vor allem dann, wenn sich der Patient und gegebenfalls dessen Partnerin nicht genügend Zeit für die Übungen nehmen.

1. Spiegelübungen - Betrachtung der Scheide mit einem Handspiegel
2. Regelmäßiges Einführen eines Fingers oder Dilators in die Scheide (wichtig ist die Verwendung eines Gleitmittels)
3. Langsame Erweiterung der Scheide mit Fingern oder Dilatoren zunehmender Größe
4. Partner führt einen Finger in die Scheide ein (Gleitmittel!)
5. Beobachten des Einführens mit einem Spiegel
6. Einführen eines Vibrators mit ähnlicher Größe, wie der Penis des Partners. Beobachten durch die Frau mit einem Spiegel ermöglichen
7. Einführen des Penis unter Kontrolle der Frau (Gleitmittel!). Keine Bewegungen des Partners. Position Frau-oben ist empfehlenswert
8. Langsame Steigerung der Stoßbewegungen

Tabelle 11. Vaginismus/Dyspareunie

Abschließend möchte ich noch darauf hinweisen, daß die Abklärung der Sexualanamnese Teilbereich jeder anamnestischen Erhebung sein sollte, weil Sexualstörungen wohl häufiger auftreten, als gemeinhin angenommen wird. Es ist durchaus gängig, daß Psychotherapeuten aufgrund ihrer eigenen Hemmungen mit Sexualität umzugehen oder über Sexualität zu sprechen diesen Bereich strikt meiden und sich damit wertvolle Informationen vorenthalten.

Sollten Therapeuten sich der Aufgabe, die sexualtherapeutische Interventionen stellen, nicht gewachsen fühlen, ist es durchaus angebracht, dieses Gebiet "Therapieexperten" zu überlassen, die gleichzeitig so weit informiert sein müssen, daß sie sich nicht in die laufende, allgemeine Therapie negativ einmischen.

Literaturempfehlungen

Masters, W.H. & Johnson, V.E. (1973) Impotenz und Anorgasmie. Zur Therapie funktioneller Sexualstörungen. Govertrs Krüger Stahlberg, Frankfurt/M
Klassisches Werk zur Sexualtherapie funktioneller Störungen. Grundlegende Vorgehensweisen, die auch auf das ambulante Setting übertragen werden können, sind dargestellt.
Langevin, R. (1983) Sexual Strands. Understanding and Treating Sexual Anomalies in Men. Lawrence Erlbaum Associates, Hillsdale, N.J.(Standardwerk zu sexuellen Deviationen und Perversionen, es bewegt sich auf empirisch-behavioristischer Grundlage.)

Weitere Literaturempfehlungen

Zilbergeld, B. (1988) Männliche Sexualität. Was nicht alle immer schon über Männer wußten... Deutsche Gesellschaft für Verhaltenstherapie, Tübingen.(Wichtiges Therapiebuch über männliche Sexualstörungen.)
Dailey, D.E. (Ed) (1988) The Sexual Unusual. Guide to Understanding and Helping. Harrington Park Press New York. Sehr praktisch ausgerichtetes Buch über die Therapie devianten Sexualverhaltens.
Kockott, G. (1988) Männliche Sexualität. Funktionsstörungen: Erkennen - Beraten - Behandeln. Stuttgart: Hippokrates
Kockott, G. (1988) Weibliche Sexualität. Funktionsstörungen: Erkennen - Beraten - Behandeln. Stuttgart: Hippokrates
Kockott, G. (1988) Sexuelle Variationen. Stuttgart: Hippokrates
Die drei Bücher von Kockott bieten einen schnellen Überblick über die jeweiligen Themata

Literatur

Alfonso, V. C., Allison, D. B. & Dunn, G. M. (1992). Sexual Fantasy and Satisfaction: A Multidimensional Analysis of Gender Differences. Journal of Psychology and Human Sexuality, 5(3), 19-37.
Allen, C. (1979). The Sexual Perversions and Abnormalities. A Study in the Psychology of Paraphilia. Westport: Greenwood Press.
Annon, J.S. (1976). The Behavioral Treatment of Sexual Problems, Revised Edition Vol.1: Brief Therapy. New York: Harper & Row.
Arentewicz, G. & Schmidt, G. (1986). Sexuell gestörte Beziehungen. Berlin: Springer.
Auchincloss, S. (1991). Sexual Dysfunction After Cancer Treatment. Journal of Psychosocial Oncology, 9(1), 23-42.
Barlow, D., Agras, S. & Leitenberg, H. (1971). An Experimental Analysis of "Fading" to Increase Heterosexual Responsiveness in Homosexuality. Paper Presented at the 17th Annual Meeting of the Southern Psychological Association. Miami Beach:.
Comfort, A. (1987). Joy of Sex. Frankfurt/M: Ullstein.
Dailey, D. M (Ed). (1988). The Sexual Unusual. Guide to Understanding and Helping. New York: Harrington Park Press.
Dally, P. (1977). The Fantasy Game. London: Quartet Books.
Diagnostisches und Statistisches Manual Psychischer Störungen DSM-III. (1984). Weinheim: Beltz.
Diagnostisches und Statistisches Manual Psychischer Störungen DSM-III-R. (1989). Weinheim: Beltz.
Dorner, G. (1976). Hormone Dependent Differentiation, Maturation and Function of the Brain and Sexual Behavior. In R. Gemme & C.C. Wheeler (Hrsg.), Progress in Sexology. New York: Plenum Press.
Dwyer, M. (1988). Exhibitionism/Voyeurism. In Dailey, D. M. (Hrsg.), The Sexually Unusual. Guide to Understanding and Helping. (S. 101-112). New York: The Harrington Park Press.
Dwyer, S.M. & Amberson, I. (1985). Sex Offender Treatment Program: A Follow-Up Study. American Journal of Social Psychiatry, 4.
Fliegel, S. (1992). Befriedigende Sexualität ist lernbar. Sexualmedizin, 21(2), 56-64.
Freud, S. (1973). "Ein Kind wird geschlagen" (Beitrag zur Kenntnis der Entstehung sexueller Perversionen). In Freud, S. (Hrsg.), Zwang, Paranoia und Perversion (Bd. 7, S. 229-254). Frankfurt/M: Fischer.
Garfield-Barbach, L. (1977). For Yourself. Die Erfüllung weiblicher Sexualität. Frankfurt: Ullstein.
Giese, H. (1962). Psychopathologie der Sexualität. Stuttgart: Enke.
Haeberle, E.J. (1985). Die Sexualität des Menschen. Berlin: de Gruyter.
Internationale Klassifikation psychischer Störungen ICD-10. (1991). In Dilling, H., Mombour, W. & Schmidt, M.H. (Hrsg.), Bern: Huber.
Kaplan, H. S. (1978). The New Sex Therapy. Active Treatment of Sexual Dysfunction. Harmondsworth: Penguin.
Kaplan, H. S. (1981). Hemmungen der Lust. Neue Konzepte der Psychosexualtherapie. Stuttgart: Enke.
Kaplan, H. S. (1988). Sexualaversion, sexuelle Phobien und Paniksyndrome. Stuttgart: Enke.
Keller-Husemann, U. (1983). Destruktive Sexualität. Krankheitsverständnis und Behandlung der sexuellen Perversionen. München: Reinhardt.

Keßler, B.H. (1980). Sexuelle Dysfunktionen und Varianten. In W. Wittling (Hrsg.), Handbuch der Klinischen Psychologie (Bd. 4, S. 155-181). Hamburg: Hoffmann & Campe.

Keßler, B.H. & Hoellen, B. (1980). Sexuelle Störungen. In W. Wittling (Hrsg.), Handbuch der Klinischen Psychologie (Bd. 5, S. 177-217). Hamburg: Hoffmann & Campe.

Klein, D.F. (1981). Anxiety Reconceptualized. In Klein, D.F. (Hrsg.), Anxiety: New Research and Changing Concepts.. New York: Raven Press.

Kockott, G. (1981). Sexuelle Funktionsstörungen des Mannes. Stuttgart: Enke.

Kockott, G. (1988a). Männliche Sexualität. Funktionsstörungen. Erkennen - Beraten - Behandeln. Stuttgart: Hippokrates.

Kockott, G. (1988b). Sexuelle Variationen. Stuttgart: Hippokrates.

Kockott, G. (1988c). Weibliche Sexualität. Funktionsstörungen. Erkennen - Beraten - Behandeln. Stuttgart: Hippokrates.

Kockott, G. & Nusselt, L. (1976). Zur Frage der zerebralen Dysfunktion bei der Transsexualität. Nervenarzt, 47, 310.

Langevin, R. (1983). Sexual Strands. Understanding and Treating Sexual Anomalies in Men. Hillsdale: Lawrence Erlbaum Ass.

LeSoldat, J. (1988). Freiwillige Knechtschaft. Masochismus als Moral. Frankfurt/M: Fischer.

LoPiccolo, J. & Lobitz, W.C. . (1978). The Role of Masturbation in the Treatment of Orgasmic Dysfunction. In LoPiccolo, J. & W.C. Lobitz (Hrsg.), Handbook of Sex Therapy (S. 187-194). New York: Plenum Press.

LoPiccolo, J. & LoPiccolo, L. (Eds.). (1978). Handbook of Sex Therapy. New York: Plenum Press.

Maletzky, B.M. (1974). "Assisted" covert sensitization in ther treatment of exhibitionism. Journal of Consulting and Clinical Psychology, 42(1), 34-40.

Marquis, J.N. (1970). Orgasmic Reconditioning: Changing Sexual Object Choice Through Controlling Masturbation Phantasies. Journal of Behavior Therapy & Experimental Psychiatry, 1, 263-271

Marquis, J. N. (1991). A Report on Seventy-Eight Cases Treated by Eye Movement Desensitization. Journal of Behavior Therapy and Applied Psychiatry, 22(3), 187-192.

Marshall, W.L. & Lippens, K. (1977). The Clinical Value of Boredom: A Procedure for Reducing Inappropriate Sexual Interests. Journal of Nervous and Mental Disease, 165(4), 283-287

Masters, W. H. & Johnson, V. E. (1970). Die sexuelle Reaktion. Hamburg: Rowohlt.

Masters, W. H. & Johnson, V. E. (1973). Impotenz und Anorgasmie. Zur Therapie funktioneller Sexualstörungen. Frankfurt/M: Goverts Krüger Stahlberg Verlag.

Money, J. & Ehrhardt, A. A. (1975). Männlich - Weiblich. Die Entstehung der Geschlechtsunterschiede. Reinbeck/Hamburg: Rowohlt.

Quinn, J.T., Harbison, J.J. & McAllister, H. (1970). An Attempt to Shape Human Penile Responses. Behaviour Rersearch and Therapy, 8, 213-216.

Rowan, E. L. (1988). Pedophilia. In Dailey, D. M. (Hrsg.), The Sexually Unusual. Guide to Understanding and Helping. (S. 91-100). New York: The Harrington Park Press.

Rush, A. K. (1977). Getting Clear. Ein Therapie-Handbuch für Frauen. München: Verlag Frauenoffensive.

Sargent, T. O. (1988). Fetishism. In Dailey, D. M. (Hrsg.), The Sexually Unusual. Guide to Understanding and Helping (S. 27-42). New York: Harrington Park Press.

Satterfield, S. B. (1988). Transsexualism. In Dailey, D. M. (Hrsg.), The Sexually Unusual. A Guide to Understanding and Helping (S. 77-87). New York: The Harrington Park Press.

Scharff, D. E. (1989). Family Therapy and Sexual Development: An Object Relations Approach. In Kantor, D. & B. F. Okun (Hrsg.), Sex, Intimacy, and Gender in Families (S. 1-27). New York: The Guilford Press.

Seligman, M.E.P. (1971). Phobias and Preparedness. Behavior Therapy, 2, 307- 320.

Shapiro, F. (1991). Eye Movement Desensitization & Reprocessing Procedure. From EMD to EMD/R - A New Treatment Model for Anxiety and Related Traumata. Behavior Therapist, 14, 133-135.

Sidi, A.A., Cameron, J.S., Duffy, L.M. & Lange, P.H. (1986). Intracavernous Drug-Induced Erections in the Management of Male Erectile Dysfunction: Experience with 100 Patients. Journal of Urology, 1(1986), 244.

Sigusch, V. (1991a). Die Transsexuellen und unser nosomorpher Blick. Teil I: Zur Enttotalisierung des Transsexualismus. Zeitschrift für Sexualfoschung, 4, 225-256.

Sigusch, V. (1991b). Die Transsexuellen und unser nosomorpher Blick. Teil II: Zur Entpathologisierung des Transsexualismus. Zeitschrift für Sexualfoschung, 4, 309-343.

Smith, T. A. & Wolfe, R. W. (1988). A Treatment Model for Sexual Aggression. In Dailey, D. M. (Hrsg.), The Sexually Unusual. Guide to Understanding and Helping. (S. 149-164). New York: The Harrington Park Press.

Socarides, C.W. (1988). The Preoedipal Origin and Psychoanalytic Therapy of Sexual Perversions. Madison, CT.: International Universities Press.

Stoller, R.J. (1972). Etiological Factors in Female Transsexualism: A First Approximation. Archives of Sexual Behavior, 2, 47-64.

Stoller, R.J. (1980). Gender Identity Disorders. In H.S. Kaplan, A.M. Freedman & B.J. Sadock (Hrsg.), Comprehensive Textbook of Psychiatry (Bd. 2). Balitmore: Williams & Wilkins.

Tannen, D. (1993). Du kannst mich einfach nicht verstehen. Warum Männer und Frauen aneinander vorbeireden. München: Goldmann.

Tonscheidt, S. (1992). Alltäglicher Narzißmus und Narzißtische Persönlichkeitsstörung - Versuch einer verhaltenstheoretischen Konzeptualisierung. Praxis der Klinischen Verhaltensmedizin und Rehabilitation, 18, 111-115.

Wagner, G. & Kaplan, H. S. (1993). The New Injection Treatment for Impotence: Medical and Psychological Aspects. New York: Bruner/Mazel.

Wendt, H. (1979). Integrative Sexualtherapie. Am Beispiel von Frauen mit Orgasmusstörungen. München: Pfeiffer.

Wickramasekera, I. (1980). Aversive Behavioral Rehearsal: A Cognitive Behavioral Procedure. In Cox, D.J. & .J. Daitzman (Hrsg.), Exhibitionism. Description, Assessment, and Treatment.. New York: Appleton-Croft.

Woody, J. D.Vita. (1992). Treating Sexual Distress. Integrative Systems Therapy. Newbury Park, Ca: Sage Publication.

Zilbergeld, B. (1988). Männliche Sexualität. Was nicht alle schon immer über Männer wußten... Tübingen: Deutsche Gesellschaft für Verhaltenstherapie.

Zimmer, D. (1985). Sexualität und Partnerschaft. Grundlagen und Praxis psychologischer Behandlung. München: Urban & Schwarzenberg.

Zwangsstörungen und ihre Behandlung
• Hans Reinecker •

1. Charakterisierung/Merkmale von Zwängen

In DSM-III-R, dem Klassifikationssystem der APA (1987), werden Zwänge als eine Unterform der Angststörungen klassifiziert. Dabei geht man offenbar davon aus, daß die Rituale des Patienten zur Kontrolle (Reduktion) seiner Angst-Zustände dienen. Dies ist nicht unbedingt zutreffend: In vielen Fällen führt das Ritual zu einem deutlichen Anstieg von Angst (vgl. Foa & Tillmanns, 1980); außerdem wird die vom Patienten erlebte Emotion nicht unbedingt als **Angst**, sondern als Unruhe, Anspannung, Ärger ... bezeichnet. Rachman & Hodgson (1980) bezeichnen das Gefühl als „anxiety/discomfort", Beech (1974) spricht von „adverse mood" - beide Begriffe sind schwer zu übersetzen; damit sollte aber verdeutlicht werden, daß die Einordnung von Zwängen unter dem Bereich der Angststörungen zumindest fraglich erscheinen muß.

Die diagnostischen **Kriterien** für Zwangsstörungen sind im Prinzip schon viele Jahre lang bekannt:

a) Ein **innerer** subjektiver **Drang** bestimmte Dinge zu denken oder zu tun,
b) Ein **Widerstand** gegen diesen Impuls
c) Eine **Einsicht** in die Sinnlosigkeit der eigenen Gedanken und Handlungen.

Während über die **Kriterien** unter Fachleuten Einigkeit besteht, stellen sich bei der Frage des Zutreffens bei einem einzelnen Patienten durchaus viele praktische Schwierigkeiten (z.B. Übergänge zu schizophrenen Vorstellungen, Ähnlichkeit mit depressiven Grübeleien etc.).

Rein deskriptiv lassen sich folgende Haupttypen von Zwangsstörungen unterscheiden:

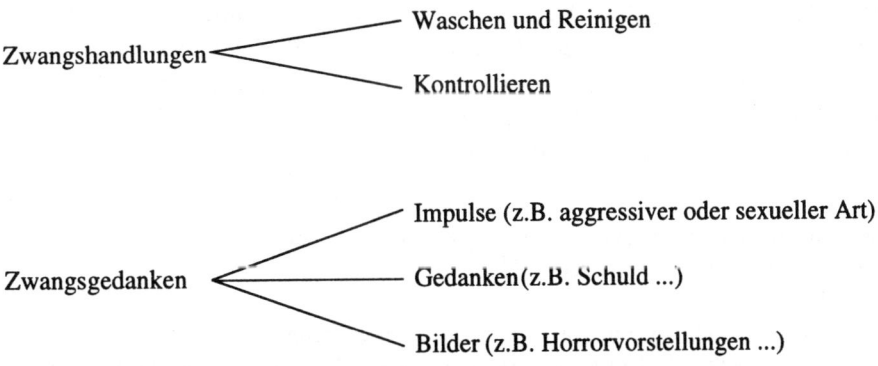

In den meisten Fällen finden sich Mischformen der Zwänge, wobei zwanghafte **Gedanken** bei praktisch allen Erscheinungsformen mitverwoben sind, aber nicht unbedingt im Vordergrund der Pathologie stehen müssen (z.B. Gedanken, beschmutzt zu sein, und damit verbunden Wasch- und Reinigungszwang).

Beispiel: Eine etwa 30jährige, verheiratete Frau wird von einem Arzt zur Psychotherapie überwiesen; die Frau klagt seit längerer Zeit über depressive Verstimmungen, sie weint sehr häufig, hat Angst, allein zu sein, und das Gefühl, mit dem Leben nicht mehr zu Rande zu kommen. Der Hausarzt hatte über mehr als ein Jahr hinweg antidepressive Medikation verordnet, dies hatte offenbar keine Besserung zur Folge.

Frau F. leidet unter dem Gedanken, ihren 9jährigen Sohn und möglicherweise auch ihren Gatten mit Messer, Scheren etc. verletzen oder gar töten zu können. Im Laufe der Entwicklung breitete sich ihre Furcht auf viele Gegenstände des Haushaltes aus, die in ihrer Sicht als „Tötungswerkzeuge" dienen könnten: Bügeleisen, Steine, Schnüre, aber auch Strumpfhosen, Flaschen usw. Frau F. räumt all diese potentiell gefährlichen Dinge weg, wenn sie mit ihrem Sohn allein zu Hause ist; schon das Streichen eines Butterbrotes ist ihr fast unmöglich. Zeitungsberichte, Filme etc. sind weitere Auslöser ihrer Ängste, so daß sie völlig darauf verzichtet, einschlägige Informationen an sich herankommen zu lassen. Die verschiedenen Kontroll-Rituale schränken ihr Leben sehr stark ein; besonders belastend und tragisch ist für sie, daß sie sich ihre abscheulichen Gedanken einfach nicht erklären kann, daß sie meint verrückt zu werden und in einer Klinik zu landen.

In der Folge werden diagnostische Aspekte ebenso ausgeklammert wie Überlegungen zur Epidemiologie, zur Nosologie und zum Verlauf von Zwangsstörungen; auch Hinweise zu theoretischen Modellen aus klinisch-psychologischer Sicht werden nur an speziellen Stellen angesprochen, nicht jedoch im Detail ausgeführt. Abhandlungen dazu finden sich an den im speziellen Literaturverzeichnis angeführten Stellen.

2. Indikation/therapeutischer Kontext

Patienten mit psychischen Störungen bilden typische Irrläufer in unserem Gesundheitssystem: In den meisten Fällen dauert es mehrere Jahre, bis Patienten eine zielführende Therapie erhalten (Meyer et al., 1991). Deshalb soll hier zunächst der breitere therapeutische Kontext (sozusagen aus der Makroebene) erörtert werden; daran schließen sich einige Überlegungen zur Indikation (insbesondere stationär/ambulant) und letztlich zu dem ebenfalls bedeutsamen Aspekt der Motivation zur Veränderung an.

2.1. Makro-Ebene/Verlauf der Störung

Wenn Patienten mit Zwangsstörungen zur Psychotherapie überwiesen werden und wenn sie bei einem Therapeuten ankommen, dem die Problematik bekannt und geläufig ist, haben diese Patienten zumeist schon eine lange Karriere an Behandlungsversuchen hinter sich. Rachman & Hodgson (1980) gehen von einer durchschnittlichen Dauer von 7,5 Jahren aus, in einer umfangreichen Follow-up-Studie in Windach betrug die durchschnittliche Störungsdauer mehr als 10 Jahre (Reinecker et al., 1993). In vielen Fällen muß man den Behandlungsversuchen bestenfalls demoralisierende Wirkung (Frank, 1985), im ungünstigen Fall sogar pathologisierende und aufrechterhaltende Funktion zuerkennen. Als Beispiel dafür sei eine Patientin angeführt, die seit rund 35 Jahren an ihrer Zwangsstörung litt.

Beispiel:
1954: Patientin ist 15 Jahre alt, Beginn des Zwanges (Waschen, Kontrollieren, Ängste vor Verunreinigung...)
1962: Erster Aufenthalt an einer psychiatrischen Klinik (1/2 Jahr)
1963: Ambulante psychoanalytische Therapie
1963-1968: Medikamentöse Therapie durch den Hausarzt (Art der Medikation unklar)
1976: Zweiter Aufenthalt in einer psychiatrischen Klinik (1/2 Jahr), Vorschlag zur Lobotomie (nicht durchgeführt)
1978: Psychosomatische Klinik (4 Monate), anschließende Behandlung (Medikation bei einer Fachärztin)
1982: Ambulante Therapie (Gesprächstherapie?) ca. 1 Jahr
1984: Aufenthalt in einer psychiatrischen Klinik (3 Monate)
1986/1987: Stationäre Therapie in einer Privatklinik (Orientierung unklar)
1988: Patientin wird vom sozialpsychiatrischen Dienst einer Stadt zur ambulanten Therapie in der Uni-Ambulanz vorgeschlagen.

Die Frage nach der Indikation zu stellen heißt zu klären, welche therapeutische Strategie bei einem vorliegenden Problem als zielführend angesehen werden kann; bei der gegenwärtigen gesetzlichen und Versorgungssituation hat diese Frage weitgehend akademischen Charakter: Patienten verheimlichen ihre Störung über lange Zeit hinweg und die Frage der unterschiedlichen Zu- und Überweisungsmöglichkeiten stellt sich in vielen Fällen gar nicht, weil Patienten unter anderem aufgrund der Versorgungslage zumeist lange Wartezeiten in Kauf nehmen müssen und froh sind, überhaupt einen Therapieplatz bekommen zu haben. Psychotherapeuten sehen zumeist nur einen speziellen Ausschnitt (1 oder 2 Jahre) aus dem Verlauf der Störung eines Patienten. Nach dem Ende der Therapie und günstigenfalls im Follow-up erfahren die meisten Therapeuten kaum noch, was mit diesen Patienten im weiteren Verlauf geschehen ist. In der angesprochenen Katamnese von Zwangspatienten in Windach zeigt sich, daß im Zeitraum von 3 bis 8 Jahren so gut wie alle Patienten weitere Therapien in Anspruch genommen haben; dies wirft sicher ein ganz spezielles Licht auf den abgelaufenen therapeutischen Prozeß. Erstaunlich ist unter anderem, daß nur rund ein Drittel aller weiteren Behandlungen Verhaltenstherapie waren, während sich der Rest auf das gesamte psychotherapeutische Spektrum verteilt. Wenn man den Prozeß der Indikation aus **normativer** Sicht betrachtet, so muß man wohl fordern, daß eine frühe Erfassung und entsprechende Zuweisung unabdingbar ist: Patienten mit einer kurzdauernden Pathologie haben nach übereinstimmenden Berichten der Therapieforschung deutlich bessere Prognosen, als wenn die Zwangsproblematik gewissermaßen bereits Teil des Lebens des Patienten geworden ist. Dies setzt allerdings eine Verbesserung der psychotherapeutischen Struktur ebenso voraus wie eine Optimierung der therapeutischen Kompetenzen von Fachleuten.

2.2. Stationäre versus ambulante Therapie

Die Frage einer stationären versus ambulanten Therapie von Zwängen sollte nicht anhand der Kriterien einer guten versus schlechten Therapieform und keineswegs allein anhand der Dauer oder des Schweregrades der Problematik entschieden werden. Tillmanns & Tillmanns (1992), zwei im stationären wie im ambulanten Setting bei Zwängen äußerst erfahrene Kollegen, machen sehr deutlich, daß sich die genannten Kategorien **nicht** zur Entscheidung „stationär versus ambulant" eignen. Bei der Entscheidung über das therapeutische Setting sollte ausschließlich die Frage im Vordergrund stehen, wie die Vorzüge der jeweiligen Bedingungen optimal genutzt werden können (siehe Crombach, 1992; Ecker, 1992, 1993).

Wenn man die Argumente zugunsten einer stationären bzw. einer ambulanten Therapie von Zwängen in Anlehnung an Tillmanns & Tillmanns (1992) sowie Crombach (1992) gegenüberstellt, so lassen sich für jeden Therapie-Modus unterschiedliche Argumente finden; in wohl keinem Fall wird die Situation so klar sein, daß alle Argumente in eine Richtung gehen, so daß ein sorgfältiges Abwägen der Vor- und Nachteile erforderlich ist. In der folgenden Tabelle (Tab. 1) werden einige Argumente für stationäre bzw. Argumente für ambulante Therapie angeführt. Wenn man die in der Tabelle angeführten Punkte näher betrachtet, so lassen sich verschiedene Argumente - unter Berücksichtigung spezieller individueller Bedingungen - durchaus unterschiedlich beurteilen. Probleme der therapeutischen Versorgung (z. B. im ländlichen Gebiet), finanzielle Aspekte oder auch die Untragbarkeit im familiären Kontext können durchaus so gravierend werden, daß eine stationäre Behandlung unbedingt in Erwägung gezogen werden sollte. Im Prinzip sollte man zunächst von der Möglichkeit einer ambulanten Therapie ausgehen, soweit dies einigermaßen realisierbar ist. In einer Klinik sind drastische (zumeist positive) Veränderungen durchaus nicht ungewöhnlich, weil üblicherweise gerade jene komplexen Stimuli wegfallen, die in funktionaler Hinsicht die Zwänge aufrechterhalten. Ohne eine Veränderung dieser situativen Bedingungen im natürlichen Kontext - was zumeist effizientes Selbstmanagement voraussetzt - ist kaum von einer stabilen Verbesserung der Zwangsproblematik auszugehen. Als ideal muß man wahrscheinlich ein detailliertes Ineinandergreifen stationärer und ambulanter Versorgungseinrichtungen bezeichnen, was im deutschen Sprachraum jedoch von einer Realisierung noch weit entfernt ist.

STATIONÄRE THERAPIE	AMBULANTE THERAPIE
Kontrolle der Umweltbedingungen Spezielle Aktivitätsangebote Erleichterung der Kontaktaufnahme Intensität der therapeutischen Beziehungen Medikamentöse Behandlung Möglichkeit eines Ersteinstiegs bei massiver Problematik Kurzfristige Entlastung des Patienten Erleichterung der Umgebung bei gravierenden Problemen	Zwänge sind in das natürliche Setting des Patienten eingebettet Einbezug des partnerschaftlichen und familiären Systems Notwendigkeit des Aufbaus von Alternativen im Alltag Kontinuität einer längerdauernden therapeutischen Beziehung Wegfall „künstlicher" Klinikbedingungen Geringere Probleme bei der therapeutischen Generalisierung Wegfall bzw. geringere Stigmatisierung Zumeist kostengünstigere Therapie
Insgesamt Nutzung eines intensiven und einheitlichen therapeutischen Konzeptes	**Insgesamt** Behandlung von Zwängen im funktionalen Kontext

Tabelle 1. Argumente für stationäre versus ambulante Therapie bei Zwängen

2.3. Aspekte der Motivation

Die Frage der Bereitschaft eines Patienten zur Veränderung der **funktionalen Bedingungen** der Zwangsstörung kann nicht früh genug thematisiert werden; Motivation bezeichnet dabei die Tatsache, daß ein Patient vom Beginn der Therapie an Schritte in Richtung auf die Erreichung eines vereinbarten Zieles (s. unten) unternimmt.

Therapeuten ist hinlänglich bekannt, wie schwierig die Frage der Motivation bei Zwangspatienten zu sehen ist: Dabei zeigen sich enge Interaktionen mit dem Verlauf der Störung im eigentlichen therapeutischen Prozeß und mit allgemeinen Merkmalen der Zwangsstörung selbst. Wie ausgeführt, leiden Patienten mit Zwängen üblicherweise viele Jahre an ihrem Problem, bis sie eine zielführende Behandlung erhalten; jeder Behandlungsversuch stellt für den Patienten ein mühevolles Unterfangen dar, an dessen Ende in zu vielen Fällen Enttäuschung, Resignation und Hoffnungslosigkeit stehen. Dazu kommen die Vermutungen des Patienten über die Genese, über den Verlauf und über die Veränderbarkeit seines Problems, die natürlich mit bisherigen Veränderungsversuchen interagieren. Diese Vermutungen des Patienten über Veränderungsmöglichkeiten werden in der Literatur als „Health Beliefs Model" (HBM, s. DiMatteo & DiNicola, 1982) bezeichnet. Dieses HBM hängt von allgemeinen Vermutungen über die Entstehung und den Verlauf einer Störung ebenso ab wie von konkreten Erfahrungen des Patienten im Zusammenhang mit seiner Zwangsproblematik. Die bei Zwängen ebenfalls bekannte depressive Entwicklung - in etwas höherem Maße sekundär versus primär (vgl. Demal et al., 1992) trägt ebenfalls dazu bei, daß Patienten kaum noch aktive Veränderungsversuche unternehmen, sondern sich in vielen Fällen gewissermaßen in ihr Schicksal ergeben (siehe dazu das Verlaufsmodell von Hand & Zaworka, 1981).

Zu Beginn des therapeutischen Kontaktes mit Zwangspatienten geht es häufig zunächst darum, der allgemeinen **Demoralisierung** entgegenzuwirken; dieses könnte u.a. durch realistische Beispiele geschehen, durch die Vermittlung therapeutischer Kompetenz und durch den Hinweis, daß Veränderungen durchaus möglich sind. Dies sollte mit der Anleitung einhergehen, kleine und zum Teil kleinste Schritte in Richtung eines Zieles zu setzen (z.B. „Was könnten Sie tun, damit der morgige Tag für Sie etwas weniger schlimm wird als der heutige ...?" ..."Was wäre der erste Schritt in Richtung gesünderen Verhaltens ...?"). Der Abbau der Demoralisierung und die Veränderung eines zum Teil problematischen Health Beliefs Model gehen in der Regel mit der Vermittlung eines realistischen plausiblen Verständnisses für die Entstehung und für die Veränderung der konkreten Störung einher. Dies wird üblicherweise als Vermittlung eines plausiblen Modells (PM) bezeichnet (Reinecker, 1987) und beim konkreten therapeutischen Vorgehen noch aufzugreifen sein.

3. Zielklärung und Zielbestimmung

Verhaltenstherapeutisches Vorgehen zeichnet sich u.a. durch ein explizites Festlegen von therapeutischen Zielen aus; dies beinhaltet die gemeinsame Zielklärung und deren Operationalisierung auf einer verhaltensnahen Ebene. Aufgabe des Therapeuten ist es, in der Phase der Zielklärung gemeinsam mit dem Patienten nach Änderungsbereichen zu suchen und Ansatzpunkte für Veränderungen („targets") festzulegen. Wir haben an anderer Stelle (Kanfer, Reinecker & Schmelzer, 1990, Phase 4 des Prozeßmodells, sowie in Teil III, 1.5 Ziel- und Wertklärung) Details dieses therapeutischen Vorgehens sehr ausführlich erörtert, so daß für allgemeine Aspekte darauf verwiesen werden kann.

Speziell für Patienten mit Zwangsstörungen bedürfen zwei Punkte der besonderen Erörterung: Dies ist zum einen der Umstand, daß Patienten zuerst mit dem Wunsch an den Therapeuten herantreten, „ ... die Zwänge sollten weg sein ...!" Dies ist zunächst eine völlig globale und negative Zielbestimmung, die der Präzisierung bedarf (z.B.: In welcher Situation sollte der Patient welche Kontrollen durchführen ? ... Wie häufiges Nachdenken über x ist genug ...?) Darüber hinaus ist den wenigsten Patienten klar, daß es nicht nur um die „Beseitigung" von Problemen gehen kann, sondern daß gewissermaßen an die Stelle von Zwängen gesunde Denk- und Verhaltensmuster treten sollten (z.B.: Interpersonale Verhaltensweisen; berufliches und Freizeitverhalten usw.).

Zum zweiten spielen bei jeder Zielbestimmung normative Aspekte eine ausschlaggebende Rolle; diese normativen Festlegungen sind keinesfalls nur aus der Problembeschreibung (funktionale Analyse) zu gewinnen. Sehr deutlich wird dies an der banal klingenden Frage vieler Patienten, was denn „normales" Verhalten ausmacht (Beispiel: Wie oft am Tag sollte ich mir die Hände waschen? - Was ist überhaupt normales versus zwanghaftes Abtrocknen ...? - Wieviele Handtücher sind normal? - Wann ist genug kontrolliert, daß nichts mehr passieren kann?...) In der therapeutischen Interaktion geht es dabei um die Gewinnung neuer, realistischer (weniger dysfunktionaler) **Standards** für Denk- und Verhaltensmuster des Patienten. Als Therapeut besitzt man in diesem Zusammenhang eine Ankerfunktion gegenüber den Fragen des Patienten (z.B.: „Kann ich sicher sein, daß ich mich nicht anstecke und krank werde ...?" - „Zwei Handtücher sind doch normal, oder ...?" usw.).

Es geht in der therapeutischen Interaktion sicher nicht darum, die Normen und Standards des Therapeuten als gültig herauszustellen; auf der anderen Seite bilden diese Normen des Therapeuten (auch seine „Lebensphilosophie") eine Art Hintergrund, der in der konkreten therapeutischen Arbeit durchscheint. Wenn die Ziele und Normen **explizit** gemacht werden, so ist damit zumindest die Möglichkeit eines relativ rationalen Diskurses gewährleistet (es hilft wenig, so zu tun, als gäbe es solche normativ-ideologischen Komponenten nicht!). Nach meiner Auffassung sollten gerade solche normativen Aspekte in der Behandlung von Zwängen Gegenstand einer kollegialen Supervision und Reflexion sein.

4. Therapeutisches Vorgehen

Die therapeutischen effizienten Prinzipien bei der Behandlung von Zwängen sind an vielen Stellen im Detail beschrieben (Turner & Beidel, 1988; Rachman & Hodgson, 1980; Reinecker, 1991; Pato & Zohar, 1991; Mavissakalian, Turner & Michelson, 1985; Marks, 1987 ...). Auch der prinzipielle Ablauf des therapeutischen Vorgehens im Sinne eines rekursiven Stufenmodells der Intervention (Kanfer, Reinecker & Schmelzer, 1990) wird als bekannt vorausgesetzt. Erörtert werden hier einige konkrete Aspekte der Umsetzung der therapeutischen Strategien, soweit sich dies in schriftlicher Form darstellen läßt (dies ersetzt die direkte Beobachtung, das eigene schrittweise Lernen im konkreten Ausbildungsprozeß sicherlich nicht). Herauszugreifen sind (1) Aspekte der Vermittlung eines plausiblen Modells, (2) die Anleitung des Patienten zur Eigenaktivität und die Rolle der Unterstützung durch den Therapeuten (2) sowie der unabdingbare Aspekt der „Erlebens"-Therapie auf seiten des Patienten (3).

4.1. Vermittlung eines plausiblen Modells

Zu Beginn der Therapie stehen Patienten mit Zwängen dem Problem zumeist verständnislos gegenüber; oft schämen sie sich ihrer Gedanken, Gefühle und Handlungen. Durch den Verlauf der Störung, durch die Verständnislosigkeit von Familie, Umwelt und sogar innerhalb des professionellen Systems entsteht nicht selten ein bizarres, chronisch verfestigtes Störungsbild. Patienten kommen deshalb **nicht** nur mit dem direkten Wunsch nach einer Veränderung zur Therapie: Im Vordergrund steht für Patienten zumeist die quälende Frage „Warum habe ich diese Störung?" ... „Das ist doch alles verrückt, muß ich in eine Klinik ...?" ..."Warum bin ich so geworden, warum muß ich dauernd an Dinge denken, die mich ängstigen und an die ich gar nicht denken will ...? usw.

Aufgabe des Therapeuten ist es, diese Fragen ernst zu nehmen und gemeinsam mit dem Patienten zu versuchen, aus klinisch-psychologischer Sicht ein plausibles Verständnis für die Problematik zu finden. Idealerweise greifen die idiographischen/biographischen Schilderungen des Patienten (bzw. die Beobachtung der Störungsmerkmale) und die klinisch-psychologischen Erklärungsansätze vor dem Hintergrund bewährter theoretischer Modelle ineinander wie im Bild eines Reißverschlusses: Mit dem Fortschreiten der Exploration wird dem Therapeuten Information aus der Biographie geliefert, und der Patient lernt anhand der Fragen des Therapeuten, anhand sparsamer Andeutungen und Erklärungen anders, d.h. in psychologischer Sprache über sein Problem zu denken. Dieses Vorgehen ist nicht nur im Sinne der Förderung von Selbsthilfe-Kompetenzen höchst angezeigt, es erscheint auch ein Gebot der Ethik, psychologische Modelle transparent zu gestalten und für einen Patienten nutzbar zu machen. Es erscheint völlig klar, daß diese Vermittlung eines plausiblen Modells für die Therapie keineswegs hinreichend ist (verschiedene für ihn selbst plausible Modelle hat der Patient möglicherweise im Rahmen von einzelnen Therapieversuchen bereits bekommen). Die Vermittlung des plausiblen Modells ist bildlich gesprochen zu sehen wie ein ausgestellter Scheck: Er bedarf der Einlösung durch therapeutische Schritte, anhand derer der Patient im günstigsten Falle Richtigkeit des die Modells prüfen kann (auf der anderen Seite leitet das Modell auch zu den einzelnen Schritten an, z.B. zur Konfrontation, zur Auseinandersetzung mit schwierigen Situationen usw.).

4.2. Eigenaktivität des Patienten/Unterstützung durch den Therapeuten

Der Patient sollte möglichst frühzeitig im therapeutischen Prozeß **aktiv** an der Veränderung beteiligt sein; dies kann zunächst durch Bereitstellen von Information, durch aktive Selbstbeobachtung und Datensammlung in die Wege geleitet werden (Beispiel: „Könnten Sie bitte versuchen zu beobachten, welche Gedanken Ihnen vor, während und nach der Durchführung eines Rituals durch den Kopf gehen, was Sie dabei tun und fühlen ..."). Als günstig stellt es sich heraus, mit dem Patienten gemeinsam ein einfaches Selbstbeobachtungs-Schema zu entwerfen:

Schema zur Selbstbeobachtung		
Situation	**Zwangsritual**	**Folge der Rituale**
Uhrzeit Datum anwesende Personen	begleitende Gedanken Ausmaß der Angst Unruhe	Abbruch Reduktion von Unruhe usw.

Anhand eines solch einfachen Schemas wird dem Patienten auch die **funktionale** Sichtweise seiner Probleme vermittelt. Er lernt zu sehen, daß Zwänge nicht **immer** vorhanden sind, daß sie stärker oder schwächer beeinträchtigen können und daß er selbst in der Lage ist, sie zu verzögern oder anzuhalten. Dies schafft für den Patienten zumeist eine erste Perspektive der Veränderbarkeit seiner verfahrenen Situation.

Auf der Grundlage einer detaillierten Selbstbeobachtung und Verhaltensanalyse läßt sich zumeist eine grobe **Hierarchie** zu bewältigender Situationen erstellen; eine solche Abstufung in gefürchtete Situationen und Handlungen kann für den Patienten auf einer subjektiven Skala (20, 40, 60, 80, 100) erfolgen und schafft eine erste Differenzierung zwanghafter Denk- und Verhaltensmuster (als Beispiel dafür sei die Angsthierarchie und die Hierarchie der Zwänge einer Patientin (Frau M.) angeführt).

Für Zwecke der Praxis braucht die Hierarchie m.E. nicht übermäßig exakt zu sein, zum einen, weil es sich um jeweils sehr subjektive Einschätzungen handelt, und zum anderen, weil die Einschätzungen starken situativen Schwankungen unterliegen. Die Hierarchie hat allerdings die Funktion, konkrete Ansatzpunkte für eine Änderung zu finden und festzulegen; dabei sollte es dem Patienten immer selbst überlassen werden, welche Items er als relevant ansieht und an welchem Punkt er in den nächsten Tagen ansetzen möchte (selbstgesteckte Ziele sind eine wichtige Quelle der Motivation!).

Eigenaktivität des Patienten und Unterstützung durch den Therapeuten sind als Pole auf einem Kontinuum zu sehen. Manche der Aufgaben kann der Patient möglicherweise allein bewältigen, bei anderen benötigt er durchaus die Unterstützung des Therapeuten. Da der Prozeß der Bewältigung (Abnahme von Angst und Unruhe) in gefürchteten Situationen üblicherweise viel Zeit verlangt, ist es sehr wichtig, als Therapeut diese Zeit auch aufzubringen (z.B. Übungen bei Patienten zu Hause, die einen ganzen Nachmittag benötigen usw.).

In der Therapie mit Zwangspatienten erscheint es mir unabdingbar, daß der Therapeut das Setting des Therapiezimmers (Klinik etc.) verläßt und sich mit dem Patienten in diejenige Situation begibt, die üblicherweise den Auslöser für Zwangsrituale bildet (Straßen, Verkehr, Keller oder Dachboden beim Patienten zu Hause, bestimmte Geräte usw.). In vielen Situationen, die ein Üben im häuslichen Setting erforderlich machen, ist es äußerst ratsam, einen gleichgeschlechtlichen Cotherapeuten (Cotherapeutin) zur Verfügung zu haben, um problematische Situationen erst gar nicht aufkommen zu lassen (z.B. Aufsuchen der Toilette, Duschen etc.). Innerhalb eines therapeutischen Teams ist dies in der Regel problemlos realisierbar.

Ein Verzicht auf die Übungen zu Hause (allgemein: in der für den Patienten problematischen Situation) ist aus meiner Sicht nicht zu rechtfertigen; hier handelt es sich in vielen Fällen eher um die Bequemlichkeit und Unsicherheit des Therapeuten als um Probleme der konkreten Realisierbarkeit. Man sollte aber auch nicht von einem Mißtrauen dem Patienten gegenüber sprechen, wenn man als Therapeut darauf besteht, bestimmte

Handlungen in der natürlichen Situation zu beobachten: Patienten nehmen aufgrund ihrer Behinderung sowohl ihre Probleme als auch die konkrete Situation jeweils verzerrt wahr, so daß die direkte Beobachtung in der natürlichen Situation der wichtigste Weg der Informationsgewinnung sowie der Validierung der therapeutischen Veränderung darstellt.

Rollos öffnen und schließen ohne Händewaschen	Wäschespinne benutzen	T-Shirt nicht gewaschen (waschen, bügeln)	2 T-Shirts tragen (waschen, bügeln)	2 T-Shirts behalten
Türgriffe, Wasserhähne berühren ohne Tempos und Händewaschen, Kommoden... (nach Desinfektion müde!)	Briefumschlag und -papier benutzen	Blusen (neben T-Shirt im Schrank tragen (s.o.)	Holzablage putzen	Holzablage benutzen
	Kleidung (mit Fusseln gewaschen tragen)	rote Seidenbluse anziehen (s.o.)	Bügeln mit Bügeleisen	Schuhe mit Katzenschleim tragen, Schnürsenkel binden
Kontakt mit Katzen (Hände, Kleidung, Schuhe)	"saubere" Kleidung im Alltag tragen	auf der Tischdecke im Speisezimmer schreiben	Bügeln auf diesem Bügelbrett	Wolle verwenden oder verwenden lassen
	Kontakt mit Oma ohne Händewaschen	ins Zimmer mit Schimmelpilzen gehen (mit "saubererer" Kleidung, etwas berühren, hinsetzen)	Kleidung aus dem Urlaub anziehen (waschen/bügeln)	Schuhe vor dem Putzen benutzen
		Kleidung, die auf den Boden gefallen ist, wiederbenutzen	Wäsche ohne Zwischenwäsche waschen, mehrere Teile zusammen	d. Handtücher benutzen (Wegwerfen möglich?)
		Autositze ohne Abdeckung benutzen	Tasche mit Pilzen tragen (Lacktasche)	die Kleidung in den Säcken tragen
		Kontakt mit Wäsche von Doris, Mutter	Kontakt mit Krebskranken, Menschen mit vielen Muttermalen, MS, Parkinson etc./indirekt/ direkt	Teile im Fernsehzimmer berühren (Schrank, Bild, Teppichboden, "Staub")

Tabelle 2. Beispiel einer Hierarchie von Situationen und zwanghaften Handlungen

Die Konfrontationsübungen mit den Patienten und die Reaktionsverhinderung verlangen eine tragfähige therapeutische Beziehung ebenso wie eine sensible Selbstreflexion dieses zum Teil emotional dichten Interaktionsprozesses. Aus der Sicht der Praxis sollten ein paar wichtige Hinweise vermerkt werden:

- Der Patient sollte weder überrascht noch ausgetrickst werden; durchgeführt werden die Übungen, die vorher im Detail besprochen wurden, diese jedoch so konsequent wie möglich.
- Dem Patienten sollte zugesichert werden, daß er die Situation verlassen **kann**, daß dies aber nach der vorherigen Absprache nicht im Sinne der Therapieziele ist.
- Der Patient sollte nur mit Situationen konfrontiert werden, die er selbst für sinnvoll hält und die sich auch der Therapeut prinzipiell zumuten würde (hier eröffnet sich ein sehr ergiebiges und sinnvolles Betätigungs-Feld für das Thema Selbsterfahrung von Verhaltenstherapeuten!).
- Reaktionsverhinderung darf weder physische noch psychische Gewalt (z.B. Drohung des Abbruchs der Therapie) einschließen; in der Regel reicht als Reaktionsverhinderung allerdings der Hinweis auf das therapeutische Ziel und die Anwesenheit des Therapeuten aus.
- Die Literatur zum Thema massierter versus verteilter Übungen ist heterogen: Nach meiner Erfahrung braucht Veränderung eine gewisse **Zeit**, die man einem Patienten auch zugestehen sollte. Dies gilt sowohl für die Verteilung der einzelnen Sitzungen als auch für die Dauer eines gesamten Therapieprozesses.

Das Herangehen an die ersten Übungen verlangt oft ein hohes Maß an **Ermutigung** des Patienten - und ein entsprechendes **Vertrauen** des Patienten dem Therapeuten gegenüber. Verbale und emotionale Unterstützung („Ich denke, Sie werden's schaffen, probieren Sie's, ich helfe Ihnen ...!") ist hier ebenso unabdingbar wie entsprechende **Verstärkung** des Patienten für seine Bemühungen („sehr gut, ich finde es sehr wichtig, daß Sie's versucht haben ..."!). Zu diesem Aspekt der Ermutigung gehört auch die Information an den Patienten, daß seine Angst und Unruhe im Verlauf der Konfrontation ansteigen werden, daß dies zum Teil unangenehm sein wird, aber daß dies der einzige Weg ist, sich mit schwierigen Situationen auseinanderzusetzen (zumeist berichten Patienten im Anschluß an die Konfrontationsübungen, daß dies nicht **so** schlimm war, wie sie erwartet oder vermutet hätten).

Viele Patienten haben sehr große Schwierigkeiten, wenn sie erfahren, daß die Therapie auch das Aufsuchen schwieriger Situationen in Begleitung ihres Therapeuten beinhaltet; Gefühle der Scham, Angst vor Blamage oder auch Unsicherheit, wie dies den Eltern, Freunden, Nachbarn gegenüber erklärt werden sollte, spielen hier eine sehr große Rolle. Wenn dem Patienten die Notwendigkeit der Behandlung in der natürlichen Umgebung früh genug und deutlich genug vermittelt wird, so lassen sich entsprechende Bedenken zumeist zerstreuen. In denjenigen Fällen, wo dies nicht möglich ist, steht man auch als Therapeut vor der Alternative,
a) die Therapie abzubrechen (dies ist m.E. durchaus verständlich und zu rechtfertigen), oder
b) dem Patienten auf die Grenzen der Therapie hinzuweisen, in der die wesentlichen Elemente nicht durchgeführt werden können.

4.3. Erlebens-Therapie

Vielen Patienten - nicht nur im Bereich der Zwangsstörungen - wäre es sicherlich am liebsten, in der Therapie würde „irgend etwas" passieren, und sie wären nachher von ihrem Problem befreit. „Therapien, die diesem Vorgehen anhängen, z.B. Hypnose und ähnliche Verfahren, erfreuen sich u.a. deswegen entsprechender Beliebtheit und eines von der Effektivität her nicht zu rechtfertigenden Zulaufs. Gerade wenn es um Ängste und Zwänge geht, ist dies unmöglich: Foa & Kozak (1986) bzw. Rachman (1980; 1990) haben sehr deutlich gemacht, daß ein therapeutischer Änderungsprozeß eine emotionale Verarbeitung („emotional processing") verlangt. Dies läßt sich an der Skizze des Verlaufs von Angst und Unruhe bei der Konfrontation und Reaktionsverhinderung verdeutlichen (Abb. 1).

Im Verlaufe des therapeutischen Änderungsprozesses muß sich der Patient mit den für ihn schwierigen Situationen auseinandersetzen und erleben (in der ganzen Breite des Begriffes), daß die von ihm erwarteten

Befürchtungen nicht eintreten. Gerade bei religiösen und ähnlichen Zwängen, im Rahmen der Thematik einer Verantwortung und Schuld etc. verlangt dies eine radikale Umstellung des bisherigen (dysfunktionalen, nicht unbedingt pathologischen!) Glaubenssystems des Patienten. Er kann die Ungefährlichkeit der Situation (bzw. seine Gedanken, Handlungen etc.) nur **erleben**, wenn er sich auf die Situation einläßt (gewissermaßen, „eintaucht"). Eine „Therapie" nach dem Prinzip: „Wasch mich, aber mach mich nicht naß!" ist nicht nur nicht hilfreich, sondern führt im Sinne der bisherigen Vermeidungsstrategien des Patienten zu einer weiteren Stabilisierung der Zwangsstörung bis hin zur Chronifizierung.

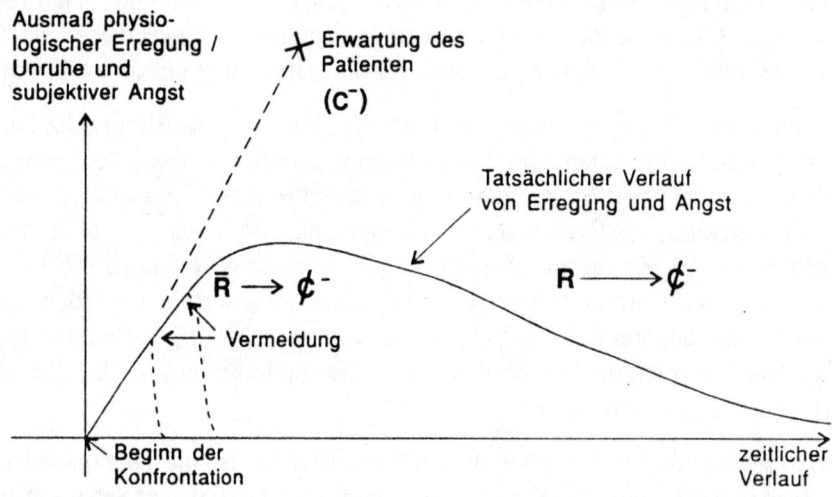

Abbildung 1. Skizze für den Ablauf von Angst/Unruhe bei der Konfrontation bzw. Vermeidung der Situation.

Was heißt nun: „Erleben"?
Auf der **kognitiven** Ebene bedeutet dies die Umstrukturierung der Erwartungen des Patienten, d.h., er macht die konkrete Erfahrung, daß die von ihm befürchteten Ereignisse nicht eintreten (z.B. Brand des Hauses bei einem Kontrollzwang). In vielen Fällen dauert bereits diese kognitive Umstrukturierung recht lange Zeit, weil die vom Patienten befürchteten Katastrophen weit in der Zukunft liegen (z.B. Krankheitsängste) oder äußerst vage bleiben (z.B. Versündigungsängste).
Auf der **physiologisch-emotionalen** Ebene bedeutet Erleben die konkrete Erfahrung, daß die Konfrontation zwar mit genau der Unruhe (anxiety/discomfort) verbunden ist, die er durch seine Rituale bisher vermieden oder beendet hat, daß dieser äußerst aversive emotionale Zustand aber auch dann abnimmt, wenn er die Zwangsrituale unterläßt (und ein „normales" Leben führt).
Auf der **Verhaltens-Ebene** heißt Erleben, daß der Patient neue Erfahrungen macht, wenn er neue - d.h. zum Zwang alternative - Verhaltensmuster in Gang setzt. Die zwanghaften Verhaltensmuster waren im Sinne paradoxer Reaktionen stabilisiert: schädigend, unangenehm, aber ohne echte Alternative. Der Verzicht auf zwanghafte Verhaltensmuster verlangt - dies wurde bei der Zielklärung bereits angesprochen - den Aufbau von neuen, gesunden Verhaltensmustern. Dies erweist sich als um so schwieriger, je länger die Pathologie der Zwangsstörung etabliert war - der Patient muß in diesem Sinne ein neues Verhaltensrepertoire lernen und einüben.

5. Wirkprinzip

Die Frage nach dem Wirkprinzip zu stellen, heißt nach theoretischen Erklärungen für therapeutische Veränderungen zu suchen. Hier sollen nicht die bekannten theoretischen Erklärungsansätze für das Prinzip von Exposition und Reaktionsverhinderung wiederholt werden (s. dazu Kimble, 1961; Reinecker, 1987; Rachman & Hodgson, 1980; usw.). Diese Prinzipien sind von höchster Bedeutung, zeigen sie uns doch, daß therapeutische Veränderung nicht dem Zufall überlassen werden muß, sondern daß es Regeln gibt, die erlernbar und zielführend anwendbar sind.

Wenn man auf die aus Sicht des Patienten bedeutsamen Wirkprinzipien eingeht, so handelt es sich vermutlich um eine Kombination der in Abschnitt 4.3 angesprochenen Prinzipien des **Erlebens** mit den individuellen und biographisch einmaligen Merkmalen eines therapeutischen Verlaufsprozesses. Ohne Anspruch auf Vollständigkeit seien hier einige solche Merkmale genannt (Frau L.M. hat in einem sehr persönlichen Beitrag in der Zeitschrift „Psychomed" (1992) die Befreiung von einem 25 jährigen Zwang im Verlaufe einer Therapie sehr eindringlich, lebhaft und engagiert geschildert).

- Als ein erstes Merkmal wird von fast allen Patienten die Tatsache genannt, daß sie zu einem **kompetenten Therapeuten** gelangt sind; allein der Umstand, daß Hilfe prinzipiell möglich ist - jenseits aller pessimistischen Erlebnisse und Prognosen - ist für viele Patienten ein wichtiger Motivationsschub, Therapien in Angriff zu nehmen und sich auf einen Änderungsprozeß einzulassen.

Dieser erste Schritt beinhaltet gewissermaßen das Aufheben von Demoralisierung, in der der Patient lange Zeit gefangen war. Ein Patient hat dies einmal so ausgedrückt: „Ich war lange Zeit im Dschungel meines Zwanges gefangen, und ich habe mir mit der Zeit einen Weg durch das Dickicht geschlagen. Manchmal - wie in einem Film - weichen die dichten Blätter zurück, und ich sehe Licht am Ende des Dschungels ...!".

- Konkrete **Strategien des Umlernens** sind nicht hoch genug einzuschätzen; Patienten lernen, sich mit denjenigen Situationen auseinanderzusetzen, die ihnen Schwierigkeiten bereiten. Frau L.M. (1992): „Dann geht es nach dem Motto: „Jetzt erst recht!" Das heißt, ich muß in die (eigentlich immer schmutzige) Telefonzelle, dort ordentlich Kontakt aufnehmen mit dem Hörer, dem abgegriffenen Telefonbuch usw. Da darf ich dann im Lebensmittelgeschäft den Einkaufswagen nicht nur vor mir herschieben, nein, ich stütze mich mit dem Unterarm auf den Griff ..." „... Ich habe gelernt, wieder eine Haltestange im Bus anzufassen, was vorher undenkbar gewesen wäre (abgesehen davon, daß ich keine öffentlichen Verkehrsmittel mehr benutzen konnte)." (S. 230)
- **Kognitive Umstrukturierungen** im Sinne der von Frau L.M. angesprochenen veränderten Einstellung: „Ich habe es zuwege gebracht, fremde Toiletten zu benützen, mit dem Gedanken im Kopf: Ich lasse mich vom Schmutz nicht tyrannisieren" oder „Ich lächle sie alle an, die ungeputzte Türklinke, den Urinspritzer am Klo" (1992, S.231).
- Konkrete therapeutische **Übungen**, die genau jene veränderte gedankliche Umstrukturierung und den Umlernprozeß in Richtung „gesunder" Verhaltensmerkmale in Gang setzen; in geradezu optimaler Weise schildert L.M. solche „Übungsausflüge: in Straßenbahnen, Lebensmittelgeschäfte, in meine Wohnung, ins Kaffeehaus, in die von Fremden vollgestopfte Innenstadt, in den Bahnhof, Toiletten, Telefonzellen (Nie hätte ich mir zugetraut, eine solche jemals betreten zu können. Kürzlich habe ich, weil ich Anrufe erledigen mußte, fast eine halbe Stunde in einer schmuddeligen Telefonzelle verbracht. Es war nicht selbstverständlich für mich, aber es war ein Erfolgserlebnis)" (1992, S. 232).

Therapeutische Übungen, neues Verhalten, schafft der Patientin Freiraum, ein verändertes Verhaltensrepertoire beinhaltet ein verändertes Selbstkonzept eines schließlich gesünderen, normaleren Menschen.

- Als wichtiges Wirkprinzip muß auch die **Veränderung von Emotionen** angesehen werden: Dies beinhaltet insbesondere die Wahrnehmung eigener Gefühle und deren Ausdruck (z.B. Ärger, Aggression ...). Sich dies wieder zu erlauben macht zwanghafte Kontrollen überflüssig. Für viele Patienten ist auch das Erschließen neuer, positiver Emotionen von höchster Bedeutung: Die Wahrnehmung von Musik, von Blumen, Gemälden, Gerüchen etc. öffnet dem Patienten eine Welt, von der er wie durch einen eisernen Vorhang getrennt war. Ein neuer veränderter Umgang mit eigenen Gefühlen, der Ausdruck der Umgebung gegenüber führt zum neuen Genußerleben und zu einer Freiheit, von der der Patient zu Beginn der Therapie oft nur träumen konnte.

Speziell die Ausführungen über Wirkmechanismen der Notwendigkeit von Erlebens-Therapie sollten verdeutlichen, daß Therapie bei Zwangsstörungen in hohem Maße flexibel und kreativ gehandhabt werden sollte. Wichtig erscheint mir allerdings, daß konkrete Strategien im Sinne eines therapeutischen Gesamtkonzeptes stehen, daß für Therapeuten vor deren klinisch-psychologischem Hintergrund und für die Patienten vor dem Hintergrund ihres therapeutischen Prozesses klar ist, welche Rolle und Funktion therapeutische Übungen und Elemente besitzen. Frau L.M. (1992) spricht in ihrem Therapiebericht viele dieser Punkte an, von Musik, Tanz, Spiel, Singen, Meditation bis hin zu einem Spaziergang über eine Blumenwiese ...

6. Barrieren: Schwierigkeiten in der Therapie bei Zwangsstörungen

Die therapeutische Behandlung von Zwängen gilt seit langem als sehr schwierig; dabei hat sich die Situation für die Patienten seit der Entwicklung verhaltenstherapeutischer Verfahren (Meyer, 1966) doch ganz deutlich verbessert. Gerade bei der Behandlung von Zwängen wäre es allerdings höchst einseitig, wollte man dem Problem der Mißerfolge nicht gebührend Beachtung schenken (Foa, 1979; Foa & Emmelkamp, 1983). In dieser kurzen Übersicht kann es nur darum gehen, einige bedeutsame Schwierigkeiten bei der Behandlung anzusprechen, um Therapeuten dafür besonders zu sensibilisieren. Viele Probleme, auch in der Behandlung von Zwangspatienten in der therapeutischen Praxis, werden in der Literatur ausgiebig diskutiert (vgl. Crombach, 1992; Ecker, 1992; Reinecker, 1991).

6.1. Therapeutische Ausfälle im Makro-Bereich

Wenn man den Verlauf des therapeutischen Prozesses berücksichtigt, so ist festzuhalten, daß man in unterschiedlichen Stadien des Therapieverlaufs mit folgenden Ausfallsquoten zu rechnen hat (die Schwankungen in den Angaben beziehen sich auf die verschiedenen Studien):
5 - 25% der Patienten **verweigern** eine Therapie trotz gegebener Indikation.
0 - 12% sind als **Ausfälle** zu klassifizieren, d.h. als Patienten, die die Therapie vor deren geplantem Ende abbrechen.
15 - 40% müssen als **Mißerfolge** im engeren Sinne angesehen werden, d.h., hier erfolgt keine deutliche Besserung auf unterschiedlichen Meßebenen.
20 - 30 % der Patienten erleiden im Zeitraum von ein bis zwei Jahren einen Rückfall.
Neben diesen Überlegungen im Kontext von Therapiestudien geht Marks (1987; 1993) davon aus, daß nur rund ein Viertel aller Patienten Zugang zum System der professionellen therapeutischen Versorgung finden. Angaben über die Effektivität von Therapien sind damit auch vor diesem Hintergrund als ausgesprochen relativ zu bewerten. Die angeführten Ausfallsquoten aus Therapiestudien weisen auf Probleme im Mikro-Bereich hin, die einer detaillierten Betrachtung bedürfen (Motivation; Erwartungen des Patienten; nosologische Aspekte usw.)

6.2. Mikro-Bereich

Als einer der Gründe der Behandlungsschwierigkeit - in vielen Fällen eines Mißerfolges oder eines therapeutischen Abbruchs - muß die extreme Stabilisierung der Zwangsproblematik im Repertoire des

Patienten gesehen werden. Viele der zwanghaften (und für den Patienten behindernden) Denk- und Verhaltensmuster sind im höchsten Maße automatisiert, so daß der Patient im Grunde keine Kontrolle mehr darüber besitzt. Aufgabe des Therapeuten ist es, in dieser Situation durch gezielte Gesprächsführung und Hinlenkung auf Detail-Merkmale der Problematik zu einer kontrollierten Informationsverarbeitung anzuregen. Erst damit ist für den Patienten der Einstieg in die Veränderung möglich (Shiffrin & Schneider, 1977; 1984; Schneider & Shiffrin, 1977).

Anzuführen ist in diesem Kontext natürlich auch, daß zwanghafte Verhaltens- und Denkmuster im Leben eines Patienten multiple Funktionen besitzen: Solche Funktionen reichen von einer Kontrolle von Angst und Unruhe durch neutralisierende Gedanken bis hin zur Funktion von z.T. bizarren Zwangsritualen im partnerschaftlichen und sozialen Kontext (Beispiel: Eine Patientin mit einem jahrzehntelangen Waschzwang ließ sich täglich von ihrem Mann unter der Dusche waschen ...). Diese verzahnten Funktionen von Zwängen im Einzelfall (Wolpe, 1986) zu analysieren und in der Therapie zu berücksichtigen ist zentrale Aufgabe der Therapie.

6.3. Therapeutischer Ansatzpunkt

Zwangsstörungen sind häufig mit anderen psychopathologischen Problemen verbunden; von herausragender Bedeutung sind depressive Zustände, die auch in der Literatur ausgiebig diskutiert werden (vgl. Demal et al. 1992). Daneben gibt es eine Reihe (nach B. Freund, 1991 rund 10 % aller Fälle) sogenannter „atypischer Zwänge", d.h. von Störungsbildern, die man als klassische Mischform anzusehen hat.

Zu Beginn einer therapeutischen Intervention mag zwar die Zwangsproblematik im Vordergrund stehen (sie ist für den Patienten möglicherweise besonders hinderlich), für die Therapieplanung stellt sich allerdings immer die zentrale Frage nach dem therapeutischen Ansatzpunkt. Sollten dies die Zwangsrituale sein, die depressive Verstimmung und Inaktivität der Patientin oder die interpersonalen und sozialen Probleme des Patienten? Alles gleichzeitig? Oder noch weitere Probleme, an die man noch gar nicht gedacht hat?

Ich möchte an dieser Stelle dafür plädieren, Verhaltenstherapie bei Zwängen als **kontrolliertes** Prüfen von Hypothesen zu sehen: Hypothetische Bedingungsmodelle sind keine „richtigen" Abbilder der Realität, sie sind begründete Vermutungen über komplexe Zusammenhänge, und es wäre unsere Aufgabe, die Richtigkeit dieser Zusammenhänge zu prüfen. Im Sinne dieses kontrollierten Prüfprozesses sind auch sogenannte Irrwege oder mißlungene Ansätze durchaus positiv zu sehen: Zu wissen, daß etwas nicht funktioniert, ist sowohl für den Patienten als auch für den Therapeuten als ein Fortschritt zu sehen. Dem Patienten gegenüber versuche ich jeden der therapeutischen Schritte als Ansatz, als Schritt heraus aus seiner Problematik darzustellen. Wenn Patienten dann berichten, „... daß etwas überhaupt nicht funktioniert hat ... ‟ oder „... daß die Problematik noch schlimmer geworden ist ...", hat man als Therapeut die Möglichkeit, dem Patienten sinngemäß zu sagen: „Was können wir daraus lernen ...?". Dieses Vorgehen befreit Patienten und Therapeuten von einem zumeist sehr hinderlichen Erfolgsdruck („Das ist die letzte Chance ... , das muß funktionieren ..."!) und verweist auf den Umstand, daß wir aus allen möglichen Situationen - auch aus Mißerfolgen - eine Menge lernen können.

7. Kontraindikationen

Ebenso wie bei der Darstellung von Indikationen zur Verhaltenstherapie bei Zwangsstörungen sollte man Kontraindikationen nicht absolut sehen. Es gibt allerdings einige Hinweise, die uns Therapeuten stutzig machen müssen und wo wir unter Umständen überlegen sollten, von einer therapeutischen Intervention abzusehen. Ein solcher Verzicht auf eine direkte Behandlung der Zwangsstörung beinhaltet eine Reflexion von Alternativen zu einer therapeutischen Veränderung. Einige dieser Möglichkeiten sollen kurz angesprochen werden.

7.1. Unklarheit therapeutischer Ziele und Problematik der Motivation

Als Therapeuten gehen wir zumeist davon aus, daß sich Patienten mit dem Wunsch nach einer **Veränderung** ihrer Problematik in Therapie begeben. Dies ist durchaus oft, aber keineswegs immer der Fall: Patienten brauchen unter Umständen eine Bestätigung, daß nichts zu verändern ist, daß andere Personen für ihre Problematik verantwortlich sind und dergleichen mehr.

Gerade Patienten mit Zwängen sind einer Veränderung gegenüber zumeist sehr ambivalent („ ... soll ich - oder sollte ich nicht ... ?"). Als Therapeut sollte man sich unter keinen Umständen in einen Machtkampf mit dem Patienten einlassen und versuchen, die Probleme gewissermaßen gegen den Patienten zu verändern (der Patient sitzt hier immer am längeren Hebel!). Solange nicht eindeutig klar ist, daß der Patient ernsthaft an einer Veränderung interessiert ist und daß er auch bereit und in der Lage ist, selbständig Schritte der Veränderung in Kauf zu nehmen, sollte von einer Therapie sicherlich abgesehen werden. Ähnliches gilt klarerweise für Patienten, die durch Partner, Eltern etc. zur Therapie gedrängt werden; unabdingbar ist es hierbei, die **Funktionalität** der Problematik genau zu berücksichtigen und in die Therapieplanung mit einzubeziehen.

7.2. „Overvalued ideas"

Bei der Behandlung von Patienten mit Zwängen zeigt sich, daß manche Personen die Inhalte ihrer Zwänge für ausgesprochen realistisch und zutreffend halten (vgl. Foa, 1979). Bei diesen Patienten ist somit der in den Kriterien aufgeführte Aspekt der Einsicht in die Sinnlosigkeit der Gedanken und Handlungen nicht oder nur zum Teil gegeben. Man könnte sich die Sache sehr einfach machen und diese Patienten entweder als „atypische" Zwänge oder sogar als eine spezielle Form der Zwangsstörungen bezeichnen, bei der klassische Behandlungsverfahren nicht indiziert sind. Man muß sicher feststellen, daß eine Behandlung mit Exposition und Reaktionsverhinderung bei diesen Patientinnen und Patienten nicht angezeigt ist, solange die Patienten an zentralen Beliefs festhalten (zumindest handelt es sich um unkonkrete oder auf die Zukunft bezogene Befürchtungen, die nur sehr schwer zu widerlegen sind). Exposition und Reaktionsverhinderung wäre aus der Sicht des Patienten sogar gefährlich, weil damit für ihn echte Gefahren (z.B. Krankheit, schuldhaftes Verhalten) geradezu heraufbeschworen würde. Manche der Patienten lassen sich vordergründig auf die Behandlung ein, schieben aber dem Therapeuten die Verantwortung für entsprechende Kontrollen zu und vermeiden dadurch die oben angesprochene emotionale Auseinandersetzung mit den Inhalten ihres Zwanges. Einen gewissen Ausweg bietet möglicherweise eine stark kognitiv orientierte Komponente der Zwangsbehandlung, nämlich der Versuch einer rationalen/realistischen Einschätzung der Befürchtungen (Salkovskis, 1989; Salkovskis & Kirk, 1989; Lakatos, 1993). Bei dieser kognitiven Komponente wird zum einen die Wahrscheinlichkeit der befürchteten Katastrophe im Detail erörtert; zum anderen sollte eine Umstrukturierung der für Zwangspatienten typischen Einstellungen von Verantwortlichkeit und Schuld (also der **Bedeutungen**) erfolgen. Diese kognitiven Therapiestrategien beruhen im Grunde auf älteren Vorschlägen von Lewis (1936). Allein dadurch, daß der Patient dies **explizit** tut, werden seine Beliefs der Veränderung prinzipiell zugänglich. Auch wenn erste Ansätze dazu durchaus erfolgversprechend sind, ist bei der Behandlung von Patienten mit „overvalued ideas" große Vorsicht geboten.

7.3. Mängel an Alternativen

Therapie sollte nicht als reines Training im Verlernen dysfunktionaler Denk- und Verhaltensmuster gesehen werden; gerade die Arbeit mit Zwangspatienten erfordert oft eine so grundlegende Umstrukturierung, daß man an den Aspekt einer Persönlichkeitsänderung denken könnte (den Begriff halte ich aus anderen Gründen dennoch für unangebracht). Therapie verlangt aber die Angabe von gesunden Alternativen im emotionalen, kommunikativen und interpersonalen Bereich. Dies gestaltet sich m.E. deshalb oft als äußerst schwierig, weil Personen oft jahre- oder jahrzehntelang als „Patienten" gelebt und **gesunde** Anteile verkümmern haben lassen (siehe dazu den eindringlichen Bericht der Patientin L.M., 1992).

Gerade in der stationären Therapie steht man häufig vor dem Problem, daß sich Patienten in der Klinik sehr wohl fühlen, daß ihre Zwänge keine Rolle spielen oder zumindest stark im Hintergrund stehen, so daß sich die Frage einer Veränderung (bzw. der Motivation dazu) gar nicht stellt. Dies war auch einer der Gründe, die zugunsten einer ambulanten Therapie sprechen: Hier gilt es, die entsprechenden Bedingungen zu identifizieren, zu verändern und ein weniger behindertes - vielleicht sogar gesundes Leben zu erlernen und zu erproben. Im therapeutischen Kontext steht man allerdings nicht selten vor der Schwierigkeit, daß die Entwicklung von gesunden Alternativen aus sozialen, ökonomischen, interpersonalen oder psychologischen Gründen unmöglich erscheint; diese Grenzen zu sehen, zu respektieren und zu akzeptieren ist für Therapeuten mit einem unbedingten Anspruch auf Veränderung oft schwierig, in der Behandlung von Patienten mit Zwangsstörungen aber meiner Ansicht nach unabdingbar.

Literatur

American Psychiatric Association (Eds.) (1987). Diagnostic and Statistical Manual of Mental Disorders, Third Edition Revised (DSM III-R). Washington, D.C., American Psychiatric Press.

Beech, H.R. (Ed.). (1974). Obsessional States. London: Methuen.

Crombach, G. (1991). Die Behandlung von Zwängen aus der Sicht der psychiatrischen Praxis. Psychomed, 3. Jahrgang, Heft 4, 235-238.

Demal, U., Lenz, G., Mayrhofer, A., Zapotoczky, H.G. & Zitterl, W. (1992). Zwangskrankheit und Depression: Retrospektive Untersuchung über den Langzeitverlauf. In: Zeitschrift Verhaltensmodifikation & Verhaltensmedizin, 13. Jg., Heft 1 & 2, 71-85.

DiMatteo, M.R. & DiNiccola, D.D. (1982). Achieving patient compliance. New York: Pergamon Press.

Ecker, W. (1991). Probleme der Verhaltenstherapie von Zwängen im stationären Setting. Psychomed, 3. Jahrgang, Heft 4, 239-246.

Ecker, W. (1993). Die stationäre Behandlung von Patienten mit Zwangsstörungen. Praxis der klinischen Verhaltensmedizin und Rehabilitation, 23, 175-183.

Foa, E.B. & Emmelkamp, P.M.G. (Eds.). (1983). Failures in Behavior Therapy. New York: Wiley.

Foa, E.B. & Kozak, M.J. (1986). Emotional processing of fear: Exposure to corrective information. Psychological Bulletin, 99, 20-35.

Foa, E.B. & Tillmanns, A. (1980). The treatment of obsessive-compulsive neurosis, In A. Goldstein & E.B. Foa (Eds.), Handbook of behavioral interventions. New York: J. Wiley.

Foa, E.B. (1979). Failures in treating obsessive compulsives. Behaviour Research and Therapy, 17, 169-176.

Frank, J.D. (1985). Die Heiler. Über psychotherapeutische Wirkungsweisen vom Schamanismus bis zu den modernen Therapien. Stuttgart: Klett.

Freund, B. (1990). Magical ideation and associative intrusions in obsessive-compulsive disorder. Paper presented at the 20th Congress of the EABT, Paris.

Hand, I. & Zaworka, W. (1981). Entwicklung der Zwangsneurose über die Zeit: Ergebnisse einer „Quasi"-Längsschnittuntersuchung und deren Implikationen für die Neurosentheorie und -therapie. In: U. Baumann (Hrsg.). Indikation zur Psychotherapie. München: Urban & Schwarzenberg.

Kanfer, F.H., Reinecker, H. & Schmelzer, D. (1990). Selbstmanagement-Therapie. Ein Lehrbuch für die klinische Praxis. Berlin: Springer.

Kimble, G.A. (1961). Hilgard and Marquis' Conditioning and learning. New York: Appleton-Century-Crofts, Inc.

L.M. (1991). Mein Weg in die Freiheit - Bericht einer Betroffenen. Psychomed, 3. Jahrgang, Heft 4, 228-234.

Lakatos, A. Cognitive-behavioural therapy for OCD. A therapy study. paper presented at the 23rd EABCT-Congress, London, September 1993.

Lewis, A.J. (1936). Problems of obsessional illness. Proceedings of the Royal Society of Medicine, 29, 325-336.

Marks, I.M. (1987). Fears, Phobias and Rituals. Panic, Anxiety and their Disorders. New York: Oxford University Press.

Marks, I.M. (1993). Advances in the Treatment of Psychoses and Neuroses. paper presented at the 23rd EABCT-Congress, London, September 1993.

Mavissakalian, M., Turner, S. & Michelson, L. (1985). Obsessive-Compulsive Disorder. Psychological and Pharmacological Treatment. New York: Plenum Press.

Meyer, A.E., Richter, R., Grawe, K., v. der Schulenburg, J.M. & Schulte, B. (1991). Forschungsgutachten zu Fragen eines Psychotherapeutengesetzes. Bonn: Gesundheitsministerium.

Meyer, V. (1966). Modification of expectations in cases with obsessional rituals. Behaviour Research and Therapy, 4, 273-280.

Pato, M.T. & Zohar, J. (1991). Current Treatments of Obsessive-Compulsive Disorder. Washington: American Psychiatric Press, Inc.

Rachman, S.J. & Hodgson, R.J. (1980). Obsessions and compulsions. Englewood Cliffs, N.J.: Prentice Hall.

Rachman, S.J. (1980). Emotional processing. Behaviour Research and Therapy, 18, 51-60.

Rachman, S.J. (1990). Fear and courage (2nd Ed.). New York: W.H. Freeman.

Reinecker, H. (1987). Grundlagen der Verhaltenstherapie. München: Urban & Schwarzenberg.

Reinecker, H., Erlbeck, R., Gokeler, I., Haucke, W. & Zaudig, M. (1993). Long term FU in OCD-patients. paper presented at the 23rd EABCT-Congress, London, September 1993.

Reinecker, H.S. (1991). Zwänge: Diagnose, Theorien und Behandlung. Bern: H. Huber

Salkovskis, P.M. & Kirk, J. (1989). Obsessions and compulsions. In J. Scott, J.M.G. Williams & A.T. Beck (Eds.), Cognitive therapy in clinical practice. An illustrative casebook. London: Routledge.

Salkovskis, P.M. (1989). Obsessions and compulsions. In J. Scott, J.M.G. Williams & A.T. Beck (Eds.), Cognitive therapy in clinical practice. An illustrative casebook. London: Routledge.

Schneider, W. & Shiffrin, R.M. (1977). Controlled and automatic human information processing: I. Detection, search, and attention. Psychological Review, 84, 1-66.

Shiffrin, R.M. & Schneider, W. (1977). Controlled and automatic human information processing: II. Perceptual learning, automatic attending, and a general theory. Psychological Review, 84, 127-190.

Tillmanns, A. & Tillmanns, I. (1992). Stationäre Behandlung von Zwängen: Indikation und Probleme der Therapiedurchführung. In: Zeitschrift Verhaltensmodifikation & Verhaltensmedizin, 13. Jg., Heft 1 & 2, 86-96.

Turner, S.M. & Beidel, D.C. (1988). Treating obsessive-compulsive disorder. New York: Pergamon Press.

Wolpe, J. (1986). Individualization: The categorical imperative of behavior therapy practice. Journal of Behavior Therapy and Experimental Psychiatry, 17, 145-153.

Praxis-Literaturempfehlung

Reinecker, H.S. (1991). Zwänge: Diagnose, Theorien und Behandlung. Bern: H. Huber.

Weitere Literaturempfehlungen

Rachman, S. & Hodgson, R. (1980). Obsessions and compulsions. Englewood Cliffs, N.Y.: Prentice-Hall.
Ein fundiertes und umfangreiches Werk zu den Themen: Diagnostik, psychometrische Aspekte, Nosologie und Epidemiologie, klinische Erscheinungsbilder; z.T. auch Zwangsgedanken, Aspekte der Behandlung, theoretische Modelle von Zwängen.

Baer, L. (1993). Alles unter Kontrolle: Zwangsgedanken und Zwangshandlungen überwinden. Aus dem Engl. übers. von Matthias Wengenroth. Bern: H. Huber.Ein Buch für Betroffene, dabei ausgesprochen detailliert und verständlich. Viele Beispiele.

Emmelkamp, P.M.G. (1982). Phobic and obsessive-compulsive disorders. Theory, research, and practice. New York: Plenum. Darstellung von Zwängen im Überschneidungsbereich zu phobischen Störungen.

Hand, I., Goodman, W.K. & Evers, U. (1992). Zwangsstörungen: Neue Forschungsergebnisse. Obsessive-Compulsive Disorders: New Research Results. Berlin: Springer. Ein Buch, das sich vor allem an Forscher richtet, neue Befunde zu diversen Aspekten, auch pharmakologische Behandlung etc.

Turner, S.M. & Beidel, D.C. (1988). Treating obsessive-compulsive disorders. New York: Pergamon Press.
Knappe, dabei aber ausgesprochen fundierte Darstellung der wesentlichen Aspekte von Zwängen, vor allem für den Bereich der Behandlung, sehr detailliert; dargestellt werden auch Probleme der Behandlung von Zwängen.

Hoffmann, N. (1990). Wenn Zwänge das Leben einengen. PAL-Verlag: Mannheim. Buch für Betroffene. Z.T. äußerst knapp, sehr einfach, verständlich und mit Beispielen.

Depressionen - ihr Verständnis und ihre Behandlung

• Serge K.D. Sulz •

Depressionen sind so häufig, daß fast jeder Psychotherapeut deren Behandlung als seine Domäne betrachtet und sich mit seiner eigenen Art, sie zu behandeln, eingerichtet hat. Das Wissen um Entstehungstheorien und Therapieansätze (vgl. Sulz, 1986a) ist so groß, daß hier auf eine Darstellung verzichtet werden kann. Hier soll ein Therapieansatz vorgestellt werden, der durch drei Therapieformen beeinflußt ist: den Selbstkontrollansatz von Roth und Rehm (1986, vgl. auch Sulz 1986b), durch Becks kognitive Therapie(vgl. Wright und Beck, 1986) und durch die "Interpersonal Psychotherapy of Depression" IPT (Klerman et al. 1984). Er orientiert sich über weite Strecken an meinem Vorgehen in der "Strategischen Kurzzeittherapie" (Sulz 1994, siehe auch die von mir in diesem Buch verfaßten Kapitel), und darüber hinaus geht meine langjährige klinische und wissenschaftliche Arbeit zu Verständnis und Therapie von Depressionen ein. Als Darstellungsform wähle ich die Gliederung meines Depression-Ratgebers (Sulz, 1993b), so daß beides zusammen ein aufeinander abgestimmtes Ensemble eines Patienten - und eines Therapeutenmanuals ergibt. Hier werden viele für den Patienten gedachte didaktische Ausführungen und Beispiele weggelassen. Tabelle 1 zeigt eine Übersicht.

1. Habe ich eine Depression bzw. Depressionen?

Das Einigen auf die Diagnose der psychischen Störung ist ein unverzichtbarer Schritt. Er impliziert die Schulung des Patienten in der Psychologie und Psychopathologie der Depression. Wir beginnen mit einem kurzen Exkurs zur Psychologie der Gefühle und der Stimmungen:

Das Wort „Depression" bedeutet Niederdrücken. Eine niedergedrückte oder niedergeschlagene Stimmung ist auch das Hauptsymptom der Depression. Wir müssen zunächst Gefühle und Stimmungen unterscheiden.

1.1. Gefühle

Nehmen wir an, der Ehemann von Frau H. muß einige Tage lang geschäftlich verreisen. Sie bringt ihn zum Flughafen. Kurz bevor er in den Flughafenbus einsteigt, verabschieden sie sich. Während dieser Verabschiedung verspürt sie ein starkes Gefühl von Traurigkeit und weint etwas.

Sie hat in einer Situation:	Flughafen,
auf ein Verhalten oder ein Ereignis:	Abschied nehmen, verreisen,
eines Menschen:	der geliebte Mann,
mit einem Gefühl reagiert:	Trauer.

Wir erkennen, daß ihr Gefühl in direkter Beziehung steht zu einem Ereignis und daß sie die Beziehung zwischen Trauer und Abschied bewußt wahrnimmt. Gefühle treten nicht nur auf einen meist bewußten Anlaß hin auf. Sie stehen auch im bewußten Bezug zu einem Menschen und dessen Verhalten. Gefühle dauern meist nur kurze Zeit: Sekunden bis Minuten, stundenlange Gefühle sind eher selten. Gefühle beginnen rasch und ändern sich schnell. So könnte Frau H., nachdem ihr Mann abgeflogen ist, Ärger empfinden, daß er sie allein zurückläßt, oder Sorge, daß ihm etwas passiert. Diese Gefühle können wieder nach kurzer Zeit in Zuversicht übergehen. Und sie kann auf der Rückfahrt im Auto über eine humorvolle Pointe des Radiosprechers fröhlich lachen.

1.2 Stimmungen

In fast allen genannten Punkten unterscheiden sich Stimmungen von Gefühlen.
Nehmen wir an, Herr K. wacht morgens auf und fühlt sich griesgrämig, unfroh, niedergeschlagen, bedrückt.

Diese Stimmung bleibt zwei Tage lang unverändert. Am dritten Tag bemerkt er am Nachmittag, daß seine Stimmung, ohne daß er es gleich gemerkt hatte, viel besser geworden ist, und am fünften Tag fühlt er sich schon beim Aufwachen wieder unbeschwert. Während seiner Verstimmung hatte er die ganze Welt durch eine graue Brille betrachtet, waren alle seine Wahrnehmungen und Reaktionen grau eingefärbt. Beim Nachdenken darüber findet er auch zunächst keinen Anlaß für seine depressive Verstimmung.

Im Vergleich mit Gefühlen haben Stimmungen keinen Bezug zu einem bestimmten Menschen und dessen Verhalten. Wir fühlen uns nicht nur einem bestimmten Menschen gegenüber ärgerlich bzw. ärgern uns nicht nur über ein bestimmtes Verhalten, sondern begegnen allen Menschen gegenüber gleich schlecht gelaunt. Stimmungen sind also keine direkte Antwort bzw. Reaktion auf ein Verhalten anderer Menschen, sondern ein gefühlsmäßiger Zustand, aus dem heraus wir allen Menschen, egal wie sie sich verhalten, begegnen. Stimmungen beginnen meist langsam. Stimmungen dauern Stunden bis Tage, im Krankheitsfall auch Wochen und Monate. Stimmungen ändern sich nur allmählich.

Wir kennen aus eigener Erfahrung sicher ganz verschiedene Stimmungen: gereizte Stimmung, frohe Stimmung, unternehmungslustige Stimmung, ausgelassene Stimmung usw. Noch eines ist wichtig: Stimmungen sind normale Gefühlszustände des Menschen, und Stimmungen verschwinden in der Regel von selbst wieder.

1.3. Depressive Verstimmung

Ob eine depressive Stimmung besteht, spürt der Patient also an einer anhaltenden Niedergeschlagenheit, Traurigkeit, Bedrücktheit, die in ihm bleibt und aus der heraus er alle Ereignisse wie durch einen grauen unfrohen Schleier betrachtet. Egal, wer ihm an so einem Tag begegnet und was geschieht, er bleibt unfroh. Nichts und niemand scheint ihn aus seiner Niedergeschlagenheit herausholen zu können.

1.4. Depression ist mehr als depressive Verstimmung oder: Wenn Depression zur Krankheit wird

Menschen, die unter Depression leiden, berichten meist über eine Fülle anderer Beschwerden. Diese können so unangenehm sein, daß das Stimmungstief vergleichsweise nicht so deutlich spürbar ist. Je schwerer die Depression, desto mehr werden außer den Gefühlen auch die anderen psychischen Vorgänge wie Denken, Wahrnehmung, Aufmerksamkeit, Konzentration, Verhalten und bald auch die körperlichen Funktionen wie Schlaf, Appetit, Sexualität, Stuhlgang, Blutkreislauf, Atmung, Muskelkraft „niedergedrückt". Darüber hinaus können körperliche Beschwerden verschiedenster Art auftreten wie Kopfschmerzen, Schmerzen oder Mißempfindungen im Bereich des Magen-Darm-Systems, des Urogenitalsystems (Niere, Blase, Sexualorgane), der Haut und des Stützapparats (Muskeln, Knochen, Gelenke). Schließlich wird der ganze Mensch von der Depression erfaßt. Sie hat Psyche und Körper vollständig durchdrungen.

Zu der traurigen oder bedrückten Verstimmung kommt also eine

Hemmung der psychischen und der körperlichen Funktionen
„Ich fühle mich ständig niedergeschlagen, und ich kann nicht mehr ...":

- **Psychisch**
  Ich kann nicht mehr froh sein.
  Ich kann keine Liebe mehr spüren zu den mir wichtigen Menschen.
  Ich kann keine Interesse mehr finden für Dinge, die mir bisher wichtig waren.
- **Körperlich**
  Ich kann keinen Antrieb mehr finden, mich zu nichts mehr aufraffen.
  Ich kann nicht mehr einschlafen bzw. durchschlafen.
  Ich kann nicht mehr mit Appetit essen, ausreichend essen, habe schon abgenommen.

1. Besteht eine Depression bzw. Depressionen?
   Gefühle
   Stimmungen
   Depressive Verstimmung
   Depression ist mehr als depressive Verstimmung

2. Wie beginnt eine Depression?
   Frühe Anzeichen einer Depression

3. Wodurch wird eine Depression ausgelöst?
   a) Verlust eines Menschen oder Lebensinhalts
   b) Verlust der Zukunft
   c) Verlust der Abhängigkeit
   d) Chronische Belastungen
   e) Anhaltender Mangel

4. Ursachen der Depression
   Darf Trauer nicht stattfinden?
   Gibt es verbotene Gefühle?
   Überleben durch Abhängigkeit
   Überleben durch Pflichterfüllung
   Überleben durch Angst vor dem Menschen
   Trennung mit dem Fallbeil
   Das Wörtchen „und"

5. Die Behandlung der Depression
   Ziele der Behandlung
   Depressionsvermindernde Interventionen:
   a) Bewegung und Entspannung
   b) Aktivität
   c) Umgang mit Menschen
   Rückfallverhindernde Interventionen:.
   d) Umgang mit Gedanken
   e) Umgang mit Gefühlen
   f) Umgang mit Bedürfnissen

Tabelle 1. Schritte der Depressionsbehandlung

Weitere Beschwerden: Außer der Verstimmung und der Hemmung psychischer und körperlicher Funktionen tritt eine Reihe weiterer Beschwerden auf, teils durch die genannten Hemmungen bedingt, teils durch die depressive Verstimmung:
Ich muß ständig grübeln.
Ich muß ständig jammern und klagen.
Ich leide unter innerer Unruhe.
Ich leide unter Schweißausbrüchen.

Nachdem wir betrachtet haben, **was** bei der Depression verändert ist, wollen wir darauf eingehen, **wie** depressive Menschen wahrnehmen, fühlen, denken und handeln. Die depressive Verstimmung fördert eine bestimmte Art zu fühlen, zu denken und zu handeln:

Typisch depressive Gefühle sind
„Ich fühle mich so hoffnungslos."
„Ich fühle mich mutlos."
„Ich habe Angst vor der Zukunft."
„Ich fühle mich so unfähig und unnütz."
„Ich fühle mich schuldig."
„Ich bin so unentschlossen,
kann mich schwer entscheiden."
„Ich kann nicht mehr weinen."
„Ich habe keine Gefühle mehr."

Typisch depressive Gedanken sind
„Ich bin nichts wert."
„Ich habe versagt."
„Ich habe alles falsch gemacht."
„Ich falle den anderen zur Last."
„Ich schaffe das ja nie."

Typisch depressive Wahrnehmungen sind
- nur die kritischen Bemerkungen der anderen hören
- nur die ungeduldigen Gesten der anderen sehen
- nur die abweisenden Menschen wahrnehmen
- nur die unerledigte Arbeit sehen

Typisch depressive Erinnerungen sind
- nur die Mißerfolge erinnern
- nur die ablehnenden Worte eines Gesprächs erinnern
- nur die problematischen Seiten der Ehe erinnern
- nur die depressiven Stunden des Tages erinnern

Typisch depressive Handlungen sind
- **Dem Patienten selbst auffallend**

Ich bin so passiv geworden, sitze oft nur rum und kann nichts tun.
Ich ziehe mich zurück, gehe den Menschen aus dem Weg.

- **Dem anderen Menschen auffallend**

(„**Im Gegensatz zu früher** fällt mir bei ihm (bei ihr) auf:)
Er/Sie nimmt nie von sich aus Kontakt auf. Wenn ich nicht anrufen würde ...!
Er/Sie sagt oft ab, wenn ich Treffen oder Unternehmungen vorschlage.
Er/Sie zieht sich oft bzw. bald zurück.
Er/Sie ist im Gespräch sehr einsilbig, bringt keine eigenen Ideen und Themen ein.
Er/Sie braucht sehr lange, bis er/sie mir antwortet.
Er/Sie schaut mich kaum an, nimmt wenig Blickkontakt auf.
Er/Sie geht nicht positiv auf mich ein, ich spüre keine Resonanz.
Er/Sie nimmt mich und meine Belange gar nicht wahr.
Es ist sehr anstrengend, sich mit ihm/ihr zu unterhalten.

Mit dem Patienten wird folgende **diagnostische Zusammenfassung** erarbeitet:
Sie haben eine Depression, wenn (seit Beginn Ihres psychischen Leidens) ...
a) Sie tage- oder wochenlang kontinuierlich eine niedergeschlagene, bedrückte oder traurige Stimmung haben;
b) Sie seit Beginn dieser Verstimmung bzw. schon einige Wochen oder Monate vorher unter Hemmungen wie Schlaf- oder Appetitstörungen, leichter Erschöpfbarkeit, gehemmtem Antrieb und Interessenverlust, Passivität und Rückzug von anderen Menschen leiden,
c) Sie depressive Gefühle wie Hilf- und Hoffnungslosigkeit, Gefühl des eigenen Versagens, der Unfähigkeit, der Insuffizienz oder Zukunftsangst haben,
d) Sie depressive Gedanken der Wertlosigkeit mit Selbstvorwürfen oder ständige selbstquälerisches Grübeln haben oder unter Entschlußunfähigkeit leiden,
e) Sie depressives Verhalten zeigen wie Rückzug von anderen Menschen, häufiges Absagen von Einladungen und Zurückweisen von Kontaktversuchen anderer.

Auch wenn der Patient nicht in allen Bereichen a) - e) depressive Symptome aufweist, kann er eine Depression haben. Für eine qualifizierte Befunderhebung und Differentialdiagnose auf Syndromebene sei auf den Leitfaden "Psychischer/psychosomatischer Befund" (Sulz 1994 und VDS-Materialie VDS14) verwiesen. Die Ratingskala zum depressiven Kernsyndrom ist in Tab. 2 wiedergegeben. Wenn 5 der ersten 8 Aussagen zutreffen, besteht eine Depression. Weitere positive Aussagen zeigen deren Schweregrad an.

Auch das kann auf eine Depression hinweisen
Manche Menschen überwinden ihre depressiven Hemmungen und sind z.B. weiterhin aktiv in ihrem Verhalten. Andere Menschen merken nichts von ihrer „inneren" Depression. Wieder andere leiden nicht unter Appetitlosigkeit, sondern bekommen bei Depressivität mehr Appetit, so daß sich „Kummerspeck" bildet. Manche Menschen leiden nicht unter vermindertem Schlaf, sondern Müdigkeit und werden zu Langschläfern. Einige depressive Menschen verstummen fast oder völlig. Ihre Sprachlosigkeit wird Mutismus genannt. Wieder andere müssen fast unaufhörlich klagen, manchmal so sehr, daß es wie ein Jammern ist. Sie wirken dabei sehr unruhig. Einige wenige depressive Menschen kommen sich sehr fremd und unwirklich oder fern vor, fühlen ihre eigene Person oder auch die Welt als nicht mehr wirklich.
Bei sehr schweren Depressionen können die depressiven Gedanken zum Wahn werden; z.B. zur unkorrigierbaren Überzeugung, sich versündigt zu haben, sich schuldig gemacht zu haben, zu verarmen oder unheilbar krank zu sein.

Lebensmüdigkeit und Selbstmordgedanken
Ein anderes Zeichen tiefer Depressivität sind Lebensmüdigkeit und Selbstmordabsichten. Wenn das Gefühl der Hoffnungslosigkeit zum Gefühl der Sinnlosigkeit wird, wenn scheinbar kein Ausweg aus dem quälenden Zustand zu finden ist, wenn nur eine Beendigung des eigenen Lebens eine Befreiung verspricht, oder nur durch den „ewigen Schlaf" erreichbar erscheint, dann ist der natürliche Lebenswille des Menschen gebrochen, und so wenig, wie man sich selbst wert ist, ist auch das eigene Leben wertlos geworden. Damit kann auch die natürliche Angst vor Sterben und Tod verlorengehen. Bei vielen Menschen wird jedoch die Selbstmordabsicht durch Todesangst in Schach gehalten. Der Patient wird dann ermutigt, sich selbst gegenüber offen seine eventuelle Lebensmüdigkeit und deren Ausmaß einzuschätzen:

Denken Sie manchmal, daß das Leben keinen Sinn mehr hat? Ja/Nein
Denken Sie manchmal, daß es besser wäre, nicht mehr zu leben? Ja/Nein
Wünschen Sie sich manchmal tot zu sein? Ja/Nein
Denken Sie manchmal daran, sich das Leben zu nehmen? Ja/Nein
Hatten oder haben Sie vor, sich das Leben zu nehmen? Ja/Nein
Haben oder hatten Sie schon überlegt, wie Sie das tun würden? Ja/Nein
Haben oder hatten Sie konkrete Vorbereitungen getroffen, um sich das Leben zu nehmen? Ja/Nein
Haben Sie früher schon mal versucht, sich das Leben zu nehmen? Ja/Nein
Haben Sie jetzt schon versucht, sich das Leben zu nehmen? Ja/Nein

Je mehr Aussagen zur Lebensmüdigkeit durch Ankreuzen bestätigt wurden, um so stärker ist die Suizidalität und muß dieser Weg der Problemlösung gemeinsam betrachtet werden (vgl. auch das Kapitel über Suizidalität in diesem Buch). Eine unterschwellige, Lebensmüdigkeit kann der Patient indirekt bei sich beobachten, wenn ihm auffällt, daß bisherige Gewohnheiten zum Selbstschutz wie zufällig nicht mehr von Ihm ausgeübt werden:
Er hat sich bisher im Auto immer angeschnallt und tut es jetzt kaum noch.
Er ist beim Überqueren der Straße plötzlich sehr unachtsam.
Er unterläßt beim Autofahren absichernde Blicke in den Rückspiegel oder fährt plötzlich auffallend unfallträchtig.

01.	niedergeschlagen	Ich fühle mich traurig und niedergeschlagen	ja/nein
02.	hoffnungslos	Haben Sie die Hoffnung verloren?	ja/nein
03.	Insuffizienzgefühl	Glauben Sie, daß zu den für Sie wichtigen Tätigkeiten nicht in der Lage sind?	ja/nein
04.	Selbstabwertung	Halten Sie sich für unwert, weniger wert als andere Menschen?	ja/nein
05.	erschöpfbar	Erschöpfen Sie Tätigkeiten des normalen Alltags viel schneller als früher?	ja/nein
06.	Interessenverlust	Haben Sie das Interesse an vielen Dingen verloren?	ja/nein
07.	Selbstvorwürfe	Machen Sie sich wiederholt Vorwürfe und quälen Sie diese Vorwürfe?	ja/nein
08.	Schuldgefühle	Haben Sie das Gefühl, sich schuldig gemacht zu haben?	ja/nein
09.	innere Unruhe	Fühlen Sie sich innerlich unruhig?	ja/nein
10.	Jammern Arzt:	Der Pat. wendet sich mit Klagen und Jammern an den Therapeuten, so daß dieser kaum in der Lage ist, über ein anderes Thema mit dem Patienten zu reden	ja/nein
11.	Denken verlangs.	Geht Ihr Denken langsamer und schwerer voran als früher?	ja/nein
12.	Grübeln	Grübeln Sie mehr als Sie wollen, so daß Sie sich anderen weniger zuwenden können?	ja/nein
13.	Schlafstörungen	Können Sie schlecht einschlafen(E)/durchschlafen/D)/wachen Sie sehr früh auf)F)?	ja/nein
14.	Schlafstör.welche	Welche der angegebenen Schlafstörungen haben Sie? E oder D oder F?	
15.	Tagesschwank.	Ist Ihre Stimmung zu bestimmten Tageszeiten schlechter (z.B. morgens oder abends)?	ja/nein
16.	Suizidgedanken	Denken Sie daran, sich das Leben zu nehmen?	ja/nein
17.	Suizidtendenzen	Haben Sie manchmal konkret vor, sich das Leben zu nehmen?	ja/nein
18.	Suizidversuche	Haben Sie kürzlich versucht, sich das Leben zu nehmen?	ja/nein
19.	Suizidvers. wie?	Was haben Sie konkret getan?	?

Besteht ein depressives Syndrom?　　　　　　　　　　　　　ja/nein

Tabelle 2. Depression Befunderhebung (aus Sulz 1994 und VDS-Materialie VDS14 Psychischer/psychosomatischer Befund)
Faustregel: Wenn 5 der ersten 8 Aussagen zutreffen, besteht eine Depression, weitere zeigen deren Schweregrad

2. Wie beginnt eine Depression? - Frühe Anzeichen einer Depression

Den Beginn einer Depression schildern Patienten sehr unterschiedlich. Lange Zeit, bevor die eigentliche Depression ausbricht, kann folgendes auftreten:
- Einige berichten, daß sie zunächst monatelang nur Schlafstörungen hatten, sonst keinerlei Beschwerden.
- Wieder andere berichten über nichtendende Erkältungen.
- Manche geben an, sich teils jahrelang in immer mehr Arbeit geflüchtet zu haben.
- Oder manche Patienten sagen, daß sie einfach stiller, zurückgezogener wurden, die Leute nicht mehr so vertragen haben.
„Ich muß in letzter Zeit bei den kleinsten Gelegenheiten losheulen", erzählt eine Patientin vier Wochen vor Ausbruch ihrer Depression.
- Anderen fällt auf, daß sie nicht mitlachen können, wenn alle anderen sich freuen.
„Ich bin so ängstlich geworden, überbesorgt" oder
„Ich kann mich nicht mehr wehren", sagen Patienten im Vorfeld einer beginnenden Depression.

Es ist wichtig, diese frühen Warnsignale einer entstehenden Depression zu kennen. Man kann sich, wenn sie nicht nach wenigen Wochen wieder von selbst verschwinden, fragen, ob es etwas im derzeitigen Leben gibt, was depressiv macht. Eine Belastung, eine Enttäuschung oder ein Mangel. Natürlich führen diese Anzeichen nicht bei allen Menschen zur Depression.

Manche Depressionen beginnen aber auch schlagartig:
- „Ich wachte morgens auf und war von einem Tag auf den anderen schwer depressiv - bis zum heutigen Tag".

3. Wodurch wird eine Depression ausgelöst?

Es gibt fünf Hauptauslöser von Depressionen:
- Verlust einer zentralen Selbstwertquelle (eines Menschen oder Lebensinhaltes)
- Verlust von Zukunft und Perspektive
- Verlust der Vorteile von Abhängigkeit
- Anhaltender Mangel an Befriedigung zentraler Bedürfnisse
- Chronische Belastungen

3.1. Verlust eines Menschen oder Lebensinhalts

Alle Situationen, in denen ein erheblicher Verlust erlitten wurde, können Depressionen auslösen:
Tod eines geliebten Menschen
Trennung einer Ehe oder Partnerschaft
Auszug aus dem Elternhaus
Auszug oder Heirat der erwachsen gewordenen Kinder
Versetzung eines väterlich-wohlwollenden Vorgesetzten - der Neue ist kühl und ungerecht
berufliche Beförderung mit Wechsel zu einer Arbeit, die eine Vereinsamung bedeutet (keine gleichgestellten Kollegen mehr)
Arbeitslosigkeit (Verlust beruflicher Sicherheit)
Wechsel ins Altenheim (Verlust des Zuhauses, der Eigenständigkeit, der Lebensperspektive)
Pensionierung (Verlust des Nützlichseins oder Gebrauchtwerdens) oder
Umzug in einer fremde Stadt (Verlust vertrauter Umgebung und Menschen)

Dies sind ganz typische Verlustereignisse, die manche Menschen psychisch nicht verkraften können und auf die sie deshalb mit einer Depression reagieren. Ihnen ist gemeinsam, daß sie im „Besitz" eines für sie wertvollen Gutes oder Menschen waren, eines Gutes, das ihnen für ihr seelisches Gleichgewicht notwendige Befriedigung oder Erfüllung gab: **Verlust eines Gutes oder eines Menschen.**

3.2. Verlust der Zukunft

Es mag seltsam klingen, aber nicht nur ein in der Vergangenheit liegender Verlust kann depressiv machen, sondern auch ein Verlust an Zukunft:

Ein beruflicher Aufstieg in die ersehnte Stellung wurde unmöglich.

Ein Kinderwunsch ging nicht in Erfüllung.

Der Wunschmann/die Wunschfrau hat jemand anderen geheiratet.

Die Chance, daß die Ehe noch erträglich, geschweige denn befriedigend werden könnte, ist endgültig vorbei.

Allgemein läßt sich sagen, daß die HOFFNUNG AUF EINE ERSEHNTE ZUKUNFT verlorenging.

Etwas, das ich noch nicht hatte, dessen Erhalten ich aber sehr erwünschte, eventuell weil ich mein ganzes Lebensglück damit verknüpfte: Ein Wunsch wurde nicht Realität, eine Phantasie wurde zur nicht realisierbaren Illusion.

3.3. Verlust der Abhängigkeit

Es gibt aber auch Ereignisse, die einen persönlichen Erfolg oder Fortschritt darstellen und trotzdem eine Depression auslösen können:

Vom tüchtigen Mitarbeiter zum Chef aufsteigen. Man hat niemanden mehr als Vorgesetzten über sich, der Lob und Bestätigung ausspricht.

Heirat (endgültige Trennung vom Elternhaus und Verlust der Geborgenheit des Elternhauses).

Geburt eines Kindes (Verlust der Ungebundenheit, des Selbst-noch-Kind-sein-Dürfens).

Abschluß einer Ausbildung wie Lehre, Abitur, Studium (Verlust eines anzustrebenden Zieles, einer zu erledigenden Aufgabe).

Auch für diese Auslöser läßt sich wieder ein zusammenfassender Aspekt finden:

VERLUST DER VORTEILE DER ABHÄNGIGKEIT.

Erwachsenwerden, Vater oder Mutter werden, Vorgesetzter werden bedeutet immer einen Zuwachs an Verantwortung und damit einen Verlust von Abhängigkeit und deren angenehmen Seiten.

3.4. Chronische Belastungen

Außer den akuten Verlusterlebnissen gibt es chronische Belastungen, die schließlich zur Depression führen. Meist sind es anhaltende Konflikte in zwischenmenschlichen Beziehungen, sowohl im familiären als auch beruflichen Bereich. Die Zahl der möglichen Belastungen ist unermeßlich, jeder einzelne Lebenslauf schafft seine ureigenen Konflikte. Es seien nur einige Beispiele genannt:

Der seit Jahren anhaltende zermürbende Ehekrieg von Mann und Frau.

Der Dauerkonflikt zwischen Vater und Sohn oder zwischen Mutter und Tochter.

Die Konkurrenz- und Intrigen-Kämpfe am Arbeitsplatz.

Depression tritt dann ein, wenn ein Weiterkämpfen aussichtslos erscheint. Wenn ein durchgängiges Gefühl von **Hilflosigkeit** keine Chance mehr zu einer auch nur annähernd befriedigenden Lösung des Dauerzwistes erkennen läßt. Um welchen Verlust geht es hier? Man könnte auch hier von einem Verlust einer erwünschten Zukunft sprechen, aber es handelt sich gleichzeitig um die Beendigung des quälenden Zustands der Zerstrittenheit oder des Empfindens der Unnachgiebigkeit des anderen.

Hilflosigkeit ist der VERLUST DER FÄHIGKEIT, MIR SELBST ZU HELFEN, meine unverzichtbaren Anliegen, z.B. in einer Partnerschaft, durchzusetzen.

Das Fazit heißt: Entweder ich muß mich von dem Menschen trennen, den ich brauche, oder ich muß auf die Befriedigung der mir wichtigen Bedürfnisse verzichten. Beides kann ich nicht.

Den resultierenden Zustand der Verzweiflung kann nur eine Depression dämpfen.

3.5. Anhaltender Mangel

Neben den vier genannten möglichen Arten von aktuellen Verlustereignissen und chronischen Belastungen gibt es noch andere Möglichkeiten der Depressionsauslösung:

Manche Patienten können beim besten Willen kein akutes Ereignis nennen, das sie depressiv gemacht haben könnte. Betrachtet man jedoch genau, wie sie leben, so merkt man rasch, daß dieses Leben krank machen muß. Es fehlt an der Erfüllung der allernotwendigsten seelischen Bedürfnisse. Diese Menschen leben in einem SEIT LANGEM ANHALTENDEN MANGEL (EINEM FEHLEN VON ..).

Beispiele sind:
- Leben in einer Ehe, in der kein Austausch von Liebe und Bestätigung erfolgt
- Leben in Einsamkeit und Isolation
- Leben mit einem Beruf, der keinerlei Anerkennung und Bestätigung gibt
- Leben mit jahrelanger Arbeitslosigkeit

Aus diesen Beispielen ergibt sich die Frage: Warum werden nicht alle Menschen depressiv, die an so einem chronischen Mangel leiden?

Darauf gibt es zwei Antworten: Erstens verkraften manche Menschen solche Mangelzustände schlechter. Sie neigen mehr als andere zur Depression.

Zweitens ist ein Teil dieser Menschen halt noch nicht depressiv. Es ist abzusehen, wann sie depressiv werden. Ein anderer Teil findet aber Bewältigungsmöglichkeiten, die ihnen helfen, diesen Mangel psychisch gesund zu überleben. Sie gleichen den Mangel in einem Lebensbereich (Beruf, Ehe) durch erfüllende Aktivitäten in einem anderen Lebensbereich (Freizeit, Freunde) aus.

4. Ursachen der Depression

Die als Auslöser genannten belastenden Ereignisse und Umstände können, wenn man nur das Erwachsenenalter berücksichtigt, als äußere Ursachen betrachtet werden. D.h. daß Verlusterlebnisse wie
- Verlust eines Gutes oder Menschen
- Verlust der Zukunft
- Verlust der Vorteile der Abhängigkeit
- Verlust der Fähigkeit, sich selbst zu helfen
- chronischer Mangel an Zuwendung, Beachtung oder Bestätigung

zu einer Depression führen können.

Wenn wir jedoch davon ausgehen, daß diese Belastungen nicht bei allen Menschen zur Depression führen, so müssen wir **innere Ursachen** annehmen, d.h., daß z.B. ein Verlust einen Menschen trifft, der unfähig ist, diesen Verlust psychisch zu bewältigen. Allein körperliche Erkrankungen können die Widerstandskraft eines Menschen so schwächen, bis er nicht mehr genügend Kraft und Energie aufbringt, auf gesunde Art das Lebensproblem zu bewältigen. Wenn ein nicht zu beeinflussender Verlust z.B. der Tod eines geliebten Menschen, erlebt wurde, so kann es zunächst nicht um ein handelndes Bewältigen gehen. Der Hinterbliebene kann nichts tun, er kann den Verlust nicht rückgängig machen. Es kann also nur um ein psychisches INNERLICHES VERARBEITEN UND BEWÄLTIGEN DES VERLUSTES gehen.

Dies geschieht normalerweise durch Trauer. Menschen, die statt dessen mit Depression reagieren, sind NICHT FÄHIG ZUR TRAUER.

Demnach ist Trauer eine menschliche Reaktion, zu der eine bestimmte Befähigung erforderlich ist. Dabei dürfen wir Trauer und Traurigsein nicht verwechseln. Depressive Menschen können durchaus traurig sein, aber sie können nicht trauern. Mit „**Traurigsein**" meinen wir ein Gefühl in einem bestimmten Moment, mit „**Trauer**" einen inneren Vorgang, der über Wochen und Monate abläuft, eventuell einen Menschen ebenso radikal in Beschlag nimmt wie eine Depression, zum Teil ganz ähnliche Zustände hervorrufend wie diese

(Freud- und Interesselosigkeit, Rückzug von den Menschen usw). Im Unterschied zur Depression wird aber gefühlt, worum getrauert wird. „Der verlorene Mensch ist im Gefühl schmerzlich in mir" oder „der Schmerz um den verlorenen Menschen erfüllt mich".

Der Trauernde ist voll schmerzlichen Gefühls, trägt den verlorenen Menschen voll Schmerz „in seinem Herzen". Er spürt sich selbst deutlich, eventuell nur noch aus Trauer und Schmerz bestehend. Alles was bedeutsam ist, ist in seinem Inneren. Dagegen ist die Welt leer und bedeutungslos geworden.

Der Depressive ist dagegen innerlich leer, arm an Gefühlen, spürt keine Beziehung zum verlorenen Menschen, spürt sich selbst nicht. Er selbst ist leer und bedeutungslos geworden. Da der Trauernde den verlorenen Menschen ständig in seinem Inneren, in seinem Bewußtsein und in seinen Gefühlen gegenwärtig hat, beschäftigt er sich gedanklich und gefühlsmäßig fast ständig mit ihm und der Tatsache, ihn verloren zu haben. Dieser Trauerprozeß, auch Trauerarbeit genannt, führt dazu, daß allmählich die Realität akzeptiert wird, daß der Verstorbene endgültig verloren wurde, daß das Trauern die Funktion eines oftmaligen Abschiednehmens und schließlich eines Loslassens hat. Dies ist ein doppelter Vorgang.

Zum einen: Durch das Loslassen verschwindet der Verstorbene allmählich in der Ferne, seine Wahrnehmung wird schwächer und weniger schmerzlich.

Zum anderen wächst das Bewußtsein, daß das eigene Leben weitergeht, daß es dieses Leben ohne diesen verlorenen Menschen geben wird, daß die Welt, in der dieses weitere Leben stattfinden wird, wieder eine Rolle spielt. Und es wächst wieder das Interesse an der Welt, sie wird ganz allmählich wieder voll von Anreizen, ihr zu begegnen.

Ist dies geschehen, so ist die Trauer abgeschlossen, der Verlust verkraftet. Normalerweise beginnt die Trauer in dem Moment, in dem der Verlust oder Tod des geliebten Menschen stattfindet. Manche Patienten berichten, daß sie nur kurz, einen Tag lang oder bis zur Beerdigung, traurig waren und geweint haben. Erst ein halbes Jahr später sei dann überraschend eine Niedergeschlagenheit gekommen, aber ohne wirklich traurig zu sein und ohne dabei an den Verstorbenen zu denken. In diesen Fällen fand die notwendige Trauer nicht statt, sie wurde unterdrückt, bis schließlich etwas völlig anderes daraus wurde: eine Depression.

• **Darf Trauer nicht stattfinden?**

Es gibt zwei häufige Motive, Trauer zu vermeiden:
1. Der Glaube, das Gefühl in seiner Intensität nicht aushalten zu können.
2. Die uneingestandene Konsequenz, daß Trauer dazu führt, den Verlust schließlich zu akzeptieren, den Verlorenen wirklich verloren zu geben.

Dies hört sich sonderbar an, aber unsere Gefühle haben eine eigene Logik: Es gibt Menschen, die das Gefühl haben und der festen Überzeugung sind, ohne den geliebten Menschen nicht leben zu können. Eingestehen der Realität seines Todes durch ein innerliches Abschiednehmen und Loslassen bedeutet demnach, nicht weiterleben zu können. Es scheint also, daß es bei solchen Depressionen nicht nur um Leben und Tod des Verstorbenen geht, sondern auch um das eigene Überleben oder den eigenen Tod. Nicht selten hören wir Aussagen wie: „Ich habe doch ganz für ihn gelebt, ohne ihn hat mein Leben keinen Sinn." Oder: „Ohne seine Liebe und Bestätigung ist mein Leben nichts mehr wert, es ist nur noch ein Vegetieren, und da ist es besser, wenn ich auch gleich tot bin".

Es ist nur ein scheinbares Paradoxon, wenn der Depressive lebensmüde wird, weil er sein gefühlsmäßiges Überleben für unmöglich hält. Man kann Depression tatsächlich als einen Zustand sehen, in dem die Gefühle nicht überleben oder in denen der Mensch als fühlender Mensch nicht mehr lebt. Innerlich, in seinen Gefühlen tot, bleibt nur die Qual der depressiven Empfindungen.

Es sind Menschen, die in ihrem Leben die Erfahrung versäumt haben, daß sie eigenständige, ganze Menschen sind, die zwar andere Menschen zu einem qualitativ wertvollen Leben brauchen, sie jedoch sehr wohl fähig sind, ohne einen bestimmten Menschen zu überleben. Nur für kleine Kinder ist die Mutter lebensnotwendig, der Erwachsene kann auch allein überleben.

Menschen, die diese Kindheitsüberzeugungen beibehalten haben, sind zum Trauern nicht fähig und reagieren statt dessen mit Depression.

• Gibt es verbotene Gefühle?

Es gibt jedoch noch ein weiteres Gefühl, das entstehen kann, wenn ein zentraler Verlust eintritt. Dies wird am deutlichsten, wenn z.B. der Ehemann die Ehefrau verlassen hat. Sie liebte ihn, er nimmt keine Rücksicht auf ihre Liebe und geht weg. Neben dem Schmerz der Verzweiflung liegt das Gefühl der **Wut** recht nahe. Also müßten wir Depressive fragen, warum sie auf ein Verlassenwerden nicht mit Wut reagieren. Wut ist für manche Menschen ein verbotenes Gefühl. Um zu verstehen, warum Gefühle verboten sein können, müssen wir uns einige Gedanken über die Funktion von Gefühlen machen.

Wir reagieren mit Gefühlen auf Ereignisse und Verhaltensweisen anderer Menschen, z.B. auf ein Kompliment mit Freude oder mit Verlegenheit oder mit Mißtrauen, auf eine Kritik mit schlechtem Gewissen, Betroffenheit oder Ärger. Gefühle helfen uns oft mehr als unsere Gedanken, die Menschen unserer Umwelt einzuschätzen, und vor allem dienen sie dazu, die stimmige Antwort oder Reaktion zu finden. Allgemein läßt sich sagen:

> Gefühle dienen dazu, uns zu einem bestimmten Verhalten oder
> Handeln zu bringen, aus dem Gefühl heraus zu reagieren.

Zum Beispiel soll mir Ärger den Anstoß geben, mich gegen eine ungerechtfertige Kritik zu wehren, während Angst dazu dient, einer Gefahr zu entfliehen.

Nach diesen Betrachtungen können wir uns wieder der **Logik der Gefühle** zuwenden:
Wenn ich überzeugt bin, ohne den geliebten Menschen nicht leben zu können, muß ich mir alles verbieten, womit ich ein Verlassenwerden riskieren würde. Wenn ich wütend aufbegehre, muß ich befürchten, daß er mich verläßt. Es ist für manche Menschen leichter, das Gefühl der Wut ganz aus ihrem aktiven Verhaltensrepertoire zu streichen, als jedes Mal entscheiden zu müssen, ob Ärger oder Wut bedrohliche Folgen haben könnten. Für manche ist Wut so vollständig weggepackt, daß nicht einmal nach dem Verlassenwerden, wo es nun schon egal wäre, Wut aufkommt.

Obige Erfahrungen schlagen sich in der Persönlichkeit eines Menschen als verfestigte Erlebens- und Handlungstendenzen nieder. Wir können auch von dysfunktionalen Verhaltensstereotypen sprechen (Sulz 1992). Einige dieser psychischen Fehlhaltungen disponieren in besonderem Maße zur Depression (Sulz 1994) und müssen immer therapeutisch bearbeitet werden:

• Überleben durch Abhängigkeit (dependente Persönlichkeit)

Ein Mensch, der sich völlig abhängig fühlt von seiner wichtigsten Bezugsperson, z.B. vom Ehepartner, lebt also nach einer unausgedachten und unausgesprochenen **Überlebensregel:**

„Ich muß alles vermeiden, alle Gefühle, Gedanken und Handlungen unterlassen, die dazu führen können, den Menschen zu verlieren, ohne den ich nicht leben kann."

Dies ist die Überlebensregel der **abhängigen Persönlichkeit**.

Es ist beeindruckend und bedrückend, zu beobachten, wie manche Menschen ihr ganzes bisheriges Leben hindurch ganz konsequent eine solche Überlebensregel eingehalten haben. Erst recht erschrecken wir, wenn wir fragen, was so ein Mensch in seinem bisherigen Leben <u>nicht getan</u> hat, d.h., auf wieviel er in seinem Leben verzichtet hat, weil er sich nicht für allein lebensfähig hält, z.B. ein eigener Freundeskreis, eigene Hobbys und Vorlieben. Solche Menschen leben in Abhängigkeit von ihrer wichtigsten Bezugsperson. Gerade diese Neigung zu abhängigem Verhalten macht sie nach einigen Jahren für den Ehepartner uninteressant, und er behandelt sie weniger respektvoll, sucht sich erfüllendere Begegnungen mit anderen Menschen, im Hobby, Sport oder Beruf. Und schließlich kommt es zur Trennung, die der abhängige Mensch doch um alles in der Welt verhindern wollte. Eine Tragik, die in den Menschen mit solchen Überlebensregeln schon in der Kindheit vorprogrammiert wurde.

Jeder Mensch hat solche Überlebensregeln, aber die meisten haben solche, mit denen es sich gut leben läßt, deren Gebote und Verbote nicht so hart sind und bei deren Übertretungen nicht so viel auf dem Spiel steht.

- **Überleben durch Pflichterfüllung (eine Variante der zwanghaften Persönlichkeit)**

Eine andere für zur Depression neigende Menschen typische Überlebensregel ist:

„Nur wenn ich immer alle Pflichten hundertprozentig erfülle, bin ich ein wertvoller Mensch".

Dies ist die Überlebensregel der **pflichtbewußten, leistungsorientierten Persönlichkeit.**

Für solche Menschen ist das Leben wie eine unendliche Aneinanderreihung von Anstrengung und Arbeit. Sie gönnen sich nichts, nicht einmal Pausen. Solche Menschen werden depressiv, wenn sie, bedingt durch Krankheit, Arbeitslosigkeit oder Alter, nicht mehr soviel leisten können wie früher oder wenn ihre Pflichterfüllung nicht mehr auf Gegenliebe stößt, z.B. wenn nach Jahren der Ehepartner doch lieber jemanden hätte, der mit ihm Genüsse teilt und unbeschwerte Momente verbringen kann. Oder: Wenn ein neuer Chef „Arbeitstiere" weniger schätzt als die flotte Biene oder den unkonventionell einfallsreichen Kollegen, die beide beim alten Chef keinen guten Stand hatten. Wenn so eine fatale Änderung eintritt, sind sie nicht in der Lage, sich zu verändern und anzupassen, sondern versuchen, noch mehr zu arbeiten, sich noch verbissener anzustrengen, gemäß ihrer Überlebensregel mutmaßend, daß sie halt nicht genug geschuftet haben. Aber es ist vergebens, der neue Chef kann jetzt noch weniger mit ihnen anfangen, wendet sich noch mehr der Kollegin und dem Kollegen zu. Schließlich wird die schreckliche Wahrheit zu einer unumstößlichen Realität: Die einzige Möglichkeit, sich Zuwendung, Anerkennung und Bestätigung zu sichern, hat endgültig versagt. Hilflos und hoffnungslos muß der pflichtbewußte Mensch die Erfahrung machen, daß er keine Chance mehr hat, die lebensnotwendige emotionale Zuwendung zu erhalten. Da er nicht trauern kann, bleibt ihm nur der Weg in die Depression.

- **Überleben durch Angst vor dem Menschen (selbstunsichere Persönlichkeit)**

Ist Wut und Ärger als handlungsleitendes Gefühl nicht verfügbar, so leidet auch die Durchsetzungfähigkeit eines Menschen. Es fehlt die hierzu nötige Wehrhaftigkeit. Neben den abhängig-angepaßten und den übermäßig pflichtbewußten sind die **selbstunsicheren, schüchternen Menschen** die dritte Gruppe, die sehr gefährdet sind, eine Depression zu entwickeln. Sie sind ebenfalls auf ihre Bezugsperson sehr angewiesen, weil sie Angst vor unvertrauten Menschen haben und deshalb den vertrauten Menschen gegenüber sehr nachgiebig sind. Allerdings spüren sie, daß sie sich eigentlich durchsetzen wollen, bekommen aber Angst, davor, dies zu tun. Sie haben extreme Angst vor Ablehnung, Zurückweisung, Kritik oder Peinlichkeit. Im Gegensatz zu den abhängigen Menschen werden sie nicht depressiv, wenn sie die wichtige Bezugsperson verlieren. Sie werden depressiv, wenn es aussichtslos geworden ist, sich in einer Beziehung oder Partnerschaft durchzusetzen, eigene Vorstellungen und Wünsche zu realisieren.

Beispiele: Ein 35jähriger Ingenieur hatte übers Wochenende seine Schwester besucht. Mit seiner Frau war vereinbart, daß er am Sonntagmorgen zurückkommt. Er rief an, daß er erst am frühen Abend komme. Seine Frau war sehr erbost. Er litt den ganzen Tag massiv unter dem Unmut der 300 km entfernten Ehefrau, konnte das Familientreffen überhaupt nicht mehr genießen und fuhr drei Stunden früher zurück. Den restlichen Nachmittag und Abend machte ihm seine Frau unentwegt Vorwürfe. Als diese nicht mehr auszuhalten waren, fiel er in eine mehrere Tage anhaltende Depression, in der er sich sagte „mit mir kann es ja keine Frau aushalten, ich kann mich ihr nicht länger zumuten. Wir müssen uns trennen".

Wir können aus diesem Beispiel dreierlei lernen:

1. Zum einem wird deutlich, daß in fast jedem anderen Menschen angesichts des entnervenden Nörgelns der Ehefrau Ärger entstanden wäre, von dem er nichts spürte. Schließlich wäre genau an der Stelle, an der er depressiv wurde, dem selbstsicheren Menschen der Kragen geplatzt, und er hätte mit einem gehörigen Donnerwetter und großer Wut ein jähes Ende gesetzt, z.B. mit den Worten „Jetzt reichts mir. Wenn du nicht sofort mit dem Gemecker aufhörst, ist für mich das Abendessen beendet! Das ist einfach nicht auszuhalten mit dir!" Doch den selbstunsicheren Menschen hindert seine Angst vor Ablehnung und Zurückweisung daran. Seine Überlebensregel lautet:

   „Nur wenn ich alle Verhaltensweisen unterdrücke, die Unmut und Ärger des anderen Menschen bewirken, kann ich Kritik, Beschämung, Ablehnung, Zurückweisung und Verstoßenwerden verhindern."

   Diese Überlebensregel der selbstunsicheren Persönlichkeit führt dazu, daß in einer Situation, in der Wut und Aggression nach außen zu gelangen droht wie in obigem Beispiel, eine Rückbremse gezogen werden muß.

   Wenn Wut und Aggression riesengroß geworden sind, ist für manche Menschen eine depressive Verstimmung die einzige Möglichkeit, den Wutausbruch zu verhindern. Nun hatte der Ehemann aber den Ärger und die Wut gar nicht gespürt. Er hat seine Gefühle nach dem Alles-oder nichts-Gesetz verwaltet. „Nur wenn ich ein Gefühl gar nicht spüre, kann ich mir sicher sein, daß es keinen Schaden anrichtet."

   Also ist bei ihm die Grenze des Überlebens nicht beim Äußern von Wut, sondern schon beim Spüren gesetzt. Denn die Ärger- oder Straf-Reaktion des anderen Menschen wird als vernichtend vorhergesehen. Die depressive Verstimmung ist also der einzige Weg, emotional zu überleben.

   Aber — Nach dem Überleben kommt das Leben.

2. Wenn die Chance auf **Selbstbestimmung** innerhalb einer zwischenmenschlichen Beziehung als endgültig verloren betrachtet wird, ist zwar durch Nachgiebigkeit kurzfristig wenigstens die Beziehung gerettet, langfristig braucht aber auch der selbstunsichere Mensch die Befriedigung jener Bedürfnisse, die sein Selbstwertgefühl aufrechterhalten: Selbstbestimmung, Selbstgestaltung, kurzum das Gefühl, fähig zu sein, das Leben selbst in die Hand zu nehmen und selbst dafür zu sorgen, daß eine befriedigende Lebens- und Beziehungsgestaltung entsteht.

   „Beziehungs"-Bedürfnisse und „Selbst"-Bedürfnisse stehen also im krassen Widerspruch. Die zur Depression neigenden Persönlichkeitstypen schaffen es nicht, beide unter einen Hut zu kriegen. Ein lähmendes Entweder-Oder führt
   entweder zur Beziehung mit anderen Menschen unter Verzicht auf Selbst-"Verwirklichung"
   oder zur Trennung vom anderen Menschen und Verzicht auf Liebe, Zuwendung und Bestätigung.
   Beide Ergebnisse machen depressiv - denn pures Überleben ist kein Leben!

3. Das Beispiel des selbstunsicheren Ehemannes zeigt ein drittes, sehr wichtiges Merkmal der Depressionsentstehung: Wenn es zum Konflikt und Streit kommt, wird nicht nur das momentane Verhalten des anderen oder die Qualität des Abends in Frage gestellt. Nein, es wird sofort die Ehe und Partnerschaft ingesamt, die ganze Beziehung in Frage gestellt. Statt zu fühlen, daß es besser wäre, das gemeinsame Abendessen abzubrechen, wenn die Ehefrau weiterschimpft, werden sofort die ganze Ehe und die zwischenmenschliche Beziehung in Frage gestellt.

- **Trennung mit dem Fallbeil**

Die Trennung hat eine doppelte Bedeutung. In ihr steckt die ganze aufgestaute Wut des Ohnmächtigen mit der Schärfe des Trennungsschrittes, der die Beziehung wie ein Fallbeil zerschneidet und auch die Ehefrau trifft. Darin ist die eigene Aggression gut untergebracht und im Falle der selbstvollzogenen Trennung auch abreagiert, selbst wenn die Trennung unter dem depressiven Vorzeichen vollzogen wurde, man könne sich dem anderen nicht länger zumuten. Aus diesen Gedanken wird auch deutlich, daß der Selbstmord lediglich eine Variante des Trennungsthemas ist, eine besondere Form, die Trennung zu vollziehen. Denn der Selbstmord ist jene Form der aktiv selbst vollzogenen Trennung, die dem anderen Menschen den größten Schlag versetzt, einen Schlag, den dieser nicht erwidern kann und der deshalb endgültig die Ohnmacht dem anderen Menschen auflädt:

Also die größtmögliche aggressive Handlung gegen den anderen, der Vernichtungsschlag gegen die Beziehung - auch wenn dies vom depressiven Menschen überhaupt nicht so erlebt wird.

- **Das Wörtchen „und"**

Und all dies nur, weil in der Kindheit versäumt wurde, die Erfahrung zu machen, daß es außer dem Entweder-Oder auch das Wörtchen „und" gibt. Weil Eltern dem Kind nicht zeigen konnten, daß hinter einer zwischenmenschlichen Beziehung Raum für beides ist:

Liebe und Selbstbestimmung, d.h.

geliebt werden und sich durchsetzen,

akzeptiert werden und wütend sein können,

Geborgenheit und Freiraum usw.

Solche Eltern haben selbst nie dieses „und" erfahren. Sie sehen in den Selbsttendenzen des Kindes für sich oder das Kind eine so große Bedrohung, daß sie die natürlichen Tendenzen des Kindes bekämpfen müssen, bis das Kind sie aufgegeben hat. Die Bedrohung ist durch die Selbstaufgabe des Kindes beendet - das Überleben ist gesichert. Weder das Kind noch die Eltern wissen, daß für das emotionale Überleben in der Kindheit ein hoher Preis gezahlt wurde. Starre Überlebensregeln setzen strenge Gebote und Verbote, die zum Scheitern im Erwachsenenalter führen. Gebote und Verbote, die die Eltern vielleicht niemals in dieser Form ausgesprochen haben, die aber die Quintessenz kindlicher Erfahrungen im Umgang mit den Eltern und der Familie sind. Das Leben als Erwachsener ist mit diesen kindlichen Überlebensregeln nur eine begrenzte Zeit möglich - bis eine Lebenssituation auftritt, die die Selbstbestimmungstendenzen so groß werden läßt, daß Gefahr besteht, daß die Überlebensregel verletzt wird, so daß nur noch die Symptombildung diese Regelverletzung verhindern kann

Endogene und vererbte Ursachen

Früher bezeichnete man solche Depressionen als endogen, die weder eine körperliche noch eine psychische Ursache haben, demnach eine endogen im Menschen verborgene, nichtbekannte Ursache haben müssen. Diese endogene Depression, die heute als „große Depression vom **melancholischen Typ**" charakterisiert wird, zeichnet sich aus durch

a) einen phasenhaften Verlauf, z.B. einmal jährlich bis zweijährlich auftretend

b) manchmal zu einer bestimmten Jahreszeit auftretend, z.B. fast immer im Frühjahr oder im Herbst, eventuell jährlich oder in größeren Abständen

c) Tagesschwankungen der depressiven Verstimmung, meist mit morgendlichem Stimmungstief

d) Schlafstörungen mit frühem morgendlichen Erwachen, z.B. jeden Morgen um 4 Uhr

e) Zu den „Vitalstörungen" der endogenen Depression gehören neben den schon genannten Tagesschwankungen und dem frühen Erwachen weitere körperliche Beschwerden wie Appetitstörungen mit Gewichtsverlust, Verstopfung, Zyklusstörungen bei Frauen und Verlust des sexuellen Interesses

Das Wissen über diese Form der Depression sollte mindestens den Umfang der Darstellung von Möller und Lauter (1986) umfassen. Hier seien einige Fakten daraus zitiert:
Insgesamt erkranken 10% der Bevölkerung einmal in ihrem Leben an einer Depression. Frauen erkranken doppelt so häufig wie Männer an einer endogenen Depression. Die Hälfte der endogenen Depressionsphasen dauert bis zu drei Monaten, 25 % bis ein Jahr und weitere 25 % mehr als ein Jahr. Nach dem Ende einer depressiven Phase kann eine „hypomane" Nachschwankung auftreten, d.h. daß etwa eine Woche lang eine auffallend gute Stimmung mit gesteigertem Selbstwertgefühl und Unternehmungslust besteht.
Während 70 % der Menschen, die endogene Depressionen erleiden, nur depressive Phasen haben (monophasischer Verlauf), haben 30% auch manische Phasen (bipolarer Verlauf) mit auffällig übertrieben gehobener Stimmung und unangemessener Einschätzung der eigenen Fähigkeiten bis zum Größenwahn, Rededrang, vermindertem Schlafbedürfnis (braucht z.B. nur drei Stunden Schlaf), schnellem Gedankenablauf. Manchmal werden unsinnige Einkäufe gemacht (z.B. zwei Mercedes Benz bestellt oder 60 Paar Schuhe gekauft), aus Selbstüberschätzung heraus die Arbeitsstelle gekündigt, die Familie verlassen, sexuelle und andere Verhaltensexzesse können hinzukommen. Oft wird durch die Manie das eigene Leben ruiniert. Gerade die manisch-depressiven Erkrankungen weisen deutliche Vererbbarkeit auf (13 - 20 %).
Während die Psychotherapie bei bipolaren Depressionen langfristig nicht besonders erfolgreich ist, gibt es bei monopolaren endogenen Depressionen durchaus erfolgversprechende verhaltenstherapeutische Behandlungsmöglichkeiten (Sulz 1993a).

Körperliche Ursachen
Es gibt mehrere neurologische Erkrankungen, die mit einer depressiven Verstimmung einhergehen können, und bei denen vermutet wird, daß die depressive Verstimmung nicht reaktiv auf die psychische Belastung durch die körperliche Erkrankung erfolgt. Allerdings ist die Depression dann kaum das zuerst auftretende Symptom. Man braucht also nicht hinter einer Depression eine verborgene körperliche Krankheit vermuten. Trotzdem ist es wichtig, bei einer Depression, die so schwer ist, daß man sie als Krankheit empfindet, zum Arzt zu gehen, der durch seine gründliche körperliche Untersuchung das Vorhandensein einer körperlichen Erkrankung ausschließen oder deren Behandlung einleiten kann.
Für weitere Details zu diesem Thema möchte ich auf den bereits erwähnten Artikel von Möller und Lauter (1986) verweisen.

Medikamentöse Ursachen
Vornehmlich einige Blutdruckmittel der Rauwolfia-Gruppe, die den Wirkstoff Reserpin enthalten, machen depressiv. Auch Cortisonpräparate können nach mehrwöchiger Einnahme zu einer depressiven Verstimmung führen. Nicht so selten setzen Frauenärzte die Pille wieder ab, weil Frauen über eine depressive Verstimmung seit Pilleneinnahme klagen.
Auch manche Psychopharmaka, die zur Beruhigung oder Dämpfung verschrieben oder wöchentlich bzw. zwei- oder vierwöchentlich als Depot gespritzt werden, können eine depressive Verstimmung erzeugen oder eine bestehende Depression vertiefen. Dies wird vor allem den Neuroleptika zugeschrieben. Als Beispiel seien einige häufig verschriebene genannt, ohne daß diese mehr Depressivität erzeugen müssen als nichtgenannte:
Imap, Haloperidol, Dapotum, Lyogen, Fluanxol, Dipiperon.
Vor allem bei regelmäßigen Depot-Spritzen sollte daran gedacht werden, daß Depressionen durch sie entstehen können. Wenn keine Psychose vorliegt, müssen sie bei einer Depression abgesetzt und statt dessen antidepressive Medikamente verordnet werden. In solchen Fällen sollte an den Facharzt für Psychiatrie überwiesen werden.

5. Die Behandlung der Depression

5.1. Ziele der Behandlung

Besonders bei Depressionen halten es Psychotheraeputen für müßig„ sich lange bei einer Betrachtung der Behandlungsziele aufzuhalten. Es scheint so offensichtlich zu sein, daß das Ziel einer Krankenbehandlung die Wiederherstellung der Gesundheit ist. Depressionsbehandlung besteht also darin, Depressionen zu beseitigen.

Symptombeseitigung ist das erste Ziel, aber nicht das einzige.

Weitere Ziele ergeben sich aus unseren obigen Überlegungen zur Auslösung, zur Verursachung und zu Funktion und Zweck der Depression.

Das **zweite Ziel** ist die **Verhinderung von Rückfällen**.

Rückfälle kann ich nur verhindrn, wenn ich die Ursachen und vor allem die Auslöser verstanden habe. Letztere kann ich nur finden, wenn ich den **exakten Zeitpunkt des Beginns der Depression** herausarbeiten konnte.D.h. ich muß als Therpeut erklären können,**weshalb es zu genau diesem Zeitpunkt zu genau dieser Form der psychischen Störung** (warum nicht zu einer Phobie?) kam!

Beide Ziele lassen sich durch einige Teilziele umschreiben.

Depressionsvermindernde Teilziele:
1. Wieder aktiv werden, um wieder positive Erfahrungen machen zu können.
2. Wieder in Kontakt zu Menschen treten, um wieder positiven Gefühlsaustausch erleben zu können.
3. Wieder einen guten Umgang mit sich selbst beginnen, um von der Selbstbestrafung zur Selbstbestätigung zu finden.

Rückfallverhindernde Teilziele:
4. Die Überlebensregeln so verändern, daß sie ein lebenswertes Leben zulassen.
5. Bisher verbotene Gefühle wieder wahrnehmen und ausdrücken lernen, wie Trauer und Wut, d.h. auch vermiedene Trauerprozesse nachholen.
6. Zwischenmenschliche Beziehung neu gestalten lernen, so daß Beziehungs- und Selbst-Bedürfnisse darin Platz haben.
7. Die allgemeine Lebensgestaltung so verändern, daß wesentliche positive Erfahrungen von verschiedenen Quellen kommen, um unabhängiger von der wichtigen Bezugsperson oder der bisher einzigen Bezugsquelle (z.B. Beruf, Kinder) zu werden.

Erst wenn diese sieben Ziele annähernd erreicht sind, ist eine Depressionsbehandlung abgeschlossen, die über das kurzfristige, nahe Ziel einer schnellen Krisenhilfe hinausgehen soll.

5.2. Wege der Depressionsbewältigung

Die wichtigen Prinzipien einer Depresionstherapie sind
1. Bewegung und Entspannung
2. Aktivität
3. Umgang mit Menschen.
4. Umgang mit Ihren Gedanken
5. Umgang mit Ihren Gefühlen
6. Umgang mit Ihren Bedürfnissen

Die ersten drei werden sofort eingeleitet, sie können vom depressiven Menschen am leichtesten angenommen werden und wirken sich am raschesten auf das depressive Syndrom aus (syndromorientierte Therapie). Die letzten drei sind erst beim Nachlassen der depressiven Symptome gut anwendbar. Sie konzentrieren sich auf den habituellen Umgang mit sich selbst und den anderen Menschen (personorientierter Ansatz).

Zu 1. Sportliche Bewegung und körperliche Entspannung

Viele Patienten, die es schaffen, sich zu sportlicher Bewegung aufzuraffen, berichten, daß sie während des Sports und auch Stunden danach deutlich weniger depressiv waren. Auch wissenschaftliche Untersuchungen haben nachgewiesen, daß z.B. Jogging antidepressive Wirkung hat. Deshalb wird täglich mindestens 30 Minuten Lauftraining oder Circuit-Training empfohlen. Dabei ist wichtig, daß der Körper gut „warm läuft", man also ins Schwitzen kommt und der Kreislauf so in Schwung gerät, daß der Puls mindestens 10 Minuten lang deutlich spürbar erhöht ist (120 - 140 Pulsschläge pro Minute). Auch Wanderungen, ausgiebiges Schwimmen, Radfahren, überhaupt jedes richtige Durchbewegen des Körpers, auch durch Tanzen, wirkt antidepressiv.

Vielleicht ist körperliches „Durchbewegen" auch so stimmungsaufhellend, weil anschließend der Körper entspannen kann. Der Körper trägt und erträgt einen guten Teil der Depression, und während der Körper weniger niedergedrückt ist, wird auch die Depression geringer.

Körperliche Entspannung hat sich in wissenschaftlichen Untersuchungen als sehr wirksam gegen Depression erwiesen (McLean und Kakstian, 1979). Diese wissenschaftlichen Ergebnisse sind leider bisher zu wenig in der Depressionsbehandlung umgesetzt worden. Es lohnt sich, ein Gruppentraining der progressiven Muskelrelaxation anzubieten. Der Patient nimmt sich täglich 2- bis 3mal eine halbe Stunde Zeit, z.B. morgens nach dem Aufstehen, mittags nach der Mahlzeit, abends, wenn er von der Arbeit nach Hause kommt. Nach dem Sport trieb, kann er sich anschließend am besten entspannen. Es sollte zur selbstverständlichen Gewohnheit werden wie Essen, Trinken und Schlafen - menschliche Bedürfnisbefriedigungen, die er auch nach einigen Wochen nicht einfach bleiben läßt.

Zum Körper gehört auch die **Sexualität**. Auch sie ist in der Depression niedergedrückt. Wenn es dem Patienten gelingt, wieder Zugang zu ihr zu finden, so hat er mit ihr ebenfalls ein sehr wichtiges Antidepressivum zur Verfügung. Vielleicht gelingt es ihm, einige Stunden zu spüren, wie es ohne Depression sein kann, wie der depressive Schleier immer öfter und immer länger zerrissen wird.

Zu 2. Positive Aktivitäten

Am meisten ist ein Mensch seiner Depression ausgeliefert, wenn Körper und Seele zum Stillstand kommen. Antriebshemmung und Passivität sind Kardinalsymptome der Depressivität. Ihnen kann durch Aktivität verschiedenster Art entgegengewirkt werden. Da dies morgens oft besonders schwerfällt, wenn nicht dringliche Aufgaben zu erledigen sind, hilft es, am Abend zuvor einen „Aktivitätenplan" zu erstellen, der eine verbindliche Übereinkunft mit sich selbst oder mit einer Vertrauensperson beinhaltet. Bei schweren Depressionen werden es wenige kleine und leichte Aktivitäten sein, bei leichten Depressionen mehr und umfassendere Aktivitäten. Dabei ist zu beachten, daß die Wahrscheinlichkeit sehr groß sein soll, das Vorhaben des Tages wirklich umzusetzen. Zum anderen sollten die Aktivitäten positiv sein, d.h. eine angenehme Erfahrung bringen oder zumindest ein angenehmes Gefühl, eine Aufgabe gut erledigt zu haben oder einem Ziel etwas näher gekommen zu sein. Mit positiven Aktivitäten sind nicht die Pflichten des Alltags gemeint. Im Gegenteil: Depressive Menschen lassen sich zu sehr von Pflichtaktivitäten davon abhalten, Dinge zu tun, die mittelfristig ihre Stimmung verbessern, nur weil sie kurzfristig Mühe, Angst und ein schlechtes Gewissen machen. Wenn es dem Patienten auch so geht, besinnt er sich auf **seine einzige Pflicht:**

Genau das zu tun, was gesund macht.

Spürt er noch keine antidepressive Wirkung, so deshalb, weil er noch zu selten und zu wenig etwas Positives (für sich) getan hat. Wenn er fünf positive Aktivitäten pro Tag plant, so müssen dies keine großen Taten sein, wichtig ist die Bedeutung als positive Geste für sich selbst. Das kann mit einem bewußt wahrgenommenen Duschbad beginnen, einem bewußt angenehm hergerichteten und eingenommenen Frühstück, fortgeführt mit einem Spaziergang nach dem Mittagessen, einer Entspannungspause vor dem Abendessen und abschließend mit einem halbstündigen Dauerlauf. Jede Woche kann eine neue Aktivität hinzukommen wie eine Kaffeepause, Zeitungslektüre, Tagesschau ansehen, Körper eincremen, sich eine Kleinigkeit kaufen, ein Telefonat usw.. Einmal pro Woche kann eine größere Aktivität geplant werden wie Kino-, Konzert- oder Theaterbesuch, Schwimmbad oder Saunagang. Dies sollten selbst geplante und selbst durchgeführte Aktivitäten sein, ein Mitgenommenwerden ist höchstens ein zehntel wert, denn es fördert nicht das Gefühl von „Selbstwirksamkeit", demjenigen Anteil des Selbstwertgefühls, der das beste Antidepressivum ist.

Zu 3. Umgang mit Menschen

Sozialer Rückzug, das Verkriechen und Vermeiden jeglichen menschlichen Kontaktes, ist ein weiteres Kardinalsymptom der Depression. Ihm entgegenzuwirken ist deshalb eines der drei wirksamstem Mittel gegen Depression.

Der Patient wird angeleitet, sich dabei zu ertappen, wieder einmal eine Unternehmung nur deshalb abgesagt zu haben, weil er unter Menschen hätten sein müssen? Er wird ermuntert, wieder Einzug zu halten bei den Menschen. So sehr er sich am Anfang auch überwinden muß, soll er wieder alte Kontakte und Beziehungen erneuern, zunächst kurze Telefonate, dann Treffen, schließlich gemeinsame Unternehmungen - bis er wie früher wieder mitten unter Menschen ist. Waren es früher zu wenige Menschen oder zu wenig intensive Beziehungen, und hat er inzwischen wieder das Wohltun zwischenmenschlicher Kontakte und Begegnungen wahrnehmen gelernt, so sollte er jetzt nicht Halt machen, sondern versuchen, weitere Kontakte herzustellen, um allmählich zu neuen und befriedigenden Beziehungen zu gelangen. Am einfachsten ist es, mit Menschen, denen er ohnehin täglich begegnet und die ihm sympathisch sind, Gespräche auf persönlicher Ebene zu führen, sie einzuladen, gemeinsame sportliche, kulturelle oder sonstige Freizeitaktivitäten zu vereinbaren. Aufgabe ist: "Schaffen Sie sich allmählich einen Freundeskreis
• in dem Sie selbst gesellig aktiv die Freundschaften gestalten und pflegen
• wiederum verbunden mit der Erfahrung „von Selbstwirksamkeit".

So nehmen Sie ihre Fähigkeiten war, sich befriedigende zwischenmenschliche Beziehungen zu schaffen und zu unterhalten". Wenn nun die Depression nicht mehr so schwer ist, kann die therapeutische Arbeit um die drei weiteren Schwerpunkte ergänzt werden:

4. Umgang mit Ihren Gedanken
5. Umgang mit Ihren Gefühlen
6. Umgang mit Ihren Bedürfnissen

Zu 4. Umgang mit Gedanken

Der Patient erlebt selbst jeden Tag, wie sein Denken unentwegt das Leben und die Welt in den schwärzesten Farben malt. Wie alle Menschen hält auch er seine Gedanken für wahrheitsgemäße Sichtweisen der Welt. Es fällt ihm schwer, diese düsteren Gedanken in Frage zu stellen - so zweifelsfrei, wahr und richtig erscheinen sie ihm. Und doch ist jeder Gedanke nur ein depressives Symptom. Ein verzerrte, falsche Nachricht, die korrigiert werden muß. Folgende Intervention empfiehlt sich: "Gehen wir der Reihe nach vor:

1. Sie denken z.B. „ich war schon immer ein Versager".
2. Machen Sie sich klar, daß dieser Gedanke **nur ein Gedanke, nicht Realität ist.**
3. Erinnern Sie sich, daß es ein **depressiver, also verzerrter Gedanke ist.**
4. Denken Sie, was ein Mensch, dem Sie vertrauen können, statt dessen sagen oder denken würde, z.B. „Neben deinen Mißerfolgen, die auch nicht größer sind als meine, hast du ausreichend viele Erfolge gehabt. Du bist ein ebenso wertvoller Mensch wie ich."
5. Wenn sich Ihnen trotzdem wieder Ihr depressiver Gedanke aufzwingt, erinnern Sie sich, daß der Symptomgedanke wiedergekommen ist, sagen Sie sich: "Mein Gedankensymptom ist wieder da. Dieser Gedanke geht nicht aus der Realität, sondern aus der Depression hervor - ist nur ein depressives Symptom".

6. Versuchen Sie wieder an die nicht depressive Realität zu denken, z.B. „Ich habe auch Erfolge gehabt." Selbst wenn Sie diesem Gedanken nicht Glauben schenken können, denken Sie ihn trotzdem.
Depressive Gedanken machen depressiv, realistische Gedanken vertreiben allmählich die Depression. Auch wenn es Ihnen so schwerfällt, "Wasser den Berg hinauffließen zu lassen" - es ist jetzt Ihre Aufgabe, das zu tun, was von der Depression wegführt, notfalls tausendmal, wie ein leckes Boot mit einer Tasse von immer wieder eindringendem Wasser zu befreien. Manchmal hilft es, schriftlich realistische Gedanken zu sammeln, sie immer wieder durchzulesen, denn die Depression läßt sie nicht in bewußte Erinnerung gelangen:

Datum	Situation	Depressiver Gedanke	Realist. Gegengedanke
10.09.93	Mein Chef gibt mir eine Arbeit	"Das werde ich nicht nicht schaffen"	"Bisher ging diese Arbeit immer gut"
11.09.93	In der Kaffeepause	"Ich bin für andere nur eine Belastung"	"Es ist gut, unter Kollegen zu sein"

Nach der Anwendung obiger Dreispaltentechnik nach Beck liegt mit der anwachsenden Sammlung an depressogenen Gedanken das Zusammenfassen unter eine Überschrift nahe. Dies kann durch Finden einer allgemeinen dysfunktionalen Grundannahme über das Funktionieren des Selbst und der Welt geschehen. Das praktische Vorgehen im Gespräch ist unter anderem in Sulz (1987) beschrieben. Hinter der depressiven Sicht des Selbst und der Welt verbirgt sich oft eine Überlebensregel, die uns abverlangt, nicht zu befolgende Gebote zu befolgen und nicht einzuhaltende Verbote einzuhalten (u.a. Sulz 1994). Vielleicht gelingt es dem Patienten, eine solche **depressiv machende Überlebensregel** als große Überschrift über seinen Gedanken zu entziffern. Beispiele sind:
"Nur wenn ich eine perfekte Leistung bringe, bin ich ein wertvoller Mensch."
"Nur wenn ich immer alle Pflichten erfülle, bin ich schätzenswert."
"Nur wenn ich immer auf eigene Wünsche verzichte, bin ich ein lebenswerter Mensch."
„Nur wenn ich ganz auf die Wünsche anderer eingehe, werde ich akzeptiert."
„Nur wenn ich alles unterlasse, was den Unmut mir wichtiger Menschen hervorrufen würde, bin ich willkommen."
Vielleicht ist die Überlebensregel nicht ganz so extrem formuliert wie „immer" oder „alles". Sie ist eventuell trotzdem zu starr und zu unnachgiebig.
Wenn die depressiven Beschwerden bereits am Abklingen sind, so ist jetzt eine wichtige **Aufgabe** für den Patienten ENTGEGEN DER ÜBERLEBENSREGEL **zu handeln**,
um zu erfahren, daß trotzdem ein Überleben möglich ist, um zu erfahren, daß er Verantwortung für sein Handeln übernehmen kann, d.h., um zu beweisen, daß die Regel falsch ist, er sich künftig nicht mehr unter ihr Joch stellen muß. Das macht zunächst Angst und Schuldgefühle, und er wird ermuntert, es trotzdem zu tun (empirische Hypothesenprüfung nach Beck).
Sulz hat eine systematische Methode entwickelt, in relativ kurzer Zeit zu einer reliablen Hypothese über die zugrundeliegende Überlebensregel zu kommen (Sulz 1994 und das Kapitel über Strategische Kurzzeittherapie in diesem Buch).

Zu 5. Umgang mit Gefühlen
Der Umgang mit Gefühlen ist in zweierlei Hinsicht von Bedeutung, zum einen der Umgang mit den depressiven Gefühlen (Angst, Hoffnungslosigkeit, Hilflosigkeit, Schuldgefühle, Pflichtgefühl, Gefühl der

Gefühllosigkeit, Lebensmüdigkeit) und zum anderen, wenn die Depression schon am Abklingen ist, der Umgang mit nicht-depressiven Gefühlen (Freude, Ärger, Wut, Unternehmungslust, Liebe usw.).

a) Umgang mit depressiven Gefühlen

Gefühle braucht der Mensch, um bewußt wahrnehmen zu können, ob die momentane äußere Situation oder der momentane innere Zustand änderungsbedürftig ist.

Gefühle, die mit Wohlbehagen einhergehen, zeigen uns an, daß es so bleiben kann, wie es ist, bzw. daß wir so weitermachen können wie bisher. Gefühle, die mit Mißbehagen einhergehen, veranlassen uns, etwas zu tun, um das Mißbehagen zu beenden. Gerade das leisten depressive Gefühle nicht: Sie veranlassen uns zu depressivem Verhalten, verhindern also, daß wir etwas gegen die Depression tun. Sie vertiefen dadurch unsere Depression. Deshalb ist jetzt die **Aufgabe**
NICHTS ZU TUN, WOZU DEPRESSIVE GEFÜHLE SIE BRINGEN WOLLEN.
Im einzelnen führen depressive Gefühle wie

- Angst zu Vermeidung
- Hoffnungslosigkeit und Hilflosigkeit zu Passivität
- Schuldgefühle zum Unterdrücken selbstbezogener Handlungen
- Pflichtgefühl zu immerwährenden Anstrengungen und Arbeiten für andere
- Lebensmüdigkeit zu Selbsmordabsichten

Die Aufgabe läßt sich positiv formulieren: "**Statt** Vermeidung tun Sie künftig, das was Angst macht, z.B. unter die Menschen gehen, **statt** Passivität planen Sie positive, angenehme Aktivitäten und führen diese durch, **statt** angestrengter Pflichterfüllung machen Sie eine Zeitlang „Dienst nach Vorschrift" und denken „egoistisch" an sich, **statt** Flucht in den Tod stellen Sie sich dem Leben, z.B. durch den Mut, entgegen den alten Überlebensregeln zu handeln, und dadurch neue Problemlösungen finden zu dürfen und sich neue Lebensgestaltungen zu eröffnen, die bisher verboten oder bedrohlich erschienen."

b) Umgang mit nicht-depressiven Gefühlen

Meist sind nicht-depressive Gefühle wie Ärger und Wut, aber auch Trauer für den depressiven Menschen verbotene Gefühle. Sie sind untersagt, weil sie zu einer verbotenen Handlung führen würden, z.B. zum Handeln aus Trotz, Pflichtvergessenheit, Selbstliebe, Egoismus, Genußfreude. In der Regel sind all diejenigen Gefühle verboten, die selbstbezogen sind, den eigenen Bedürfnissen und Interessen Geltung verschaffen würden. Sie würden zum mutmaßlichen Konflikt mit einer Ein- und Unterordnung der fordernden Umwelt führen. Dieser Konflikt wird befürchtet. Es scheinen Strafaktionen der anderen Menschen wie ewige Ablehnung, Kritik und Verlassenwerden zu drohen. Meist werden diese befürchteten Folgen gar nicht zu Ende gedacht, es bleibt bei einem nebulösen Unbehagen, das erst aufhört, wenn das verbotene Gefühl abgeschaltet wird. Versucht der Patient nun, diese Gefühle wieder einzuschalten, werden prompt das Unbehagen oder gar Angst oder Schuldgefühle sich dazugesellen. "Ihre **Aufgabe** ist es nun, trotzdem

- **bei Ihrem Gefühl zu bleiben (z.B. Ärger, Wut)**
- **sich Ihre Gefühle zu erlauben**
- **und die Verantwortung für Ihre Gefühle zu übernehmen.**

Sie werden vielleicht hoffen, daß Ihre Ärgerreaktion beim Gegenüber zu großmütiger Geste führt: „Ich hab dich trotzdem lieb". Dies ist unrealistisch. Wenn Sie einem anderen weh tun, wird er "au!" schreien, wenn Sie ihn angreifen, wird er sich wehren. Diese verständlichen Reaktionen des anderen gilt es auszuhalten. Sie sind immer nur vorübergehend. Später vertragen Sie sich wieder und spüren oft, daß Ihnen mit mehr Respekt und Achtung begegnet wird, d.h., Ihre zunehmende Wehrhaftigkeit führt zu einer größeren Qualität Ihrer zwischenmenschlichen Beziehungen. Dies ist aber nur die Hälfte Ihrer neuen Erfahrungen.
Die andere Hälfte ist schwerer zu verkraften. Denn vermutlich haben Sie sich bisher vorwiegend mit Menschen zusammengetan, die Sie aufgrund Ihrer Selbstlosigkeit, Bescheidenheit, Nachgiebigkeit und Ihres

Pflichtbewußtseins geschätzt haben. Für diese waren Sie ein bequemer Zeitgenosse - vielleicht sind Sie von ihnen ausgenutzt worden. Diese Menschen werden sich nun von Ihnen abwenden - entscheiden Sie selbst, wie groß ihr Verlust für Sie wirklich ist. Meist sind diese Menschen schnell ersetzt durch neue, wirkliche Freunde, die Sie schätzen, so wie Sie sind und nicht wegen des Gewinns, den Sie ihnen bringen."

Zu 6. Umgang mit Bedürfnissen
Der Patient ist depressiv geworden, weil er sich in seinem bisherigen Leben nicht getraut hat, gut genug für die Befriedigung seiner Bedürfnisse zu sorgen. Ähnlich wie bei seinen nicht-depressiven Gefühlen ist eben diese jahrelange Vernachlässigung nur gelungen, weil er verlernt hat, seine Bedürfnisse wahrzunehmen. Wenn er also jetzt versucht, alle Bedürfnisse aufzuzählen, die wichtig für ein gesundes und erfülltes Leben sind, so muß diese Aufzählung falsch oder zumindest lückenhaft sein. Da fehlen vielleicht noch die wichtigsten Bedürfnisse. "Es wird mir natürlich nicht gelingen, Ihnen zu beweisen, daß Sie Bedürfnisse haben, die Sie gar nicht spüren. Bleiben wir bei allgemeinen Betrachtungen. Es gibt Bedürfnisse, die für das bloße Überleben notwendig sind, und solche, die dem Leben Qualität oder Sinn geben, deren Befriedigung aber lange Zeit aufgehoben werden kann. Am einfachsten ist es, menschliche Bedürfnisse von der Geburt des Menschen an zu verfolgen. Für das allein noch nicht lebensfähige Kind, das abhängig von den Eltern ist, sind wichtig:

1. Willkommensein, Dazugehören
2. Geborgenheit und Wärme
3. Schutz, Sicherheit, Zuverlässigkeit
4. Aufmerksamkeit, Beachtung
5. Liebe
6. Verständnis
7. Anerkennung, Wertschätzung, Bewunderung
8. Selbstmachen dürfen und können
9. Selbstbestimmung, Freiraum
10. Gefördert werden, gefordert werden
11. Normen und Grenzen gesetzt zu bekommen
12. Ein Vorbild haben
13. Intimität, Erotik, Hingabe
14. Ein Gegenüber (Beziehung)

Nur wenn die ersten sechs (Zugehörigkeits- oder regressiven oder Abhängigkeits-) Bedürfnisse ausreichend befriedigt wurden, kann sich ein Mensch den Luxus leisten, sich den nächsten (progressiven oder Unabhängigkeits-) Bedürfnissen zuzuwenden. Depressive Menschen haben in ihrem bisherigen Leben immer auch um die Befriedigung der ersten sechs Bedürfnisse gekämpft. Allgemein geht es bei ihnen immer noch darum, in dieser Welt anzukommen, von den Menschen an- und aufgenommen zu werden. Sie hatten in ihrem bisherigen Leben gar keine Chance, sich als allein lebensfähiges, lebenstüchtiges Wesen zu erfahren, und haben ihr Bemühen noch ganz danach ausgerichtet, sich die positive Zuwendung und Zuneigung des anderen Menschen zu erarbeiten. Es scheint so, als ob es sich um eine Konkurrenz verschiedener Bedürfnisse handelt - ein Entweder-Oder: Entweder ich trachte nach Befriedigung meiner sechs Abhängigkeitsbedürfnisse, dann muß ich auf die Befriedigung meines Unabhängigkeitbestrebens verzichten, oder ich befriedige meine Unabhängigkeits-Bedürfnisse, dann verliere ich die Chance auf Befriedigung meiner Abhängigkeitsbedürfnisse (Geborgenheit, Schutz, Wärme, Beachtung, Anerkennung, Bestätigung usw).

Für depressive Menschen ist es ein unlösbarer Konflikt. Es sei denn, sie riskieren es, zu prüfen, ob diese Entweder-Oder-Regel wirklich stimmt. Ihre **Aufgabe** ist es, **künftig soviel wie möglich für die Befriedigung Ihrer Unabhängigkeits-Bedürfnisse, und nur noch soviel wie nötig für die Befriedigung Ihrer Abhängigkeits-Bedürfnisse zu tun.** Machen Sie dadurch eine doppelte Erfahrung:
1. Sie brauchen heute als Erwachsener viel weniger Abhängigkeits-Bedürfnisse zu befriedigen, als Sie bisher glaubten.
2. Die Entweder-Oder-Regel ist falsch: Durch Unabhängigkeitsstreben verlieren Sie nicht automatisch das Anrecht auf Befriedigung Ihrer Abhängigkeits-Bedürfnisse. Das Entweder-Oder ist zu ersetzen durch ein **und**: "Ich kann nach Unabhängigkeit streben **und** meine Abhängigkeits-Bedürfnisse befriedigen."

Wenn Sie versuchen, dies in die Tat umzusetzen, werden Sie wieder Ihrer Angst und Ihren Schuldgefühlen begegnen, die mit aller Macht versuchen, Ihr Unterfangen zum Scheitern zu bringen. Es gilt, sich von diesen depressiven Gefühlen nicht steuern zu lassen, ihnen die verhaltenssteuernde Funktion zu nehmen und statt dessen aus Ihren nicht depressiven Gefühlen heraus zu handeln, die Ihnen helfen, das zu tun, was zu einer ausgewogenen Erfüllung Ihrer Wünsche führt. Bedenken Sie, daß Sie dadurch nicht unsozial, unkollegial oder gar unmenschlich werden. Das Gegenteil ist der Fall: Sie werden zunehmend fähig zu einer reifen, erwachsenen Beziehungsgestaltung, in der ein gleichberechtigter Austausch stattfindet, ein ausgeglichenes Geben und Nehmen und eine ständige gegenseitige Bereicherung. Je mehr Sie Ihr Selbst wachsen und entfalten lassen, je reicher Ihr Selbst wird, um so mehr können die anderen Menschen an diesem Reichtum teilhaben, um so schätzenswerter und attraktiver werden Sie für den anderen Menschen."

Es ist hilfreich, dem Patienten die Beschreibungen der Bedürfnisse und Gefühle aus Sulz (1994) zum Lesen zu geben und dann mit ihm darüber zu sprechen.

In obigen Darstellungen haben wir die depressionsspezifischen Grundzüge der Therapie betrachtet. Das auf den Einzelfall abgestimmte Vorgehen und die differenzierte Ausgestaltung und Weiterführung der Behandlung folgt dem Konzept der strategischen Kurzzeittherapie (Sulz 1994), wie es auch in einem Kapitel dieses Buches dargestellt ist.

Literaturempfehlung für die Praxis

Roth D, Rehm L. Therapiemanual zur Selbstkontrolltherapie der Depression in Gruppen. In: Sulz S, ed. Verständnis und Therapie der Depression. München: Ernst Reinhardt, 1986: 165-179. Dieses Therapiemanual bietet eine Fülle von praktischen Interventionen der Einzel- und Gruppentherapie von Depressiven.

Sulz S. Depression Ratgeber für Betroffene, für Angehörige, für alle beruflichen Helfer. München: CIP-Medien, 1993b
Dieser Ratgeber ist die Patienten-Variante dieses Kapitels und zeigte bisher eine sehr gute Akzeptanz bei diesen.

Sulz, S: Strategische Kurzzeittherapie - Wege zur effizienten Psychotherapie. München: CIP-Medien, 1994. Dieses Buch stellt den konzeptuellen Rahmen und bietet weitergehende Darstellungen des paraktischen therapeutischen Vorgehens.

Literatur

Klerman GL, Weissman MM, Rounsaville B, Chevron ES: Interpersonal Psychotherapy of Depression. New York; Basic Books, 1984

McLean, PD, Hakstian, AR: Clinical depression: Comparative efficacy of out-patient Treatments. J.Consult.clin.Psychol. 47, 1979, S. 818, 836

Möller HJ, Lauter H: Endogene Depressionen. In: Sulz S, ed. Verständnis und Therapie der Depression. München: Ernst Reinhardt, 1986: 124-148.

Roth D, Rehm L. Therapiemanual zur Selbstkontrolltherapie der Depression in Gruppen. In: Sulz S, ed. Verständnis und Therapie der Depression. München: Ernst Reinhardt, 1986: 165-179

Sulz S (Hrsg.): Verständnis und Therapie der Depression. München: Reinhardt 1986a

Sulz S. Selbstkontrolltherapie der Depression. In: Sulz SKD, ed. Verständnis und Therapie der Depression. 1 ed. München: Ernst Reinhardt, 1986b: 149-164.

Sulz S. Psychotherapie in der klinischen Psychiatrie. Stuttgart: Thieme, 1987

Sulz S. Das Verhaltensdiagnostiksystem VDS: Von der Anamnese zum Therapieplan. München: CIP-Medien, 1992

Sulz S: Verhaltenstherapie bei endogenen Depressionen. In: Möller HJ (Hrsg.): Psychiatrische Therapie. Stuttgart: Enke, 1993a

Sulz S. Depression Ratgeber für Betroffene, für Angehörige, für alle beruflichen Helfer. München: CIP-Medien, 1993b

Sulz, S: Strategische Kurzzeittherapie - Wege zur effizienten Psychotherapie. München: CIP-Medien, 1994

Wright J, Beck A. Kognitive Therapie der Depression. In: Sulz S, ed. Verständnis und Therapie der Depression. München: Ernst Reinhardt, 1986: 124-148.

Die Behandlung der Bulimia nervosa
• Corinna Brandl •

1. Einleitung

In den vergangenen Jahren wurde in der klinischen Forschung und psychotherapeutischen Praxis ein wachsendes Interesse an der bekannten Eßstörung Bulimia nervosa verzeichnet, was sicherlich auf das vermehrte Auftreten dieser Störung zurückzuführen ist. Von einer zunehmenden Prävalenz der Bulimia nervosa berichtet beispielsweise Fichter (1989), der vermutet, daß derzeit zwischen 2 bis 4 % der Frauen zwischen 18 und 35 Jahren in Westeuropa und Nordamerika an einer bulimischen Erkrankung leiden. Vorwiegend sind Frauen von Bulimie betroffen, während Männer nur in etwa 5 % der Fälle daran erkranken (Fichter, 1989).

Eine ansteigende Zahl von therapeutischen Verfahren zur Behandlung von Eßstörungen und speziell der Bulimie sind in den vergangenen Jahren entstanden. Neben den Standardmethoden der Verhaltenstherapie mit ihren kognitiven Therapieansätzen kommen zunehmend Methoden aus der Familien-, Gesprächs- und Körpertherapie, Hypnose, Musik-, Tanz- und Sporttherapie, Gestalttherapie, Selbsthilfegruppen und Ernährungsberatung zur Anwendung. Ambulante, stationäre und teilstationäre Behandlungsformen, die in Gruppen- oder Einzeltherapien angeboten werden, sind zu beobachten. Aufgrund der klinischen Erfahrung der letzten Jahre wird deutlich, daß eine einzige Methode alleine zur Behandlung von Eßstörungen nicht ausreicht, sondern daß ein multimodales Therapiekonzept am sinnvollsten ist (Fichter, 1989; Gerlinghoff et al., 1991; Vanderlinden et al., 1992).

Dieser multimodale therapeutische Ansatz läßt sich durch ein multimodales Modell zur Pathogenese der Bulimia nervosa (siehe Abb. 1) erklären (Fichter, 1989; Schmitz, 1987; Brandl, 1991). Demnach spielen biologische, soziokulturelle, familiäre und persönlichkeitsspezifische Einflüsse bei der Entstehung der Bulimia nervosa eine entscheidende Rolle. Als weitere prädisponierende Faktoren im Vorfeld der Bulimie gelten traumatische und chronische Belastungen, die eine gewisse psychische Labilität auslösen und zu einem niedrigen Selbstwertgefühl und affektiver Instabilität führen. Um mit den Konflikten, Ängsten und Unsicherheiten fertig zu werden, flüchtet sich das Individuum in den unerbittlichen Kampf um Schlankheit, die als einziger Ausweg zur Stabilisierung des Selbstwertgefühls gesehen wird. Diese kognitive Fixierung auf Schlankheit und die Idealfigur stehen meist in Zusammenhang mit dem Beginn von extremen Diäten und Fasten. Dadurch werden tatsächliche Konflikte, zumindest vorübergehend, ausgeblendet, wobei ein verbessertes Selbstwertgefühl angestrebt wird. Aufgrund der körperlichen und psychischen Mangelzustände, die nach längerem Fasten auftreten, bricht die kognitive Kontrolle des Individuums allmählich zusammen, und es gerät in einen unentrinnbaren, verselbständigten Kreislauf von Nahrungseinschränkung, Heißhungeranfällen und selbstinduziertem Erbrechen. Die aus diesem bulimischen Kreislauf entstehende weitere psychische Labilisierung, die von einem verminderten Selbstwertgefühl, Schuld- und Schamgefühlen bis hin zu Depressionen und Suizidalität geprägt ist, hält den bulimischen Kreislauf weiter in Bewegung. Die bulimische Erkrankung kann also als ein vergeblicher Bewältigungsversuch angesehen werden, mit Problemen fertig zu werden, die als unlösbar erlebt werden (Fairburn & Cooper, 1982; Katzman & Wolchik, 1984).

Im folgenden soll ein Überblick über die wichtigsten Schritte eines multimodalen verhaltenstherapeutischen Ansatzes zur Behandlung der Bulimia nervosa gegeben werden. Ausgangspunkt der Therapie müssen genaue diagnostische Kenntnisse der Bulimia nervosa und eine ausführliche Verhaltensanalyse sein, aus der sich

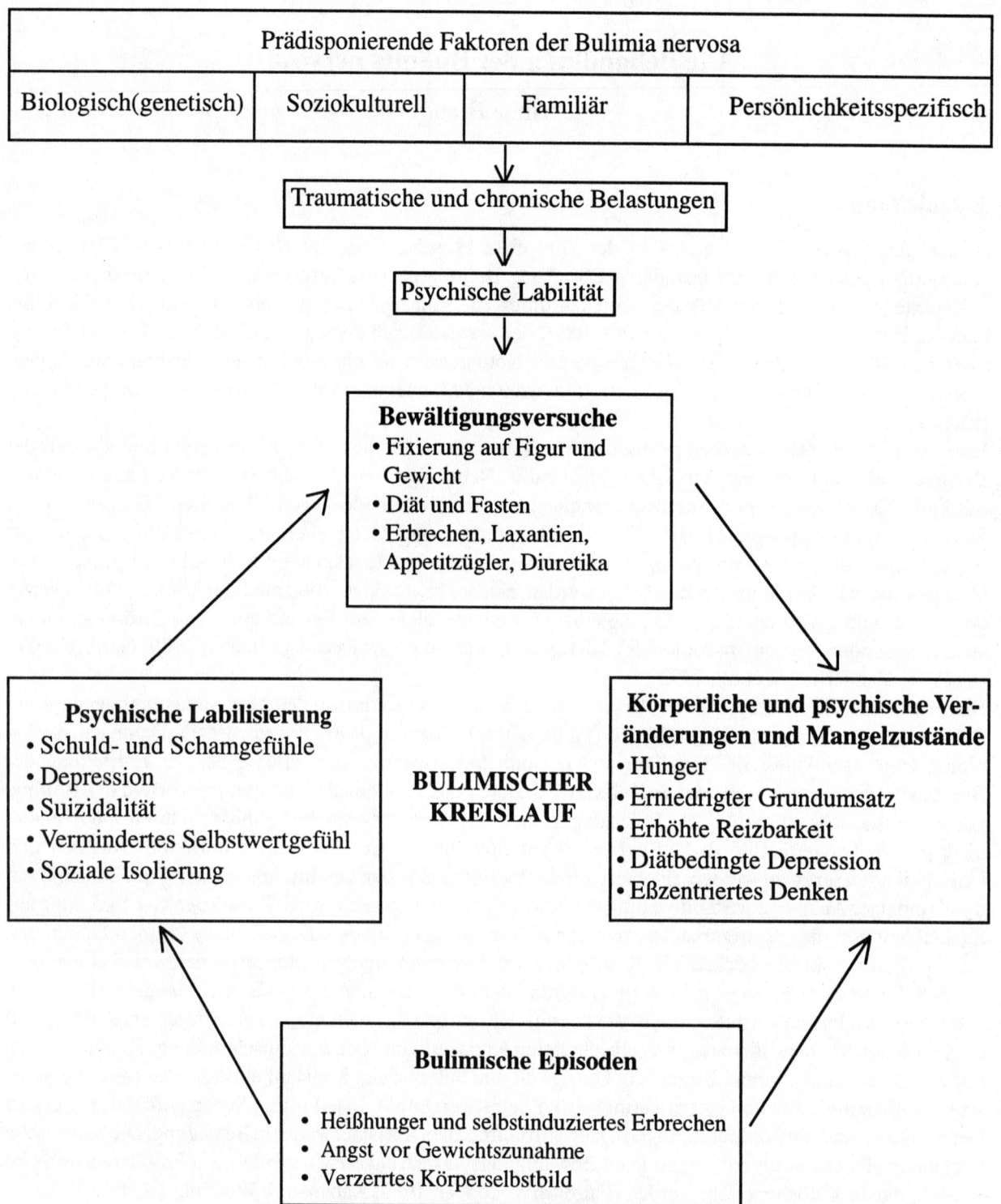

Abbildung 1. Multidimensionales Modell zur Pathogenese der Bulimia nervosa

individuelle Therapieziele und therapeutische Interventionen ableiten lassen. Anhand der diagnostischen Kriterien des DSM III-R und ICD-10 (siehe Tabellen 2 und 3) läßt sich das typische Erscheinungsbild des bulimischen Syndroms und des gestörten Eßverhaltens darstellen. Ferner müssen andere Verhaltensbereiche der Patientinnen wie beispielsweise ihre soziale Kompetenz, die Interaktion mit der Familie, die Entwicklung von Selbstbewußtsein, die Einstellung zum eigenen Körper und zur Sexualität in der Therapie berücksichtigt werden. Da circa 95 % der bulimischen Patienten weiblich sind (Fichter, 1989), müssen auch frauenspezifische Ansätze in der Therapie beachtet werden. Dazu gehört beispielsweise die Auseinandersetzung mit dem weiblichen Schlankheitsideal oder mit dem Idealbild von „jungem Aussehen". Auch die typische Frauenrolle, d.h. die soziale Konditionierung von Frauen, die meist früh im Leben lernen, eigene Bedürfnisse zu unterdrücken und ihre Individualität zu bremsen, um als „braves Mädchen" von allen geliebt und akzeptiert zu werden, sollte ferner in der Therapie berücksichtigt werden.

2. Diagnostische Kriterien der Bulimia nervosa

Während die Anorexia nervosa schon länger als psychiatrisches Syndrom anerkannt wird (Bruch, 1973; Russell, 1970), wurde die Bulimie als eigene diagnostische Kategorie erst Ende der siebziger Jahre beobachtet und ausführlich dargestellt (Russell, 1979; Fairburn & Cooper, 1984). Der Begriff der Bulimie wurde erstmals 1980 im DSM-III der American Psychiatric Association erwähnt und schließlich 1987 als „Bulimia nervosa" sowohl in der revidierten Fassung DSM-III-R als auch im ICD-10 der World Health Association eingeführt (siehe Tabellen 2 und 3). Vorausgegangen waren umfassende Diskussionen in internationalen Fachkreisen, in denen es um diagnostische Überschneidungen der beiden Eßstörungen Anorexia nervosa und Bulimia nervosa ging. Das Vorliegen der Anorexia nervosa in der Vorgeschichte wurde schließlich bei der Bulimia nervosa als ein zulässiges Diagnosekriterium akzeptiert (Russell, 1979; Russell & Cooper, 1984). Ferner wurde festgelegt, daß untergewichtige bulimische Patienten ebenfalls der diagnostischen Kategorie „Bulimia nervosa" zugeordnet werden dürfen (Garfinkel et al., 1980; Garner et Garfinkel, 1985; Vandereycken & Pierloot, 1983). Das bedeutet, daß bei ein und demselben Patienten gleichzeitig beide Diagnosen - nämlich Anorexia nervosa UND Bulimia nervosa - gegeben werden dürfen.

3. Das Krankheitsbild der Bulimia nervosa

Voraussetzung für das therapeutische Handeln sind genaue Kenntnisse des Krankheitsbildes der Bulimia nervosa. Da die bulimische Symptomatik für die Patientinnen meist sehr peinlich ist und sie alles dazu tun, diese Symptomatik vor sich und anderen im Alltag zu verheimlichen, haben sie im Therapiegespräch zunächst große Schwierigkeiten, über ihr gestörtes Eßverhalten zu sprechen. Oft können sie sich nur bruchstückhaft und andeutungsweise darüber mitteilen. Typische Sätze der Patientinnen sind beispielsweise „Es hat wieder nicht geklappt" oder „Es war wieder das totale Chaos". Wichtig ist es, im Gespräch durch verständnisvolles Nachfragen die Patientinnen schrittweise dazu zu bringen, ihr gestörtes Eßverhalten und die damit verbundenen Gefühle und Gedanken in Worte zu fassen. Durch dieses Verbalisieren kommen sie in die Lage, ihr eigenes Verhalten besser zu beobachten, welches eine wichtige Voraussetzung zur späteren Selbstkontrolle und Verhaltensänderung darstellt. Dabei ist die Ambivalenz der Patientinnen zu beachten: Einerseits möchten sie rasche Hilfe bei ihren Eßproblemen, andererseits vermeiden sie gerne die Auseinandersetzung damit. Insofern wird sich dieser Prozeß des Wahrnehmens und Verbalisierens des eigenen Eßverhaltens und der damit verbundenen Gefühle und Gedanken wie ein roter Faden durch die ganze Therapie ziehen. Wichtig ist es, daß diese Ambivalenz der Patientinnen immer wieder in der Therapie angesprochen wird, damit sie schrittweise ihr eigenes Verhalten besser beschreiben können.

> A. Wiederholte Episoden von Freßanfällen (schnelle Aufnahme eine großen Nahrungsmenge innerhalb einer bestimmten Zeitspanne)
> B. Das Gefühl, das Eßverhalten während der Freßanfälle nicht unter Kontrolle haltne zu können
> C. Um einer Gewichtszunahme entgegenzusteuern, greift der(die Betroffene regelmäßig zu Maßnahmen, die eine Gewichtszunahme verhindern sollen: selbstindiziertes Erbrechen, Gebrauch von Laxantien und Diuretika, strenge Diäten oder Fastenkuren oder übermäßige körperliche Betätigung
> D. Durchschnittlich mindestens zwei Freßanfälle pro Woche über einen Mindestzeitraum von drei Monaten
> E. Andauernde, übertriebene Beschäftigung mit Figur und Gewicht

Tabelle 2. Diagnostische Kriterien der Bulimia nervosa (DSM-III-R, 1997)
(Deutsche Übersetzung laut Beltz Verlag, 1989)

> 1. Eine andauernde Beschäftigung mit Essen, eine unwiderstehliche Gier nach Nahrungsmitteln; die Patientin erliegt Eßattacken, bei denen größere Mengen Nahrung in sehr kurzer Zeit konsumiert werden.
>
> 2. Die Patientin versucht, dem dickmachenden Effekt der Nahrung durch verschiedene Verhaltensweisen entgegenzusteuern: selbstinduziertes Erbrechen, Mißbrauch von Abführmitteln, zeitweilige Hungerperioden, Gebrauch von Appetitzüglern, Schilddrüsenpräparaten oder Diuretika. Wenn die Bulimie bei Diabetikerinnenn auftritt, kann es zu einer Vernachlässigung der Insulinbehandlung kommen.
>
> 3. Die psychopathologische Auffälligkeit besteht in einer krankhaften Furcht davor, dick zu werden; die Patientin setzt sich eine scharf definierte Gewichtsgrenze weit unter dem prämorbiden, vom Arzt als optimal oder "gesund" betrachteten Gewicht.
>
> 4. Häufig läßt sich in der Vorgeschichte mit einem Intervall von einigen Monaten bis zu mehreren Jahren eine Episode einer Anorexia nervosa nachweisen. Diese frühere Episode kann voll ausgeprägt gewesen sein oder war eine verdeckte Form mit mäßigem Gewichtsverlust und/oder einer vorübergehenden Amenorrhoe.

Tabelle 3. Diagnostische Kriterien der Bulimia nervosa (ICD-10
(World Health Organization, 1991) (Deutsche Übersetzung laut ICD-10, Verlag Hans Huber, Bern 1991)

Im therapeutischen Prozeß müssen von Anfang an die folgenden drei zentralen Themen berücksichtigt werden, da sie meistens sämtliche therapeutischen Interaktionen prägen und der therapeutische Erfolg davon abhängen kann, wie geschickt der Therapeut mit diesen Themen in der Therapie umgeht:
• Das Gefühl des Kontrollverlustes beim Essen und die damit zusammenhängenden Eßanfälle
• die Maßnahmen der Gewichtskontrolle
• die extreme Sorge um Figur und Gewicht (Gewichtsphobie)

GEFÜHL DES KONTROLLVERLUSTES: Bulimische Patientinnen beschreiben oft, daß sie die Kontrolle über das Essen verloren haben. Meist erleben sie anfallsartige Essensepisoden, bei denen sie riesige Mengen kalorienreicher Nahrung verschlingen. Eine Eßattacke kann beispielsweise aus bis zu 10 000 Kalorien bestehen. Andere Patientinnen betrachten jedoch schon die Aufnahme einer „kleinen Menge" Essen als einen Eßanfall. Die Störung manifestiert sich eher in dem subjektiven Leidensdruck als in der Quantität der Nahrung. Die Patientinnen fühlen sich unfähig, mit dem Essen aufzuhören, wenn sie einmal begonnen haben. Sie essen meist sehr hastig, ohne das Essen zu genießen.

MAßNAHMEN DER GEWICHTSKONTROLLE: Um einer Gewichtszunahme entgegenzuwirken, ergreifen die Patientinnen nach dem Eßanfall Maßnahmen der Gewichtskontrolle: selbstinduziertes Erbrechen, Mißbrauch von Abführmitteln und/oder Diuretika, rigoroses Fasten oder übermäßige körperliche bzw. sportliche Aktivitäten. Ferner ist das „Kau-Spuck-Syndrom" zu erwähnen: die Patientinnen spucken das gekaute Essen vor dem Herunterschlucken wieder aus.

„GEWICHTSPHOBIE": Im Mittelpunkt des Denkens und Fühlens steht die krankhafte Sorge um Figur und Gewicht, obwohl das Körpergewicht meist im Normbereich liegt. Man spricht in diesem Zusammenhang auch von einer „Gewichtsphobie". Die Gedanken der Patientinnen kreisen um die Sehnsucht nach einer makellosen Figur oder nach einem absoluten Idealgewicht. Dies hat beispielweise zur Folge, daß sie die genaue Kalorienmenge jedes Nahrungsmittels im Kopfe haben und den ganzen Tag Kalorien zählen, um sich bei jedem Bissen Essen zu kontrollieren. Manche Patientinnen kontrollieren anhand der Waage ständig ihr Gewicht. Wenn die Waage dann ein höheres Gewicht anzeigt, geraten sie in Panik, was wiederum zum nächsten Eßanfall mit anschließendem Erbrechen führen kann. Oder sie nehmen größere Mengen von Abführmitteln, wobei eine Tagesdosis von 20 - 100 Dragees durchaus üblich ist. Auch Diuretika werden mißbraucht in der Hoffnung, das gehaßte Gewicht zu reduzieren und dem Körper zu makelloser Schönheit zu verhelfen. Manche Patientinnen betreiben exzessives Bodybuilding oder zwingen sich zu stundenlangem Joggen, Radfahren oder Schwimmen, oft bis zum Rande der körperlichen Erschöpfung, nur um der gefürchteten Gewichtszunahme vorzubeugen.

Die Gewichtsphobie wird als Teil der sog. „Körperschemastörung" betrachtet. Die Patientinnen erleben ihren Körper oder einzelne Körperteile (besonders Bauch, Hüften, Brust, Oberschenkel) als dicker und unförmiger, als sie wirklich sind (siehe auch Abschnitt 5.8.).

4. Selbstbeobachtung und Verhaltensanalyse: Diagnostik und therapeutische Intervention zugleich

4.1. Selbstbeobachtung bei Bulimia nervosa

Die Selbstbeobachtung gilt in der kognitiven Verhaltenstherapie (Mahoney, 1977; Kanfer et al.,1991) als Form von Selbstmanagement-Fähigkeit. Sie wird meist in der Phase der Problemanalyse bei der Erhebung der Verhaltensanalyse eingesetzt. Waadt, Laessle, Pirke (1992), die 32 Therapiestudien bezüglich der verhaltenstherapeutischen Behandlung von Bulimie miteinander verglichen, berichten, daß die Selbstbeobachtung des Eßverhaltens und der den Heißhungeranfällen vorausgehenden auslösenden Bedingungen die am häufigsten angewandte Einzelintervention darstellte.

Durch die Selbstbeobachtung des bulimischen Verhaltens in der Therapie sollen die Patientinnen zunächst kritische Situationen und Hinweisreize, die zu den bulimischen Episoden führen, erkennen, um dann entsprechende Bewältigungsstrategien zur Vermeidung oder zum Beenden der bulimischen Episode einzusetzen. Ziel der Selbstbeobachtung ist also das Identifizieren von regelmäßig wiederkehrenden emotionalen, kognitiven, sozialen und körperlichen Verhaltensmustern, die mit den problematischen bulimischen Symptomen in Zusammenhang stehen. Durch die positive Verstärkung der Selbstentdeckung werden auch die Wahrnehmungsfähigkeit und die Fähigkeit zur persönlichen Datenerhebung der Patientinnen gefördert, was eine wichtige Voraussetzung für das Erlernen von Selbstkontrolle und Eigeninitiative darstellt.

Die Selbstbeobachtung der Patientinnen wird entweder im sokratischen Dialog oder mit Hilfe von Selbstbeobachtungsbögen bzw. sog. „Eßprotokollen" (siehe Tabelle 4) gefördert. Indem die Patientinnen die Eßprotokolle regelmäßig ausfüllen und sie in der Therapie anschließend besprechen, lernen sie Zusammenhänge zwischen auslösenden und aufrechterhaltenden Bedingungen des Eß-Brechzyklus zu erkennen. Durch das bewußte Identifizieren von situativen Auslösern für die Eß-Brechanfälle sowie durch das Erkennen von Gefühlen und Gedanken, die den Eß-Brechanfällen vorausgehen, können sie dann im Sinne von Diskriminationslernen die kritischen Hinweisreize für die Eß-Brechanfälle allmählich erkennen. Dies ermöglicht es ihnen, im Laufe der Zeit alternative Verhaltensweisen zur Bewältigung der jeweiligen belastenden auslösenden Situation einzusetzen: beispielsweise ein selbstbewußtes Auftreten in einer kritischen Situation oder selbstverstärkende Selbstverbalisationen in einer gefürchteten Situation. Das Erleben der Selbstkontrolle über das gestörte Eßverhalten wird von den Patientinnen als Erfolgserlebnis gewertet und bewirkt im Sinne von positiver Verstärkung eine Zunahme der Selbstkontrollfähigkeiten bzw. gleichzeitig das Nachlassen der Eß-Brechanfälle. Dadurch fühlen die Patientinnen zunehmende Erleichterung, um an anderen wichtigen Therapiethemen arbeiten zu können.

Da die Patientinnen zu Beginn der Therapie meist eine sehr mangelhafte Selbstwahrnehmung hinsichtlich ihrer bulimischen Störung haben und sie die sehr subtilen und diffusen kognitiven und emotionalen Auslöser für Eß-Brechanfälle zunächst gar nicht erkennen können, ist das Erlernen von Selbstbeobachtung für viele oft ein schwieriger, unangenehmer Prozeß, den sie um jeden Preis vermeiden. An dieser Stelle soll nochmal daran erinnert werden, daß es für die bulimischen Patientinnen äußerst peinlich ist, über ihr gestörtes Eßverhalten zu berichten, da es immer im verborgenen stattfindet und von starken Schuldgefühlen begleitet ist. Insofern kann der Selbstbeobachtungsprozeß für manche Patientinnen zunächst eine beängstigende Konfrontation darstellen. Auf seiten des Therapeuten ist deswegen viel Geduld nötig, um gerade zu Beginn der Therapie im Rahmen der Verhaltensanalyse die Patientinnen schrittweise dazu zu bewegen, ihr gestörtes Eßverhalten zu beobachten und darüber zu sprechen (siehe auch Abschnitt 4.3.)

4.2. Die Verhaltensanalyse

Obwohl große individuelle Unterschiede bestehen, läßt sich der Eß-Brechzyklus nach den Gesichtspunkten der Verhaltensanalyse im SORK-Modell folgendermaßen zusammenfassend darstellen. Dabei soll die nachfolgende Verhaltensbeschreibung sowohl Anregung für die Förderung des Selbstbeobachtungsprozesses bei den Patientinnen geben als auch eine Grundlage für die Besprechung der Eßprotokolle darstellen.

TYPISCHE AUSLÖSENDE BEDINGUNGEN (S) für einen Eß-Brechanfall:
- Der Eßanfall findet meist im verborgenen statt, wenn die Patientinnen alleine und ungestört sind, da es ihnen extrem peinlich wäre, beim Essen beobachtet zu werden.
- Der Eßanfall kann zu jeder Tages- oder Nachtzeit stattfinden, wobei er oft abends nach der Arbeit oder der Schule durchgeführt wird, wenn die Patientinnen Ruhe haben und alleine sind. Dabei sind die Eßanfälle oder die günstige Gelegenheit zum Eßanfall oft stundenlang vorher geplant, obwohl beim tatsächlichen Eßanfall der extreme Kontrollverlust erlebt wird.
- Wenn Nahrungsmittel in größeren Mengen frei zur Verfügung stehen, z.B. im Kühlschrank, bei einem Fest, bei einem Buffet oder beim Arbeiten mit Lebensmitteln (Bedienung, Küche), wächst der Drang zum Eßanfall. Die Patientinnen können dann dem Essen oft nicht widerstehen.

- Bei manchen Patientinnen wird ein Eßanfall durch gezügeltes Eßverhalten oder durch extremes Hungern/ Fasten ausgelöst. Die Mangelernährung führt u.a. zu einem physiologischen und psychologischen Deprivationszustand, der unter experimentellen Bedingungen auch bei normalen Probanden zu Eßanfällen führt (Keys et al. 1950).
- Bestimmte emotionale und kognitive Prozesse, die zu innerer Unruhe und Anspannung führen, können Auslöser für einen Eßanfall sein: z.B. Ängstlichkeit, Traurigkeit, Ärger, Enttäuschung, Langeweile, Einsamkeit. Auch solche Gefühle wie übermäßige Freude und Glücksgefühle, können als unangenehm erlebt werden und Anlaß für einen Eßanfall sein. Dabei fällt in der klinischen Praxis auf, daß die Patientinnen ihre Gefühle und die damit verbundenen Kognitionen selten bewußt und differenziert wahrnehmen. Statt dessen fühlen sie den unwiderstehlichen Drang zum Essen.
- Auffallend ist die meist fehlende Wahrnehmung bezüglich Hunger, Appetit oder Sättigung. Das unkontrollierte Essen kann als Folge davon gesehen werden.
- Bestimmte unangenehme, häufig wiederkehrende Situationen lösen bei den Patientinnen Eßanfälle aus. Da große individuelle Unterschiede bestehen, können hier nur einige Beispiele genannt werden: die als drängend erlebten Forderungen eines Partners oder der Eltern; ein bevorstehendes Gespräch mit dem Vorgesetzten; Kritik und Ablehnung bzw. befürchtete Kritik und Ablehnung; sexuelle Erwartungen des Partners; Einsamkeit aufgrund sozialer Isolierung, die eine Folge der häufigen, stundenlangen Eßanfälle darstellt; mangelnde Abgrenzungsmöglichkeiten von der Familie.

DER EßANFALL (R):
- Die Häufigkeit der Eßanfälle variiert stark. In den ausgeprägten bulimischen Phasen haben die Patientinnen mindestens 1 mal täglich einen Eßanfall, obwohl manche auch von 10 - 15 Eßanfällen pro Tag berichten.
- Die Dauer eines Eßanfalles variiert ebenfalls stark (wenige Minuten bis zu mehreren Stunden).
- Der Eßanfall hat oft rituellen Charakter: Beispielsweise muß immer ein bestimmtes Geschirr oder eine bestimmte Tischdecke benützt werden, oder ein bestimmter Ablauf muß eingehalten werden. Dabei spielt auch das übermäßige Trinken von Flüssigkeiten (manchmal auch von alkoholischen Getränken) eine Rolle, um den Vorgang des anschließenden Erbrechens zu erleichtern.
- Während des Eßanfalles werden oft „verbotene" Nahrungsmittel (wie etwa sehr süße und/oder sehr fette Sachen) gegessen, die sich die Patientinnen wegen ihres hohen Kaloriengehaltes sonst verbieten.
- Oft werden billige Lebensmittel konsumiert, da die bulimischen Anfälle sehr viel Geld kosten und oft zu finanziellen Problemen führen. Manche Patientinnen klauen deswegen auch Nahrungsmittel.
- Die Patientinnen essen oft ohne jedes Geschmacksempfinden. Meist haben sie weder Hunger- noch Sättigungsgefühle. Genuß spielt beim Essen ebenfalls selten noch eine Rolle.
- Manche Patientinnen haben während eines Eß-Brechanfalles keinen bewußten Zugang zu ihrem bewußten Denken und Fühlen. Sie fühlen sich wie in einem Rausch, der sich ihrer bewußten Kontrolle entzieht. Der suchtartige Aspekt der Bulimie wird hier deutlich.

KONSEQUENZEN DES ESSANFALLES (K):
- Nach dem unkontrollierbaren Essen fühlen sich die Patientinnen körperlich voll, aufgeschwollen und äußerst unwohl. Sie nehmen ihren dicken Bauch wahr, der bei ihnen panische Angst vor einer Gewichtszunahme auslöst. Gleichzeitig erleben sie starke Schuldgefühle und Selbstvorwürfe, weil sie sich wieder mal haben „gehenlassen" oder weil sie trotz bester Vorsätze „es nicht geschafft haben". Diese unangenehmen Gedanken und Gefühle können u.U. Auslöser für einen erneuten Eß-Brechanfall werden.
- Um den Eßanfall zu beenden und um die gefürchtete Gewichtszunahme zu vermeiden, bringen sich die Patientinnen zum Erbrechen, oder sie greifen zu Abführmitteln und/oder Diuretika. Lange Fastenperioden (u.U. mit Zuhilfenahme von Appetitzüglern oder starkem Zigarettenkonsum) und extreme körperliche Betätigung können ebenfalls beobachtet werden.

- Meist fühlen sich die Patientinnen nach dem bulimischen Anfall müde und erschöpft. Sie schlafen manchmal ein, „um alles zu vergessen". Oder sie essen weiter, um anschließend wieder alles zu erbrechen. Dieser Eß-Brechzyklus wird auch als suchtartig beschrieben.
- Die physiologische und psychologische Spannungsreduktion, die nach dem Eß-Brechanfall als erleichternd erlebt wird, kann als positive Konsequenz (C+) anzusehen, die den bulimischen Anfall aufrechterhält. Das selbstinduzierte Erbrechen ist hier als Vermeidungsreaktion gesehen werden: Das unerträgliche Völlegefühl nach dem Eßanfall ist Auslöser für die massive Gewichtsphobie. Um die massive Angst vor einer Gewichtszunahme zu vermeiden, reagieren die Patientinnen mit selbstinduziertem Erbrechen (Mißbrauch von Abführmitteln und Laxantien; Fasten; übermäßige körperliche Betätigung). Insofern ist der Eß-Brechzyklus ein sich selbst aufrechterhaltender Kreislauf, der im Laufe der Zeit zu einer kontinuierlichen Verschlechterung des körperlichen und psychischen Zustandes führt.

DIE „ORGANISMUSVARIABLE (O):
Überdauernde gelernte kognitive, soziale und emotionale Verhaltensweisen (O), die sich meist auf die individuelle Biographie oder auf die soziale Rolle der Patientinnen zurückführen lassen, tragen ebenfalls zu dem bulimischen Eßverhalten bei.
- Im kognitiven Bereich handelt es sich hier um gelernte Einstellungen zum Essen, zur Figur und zum Gewicht, die beispielsweise durch die Eltern bereits in der Kindheit vermittelt wurden. Z.B. „Iß immer deinen Teller leer" oder „Iß nicht zuviel, damit du nicht dick wirst". Auch soziokulturelle Einflüsse wie etwa das herrschende Schlankheitsideal spielen eine Rolle. Ständiges Kalorienzählen, Grübeln übers Essen oder Angst, beim Essen von anderen beobachtet zu werden, können die Folge davon sein. In der Therapie sind in diesem Zusammenhang Methoden der kognitiven Umstrukturierung einzusetzen, damit die Patientinnen eine gesündere Einstellung zum Essen lernen: z.B. „Ich darf es mir gut gehen lassen und essen, was mir schmeckt".
- Andererseits spielen Defizite der sozialen Kompetenz eine starke Rolle. Wenn eine Patientin beispielsweise nie gelernt hat, sich abzugrenzen und nein zu sagen, kann sie sich im Erwachsenenleben nur schwer gegen Forderungen von anderen abgrenzen. Dadurch fühlt sie sich überfordert, verunsichert oder eventuell sogar verärgert. Diese unangenehmen Gefühle können im Rahmen der Eßstörung zu situativen Auslösern für bulimische Anfälle werden. Therapeutische Ziele müßten hier auf den Aufbau sozialer Kompetenz ausgerichtet sein. Hierfür eignet sich ein Selbstsicherheitstraining (z.B. das „Assertiveness Training Programm" von Ullrich de Muynck & Ullrich 1972, 1977).
- Ein negatives Selbstbild und ausgesprochene Selbstunsicherheit, die oft mit Defiziten der sozialen Kompetenz einhergehen, können ebenfalls zu bulimischen Anfällen beitragen. Wenn beispielweise eine Patientin durch einen Vorgesetzten kritisiert wird, können ihr negatives Selbstbild und ihre Selbstunsicherheit zu starken körperlichen und emotionalen Spannungen führen, die ihrerseits einen bulimischen Anfall auslösen. Aufgrund der individuellen Lerngeschichte lassen sich viele solcher Situationen im Rahmen der Therapie herauskristallisieren, die dann beispielsweise im Selbstsicherheitstraining oder anhand kognitiver Methoden bearbeitet werden können.
- Auch genetische Faktoren tragen im Sinne der Organismus-Variablen (0) möglicherweise zum gestörten Eßverhalten bei. In den Familien von bulimischen Patienten wurden vermehrt affektive Erkrankungen, Alkoholismus und Eßstörungen beobachtet (Halmi et al., 1977, Garfinkel & Garner, 1982; Fichter, 1985; Pyle et al., 1981), so daß eine gewisse biologische Vulnerabilität oder Prädisposition vermutet werden kann.

4.3. Eßprotokolle zur Unterstützung des Eßverhaltens

Eßprotokolle (siehe Tabelle 4) können während der gesamten Therapie sowohl zur Erhebung der Verhaltensanalyse, zur Förderung der Selbstwahrnehmung als auch zur regelmäßigen Therapieevaluation eingesetzt werden. Sie beziehen sich auf sämtliche Essenssituationen, nicht nur auf die Eß-Brechanfälle. Inhaltlich gliedern sie sich in drei Bereiche:

- Auslösende Bedingungen (S), d.h. situative Auslöser für Essen wie die Zeit, Situation, Tätigkeit, Gedanken, Gefühle vor der Essenssituation
- Das tatsächliche Eßverhalten (R), d.h. Umfang und Art der Mahlzeit; Umgang mit dem Essen
- Aufrechterhaltende Bedingungen (K), d.h. Situationen, Gefühlen, Gedanken und Tätigkeiten, die nach der eigentlichen Essenssituation eintreten, einschließlich der jeweiligen Kontingenzen

Die Eßprotokolle sollten über einen Zeitraum von zunächst circa ein bis zwei Wochen von den Patientinnen täglich und möglichst unmittelbar nach dem Essen ausgefüllt werden. Da sich manche überfordert und verunsichert fühlen, sofort sämtliche Beobachtungskategorien aufzuschreiben, ist ein schrittweises Vorgehen sinnvoll, d.h. zunächst nur die „leichteren" Kategorien eintragen lassen, wie etwa die Zeit, das tatsächliche Eßverhalten und die vorausgehende und nachfolgende Situation und/oder Tätigkeit. Wegen ihrer Schwierigkeiten bei der Wahrnehmung von Gefühlen und Gedanken können die anderen Beobachtungskategorien von den Patientinnen zunächst ausgelassen oder bruchstückhaft ausgefüllt werden. Bei der unbedingt erforderlichen, regelmäßigen Besprechung der Eßprotokolle kann der Therapeut durch Nachfragen, Modellernen und positive Verstärkung die Wahrnehmungsfähigkeit bezüglich der Gefühle und Gedanken vor und nach der Essenssituation dann langsam aufbauen, so daß die Patientinnen auch diese Kategorien allmählich in ihren Eßprotokollen ausfüllen können. Die Anwendung des Emotionalitätsinventars (EMI) von Ullrich de Muynck & Ullrich (1977) kann dabei die Wahrnehmungsfähigkeit der bulimischen Patientinnen bezüglich ihrer Gefühle positiv beeinflussen. Das regelmäßige Ausfüllen dieses Fragebogens führt dazu daß, sie ihre Gefühle benennen und dadurch leichter und schneller wahrnehmen können.

Durch die regelmäßige Besprechung der Eßprotokolle wird die Selbstwahrnehmungsfähigkeit und die emotionale Ausdrucksfähigkeit der Patientinnen aufgebaut. Es findet auch ein gewisser Desensibilisierungsprozeß statt: Die Patientinnen verlieren allmählich ihre Angst davor, über das peinliche Eßverhalten zu sprechen, wodurch auch die Heimlichkeit bezüglich Essen und Gewichtskontrolle nachläßt. Mit Hilfe der Eßprotokolle lassen sich außerdem andere individuelle Therapiethemen herausarbeiten, die direkt oder indirekt mit dem gestörten Eßverhalten zusammenhängen - etwa die Beziehung zur Familie, zum Partner, zur Arbeit, oder soziale Verhaltensdefizite (wie die Unfähigkeit, nein zu sagen, sich abzugrenzen; die Unfähigkeit Forderungen zu stellen oder die eigene Meinung zu äußern), die ebenfalls direkt oder indirekt zu den bulimischen Anfällen führen.

5. Veränderung des bulimischen Eßverhaltens

Das Eßverhalten der bulimischen Patientinnen, das von der panischen Angst vorm Dickwerden beeinflußt wird, zeichnet sich durch Diäthalten und eingeschränkter Nahrungsaufnahme aus. Aufgrund von experimentellen Studien, wird davon ausgegangen, daß gerade dieses gezügelte Essen zu den gehäuften Heißhungerattacken bei den Patientinnen führt. Das Erbrechen wird von den Patientinnen als Folge der Heißhungerattacken und als eine notwendige Form der Gewichtskontrolle gesehen; bei Tierversuchen zeigte sich jedoch, daß durch das Erbrechen die Sättigungsgrenze hinaufgesetzt wird, sich also der Umfang der Heißhungerattacken nach dem ersten Erbrechen vergrößert. Das bedeutet, daß das Erbrechen vermutlich zu einer Zunahme der Heißhungerattacken beiträgt. Eine ausführlich Darstellung der experimentellen Befunde kann bei Wardle (1991) in Jacobi & Paul (1991) nachgelesen werden.

Tabelle 4. Selbstbeobachtungsbogen: Eßprotokoll

Anleitung

Bitte tragen Sie Ihre Beobachtungen in das nachfolgende Eßrotokoll ein. Dabei sollten Sie über alle Essensituationenen Protokoll führen und Ihr Beobachtungen möglichst unmittelbar nach dem Essen eintragen. Benützen Sie für jeden Tag einen neuen Selbstbeobachtungsbogen.

Tageszeit	7.30 Uhr	18.00 Uhr
Situation und Tätigkeit vor dem Essen	Frühstück	Abendessen
Gedanken und Gefühle vor dem Essen	Ich war noch ganz erschöpft von dem vielen Essen und Brechen gestern abend. Wieder habe ich versagt..	Das war ein schrecklicher Tag. Habe nichts gegessen, um wieder abzunehmen.
Bedürfnisse? a. emotionale Bedürfnisse? b. körperliche Bedürfnisse? c. Lust auf bestimmtes Essen?	a Ich möchte mich verkriechen b. Ich möchte lieber weiter schlafen c. Joghurt und Apfel	a. Bin traurig und frustriert b. Möchte schlafen c. Spaghetti
Hunger (0-100 %)	20 %	150%
Was und vieviel habe ich gegessen?	Tasse Kaffee, Brot mit Diätmargarine, 1 Scheibe Diätkäse	5 Scheiben Brot mit Käse, Schinken, Senf, 3 Joghurt, 4 Stück Sahnetorte, 1 Rolle Schokokekse, 2 Flaschen Mineralwasser
Wie habe ich gegessen?	hastig, ohne Freude	völlig chaotisch, alles durcheinander
Sättigung (0 -100%)	weiß nicht	total voll (100%)
Erbrechen? Abführmittel?	nein nein	ja nein
Gedanken und Gefühle nach dem Essen	Hoffentlich wiege ich heute nicht noch mehr. Das halte ich nicht mehr aus.	Ich kann nicht mehr. Wie soll das nur weitergehen? Ich hasse mich.
Tätigkeiten nach dem Essen	Zur Arbeit gehen	Fernsehen, Schlafen

Vorrangiges Ziel der Therapie sollte aufgrund der o.g. Ergebnisse eine Normalisierung des bulimischen Eßverhaltens sein. Auch wenn bei den einzelnen Patientinnen beispielsweise traumatische Lebensereignisse oder familiäre Konflikte in erster Linie als Ursache der bulimischen Erkrankung gesehen werden, sollte man nicht vergessen, daß die bulimischen Patientinnen unter ihrem gestörten Eßverhalten enorm leiden. In der Therapie sollte man ihnen also konkrete Hilfestellung geben, um diesen Leidensdruck zu reduzieren, indem man immer wieder mit ihnen an einer Normalisierung des Eßverhaltens arbeitet. Beim Vergleich von 32 Therapiestudien zur Behandlung der Bulimie fanden Waadt, Laessle, Pirke (1992), daß Interventionen mit ernährungsspezifischen Ansätzen tendenziell recht günstige Therapieergebnisse erzielten. Wichtigste Ziele des Ernährungsmanagements waren dabei, (1) regelmäßiges Essen, (2) genügend essen, (3) ausgewogenes und vielseitiges Essen, (4) mit Genuß essen und (5) in Gemeinschaft essen können.

Die folgenden Therapieschritte können als Bausteine gesehen werden, die im Verlauf der Einzel- und Gruppentherapie immer wieder eingesetzt werden sollten. Um die bulimischen Patientinnen zu einer Veränderung ihres Eßverhaltens zu motivieren, ist es sinnvoll, mit ihnen zunächst über die nachfolgende Ernährungsinformation (Abschnitt 5.1.) und das Anti-Diät-Modell (Abschnitt 5.2.) zu sprechen. Das anschließende Ernährungsmanagement (Abschnitt 5.3.), der Umgang mit Gewicht und Wiegen (Abschnitt 5.4.) und die Steuerung und Kontrolle der bulimischen Anfälle (Abschnitt 5.5.) lassen sich auf dem Hintergrund dieser Information dann leichter durchführen.

5.1. Ernährungsinformation
Eine langfristige Veränderung des bulimischen Eßverhaltens gelingt nur vor dem Hintergrund einer ausführlichen Ernährungsberatung. Dazu gehört u.a. die ausführliche Information über körperliche und psychische Konsequenzen der Mangelernährung, Konsequenzen der Ernährung für das Körpergefühl, die Folgen von Diäten und Gewichtsnormen.

Die recht umfangreiche und komplexe Ernährungsinformation soll möglichst im therapeutischen Gespräch mit gegenseitigen Fragen und Antworten vermittelt werden, so daß die Patienten neugierig werden und die Information bereitwillig annehmen können. Dabei ist es wichtig, als Therapeut keine Monologe zu halten und die Information ohne moralisierenden Aspekt darzustellen. Statt dessen sollte man auf Verständlichkeit und guten Kontakt achten. Besonders in einem Gruppensetting löst die Information angeregte Diskussionen unter den Patientinnen aus.

Die sehr umfangreiche Ernährungsinformation kann ausführlicher u.a. bei folgenden Autoren nachgelesen werden: Waadt, Laessle, Pirke (1992), Vanderlinden, Norré, Vandereycken, Meermann (1992), Jacobi & Paul (1991), Fichter (1989).

Im folgenden wird zusammenfassend und in vereinfachter Form nur die wichtigste Ernährungsinformation dargestellt, die den bulimischen Patientinnen im Verlauf der Therapie vermittelt werden sollte:

a) Körperliche und psychische Konsequenzen von Mangelernährung
Viele bulimische Patientinnen leiden an Mangelernährung, da sie die Nahrung nach dem Essen wieder erbrechen, Fastenperioden einlegen oder Abführmittel benützen. Mangelernährung besteht bereits, wenn über einen Zeitraum von 24 Stunden ein Kaloriendefizit von etwa 1000 kcal besteht, d.h. durch einen Fastentag oder wenn die Nahrung nach dem Essen wieder erbrochen wird.

Mangelernährung bewirkt, daß das Gehirn auf einen entwicklungsgeschichtlich alten Mechanismus umschaltet, nämlich auf das Nahrungssuchverhalten, um das Überleben zu sichern. Deswegen tritt Heißhunger ein, und alle Gedanken kreisen ums Essen.

Nach längerer Mangelernährung, d.h. nach längeren Diäten oder häufigen Fastentagen, schraubt der Körper seinen Energieverbrauch herunter, d.h., er geht auf Sparflamme. Das bedeutet:

- Der Stoffwechsel in den Zellen verlangsamt sich, wodurch die Körpertemperatur sinkt (kalte Hände, niedriger Blutdruck und niedrige Herzrate).
- Die Aktivität des sympathischen Nervensystems wird geringer, wodurch emotionale Stimmung und Aufmerksamkeit schlechter werden (Reizbarkeit, depressive Verstimmungen, Müdigkeit, Konzentrationsstörungen).
- Veränderung des Serotininspiegels im Gehirn, besonders durch eine sehr eiweißreiche und kohlenhydratarme Diät. Dadurch kann es zu Störungen des emotionalen Befindens, des Appetits, des Schlafs und der sexuellen Funktion kommen.
- Die Fortpflanzungsfähigkeit wird eingeschränkt (Ausbleiben der Periode).

Folgende Konsequenzen der Mangelernährung können mit den Patientinnen einzeln durchgesprochen werden:

Körperliche Konsequenzen	Psychosoziale Konsequenzen
Kalte Hände	Depressionen
Trockene Haut	Müdigkeit
Heißhungeranfälle	Gedankenkreisen ums Essen
Herz-Kreislaufstörungen	Gereiztheit
Schlafstörungen	Soziale Isolierung
Zyklusstörungen	Verlust von Freundschaften
Karies	Arbeitsstörungen
Drüsenschwellung	Verlust des Arbeitsplatzes
Elektrolyt-Störung	Finanzielle Probleme
Reizung und Verletzung	
• im Magenmuskel	
• in der Speiseröhre	

b) Diäten machen dick

Obwohl eine Diät zunächst zu einer gewissen Gewichtsabnahme führt, kommt es langfristig zu einer Gewichtszunahme. In mehreren Untersuchungen wurde nachgewiesen, daß sich der Körper nach einer Diät nur langsam wieder auf ein erhöhtes Energieniveau einpendelt. Der Körper bleibt zunächst weiter auf Sparflamme, obwohl er wieder mehr Essen bekommt. D.h. er hat sich auf einen niedrigen Grundumsatz eingestellt. Wenn man wieder normale Nahrungsmengen ißt, nimmt man also zunächst zu, da der Körper immer noch auf Sparflamme läuft. Die Folge ist, daß jede Diät dick macht, was gerade bei bulimischen Patientinnen zu einem Teufelskreis von Erbrechen, Heißhungeranfällen und Diäten führt.

c) Die Set-Point Theorie

Forschungsergebnisse zeigen, daß der Körper ein weitgehend genetisch festgelegtes individuelles Gewicht, das sog. „Set-Point-Gewicht" hat, welches für manche Menschen in einem mittleren Bereich, für andere in einem sehr niedrigen oder sehr hohen Bereich liegt. In verschiedenen Studien wurde gezeigt, daß der Körper dieses Gewicht mit nur geringen Schwankungen absolut stabil hält, also das Körpergewicht nicht automatisch ansteigt, wenn mehr Kalorien aufgenommen werden. Allerdings brauchen Menschen mit einem hohen Set-Point-Gewicht im Verhältnis weniger Kalorien, um ihr Gewicht zu halten, als Menschen mit einem niedrigen Set-Point-Gewicht. Durch Fastenkuren und Diäten wird dieses Set-Point-Gewicht verändert und der natürliche Regelmechanismus des Körpers dadurch gestört.

d) Gewichtsnormen

Gewichtsnormen wie das „Normalgewicht" (Körpergröße - 100) oder das „Idealgewicht" (Normalgewicht - 15%) basieren auf Untersuchungen amerikanischer Lebensversicherungen der fünfziger Jahre, die festgestellt hatten, daß das Idealgewicht mit einem geringen Sterberisiko einherging. Heute weiß man, daß Normalgewicht bzw. ein leicht erhöhtes Gewicht mit einer erhöhten Lebenserwartung zusammenhängt, während Untergewicht das Sterberisiko erhöht.

5.2. Einstellungsänderung: Das Antidiätmodell

Besonders Frauen stehen heutzutage unter dem Druck des in unserer Gesellschaft verbreiteten Schlankheitsideals, welches beispielsweise in der Modewelt, in Reklamebildern und in der Fitnesswelle zum Ausdruck kommt. Um die sozialen Erwartungen von Dünnsein zu erfüllen, machen viele Frauen eine Diät nach der anderen in der Hoffnung, ihr Idealgewicht zu erreichen und damit soziale Anerkennung zu gewinnen. Manche geraten dabei in den bulimischen Teufelskreis, aus dem sie nur schwer wieder herausfinden. Es wird angenommen, daß das auf Diäten fixierte Denken zu der Entstehung und Aufrechterhaltung der bulimischen Eßstörung wesentlich beiträgt.

Deswegen richtet sich ein weiteres Therapieziel bei der Behandlung der Bulimia nervosa auf eine Einstellungsänderung dieses „Diät-Denkens". Orbach (1982, 1984) spricht in diesem Zusammenhang von einem „Anti-Diät-Modell", dessen Hauptthesen folgendermaßen zusammengefaßt werden können:

- Diäten machen dick.
- Diäten sind die Ursache von Heißhungeranfällen.
- Das Schlankheitsideal ist eine gesellschaftlich vorgegebene Schönheitsnorm, die sich nicht an individuellen körperlichen Gegebenheiten orientiert.
- Die Verbreitung des extremen Schlankheitsideals (etwa durch die Modeindustrie) stellt eine Unterdrückung und Diskriminierung des Individuums und speziell von Frauen dar.

Daß Diäten eine relativ ineffektive Methode der Gewichtskontrolle sind, ist für die meisten bulimischen Patientinnen zunächst eine Information, die sie nur ungern annehmen. Und auch wenn sie die Information über Ernährung, Set-Point-Gewicht und den Unsinn von Diäten (siehe Abschnitt 5.1.) verstanden haben, hängen sie emotional meist noch lange Zeit an ihren falschen Vorstellungen von wirksamen Diäten und Gewichtskontrollmethoden. Die Vermittlung eines „Anti-Diät-Denkens" und einer neuen, gesunden Einstellung zum eigenen Körper und Gewicht kann sich also durch die gesamte Therapie ziehen. Durch Gruppendiskussionen, kognitive Umstrukturierung, Phantasieübungen und andere kreative Übungen läßt sich eine solche Einstellungsveränderung bis zu einem gewissen Grad bewirken. Andererseits kann man in der klinischen Praxis beobachten, daß das übertriebene diätorientierte Denken der Patientinnen auch dann nachläßt, wenn ihnen bewußter wird, daß sie Anerkennung und Zuwendung auch unabhängig von einem idealen Aussehen bekommen können. Die Stärkung von Selbstbewußtsein und einem positiven Selbstbild ist in diesem Zusammenhang ein wichtiges Ziel.

Die **folgenden Übungen** sind nur Beispiele und keinesfalls umfassend. Sie können als Gesprächsgrundlage für die Einstellungsänderung dienen, um den Aufbau einer neuen, gesünderen Einstellung zum eigenen Körper und Gewicht zu unterstützen:

- **Übung:** Aus (Frauen-)Zeitschriften sollen die Patientinnen Modefotos und Werbebilder ausschneiden, die das Schlankheitsideal verdeutlichen. Dazu gehören u.a. Fotos von superschlanken Mannequins, figurbetonte Bekleidung, Reklame für Diät- und Lightprodukte. Durch das Besprechen dieser Bilder, besonders in einer Gruppensituation, werden die gesellschaftlichen Einflüsse und Normen bezüglich des heute gängigen Schlankheitsideals bewußt gemacht und in Frage gestellt.

- **Übung:** Abbildungen von Frauen aus früheren Jahrhunderten oder anderen Kulturen (z.B. Abbildungen in Kunstbänden, auf Kunstpostkarten, in Fotobänden) verdeutlichen, daß sich das Schönheitsideal nicht immer an einem superschlanken Körper orientierte. Korpulente Frauen galten in früheren Jahrhunderten als Ausdruck von Schönheit oder werden auch heutzutage in manchen Kulturen als begehrenswert gesehen. Das gemeinsame Betrachten und Besprechen solcher Frauenabbildungen kann ebenfalls zu einer langsamen Einstellungsänderung beitragen.
- **Phantasieübung:** Sich vorstellen, wie man sich als Dicke auf einer Party verhält - dann als Dünne - dann wieder als Dicke. Wie kleidet man sich als Dicke/als Dünne? Wie bewegt man sich als Dicke/Dünne? Wie verhält man sich mit Kontakten als Dicke/Dünne? Wofür bekomme ich Anerkennung als Dicke/Dünne?
- **Übung:** Essen und Diäten in der Familie. Durch gezielte Fragen soll sich die Patientin bewußt werden, wie in der Familie mit Essen und Diäten umgegangen wurde. Befolgte die Mutter Diäten? Legte der Vater wert auf Schlankheit bei Frauen? Wie lief das Essen im Familienkontext ab? Wurde regelmäßig/unregelmäßig gegessen? Wie war die Stimmung beim Essen? usw.

5.3. Ernährungsmanagement: Normalisierung des Eßverhaltens

Ziel des Ernährungsmanagements ist der Aufbau eines normalen, gesunden Eßverhaltens. Ausgangspunkt ist zunächst die Selbstbeobachtung des aktuellen bulimischen Eßverhaltens mit dem Eßprotokoll (siehe Abschnitt 4.3), das von den Patientinnen zunächst für etwa zwei Wochen geführt werden sollte und Aufschluß über Menge, Zusammensetzung und zeitliche Abfolge ihrer Mahlzeiten geben wird. Beim Besprechen der Eßprotokolle in der Therapie kann grundlegende Ernährungsinformation (siehe Abschnitt 5.1) vermittelt werden, damit die Betroffenen ein plausibles Modell zur Veränderung ihres Eßverhaltens bekommen. Den Patientinnen muß man zunächst vermitteln, daß ihr chaotisches Eßverhalten wesentlich zu den Heißhungeranfällen beiträgt. Um aus dem bulimischen Kreislauf herauszufinden, müssen sie sich an feste Strukturen bezüglich ihres Essens gewöhnen, d.h. regelmäßige Mahlzeiten mit genügend und ausgewogener Nahrung zu sich nehmen. Aufgrund der regelmäßigen Nahrungsaufnahme werden die bulimischen Heißhungeranfälle nach einiger Zeit seltener auftreten. Sie werden wieder Hunger- und Sättigungsempfindungen bekommen und ein erhöhtes Ausmaß an Kontrolle über ihr eigenes Eßverhalten spüren.

Um eine Normalisierung des Eßverhaltens zu erreichen, wird in der Therapie eine Strukturierung der Ernährung vorgeschlagen., d.h es werden „strukturierte Eßtage" geplant, wobei in einem genauen Plan Mahlzeitenhäufigkeit, zeitlicher Abstand, Nahrungsmenge und -zusammensetzung schriftlich festgelegt werden. Der Essensplan sollte zunächst von der Patientin als Hausaufgabe selber aufgestellt werden und in der Therapie anschließend besprochen und ggfs. korrigiert werden.

Bei der Planung der strukturierten Eßtage sollten folgende Essensregeln beachtet werden:

1. regelmäßige Mahlzeiten (morgens, mittags, abends, ggfs. kleine Zwischenmahlzeiten)
2. eine genügende Nahrungsmenge zu sich nehmen (Abbau des restriktiven Eßverhaltens; Abbau des Kaloriendenkens)
3. ausgewogen essen, d.h., auf Vielseitigkeit bei der Wahl der Nahrungsmittel achten; Nahrung nicht nach Kalorienmenge aussuchen, sondern nach Zusammensetzung (Kohlehydrate, Eiweiße, Fette, Vitamine, Mineralien usw.)
4. an einem gedeckten Eßtisch (nicht in der Küche, beim Stehen, beim Einkaufen, beim Autofahren usw.) essen
5. die Speisen auf einem Teller anrichten
6. genügend Zeit einplanen, das Essen vorzubereiten
7. Essen genießen lernen (nicht schlingen, nicht herumstochern im Essen, bei mittlerer Geschwindigkeit essen, schmecken und riechen, das Essen auf der Zunge spüren usw.)
8. beim Essen auf Hunger und Sättigung achten lernen

Ferner sollte den Patientinnen therapeutische Hilfestellung gegeben werden, damit sie sich solche Eßgewohnheiten abgewöhnen, die sie zuvor zur strengen Gewichtskontrolle eingesetzt haben: übermäßiges Trinken von Wasser, Kaffee und Diätgetränken, genaues Abmessen von Speisen, das Essen von großen Mengen von Salat und Gemüse, das Essen von Diät- und Light-Produkten usw.
Da viele bulimische Patientinnen Angst haben, von anderen beim Essen beobachtet oder wegen ihres Eßverhaltens beurteilt zu werden, essen sie lieber alleine. Um ein gesundes, normales Eßverhalten zu lernen, sollten sie sich wieder daran gewöhnen, in Gemeinschaft zu essen (z.B. im Restaurant zu essen, mit Freunden zum Essen gehen).
Bereits das Planen der strukturierten Eßtage wird bei den meisten bulimischen Patientinnen eine gewisse Angst oder Panik auslösen. Einerseits wünschen sie sich sehnlichst, ihr bulimisches Eßverhalten loszuwerden. Andererseits haben sie panische Angst, durch das normale, ausgewogene Essen an Gewicht zuzunehmen. Deswegen sollte zunächst nur ein einziger strukturierter Eßtag geplant werden. Schrittweise können dann mehr solche Tage eingeführt werden. Da bestimmte (kalorienreiche) Nahrungsmittel bei ihnen mehr Angst auslösen als andere, können sich die Patientinnen auch schrittweise an immer „schwierigere" Nahrungsmittel herantasten. Die strukturierten Eßtage sind insofern eine Form von „systematischer Desensibilisierung" (in vivo) mit dem Ziel, die Gewichtsphobie schrittweise zu reduzieren. Wenn die Patientinnen erfahren, daß sie durch normales, ausgewogenes Essen nicht an Gewicht zunehmen, wird ihre Angst vorm Dickwerden langsam nachlassen.
Die Patientinnen sollten ferner in der Therapie die Gelegenheit haben, ihre irrationalen Gedanken bezüglich der gefürchteten Gewichtszunahme zu überprüfen und dabei zu erfahren, daß ihre Ängste auf voreiligen, unbegründeten Schlußfolgerungen und unzureichenden Beweisen beruhen. Es sollte ihnen beispielsweise klargemacht werden:
- Das Ziel der strukturierten Eßtage besteht nicht darin, Übergewicht zu erzeugen.
- Das regelmäßige Essen reduziert die Heißhungeranfälle.
- Die geplante Nahrungsmenge kann nicht zu Übergewicht führen.
- Da die Patientinnen bisher das strukturierte Essen noch nicht ausprobiert haben, können sie seine Wirkung bisher auch noch nicht beurteilen.

Das Führen von Eßprotokollen stellt eine Unterstützung bei der Durchführung der strukturierten Eßtage dar. Beim Besprechen der Eßprotokolle in der Therapie kann Rückmeldung und positive Verstärkung für das schrittweise Gelingen gegeben werden.
Bei manchen Patientinnen kann ein schriftlicher Vertrag über die Durchführung der strukturierten Eßtage die Stärkung des eigenen Vorsatzes unterstützen. In dem Vertrag werden der genaue Ablauf des strukturierten Essens (Zeiten, Nahrungsmenge und -zusammensetzung) sowie Belohnungen und ggf. negative Konsequenzen festgelegt.
Wichtig ist in diesem Zusammenhang jedoch, daß sich die Betroffenen durch die festen Essenspläne und Regeln keine neuen Zwänge auferlegen, die ihre perfektionistische Grundhaltung verstärkt und unweigerlich zu Mißerfolgserlebnissen führen. Im Rahmen der Strukturierung der Ernährung sollte Raum sein, daß die Patientinnen, ihre Bedürfnisse wahrnehmen lernen, um ihre interozeptive Wahrnehmung von Hunger und Sättigung zu verbessern. Sie sollten immer wieder angeregt werden, sich beispielweise beim Essen folgende Fragen zu stellen, die übrigens auch beim Führen der Eßprotokolle gefördert werden: Habe ich jetzt Hunger oder nicht? Wieviel Hunger habe ich? Worauf habe ich jetzt wirklich Appetit? Habe ich jetzt wirklich das Bedürfnis zu essen, oder habe ich eigentlich ein anderes Bedürfnis, wie etwa zu schlafen, mich auszuruhen, oder mit jemandem zu reden?
In diesem Zusammenhang ist auch die Entwicklung der Genußfähigkeit ein wichtiges Lernziel. Da die meisten eßgestörten Patientinnen aufgrund ihrer extremen Diäthaltung ohne Genuß und mit großen Schuld-

gefühlen Nahrung zu sich nehmen, haben sie jede Freude am Essen verloren. Sie sollen beispielsweise angeleitet werden, wieder mehr Vielseitigkeit bei der Auswahl von Nahrungsmitteln zuzulassen oder sich eine Mahlzeit schön zuzubereiten (z.B. Tischdecken).

Auch durch folgende Wahrnehmungsübung kann die Genußfähigkeit angeregt werden: ein Stück Obst betrachten und es mit allen Einzelheiten und Farben beschreiben, es dann vorsichtig berühren und ertasten, es langsam schälen, es riechen und ohne Hast und Eile Stück für Stück kosten und schmecken.

Die Anleitung zum Genießen wird zunächst Zögern, Angst oder „Widerstand" auslösen, da die Betroffenen sich dadurch mit ihrer leistungsorientierten, perfektionistischen, genußfeindlichen Erziehung auseinandersetzen müssen. Die Entwicklung von Genußfähigkeit wird jedoch in Zusammenhang mit der Zunahme von Selbstakzeptanz und einem positiven Selbstbild leichter gelingen.

Folgende Übungen können ferner im Rahmen des Ernährungstrainings nützlich sein:
1. Erlaubte und unerlaubte Nahrungsmittel: Die Patientin soll eine Liste von erlaubten und von unerlaubten Nahrungsmitteln aufschreiben. Anschließend werden die Listen besprochen. Daraus ergibt sich, daß die unerlaubten Nahrungsmittel meist die kalorienreichen und die erlaubten die kalorienarmen Nahrungsmittel sind. Fast immer ist die Liste der erlaubten Nahrungsmittel kürzer als die Liste der unerlaubten Nahrungsmittel. Ferner kann man die Patientinnen fragen, ob die unerlaubten Nahrungsmittel vorwiegend bei den unkontrollierbaren Heißhungeranfällen (Freßanfällen) konsumiert werden. Durch diese Übung wird die Selbstwahrnehmung der Patientinnen gefördert und ihre Veränderungsmotivation angeregt.
2. Wahrnehmungsübung zur Genußfähigkeit: ein Stück Obst betrachten und es mit allen Einzelheiten und Farben beschreiben, es dann vorsichtig berühren und ertasten, es langsam schälen, es riechen und ohne Hast und Eile Stück für Stück kosten und schmecken. Die Struktur jedes Bissens mit der Zunge spüren, evtl. dabei die Augen schließen, um die Wahrnehmungsempfindung zu verstärken.
3. Übung: „Summendes" und „winkendes" Essen: Wenn etwas in mir summt wie eine Melodie oder wie eine Botschaft aus meinem tiefsten Inneren, dann lausche ich in mich hinein und reagiere. Wenn es in mir „summt", daß ich Hunger habe, dann stille ich meinen Hunger, vielleicht auch mit etwas, worauf ich Appetit habe. - Wenn etwas „winkt", so ist es ein Wunsch, der von außen geweckt wird, wie etwa ein Sonderangebot, das ich ursprünglich gar nicht kaufen wollte. Oder in der Bäckerei „winkt" plötzlich ein Kuchenstück, das ich vorher gar nicht essen wollte (nach Pearson 1979).
4. Hunger und Sättigung wahrnehmen: die Patientinnen müssen Signale für Hunger und Sättigung zunächst kognitiv lernen, da sie verlernt haben, auf ihre Körpersignale zu achten. Man bespricht mit ihnen die körperlichen und psychischen Signale für Hunger und Sättigung und regt sie im Therapiegespräch oder beim Besprechen der Eßprotokolle durch Nachfragen immer wieder an, auf diese Signale zu achten und sie zu verbalisieren.
   • Signale für Hunger können sein: Magenknurren, Magendruck, Leeregefühl im Magen, Übelkeit, Denken an Essen, Träumen von Essen, Appetit, Speichelfluß, Kopfschmerzen, Zittern, Schweißausbruch.
   • Signale für Sättigung können sein: Appetitverlust, Völlegefühl, Wärmegefühl im Magen, Geschwindigkeitsreduktion beim Essen (längeres Kauen, kleinere Bissen, geringere Frequenz der Bissen).
5. Einkaufen üben: Die Patientinnen werden angehalten eine Einkaufsliste mit einer vielfältigen Auswahl an Nahrungsmitteln zu erstellen. Alleine oder mit dem Therapeuten sollen sie das Einkaufen tatsächlich üben, um sich neue Gewohnheiten anzueignen.

5.4. Umgang mit Gewicht und Wiegen
Da bulimische Patientinnen ihr Körpergewicht durch Wiegen ständig (manchmal 30- bis 40mal am Tag) kontrollieren, sind sie für die geringsten Gewichtsschwankungen sensibilisiert. Eine vermeintliche Gewichtszunahme von 100 Gramm kann bereits Auslöser für den nächsten bulimischen Anfall sein. Dem Körperge-

wicht sollte in der Therapie deswegen nicht zuviel Wichtigkeit gegeben werden. Die Patientinnen sollten vielmehr angehalten werden, sich möglichst selten zu Hause zu wiegen, evtl. sogar ihre Waage ganz wegzuwerfen.

Da die Patientinnen wegen ihrer Gewichtsphobie im Therapiegespräch jedoch immer wieder von selber auf ihr gefürchtetes Gewicht zu sprechen kommen, sollte man therapeutisch folgendermaßen darauf eingehen. Zunächst ist es wichtig, die Gewichtsangst ernst zu nehmen und sie nicht einfach beiseite zu schieben oder sie lächerlich zu machen. Es handelt sich hier tatsächlich um eine Art Phobie, nämlich vor dem eigenen gehaßten, als häßlich erlebten Körper. Im Unterschied zu anderen Phobien, wo man das gefürchtete Objekt weitgehend vermeiden kann (wie etwa Hunde bei einer Hundephobie, Höhen bei einer Höhenphobie usw.), können bulimische Patientinnen ihren gefürchteten Körper, den sie als dick und häßlich erleben, nicht direkt vermeiden. Deswegen versuchen sie es indirekt zu tun, indem sie ständig ihr Gewicht unter Kontrolle halten oder ihren Körper nicht spüren.

In der Therapie sollte man mit den Patientinnen an ihren unrealistischen Vorstellungen über Körper und Gewicht arbeiten und man ihnen klarmachen, daß das Körpergewicht ständigen Schwankungen unterliegt, da sich Körperfett, Muskeln, Wassergehalt und Magen-Darm-Inhalt ständig verändern. Besonders Wasserverlust und Wassereinlagerungen machen sich am schnellsten bemerkbar. Therapieziel sollte sein, die täglichen kleinen Gewichtsschwankungen (von plus/minus 2 kg) als normal zu akzeptieren.

Auf ein anderes Phänomen muß man als Therapeut unbedingt achten: Manche bulimischen Patientinnen beginnen während der Therapie systematisch an Gewicht abzunehmen, da sie aufgrund des geregelten Essens panische Angst vor einer Gewichtszunahme bekommen. Sie versichern zwar, daß sie ganz normal und regelmäßig essen würden. Insgeheim beginnen sie jedoch ihr Gewicht zu kontrollieren, indem sie weniger essen, heimliche Fastentage einschieben, vermehrt Abführmittel nehmen, mehr Zigaretten rauchen, oder mehr Sport treiben. Typisch für bulimische Patientinnen ist es, daß sie aufgrund ihrer perfektionistischen Haltung versuchen, es dem Therapeuten recht zu machen. Sie versuchen also ganz brav die strukturierten Eßtage einzuhalten, während sie durch die Gewichtsabnahme heimlich dagegen rebellieren. Außerdem haben sie Angst, den Therapeuten zu enttäuschen, wenn sie seine Vorschläge, etwa strukturiertes Essen, nicht befolgen. Insofern ist es als Therapeut wichtig, mit viel Fingerspitzengefühl diese Dynamik anzusprechen und den Patientinnen die Gelegenheit zu geben, immer wieder offen über ihre Gewichtsphobie sprechen zu können. Als Therapeut darf man hier weder moralisierend sein, noch überzeugen wollen, sondern sollte die Patientinnen ermutigen, so offen wie möglich über ihre Ängste zu sprechen.

5.5. Steuerung und Kontrolle der bulimischen Anfälle

Obwohl die Heißhungeranfälle durch das strukturierte Essen nachlassen werden, können die bulimischen Patientinnen oft nicht das Erbrechen aufgeben, so daß sie weiterhin sehr unter ihrem Kontrollverlust leiden. Konkrete Hilfestellung, damit die Betroffenen lernen, ihre bulimischen Anfälle zu kontrollieren und einzuschränken, ist deswegen unerläßlich. Eine Reihe von Methoden, die teilweise auch in experimentellen Studien überprüft wurden, kann vorgeschlagen und mit den Patientinnen eingeübt werden:

a) Stimuluskontrolle

Methoden der Stimuluskontrolle stellen eine Möglichkeit dar, die als unkontrollierbar erlebten bulimischen Anfälle zu beeinflussen. Aufgrund der Eßprotokolle lassen sich externe Bedingungen als diskriminative Stimuli identifizieren, durch welche die bulimischen Anfälle ausgelöst oder aufrechterhalten werden. Externe Bedingungen, wie etwa ein voller Kühlschrank oder Langeweile mangels anderer Aktivitäten, können Auslöser für die Eßanfälle sein.

Beispiele von Stimuluskontrollmethoden sind in diesem Zusammenhang:

- Geringe Mengen Lebensmittel einkaufen, statt zuviel auf Vorrat einzukaufen.
- Keine Schokolade oder Süßigkeiten zu Hause herumliegen haben, um die Möglichkeit eines Freßanfalles zu reduzieren.
- Aktivitäten planen, damit besonders am Abend oder Wochenende keine Langeweile aufkommen kann, die meist zu einem Freßanfall führt.
- alle Süßigkeiten und Schokolade wegwerfen und keine neuen kaufen

b) Konfrontation mit Ausmaß und Inhalt des bulimischen Anfalls

Die Patientinnen sollen Ausmaß und Inhalt ihres bulimischen Anfalles (Essen und Trinken) genau protokollieren. Da sie meist planlos alles durcheinander essen und erst aufhören, wenn die Vorräte zu Ende sind, haben sie oft das Gefühl von völligem Kontrollverlust. Das Führen der Eßprotokolle kann manchmal den Eßanfall vermeiden, da es ihnen unangenehm, lästig oder peinlich ist, alles aufschreiben zu müssen. Für einige ist die Konfrontation mit den Nahrungsmengen ein Grund, die Eßanfälle einzuschränken. Diese Effekte sind jedoch meist nur von kurzer Dauer, so daß der folgende Schritt sinnvoll sein kann:

c) Reaktionsverzögerung/ Reaktionsverhinderung

Patientinnen werden angehalten, das Erbrechen nach dem bulimischen Anfall zeitlich zu verzögern, um die Reaktionskette „Essen - Erbrechen" zu unterbrechen, damit das Erbrechen, das als Erleichterung und positive Konsequenz (C+) erlebt wird, seine verstärkende Wirkung verliert (Leitenberg & Rosen, 1988). Als ersten Schritt sollen sie versuchen, das Erbrechen mindestens 30 Minuten zu verzögern und mit fortschreitender Therapie diesen Zeitraum zu vergrößern.

Durch das Hinausschieben des Erbrechens müssen sich die Patientinnen meist mit ihrem Völlegefühl auseinandersetzen, welches sie nicht auszuhalten gewohnt sind. Das Völlegefühl trägt meist auch zu ihrer Panik vor einer Gewichtszunahme bei und ist oft ein Stimulus für das sofortige selbstinduzierte Erbrechen. Hier hilft es, wenn die Patientinnen erfahren, daß das Völlegefühl nach einer Weile von selber nachläßt und durch regelmäßige Mahlzeiten seltener auftritt. Durch das Verzögern des Erbrechens kann dem Essen auch wieder die Gelegenheit gegeben werden, verdaut zu werden.

Ablenkung vom Erbrechen durch Entspannungsmethoden, Gespräche oder andere Aktivitäten kann ebenfalls eine Hilfe sein, um das Erbrechen hinauszuzögern oder ganz zu umgehen. Besonders bei der stationären Behandlung läßt sich hier therapeutische Unterstützung leichter organisieren, indem etwa unmittelbar nach dem Essen ein Entspannungstraining oder eine Gesprächsgruppe durchgeführt wird.

Wichtig ist auch die Selbstverstärkung. Patientinnen können beispielsweise in einem Therapievertrag festlegen, womit sie sich belohnen wollen, wenn sie das Erbrechen erfolgreich vermieden haben. Dabei sollten sie sich zunächst für kleine Ziele belohnen, z.B. einen Tag lang nicht erbrechen, und schrittweise steigern.

Wichtig ist in diesem Zusammenhang, den Patientinnen bewußt zu machen, daß die Möglichkeit zum Erbrechen auch die Ursache ihrer Probleme darstellt. Solange sie sich die Möglichkeit zum Erbrechen offenhalten, werden sie dazu tendieren, weiter zu essen und ihre Mahlzeit in einen Freßanfall auszudehnen. Das bedeutet, daß die Möglichkeit des Erbrechens den Eßanfall legitimiert und herausfordert. Obwohl bulimische Patientinnen immer wieder berichten, daß sie über ihren Eßanfall keine Kontrolle haben, stimmt dies nicht völlig. Wenn sie nämlich keine Gelegenheit haben, zu erbrechen (z.B. in der Arbeit oder wegen der Anwesenheit anderer Menschen, vor denen sie sich schämen), können sie durchaus den bulimischen Anfall vermeiden, indem sie sich mit übermäßigem Essen zurückhalten. Diese Tatsache läßt vermuten, daß der eigentliche Entschluß zum Erbrechen auf den bulimischen Eßanfall einen wesentlichen Einfluß hat.

In manchen stationären Therapien werden die bulimischen Patientinnen bewußt daran gehindert, nach dem Essen zu erbrechen, indem beispielsweise die Toilette abgesperrt wird oder sie den Raum erst nach einer gewissen Zeit verlassen dürfen. Wenn die Patientinnen dieses therapeutische Vorgehen als Verbot erleben, gegen welches sie sich wehren müssen, ist diese Methode eher wirkungslos und führt nur dazu, daß die Patientinnen ihr bulimische Verhalten heimlich um so stärker ausleben. Wenn sie allerdings freiwillig in die therapeutische Fremdkontrolle einwilligen, kann das Verhindern des Erbrechens als therapeutische Unterstützung zur Selbstkontrolle erlebt werden und recht wirkungsvoll sein.

Das zeitliche Verzögern des Erbrechens oder die Ablenkung vom Erbrechen stellt eine Methode von Selbstkontrolle dar, wodurch die Patientinnen schrittweise vom Erbrechen loskommen können. Je seltener sie erbrechen, oder je länger sie ohne Erbrechen auskommen können, desto eher kann sich ihr Körper wieder daran gewöhnen, das Essen zu verdauen, wodurch wiederum das Völlegefühl nach dem Essen nachläßt. Parallel dazu müssen sie allerdings durch strukturiertes Essen ein normales Eßverhalten aufbauen lernen. Nach und nach können die Patientinnen dann auch wieder Hunger und Sättigung spüren. In einer fortgeschrittenen Therapiephase, wenn sich das Eßverhalten normalisiert hat, sollten die festen, vorgegebenen Essenstrukturen wieder etwas gelockert werden, damit die Patientinnen auf ihre eigenen, individuellen Bedürfnisse beim Essen hören können.

5.6. Umgang mit Rückfällen

Wegen des ausgeprägten Perfektionismus der bulimischen Patientinnen werden Rückfälle oft als völliges Versagen erlebt. Wenn sie nach einer gewissen Zeit wieder einen bulimischen Anfall haben, vergessen sie, was sie alles schon geschafft haben, und nehmen den Rückfall als Anlaß, sich wieder völlig gehen zu lassen. Typische Gedanken sind: „Ich darf nie wieder einen bulimischen Anfall haben oder erbrechen. Wenn ich das nicht schaffe, dann hat es gar keinen Sinn, und ich kann wieder ganz vor vorne anfangen". Wichtig ist es, zu vermitteln, daß ein Rückfall kein Unglück darstellt, und kein Grund ist, sich völlig aufzugeben. Vielmehr sollten sich die Patientinnen freuen, daß sie soundsoviel Tage ohne Eßanfälle zurechtkamen. Ferner können sie aus den Eßanfällen etwas lernen - beispielsweise, wodurch der Eßanfall ausgelöst wurde und was sie aktiv tun können, um das auslösende (immer wiederkehrende) Problem zu bewältigen. Wichtig ist, daß sie lernen, sich selber auch dann zu akzeptieren, wenn sie Rückfälle haben, damit ihr Selbstbewußtsein nicht vom korrekten Essen oder idealen Gewicht abhängig bleibt.

6. Wahrnehmung von Gefühlen und Training des emotionalen Ausdrucks

Bulimische Patientinnen zeigen, abgesehen von ihrem gestörten Eßverhalten, eine auffallende Störung in der Wahrnehmung und im Ausdruck ihrer Gefühle. Dies wird bereits zu Beginn der Therapie deutlich, wenn die Patientinnen meist nur sehr ungenau über ihre Eßstörung und den damit verbundenen Problemen sprechen können. Eine typische Äußerung von Patientinnen ist etwa der Satz: „Es hat wieder nicht geklappt". Hinter dieser Äußerung stecken beispielsweise die folgenden Gefühle und Gedanken, die die Patientin erst im Verlauf einer längeren Therapie in Worte fassen kann: „Ich hatte wieder einen schrecklichen Eßanfall, den ich nicht kontrollieren konnte. Ich schäme mich schrecklich, weil ich wieder versagt habe, so wie ich überall im Leben versage. Ich hasse mich und meinen Körper, der so häßlich ist. Niemand liebt mich, und ich weiß nicht mehr weiter."

Typisch für Bulimia nervosa ist also die Störung des emotionalen Ausdrucks. Die bulimischen Patientinnen haben gelernt, aufkommende Gefühle nicht wahrzunehmen, was im Laufe der Zeit bei ihnen zu einer enormen psychischen und körperlichen Anspannung führt. Durch die bulimischen Anfälle erleben sie die Möglichkeit, kurzfristig diese innere Anspannung abzubauen. Diese Spannungsreduktion wird als positive Konsequenz (d.h. unmittelbare positive Verstärkung) erlebt und trägt wesentlich zur Aufrechterhaltung der bulimischen Störung bei. Je mehr die Patientinnen in dem bulimischen Kreislauf gefangen sind, desto ungenauer wird ihre Gefühlswahrnehmung. Tatsächlich vorliegende Problemsituationen und die damit verbundenen Gefühle werden nur noch diffus und undifferenziert wahrgenommen, da alle Ereignisse, welche das vermeintliche innere Gleichgewicht aus dem Lot bringen könnten, mit bulimischem Eßverhalten beantwortet werden. In diesem Zusammenhang sind auch soziale Fertigkeiten, soweit sie überhaupt entwickelt waren, im Verlauf der bulimischen Eßstörung verkümmert. Das bulimische Eßverhalten wurde somit zu einer Form von unangemessenem Bewältigungsverhalten, indem gelernt wurde, alle Gefühle und die aktive Auseinandersetzung mit Problemen und Konflikten zu vermeiden, d.h. „alles in sich hineinzufressen" oder „ alles auszukotzen".

Ein vorrangiges Lernziel bei der Behandlung der Bulimia nervosa stellt also die Wahrnehmung von Gefühlen und der emotionale Ausdruck dar. Dieses „Training des emotionalen Ausdrucks" wird sich wie ein roter Faden durch die gesamte Therapie ziehen. In jeder Therapiesituation geht es letztendlich darum, daß die Patientinnen ihre Gefühle wahrnehmen und formulieren können: sei es, daß anhand der Eßprotokolle nach Auslösern für den letzten bulimischen Anfall gesucht wird oder daß die Patientin über ihren letzten Streit mit ihrem Freund berichtet.

Ein erster Schritt besteht darin, daß den Patientinnen mit Hilfe der Verhaltensanalyse zu vermitteln, inwiefern die mangelnde Wahrnehmung ihrer Gefühle zu ihrer Eßstörung beiträgt. Folgendes Schema kann eine nützliche Gesprächsgrundlage sein:

SITUATION	GEFÜHLE	GEDANKEN	KÖRPERLICHE REAKTION	REAKTION DURCH ESSEN
→	→	→	→	
Streit mit Freund	Ärger, Angst daß er mich verläßt	Ich bin nichts wert	Anspannung innere Unruhe Hunger „Freßdruck"	**Bulimischer Anfall**

Als weiteren Schritt sollten die Patientinnen lernen, ihre Gefühle tatsächlich in Worte zu fassen. Dazu fehlen ihnen meist die richtigen Worte, d.h. ein „Gefühlsvokabular". Das Erstellen einer Liste möglicher Gefühle als therapeutische Übung ist hier nützlich, um die sprachliche Differenzierung und damit die differenzierte Wahrnehmung der Gefühle zu fördern. Das Emotionalitätsinventar (EMI) von Ullrich de Muynck & Ullrich (1977) kann hier ferner als Anregung dienen bzw. nach den Therapiestunden zum Ausfüllen gegeben werden. Als typische Auslöser für unkontrollierbare Eßanfälle werden immer wieder solche Gefühle wie Angst, Überforderung, innere Leere, Einsamkeit, Langeweile, Ärger und Wut genannt. In den Therapiestunden sollten die Patientinnen lernen, über diese Gefühle zu sprechen, um diese Gefühle als Signal (d.h. als diskriminativen Stimulus) für den nächsten bulimischen Eßanfall leichter identifizieren zu können. Dadurch können die Patientinnen lernen, potentielle Eßanfälle schneller vorherzusehen und zu vermeiden. Indem sie ihre Gefühle besser wahrnehmen, können sie auch die problematische Auslösesituation leichter erkennen und konstruktive Schritte zur Bewältigung der auslösenden Konflikte einleiten. Wenn sie beispielsweise erkennen, daß der letzte ungelöste Streit mit dem Freund die Ursache ihrer inneren Anspannung ist, können sie lernen, sich aktiv mit dem Freund auseinanderzusetzen. Dazu müssen sie jedoch vielleicht erst lernen, sich gegenüber dem Freund besser abzugrenzen und nein zu sagen oder ihre Bedürfnisse deutlicher auszudrücken. In diesem Zusammenhang profitieren viele Patientinnen von einem Selbstsicherheitstraining, bei dem sie im Rollenspiel ihre soziale Kompetenz und Kommunikationsfähigkeiten verbessern. Das umfangreiche und differenzierte „Assertiveness-Training-Programm" von Ullrich de Muynck & Ullrich (1972, 1977) oder einzelne Übungen aus ihrem Programm eignen sich beispielsweise zu diesem Zweck.

In den Therapiegesprächen sollten die Patientinnen außerdem angeregt werden, sich Gedanken darüber zu machen, warum sie ihre Gefühle bisher so vernachlässigt haben. Biographische Hintergründe können hierbei eine Rolle spielen. In der Familie wurden Gefühle vielleicht abgewertet, nicht beachtet oder nicht ernst genommen. Oder manche Gefühle, wie Ärger, Haß oder Traurigkeit durften nicht gezeigt werden, aus Angst vor Liebesverlust. Manchmal führen traumatische Ereignisse wie der Tod eines Geschwisters, die Scheidung der Eltern oder extreme familiäre Spannungen dazu, daß die Betroffenen ihre Gefühle schon in frühen Jahren völlig negieren. Besonders auch Ereignisse wie sexueller Mißbrauch, von denen übrigens in Zusammenhang mit Eßstörungen relativ häufig berichtet wird, können meist nur dadurch „bewältigt" werden, daß die Betroffenen jegliche Gefühle einschließlich ihres vergewaltigten, beschmutzten Körper völlig negieren und ablehnen.

In der Therapie ist es wichtig, daß die Patientinnen langsam lernen, ihre Gefühle überhaupt zu akzeptieren. Wenn sie mit dem Ausdruck ihrer Gefühle in der Therapie positive Erfahrungen machen können, wird ihnen dies leichter gelingen. Insofern ist es wichtig, den emotionalen Ausdruck von Gefühlen in der Therapie immer wieder positiv zu verstärken. Oft reicht es schon, daß die Patientinnen spüren, daß man ihnen wirklich zuhört, ohne ihre Gefühle zu bewerten. Ferner sollen die Patientinnen im Therapiegespräch auch immer wieder ermutigt werden, ihre Gefühle auszudrücken. Der Therapeut hat auch immer eine gewisse Modellfunktion hinsichtlich der Äußerung von Gefühlen; so kann etwa folgende Bemerkung des Therapeuten die Patientin zur eigenen Gefühlsäußerung anregen. Therapeut: „An Ihrer Stelle hätte ich mich in der Situation wahrscheinlich ziemlich geärgert".

Nicht nur der Ausdruck sog. „negativer" Gefühle wie Ärger, Wut, Angst, Leere, Einsamkeit sollte angeregt werden. Genauso wichtig ist es, daß die Patientinnen auch zu sog. „positiven" Gefühlen wie Freude, Genuß, Entspannung, Zuversicht oder Geborgenheit wieder Zugang bekommen. Das Wahrnehmen positiver Gefühle und Ereignisse trägt zu einer größeren Lebenszufriedenheit und zur Steigerung des Selbstbewußtseins bei.

7. Dysfunktionale Kognitionen bei Bulimia nervosa

Bei Patientinnen mit Bulimia nervosa läßt sich eine Reihe von irrationalen Gedanken über Essen und Körpergewicht sowie in bezug auf Problemlösungsstrategien identifizieren (Garner & Garfinkel, 1985). Diese dysfunktionalen Kognitionen müssen den Patientinnen in der Therapie bewußt gemacht und in Frage gestellt werden.

Als zentrale kognitive Struktur bei bulimischen Patientinnen ist hier das sog. dichotome Denken oder das Alles-oder-nichts-Prinzip zu nennen. Typische Gedanken sind: „Entweder ich schaffe jetzt meine Diät, oder es ist alles egal und ich beginne einfach zu fressen". „Wenn ich diese Prüfung nicht schaffe, dann ist meine ganze Ausbildung umsonst". Die Wahl von Extremworten wie etwa „wahnsinnig gut", „total schlecht", „unheimlich verrückt", „niemals", „immer" ist ein Ausdruck dieses dichotomen Denkens, wie auch die extremen Gefühlsschwankungen („himmelhoch-jauchzend-zu-Tode-betrübt"), die für bulimische Patientinnen typisch sind.

Die häufigsten kognitiven Dysfunktionen, die sich auf Essen, Körper und Gewicht beziehen, äußern sich in dem alles beherrschenden Streben nach Schlankheit. Dieses Schlankheitsideal führt zu einer übertriebenen gedanklichen Beschäftigung mit Nahrung, Kalorien, Gewicht und Figur. Aufgrund ihrer panischen Angst vor einer Gewichtszunahme und Fehlinformationen bezüglich Ernährung und Gewichtskontrolle kommt es beispielsweise zu folgenden Fehleinschätzungen:

- „Normales Essen führt automatisch zu einer Gewichtszunahme"
- „Das Körpergewicht muß immer absolut stabil bleiben, darf keinen Schwankungen unterliegen"
- „Eine Kalorie Joghurt (=kalorienarm) ist besser als eine Kalorie Butter (=kalorienreich)"
- „Nur eine schlanke Figur und niedriges Gewicht garantieren Erfolg, Liebe, Zuwendung, Beachtung usw."

Therapeutisches Ziel sollte es sein, bei den bulimischen Patientinnen eine Einstellungsänderung ihrer irrationalen Überzeugungen zu bewirken. Im therapeutischen Gespräch kann durch kognitive Umstrukturierung oder mit Hilfe der bekannten Rational-emotiven Therapie (Ellis) daran gearbeitet werden. Ferner ergibt sich eine gute Gelegenheit, bestimmte Vorstellungen von Nahrung und Körpergewicht zu verändern, wenn die Patientinnen aufgrund der Ernährungsinformation und der strukturierten Eßtage eine Realitätsüberprüfung machen können: Sie erleben dann etwa, daß drei normale Mahlzeiten nicht zu einer Gewichtszunahme führen oder daß ausgewogene, vielseitige Nahrungsmittel ebenfalls das Gewicht nicht ansteigen lassen.

8. Körpertherapie und die Körperschemastörung

Als weitere Komponente des multidimensionalen Behandlungsansatzes bei Bulimia nervosa gilt die Körpertherapie. Ihr Ziel besteht in erster Linie darin, daß die bulimischen Patientinnen lernen, ihren Körper wahrzunehmen und schrittweise zu akzeptieren. Wie bereits erwähnt, leiden bulimische Patientinnen an einer verzerrten Körperwahrnehmung, die auch als „Körperschemastörung" beschrieben wurde (Meermann, Vandereycken, 1987). Die Betroffenen finden ihren Körper dicker, als er tatsächlich ist; dabei sind sie von einer panischen Angst besessen, daß ihr Gewicht unendlich ansteigen könnte. Hinzu kommen eine ausgesprochene Ablehnung und großer Ekel gegenüber dem eigenen Körper. Oft werden einzelne Körperteile (wie etwa der Busen, Bauch oder die Oberschenkel) gehaßt, weil sie als viel zu groß oder dick erlebt werden. Der Körper wird entweder in weiter Kleidung versteckt oder durch zu enge Kleidung oder Gürtel übermäßig eingeschnürt, um kleiner zu erscheinen. Bei manchen Patientinnen geht der Haß gegen den eigenen Körper so weit, daß sie nichts mehr fühlen, wobei sie sich Selbstverletzungen zufügen, wie etwa das Ritzen der Haut mit einem scharfen Messer oder das Schlagen des eigenen Kopfes gegen eine Wand.

Obwohl umfassende Therapiestudien mit Körpertherapien weitgehend fehlen, wird die Relevanz des körpertherapeutischen Ansatzes bei der Behandlung von Bulimia nervosa hervorgehoben (Vandereycken, 1989; Fichter, 1989). Unklar bleibt, ob die Körperschemastörung bei Bulimia nervosa ein sekundäres Problem ist, etwa eine kognitive Verzerrung aufgrund der Mangelernährung, oder ob sie als Ursache für das gestörte bulimische Verhalten betrachtet werden muß. Daraus ergibt sich auch die Frage, ob sich die Körperschemastörung auf direktem Weg durch einen körpertherapeutischen Ansatz überhaupt beeinflussen läßt, oder ob die Körperschemastörung vielleicht nebenbei von selber nachläßt, wenn sich beispielsweise das Eßverhalten normalisiert hat. Trotz dieser ungeklärten Fragen zeigt sich in der klinischen Praxis jedoch, daß die bulimischen Patientinnen auf körpertherapeutische Ansätze insgesamt eher positiv reagieren.

Da es sich bei der Körperschemastörung um eine Wahrnehmungsstörung handelt, sollte zunächst die Körperwahrnehmung gefördert werden. Dazu gehört, daß die Patientinnen etwa durch Wahrnehmungsübungen ihre Sinne (Berühren, Sehen, Hören, Riechen, Schmecken) wiederentdecken. Ferner, daß sie innere Reize wie Hunger, Sättigung, Wärme oder Kälte wieder spüren oder die eigene Körperhaltung und Körperbewegung wahrnehmen können. Hier eignen sich u.a. auch Feldenkrais-Übungen, Tanztherapie, Yoga, Atemtherapie oder Entspannungsübungen.

Durch Einsatz von Videoaufnahmen kann eine Form von Selbstkonfrontation mit dem eigenen Körper angeregt werden. Die Patientinnen werden in verschiedenen Situationen mit Video aufgenommen: sie sollen etwa vor der Kamera stehen und über sich etwas erzählen oder sich zu ihrer Lieblingsmusik bewegen. Ein weiterer Schritt, der oft viel Angst auslöst, ist eine Aufnahme im Badeanzug oder Bikini. Anschließend wird das Videoband in der Therapie angeschaut und besprochen. Manche Patientinnen zeigen große Überraschung, daß sie doch nicht so dick sind, wie sie befürchtet hatten. Andere fühlen sich jedoch in ihrer verzerrten negativen Körperwahrnehmung bestätigt. Inwiefern diese Videokonfrontation als diagnostische oder therapeutische Methode sinnvoll ist, bleibt zu überprüfen.

Wichtig ist es, die Übungen so zu gestalten, daß sie möglichst angenehm und entspannend verlaufen, damit der Körper als Quelle positiver Erfahrungen erlebt wird. Da das Spüren und Erleben des eigenen Körpers bei vielen bulimischen Patientinnen dennoch zunächst starke Angst und Anspannung auslöst, ist es wichtig, sie mit den Übungen nicht zu überfordern. Nützlich ist es, wenn sie ihre Gefühle und Gedanken zu ihrem Körper in Worte fassen und mitteilen können. Dabei kann man sie im Gespräch schrittweise anregen, ihren Körper als etwas Positives zu erleben, der ihnen selbst gehört und ein Teil der eigenen Identität und Autonomie ist. Wenn durch die Körperübungen unangenehme und beängstigende Erinnerungen an körperlichen und sexuellen Mißbrauch ausgelöst werden, sind umfangreiche therapeutische Gespräch indiziert. Patientinnen mit solchen traumatischen Körpererfahrungen können meist ihre eigenen Körpergrenzen nicht spüren, so daß sie durch die Körperübungen zunächst völlig überfordert sind. Erst wenn sie durch die Therapie ihre körperlichen Grenzen wahrnehmen lernen, können sie sich emotional besser abgrenzen und schrittweise emotionale Nähe und Distanz regulieren.

Da gegenwärtig in der Verhaltenstherapie ein umfassendes theoretisches körpertherapeutisches Konzept fehlt, sollte man sich als Therapeut langsam an diesen Bereich herantasten, und nur solche Übungen durchführen, deren Wirkung man wirklich kennt. Eine körpertherapeutische Ausbildung wäre hier sehr nützlich.

9. Bulimia nervosa und die Einflußnahme der Familie

Der Einfluß der Familie auf die Entstehung und Aufrechterhaltung von Eßstörungen wurde in den vergangen Jahren ausführlich diskutiert. Speziell über Familien mit Bulimia nervosa-Patientinnen wurde bisher im Vergleich zu der Literatur über Familien mit anorektischen Patientinnen relativ wenig geschrieben. Forschungsprojekte über Ergebnisse und Verlauf von Familientherapien bei Bulimia nervosa fehlen bisher weitgehend. Unklar bleibt auch, ob die gestörte Interaktion innerhalb der Familie als Ursache oder eher als Folgeerscheinung der bulimischen Störung zu sehen ist.

Die von Palazzoli (1974) und Minuchin et al (1978) beschriebenen typischen Strukturen von Familien mit anorektischen Patientinnen scheinen sich in der klinischen Praxis vorerst auch bei bulimischen Patientinnen zu bestätigen. Palazzoli (1974) beschrieb aufgrund von Fallstudien folgende typischen Eigenschaften von Familien mit anorektischen Patienten: (1) Die Führungsrolle in der Familie wird von den Familienmitgliedern vermieden. (2) Keines der Familienmitglieder ist bereit, Verantwortung für sein Verhalten zu übernehmen. (3) Koalitionen oder Bündnisse von zwei Familienmitgliedern werden als Verrat an einem Dritten erlebt. (4) Es besteht eine Fassade von Pseudoharmonie. Probleme und Konflikte werden nicht zugegeben oder einfach übergangen.

Minuchin et al. (1978) postulierte aufgrund seiner klinischen Beobachtungen, daß psychosomatische Familien von vier typischen Familienstrukturen gekennzeichnet sind: (1) Die Verstrickung der einzelnen Familienmitglieder, was zu einer unzureichenden Abgrenzung des Individuums führt. (2) Eine überfürsorgliche Haltung der Eltern verhindert die Entwicklung von Eigenständigkeit der Kinder. (3) Eine rigide Tendenz zur Erhaltung des Status quo verhindert Wachstum und Veränderung in der Familie. (4) Konfliktvermeidung wird durch eine Ideologie der Familienharmonie aufrechterhalten.

In einer 6-Monats-Katamnesestudie zeigte Brandl (1991), daß bulimische Patientinnen, die nach einer längeren stationären Therapie in eine Familienatmosphäre zurückkehren, die von hoher Überfürsorglichkeit und Verstrickung gekennzeichnet ist, innerhalb von sechs Monaten eher zu einem Rückfall in die bulimische Symptomatik neigten als solche Patientinnen, die in eine weniger überfürsorgliche Familie zurückkehrten. Aus diesen Ergebnissen wird deutlich, daß eine Ablösung der bulimischen Patientin von ihrer Familie und die Förderung ihrer Eigenständigkeit meist ein vorrangiges Therapieziel sein sollte. Da manche bulimische Patientinnen aufgrund ihrer Eßstörung oft in ihrer persönlichen Entwicklung erheblich zurückgeblieben sind, macht die Ablösung von der Familie ihnen große Angst. Die Förderung von Selbständigkeit und sozialer Kompetenz stellt hier eine wesentliche Unterstützung bei dem Ablösungsprozeß dar.

Auch in der Familientherapie kann diese Ablösung angeregt werden, soweit die Familie überhaupt zu einer Therapie motiviert werden kann. Typisch ist hier, daß Konflikte von den einzelnen Familienmitgliedern lieber verborgen oder abgestritten werden, um das System „Familie" aufrechtzuerhalten. Man muß die Bulimie hier auch als stabilisierenden Faktor im Familiensystem sehen: Einerseits ist die Bulimie die einzige Möglichkeit der Betroffenen, um sich gegen das Familiensystem zu wehren, andererseits ist sie auch ein Weg, um den Status quo der Familie aufrechtzuerhalten und dazuzugehören. Aus verschiedenen Funktionsanalysen ergibt sich, daß die Bulimie u.a. folgende Funktionen haben kann:

- Sie steht als Blitzableiter für Eheprobleme oder Konflikte der Eltern
- Sie kann der einzige Weg sein, innerhalb der Familie Aggression und Ärger auszudrücken
- Sie kann die innere Ambivalenz der Betroffenen ausdrücken: einerseits will sie sich von den Eltern ablösen, andererseits traut sie sich nicht, unabhängiger zu werden
- Sie kann ein Signal für schwere Grenzverletzungen in der Familie sein (Inzest, körperlicher Mißbrauch)
- Sie kann eine Möglichkeit darstellen, den gefürchteten sexuellen Wünschen des (Ehe-)Partners aus dem Weg zu gehen

Obwohl die bulimische Störung immer im Familienkontext betrachtet werden muß, stellt eine umfangreiche Familientherapie nicht den einzigen therapeutischen Ansatz dar. Oft reichen einige Familiengespräche, wodurch der Patientin klar werden kann, wie sie sich besser von der Familie abgrenzen oder mit ihr auseinandersetzen kann. Es kann etwa wichtig sein, daß die Patientin auszieht und lernt, alleine zu leben. Dazu muß sie vielleicht erst eine Arbeit finden, um Geld zu verdienen, was zunächst bedeutet, daß sie ein selbstsicheres Auftreten lernen muß, um eine Arbeitsstelle zu finden. Andererseits können die einzelnen Familienmitglieder bei den Familiengesprächen evtl. dazu motiviert werden, die Ablösung der bulimischen Patientin bewußt zu unterstützen: das bedeutet etwa, daß sie sich um ihre eigenen Probleme kümmern und sich nicht mehr in die Angelegenheiten der Patientin einmischen; oder daß sie ihr nicht mehr alles abnehmen, auch wenn das bedeutet, daß die Patientin Fehler machen muß.

10. Indikationen für die ambulante und die stationäre Behandlung

Je nach Schweregrad und Dauer der bulimischen Erkrankung kann eine ambulante und/oder stationäre Therapie sinnvoll sein. Da sich die Behandlung der Bulimia nervosa oft über viele Jahre hinziehen kann, sind abwechselnd stationäre und ambulante Therapiephasen mit gewissen Therapiepausen sinnvoll.

Eine stationäre Behandlung kann dann indiziert sein, wenn:
- die bulimische Störung so schwer ist, daß die ambulante Behandlung nicht ausreicht (Suizidalität, selbstverletzende Handlungen, schwere körperliche Folgeerscheinungen usw.);
- das bulimische Eßverhalten so eingefahren ist, daß eine Veränderung in der Alltagssituation nicht mehr möglich ist;
- die familiäre oder partnerschaftliche Situation so verstrickt ist, daß eine Trennung zu einer Entlastung aller Beteiligten führt;
  - zusätzliche Abhängigkeit von Medikamenten, Alkohol, Drogen vorliegt;
  - zusätzliche psychiatrische Erkrankungen vorliegen (affektive Erkrankungen, Angstneurose, Borderline-Störung).

Im Anschluß an eine stationäre Behandlung sollte möglichst immer eine ambulante Therapie folgen, um das neugelernte Verhalten in den Alltag zu übertragen. Oft kommt es nach stationären Aufenthalten zu Rückfällen, da die Patientinnen im Alltag zunächst mit vielen Problemen konfrontiert sind z.B. Auszug von zu Hause, Wohnungssuche, Arbeitssuche oder Arbeitswechsel, Verlust von Freundschaften usw. In der ambulanten Therapie können die Patientinnen bei der Bewältigung dieser schwierigen Situationen begleitet werden. Außerdem können sie lernen, mit evtl. Rückfällen umzugehen.

11. Abschließende Bemerkungen

Zum Schluß soll daran erinnert werden, daß die Therapie bei bulimischen Patientinnen oft sehr lange dauern, da die Patientinnen noch jung sind und aufgrund ihrer bulimischen Erkrankung in ihrer persönlichen Entwicklung stecken geblieben sind. Sie brauchen meist Zeit, um emotional heranzureifen. Sehr junge Patientinnen können vielleicht erst dringend notwendige Lebensveränderungen durchführen, wenn sie volljährig sind (etwa Ausziehen von zu Hause). Die Heilung kann oft viele Jahre dauern, wobei evtl. mehrere ambulante und stationäre Therapien notwendig sind. Manche Therapien fruchten erst nach längerer Zeit, manchmal auch erst dann, wenn die äußeren Umstände sich zugunsten der Patientinnen verändert haben (erfolgreicher Berufsabschluß, glückliche Partnerschaft oder Auszug aus dem Elternhaus).

Als Therapeut sollte man nicht von sich erwarten, die Patientinnen völlig von ihrer Symptomatik befreien zu müssen. Die Überbetonung der Symptomfreiheit kann u.U. den therapeutischen Fortschritt sogar eher behindern. Wichtig ist es, die Bulimie nicht nur als isoliertes Symptom zu betrachten, sondern sie in einem größeren psychosozialen Kontext zu sehen, der einen multidimensionalen Ansatz erforderlich macht.

Zu guter Letzt muß man sich als Therapeut im klaren sein, daß die Behandlung der Bulimia nervosa eine komplexe und langwierige Aufgabe darstellt, bei der große Geduld, Beharrlichkeit, Frustrationstoleranz und Flexibilität erforderlich sind. Wichtig sind solche therapeutischen Eigenschaften wie Humor, Wärme und Echtheit, um die therapeutische Arbeit zu erleichtern und die Patientinnen zur Mitarbeit zu motivieren. Dabei können die Interaktionen mit den Patientinnen oft auch dazu führen, daß sich der Therapeut mit seinem eigenen Verhalten (und wunden Punkten) auseinandersetzen muß. Diese (unfreiwillige) Selbsterfahrung des Therapeuten kann jedoch auch gerade das Faszinierende an der therapeutischen Arbeit mit den bulimischen Patientinnen sein, besonders wenn man bereit ist, die Patientinnen voll und ganz in ihrer Einzigartigkeit zu akzeptieren und zu respektieren.

Literatur

Brandl, C. (1991). Bulimia nervosa und das Expressed Emotion Konzept. Der Einfluß der Familienatmosphäre (EE) auf den Krankheitsverlauf der Bulimia nervosa. Dissertation zur Erlangung des Doktorgrades an der Naturwissenschaftlichen Fakultät der Universität Salzburg.

Bruch, H. (1973): Eating Disorders. Obesity, Anorexia Nervosa and the Person Within. Basic Books, New York.

Diagnostisches und Statistisches Manual Psychiatrischer Störungen, DSM-III (1984). Deutsche Bearbeitung und Einführung von K. Koehler und H. Saß, Beltz-Verlag, Weinheim, Basel

Diagnostisches und Statistisches Manual Psychiatrischer Störungen, DSM-III-R (1989).Deutsche Bearbeitung und Einführung von H. U. Wittchen, H. Saß, M. Zaudig und K. Koehler, Beltz-Verlag, Weinheim, Basel

Fairburn, C.G., Cooper, P.J. (1982) Self-induced vomiting and bulimia nervosa: an undetected problem. British Medical Journal, 284, 1153 - 1155

Fairburn, C.G., Cooper, P.J. (1984) The clinical features of bulimia nervosa. British Journal of Psychiatry, 144: 238 - 246

Fichter, M. M., (1989). Bulimia nervosa. Enke-Verlag, Stuttgart

Fichter, M., Keeser, W. (1980). Das Anorexia nervosa Inventar zur Selbstbeurteilung (ANIS). Arch. Psychiat. Nervenkr., 228, 67 - 89

Garfinkel, P., Garner, D.M. (1982): Anorexia nervosa. A multidimensional perspective. Bruner & Mazel, New York.

Garfinkel, P., Moldofsky, H., Garner, P. (1980) The heterogenity of anorexia nervosa: Bulimia as a distinct subgroup. Archives of General Psychiatry, 37, 1036 - 1040.

Garner, D.M., Garfinkel, P.E. (Eds) (1985): Handbook of Psychotherapy for Anorexia Nervosa and Bulimia. The Guilford Press, New York.

Gerlinghoff, M., Backmund, H., Angenendt,J., Linington, A. (1991): Tagklinisches Therapiemodell für psychosomatische Eßstörungen. Verhaltenstherapie 1, 61-65

Halmi, K.A., Goldberg, S.C., Eckert, E., Casper, R., Davis, J.M. (1977) Pretreatment evaluation in anorexia nervosa. In: Vigersky, (Ed): Anorexia nervosa. New York, Raven Press, 43 - 54

Jacobi,C., Paul,Th.(Hrsg.) (1991): Bulimia und Anorexia nervosa. Ursachen und Therapie. Springer, Berlin, Heidelberg.

Kanfer, F.H., Reinecker,H., Schmelzer, D. (1991): Selbstmanagement- Therapie. Ein Lehrbuch für die klinische Praxis. Springer, Berlin, Heidelberg.

Katzman, M.A., Wolchik, S.A. (1984): Bulimia and binge-eating in college women: a comparison of eating patterns and personality characteristics. Journal of Consulting and Clinical Psychology, 52, 423 - 428.

Keys, A., Brozek,J., Hentschl,A. et al. (1950): The biology of human starvation. The University of Minneapolis Press, Minneapolis

Leitenberg, H., Rosen, J.C. (1988): Cognitive Behavioral Treatment of Bulimia nervosa. Progress in Behavior Modification, Vol. 23, 11 - 35

Mahoney, M.J. (1977): Kognitive Verhaltenstherapie. Neue Entwicklungen und Integrationsschritte. Pfeiffer, Leben Lernen 29, München.

Meermann, R., Vandereycken, W. (1987) Therapie der Magersucht und Bulimia Nervosa. De Gruyter, Berlin.

Minuchin, S., Rosman, B. L., Baker, L. (1981). Psychosomatische Krankheiten in der Familie. Klett-Cotta, Konzepte der Humanwissenschaften. Stuttgart

Orbach,S. (1981): Anti-Diät Buch. Über die Psychologie der Dickleibigkeit, die Ursachen von Eßsucht. Frauenoffensive, München.

Orbach,S. (1984): Anti-Diätbuch II. Eine praktische Anleitung zur Überwindung von Eßsucht. Frauenoffensive, München

Palazzoli, Selvini M. (1974). Self-starvation. From the intrapsyche to the transpersonal approach to anorexia nervosa. Chaucer, London

Pearson,L. & L. (1979): Psychodiät. Abnehmen durch Lust am Essen. Rororo, Hamburg.

Pyle, R.L., Mitchell, J.E., Eckert, E.D. (1981). Bulimia: a report of 34 cases. Journal of Clinical Psychiatry, 42, 2, 60 - 64

Russell, G.F.M. (1970): Anorexia nervosa: its identity as an illness and its treatment. In: Price,J.H. (ed) Modern trends in psychological medicine, vol 2, Butterworths, London, pp 131- 164

Russell, G.F.M. (1979): Bulimia nervosa: An Ominous Variant of Anorexia Nervosa. Psychological Medicine, 9, 429

Schmitz, B. (1987). Ein integrativer verhaltensmedizinisch orientierter Ansatz zur Pathogenese und stationären Behandlung der Bulimie. Verhaltensmodifikation und Verhaltensmedizin, 8, 1, 27 - 62

Ullrich de Muynck, R. Ullrich,R. (1972): The efficiency of a standardized assertive training programme (ATP). Paper presented at the 2nd European Conference on Behavior Modification, Wexford, Ireland 1972

Ullrich de Muynck, R., Ullrich, R. (1977): Das Emotionalitätsinventar als Befindlichkeitsmaß. Anleitung für den Therapeuten. Pfeiffer, München.

Ullrich de Muynck, R., Ullrich R. (1977): Das Assertivenes Training Programm ATP. Einübung von Selbstvertrauen und sozialer Kompetenz. Pfeiffer Verlag, Reihe "Leben lernen", München

Vandereycken, W., Pierloot, R. (1983): The significance of subclassification in anorexia nervosa. A comparative study of clinical features in 141 patients. Psychological Medicine, 13, 543 - 549.

Vandereycken, W. (1989): Körperschemastörungen und ihre Relevanz für die Behandlung der Bulima. In: Fichter,M (Hrsg.): Bulimia nervosa. Enke Verlag, Stuttgart.

Vanderlinden,J., Norré,J., Vandereycken, W., Meermann,R. (1992): Die Behandlung der Bulimia Nervosa. Eine praktische Anleitung. Schattauer, Stuttgart, New York.

Waadt, S., Laessle, R.G., Pirke,K.M. (1992): Bulimia. Ursachen und Therapie. Springer, Berlin, Heidelberg.

World Health Organisation WHO, Division of Mental Health (1987). International Classification of Disease - 10th Revision, Chapter V: Mental Behavioral and Developmental Disorders. Clinical Descriptions and Diagnostic Guidelines: 1986, Draft For Field Trials, Geneva.

Therapie der Anorexia nervosa
• Reimund Böse • Karoline Verena Greimel • Edgar Geissner •

1. Einleitung

Das Störungsbild „Anorexia nervosa" ist im äußeren Erscheinungsbild durch einen manchmal bis zum Skelett abgemagerten Körper charakterisiert. Konträr dazu steht das Erleben der Patientin[1]: Sie fühlt sich zu dick und unförmig, ist gefangen in der Angst, die Kontrolle über die Nahrungsaufnahme zu verlieren. Sie versucht durch Hungern, exzessiv betriebenen Sport, Mißbrauch von Laxantien, usw., weiter an Gewicht abzunehmen. Ist ein bestimmtes Zielgewicht erreicht, wird die Grenze weiter nach unten verschoben. Körperschemastörungen und kognitive Verzerrungen beeinträchtigen eine realistische Wahrnehmung des Körpers. Das ganze Leben dreht sich um Figur und Gewicht, jedes abgenommene Pfund gibt Sicherheit und Selbstvertrauen, gilt als Zeichen persönlicher Stärke. Entsprechend zurückhaltend gegenüber einer Veränderung ihrer Störung präsentieren sich viele Anorektikerinnen im Erstkontakt:

Eine 20jährige Studentin kommt im Rahmen der stationären Behandlung in die Klinik zum Erstgespräch. Sie wiegt 37 kg bei 170 cm Körpergröße und ist zum dritten Mal in stationärer Behandlung. Sie zeigt sich im Gespräch mürrisch und wortkarg, wünsche eine Behandlung ihrer chronischen gastritischen Beschwerden sowie ihrer Schmerzsymptomatik im Schulter-/Nacken-Bereich. Im Studium habe sie eine Außenseiterrolle, aus Angst vor Ablehnung meide sie den Kontakt mit anderen. Über ihre nähere Lebenssituation wolle sie derzeit nicht sprechen, da sich dadurch ihre Schmerzen verstärken würden. Ihrer Ansicht nach habe sie keine Eßstörung, da sie glaube, bei einer Besserung ihrer körperlichen Beschwerden ohne weiteres zunehmen zu können.

Eine 17jährige Gymnasiastin, 33 kg schwer und 164 cm groß, hat nach der Trennung von ihrem ersten Freund vor einem Jahr 12 kg abgenommen. Ohne danach gefragt worden zu sein, versichert sie dem Therapeuten, jetzt alles zu versuchen, um zuzunehmen. Die bisherigen Versuche, ihr Gewicht zu steigern, seien gescheitert, da es regelmäßig zu Darmbeschwerden mit rezidivierenden Durchfällen gekommen sei und ein unerträgliches Völlegefühl im Magen sie am Essen gehindert hätte.

Eine 18jährige Auszubildende, nach einer Auseinandersetzung mit den Eltern seit drei Monaten an einer Magersucht erkrankt, nimmt seit sechs Wochen keine feste Nahrung mehr zu sich. Sie ekle sich besonders vor warmen Mahlzeiten. Bereits von einem halben Bissen Brot werde ihr schlecht. Die Sorge der Eltern und Ärzte um sie wegen ihrer Symptomatik verstehe sie kaum. Sie sei mit ihrem Aussehen und Gewicht von 35 kg bei 174 cm Körpergröße zufrieden, fühle sich körperlich fit und nicht zu dünn. Sie hoffe auf eine spezifische Ernährungsberatung sowie diätetische Maßnahmen, um ihre Ekelgefühle und Verdauungsprobleme zu überwinden.

Derartige Vorstellungen zur Störung und zu ihrer möglichen Beseitigung, wie sie Patientinnen häufig äußern, stehen dem Wissen und den Zielen der behandelnden Therapeuten und Therapeutinnen in aller Regel diametral entgegen. Das Eingeständnis der Patientin, an einer Magersucht zu leiden, ist meist mit Angst- und Schamgefühlen verbunden und erst im Verlauf einer vertrauensvollen therapeutischen Beziehung realisierbar. Diagnostisches Nachfragen in detektivischer Form würde diese Angst der Patientin übersehen und könnte leicht einen zu diesem Zeitpunkt ungünstigen Konflikt mit ihr provozieren.

---

[1] Wegen des überwiegenden Auftretens der Krankheit bei Frauen wird in diesem Kapitel durchwegs die weibliche Form gewählt.

2. Symptome der Anorexia nervosa

Das hervorstechendste Merkmal von Patientinnen mit Magersucht ist zweifellos ihr starker Gewichtsverlust. Die Tatsache einer Gewichtsabnahme wird meist mit Freude und Befriedigung, jedoch stets heimlich, zur Kenntnis genommen. Die Patientinnen wiegen sich mehrmals täglich. Die Waage wird zum Lebensinhalt, sie entscheidet über Erfolg und Mißerfolg, bestimmt das Selbstwertgefühl. Die Gewichtsreduktion wird hauptsächlich durch eine deutliche Senkung der Kalorienaufnahme erreicht. Es kommt zu einer weitreichenden Nahrungsumstellung. Salate und Gemüse in kalorienarmer Zubereitung bestimmen den Speiseplan. Die erste Mahlzeit wird bis zum Nachmittag oder Abend hinausgezögert. Gleichzeitig wird, was auf den ersten Blick paradox erscheinen mag, eine erhebliche Zeit mit Auswahl, Einkaufen, Kochen und Servieren der Speisen zugebracht. Die geringe Nahrungsaufnahme erfolgt häufig in Form von Eßritualen, die die Abfolge und Zusammenstellung der Speisen nach genau berechneten Kalorienzahlen beinhalten. Die Patientinnen rühren ausgiebig im Essen, zerkleinern es akribisch und spießen mit einer Kuchengabel einzelne Brösel auf. Häufig wird auch beobachtet, daß Magersüchtige die Regie in der Küche übernehmen, beispielsweise versuchen sie, die Mutter vom Herd zu verdrängen und die gesamte Familie zu bekochen.

Ein weiteres Merkmal vieler Magersüchtiger ist ihr gesteigerter Bewegungsdrang. Sie treiben regelmäßig Sport, gehen morgens zum Joggen, fahren stundenlang mit dem Mountainbike durch das Gelände, besuchen (nahezu) täglich das Fitness-Studio, spielen Squash etc. Auch der regelmäßige Besuch der Sauna wird von den meisten bewußt zur Unterstützung der Gewichtsreduktion eingesetzt. Der Hungerzustand hat eine Fülle von biologischen Veränderungen zur Folge, die als Adaption des Körpers an Mangelernährung betrachtet werden können. Zu beobachtende Symptome sind Bradykardie, Hypothermie, Akrozyanose, Hypotonie sowie trockene und schuppige Haut. Ferner kann es infolge des Magnesiummangels neben gastrointestinalen Beschwerden zu Müdigkeit, Appetitlosigkeit, Konzentrationsschwäche, Apathie, Unruhe- und Verwirrtheitszuständen kommen (zur Übersicht: Goebel & Fichter, 1991). Ein charakteristisches Symptom ist aber vor allem auch das Ausbleiben der monatlichen Regelblutung, was manchmal auch schon vor einer entsprechenden Gewichtsabnahme zu beobachten ist.

Der Gewichtsabnahme entspricht auf der kognitiv-emotionalen Ebene das kontinuierliche Bestreben, dünner zu werden. Eine Gewichtszunahme löst oft panikartige Ängste aus, denen meist sofort gegenregulierende Maßnahmen, wie z. B. längere Fastenperioden, verstärkte körperliche Aktivitäten oder auch das Einnehmen von Abführmitteln, folgen. Anorektikerinnen stehen ihrem abgemagerten Körper entweder teilnahmslos gegenüber, oder sie finden ihn schön und attraktiv. Kontrastierende Rückmeldungen zeigen bei den betroffenen Frauen so gut wie nie eine anhaltende Wirkung.

Besonders am Anfang der Behandlung werden Hungergefühle verleugnet oder z.B. als Bauchschmerzen fehlinterpretiert. Auch gegenüber anderen Körpersignalen scheint die Empfindlichkeit herabgesetzt, die Toleranz gegenüber Schmerzreizen dagegen größer zu sein (Lautenbacher et al., 1991).

Neben dem ritualisierten Eßverhalten entwickeln Magersüchtige häufig ein stark strukturiertes und rigides Denken. Im Alltag existieren zahlreiche Regeln, es herrschen hohe, perfektionistische Leistungsansprüche. Bei ungefähr der Hälfte aller Patientinnen kommt es nach längeren Perioden des Fastens zu Heißhungeranfällen, die als plötzlicher Kontrollverlust erlebt werden. Um der damit drohenden Gewichtszunahme zu begegnen, entwickeln die Patientinnen gegensteuernde Maßnahmen wie selbstinduziertes Erbrechen, die Einnahme von Abführmitteln oder Appetitzüglern sowie eine nochmals gesteigerte körperliche Aktivität. Hier sind Übergänge zum Krankheitsbild der Bulimia nervosa (Eß-Brech-Sucht) möglich.

Im „Diagnostischen und Statistischen Manual psychischer Störungen" der American Psychiatric Association (DSM-III-R, 1987) ist Anorexia nervosa als Störung klassifiziert. Die für die Diagnose erforderlichen bzw. hinreichenden Symptome sind dort aufgeführt. Das Krankheitsbild der Bulimia nervosa - auf das wir hier nicht näher eingehen - ist dort ebenfalls, unabhängig von der Anorexia nervosa, klassifiziert.

3. Anorexia nervosa als psychische Störung

Wie bei den meisten psychischen Störungen liegt auch bei der Anorexia nervosa keine einheitliche Theorie über die verursachenden, auslösenden und aufrechterhaltenden Bedingungen der Symptomatik vor. So waren auch die diagnostischen Kriterien der Magersucht in den letzten Jahrzehnten Gegenstand einer eingehenden Diskussion und sind mehrfach verändert worden (zum Überblick: Gerlinghoff et al., 1988; zu speziellen historischen Aspekten der Magersucht: Vandereycken et al., 1990).
Im Diagnosesystem der American Psychiatric Association (DSM-III-R, 1987) wird somit folgerichtig die Anorexie lediglich phänomenologisch als Kombination folgender Symptome beschrieben:
1. Das Körpergewicht wird absichtlich nicht über dem der Körpergröße oder dem Alter entsprechenden Minimum gehalten, d. h., Gewichtsverlust auf ein Gewicht von 15 % oder mehr unter dem zu erwartenden Gewicht bzw. während der Wachstumsperiode Ausbleiben der zur erwartenden Gewichtszunahme mit der Folge eines Gewichts von 15 % oder mehr unter dem erwarteten Gewicht.
2. Starke Angst vor Gewichtszunahme oder Angst vor dem Dickwerden, obgleich Untergewicht besteht.
3. Störung der eigenen Körperwahrnehmung hinsichtlich Gewicht, Größe oder Form, d. h., die Person berichtet sogar im kachektischen Zustand, sich „zu dick zu fühlen" oder ist überzeugt, ein Teil des Körpers sei „zu dick", obgleich ein offensichtliches Untergewicht besteht.
4. Bei Frauen Aussetzen von mindestens drei aufeinanderfolgenden Menstruationszyklen, deren Auftreten sonst zu erwarten gewesen wäre (primäre oder sekundäre Amenorrhoe). (Bei Frauen liegt eine Amenorrhoe vor, wenn die Menstruation nur bei Gabe von Hormonen, z. B. Östrogenen, eintritt.)

Differentialdiagnostisch ist die Anorexia nervosa von depressiven Störungen sowie spezifischen körperlichen Erkrankungen, wie z. B. der Morbus Crohn, zu unterscheiden, bei denen ebenfalls ein Gewichtsverlust eintreten kann. Auch bei einer schizophrenen Erkrankung sind im Zusammenhang mit Wahnvorstellungen Eßrituale oder drastische Nahrungseinschränkungen möglich. Im allgemeinen treten jedoch bei diesen Erkrankungen keine spezifischen Störungen des Körperschemas sowie keine panikartige Angst, dick zu werden, auf.

4. Begünstigende Faktoren: Wege in die Krankheit

Die mehr als einhundert Jahre andauernde systematische Beschäftigung mit der Magersucht brachte eine Vielfalt an Hypothesen über die Entstehungsursachen der Anorexie hervor. Es existieren verschiedene Störungsmodelle, die jeweils unterschiedliche Akzentuierungen auf spezifische Elemente des Gesamtbildes „Magersucht" vornehmen. Heutige Ansätze favorisieren - teils aus forschungspragmatischen Erwägungen - eine Integration dieser verschiedenen Modelle und betrachten Magersucht als multidimensionales Störungsbild. Ein Prozeßmodell zur Entstehung und Aufrechterhaltung der Magersucht haben Garner & Garfinkel (1980, zitiert nach Meermann, 1987) vorgeschlagen.
Das Modell unterscheidet zwischen begünstigenden, auslösenden sowie aufrechterhaltenden Faktoren der Krankheit und deutet mögliche Rückkoppelungseffekte zwischen den einzelnen Faktoren an (siehe Abbildung 1). Weiterhin bildet der Faktor Zeit ein wesentliches Element des Modells, da die Faktoren wechselseitig aufeinander einwirken, Rückkoppelungsschleifen bilden können und damit zu einem sich selbst aufrechterhaltenden Kreislauf werden. Z. B. kann sich die erhöhte Aufmerksamkeit einer Magersüchtigen für ihre Störung begünstigend auf weitere Diätversuche auswirken. Die nach vielen derartigen Rückkoppelungs-

schleifen möglichen chronischen Krankheitssymptome, wie z. B. der Auszehrungseffekt können signifikante Rückwirkungen auf die familiären Bedingungen sowie die individuell/biologischen Determinanten der Störung haben.

Die einzelnen Faktoren und deren Interaktionen im dargestellten Prozeßmodell unterliegen inter- und intraindividuellen Variationen. Verschiedene Personen reagieren auf die gleichen Ausgangsfaktoren unterschiedlich. Schließlich wird jedes voll ausgebildete Syndrom der Magersucht in anderer Weise auf die mehr oder weniger vorbereitete soziokulturelle oder familiäre Umwelt zurückwirken. Im folgenden soll auf einige Faktoren näher eingegangen werden.

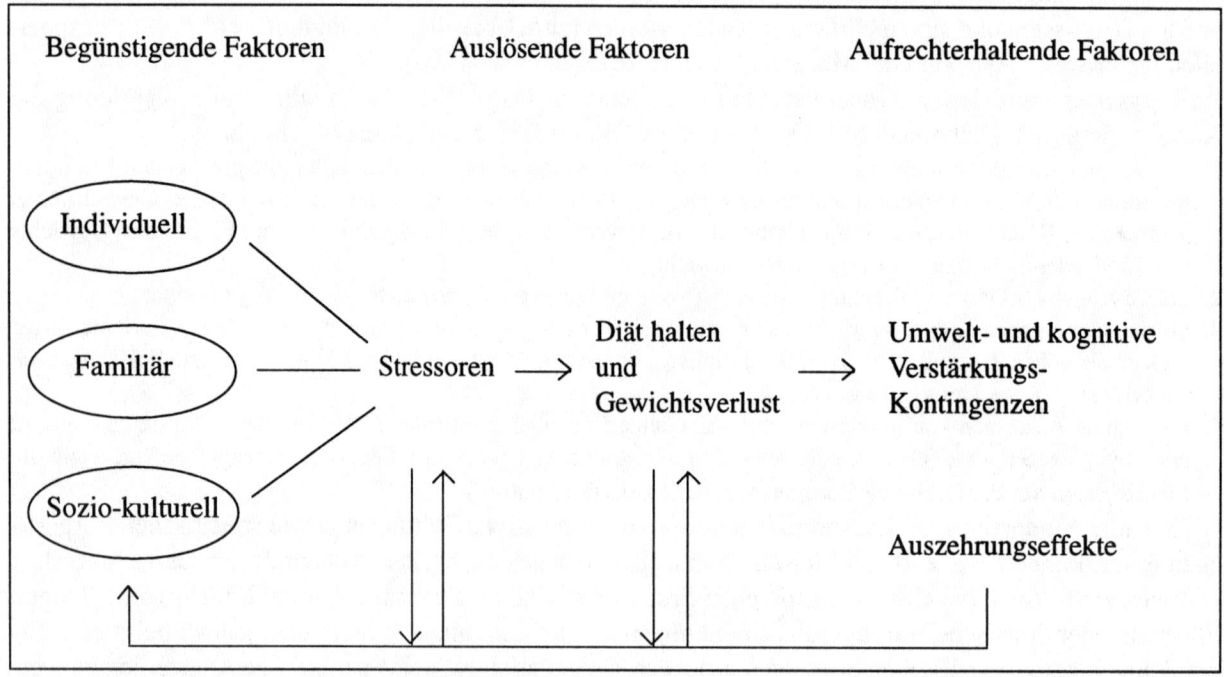

Abbildung 1. Die Magersucht als multidimensional bedingte Störung
(Garner und Garfinkel, 1980; Meermann et al., 1987; für die vorliegende Darstellung geringfügig modifiziert).

4.1. Soziokulturelle und entwicklungspsychologische Faktoren: Schlankheitsideal und Frauenrolle

„Unser Jahrhundert ist schnellebig - auch im Hinblick auf weibliche Schönheitsideale. Eine Frau, die heute Mitte 50 ist, hat in ihrem Leben schon mehrere, ganz und gar unterschiedliche Idealbilder durchlebt (und durchlitten), die von ihrem Körper jeweils ein andersartiges Aussehen, von ihrer Persönlichkeit jeweils eine ganz neue Ausstrahlung verlangten: vom blond bezopften, häuslichen BDM-Mädel der Nazi-Zeit über die Sexbiene der späten 50er, die rundäugige Kindfrau der Mitt-60er, das romantische Hippie-Girl der 70er, die aerobic-gestylte Sportliche der 80er und das coole Karriere-Weib im Minirock der beginnenden 90er Jahre" (Minker, 1992).

Seit Anfang dieses Jahrhunderts sehen sich Frauen einem dauerhaften Wandel des Schönheitsideals ausgesetzt. Die noch in den barocken Gemälden des 17./18. Jahrhunderts sowie in der viktorianischen Zeit bevorzugten üppigen und reifen Körperformen wichen allmählich dem gängigen Ideal einer kindlich-mädchenhaft schlanken Figur.

Hilde Bruch - die Pionierin der modernen Anorexieforschung und -behandlung - weist in ihren Schriften immer wieder darauf hin, daß ein Zusammenhang zwischen dem Anstieg der Anorexia nervosa in den letzten 30 Jahren und der enormen Betonung der Schlankheit in den Medien zu beobachten sei. Frauen werden tagtäglich über Film und Fernsehen, in Zeitschriften und Reklame mit der irrationalen Botschaft konfrontiert, daß Schönheit bei Frauen mit Selbstbewußtsein, Karriere und Erfolg bei Männern gleichzusetzen ist. Nach Umfragen wird auch von der Allgemeinheit Schlankheit mit positiven Persönlichkeitseigenschaften, Jugendlichkeit und Weiblichkeit in Verbindung gebracht. Die meisten Frauen hinterfragen heute diese fast fetischhafte Betonung der Schlankheit in unserer westlichen Kultur nicht mehr, sondern nehmen sie als objektive Tatsache hin. Diese Entwicklung scheint sich, wie oben erwähnt, besonders auf die Überflußkultur der westlichen Länder zu konzentrieren. In Entwicklungsländern, die kein ausreichendes Nahrungsmittelangebot zur Verfügung haben, gilt Übergewicht, mit Einschränkungen, immer noch als Zeichen von Wohlstand und Fruchtbarkeit. Auch in religiös und kulturell anders geprägten Staaten - wie etwa Malaysia mit einer vorwiegend islamischen Bevölkerung - konnte offenbar kein entsprechender Anstieg der Magersucht verzeichnet werden, obwohl sich die wirtschaftliche Entwicklung dort derjenigen in den westlichen Industriestaaten in den letzten Jahren fast angeglichen hat (Fichter, 1985).

Die Kluft zwischen tatsächlichem Gewicht und dem Schlankheitsideal wurde seit den 50er Jahren immer größer. Garner et al. (1980) wiesen anhand abgebildeter Fotomodelle im „Playboy" sowie anhand der Untersuchung von Teilnehmerinnen an Schönheitswettbewerben zwischen 1959 und 1979 nach, daß deren Durchschnittsgewicht in diesem Zeitraum deutlich gesunken ist. Auf der anderen Seite ist das tatsächliche Durchschnittsgewicht von Frauen im gleichen Zeitraum aufgrund verbesserter Ernährungsbedingungen sowie einer geringeren körperlichen Belastung eher angestiegen. Andere Untersuchungen zeigen, daß eine Mehrzahl (bis zu 80 %) von weiblichen Jugendlichen mit der eigenen Figur unzufrieden sind, sich zu dick fühlen und abnehmen wollen bzw. bereits Diäten gemacht haben (zur Übersicht: Fichter, 1985).

Schlankheit scheint in unserer Gesellschaft der Hauptgarant dafür zu sein, als Frau das glorifizierte jugendliche Aussehen bewahren zu können. Der magere Körper entspricht dem eines Mädchens in der Pubertät, ist straff, ohne Falten und knabenhaft. Paradoxerweise führt dieses Ideal der weiblichen und sexuellen Attraktivität bei einem Ausbleiben der Regel zu einem Verlust der Fruchtbarkeit sowie der sexuellen Liebes- und Genußfähigkeit.

Bruch (1990) nimmt als Kernproblem ein „defektes Selbstkonzept" an, das sich auf der Erfahrungsebene als Gefühl der Inkompetenz, Abhängigkeit oder des Kontrollverlustes beschreiben läßt. Im Verbergen dieser Gefühle seien Magersüchtige - nach Bruch - außerordentlich erfolgreich.

Während in der Kindheit eine Selbstwertstabilisierung durch Anpassung, Leistung und Perfektion noch gelingt, verlangt die Zeit der Adoleszenz eine eigenständige persönliche und emotionale Orientierung, zu der diese Frauen unter den beschriebenen Voraussetzungen offensichtlich nicht in der Lage sind. Oft beschrieben und plausibel sind elterliche Einflüsse, die eine Manipulation oder Unterdrückung der kindlichen Bedürfnisse zur Folge haben. Beispielsweise sind damit neben den dominant autoritären Familiensituationen ausdrücklich auch ein überbehütender Erziehungsstil oder die Konfrontation der Patientin mit ehelichen Konflikten gemeint. Die meisten Autoren/Autorinnen postulieren als Besonderheit der Magersucht, daß diese in einer Zeit zahlreicher körperlicher Veränderungen während der Adoleszenz einsetzt. Der Körper gerät damit in den Fokus der Aufmerksamkeit.

Als weitere Determinante des Schlankheitskultes wird in entsprechenden Untersuchungen die veränderte Rollendefinition der Frau genannt. Neben ihrer traditionellen Rolle soll und will die moderne Frau heute „ihren Mann stehen". Der dünne, magere Körper wird zum Symbol einer befreiten, nicht reproduktiven Sexualität sowie zum Ausdrucksmittel „androgyner Unabhängigkeit". Gleichzeitig wird deutlich, daß Frauen heutzutage mit wesentlich unklareren Normen und Werten, Regeln und Verboten aufwachsen sowie sich mit teilweise entgegengesetzten Rollenerwartungen konfrontiert sehen. Hilde Bruch betont, daß viele ihrer Patientinnen von der großen Anzahl von Entscheidungs- und Entwicklungsmöglichkeiten einfach überwältigt waren. Die Freiheit, zu wählen, sei so groß, daß viele Angst hätten, die falsche Wahl zu treffen. Warum Frauen mit einer größeren Wahlfreiheit schlechter zurechtkommen, könnten Untersuchungen erklären, nach denen Mädchen von Kindheit an eher für abhängiges und angepaßtes Verhalten Anerkennung finden. Das dadurch entstandene Selbstwertgefühl ist auf die Anerkennung von anderen angewiesen. Jungen finden eher durch Verhaltensweisen wie Durchsetzungsfähigkeit, Selbstbehauptung sowie Aggressivität Bestätigung, was durchwegs den klareren Rollenerwartungen an den Mann entspricht sowie mehr eigene Möglichkeiten zum Aufbau eines stabilen Selbstwertgefühles zuläßt als für Mädchen (vgl. aus nichtklinischer, entwicklungspsychologischer Sicht Oerter, 1987).

Hervorzuheben ist auch, daß Frauen mit dem entwicklungsbedingten Einsetzen der Menarche ein körperliches Signal der Wandlung zur Frau sowie zur Sexualität erleben. Ist die junge Frau auf diese Entwicklung nicht vorbereitet und erlebt dieses physische Signal verunsichernd und bedrohlich, so wird ihre Tendenz verständlicher, den Körper als Manipulationsobjekt zu benutzen (vgl. auch Oerter, 1987).
Die sich verändernde Körperform kann mit der Verstärkung von Rollenkonflikten eng verknüpft sein. Kommt es zu Versagenserlebnissen in den sich ausdifferenzierenden Rollen, kann der Körper zum Medium der psychischen Auseinandersetzung werden. Im Einklang damit stehen Berichte anorektischer Frauen, daß sie sich in den Themenbereichen Frauenrolle, Weiblichkeit sowie Sexualität überfordert fühlen und gleichzeitig Angst verspüren, den antizipierten oder tatsächlichen Anforderungen in Ausbildung und Beruf nicht entsprechen zu können.

4.2. Die familiäre Situation: Der „Goldene Käfig"

Der Einfluß familiärer Faktoren auf die Magersucht ist empirisch bisher nur unzureichend überprüft. Diesbezügliche Hypothesen und Ergebnisse wurden häufig aus der klinischen Behandlungspraxis sowie aus retrospektiven Interviews von Patientinnen und deren Eltern gewonnen.
Gerlinghoff (1986) berichtet einen bemerkenswerten Zusammenhang, demzufolge magersüchtige Töchter oft aus wirtschaftlich gut situierten Familien kommen. Plakativ beschrieben, ist der Vater beruflich erfolgreich, sehr engagiert und wenig in der Familie präsent. Die Mutter übernimmt den Haushalt sowie die Erziehungsaufgaben. Im Vergleich mit der beruflichen Entwicklung der Männer schneiden die Frauen schlechter ab. Gerlinghoff postuliert eine oft uneingestandene Unzufriedenheit der Mütter in dieser sie nicht ausfüllenden Rolle. Es bestehe der Ehrgeiz, diesen Mangel in der Familie auszugleichen, die unerfüllten Wünsche zumindest in den Töchtern zu bestätigen und zu verwirklichen. Die folgende starke Hinwendung der Mutter zur Tochter läßt die oft zitierten symbiotischen Beziehungen entstehen. Die von der Autorin befragten Magersüchtigen berichteten beispielsweise häufig, daß sie über vitale Zustände wie Müdigkeit, Hunger, Frieren etc. nicht frei befinden konnten, sondern daß die Mütter „festlegten", wann sie als Tochter müde waren, wann sie Hunger hatten, wann sie froren usw. Die Folge sei ein vollkommener Verlust des Vertrauens in die Authentizität der eigenen Gefühle sowie Zweifel an der Richtigkeit selbst elementarster emotionaler Regungen. Diesen Vorgang beschreibt Bruch griffig als „Training in Unehrlichkeit":
Antwortet die Mutter nicht auf die körpereigenen Bedürfnisse des Kindes, sondern überlagert sie mit ihrer eigenen Wahrnehmung seiner Bedürfnisse, kann das Kind nicht zu einer angemessenen strukturierten Wahrnehmung seiner Körpersignale gelangen. Ein Kind, das keine Bestätigung und Verstärkung seiner Bedürfnisäußerungen erfährt, wird in Bezug auf den eigenen Körper als der primären Erfahrungsquelle verwirrt und ihm entfremdet (...), zweifelt seine eigenen Empfindungen an und wird zunehmend abhängiger und unterwürfiger.
Das Resultat der pathologischen Entwicklung ist ein alles bestimmendes Gefühl von eigener Unfähigkeit, von Kontrollverlust und Ohnmacht sowie soziale Überangepaßtheit und die Unfähigkeit, Empfindungen und Konflikte

auszudrücken und adäquat zu verarbeiten. Das schließlich auftretende anorektische Krankheitsverhalten stellt einen Versuch dar, diese Defekte auszugleichen und Bedürfnisse nach Sicherheit, personaler Identität, Autonomie und Kontrolle zu befriedigen (nach Meermann, 1991, S. 71).

Wardetzki (1991) schildert ein anschauliches Beispiel:
Ein Kind ist beispielsweise traurig, weil sein Spielzeug zerbrochen ist. Eine einfühlende Reaktion, die die Empfindungen des Kindes angemessen spiegelt, könnte darin bestehen, das Kind in den Arm zu nehmen und zu trösten. „Ich kann mir vorstellen, daß Dir das weh tut. Laß uns zusammen schauen, ob man es noch reparieren kann." Nicht einfühlsam dagegen und eine mangelhafte Spiegelung wäre, dem Kind seine Traurigkeit auszureden und es damit zu trösten, daß es ja noch andere Spielsachen hat. „Ach, das ist doch nicht so schlimm. Man weint doch nicht über ein zerbrochenes Puppengeschirr." Das Kind wird nun nicht wissen, wem es glauben soll, seiner Wahrnehmung, daß ihm der Verlust weh tut, oder der Aussage der Mutter, daß es nicht weh tun kann. Wahre Gefühle, die nicht gespiegelt oder sogar aufgrund der Familienideologie verleugnet werden, werden abgespalten und an ihre Stelle tritt unspontanes, angepaßtes Verhalten.

Dieses Verhalten wird weiter stabilisiert durch den „Pseudo-Erfolg", der durch Lob und Anerkennung für dieses vorgetäuschte Verhalten entsteht. Die Tochter verlernt, spontanes und natürliches Verhalten zu zeigen, sie wird ungewollt zur Unehrlichkeit erzogen und ihre autonome Entwicklung verhindert.
Es scheint, daß diese fassadenhafte Ordnung und Perfektion, für die Töchter und Mütter gleichermaßen bestärkt werden, bis in die Zeit der Pubertät hinein ein Gefühl der Sicherheit vermitteln und bis dahin die goldene Seite des Käfigs bilden. Zum Käfig wird diese Entwicklung dann, wenn in der Zeit der Pubertät junge Frauen mit ihren körperlichen Veränderungen sowie völlig anderen sozialen Rollenerwartungen unvorbereitet konfrontiert werden. In dieser Phase beginnt die typische Pubertätsmagersucht mit der zwanghaften Beschäftigung mit Körper und Gewicht (vgl. auch Abschnitt 4.3).
Selvini Palazzoli (1986) hat im Rahmen ihres systemtheoretischen Ansatzes intensiv die Kommunikationsstrukturen in anorektischen Familien untersucht. Sie stellt im wesentlichen fünf übereinstimmende Aspekte heraus: die Art und Weise, wie Familienmitglieder ihre eigene Kommunikation sowie die Kommunikation der anderen qualifizieren, das Führungsproblem, das Bündnisproblem, das Schuldproblem sowie die Interaktion des Elternpaares.
Extrem häufig sei die Ablehnung von Botschaften anderer. Ein Familienmitglied, das seine Beziehung zu einem anderen offenlege, wird darin selten bestätigt. Selvini Palazzoli (1986) führt weiterhin aus, daß in magersüchtigen Familien ein Widerwille der Eltern bestehe, selbst die Führung in der Familie zu übernehmen. Jeder Elternteil habe das Bedürfnis, für seine Entscheidungen andere verantwortlich zu machen. Ein Beispiel dafür sei eine Mutter, die ihre Tochter keine Miniröcke tragen lasse mit dem Argument, der Vater könne diese nicht leiden.
Als zentrales Problem wird das „Bündnisspiel" erachtet. Nach Selvini Palazzoli dürfen in der Magersuchtsfamilie keine Zweierbündnisse eingegangen werden, dies wäre ein Verrat am Dritten. Die Eltern sind vom jeweiligen Partner enttäuscht, versuchen heimlich, ein Bündnis mit der Tochter zu schließen. Sie sehen sich jeweils als Opfer der Familie. Das Paradoxe ist, daß diese Koalitionen nicht offengelegt werden dürfen, da derjenige sonst seine „moralische Opferüberlegenheit" (Selvini Palazzoli, 1986, S. 248) verlieren würde. Sucht die Patientin z. B. die Nähe zum Vater, wird dieser eher ängstlich reagieren, die Mutter zeigt Gefühle von Eifersucht, worauf sich der Vater wieder mehr um seine Frau kümmert. Sucht die Patientin die Nähe zur Mutter, wird ihr der Vater kindisches Verhalten und der Mutter Vereinnahmung der Tochter vorwerfen. Es entsteht somit auf dem Boden der instabilen Elternbeziehung ein stabiles System, innerhalb dessen die Tochter zwischen den Eltern „trianguliert" und ihre Sympathie gleichmäßig verteilt. „Dieses Arrangement bewährt sich für die Eltern recht gut, hingegen nicht für die Tochter, ... die infolgedessen keine Möglichkeit bzw. Kraft hat, ein eigenes Leben aufzubauen oder mit dem Erreichen der Adoleszenz die offene Rebellion zu wagen." (Selvini Palazzoli, 1986, S. 245)

Selvini Palazzoli (1986, S. 250) resümiert schließlich: „In einem System, in dem die Wahrscheinlichkeit so groß ist, daß jede Kommunikation abgelehnt wird, scheint die Ablehnung von Nahrung in vollem Einklang mit dem Interaktionsstil der Familie zu stehen" .

4.3. Individuelle Lernerfahrungen: Die Magersucht als dysfunktionale Problemlösestrategie

Vor dem Hintergrund der beschriebenen spezifischen soziokulturellen, entwicklungspsychologischen sowie systemischen Rahmenbedingungen kann die Magersucht als Versuch von jungen Frauen verstanden werden, unter schwierigen und selbstwertbedrohenden Ausgangsbedingungen einen selbstwertstabilisierenden Zustand zu erreichen. Die Magersucht wird für diese jungen Frauen zum Lebensinhalt, zur Quelle von Stabilitäts- und Erfolgserlebnissen. Patientinnen berichten oft ohne große Scheu und keineswegs emotional negativ getönt:
„Ohne meine Magersucht hätte ich Angst, es würde sich keiner mehr um mich kümmern."
„Ich fühle mich als etwas Besonderes, schaue gerne im Spiegel meinen schlanken Hals an, genieße die Blicke auf der Straße."
Manche Patientinnen können sich in ihre Störung geradezu verlieben. Sie verlangsamen ihre Haltung, ihren Gang, wirken fast engelhaft. Die Störung wird auch in den Lebenskontext eingebaut:
„Ich würde gern Schauspielerin werden, zum Theater gehen und dort die Rollen von jungen Mädchen spielen."
Dies mag verdeutlichen, warum es vielen jungen Frauen so schwerfällt, selbst in lebensbedrohlichen Zuständen ihre Symptomatik aufzugeben.

Die "positive Seite" der Magersucht

Attraktivität durch Schlankheit erhält während der Zeit des Heranwachsens für junge Frauen einen hohen Stellenwert. Lerntheoretisch orientierte Autoren/Autorinnen betonen in diesem Zusammenhang die Möglichkeit einer mehrfachen operanten Verstärkung durch die Gewichtsabnahme. Betrachtet man diese Zusammenhänge als komplexes System wechselseitiger positiver und negativer Rückkoppelungen, läßt sich beispielhaft ein hypothetisches Bedingungsmodell formulieren (s. Abb. 2). Es geht hierbei nicht um ein allgemeingültiges Modell. Systemmodelle dieser Art dienen dem Betrachter/Kliniker eher zur diagnostischen Orientierung und müssen für jeden Fall subjektiv neu konstruiert werden (ausführlicher aus systemischer Sicht: Böse & Schiepek, 1989; Schiepek, 1991).
Positiv verstärkend wirkt zum einen die Zunahme an subjektiver, d.h. von den Patientinnen so empfundener Attraktivität. Zum anderen erleben diese jungen Frauen das wieder zurückkehrende Gefühl der Kontrolle über den Körper ebenfalls als positiv sowie als Beweis ihrer eigenen Leistungsfähigkeit und Disziplin. Weiterhin wirkt die Abmagerung dann als negativer Verstärker, wenn durch sie die sozialen Anforderungen der Pubertät, z. B. gegengeschlechtliche Kontakte, Berufsausbildung, Auszug aus dem Elternhaus verzögert oder verhindert werden können. Schließlich erhalten Anorektikerinnen Bestätigung dadurch, daß ihnen von seiten wichtiger Bezugspersonen vermehrt Aufmerksamkeit geschenkt wird. Zur Aufmerksamkeit gehören auch z. B. Ärger und Zorn der Eltern, gegen den sich die Patientin nun subjektiv erstmals erfolgreich behaupten kann. Das Gefühl, Kontrolle über die Eltern zu erlangen, kann weiter zur immensen Selbstwertstabilisierung beitragen.
Entsteht ein entsprechendes vertrauensvolles Klima, berichten Magersüchtige oft von dramatischen und drastischen Versuchen der Eltern, besonders der Väter, ihre Töchter zum Essen zu bringen. Letztere müssen zum Beispiel stundenlang unter Aufsicht vor dem Teller sitzen, sie werden abwechselnd gebeten, bekniet, beschimpft, manchmal geschlagen oder bekommen das kalte Essen schließlich ins Gesicht geworfen. Die Szenen sind Ausdruck eines Machtkampfes, in dem Essen und Gewicht in der familiären Kommunikation fast zum einzigen Thema wird. Der Patientin ist dies nicht unrecht, denn wenigstens auf diesem Gebiet

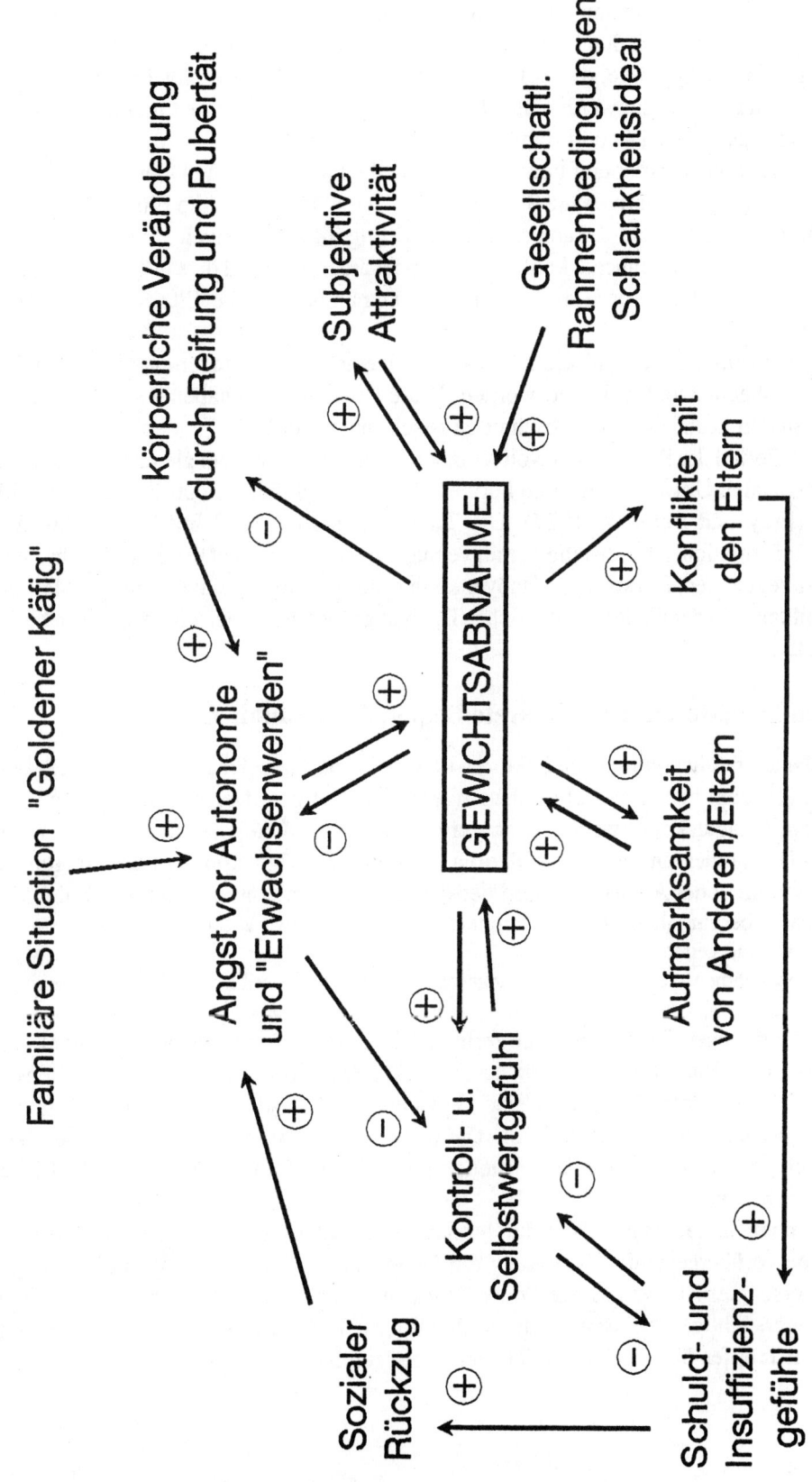

Abbildung 2. Hypothetisches Bedingungsmodell des "Systems" Anorexia nervosa als Wechselwirkung von körperlichen, psychischen und sozialen Faktoren

bleibt sie immer Siegerin und kann die Kontrolle behalten.

Die dauerhaften Konflikte mit den Eltern gehen nicht ohne Wirkung an der Tochter vorüber. Sie entwickelt Schuld- und Insuffizienzgefühle, das Selbstwerterleben wird weiter geschwächt und löst verstärkte Angst vor Autonomie und Erwachsenwerden aus. So gerät die Patientin in einen teufelskreisartigen Zyklus, der sich selbst zunehmend verstärkt und stabilisiert.

In diesem Zusammenhang ist darauf hinzuweisen, daß die Familie in eine Dilemma-Situation geraten kann, in der beide Handlungsalternativen die Störung stabilisieren. Reagieren die Eltern einfühlsam und liebevoll auf die Problematik ihrer Tochter, kann sie dies als Erfolg ihrer bisherigen anorektischen Lösungsstrategie verbuchen. Reagieren sie ablehnend, kontrollierend oder ärgerlich, wird dies in gleicher Weise das Symptomverhalten aufrechterhalten. Durch diese komplexe Dynamik sind die Eltern mattgesetzt (Meermann & Vandereycken, 1987).

Auch in der therapeutischen Situation sind die Grenzen einer stützenden, empathischen Haltung mit Magersüchtigen oft beobachtet und diskutiert worden. Diese Überlegungen haben wichtige therapeutische Implikationen, die in den nachfolgenden Abschnitten beschrieben werden.

Das subjektive Gefühl der Patientinnen von Kompetenz und Kontrolle bei gleichzeitiger gegenteiliger Rückmeldung der sozialen Umwelt über ihren körperlichen Zustand läßt sich als Zustand kognitiver Dissonanz beschreiben (Frey und Benning, 1987). Die Theorie postuliert, daß Individuen, die mit einstellungsdiskrepanten Informationen konfrontiert sind, versuchen werden, diese Differenz durch spezifische kognitive Manöver zu reduzieren. Ein solches Manöver könnte die subjektive Veränderung der Maßstäbe für Schlankheit, Körperbild und Gesundheit sein, die sich z. B. als sogenannte Körperschemastörung bei Magersüchtigen beobachten läßt.

5. Auslösende Faktoren: Der konkrete Beginn der Krankheit

Die beschriebenen prädisponierenden Faktoren können erklären, welche Konstellationen den Ausbruch der Magersucht nach dem bisherigen klinischen Wissen begünstigen. Der genaue Zeitpunkt des Krankheitsbeginns ist damit jedoch keineswegs vorherzusagen. Die erste Manifestation ist von sehr unterschiedlichen individuellen Umständen und Personenfaktoren abhängig. Häufig beginnen Eßstörungen jedoch zu Zeiten erhöhter Autonomie- oder Anpassungsanforderungen, die die Patientinnen offensichtlich überfordern.

„Meine Magersucht begann, als ich in Italien von einer Urlaubsliebe schwer enttäuscht wurde. Vorher hatte ich mich von meinem letzten Freund getrennt."

„Angefangen abzunehmen habe ich bei einem längeren Aufenthalt in Amerika, wo ich eine Stelle als Au-pair-Mädchen hatte."

Neben den beschriebenen Trennungs- oder Verlusterlebnissen können auch die Angst vor Leistungsversagen, der Auszug aus dem Elternhaus, körperliche Erkrankungen und andere „kritische Lebensereignisse" eine Eßstörung auslösen. Häufig leitet auch eine Gewichtsreduktionsdiät (durchaus auch gemeinsam mit der Mutter durchgeführt bzw. von dieser initiiert) eine Eßstörung bei entsprechend vulnerablen Patientinnen ein. Schließlich gehören immer wieder Leistungssportlerinnen, Ballettänzerinnen oder Eiskunstläuferinnen zum Patientinnenkreis.

Es ist hervorzuheben, daß Magersucht durch relativ undramatische Ereignisse ausgelöst werden kann. So kann z. B. eine vorübergehende Erkrankung mit Gewichtsabnahme einer potentiellen Magersüchtigen das Erlebnis langersehnter Aufmerksamkeit oder Schonung vermitteln. Beschäftigt man sich mit den Biographien von Magersüchtigen, bekommt man oft den Eindruck, daß Ereignisse, wie die hier aufgeführten, nur den berühmten Tropfen bilden, der das Faß zum Überlaufen bringt.

6. Aufrechterhaltende Faktoren: Die Krankheit verselbständigt sich

6.1. Sozial-kognitive Prozesse

Die Bedeutung der (Ver-)Stärkung der Magersucht durch soziale und kognitive Veränderungsprozesse im Gefolge der Anorexie wurde in Abschnitt 4.3 diskutiert. Die Veränderung der sozialen Stellung einer Magersüchtigen in ihrer Familie durch Prozesse vermehrter Aufmerksamkeit oder Schonung sowie die Möglichkeit verstärkter Kontrolle über die Familie können positiv auf die Bereitschaft zurückwirken, weiter an Gewicht abzunehmen. Eine systemische Interpretation könnte diese Prozesse als positive Rückkopplungsschleifen bei der Aufrechterhaltung der Krankheit berücksichtigen, und zwar unabhängig davon, ob die begünstigenden oder auslösenden Faktoren der Störung noch vorhanden sind.

6.2. Die Auswirkungen das Fastens auf den Körper und die Psyche

Neben psychosozialen Bedingungsfaktoren für Magersucht existiert aber auch eine Reihe psychosozialer Folgen der Nahrungseinschränkung. Prototypisch kommen diese in einer Studie zum Ausdruck, die bereits 1950 von Keys (vgl. Keys et al., 1950) durchgeführt wurde. Dort wurden 39 psychisch gesunde Männer für sechs Monate auf Diät gesetzt. Bei der überwiegenden Zahl der Probanden zeigten sich massive Veränderungen im psychischen, sozialen und körperlichen Bereich als Auswirkung der Mangelernährung:

Die Männer beschäftigten sich während des Experimentes fast nur noch mit dem Thema Essen. Sie sammelten Rezepte und Kochbücher, träumten vom Essen und sprachen oft übers Essen. Die wenigen Nahrungsmittel aßen sie extrem langsam, sie begannen, mit dem Essen zu spielen.

Die Probanden veränderten die Nahrungsauswahl und Zubereitung. Die Männer verwendeten mehr Gewürze und konsumierten z. B. Kaffee und Tee in übermäßigen Mengen.

Neben den Spielereien kam es zu zwanghaft ritualisierten Verhaltensweisen im Umgang mit dem Essen.

Im affektiven Bereich kam es verstärkt zu depressiven Verstimmungszuständen sowie erhöhter Reizbarkeit. Viele Männer entwickelten Angstzustände, im kognitiven Bereich litten sie unter Konzentrationsmängeln und Entscheidungsschwierigkeiten. Die Probanden zogen sich vermehrt zurück, erlebten Störungen der Vitalgefühle, wie z. B. Nachlassen des sexuellen Interesses, und verloren humorvolle Verhaltensweisen.

Im körperlichen Bereich entwickelten sich zahlreiche Beschwerden wie Magen- und Darmerkrankungen, Kopfschmerzen, Haarausfall, Seh- und Hörstörungen sowie Schlafstörungen.

Im Stoffwechselbereich wurde eine erniedrigte Körpertemperatur festgestellt, Herzschlag und Atmung verlangsamten sich.

Auch nach der Diätphase zeigten viele Männer Schwierigkeiten bei einer Normalisierung ihres Eßverhaltens. Sie verloren die Kontrolle über die Nahrungsaufnahme, aßen ununterbrochen bis zur Übelkeit. Dies führte zu leichtem Übergewicht, was sich hauptsächlich als Fettgewebe niederschlug. Als Folge fühlten sich die Männer eher zu dick, ihre Proportionen seien ungünstig verteilt. Eine Normalisierung ihres Eßverhaltens sowie des Gewichtes konnte überwiegend erst nach zwei Monaten festgestellt werden (Waadt et al., 1992).

Das Experiment weist auf die mannigfaltigen Folgen des Zustandes der Mangelernährung beim komplexen Symptombild der Magersucht hin. Für die Therapie der Magersucht läßt sich hieraus auch ableiten, daß symptombezogene Veränderungen gegenüber der Behandlung der Hintergrundproblematik nicht vernachlässigt werden sollten.

6.3. Körperbild und Körperschemastörung

Bezüglich der Verwendung der Begriffe Körperbild und Körperschema herrscht bis heute in der wissenschaftlichen Literatur wenig Einheitlichkeit. Meermann (1991) definiert

„eine gesunde (ungestörte) Körperschemawahrnehmung als die Genauigkeit, mit der ein Individuum in der Lage ist, seine eigenen äußeren Körperdimensionen (Distanzen am eigenen Körper) einzuschätzen. Körperschemastörungen wären demnach Fehleinschätzungen der eigenen äußeren (räumlichen) Dimensionen des Körpers."

Der Begriff des Körperbildes wird weitergefaßt und schließt die Einstellungen und Gefühle des Menschen zu seinem Körper mit ein.

„Das Körperbild ist ein sehr komplexes Phänomen: Es umfaßt

a) die Integration der exterozeptiven (vorwiegend visuellen und taktilen) Information,
b) die Wahrnehmung und Interpretation der Reize, die von innerhalb des Körpers kommen (interozeptive und propriozeptive Informationen),
c) die subjektiven Erfahrungen der körperlichen Funktionen (affektive, emotionale Komponente) und
d) persönliche Meinungen und Einstellungen (kognitive Konstrukte) bezüglich des eigenen Körpers." (Vandereycken, 1989)

Diskutiert wird, ob die Körperschemastörung als Folge des Hungerns sowie der Abmagerung betrachtet (vgl. Abschnitt 6.2) oder - wie in Abschnitt 4.3 dargestellt - als ein Manöver zur Reduzierung kognitiver Dissonanz angesehen werden kann, d. h. als eine interne Verschiebung der Maßstäbe, um die Differenz zwischen dem „guten" Eigengefühl sowie der konträren Rückmeldung von außen auszugleichen. Zudem bleibt offen, ob die Körperschemastörung im Prozeß der Entwicklung einer Anorexie als verursachende, auslösende oder aufrechterhaltende Bedingung zu betrachten ist. Wir ordnen diesen Störungsaspekt der Anorexie aufgrund klinischer Erfahrungswerte als aufrechterhaltenden Faktor ein, da sich häufig mit einer Verbesserung des Ernährungszustandes auch eine Verringerung der Körperschemastörung beobachten läßt. Zudem teilen wir den Eindruck von Selvini Palazzoli (1986) insofern, als wir die Erfahrung machen, daß Patientinnen oft im Kontakt mit ihren Therapeut(inn)en eher funktional ihre Zufriedenheit mit dem Körperschema betonen, um ihr Gegenüber von Maßnahmen zur Gewichtssteigerung abzuhalten. Bruch (1973) sieht schließlich einen möglichen Zusammenhang zwischen Körperschemastörung und Veränderungsmotivation. Sie folgert aus ihrer klinischen Erfahrung, daß eine ausgeprägte Fehleinschätzung mit einer hohen Ausprägung an Widerstand gegen die Behandlung einhergehe.

7. Therapie der Magersucht[2]

7.1. Erstkontakt und Anfangsphase

Bereits das Erstgespräch mit einer magersüchtigen Patientin stellt eine besondere Herausforderung für den/die klinische(n) Praktiker/in dar. Häufig wird ihm/ihr eine junge Frau gegenübersitzen, die in der Schilderung ihrer Anamnese sowie der aktuellen Symptomatik wenig Ansatzpunkte für eine klare Problembeschreibung, Motivationsklärung oder Behandlungsplanung bietet. Am eindrucksvollsten ist dabei wohl die Verleugnung oder Verschleierung der körperlichen, psychischen sowie sozialen Situation, in der sich die Magersüchtige befindet. Bereits hier ist die Versuchung groß, die Patientin auf argumentativem Wege von der Einseitigkeit oder Fehlerhaftigkeit der Schilderung zu überzeugen und damit in einen für die Patientin wohl bekannten Tochter-Eltern-Machtkampf zu geraten. Der/die Therapeut/in sollte vermitteln, daß er/sie an einer Erforschung der subjektiven Sichtweise der Patientin interessiert ist und unvollständige, einseitige oder fehlerhafte Aussagen akzeptiert werden. Für den Aufbau einer vertrauensvollen therapeutischen Beziehung ist es sinnvoll, die Patientin auch zu einer Exploration der positiven Konsequenzen der Störung zu ermutigen. Bekommt eine Patientin im therapeutischen Kontakt das Gefühl, offen über ihre Magersucht als Quelle von Selbstwert und Selbstsicherheit sprechen zu können, kann dies ein entscheidender Motivationsfaktor für die Therapie sein. Oft macht es eine unbeteiligte, mürrische oder rechthaberische Haltung der Patientin dem/der Therapeuten/in schwer, einen verständnisvollen Kontakt aufrechtzuerhalten. Hilfreich

---

[2] Die nachfolgenden Ausführungen beziehen sich auf die Behandlung von Patientinnen ab einem Alter von 16 Jahren. Eine Erörterung spezieller Aspekte der Anorexia nervosa - Behandlung im Kindes- und frühen Jugendalter finden sich bei Steinhausen (1993).

mag sein, hinter einer spröden Fassade die Angst und Not dieser jungen Frauen zu sehen, ohne bereits den komplexen Hintergrund im Erstgespräch direkt ansprechen zu können.

In der Anfangsphase der Therapie sollten auch einige grundlegende Prinzipien und Konzepte vermittelt werden. Als hilfreich haben sich hier Informationsbroschüren erwiesen, wie sie z.B. Waadt et al. (1992) sowie Meermann & Vandereycken (1987) vorgelegt haben und aus denen einige Prinzipien erwähnenswert sind:

a) Grundlage der Behandlung ist die Bereitschaft der Patientin, an der Wiederherstellung ihres prämorbiden Gewichtes sowie geregelter Eßgewohnheiten aktiv mitzuwirken. Dies bildet die Basis der Behandlung. Weitere zentrale Themen sind Gedanken und Gefühle wie Ängste und Unsicherheit sowie die Beziehung zu sich selbst und zu anderen. Zur Bearbeitung dieser Themen sind folgende weitere Prinzipien von Bedeutung:

b) Die Patientin gestaltet die Therapie aktiv mit. Es ist sinnvoll, den Patientinnen zu vermitteln, daß ein Hauptteil der Therapie **zwischen** den Sitzungen stattfindet. Für den Alltag werden Hausaufgaben gegeben, deren Ergebnisse die Patientin zur darauf folgenden Therapiesitzung mitbringen sollte.

c) Die Patientin ist innerhalb des gesetzten therapeutischen Rahmens für sich selbst verantwortlich, d. h. sie soll eigene Entscheidungen treffen sowie Verantwortung tragen lernen.

d) Umgang mit Offenheit und Vertrauen. Die Patientin soll Vertrauen zum/zur Therapeuten/Therapeutin entwickeln und offen auch über schwierige Probleme berichten können. Hat sie damit Schwierigkeiten, sollte sie dies mit dem Therapeuten/der Therapeutin klären. Dies führt zum nächsten Prinzip:

e) Die aktuellen Gefühle und Bedürfnisse der Patientin sind von größerer Bedeutung als die Beschäftigung mit länger zurückliegenden biographischen Daten. Die Patientin soll ermutigt werden, in den Einzel- sowie den Gruppentherapiesitzungen auftauchende Probleme direkt anzusprechen. Ein Ziel besteht also darin, daß die Patientin ihre derzeit vorhandenen Gefühle und Gedanken wahr- und ernst nimmt sowie erlebt, daß sie etwas verändert, wenn sie sie ausdrückt.

f) Therapeutische Gruppe als zusätzliche Möglichkeit. Die häufig sozial isolierten Patientinnen können es als große Entlastung erleben, auf Frauen mit ähnlichen Schwierigkeiten im Eßverhalten sowie im Sozialverhalten zu treffen. Jede Patientin ist „Expertin" auf ihrem Gebiet. Die Erfahrungen mit der Krankheit sowie mit der Therapie können von den anderen Patientinnen genutzt werden.

7.2. Verhaltensanalyse, Anamnese und Behandlungsplanung

Eine ausführliche Verhaltensanalyse der Eßstörung sowie der damit verbundenen Problembereiche ist für eine fundierte psychotherapeutische Behandlung unerläßlich. Im Rahmen dieses Kapitels kann nur auf die wichtigsten Aspekte eingegangen werden, wobei uns die Ebenen des Verhaltens, der Affekte und Empfindungen, der Vorstellungen, Kognitionen, zwischenmenschlichen Beziehungen sowie der Drogen und Medikamente als besonders relevant erscheinen (vgl. etwa Sulz, 1992; Lazarus, 1978; Schulte, 1974).

Auf der Verhaltensebene ist zunächst der Gewichtsverlauf über die Zeit sowie der zeitliche Verlauf und die Intensität anderer zum Störungsbild gehörender Symptome, wie z.B. Fastenperioden, evtl. bestehende Heißhungeranfälle, daneben aber auch Verlauf und Intensität affektiver Störungen, Angststörungen u. a. bedeutsam. Im verhaltensanalytischen Sinne sind hierbei die vorausgegangenen und auslösenden Bedingungen sowie die nachfolgenden positiven und negativen Konsequenzen von Interesse.

Auf der affektiven Ebene wird das subjektiv-emotionale Erleben der Patientin zu relevanten Zeitpunkten erfragt. Aus den Antworten kann erstmals erschlossen werden, in welcher Weise die Patientin Gefühle wahrnimmt und ausdrückt. In diesem Zusammenhang ist erwähnenswert, daß anorektische Patientinnen - ähnlich wie Patienten mit anderen psychosomatischen Störungen - ein erstaunlich gering ausgeprägtes Vermögen besitzen, eigene Gefühle auszudrücken. Dieses Phänomen wird in der Psychosomatik im Rahmen des

Konstruktes „Alexithymie" diskutiert (vgl. von Rad, 1983). Die Exploration auf der emotionalen Ebene sollte entsprechend vorsichtig und behutsam geführt werden, um Kränkungen und Verletzungen zu vermeiden.

Ähnliches ist bei der Erhebung der sensorischen Ebene zu beachten, zu der internale Körperempfindungen sowie das Körperbild und das Körpererleben zählen. Bedeutsam erscheint hierbei, welche Bereiche des Körpers überhaupt sensorisch wahrgenommen, welche fixiert (z.B. ausschließlich auf den Bauch zu achten) wahrgenommen werden, und wie sensorische Empfindungen und spezifische affektive Färbungen miteinander verknüpft sind.

Die Ebene der Bilder und Vorstellungen bezieht sich auf relevante Ereignisse aus der Vergangenheit, die die Patientin in sich trägt und die ihre aktuelle Lebensgestaltung oder Lebensplanung beeinflussen.

Die kognitive Ebene umfaßt u. a. die Einschätzung einer Situation oder der eigenen Person, ferner dysfunktionale Annahmen über die Fähigkeiten und Möglichkeiten der eigenen sowie von anderen Personen, logische Denkfehler u.a.

Die Ebene der zwischenmenschlichen Beziehungen umfaßt die Erhebung des Beziehungsnetzes und der Beziehungsgüte. Auch die Erfassung der Veränderung relevanter Beziehungen im Zusammenhang mit der Störung ist hier bedeutsam. Daneben stellen die Art der aktuellen Therapeut(in)-Patientin-Beziehungsgestaltung, die Beziehungsgestaltung in einer therapeutischen Gruppe oder in einer Patientengemeinschaft Informationsquellen im Bereich „interpersonal relations" dar.

Die Ebene der Drogen verweist auf das gesamte Spektrum der Suchtmitteln, z. B. Alkohol, Zigaretten, Medikamente (hier insbesondere Laxantien, Diuretika oder Appetitzügler), harte und weiche Drogen. Informationen über den körperlichen Zustand der Patientin, Ernährungsgewohnheiten, Bewegungsdrang, Diäten, Selbstverletzungstendenzen, chronische Krankheiten oder andere Einflußfaktoren auf den Organismus sind ebenfalls im Rahmen der Verhaltensanalyse der Anorexie ganz wesentliche Bestimmungsstücke.

Die Mikroanalyse einer konkreten problematischen Situation ist für ein umfassendes Verständnis der Anorexie keinesfalls ausreichend; vielmehr ist eine sog. makroskopische Perspektive (Sulz, 1992) unabdingbar, in der biographische Daten und Lernbedingungen erhoben werden, die in einem Bedeutungszusammenhang zur jetzigen Störung stehen (vgl. das Konzept des „plausiblen Ätiologie- und Bedingungsmodells" bei Reinecker, 1987).

Aus einer genauen Verhaltens- und Problemanalyse (Mikro- und Makroperspektive) lassen sich gemeinsam mit der Patientin konkrete Therapieziele in verschiedenen Bereichen formulieren. Im Falle der Magersucht können diese folgendermaßen lauten:

- Normalisierung des Eßverhaltens
- Verbesserung des Selbstwertgefühls
- Verbesserung des Ernährungszustandes
- Überprüfung und Veränderung des Körperbildes
- Erhöhung der sozialen Kontakte zu Gleichaltrigen
- Klärung der Beziehung zu den Eltern.

Im Verlauf der Behandlungsplanung stellt sich sodann die Frage der konkreten Erreichung der anvisierten Therapieziele. Hierzu zählt - besonders im Rahmen einer stationären Therapie - auch die Planung des genauen Behandlungsablaufes und der Zuweisung zu spezifischen Therapieelementen (s.u.).

Der Weg zur Erreichung eines globalen Therapiezieles, wie z. B. „Verbesserung des Selbstwertgefühls", sollte in einzelne Therapieschritte aufgeteilt und geplant werden, z. B.:

Globalziel: „Verbessertes Selbstwertgefühl"

- „Überprüfe deine Befürchtungen, was andere von dir halten könnten, durch direktes Nachfragen"
- „Merke dir oder schreibe auf, was du am Tag Positives erlebt hast"

- „Versuche zu zeigen, wenn du dich minderwertig fühlst, wenn du Angst hast oder du dich abgelehnt fühlst; frage nach, ob andere diese Gefühle auch kennen"

Im nächsten Abschnitt wird gezeigt, wie im Falle des Therapiezieles „Normalisierung des Ernährungszustandes" eine genaue Behandlungsplanung erfolgen kann.

7.3. Symptombezogene Maßnahmen zur Verbesserung des Ernährungszustandes

7.3.1. Der Einsatz von „Gewichtsverträgen"

In der Anfangsphase der Therapie stehen sich die Ziele von Patientin und Therapeuten oftmals diametral gegenüber. Die Patientin möchte abnehmen, der/die Therapeutin „verlangt" eine Gewichtszunahme. Diese Diskrepanz muß zunächst erkannt, akzeptiert und thematisiert werden. Die Ängste der Patientin vor einer Gewichtszunahme gehen häufig mit Phantasien einher, daß sich der Körper aufbläht und in ekelerregender Weise verändert. Gleichzeitig wird der Verlust zentraler persönlicher Werte und die Aufgabe der Individualität befürchtet. Wenn die Patientin erste Einsichten in die Zusammenhänge ihrer Krankheit mit ihrer Lebenssituation gewinnt, kann über Möglichkeiten einer kontrollierten Gewichtszunahme gesprochen werden. Ohne eine gewisse innere Bereitschaft zu einer Gewichtszunahme können Gewichtsverträge bevormundenden und bestrafenden Charakter annehmen und Gefühle der Hilflosigkeit, des Kontrollverlustes sowie die Angst vor Fremdbestimmung verstärken. Ist die Patientin „grundsätzlich" zu einer Gewichtszunahme bereit, so können die konkreten Schritte der Realisierung erarbeitet werden. Dabei müssen die Autonomiebedürfnisse der Patientin bei jedem Schritt berücksichtigt und die aktive Teilnahme am Behandlungsplan gefördert werden.

Primärziel: Selbständige Gewichtszunahme ohne Vertrag

Nachdem die äußeren Strukturierungshilfen (Zielgewicht, evtl. Zwischenziel, Gewichtslimits, usw.) gemeinsam festgelegt wurden, soll der Patientin die Möglichkeit gegeben werden, innerhalb einer bestimmten Zeitspanne (ein bis zwei Wochen) und innerhalb des vorgegebenen Rahmens zu versuchen, selbständig und ohne schriftlich formulierten Vertrag zuzunehmen. Bewährt hat sich die Vereinbarung einer Mindestgewichtszunahme von 0.5 kg pro Woche, bei starkem Untergewicht bis zu 1.0 kg pro Woche und eine obere Gewichtsgrenze von maximal 3.0 kg pro Woche. Ist die Festlegung einer minimalen Gewichtszunahme zu niedrig (weniger als 0.5 kg pro Woche), so kann dies zu Fehlattribuierungen führen, indem die Patientin eine Veränderung auf natürliche Gewichtsschwankungen zurückführt und nicht auf ihre konkreten Bemühungen. Des weiteren besteht bei der Vorgabe zu kleiner Schritte die Gefahr, daß die Patientin indirekt in ihren Ängsten verstärkt wird, daß Zunehmen „gefährlich" sein kann. Auch die Festsetzung einer relativ hohen Obergrenze kann im Hinblick auf diese Ängste entlastend wirken. Andererseits wird durch die Festlegung von Obergrenzen auf die Befürchtung der Patientin, ins Uferlose zuzunehmen, Rücksicht genommen.

Gewichtsvertrag

Gelingt es der Patientin nicht, innerhalb einer vereinbarten Zeit von etwa ein bis zwei Wochen (der Zeitrahmen ist abhängig von den Selbstkontrollmöglichkeiten der Patientin und dem Schweregrad der Erkrankung), das Gewicht innerhalb des Rahmens zu steigern, kommen die vereinbarten externen Hilfestellungen zum Einsatz. Grundsätzlich gibt es zwei Möglichkeiten, das Gewicht zu steigern: (1) Die Reduktion des Energieverbrauches, (2) die Erhöhung der Energiezufuhr.

Um die therapeutische Beziehung nicht unnötig zu belasten, sollten auch hier die Autonomiebedürfnisse der Patientin in der Weise berücksichtigt werden, daß sie selbst nach Möglichkeiten der Reduktion des Energieverbrauches oder der Erhöhung der Energiezufuhr suchen sollte. Läßt man einer Patientin genügend Zeit, um über dieses unangenehme Thema nachzudenken, kommen oft selbst Vorschläge, wie z. B. sportliche Aktivitäten zu reduzieren, auf Saunagänge zu verzichten etc.

Grundsätzlich sollten die Überlegungen in folgende Richtungen gehen:
Zu (1): Steht bei einer Patientin die Hyperaktivität im Vordergrund, so können Vereinbarungen über eine zeitliche Begrenzung, aber auch über die Art der Bewegung (z. B. Gehen statt Joggen) getroffen werden.
Zu (2): Die Energiezufuhr kann durch Zwischenmahlzeiten erhöht werden oder durch zusätzlichen Konsum einer hochkalorischen Flüssignahrung (durch die höhere Kaloriendichte sind geringere Mengen notwendig, wodurch das oft unangenehm erlebte Völlegefühl reduziert werden kann). Bei der Verabreichung von Sondennahrung - wie dies in der stationären Kleinkinder- und jugendpsychiatrischen Behandlung gelegentlich praktiziert wird - muß berücksichtigt werden, daß zum einen die Angst vor einer unkontrollierbaren Gewichtszunahme verstärkt werden kann und es zum anderen zu Rückwirkungen auf das „normale Essen" kommen kann in dem Sinne, daß die Patientin dann weniger ißt.
Vor der konkreten Abfassung eines Gewichtsvertrages hat es sich als sinnvoll erwiesen, mit der Patientin in eher edukativer Form z. B. die Theorie des „Set-point-Gewichtes" (Literatur z. B. Waadt et al., 1992, S. 76 ff), Befunde von Hungerstudien (Keys, 1950; vgl. Abschnitt 6.2) und Gedanken des „Anti-Diät"-Konzepts (Orbach, 1984) usw. zu besprechen.

Rahmenvereinbarungen eines Gewichtsvertrages
1) Zielgewicht innerhalb des individuellen „Set-point-Bereiches": Die Festlegung eines Zielbereiches statt eines starren Zielpunktes ist wegen der natürlichen Gewichtsschwankungen angemessener, z. B. Setpointbereich 55 - 58 kg;
2) minimale Gewichtszunahme pro Woche: 0.5 kg bis 1.0 kg
3) maximale Gewichtszunahme pro Woche: 2.0 kg bis 3.0 kg
4) einmal pro Woche Wiegen (bei starkem Untergewicht kann - auch als Orientierungshilfe für die Patientin - ein zweiter Wiegetermin sinnvoll sein); zu häufiges Wiegen ist dagegen problematisch, da die Fixierung auf die Waage verstärkt und das Eßverhalten kurzfristig vom jeweiligen Gewicht abhängig gemacht wird

Wird das Rahmengewicht unter- oder überschritten, ist es zunächst sinnvoll, die Patientin um spezifische Wünsche nach einer Hilfestellung zu fragen. Möglichkeiten externer Hilfestellungen bei Unterschreitung des Rahmengewichtes sind etwa:
1) Verzicht auf sportliche Betätigung bzw. Einschränkung der Bewegung (bis hin zur Vereinbarung, den Aufenthalt nur auf das Gebäude oder sogar nur auf bestimmte Räume zu beschränken)
2) Einnahme von Zwischenmahlzeiten
3) Stufenweise Verabreichung von hochkalorischer Flüssignahrung nach individueller Vereinbarung
Die mögliche externe Hilfestellung bei Überschreitung des Rahmengewichtes besteht in der Analyse der Ursachen mit entsprechenden Konsequenzen (z.B. regelmäßige Mahlzeiten, langsameres Essen, ballaststoffreichere Ernährung usw.).

Es kann die Transparenz erhöhen sowie die Motivation positiv beeinflussen, wenn die Patientin selbst eine graphische Gewichtskurve führt, die mit dem/der Therapeuten/in regelmäßig durchgesprochen wird.
Im Anschluß an die Gewichtssteigerung folgt die Phase der Stabilisierung des erreichten Gewichtes. Die Patientin soll die Erfahrung machen können, daß sich das Gewicht um einen individuellen Bereich herum einpendelt und daß sie nicht ins Unendliche zunimmt (eine bei fast allen Anorexie-Patientinnen bestehende Angst). Ansonsten besteht die Gefahr, daß sie bei jeglicher Gewichtsschwankung auf Diätverhalten, Abführmittel, Erbrechen usw. zurückgreift.

Neben den äußeren Strukturierungshilfen kommt bei Gewichtsverträgen der therapeutischen Beziehung ein besonderer Stellenwert zu. So ungewöhnlich es klingt: Aber auch der/die Therapeut/in muß bereit sein, sich von der Patientin in gewisser Hinsicht „kontrollieren" zu lassen. Kontrolle über Essen und Gewicht sind oft

Anorexia nervosa - ein Ansatz stationärer Therapie

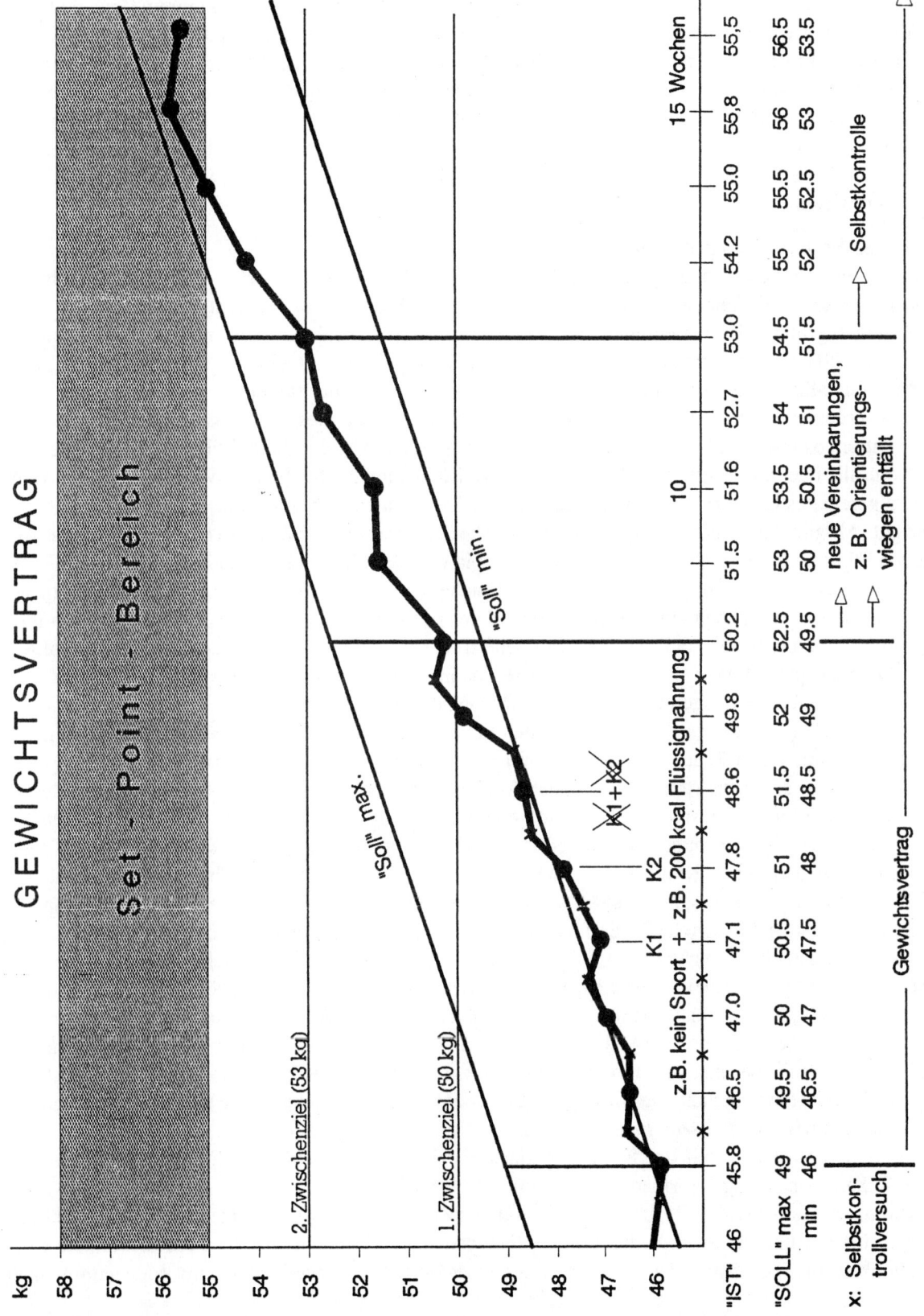

Abb. 3: Gewichtsvertrag mit graphischer Darstellung der Gewichtskurve

die einzigen noch verfügbaren „Machtinstrumente" der Patientin. Sie bestimmt mit ihrem Gewicht, wie sich der/die Therapeut/in zu verhalten hat. Die Patientin hat die Fäden in der Hand, jedoch nicht wie bisher über die Gewichtsabnahme, sondern über die Gewichtszunahme. Dieses Vorgehen erfordert einfühlendes Verständnis für das Verhalten und Erleben der Patientin, sowie für die Situation, in der sie sich befindet, ferner genaue Kenntnisse über Entstehung und Aufrechterhaltung der Krankheit und eine konsequente Einhaltung der vereinbarten Regeln von seiten des/der Therapeuten/in und der anderen an der psychotherapeutischen Behandlung beteiligten Mitarbeiter/innen. Gelingt dies nicht, kann sich um das Gewicht ein erbitterter Machtkampf entwickeln.

7.3.2. Der Aufbau eines geregelten Eßverhaltens

Wird mit einer Patientin zu Beginn der Behandlung eine Gewichtsvereinbarung geschlossen, so hat diese zunächst relativ viel Freiheit zu entscheiden, auf welche Weise sie an Gewicht zunimmt. Dem liegt die Erfahrung zugrunde, daß Patientinnen in einem kachektischen Ernährungszustand (in den meisten Fällen weniger als 40 kg) oft sekundäre Symptome des Hungers zeigen wie z. B. eine kognitive Einengung, Distanziertheit und allgemeine Verminderung der psychologischen Ansprechbarkeit.

Ist eine Verbesserung des Ernährungszustandes erreicht, können auf dieser Basis komplexere therapeutische Interventionen einsetzen. Erfolgt eine spürbare Gewichtszunahme, sind Anorektikerinnen oft voller Angst, die Kontrolle über das Essen zu verlieren. Auf dieser Basis kann häufig die Motivation geschaffen werden, auf ein geregeltes Essen zu achten und dies mit dem Therapeuten zu besprechen.

Eine gute Möglichkeit, Aufschluß über Art und Menge der Nahrungsaufnahme zu erhalten, bietet das Abfassen von Eßprotokollen, die besonders aus der Therapie von bulimischen Patienten bekannt sind (z. B. Wise, 1992). Anorektikerinnen zeigen sich meist sehr unsicher dabei, welche Menge an Nahrungsmitteln sie als eine „normale Portion" betrachten sollen. Anhand der Eßprotokolle können die Patientinnen von ihrem/r Psychotherapeuten/in oder auch anderen Mitarbeitern eines psychotherapeutischen Behandlungsteams oder aber durch Mitpatientinnen (z.B. in einer im stationären Rahmen durchführbaren „Eßprotokollgruppe") korrigierende Rückmeldungen über die Art und Menge des Essens bekommen.

Ein weiteres Element, das den Aufbau geregelten Eßverhaltens fördert, sind therapeutisch begleitete Mahlzeiten mit festgelegten Regeln. Auch dies kann gut mit einer Gruppe eßgestörter Patientinnen realisiert werden. In einer solchen Gruppe werden auch wöchentliche Eßverhaltensziele besprochen bzw. durch die Patientinnen verbindlich festgelegt. Die Erfolge und Schwierigkeiten können in regelmäßigen Abständen diskutiert werden. Therapeutisch begleitete Mahlzeiten für Patientinnen mit Anorexia nervosa und anderen Eßstörungen haben sich im Kontext einer stationären klinischen Behandlung gut bewährt, können aber auch in teilstationären Einrichtungen und sogar im ambulanten Rahmen realisiert werden. Bei einer therapeutisch begleiteten Mahlzeit können die Patientinnen zuvor jeweils angeben, welche Ziele sie sich für die anstehende Mahlzeit vorgenommen haben bzw. wie zufrieden sie mit ihrem Verhalten nach der Mahlzeit sind. Nach unseren Erfahrungen erscheint eine gewisse Strukturierung des Eßverhaltens über einen bestimmten Zeitraum angebracht, da den meisten Patientinnen nach längeren Fastenperioden, Laxantien-Abusus, Erbrechen usw. die natürlichen Hunger- und Sättigungssignale nicht mehr verfügbar sind, um sich spontan richtig zu ernähren. Ein von außen klar strukturiertes Essen bietet für eßgestörte Patientinnen in bestimmten Abschnitten der Therapie eine unerläßliche Hilfe, um die gewohnten körperlichen Signale und Gewichtsregulationsmechanismen wieder herauszubilden.

Neben den zahlreichen, mit der Eßstörung zusammenhängenden Fehleinstellungen zum Essen zeigen Anorektikerinnen häufig Informationsdefizite und Lücken in bezug auf eine ausgewogene und sinnvolle Ernährung. Als praktische Seite dieses eher edukativen Zugangs zur Eßstörung bietet sich die Durchführung eines Lehrküchenkurses an. Innerhalb dieses therapeutischen Elements haben die Patientinnen z.B. die Möglichkeit, in Gegenwart oder unter Anleitung eines/einer Ökotrophologen/in mit Mengen umzugehen und Mahlzeiten zuzubereiten. Auch können sie sich dort mit „schwierigen", angstbesetzten, weil - vermeintlich - dickmachenden Nahrungsmitteln auseinandersetzen.

7.3.3. Der Umgang mit therapeutischen Regeln
Unter den symptombezogenen Maßnahmen zur Verbesserung des Ernährungszustandes gilt auch dem Umgang mit therapeutischen Regeln ein gewisses Augenmerk. Ganz allgmein ist das Aufstellen klarer Regeln im therapeutischen Prozeß meist unerläßlich. Besonders bei der Behandlung von Patientinnen mit kachektischem Ernährungszustand bieten solche Regeln sowie deren konsequente Einhaltung von seiten des Therapeuten/der Therapeutin und aller weiteren an der Behandlung beteiligten Mitarbeiter eine wichtige Hilfestellung und Orientierungsmöglichkeit. Gleichzeitig bieten sie für den/die Therapeuten/in die Möglichkeit, sich nicht auf einen Machtkampf einlassen zu müssen, den die Patientin aus ihrer Familie bestens kennt und in dem sie immer „Siegerin" bleiben kann (s. Abschnitt 4.3). Der/die Therapeut/in muß darauf vorbereitet sein, daß die Patientin mit einer Fülle von Erklärungen versuchen wird, ihn/sie zu überzeugen, daß sie bestimmte Regelungen nicht oder **derzeit** nicht einhalten kann. Beispieläußerungen, wie sie für Anorexie-Patientinnen typisch sind, lauten etwa:
- „Ich esse schon übermäßig viel, mehr schaffe ich nicht mehr."
- „Ich kann mir absolut nicht erklären, warum ich nicht zunehme."
- „Mich ekelt vor dem Essen, wenn ich etwas im Bauch habe, wird mir schlecht."
- „Solange ich dieses Gefühl habe, kann ich nichts essen."
- „Meine Freundin ist weggezogen / hat die Klinik verlassen, ich bin darüber sehr traurig und kann deshalb nur wenig essen."
- „Ich habe Verstopfung und das Gefühl, mein Bauch bläht sich von dem vielen Essen ganz auf."
- „Ich esse genügend, aber ich habe Durchfall, deshalb kann ich nicht genug zunehmen."

Es erfordert ein hohes Maß an Fingerspitzengefühl, auf diese Wünsche, Erklärungen, Entschuldigen etc. so zu reagieren, daß der/die Therapeut/in einerseits in seiner/ihrer Behandlungsplanung glaubwürdig bleibt, andererseits jedoch nicht in einen destruktiven Machtkampf gerät. Es kann notwendig sein, gegenüber einer Anorektikerin auf der Einhaltung der Regeln zu insistieren. Unerläßlich aber scheint es, hinter dem vordergründigen Widerstand stets die Angst und Unsicherheit der Patientin vor einer konkreten Veränderung zu sehen und diese zu thematisieren. Ob ein(e) Therapeut(in) bereit und erfahren ist, die Grenzen der therapeutischen Möglichkeiten einzuhalten - dies impliziert u.U. auch einen Therapieabbruch - spüren die Patientinnen meist sehr genau. Oft ergeben sich an diesem Punkt entscheidende Veränderungen in der Therapie. Nicht unerwähnt bleiben soll in diesem Zusammenhang auch, daß für die Behandlung schwieriger Anorexie-Patientinnen gelegentlich ein zweiter oder dritter Therapieversuch oder stationärer Aufenthalt sinnvoll ist. Der Abbruch eines ersten Therapieversuches/stationären Aufenthaltes stellt hier eine „Grenzerfahrung" dar und besitzt u.U. eine wichtige Bedeutung für die Weiterentwicklung der Patientin bzw. ihrer Familie. Wir haben wiederholt erlebt, daß sich Patientinnen nach dramatischen Entlassungen bei der Wiederaufnahme dankbar für die ihnen auferlegte klare Struktur zeigten und diese für ihre Weiterentwicklung konstruktiv nutzen konnten.

7.4. Problembezogene Maßnahmen: Längerfristige Strategien
Aus der Diskussion der auslösenden und aufrechterhaltenden Bedingungen der Magersucht in den Abschnitten 4 - 6 wird deutlich, daß die Anorexia nervosa als multifaktoriell bedingt zu betrachten ist. Daraus lassen sich einige Kristallisationspunkte therapeutischen Bemühens ableiten, die über die Fokussierung auf den Gewichtsverlust bzw. den schlechten Ernährungszustand hinausgehen, nämlich:
1) Das umfassende Gefühl der Unfähigkeit und Hilflosigkeit
2) Störungen der Körperwahrnehmung und der Interpretation körperlicher Signale

3) Verzerrungen des Körperbildes
4) Die Angst vor der Ablösung von der Familie, vor autonomen, erwachsenen Verhaltensweisen
5) Die Unsicherheit im Hinblick auf eine autonome Lebensführung

Neben Maßnahmen zur Verbesserung des Ernährungszustandes sind in vielen multimodalen Behandlungskonzepten noch weitere Elemente der (kognitiven) Verhaltenstherapie, auch körperbezogene Übungen sowie die Berücksichtigung von Faktoren des Familiensystems vertreten.

7.4.1 Selbstsicherheitstraining

Das Selbstsicherheitstraining stellt nach unserer Erfahrung eine wichtige Ergänzung in der Therapie Magersüchtiger dar. In einer Untersuchung von Rief und Fichter (1992) beschrieben sich Anorektikerinnen auf einer Beschwerdeliste gegenüber Depressiven und Angstpatienten mit den höchsten Werten auf der Skala „Soziale Ängste". Nicht selten verstehen anorektische Patientinnen ihre Defizite in den Bereichen sozialer Kompetenz sowie autonomer Lebensführung jedoch perfekt zu verbergen. Eine genaue Analyse des Problemverhaltens ist deshalb oft erst während des therapeutischen Prozesses möglich.

Das Selbstsicherheitstraining als übendes Verfahren bietet für die Patientinnen im Rahmen von Rollenspielen die Möglichkeit, eine aktuelle, konkrete Erfahrung zu machen. Die Patientin wird dabei unmittelbar mit ihren Fähigkeiten konfrontiert, ob sie sich nun aktiv beteiligt oder eher Vermeidungsverhalten zeigt. Klare Verhaltensaufgaben bieten einer entsprechend motivierten Patientin die Chance, die Bereiche Körper und Gewicht als Nebenschauplatz im Ringen um Selbstwert und Autonomie zu erkennen und schrittweise zielführendere Möglichkeiten zur selbstbestimmten Lebensführung zu finden.

Die starke Strukturiertheit des Assertivness-Trainings-Programms (ATP) von Ullrich de Muynck und Ullrich (1977), das in diesem Band ausführlich besprochen ist, bietet dabei die Chance, eine Auswahl aus den verschiedensten sozialen Situationen (insgesamt 127) im Rollenspiel kennenzulernen und damit eine Rückmeldung über bisher evtl. unklare Defizite oder Kompetenzen zu erhalten. Die Übungen umfassen im wesentlichen vier Hauptkategorien sozialer Kompetenz: (1) Forderungen stellen, (2) nein sagen und kritisieren, (3) Herstellen von Kontakten sowie (4) sich öffentlicher Beachtung aussetzen und sich Fehler erlauben (Ullrich de Muynck & Ullrich, 1977; für die spezifischen Anforderungen des stationären Behandlungskontextes vgl. Geissner, 1992). Magersüchtige sollten ihre verbesserte soziale Kompetenz zunächst in den Rollenspielen des Selbstsicherheitstrainings mit wechselnder Perspektivenübernahme erproben, um sich in andere hineinversetzen und ihre eigene Machtposition sowie ihr Vermeidungsverhalten eher wahrnehmen zu können. Die jungen Frauen erkennen oft ihre familiäre Situation als Auslöser ihrer aktuellen Schwierigkeiten und belastenden Gefühle. Wenn sie aber für die jetzt notwendigen konkreten Veränderungen nicht in passiven Veränderungswünschen verharren, sondern selbst Verantwortung übernehmen, wird eine vermehrte soziale Kompetenz zielführend auch Bewegungen auf anderen Ebenen (Familie, Beruf, Bekannte) auslösen können.

7.4.2. Die Förderung der körperlichen und emotionalen Wahrnehmungs- und Ausdrucksfähigkeit

Bereits von Behandlungsbeginn an, nämlich bei der Erhebung der Anamnese, sollte die Behandlung nicht bei der rein kognitiven Interpretation wichtiger biographischer Erlebnisse stehenbleiben. Vielmehr sollte die Patientin dazu ermutigt werden, Körperempfindungen wie Druck, Anspannung oder Schmerz selbst mit ihren Gefühlen in Verbindung zu bringen. Damit wird eine Förderung der autonomen Wahrnehmungs- und Ausdrucksfähigkeit angestrebt. Anorektische Patientinnen sind es - wie eingangs dieses Kapitels ausgeführt - gewohnt, daß andere in der Familie genau zu wissen glauben, was mit ihnen „los" ist und was sie brauchen. Auch in der psychologischen Behandlung besteht diese Gefahr, wenn der Therapeut/die Therapeutin in eine elterlich-hilfsbereite Rolle gerät. Die Folge ist oft, daß die Patientin die Ebene der Wahrnehmungen und Emotionen vermeidet und die Therapie auf diese Weise zu einem höchst komplexen Fachgespräch mit einem Austausch verschiedener Hypothesen über die Verursachung der Störung geraten kann. Dabei kann die Patientin durch ihre gute Reflexionsfähigkeit die Kontrolle behalten und muß sich nicht selbst zeigen. Auf diesen Umstand hat Hilde Bruch, bedingt durch ihre reichhaltige klinische Erfahrung mit Anorexie, als erste hingewiesen. Aber auch nachfolgende Forschungsarbeiten konnten diese Beobachtungen wiederholt belegen.

Therapieelemente, die sich auf die Förderung der Wahrnehmung und Erfahrung körperlicher Vorgänge beziehen, nehmen daher auch in heutigen Behandlungsansätzen einen wichtigen Platz ein. Zu erwähnen sind hier etwa folgende Elemente, die alle dazu dienen, die zwanghafte Einhaltung von Kontrolle über den Körper als Quelle persönlicher Sicherheit zu lockern:
1) Die progressive Muskelentspannung nach Jacobson (Wahrnehmung von Anspannung und Entspannung in verschiedenen Körperbereichen) respektive das autogene Training (Wahrnehmung von Wärme und Schwere, Atmung und Herzschlag)
2) Die Bewegungserfahrung nach Feldenkrais (bewußtes Erleben gewohnter, aber auch neuer Bewegungsmuster, Integration körperlicher und emotionaler Zustände)
3) Massage sowie Berührungs- und Kontaktübungen
4) Körpererleben im Raum, Körperkoordinations- und Körperausdrucksübungen
5) Sinneserfahrung und Stärkung der Genußfähigkeit
6) Imaginative Übung (z.B. Imaginieren einer dicken, dünnen oder Idealfigur in sozialen Situationen)

7.4.3. Die Veränderung des Körperbildes
Die Körperschemastörung als Fehleinschätzung der Figurdimensionen bei Magersüchtigen ist vielfach experimentell belegt. Magersüchtige überschätzen ihre Körperproportionen, sie fühlen sich zu dick. Die Patientinnen sind unzufrieden mit ihrer äußeren Erscheinung, möchten ihren Körper wie eine Skulptur selbst formen und hassen ihn, wenn er sich widerspenstig zeigt. Sie machen ihren Körper, losgelöst von ihrer Persönlichkeit, zum Objekt, das genauer beobachtet, verändert und kontrolliert werden muß.
Die klinische Erfahrung zeigt, daß Anorektikerinnen sehr häufig Probleme mit dem Körperbild als wesentliches Hindernis nennen, das einer Gewichtszunahme entgegenstehen würde. Mehrere Studien legen zudem nahe, daß eine ausgeprägte Körperschemastörung ein Indikator für eine auch allgemein stark ausgeprägte psychische Störung sowie für eine schlechtere Prognose ist (eine Übersicht findet sich bei Meermann, 1991).

7.4.3.1. Videokonfrontation
Videokonfrontation bezeichnet eine konfrontative Methode, die direkt auf eine Veränderung des Körperbildes abzielt. Diese Technik basiert auf den verhaltenstherapeutischen Methoden der Reizkonfrontation und Habituation. Um etwaigen negativen Effekten dieser Technik vorzubeugen, werden Körpervideos nur bei Patientinnen angewendet, die bereit und in der Lage sind, sich mit ihrem abgemagerten Körper auseinanderzusetzen und die mit einer solchen Konfrontation einverstanden sind. Hierbei wird eine Videoaufnahme erstellt und danach mit der Patientin angesehen, in der der Körper oder bestimmte Körperteile aus verschiedenen Perspektiven aufgenommen sind. Ziel ist dabei nicht eine „Sehen-Sie-nicht-wie dünn-Si- sind"-Diskussion, sondern die Förderung der subjektiven Wahrnehmung der Patientin und deren kognitiver und emotionaler Verarbeitung. Reaktionen der Patientinnen reichen von Verwirrung, über eine sehr reale Sicht des Körpers bis zu dramatischem Staunen und trauriger Betroffenheit. Beteuerungen, jetzt zunehmen zu wollen, sind im Anschluß an die Betrachtung der Videos sehr häufig. Im weiteren Verlauf treten jedoch meist die Widerstände und das negative Erleben des Körpers wieder in den Vordergrund.
Als alleinige Methode zur Behandlung von Magersüchtigen ist die Videokonfrontation nicht ausreichend. Mehrfach als begleitendes Element angewandt kann sie jedoch der Patientin eine objektive Orientierung

über ihr Körperschema geben und ihr helfen, den Fokus eher auf ihr emotionales Vermeidungsverhalten zu richten (Jacobi & Paul, 1991; Vandereycken, 1989).

7.4.3.2. Die Anfertigung von Körperumrißzeichnungen
Eine ähnliche Möglichkeit verfolgt die Erstellung von Körperumrißzeichnungen. Die Patientin legt sich dazu auf ein großes Blatt Papier auf den Boden, während eine andere Patientin ihre Umrisse nachzeichnet. Die Erfahrung von indirektem Körperkontakt bildet dabei eine erwünschte Nebenwirkung. Die Blätter werden sodann - meist in Gruppen - mit den Patientinnen besprochen. In weiteren Sitzungen können diese Körperzeichnungen weiter ausgestaltet werden mit dem Ziel, daß sich die Patientin nochmals intensiv mit dem Körpererleben auseinandersetzt.

7.4.3.3. Spiegelübungen
Magersüchtige Patientinnen verhüllen ihre Körper meist unter weiten Kleidern und können sich nicht im Spiegel betrachten. Daher ist es eine sinnvolle und sehr unaufwendige Übung für die Patientin das Sich-im-Spiegel-Betrachten als therapeutische Aufgabe in die Behandlung einzubauen.

7.5. Motivationale Strategien in therapeutischen Sitzungen
Folgt man den eingangs skizzierten Überlegungen zur Entstehung und Aufrechterhaltung der Magersucht, rückt die These der Anorexie als Möglichkeit der Selbstwertregulation unter schwierigen Ausgangsbedingungen auf verschiedenen Ebenen in den Vordergrund. Es scheint wichtig, diese Zusammenhänge zu kennen, wenn dem/der Therapeuten/in in der Anfangsphase der Behandlung eine eher mißtrauische, unmotiviert erscheinende Patientin gegenübersitzt, die ihre Krankheit sowie deren Zusammenhänge harmonisiert, verschleiert oder gänzlich verleugnet. Da diese Konstellation eher die Regel als die Ausnahme ist, wird hier das Problem der Motivation nicht einfach zur Voraussetzung, sondern zum zentralen Inhalt nahezu der gesamten Therapie. Bruch (1990, S. 23) formuliert entsprechend:

„Im Prinzip wehren sich anorektische Patientinnen gegen eine Behandlung und stehen der Therapie für lange Zeit teilnahmslos gegenüber. Sie beklagen sich nicht über ihren Zustand; im Gegenteil, sie glorifizieren ihn. Es widerstrebt ihnen, die 'Sicherheit' ihrer leichenhaften Existenz aufzugeben. Sie haben das Gefühl, mit ihrer extremen Magerkeit die perfekte Lösung all ihrer Probleme gefunden zu haben und glauben, ihr Zustand verhelfe ihnen dazu, sich besser zu fühlen und den Respekt und die Bewunderung zu erlangen, nach der sie sich zeit ihres Lebens gesehnt haben."

Eine wichtige Möglichkeit, Patientinnen in diesem Zustand überhaupt zu erreichen, besteht darin, ihnen im Rahmen der Verhaltensanalyse viel Raum für die Schilderung der „positiven Aspekte" der Störung zu geben. So betrachten wir, was auf den ersten Blick vielleicht paradox erscheinen mag, den therapeutischen Kontakt als zielführender, wenn die Patientin zunächst ausführlich über ihr Bestreben, immer dünner zu werden und heimliche Befriedigung darüber zu empfinden, berichten kann. Bleibt eine Patientin von Anfang an ständig bei der Äußerung „Ich will ja zunehmen", ist die Gefahr groß, daß sie spätere Mißerfolge bei der Gewichtszunahme eher externen Faktoren (z. B. Übelkeit, Ekel, deftigem Essen, Durchfall etc.; vgl. Abschnitt 7.3.3) zuschiebt und versuchen wird, den Therapeuten wie vorher ihre Eltern in fruchtlose Detektivspiele oder Machtkämpfe zu verwickeln. Ein wichtiges therapeutisches Ziel ist deshalb, dafür zu sorgen, daß die Patientin über diese stark mit Schuld- und Schamgefühlen besetzten Inhalte sprechen kann. Entscheidend ist, ob sich der/die Therapeut/in auch an dieser Seite der Magersucht interessiert zeigt und sie als Versuche der Patientin verstehen kann, nicht andere zu ärgern, sondern Kontrolle und Anerkennung sowie letztendlich ein besseres Selbstwertgefühl zu erlangen.

Das soll explizit nicht heißen, daß der/die Therapeut/in direktiv auf das Eingeständnis der Patientin hinarbeiten sollte: „Ich will nicht zunehmen". Vielmehr kann sich dieses Thema organisch aus den Erfahrungen entwickeln, die Therapeut/in und Patientin mit den Maßnahmen zur Gewichtssteigerung machen. Ein pragmatischer Ansatz erscheint uns, die häufige Äußerung „Ich will ja zunehmen" wörtlich zu nehmen und darauf eine erste Gewichtsvereinbarung ohne expliziten Vertrag zu bauen. Funktioniert diese konkrete Vereinbarung nicht, kann die Patientin eventuell eher ihre inneren Widerstände thematisieren und eine strukturierte Hilfe in Form eines Gewichtsvertrages annehmen (vgl. Abschnitt 7.3.1).

Entsteht auf dieser Basis eine tragfähige therapeutische Beziehung und kann die Patientin offener über quälende Gedanken sprechen, können die klassischen Techniken der kognitiven Therapie zur Anwendung kommen, wie sie von Beck (1979) für depressive Patientinnen entwickelt wurden. Es geht dabei darum, typische Denkmuster als dysfunktionale Gedanken zu erkennen und zugrundeliegende irrationale Grundannahmen und Werthaltungen offenzulegen. In der Art des „sokratischen Dialogs" können Therapeut/in und Patientin diese Kognitionen z. B. auf ihre unbeschränkte Gültigkeit prüfen, willkürliche Schlußfolgerungen identifizieren oder ein Denken in Extremen differenzieren. Garner und Bemis (1982, nach Meermann & Vandereycken, 1987, S. 53) berichten eine Reihe typischer anorektischer Denkweisen, u.a.:

Selektive Abstraktion oder das Begründen einer Überzeugung mit einzelnen Indizien, während widersprüchliche und glaubwürdigere Beweise ignoriert werden.
Beispiele:
„Ich kann mich einfach nicht beherrschen. Als ich gestern in einem Restaurant zu Abend aß, habe ich alles gegessen, was mir serviert wurde, obwohl ich mir schon vorher vorgenommen hatte, vorsichtig zu sein. Ich bin so schwach."
„Für mich ist die Nahrungsaufnahme die einzige Möglichkeit, mich unter Kontrolle zu halten."
„Wenn ich dünn bin, bin ich etwas Besonderes."

Dichotomes oder Alles-oder-nichts-Denken bzw. Denken in Extremen und absoluten Begriffen. Geschehnisse können nur schwarz oder weiß, richtig oder falsch, gut oder schlecht sein.
Beispiele:
„Wenn ich mich nicht total in der Gewalt habe, verliere ich jegliche Kontrolle über mich. Wenn ich diesen Aspekt meines Lebens nicht meistern kann, verliere ich alles."
„Wenn ich ein Pfund zunehme, kann ich nicht mehr aufhören und nehme 100 Pfund zu."
„Wenn ich meinen Tagesablauf nicht plane, verläuft alles chaotisch und ich erreiche nichts."

Personalisierung und Selbstreferenz oder die egozentrische Interpretation von unpersönlichen Ereignissen oder die Überbewertung von die Person betreffenden Ereignissen.
Beispiele:
„Als ich vorbeiging, lachten und tuschelten zwei Leute. Sie haben wahrscheinlich gesagt, wie unattraktiv ich doch aussehe. Ich habe nämlich drei Pfund zugenommen ..."
„Es ist mir peinlich, wenn mir andere Leute beim Essen zuschauen."
„Wenn ich jemand sehe, die Übergewicht hat, mache ich mir Sorgen, daß ich einmal so aussehen werde wie sie."

Die Disputation dieser Gedanken kann sozusagen zunächst „live" mit dem Therapeuten erfolgen, später kann die Patientin selbst z. B. mit Hilfe der Drei-Spalten-Technik (Beck, 1979) über ihre irrationalen Gedanken Buch führen und funktionalere Annahmen notieren. Ähnliche Disputationen lassen sich auch sehr gut in Gruppen durchführen.

7.6. Die Bedeutung der therapeutischen Gruppe

Magersüchtige ziehen sich im Verlauf ihrer Erkrankung vermehrt sozial zurück und entwickeln typische Symptome depressiver und/oder zwanghafter Störungen.
Die klinische Erfahrung zeigt, daß die Behandlung von Magersüchtigen in homogenen Eßgestörten-Gruppen einen erfolgversprechenden Ansatz bietet, aus der sozialen Isolation herauszufinden. Homogene Gruppen bieten gegenüber Gruppen mit unterschiedlichen Krankheitsbildern den Vorteil, daß erstere das typische Vermeidungsverhalten der Magersüchtigen, die Ablenkungsmanöver, Klagen über Essen, Gewicht und Fi-

gur schneller entlarven und sie alleine durch ihre ausgezehrte Erscheinung wesentlich weniger im Zentrum der Beachtung stehen. Wenn Gruppen in der Weise offen gestaltet sind, daß sich jeweils „neue" und „ältere" (länger in Behandlung stehende) Patientinnen in der Gruppe befinden, besteht eine wichtige Chance auch darin, daß diese neuen Patientinnen erleben, daß sie mit ihren Selbstwertproblemen und Kontaktschwierigkeiten nicht alleine sind und sie auch über den Austausch dieser vermeintlichen „Schwächen" ohne Leistungsdenken und Perfektionismus mit anderen in Kontakt kommen können.

Die anderen Teilnehmerinnen bieten zudem einen Spiegel, um sich selbst mit seinen Gefühlen, Gedanken und Handlungen besser verstehen zu können. Ein weiteres Potential der Gruppe bietet die Rückmeldung der anderen über das eigene Kontaktverhalten der Patientin sowie die Einhaltung verschiedener Regeln, woraus die vielfältigsten Lernmöglichkeiten resultieren. Nicht zuletzt besteht ein großer Vorzug der Gruppe darin, daß hier sechs, sieben oder mehr Expertinnen in Sachen „Eßstörung" zusammensitzen und sich gegenseitig „wenig vormachen" können. Wenn die Kohäsion der Gruppe hoch ist, sind die Anorexie-Patientinnen in der Regel bereit und in der Lage, sich gegenseitig sehr ehrlich und hart zu konfrontieren und diejenigen zu unterstützen, die ernsthaft ihre individuelle Problematik bearbeiten.

Eine Gefahr der therapeutischen Gruppe ist auf der anderen Seite darin zu sehen, daß Sitzungen in unpersönliche Expertinnengespräche über die spezifische Symptomatik ausarten können, die Patientinnen sich hinter wohlformulierten, sozial erwünschten Aussagen einer „Psychosprache" verstecken oder zu chronischen „Helfern" für andere werden, ohne sich um die eigene Veränderung zu kümmern.

7.7. Die Einbeziehung der Familie

Ob die Behandlung der Magersucht den Einbezug der Familie zwingend voraussetzt, kann bisher nicht eindeutig beantwortet werden. Ratsam scheint jedoch, schon während der Verhaltensanalyse im Einzelgespräch zumindest anamnestisch auch der familienorientierten Perspektive Raum zu gewähren. Oftmals sind allerdings im stationären Rahmen aus organisatorischen Gründen nicht mehr als ein bis drei Familiensitzungen realisierbar. Bei Patientinnen im Alter von 16 Jahren und höher, die also das Alter von 13 bis 14 Jahren, in denen sich Anorexie häufig erstmals manifestiert, schon überschritten haben, spielt das Thema „Autonomieentwicklung" eine wichtige Rolle. Dies soll hier beispielhaft skizziert werden: Eine unterschwellige Bindung an die Eltern und/oder Ängste vor Selbständigkeit werden von den leistungsorientierten und perfektionistischen Anorektikerinnen ungern direkt angesprochen, da dies Schuldgefühle und Versagensängste auslösen kann. Zahlreiche Patientinnen versuchen sich z. B. durch externe Schuldzuweisungen an ihre Familie zu entlasten, andere sorgen sich in mehr oder weniger aufopfernder oder helfender Weise um die familiären Beziehungen oder die dyadische Beziehung der Eltern. Dritte führen als eine Art Dienstmädchen ohne zu klagen den gesamten Haushalt einer oft viel beschäftigten Familie, wodurch sie Anerkennung bekommen und ggf. zahlreiche schwelende Konflikte unter Kontrolle halten können. Weitere beklagen sich schließlich schlicht über eine unglückliche Liebe oder Trennung von ihrem Freund etc. Die Variationsmöglichkeiten sind unendlich, die zentrale Aufgabe scheint jedoch, der Patientin ggf. diese Ablenkungsmanöver aufzuzeigen und sich der Frage zuzuwenden: „Welche Funktion erfüllt die Symptomatik für die Patientin oder für das Familiensystem?"

Unserer Meinung nach sind die Voraussetzungen für ein oder mehrere Familiengespräche dann gegeben, wenn die Patientin beginnt, den Blick auf ihre eigenen Defizite zu richten, und bereit ist, auch darüber mit ihren Eltern zu reden. In diesem Fall besteht die Chance, zusammen mit den vorher oft hilflosen, verärgerten, besorgten und überforderten Eltern wichtige erste Veränderungen in der Beziehungsgestaltung zwischen Tochter und Eltern zu erreichen.

Plakativ formuliert, sitzen dem/den Therapeuten oft ein hoch beanspruchter, geschäftlich erfolgreicher Vater gegenüber, der es gewohnt ist, daß alles veränderbar und machbar ist, und nicht verwinden kann, daß er der Krankheit seiner Tochter völlig hilflos gegenübersteht. Daneben sitzt eine mit ihrer Rolle als Hausfrau und

Ehefrau unzufriedene Mutter, die mit ihrer Tochter in einer verdeckten, die Patientin überfordernden Koalition gegen den Vater steckt und wenig Konkretes unternimmt, die Tochter in die Autonomie zu entlassen. Diese und ähnliche Konstellationen können den Therapeuten leicht verführen, dem impliziten Wunsch der Patientin zu folgen, ihre Eltern zu verändern und den Blick eher auf deren problematisches Verhalten gegenüber der Patientin sowie untereinander zu richten. Die Eltern werden sich meist dagegen wehren, berechtigterweise, denn dies ist nicht ihr primärer Behandlungswunsch. Es ist häufig ein schwieriger und schmerzhafter Prozeß für eine Anorektikerin, die zwar problematische, jedoch autonome Lebensführung der Eltern anzuerkennen. Sie kann zwar ihre Ängste um die Familie ausdrücken, muß aber letztendlich den Blick für ihr eigenes Leben gewinnen und die Verantwortung für so reale Probleme wie eigener Berufswunsch, künftiger Auszug von zu Hause oder die Beziehung zu Gleichaltrigen übernehmen.

Insgesamt scheint Familientherapie besonders bei jüngeren Patientinnen (in der Regel jünger als 15 Jahre) mit kürzerer Krankheitsdauer (ein halbes Jahr bis ein Jahr) indiziert zu sein, deren psychosoziale Fähigkeiten noch intakt sind. Hat die Patientin eine längere Krankheitsgeschichte und steht die allmähliche Ablösung von der Familie an, braucht sie in der Regel vorher oder auch zusätzlich weitere individuelle Hilfe, um eigene Schritte in ein selbstbestimmtes Leben gehen zu können.

8. Ambulante oder stationäre Behandlung?

Die Wahrnehmung eines spezifischen Therapieangebotes hängt sicher von vielen Rahmenfaktoren, wie z. B. der Kostenübernahme oder der Verfügbarkeit eines Behandlungsplatzes, ab. Ganz allgemein erlaubt es eine stationäre Behandlung in der Regel, eine wesentlich engmaschigere und intensivere Behandlung durchzuführen, als dies im ambulanten Rahmen möglich ist. Die Patientin kann sich der Bearbeitung auch stark belastender Themen aussetzen, da sie während einer möglichen Krise besser betreut werden kann und von ihren Alltagspflichten weitestgehend befreit ist. Besonders die ausgeprägt kachektischen Patientinnen sollten nur in einem stationären Setting behandelt werden. Die gegebenenfalls gravierenden Elektrolytentgleisungen und Stoffwechselstörungen können auch eine Zwangseinweisung bzw. -ernährung notwendig machen, um akut das Leben der Patientin zu erhalten.

Eine stationäre Behandlung ist vor allem dann indiziert, wenn
- die Patientin zusätzliche schwere Störungen wie z. B. Depressivität, Suizidalität, Drogen-, Medikamenten- oder Alkoholprobleme, mangelnde Impulskontrolle, Heißhungerattacken oder selbstschädigende Handlungen, aufweist,
- es aufgrund starker sozialer Verstrickungen einer Herauslösung der Patientin aus ihrem üblichen Umfeld bedarf,
- wenn ein Großteil der Lebensbereiche von der Magersucht bestimmt wird und bisherige ambulante Therapieversuche keinen ausreichenden Erfolg gezeigt haben oder nicht verfügbar sind (n. Fichter, 1989, S. 243).

9. Zur Prävention der Magersucht

In einer von unreflektiertem Schlankheitskult und boomender Diät-Industrie beherrschten westlichen Welt erscheint die Prävention anorektischer Eßstörungen ein nahezu aussichtsloses Unterfangen. Die betroffenen Frauen verbergen ihre Störung meist solange es geht, von ihrer Umgebung werden sie oft lange gedankenlos in ihrem gezügelten Eßverhalten bestärkt. Eine gezielte Prävention setzt ein genaues Wissen über die Entstehung der Krankheit und die spezifischen Risikofaktoren voraus. Der heutige Stand der Forschung kann aber die begünstigenden Faktoren nur eingrenzen und keinerlei Angaben über genaue Wechselwirkungen geben.

Hilde Bruch hat immer wieder auf die große Bedeutung der Schlankheitskultur bei der Entstehung der Anorexie hingewiesen. Im Rahmen vermehrter Aufklärung besonders auf die Gefahren einer Vergötterung der Schlankheit hinzuweisen, liegt auf der Hand. Ob damit allerdings eine gesellschaftlich so festgefügte und akzeptierte Norm modifizierbar ist, bleibt mehr als fraglich. Dennoch kann es z. B. sinnvoll sein,
- Eltern zu warnen, die sich bereits über das Abspecken ihrer zu dicken Babies Gedanken machen,
- Lehrer/innen zu informieren, daß z. B. wiederholt weggeworfene Pausenbrote, Hänseleien, Aufmerksamkeits- und Konzentrationsstörungen zusammen mit einem Gewichtsverlust erste Anzeichen einer Eßstörung sein könnten,
- mit Elf- bis Zwölfjährigen über die Gefahren des Schlankheitskultes, der Diät-Industrie mit ihrer Werbung für unzählige „Light-Produkte" zu diskutieren und
- Mittelschichtseltern für die Gefahren einer Betonung von Leistung bei gleichzeitiger Vernachlässigung der Emotionalität bzw. einer Betonung der Konformität anstelle von Vielfalt und Flexibilität zu sensibilisieren.

Dies sind jedoch nur punktuell herausgegriffene Hinweise, die die Entwicklung einer Magersucht nicht von vornherein verhindern. Wie in den vergangenen Abschnitten erläutert, sind die Bedingungsfaktoren vielfältig und generell gültige Rezepte zur Problemlösung nicht in Sicht. Daher ist die Früherkennung und rasche Therapiezuweisung vermutlich der beste Weg, zwar nicht vor Anorexia nervosa zu bewahren, aber früh zu intervenieren und einer Chronifizierung der Entwicklung von Anbeginn entgegenzuwirken.

10. Abschließende Bemerkung

Anorektikerinnen zeigen sich im therapeutischen Kontakt oft abwartend und mißtrauisch, sie geben zu den genauen Bedingungen ihrer Störung nur zögernd Auskunft. Es bedarf gründlicher Kenntnisse über die Entstehung und Aufrechterhaltung der Störung, um aus den Mosaiksteinen der Angaben der Patientin ein individuelles Bild ihres Erlebens, Verhaltens und ihrer Situation zusammensetzen zu können. Dabei braucht der/die Therapeut/in viel Geduld, Flexibilität und die Bereitschaft, der Patientin auch auf ihren Umwegen oder bei ihren Ablenkungsmanövern sowohl verständnisvoll als auch konfrontierend zu folgen. Ist innerhalb der Beziehung auch ein konstruktiver Streit möglich, kann dies den therapeutischen Prozeß nach unserer Erfahrung in einer sehr fruchtbaren und gewinnbringenden Weise voranbringen.
Allein durch stützende, gesprächsorientierte Therapie auf eine Gewichtszunahme zu hoffen, hieße für uns, dem Wesen sowie der Eigendynamik der Störung nicht gerecht zu werden. Die sekundären Folgen des Hungerns für Körper und Psyche sind häufig so gravierend, daß die Patientin in Eigenverantwortung und ohne konkrete externe Stütze keine Verbesserung ihres Ernährungszustandes erreichen kann.
Klare Vereinbarungen beinhalten klare Konsequenzen, deren Einhaltung ein hohes Ausmaß therapeutischer Fertigkeiten sowie ein einheitliches Vorgehen aller an der Behandlung beteiligten Personen erfordert. Klare Grenzen bieten eine Orientierung für die Patientin, verlangen aber auch vom Therapeuten/von der Therapeutin die Bereitschaft, sich im Extremfall von seiner/ihrer Patientin trennen zu können.

Wir machen, übereinstimmend mit anderen Autoren/innen, die Erfahrung, daß Anorektikerinnen gut von homogenen und spezifischen Behandlungskonzepten für eßgestörte Patientinnen profitieren können. Unter den Bedingungen einer guten Gruppenkohäsion sind viele Magersüchtige in der Lage, sich gegenseitig zu stützen, sich ehrlich und hart zu konfrontieren und dies konstruktiv für ihre persönliche Entwicklung umzusetzen.
Nach dem derzeitigen Stand der Fachdiskussion sollte eine Therapie von Magersüchtigen neben den Maßnahmen zur Gewichtssteigerung Aspekte des Selbstwertes, des Körperbildes sowie des familiären Kontextes umfassen. Dies trägt dem Konzept der multifaktoriellen Bedingtheit der Störung Rechnung.

Literaturempfehlungen

Anwendungsbezogene Darstellungen aus integrativ-verhaltenstherapeutischer Sicht

Meermann, R. & Vandereycken, W.: Therapie der Magersucht und Bulimia nervosa. Ein klinischer Leitfaden für den Praktiker. Berlin, de Gruyter, 1987.

Gerlinghoff, M., Backmund, H. & Mai, N.: Magersucht. Auseinandersetzung mit einer Krankheit. München, Psychologie Verlags Union, 1988.

Für den/die theoretisch und wissenschaftlich orientierte(n) Leser(in)

Fichter, M. M.: Magersucht und Bulimia. Empirische Untersuchungen zur Epidemiologie, Symptomatologie, Nosologie und zum Verlauf. Berlin, Springer, 1985.

Laessle, R. G. & Pirke, K. M.: Eßstörungen. In: Hahlweg, K. & Ehlers, A. (Hrsg.): Enzyklopädie der Psychologie, Klinische Psychologie, Band 2. Göttingen, Hogrefe, (im Druck).

Garfinkel, P. E. & Garner, D. M.: Anorexia nervosa: A multidimensional perspective. New York, Brunner/Mazel, 1982.

Aus medizinisch-internistischer Sicht

Goebel, G. & Fichter, M.: Anorexia und Bulimia nervosa. Pathogenese, Diagnostik und Klinik. Stuttgart, Klett-Cotta, 3. Auflage, 1986.

Aus systemisch-familientherapeutischer Sicht

Weber, G. & Stierlin, H.: In Liebe entzweit - Ein systemischer Ansatz zum Verständnis und zur Behandlung der Magersucht. Reinbek, Rowohlt (rororo), 1989.

Selvini Palazzoli, M.: Magersucht. Stuttgart, Klett-Cotta, 3. Aufl., 1986, 4. Teil.

Aus humanistisch-gestalttherapeutischer Sicht

Wardetzki, B.: Weiblicher Narzißmus. Der Hunger nach Anerkennung. München, Kösel, 1991.

Anmerkung: Dieses Kapitel entstand anläßlich der gemeinsamen Tätigkeit der drei Autor(inn)en auf einer Spezialstation für Eßstörungen der verhaltensmedizinischen psychosomatischen Klinik Roseneck in Prien am Chiemsee, 1993.

Literaturverzeichnis

American Psychiatric Association. Diagnostic and Statistical Manual of Mental Disorders (DSM-III-R), Washington, D. C., 1987.

Beck, A. T.; Rush, A. J.; Shaw, B. F. & Emery, G.: Kognitive Therapie der Depression. München, Urban & Schwarzenberg, 1981.

Böse, R. & Schiepek, G.: Systemische Theorie und Therapie. Ein Handwörterbuch. Heidelberg, Asanger, 1989.

Bruch, H.: Eating disorders: obesity, anorexia nervosa and the person within. New York, Basic Books, 1973.

Bruch, H.: Das verhungerte Selbst. Gespräche mit Magersüchtigen. Frankfurt, Fischer, 1990.

Fichter, M. M.: Magersucht und Bulimia. Empirische Untersuchungen zur Epidemiologie, Symptomatologie, Nosologie und zum Verlauf. Berlin, Springer, 1985.

Fichter, M. M.: (Hrsg.) Bulimia nervosa. Stuttgart, Enke, 1989.

Frey, D. & Benning, E.: Dissonanz. In: Frey, D. & Greif, S. (Hrsg.) Sozialpsychologie - Ein Handbuch in Schlüsselbegriffen. München, Psychologie Verlags Union, 1987 (2. Auflage), S. 147 - 153.

Garfinkel, P.E. & Garner, D.M.: Anorexia nervosa: A multidimensional perspective. New York, Brunner/Mazel, 1982.

Garner, D. M. & Bemis, K. M.: A cognitive-behavioral approach to anorexia nervosa. Cognitive Therapy and Research, 1982, 6: 123 - 150.

Garner, D. M. & Garfinkel, P. E.: Socio-cultural factors in the development of anorexia nervosa. Psychological Medicine, 1980, 10: 647 - 656.

Garner, D. M.; Garfinkel, P. E.; Schwartz, D. & Thompson, M.: Cultural expectations of thinness in women. Psychological Report, 1980, 47: 483 - 491.

Geissner, E. Das Selbstsicherheitstraining - Ein verhaltenstherapeutisches Programm zum Erlernen sozialer Kompetenz. Manual für Kursleiter, Prien, Klinik Roseneck, 1992.

Gerlinghoff, M.: Magersüchtig. Eine Therapeutin und Betroffene berichten. München, Piper, 1986.

Gerlinghoff, M.; Backmund, H. & Mai, N.: Magersucht - Auseinandersetzung mit einer Krankheit. München, Weinheim, Psychologie Verlags-Union, 1988.

Goebel, G. & Fichter, M. M.: Anorexia und Bulimia nervosa. Pathogenese, Diagnostik und Klinik. Karlsruhe, Braun, 1991.

Jacobi, C. & Paul, T. (Hrsg): Bulimia und Anorexia nervosa. Berlin, Springer, 1991.

Keys, A.; Brozek, J.; Henschel, A., Michelsen, O. & Taylor, H. L.: The biology of human starvation. Minneapolis, University of Minnesota Press, 1950.

Laessle, R.G. & Pirke, K.M.: Eßstörungen. In: Hahlweg, K. & Ehlers, A. (Hrsg.) Enzyklopädie der Psychologie, Klinische Psychologie, Band 2. Göttingen, Hogrefe, (im Druck).

Lautenbacher, S., Pauls, A.M., Strian, F., Pirke, K.M. & Krieg, I.C.: Pain sensitivity in Anorexia Nervosa and Bulimia nervosa. Biological Psychiatry, 29, 1073 - 1078.

Lazarus, A.A. Multimodale Verhaltenstherapie: Die Behandlung des BASIC-ID. In: Lazarus, A.A. (Hrsg.) Multimodale Verhaltenstherapie, Frankfurt, Fachbuchhandlung für Psychologie, 1978 (S. 27 - 42).

Meermann, R.: Body-image-Störungen bei Anorexia nervosa und Bulimia nervosa und ihre Relevanz für die Therapie. In: Jacobi, C. & Paul, T.: Bulimia und Anorexia nervosa. Berlin, Springer, 1991.

Meermann, R. & Vandereycken, W.: Therapie der Magersucht und Bulimia nervosa. Ein klinischer Leitfaden für den Praktiker. Berlin, de Gruyter, 1987.

Minker, M.: Schönheit. Psychologie heute, Spezial, 9, Heft 4, 1992.

Oerter, R.: Jugendalter. In: Oerter, R. & Montada, L. (Hrsg.) Entwicklungspsychologie, 2. Aufl. München: Psychologie Verlags Union, 1987 (S. 265 - 398).

Reinecker, H.: Grundlagen der Verhaltenstherapie. München, Weinheim, Psychologie Verlags-Union, 1987.

Rief, W. & Fichter, M.: The Symptom Check List SCL-90-R and Its Ability to Discriminate between Dysthymia, Anxiety Disorders, and Anorexia nervosa. In: Psychopathology, 1992, 25, 128 - 138.

Schiepek, G.: Systemtheorie der Klinischen Psychologie. Braunschweig, Vieweg, 1991.

Schulte, D. (Hrsg.): Diagnostik in der Verhaltenstherapie, München, Urban & Schwarzenberg, 1974.

Selvini Palazzoli, M.: Magersucht. Stuttgart, Klett-Cotta, 3. Aufl., 1986.

Steinhausen, H.-C. Anorexia und Bulimia nervosa. In: Steinhausen, H.C. & von Aster, M. (Hrsg.). Handbuch Verhaltenstherapie und Verhaltensmedizin bei Kindern und Jugendlichen. Weinheim: Beltz - Psychologie Verlags Union, 1993 (S. 383 - 410).

Sulz, S. K. D.: Verhaltensdiagnostik-System VDS - Von der Anamnese zum Therapieplan. München, CIP-Medien, 1992.

Ullrich de Muynck, R. & Ullrich, R. Einübung von Selbstvertrauen und sozialer Kompetenz. München, Pfeiffer, 1977.

Vandereycken, W.: Körperschemastörungen und ihre Relevanz für die Behandlung der Bulimia. In: Fichter, M. M. (Hrsg.): Bulimia nervosa, Stuttgart, Enke 1989 (S. 274 - 283).

Vandereycken, W.; van Deth, R. & Meermann, R.: Hungerkünstler, Fastenwunder, Magersucht - Eine Kulturgeschichte der Eßstörungen. Zülpich, Biermann, 1990.

von Rad, M. Alexithymie - Empirische Untersuchungen zur Diagnostik und Therapie psychosomatisch Kranker. Berlin: Springer, 1983.

Waadt, S.; Laessle, R. G. & Pirke, K. M.: Bulimie - Ursachen und Therapie. Berlin, Springer, 1992.

Wardetzki, B.: Weiblicher Narzißmus - Der Hunger nach Anerkennung. München, Kösel, 1991.

Weber, G. & Stierlin, H.: In Liebe entzweit - Ein systemischer Ansatz zum Verständnis und zur Behandlung der Magersucht. Reinbek, Rowohlt (rororo), 1989.

Wise, K.: Wenn Essen zum Zwang wird. Wege aus der Bulimie. Mannheim, PAL-Verlag, 1992.

Verhaltenstherapeutische Methoden bei der Behandlung schizophrener Störungen
• Karin John • Fritz Mohr •

1.1. Einleitung

Die Schizophrenie ist eine ernsthafte seelische Erkrankung, an der etwa 1% der Bevölkerung in allen Ländern der Erde erkrankt. Die Diagnose basiert auf dem Vorhandensein bestimmter Symptome, die von Person zu Person variieren, aber Beeinträchtigungen des Denkens (z.B. Gedankeneingebung, Gedankenabreißen), der Wahrnehmung (z.B. akustische Halluzinationen), der Realitätswahrnehmung (z.B. Verfolgungswahn), der Persönlichkeit (z.B. Negativsymptome) und des Verhaltens (z.B. Katatonie) einschließen. Die Erkrankung kann akut auftreten oder sich schleichend entwickeln und verläuft gewöhnlich in Schüben. In den vergangenen zwei Jahrzehnten hat sich aufgrund kürzerer Hospitalisierungszeiten, prophylaktischer Psychopharmakabehandlung und verbesserter Nachsorge gezeigt, daß entgegen den früheren Annahmen eines chronischen Verlaufs individuell sehr unterschiedliche Entwicklungen möglich sind. Neuere Untersuchungen zeigen, daß etwa ein Drittel der Patienten nach einer einmaligen Episode nie wieder erkrankt. Bei einem Drittel bleiben Symptome ohne eine stabile Remission bestehen, und ein weiteres Drittel zeigt zwischen den Krankheitsphasen keinerlei verbleibende Symptome.

Bezüglich der Entstehung der Schizophrenie wird von einer multifaktoriellen Genese ausgegangen, die genetische und psychosoziale Komponenten berücksichtigt.

1.2. Vermittlung eines Krankheitsmodells

Das Vulnerabilitäts-Streß-Copingmodell (Zubin und Spring 1977) hat sich als günstiges Denk- und Erklärungsmodell erwiesen, um Patienten und ihren Angehörigen die Veränderungen in Verhalten und Erleben während der psychotischen Episode verständlicher zu machen und eine Begründung für das therapeutische Vorgehen zu vermitteln.

In diesem Modell wird die Vulnerabilität des Patienten als dauerhaftes Charakteristikum gesehen, das sein ganzes Leben lang innerhalb einer gewissen Schwankungsbreite besteht. Die psychotischen Episoden werden als instabile, wechselnde Zustände begriffen. Diese Vulnerabilität gilt als genetische und/oder frühkindliche Beeinträchtigung, die im Laufe der Entwicklung durch psychosoziale Bedingungen, Reifungs- und Lernprozesse beeinflußt wird. Indikatoren dafür sind Defizite in der Informationsverarbeitung in Form von defizitären Aufmerksamkeits- oder mangelhaften Gedächtnis- und Abstraktionsleistungen sowie unangepaßte autonome Reaktionen. Die besondere Vulnerabilität und zentralnervöse Erregbarkeit an Schizophrenie erkrankter Menschen werden als stärker ausgeprägt, aber nicht grundsätzlich verschieden von anderen Menschen gesehen.

Protektiv wirken die Stärken und Bewältigungsfähigkeiten der prämorbiden Persönlichkeit ebenso wie günstige Umweltvariablen, die durch ihren unterstützenden und streßreduzierenden Einfluß selbst bei hochvulnerablen Menschen vor einer akuten Episode schützen oder diese abmildern. Ungünstige Umwelteinflüsse (z.B. ein hohes Maß an Emotionalität in der Familie) und belastende Lebensereignisse können dagegen zu einer autonomen Hypererregung und Verstärkung bereits vorhandener kognitiver Defizite führen. In dieser Überforderungssituation kann es zu einer vorübergehenden Krise mit Prodromalsymptomen kommen, die sich zu einer akuten Psychose ausweiten kann. Wie wir aus zahlreichen Untersuchungen (z.B. zum familiären Klima Leff und Vaughn 1986) wissen, kann eine regelmäßige neuroleptische Behandlung, die den Patienten wie eine Art Schutzmantel gegen belastende Ereignisse abschirmt, Streß reduzieren und die Häufigkeit von Rückfällen vermindern.

Durch die Vermittlung von Wissen über die Erkrankung und die Auseinandersetzung im Gespräch ist eine Korrektur unangemessener krankheits- und behandlungsbezogener Vorstellungen und Ängste (z.B. „die Krankheit führt zur Verblödung"; „Schizophrene sind gefährlich und gewalttätig"; „die Medikamente machen meine Krankheit nur schlimmer") möglich, die sonst eine zusätzliche psychische Belastung darstellen und die Therapie behindern.

Im konkreten Vorgehen bieten sich zwei Ansatzpunkte für die Besprechung und Entwicklung eines Krankheitsmodells:
• die bereits vorhandenen persönlichen Erklärungsmuster des Patienten für seine Erkrankung und
• die subjektiv erlebten Symptome und Beeinträchtigungen.
Ergänzend zur verbalen Informationsvermittlung können je nach Bildungsniveau und Ausprägungsgrad der kognitiven Störungen auch schriftliche Informationsmaterialen (z.B. von Fiedler et al 1986; Falloon 1984) als Basis für weitere Gespräche zwischen Klient und Therapeut dienen.
Obwohl der Schwerpunkt der Informationsvermittlung über die Krankheit in den ersten Sitzungen liegt, findet im Verlauf der Therapie eine fortlaufende Auseinandersetzung mit dem Vulnerabilitäts-Streß-Copingmodell statt, um individuelle Symptome und Störungen zu erklären.

Was ist bei der Vermittlung eines Krankheitskonzepts zu berücksichtigen?
Da in den ersten Sitzungen eine Vielzahl komplexer Informationen besprochen wird, muß besonders darauf geachtet werden, daß Auskünfte und Informationen auf einem Niveau und in einer Geschwindigkeit vermittelt werden, die den Klienten affektiv und kognitiv nicht überfordern. Eventuell sind mehrmalige Pausen, die Untergliederung der Thematik in kleine Einheiten und eine der Konzentrationsfähigkeit des Klienten entsprechend angepaßte Dauer der Therapiesitzungen nötig. Besonders bei einer starken Ausprägung kognitiver Störungen kann mehrmaliges Nachfragen, Wiederholen und Zusammenfassen der Inhalte die **Aufmerksamkeit fokussieren und Aufnahme und Speicherung der Informationen sichern.**
Grenzen bei der Vermittlung des Krankheitskonzepts:
In Fällen von begrenzter bzw. völlig fehlender Krankheitseinsicht wird das Beharren auf einer Auseinandersetzung mit der Erkrankung Unverständnis und Konfrontation hervorrufen. Durch Konzentration auf folgende Fragen kann trotzdem ein therapeutisches Arbeitsbündnis hergestellt werden:
Welche Verhaltensweisen sind für eine Klinikentlassung nötig?
Welche Verhaltensweisen verhindern eine Wiedereinweisung in die Klinik?
Welche Symptome werden als besonders belastend erlebt und möchten deshalb verändert werden?
Manchen Klienten ist es erst im Verlauf der Therapie, nachdem sich eine solide Vertrauensbasis entwickelt hat, möglich, beängstigende Erlebnisse von Grenz- und Kontrollverlust zuzugeben und sich mit ihrer Krankheit auseinanderzusetzen.

1.3. Therapeutische Regeln im Umgang mit schizophrenen Patienten

Während der gesamten Therapie sollte das emotionale Klima von Verständnis und Einfühlungsvermögen für die Symptomatik und störungsbedingte psychische Besonderheiten geprägt sein, während gleichzeitig Distanz gewahrt wird. Grundlegend für das gesamte Vorgehen ist das Gebot der Informationsvereinfachung und Vermeidung von Über- oder Unterstimulation.

Tabelle 1. zeigt eine Zusammenfassung der therapeutischen Grundregeln im Umgang mit schizophrenen Patienten.

> - Vereinfachung des therapeutischen Settings
> - Eindeutige, klare, affektiv-kognitiv kongruente Kommunikation
> - Erarbeitung klarer, konkreter, gemeinsamer Behandlungsziele und Prioritäten
> - Optimale personelle und konzeptionelle Kontinuität; konstante zentrale Bezugsperson
> - Vereinfachung der verfügbaren Informationen
> - Induktion von gemeinsamen, realistisch-positiven Zukunftserwartungen
> - Synergistische Kombination von Sozio-, Psycho- und Pharmakotherapie

Tabelle 1. Therapeutische Grundregeln (nach Ciompi 1981)

1.4. Verhaltenstherapeutische Behandlungsziele und Methoden

In den verschiedenen Phasen der Erkrankung ergeben sich unterschiedliche Möglichkeiten für die Therapie spezifischer Symptome, Defizite und Lebensschwierigkeiten. Während in der Akutphase die Bewältigung florider Symptome durch neuroleptische Behandlung im Zentrum der Aufmerksamkeit steht, geht es im Vorfeld der akuten Erkrankung um die Wahrnehmung von Prodromalzeichen, wie z.B. Übererregbarkeit, soziale Isolierung, Schwierigkeiten der Rollenerfüllung etc. In der Remissionsphase stehen neben der Behandlung eventueller Residualsymptomatik z.B. das Erlernen fehlender oder verlorengegangener sozialer Fähigkeiten, die Wiedergewinnung des Selbstbewußtseins und die berufliche Wiedereingliederung im Zentrum der Aufmerksamkeit. Psychotherapeutische Interventionen können daher nicht für den schizophrenen Patienten entwickelt werden, sondern müssen entsprechend dem Verlauf der Erkrankung und den Beeinträchtigungen verschiedener Grundfunktionen individuell formuliert werden. Dazu bedarf es einer umfassenden individuellen Verhaltensanalyse, die die individuelle Motivation, Fähigkeiten und Stärken, Verhaltensdefizite und Exzesse ermittelt, die der sozialen und beruflichen Reintegration nützen oder schaden. Aufgrund der Einschränkungen des Lernens und der psychischen Belastbarkeit schizophren Erkrankter bedürfen die verhaltenstherapeutischen Methoden oft gewisser Modifikationen und Veränderungen.

2. Operante Therapieansätze

Schizophrene Psychosen zeigen einen individuell sehr unterschiedlichen Verlauf, und einige Patienten können z.T. erhebliche Behinderungen entwickeln.

Fallbeispiel 1, (Michael K.): Michael, geboren 1957, wächst in einem sozial benachteiligten Familienmilieu auf. Er ist ein schlechter Schüler und von Beginn an der „Prügelknabe". Er zeigt sehr früh, im Alter von 12 Jahren, gravierende Verhaltensauffälligkeiten. Im Alter von 17 Jahren wird er mit einem akut psychotischen Zustandsbild in eine psychiatrische Klinik eingewiesen.
Trotz neuroleptischer Behandlung berichtet Michael, daß er von Stimmen gequält wird, die seine Handlungen kommentieren und ihm Aufträge erteilen. Er fühlt sich von „Physikern" verfolgt, die seine Gedanken lesen und beeinflussen können. Tagsüber verbringt Michael die meiste Zeit im Bett und stört nachts seine Mitpatienten. Er pflegt weder sich, noch sein persönliches Umfeld. Am Stationsablauf zeigt er wenig Interesse. Bei Forderungen an ihn kommt es immer wieder zu Erregungszuständen, die sich in Schreien und Aggressionen gegen Sachen äußern.

Bei schizophrenen Patienten zeigen sich häufig bereits prämorbid ausgeprägte Defizite, deren Ausmaß ein Prognosefaktor für einen eher ungünstigen Verlauf der Psychose ist. Die Beeinträchtigung der sozialen Rollenerfüllung ist sogar ein diagnostisches Kriterium der Schizophrenie (DSM-III-R).

Was können wir bei Michael feststellen?
- Er wächst sozial benachteiligt auf, hat selbst in der Familie keinen Rückhalt und keine Freunde.
- Seine Verhaltensauffälligkeiten machen ihn schon früh zum Außenseiter und er lernt kaum adäquates Kommunikations- und Problemlöseverhalten.
- Es gibt kaum Hinweise auf Kompetenzen.

Verhaltensexzesse:
Normale Verhaltensweisen werden in einer der Umgebung oder der Situation unangepaßten Intensität gezeigt, oder es können auch gänzlich unangemessene Verhaltensweisen auftreten. Solche Verhaltensexzesse sind in der Therapie mit schizophrenen Patienten, vor allem solcher mit eher chronischen Verläufen, immer wieder ein Problem. Manchmal ist der Grund eine weiterbestehende Symptomatik der Psychose.

Was können wir bei Michael feststellen?
- Er verbringt zuviel Zeit alleine, hört ständig laute Musik.
- Er hat Erregungszustände, sobald an ihn Forderungen gestellt werden.

Verhaltensdefizite:
Angemessenes und sozial notwendiges Verhalten wird zu selten oder nur inadäquat gezeigt. Schizophrene Patienten ziehen sich häufig sehr zurück, haben wenig Hobbies oder Interessen. Defizite in der Hygiene und Selbstfürsorge (sich waschen, Kleidung wechseln) sind oft Ursache für Streit mit den Angehörigen und wirken sich sozial stigmatisierend aus. Solche Verhaltensdefizite werden psychopathologisch auch unter dem Begriff „Negativ-Symptome" der Schizophrenie gefaßt.

Was können wir bei Michael feststellen?
- Er hat keine Kontakte zu Gleichaltrigen.
- Er hat keine Ausdauer in der Durchführung von Tätigkeiten.
- Er wäscht sich nicht selbst, wechselt selten die Kleidung und hält sein persönliches Umfeld nicht in Ordnung.

Wie können diese Probleme therapeutisch angegangen werden?
Psychotherapeutische Interventionen können nicht für den schizophrenen Patienten entwickelt werden. Es ist immer eine umfassende und individuelle Verhaltensanalyse notwendig. Über welche verfügt der Patient? Wie akut ist die Psychose? Welche Verhaltensdefizite und Verhaltensexzesse liegen vor? Besteht Motivation zur Änderung der Situation?
Unter Berücksichtigung dieser Prämissen haben sich Interventionen, die auf den Prinzipien des operanten Konditionierens basieren, bewährt. Problemverhaltensweisen können in Einzeltherapie oder auch in Gruppenprogrammen und speziellen Stationssettings angegangen werden.

Therapiebeispiel: Verhaltenstherapeutische Abteilung des Bezirkskrankenhauses Haar. Dort werden schizophrene Patienten aufgenommen und behandelt, die zuvor nur ungenügend von weniger strukturierten Therapieansätzen profitierten. Für diese Patienten ist es wichtig zu lernen, wieder rechtzeitig aufzustehen, sich zu waschen, sich zu rasieren, saubere Kleidung anzuziehen und einer geregelten Tätigkeit nachzugehen. In einem ersten Therapieschritt wird der Patient bei der Ausführung notwendiger Tätigkeiten beobachtet, unterstützt und unkontingent sozial verstärkt. Diese Zeit dient der Erfassung und Dokumentation (Baseline) der Fähigkeiten und Defizite. Therapeut und Mitpatienten dienen als Modell.
In einem nächsten Schritt werden „Wenn-dann"-Kontingenzen entwickelt und unter Einbezug der gesamten Umgebung wirksam etabliert.

Wie werden neue, effektivere Verhaltensweisen aufgebaut?

Erwünschtes Verhalten wird häufiger, wenn es von der Umgebung verstärkt wird. Der wichtigste Verstärker ist soziale Zuwendung, Aufmerksamkeit und Lob. Ein großes Problem in der Psychiatrie (und übrigens auch im „normalen Leben") besteht darin, daß vor allem problematische Verhaltensweisen Aufmerksamkeit erfahren.

Verstärker können sein:
- Zuwendung und Lob
- materielle Güter: Süßigkeiten, Zigaretten
- Privilegien: Ausgang, Ausflüge, Urlaub

Individuelle Therapie- und Verstärkerpläne sind notwendig, um unterschiedliche Fähigkeiten und Defizite zu berücksichtigen. Der Einsatz von Münzen (Token) ermöglicht es, verschiedene Zielverhalten zu verbinden und sie in der Therapie unterschiedlich zu gewichten (Anzahl der Token). Damit ist es möglich, materielle Verstärkung von der Ausführung des gewünschten Verhaltens zeitlich zu entkoppeln (Ansparen von Token), dabei aber durch die Überreichung des Token soziale Verstärkung zu gewährleisten.

Tokenprogramme sichern durch ihre genau definierten Kriterien ein ständiges Feedback und soziale Verstärkung durch das therapeutische Personal.

Fußangel: Es muß sichergestellt werden, vor allem zu Beginn der Intervention, daß die Anforderungen nicht zu hoch sind und daß die Klienten es schaffen können, Verstärker zu erwerben. Nach anfänglich kontinuierlicher Verstärkung muß auf intermittierende Verstärkung geachtet werden. Wurden Verhaltensweisen gelernt, so muß die Verstärkung, ob sozial oder materiell, z.B. durch Token ausgeschlichen werden. Erlauben Sie aber dem Klienten, seinen Erfolg zu genießen, bevor Sie das nächste Ziel vereinbaren.

Therapiebeispiel: Token-Verstärkung für adäquate Selbstfürsorge

Verstärkung/Token	Response
Schrank in Ordnung	10 Chips
Nachtkästchen in Ordnung	10 Chips
Bett ordentlich	20 Chips
Waschutensilien komplett	10 Chips
	50 Chips

In unserer Station erhalten die Patient 50 Token, wenn sie alle Tätigkeiten erfüllen. Schaffen sie einzelne Teile nicht, müssen sie 10 oder 20 Token abgeben.

Wie lassen sich inadäquate Verhaltensweisen vermindern?
Verhaltensexzesse werden durch Löschung, bei gleichzeitiger Verstärkung adäquater und erwünschter Verhaltensweisen beeinflußt werden.

Fußangel: Vor der Entwicklung therapeutischer Interventionen muß die Frage nach der Kontrollierbarkeit durch den Klienten bzw. der Einfluß psychotischer Symptomen auf die Verhaltensexzesse (Organismus-Variable im S-O-R-C-K-Modell der Verhaltenssteuerung) beantwortet werden.

Löschungsprozeduren führen fast immer dazu, daß Problemverhalten in den Anfängen der Therapie sowohl häufiger und auch in verstärkter Intensität auftritt. Dies ist besonders wichtig, wenn es sich um möglicherweise selbstschädigendes Verhalten handelt.

Allgemeine Regeln des therapeutischen Vorgehens:
Fähigkeiten und Defizite der Klienten sind genau zu erfassen und zu dokumentieren. Problemverhalten, therapeutische Ziele und Erwartungen müssen auf der Verhaltensebene beschrieben werden. Es ist wichtig, daß alle am therapeutischen Prozeß Beteiligten eine gemeinsame Sicht entwickeln.

Die Dokumentation (Baseline) vor der Intervention ermöglicht, Therapieziele und -schritte adäquat zu wählen. Sind die Schritte zu leicht, so entmutigen sie - sind sie zu schwer, erfährt der Klient zu wenig Verstärkung.

Um eine möglichst kontingente Verstärkung durch alle Bezugspersonen zu erreichen, haben sich schriftliche Vereinbarungen zwischen Klient, Therapeut und wichtigen Bezugspersonen bewährt. Legen Sie Intervention, Ziele, Verstärker und auch negative Konsequenzen bei Auftreten des Problemverhaltens schriftlich nieder. Dieser Prozeß bietet Möglichkeit zur Diskussion und schafft höhere Verbindlichkeit. Schließen Sie einen Therapievertrag.

Für den Erfolg der Therapie ist die genaue Unterweisung, das informelle Feedback und die soziale Zuwendung oft wichtiger als die materielle Verstärkung.

Werden diese Hinweise beachtet, können operante Verfahren oft innerhalb relativ kurzer Zeit zu deutlichen Fortschritten führen. Sie ermöglichen besonders eher kognitiv gestörten Patienten Lernprozesse.

Grenzen des Verfahrens:
Die Grenzen liegen in der Generalisierung des Erlernten. Da operante Verfahren auf externe Verstärkung aufbauen sind Erfolg, Mißerfolg und Aufrechterhaltung des Erlernten von der sozialen Umgebung abhängig. Dies hat zur Folge, daß die Umgebung eines Klienten in die Therapie miteinbezogen werden muß. Neben der Verstärkerkontrolle ist aber auch, früher oft vernachlässigt, die therapeutische Allianz wichtig.

Gelingt es nicht externe, materielle Verstärker auszuschleichen und Mechanismen der Selbstverstärkung aufzubauen, so werden die erlernten Verhaltensweisen nicht in neue, andere Umgebungen generalisieren.

3. Training sozialer Fertigkeiten

Soziale Kompetenz ist die Fähigkeit, seine sozialen und emotionalen Ziele in der Interaktion mit anderen durchzusetzen. Soziale Fertigkeiten sind das notwendige Handwerkszeug.

Zu diesem Handwerkszeug (soziale Fertigkeiten) gehören:
- Erfassen von sozialen Situationen:
  Was sind die Gefühle, die Ziele der Person mit der ich interagiere? Aber genauso: Was sind meine Interessen und auch Verpflichtungen in der Situation? - Kognitive Prozesse der Verhaltensplanung: Welche Möglichkeiten der Reaktion gibt es? Wie fühle ich mich in der Situation, habe ich irrationale Kognitionen, Ängste?
- Ausführen der Aktion (Kommunikation):
  Wie drücke ich mich aus, ist meine Stimme verständlich und ruhig? Was drückt meine Körpersprache aus? Sind beide der sozialen Situation adäquat?
  Ein Training sozialer Fertigkeiten kann sowohl in eine therapeutische Gruppen- wie auch in eine Einzeltherapie integriert werden. Es ist in zeitlich und örtlich klar definierten Trainingsprogrammen oder implizit in sozialtherapeutischen Rehabilitationsprogrammen einzusetzen.

Unabhängig von den äußeren Bedingungen sind die wichtigsten Lernprinzipien eines Trainings der sozialen Fertigkeiten: 1) Beschreibung eines Problems oder eines Symptoms als Ausdruck fehlender sozialer Fertigkeiten. 2) Erfassen des Repertoires an sozialen Fertigkeiten der Klienten; 3) Beschreiben und Definieren von Zielen. 4) Herstellen einer positiven, verstärkenden Klient-Therapeut-Beziehung; 5) Üben der Fertigkeiten im Rollenspiel. Informelles Feedback in der Durchführung. Verstärkung der Fortschritte, des Bemühens in den Hausaufgaben usw; 6) Einsatz der Techniken des „Shaping" (= der Aufbau einer komplexen

Fertigkeit, durch das Üben und Verstärken kleiner Schritte), des „Prompting" (= durch verbales oder nonverbales Verhalten werden Aktivitäten der Klienten initiiert) und des „Modeling" (= sowohl Therapeut, Co-Therapeut oder fortgeschrittene Patienten führen das gewünschte Verhalten vor); 7) Der Einsatz von Hausaufgaben und In-vivo-Übungen der trainierten Fertigkeiten (eine allgemeine Darstellung findet sich in dem Kapitel über Training sozialer Effektivität nach Liberman).

Die konkrete Ausgestaltung des Trainings muß sich an den Fähigkeiten und der Situation der Teilnehmer orientieren:

Die Übungssituationen müssen einen Bezug zur Realität der Teilnehmer haben: - Sind die Patienten in einer stationären oder ambulanten Therapie? - Kommen die Inhalte der Übungen (Rollenspiele) in der Lebenssituation der Patienten vor?
Die Trainingsziele müssen sich an den Fähigkeiten der Patienten orientieren: - Können die Patienten basale kommunikative Fähigkeiten
- deutliche Stimme, gerade Haltung, Blickkontakt
- in sozialen Interaktionen adäquat einsetzen?
- Sind die Patienten fähig, im Rollenspiel einen eigenen Dialogvorschlag zu entwickeln oder muß er in der Gruppe erarbeitet werden?

Die Strukturiertheit des Trainings muß dem Schweregrad der Psychose Rechnung tragen: - Können sich die Patienten ausreichend gut konzentrieren, damit Aufgaben verteilt und alle in den Trainingsprozeß eingebunden werden können?
- Wieviel der Inhalte müssen vorgegeben werden, um die Teilnehmer nicht zu überfordern und durch Überstimulation eine Verschlechterung der Psychose auszulösen?

Therapiebeispiel: Training sozialer Fertigkeiten
Im Rahmen der Verhaltenstherapiestation des BKH Haar setzten wir ein Training sozialer Fertigkeiten ein, das einen Schwerpunkt auf kommunikative Fertigkeiten legt. Das Training ist stark strukturiert. Die Übungssituationen orientieren sich an den Bedingungen und Problemen in einer psychiatrischen Langzeitstation. Die Übungsstunden folgen einem vorgegebenen Aufbau.

Aufbau einer Übungsstunde

1. Besprechung der In-vivo Übungen (Hausaufgabe) - Beschreibung der Übung durch den Patienten - Hervorhebung und Verstärkung des Patientenverhaltens
2. Erarbeitung der (neuen) Übungssituation - Vorgabe einer Situation - Erarbeitung eines Dialogvorschlags, dabei - Training kommunikativer Fähigkeiten (Hinhören, Verstehen)
3. Demonstration durch den Therapeuten - Herausarbeiten der wesentlichen Merkmale
4. Rollenspiel des Patienten - Benennen eines individuellen Zielverhaltens (Teilziel) - Durchführung - Rückmeldung/Verstärkung durch Therapeut/Co-Therapeut - Rückmeldung/Verstärkung durch die Gruppe
5. Videorückmeldung - Rückmeldung/Verstärkung durch Therapeut/Co-Therapeut - Rückmeldung/Verstärkung durch die Gruppe - Selbsteinschätzung hinsichtlich des Erfolgs, dadurch - Selbstverstärkung

Trainingsprogramme der sozialen Fertigkeiten sind am wirkungsvollsten, wenn sie nicht isoliert sondern in einen umfassenden und rehabilitativen Ansatz eingebettet sind.

3.1. Trainingsmodule nach R.P. Liberman

Da viele chronisch schizophrene Patienten sehr ähnliche Probleme und Schwierigkeiten haben, hat die Arbeitsgruppe um Prof. Liberman (Los Angeles) Trainings- und Übungspakete, sogenannte Module, entwickelt.

In einer deutschen Version sind bisher die Module: „Umgang mit Medikamenten" und „Umgang mit Frühwarnzeichen der Psychose" erhältlich.

Die Übungsschritte in den Modulen sind unter Berücksichtigung der allgemeinen Lernprinzipien nach einem festen Schema aufgebaut:

1) Die Gruppe wird in den Inhalt und das Ziel des Moduls eingeführt. In kurzen Videosequenzen werden die Inhalte und die zu übenden Fertigkeiten des Moduls dargestellt. In den Film eingearbeitete Fragen erlauben es, mit der Gruppe die Inhalte intensiv zu erarbeiten und zu diskutieren.
2) In Rollenspielen werden die Fertigkeiten geübt, wenn möglich werden Videoaufnahmen der Rollenspiele als Feedback genutzt.
   Es werden Beobachtungsaufgaben an die Gruppe verteilt.
3) In der Gruppe wird erarbeitet, welche Schritte, welche Ressourcen nötig sind, um bestimmte Fertigkeiten auszuführen.
   Beispiel: Wenn ich mit meinem Arzt einen Termin vereinbaren will, dann benötige ich Geld, um zu telefonieren, einen Zettel mit meinen Fragen und Papier und Stift, um den Termin zu notieren.
4) In der Gruppe werden mögliche Probleme in der Ausführung der gelernten Fertigkeiten diskutiert.
   Beispiel: Was passiert, wenn ich nicht direkt meinen Arzt erreiche? Was mache ich, wenn ich nicht heute einen Termin bekomme?
   Es werden alternative Reaktionen besprochen und damit Möglichkeiten des Problemlösens erörtert und geübt.
5) In-vivo-Übungen und Hausaufgaben werden vereinbart und durchgeführt.

4. Training zur Reduktion kognitiver Defizite

Schizophrene Patienten haben kognitive Störungen, die auch außerhalb der akuten Psychose auftreten. Diese tragen zu Defiziten im Bereich sozialer Fertigkeiten bei und können das Lernen in Rehabilitationsprogrammen sowie das Erfüllen sozialer Aufgaben und Rollen behindern. In verhaltenstherapeutischen Interventionen, wie z.B. in Trainingsprogrammen sozialer Fertigkeiten werden kognitive Defizite in Aufbau und Struktur des Programms zwar berücksichtigt, nicht aber direkt therapeutisch angegangen.

Die Arbeitsgruppe um Professor Brenner hat mit dem Integrierten Psychologischen Therapieprogamm (IPT) ein Programm vorgestellt, das auf eine therapeutische Beeinflussung kognitiver Defizite abzielt. Durch die Veröffentlichung eines ausführlichen Therapiemanuals und die Bereitstellung der Therapiematerialen kommt das IPT in vielen stationären Einrichtungen zum Einsatz. Die Berner Arbeitsgruppe bietet regelmäßige Einführungsseminare („Münsterlinger Therapieseminare") und Supervisions-Seminare an.

Das IPT besteht aus fünf Unterprogrammen, die hierarchisch aufgebaut sind und zunächst kognitive, dann zunehmend soziale und emotionale Aspekte betonen.

Das Training der kognitiven Differenzierung versucht Störungen von Konzeptbildung und Abstraktionsfähigkeit zu bessern. Das Training der sozialen Wahrnehmung soll Defizite im Bereich der Aufmerksamkeit, der Reizerkennung und des Realitätsbezuges mindern. Das Kommunikationstraining fördert Fähigkeiten des Hinhörens, des Verstehens und des Eingehens auf Mitteilungen. Ein soziales Verhaltenstraining soll Realitätsbezug und Entscheidungsfähigkeit bessern. Im letzten Abschnitt des IPT wird versucht, adäquate Problemlösestrategien zu trainieren.

Das Integrierte Psychologische Therapieprogramm

	Unterprogramm	Trainings-Material	Therapie-Ziele
Kognitive Fähigkeiten	Training der Kognitiven Differenzierung	Kärtchen, die sich nach Farben, Formen und Zahlen unterscheiden. Wortkarten mit 2 Begriffen, der unterstrichene muß erraten werden.	Förderung von Merk-, Abstraktionsfähigkeit, Konzeptbildung, Bildung und Verwertung von Begriffshierarchien
	Training der Sozialen Wahrnehmung	Abbildungen (Dias) sozialer Situationen, die nach Komplexität, affektiver und emotionaler Belastung und Eindeutigkeit geordnet sind.	Förderung der Reizerkennung und Reizinterpretation Erkennen sozialer Situationen
	Kommunikationstrsaining	Satzkarten Karten mit Stimulusworten Befragung zu vorgegebenen Themen Freie Kommunikation	Achten und Erfassen der Gedankengänge anderer, Herstellen von Verbindungen zwischen eigenen und Gedankengängen anderer
	Soziale Fertigkeiten	Rollenspiele zu vorgegebenen Situationen aus dem Alltag der Gruppenmitglieder	Förderung von Prozessen der Selbststeuerung und Selbstverstärkung
Soziale Fähigkeiten	Interpersonelles Problemlösen	Training von Problemlösestrategien anhand von vorgegebenen und durch die Klienten eingebrachten Situationen	Vermittlung von Möglichkeiten der Bewältigung von potentiellen Stressoren

In der Durchführung des IPT sollen zwei oder drei Unterprogramme, dem hierarchischen Aufbau folgend, parallel angeboten werden. Das Training soll in Gruppen von fünf bis acht Patienten stattfinden, die, wenn möglich, von einem Therapeuten und einem Co-Therapeuten geleitet werden.

Die bisher vorliegenden Arbeiten zum Einsatz des IPT zeigen, daß es in sehr unterschiedlichen therapeutischen Settings eingesetzt werden kann, besonders auch in der Arbeit mit sehr chronifizierten schizophrenen Patienten.

In der Durchführung des IPT sind die für den Aufbau eines Trainings sozialer Fertigkeiten dargestellten Lernprinzipien zu beachten. Für die klinische Wirksamkeit sind Faktoren wie Aufforderungscharakter der Übungen, individuelles und ausreichendes Üben der Aufgaben und ein informelles Feedback wichtig.

Fußangeln und Grenzen der Verfahren: Weder für Trainingsprogramme sozialer Fertigkeiten noch für das Integrierte Psychologische Therapieprogramm (IPT) gibt es eine Kontraindikation. Es ist aber wichtig, solche Interventionen nur dann einzusetzen, wenn die Inhalte für den Patienten oder die Gruppe passen.

Im Fall der Unterforderung kann passieren, daß sich die Gruppe langweilt oder negative Kognitionen - "Die trauen mir gar nichts mehr zu"- verstärkt werden.

Im Fall der Überforderung werden die Teilnehmer die Fertigkeiten nicht lernen, und es kann auch zu einer Verschlechterung der Psychose (Vulnerabilitäts-Streß-Modell) kommen.

Bisher ist unklar, ob ein Trainingserfolg und eine Verbesserung im Ausführen der Aufgaben auch auf Alltagsfertigkeiten generalisieren. Bei Therapieeffekten in kognitiven Trainingsprogrammen bleibt die Frage offen, ob tatsächlich kognitive Störungen gebessert werden oder ob die Änderungen auf ein Erlernen von Kompensationsstrategien zurückzuführen ist.

5. Kognitive Methoden zur Krankheitsbewältigung

5.1. Bewältigung der Krankheitserfahrung

Die Copingforschung belegt, daß Krankheitseinsicht und Integration der Krankheit zu einem neuen Selbstbild führen und eine bessere soziale Anpassung zur Folge haben. Durch eine positive Einstellung zur Krankheit wird außerdem der Verlauf günstig beeinflußt.

Die Erfahrung der Schizophrenie kann zu einer tiefen Verunsicherung führen durch die Desintegration des Selbstgefühls und den Verlust an Kontrolle über zentrale psychologische Funktionen. Wesentliche Aspekte der Identität - Kontinuität, Besonderheit und Selbstwertgefühl - werden dadurch erschüttert. Es tauchen Fragen auf wie: Welche Erfahrungen sind Teil meiner Persönlichkeit und welche sind ein Resultat meiner Erkrankung? Was kann ich durch Anstrengung überwinden, und mit welchen Einschränkungen muß ich mich vorübergehend oder dauerhaft abfinden? Was kann ich mir überhaupt noch zutrauen?

Im Gespräch können dem Erkrankten diese beängstigenden Erlebnisse plausibel als Resultat einer Überstimulation bei erhöhter Streßanfälligkeit erklärt werden. Hinweise zu Übergängen zu normalpsychologischen Erscheinungen und Erlebnissen, z.B. Zeiten erhöhter Reizbarkeit und Nervosität, können entlastend wirken und das Stigma des Verrückten, Unerklärlichen mildern bzw. verhindern.

Häufig werden Eigenheiten und Verhaltensdefizite, z.B. geringer Antrieb, mangelhafte Konfliktfähigkeit, soziale Ängste, die bereits vor der Erkrankung für den Patienten charakteristisch waren, der Erkrankung zugeschrieben. Durch eine Analyse biographischer und lebensgeschichtlicher Erfahrungen kann an persönliche Verhaltensmerkmale, Eigenschaften und Interessen vor der Erstmanifestation angeknüpft werden, so daß der Patient ein Bezugssystem für erhaltene prämorbide Anteile des Erlebens und Verhaltens gewinnt (Süllwold und Herrlich 1990).

Wo liegen die Schwierigkeiten und Grenzen dieses Vorgehens?

Obwohl eine Integration der Krankheit in das Selbstbild nötig ist, kann die Identifikation mit der Rolle des psychisch Kranken das negative Selbstbild verstärken, Passivität, Hilflosigkeit und Hoffnungslosigkeit fördern. Fragen nach Beeinträchtigungen und Beschränkungen lassen sich oft nicht endgültig beantworten. Aufgabe des Therapeuten ist es, die aktiven Möglichkeiten zur Beeinflussung psychischer Stabilität immer wieder zu betonen und den Patienten zur schrittweisen Überprüfung seiner Toleranzgrenzen und Ausweitung von Anforderungen und Belastungen zu ermutigen. Besonders bei sehr jungen Patienten, die vor der Erstmanifestation wenig ausgeprägte Fähigkeiten und Interessen entwickelt hatten, kann ein langsamer Aufbau von Fähigkeiten und Stärkung der gesunden Anteile der Persönlichkeit ein sehr langer allmählicher Prozeß sein. Neben den Persönlichkeitsfaktoren (Intelligenz, Copingfähigkeiten, Ausmaß der Belastungsfähigkeit, soziale Fähigkeiten) spielen bei der Bewältigung und Verarbeitung der psychotischen Erfahrung die Reaktionen der Bezugspersonen eine wesentliche Rolle (s. Punkt 6).

5.2. Bewältigung von einzelnen Symptomen

Erkennen von Stressoren:

Durch Beobachtung und Analyse individuell belastender Bedingungen soll die aktive Auseinandersetzung mit der Krankheit gefördert werden. Eine größere Berechenbarkeit und das Gefühl von Kontrolle über die Störung kann Ängste und Insuffizienzgefühle reduzieren und sich positiv auf das Selbstwertgefühl auswirken.

Gemeinsam wird im Gespräch analysiert, welche internen und externen Stimuli zum Auftreten bzw. zur Verbesserung oder Verschlechterung der Symptome führen. Anhand dieser Analyse werden dann spezifische therapeutische Interventionen entwickelt.

Fragen zu Stressoren:
- Externe Stimuli: Wo befindet sich der Patient, was tut er gerade, welche anderen Personen sind anwesend?
- Interne Stimuli: z.B. Welche Körperreaktionen, Gedanken, Vorstellungen und Gefühle treten auf?
- Gibt es bestimmte Verbindungen zwischen internen und äußeren Bedingungen, die der Verbesserung/ Verschlechterung vorausgehen, z.B. bestimmte Gedanken, die immer in einer bestimmten Umgebung bei bestimmten Personen oder Anforderungen auftreten?
- Werden Symptomverschlechterungen von mangelnder Stimulation (Alleinsein) oder Überstimulation (z.B. in sozialen Situationen) ausgelöst?

Fallbeispiel 2.*(Angelika D.)*: Angelika, geb. 1957, war ein ruhiges, schüchternes Kind. Von Kindheit an zeigt sich ihre herausragende musikalische Begabung, sie spielt Geige und gewinnt in zahlreichen Wettbewerben Preise und Auszeichnungen - u.a. den 1. Preis bei „Jugend musiziert".

Zu Beginn ihres Musikstudiums erkrankt sie an einer paranoiden Psychose und muß nach mehreren Rückfällen ihren Traum von der erfolgreichen Musikerkarriere aufgeben. Mit kurzen Unterbrechungen im Elternhaus verbringt sie die Zeit zwischen ihrem 24. und 35. Lebensjahr in stationärer psychiatrischer Behandlung.

Als es ihr gelingt, sich selbständig eine Hilfstätigkeit in einer Gärtnerei zu besorgen, wird sie in die Nachtklinik entlassen und kommt auf eigenen Wunsch ambulant zur Therapie.

Sie leidet weiterhin unter akkustischen Halluzinationen (Stimmen, die ihre Handlungen kommentieren und sie beschimpfen), die vor allem bei intensiveren zwischenmenschlichen Kontakten mit Männern am Arbeitsplatz und in der Nachtklinik besonders häufig und in der Öffentlichkeit (Menschenansammlungen, in öffentlichen Verkehrsmitteln) auftreten. Beziehungsideen „die Männer können meine Gedanken lesen" bewirken, daß sie sich bedroht und verfolgt fühlt.

Welche Stressoren können wir bei Angelika D. feststellen? Welche Interventionen wurden entwickelt?
1. Gefühle der Angst und Unsicherheit in sozialen Situationen führen zu kommentierenden Stimmen und Beziehungsideen, die Unsicherheit und Angst verstärken
    Im Training der sozialen Fähigkeiten (Vorgehen im Abschnitt 3) konnte Frau D. lernen, selbstsicherer und durchsetzungsfähiger aufzutreten und soziale Ängste und Unsicherheiten zu reduzieren. Auf einer Karteikarte wurden folgende positiven Selbstkommentare festgehalten, die sich die Klientin mehrmals am Tage laut oder leise wiederholte, z.B.:
    „Ich bin eine attraktive, junge Frau, ich brauche mich nicht zu verstecken."
    „Ich traue mich, meine Meinung zu äußern" (z.B. in der Patientenversammlung der Nachtklinik).
2. Selbsterzeugter Zeit- und Leistungsdruck führen zu Fehlern, Konzentrationsstörungen und Verschlechterung der Leistung am Arbeitsplatz
    Unangemessene Überzeugungen und Leistungsstandards (z.B. „Ich bin langsamer als andere", „Wenn ich Fehler mache, schmeißen die mich raus") führten dazu, daß Frau D. ihre Leistungen überkritisch beurteilte, das Erledigte wiederholt nachprüfte und versuchte, den dadurch entstehenden Zeitdruck durch Auslassen von Pausen zu kompensieren. Durch Einübung von Selbstverbalisationen wie: „Jeder Mensch macht Fehler", „Ich arbeite so beständig und konzentriert wie ich kann" und die Einführung von kurzen, kleinen Pausen von einigen Minuten in ihrem eigenen Rhythmus, in denen sie sich auf Entspannung konzentrierte, konnte allmählich eine Reduktion der Belastungen erreicht werden.

Trotz individuell sehr unterschiedlicher Streßtoleranz nennen Süllwold und Herrlich (1991) folgende Situationen, die sich für die meisten Patienten als belastend erwiesen haben: Situationen, in denen
- die Stimulation zu vielfältig ist,
- die zeitliche Beanspruchung zu lange ist,
- Anforderungen unter zu hohem Zeitdruck bewältigt werden müssen,
- Anforderungen mehrdeutig sind,

- einen hohen Neuheitsgrad aufweisen,
- ein hohes Maß an eigener Initiative, Gestaltung bzw. Strukturierung ohne Rückmeldung erfordern,
- zu viel zwischenmenschliche Nähe einschließen.

Selbstmanagement der Störung
Viele Patienten haben im Laufe ihrer Krankheitserfahrung Selbsthilfe- und Bewältigungsstrategien gelernt, um mit Stressoren und Symptomen ihrer Krankheit besser umzugehen. Aufgabe des Therapeuten ist es diese Strategien verstärkend aufzugreifen und, falls nötig, gemeinsame Methoden zu entwickeln, um sie zu verbessern oder zu ergänzen.
Fragen zu Bewältigungsstrategien:
- Was hilft Ihnen in der Situation, damit Sie sich besserfühlen können?
- Gibt es andere Methoden, wie Sie sich z. B. entspannen können?
- Können Sie sich helfen, indem Sie auf bestimmte Art denken oder sich bestimmte Worte oder Sätze sagen?
- Können Sie sich helfen, indem Sie etwas Bestimmtes tun?
  Welche Möglichkeiten gibt es zur Umsetzung dieses Verhaltens?
  z.B. bei sozialen Interaktionen, mit wem könnte er/sie Kontakt aufnehmen, an welchem Ort etc.
  Fragen zur Wirksamkeit der Copingstrategien:
- Wenn Sie (dies oder jenes) tun/denken, wie hilfreich ist das?
  (z.B. auf einer Skala von 1-3 immer hilfreich, manchmal, selten)

Welche Copingstrategien hatte Angelika D. bereits entwickelt?
- Frau D. hatte für sich die Erfahrung gemacht, daß ihr die Selbstverbalisation: „Stimmen unters Pflaster", die sie sich je nach Situation laut oder leise mehrmals mit Nachdruck sagte, zur Abschwächung der ängstigenden Halluzination führte. Da diese Copingstrategie manchmal hilfreich war, wurde sie beibehalten und ergänzt. Während sie ihre akustischen Halluzinationen in vielen Situationen als Krankheitssymptome einordnen konnte (z.B. nach Auseinandersetzungen mit Bezugspersonen), erlebte sie die Stimmen in der Öffentlichkeit oft als real und äußerst bedrohlich.

Welche Ergänzungen wurden für die bereits entwickelten Selbstkontrollstrategien entwickelt?
a) Während ihrer Selbstinstruktion („Stimmen unters Pflaster") lernte sie, sich zusätzlich auf ein langsames Ausatmen zu konzentrieren, um die körperliche Anspannung zu reduzieren.
b) Durch eine Neuattribuierung ihrer Halluzinationen als Resultat erhöhter Streßanfälligkeit und Reizüberflutung durch Lärm, überfüllte Verkehrsmittel und Ermüdung nach der Arbeit konnte die Angst etwas reduziert werden. Die Selbstinstruktionen: „ Keiner wird mir etwas tun, ich bin nur müde und überanstrengt", trug sie als Erinnerung auf einer Karteikarte in ihrer Tasche.

Wie wird nun im einzelnen vorgegangen?
- Während die Therapeutin den Inhalt der Halluzinationen laut formulierte („Der schaut mich immer so an, der wird mich gleich angreifen, er ist hinter mir her"), wiederholte Frau D. ihre Selbstinstruktionen, zunächst laut, später leise.
- Es folgte eine mehrmalige Übung der Situation in der Vorstellung:
  Während die Therapeutin die Klientin bat, sich die Situation z.B. in der U-Bahn (Enge, sich beobachtet fühlen durch einen Mann) vorzustellen, und den Inhalt der Stimmen laut formulierte, wiederholte Frau D. ihre Selbstverbalisation
- Nach jeder dieser Übungen in der Vorstellung schätzte Frau D. den Erfolg bei der Reduktion auf einer Skala von 0-10 ein (0= kein Erfolg; 10= sehr guter Erfolg)
- Nach mehrmaligem Wiederholen dieses Vorgehens in aufeinanderfolgenden Sitzungen lagen die Einschätzungen mehrere Male hintereinander bei 8 und 9.

- Der Beginn der Selbstinstruktionen sollte nun als Signal zum Einsatz von körperlicher Entspannung benutzt werden. Wieder wurde mehrmals unter simulierten Bedingungen die Kombination Selbstinstruktion und Ausatmen und Entspannung der Muskeln geübt, bis zu einer Einschätzung von zufriedenstellendem Erfolg.
- Es folgten mehrmalige In-vivo-Situationen in Verkehrsmitteln zusammen mit der Therapeutin und Hausaufgaben, dieses Verfahren täglich selbst zu üben.
- In der Therapiesitzung wurde dieses Vorgehen mit der Bezugsschwester von Frau D. in der Nachtklinik besprochen, um deren Unterstützung bei der Umsetzung und Übung in belastenden Situationen (z.B. in der Patientenversammlung, beim Küchendienst etc.) zu sichern.

Fußangeln und Grenzen bei der Anwendung kognitiver Verfahren zur Symptomreduktion:
- Bei allen kognitiven verhaltenstherapeutischen Vorgehensweisen darf die Intensität der internen realitätsverzerrenden Erlebnisse einen gewissen Schweregrad nicht überschreiten. Die Umsetzung eines Selbstkontrollverfahrens bei psychotischen Symptomen wird erleichtert, wenn wenigstens eine teilweise Einsicht in die Krankheitsbedingtheit der Symptome besteht oder erreichbar ist.
- Bei Patienten mit stark ausgeprägten kognitiven Störungen, die nur unzuverlässig und diffus über ihre Symptome und Copingstrategien Auskunft geben können, ist die Durchführung kognitiver Verfahren sehr eingeschränkt.
- Zur Unterstützung bei der Durchführung und längerfristigen Aufrechterhaltung eines Selbstkontrollverfahrens ist in vielen Fällen die Einbeziehung von Personen in der Umgebung des Klienten (z.B. Angehörige, Pflegepersonal in stationären oder teilstationären Einrichtungen) nötig. Auch regelmäßig in größeren Abständen wiederholte Boostersessions könnten helfen, die erlernten Fähigkeiten aufrechtzuerhalten.

5.3. Bewältigung der psychosozialen Folgen der Erkrankung

Eine chronisch rezidivierende Erkrankung kann den Verlust der bisherigen Lebensziele, Wünsche und Hoffnungen bedeuten und neue Quellen der Selbstbestätigung notwendig machen. Sowohl im beruflichen Bereich, wo die Diagnose Schizophrenie häufig mit beruflichem Abstieg und Verschlechterung des Sozialstatus verbunden ist, wie auch im privaten Bereich, wo die psychischen Belastungen der Erkrankung zum Zurückziehen von Freunden und Bekannten und zum Auseinanderbrechen von Partnerschaften führen können, treten wesentliche Lebenskonflikte auf, die von den Betroffenen bewältigt werden müssen. Dies kann Änderungen der Lebensziele und persönlichen Wertorientierungen nötig machen. Die Folgen gesellschaftlicher Werturteile gegenüber psychischen Erkrankungen (Stigmatisierung und soziale Ausgrenzung) und individueller Beeinträchtigungen tragen zu einem negativen Selbstbild bei und schränken die Zugangsmöglichkeiten zu Unterstützung und sozialer Verstärkung weiter ein.

Zur kognitiven Bewältigung der psychosozialen Folgeerscheinungen kann eine Vielzahl von problem- und emotionsorientierten Bewältigungsstrategien eingesetzt werden, von denen einige anhand des Fallbeispiels herausgegriffen werden sollen.
- Problemorientiertes Coping anhand eines stufenweisen Problemlösevorgehens hat sich für die Lösung von Problemen in verschiedenen Lebensbereichen, z.B. berufliche Klärung, Freizeitplanung, Lösung zwischenmenschlicher Probleme etc. als hilfreich erwiesen.
- Methoden der kognitiven Umstrukturierung bewirken eine Modifikation von Bewertungen, Überzeugungen und Einstellungen und können zu einer Neuorientierung und besseren Nutzung der verbleibenden Ressourcen und Verbesserung des Selbstbildes verhelfen.

Welche therapeutischen Verfahren wurden zur Bewältigung der psychosozialen Probleme bei Angelika D. angewandt?

a) Berufliche Neuorientierung

Der Verlust ihrer Hoffnung, eine berühmte Geigerin zu werden und die Erarbeitung realistischer Ziele und Lebensperspektiven erwies sich für Frau D. als äußerst schmerzhafter Prozeß.

In einem Problemlösetraining mußte sie erkennen, daß auch ihre potentiellen Alternativwünsche (Kindergärtnerin oder Geigenlehrerin) in Anbetracht ihres Alters, ihrer begrenzten emotionalen Belastbarkeit und der Chancen, tatsächlich einen Arbeitsplatz zu finden, völlig unrealistisch waren. Sie entschied sich schließlich für eine Ausbildung als Bürokraft, die ihr vom Arbeitsamt angeboten wurde. Dieser Prozeß der Problemlösung und Entscheidungsfindung zog sich über mehrere Monate hin, in denen Frau D. mehrmals aufgrund ihrer frustrierten Hoffnungen damit drohte, die Therapie abzubrechen.

b) soziale Kontakte und Partnerschaft

Wie bei sehr vielen schizophrenen Patienten standen Ängste beim Entstehen von größerer Vertrautheit und Nähe dem ausgeprägten Wunsch der Patientin nach einer Partnerbeziehung entgegen. Sie selbst beobachtete, daß intensives Interesse eines Mannes ihr emotionales Gleichgewicht so störte, daß Ängste, Halluzinationen und Beziehungsideen auftraten.

Nach einigen enttäuschten Versuchen, näheren Kontakt zu Männern aufzunehmen, wurde ein schrittweises Vorgehen vereinbart. Frau D. sollte die unterschiedlichen Beziehungen zu verschiedenen Menschen als Gelegenheit zum Üben von sozialer Kompetenz nützen und immer wieder ausprobieren, welchen Grad an Nähe und emotionaler Intensität sie in den verschiedenen Kontakten aushalten konnte. Bewältigungsorientierte Selbstinstruktionen z.B. „Ich werde es einfach ausprobieren, es ist ein Versuch" und Fragen: "Was wäre das Schlimmste, was mir passieren könnte?", halfen, die Erwartungsangst zu reduzieren. Während der Therapiesitzungen übte sie im Rollenspiel anhand aktueller Konfliktsituationen Gefühle differenzierter wahrzunehmen und auszudrücken und erprobte neue Verhaltensmöglichkeiten. Allmählich konnte sie sich eingestehen, daß das Eingehen einer Partnerschaft, wenn überhaupt, nur längerfristig bei schrittweiser Steigerung ihrer Belastungsfähigkeit und Streßtoleranz möglich sein werde.

c) Negatives Selbstkonzept

Durch unrealistische Erwartungen in Verbindung mit der eigenen Leistungsfähigkeit und Entfaltung von eigenen Aktivitäten („Ich möchte viel lustiger sein, ich kann mich nicht freuen, ich lache eigentlich nie"), entwickelten sich bei Frau D. wiederholt depressive Zustände mit Inaktivität und sozialem Rückzug. Regelmäßig wurde eine Bilanz der positiven Entwicklungen und bereits erreichten Fortschritte gezogen z.B.: die Leistung, nach 11jährigem kontinuierlichen stationären Aufenthalt die Entlassung geschafft zu haben, einen täglich 8stündigen Arbeitstag durchzuhalten, sich um ihre eigenen Angelegenheiten zu kümmern und den zusätzlichen Anforderungen in der Nachtklinik, z.B. Küchendienst, Patientenversammlungen etc., gerecht zu werden. Durch die Betonung eines schrittweisen Leistungszuwachses und Aktivitätenaufbaus und einer allmählichen Verbesserung der Stimmung aufgrund der erlebten positiven Erfahrungen lernte die Klientin kleinere Fortschritte wahrzunehmen und sich selbst zu verstärken.

Fußangeln und Grenzen: Der Verzicht auf bisherige Lebenspläne und Zielsetzungen ist ein sehr schmerzhafter Prozeß, der von vielen schizophrenen Erkrankten nicht geleistet werden kann. Das Akzeptieren von teilweise sehr begrenzten Zwischenzielen, die in mühsamen kleinen Schritten erreicht werden sollen, erfordert viel Geduld und Durchhaltevermögen von Patient und Therapeut.

6. Angehörigenarbeit

Empirischer Ausgangspunkt für die Einbeziehung der Angehörigen ist die Tatsache, daß durch die Neuroleptika-Behandlung und den Einsatz psychosozialer Interventionen die Rückfallhäufigkeit zwar deutlich vermindert,

durch die Arbeit mit der Familie jedoch ein zusätzlicher Schutz vor Rezidiven erreicht wurde (Vaughn und Leff, 1985). Obwohl sich in der Methodik therapeutischer Angehörigenarbeit große Unterschiede zeigen, bestehen folgende gemeinsamen Hauptziele:
- Verringerung des emotionalen Überengagements und der sozialen Isolierung der Familie aufgrund von Schuld- und Schamgefühlen
- eine bessere Krisenbewältigung

Psychoedukative Angehörigengruppen
Viele psychiatrische Kliniken haben begonnen, psychoedukative Angehörigengruppen durchzuführen, die meist zwei inhaltliche Schwerpunkte aufweisen:
a) Es soll den Angehörigen Gelegenheit gegeben werden, sich über ihre persönlichen Sorgen und Ängste auszusprechen und Erfahrungen auszutauschen
b) Es werden Informationen über alle Aspekte der Krankheit vermittelt, basierend auf dem Vulnerabilitäts-Streßmodell (Fiedler et al., 1986, bieten hierzu eine umfangreiche Informationsbroschüre)

Die etwa 10 Sitzungen finden im wöchentlichen bis 14tägigen Abstand statt und dauern jeweils 1 1/2 - 2 Stunden. Tabelle 4 zeigt Vorschläge zu zeitlicher Planung und inhaltlichem Vorgehen der Sitzungen.

Generell soll vermittelt werden, daß folgende Verhaltensweisen von Angehörigen sich als günstig und rückfallmindernd erwiesen haben:
- Der kranke Angehörige braucht liebevolle, anerkennende Zuwendung, die die gesunden Seiten des Menschen stärkt, er muß als eigenständige Person trotz seiner Beeinträchtigungen anerkannt und in seiner Eigenverantwortung und Selbständigkeit soweit wie möglich gefördert werden.
- Es ist wichtig, keine zu hohen Anforderungen zu stellen, sondern die eingeschränkte Belastungs- und Leistungsfähigkeit, besonders bei langen Krankheitsverläufen, zu akzeptieren und in kleinen Schritten Anforderungen zu steigern.
- Häufiges Kritisieren sollte unbedingt vermieden werden, da eine kritische, ablehnende Haltung bei diesen besonders feinfühligen Menschen Rückfälle fördert.

---

1. Sitzung: Teilnehmer stellen sich vor und schildern den Krankheitsverlauf ihrer an Schizophrenie erkrankten Angehörigen
2. Sitzung: Teilnehmer äußern ihr Wissen und ihre Vorstellungen über die schizophrene Psychose. Meist stehen Negativsymptome und störende Verhaltensexzesse, die das familiäre Zusammenleben erschweren, im Mittelpunkt; das Leid, die Belastungen und die Ängste der Angehörigen für die Zukunft kommen zum Ausdruck.
3. Sitzung: Anhand der in der vergangenen Stunde erarbeiteten Stoffsammlung werden die Symptome der Schizophrenie: Plus- und Minus-Symptomatik und Frühwarnzeichen verdeutlicht. Besondere Probleme, wie z.B. übermäßiger Alkohol-, Kaffee- und Drogenkonsum, Ängste im Umgang mit Gewalttätigkeit und mangelnde Krankheitseinsicht, werden besprochen.
4. Sitzung: Das Vulnerabilitäts-Streßmodell als Grundlage für das Verständnis der Phänomene der Erkrankung wird vermittelt und ausführlich besprochen.
5. Sitzung: Fragen nach Ursache, Verlauf und Prognose.
6. Sitzung: Behandlungsmöglichkeiten mit Neuroleptika und deren Nebenwirkungen.
7.-9. Sitzung: Wie können wir unser Zusammenleben und den Umgang mit dem kranken Angehörigen für alle beteiligten Familienmitglieder möglichst streßfrei gestalten?
10. Sitzung: Es wird besprochen, ob Interesse an der Weiterführung als Selbsthilfegruppe (eventuell mit gelegentlicher Teilnahme von Fachleuten) oder Anschluß an bereits bestehende Gruppe besteht.

Tabelle 4. Zeitliche Planung und inhaltliches Vorgehen bei Angehörigengruppen

- Das Familienklima sollte von Offenheit, Ehrlichkeit und Klarheit geprägt sein. Z.B. bei Klinikeinweisungen sollten sich die Angehörigen, wenn irgend möglich, aller Tricks enthalten und offen die Notwendigkeit einer Klinikeinweisung besprechen. Ebenso ist dringend davor zu warnen, Medikamente heimlich zu verabreichen.
- Es ist nicht sinnvoll, daß die Angehörigen versuchen, befremdliche Verhaltensweisen oder Ideen zu korrigieren, da dies nur noch mehr Spannung und Abwehr schafft, sondern sie können Verständnis signalisieren, aber gleichzeitig mitteilen, daß sie diese Phänomene nicht erleben.
- Wegen der möglichen Konzentrations- und Auffassungsstörungen des schizophren Erkrankten ist es wichtig, einfach und eindeutig und in ruhigem Ton zu sprechen. Bei Meinungsverschiedenheiten müßten die Angehörigen lernen, sich zu vergewissern, ob sie den anderen richtig verstanden haben und versuchen, eine gemeinsame Lösung zu finden.
- Für das Zusammenleben hat es sich als günstig erwiesen, mit dem Kranken feste Regeln und Abmachungen (z.B. bei Geldangelegenheiten, Ordnung und Hygiene und dem täglichen Lebensrhythmus in der Familie zu vereinbaren, um das Miteinanderleben für alle Beteiligten möglichst angenehm zu gestalten. Manchmal ist es günstig, den Zeitplan für die täglichen und wöchentlichen Aktivitäten aufzustellen, wobei nur das enthalten sein sollte, was der Patient tatsächlich vollbringen kann.
- Die Angehörigen sollten dem Patienten Rückzugsmöglichkeiten gewähren, da dies einen Selbstschutz darstellen kann, um Überstimulation zu vermeiden, mit dem inneren Chaos fertig zu werden. Angebote zu Gesprächen und gemeinsamen Aktivitäten müssen deshalb nicht ausbleiben.
- Viele Angehörige fühlen sich verletzt von der Unfähigkeit des kranken Familienmitglieds Gefühle auszudrücken, er erscheint ihnen kalt und distanziert und zeigt weder Freude noch Trauer. Es ist hilfreich, sich klarzumachen, daß das nicht heißt, daß der Patient diese Gefühle nicht mehr empfindet oder die Angehörigen ablehnt.

Ein zentraler Leitsatz für die Angehörigen lautet: „Lernen Sie wieder, etwas für sich zu tun,"

a) um selbst wieder neue Kraft zu schöpfen und zu erfahren, daß das Leben auch wieder Freude bringen kann.

b) um Abstand zu gewinnen, da wir aus wissenschaftlichen Untersuchungen wissen, daß eine geringere Kontaktdichte einen Rückfall vorbeugen kann.

c) um das kranke Familienmitglied zu entlasten, denn sehr oft wird das Wohlbefinden der Angehörigen vom Befinden des Kranken abhängig gemacht, was eine ungeheure Verantwortung und Belastung für diesen bedeutet.

Diese Gruppen können der Vermittlung eines Basiswissens über die Erkrankung dienen, während dauerhafte Veränderungen in der familiären Kommunikation und die Bewältigung spezifischer Probleme im Zusammenleben der Familie anschließend in Einzelsitzungen bearbeitet werden müssen.

Literatur

Ciompi, L.: Wie können wir die Schizophrenen besser behandeln?
Ein neues Krankheits- und Therapiekonzept. Nervenarzt 52, 506+515, 1981
Falloon, I.; Boyd, J.L.; McGill, C.W.: Family Care of Schizohrenia; New York, Guilford Press 1984
Fiedler, P; Niedermeier T; Mundt, C: Gruppenarbeit mit Angehörigen schizophrener Patienten. Weinheim: Psychologie Verlags Union 1986
Leff, J.; Vaughn, C.: Expressed emotion in families: its significance for mental illness, New York, Guilford Press 1985
Roder, V.; Brenner R., H.D.; Kienzle, N. & Hodel, B.: Integriertes Psychologisches Therapieprogramm für schizophrene Patienten (IPT) Winheim: Psychologie Verlags Union 1988
Süllwold D., L.; Herrlich, J.: Psychologische Behandlung schizophren Erkrankter. Suttgart; Berlin, Köln, Kohlhammer 1990

Entwöhnungstherapie des Rauchens mit medikamentöser Unterstützung
Ein Gruppentherapieprogramm

• Heribert Unland •

Definition

Das Programm "Wir gewöhnen uns das Rauchen ab" ist ein kognitiv-verhaltenstherapeutisches Gruppentrainingsprogramm zur Behandlung der Zigarettenabhängigkeit. Es basiert auf drei Elementen: (1) Selbstkontrolltechniken, (2) kognitiven Therapiestrategien und (3) pharmakologischer Begleittherapie mit transdermaler Nikotinsubstitution (Nikotinpflaster).

Alle drei Elemente wurden wissenschaftlich untersucht und haben sich als effektive Methoden in der Raucherentwöhnung bewährt (zusammenfassend in: Buchkremer, 1989). Das Selbstkontrolltraining in der Gruppe ist seit Mitte der 70er Jahre in der Bundesrepublik die Standardtherapie in der Raucherentwöhnung, was insbesondere durch die Entwicklung und Verbreitung des Gruppentherapieprogramms "Nichtraucher in 10 Wochen" (Hrsg.: Bundeszentrale für gesundheitliche Aufklärung, BzgA, 1987) erreicht wurde. Dieses liegt seit 1977 relativ unverändert vor und beinhaltet v.a. Selbstkontrolltechniken, Entspannungsübungen und ein speziell für Raucher entwickeltes Bewegungstraining.

Dieses Entwöhnungsprogramm wurde an der Universität von Münster kombiniert mit der Anwendung eines neu entwickelten Nikotinpflasters, wobei sich diese Kombination als die "wirkungsvollste und zugleich am wenigsten gesundheitlich schädliche Methode in der Raucherentwöhnung" (Buchkremer, 1989, S. 88) erwies. Aus den Erfahrungen, die ich mit diesem Programm an Volkshochschulen, Betrieben und anderen Gesundheitseinrichtungen sammelte, sowie aus der Auseinandersetzung mit den Ergebnissen aus neueren Untersuchungen zur Raucherentwöhnung und zur kognitiven Verhaltenstherapie ist das vorliegende Gruppentherapieprogramm entstanden. Dabei habe ich Elemente des BzgA-Programms weggelassen, die sich als wenig effektiv erwiesen und/oder von den Kursteilnehmern nicht angenommen wurden, wie z.B. die Bewegungsübungen für Raucher. Einige Elemente, wie den Motivationsfragebogen, habe ich den heutigen Bedingungen entsprechend verändert, manche Programmpunkte konkretisiert oder vereinfacht (Wetten, Tagesprotokolle) und wieder andere hinzugefügt, v.a. kognitive Interventionsstrategien, die in dem BzgA-Programm gänzlich fehlen, die aber sowohl allgemein die Verhaltenstherapie enorm bereichert als auch sich speziell in der Raucherentwöhnung als effektiv erwiesen haben (Lindinger & Mitschele, 1991).

Das nun vorliegende Gruppentherapieprogramm verbindet die drei Elemente (Selbstkonrolltechniken, kognitive Strategien und Nikotinpflaster) miteinander und stellt somit eine sinnvolle und dem Forschungsstand entsprechende Kombinationsmethode in der Raucherentwöhnung dar.

Der Kurs wird in Gruppen von bis zu 12 Teilnehmern durchgeführt und kann mit entsprechendem verhaltenstherapeutischem Grundwissen, Vorkenntnissen in der Rational-Emotiven Therapie (Ellis, 1978; Walen et al., 1982) und Erfahrungen in der psychologischen Beratung und Leitung von Gruppen mit Erwachsenen nach der Teilnahme an einem zweitägigen Kurses für Kursleiter wie sie seitens des Centrums für integrative Psychotherapie (CIP) und des Instituts für Therapieforschung (IFT), München, angeboten werden selbständig durchgeführt werden.

Die folgende Kurzbeschreibung stellt die wichtigsten Therapieelemente übersichtlich dar und beschreibt die wesentlichen Aspekte des Gruppentherapieprogramms.

1. Indikation

In der Bundesrepublik Deutschland raucht etwa jeder dritte Erwachsene (Angaben für 1987, Bundeszentrale für gesundheitliche Aufklarung, BzgA). Die Tendenz ist bei den Männern rückläufig, bei den Frauen leicht steigend.

Rauchen ist eine gesundheitlich stark schädigende Verhaltensweise und gleichzeitig eine der häufigsten Todesursachen in der westlichen Welt (vgl. Tölle & Buchkremer, 1989). Rauchen verursacht enorme Kosten für den einzelnen und die Allgemeinheit.

Etwa jeder zweite Raucher würde lieber mit dem Rauchen aufhören, was jedoch statistisch gesehen nur jedem siebten aus eigener Kraft ohne fremde Hilfe gelingt.

Warum Menschen mit dem Rauchen anfangen und weshalb sie dieses Verhalten trotz der bekannten Risiken beibehalten, ist Gegenstand der Psychologie des Rauchens.

Nach tiefenpsychologischer Theorie ist das Rauchen eine Regression in die orale Phase als Reaktion auf seelische Konflikte, die nicht anders gelöst werden können. Praktische Implikationen für die Rauchertherapie hat diese Theorie bis heute kaum.

Im Gegensatz dazu bietet die Verhaltenstheorie sowohl Erklärungen für die Entstehung und Aufrechterhaltung des Rauchverhaltens an als auch konkrete Ansätze für die Raucherentwöhnung. Sie ist seit Jahrzehnten Grundlage der meisten psychologischen Raucherentwöhnungsprogramme.

Niemand wird als Raucher geboren. Man erlernt dieses Verhalten im Laufe des Lebens, und man kann es, wie viele andere fehlangepaßte, unerwünschte Verhaltensweisen, auch wieder verlernen bzw. statt dessen Alternativverhalten erlernen. Für die Behandlung von Rauchern ist es notwendig, sich die aufrechterhaltenden Bedingungen des Rauchverhaltens zu verdeutlichen (s. Abb. 1). Daran ist sowohl der Mechanismus der klassischen als auch der der operanten Konditionierung beteiligt:

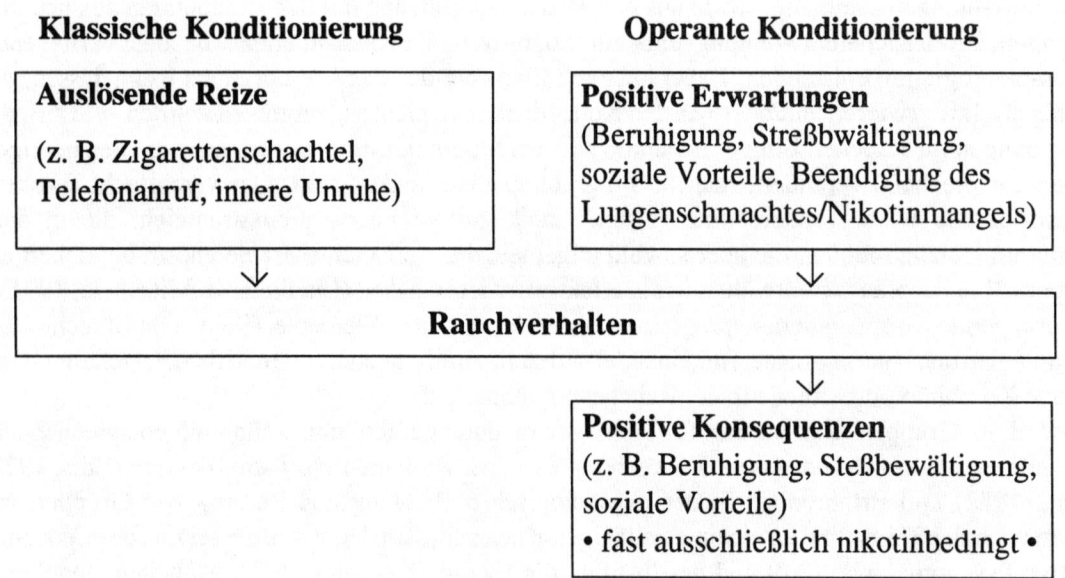

Abbildung 1. Verhaltenstheoretisches Modell des Rauchens (Unland, 1990)

Klassisch konditioniert wird das Rauchen durch Koppelung an bestimmte Auslösereize, die entweder aus der Umwelt stammen (z.B. das Klingeln des Telefons) oder vom Organismus selbst produziert werden (z.B. das sog. "craving", das starke Verlangen bzw. die Gier nach dem Suchtstoff). Durch häufige Wiederholung der Abfolge Reiz - Reaktion entsteht eine Verknüpfung, so daß ein bestimmtes Verhalten automatisch von dem gelernten Reiz ausgelöst wird, ohne es bewußt wahrgenommen zu haben."

Operant wird das Rauchen durch die Vielzahl der angenehmen Folgen konditioniert, die kurzfristig nach dem Rauchen auftreten: Entspannung oder angenehme Anregung, Wohlbefinden, Gefühl der Sicherheit, Erleichterung der Kontaktaufnahme und vieles mehr. Das bedeutet, daß das Rauchverhalten unmittelbar und kontingent durch seine Wirkungen belohnt wird (bei 20 Zügen pro Zigarette und 20 Zigaretten am Tag, 400mal täglich!), was nach der Verhaltenstheorie dazu führt, das entsprechende Verhalten (hier: Rauchen) zu wiederholen. Durch beide Formen der Konditionierung kommt es zu einer Abhängigkeit vom Rauchen, wobei das Nikotin der abhängig machende Stoff ist. Der Charakter der Abhängigkeit zeigt sich in einer langsamen Dosissteigerung, in Entzugsbeschwerden nach längerer Abstinenz (z.B. am Morgen nach stundenlanger, durch den Schlaf erzwungener Abstinenz) oder einfach durch die Tatsache, nicht mehr mit dem Rauchen aufhören zu können, obwohl seelische oder körperliche Schäden dadurch verursacht werden (vgl. die Kriterien der Substanzabhängigkeit in ICD-10 und DSM-III-R).

Aus psychologischer Sicht sind also sowohl die Koppelung der Nikotinzufuhr an bestimmte Reize, als auch die nach kurzer Zeit auftretenden angenehmen Konsequenzen bzw. die Erwartung derselben handlungssteuernd und somit Bedingungen für die Aufrechterhaltung der Abhängigkeit. Andererseits hindern die negativen Erwartungen an den Rauchverzicht viele Raucher daran, Nichtraucher zu werden oder dauerhaft zu bleiben, was Ansatzpunkte für kognitive Therapietechniken bietet.

Auf der Makroebene sind es interindividuell unterschiedliche Bedingungen, die zur Entstehung und Aufrechterhaltung des Rauchens beitragen: Selbstunsicherheit, Einsamkeit, Probleme bei der Bewältigung von Streß, Ärger, beruflichen oder privaten Konflikten. Darauf wird in der Darstellung des Gruppenprogramms genauer eingegangen.

Die besten Ergebnisse mit einer monotherapeutischen Maßnahme wurden mit der Verhaltenstherapie erreicht. Bezogen auf die Gesamtzahl der Raucher, die mit dieser Methode versuchen abstinent zu werden, erreicht man langfristig (mind. 1 Jahreskatamnesen) eine Nichtraucherquote von 20 - 25 %.

Kombiniert man die Verhaltenstherapie, die ja lediglich auf die psychologischen Aspekte der Abhängigkeit eingeht, mit der Nikotinsubstitution, dann erreicht man Dauererfolge von 35 - 40%, also eine deutliche und auch statistisch nachweisbare Verbesserung der Wirksamkeit (Buchkremer, 1989a).

Kontraindiziert ist dieses Gruppentherapieprogramm bei Rauchern, die lediglich fremdmotiviert sind ("der Betriebsarzt schickt mich" oder "meine Frau will, daß ich aufhöre") und für solche Raucher, die lernen wollen, kontrolliert (weniger) zu rauchen. Kontrolliertes Rauchen ist bei Personen, die schon einmal abhängig waren von der Zigarette, ein unrealistisches Ziel und führt relativ schnell zum Ausgangszigarettenkonsum. Für das Nikotinpflaster gibt es einige Kontraindikationen, die mit dem Hausarzt abgeklärt werden sollten. Das Pflaster gilt jedoch im Vergleich zum Kaugummi, Spray u.a. als die gesundheitlich verträglichste Nikotinsubstitutionsform.

2. Vorgehen

Der Aufbau der Kurssitzungen (1 - 8) wird nachfolgend skizziert, und die einzelnen Elemente der Sitzungen werden kurz umschrieben sowie die notwendigen Materialien für die Teilnehmer genannt. Eine detaillierte Beschreibung der Materialien und des therapeutischen Vorgehens würde den Rahmen dieses Beitrages sprengen. Sie ist in Buchform in Vorbereitung und soll im CIP-Mediendienst erscheinen.

2.1. Erste Sitzung

2.1.1 Begrüßung und Vorstellung des Kursleiters	Materialien
2.1.2 Das Paarinterview	Teilnahmeerklärung
2.1.3 Einführungsvortrag und Diskussion	Fragebogen zur Entwöhnungsmotivation
2.1.4 Teilnahmeerklärung	Wette
2.1.5 Entwöhnungsmotivation	Hausaufgabenblatt 1
2.1.6 Medikamentöse Unterstützung	
2.1.7 Schlußpunkt- oder Reduktionsmethode?	
2.1.8 Der Stichtag	
2.1.9 Die Wette	
2.1.10 Die Strichliste	

Ziel der ersten Stunde ist es, Gruppenkohäsion herzustellen, Entwöhnungsmotivation und Erfolgserwartung durch Information zu festigen bzw. zu stärken und die ersten Selbstkontrolltechniken zu vermitteln.

Als Hausaufgaben werden in der ersten Stunde vergeben: Teilnahmeerklärung, Fragebogen zur Entwöhnungsmotivation und Wette bearbeiten und gegebenenfalls den Hausarzt wegen der Verschreibung des Nikotinpflaster konsultieren.

Bei der **Begrüßung der Teilnehmer und Vorstellung des Kursleiters** sollte dieser über seinen Bezug zur Raucherentwöhnung, eigene Erfahrungen damit und seine Motivation zur Kursleitung berichten.

Danach werden die Kursteilnehmer aufgefordert, **Paarinterviews** durchzuführen, in denen sie das Rauchen betreffende Informationen von ihrem Gesprächspartner erfragen sollen: Wieviele Jahre raucht er/sie schon, welche Entwöhnungsversuche wurden bereits unternommen, Durchschnittstageskonsum heute, Entwöhnungsmotive u.ä.

Das Paarinterview dient dazu, daß sich die Teilnehmer des Kurses gegenseitig kennenlernen, ohne gleich vor allen Gruppenmitgliedern über sich selbst sprechen zu müssen. Fordern Sie die Teilnehmer auf, sich paarweise zusammenzusetzen, eventuell jeder mit seinem Nachbarn, falls er ihn nicht schon kennt. (Sollte die Teilnehmerzahl ungerade sein, ist eine Dreiergruppe zu bilden). Haben sich die Teilnehmer etwa 10-15 Minuten lang ausgetauscht, soll jeweils der Interviewer den Interviewten in der Gruppe vorstellen.

In dem anschließenden **Einführungsvortrag** sollten in Dialogform die wichtigsten Informationen über die Abhängigkeit vom Rauchen und die Entwöhnungsmethode vermittelt werden. Motivation zur Entwöhnung und die Erfolgserwartung der Teilnehmer haben sich als gute Prädikoren für den Therapieerfolg in der Raucherentwöhnung erwiesen (Unland, 1991). Deshalb sollten sie wo immer möglich verstärkt werden. Dabei kann man auch auf die Erfahrungen der Teilnehmer eingehen, die diese in den Paarinterviews berichtet haben.

Im Einführungsvortrag sollten Informationen über verschiedene Raucherentwöhnungsmöglichkeiten enthalten sein, ihre Vor- und Nachteile gegenübergestellt und die hier angewendete Methode erklärt werden.

Im Anschluß an den Einführungsvorschlag wird der Sinn der **Teilnahmeerklärung** erklärt, in denen die Teilnehmer sich verpflichten sollen, regelmäßig an den Kurssitzungen teilzunehmen: aus Fairneß den anderen Teilnehmern gegenüber und als Selbstverpflichtung, seinem eigenen Vorsatz treu zu bleiben. Das Einhalten dieser Selbstverpflichtung kann durch die Rückzahlung eines Depots verstärkt werden, was bei Nichteinhaltung einem vorher festgelegten Zweck (z.B. Deutsche Krebshilfe) zufließt.

Danach sollte das Thema **Entwöhnungsmotivation** diskutiert und der Stellenwert einer ausreichenden Motivation für das Gelingen der Therapie verdeutlicht werden. Dazu wird auch der Entwöhnungsfragebogen für Raucher (s. Abb. 2) am Ende der Sitzung ausgeteilt.

Fragebogen zur Entwöhnungsmotivation

Markieren Sie bitte, wie wichtig die einzelnen Gründe für Sie sind. Unten können Sie noch weitere Entwöhnungsmotive eintragen, die oben vielleicht noch nicht genannt worden sind.

Trifft nicht zu, entspricht 0/ Trifft voll zu, entspricht 10
Beispiel: Wenn für mich die Aussage voll zutrifft, kreuze ich die 10 an (Zwischenwerte sind möglich)

	trifft nicht zu				mittel zu				voll zu	
Ich will Gesundheitsschäden vorbeugen	1	2	3	4	5	6	7	8	9	10
Ich will sportlich fit sein	1	2	3	4	5	6	7	8	9	10
Ich will nicht mehr rauchen müssen	1	2	3	4	5	6	7	8	9	10
Ich will mein Geld sinnvoller nutzen	1	2	3	4	5	6	7	8	9	10
Ich will mich gesund und wohl fühlen	1	2	3	4	5	6	7	8	9	10
....	1	2	3	4	5	6	7	8	9	10
....	1	2	3	4	5	6	7	8	9	10
....	1	2	3	4	5	6	7	8	9	10

Man sollte sich nicht nur über die Gründe für die Entwöhnung im klaren sein, sondern auch über die Probleme, die auftreten können. Markieren Sie bitte wieder, wie sehr die einzelne Aussage zutrifft, und ergänzen Sie die Liste.

	trifft nicht zu				mittel zu				voll zu	
Es wird mir wahrscheinlich schwerfallen, andere rauchen zu sehen	1	2	3	4	5	6	7	8	9	10
Ich werde vielleicht eine Zeitlang sehr gereizt sein	1	2	3	4	5	6	7	8	9	10
Der Verzicht auf die Zigaretten wird mir nicht leichtfallen	1	2	3	4	5	6	7	8	9	10
Vielleicht bekomme ich Ärger mit Freunden und Bekannten, weil ich unausgeglichen bin	1	2	3	4	5	6	7	8	9	10
....	1	2	3	4	5	6	7	8	9	10
....	1	2	3	4	5	6	7	8	9	10

Sodann kann die Funktion der **medikamentösen Unterstützung** diskutiert werden: Sie nimmt dem Raucher in der Entwöhnungszeit die körperlichen Entzugsbeschwerden und macht sie dadurch frei, sich ganz auf den Abbau der psychischen Abhängigkeit zu konzentrieren. Es geht also bei der medikamentösen Unterstützung darum, zuerst einmal die psychische Abhängigkeit vom Rauchen anzugehen und erst in einer zweiten Phase die körperliche Abhängigkeit vom Nikotin zu überwinden. Letzteres fällt erfahrungsgemäß den meisten Rauchern relativ leicht. Die Dosierung des Pflasters sollte mit dem Hausarzt abgesprochen werden. Die Entscheidung über die Verwendung des Pflasters liegt beim Raucher selbst, der sich die Entwöhnung dadurch ein bißchen erleichtern kann. Die Hauptarbeit liegt jedoch nach wie vor bei ihm selbst.

Jeder Raucher sollte einen **Stichtag** festlegen, ab dem er das Rauchen vollkommen einstellen will. Er kann sich entscheiden, ob er von heute auf morgen mit der **Schlußpunkt-Methode oder schrittweise mit der Reduktions-Methode** Nichtraucher werden will. Im Zweifel ist die schrittweise Reduktion im Sinne eines sukzessiven Verhaltensaufbaus (Situationen bewältigen ohne Zigaretten) vorzuziehen. Der Stichtag sollte nicht vor der 4. Sitzung liegen, damit genügend Zeit bleibt, die notwendigen Fertigkeiten zu erlernen bzw. sich kognitiv-behavioral darauf einzustellen. Der Stichtag sollte aber auch spätestens vor der 7. Sitzung liegen, damit noch ausreichend Zeit für das Thema Rückfallprophylaxe bleibt.

Eine weitere wichtige Maßnahme ist das Abschließen einer **Wette** über das Nichtrauchen. Da die meisten Rückfälle kurze Zeit nach dem Stichtag passieren und ein halbes Jahr nach der Entwöhnung kaum mehr Rückfälle auftreten, sollte eine Wette darüber abgeschlossen werden, mindestens ein halbes Jahr lang nach dem Stichtag nicht mehr zu rauchen.

Der Einsatz sollte ein bestimmter Geldbetrag sein, z.B. 100.- DM, mit dem man sich beim Gewinn der Wette etwas Schönes kaufen kann, was schon bei Abschluß der Wette festzulegen ist. Hält man die Wette nicht ein, geht das Geld als Spende an eine vorher bestimmte gemeinnützige Vereinigung. Als besonders wirksam haben sich Wetten erwiesen, die nicht allein im Konsum bestehen, sondern eine Aktivität beinhalten, z.B. eine Kurzreise, ein Sportartikel o.ä.

Zum Schluß noch eine wichtige Technik: das Führen einer **Strichliste.** Um den Automatismus des Rauchens zu unterbrechen und um genau festzustellen, wieviel man eigentlich raucht, sollte der Raucher eine Strichliste über seinen Zigarettenkonsum erstellen und deshalb auch die erste Woche nach Kursbeginn normal weiterrauchen, ohne bewußt das Rauchen zu kontrollieren. Die Strichliste sollte klein genug sein, daß sie zwischen Zigarettenschachtel und Zellophanhülle paßt. Dadurch hat man sie jederzeit griffbereit. Wichtig ist es, daß der Strich **vor** dem Anzünden einer Zigarette gemacht wird. Dadurch wird erreicht, daß der Griff zur Zigarette bewußt geschieht und man so selbst entscheiden kann/muß, ob man nun rauchen will oder nicht. Erfahrungsgemäß kann man so schon auf etwa ein Drittel seiner täglichen Zigarettenzahl verzichten und das ohne daß es einem schwerfällt, da diese weder zur Erhaltung des Nikotinspiegels noch wegen seiner angenehmen Wirkung geraucht werden.

2.2 Die zweite Sitzung

2.2.1 Namensspiel
2.2.2 Hausaufgabenbesprechung/Erfahrungsaustausch
2.2.3 Freunde über Entwöhnungsabsicht unterrichten
2.2.4 Erfolgskurve
2.2.5 Analyse des persönlichen Rauchverhaltens
2.2.6 Wochen-Wetten

Materialien
Tagesprotokoll Werktag
Tagesprotokoll Wochenende
Wochen-Wette
Hausaufgabenblatt 2

Hauptziele: Motivation festigen, erste Erfolge verstärken, weitere Kompetenz vermitteln.

Tagesprotokoll Werktag

Tagesprotokoll über das Rauchen an einem Werktag
(Bei Stimmung **+** für gute, **o** für neutrale oder **-** für schlechte Stimmung angeben.
Bei Genuß eine Zahl zwischen 0 und 10 eintragen. 0 bedeutet kein, 10 bedeutet höchster Genuß)

	Zeit	**Anzahl**	**Situationsbeschreibung**	**Stimmung**	**Genuß**
Beispiel	7.30	2	nach dem Frühstück, allein	-	3

Zu Beginn der zweiten Sitzung bietet es sich an, ein **Namensspiel** zu machen, bei dem die Teilnehmer noch einmal die Namen der anderen Gruppenmitglieder kennenlernen.

In der **Hausaufgabenbesprechung/Erfahrungsaustausch** wird besprochen, wie die Teilnehmer mit den Hausaufgaben zurechtgekommen sind, und die Teilnahmeerklärungen werden eingesammelt. Es sollte darauf geachtet werden, daß sich alle für eine Entwöhnungsmethode entschieden haben (Schlußpunkt oder Reduktion), einen Stichtag festgelegt und die Wette abgeschlossen haben. Es sollte deutlich werden, daß die Erfolgschancen sinken, wenn bestimmte Bestandteile des Programms nicht durchgeführt werden.

Häufig ist die Ablehnung von Therapiebestandteilen ein Ausdruck von mangelndem Vertrauen, Nichtraucher werden zu können. Klappt es dann nicht, kann man die Verantwortung von sich auf die "schlechte" Methode abschieben. Diese Vermutung sollte gegebenenfalls angesprochen und bearbeitet werden.

Positiven Erfahrungen (mühelose Reduktion) sollten verstärkt und für den Aufbau von Erfolgserwartung auch bei den anderen Teilnehmern genutzt werden. Negative Erfahrungen können dazu dienen, Fehler oder Barrieren aufzuzeigen und zu beseitigen.

Die Teilnehmer werden dann aufgefordert, **Freunde von Entwöhnungsabsicht zu unterrichten.** Einerseits kann sich die Umgebung daraufhin einstellen und den Raucher möglicherweise sogar unterstützen, z.B. dadurch, daß man keine Zigaretten mehr anbietet. Andererseits kann der Raucher lernen, mit Gegnern seines Entschlusses umzugehen (z.B Raucher, die einen Verbündeten aus der Rauchergemeinschaft zu verlieren fürchten). Schließlich dient das Bekenntnis auch dazu, sich selbst zu motivieren, denn niemand gesteht gegenüber seinen Freunden gerne ein, daß er sein Ziel nicht erreicht hat.

Mit der sogenannten **Erfolgskurve** soll jeder Raucher seine Entwöhnung dokumentieren. In einem Diagramm sollen auf der Waagrechten die Tage bis zum Stichtag und mindestens die ersten 4 Wochen danach und auf der Senkrechten der Zigarettenkonsum pro Tag eingetragen werden. Die Erfolgskurve ist eine typische Selbstkontrolltechnik. Sie verstärkt den Raucher bei Erfolg und mahnt zu einer Kurskorrektur, wenn Etappenziele nicht eingehalten werden.

Die **Analyse des persönlichen Rauchverhaltens** dient dazu herauszufinden, in welchen Situationen und zu welcher Zeit der einzelne raucht. Dies ist wichtig zu wissen, um dann in einem zweiten Schritt individuelle Problemlösungen zu entwickeln. Was man kennt, kann man auch besser verändern. Dazu sind zwei Tagesprotokolle vorgesehen (s. Abb. 3), die als Hausaufgagen ausgefüllt werden sollen. In ihnen gibt der Raucher an, zu welcher Uhrzeit, in welcher Situation er welche Anzahl von Zigaretten in welcher Stimmung und mit welchem Genuß raucht.

Durch **Wochen-Wetten** wird der lange Weg zum Nichtraucher in kleinere Etappen aufgeteilt. Jedes Etappenziel, das man erreicht hat, ist wie eine kleine Belohnung, die den Raucher zu weiteren Anstrengungen motiviert und den Gegenbeweis zu der Annahme liefert "Ich brauche jetzt eine Zigarette". Wer schrittweise reduziert, der sollte wöchentliche Reduktionsziele in einer Wette vereinbaren. Es kann um kleine Geldbeträge gehen oder um Tätigkeiten, die man durchführen darf/muß (z.B. eine Woche lang alleine den Abwasch machen) in Abhängigkeit vom Erreichen der eigenen Vorsätze für die jeweilige Woche.

2.3. Dritte Sitzung

2.3.1 Hausaufgabenbesprechung/Erfahrungsaustausch
2.3.2 Rauchdiagnose Werktag/ Wochenende
2.3.3 Vortrag und Diskussion: Die Rolle der Gedanken

Materialien
Rauchdiagnose Werktag
Rauchdiagnose Wochenende
Einstellungsfragebogen für Raucher
Hausaufgabenblatt 3

Hauptziele: Verstärkung bisheriger Erfolge. Einführung in das Thema "Hinderliche Gedanken".

In der **Hausaufgabenbesprechung** geht es wieder darum, Erfolge zu verstärken und Mißerfolge konstruktiv aufzuarbeiten. Hier hat der Raucher breiten Raum, von sich zu erzählen, was häufig Ansatzpunkte für

> **Rauchdiagnose**
>
> Werktag
>
> Lesen Sie sich Ihre Tagesprotokolle noch einmal durch und erstellen Sie Ihre persönliche Rauchdiagnose.
>
> Bei den meisten Fragen werden Sie mit "sowohl als auch" antworten können. Überlegen Sie, ob Sie eher zu der einen oder anderen Seite tendieren. Wo Mehrfachnennungen möglich sind, können Sie natürlich mehrere Antworten ankreuzen.
>
> Ich rauche werktags
>
> 1. lieber alleine O   lieber in Gesellschaft O
>   mit ....
>
> 2. viele Zigaretten
>   zu Hause O   bei der Arbeit O
>   im Auto   O   im Freien   O
>   Sonstiges ....
>   Sonstiges ....
>
> 3. häufiger dann,
>   wenn es mir gut geht   O
>   wenn es mir schlecht geht O
>
>   Mein Gefühl vor dem Rauchen ist dann häufig:
>   (bitte nicht mehr als 3 typische Gefühle ankreuzen)
>
> | Streß | O | Angst | O |
> |--------------|---|---------------|---|
> | Freude | O | Langeweile | O |
> | Ärger | O | Zufriedenheit | O |
> | Entspannung | O | Angespanntheit| O |
> | Unsicherheit | O | Traurigkeit | O |
>
> 4. Am meisten genieße ich das Rauchen, wenn
>   ....

therapeutische Interventionen bietet, die nicht in einem strukturierten Gruppenprogramm vorab festgelegt werden können. Gemeint sind Probleme auf der Makroebene wie Partnerschafts-, Angst-, Einsamkeitsprobleme, die im Verlauf der Entwöhnung deutlicher werden.

Die Tagesprotokolle sollten exemplarisch besprochen und den Teilnehmern werden die Arbeitsblätter **"Rauchdiagnose"** für Werktag und Wochenende (s. Abb. 4) erläutert werden, die sie zu Hause ausfüllen sollen. Aus ihnen geht hervor, wann man am meisten raucht, welche Situationen typisch sind, wo und mit wem geraucht wird, aus welcher Stimmung heraus am häufigsten geraucht wird und in welchen Situationen das Rauchen als am genußvollsten erlebt wird.

In dem **Vortrag bzw. der Diskussion zur Rolle der Gedanken** wird ein Basiswissen über die Bedeutung der Kognitionen für unser Handeln vermittelt, wobei das ABC der rational-emotiven Therapie ein besonders

geeignetes anschauliches Erklärungsmodell darstellt (vgl. Ellis, 1978; Walen et al., 1982).
Zur Verdeutlichung der wichtigen Rolle der Gedanken oder Einstellungen für das Verhalten sollten möglichst Metaphern oder Beispiele aus der Erfahrungswelt der Raucher verwendet werden.

Das ABC in der Raucherentwöhnung sieht vereinfacht so aus		
A	**B**	**C**
Situation	Gedanke/Einstellung	Gefühl/Verhalten
Versuch, mit dem Rauchen aufzuhören	Ich glaube nicht, daß ich es schaffe	Unsicherheit Mißerfolg
	oder	
Versuch mit dem Rauchen aufzuhören	Ich werde es schaffen, auch wenn es schwerfällt	Sicherheit Erfolg

Abbildung 5. ABC nach Ellis, übertragen auf Raucherentwöhnung.

Je nachdem, wie man zu sich und zu der Raucherentwöhnung eingestellt ist, so wird man sich auch verhalten. Einstellungen sind nicht unveränderlich, sondern sie können durch Einsichten und Erfahrungen verändert werden. Wie das geschieht, wird in der 4. Kursitzung besprochen.
Zunächst muß analysiert werden, welche Gedanken und Einstellungen den Entwöhnungserfolg bisher verhindert oder erschwert haben. Dazu kann man die Teilnehmer befragen, was ihnen alles durch den Kopf geht, wenn sie an den Stichtag und die erste Zeit dannach denken. Die negativen Erwartungen werden an die Tafel geschrieben und können anschließend auf die drei wesentlichen Fehleinstellungen zurückgeführt werden: Katastrophisierung, Muß-Denken, geringe Frustrationstoleranz (vgl. RET-Literatur).
Als Hausaufgabe wird zum Ausfüllen der Einstellungs-Fragebogen für Raucher ausgeteilt (s. Abb. 6), in dem die häufig wiederkehrender hinderlicher Einstellungen in der Raucherentwöhnung zusammengefaßt sind und mit dem jeder für sich feststellen kann, welche Einstellungsänderungen notwendig sind.

2.4. Vierte Sitzung

2.4.1 Hausaufgabenbesprechung/Erfahrungsaustausch
2.4.2 Umgang mit hinderlichen Gedanken

Materialien
Entspannungs- und Vorstellungsübung
Hausaufgabenblatt 4

Hauptziele: Verstärkung bisheriger Erfolge. Vertiefung des Themas "Umgang mit hinderlichen Gedanken".

Bei der **Hausaufgabenbesprechung** ist auf die Rauchdiagnosen einzugehen, die von den Teilnehmern zu Hause erstellt wurden. Wenn sich spezifische Rauchgewohnheiten (z.B. fast nur alleine oder nur bei der Arbeit) ergeben, dann können gemeinsam mit den anderen Teilnehmern spezifische Problemlösestrategien (Alternativverhalten, Ablenkungen, Ersatzbefriedigungen etc.) erarbeitet werden.
Beim **Umgang mit den hinderlichen Gedanken** gibt es zwei Möglichkeiten: (1) Ignorieren bzw. Nicht-Beachten der Gedanken und (2) Widerlegen und Ersetzen durch angemessene und zielführende Gedanken.

Raucherentwöhnung

Einstellungs-Fragebogen für Raucher

Entscheiden Sie ganz spontan, wie sehr Sie dem Satz zustimmen. Wenn Sie den Gedanken schon häufig hatten und fest an ihn glauben, tragen Sie eine 10 dahinter ein. Wenn Sie noch nie daran gedacht haben und überhaupt nicht zustimmen, geben Sie eine 0. Je mehr Punkte Sie geben, um so mehr stimmen Sie dem Satz spontan (also ohne vernünftige Abwägung) zu.

1. Ohne Rauchen ist das Leben halb so schön _____

2. Ich glaube, mir fehlt die Willensstärke, um Nichtraucher zu werden _____

3. Nichtraucher zu werden müßte leichter sein _____

4. Ich werde es ohne Zigaretten nicht aushalten _____

5. Ich kann nicht auf Zigaretten verzichten,
    weil ich sonst fülr meine Umgebung ungenießbar werde _____

6. Lieber rauche ich weiter, als daß ich zu dick werde _____

7. Es gibt so viele ungesunde Dinge, da kommt es auf das Rauchen auch nicht mehr an _____

Hier können Sie weitere Gedanken eintragen, mit denen Sie sich die Entwöhnung bisher schwer gemacht haben:

8. .... _____

9. .... _____

10. .... _____

11. .... _____

Zur ersten Möglichkeit: Viele Raucher sagen, wenn sie sich gedanklich mit dem Rauchen beschäftigen, steigt ihre Lust zu rauchen. Statt dessen möchten sie lieber an etwas anderes denken. Das ist eine Möglichkeit, mit seinen hinderlichen Gedanken umzugehen. Man lernt, sie zu ignorieren und an etwas anderes, Angenehmes, z.B. einen schönen Urlaub, zu denken (vgl. die Technik des Gedankenstopp).
Die zweite Möglichkeit, das Widerlegen und Ersetzen der schädlichen Gedanken wird ausführlich in Form des Sokratischen Dialogs (s. RET-Literatur) durchgeführt, wobei deutlich wird, daß die hinderlichen Einstellungen zur Entwöhnung nicht wahr bzw. nicht beweisbar sind und auf jeden Fall der Entwöhnung im Wege stehen. Als Kursleiter bzw. Therapeut sollte man sich natürlich vorab mit den hinderlichen Einstellungen auseinandergesetzt haben und die entsprechenden Gegenargumente kennen.
Die förderlichen Gedanken sollten dem Raucher mit der Zeit genauso automatisch in den Sinn kommen wie zuvor die hinderlichen. Erst dann werden sie sein Verhalten bestimmen, d.h. nicht mehr in Versuchungssituationen zum Rauchen führen. Dazu müssen die neuen Gedanken erlernt und wie Vokabeln

einer Fremdsprache häufig wiederholt bzw. in den entsprechenden Situationen angewendet werden.
Das Üben der neuen Gedanken kann auf zwei Weisen geschehen: in der Vorstellung und in der Wirklichkeit. Übung in der Vorstellung bedeutet, daß man sich bestimmte Situationen in Gedanken vor Augen führt und sich die förderlichen Gedanken in der Vorstellung selbst vorspricht. Die Vorstellungskraft wird genutzt, um neues Verhalten zu erlernen und zu verfestigen (vgl. Selbstinstruktionstraining nach Meichenbaum).
Der Raucher soll sich also in einer Vorstellungsübung ausmalen, wie er verschiedene Situationen des Alltags ohne Zigarette meistert. Wie beim Superlearning wird die Tatsache ausgenutzt, daß man in entspanntem Zustand aufnahmefähiger ist. Deshalb wird die Vorstellungsübung mit einer Entspannungsübung kombiniert. Die Teilnehmer sollen sich bequem hinsetzen und die Augen schließen. Eventuell sollten die Stühle um 180 Grad gedreht werden, so daß sich niemand beobachtet fühlt. Als leicht zu erlernendes Entspannungstraining hat sich eine Atemübung bewährt, bei dem man sich nur auf seine Atmung konzentriert und nach dem Ausatmen ein bis zwei Sekunden den Atem anhält. Ist eine leichte Entspannung nach etwa zwei bis drei Minuten erreicht, beginnt die Vorstellungsübung: Die Teilnehmer sollen sich ihren Tagesablauf von morgen vorstellen und besonders eine Situation, in der sie erwartungsgemäß am liebsten rauchen würden. Wenn sie eine Situation vor Augen haben, sollen sie die förderlichen Einstellungen zu sich sagen und sich vorstellen, wie sie so der Versuchungssituation widerstehen, und sich anschließend mit der Atemübung wieder entspannen.
Auf diese Weise werden die neuen Einstellungen trainiert und das Nichtrauchen durch die angenehme Entspannung belohnt.
Diese kombinierte Entspannungs- und Vorstellungsübung sollen die Teilnehmer des Kurses als Hausaufgabe mindestens einmal täglich durchführen.

2.5. Fünfte Sitzung

2.5.1 Hausaufgabenbesprechung/Erfahrungsaustausch
2.5.2 Diskussion über Bedürfnisse und Alternativen

Materialien
Bedürfnisse und Alternativen
Vorstellungsübung
Hausaufgabenblatt 5

Hauptziele:
Das dem Rauchen zugrundeliegende Bedürfnis erarbeiten und alternative Bedürfnisbefriedigungen finden.

In dieser sowie in den folgenden Sitzungen nimmt der **Erfahrungsaustausch** immer größeren Stellenwert ein, da die Teilnehmer einen Großteil des "Handwerkszeugs" zum Nichtrauchen inzwischen zur Verfügung haben und die Wahl der Werkzeuge und deren Handhabung nun geübt werden müssen. Mit dem Führen der Strichliste haben sie die klassische Konditionierung des Rauchens an bestimmte Auslösereize unterbrochen. Mit der Auseinandersetzung mit den langfristigen Entwöhnungsmotiven und dem Abschließen der Wetten wurde der operanten Konditionierung des Rauchens (den kurzfristig angenehmen Konsequenzen) etwas entgegengesetzt. Und mit der Disputation hinderlicher Einstellungen zum Nichtrauchen bzw. den In-sensu- und In-vivo-Übungen förderlicher Einstellungen sind die kognitiven Voraussetzungen für das Abstinenzziel geschaffen.
An dieser Stelle soll nun der Frage nach den zugrundeliegenden **Bedürfnissen und möglichen Alternativen** zum Rauchen intensiver nachgegangen werden. Ansatzpunkte für Antworten liefern die Arbeitsblätter "Rauchdiagnose", mit denen jeder einzelne seine typischen Rauchsituationen und Rauchumstände ermittelt hat. Es kann nun in der Gruppe für jeden einzelnen erarbeitet werden, welches Bedürfnis bei ihm dem Rauchen zugrunde liegt (Bedürfnis nach Entspannung, menschlicher Nähe, Lob, Zuneigung, Gesellschaft etc.) und welche gesunden Befriedigungsmöglichkeiten es gibt. Eine genauere Schilderung des therapeutischen Vorgehens ist in diesem Rahmen nicht möglich. Hier sind Erfahrungen in Gruppenpsychotherapie erforderlich.

Wichtig scheint in diesem Zusammenhang, daß es den hundertprozentigen Ersatz für die Zigarette nicht gibt (nichts befriedigt so scnell und ist so leicht verfügbar wie die Zigarette). Wer es aber schafft, von dieser kindlichen "Ich-will-Genuß-sofort"-Forderung abzukommen, der hat die Chance, neue und tiefere Möglichkeiten der Bedürfnisbefriedigung zu finden (z.B. Freunde anzurufen, wenn er/sie einsam ist.)

2.6. Sechste Sitzung

2.6.1 Hausaufgabenbesprechung/Erfahrungsaustausch
2.6.2 Entspannungs- und Vorstellungsübung

Materialien
Hausaufgabenblatt 6

Hauptziele: Dauerhafte Abstinenz kognitiv vorbereiten.

In der **Hausaufgabenbesprechung** werden die Erfahrungen der Teilnehmer mit den alternativen Bedürfnisbefriedigungen besprochen. Die meisten Teilnehmer dürften zu diesem Zeitpunkt Nichtraucher sein und in der Regel überrascht, daß es nicht so schwer war wie erwartet, und suchen Bestätigung für die erbrachte Leistung. Es sollte deutlich werden, daß alles bisher Erreichte nicht eine Leistung des Kursleiters ist, sondern die des einzelnen Rauchers. Um im obigen Bild zu bleiben: Der Leiter hat einige Werkzeuge zur Verfügung gestellt, benutzt hat sie der einzelne, wobei dieser mehr oder weniger Kraft aufwenden mußte. Den meisten (Ex-) Rauchern fällt es zu diesem Zeitpunkt noch schwer, sich mit dem Gedanken abzufinden, daß sie nie mehr rauchen werden. Aber genau das ist für den dauerhaften Erfolg der Entwöhnung notwendig. Deshalb wird an dieser Stelle wieder eine Entspannungs- und Vorstellungsübung durchgeführt, die man als "verdeckte Desensibilisierung" bezeichnen könnte. Die Teilnehmer sollen sich zunächst entspannen und sich dann vorstellen, daß sie nie mehr rauchen (wobei Vorstellungen von Situationen aufkommen, in denen die Abstinenz nur unter großen inneren Spannungen ausgehalten werden kann). Sodann wird die Aufmerksamkeit von dem Gedanken wieder abgezogen und die Entspannungübung wiederholt. Der Raucher lernt dadurch, diesen Gedanken ("nie mehr rauchen") auszuhalten und ihn nach häufiger Wiederholung der Übung entspannt zu erleben.

2.7. Siebte Sitzung

2.7.1 Hausaufgabenbesprechung/Erfahrungsaustausch
2.7.2 Umgang mit einem Rückfall

Materialien:
Hausaufgabenblatt 7

Hauptziel: Rückfallprophylaxe.

Die **Hausaufgabenbesprechung** wird zunehmend von den Teilnehmern selbst inhaltlich bestimmt. Die einen haben den Wunsch ihre Erfolge mitzuteilen, andere sind vielleicht rückfällig geworden und suchen nach Lösungsmöglichkeiten für die zugrundeliegenden Probleme. Hier hat sich das klientenzentrierte Gespräch in der Gruppe bewährt.

Sodann wird der **Umgang mit einem Rückfall** thematisiert, wobei der Rückfall nicht als die Regel bezeichnet wird, aber doch als eine häufig vorkommende Erscheinung realistisch gesehen werden muß. Hierbei ist die Unterscheidung zwischen einem Ausrutscher (engl. 'lapse') und einem echten Rückfall (engl. 'relapse') wichtig, wie sie in der deutschen Sprache selten gemacht wird. Ein Ausrutscher ist ein Fehler, der keine gravierenden Folgen hat, wenn sofort die entsprechenden Konsequenzen gezogen werden. Ein Rückfall ist für den Raucher das komplette Zurückfallen in sein ehemaliges Suchtverhalten. D.h. ein einmaliger Ausrutscher (Rauchen bei einer Feierlichkeit, eventuell unter teilweisem Kontrollverlust durch Alkohol oder in einer Ausnahmesituation (Unfall, Tod eines Angehörigen) ist kein Rückfall ins abhängige Rauchen, wenn möglichst bald (am nächsten Tag) das Rauchen wieder eingestellt und eine neue Wette über das Nichtrauchen abgeschlossen wird (läuft die alte Wette noch, gilt sie natürlich als verloren).

Was alles zur Verhinderung eines Rückfalls getan werden kann bzw. nach einem Ausrutscher, das geht aus empirischen Untersuchungen zu diesem Thema hervor. Im deutschen Sprachraum ist dies am besten bei Minneker (1991) dargestellt und soll hier aus Platzgründen nicht detailliert dargestellt werden. Damit es auch in Extremsituationen nicht zu einem Rückfall kommt, kann sich der (Ex-)Raucher mit einer Vorstellungsübung darauf vorbereiten. Diese Entspannungs- und Vorstellungsübung verläuft nach demselben Schema wie dem in Sitzung 4 beschriebenen, wobei jeder für sich eine rückfallgefährdende Situation auswählen soll, wie sie in späterer Zukunft eintreten könnte. Diese Übung soll täglich zu Hause durchgeführt werden.

3.8. Achte Sitzung

3.8.1 Hausaufgabenbesprechung/Erfahrungsaustausch
3.8.2 Kritischer Rückblick

Hauptziele: Rückfallprophylaxe u.a. durch Förderung von Kontakten der Teilnehmer untereinander und Nachtreffen.

In der letzten Sitzung findet wie üblich zunächst ein Erfahrungsaustausch statt, wobei das Thema Rückfallprohylaxe im Vordergrund stehen sollte: Haben die Teilnehmer ihre Rauchutensilien aufgehoben, noch Zigarettenvorräte oder 'geheime' Depots (z.B. "zufällig" im Auto? Welche Situationen erscheinen noch rückfallgefährdend und was tut der Einzelne, um diese Situationen zu bewältigen? An dieser Stelle sollten die Teilnehmer auf den günstigen Effekt von Nachtreffen hingewiesen werden, die die Erfolgswahrscheinlichkeit einer Entwöhnungsgruppe deutlich erhöhen. Gleichzeitig zeigt die Teilnahme an solchen Nachtreffen auch, daß einem das Thema über die achtwöchige Kursphase hinaus wichtig ist.
Zum Schluß bietet es sich an einen **kritischen Rückblick** zu machen. Einerseits hilft dies dabei, herauszufinden auf welche Maßnahmen der Einzelne am meisten setzen sollte, um Nichtraucher zu bleiben. Andererseits ist es für den Therapeuten wichtig zu erfahren, was er ändern und verbessern kann.

Literatur

Buchkremer, G. (Hrsg.)(1989): Raucherentwöhnung. Psychologische und pharmakologische Methoden. Thieme, Stuttgart.
Bundeszentrale für gesundheitliche Aufklärung (Hrsg.) (1987): Eine Chance für Raucher. Nichtraucher in 10 Wochen. BzgA, Köln.
Ellis, A. (1978). Rational-emotive Therapie. Pfeiffer, München.
Lindinger, P. & Mitschele, U. (1991). Kognitive Therapie des Rauchens. Diplomarbeit. Universität Freiburg.
Minneker, E. (1991): Rückfallpropylaxe in der Raucherentwöhnung. Peter Lang, Freiburg.
Tölle, R. & Buchkremer, G. (1989): Zigarettenrauchen. Epidemiologie, Psychologie, Pharmakologie und Therapie. Springer, Berlin.
Unland, H. (1990a). Is success in smoking cessation therapy predictable?. Swets & Zeitlinger, Amsterdam/Lisse, S. 237-241.
Unland, H. (1990b). Tandem. Ein neuer Weg in der Raucherentwöhnung. In: Hefa-Frenon Arzneimittel (Hrsg.), Am Bahnhof 1-3, Werne.
Walen, S., DiGiuseppe, R. & Wessler, R.L. (1982). Einführung in die Rational-Emotive Therapie (RET). Pfeiffer, München.

Weiterführende Literatur

Die beiden umfassendsten Publikationen zur Theorie und Empirie des Zigarettenrauchens bzw. zum gegenwärtigen Forschungsstand in der Raucherentwöhnung in deutscher Sprache sind die oben zitierten von Buchkremer (1989) und Tölle und Buchkremer (1991). Zur Praxis der Raucherentwöhnung liegen meines Wissens nur Kursleitermanuale und Anleitungen zur Selbsthilfe vor, die nicht als aktuelle und umfassende Therapieansätze bezeichnet werden können.

Umgang mit Suizidalität

• Thomas Bronisch •

1. Definition von Suizidalität
In dem Begriff „Suizidalität" sind drei verschiedene Formen suizidalen Erlebens und Verhaltens subsumiert:
1. Suizidideen
2. Suizidversuche
3. Suizide

Suizidideen können beinhalten: Nachdenken über den Tod, Todeswünsche und suizidale Ideen im engeren Sinne. Für Suizidversuche wird mittlerweile in der wissenschaftlichen Literatur weitgehend die Definition von Kreitman (1980) akzeptiert. Demnach ist ein Suizidversuch, von dem Autor „Parasuizid" genannt, wie folgt definiert: Ein „selbstinitiiertes, gewolltes Verhalten eines Patienten, der sich verletzt oder eine Substanz in einer Menge nimmt, die die therapeutische Dosis oder ein gewöhnliches Konsumniveau übersteigt und von welcher er glaubt, sie sei pharmakologisch wirksam". Während die Definition von Suizidversuchen nach Kreitman (1980) weitgehend akzeptiert ist, werden die Begriffe „Parasuizid" und „Suizidversuch" parallel benützt. Aus der Definition des Suizidversuches/Parasuizides ergibt sich, daß eine aktive Intention hin zur Beendigung des eigenen Lebens bei dem Suizidenten vorhanden sein muß. Psychische Störungen, wie z. B. Alkohol-, Medikamenten- und Drogenabhängigkeit oder Magersucht, welche oftmals als protrahierte Selbsttötung beschrieben werden, fallen somit nicht unter suizidale Verhaltensweisen.

2. Einteilung von Suizidversuchen
Bei der Beschreibung von suizidalen Verhaltensweisen/Suizidversuchen hat es sich als klinisch brauchbar erwiesen, eine Unterteilung zu treffen, die sich nach den Motiven des Suizidenten richtet (Feuerlein 1971):
1. Parasuizidale Pause: Hier steht der Wunsch nach einer Zäsur im Vordergrund
2. Parasuizidale Geste: Hier steht der Appell an den Mitmenschen im Vordergrund
3. Parasuizidale Handlung: Hier steht die Autoaggression im Vordergrund im Sinne eines mißglückten Suizides

Es versteht sich von selbst, daß alle drei Formen des öfteren kombiniert mit unterschiedlichen Schwerpunkten auftreten.

Diese Einteilung von Suizidversuchen führt direkt zum Problem der Ernsthaftigkeit von Suizidversuchen. Neben der Ernsthaftigkeit der Suizidintention, wie oben beschrieben, sind Suizidarrangement und Gefährlichkeit der Suizidmethode von Bedeutung. Das Suizidarrangement gibt Auskunft darüber, inwieweit der Suizident ein (rasches) Auffinden seiner Person nach erfolgtem Suizidversuch möglich oder unmöglich macht. Die Suizidmethode gibt unter Umständen Hinweise darauf, mit welcher Endgültigkeit der Betroffene seinen Suizid in die Wege leitet. Hierbei spielen sogenannte „harte Methoden" eine besondere Rolle. Zu den „harten Methoden" zählen alle Methoden, die nicht durch Einnahme von Drogen oder Medikamenten erfolgen, wie etwa: Erhängen, Erschießen, vor einen Zug springen, sich ertränken, sich aus einem hohen Gebäude stürzen, sich die Pulsadern aufschneiden oder sich eine todbringende Substanz spritzen oder infundieren (z. B. Insulin).

Dennoch können diese Charakteristika für ernsthafte Suizidversuche nicht absolut genommen werden, was an einem Beispiel erläutert wird: Eine Patientin unternimmt einen Suizidversuch mit Einnahme von 20 Schlaftabletten, die sie im Medikamentenschrank vorgefunden hat („weiche Methode"). Sie nimmt sie abends ein, legt sich ins gemeinsame Ehebett (Arrangement ermöglicht ein rasches Auffinden). Ihr Wunsch ist einfach, nach den vielen Streitigkeiten mal völlig abzuschalten (parasuizidale Pause). Die Patientin verstirbt noch in derselben Nacht: Bei den Tabletten handelte es sich um barbiturathaltige Schlafmittel, welche zu einer Lähmung des Atemzentrums führten. Der Ehemann ging erst spät ins Bett, hatte auf die nicht eindeutigen Suizidäußerungen seiner Frau nicht reagiert. Er fand sie schlafend vor, die Medikamentenschachtel war vom Nachttisch gefallen und lag für den Ehemann nicht direkt sichtbar auf dem Boden. Am nächsten Morgen konnte der herbeigerufene Notarzt nur noch den Tod der Patientin feststellen.

3. Epidemiologie von suizidalem Verhalten

Die Bedeutung des Suizids wird hartnäckig unterschätzt. Suizid rangiert in den meisten europäischen Ländern und in den USA unter den 10 häufigsten Todesursachen: In einigen Altersgruppen liegt die Suizidrate bei 1 von 50 Todesfällen. In der Bundesrepublik Deutschland (alte und neue Bundesländer) betrug die Suizidrate 1996 17/100.000. Die Staaten Brandenburg und Sachsen gelten schon seit letztem Jahrhundert als Länder mit sehr hohen Suizidraten, so daß in den neuen Bundesländern insgesamt eine höhere Suizidrate als in den alten Bundesländern vorliegt. Damit zählt die Bundesrepublik zu den Ländern mit hohen Suizidraten. Die Dunkelziffer wird auf ca. 25% geschätzt (Kreitman 1986).

Die Suizidraten nehmen mit steigendem Alter zu, und zwar bei beiden Geschlechtern. Die Frauen weisen dabei bis zum 50. Lebensjahr eine deutlich niedrigere Suizidrate auf. Soziale Isolation ist mit Ansteigen von Suizidziffern verknüpft. Die höchsten Suizidraten finden sich bei Geschiedenen, gefolgt von Ledigen und Verwitweten. Suizide nehmen im Alter zu, während Suizidversuche im Alter abnehmen. Bei den Suizidversuchen überwiegt meistens das weibliche Geschlecht, insbesondere im jugendlichen und jungen Erwachsenenalter. Die Suizdversuchsraten liegen bei den Männern um das 15fache, bei den Frauen um das 30fache über den Suizidraten. Suizid wie Suizidversuche kommen gehäuft bei Arbeitslosen vor und Suizidversuche häufiger in den unteren als in den oberen sozialen Schichten (Kreitman 1986).

Zwischen 15 und 35% derjenigen, die schon einen Suizidversuch unternommen haben, wiederholen einen Suizidversuch in den nächsten zwei Jahren. Die Suizidrate liegt dabei bei 0,9 bis 2,5% pro Jahr. In Langzeitstudien von mehr als 10 Jahren ergibt sich ein Prozentsatz von 10-13% von Probanden, die schließlich Suizid begehen (Bronisch 1992).

4. Motive und Bedeutungsmöglichkeiten von Suizidalität

Eine Reihe von Motiven und Bedeutungsmöglichkeiten für Suizidversuche läßt sich grundsätzlich voneinander unterscheiden:

1. Erlösung von seelischem (Depression, Angst, Psychose) und körperlichem Leid (Krebs, Aids, Diabetes, Niereninsuffizienz)
2. Wunsch nach einem Gottesurteil bezüglich des eigenen Weiterlebens, d.h. weder leben noch sterben können
3. Suche nach Ruhe und Geborgenheit
4. Hilferuf und Hilfsappell
5. Entlastung von Schuldgefühlen
6. Wendung der Aggression gegen das eigene Ich, da Aggression gegen den Partner nicht gerichtet werden darf
7. Primäre Aggressivität gegen das eigene Ich
8. Identifikation mit einer Idolfigur (sog. Werther-Effekt)
9. Erpressung, Wunsch, die soziale Umwelt zu kontrollieren, manipulieren
10. Racheakt im Sinne einer Bestrafung eines Partners
11. Kränkung aufgrund eines mangelhaft entwickelten Selbstwertgefühls (narzißtische Kränkung)

12. Einzige Möglichkeit, das Selbstwertgefühl noch zu retten (Suizidversuch als narzißtische Plombe)
13. Appell an menschliche Bindung bzw. Aufkündigung aller menschlichen Bindungen
14. Aktive und freie Handlung eines Menschen (sog. Bilanzselbstmord)
15. Spannungsabfuhr: kein Suizidversuch im engeren Sinne

Meistens ist keine dieser Bedeutungsmöglichkeiten und Motive allein zutreffend. Ich neige dazu, besonders die narzißtischen Motive, vor allem aber den Appell an die menschliche Bindung, als die wesentlichen Motive für Suizidalität anzusehen (Bronisch, 1995).

Die geschilderten Bedeutungsmöglichkeiten und Motive suggerieren in jedem Falle eine gewisse Abwägung, Entscheidung, Reflexion des Suizidenten. Dies entspricht jedoch nicht der klinischen Realität: Suizidversuche und Suizide sind zuallermeist **Impulshandlungen,** wobei der momentane seelische Schmerz nicht ausgehalten werden kann.

5. Risikofaktoren für Suizidalität

Aus den epidemiologischen Studien ergeben sich schon viele Hinweise auf Risikofaktoren für Suizidalität. Für Suizide und Suizidversuche ist es höheres Alter, der Familienstand geschieden, ledig, verwitwet, Arbeitslosigkeit; für Suizid ist es das männliche Geschlecht, für Suizidversuche das weibliche Geschlecht und die untere soziale Schicht.

Für Suizide ist der bedeutendste Risikofaktor allerdings ein vorangegangener Suizidversuch, was bedeutet: je mehr Suizidversuche in der Vorgeschichte erfolgt sind, desto größer wird die Wahrscheinlichkeit eines Suizides.

Risikofaktoren von erheblicher klinischer Bedeutung sind auch psychiatrische Erkrankungen, vor allem Suchterkrankungen und Depressionen (Bronisch 1995). Es gibt Hinweise dafür, daß ca. 15% der stationär behandelten Depressiven und Suchtkranken sich suizidieren (Miles 1977). Weiterhin finden sich gehäuft Suizide und Suizidversuche bei Schizophrenen und Patienten mit Panikstörungen, organischen Psychosyndromen sowie bei Patienten mit Persönlichkeitsstörungen. Auch bei konsumierenden körperlichen Erkrankungen, wie z. B. Krebs oder AIDS, kommen leicht erhöhte Suizidraten vor.

Es muß jedoch darauf hingewiesen werden, daß mit diesen „Prädiktoren" ein Suizid nur unzureichend vorausgesagt werden kann.

6. Erkennen und Abschätzen von Suizidalität

Die oben genannten Risikofaktoren müssen bei Erkennen und Abschätzen von Suizidalität unbedingt berücksichtigt werden. Der allerwichtigste Indikator zum Erkennen von Suizidalität ist eine depressive Verstimmung. Nahezu jeder Suizidgefährdete hat eine wenn auch leichte depressive Verstimmung. Daher empfiehlt es sich, bei Verdacht auf Suizidalität zunächst eine depressive Symptomatik zu erfragen, wie etwa Schlafstörungen, Appetit- und Libidostörungen, Konzentrationsstörungen, Apathie, Müdigkeit, Freud- und Lustlosigkeit, Selbstabwertung, Schuldgefühle, Hoffnungslosigkeit..

Dies führt dann automatisch auch zur direkten intensiven Befragung des Patienten hinsichtlich seiner Einstellung zu einem Suizidversuch jetzt und in Zukunft. Besonders zu beachten ist dabei auch die gedankliche Einengung des Suizidalen auf seine Innenwelt, wie von E. Ringel beschrieben. Vorsicht ist besonders dann geboten, wenn der Patient nach Suizidandeutungen und ausgeprägter depressiver Verstimmung ganz plötzlich, ohne daß sich wesentliches in seinem Leben geändert hat, eine „unheimliche" Ruhe ausstrahlt oder in einen ausgesprochen agitierten Zustand gerät. Weiterhin sind suizidale Zwangsgedanken, die der Patient nicht loswird und die oftmals im Rahmen einer schweren Depression auftreten, als besonders gefährlich anzusehen.

Einen wichtigen Hinweis auf eine Neigung zu suizidalen Verhaltensweisen kann auch eine Familienanamnese mit Suiziden und Suizidversuchen geben.

Nach einem Suizidversuch sollte der Patient ganz konkret darstellen können, warum er zum jetzigen Zeitpunkt nicht mehr suizidal ist, d.h., was sich in seiner Einstellung zum Leben (Tode) und in seiner sozialen Situation so grundlegend geändert hat, daß ein Suizidversuch nicht mehr sinnvoll und notwendig erscheint. Sollte der Therapeut Zweifel an der Aufrichtigkeit der Antworten seines Patienten haben, so empfiehlt es sich, möglichst viele Fremdinformationen einzuholen.

Hinsichtlich der Gefahr eines erneuten Suizidversuches sollte natürlich besonders das Arrangement und die Methode des vorangegangenen Suizidversuches beachtet werden: Je härter die Methode und je weniger das Arrangement die Möglichkeit des Eingreifens von außen offenließ, desto höher ist die Ernsthaftigkeit der Suizidalität einzuschätzen und damit die Wahrscheinlichkeit, daß der Patient von seinen Suizidabsichten auch in Zukunft nicht abrücken wird. Es darf allerdings auf keinen Fall der Umkehrschluß gezogen werden, daß ein vorangegangener nicht ernsthafter Suizidversuch zu weiteren nicht ernsthaften Suizidversuchen führt. Letztlich ist das Vertrauensverhältnis zwischen Patient und Therapeut der wesentlichste Faktor für die Möglichkeit eines Erkennens und realistischen Einschätzens von Suizidalität. Offene Feindseligkeit oder provokatives Verhalten gegenüber dem Therapeuten deuten nicht nur auf eine mangelnde Vertrauensbasis hin, sondern sind Indikatoren für akut weiterbestehende Suizidalität.

7. Interventionsstrategien

Basis jeder psychotherapeutischen Intervention ist eine eindeutige Einstellung/Haltung des Therapeuten zur Suizidalität.

Für meine Begriffe sollten folgende Leitsätze für einen erfolgreichen therapeutischen Umgang mit Suizidalität beachtet werden:

1. Suizidversuche basieren in den meisten Fällen auf sehr subjektiven Bilanzen des eigenen Lebens, die meistens korrigierbar sind.
2. Therapeut und Patient müssen sich darüber im klaren sein, daß ein Suizid etwas ist, was **nicht** rückgängig gemacht werden kann.
3. Nahezu jeder Suizidversuch enthält als wesentliches Element einen Appell an menschliche Bindung.
4. Der Therapeut muß mit dem suizidalen Patienten einen zeitlichen Aufschub vereinbaren, während dessen er - noch einmal - mit dem Patienten die Lebenssituation genau anschauen kann.
5. Kein Therapeut kann einen Patienten **langfristig** von einem Suizidversuch/Suizid abhalten. Der Therapeut muß mit der Kränkung fertig werden, daß er nicht um jeden Preis Leben erhalten kann.
6. Der Therapeut muß für den Patienten stellvertretende Hoffnung darstellen können.
7. Ein Suizidversuch ist immer ernst zu nehmen, und es müssen auch bei suizidalen Gesten Konsequenzen gezogen werden.

Unter den oben genannten Voraussetzungen ist die Aufrechterhaltung und Festigung des Kontaktes zum Patienten die entscheidende therapeutische Intervention. Jüngere und unerfahrene Therapeuten sollten sich nicht davon abhalten lassen, suizidale, schwierige Patienten weiterzubetreuen und statt Delegierens an einen erfahrenen Therapeuten einen Supervisor einschalten. Als nächster Schritt sollte dann eine Kontaktaufnahme mit dem sozialen Umfeld des Patienten erfolgen.

8. Probleme des Therapeuten im Umgang mit suizidalen Patienten

Die meisten Probleme in der therapeutischen Beziehung bereitet die ausgeprägte Ambivalenz des Patienten. Einerseits appelliert er an die Hilfsbereitschaft des Therapeuten und sucht die menschliche Bindung, andererseits wehrt er Hilfestellung und Zuwendung des Therapeuten ab. Der Therapeut muß sich dieses Wechselspiel immer wieder bewußtmachen und konstant in seiner Distanz haltenden Zuwendung zum Patienten bleiben bzw. dahin zurückkehren. Oftmals haben Patient und Therapeut überhöhte Ansprüche an den anderen, was zwangsläufig zu Enttäuschungen auf beiden Seiten führen kann. Immer wieder muß sich der Therapeut darüber im klaren sein, daß er langfristig einen Patienten nicht von einem Suizidversuch/Suizid abhalten und nicht für den Patienten handeln kann. Dies wird um so schwieriger, je mehr der Therapeut durch eine kritische Öffentlichkeit oder durch eine überängstliche Institution dazu gezwungen wird, um jeden Preis einen - erneuten - Suizidversuch zu verhindern.

Nicht zu vergessen sind auch eigene suizidale Tendenzen oder Todeswünsche des Therapeuten, die dann in die Beurteilung der subjektiven Bilanz des Patienten einfließen und womöglich zu einem Einverständnis mit den suizidalen Tendenzen des Patienten führen können. Umgekehrt kann es auch zu Bagatellisierungstendenzen kommen, wobei der Therapeut eine drohende Suizidgefahr übersieht. Letztendlich ist es dann für den Therapeuten besser, zu akzeptieren, daß er für die Therapie von suizidalen Patienten weniger gut geeignet ist, und die Therapie an einen anderen Therapeuten abgibt. Wertet der Therapeut suizidales Verhalten als „Schwäche" ab, so kann es zu einer massiven Entwertung des Patienten kommen, der sowieso schon in seinem Selbstwertgefühl stark beeinträchtigt ist. Es ist dann möglich, daß der Patient seine „Schwäche" überwindet und sich umbringt. Jeder Therapeut sollte sich im klaren sein, daß es doch eine erhebliche Überwindung kostet, sich das eigene Leben zu nehmen.

9. Behandlung von Suizidalität bei bestimmten psychiatrischen Störungen

Eine spezielle Behandlungsstrategie bei Suizidalität betrifft psychotische Erkrankungen, depressive Erkrankungen und Suchterkrankungen:

1. Patienten mit einer psychotischen Erkrankung weisen einen erheblichen Realitätsverlust auf, welcher sich zum Beispiel in Wahn, Halluzinationen und Denkstörungen äußern kann.
   Im Zweifelsfall ist eine sofortige Unterbringung des Patienten auf einer geschlossenen psychiatrischen Station erforderlich und eine sofortige antipsychotische Behandlung unter Einschluß sedierender Medikamente. Die weitere Abschätzung der Suizidalität sollte dann einem erfahrenen Psychiater überlassen werden.
2. Bei schwer depressiven Patienten gilt ähnliches wie bei den Psychosen. Hier sollte sofort eine antidepressive Behandlung unter Einschluß sedierender Medikamente erfolgen. Zu beachten ist, daß ein schwer Depressiver oftmals allein deswegen suizidal wird, weil die Depression so quälend ist. In einer schweren Depression ist das Selbstwertgefühl des Betroffenen sehr beeinträchtigt. Zusätzlich bestehen womöglich ausgeprägte Schuldgefühle. Jegliche kritische Beleuchtung der Lebensgeschichte und Konfrontation mit Defiziten oder Fehlentwicklungen sind zu vermeiden, um die Patienten nicht noch mehr in Schuldgefühle und Minderwertigkeitsgefühle zu stoßen, welche dann zu akuter Suizidalität führen können.
3. Bei Suchterkrankungen ist der körperliche Entzug die wichtigste suizidprophylaktische Maßnahme. Daher steht an erster Stelle jeder Behandlung der körperliche Entzug bzw. die Motivierung dazu. Abhängige Patienten geraten oft dann in eine suizidale Krise, wenn das soziale Netz mehr und mehr zerreißt, d. h., Arbeit und Familie verlorengehen und körperliche Folgeerscheinungen der Sucht hinzutreten. Hier ist es besonders angebracht, das soziale Umfeld mit in die Therapie einzubeziehen.

10. Der chronisch suizidale Patient

Diese Patienten gehörten zu schwierigsten Klientel im Bereich der Psychotherapie überhaupt. Es können nur einige wenige Anmerkungen gemachte werden (siehe ausführlichere Literatur Kernberg 1990, Linehan 1989, Wedler et al. 1992).

1. Chronisch suizidale Patienten dürfen auf keinen Fall um jeden Preis von Suizidversuchen abgehalten werden, weil oftmals Suizidalität manipulativ eingesetzt wird.
2. Bei ambulanter Therapie muß <u>vor</u> Therapiebeginn eine evtl. schriftliche Vereinbarung übe
   Konsequenzen von suizidalehalten während der Therapie erfolgen.

3. Bei akuter Suizidgefahr sollte der Patient in eine psychiatrische Notfallambulanz eingewiesen oder der Notarzt alarmiert werden.
4. Bei erpresserischen Suiziddrohungen sollte der Therapeut dem Patienten klarmachen, daß der Therapeut einen Suizid des Patienten zwar bedauern würde, aber sich weder verantwortlich für den Patienten fühlt noch ihm nachtrauern wird.
5. Bei gleichzeitig bestehender deutlich depressiver Verstimmung ist eine antidepressive Behandlung, welche möglichst stationär erfolgen sollte, unbedingt erforderlich.
6. Sofern Angehörige vorhanden sind, die zu einer Kooperation fähig und willig sind, sollte die stets existierende Suizidgefahr offen besprochen und das Einverständnis für eine ambulante Behandlung eingeholt werden.

11. Was tun, wenn es passiert ist?

Es gehört leider auch zu den traumatischen Erfahrungen eines Psychotherapeuten, nicht nur der Angehörigen, wenn sich ein Patient suizidiert hat.

Das allerwichtigste ist eine offene Besprechung mit Mitpatienten und dem therapeutischen Team bei stationären Patienten sowie den Angehörigen. Dabei sollte der Therapeut seine tiefe Betroffenheit zeigen und sich nicht verschließen. Man sollte den Angehörigen therapeutische Hilfe anbieten, die allerdings besser von einem anderen Kollegen geleistet werden sollte.

Mittlerweile existieren Selbsthilfegruppen für Angehörige von Patienten, die sich suizidiert haben oder die auf tragische Weise ums Leben gekommen sind. Manchmal können solche Selbsthilfegruppen eine große Stütze bei der Verarbeitung eines solch schweren Schicksalsschlages sein. Schließlich sollte der Therapeut selbst Trost und Rat bei einem Kollegen suchen.

Dabei sollte sich jedoch jeder Therapeut im klaren sein, daß nur einer von tausend betreuten Patienten mit Suizidalität einen Suizid innerhalb einer kontinuierlichen Beziehung begeht.

Literatur

Bronisch, T.: Long-term follow-up of suicide attempts. In: Ferrari, G., Crepet, P., Platt, S., Bellini, M (eds): Suicidal Behavior in the European Region. John Libbey CIC, Roma, New York 1992, 177-182

Bronisch, T.: Der Suizid. Ursache, Warnsignale, Prävention. München: C.H. Beck, 1995.

Feuerlein, W.: Selbstmordversuch oder parasuizidale Handlung? Tendenzen suizidalen Verhaltens. Nervenarzt 3 (1971) 127-130

Kernberg, O.F.: Schwere Persönlichkeitsstörungen, Theorie, Diagnose, Behandlungsstrategien. Klett-Cotta, Stuttgart, 3. Auflage 1991

Kreitman, N.: Die Epidemiologie des Suizids und Parasuizids. In: Psychiatrie der Gegenwart 2: Krisenintervention, Suizid, Konsiliarpsychiatrie (Kisker, K.P., Lauter, H., Meyer, J.-E., Müller, G., Strömgren, E., Hrsg.). Springer-Berlin, Heidelberg, Tokyo 1986, 87-106

Linehan, M.M.: Dialektische Verhaltenstherapie bei Borderline-Persönlichkeitsstörungen. Praxis Klinische Verhaltensmedizin und Rehabilitation 8 (1989), 220-227

Miles, C.P.: Conditions predisposing to suicide: a review. J. Nerv. Ment. Dis. 164 (1977):231-246

Wedler, H., Wolfersdorf, M., Welz, R.: Therapie bei Suizidgefährdung. Ein Handbuch. S. Roderer, Regensburg 1992

Randbemerkungen zu Problemen von Übertragung und Gegenübertragung

• Johannes Kemper •

Einleitung

Im Bemühen, die Vorgänge von Übertragung und Gegenübertragung im therapeutischen Bereich zu verdeutlichen, fallen mir an allererster Stelle meine alten Vorurteile ein. Sie beziehen sich darauf, daß ich Verhaltenstherapeuten für lustiger halte als Psychoanalytiker. Ich glaube nicht, daß die einen oder anderen als Psychoanalytiker und Verhaltenstherapeuten bereits traurig oder lustig geboren wurden. Eher halte ich die Stimmungsoberfläche der Therapeuten für ein interaktionelles Phänomen, das aus ihrer Berufswahl, der langjährigen Ausbildung und dem Umgang mit ihren Patienten resultiert.

Psychoanalytiker werden dazu erzogen, reflektiert mit sich selbst umzugehen und besonders dann auf sich zu achten, wenn sie Patienten behandeln. Fleißig haben sie gelernt, diese Reflexion zu unterscheiden und dabei auf ihre eigenen bewußten und unbewußten Anteile sowie auf die bewußten und unbewußten Anteile des Patienten zu achten.

Ob solche Rückbesinnung lustig macht, weiß ich nicht. Ich erinnere mich jedoch daran, auf einem turnusmäßigen Treffen von Lehranalytikern die Frage zum Thema des Abends vorgeschlagen zu haben, warum Verhaltenstherapeuten lustiger sind als Psychoanalytiker. Diese Empfehlung war auch aufgegriffen und erarbeitet worden. Zwei Dinge waren dabei auffallend:

1. Die psychoanalytischen Kollegen haben nicht in Frage gestellt, ob dieses Statement auch stimmt - lieber haben sie sich selbst in Frage gestellt.
2. Ihre bevorzugte Abwehrform war in diesem Punkte die Rationalisierung.

So sagten sie, sie seien nicht lustiger, dafür aber tiefer.

Ob man lustig immer gleich gesund setzen muß und ob der zugehörige Ausdruck - das Lächeln von Psychotherapeuten - nicht auch neurotisch sein kann, mag dahingestellt bleiben, wenn wir uns darüber Gedanken machen, was Übertragung ist.

Interessant war, daß niemand auf die Idee kam, es könne sich um narzißtische oder Objektübertragungen auf die Patienten oder deren kranke Anteile handeln. Keiner der Kollegen hatte die Ebene der Berufsrivalität und der damit verbundenen Bewertungen verlassen bzw. in Frage gestellt, ob es besser sei, tiefer oder lustiger zu sein.

Als Psychoanalytiker sahen sie sich zum einen auf der „tiefen" Seite, fühlten sich andererseits aber dem Lustprinzip verpflichtet. Aus dieser Quelle werden auch die Übertragungen gespeist.

Begriffe

In der Übertragung werden frühere Gegebenheiten wiederholt, Situationen und Emotionen, in denen die Unzerstörbarkeit der unbewußten Phantasie zum Ausdruck kommt. Übertragungen folgen dem Wiederholungszwang, dem unbewußten Ausdruck von Konflikten, die immer wieder alte Situationen konstellieren, bis eine Lösung erfolgt ist. Nach Laplanche et al. (1973) ist Übertragung in der esoterischen Sprache der Psychoanalyse der Vorgang, „durch den die unbewußten Wünsche an bestimmten Objekten im Rahmen eines bestimmten Beziehungstypus, der sich mit diesen Objekten ergeben hat, aktualisiert werden. Es handelt sich dabei um die Wiederholung infantiler Vorbilder, die mit einem besonderen Gefühl von Aktualität erlebt werden."

In der Übertragung geht es also um Verhaltensmuster positiv und negativ erlebter Gefühle, Phantasien, Gedanken, Bilder und Objektbeziehungstypen. Manche verstehen unter Übertragung alle Phänomene, die die Beziehung des Patienten zum Therapeuten konstituieren. Gleiches gilt für die Gegenübertragung.

„Weiß der Himmel, welcher Anteil an den Übertragungsphänomenen, die sich unter den Augen des Psychoanalytikers bilden, durch ihn selbst hergestellt worden ist. Die Übertragungen können beispielsweise Reaktionen auf die psychoanalytische Situation im allgemeinen sein oder in ihrer jeweiligen besonderen Form, durch die korrekte, oder nicht so korrekte Technik des jeweiligen Analytikers erschaffen werden." - so stöhnte bereits Michael Balint (1975) bei der Analyse von Übertragungsphänomen und deren Entstehung. Waelder (1956) stellte fest: „Da die volle Entwicklung der Übertragung eine Folge der analytischen Situation und der analytischen Technik ist, führen Veränderungen der Situation und der Technik auch zu beträchtlichen Variationen der Übertragungsphänomene." In Anbetracht der wesentlich variationsreicheren Technik der Verhaltenstherapie und ihren vielfältigen therapeutischen Situationen haben wir es zwar mit den gleichen Phänomenen zu tun, die jedoch in Ablauf und Intensität wesentlich anders in Erscheinung treten.

Wir wissen ja aus der analytischen Arbeit, daß es ein Kunstfehler ist, eine Übertragung zu früh zu deuten. Weiterhin wissen wir, daß die Übertragung um so stärker ist, je mehr sie unbewußt abläuft, und schließlich wissen wir aus der verhaltenstherapeutischen Arbeit, daß es nicht zu ihren Schwerpunkten zählt, unbewußte Übertragungsphänomene zu deuten. Daraus resultiert, daß wir gerade im Bereich der Verhaltenstherapie die intensivsten Formen von Übertragungsvorgängen erwarten können. Näheres hierzu wurde von Sloane et al. (1981) dargestellt. Da sich die Aufmerksamkeit des Verhaltenstherapeuten jedoch nicht schwerpunkthaft mit den eigenen unbewußten Gegenübertragungsreaktionen befaßt, kann davon ausgegangen werden, daß die intensiven Übertragungsformen des Patienten, auf ebenso intensive Gegenübertragungsreaktionen stoßen und - würde man psychoanalytisch weiterdenken - ein Chaos erzeugen müßten, da sie ja dem ordnenden Zugriff der vernünftigen Anteile der Beteiligten entzogen sind.

Mögen die Übertragungsvorgänge für den Therapeuten vorübergehend noch eine Quelle der Kraft gewesen sein, ein Ansatz für intensive Veränderungs- und Lernprozesse („die Neurose wird umgeschmolzen im Feuer der Übertragung", S. Freud), so gestaltet sich die Änderung im Therapeuten im Umgang mit Patienten und dessen neurotischem Ernst im Laufe der Jahre so intensiv, daß auch der Verhaltenstherapeut nach längerer Tätigkeit so ernst (tief) wie ein Psychoanalytiker sein müßte, der dann von sich sagt, er sei erwachsen. Sein ständig reflektierter Umgang mit unbewußten Prozessen ließe ihn aber nicht so lustig werden. Im Vergleich mit den Verhaltenstherapeuten entwickelten die Psychoanalytiker ein gewisses Bewußtsein für die Überschätzung ihres Wissens von Übertragungsvorgängen, so daß unter ihnen selbst eine Situation entstanden ist, von der Anna Freud (1972) behauptete, sie käme einer „revolutionär anarchischen Lage gleich".

Nach Ansicht von Thomä und Kächele (1988) gibt es kaum noch ein Thema, das die Gemüter so zu erhitzen vermag, wie das Verhältnis der Übertragungsdeutungen zueinander.

Was können wir nunmehr für die Verhaltenstherapeuten festhalten, da doch bereits bei den Psychoanalytikern alles zu zerrinnen droht? Ich denke, daß es für alle Therapeuten gut ist, zu wissen: daß ihre Aussagen über

1. Übertragungsprozesse in unbewußten Bereichen Aussagen über Gebiete sind, die prinzipiell nicht zu wissen sind.

2. daß unsere Annahmen über Gesetzmäßigkeiten im Bereich der Übertragung nicht haltbar sind.

Wäre es so, müßten gerade die in diesem Bereich weniger reflektierte Verhaltenstherapien chaotisch verlaufen. Aber das Gegenteil ist der Fall. Trotz der Beschränkung auf kognitive Modelle und trotz des Verzichtes auf Analogien über das Unbewußte finden wir im Bereich der Verhaltenstherapie durchaus Ordnung. Verglichen damit ist anstelle von mehr Reflexion bei Übertragungsvorgängen und dann zu erwartender Klarheit in der Psychoanalyse eine, nach Anna Freud, „revolutionär anarchische Lage" entstanden.

Ist die Übertragung/Gegenübertragung auch Gegenstand der Verhaltenstherapie?

Freud (1914) stellte vor 80 Jahren fest: „Man darf daher sagen, die psychoanalytische Theorie ist ein Versuch, zwei Erfahrungen verständlich zu machen, die sich in auffälliger und unerwarteter Weise bei dem Versuche ergeben, die Leidenssymptome eines Neurotikers auf ihre Quellen in seiner Lebensgeschichte zurückzuführen: Die Tatsache der Übertragung und des Widerstandes. Jede Forschungsrichtung, welche diese beiden Tatsachen anerkennt und zum Ausgangspunkt ihrer Arbeit nimmt, darf sich Psychoanalyse heißen, auch wenn sie zu anderen Ergebnissen als den meinigen gelangt." Wenn also in diesem verhaltenstherapeutischen Buch zwei grundsätzliche Kapitel von Widerstand und Übertragung zu finden sind, so darf es sich durchaus auch als ein psychoanalytisches Buch bezeichnen. Beide Therapiekonstrukte haben sich als wirksam erwiesen und tragen gerade deshalb dazu bei, besonders dann nach Gemeinsamkeiten zu suchen, wenn die Grenzen der jeweiligen Methode erreicht sind. Versuche zu einem integrativen Ansatz wurden immer wieder unternommen, so von Wachtel P. (1977) und von Wittmann C. (1981) Einige, wie z. B. Kutter (1992), sahen mehr Gemeinsamkeiten als Unterschiede zwischen Verhaltenstherapie und Psychoanalyse.

Konstruktivistische Lösungen

Im Versuch, psychoanalytisches Denken unter den Hypothesen von Maturana et al. (1985) auf systemisches Denken zu übertragen, gewinnen Übertragungs- und Gegenübertragungsvorgänge eine neue Bedeutung. Brocher und Sies (1986) stellten fest, daß es sich bei den Übertragungsvorgängen um parallel laufende Prozesse handelt, die als Fremd- und Selbstbeobachtung stattfinden. Mit Verweis auf Maturana berichten sie von der wechselnden Identität von Sender und Empfänger, Beobachter und Beobachteten, wobei es dem Gegenüber freibleibt, wohin er sich in seinem kognitiven Bereich orientiert. Der alte Streit über die Frage, bei wem der Übertragungsprozeß beginnt, beim Therapeuten oder beim Patienten, wäre beendet, wenn auch der Patient eine Gegenübertragung haben könnte.
Durch die Festlegung des Übertragungsbegriffes auf den Patienten und des Gegenübertragungsbegriffes auf den Therapeuten werden jedoch unterschiedliche Rollen festgeschrieben, die bei der neurobiologischen Betrachtung der Interaktionsformen keinerlei Bedeutung haben.
Freilich umfaßt der Übertragungsbegriff mehr als nur Beobachtungsformen, da beispielsweise der gesamte Gefühlsanteil der Übertragung nicht mit Beobachtung gleichgesetzt werden kann.
Wenn es jedoch um den Beziehungstypus und die damit verbundenen Wünsche der jeweiligen Seiten geht, so stellt sich das alte Beziehungsfeld wieder her. Dies gilt um so mehr, wenn wir die unterschiedlichen Wünsche des Patienten an den Therapeuten und die des Therapeuten an den Patienten betrachten. Im Interaktionsfeld der Gruppe sind hierbei die vielfältigsten Übertragungen möglich, wie Kemper (1992) feststellte.
Da wie gesagt, die meisten dem Patienten die Übertragung und dem Therapeuten die Gegenübertragung zuweisen, will ich mit den Therapeuten als Objekt der Übertragung des Patienten beginnen und mich mit seiner Funktion befassen, sich in der Therapie zur „Verfügung zu stellen" = Prostitution.

Agierte Übertragungen

Der Therapeut erfüllt die gesellschaftlichen Definitionen von Prostitution aber auch noch weitergehend. Eine Beschreibung davon lieferte Musil (1978) im „Mann ohne Eigenschaften", wenn er festhält:
„Freilich, wenn man es durchaus Prostitution nennen will, wenn ein Mensch nicht, wie es üblich ist, seine ganze Person für Geld hergibt, sondern nur seinen Körper, so betrieb Leona gelegentlich Prostitution. Aber wenn man durch neun Jahre, wie seit dem sechzehnten Jahr, die Kleinigkeiten der Taggelder kennt, die in den

untersten Singhöllen bezahlt werden, die Preise der Toilette und der Wäsche im Kopf hat, die Abzüge, den Geiz und die Willkür der Besitzer, die Perzente von Speis und Trank aufgemunterter Gäste und von der Zimmerrechnung des benachbarten Hotels, täglich damit zu tun hat, Zank darüber hat und kaufmännisch abrechnet, so wird das, was den Laien als Ausschweifung erfreut, zu einem Beruf, der voll Logik, Sachlichkeit und Standesgesetzen ist. Gerade Prostitution ist ja eine Angelegenheit, bei der es einen großen Unterschied macht, ob man sie von oben sieht, oder von unten betrachtet."

Hier fühlte ich mich sehr an die Unmöglichkeit erinnert, Körper und Geist voneinander zu trennen, die Prostitution in die des Geistes und die des Körpers aufzuteilen und dann das körperliche „Sich-zur-Verfügung-Stellen" für besonders verwerflich zu halten. Gleichzeitig imponierte mir die Sichtweise des oben und des unten. Was von oben aus verwerflich schien, war von unten betrachtet professionell mit all seiner Logik, seinen Standesgesetzen und seiner Mühe. Diese findet auch in der Psychotherapie auf allen Ebenen statt. Die Kleinheit der Honorare von Therapeuten, die nicht über die Krankenkasse abrechnen können, aber auch die Abzüge zugelassener Behandler durch Ihre Standesorganisationen und durch die Kostenträger, die Abrechnungstermine, der Ärger mit den Privatrechnungen, die Probleme mit abgesagten Terminen, die Schwierigkeiten mit dem Standort, der Miete und dem Hilfspersonal, der Neid von Kollegen und der Haß von Patienten, mit dem es umzugehen gilt, erinnerten mich in lebhafter Weise an den großen Unterschied des Oben und Unten, wenn es um die Betrachtung der Prostitution geht (Kemper, 1992).

Aber nicht nur Patienten machen ihre Therapeuten, sondern auch Therapeuten ihre Patienten zu Prostituierten, z. B. wenn sie ihre sexualisierten Übertragungen ausagieren und sexuelle Beziehungen aufgenommen werden. Oft stellte die emotionale Bedürftigkeit der Therapeuten die eigentliche Ursache hierfür dar. Wie stark dies der Fall sein kann, wird dann am deutlichsten, wenn es zur Trennung kommt und für die Betroffenen das Konstrukt ihrer Beziehung zum Trauma wird. In Fällen ist es nicht selten, daß die Therapeuten kranker bzw. kommunikationsunfähiger erscheinen als ihre Patienten. Hier wirkt die Sexualität für die Therapeuten kriminalisierend, und die Macht solcher Ereignisse erlaubt einen Hinweis darauf, wie wenig alle Formen von Ausbildung, Informationen und Selbsterfahrung an solchen grundlegenden Defiziten, aber auch den Kräften der Sexualität ändern können. Die intensivste Form von Übertragung ist die aggressive und sexuell getönte.

In der Regel findet der Mißbrauch vor allem bei Einzeltherapie statt. Die Gruppensituation wirkt hier offensichtlich regulierend, wenngleich Kontakte mit Patienten während einer laufenden Therapie durchaus auch außerhalb der therapeutischen Situation möglich sind. Die übrigen Gruppenmitglieder bzw. ein Co-Leiter als Beobachter scheinen jedoch sexuelle Handlungen in Grenzen zu halten, die mit Abhängigen wie den Patienten schon immer als Tabu galten und die durch die Tabuisierung zu immer stärkeren Bedürfnissen führten. In der Psychoanalyse sollen ja alle Einfälle und Phantasien geäußert werden, zu denen natürlich auch die sexuellen zählen. Wenn es hierbei gelingt, im wechselseitigen Geschehen von Übertragung und Gegenübertragung die gesamten Phantasien, Emotionen und Wünsche zu äußern, die auch ihrerseits im Therapeuten entsprechende Emotionen, Phantasien und Wünsche auslösen, so stellt auch dies ein Handeln dar. Freilich darf der Körper bestenfalls nur reagieren. In keinem Falle darf es zur Durchführung weiterer sexueller Handlungen kommen.

Wie problematisch es ist, agierte Sexualität in der Therapie allzu salopp zu erörtern und sie in den Kontext von Kavaliersdelikten zu bringen, hat U. Wirtz (1991) dargestellt:

„Ich finde es hilfreich für ein tieferes Verständnis unseres Themas, sich auf die dialogische Anthropologie Martin Bubers zu besinnen, für den das dialogische Verhältnis zwischen zwei Personen von der Anerkennung des So-seins des anderen geprägt ist und der Verantwortung für den anderen wie für einen anvertrauten Lebensbereich".

Ich möchte hier Buber zitieren, der die Haltung beschreibt, die Helfende in der Erziehung brauchen, weil diese Worte auch in unserem therapeutischen Kontext eine tiefe Gültigkeit haben:
„Wesentlich ist, daß es eine wirkliche, von dem Angerufenen mit der Seele erfahrene Menschenbeziehung ist; aber sowie der Helfer von der Lust angewandelt wird, seinen Pflegling - in noch so subtiler Weise - zu beherrschen oder zu genießen, oder auch dessen etwaigen Wunsch, von ihm beherrscht oder genossen zu werden, anders denn als einen der Heilung bedürftigen Fehlzustand zu behandeln, tut sich die Gefahr einer Verfälschung auf, der verglichen alle Kurpfuscherei harmlos erscheint." (Buber, Reden über Erziehung, Heidelberg 1986, S. 34).

Mit diesem Zitat sind wir mitten in unserem Thema. Bei sexuellem Mißbrauch von Kurpfuscherei oder einem Kunstfehler zu sprechen verharmlost, um was es hier geht: um ein therapeutisches und ein menschliches Versagen.

Trotz des Bewußtseins, daß unsere Condition humaine uns immer wieder hinter Berufs- und Lebensideale zurückfallen läßt, trotz unseres Wissens um die beidseitige Verletzbarkeit und menschliche Fehlbarkeit gehört der Verzicht auf die Befriedigung eigener Bedürfnisse, seien sie sexuell oder narzißtisch motiviert, in die Verantwortung der Therapeuten. Wir können uns nicht mit solchen Rationalisierungen herausreden, daß unsere Klientinnen ja den Wunsch nach der sexuellen Begegnung mit uns geäußert hätten, daß sie den Analytiker in Fleisch und Blut gewünscht hätten, daß sie genossen werden wollten, wie Buber formuliert, sonder wir müssen verstehen, daß in dieser Sehnsucht nach Vereinigung eine archetypische Dimension aufleuchtet, die zur Chance oder zur Selbstzerstörung von Therapeut und Klient werden kann, wenn der Analytiker seine Verantwortung nicht erkennt und persönlich auslebt, was überpersönlich gemeint ist. Es liegt im Wesen der therapeutischen und ganz besonders der analytischen Situation, daß Unbewußtes aktiviert wird und die entsprechende Intimität und Energie grenzenauflösend wirken. Letztlich ist heilsame und angstfreie Intimität aber nur möglich, wo auch verläßliche und verantwortungsvolle Distanz gesichert ist, die aber den Analytiker nicht zur *sprechenden Attrappe* verkommen lassen muß. Die frühere Forderung nach Abstinenz nahm ja groteske Ausmaße an. Durch die Erlösungsvorstellungen und Heilserwartungen, die in der Therapie wachgerufen werden, konstelliert sich Abhängigkeit, mit der wir als Helferinnen und Helfer verantwortungsbewußt umgehen müssen. Mißbrauchen wir unsere Position der Macht, verraten wir das uns entgegengebrachte Vertrauen, dann stürzen wir die Betroffenen in einen Zustand, der einer existentiellen Verunsicherung gleichkommt, die psychotische Ausmaße annehmen kann und nicht selten im Suizid endet.

Die Folgen für die Frauen, und das wissen wir alle, die wir mit diesem Thema arbeiten, sind katastrophal. Das klinische Bild, das sich nach der sexuellen Ausbeutung durch Therapeuten ergibt, wird in der amerikanischen Literatur als **Therapist-Patient-Sex-Syndrom** beschrieben.

Darunter verstehen wir:
• den Verlust der Liebes- und Vertrauensfähigkeit
• die massive Erschütterung im Selbstwerterleben
• die Verunsicherung in bezug auf die eigene Urteils- und Wahrnehmungsfähigkeit
• Schuld- und Schamgefühle
• Ambivalenz, Wut, Trauer und Depression

Die Folgen haben eine auffallende Ähnlichkeit mit jenem Zustandsbild, das uns von Frauen bekannt ist, die als Kind sexuell mißbraucht worden sind. Daß gerade Inzestüberlebende besonders gefährdet sind, von ihrem Therapeuten erneut mißbraucht zu werden, daß ausgerechnet an dem Ort, wo das Trauma geheilt werden sollte, das Trauma wiederholt wird, gehört zu den erschütternden und beunruhigenden Wahrheiten unseres Berufsstandes, die wir nicht länger verdrängen und vertuschen dürfen.

Vielleicht wird auf diesem Hintergrund noch einmal deutlich, daß wir mit dem Begriff *Kunstfehler* aus der Perspektive der Opfer fast eine zynische Haltung einnehmen. Berechtigung hat dieser Begriff nur dort, wo im Rahmen eines Haftpflichtprozesses die Geschädigten nachweisen müssen, daß die Therapeuten ihre Sorgfaltspflicht verletzt haben und ein Verstoß gegen die anerkannten Regeln der therapeutischen Heilkunst vorliegt. Nur in diesem Kontext, der die Haftung des Therapeuten für eine fahrlässig begangene Schädigung der Klientin sicherstellen will, ist der Begriff *Kunstfehler* angebracht, obwohl schon 1976 von Masters und Johnson gefordert wurde, daß in einem Rechtsverfahren der Therapeut bei erwiesener sexueller Verführung eines Patienten "in erster Linie wegen Vergewaltigung und nicht wegen eines Kunstfehlers verurteilt werden" sollte (S. 553). Wie schwer es ist, das Verschulden des Therapeuten zu beweisen und den adäquaten Kausalzusammenhang zwischen dem psychischen Zustandsbild der Geschädigten und dem Verhalten des Therapeuten herzustellen, wissen wir alle. Wenn wir uns dann noch vor Augen führen, was es für die Betroffenen bedeutet, sich der Begutachtung und dem Prozeßverlauf auszusetzen, wird rasch verständlich, warum es bisher so wenige Prozesse gibt und so viele *Kunstfehler*.

Gerade in bezug auf den rechtlichen oder auch den standespolitischen Umgang mit Mißbrauch in Therapien wird jene gesellschaftliche Dimension sichtbar, die mit diesem Thema ganz wesentlich verklammert ist - jene Dimension nämlich, die verantwortlich ist für diesen Alternativbegriff: *Kavaliersdelikt*.

Was sich als psychotherapeutische Verschwörung im Schweigen gegenüber diesem Schattenaspekt unseres Berufes manifestiert, hat große Ähnlichkeit mit dem Grundmuster in unserer Gesellschaft, daß eine tiefgehende Übereinkunft, eine Art Männerbündnis besteht, welches prinzipiell das Verhalten von Männern gegenüber Frauen legitimiert oder, wenn diese Legitimation nicht zu bewerkstelligen ist, zumindest exkulpiert. Die zuverlässige Parteinahme von Männern für ihresgleichen bildet die Grundstruktur, nach der in solchen Fällen entschieden wird. An dem Umgang mit Vergewaltigungsopfern und Kindern, die sexuell ausgebeutet worden sind, wird die gesellschaftliche Hackordnung unübersehbar deutlich. Auch der sexuelle Mißbrauch in Psychotherapien ist nicht losgelöst von der strukturellen Gewalt der Männergesellschaft diskutierbar. Die gesellschaftliche Realität der ungleichen Machtverteilung macht das Risiko Therapie für Frauen noch größer. Wer sich näher mit diesem Thema auseinandersetzt und mit Therapeuten spricht, die solchen Machtmißbrauch zu rechtfertigen versuchen, glaubt sich in den Zeitgeist der Jahrhundertwende versetzt, in dem Frauen nur als Lulu, als gefährlich und unheilbringend, wahrgenommen werden. Der auffällige Mangel an Schuld- und Verantwortungsbewußtsein, das frappante Fehlen von Einsicht bezüglich eigener narzißtischer Defizite und frustrierte Abhängigkeitswünsche verstärken die Abwehrmechanismen von Projektion, Schuldzuschreibung und Bagatellisierung.

Kavaliersdelikt - mit diesem Begriff wird die Mystifizierung von Werthaftigkeit des Mannes sogar noch dort festgeschrieben, wo im Namen der Fürsorge, Liebe und therapeutischer Indikation verantwortungslose Heiler Unheil bringen. Vergegenwärtigen wir uns den Bedeutungsgehalt des Begriffes, so fällt uns ein, daß Kavalier einen höflichen, ritterlichen Menschen mit auffallend guten Umgangsformen bezeichnet, der nicht in einem festen Liebesverhältnis zu einer Dame steht und durch sein ritterliches Verhalten besticht. Die sexuelle Ausbeutung von Klientinnen, den Mißbrauch der Machtposition als Delikt eines Kavaliers zu bezeichnen, macht deutlich, daß es sich hier um eine Begriffsbildung der männlichen Geschlechtsgenossen handelt. Von hier ist es nur ein kleiner Sprung zur Aufforderung, doch dankbar zu sein, daß dieser therapeutische Kavalier die Klientin mit seinem Zauberstab aus Fleisch und Blut beglückt habe. Erfunden habe ich dieses Ansinnen nicht. Es gibt Sarkasmen bei unserem Thema, die zu erfinden mir die Phantasie fehlt, so ungeheuerlich sind sie. Das sogenannte *Kavaliersdelikt* hat nichts mit einer romantischen Affäre gemeinsam, denn es geht um die massive Verletzung der psychischen Integrität von Frauen. Es hat aber viel mit dem Sexismus zu tun, der auch in unserem therapeutischen Beruf waltet.

Wo aber, wenn nicht in unserer Ausbildung und Supervision, können wir eine Ethik der engangierten Verantwortung lernen. Natürlich bedeutet dies, daß wir bei uns selbst beginnen müssen, daß eigene

Gewissensarbeit und Auseinandersetzung mit unseren persönlichen ethischen Positionen notwendig sind, um offenzubleiben für Veränderung. Leider hat Freud (1914) mit seiner Klage auch heute noch Recht behalten, daß „viele der Analytiker wenig veränderter Menschenstoff" sind. Darum reicht auch für den Schutz derjenigen, die einen Therapeuten suchen, die individualistische private Ethik dieses Menschen nicht aus."

In der Psychoanalyse immanent ist die Verführungstheorie, die von Freud selbst lange unterdrückt wurde, wie J. M. Masson (1984) eindrucksvoll festgestellt hat.

Daß wir heute reboundartig geradezu überflutet werden mit Hypothesenbildungen und Vermutungen über Mißbrauch in der Kindheit, mag neben Reboundfaktoren auch an der langen Unterdrückung dieser Frage liegen. Unabhängig davon wird dadurch besonders transparent, wir bedrängend die Frage der Regulierung von Übertragungs- und Gegenübertragungsphänomenen sind.

Die Übertragung als Doppelbegriff

Heute unterscheiden wir bei der Übertragung das Phänomen der Übertragung vom Vorgang der Übertragung. Wer seinen Therapeuten mit den Attributen des Vaters träumt, bietet das Phänomen einer Vaterübertragung. Es könnte bedeuten, daß in der Psychoanalyse eine Objektbesetzung stattgefunden hat, mindestens aber eine Projektion älterer Inhalte auf den Therapeuten, die mit dem Vater zu tun haben. Die Übertragung als Vorgang betrachtet, könnte bei demselben Patienten heißen, daß er erotische Wünsche an den Therapeuten haben könnte, die dadurch abgewehrt werden, daß er den Therapeuten zum Vater macht und damit den Schutz der Inzestschranke genießt. Wenn wir, um von der Sohn-Tochter-Übertragung zu sprechen, dabei auch an die Geschwisterübertragung und an eine eventuelle Partnerübertragung denken, das ganze Übertragungskarussell also, das im therapeutischen Geschehen durchfahren werden kann, so sollten uns die beiden eben genannten Betrachtungsweisen gegenwärtig sein. Wir müssen die Übertragung als Phänomen von der Übertragung als Vorgang unterscheiden. Bei all diesen Überlegungen zur Übertragung und Gegenübertragung gilt unverändert Freuds Preisfrage:

„...inwiefern die Technik die Theorie beeinflußt hat und inwieweit die beiden einander gegenseitig fördern oder behindern." Aber das ist eine mechanistische Betrachtungsweise.

Führen wir über die Technik hinausgehend den Therapeuten als Menschen und nicht als Objekt ein, so ergeben sich erstaunliche Schlußfolgerungen, beispielsweise im Bereich derer, die ständig mit anderen Menschen im Kontakt stehen, den Sozialberuflern. Sie müßten doch, da ständig mit ihren Klienten befaßt, im Bereich ihrer Übertragung die umfassendsten Differenzierungen erfahren haben.

Bei der Analyse der Bewältigungsstrategien aus den Krankengeschichten und Therapieabläufen von über 200 neurotisch erkrankten Angehörigen der Sozialberufe zeigte sich folgendes Ergebnis (eigene unveröffentlichte Studie):

2,5% der untersuchten Altenhelfer, Sozialpädagogen, Krankenschwestern und Krankenpfleger versuchten ihr Leben so zu bewältigen, daß sie Kindlichkeit einsetzten, um dadurch Sympathie zu wecken. Sehr viele von ihnen wählten die Flucht in eine phantasierte Idealwelt als Bewältigungsstrategie. Insgesamt scheinen knapp 8% der Sozialberufler situative Probleme regressiv zu verarbeiten. Psychoanalytiker und Verhaltenstherapeuten machen dabei keine Ausnahme.

Betrachten wir den Beziehungsaspekt im Leben der erkrankten Sozialberufler, so dürfen wir feststellen, daß 21% ihr Leben durch den Rückzug aus Beziehungen bewältigen und 32% durch die Vermeidung von Nähe.

Etwa die Hälfte der untersuchten Sozialberufler hatte narzißtische Positionen eingenommen, um das Leben zu meistern. Daraus resultiert die Frage, welche Techniken der Therapeut einsetzt, um sich die Patienten vom Leibe zu halten, die Frage nach den Gegenübertragungsphänomenen also.

Wie wir es auch betrachten, die bewußte oder unbewußte therapeutische Beziehung steht im Mittelpunkt des therapeutischen Prozesses. Wenn wir davon ausgehen, daß die Übertragungen bereits mit dem Beziehungsangebot des Therapeuten beginnen, so gilt es, dieses Angebot zunächst zu beschreiben. Ich beginne bei mir und den mich umgebenden Objekten:

Mein Therapiezimmer im psychotherapeutischen Teil meiner Praxis ist vom Sprechzimmer im nervenärztlichen Teil meiner Praxis getrennt. Im Therapiezimmer befinden sich zwei Sessel, die Gruppenstühle und eine Analysencouch an deren Fußende ein Aquarium steht. An den Wänden hängen 12 surrealistische Lithographien. Das Mobiliar ist am englischen Stil des letzten Jahrhunderts orientiert. Auf meinem Schreibtisch steht ein Bild von meiner Familie und meist ein frischer Blumenstrauß. Das Sprechzimmer im nervenärztlichen Teil meiner Praxis unterscheidet sich sehr stark vom Therapiezimmer. Mit der Untersuchungsliege und den elektrophysiologischen Geräten gleicht es dem vieler Nervenärzte, sieht man von einer Buddhafigur ab, die unter einem Wandteppich in einer Ecke des Zimmers steht. Lediglich ein kleines Bild von meinen Großeltern sowie von einem Onkel, der mir wegen seiner zeitlebens euthymen Ausgeglichenheit gut gefallen hat, stellen einen persönlichen Bezug her. Im Sprechzimmer der Praxis finden die Erstgespräche statt. Über das hinausgehend, was die Patienten von mir direkt erfahren, begegnen sie bisweilen auch meinen Kindern. Tobias, Andrea und Lorenz besuchen mich bisweilen, manchmal wollen sie aber nur die Aquarien sehen, vor allem, wenn die Fische Junge bekommen haben. Dann begegnen die Kinder auch meinen Patienten. Manche von ihnen versuchen Rückschlüsse von den Kindern auf mich zu ziehen, sich mit ihnen zu identifizieren und damit in eine intensive Beziehung einzutreten.

Für viele von ihnen beginnt der Erstkontakt mit mir nach einer längeren Zeit im Wartezimmer. Dort wird häufig über meinen Kollegen, mit dem ich die Praxis teile, oder über mich gesprochen. Ich selbst informiere die Patienten, wenn sie mich fragen, ob ich verheiratet bin, ob und wieviele Kinder ich habe und welcher Religion ich angehöre. Mehr Informationen waren bislang nicht nötig. Ich bin der Meinung, daß ich für die Patienten nicht die bekannte „weiße Leinwand" darstellen soll, sondern eher ein menschliches Projektionsfeld oder ein geeignetes Identifikationsobjekt.

Formen der Übertragung

Aber welche Übertragungen sind überhaupt möglich? Muß jeder Patient durch das Nadelöhr einer Vater-Mutter-Übertragung gehen oder gibt es nicht auch andere Übertragungsformen, z. B. für diejenigen, die Mutter und Vater nicht erlebt hatten? Wenn wir das Generationsgefüge unserer Gesellschaft betrachten, so finden wir mit dem Zerfall der Großfamilie, die früher drei Generationen umfaßte, den Schritt zur Kleinfamilie mit zumeist nur zwei vertretenen Generationen, den Eltern und Kindern also. Neuerdings nimmt auch die Zahl der Einpersonenhaushalte und damit der Singles zu. Verarmen dabei die Übertragungen ebenso, oder sind sie durch die Übernahme von Bildern aus der Medienwelt sogar noch vielfältiger, emotionsärmer oder neutraler geworden? Dies bildet sich auch in unserer Versorgung ab. Bevor wir diese Übertragungsformen im einzelnen beschreiben, soll noch auf ähnlich aussehende Vorgänge verwiesen werden wie z.B. die der von Richter (1969) beschriebenen Projektion idealisierter oder entwerteter Aspekte des Selbst als Formen einer narzißtischen Übertragung.

Bei den zu Übertragungen fähigen Patienten können wir die
- Sohn-Tochter-Übertragung von
- der Geschwisterübertragung
- der Partnerübertragung und
- der Elternübertragung unterscheiden.

Beginnen wir mit den narzißtischen Formen der Übertragung. Wir finden sie häufig, wenn es um Entwertungen, Idealisierungen und Spiegelungen geht.

Ich will sie an drei kurzen Fallbeispielen aus der Arbeit mit älteren Patienten belegen:

Die Sündenbockfunktion

In ihr werden eigene entwertete Anteile auf andere projiziert.

Die Patientin Rosa, knapp 70 Jahre alt, lebt mit einem fast um eine Generation jüngeren Mann zusammen. Sie selbst nennt die Beziehung „Ödipussi", und zwar immer dann, wenn sie auf die nichtgelebte Sexualität mit diesem Mann zu sprechen kommt. Während sie selbst durchaus noch erotische Wünsche hat, scheint sich ihr Partner mit der Patientin sexuell nicht einlassen zu wollen, und so leben beide in einem Mutter-Sohn-Verhältnis nebeneinander her. Insgeheim fühlte sich Rosa in ihrer Situation nach wie vor gekränkt und entwertet und suchte meine Praxis auf. Sie zeigte damals das Bild eines Borderline-Syndroms mit paranoid-depressiven Zügen. Während der Gruppenbehandlung machte Rosa die betrübliche Erfahrung, von einem weiteren Gruppenmitglied, das bereits wegen Betruges vorbestraft war, als Opfer auserkoren worden zu sein. Eine Trickbetrügerin hatte Rosa einen größeren Geldbetrag abgenommen. Durch Rosas Vereinbarung mit dieser Patientin, von dieser Geldangelegenheit nichts dem Gruppenleiter zu sagen, hatte Rosa gegen die Therapieregeln verstoßen. In den folgenden Sitzungen machte sie den Gruppenleiter für ihr verlorenes Geld verantwortlich, der sie hätte warnen müssen (ohne hierfür freilich eine Chance gehabt zu haben, da er von dem Vorgang gar nichts wußte).

Rosa wehrte ihre innere Spannung durch Spaltung ab. Für sie gab es ihren guten Sohn zu Hause, der mit ihr sexuell nichts zu tun haben wollte und den bösen Sohn in der Gruppe, den Gruppenleiter, der schuld daran war, daß Rosa um eine größere Summe Geldes betrogen worden war. Rosa hatte die negativen, entwertenden Anteile ihres Partners auf den Therapeuten übertragen. Die Ursache für diese Wut auf den Gruppenleiter stellte freilich die eigene narzißtische Kränkung dar, die sie zu Hause erlitten hatte und durch die sie sich entwertet gefühlt hatte, wobei sie diese Entwertung als Verlassenwerden erlebt und auf den Gruppenleiter projiziert hatte. Während der Konflikt zunächst nur auf der Realebene bewußt gemacht werden konnte, bzw. auf der Ebene der Gruppenregeln, die beinhalten, daß auch Kontakte außerhalb der Gruppe in der Therapie berichtet werden müssen, gelang es erst in den letzten Wochen der Behandlung, auch die unbewußten Wurzeln des Geschehens langsam durchsichtig zu machen. Aber auch das eigene idealisierte Selbstbild kann projiziert werden, wobei der Therapeut (Patient) dann die Rolle des Wunderkindes erhält.

Die Wunderkindfunktion

Bei dieser Übertragungsform kommt es zur Projektion eigener idealisierter Anteile auf andere.

Sonja kam ursprünglich wegen Antriebsstörungen und Appetitlosigkeit, häufigem Juckreiz und starker innerer Unruhe, sowie einem Kloßgefühl im Hals zu mir. Sie war in Jugoslawien in einem kleinbürgerlichen Milieu aufgewachsen. Sonja schilderte ihre Kindheit als sehr glücklich, und zwar so ideal, daß bereits gewisse Zweifel an der Vollständigkeit ihrer Erinnerung entstanden waren. Genauer besehen, setzte Sonjas Erinnerung allerdings erst mit dem Abitur ein. In den damaligen Kriegswirren war Sonja nach Deutschland deportiert und an verschiedenen Arbeitsstellen in Schwaben eingesetzt worden. Sie heiratete einen um 12 Jahre älteren Mann gleichen Berufes wie ihr Vater und gebar drei Jahre später einen Sohn, der ihr einziges Kind geblieben war. Erst als er erwachsen wurde und die Familie verließ, traten die ersten Körperbeschwerden auf. Von da an war Sonjas Leben inhaltsleer.

In der Gruppe entwickelte Sonja eine intensive Beziehung zu mir als Leiter. Nach wenigen Monaten äußerte sie, von mir völlig abhängig zu sein und alles tun zu müssen, was ich sagen würde. Sonja gestand, mich wie einen Gott wahrzunehmen. Nun könnte man denken, es habe sich nur um eine idealisierende Vaterübertragung gehandelt. Dieser Deutungsmöglichkeit sei aber noch eine andere an die Seite gestellt. Sonja hatte ihre fehlenden Erinnerungen an die Kindheit durch ein Idealbild ersetzt. Dieses Idealbild war der Ausdruck ihres Ich-Ideals, das sie erst auf ihre unbekannte Vergangenheit projiziert hatte, später auf ihren Sohn und dann auf den Gruppenleiter. Ihn machte sie zum Wunderkind, während sie ihren eigenen Sohn entwertet hatte, so wie sie zuvor auch ihren Ehemann nicht mehr geachtet hatte.

Die Funktion der Spiegelprojektion

In der Spiegelprojektion werden Anteile des eigenen Selbst am Therapeuten oder Mitpatienten erfahren. Im Falle von Helmut, der wegen Schlaflosigkeit, Asthma und innerer Unruhe, letztlich aber wegen einer Potenzschwäche meine Praxis aufgesucht hatte, kam es zu einer raschen Verständigung. Helmut hatte festgestellt, daß ich seine Leidenschaft für den Maler Salvador Dali teile, dessentwegen Helmut bereits mehrfach nach Spanien gefahren war. Salvador Dali war für uns sehr kommunikativ, da er uns eine gemeinsame künstlerische Wahrnehmung vorgab und somit einen Themenbereich, über den mit seiner Frau sich auszutauschen Helmut nicht gelungen war.
Er war auf dem Bauernhof aufgewachsen und nach der Scheidung der Eltern dem Vater zugesprochen worden. Dieser hatte Helmut dann zu einem älteren Ehepaar in Pflege gegeben, das ihn wie „den eigenen Sohn" aufgenommen hatte. Helmut hatte dennoch Schulschwierigkeiten. Er zog sich zurück und wurde depressiv, bis es dem Lehrer gelungen war, Helmuts Selbstbewußtsein wieder zu stärken. Obwohl Helmut später Karriere machte, war sein Leben doch ausschließlich von Männern bestimmt. Es fehlte ihm die Mutter. Sein Problem wurden somit später die Frauen, zu denen er keine tragende Beziehung aufbauen konnte und die ihn, wie er meinte, immer wieder verließen, enttäuschten und entwerteten. Sie waren eben keine Männer.
Da war der Gruppenleiter schon anders. Er wußte wenigstens welch ein Genie Salvador Dali gewesen war, und so begann Helmut selbst zu malen. Er plante in meiner Praxis eine Vernissage zu veranstalten, um seine ganzen surrealistischen Bilder ausstellen zu können - ein Vorhaben, das ihm später andernorts sogar gelungen ist. Helmut stattete mich mit bibliophilen Ausgaben über Salvador Dali aus, schrieb mir Postkarten aus der Heimat des Künstlers und brachte mich mit Dali-Galerien in Verbindung. Zum einen identifizierte er sich durch sein Malen mit Dali, zum anderen aber mit mir als Gruppenleiter, indem er nun begann, sich um andere Gruppenmitglieder zu kümmern und die Helferposition einzunehmen. Dies fand jedoch in einer späteren Gruppenphase statt, deren Anfang durch die Spiegelprojektion gekennzeichnet war. Parallel dazu verschwanden auch Helmuts Schlafstörungen und Potenzprobleme.

Objektübertragungen

Wenn wir das Feld der narzißtischen Projektionen verlassen, so können wir auf dem Gebiet der Objektbeziehungen die Sohn-Tochter-Übertragung, die Geschwister- bzw. Partnerübertragung von der allseits bekannten Elternübertragung unterscheiden.

Die Sohn-Tochter-Übertragung

Diese Übertragungsform habe ich (1990) andernorts bereits hinsichtlich ihrer Auswirkung im Bereich der Generationskonflikte dargestellt. Heute will ich dieses Phänomen am Beispiel von Anna, einer 68 Jahre alten Patientin, erläutern.
Anna war während einer schweren Depression zu mir in Behandlung gekommen und hatte sowohl die Symptome einer endogenen als auch einer neurotischen Erkrankung entwickelt. Äußere Gründe, die das Krankheitsbild erklären würden, konnte ich nicht finden. Bei der Erfassung des Lebenslaufes schilderte Anna erste Erinnerungen, z. B. wie der Vater die Mutter mit der Reitpeitsche geschlagen hatte. Anna wußte auch noch, wie sie dafür bestraft worden war, als sie in der Krankenstube eines Kinderheimes einem anderen Kind erzählt hatte, wie Babies gemacht werden. Ihre frühen Schädigungen kompensierte Anna später mit Leistung. Die inneren Konflikte fanden ihren Ausdruck in einem sehr wechselhaften Leben, bis Anna schließlich in der Ehe eine gewisse Stabilität gefunden hatte. Das erste Kind verlor Anna anläßlich einer Infektionserkrankung. Annas zweites Kind war bei der Geburt eine Querlage, wobei das Ärmchen vorgefallen war. Die Geburtshelferin wollte das Kind opfern und überließ die Entscheidung darüber Annas Ehemann. Diese drohte mit Scheidung, wenn das Kind geopfert würde. Der Sohn kam schließlich über einen Kaiserschnitt lebendig auf die Welt und auch Anna blieb am Leben. Nach einigen stabilisierenden Jahren wurde Annas Mutter psychotisch und verbrachte die letzten 10 Lebensjahre stuporös in der Ecke der Wohnung. Anna hatte Ängste, ein ähnliches Schicksal

zu erleiden. Ihr Sohn stellte ihre ganze Freude dar. Erwachsen geworden, heiratete er nach seinem Medizinstudium eine psychotische Krankenschwester, die auf Anna extrem eifersüchtig reagierte und die enge Mutter-Sohnbeziehung auseinanderbringen wollte.

Je mehr sich Annas Sohn auf die Seite seiner neugegründeten Familie und somit auch der Ehefrau schlug, um so depressiver reagierte die Patientin, deren Depression ursprünglich ausgeklinkt war, als sie nach 46jährigem suchtartigen Rauchen damit aufgehört hatte.

Annas Sohn berichtete mir in einem begleitenden Gespräch von seinen eigenen psychosomatischen Problemen sowie von der Notwendigkeit, sich von seiner Mutter lösen zu müssen. In der weiteren äußerst schwierigen Behandlung, während der mehrere stationäre Aufenthalte notwendig geworden waren, fiel mir immer wieder Annas unbedingtes Vertrauen zu mir auf sowie ihre Tendenz, sich nach meinen Kindern zu erkundigen bzw. Vergleiche zu ihrem Sohn zu ziehen. Die hochdifferenzierte Patientin wußte freilich zu gut über psychotherapeutische Vorgänge Bescheid, um für mich die gleiche Fürsorge wie für ihren Sohn walten zu lassen. Sie wählte einen anderen Weg. In der Gruppe übernahm sie die Rolle der Co-Leiterin (obwohl bereits Co-Leiterin bzw. Co-Leiter vorhanden waren). Anna zog die negativen Leiterübertragungen der Gruppenmitglieder auf sich. Sie übernahm bisweilen Deutungen und Aktivitäten strukturierender Art und überließ es ganz den begleitenden Einzelgesprächen, die sie belangenden Probleme und depressiven Stimmungen aufzulisten und mitzuteilen. Die Therapie endete überwiegend erfolgreich, als Anna nach mehrjährigen Depressionen (trotz Lithium- und Carbamazepinprophylaxe) zum einen Distanz zu ihrem Mann, zum anderen aber weitere soziale Funktionen übernahm, die sie bereits in der Zeit als Krankenschwester jahrzehntelang innegehabt hatte, um über ihre Arbeit wieder zu ihrer alten Identität zurückzufinden.

In der Psychotherapie Alternder kommt es aber nicht nur zur Sohn-Tochter-Übertragung auf die Therapeuten, sondern auch zur Eltern-Gegenübertragung der Therapeuten auf die Patienten. Je älter diese sind, um so häufiger treten beide Typen auf, wie das folgende Diagramm verdeutlicht.

Besondere Übertragungsformen N = 114

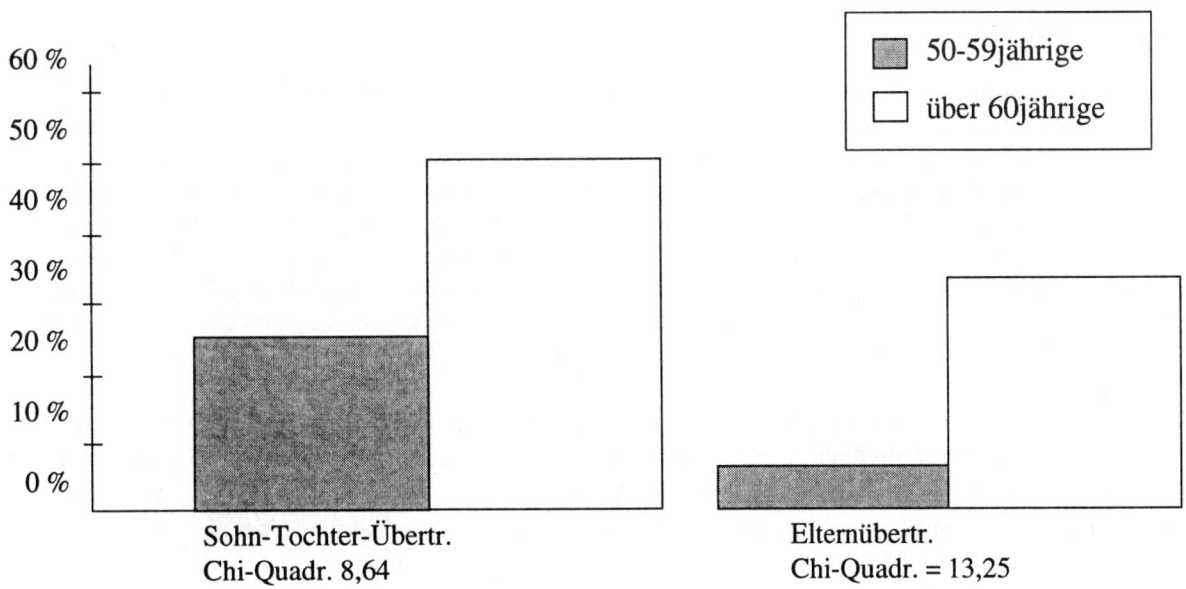

Eine weitere Möglichkeit im Übertragungsgefüge bildet

Die Geschwisterübertragung

In dieser Übertragungsform kann ich freilich auch zum Bruder werden, wie ich am Beispiel eines ebenfalls depressiven Patienten erfahren durfte. Er war wegen Alkoholmißbrauchs stationär behandelt worden und hatte nach erreichter Abstinenz schwerere Depressionen entwickelt.

Richard, 52 Jahre alt, hatte einen älteren und einen jüngeren Bruder. Zum älteren Bruder, der mit dem gleichen schweren Schicksal betroffen war, hatte Richard den besseren Kontakt, wenngleich dieser entfernt von der Familie wohnte. Die beiden Halbgeschwister Richards, der jüngere Bruder und dessen Schwester, waren von der Mutter stark bevorzugt worden. Richard hatte viele Erziehungsaufgaben für sie zu übernehmen und wurde häufig bestraft, wenn er sich überfordert zeigte oder in der Familie zuwenig mitgearbeitet hatte. Der Erziehungssadismus der Mutter nahm immer drastischere Formen an, die an Brutalität kaum mehr zu überbieten waren. So mußte Richard seinen Kopf auf einen Hackstock legen und die Mutter schwang das Beil, bis der Bub zu dem nachgab, was sie von ihm erpressen wollte. Als Richard kurz vor Silvester zum ersten Mal unangemeldet in die Praxis schneite und mitleiderregend wie ein nasser Vogel dasaß, litt er darunter, daß erneut eine Beziehung gescheitert war. Bereits zuvor waren zwei Ehen auseinandergegangen. Richard war nun arbeitslos war und drohte, wieder in den Alkoholmißbrauch zu verfallen.

In der Gruppe, die mit zwei männlichen Leitern besetzt war, machte er den Co-Leiter zu seinem älteren Bruder, den er bereits früher idealisiert hatte und der wie Richard sehr unter der Mutter zu leiden hatte. Den Leiter machte er aber zu seinem jüngeren Bruder, den er gehaßt hatte, da er für ihn sorgen mußte und durch den Richard, der frühzeitig parentifiziert worden war, ein Teil der Jugend verloren hatte. Möglicherweise bildeten frühere Spaltungstendenzen die Quelle dieses Vorganges. In jedem Falle aber schwankte Richard zwischen der Dankbarkeit, in Therapie genommen worden zu sein und damit aus seinen Depressionen gefunden zu haben zum einen und den Haßtiraden und dem Gefühl, vom Leiter nicht verstanden zu werden, zum anderen. So lebte Richard in der Phantasie, daß der Leiter ohnehin einer besseren Welt angehören, in der Chaos und das Elend, aus dem er stamme, nicht verstanden würde.

Richards Spaltung blieb während der ganzen Laufzeit der Gruppe bestehen. Sie führte zu dem Wunsch meines Co-Leiters, der eine positive getönte Gegenübertragung auf Richard entwickelt hatte, ihn in Einzeltherapie nehmen zu dürfen.

Die Partnerübertragung

Daß der Therapeut auch zum Geliebten werden kann, habe ich oben bereits beschrieben. Hierfür nun ein Beispiel auf der Übertragungsebene:

Lisa war die Tochter eine Hoteliers, der über hohe schauspielerische Talente verfügte und seine Phantasiebegabung weitgehend dem Geschäft widmete. Lisa sollte ein Junge werden. Die erste Deckerinnerung Lisas datierte in das fünfte Lebensjahr und bestand in der Erinnerung an eine Bemerkung ihres Vaters, der zu ihr gesagt hatte: „Das eine merke dir: Alle Menschen dieser Welt haben recht, nur du nicht!" Lisa fühlte sich oft unterdrückt und von der Mutter abgelehnt. Einmal saß die Mutter weinend am Tisch. Lisa streichelte sie, wurde von ihr aber mit dem Vorwurf weggestoßen: „Du bist schuld am Krieg". Lisa wurde eine Querulantin. Ihr männliches Gehabe machte sie zum gefürchteten Gegner in tausendfältigen forensischen Auseinandersetzungen, sei es wegen ihrer früheren Ehe, die mißglückt war oder sei es wegen zahlreicher politischer Streitereien.

Auch aus mir wollte sie einen Anwalt machen und einen Mitstreiter gegen ihre nach wie vor idealisierten Vaterbilder, bis sie sich schließlich in mich verliebte. Sie machte aus unseren Stunden Rendezvous und interessierte sich nur noch für die Beziehung zu mir. Zu den Sitzungen brachte sie Schokolade und Likör mit und beschrieb ihre Beziehung zu mir durch das Goethewort: "Gegen große Vorzüge eines anderen gibt es kein Rettungsmittel als die Liebe".

Solche Übertragungslieben gehen in der Regel mit eindrucksvollen Besserungen bei den Patienten einher. Auch stärken sie das Selbstgefühl der Therapeuten, die dann leicht "betriebsblind" werden hinsichtlich der situativen Besonderheit, in der solche Besserungen eintreten. Die erotische Übertragung aufzulösen ist ein zentraler Vorgang der Therapie. An ihr festzuhalten heißt, Abhängigkeit festzuschreiben.

Hier wirkt sich die in der Regel kürzere Dauer von Verhaltenstherapien günstig aus, die den Augenblick der Wahrheit nicht in eine Jahre entfernte Zukunft verlagert. Dennoch sollte die Intensität von erotischen Partnerübertragungen jeden Behandler warnen, sich zu sehr darauf einzulassen und durch erotisches Agieren Schäden zu setzen, die in der Regel, wie anfangs dargestellt, neuerliche Traumatisierung zur Folge haben. Dies wird meist bei der Trennung vom Therapeuten oder der Beendigung der Therapie am besten sichtbar.

Alle diese Beziehungsformen sind nicht immer einheitlich zuzuordnen, sondern beinhalten bei der Projektion oft Objektbeziehungsanteile und bei der Objektbeziehung auch häufig projektive Bestandteile. Das Beispiel einer Gruppensitzung mag dies verdeutlichen:

Der Co-Leiter hatte die Sitzung bereits eröffnet. Ich bin zu spät gekommen. Die Seniorengruppe sprach von Hundekot in der Stadt und von der Unmöglichkeit, irgendwohin zu treten, ohne mit Hundekot in Berührung zu kommen. Das Thema hielt sich erstaunlich hartnäckig. Schließlich sprachen die Patienten über Haustiere und Pflanzen sowie die Schwierigkeit, diese überhaupt zu halten. „Katzen sind wie Kinder", sagte eine Patientin, aber es sei nicht leicht, sie in einer Stadtwohnung zu halten, allein die Mietverträge würden sich oft dagegen richten. Aber auch die Pflanzen würden nicht gedeihen. Nur in Ausnahmefällen würden sie mehrmals blühen. Herr F. assoziierte hierzu, daß er keine Geschenke empfangen könne. Die Deutung des Leiters, der an die Bemerkung der Patientin über die Katzen anknüpfte, daß die Tiere und Blumen hier auch für die Kinder stehen könnten, stellte für Herrn F. eine Beleidigung dar. Erst später war sie für ihn eine Brücke in die Kindheit, in der er sich, wie er sagte, als unfähig erwiesen habe, Geschenke anzunehmen, nachdem ihm ein Geschenk des Vaters durch einen anderen Bruder streitig gemacht worden war. Das Ergebnis sei für Herrn F. gewesen, daß er zeitlebens eine verweigernde Haltung eingenommen habe. Vom Leiter erwarte er sich die meiste Hilfe. Er hoffe, auch seine Pilze im Darm loszuwerden, die sich eingenistet hätten, als er, dem Rat eines Heilpraktikers folgend, über Jahre hin nur Reis zu sich genommen habe. Immer mehr bestimmten Diätfragen das Gruppengeschehen. Erfolglos versuchte der Co-Leiter, das Gespräch zu vertiefen, nachdem sich der Leiter mit weiteren Deutungen zurückgehalten hatte. Die Gruppe grenzte die Leiter aus. Zwei weibliche Gruppenmitglieder umsorgten Herrn F. für den Rest der Sitzung. Plötzlich griff Herr F. den zweiten Mann der Gruppe, Herrn M. an und sagte, für diesen seien die Sitzungen umsonst, da er zuviel schweigen würde. Herr M. zuckte zusammen, bestätigte aber diese Äußerung und zog sich wieder in sich selbst zurück. Eine Patientin entdeckte im Aquarium die junge Fischbrut. Bis zum Ende der Sitzung dominierte das Thema, wie verschwenderisch die Natur mit dem Leben umgehen würde.

In dieser Sitzung schien die Gruppe ihre Aggressionen auf den zu spät gekommenen Leiter verschoben zu haben. Die Fische und Pflanzen hatten als Objekt der Aggression herzuhalten. Auch im Thema von den Geschenken verdichtete sich dieser Aspekt. Durch die Deutung, daß Tiere oder Pflanzen unbewußt auch als Kinder eingesetzt werden könnten, fühlte sich ein Gruppenmitglied gekränkt. Es regredierte thematisch in den oralen Bereich um dann seine Aggression und Spaltung zu regulieren. Dann idealisierte es den Leiter, ignorierte den Co-Leiter und bestrafte an stelle des Leiters ein weiteres Gruppenmitglied.

Die affektgetönte und unangemessene Verhaltensweise des Patienten war allen deutlich. Von der Bruderposition, in die er den beleidigenden Leiter gedrängt hatte, regredierte er in eine idealisierende Vaterübertragung, die freilich das Abspalten weiterer Aggressionen auf ihn und deren Verschiebung auf andere erforderte.

Das Beispiel erhellt auch, daß die Deutungen der Sohn-Tochter-Übertragung bzw. der Geschwisterübertragung, selbst bei geringem Risiko wie im vorliegenden Fall, in dem die Verschiebung auf die Tiere die Verbindlichkeit einer Übertragungsdeutung abgemildert hatte, dennoch sensibel zu handhaben sind. In der Gegenübertragung folgte auf den Angriff der Gruppe der Rückzug des Leiters. Vielleicht waren es für ihn unbewußt die Eltern, die ihn dafür kritisierten, daß er sich zu wenig um die Tiere oder Pflanzen kümmern würde. Vielleicht haben sich für ihn aber auch die Eltern, die Mitpatienten also, mit den Tieren oder Pflanzen identifiziert, die nur einmal blühen, die verschwenderisch gelebt haben und für die Kinder künftig zu sorgen haben.

In der Regel vermeide ich es, die Sohn-Tochter-Übertragung zu deuten. Möglicherweise spielt dabei der unbewußte Wunsch eine Rolle, sich dadurch die Gruppenmitglieder als Eltern erhalten und sie in der Funktion des Leiters besser kontrollieren zu können. Die Ängste, die Patienten bei einer eventuellen Deutung der Sohn-Tochter-Übertragung verlieren zu können, verraten unbewußte ambivalente Positionen den eigenen Eltern gegenüber, die durch eine Fixierung auf definierte Rollen kalkulierbarer werden und somit weniger bedrohlich. Daß dies zu einer zwanghaft analen Abwehr und zur Aktualisierung aggressiver Themen in der Gruppe führt, ist die Konsequenz, wie der oben kurz erwähnte Ausschnitt aus einer Gruppensitzung belegt. Dies muß aber nicht so bleiben. Durch regressive Schritte werden der Zugang zu alten Gefühlen, das Verständnis und die Bearbeitung früherer Abwehrformen möglich. Dies zeigt das kurze Beispiel von Herrn F.. In der Regression wird die klassische Elternübertragung möglich, aber nicht immer abgeschlossen. Bei vielen Depressiven gilt es, Regressionen zu vermeiden, um ihrer möglicherweise suizidalen Dynamik vorzubeugen. Manche haben eine große Regressionstendenz. Auch bei ihnen ist es sinnvoller, auf der Stufe der Sohn-Tochter-Übertragung zu verharren und in ihr alte Eltern-Kind-Muster aufzuarbeiten. Dies setzt freilich voraus, daß die Therapeuten - die oft nach langen Ausbildungsgängen endlich erwachsen geworden sind - bereit sind, auch diese Übertragungsformen anzunehmen.

Halten wir also abschließend fest: Übertragung und Gegenübertragung als kognitiv-emotionale Ereignisse zählen zu den wirksamsten Werkzeugen einer Behandlung. Wir haben das Phänomen der Übertragung vom Vorgang der Übertragung zu unterscheiden. In ihr haben wir es mit den schwierigen narzißtischen Übertragungen und leichter zu handzuhabenden Objektübertragungen und Gegenübertragungen zu tun. Sich Übertragungen bewußtzumachen heißt, die Voraussetzungen für ihre Korrektur geschaffen zu haben, wodurch unangemessenes neurotisches Verhalten beseitigt wird. Gleiches gilt für die Gegenübertragungen. Das Agieren von Übertragungen neurotisiert Therapeuten und Patienten gleichermaßen und wirkt mit seiner erotisierten Form traumatisch.

Literatur

Balint, M. (1975): Problems of human pleasure and behavior. S. 291, Hogarth, London.

Bloch, E. (1976): Das Prinzip Hoffnung. Frankfurt.

Brocher, T. & Sies C. (1986): Psychoanalyse und Neurobiologie. Stuttgart

Freud, A. (1972): Child analysis as a sub-speciality of psychoanalysis. Int.J.Psychoanal. 53: S.151-156.

Freud, S. (1914): Zur Geschichte der psychoanalytischen Bewegung. S.125-136, GW Bd 10,.

Freud, S. (1922): Preisausschreibung. Int. Z. Psychoanal. 8: S. 527.

Kemper J. (1990): Psychotherapie in der zweiten Lebenshälfte, S.94 - 103,in: Derbolowski J.& U. Derbolowski (Hrsg): Praktische Psychotherapie, vom Symptom zur Ganzeitstherapie, Methodenvielfalt und Effizienzkontrolle, Heidelberg.

Kemper J. (1989): Was heißt Altern? Psychotherapie in der zweiten Lebenshälfte. S.102 -106 und 145-157, München.

Kemper J.: Die Sohn-Tochter-Übertragung in der tiefenpsychologisch orientierten Gruppenbehandlung Alternder. Gruppenpsychotherapie und Gruppendynamik, im Druck.

Kemper J. (1992): Sexualtherapeutische Praxis, Bd. I., Reihe Leben Lernen, Pfeiffer-Verlag, München.

Kutter, P. (1992): Anmerkungen eines Psychoanalytikers zum Menschenbild von Psychotherapeuten. S. 269 - 276 in: Hans Lieb und Rainer Lutz (Hrsg.): Verhaltenstherapie. Ihre Entwicklung und ihr Menschenbild. Verlag für Angewandte Psychologie, Göttingen-Stuttgart.

Laplanche, J. & J. B. Pontalis (1973): Das Vokabular der Psychoanalyse, Suhrkamp, Frankfurt.

Masson, J. M. (1984): The Aussault on Truth, Freud's Suppression of the Seduction Theory, Farrar, Straus und Giroux, New York.

Maturana, H., F. J. Varela und R. Urike: Autopoiese (1985): die Organisation lebender Systeme, ihre nähere Bestimmng und ein Modell. S. 157-169 in : H. R. Maturana: Erkennen: die Organistation und Verkörperung von Wirklichkeit. Vieweg, Braunschweig.

Musil, R. (1978): GW I, Der Mann ohne Eigenschaften, S. 23, Rowohlt, Reinbek, .

Richter,H. E. (1969): Eltern, Kind und Neurose.Psychoanalyse kindlicher Rollen. Reinbek.

Sperber,M. (1978): Individuum und Gesellschaft. Stuttgart.

Sloane, R. B., F.R. Staples, A. H. Cristol, N. J. Yorkston, K. Whipple (1981): Analytische Psychotherapie und Verhaltenstherapie. Stuttgart, Enke-Verlag.

Sperling, E., A. Massing, G.Reich, H. Georgi, E.Wöbbe-Mönks (1982): Die Mehrgenerationen - Familientherapie, S.61 und 66, Göttingen.

Thomä,H. und Kächele,H. (1988): Lehrbuch der psychoanalytischen Therapie. 2 Praxis S.36, Berlin

Wachtel, P.L.(1977): Psychoanalysis and Behavior Therapy. Basic-Books New York.

Zu deutsch: Psychoanalyse und Verhaltenstherapie. Ein Plädoyer für ihre Integration. S. 95-105, 189 -190 und S. 355-358; Klett-Cotta-Verlag, Stuttgart (1981).

Waelder, R. (1956): Introduction to the discussion on problems of transference. Int. J Psychanal 37: S. 617-637.

Wirtz, U. (1991): Sexuelle Übergriffe in der Therapie - Kunstfehler oder Kavaliersdelikt ? S. 17-23. in: Dokumentation des öffentlichen Hearings am 19. Janura 1991 in Bonn: Sexuelle Übergriffe in der Therapie, Kunstfehler oder Kavaliersdelikt? Tübinger Reihe 12, DGVT, Tübingen.

Wittmann, Lothar (1981): Verhaltenstherapie und Psychodynamik. Therapeutisches Handeln jenseits der Schulengrenzen. Beltz-Verlag,Weinheim

Marginalien zu Problemen der Externalisierung und Inszenierung

• Johannes Kemper •

Vorbemerkung
In der Reihe der Konstrukte, die unser therapeutisches Handeln maßgeblich bestimmen, und zwar so weitgehend, daß wir nicht selten von ihnen bestimmt werden, finden sich Vorgänge der Externalisierung die, systematisch eingesetzt und unbewußt verlaufend, entscheidend zum Gelingen oder Mißlingen von psychotherapeutischen Behandlungen beitragen.
Wenn wir von Externalisierung sprechen, so setzt dies eine Betrachtungsweise von Welt voraus, die ein Innen und ein Außen kennt sowie Vorgänge, die sich im Grenzbereich dieser Räume abspielen.
Konsequent konstruktivistisch gedacht, ist unsere Außenwelt eine Phantasiebildung, ein Konstrukt unserer Wahrnehmung, die in uns selbst entsteht, etwas von uns Gemachtes, das letztlich in uns selbst begründet liegt. So betrachtet, gibt es kein Innen und kein Außen, sondern nur unsere Wahrnehmung selbst.

Begriffsbestimmung
Externalisierung und Inszenierung sind psychoanalytische Termini, ohne daß wir sie als solche in den klassischen Lehrbüchern finden.
Auch das "Vokabular der Psychoanalyse" von Laplanche et al. (1973) hat keinen der beiden Begriffe in sein Repertoire aufgenommen. Dennoch kennen wir gerade im psychoanalytischen Bereich als Gegensatz zur Introjektion die Projektion und damit einen Begriff, der dem der Externalisierung sehr nahekommt.
Das Lexikon der Psychologie von Arnold et al. (1988) definiert den Begriff der Externalisierung folgendermaßen:
"**Externalisierung,** Verlagerung von Beziehungsverhältnissen aus einem Innenbereich in den korrespondierenden Außenbereich der Eigenwelt eines Individuums. Entsprechend der unterschiedlichen Abgrenzungen von Innen- und Außenbereichen des psychophysischen Geschehens (Metzger, 1963) und divergierender Annahmen hinsichtlich der Normalität bestimmter Lokalisierungen ist eine Vielfalt von Begriffsvarianten der E. bzw. Internalisierung aufzufächern, u. a.
1) Die nach psychoanalytischer Lehre schrittweise erworbene Unterscheidung von Subjekt- und Umwelteigenschaften.
2) Der Übergang der Auslösung triebgesteuerten Verhaltens von primär organismusinternen auf organismusexterne Reize durch Konditionierung.
3) Die häufig unzutreffende Erfassung von Umweltverhältnissen nach dem Muster intrapersonaler Bezüge: Haltungen und aktuelle Gefühle, die ein Akteur - bewußt oder unbewußt - gegenüber sich selber hegt ("Ich kann mich nicht leiden"), werden von ihm Personen der Umwelt entgegengebracht ("Die anderen sind unausstehlich") oder diesen Partnern als Einstellung gegenüber dem Akteur zugeschrieben ("Die anderen können mich nicht leiden").
In friedlicher Eintracht finden wir hier psychoanalytische und verhaltenstherapeutische Aspekte nebeneinander. Während es in der Psychoanalyse um die schrittweise Unterscheidung von Subjekt- und Umwelteigenschaften geht und somit um die später fatale Subjekt-Objekt-Trennung, befaßt sich die verhaltenstherapeutische Sicht mit den Einflüssen der Außenwelt. Sie sieht vom Standpunkt des Dritten die Konditionierung von triebgesteuertem Verhalten durch Außenreize.
Eine sehr differenzierte Sicht stellt die Externalisierung auf die Außenwelt dar.
Die beiden Sichtweisen von Externalisierung als Konditionierungsvorgänge durch Außenreize oder als Projektionsformen des Selbstbildes sind von hoher Bedeutung.

Psychoanalytisches und verhaltenstherapeutisches Denken begegnen sich unter anderem in der Annahme einer Welt äußerer Objekte, von der ausgehend wir uns selbst definieren und abgrenzen. Ihr steht die innere Welt gegenüber, die unser Erleben und Handeln in direkter Weise bestimmt, auch wenn wir unsere eigenen Grenzen erst in der Begegnung mit der äußeren Welt erfahren und vor allem im Dialog mit unseren Mitmenschen.

Für den therapeutischen Alltag heißt dies, den Zugang zu unseren bewußten und unbewußten Anteilen freizusetzen, um unterscheiden zu lernen zwischen dem, was in uns ist, und dem, was wir als von außen kommend erleben. Wie klein dieser Schritt ist, wird uns vor allem in den Erlebnisweisen psychotisch Erkrankter vor Augen geführt, beispielsweise im Phänomen des Verfolgungswahnes, da seine Bedeutungssetzung in der Außenwelt zunimmt (reale äußere Objekte werden zu Verfolgern), die in ihrer Dynamik der Innenwelt entspringt (z. B. auf äußere Objekte bezogene eigene Aggressionen). Bereits eine solche Aussage impliziert einige Kunstgriffe, zu denen der Schritt gehört, den Wirklichkeitsbegriff, also unsere gemeinsame, durch die Erfahrung bestätigte Wahrnehmung, der realen äußeren Welt zuzuordnen. Daß dies aber nie in vollem Umfang unsere gemeinsame Erfahrung sein kann, liegt in unserer Individualität begründet.

Im Verlust seiner Fähigkeit, Distanz zu sich selbst einzunehmen und sich in Bezug zum Außen zu setzen, unterscheidet sich der Psychotiker bzw. unser an einem Verfolgungswahn erkrankter Patient von all jenen, die diese Krankheit nicht haben.

Wenn wir die Externalisierung als den Grundvorgang einer Konditionierung durch die Außenwelt oder der Projektion unseres Selbstbildes betrachten, so könnte die Inszenierung deren systematische Ausformung sein. Sie stellt die Externalisierung in einen funktionalen Kontext.

Die Inszenierung erinnert psychoanalytisch betrachtet auch an den Wiederholungszwang. Nach Laplanche et al. (1973) ist dieser ein "auf der Ebene der praktischen Psychopathologie nicht bezwingbarer Prozeß unbewußter Herkunft, wodurch das Subjekt sich aktiv in unangenehme Situationen bringt und so alte Erfahrungen wiederholt, ohne sich des Vorbildes zu erinnern, im Gegenteil den sehr lebhaften Eindruck hat, daß es sich um etwas ausschließlich durch das Gegenwärtige Motiviertes handelt."

In beiden Fällen werden Änderungen gesetzt. Versucht das Individuum durch Inszenierungen Kontrolle über seine Außenwelt zu erwerben, so kann auch das Umfeld eines Menschen ihn durch die Handhabung seiner Inszenierungen beeinflussen. Beides hat Methode erreicht. In seiner sublimen und kultivierten Form begegnet uns die Inszenierung als Theater, in ihrer therapeutisch methodischen Form als Gestalttherapie oder Psychodrama bzw. in die Verhaltenstherapie rückübersetzt als Rollenspiel.

Externalisierung und Inszenierung beinhalten immer diagnostische und therapeutische Aspekte.

Daraus resultiert auch die Indikation für die weitere Behandlungsstrategie. Zum einen öffnen inszenierende Techniken den Patienten, wenn er keine weiteren Zugangswege erlaubt. Zum anderen können sie ihn ändern, wenn er für kognitive Methoden nicht zugänglich ist.

Kontraindikationen stellen also Patienten mit histrionischer Symptomatik dar, die darunter leiden, zu viel zu externalisieren oder zu inszenieren. Ihre Grenze finden inszenierende Techniken dann, wenn alles Handeln in ein bloßes Agieren, in reinen Aktionismus mündet. Vor einer Behandlung haben wir uns also zu fragen, wer externalisiert bzw. inszeniert, der Therapeut oder der Patient.

Zwar sind wir gewahr, den Therapeuten als denjenigen zu sehen, der die Externalisierungen und Inszenierungen des Patienten kontrolliert und nutzbar macht. Dabei verliert er sich aber leicht selbst aus den Augen mit dementsprechend verheerenden Folgen (Hemminger, 1989).

Solche komplexen Inszenierungen sind nur dann möglich, wenn sich auch geeignete Akteure finden. Das System Patient ist längst durch das System Patient - Therapeut und dieses durch das System Institut - Therapeut bzw. Institut - Klinik und Gesellschaft ersetzt worden. Die Inszenierung bekommt traurig grandiose Züge. Die dabei wirksamen Einflußmöglichkeiten werden von Kleiber (1988) zusammengefaßt.

Wir müssen Klarheit darüber gewinnen, welche Selbstdiagnostik und Fremddiagnostik wir betreiben. Dabei haben wir uns nicht nur als Subjekte zu begreifen, sondern zusammen mit unseren Patienten als lebendige Systeme, die ihrerseits inszenieren und externalisieren, je nach Schauplatz in Kliniken, Praxen oder außertherapeutischen Situationen.

Wenn wir hinsichtlich der Methoden und Wirkungsprinzipien Anleihen bei den zwei oben genannten Therapiemethoden machen, dann lohnt es sich, kurz auf deren Praxis und die zugehörige Theorie zurückzugreifen.

Nach Möller (1981) hat Moreno das Psychodrama von Beobachtungen an Kindern abgeleitet, die ihre Probleme im Rollenspiel bewältigten. In der Psychodrama-Therapie sollen durch die dramatische Darstellung vergangener, gegenwärtiger oder zukünftiger oder nur im Traum oder in der Phantasie existierender Erlebnisse das Verständnis des Patienten für sich selbst und andere verbessert, Emotionen kathartisch abreagiert und die sozialen Fertigkeiten des Patienten verbessert werden. Möller faßt zusammen:

"Die psychodramatische Sitzung, die meist in Form einer Gruppenpsychotherapie durchgeführt wird, beginnt mit einem Gespräch zwischen den Gruppenmitgliedern. Sobald ein Patient anfängt, ein bestimmtes Erlebnis zu schildern, das für ihn problematisch ist oder war, wird er veranlaßt, diese Situation szenisch darzustellen. Als Bühne gilt der von der Gruppe umschlossene Kreis. Der Spieler (Protagonist) versucht, sein Verhalten und Erleben in der genannten Situation verbal, mimisch und gestisch zum Ausdruck zu bringen. An der jeweiligen Lebenssituation beteiligte Mitmenschen (Antagonisten) - Vater, Mutter, Mann, Freund, Autoritätspersonen etc. - werden durch Mitglieder aus der Gruppe dargestellt. Die Mitmenschen gewinnen so im Spiel eine Art Halbrealität, die weniger furchterregend für den Patienten ist. Auf dem Höhepunkt der konflikbeladenen Handlung ordnet der den Verlauf des Psychodramas intensiv beobachtende Psychodramaleiter einen Rollentausch an. Der Protagonist nimmt jetzt z. B. statt der Rolle des Sohnes die Rolle des Vaters an. So kann das Verhalten des Gegenspielers (des Antagonisten) zum eigenen Erlebnis und damit besser verstehbar werden. Sobald der Konflikt in einer für den Protagonisten befriedigenden Weise gelöst ist, endet die szenische Darstellung. Ihr folgt ein Gruppengespräch."

Während im Psychodrama dem Evidenzcharakter eine hohe Bedeutung zukommt, umfaßt die Gestalttherapie schwerpunkthaft das Bewußtwerden. Objektrepräsentanzen werden wieder nach außen verlagert. Die Gestalttherapie zeichnet sich durch einen sich auf die Gestaltpsychologie stützenden phänomenologischen Ansatz und durch die Ausrichtung auf anthropologisch-existentielle Wertkonzepte aus. Nach Knebusch (1981) ist die Gestalttherapie von ihrer Konzeption her eine Einzeltherapie und bleibt es auch in der von F. S. Perls bevorzugten Gruppenform. Sie ist dann eine <u>Einzeltherapie in der Gruppe</u>, wobei die Therapie vor der Gruppe auf einem gesonderten Stuhl (sog. hot seat) stattfindet. In der Therapie mit schwerer gestörten Patienten dominiert heute zunehmend die Einzeltherapie im Sitzen (sog. Gestaltanalyse). Wie bei jeder Therapie ist größter Wert auf Kontinuität zu legen, in der Regel mit einer Frequenz von zwei Wochenstunden.

Was folgt daraus für die Verhaltenstherapie?
1. Bewußtseinsnahe und bewußtseinsferne Vorgänge ändern die Patienten.
2. Selbstbild und Umfeld bedürfen einer Interaktion.
3. Die erste Voraussetzung für Änderungen ist die Bereitschaft der Beteiligten, sich in einem interaktionellen Prozeß zu wandeln (den Therapeuten ist dies meist wenig bewußt).
4. In der Therapie bedarf es kontrollierter Bedingungen.
5. Die Inszenierung und Externalisierung entwickeln ihre therapeutische Kraft, wenn sie Störungen bisheriger Strukturen darstellen.
6. Die Gestalt einer Situation oder Szene muß erkannt sein, bevor daraus weitere Handlungsmuster abgeleitet werden.

7. Die wichtigste Zeit der Therapie beginnt nach dem Prozeß von Externalisierung und Inszenierung. In ihr erfolgt die kognitive Bewältigung des Erlebten.
8. Darauf abgestimmt, erfolgen weitere therapeutische Handlungsmuster.
9. Unbegriffene Zuweisungen wirken destruktiv, da sie Handlungen fortsetzen, ausformen und konditionieren, die möglicherweise pathogene Muster darstellen.
10. Ohne den Lerntransfer in andere Erlebnisfelder bleiben Inszenierungen Turnübungen im luftleeren therapeutischen Raum.

Klinische Beispiele

Beispiele für pathogene Inszenierungen finden wir beispielsweise bei der Betrachtung von Deviationen. Hier sind uns einige Abweichungen sexuellen Verhaltens wenig verständlich, wenn wir nicht auf Freuds Annahmen einer "polymorph perversen" Sexualität zurückgreifen bzw. in differenzierterer Form auf die Winicottsche Annahme des Übergangsobjektes, das auch die Gestalt einer devianten Handlung annehmen kann. So wie beim Kleinkind irgendein Gegenstand die Mutter repräsentieren kann und bei der Ablösung von der Mutter dieser Gegenstand die Bedeutung der Mutter erhält, kann nicht nur ein Gegenstand, sondern auch eine Handlung oder ein Handlungsablauf die Bedeutung mütterlicher Komponenten erfahren und erklären, warum sich der deviante Patient gerade in der devianten Handlung selbst am meisten bei sich selbst fühlt und diese ihm lustverschaffenden Situationen immer wieder herstellt, obwohl sie ihm mittel- bis langfristig eher Unlust bereiten und warum zumindest einige solcher Handlungsmuster auch behandelbar und auflösbar erscheinen.

Wie sehr der Therapeut dabei zum Gegenstand entsprechender Inszenierungen werden kann, habe ich wiederholt erfahren.

In einem Falle war es so, daß ich immer wieder vor Gericht zitiert wurde, weil zwei meiner devianten Patienten rückfällig geworden waren. Beide argumentierten unabhängig voneinander und unabhängig von Einflüssen meinerseits, daß sie, da ihre Therapie kurz vor dem Abschluß stand, Angst hatten, ihre weitere Behandlung zu verlieren, und rückfällig geworden sind, um weiterhin in Therapie bleiben zu dürfen. Das Paradoxe der Situation wird sofort deutlich. Zum einen wollten die Patienten gesund werden - ein Vorgang, dessen Ziel es war, einmal autonom zu sein und ohne Therapie auszukommen. - Zum anderen wollten sie ihre Deviation verlieren, an deren Stelle sie die Psychotherapie gesetzt hatten. Wird ihnen die Behandlung genommen, so greifen sie nach dem alten Muster des Übergangsobjektes, um jene mütterliche Geborgenheit und Intensität lustvollen Eigenerlebens herzustellen, das sie in der devianten Handlung gefunden hatten. Man könnte auch sagen, die Übertragungsneurose wurde im außertherapeutischen Feld inszeniert.

Ein ähnliches Beispiel, in dem der Therapeut eine geringere Bedeutung hatte, erlebte ich mit einer kleptomanen älteren Patientin, deren Gebißregulation nicht ihren Wünschen entsprechend ausgefallen war. Immer neue notwendige Behandlungen führte sie auf eine ursprünglich fehlerhafte Therapie zurück. Mehrere Gutachter kamen zu einem gegenteiligen Ergebnis. Die Patientin war hochgradig daran interessiert, die Angelegenheit vor Gericht zu bringen, was ihr jedoch nur einmal gelang und in weiteren Anläufen immer wieder im Vorfeld unterdrückt wurde. Daraufhin begann sie zu stehlen, und zwar immer häufiger und in immer größeren Mengen, um endlich ein Gerichtsverfahren in Gang bringen zu können, von dem sie sich erhoffte, daß ein gütiger Richter sich ihrer Zahnbehandlung annehmen würde. Durch ihre Symptombildung des pathologischen Stehlens und dessen Unverhältnismäßigkeit im Kontext mit der Zahnbehandlung versuchte sie ihr Gerechtigkeitsdenken nach außen zu projizieren, in der Hoffnung, vor Gericht würde ihr erlittenes Unrecht offenbar werden. Dann könnten die Richter Abhilfe schaffen. Daß diese Handlungsweise jedoch ein falsches Mittel zur falschen Zeit am falschen Ort darstellte, das immer neue äußere und innere Konflikte konstellierte, wurde Gegenstand der Therapie.

Aber nicht nur im Setting der ambulanten Versorgung, sondern auch im stationären Bereich finden wir eindrucksvolle Beispiele von Inszenierungen, die nicht immer nur von den Patienten, sondern durchaus auch vom Pflegepersonal ausgehen können. In verdrängten Bereichen ist dies besser ablesbar als in erlaubten Bereichen. Deshalb wähle ich zwei kurze Beispiele des Umgangs mit der Sexualität Alternder in Pflegeheimen.

Beispiel 1
Die leitende Schwester einer Station war von ihrem Ehemann geschieden worden und stand nun mit ihren drei minderjährigen Kindern alleine da. Selbst sexuell bedürftig, entwickelte diese Schwester die Idee, einen sexuell aktiven und bedürftigen über 70jährigen Heimbewohner mit einer ebenfalls über 70jährigen dementen Mitbewohnerin zu verheiraten, die ihrerseits noch Jungfrau war. Es gelang der Abteilungsschwester, auch das übrige Personal der Abteilung dafür zu gewinnen. Offensichtlich hatte weder der Standesbeamte noch der Pfarrer Bedenken, so daß die Eheschließung tatsächlich vollzogen wurde. Das Ehepaar bezog ein gemeinsames Zimmer im Altenheim. Die arme Frau wollte aber von Sexualverkehr nichts wissen. Nachts waren ihre Schreie zu hören, und nach wenigen Monaten war sie verstorben. Die beiden Alternden hatten ursprünglich aneinander kein Interesse. Die vom Pflegepersonal erzeugte Wirklichkeit, der soziale Körper der Pflegestation waren unbeabsichtigt lebensfeindlich geworden. Er hatte die Individualität der Alten nicht berücksichtigt.
Die Vorgänge stellten eine sicher gutgemeinte aber deletär verlaufene Inszenierung von Partnerwünschen der leitenden Schwester und des von ihr instrumentalisierten untergebenen Personals dar.

Beispiel 2
In einem Altersheim fiel ein 70jähriger Patient durch eine zunehmende Aggressivität auf.
Einige dachten, dies sei durch die Neurolues bedingt, an der er litt. Distanzlos beantwortete er die aufdringlichen erotischen Angebote einiger dementer und zum Teil enthemmter Patientinnen vor den Augen der Mitpatienten, bis schließlich das Pflegepersonal daran Anstoß genommen hatte.
Vor allem aber schien die Tatsache abzuschrecken, daß sich dieser Mann für sein erotisches Handeln auch noch honorieren ließ. Dies war für das Personal Grund genug dem Patienten seinen Wunsch nach einem Einzelzimmer nicht zu erfüllen. Der Mann wurde immer aggressiver, bis hin zu Tätlichkeiten dem Personal, aber auch den Mitpatienten gegenüber. Schließlich sorgte die Stationsärztin dafür, daß er einen eigenen Raum erhielt, in dem er nun verborgen vor den anderen Heimbewohnern die dementen Patientinnen empfangen konnte. Von da an war der Friede wiederhergestellt.

Bei diesem Beispiel kann die Aggression des alten Mannes auch als ein Konstrukt des Pflegepersonals aufgefaßt werden, das dieser Form von Prostitution im Altersheim begegnen wollte. Der soziale Körper der Station verdrängte die Sexualität. Er verschob sie in prostitutive Bereiche. Die Leistung der Stationsärztin war es, den Charakter dieser Inszenierung des Pflegepersonals zu erkennen und dem alten Mann ein Zimmer zu verschaffen, in dem er sich mit seinen Frauen zurückziehen konnte. Von da an war wieder Ruhe auf der Station. Neben diesen in größeren Organsationseinheiten auftretenden Inszenierungen gibt es aber auch noch die alltäglichen Inszenierungen von Patienten, beispielsweise indem sie sich nach außen hin aufwerten und den Therapeuten zu etwas Grandiosem hochstilisieren oder in dem sie sich als Opfer aufwerten und beschreiben, was sie in ihren Therapien alles aushalten müssen, an welchen Therapeuten sie geraten seien usw. Diese Inszenierungen entziehen sich der therapeutischen Kontrolle. Sie werden durch eine interessierte Umwelt aufrechterhalten. Ihr fehlt es an Begrenzung auf den therapeutischen Bereich.
Als ich beispielsweise selbst an einer schweren Infektionserkrankung litt und über einige Zeit pausieren mußte, existierten sofort die wildesten Gerüchte, woran ich erkrankt sei, wobei die Mitteilung meiner tatsächlichen Erkrankung völlig unerheblich war, gemessen an der Macht der Gerüchte, die beinhalteten, daß ich schon lange an Krebs leiden und bald sterben würde.
Diese Gerüchte entstehen immer wieder neu und sind mittlerweile viele Jahre alt. Sie finden ihre Wurzeln in Verlusterlebnissen der Patienten, aber auch in deren aggressiven Wünschen und erfahren ihre Korrektur in der Realität meiner Gesundheit.

Supervision und Inszenierungskonstrukte

Im System des Patienten geht es wesentlich darum, die inneren Stimuli kontrollieren zu können, Wahrnehmungsverzerrungen, mit denen viele nicht leben können, zu ersetzen durch angepaßte Verhaltensformen. Christa Rohde-Dachser (1982) spricht von einem "unguten Übergewicht der inneren über die äußere Realität". In klassischer Weise dient dabei die therapeutische Situation, die Therapiestunde, ob in oder bei Reizkonfrontation außerhalb der Praxis. Dabei werden Therapeut und Patient zu Akteuren von Beziehungsmustern, deren Entwürfe sie jeweils in sich tragen. Rohde-Dachser hat aus ihrer Supervisionsarbeit, in der sich Therapiekonflikte ja ebenfalls szenisch abbilden, die wesentlichsten "Beziehungsfallen" oder wie ich es nennen würde, "Inszenierungskonstrukte" dargestellt:

Solche pathologischen Beziehungskonstellationen lassen sich oft an **bestimmten Indikatoren** erkennen. Der Verdacht, daß aus einer therapeutischen Beziehung ein Beziehungsfilz geworden ist, der jetzt das eigentliche Übel darstellt, liegt beispielsweise immer dann besonders nahe, wenn eine Therapie *nicht* beendet werden kann. Oft denken die Beteiligten gar nicht mehr an eine Ende, haben auch längst vergessen, weshalb der Patient ursprünglich einmal den Analytiker aufsuchte. In anderen Fällen möchte einer der Beteiligten (Patient *oder* Therapeut) gerne aus der Beziehung aussteigen, wird aber durch die Gegensteuerung des Partners erfolgreich daran gehindert. So kann es vorkommen, daß der Therapeut aus seiner eigenen Pathologie heraus an der Beziehung festhält und dem Patienten nicht den Freiraum einräumt, sich in der ihm gemäßen Weise abzulösen. In meiner Supervisionstätigkeit traf ich jedoch häufiger auf Konstellationen, wo der Therapeut seinem Patienten gegenüber in einen Zustand extremer innerer Unfreiheit geraten war und scheinbar "nach dessen Pfeife tanzen" mußte. In diesen Fällen war die Kontrolle über die therapeutische Beziehung an den Patienten abgetreten. Der Therapeut konnte die Beziehung deshalb nicht beenden, obwohl er dies eigentlich wollte. Statt dessen schien er in überdurchschnittlichem Maße inhaltlich mit seinem Patienten beschäftigt, hatte Angst, ihm nicht zu genügen, sich als schlechter Therapeut zu erweisen. Oft wurde auch mit wenig vorbedachten Veränderungen des Settings experimentiert (Erhöhung oder Verminderung der Stundenzahl, Aussetzen der Therapie, Liegen statt Sitzen und umgekehrt), um die eigene Hilflosigkeit zu kaschieren. Hinzu tritt in solchen Situationen oft ein charakteristisches Schwanken zwischen übergroßer Hilfsbereitschaft (z. B. Angebote an den Patienten, den Therapeuten jederzeit anzurufen) und gereizter Zurückweisung, sobald der Patient von dem Angebot Gebrauch macht. Ich erinnere mich in diesem Zusammenhang an eine Teamsupervision in einer psychosomatischen Klinik, wo gegenüber einer Patientin deutlich eine solche gereizte Stimmung bestand, während alle Beteiligten sich gleichzeitig offenbar in überdurchschnittlichem Maße um die Patientin sorgten oder sich doch mit ihr beschäftigten. Ein Teammitglied charakterisierte die zu der Patientin bestehende Beziehung im Supervisionsgespräch beiläufig mit den aufschlußreichen Worten: "Die kann mit uns machen, was sie will." Aus der Sicht des Psychoanalytikers heraus kann sich eine solche Beziehungskonstellation nur dann verfestigen, wenn bei dem oder den Therapeuten unbewußte Faktoren dem Übertragungsangebot des Patienten zuarbeiten, um sich schließlich in dem beschriebenen Beziehungsclinch zu verzahnen. Nach meiner Erfahrung sind es ganz bestimmte Beziehungsmuster, die das Gros derartiger Komplikationen in der psychoanalytischen Therapie ausmachen. Fünf davon möchte ich hier kurz charakterisieren.

a) Unerkannte Omnipotenzzuschreibungen und - phantasien

Viele Patienten suchen einen Therapeuten oder auch eine therapeutische Institution mit der *unbewußten* Phantasie auf, daß der Therapeut die Macht habe, auf eine nicht weiter reflektierte, magische Weise ihr Leiden zu beseitigen. In dieser Phantaise ist der Therapeut dann eine allmächtige Elternfigur, die *alles* bewirken kann, wenn sie nur möchte (vergleichbar mit dem Bild vom allmächtigen Gott, in dessen Gewalt es liegt, einen Bittsteller zu "erhören" oder sich von ihm abzuwenden). Solche Phantasien sind dem Patienten in aller Regel *nicht* bewußt, können auch nicht erfragt, sondern nur aus seinem Handeln erschlossen werden. In dem beschriebenen Kontext handelt der Patient so, als könnte der Therapeut ihn "erhören", sprich: sein Leiden beseitigen, wenn er nur wollte. Weiterleiden kann dann nur bedeuten, daß der Therapeut dem Patienten - aus Sadismus, aus Gleichgültigkeit oder einfach aus einem Mißverständnis heraus - die prinzipiell mögliche Hilfe verweigert. Von daher wäre es nur konsequent, würde der Patient seine Notsignale verstärken. Geschieht dies jedoch, wird leicht eine erpresserische Spirale in Gang gesetzt, auf die der Therapeut **dann** mit dem beschriebenen Wechsel von Überangebot und gereiztem Rückzug reagiert, wenn er selbst unbewußt die Omnipotenzzusschreibung des Patienten annimmt. Das Leiden des Patienten wird in diesem Falle zu seinem eigenen Versagen, für das er, der Therapeut, wiederum einen Schuldigen finden muß, der meistens nur der Patient sein kann. Es bleibt der Phantasie des Lesers überlassen, sich auszumalen, wie dieser Zirkel weiter eskaliert, wenn es dem Analytiker nicht gelingt, die eigenen Omnipotenzphantasien zu hinterfragen und dem Patienten glaubhaft (!) die Beschränktheit seiner Möglichkeiten, aber auch das real verfügbare Hilfsangebot zu verdeutlichen (vgl. auch Rohde-Dachser, 1982).

b) Feilschen um Wunscherfüllungen statt Wunschlegitimation

Eine andere, dem vorher beschriebenen Muster in mancher Hinsicht verwandte Beziehungskonstellation resultiert aus der im Helfermilieu ganz allgemein verbreiteten Neigung, Wünsche des Patienten auf der Handlungsebene abzuhandeln, anstatt seine dahinter verborgene Frage nach der **Legitimation** dieses Wunsches aufzugreifen (vgl. dazu Searles, 1955; Rohde-Dachser, 1979). Bei Analytikern, die ja eigentlich darauf trainiert sind, zu reflektieren anstatt zu handeln, scheint ein solcher Ausdruck vielleicht verwunderlich; in meiner Supervisionstätigkeit habe ich jedoch den Eindruck gewonnen, daß er zumindest bei Berufsnovizen (aber nicht nur dort) eher häufiger als selten ist. Ich vermute, daß Balint (1970) eine solche Beziehungskonstellation im Auge hatte, wenn er von "maligner Regression" sprach. Damit ist eine Entwicklung der therapeutischen Beziehung gemeint, in der der Patient Wünsche an den Analytiker adressiert, auf deren Erfüllung er mit noch mehr Wünschen reagiert, so daß eine suchtartige Spirale in Gang kommt, die durch Deutung nicht mehr auflösbar ist und schließlich zum Scheitern der Analyse führt. Suchtartige Entwicklungen sind aber bekanntlich dadurch charakterisiert, daß das Suchtmittel einen psychischen Mangel ausgleichen soll, den es seiner Natur nach gar nicht dauerhaft beheben kann. Wenn der Süchtige jedoch nur dieses *eine* (Ersatz-)Mittel zur Verfügung hat, wird das Ausbleiben des erhofften Effektes zwangsläufig zum erneuten, intensiveren Gebrauch des Suchtmittels führen, eine in der Tat destruktive Spirale. Stimmt der Vergleich, wofür alles spricht, dann kann dies aber nur bedeuten, daß das Mittel, hier also die **Wunscherfüllung durch den Analytiker**, nicht geeignet ist, die Lösung herbeizuführen, nach welcher der Patient offensichtlich sucht. Die Therapeuten, mit denen ich dieses Problem diskutierte, hatten dafür auch durchaus ein Gespür. Sie beschrieben ihre anspruchlichen Patienten mit den Worten: "Ich habe das Gefühl, wenn ich dem den kleinen Finger gebe, nimmt er die ganze Hand"; "Das ist, als sollte ich ein Faß ohne Boden füllen; es wird immer zu wenig sein, ich werde mich verausgaben und trotzdem am Schluß als schlechter Therapeut dastehen", "Ich muß mich schützen, um nicht aufgefressen zu werden" etc. Solche Äußerungen zeigen, daß der Therapeut hier Wünsche seines Patienten, seiner möglicherweise durchaus korrekt wahrgenommenen oralen Gier und Unersättlichkeit mit Mißtrauen und Vorsicht begegnet. Genau dies ist jedoch die Reaktion, die der Patient vermutlich bereits als kleines Kind auf seine orale Bedürftigkeit und ihre gierige Äußerung erfahren hat. In praktisch allen Fällen, die ich in einem solchen Kontext näher analysieren konnte, ging es den Patienten deshalb im Grunde immer auch um die chiffriert an den Therapeuten adressierte Frage, ob sie in diesem hungrigen Zustand akzeptabel und liebenswert waren. Oder anders: Ob sie mit ihrer Gier, ihrem unersättlichen Habenwollen, ihre vage gespürte Rücksichtslosigkeit gegenüber den Bedürfnissen des anderen "in Ordnung" waren.

Es ist hier nicht der Ort, die verschiedenen Interventionsmöglichkeiten zu ventilieren, mit denen ein Analytiker auf dieses Legitimationsbegehren seines Patienten eingehen kann, ohne gleichzeitig mit ihm auf die Wunscherfüllungsebene und damit in die beschriebene Suchtspirale einzusteigen. Meine Erfahrung ist aber, daß dies möglich ist, wobei ich mich unter anderem auf Searles (1955) berufen kann, der ein ähnliches Problem im Umgang mit den Abhängigkeitswünschen von Schizophrenen beschrieben hat, hinter denen er ebenfalls regelhaft den Wunsch fand, in diesen Abhängigkeitswünschen nicht per widerwilliger Erfüllung, sondern - dies oft erstmals im Leben - durch ausdrückliche Legitimation akzeptiert zu werden. Eine maligne Regression im Sinne Balints, die zum Scheitern der Therapie führt, entsteht in einem solchen Kontext in der Regel dann, wenn der Therapeut unbewußt an sich den Anspruch hat, doch die bessere Mutter des Patienten zu sein und diesen für die erlittene Entbehrung **realiter**, d. h. per Wunscherfüllung, entschädigen zu müssen, um dann - dies nicht zu Unrecht - paralysiert vor dieser Aufgabe zu stehen, deren Nichterfüllbarkeit er nun der Unersättlichkeit des Patienten anlastet.

c) Die Fehlinterpretation regressiver Wünsche als "Kampf um die Macht"

Manche Patienten dienen dem Analytiker in der Übertragung neben anderen Interaktionsmustern auch einen "Machtkampf" an. Dabei geht es häufig um die Erprobung, wer der Stärkere ist, um das Austesten der Belastbarkeit des Analytikers, um "analen" Triumph, aber auch um die endlich gewagten Auseinandersetzungen mit einem ödipalen Rivalen u.v.m. Analytiker haben ein aufmerksames Ohr für solche Übertragungsangebote und sind gewohnt, diese dem Patienten entsprechend zu deuten. Ob eine Deutung "wahr" ist, d. h., ob sie den Patienten "betrifft", weil sie einen ihm bis jetzt nicht bekannten inneren Zusammenhang erfaßt (Beck, 1974), wird immer vom Patienten entschieden. Dessen Kompetenz bei der Beurteilung von Deutungen kann jedoch zumindest vorübergehend durch eine Reihe von Faktoren beeiträchtigt sein. Im "Machtkampf" mit dem Analytiker wird der Patient z. B. eine Deutung dann nicht akzeptieren, wenn dies bedeuten würde, dem Analytiker den Sieg in diesem Kampf zu überlassen. In diesem Kontext bedeutet die Zurückweisung einer Deutung dann nicht, daß diese inhaltlich falsch ist. Vielmehr geht es um ein Beziehungsproblem, dessen Thematisierung (hier des Machtkampfes) wiederum dem Analytiker obliegt. Kompliziert wird diese Situation immer dann, wenn der Patient den Machtkampf auf der Meta-Ebene fortsetzt und auch diese Deutung zurückweist. Langfristig ist jedoch auch hier eine konstruktive Lösung denkbar. Bleibt sie aus, darf man in aller Regel vermuten, daß der Patient die Deutung seines Therapeuten ablehnt, weil er sich darin in seinem Beziehungsangebot unverstanden fühlt, das er im Gegensatz zum Analytiker *nicht* als Machtkampf begreift, ohne dies jedoch entsprechend kommunizieren zu können. Meist sind dies Patienten, die im Leben nicht gelernt oder die es **verlernt** haben, einem anderen ihre Bedürftigkeit zu zeigen, und sich dabei auch noch verzweifelt nach einer Anlehnungsmöglichkeit und nach Empathie gerade auch für diesen schwächeren Teil ihrer Persönlichkeit sehnen. Solche ungestillten Wünsche werden unter der Psychoanalyse zwangsläufig intensiver und drängen nach Realisierung. Ein Patient, der nicht gelernt hat, seine Anlehnungsbedürftigkeit, überhaupt irgendeine Art von Schwäche zu zeigen, sondern der gewohnt ist, daß er um alles, was er im Leben haben möchte, kämpfen muß, wird unter diesen Umständen nun aber auch in der Analyse einen Kampf um Gewährung seiner regressiven Wünsche ausfechten, und zwar mit den gewohnten, d. h. **progressiven** Mitteln. Man findet dann z. B. eine Patientin, die mit ihrem Analytiker um ihr Recht auf Regression "argumentiert", ihm kämpferisch nachweist, daß er sie nicht verstehe, ihm "erklärt", was sie eigentlich brauche etc. Wie frühere Beziehungspartner auch, scheint auch mancher Analytiker tragischerweise oft nur diese progressiven Signale aufzunehmen. Das bedeutet, daß solche Patienten sich leicht dort einen Gegner kreieren, wo sie eigentlich einen Beschützer suchen. Nach meiner Erfahrung sind es häufig *männliche* Therapeuten, die sich mit ihren **weiblichen** Patienten in einen Machtkampf verstricken, in dem diese - unter der Chiffre des Kämpferischen, Starken - Hingabe und Anlehnung suchen. Dörte v. Drigalskis (1979)

"Blumen auf Granit" scheint mir geradezu ein Paradigma für eine solche mißlungene Beziehungskonstellation, in der es im typischen Fall eher Frauen sind, die die Zeche zahlen.

d) Die Unfähigkeit zu handeln

Weiter oben war von der in der psychoanalytischen Therapie stets präsenten Gefahr die Rede, sich mit dem Patienten auf der Handlungsebene zu verstricken, anstatt mit ihm den Hintergrund eines Wunsches zu reflektieren. Oft resultiert der Mißerfolg einer psychoanalytischen Therapie aber auch aus dem Gegenteil, nämlich der Neigung mancher Psychoanalytiker, nicht zu handeln, wo Handeln dringend indiziert wäre. Diese "Unfähigkeit zu handeln" kann ein Ausbildungsartefakt sein (schließlich hat der Analytiker mühsam gelernt zu reflektieren anstatt zu "agieren"); häufig entspricht sie aber durchaus auch den passiven Neigungen der Primärpersönlichkeit des Therapeuten, der sich nicht umsonst gerade zur psychoanalytischen Methode hingezogen fühlte. Nach meiner Erfahrung versäumen analytische Psychotherapeuten insbesondere dann, wenn sie ausschließlich mit dem psychoanalytischen Standardverfahren in freier Praxis zu arbeiten gewohnt sind, häufig den rechten Moment, **einzugreifen**, wenn die Situation des Patienten dies erfordert. Dies gilt u.a. für notwendige Konfrontationen und Grenzsetzungen, wenn der Patient im Begriff ist, sich oder anderen - oft aus einem therapieinduzierten, passageren regressiven Zustand heraus - irreversibel Schaden zuzufügen. Manche pathologischen therapeutischen Beziehungskonstellationen können nur verändert werden, wenn der Therapeut nach gründlicher Reflexion aus seiner permissiven Haltung heraustritt und dem Patienten ohne Tadel, aber doch klar und entschlossen aufzeigt, welche Bedingungen er, der Therapeut, ohne Tadel an die Fortsetzung der Therapie knüpft. Notwendig wird dies beispielsweise dann, wenn in der therapeutischen Beziehung eine Konstellation entstanden ist, die für den Patienten ein so hohes Maß an Befriedigung enthält, daß er von sich aus nicht bereit ist, daran etwas zu verändern.

Ich denke an einen Kollegen, der mich wegen eines Borderline-Patienten konsultierte, den er seit ca. 100 Stunden in Behandlung hatte und dessen Problem ursprünglich sein Haß auf Autoritätspersonen war, der ihm viele Nachteile einbrachte. In der Therapie hatte der Patient diesen Haß bald auf den Therapeuten übertragen, den er in diesem Kontext jeweils unflätig beschimpfte. Der Therapeut nahm dies hin, weil er meinte, der Patient müsse Gelegenheit haben, seine Aggressionen ihm gegenüber zu entfalten. Schließlich pendelte sich die Therapie darauf ein, daß der Patient gegenüber Autoritätspersonen außerhalb der Analyse einigermaßen höflich agierte, seine unterdrückte Wut nunmehr aber am Therapeuten ausließ, den er dann etwa unmotiviert ein "Arschloch" schimpfte, ohne dafür mit irgendwelchen Sanktionen rechnen zu müssen. Der Kollege fühlte sich entlastet, als er von mir hörte, es sei nicht seine Pflicht als Therapeut, sich endlos solche Beschimpfungen anzuhören, zumal dies auch dem Fortschritt der Therapie in keiner Weise dienlich sei. Er hatte dann, aber auch erst dann, die Möglichkeit zu **handeln**, nämlich sich solche Beschimpfungen zu verbitten und den Patienten mit den Wirkungen seines Verhaltens zu konfrontieren.

e) Die Unfähigkeit zu trauern

Es ist eine Binsenwahrheit, daß nicht nur Patienten ihren Therapeuten brauchen, sondern umgekehrt auch viele Therapeuten ihren Patienten. Nicht nur, daß ein Therapeut ohne Patient brotlos würde. Auch er konstelliert mit den Menschen, die bei ihm Hilfe suchen, Beziehungen, die für ihn bedeutsam werden können, zumal bei der Länge und Intensität, wie sie für eine psychoanalytische Psychotherapie charakteristisch sind. Der Verlust eines bedeutsamen Menschen aber ist mit Trauer verbunden; dies gilt auch für die Trennung von Therapeut und Patient. Es gibt viele, hier nicht zu erörternde Gründe, warum ein Mensch, also auch ein Therapeut, zur Trauer unfähig sein kann oder sie doch nach Möglichkeit vermeidet. Für unseren Zusammenhang ist allein die Tatsache bedeutsam, daß psychoanalytische Therapien an einer solchen Unfähigkeit des Analytikers, zu trauern, scheitern können. Da solche Therapien - sofern sie vom Therapeuten nicht ganz abrupt beendet werden - meist "endlos" dauern, könnte man zögern, hier von "Scheitern" zu sprechen. Auffällig ist zunächst allenfalls ein Verlust der Zeitperspektive bei beiden Beteiligten, die Überraschung über das "unvermutete" Ausgeschöpftsein der von der Kasse zu vergütenden Leistungen, vom Analytiker beantragte Verlängerungen, die nicht ausdrücklich mit dem Patienten abgestimmt werden u. ä.. Oft scheinen diese Beziehungen nach dem Motto zu funktionieren: "Und wenn sie nicht gestorben sind, so leben sie noch heute".

Patient und Therapeut sind dabei meist in einer dyadischen Weise aufeinander bezogen, aus der die äußere Realität weitgehend ausgeklammert bleibt. Erfahrungen des Patienten, die dieser außerhalb der Therapie macht, sind für den Therapeuten in dieser Konstellation irrelevant, ähnlich wie bei einer Mutter, für die nur diejenigen Erlebnisse ihres Kindes zählen, die sie mit ihm gemeinsam hat. Umgekehrt lebt der Patient in der Phantasie, daß die Therapie seine hauptsächliche Ressource sei und der Therapeut verpflichtet (und aus der gleichen Phantasie heraus oft auch bereit), ihm diese verfügbar zu halten. Es scheint, als schwebe über solchen Beziehungen ein unbewußtes Triangulierungsverbot, das alles ausgrenzt, was die Dyade stören könnte. Beim leisesten Signal einer "Beziehungsflucht" von seiten eines Partners der Dyade reagiert der andere reflektorisch mit einer Gegensteuerung: der Patient mit Verschlechterung, der Therapeut möglicherweise mit einer "Widerstandsdeutung" oder einem anderen Signal, aus dem hervorgeht, daß er dem Patienten noch keine Verselbständigung zutraut, eine Botschaft, die dieser wiederum nach Art einer "self-fulfilling prophecy" aufnimmt. Oft werden solche Entwicklungen durch die (methodenimmanente) "unklare" Zielsetzung der Analyse begünstigt (vgl. dazu bereits Freud, 1937).

Manche Therapien scheitern in dieser entscheidenden Ablösungsphase auch, weil der Analytiker nicht richtig einschätzen kann, welche Form der Ablösung gerade diesem Patienten gemäß ist. Patienten mit schweren Verlusterfahrungen in der frühen Kindheit brauchen eine lange vorbereitete, ganz allmähliche Trennung von ihrem Therapeuten, um diese anders verarbeiten zu können als ihre frühen Verlusterfahrungen. Umgekehrt kann es für mehr hysterisch strukturierte Patienten, die sich grundsätzlich schwertun, Endgültigkeit zu akzeptieren, eine wichtige Erfahrung sein, daß die Therapie *wirklich* begrenzt ist und auch - wie vorgesehen- beendet wird (Bach & Rohde-Dachser, 1985). Andere Patienten wiederum (nicht die Hysteriker!) brauchen eine Phase von Kommen und Gehen, oder besser gesagt: von Gehen und Kommen mit der Erfahrung, daß "Gehen" nicht heißt, nie mehr wiederkommen zu dürfen (ein an Mahler et al. (1975) orientiertes Konzept, dem ich eine große therapeutische Bedeutung beimesse).

Die Pathologie des Patienten und des Therapeuten, die Zielsetzung der Behandlung und die Indikationsstellung bestimmen maßgeblich die Richtung und Wirksamkeit des Rollenspiels, das jede Psychotherapie darstellt, auch wenn sie bisweilen die Prämisse der "Echtheit" auf ihren Fahnen proklamieren muß. Die vielfältige Vernetztheit der Systeme und Subsysteme, die Wahrnehmungsschärfe von Therapeut und Patient im Konstrukt, die therapeutische Situation und der nie ganz sicher vorhersagbare Interaktionsverlauf machen Antworten wie die der Supervision erforderlich. Mit ihrer Hilfe sind die Aussichten günstiger, aus dem unsicheren Unterfangen, das anfangs jede Psychotherapie darstellt, doch noch eine Reduzierung neurotischen oder psychotischen Elends zu erzielen.

Literatur

Arnold, W. H. J. Eysenck & R. Meili (Hrsg). (1988).: Lexikon der Psychologie, Herder-Verlag, Freiburg.

Bach & Rohde-Dachser (1985), Probleme der Limitierung in der Psychoanalyse. In T. F. Hau & Wyatt (Hrsg.) Therapeutische Anwendungen der Psychoanalyse (S. 88-96). Göttingen, Verlag Medizinscher Psychologie.

Balint, M. (1970): Therapeutische Aspekte der Regression. Stuttgart, Klett.

Beck, D., (1974): Die Kurzpsychotherapie - Eine Einführung unter psychoanalytischem Aspekt. Bern: Huber.

Ernst, Cècile (1993): Frühe Lebensbedingungen und spätere psychische Störungen. Die Beiträge der psychiatrischen Epidemiologie zu einer neuen Sicht der Fühkindheit. Nervenarzt 64, S. 553-561.

Drigalski v., Dörte (1979), Blumen auf Granit, Eine Irr- und Lehrfahrt durch die deutsche Psychoanalyse. Frankfurt/M. : Ullstein.

Freud, S. (1937): Die endliche und die unendliche Analyse. Gesammelte Werke (Bd. 16).

Hemminger, Hansjörg (1989): Eine Untersuchung zur Psychologie totalitärer Kulte, S. 132-135, Quell-Verlag Stuttgart.

Kleiber, Dieter (1988): Handlungsfehler und Mißerfolge in der psychosozialen Praxis: Probleme im Umgang mit komplexen Systemen S. 79, in : Dieter Kleiber und Armin Kuhr (Hrsg.): Handlungsfehler und Mißerfolge in der Psychotherapie - Beiträge zur Psychosomatischen Praxis. Tübinger Reihe 8, DGVT, Tübingen.

Knebusch, R. (1981): Gestalttherapie. S. 119-123 in: Möller H. J. (Hrsg): Kritische Stichwörter zur Psychotherapie. Wilhelm Fink Verlag München.

Kreiler, K., Reinhart, Claudia & Sloterdijk, Peter (1980 Hrsg.): In irrer Gesellschaft. Frankfurt/Main.

Laplanche, J. & J. B. Pontalis (1973): Das Vokabular der Psychoanalyse. Suhrkamp, Frankfurt/Main.

Lebovici, S. (1972): Das psychoanalytische Psychodrama. In: H. Petzold (Hg.): Angewandtes Psychodrama in Theorie, Pädagogik, Theater und Wissenschaft. Paderborn.

Leutz, G. (1974): Psychodrama. Theorie und Praxis, Berlin.

Mahler, M. S., Pine, F. &Bergmann, A. (1975). Die psychische Geburt des Menschen. Frankfurt/M.Fischer.

Metzger, W. (1963): Psychologie, Darmstadt.

Möller, H. J. (1981): Psychodrama-Therapie. S. 270-273, In: Möller (Hrsg.): Kritische Stichwörter zur Psychotherapie. Wilhelm Fink Verlag, München.

Moreno J. L. (1959): Gruppenpsychotherapie und Psychodrama. Stuttgart.

Rohde-Dachers, C. (1979): Das Borderline-Syndrom. Bern: Huber

Rohde-Dachser, C. (1982): Diagnostische und behandlungstechnische Probleme im Bereich der sogenannten Ichstörung. Psychotherapie und medizinische Psychologie, 32, 14-18.

Searles H. F. (1955): Abhängigkeitsprozeß bei der Psychotherapie von Schizophrenie. In H. F. Searles (Hrsg.) Der psychoanalytische Beitrag zur Schizophrenieforschung. München, Kindler.

Winnicott, D. W. (1958): Through Paediatrics to Psycho-Analysis. Tavistock, London

Schlagwortverzeichnis

A

abhängige Persönlichkeit 467
abhängige Persönlichkeitsstörung 357
Abhängigkeit 150
Abhängigkeitsbedürfnis 112
Abhängigkeitserkrankungen 117
Ablehnungsangst 204, 379
Ablenkung 228, 253
Ablösung von den Eltern 375
Ablösungsprozeß 360, 502
Abstinenzregel 33
Abstinenzverletzung 118
Abstraktion 8
Abwehr 11
achieving character 272
adäquates Bewältigungsverhalten 23
Adoleszenz 509
affektiv-kognitive Entwicklungstheorie 102
affektiv-kognitive Therapiestrategie 318
affektive Entscheidung 112
affektive Therapiestrategie 318
Aggression 9, 13, 14, 20, 132, 469
Agoraphobie 13, 14, 146, 157, 356
Akkommodation 8, 12, 113, 305
aktives Zuhören 216
Aktivierungsniveau 153
Aktivitätenplanung 114, 473
Akzeptanz 58
Akzeptanz des Istzustandes 112
Alexithymie 518
Alkoholabhängigkeit 119
Alkoholismus 486
Alpha-Zustand 145
Alterssexualität 413
Ambivalenz 9
Ambühl 70, 81, 87, 99
ambulante Therapie 29
anale Phase 271
analoge Kommunikation 379
Analyse der Persönlichkeitsstörung 109
Analyse der Symptomstörung 109
Anamnese 58
Anamnesefragebogen 307
Änderungsmotivation 37, 46
angeborene Disposition 24, 103
Angehörigenarbeit bei Schizophrenie 546
Angehörigengruppe 547
Angst 20, 269
Angst vor Ablehnung 202, 468
Angst vor der Angst 362

Angst vor Hingabe 15
Angst vor Liebesverlust 499
Angst vor Trennung 14
Angst vor Veränderung 111
Angstbehandlung 155
Angstbewältigungstraining 176
Angstdimension 149
Angstentstehung 338
Angsterkrankung 333
Angstexposition 155
Angsthierarchie 157, 366, 405
Angstkonditionierung 360, 361
Angstmilieu 338
Angstreiz 157
Angststörungen 441
Angstthermometer 149, 164, 350
Annäherungs-Annäherungskonflikt 212
Annäherungs-Vermeidungskonflikt 212, 312
Anorexia nervosa 481, 505
Anorgasmie 424
Anspannung 441
Anspruchsniveau 259
Antidiätmodell 491
Antizipation bedrohlicher Folgen 23, 25, 103
Antrieb 458
Appetit 458
appraisal 222
Ärger 334, 441, 467, 499
Artikulationsstörung 397
Assertiveness-Training-Programm 148, 200, 363, 378, 486, 498
Assimilation 8, 12, 113
assymmetrische Beziehung 383
asthenische Persönlichkeitsstörung 357
Asthma 159
Asthma bronchiale 13
Atembewegung 268
Atemtechnik 339
Atmung 458
ATP 147
ATP-Grundkurs 380
Aufklärung 426
Ausbeutung 31
Auserwähltes 305
auslösende Situation 24
Auslöser 465
Auslöser der Depression 463
Auslösesituation 22, 108
Authentizität 59, 66, 362

Autoaggression 135
Autogenes Training 143, 185
autonome Psyche 18, 21, 101, 114
Autonomiebedürfnis 112
autoritär 11
Autosuggestion 172
Aversive Verhaltensübung 422

B

Bandscheibenverschleiß 15
Basisfertigkeit 53
Basiskönnen
Bedeutung 222
Bedeutung der Zielerreichung 111
Bedeutungsbildung 11
Bedeutungsentwicklung 8, 312
Bedingungsanalyse 42, 154, 346, 360
Bedingungsanalytische Problemlösegruppe 390
Bedürfnis 4, 13, 382
Bedürfnisfragebogen 112, 308
Bedürfnisse 477
Befunderhebung 307
Beginn einer Depression 463
Behandlung der Depression 472
Behandlungskompetenz 27
Behandlungsplan 114
Behaviorismus 85
Bekräftigung 388
Belastungsstörung 219
Belohnungsaustausch 382
Berührung 74
Bestrafung 135
Bestrafungsspirale 379
Bettnässen 132
Bewahren des Selbst- und Weltbildes 25, 103
Bewahren von Verstärkungen 25, 103
Bewahrungsfunktion des Symptoms 24
Bewältigungsstrategie 226, 544
Bewegungstherapie 268
Bewertung 382
Beziehung 12, 27, 55, 65
Beziehung, therapeutisch 305
Beziehungsanalyse 317
Beziehungsdiagnostik 309
Beziehungsentwicklung 316
Beziehungsflucht 593
Beziehungsgestaltung 22, 56, 103, 108, 316
Beziehungskonflikt 379

Beziehungsnorm 382
Beziehungsphobie 15
Beziehungsstörung 383
Beziehungstypus 569
Bezugspersonen einbeziehen 30
Bindungsangst 204
Bioenergetik 169, 270
Biographie 2, 305, 307
bipolar 471
black box 54
Blickkontakt 74, 460
Blockade 115
Bluthochdruck 248
Borderline-Störung 85, 502
Borderline-Überlebensregel 17
Buddhismus 88
Bulimia nervosa 479
Bündnisspiel 511
burn out 33

C

chaining 136
challenging Charakter 271
Charakterpanzer 275
Charakterstruktur 268
chronische Belastungen 464
Co-Therapeut 29
Codieren 379
cognitive map 6
Colitis ulcerosa 13
Comfort 417, 438
commitment 39
Compliance 160
contract management 133
Coping 219, 251, 314
Copingforschung 542
Copingstrategie 5, 364, 544
Cotherapie 61
Counterconditioning 152
Current Concern 38

D

Daseinsberechtigung 13
Datenschutz 28
Dauerdilemma 103
Decodiertechnik 379
Decodierung 378
Defizit 361
Demoralisierung 75, 445
Denken 4
Denkpsychologie 6
dependente Persönlichkeitsstörung 357

dependente Überlebensregel 17
Depot-Spritzen 471
Depression 13, 169, 180, 191, 205,
    209, 272, 334, 356, 458, 479, 565
depressive Erinnerungen 460
depressive Gedanken 460
depressive Gefühle 460
depressive Handlungen 460
depressive Wahrnehmungen 460
Detailstrategie 114
Detailziel 102
Deutung 590
Diabetes mellitus 159
Dialektik der Entwicklung 12
dialogische Anthropologie 572
dichotome Konfliktlösung 20
dichotomes Denken 18
Didaktik 53
Differenzierung 12
digitale Kommunikation 379
Dilemma 24
discomfort 441
disengagement 39
Diskordanz 374
Diskriminationstraining 233
Disposition 19
Don-Juanismus 424
Doppelbindung 383
Doubeln 388
Drei-Spalten-Technik 527
Drogenabhängigkeit 563
Drogenkompetenz 124
DSM III-R 17, 335, 356, 357, 396,
    410, 503
dysfunktionale Überlebensregel 24
dysfunktionaler Gedanke 4
dysfunktionaler Verhaltensstereotyp
    19, 24, 103, 308
Dysmenorrhoe 424
Dyspareunie 424, 436
Dysphonie 397

E

Echtheit 59, 381
efficacy expectation 363
Effizienz 114
Eifersucht 511
Eigenverantwortung 371
einbindende Kultur 11
einverleibende Beziehungsgestaltung 13
Einzeltherapie 30, 358
Ejaculatio deficiens 435

Ejaculatio praecox 424, 435
Ejakulation 434
Ektoderm 273
Elektroschock 420
Elternübertragung 576
EMI 307
Emotion 268
emotional map 6
emotional processing 449
emotionales Coping 121
Emotionalitätsinventars 487
Emotionalitätstrainig 390
Emotions-Exposition 315
Empathie 58, 66, 112
Empfindung 8, 382
empirischen Hypothesenprüfung
    18, 114, 310, 314
Endoderm 273
endogen 470
enduring Charakter 272
Entkatastrophieren 158, 313, 352
Entscheidungshilfen 47
Entspannung 146, 157, 185, 191, 229,
    248, 259, 317, 473, 525, 549
Entspannungstechniken 122
Entspannungsverfahren 143
Entwicklung der Beziehungsgestaltung
    12
Entwicklung der Persönlichkeit 21
Entwicklung des Selbst 11
Entwicklungs- und Konstruktionstheorie
    21
Entwicklungsbarriere 309
Entwicklungsbegrenzung 2
Entwicklungsdiagnose 22, 309
Entwicklungsförderung 2
Entwicklungsgleichgewicht 21
Entwicklungshemmung 2, 12
Entwicklungspsychologie 7
Entwicklungsspirale 12
Entwicklungsstörung 5, 132
Entwicklungsstottern 397
Entwicklungsstufen des Selbst 9
Entwicklungstableau 21
Entwöhnungsmotivation 552
Entwöhnungstherapie des Rauchens 549
Equilibration 8
Erblichkeit 2
Erektionsstärke 420
Erfolgskurve 556
Erfolgsspirale 185
Erinnerung 5

Ernährungsinformation 489
Ernährungsmanagement 489
Erröten 180, 203, 359, 402
Ersatzfunktion der Symptomatik 361
Erstgespräch 305
Erstkontakt 27
Erwartung 4, 74
Erwartungsklärung 35
Erythrophobie 148, 360
Eßprotokollgruppe 522
Eßstörungen 130, 479
Ethik 16
Ethik des Therapeuten 31
Exposition 155, 374
Expositionstherapie 146
Expositionsverfahren 318
Expressivität 381
Externalisierung 584
Extinktion 135
Eye Movement Desensitization 429

F

fading 136, 420
Falldokumentation 115
Falsifizierung 315
Familie 309
Familie einbeziehen 30
Familientherapie 390, 479
Familientherapie bei Anorexie 528
Fasten 479, 506
Faulstich 142
Fehleranalyse 315
Fehlschlagangst 150, 204, 388
Festhalten 169, 376
Fetischismus 410
flooding 155
flow-Erfahrung 50
Flucht 162, 337
Follow-Up 169
Fordern können 204, 388
Formal-operative Ebene 8
Freiheit 201
Freiwilligkeit als Therapieprinzip 42
Frigidität 424
Funktion des Symptoms 307
Funktionsanalyse
    346, 358, 360, 381, 400, 420
Furcht 5, 334

G

ganzheitliche Behandlung 374
Gastritis 248

Geborgenheit 13, 265, 470
Gedanke 6
Gedankenstop 55, 229
Gefühl 5
Gefühle 77, 457
Gefühle, verbotene 467
Gefühlsfragebogen 308
Gefühlsvokabular 498
gegensteuerndes Gefühl 23, 25, 103
gegensteuerndes Verhalten 24, 103
Gegenübertragung 33, 84, 569
Gelenkschmerzen 270
Geliebtwerden 13
generalisierte Angststörung 337
Generalisierung 168, 197
Genußfähigkeit 494, 525
Genußtraining 123
Gesamtstrategie 114, 161
Gesamtziel 110
Geschenke 79
Geschlecht des Therapeuten 90
Geschlechtsidentität 410
Geschlechtsumwandlung 414
Geschwisterübertragung 576
Gesellschaft 5
Gesprächsführung 56, 388
Gesprächstherapie 479
Gestaltanalyse 586
Gestalttherapie 367, 479, 585
Gesundheit 201
Gewichtsphobie 482
Gewichtsvertrag 519
Gewohnheitsbildung 6
Glaubenssatz 214
Glaubenssätze 168
Gleichgewicht 11
Glücksphantasie 3
graduierte Annäherung 157
Grenzen setzen 11
Grundannahme 11, 103
Grundannahmen 168
Gruppendesensibilisierung 147
Gruppenregeln 249, 371
Gruppentherapie 29, 283, 358, 405
Gruppentherapie bei Anorexie 528
Guru 86

H

Habituationstraining 146, 157
Haft 26
Halluzination 544
Halt geben 11

Handlungs-Therapiestrategie 318
Handlungsverstärker 135
Hapto-Metronom 403
Harmonie 15
Haß 13
Hauptziele 107
Hausaufgabe 181
Hausaufgaben 42, 132, 249
Hausaufgabenbesprechung 561
Hausbesuch 404
HBM 444
health belief 35
Heilsversprechen 76
Heim 81, 83
Heißhungerattacke 487
Helfersyndrom 30
Hemmung 458
Herzneurose 14
Herzphobie 333
Hierarchiebildung 146
Hilfsmittel i.d. Therapie 29
Hintergrund-Motiv 38
Hirnschädigung 130
histrionische Überlebensregel 17
Hoffnung 5, 37, 74
Homme 128, 130, 141
Homöostase 5, 18, 37, 110, 309
Homosexualität 410
Humor 249
Hyperaktivität 134
Hyperthyreose 335
Hyperventilation 163, 339
Hyperventilationstest 350
Hypnose 84, 158, 479
Hypnotherapie 71, 101
Hypochondrie 336
Hypoglykämie 335
hysterischer Charakter 272

I

ICD 10 335, 356, 395, 410
Ich-Botschaft 186, 217
Ichgebrauch 378, 385
Idealgewicht 491
Identifikation 60
Imagination 111, 157, 219, 229, 260
Imaginationsübungen 122
Implosionsbehandlung 146
Implosionsverfahren 158
Impotenz 203
Impuls 9
impulsive Beziehungsgestaltung 13

inadäquater Handlungsimpuls 23
individuelle Bedingungsanalyse 114
individuelle Zielanalyse 110
individuelles Störungsmodell 308
Information 74
Informationsverarbeitung 5
innerer Dialog 173
institutionelle Beziehungsgestaltung 15
instrumentelles Verhalten 13
Inszenierung 584
Integration 12, 20
Intensivwoche 318
Interaktion 189
interaktioneller Verhaltensstereotyp 305
Interaktionsanalyse 317
Interaktionsmuster 382
intrinsische Motivation 49
Introjektion 584
Introspektionsfähigkeit 122
Intuition 114
Inzest 417, 502

J

Ja-Haltung 72

K

K-Ziel 107
Karzinoid 336
Kassenantrag 358
Katamneseprotokoll 115
Katharsis 74, 158
Kausalattribution 2
kindliche Grundannahmen 24
kindliches Selbstbild 24
kindliches Weltbild 24
klassifikatorische Diagnose 307
klassische Konditionierung 337
Klinikeinweisung 57
klinische Psychologie 54
klinischer Persönlichkeitstyp 17
klonisches Stottern 396
Kognition 6, 7
Kognitionspsychologie 18
kognitive Angstbewältigung 314, 366
kognitive Dissonanz 4, 159
kognitive Entwicklung 2, 11
kognitive Neubewertung 338
kognitive Therapiestrategie 318
kognitive Umstrukturierung 183
kognitive Wende 55
Koitusprobleme 436
Kommunikationsstrategie 387

Kommunikationstraining
  92, 114, 347, 378, 401, 540
Kommunikationsübungen 378
kommunikative Kompetenz 378
Konflikt 4, 212, 309
Konfliktanalyse 380
Konfliktbewältigung 212
Konfliktklärung 144
Konfliktkreis 213
Konfliktlösung 21
Konfliktphase 23
Konfliktvermeidung 501
Konfrontationstherapie 146
Kongruenz 58
Konkordanz 363
Konkordanztherapie 364
Konkret-operative Ebene 8
Konsequenz des Symptoms 24
Konsequenzerwartung 382
Konstruktion 310
Konstruktions- und Entwicklungstheorie 11
Konstruktivismus 21
Kontaktangst 202, 378
Kontaktaufbautraining 180
Kontaktaufnahme 388
Kontaktverhalten 390
Kontext 2
Kontextklärung 27
Kontingenz 128
Kontingenzmanagement 128
Kontrolle 14
Kontrollierbarkeit 222
Konversionssyndrom 14
Konzentration 458
Kopfschmerzen 458
Körper 9
Körper-Checkliste 163
Körperbehinderung 230
Körperbild 515
Körperhaltung 68, 270
Körperkontakt 33
Körperpsychotherapie 268, 279
Körperschemastörung
  483, 500, 505, 515
Körpertherapie 479
Körperumrißzeichnung 526
Körperwahrnehmung 267, 372, 500
Kosten-/Nutzen-Überlegungen 47
Kostenfrage der Therapie 28
Kostenregelung 57
Krankheitstheorie 76

Krankheitsüberzeugung 35
kreativer Charakter 271
kreatives Symptom 19
Kreativität 114
Krise 12
Krisenintervention 93
Kritikangst 391
Kummerspeck 461
Kurzzeittherapie 94, 317
kybernetisches System 110

L

Langzeittherapie 93
leading 72
Lebensereignis 219
Lebensgeschichte 307, 358
Lebensgestaltung 21, 103, 108
Lebensmüdigkeit 461
Lebensplan 2
Lebensqualität 7
Lebenssituation 22, 103, 108
Lebensziel 215, 545
Lehranalytiker 569
Lehrküchenkurs 522
Leidensdruck 75
Leistungsmotivation 210
Leistungsstörungen 203
Lernen am Erfolg 53
Lernen am Modell 61
Lerngeschichte 24, 103, 391
Lernpsychologie 5, 128
Lerntheorie 53
Liebe 458, 470
Life event 2
Logik 4, 18
Logorrhoe 396
Löschung 158, 207
Loslassen 313, 376
Lustprinzip 569

M

Macht 150
Machtkampf 591
Machtmißbrauch 57
Magenkrebs 225
Magersucht 505, 563
Makroanalyse 339
Makroebene 308
maligne Regression 590
Mangelzustände 465
masochistischer Charakter 272
Masturbation 410, 424

Matching 27
Mediator 130
Medikamentöse Ursachen 471
melancholisch 470
Mesoderm 273
Metakomplementarität 383
metrisches Sprechen 405
Migräne 14, 145, 364
Mikroanalyse 339
Mikroebene 308
Mißbrauch 68, 232, 415, 501
Mißbrauch von Laxantien 505
Mißerfolge in der Therapie 452
Modeling 539
Modellernen 155, 487
Modellverhalten 369
Modellvorgabe 207, 380
Money 414, 439
Monodrama 368, 405
monophasisch 471
Moral 12
Morbus Crohn 13, 507
Motiv 4
Motivation 35
motivationale Therapiestrategie 318
Motivationsanalyse 42
Motivationsklärung 35
Motivationsprobleme 42
Motivationspsychologie 4
Motivationszyklus 39
Motivierungsstrategien 39
multimodales Verhalten 4
multiple Sklerose 221
Münzverstärker 135
Muskelentspannung 157, 525
Muskelpanzer 274
Mutter-Kind-Dyade 277
Mutter-Kind-Beobachtung 12

N

Nachbetreuungsphase 95
Nachschwankung 471
Nähe 392
Nahrungsverweigerung 13
narzißtische Persönlichkeit 17
narzißtische Überlebensregel 17
Negativ-Symptom 536
negative Selbstaussage 172
Negativismus 134
Nein sagen 524
Neinsagen 388
Neo-Piagetscher Ansatz 11, 12

Neueinschätzung 313
Neuentscheidung 184
Neuropsychologie 133
Niederlage 315
Nikotinpflaster 549
Nikotinsubstitution 549
NLP 381
Nymphomanie 424

O

O-Ziel 107
Objektbeziehung 570
Objektbeziehungstheorie 11
Objektrepräsentanz 586
Objektübertragung 578
ödipale Phase 272
okularer Charakter 271
Omnipotenzphantasie 590
operante Konditionierung 337
operantes Konditionieren 18
Operation 228
Operationalisierung 25
oraler Charakter 271
Organisatorische Belange 28
Organismus-Variable 486
Organismusvariable 24
orgasmische Rekonditionierung 420
Orientierungsreaktion 162
overlearning 197

P

pacing 72
Pädophilie 417
Panik 148
Panikattacke 356
Panikattacken 13, 14
Panikstörung 157, 333
Paniksyndrom 410
paradoxe Intervention 73
Paraphrasieren 378
paraphrasieren 216
Parasuizid 563
Parasuizidale Geste 563
Parasuizidale Pause 563
Partnerschaft 359
Partnertherapie 380
Partnerübertragung 576
Partnerwahl 383
pathogene Beziehungsgestaltung 21, 24
pathogene Lebensgestaltung 21, 24
Patient-Therapeut-Beziehung 159

Perfektionismus 205
Person 24
Persönlichkeit 12, 21
Persönlichkeitsdiagnose 22
Persönlichkeitsentwicklung 16
Persönlichkeitspsychologie 16
Persönlichkeitsskalen 308
Persönlichkeitsstörung 356
Persönlichkeitstyp 308
Pflichterfüllung 468
Phobie 158, 191, 356
Phobiebehandlung 313
Plananalyse 39, 207, 386
planerisches Problemlösen 310, 317
Poltern 396
positive Rückkoppelung 378
positive Verstärkung 7
positives Denken 172
Potenzstörung 430
Praktikant 29
Präsentier-Symptom 27
Prävalenz der Bulimie 479
Premacks Prinzip 135
preparedness 416
primäre Emotion 22, 24, 103
primärer Handlungsimpuls 22, 24, 103
Primärfamilie 383
Problemanalyse 207
Problemlösegruppe 378
Problemlöseparadigma 114
Problemlösestrategie 111, 197, 540
Problemlösetraining 347
Prodromalsymptome 533
Produktivität 114
professionelle Rolle 31, 57
Progressive Muskelrelaxation 151, 185
progressive Ziele 111
Projektion 9, 584
Projektive Identifikation 88
Prompting 539
prompting 195, 207
Prostituierte 417, 434
Prostitution 571, 588
Provokation 249
provokative Interventionen 73
Prüfungsangst 147
Pruritus 424
Pseudoharmonie 501
Pseudosymmetrie 383
Psychischer Befund 359
Psychoanalyse 11, 68
Psychoanalytiker 569

Psychodrama 585
Psychopath 271
Psychopharmaka 471
Psychose 208, 337
Psychotherapieausbildung 61
Psychotherapieforschung 56, 65
Pubertät 205, 358, 512
Pulsation 275
Pünktlichkeit 28

R

R-Ziel 107
Rahmenbedingungen der Therapie 33
Rapport 171
Raucherentwöhnung 549
Reaktions-Verhinderung 157
Reflex 5, 8
Refraktärphase 424
reframing 381
regressive Ziele 111
Rehabilitation 133
Reifung 19
reinforcing skills 391
Reizexpositionsverfahren 347
Reizgeneralisierung 147
Reizkonfrontation 155, 346, 366, 375
Reizüberflutung 55, 146, 155, 350
Relapse-management 117
Respektlosigkeit 74
response cost 135
response prevention 157
Reversibilität 8
Rezidiv 547
reziproke Hemmung 153
Rheuma 220
rigider Charakter 272
Risikofaktoren für Suizidalität 565
Risikosituationen 121
Ritual 441
Rollendefinition 382
Rollenerwartung 35
Rollenspiel
    63, 191, 217, 249, 367, 388, 401, 524
Rollenstrukturierung 36
Rückenschmerzen 15
Rückfall 452, 561
Rückfall bei Bulimie 497
Rückfallmodelle 117
Rückfallprophylaxe 115, 117
Rückfragetechnik 388
Rückschritt 124
Ruhebild 151, 254

S

S-O-R-K 225
S-Ziel 107
Sättigungstherapie 420
Satyriasis 424
Scham 275, 334, 526, 547
Scheidung 248
Schema 12, 113
Schiefhals 14
schizoid 270
schizoide Persönlichkeit 17
schizoide Überlebensregel 17
Schizophrenie 533
Schlafstörungen 232, 249
Schläge einstecken 315
Schlankheitsideal 481, 509
Schmerz 133, 219, 270
Schmerzbewältigung 231
Schreibkrampf 14
Schüchternheit 180
Schuld 334
Schuldangst 272
Schuldgefühl 20, 202
Schutzfunktion der Symptomatik 24, 360
Schwangerschaft 2
Schweigen 73
Schweigepflicht 28, 78
Schwindel 337
Seeding 48
Sehbehinderung 22
Seinsvergessenheit 77
sekundäre Verhaltensweisen 25, 103
sekundärer Krankheitsgewinn 358, 361
Selbst-Welt-Gleichgewicht 25
Selbstakzeptanz 112, 209, 388
Selbstannahme 180
Selbstbefriedigung 431
Selbstbeobachtung 58, 181, 347
Selbstbestimmung 469
Selbstbewertung 58
Selbstbild 74, 103
Selbstbildstörung 320
Selbsteffizienz 18, 42, 315, 363
Selbstentwicklung 305, 317
Selbsterfahrung 61, 66, 101, 161
Selbsterfahrungsgruppe 381
Selbstexposition 155
Selbsthilfe 472
Selbsthilfegruppe 230, 317, 376, 406
Selbsthilfepotential 361
Selbstinstruktion 146, 157, 166

Selbstkontrolle 11, 55
Selbstkonzept 361, 509, 546
Selbstmanagement 40, 305, 317
Selbstmanagement-Therapie 34, 58, 219
Selbstmodifikation 305
Selbstmordabsichten 461
Selbregulation 3, 24, 58, 110
Selbstsicherheit 200
Selbstsicherheitstraining
    181, 189, 361, 401
Selbstsicherheittraining 378
Selbststeuerung 42
selbstunsichere Persönlichkeit
    15, 180, 469
selbstunsichere Persönlichkeitsstörung 357
selbstunsichere Überlebensregel 17
Selbstunsicherheit 205, 486
Selbstverantwortung 31
Selbstverstärkung 58
Selbstvertrauen 181, 200
Selbstwahrnehmung 74
Selbstwertgefühl 171, 383
Selbstwertstörungen 72
Selbstwirksamkeit 224
Selbstwirksamkeitsüberzeugung 192
Selbtregulation 21
self-fulfilling prophecy 593
self- efficacy 45
self-efficacy 224
self-efficacy-expectancy 119
Selfmodeling 320
Sensate Focus 426
Sensumotorische Ebene 8
Set-Point-Gewicht 490, 520
Sexualanamnese 437
Sexualforschung 410
Sexualität 410, 458, 473
Sexualphantasie 421
Sexualphobie 424, 428
Sexualratgeber 417
Sexualstörungen 410
Sexualstraftäter 421
Sexualtherapie 413
Sexuelle Funktionsstörung 412
sexueller Beziehungen zu Klienten 31
sexueller Mißbrauch 33, 573
Shaping 136, 195, 207, 538
Shivas Dance 15
Sicherheit 13
Sicherheitsobjekt 157

Sieben-Phasen-Modell 35
Signalangst 362
Signalfunktion der Symptomatik 361
Signalsatz 214
Sitzungsfrequenz 96
Skat - Methode 433
SKID 307
social skill 379
Sollbruchstelle 19
Somatisierungsstörung 14
SORK-Schema 24, 25, 54, 107, 109, 150, 382
souveräne Beziehungsgestaltung 14
sozial-kognitive Lerntheorie 21
Sozialangst 151
soziale Angst 15
soziale Homöostase 16, 317
Soziale Phobie 355
soziale Phobie 180, 203, 337
soziale Wahrnehmung 365
Sozialphobie 191, 205
Spannungskopfschmerz 14, 248
Spiegelprojektion 578
Spiegelübung 426
Sport 473
Sporttherapie 479
Sprache 3, 4
Sprachentwicklungsrückstand 132
Sprachentwicklungsstörung 397
Sprechangst 397
Sprechmuskulatur 395
Sprechrhythmus 395
Stadium des institutionellen Gleichgewichts 9
Stadium des souveränen Gleichgewichts 9
Stadium des überindividuellen Gleichgeichts 10
Stadium des zwischenmenschlichen Gleichgewichts 9
Stammeln 396
state dependent learning 151
stationäre Behandlung der Anorexie 529
stationäre Therapie 30
Stimmungen 457
Stimuluskontrolle 495
Stimulusumdeutung 146
Stottern 148, 395
Strategien des Umlernens 451
strategische Therapieplanung 114
Streß-Modell 249
Streßanalyse 250

Streßbewältigungsstrategie 317
Streßbewältigungstechniken 248
Streßbewältigungstraining 347
Streßfolgen 251
Stressor 221
Streßreaktion 2, 22, 23, 248
Streßtheorie 251
Streßverarbeitungsfragebogen 225
strukturierte Eßtage 492
Subjekt-Objekt-Gleichgewicht 8
Sucht 117, 206
Suizidalität 79, 479, 563
Suiziddrohung 80
Suizidversuch 563
sukzessive Approximation 136
Sündenbockfunktion 577
Supervision 61, 161
Symptom 103
symptomauslösende Situation 22
Symptombildung 13, 14, 15, 19, 22, 470
Symptomliste 307
Symptomverschiebung 134
Syndromdiagnose 307
Systematische Desensibilisierung 146
systematische Desensibilisierung 55, 155
Systemdefinition 382

T

Tachykardie 151
Tagesplanung 228
Tagesschwankungen 470
Tanztherapie 268
Terminabsagen 28, 57
Teufelskreis 180
Teufelskreis der Angst 352
Teufelskreis-Modell der Angst 338
Therapeut-Patient-Beziehung 171
Therapeutenvariable 413
Therapeutenwechsel 92
therapeutische Beziehung 57, 74, 84, 115
Therapeutisches Handeln 57
Therapieabbruch 29
Therapieablaufmodell 347
Therapiebeendigung 28
Therapieerfolg 54, 65
Therapieevaluation 115
Therapiemotivation 35, 114
Therapieplan 94, 114
Therapieplanung bei Zwängen 453

Therapieprotokollheft 110, 115
Therapieprozeß 35
Therapieschule 68
Therapiestrategie 114
Therapievertrag 29, 57
Therapieziele 56
Tic 396
Ticho 67, 83
Tierbeobachtungen 7
Tierphobie 148, 333
time out 135
Tinnitus 14
Token-System 97, 537
Token-Verstärkung 537
Tonbandaufzeichnung 115, 314
tonisches Stottern 396
Training der Kognitiven Differenzierung 540
Training der Sozialen Wahrnehmung 540
Training des emotionalen Ausdrucks 498
Training sozialer Kompetenz 539
Trait-Psychologie 16
Trance 77, 151
Tranquilizer 334
Transferförderung 388
Transparenz 42
Transsexualismus 410
Transvestismus 410
Trauer 111, 465
Traumatisierung 2
Traurigkeit 334
Tremor 203
Trennung 470
Trennungsangst 14
Trockenübung 314
Typ A 248

U

U-Fragebogen 307
Übergangsobjekt 341
Übergangsphase 11
überindividuelle Beziehungsgestaltung 16
Überlebensangst 313
Überlebensregel 12, 17, 18, 22, 24, 103, 226, 309, 467, 469, 475
Überlebensstrategie 269
Überlernen 197
Übertragung 70, 84, 305, 569
Übertragungsliebe 272

Übertragungsneurose 305
Ulcus duodeni 13
Umgang mit Gefühlen 475
Unaufmerksamkeit 132
Universalquantoren 174
unmotivierte Patienten 40
Unruhe 132, 441
Unsicherheitsfragebogen 191, 208
Unterdrückung des primären Impulses 25
Ursachen 465
Urschrei-Therapie 279

V

Vaginismus 148, 424, 437
Validierung 391
VDS-Befund 307
Veränderung von Emotionen 451
Vererbbarkeit 471
Vergewaltigung 68
Verhaltensanalyse 101, 226, 360
Verhaltensdefizit 536
Verhaltensdiagnostiksystem 353
Verhaltensexperiment 314
Verhaltensexzess 382, 536
Verhaltensmuster 74
Verhaltensrepertoire 22
Verhaltensstereotyp 22
Verhaltensstereotypie 16
verhaltenssteuerndes Gefühl 23, 25, 103
Verhaltenstherapeut 569
Verhaltenstherapie 53
Verhaltenstrainingsprogramm 364
Verlaufsbericht 115
Verlaufsdiagramm 115
Verlust 13
Verlust der Individualität 15
Verlust von Abhängigkeit 464
Vermeidung 25, 162, 337
Vermeidung der aversiven Konsequenzen 25, 103
Vermeidungs-Vermeidungskonflikt 212
Vermeidungsfunktion des Symptoms 24
Vermeidungsstrategie 66, 341
Vermeidungsstrategien 47, 205
Vermeidungsverhalten 147, 355, 396
Verschmelzung 15
Verstärkung 7, 487
Verstärkungsprozess 382
vertikale Verhaltensanalyse 308

Vertikalen Verhaltensanalyse 39
Video- Materialien zum ATP 207
Video-Instruktion 332
Video-Modell 320
Video-Aufzeichnung 404
Video-Brennspiegel 327
Video-Rückspiegel 325
Video-Selbstkonfrontation 320
Video-Spiegel 322
Video-Zerrspiegel 324
Videofeedback 218, 326
Videokonfrontation 500
Videomodell 207, 381
Videorückmeldung 376
Visualisierung 148
Voroperative Ebene 8
Vorsatz 173
Vorwurfsverhalten 388
Vulnerabilität 19
Vulnerabilitäts-Streß-Copingmodell 533

W

Wachstum 7
Wählen (Phase) 45
Wahn 356
Wahrnehmung 8, 382
Weiterbildung 31
Weltbild 8, 103
Wertklärung 48
Wertorientierung 9, 12, 545
WHO 504
Widerspruch 11
Widerstand 13, 40, 112, 218, 270, 310
Widerstandsanalyse 112, 312
Widerstandsdeutung 593
Wiederholungszwang 274, 585
willkürliche Psyche 18, 21, 114
Wirkfaktoren 54, 65, 84, 178
Wirkprinzip 169, 451
Wollen (Phase) 45
Wunderheiler 76
Wunderkindfunktion 577
Wunschäußerung 388
Wünschen (Phase) 45
Würde des Patienten 31
Wut 467, 499

Y

Yoga 275

Z

Zähneknirschen 249
Zeitpunkt des Erstkontakts 27
Zeitstichprobe 134
Ziel 35
Ziel- und Wertklärung 124
Zielanalyse 101, 310
Zielbewertung 111
Ziele der Behandlung 472
Ziele des Patienten 110
Ziele des Therapeuten 110
Zielformulierung 101
Zielhierarchie 39
Zielklärung bei Zwängen 445
Zielorientierung 114
Zielpriorität 109
Zielrangreihe 109
Zielspezifität 108
Zu-Spät-Kommen 79
Zuchtriegel 188
Zufriedenheit 7
Zuständigkeit 27
zwanghafte Überlebensregel 17
Zwangsgedanke 356
Zwangsgedanken 158, 441
Zwangshandlungen 158, 441
Zwangsritual 447
Zwangsstörung 14
Zwangsstörungen 441
Zwei-Faktoren-Theorie der Angst 337
zwischenmenschliche Beziehungsgestaltung 15

Autorenverzeichnis

A
Agras 438
Aissis 81
Ambühl 70, 81, 87, 99
Annis 117, 127
Annon 76, 81, 427, 438
APA 441
Auchincloss 413, 438

B
Bach 593, 594
Backmund 504, 531
Bacon 399
Baer 53, 64, 456
Baker 271, 282, 504
Balint 570, 582, 590
Balakrishnan 76, 81
Bandler 72, 82
Bandura 21, 42, 45, 51, 81, 89, 99, 119, 127, 363
Barlow 420, 438
Barta 38, 52
Bartling 160, 162, 169
Bartmann 373, 376
Basler 266
Basowitz 222, 235
Bates 282
Bateson 392
Baumgartner 398, 409
Bauriedl 12
BDP 34
Beavin 66, 83, 304, 394
Beck 2, 4, 18, 55, 64, 168, 170, 295, 304, 310, 314, 338, 354, 527, 528, 531, 591
Beech 441, 455
Beidel 446
Beier 65, 69, 81
Bellini 568
Bemis 527, 531
Benning 514, 532
Bergin 65, 81
Berkel 212, 218
Berlin 378, 380, 394
Berne 70, 81
Bijou 53, 64
Birbaumer 141, 304, 364
Birchler 41, 51
Birkenbihl 187, 188
Blaser 71, 74, 81, 83
Bloch 582
Blum 76, 81

Boadella 273, 282
Bode 141
Bodenheimer 71, 81
Bongar 80, 81
Bootzin 37, 51
Böse 505, 531
Böse & Schiepek 512
Boucsein 235
Bouhoutsos 33, 34
Boulougouris 154
Bouman 158, 170, 333
Boyd 548
Brack 128, 130, 132, 135, 141
Brady 407
Brandl 479, 501, 503
Brandsma 73, 82
Brecht 228
Brengelmann 64, 71, 81, 82, 85, 88, 99, 100, 248
Brenner 548
Breuer 76, 82
Brocher 571, 582
Broda 220, 235
Bronisch 563, 564, 568
Brozek 504, 532
Bruder 97, 99
Brunner 171, 314
Bruns 248
Buber 572
Buchkremer 549, 550, 551, 562
Bugenthal 47, 51
Bundeszentrale für gesundheitliche Aufklärung 562
Burstow 90, 99

C
Cameron 439
Carr 235
Carver 37, 49, 52
Cashdan 70, 81, 90, 99, 301, 304
Caspar 39, 51, 71, 81, 308, 504
Cecchin 74, 81, 96, 99
Ceh 188
Chevron 116, 319
Christol 83
Ciompi 535, 548
Cole 135, 141
Condrau 66, 70, 81, 84, 99
Conners 141
Cooper 503
Cox 440

Cramon 133, 141
Crepet 568
Cristol 583
Crombach 154, 443, 455
Czikszentmihalyi 50

D
Dailey 417, 438
Daitzman 440
Daley 117, 127
Dali 578
Dally 419, 438
Davis 127, 504
De Risi 199
de Shazer 77, 81
Deci 49, 51
Demal 444, 453
Dengerink 235
Dieffenbach 399
Dietrich 282
Dilling 438
DiMatteo 444, 455
DiNiccola 455
Dirlich-Wilhelm 53
Dore 26
Dorner 412, 438
Dornes 12
Dorrmann 80, 81
Drigalski 591, 591
Duffy 439
Dunn 421, 438
Durlak 65, 81
Dwyer 421, 422, 438
Dychtwald 67, 81
Dziewas 284, 293, 304
D'Zurilla 260, 266

E
Eberlein 31, 34
Ecke 443
Ecker 455
Eckert 94, 99, 504
Eckstaedt 78, 81, 91, 99
Efran 65, 81
Ehlers 354, 531
Ehrhardt 414, 439
Elias 283, 304
Ellgring 332
Ellis 266, 549, 562
Emery 168, 170, 338, 354, 531

Emmelkamp 158, 166, 170, 333, 334, 455, 456
Emmons 375
Epstein 332
Erdmann 235
Erickson 71, 81
Erkelens 376
Ermann 67, 70, 81, 84, 96, 99
Ernst 594
Evers 456
Eysenck 55, 64, 594

F

Fairburn & Cooper 479
Falloon 51, 534, 548
Farelly 73, 82
Faulstich 142
Feldenkrais 268, 525
Feldhege 364
Ferenczi 84, 99
Ferrari 568
Feuerlein 563, 568
Fichter 479, 503, 524, 531
Fiedler 111, 396, 409, 534, 548
Fiegenbaum 169
Fisch, R 26
Fletcher-Janzen 140
Fliegel 188, 428, 438
Florin 287, 304
Foa 153, 154, 441, 449
Folkman 47, 52, 235
Fontana 266
Forster 211
Frank 37, 51, 65, 75, 82, 95, 99, 442
Franke 287, 293, 304
Frankl 73, 82
Frauke 373
Freeman 295, 304
Frese 51
Freud 66, 70, 76, 82, 84, 99, 268, 412, 438, 570, 582
Freund 455
Frey 514, 531
Friedman 211

G

Gabbard 33, 34
Gadamer 65, 82
Gardner 135, 141
Garfield 37, 51, 65, 66, 74, 77, 82
Garfield-Barbach 427, 438

Garfinkel 481, 503, 531
Garner 481, 503, 527, 531
Gawain 188
Gawthrop 31, 34
Geissner 505, 524
Gelder 170, 304, 354
Georg 583
Gerber 141, 304, 363, 364, 373, 374
Gerlinghoff 479, 504, 510, 531
Gibran 282
Giese 415, 438
Giesen 267
Gigerenzer 108
Glass 248
Goebel 506, 531
Goethe 155
Goldberg 504
Goldfried 100, 260, 266
Goldman 188
Goldstein 35, 51, 153, 154
Gollwitzer 43, 51
Golz 373, 376
Goodman 83, 456
Gordon 127, 378
Goreczny 142
Görlitz 78, 82, 87, 99, 296, 304, 355, 365, 376, 395, 398, 409
Goyette 134, 141
Gravemeier 287, 304
Grawe 39, 51, 56, 64, 65, 71, 81, 130, 141, 284, 291, 293, 303, 304, 308, 369, 394, 456
Greenberg 170, 354, 357
Greenson 67, 82
Greif 531
Greimel 505
Grinder 72, 82
Gutheil 33, 34

H

Haag 304, 364
Haeberle 427, 438
Hahlweg 380, 394, 531
Haley 65, 75, 77, 82
Halisch 52
Halmi 486, 504
Halpern 376, 377
Hand 155, 157, 159, 162, 169, 283, 333, 354, 374, 375, 376, 377, 455, 456
Harbison 420, 439
Harris 81

Hattie 65, 82
Hau 594
Hautzinger 169, 296, 304
Hayes 65, 83, 84, 100
Heckhausen 37, 38, 50, 51
Hefferline 83
Heidegger 66, 78, 82, 99
Hellauer 211, 320, 332, 394
Hemminger 585, 594
Henschel 532
Hentschl 504
Herber 354
Herrlich 542, 548
Hersen 142
Hester 127
Heyne 33, 34
Hilton 271, 282
Hinsch 287, 304
Hintsch 364, 376
Hippler 87, 97, 99, 155, 283, 333
Hirzel 373, 377
Hodel 548
Hodgson 441, 442
Hoellen 410, 439
Hofer 26
Hoffman 380
Hoffmann 456
Holland 53, 64
Hollon 52
Homme 128, 130, 141
Hoshmand 90, 100
Howard 56, 64, 74, 82
Howe 66, 82
Huf 65, 74, 82
Husserl 69, 82

I

Inhelder 26, 116
Izard 334, 354

J

Jackson 66, 83, 304, 394
Jacobi 487, 489, 504, 526, 532
Jandt 218
Janke 225, 235
Janov 279
Jaremko 235
Joergensen 282
John 533
Johnson 150, 154, 424, 426, 574
Johnston 170, 304, 354
Jones 141

Autorenverzeichnis

K

Kächele 570, 583
Kaiser 376
Kaluza 266
Kanfer 21, 24, 27, 33, 37, 47, 51, 54, 55, 57, 64, 85, 100, 101, 102, 121, 124, 127, 219, 301, 304, 305, 317, 377, 445, 483, 504
Kantor 439
Kaplan 424, 426, 433, 438
Katz 211
Katzman 504
Katzman 479
Keeser 231, 235, 503
Kegan 8, 9, 21, 25, 102
Keil-Kuri 304, 376, 409
Keleman 275, 282
Keller-Husemann 419, 438
Kelly 101
Kemper 569, 571, 572, 582, 584
Kendall 52
Kern 409
Kernberg 87, 100, 567, 568
Kessler 248, 266
Keßler 410, 439
Kettl 117
Keys 485, 504, 515, 520, 532
Kienzle 548
Kimble 455
King 140, 141, 199
Kiresuk 113
Kirk 454
Kirsten 188
Kisker 568
Kitchener 31, 34
Kleiber 585, 594
Klein 410, 439
Klerman 101
Klinger 38, 39, 43, 52
Knebusch 586, 594
Kockott 410, 412, 416, 424
Koehler 142
Kohlberg 13, 21, 102
Köhlke 85, 100, 333, 347, 354
König 66, 67, 82, 84, 99, 100
Kopp 86, 100
Koppenhöfer 266, 340, 354
Kordun 235
Kozak 449, 455
Krafft-Ebing 410
Kraiker 88, 94, 100, 146, 154

Krampen 225, 235, 287, 304
Krapfl 153, 154
Krasner 85, 100
Krause 169
Krauthan 248, 364
Kreiler 594
Kreitman 563, 568
Kroeger 66, 82
Krumboltz 297, 304
Kügelgen 332
Kuhl 43, 51
Kuhr 397, 409, 594
Kum Nye 275
Kurtz 67, 82, 276, 282
Kutter 571, 582

L

L'Abate 73, 83
Laessle 483, 504, 531
Lakatos 454, 455
Lambert 65, 78, 81, 82
Lane 81
Lang 153, 154
Lange 439
Langevin 412, 413, 417, 420, 439
Langs 67, 78, 82, 91, 100
Lankton 72, 82
Laplanche 569, 582, 584, 594
Latham 45, 52
Lautenbacher 506, 532
Lauter 568
Lazarus 4, 47, 52, 145, 153, 201, 220, 235, 266, 295, 304, 313, 364, 517, 532
Lazovik 153, 154
Lebovici 594
Lec 280, 282
Leff 534, 547, 548
Lehner 143, 180, 188, 212
Leidig 163, 170, 350, 354
Leitenberg 438, 496, 504
Lenz 455
LeSoldat 417, 439
Leutz 594
Levis 154
Lewin 212
Lewinsohn 211
Lewinson 378, 394
Lewis 454, 455
Liberman 189, 199, 201, 540
Lichtenberg 277, 282
Lieb 399, 582

Lieberman 178, 179
Linden 169
Lindinger 549, 562
Linehan 318, 567, 568
Linington 504
Lippens 420
Lipsitz 31, 34
Lobitz 410, 439
Loch 70, 82
Locke 45, 52
LoPiccolo 410, 439
Lowen 275, 282
Luborski 65, 82
Lukens 81
Lumma 218
Lutz 582

M

Mahler 593
Mahoney 483, 504
Mai 531
Mair 407
Maiuro 235
Maletzky 420, 439
Maluck 287, 304
Mandel 380, 394
Margraf 64, 71, 81, 82, 85, 88, 99, 100, 155, 162, 170, 287, 296, 304, 313, 333, 354
Mark 266
Marks, 146, 453, 154, 155, 158, 160, 162, 164, 169, 333, 335, 358, 446, 452
Marlatt 117, 119, 127
Marmor 89, 100
Marquis 429, 439
Marset 154
Marshall 420, 439
Maslach 33, 34
Massing 583
Masson 575, 582
Masters
  150, 154, 424, 426, 439, 574
Masterson 87, 100
Mathews
  165, 287, 304, 338, 351, 354
Matson 141
Maturana 571, 583
Maurer 53
Mavissakalian 446, 456
Maxeiner 38, 52
Mayrhofer 455

McAllister 420, 439
McCann 199
McGil 548
McKenzie 142
Meermann 489, 504, 511, 531
Meichenbaum 55, 64, 235, 266
Meili 594
Meisner 354
Mesmer 84
Metzger 584, 594
Meusling 287, 304
Meyer 407, 442, 452, 456, 568
Michelsen 532
Michelson 446, 456
Miles 178, 179, 565, 568
Miller 26, 51, 127, 212, 312
Miltner 133, 140, 141, 304, 364
Minker 508, 532
Minneker 562
Minuchin 501, 504
Mitchell 504
Mitschele 549, 562
Mittenecker 332
Mitterhuser 235
Mohr 533
Moldofsky 503
Möller 586, 594
Möller H.-J. 471
Mombour 438
Montada 532
Moreno 594
Mowrer 337
Mudrak 194
Mueser 199
Müller 568
Münchau 376
Mundt 548
Murphy 172, 179
Musil 571, 583

N

Nawas 153, 154
Niedermeier 548
Nitsch 266
Noeker 141
Norcross 51
Norré 489, 504
Novaco 266
Nusselt 414, 439
Nutzinger 304

O

Oerter 510, 532
Okun 439
Ollendick 141
Olney 271
Orbach 491, 504, 520
Orlinsky 56, 64, 74, 82

P

Palazzoli 501, 504
Pato 456
Patterson 132, 141
Paul 153, 487, 489, 504, 526, 532
Pauls 532
Pearson 494, 504
Pechtl 282
Peikert, 154
Perls 76, 83
Persky 235
Peter 100
Petermann 140, 141
Peterson 81
Petry 51, 118, 124, 127
Petzold 66, 70, 83
Pfersman 304
Pfingsten 287, 304, 364, 376
Phillips 54, 64, 85, 100
Piaget 2, 7, 11, 13, 21, 102
Pierloot 481, 504
Pierrakos 275
Pirke 483, 504, 531
Platon 71, 83
Platt 568
Polkinghorne 85, 90, 100
Poltern 396
Pontalis 582, 594
Pope 33, 34
Pöppel 235
Potter 297, 304
Prekop 169, 170
Prestera 67, 82, 276, 282
Price 504
Prinz 141
Pyle 486, 504

R

Rabaioli-Fischer 189, 194, 219
Rachman 55, 64, 441, 442
Rathus 191
Ray 81
Reck 96, 100

Rehm 287, 304
Reich 268, 275, 282, 583
Reinecker
    27, 33, 34, 35, 47, 51, 64, 127, 153,
    157, 170, 301, 304, 363, 376, 441,
    442, 445, 504, 518, 532
Reinhart 594
Revenstorf 100, 380, 394
Reynolds 140
Richter 398, 409, 456, 576, 583
Rief 524, 532
Ringer 81, 83
Roder 548
Rogers 58, 66, 68, 82
Rohde-Dachser 589, 590, 593, 594
Rosen 496, 504
Rosenfarb 65, 83, 84, 100
Rosman 504
Ross 135
Rossi 71, 72, 77, 81, 83
Rost 162, 170, 339, 342, 354
Roth 287, 304
Rotter 225, 235
Rounsaville 116, 319
Rowan 439
Rush 430, 439, 531
Russell 86, 95, 100, 481, 504
Ryan 49, 51

S

Sabini 51
Sack 376
Saint-Exupery 279, 282
Salkovskis 454
Salter 211, 381, 394
Salters 201
Sarason 235, 266
Sargent 415, 439
Saß 116, 142, 319
Satterfield 414, 439
Satyriasis 424
Scharff 419, 439
Schelp 287, 304
Schiepek 512, 531, 532
Schindler 380, 394
Schmelzer
    26, 27, 33, 34, 35, 47, 51, 64,
    116, 127, 301, 304, 319, 377, 504
Schmidbauer 285, 304
Schmidt 428, 438
Schmitz 65, 83, 479, 504
Schneider 85, 100, 155, 162, 170,
    287, 296, 304, 313, 333, 456

Autorenverzeichnis

Scholing 158, 170, 333
Scholz 65, 70, 83, 84, 97, 410, 424
Schön 90, 100
Schramm 116, 319
Schröder-Hartwig 376
Schulte 85, 100, 169, 170, 517, 532
Schulze 397, 409
Schwab 83
Schwartz 51
Schwarzer 119, 127
Searles 590, 591, 594
Seiderer-Hartig 83
Seligman 225, 416, 439
Selvini Palazzoli 531
Selye 248, 266
Shapiro 429, 439
Sharpley 82
Shaw 531
Sherman 113
Shiffrin 456
Sidi 433, 439
Sies 571
Sigusch 414, 439
Silva 145, 188
Silver 140
Sims 354
Singer 82, 425, 428
Skinner 53, 64, 136
Sloane 66, 83, 570, 583
Sloterdijk 594
Smith 421, 422, 440
Snaith 354
Socarides 414, 440
Sokrates 71
Sperber 583
Sperling 583
Spielberger 235, 266
Spring 533
Stadter 394
Stampfl 146, 154
Standop 409
Staples 83, 583
Stark 296, 304
Steinhausen 140, 532
Stern 277, 282
Stierlin 531
Stokols 222, 235
Strian 377, 532
Strömgren 568
Süllwold 542, 548
Sulz 2, 17, 58, 64, 69, 83, 176, 179, 226, 304, 340, 353, 354, 517, 532

Süss 130, 132

T

Tannen 71, 83, 379, 394, 426, 440
Tardy 287
Taylor 532
Textor 65, 71, 74, 83
Tharp 130, 133, 141
Thomä 570, 583
Thomas 65, 83
Thommen 76, 81, 83
Ticho 67, 83
Tillmanns 441, 443
Treiber 296, 304
Tulku 275, 282
Tunner 407, 409
Turner 446, 456
Tursky 51

U

Uhlemann 31, 34
Ullmann 85, 100
Ullrich R. 146, 150, 154, 187, 191, 200, 209, 287, 304, 307, 332, 363, 378, 394, 486, 504, 524, 532
Ullrich de Muynck 150, 154, 187, 191, 200, 209, 287, 304, 332, 363, 378, 394, 504, 524, 532
Ulrich 53, 141
Unland 549, 562
Urike 583

V

van Deth 532
Van Hasselt 142
van Riper 397, 409
Vandereycken 481, 489, 504, 531
Vanderlinden 479, 504
Varela 583
Vaughn 534, 547, 548
Vigersky 504
Vitaliano 235
Vogel 85, 100
Voisin 399
von Rad 518, 532
Vopel 188

W

Waadt 483, 504, 515, 532
Wachtel 583
Waelder 570, 583

Wagner 433, 440
Wagner-Link 248, 266, 287, 304
Waitley 173, 179
Walen 549, 558, 562
Wardetzki 511, 531, 532
Wardle 487
Watzlawick 21, 66, 83, 304, 379, 380, 383, 392, 394
Weakland 21, 26
Weber 532
Weber, G. 531
Wedel 284, 293, 304
Wedler 567, 568
Weeks 73, 83
Weinert 43, 51
Weiss 96, 100
Weissman 116, 319
Welan 304
Welfel 31, 34
Welz 568
Wendlandt 396, 409
Wendt 440
Wengele 154
Wenzel 332
Wessler 562
Wetzel 130, 133, 141
Whipple 83, 583
White 51
Whittier 141
Wickramasekera 420, 440
Williamson 140, 142
Wilson 36, 52
Winicott 594
Wittchen 134, 307, 349, 354, 377
Wittling 439
Wittmann 40, 52, 373, 374, 571, 583
Wlaszlo 364, 374, 376
Wlazlo 358
Wöbbe-Mönks 583
Wolchik 479, 504
Wolf 354
Wolfe 421, 422, 440
Wolfersdorf 568
Wolpe 146, 152, 155, 201, 456
Womack 223, 235
Woody 424, 440
Wright 26, 141, 319
Wrobel 354
Wyatt 594
Wyneken 407

Y

Yalom
  30, 34, 94, 100, 178, 179, 285, 293, 304
Yorkston 83, 583
Young 65, 69, 81

Z

Zapotoczky 304, 455
Zaudig 116, 142, 319
Zaworka 444, 455
Zeigarnik 38, 52
Zielke
  266, 283, 285, 295, 304, 365, 369
Zihl 133, 141
Zilbergeld
  419, 424, 427, 431, 438, 440
Zimbardo 358
Zimmer 208, 394, 424, 440
Zitterl 455
Zoha 456
Zubin 533
Zwiebel 86, 100

Autorennamen, Tätigkeitsfeld und Anschrift

• Die Autoren dieses Buches •

Böse, Reimund, Diplom-Psychologe, Medizinisch-Psychosomatische Klinik Roseneck, Prien

Brack, Udo, Professor Dr., Diplom-Psychologe, Humboldt-Universität zu Berlin, Fachbereich Rehabilitationswissenschaften

Brandl, Corinna, Dr., Diplom-Psychologin, Psychotherapeutische Praxis, Prien

Bronisch, Thomas, Privat-Dozent Dr.med, Arzt für Psychiatrie und Neurologie - Psychotherapie, Psychoanalyse, Max-Planck-Institut für Psychiatrie, München

Brunner, Gerd H., Diplom-Psychologe, Psychotherapeutische Praxis, München

Dirlich-Wilhelm, Hanne, Dr., Diplom-Psychologin, Psychotherapeutische Praxis, München

Geissner, Edgar, Profesor Dr, Diplom-Psychologe, Katholische Fachhochschule Nordrhein-Westfalen, Münster

Giesen, Frank, Dr.phil., Diplom-Psychologe, Psychotherapeutische Praxis, München

Görlitz, Gudrun, Diplom -Psychologin, Psychotherapeutische Praxis, Augsburg

Greimel, Karoline Verena, Dr., Diplom-Psychologin, Medizinisch-Psychosomatische Klinik, Bad Bramstedt

Hellauer, Dieter, Dr., Diplom-Psychologe, Psychotherapeutische Praxis, München

Hippler, Bernd, Dr.phil., Diplom-Psychologe, Diplom-Pädagoge, Psychotherapeutische Praxis, Augsburg

John, Karin, Diplom-Psychologin, Psychotherapeutische Praxis, München

Kettl, Gerhard J. Dr., Diplom-Psychologe, Psychotherapeutische Praxis, Ried am Innkreis

Kemper, Johannes, Dr.med., Nervernarzt - Psychoanalyse, München

Lehner, Birgit B., Diplom-Psychologin, Psychotherapeutische Praxis, München

Maurer, Thomas, Dr., Diplom-Psychologe, Psychologisches Institut der Ludwig-Maximilian-Universität München

Mohr, Fritz, Arzt, Bezirkskrankenhaus Haar bei München

Rabaioli-Fischer, Barbara, Diplom-Psychologin, Psychotherapeutische Praxis, München

Reinecker, Hans, Professor Dr., Diplom-Psychologe, Lehrstuhl für Klinische Psychologie der Otto-Friedrich-Universität Bamberg

Schmelzer, Dieter, Dr., Diplom-Psychologe, Psychologische Beratungsstelle, Nürnberg-Langwasser

Scholz, Werner, Diplom-Psychologe, Psychotherapeutische Praxis, Augsburg

Sulz, Serge K.D. Dr.med.Dr.phil., Diplom-Psychologe, Arzt für Psychiatrie - Psychotherapie, Psychoanalyse, Facharzt für Psychotherapeutische Medizin, Centrum für Integrative Psychotherapie CIP, München

Ullrich, Rüdiger, Dr.med., Diplom-Psychologe, Arzt für Psychiatrie und Neurologie - Psychotherapie, München

Ullrich de Muynck, Rita, Dr., Diplom-Psychologin, Institut für Sozialtraining IST, München

Unland, Heribert, Diplom-Psychologe, Bezirkskrankenhaus Regensburg

Wagner-Link, Angelika, Diplom-Psychologin, Psychotherapeutische Praxis, München

Alle Autoren sind in der psychotherapeutischen Weiterbildung von Ärzten und Diplom-Psychologen als Dozenten und zum überwiegenden Teil als Lehrtherapeuten und Supervisoren tätig, insbesondere an der Bayerischen Akademie für Psychotherapie und am Centrum für Integrative Psychotherapie in München. Viele sind entweder Hochschullehrer oder haben einen Lehrauftrag an einer Universität bzw. haben wissenschaftliche Untersuchungen im Rahmen der Therapieforschung gemacht bzw. Publikationen hierzu veröffentlicht. Für dieses Buch war jedoch die langjährige Erfahrung als Psychotherapeut bzw. als Psychotherapeutin ausschlaggebend.

CIP - MEDIEN

**W. Butollo: „Die Bewältigung von Traumatisierungsstörungen"
CIP-Medien, 1997, etwa 200 Seiten, DM 39.-**

Aus der Erfahrung mit Kriegsopfern in Bosnien ist ein Manual zur Therapie von Postraumatischen Belastungsstörungen entstanden. Dieses Buch enthält sowohl das Manual für Erwachsene als auch das Manual für die Therapie von traumatisierten Kindern und deren Angehörige. In diesem Buch trifft die wissenschaftliche Psychotherapie und die humanitäre Hilfe von Opfern auf eine glückliche Weise aufeinander. Entstanden ist ein wirklich nützliches Arbeitskonzept, das aus der schrecklichen Betroffenheit der im Krieg traumatisierten Menschen und den Begegnungen mit ihnen Lehren gezogen hat, die künftigen Behandlungen zugute kommt.

S. Sulz: Als Sisyphus seinen Stein losließ. Oder: Verlieben ist verrückt. Ein psychologisches Lesebuch über menschliche Überlebensformen und individuelle Entwicklungschancen. DM 49.-

Wir können vor diesem Buch nur warnen, wenn Sie alles so lassen wollen, wie es ist..Nach der Lektüre sind einige Illusionen endgültig verloren, bequeme "Ich schaff's ja doch nicht"-Haltungen unglaubwüdig geworden. Auch wenn manche alten Wunden noch einmal sehr schmerzen, auch wenn Sie nun mit einer völlig anderen Vergangenheit dastehen, gewinnen Sie Respekt vor sich selbst, vor den kreativen Fähigkeiten Ihrer autonomen Psyche und können positive Veränderungen Ihrer Lebens- und Beziehungsgestaltung nicht mehr so erfolgreich boykottieren. Ein Buch für Therapeuten, ihre Patienten und gute Freunde.

M. Linehan: Dialektisch-Behaviorale Therapie der Borderline-Persönlichkeitsstörung. CIP-Medien, 1996, 425 Seiten DM 118.-

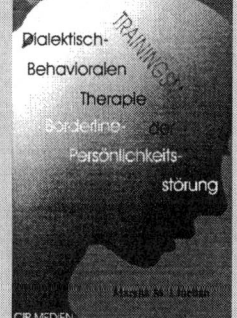

Endlich in deutscher Sprache! Das wichtigste Therapiebuch für Borderline-Störungen - das umfassendste Verständnis der Psyche dieser unglücklichsten Menschen - die exzellenteste Beziehungsarbeit - die besten und wirksamsten Therapiestrategien - das Ergebnis 20-jähriger Entwicklung des dialektischen Therapieansatzes - mit wissenschaftlichen Nachweisen der therapeutischen Wirksamkeit. Es setzt unverrückbare Maßstäbe psychotherapeutischer Kompetenz - ist aber in erster Linie die wertvollste Hilfe im therapeutischen Umgang und in der Begegnung mit Borderline-Patienten. Und bald auch für alle Situationen mit anderen Patienten, in denen intensive Emotionen zu handhaben sind.

M. Linehan: Trainingsmanual zur Dialektisch-Behavioralen Therapie der Borderline-Persönlichkeitsstörung. CIP-Medien, 1996, 200 S. DM 68.-

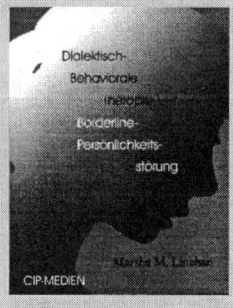

Nehen der Interaktions- und Beziehungsarbeit im Einzelgespräch ist das Training psychosozialer Fertigkeiten Hauptbestandteil der DBT. Statt eines trockenen Kochbuches finden wir hier eine lebendige Darstellung der zahllosen schwierigsten Situationen mit Borderline-PatientInnen. Mit einer faszinierenden Kreativität und Intuition findet die Autorin Auswege aus den nicht endendenden therapeutischen Sackgassen der Borderline-Therapie. Und wir können mit Hilfe des Trainingmanuals lernen, den beidseitigen Kampf gegen Windmühlenflügel zu einem steten Wechselspiel von Akeptanz und Veränderung werden zu lassen.

Sulz, S.: Praxis-Manual zur Strategischen Kurzzeittherapie.
CIP-Medien, 1995. Therapiemanual und Selbsthilfebuch in einem. DM 39.-

Ein sicherer Weg zu den Ursachen psychischer Fehlentwicklung. Eine zuverlässige Hilfe aus dem Dickicht fehlgeleiteter Gefühle zur Entwicklung einer gesunden Persönlichkeit. Dieses Buch kann zum einen zur Selbsterfahrung - allein oder in Selbsthilfe- bzw. Selbsterfahrungsgruppen - mit großem Gewinn durchgearbeitet werden. Zum andern dient es dem Psychotherapeuten als Therapiemanual mit einer Fülle von therapeutischen Interventionen. Sowohl bei Paartherapien als auch in der Einzeltherapie zur Veränderung der Persönlichkeit eine bewährte Hilfe.

Sulz, S.: Strategische Kurzzeittherapie. Wege zur effizienten Kurzzeit-Psychotherapie.
CIP-Medien, 1994. 422 S. DM 98.-

Der direkte Zugang zu einem integrativen Verständnis des Menschen, seiner Bedürfnisse, Emotionen, Beziehungen, Konflikte. Ein Weg zur Heilung psychischer und psychosomatischer Leiden durch Entwicklung des Menschen. Schritte der Selbst-Entwicklung: Gestörtes Befinden - Kontakt - Analyse der Störungsbedingungen, der Entwicklung und der Persönllichkeit - Beziehungen - Zielanalyse - Widerstandsanalyse - Die Entscheidung - Loslassen u. Abschiednehmen - Angst vor Veränderung - Die neuen Erfahrungen - Niederlagen machen wehrhaft - Das neue Selbst und die neue Welt - Neue Beziehungen.

Sulz, S. (Hrsg.):
Die Kurz-Psychotherapien - Wege in die Zukunft der Psychotherapie
CIP-Medien, 1998. 235 S. DM 49.-

Matthias Lohmer:	Eine Übersicht über wichtige Kurz-Psychotherapieformen
Rudolf Lachauer:	Differentialindikation Kurz- und Langzeittherapie aus tiefenpsychologischer Sicht
Serge Sulz:	Differentialindikation von Kurz- und Langzeittherapie aus verhaltenstherapeutischer Sicht
Peter Fürstenau:	Lösungsorientierte psychoanalytische Kurz-Psychotherapie
Gerda Gottwik:	Psychodynamische Intensive Kurzzeittherapie
Steven Hayes:	Akzeptanz- und Commitment-Therapie - ein radikal behavioraler Ansatz
Frederic Kanfer:	Selbstmanagementtherapie
Marsha Linehan:	Das erste Jahr der Borderline-Therapie
Dirk Revenstorf:	Hypnotherapie
Elisabeth Schramm:	Interpersonelle Psychotherapie
Serge Sulz:	Strategische Kurzzeittherapie

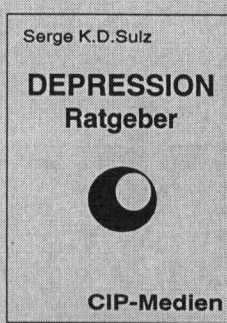

Sulz, S.: Depression Ratgeber für Betroffene, für Angehörige, für alle beruflichen Helfer. Alles, was Sie für das Verständnis und den Umgang mit Krankheit und Kranken wissen sollten.
CIP-Medien, 1993, 69 S., kt. DM 19.-

Betroffene finden den Ursprung Ihrer Depression und erkennen den Weg aus dem Leiden. Angehörige und Helfer finden zum Verständnis des Patienten und lernen richtig zu helfen. Hier finden auch Therapeuten, was sie in vielen Fachbüchern vermissen.

DIAGNOSTIK

Sulz, S.: Das Verhaltensdiagnostik-System VDS - von der Anamnese zum Therapieplan.
CIP-Medien, 2. Aufl. 1992. 390 S., DM 98.-
Wer Falldokumentationen oder Berichte an den Gutachter der Krankenkasse schreiben muß, findet in diesem Handbuch eine unverzichtbare Hilfe. Außerdem ein vollständiges Kompendium zu allen wichtigen Teilprozessen von Verhaltens-, Bedingungs- Funktions- und Zielanalyse mit beispielhaften klinischen Falldarstellungen. Somit ein Lehr- und Nachschlagebuch für die Psychotherapie-Weiterbildung von Diplom-Psychologen und für die Facharztausbildung Psychiatrie und Psychotherapie sowie Psychotherapeutische Medizin.

Sulz, S.: Materialmappe zum Verhaltensdiagnostik-System VDS - von der Anamnese zum Therapieplan
CIP-Medien, DM 70.-
Die tausende Male bewährten praktischen, Zeit sparenden und zu einer qualifizierten Diagnostik und Therapieplanung hinführenden Hilfsmittel des Verhaltensdiagnostiksystems VDS: Anamnese-Fragebogen für Patienten, Interview-Leitfaden für Therapeuten, Verhaltensanalyseleitfaden, Antragstellungs- und Falldokumentationsleitfaden, Verlängerungsantrag- bzw. Fortführungsbericht-Leitfaden, Störungsmodelle mit Therapieplänen ANGST, ALKOHOLISMUS, DEPRESSION, BULIMIE, ZWANG), Therapieprotokollheft, Verlaufsberichtleitfaden, Psychischer und Psychosomatischer Befund.

Sulz, S.: Therapie-Protokoll-Heft. Zur Dokumentation von verhaltenstherapeutischen Behandlungen
Spiral-Block, 110 Seiten. CIP-Medien 1995 DM 10.-
Hilfen zur Verhaltens- und Zielanalyse, zur Therapieplanung, Therapieverlaufkontrolle, Verlaufsbericht, Katamnese und Evaluation. Für Praxis und Ausbildungsfälle: Alles was vor, während und zum Ende einer Therapie bedacht werden muß.

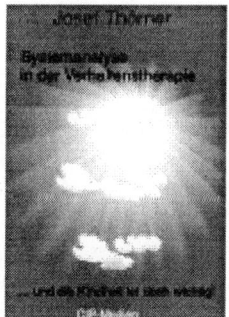

Thörner, Josef: Systemanalyse in der Verhaltenstherapie -... und die Kindheit ist doch wichtig. 193 S. Kt. CIP-Medien. DM 29.-

"Viele Menschen tragen ihre Vergangenheit in einem Rucksack vor sich her und wundern sich, wenn sie ins Straucheln kommen!" Dieses Buch soll u.a. helfen, diesen Rucksack leichter und hinter sich zu tragen. Ein ergänzender Ansatz zum bestehenden Behandlungskonzept in der Verhaltenstherapie und eine Möglichkeit zur Einzelselbsterfahrung von Supervisanden in der Verhaltenstherapie-ausbildung. Theorie: Aufbau von Systemen, Systemregeln, Systemanalyse, Einbau der Systemanalyse in die Verhaltenstherapie. Praxis: Erarbeitung von Systemregeln. Erklärungsmodellle mit Beispiel (Mißhandlung eines Kindes).

An den
CIP-Mediendienst
Nymphenburger Str. 185
80634 München

e-mail cipmedien@compuserve.com
Homepage: http://www.CIP-MEDIEN.com

Fax-Nr. 089-132133

BESTELLUNG

Hiermit bestelle ich verbindlich folgende Bücher:

Autor/Hrsg.	Titel des Buches	Bestell-Nr. falls bekannt	Preis
Summe = Gesamtwert meiner Bestellungen			
Zusätzlich Versandkosten (bei Bestellungen unter DM 98.- Gesamtwert)			8,00
Ich habe einen Verrechnungsscheck beigelegt über d. Gesamtbetrag			incl. 7% MwSt.

Titel: .... Vorname: .... Name: ....
Meine Berufsbezeichnung: ....
Name der Institution, falls hier z.B. die Instituts- oder Klinikadresse angegeben wird:
....
Straße: .... Haus-Nr. ....
PLZ: _____ Ort:: ....
DATUM: .... UNTERSCHRIFT: .... STEMPEL: bitte hier